ॐ

DHATUPATHA VERBS in 10 LAKARAS
Vol III
Roots of Conjugation 10c

धातुपाठः दश-लकाराणां क्रियापदानि

कर्तरि प्रयोगः Active Voice

Dhatu 1534. चुर स्तेये to 1943. तुत्थ आवरणे

3x3 Parasmaipada and Atmanepada Tables for
Laṭ Laṅg Loṭ VLiṅg LṚt LṚiṅg Luṭ ĀśīrLiṅg Liṭ LUṅg

SADHVI HEMSWAROOPA
Ashwini Kumar Aggarwal

जय गुरुदेव

© 2024, Author

ISBN13: 978-81-971255-0-8 Paperback Edition
ISBN13: 978-81-971255-2-2 Hardbound Edition
ISBN13: 978-81-971255-3-9 Digital Edition

This work is licensed under a Creative Commons Attribution 4.0 International License.
Please visit https://creativecommons.org/licenses/by/4.0/

Title: **Dhatupatha Verbs in 10 Lakaras Vol III**
SubTitle: Roots of Conjugation 10c
Author: Ashwini Kumar Aggarwal, Sadhvi Hemswaroopa

Printed and Published by
Devotees of Sri Sri Ravi Shankar Ashram
34 Sunny Enclave, Devigarh Road,
Patiala 147001, Punjab, India

https://advaita56.weebly.com/ The Art of Living Centre
https://www.artofliving.org/

Devotees Library Cataloging-in-Publication Data
Aggarwal, Ashwini Kumar. Hemswaroopa, Sadhvi.
Language: Sanskrit. Thema: CJBG CJPG 4CTM 2BBA
BISAC: LAN006000 LANGUAGE ARTS & DISCIPLINES / Grammar & Punctuation
Keywords: 1) Sanskrit Grammar. 2) Vyakarana. 3) Verbs. 4) 3x3 Matrix
Typeset in 12 Sanskrit 2020

10th May 2024 Friday, Akshay Tritiya, Parshuram Jayanti, Treta Yuga day,
Rohini Nakshatra, Shukla Paksha, Baisakha Masa, Grishma Ritu, Uttarayana.

Vikram Samvat 2081 Krodhi, Saka Era 1946 Pingala

1st Edition May 2024

जय गुरुदेव

Dedication

Sri Sri Ravi Shankar
    who allows us to explore new words with good cheer

Blessing

In Sanskrit, 'Apaha' means both water & love. 'Aptah' is dear one. Water, life & love are inseparable. Let's keep them pure.

    Sri Sri Ravi Shankar
    7:18 am Mar 23, 2017 @SriSri Twitter for iPhone

Acknowledgements

Mataji Brahmaprakasananda of AVG Nagpur, for superb teaching.
Pushpa Maa of Panini Shodh Sansthan, for excelling in Sanskrit.
Vedanta and Sanskrit course Class Notes of years 2013, 2014, 2015, 2016.

Prayer

येनाक्षरसमाम्नायम् अधिगम्य महेश्वरात् । कृत्स्नं व्याकरणं प्रोक्तं तस्मै पाणिनये नमः ॥

yenākṣarasamāmnāyam adhigamya maheśvarāt |
kṛtsnaṃ vyākaraṇaṃ proktaṃ tasmai pāṇinaye namaḥ ||

By whom the letters were carefully chosen and collected, which were initially produced by Lord Shiva. Who wrote an exhaustive and complete grammar treatise, to that great Panini my sincerest obeisance.

वाक्यकारं वररुचिं भाष्यकारं पतञ्जलिम् । पाणिनिं सूत्रकारञ्च प्रणतोऽस्मि मुनित्रयम् ॥

vākyakāraṃ vararuciṃ bhāṣyakāraṃ patañjalim |
pāṇiniṃ sūtrakārañca praṇato'smi munitrayam ||

To the Explanatory Sentences of Vararuchi, and the indepth commentary of Patanjali, and the precise verses of Panini, my offering of cheerful and grateful praise.

Introduction

Sanskrit is coming of Age. More and more Colleges and Universities are offering a degree course in this lingua franca of yore. Many schools across Europe and America are introducing Sanskrit to young learners. In India too there is a revival across the length and breadth, with committed organisations working to reach out to adults and children all over.

To understand Sanskrit Grammar, the basic stuff is all about knowing the correct spelling of NOUNS and VERBS. This edition gives the Verb Conjugation Spelling Tables for all the ten Tenses and Moods, that are seen in literature.

The 3x3 Parasmaipada and Atmanepada Table matrices for Ting Affixes in 3 persons and 3 numbers are judiciously arranged, with emphasis on clarity and legibility.

The **person** (third person HE, second person YOU, etc.) and **number** (singular ONE APPLE, plural THREE APPLES, etc.) that are commonly used in English Grammar for sentence syntax, structure and meaning are **Conjugated in Sanskrit within the Verb itself**. This means that the person (SHE, IT, etc.) and number (BOTH ITEMS, MANY ITEMS, etc.) are not separate words in a Sanskrit sentence. This is done by taking a Verb Stem अङ्गः and applying suffixes to it in a 3x3 matrix:

	Singular	Dual	Plural
Third Person	iii/1	iii/2	iii/3
Second Person	ii/1	ii/2	ii/3
First Person	i/1	i/2	i/3

Example using a Sanskrit Root (Dhatu धातुः) 1 भू सत्तायाम् । to be

The Verb Stem अङ्गः is भव । Conjugated Verb Forms (Rupas रूपाः) in

Present Tense लट् Active Voice कर्त्तरि Parasmaipada परस्मैपदः

	Singular	Dual	Plural
Third Person	भवति **He** is	भवतः They both are	भवन्ति They ALL are
Second Person	भवसि You are	भवथः You both are	भवथ You ALL are
First Person	भवामि I am	भवावः We both are	भवामः We ALL are

Note: “**He**” is an acronym for He, She, It. Irrespective of gender.

Note that the Sanskrit Verb in its Conjugated form भवति directly means "is", and, intrinsically also has the sense of "He/She/It" as per context in a sentence. It is not needed to explicitly use the equivalent for "He = सः " when writing in Sanskrit.

Example using the Root 330 पठ व्यक्तायां वाचि । to read, to learn

Its Verb Stem is पठ । Conjugation Table Present Tense Active Voice

English	Sanskrit	Explanation
She reads	सा पठति	पठति ≡ "He reads" / "She reads" / "It reads"
They two read	बाले पठतः	पठतः ≡ "Both read"
Three girls read	तिस्रः युवत्यः पठन्ति	पठन्ति ≡ "Many read"
You read	(त्वं) पठसि	पठसि ≡ "You read"
You both read	(युवां) पठथः	पठथः ≡ "You both read"
You five read	यूयं पञ्च पठथ	पठथ ≡ "You all read"
I read	(अहं) पठामि	पठामि ≡ "I read"
We both read	(आवां) पठावः	पठावः ≡ "We both read"
We ten read	वयं दश पठामः	पठामः ≡ "We all read"

For reading and writing correctly, it is very important to know the proper **spelling** of a **Verb**. Here we have seen examples for Verbs in Present Tense Active Voice. There are 1943 Roots in the Language enumerated by the Dhatupatha of Panini.

<u>This book lists Verb Conjugation Spelling Tables for 10c Roots for the ten Lakaras.</u>

Since Verb Conjugation involves knowing precisely the correct affix that shall get attached to a Dhatu, this book is an extremely invaluable guide to the Sanskrit Grammar learner.

शुभं भवेत् Do Well   शुभं भूयात् May you do well

Tenses and Moods and Voice Usage in Sanskrit

SN	Tense	Meaning	Usage
1	लट्	Present Tense	is
2	लङ्	Imperfect Past Tense – *before from yesterday onwards*	was
3	लोट्	Imperative Mood – *request*	please do this
4	विधि-लिङ्	Potential Mood – *order* विधिलिङ् (also known as Optative Mood)	JUST DO IT
5	लृट्	Simple Future Tense – *now onwards*	will be
6	लृङ्	Conditional Mood – *if/then in past or future*	if, then
7	लुट्	Periphrastic Future Tense – *tomorrow onwards*	will be
8	आशीर्-लिङ्	Benedictive Mood – *blessing* आशीर्लिङ् (also used in the sense of a curse)	may you be
9	लिट्	Perfect Past Tense – *distant unseen past*	was
10	लुङ्	Aorist Past Tense, *before from now onwards*	was
11	लेट्	Vedic usage Potential Mood – *order* This लेट् Lakara is subdivided as a. सार्वधातुक लेट् b. आर्धधातुक लेट्	do it

Voice – Active Passive Emotion

A verb may be used in कर्त्तरि active voice, कर्मणि passive voice, or simply भावे exhibiting emotion. e.g. Active Voice - He is. Passive Voice – It was he.

Emotion – He meant. There is an additonal affix that gets introduced in Sanskrit Grammar when voice usage is Passive/Emotion. This affix is यक् ।
3.1.67 सार्वधातुके यक् । कर्मणि-प्रयोगे भावे-प्रयोगे च सार्वधातुके प्रत्यये परे धातोः यक् प्रत्ययः भवति ।
The यक् affix used to denote passive voice or emotion, is used only after Sarvadhatuka Affixes.

Table of Contents

BLESSING 3

PRAYER 3

INTRODUCTION 4

TENSES AND MOODS AND VOICE USAGE IN SANSKRIT 6

RELEVANT ASHTADHYAYI SUTRAS FOR 10C ROOTS 9

10C CURADI 13

1534 चुर स्तेये । STARTING ROOT OF 10C 15
1618 NOW DHATU SERIAL NUMBER DIFFERS BY 1 FROM SIDDHANTA KAUMUDI. 150
1624 गणसूत्र = ज्ञप मिच्च । इति ज्ञपादि षट् मित् । 161
गणसूत्र = नान्ये मितोऽहेतौ । अहेतौ = स्वार्थे । इति ज्ञपादि अन्यत्र न मित् । 172
गणसूत्रः = आकुस्मादात्मनेपदिनः । 241
1673 अथ आकुस्मीय अन्तर्गणः नवत्रिंशत् आत्मनेपदिनः। TILL ROOT 1711 कुस्म् । 241
1711 गणसूत्रः = कुस्म नाम्नो वा । 272
1712 अथ उभयतो भाषाः । NOW UBHAYAPADI ROOTS. 273
1724 गणसूत्रः = हन्त्यर्थाश्च । 292
1749 गणसूत्रः = आ स्वदः सकर्मकात् । अथ आस्वदीयः अन्तर्गणः । WITH OBJECT. 334
1806 गणसूत्रः = आ धृषाद्वा । अथ आधृषीयः अन्तर्गणः । वैकल्पिकः णिचः । 435
1851 अथ कथादयः अदन्ताः । 6.4.48 अतो लोपः । ROOTS WITH नित्यं णिच् । 533
1896 HERE ONWARDS THE DHATU SERIAL NUMBER IN STANDARD DHATUPATHAS BECOMES THE SAME AS IN SIDDHANTA KAUMUDI. 603
गणसूत्रः = आ गर्वादात्मनेपदिनः । 606
1898 अथ आगर्वीय अन्तर्गणः दश आत्मनेपदिनः । 10 ATMANEPADI ROOTS. 606
1908 अथ उभयपदिनः आगताः । 615
गणसूत्रः = प्रातिपदिकाद्धात्वर्थे बहुलमिष्ठवच्च । 629
गणसूत्रः = तत्करोति तदाचष्टे । 629

7

गणसूत्रः = तेनातिक्रामति ।	629
गणसूत्रः = धातुरूपं च ।	629
गणसूत्रः = कर्तृकरणात् धात्वर्थे ।	629
1916 अथ नामधातवः । नित्यं णिच्	629
1939 गणसूत्रः = बहुलमेतन्निदर्शनम् ।	663
1943 तुत्थ आवरणे । ENDING ROOT OF 10C, AND OF DHATUPATHA	669
गणसूत्रः = णिङ्ङ्गान्निरसने ।	671
गणसूत्रः = श्वेताश्वाश्वतरगालोडिताह्वरकाणामश्वतरेतकलोपश्व ।	671
गणसूत्रः = पुच्छादिषु धात्वर्थ इत्येव सिद्धम् ।	672

TING AFFIXES SARVADHATUKA/ARDHADHATUKA AND IDAGAM — 673

TEN CONJUGATIONAL GROUPS AND GANA VIKARANA — 675

DHATU भू पठ् लभ् गम् कृ SAMPLE अङ्ग STEMS — 676

ALPHABETICAL INDEX OF DHATUS — 679

STANDARD ALPHABETICAL INDEX — 690

REFERENCES — 699

EPILOGUE — 700

Relevant Ashtadhyayi Sutras for 10c Roots

3.1.25 सत्यापपाशरूपवीणातूलश्लोकसेनालोमत्वचवर्मवर्णचूर्णचुरादिभ्यो णिच् । इति स्वार्थे णिच् ।

3.1.32 सनाद्यन्ता धातवः । 1.3.3 हलन्त्यम् । 1.3.7 चुटू । इति "णिच् → इ" प्रत्ययः ।

3.1.68 कर्त्तरि शप् ।

3.4.113 तिङ् शित् सार्वधातुकम् । 3.4.114 आर्धधातुकं शेषः ।

7.2.115 अचो ञ्णिति । 7.2.116 अत उपधायाः । इति वृद्धिः ।

7.3.84 सार्वधातुकार्धधातुकयोः । सार्वधातुके आर्धधातुके च प्रत्यये परे अङ्गस्य गुणः आदेशः ।

7.3.86 पुगन्तलघूपधस्य च । सार्वधातुके आर्धधातुके च प्रत्यये परे पुगन्तस्य तथा लघूपधस्य अङ्गस्य गुणादेशः ।

Many 10c Roots have Optional णिच् । पक्षे form is like 1c Root.

- Usually the पक्षे form is Parasmaipada.
- Sometimes if the original Root in gana 1c - 9c is Atmanepada or Ubhayepada, then that can apply to पक्षे form. Similarly सेट् or अनिट् ।
- Sutra 7.2.62 उपदेशेऽत्वतः applies to Original Roots in Dhatupatha and not to पक्षे forms. E.g. Root 985 तप सन्तापे has two लिट् ii/2 forms तेपिथ ततप्थ , whereas 1818 तप दाहे has only one लिट् ii/2 पक्षे form तेपिथ ।

इदित् Roots Optional णिच् with Parasmaipada Forms just like 1c Roots.

However इदित् Roots **conjunct ending** DO NOT have Optional Forms.

7.1.58 इदितो नुम् धातोः । पठितव्ये इदित्करणं णिचः पाक्षिकत्वे लिङ्गम् ।

Siddhanta Kaumudi clarifies that for णिच् the Verb forms will have णिच् Optional.

Since the Sutra 6.4.24 अनिदितां हल उपधायाः क्ङिति cannot be applied to 10c Roots due to णिच् so by extrapolation णिच् is made Optional and शप् gets ordained. E.g. Root 1535 चिति by 7.1.58 becomes चिन्त् (चि न् त्) with penultimate न् and 6.4.24 can apply here. Hence Optional णिच् and पक्षे शप् forms.

Siddhanta Kaumudi further clarifies the necessity of आधृषाद्वा ganasutra. It says that conjunct ending इदित् Roots of 10c will not have Optional णिच् forms.

1.3.74 णिचश्च । Hence the आधृषाद्वा ganasutra is not superfluous. अत एव गणसूत्रम् - आधृषाद्वा इत्यस्य न वैयर्थ्यम् । Root 1536 यत्रि संकोचे । यन्त्रयति । Similarly Roots एवं कुद्रि-तत्रि-मत्रिषु । By 7.1.58 यत्रि becomes यन्त्र् (य न् त् र्) with non-penultimate न् and 6.4.24 cannot apply here. Hence नित्यं णिच् forms.

उदित् Roots Optional णिच् with Parasmaipada Forms just like 1c Roots.

7.1.101 उपधायाश्च । Under this Sutra Siddhanta Kaumudi clarifies that the Verb forms will have णिच् Optional. Root अञ्चु १७३९ विशेषणे । अञ्चयति । उदित्त्वमिड्विकल्पार्थम् । अत एव विभाषितो णिच् । अञ्चति । एवं श्वधु-जसु-प्रभृतीनामपि बोध्यम् ।

7.2.56 उदितो वा ordained optional इट् for क्त्वा affixed Roots. However in 10c due to णिच् this sutra cannot apply, hence by extrapolation णिच् is made optional here.

ईदित् Roots Optional णिच् with Parasmaipada Forms just like 1c Roots.

7.4.2 नाग्लोपिशास्वृदिताम् । Siddhanta Kaumudi clarifies for Root पूरी १८०४ आप्यायने । ईदित्त्वं निष्ठायामिण्निषेधाय अत एव णिज्वा ।

7.2.14 श्वीदितो निष्ठायाम् । This sutra cannot be applied to 10c Roots due to णिच् so by extrapolation णिच् is made Optional and शप् gets ordained.

इरित् Roots Optional णिच् with Parasmaipada Forms just like 1c Roots.

7.1.101 उपधायाश्च । Under this Sutra Siddhanta Kaumudi clarifies that the Verb forms will have णिच् Optional. Root घुषिर् १७२७ विशब्दने । इति सूत्रेऽविशब्देन इति निषेधाल्लिङ्गादनित्योऽस्य णिच् ।

3.1.57 इरितो वा । This ordains optional अङ् for च्लि affix. By extrapolation, णिच् is made Optional and शप् gets ordained.

ॠ-अन्तः Roots Optional णिच् with Parasmaipada Forms like 1c Roots.

7.4.3 भ्राजभासभाषदीपजीवमीलपीडामन्यतरस्याम् । Sidddhanta Kaumudi says दीर्घोच्चारणं णिचः पाक्षिकत्वे लिङ्गम् ।

Roots **conjunct ending** वैकल्पिकः णिच् / नित्यं णिच् ।

From Root 1905 अर्थ उपयाञ्चायाम् onwards, the conjunct ending Roots have variable वैकल्पिकः णिच् / नित्यं णिच् । So we have to look into each Root specifically.

गणसूत्रः आकुस्मादात्मनेपदिनः । Roots with Atmanepadi Forms only.

गणसूत्रः आ स्वदः सकर्मकात् । Roots with नित्यं णिच् forms.

Simply states that णिच् gets affixed to transitive Roots (having Object). Similar intransitive roots are already present in groups 1c to 9c. Hence sutra 3.1.28 गुपूधूपविच्छिपणिपनिभ्य आयः does not apply to णिच् ।

गणसूत्रः आ धृषाद्वा । । Roots with वैकल्पिकः णिचः forms.

कथादयः अदन्ताः । Roots with नित्यं णिच् forms.

No lengthening of penultimate Vowel by 7.2.116 अत उपधायाः ।

No सन्वद्भाव (changes in first syllable for reduplication) in Aorist by 7.4.79 सन्यतः । 7.4.93 सन्वल्लघुनि चङ्परेऽनग्लोपे । 7.4.94 दीर्घो लघोः ।

गणसूत्रः गर्वादात्मनेपदिनः । Roots with Atmanepadi Forms only.

नामधातवः । Roots that are actually Noun Stems, with नित्यं णिच् forms.

In the case of 1c भ्वादिः Roots, the शप् affix (being पित्) was primarily responsible for causing गुणः to Roots having relevant इक् vowel. In the case of 10c चुरादिः Roots, the शप् affix gets replaced by णिच् + शप् that causes गुणः as well as वृद्धिः । The resultant 10c Affix becomes णिच् + शप् → अय commonly referred to as अयादेशः ।

- स्वार्थे णिच् preserves the meaning of the Root, so all the 10c Roots maintain their original sense. 3.1.25 सत्यापपाशरूपवीणातूलश्लोकसेनालोमत्वचवर्मवर्णचूर्णचुरादिभ्यो णिच् ।
- On the other hand there is a प्रेरणे णिच् affix, 3.1.26 हेतुमति च that changes the Root meaning by imposing an extra quality of "excite, prompt, impel, urge" to the original meaning.
- In other words,we have णिच् verb forms in literature that will look identical, however their meaning will be as per context. So चोरयति by 10c will mean "He/She/It steals", whereas by प्रेरणे णिच् the same word चोरयति will mean "Someone causes someone to steal".

3.4.87 सेर्ह्यपिच्च। इति लोट्-लकारस्य सिप्-प्रत्ययस्य अपित्-"हि" आदेशः।

6.4.105 अतो हेः । अदन्तात् अङ्गात् परस्य "हि" प्रत्ययस्य लुक् ।

1.1.26 क्त क्तवतू निष्ठा । 1.3.3 हलन्त्यम् । उपदेशे अन्त्यम् हल् इत् ।

7.3.84 सार्वधातुकार्धधातुकयोः । सार्वधातुके आर्धधातुके च प्रत्यये परे अङ्गस्य गुणः आदेशः ।

7.3.86 पुगन्तलघूपधस्य च । सार्वधातुके आर्धधातुके च प्रत्यये परे पुगन्तस्य तथा लघूपधस्य अङ्गस्य गुणादेशः।

Sandhi

6.1.77 इको यणचि । इति यण् ।

6.1.78 एचोऽयवायावः । एच् वर्णानाम् अच् परे (क्रमेण) अय्-अव्-आय्-आव् एते आदेशाः ।

6.1.88 वृद्धिरेचि । अवर्णात् परस्य एच्-वर्णे परे पूर्वपरयोः एकः वृद्धि-एकादेशः ।

6.1.97 अतो गुणे । अपदान्तात् अतः गुणे पूर्वपरयोः एकः पररूपम् ।

6.4.77 अचि श्नुधातुभ्रुवां य्वोरियङुवङौ । अजादिप्रत्यये परे "श्नु" धातुसंज्ञकस्य, "भ्रू" इत्यस्य तथा इवर्णान्त /उवर्णान्तस्य संयोगपूर्वस्य धातुसंज्ञकस्य अङ्गस्य, इयङ्-उवङ्-आदेशौ ।
नकारः within word changes to णकारः by 8.4.1 रषाभ्यां नो णः समानपदे । 8.4.2 अट्कुप्वाङ्नुम्व्यवायेऽपि ।
7.1.58 इदितो नुम् धातोः । 8.3.24 नश्चापदान्तस्य झलि । 8.4.58 अनुस्वारस्य ययि परसवर्णः ।
A beginning षकारः of a Dhatu is replaced with सकारः by 6.1.64 धात्वादेः षः सः।
A beginning सकारः of an affix is replaced with षकारः by 8.3.59 आदेशप्रत्यययोः ।
इण् अथवा कवर्गः परस्य अपदान्तस्य आदेशरूपस्य प्रत्ययावयवरूपस्य स् ष् ।

For the लङ् Parasmayepadi स् ii/1 affix , these two sutras make it to visarga.
8.2.66 ससजुषो रुः । पदान्तस्यसकारस्य सजुष्-शब्दस्य च रुँत्वं ।
8.3.15 खरवसानयोर्विसर्जनीयः । पदान्ते रेफस्य खरि अवसाने वा परे विसर्गः ।

Notice that some sutras cannot apply to सेट् Roots due to intervention of इकारः and vice versa. E.g. 8.2.77 हलि च । रेफ-वकारान्त-धातोः उपधा–इक्-वर्णस्य हल्-वर्णे परे दीर्घः आदेशः ।

- Does not apply to सेट् निष्ठा since the affix is no longer हलादिः ।

7.2.15 यस्य विभाषा । सेट् विकल्पस्य विषये निष्ठायाम् इट् न ।
6.4.15 अनुनासिकस्य क्विझलोः क्ङिति ।

A typical 10c Derivation procedure चोरयति ।
चुर् + लट् → चुर् + णिच् → 7.3.86 पुगन्तलघूपधस्य च –> चोर् + इ → चोरि → 3.1.32 सनाद्यन्ता धातवः → चोरि is a new secondary Root and it will undergo 3.1.68 कर्त्तरि शप् ।
Here onwards it is like a 1c derivation.
चोरि + तिप् → चोरि + शप् + तिप् → 7.3.84 सार्वधातुकार्धधातुकयोः guna → चोरे + अ + तिप् →
6.1.78 एचोऽयवायावः → चोरय + तिप् → 1.3.3 हलन्त्यम् → चोरय + ति → चोरयति ।

1.3.74 णिचश्च इति वा आत्मनेपदिनः। 1.3.78 शेषात् कर्त्तरि परस्मैपदम् इति पक्षे परस्मैपदिनः ।
Thus by default 10c Dhatus are उभयपदिनः। Also by being अनेकाच् these are all सेट् ।
इदित् ईदित् उदित् ऊदित् धातवः तु (असंयुक्ते हलन्ते), तथा ऋ-अन्त-धातवः वैकल्पिक णिच् । अदन्तेषु धातुषु येषाम् उपधायाम् अ इ उ ऋ ह्रस्व वर्णाः न सन्ति तेभ्यः अपि वैकल्पिक णिच् । वैकल्पिक णिच् Dhatus take परस्मैपदी शप् Forms also.

10c CurAdi

We have an alternate ending form –द् by 8.2.39 झलां जशोऽन्ते and –त् by 8.4.56 वाऽवसाने । **Third Person Singular** Parasmaipada Verbs ending in –त् are shown as:

- लङ् iii/1 forms अचोरयत् -द् = अचोरयत् , अचोरयद्
- लोट् iii/1 , ii/1 additional forms चोरयतात् -द् = चोरयतात् , चोरयताद् by 7.1.35 तुह्योस्तातङ्ङाशिष्यन्यतरस्याम्
- विधिलिङ् iii/1 forms चोरयेत् -द् = चोरयेत् , चोरयेद्
- लृङ् iii/1 forms अचोरयिष्यत् -द् = अचोरयिष्यत् , अचोरयिष्यद्
- आशीर्लिङ् iii/1 forms चोर्यात् -द् = चोर्यात् , चोर्याद्
- लुङ् iii/1 forms अचूचुरत् -द् = अचूचुरत् , अचूचुरद्

To enhance readability. **Similarly for every Root.**

Usually the Third Person Singular लिट् i/1 Parasmaipada has two कृ Verb forms:

- चोरयाञ्चकर -कार = चोरयाञ्चकर , चोरयाञ्चकार

Usually the Second Person Plural आशीर्लिङ् ii/3 Atmanepada has two Verb forms:

- चोरयिषीध्वम् -ढ्वम् = चोरयिषीध्वम् , चोरयिषीढ्वम्

Similarly for all other Roots.

GUNA by Sarvadhatuka Affixes लट् लङ् लोट् विधिलिङ् ।
GUNA by Ardhadhatuka Affixes लृट् लृङ् लुट् लिट् लुङ् ।
GUNA by Atmanepada आशीर्लिङ् Ardhadhatuka Affixes.
NO GUNA by Parasmaipada आशीर्लिङ् Ardhadhatuka Affixes.

NO इट् by Sarvadhatuka Affixes लट् लङ् लोट् विधिलिङ् ।
NO इट् by Parasmaipada आशीर्लिङ् Ardhadhatuka Affixes.
6.4.51 णेरनिटि । णिच् gets elided for आशीर्लिङ् Ardhadhatuka Affixes.
Hence Parasmaipada आशीर्लिङ् Verbs for 10c Roots + णिच् are identical to 1c Roots (without णिच्). However for Roots where णिच् does Guna, there the forms with and without णिच् will be different.
इट् by Ardhadhatuka Affixes लृट् लृङ् लुट् लिट् लुङ् ।
इट् by Atmanepada आशीर्लिङ् Ardhadhatuka Affixes.

10c CurAdi

Roots of the 10th Conjugation Group (410 Roots)

Dhatus 1534 चुर स्तेये to 1943 तुत्थ आवरणे ।

A sample Verb Table header looks like:

1534 चुर स्तेये । steal. *Famous word* चोरः ।
10c 1 चुरँ । चुर् । चोरयति / ते । U । सेट् । स० । **New Root** चोरि । **Anga** चोरय ।

Legend:

1534	चुर	स्तेये	steal	*Famous word* चोरः ।				
Dhatu Serial Number	**Dhatu**	**Dhatu Meaning**	**English Meaning (indicative)**	**Here Optional information is given.**				
10c 1	चुरँ	चुर्	चोरयति / ते	U	सेट्	स०	चोरि	चोरय
Gana and SN	**Root with Tag**	**Root without Tag**	**iii/1 Verb Form**				**New Root**	**Anga (Stem)**

U = Ubhayepadi Root. P = Parasmaipadi Root. A = Atmanepadi Root.

सेट् = Root takes इट् Augment as ordained. अनिट् = Root does not take इट् augment.
वेट् = Root takes इट् Augment Optionally.

स० = सकर्मकः Root is Transitive and takes Object. अ० = अकर्मकः Intransitive Root.
द्वि० = द्विकर्मकः Root may take two Object in sentence construction.

1534 चुर स्तेये । Starting Root of 10c

1534 चुर स्तेये । steal. *Famous word* चोरः ।

10c 1 चुरँ । चुर् । चोरयति / ते । U । सेट् । स० । **New Root** चोरि । **Anga** चोरय ।

6.1.97[1] अतो गुणे । 7.3.101[2] अतो दीर्घो यञि । 6.1.101[3] अकः सवर्णे दीर्घः । 6.1.87[4] आद्गुणः । 6.1.88[5] वृद्धिरेचि । 8.3.59 आदेशप्रत्यययोः । इति स् → ष् । 6.4.51 णेरनिटि । Hence for Parasmaipada Aashirling इकारस्य लोपः । 6.4.52 निष्ठायां सेटि । **Parasmaipadi Forms**

लट् 1 Present Tense **Root** चोरि । **Anga** चोरय

चोरयति	चोरयतः	चोरयन्ति[1]
चोरयसि	चोरयथः	चोरयथ
चोरयामि[2]	चोरयावः[2]	चोरयामः[2]

लङ् 2 Imperfect PastTense चोरि । चोरय

अचोरयत् -द्	अचोरयताम्	अचोरयन्[1]
अचोरयः	अचोरयतम्	अचोरयत
अचोरयम्[1]	अचोरयाव[2]	अचोरयाम[2]

लोट् 3 Imperative Mood चोरि । चोरय

चोरयतु चोरयतात् -द्	चोरयताम्	चोरयन्तु[1]
चोरय चोरयतात् -द्	चोरयतम्	चोरयत
चोरयाणि[3]	चोरयाव[3]	चोरयाम[3]

विधिलिङ् 4 Potential Mood चोरि । चोरय

चोरयेत् -द्	चोरयेताम्	चोरयेयुः
चोरयेः	चोरयेतम्	चोरयेत
चोरयेयम्	चोरयेव	चोरयेम

लृट् 5 Simple Future Tense चोरि । चोरय

चोरयिष्यति	चोरयिष्यतः	चोरयिष्यन्ति
चोरयिष्यसि	चोरयिष्यथः	चोरयिष्यथ
चोरयिष्यामि	चोरयिष्यावः	चोरयिष्यामः

लृङ् 6 Conditional Mood चोरि । चोरय

अचोरयिष्यत् -द्	अचोरयिष्यताम्	अचोरयिष्यन्
अचोरयिष्यः	अचोरयिष्यतम्	अचोरयिष्यत
अचोरयिष्यम्	अचोरयिष्याव	अचोरयिष्याम

लुट् 7 Periphrastic Future चोरि । चोरय

चोरयिता	चोरयितारौ	चोरयितारः
चोरयितासि	चोरयितास्थः	चोरयितास्थ
चोरयितास्मि	चोरयितास्वः	चोरयितास्मः

आशीर्लिङ् 8 Benedictive Mood चोरि । चोर्

चोर्यात् -द्	चोर्यास्ताम्	चोर्यासुः
चोर्याः	चोर्यास्तम्	चोर्यास्त
चोर्यासम्	चोर्यास्व	चोर्यास्म

लिट् 9 PerfectPastTense चोरि । चोरय

चोरयाञ्चकार	चोरयाञ्चक्रतुः	चोरयाञ्चक्रुः
चोरयाम्बभूव	चोरयाम्बभूवतुः	चोरयाम्बभूवुः
चोरयामास	चोरयामासतुः	चोरयामासुः
चोरयाञ्चकर्थ	चोरयाञ्चक्रथुः	चोरयाञ्चक्र
चोरयाम्बभूविथ	चोरयाम्बभूवथुः	चोरयाम्बभूव
चोरयामासिथ	चोरयामासथुः	चोरयामास
चोरयाञ्चकर -कार	चोरयाञ्चकृव	चोरयाञ्चकृम
चोरयाम्बभूव	चोरयाम्बभूविव	चोरयाम्बभूविम
चोरयामास	चोरयामासिव	चोरयामासिम

लुङ् 10 Aorist Past Tense चोरि । चोरय

अचूचुरत् -द्	अचूचुरताम्	अचूचुरन्
अचूचुरः	अचूचुरतम्	अचूचुरत
अचूचुरषम्	अचूचुराव	अचूचुराम

Atmanepadi Forms

लट् 1 Present Tense **Root** चोरि । **Anga** चोरय

चोरयते	चोरयेते[4]	चोरयन्ते[1]
चोरयसे	चोरयेथे[4]	चोरयध्वे
चोरये[1]	चोरयावहे[2]	चोरयामहे[2]

लङ् 2 Imperfect PastTense चोरि । चोरय

अचोरयत	अचोरयेताम्[4]	अचोरयन्त[1]
अचोरयथाः	अचोरयेथाम्[4]	अचोरयध्वम्
अचोरये[4]	अचोरयावहि[3]	अचोरयामहि[3]

लोट् 3 Imperative Mood चोरि । चोरय

चोरयताम्	चोरयेताम्[4]	चोरयन्ताम्[1]
चोरयस्व	चोरयेथाम्[4]	चोरयध्वम्
चोरयै[5]	चोरयावहै[3]	चोरयामहै[3]

विधिलिङ् 4 Potential Mood चोरि । चोरय

चोरयेत	चोरयेयाताम्	चोरयेरन्
चोरयेथाः	चोरयेयाथाम्	चोरयेध्वम्
चोरयेय	चोरयेवहि	चोरयेमहि

लृट् 5 Simple Future Tense चोरि । चोरय

चोरयिष्यते	चोरयिष्येते	चोरयिष्यन्ते
चोरयिष्यसे	चोरयिष्येथे	चोरयिष्यध्वे
चोरयिष्ये	चोरयिष्यावहे	चोरयिष्यामहे

लृङ् 6 Conditional Mood चोरि । चोरय

अचोरयिष्यत	अचोरयिष्येताम्	अचोरयिष्यन्त
अचोरयिष्यथाः	अचोरयिष्येथाम्	अचोरयिष्यध्वम्
अचोरयिष्ये	अचोरयिष्यावहि	अचोरयिष्यामहि

लुट् 7 Periphrastic Future चोरि । चोरय

चोरयिता	चोरयितारौ	चोरयितारः
चोरयितासे	चोरयितासाथे	चोरयिताध्वे
चोरयिताहे	चोरयितास्वहे	चोरयितास्महे

आशीर्लिङ् 8 Benedictive Mood चोरि । चोर्

चोरयिषीष्ट	चोरयिषीयास्ताम्	चोरयिषीरन्
चोरयिषीष्ठाः	चोरयिषीयास्थाम्	चोरयिषीध्वम् -ढ्वम्
चोरयिषीय	चोरयिषीवहि	चोरयिषीमहि

लिट् 9 PerfectPastTense चोरि । चोरय

चोरयाञ्चक्रे	चोरयाञ्चक्राते	चोरयाञ्चक्रिरे
चोरयाम्बभूव	चोरयाम्बभूवतुः	चोरयाम्बभूवुः
चोरयामास	चोरयामासतुः	चोरयामासुः
चोरयाञ्चकृषे	चोरयाञ्चक्राथे	चोरयाञ्चकृढ्वे
चोरयाम्बभूविथ	चोरयाम्बभूवथुः	चोरयाम्बभूव
चोरयामासिथ	चोरयामासथुः	चोरयामास
चोरयाञ्चक्रे	चोरयाञ्चकृवहे	चोरयाञ्चकृमहे
चोरयाम्बभूव	चोरयाम्बभूविव	चोरयाम्बभूविम
चोरयामास	चोरयामासिव	चोरयामासिम

लुङ् 10 Aorist Past Tense चोरि । चोरय

अचूचुरत	अचूचुरेताम्	अचूचुरन्त
अचूचुरथाः	अचूचुरेथाम्	अचूचुरध्वम्
अचूचुरे	अचूचुरावहि	अचूचुरामहि

1535 चिति स्मृत्याम् । इदित् वैकल्पिकः णिच् । think, consider, reflect, ponder. *Famous word* चिन्ता ।

10c 2 चितिँ । चिन्त् । चिन्तयति / ते , चिन्तति । U । सेट् । स० । चिन्ति । चिन्तय ।

7.1.58 इदितो नुम् धातोः । 1.3.74 णिचश्च । Siddhanta Kaumudi इदित्करणं णिचः पाक्षिकत्वे लिङ्गम् ।

Parasmaipadi Forms

चिन्तयति	चिन्तयतः	चिन्तयन्ति	अचिन्तयत् -द्	अचिन्तयताम्	अचिन्तयन्
चिन्तयसि	चिन्तयथः	चिन्तयथ	अचिन्तयः	अचिन्तयतम्	अचिन्तयत
चिन्तयामि	चिन्तयावः	चिन्तयामः	अचिन्तयम्	अचिन्तयाव	अचिन्तयाम

चिन्तयतु चिन्तयतात् -द्	चिन्तयताम्	चिन्तयन्तु	चिन्तयेत् -द्	चिन्तयेताम्	चिन्तयेयुः
चिन्तय चिन्तयतात् -द्	चिन्तयतम्	चिन्तयत	चिन्तयेः	चिन्तयेतम्	चिन्तयेत
चिन्तयानि	चिन्तयाव	चिन्तयाम	चिन्तयेयम्	चिन्तयेव	चिन्तयेम

चिन्तयिष्यति	चिन्तयिष्यतः	चिन्तयिष्यन्ति	अचिन्तयिष्यत् -द्	अचिन्तयिष्यताम्	अचिन्तयिष्यन्
चिन्तयिष्यसि	चिन्तयिष्यथः	चिन्तयिष्यथ	अचिन्तयिष्यः	अचिन्तयिष्यतम्	अचिन्तयिष्यत
चिन्तयिष्यामि	चिन्तयिष्यावः	चिन्तयिष्यामः	अचिन्तयिष्यम्	अचिन्तयिष्याव	अचिन्तयिष्याम

लुट् 7 Periphrastic Future चिन्ति । चिन्तय

आशीर्लिङ् 8 Benedictive Mood चिन्ति । चिन्त्

चिन्तयिता	चिन्तयितारौ	चिन्तयितारः	चिन्त्यात् -द्	चिन्त्यास्ताम्	चिन्त्यासुः
चिन्तयितासि	चिन्तयितास्थः	चिन्तयितास्थ	चिन्त्याः	चिन्त्यास्तम्	चिन्त्यास्त
चिन्तयितास्मि	चिन्तयितास्वः	चिन्तयितास्मः	चिन्त्यासम्	चिन्त्यास्व	चिन्त्यास्म

चिन्तयाम्बभूव	चिन्तयाम्बभूवतुः	चिन्तयाम्बभूवुः	अचिचिन्तत् -द्	अचिचिन्तताम्	अचिचिन्तन्
चिन्तयाञ्चकार	चिन्तयाञ्चक्रतुः	चिन्तयाञ्चक्रुः			
चिन्तयामास	चिन्तयामासतुः	चिन्तयामासुः			
चिन्तयाम्बभूविथ	चिन्तयाम्बभूवथुः	चिन्तयाम्बभूव	अचिचिन्तः	अचिचिन्ततम्	अचिचिन्तत
चिन्तयाञ्चकर्थ	चिन्तयाञ्चक्रथुः	चिन्तयाञ्चक्र			
चिन्तयामासिथ	चिन्तयामासथुः	चिन्तयामास			
चिन्तयाम्बभूव	चिन्तयाम्बभूविव	चिन्तयाम्बभूविम	अचिचिन्तम्	अचिचिन्ताव	अचिचिन्ताम
चिन्तयाञ्चकर -कार	चिन्तयाञ्चकृव	चिन्तयाञ्चकृम			
चिन्तयामास	चिन्तयामासिव	चिन्तयामासिम			

Atmanepadi Forms

चिन्तयते	चिन्तयेते	चिन्तयन्ते	अचिन्तयत	अचिन्तयेताम्	अचिन्तयन्त
चिन्तयसे	चिन्तयेथे	चिन्तयध्वे	अचिन्तयथाः	अचिन्तयेथाम्	अचिन्तयध्वम्
चिन्तये	चिन्तयावहे	चिन्तयामहे	अचिन्तये	अचिन्तयावहि	अचिन्तयामहि

चिन्तयताम्	चिन्तयेताम्	चिन्तयन्ताम्	चिन्तयेत	चिन्तयेयाताम्	चिन्तयेरन्
चिन्तयस्व	चिन्तयेथाम्	चिन्तयध्वम्	चिन्तयेथाः	चिन्तयेयाथाम्	चिन्तयेध्वम्
चिन्तयै	चिन्तयावहै	चिन्तयामहै	चिन्तयेय	चिन्तयेवहि	चिन्तयेमहि

चिन्तयिष्यते	चिन्तयिष्येते	चिन्तयिष्यन्ते	अचिन्तयिष्यत	अचिन्तयिष्येताम्	अचिन्तयिष्यन्त

चिन्तयिष्यसे	चिन्तयिष्येथे	चिन्तयिष्यध्वे	अचिन्तयिष्यथाः	अचिन्तयिष्येथाम्	अचिन्तयिष्यध्वम्
चिन्तयिष्ये	चिन्तयिष्यावहे	चिन्तयिष्यामहे	अचिन्तयिष्ये	अचिन्तयिष्यावहि	अचिन्तयिष्यामहि

चिन्तयिता	चिन्तयितारौ	चिन्तयितारः	चिन्तयिषीष्ट	चिन्तयिषीयास्ताम्	चिन्तयिषीरन्
चिन्तयितासे	चिन्तयितासाथे	चिन्तयिताध्वे	चिन्तयिषीष्ठाः	चिन्तयिषीयास्थाम्	चिन्तयिषीध्वम् - ढ्वम्
चिन्तयिताहे	चिन्तयितास्वहे	चिन्तयितास्महे	चिन्तयिषीय	चिन्तयिषीवहि	चिन्तयिषीमहि

चिन्तयाम्बभूव	चिन्तयाम्बभूवतुः	चिन्तयाम्बभूवुः	अचिचिन्तत	अचिचिन्तेताम्	अचिचिन्तन्त
चिन्तयाञ्चक्रे	चिन्तयाञ्चक्राते	चिन्तयाञ्चक्रिरे			
चिन्तयामास	चिन्तयामासतुः	चिन्तयामासुः			
चिन्तयाम्बभूविथ	चिन्तयाम्बभूवथुः	चिन्तयाम्बभूव	अचिचिन्तथाः	अचिचिन्तेथाम्	अचिचिन्तध्वम्
चिन्तयाञ्चकृषे	चिन्तयाञ्चक्राथे	चिन्तयाञ्चकृढ्वे			
चिन्तयामासिथ	चिन्तयामासथुः	चिन्तयामास			
चिन्तयाम्बभूव	चिन्तयाम्बभूविव	चिन्तयाम्बभूविम	अचिचिन्ते	अचिचिन्तावहि	अचिचिन्तामहि
चिन्तयाञ्चक्रे	चिन्तयाञ्चकृवहे	चिन्तयाञ्चकृमहे			
चिन्तयामास	चिन्तयामासिव	चिन्तयामासिम			

णिजभावपक्षे 1.3.78 शेषात् कर्त्तरि परस्मैपदम् । पक्षे भ्वादिः इव चिन्त् । P । सेट् । स० ।

Q. Why आशीर्लिङ् does not have णिच् / णिजभावपक्षे distinct forms?

A. In आशीर्लिङ् the New Root is चिन्ति । By 6.4.51 णेरनिटि । The Anga becomes चिन्त् । Hence for आशीर्लिङ् the णिच् / णिजभावपक्षे forms are identical here.

चिन्तति	चिन्ततः	चिन्तन्ति	अचिन्तत् -द्	अचिन्तताम्	अचिन्तन्
चिन्तसि	चिन्तथः	चिन्तथ	अचिन्तयः	अचिन्ततम्	अचिन्तत
चिन्तयामि	चिन्तयावः	चिन्तयामः	अचिन्तम्	अचिन्तयाव	अचिन्तयाम

चिन्ततु चिन्ततात् -द्	चिन्तताम्	चिन्तन्तु	चिन्तयेत् -द्	चिन्तयेताम्	चिन्तयेयुः
चिन्त चिन्ततात् -द्	चिन्ततम्	चिन्तत	चिन्तयेः	चिन्तयेतम्	चिन्तयेत
चिन्तयानि	चिन्तयाव	चिन्तयाम	चिन्तयेयम्	चिन्तयेव	चिन्तयेम

चिन्तिष्यति	चिन्तिष्यतः	चिन्तिष्यन्ति	अचिन्तिष्यत् -द्	अचिन्तिष्यताम्	अचिन्तिष्यन्
चिन्तिष्यसि	चिन्तिष्यथः	चिन्तिष्यथ	अचिन्तिष्यः	अचिन्तिष्यतम्	अचिन्तिष्यत
चिन्तिष्यामि	चिन्तिष्यावः	चिन्तिष्यामः	अचिन्तिष्यम्	अचिन्तिष्याव	अचिन्तिष्याम

चिन्तिता	चिन्तितारौ	चिन्तितारः	चिन्त्यात् -द्	चिन्त्यास्ताम्	चिन्त्यासुः
चिन्तितासि	चिन्तितास्थः	चिन्तितास्थ	चिन्त्याः	चिन्त्यास्तम्	चिन्त्यास्त
चिन्तितास्मि	चिन्तितास्वः	चिन्तितास्मः	चिन्त्यासम्	चिन्त्यास्व	चिन्त्यास्म

चिचिन्त	चिचिन्ततुः	चिचिन्तुः	अचिन्तीत् -द्	अचिन्तिष्टाम्	अचिन्तिषुः
चिचिन्तिथ	चिचिन्तथुः	चिचिन्त	अचिन्तीः	अचिन्तिष्टम्	अचिन्तिष्ट
चिचिन्त	चिचिन्तिव	चिचिन्तिम	अचिन्तिषम्	अचिन्तिष्व	अचिन्तिष्म

1536 यत्रि सङ्कोचने । सङ्कोचे । अयं नित्यं णिच् । restrain, bind

10c 3 यत्रिँ । यन्त्र् । यन्त्रयति / ते । U । सेट् । स० । यन्त्रि । यन्त्रय ।

7.1.58 इदितो नुम् धातोः । इदित्करणं णिचः पाक्षिकत्वे लिङ्गम् । 1.3.74 णिचश्च । However this Dhatu **ends in a Conjunct** त्र , so वैकल्पिकत्वम् does not apply. **Parasmaipadi Forms**

यन्त्रयति	यन्त्रयतः	यन्त्रयन्ति	अयन्त्रयत् -द्	अयन्त्रयताम्	अयन्त्रयन्
यन्त्रयसि	यन्त्रयथः	यन्त्रयथ	अयन्त्रयः	अयन्त्रयतम्	अयन्त्रयत
यन्त्रयामि	यन्त्रयावः	यन्त्रयामः	अयन्त्रयम्	अयन्त्रयाव[2]	अयन्त्रयाम

यन्त्रयतु यन्त्रयतात् -द्	यन्त्रयताम्	यन्त्रयन्तु	यन्त्रयेत् -द्	यन्त्रयेताम्	यन्त्रयेयुः
यन्त्रय यन्त्रयतात् -द्	यन्त्रयतम्	यन्त्रयत	यन्त्रयेः	यन्त्रयेतम्	यन्त्रयेत
यन्त्रयाणि	यन्त्रयाव	यन्त्रयाम	यन्त्रयेयम्	यन्त्रयेव	यन्त्रयेम

यन्त्रयिष्यति	यन्त्रयिष्यतः	यन्त्रयिष्यन्ति	अयन्त्रयिष्यत् -द्	अयन्त्रयिष्यताम्	अयन्त्रयिष्यन्
यन्त्रयिष्यसि	यन्त्रयिष्यथः	यन्त्रयिष्यथ	अयन्त्रयिष्यः	अयन्त्रयिष्यतम्	अयन्त्रयिष्यत
यन्त्रयिष्यामि	यन्त्रयिष्यावः	यन्त्रयिष्यामः	अयन्त्रयिष्यम्	अयन्त्रयिष्याव	अयन्त्रयिष्याम

यन्त्रयिता	यन्त्रयितारौ	यन्त्रयितारः	यन्त्र्यात् -द्	यन्त्र्यास्ताम्	यन्त्र्यासुः
यन्त्रयितासि	यन्त्रयितास्थः	यन्त्रयितास्थ	यन्त्र्याः	यन्त्र्यास्तम्	यन्त्र्यास्त
यन्त्रयितास्मि	यन्त्रयितास्वः	यन्त्रयितास्मः	यन्त्र्यासम्	यन्त्र्यास्व	यन्त्र्यास्म

यन्त्रयाम्बभूव	यन्त्रयाम्बभूवतुः	यन्त्रयाम्बभूवुः	अययन्त्रत् -द्	अययन्त्रताम्	अययन्त्रन्
यन्त्रयाञ्चकार	यन्त्रयाञ्चक्रतुः	यन्त्रयाञ्चक्रुः			
यन्त्रयामास	यन्त्रयामासतुः	यन्त्रयामासुः			
यन्त्रयाम्बभूविथ	यन्त्रयाम्बभूवथुः	यन्त्रयाम्बभूव	अययन्त्रः	अययन्त्रतम्	अययन्त्रत
यन्त्रयाञ्चकर्थ	यन्त्रयाञ्चक्रथुः	यन्त्रयाञ्चक्र			
यन्त्रयामासिथ	यन्त्रयामासथुः	यन्त्रयामास			
यन्त्रयाम्बभूव	यन्त्रयाम्बभूविव	यन्त्रयाम्बभूविम	अययन्त्रम्	अययन्त्राव	अययन्त्राम
यन्त्रयाञ्चकर -कार	यन्त्रयाञ्चकृव	यन्त्रयाञ्चकृम			
यन्त्रयामास	यन्त्रयामासिव	यन्त्रयामासिम			

Atmanepadi Forms

यन्त्रयते	यन्त्रयेते[4]	यन्त्रयन्ते[1]	अयन्त्रयत	अयन्त्रयेताम्[4]	अयन्त्रयन्त[1]
यन्त्रयसे	यन्त्रयेथे[4]	यन्त्रयध्वे	अयन्त्रयथाः	अयन्त्रयेथाम्[4]	अयन्त्रयध्वम्
यन्त्रये[1]	यन्त्रयावहे[2]	यन्त्रयामहे[2]	अयन्त्रये[4]	अयन्त्रयावहि[3]	अयन्त्रयामहि[3]

यन्त्रयताम्	यन्त्रयेताम्[4]	यन्त्रयन्ताम्[1]	यन्त्रयेत	यन्त्रयेयाताम्	यन्त्रयेरन्

यन्त्रयस्व	यन्त्रयेथाम्[4]	यन्त्रयध्वम्	यन्त्रयेथाः	यन्त्रयेयाथाम्	यन्त्रयेध्वम्
यन्त्रयै[5]	यन्त्रयावहै[3]	यन्त्रयामहै[3]	यन्त्रयेय	यन्त्रयेवहि	यन्त्रयेमहि

यन्त्रयिष्यते	यन्त्रयिष्येते	यन्त्रयिष्यन्ते	अयन्त्रयिष्यत	अयन्त्रयिष्येताम्	अयन्त्रयिष्यन्त
यन्त्रयिष्यसे	यन्त्रयिष्येथे	यन्त्रयिष्यध्वे	अयन्त्रयिष्यथाः	अयन्त्रयिष्येथाम्	अयन्त्रयिष्यध्वम्
यन्त्रयिष्ये	यन्त्रयिष्यावहे	यन्त्रयिष्यामहे	अयन्त्रयिष्ये	अयन्त्रयिष्यावहि	अयन्त्रयिष्यामहि

यन्त्रयिता	यन्त्रयितारौ	यन्त्रयितारः	यन्त्रयिषीष्ट	यन्त्रयिषीयास्ताम्	यन्त्रयिषीरन्
यन्त्रयितासे	यन्त्रयितासाथे	यन्त्रयिताध्वे	यन्त्रयिषीष्ठाः	यन्त्रयिषीयास्थाम्	यन्त्रयिषीध्वम् -ढ्वम्
यन्त्रयिताहे	यन्त्रयितास्वहे	यन्त्रयितास्महे	यन्त्रयिषीय	यन्त्रयिषीवहि	यन्त्रयिषीमहि

यन्त्रयाम्बभूव	यन्त्रयाम्बभूवतुः	यन्त्रयाम्बभूवुः	अययन्त्रत	अययन्त्रेताम्	अययन्त्रन्त
यन्त्रयाञ्चक्रे	यन्त्रयाञ्चक्राते	यन्त्रयाञ्चक्रिरे			
यन्त्रयामास	यन्त्रयामासतुः	यन्त्रयामासुः			
यन्त्रयाम्बभूविथ	यन्त्रयाम्बभूवथुः	यन्त्रयाम्बभूव	अययन्त्रथाः	अययन्त्रेथाम्	अययन्त्रध्वम्
यन्त्रयाञ्चकृषे	यन्त्रयाञ्चक्राथे	यन्त्रयाञ्चकृढ्वे			
यन्त्रयामासिथ	यन्त्रयामासथुः	यन्त्रयामास			
यन्त्रयाम्बभूव	यन्त्रयाम्बभूविव	यन्त्रयाम्बभूविम	अययन्त्रे	अययन्त्रावहि	अययन्त्रामहि
यन्त्रयाञ्चक्रे	यन्त्रयाञ्चकृवहे	यन्त्रयाञ्चकृमहे			
यन्त्रयामास	यन्त्रयामासिव	यन्त्रयामासिम			

1537 स्फुडि परिहासे । स्फुटि इत्यपि । इदित् वैकल्पिकः णिच् । jest, joke, sneer

10c 4 स्फुडिँ । स्फुण्ड् । स्फुण्डयति / ते , स्फुण्डति । U । सेट् । स० । स्फुण्डि । स्फुण्डय ।

Parasmaipadi Forms

स्फुण्डयति	स्फुण्डयतः	स्फुण्डयन्ति	अस्फुण्डयत् -द्	अस्फुण्डयताम्	अस्फुण्डयन्
स्फुण्डयसि	स्फुण्डयथः	स्फुण्डयथ	अस्फुण्डयः	अस्फुण्डयतम्	अस्फुण्डयत
स्फुण्डयामि	स्फुण्डयावः	स्फुण्डयामः	अस्फुण्डयम्	अस्फुण्डयाव	अस्फुण्डयाम

स्फुण्डयतु स्फुण्डयतात् -द्	स्फुण्डयताम्	स्फुण्डयन्तु	स्फुण्डयेत् -द्	स्फुण्डयेताम्	स्फुण्डयेयुः
स्फुण्डय स्फुण्डयतात् -द्	स्फुण्डयतम्	स्फुण्डयत	स्फुण्डयेः	स्फुण्डयेतम्	स्फुण्डयेत
स्फुण्डयानि	स्फुण्डयाव	स्फुण्डयाम	स्फुण्डयेयम्	स्फुण्डयेव	स्फुण्डयेम

स्फुण्डयिष्यति	स्फुण्डयिष्यतः	स्फुण्डयिष्यन्ति	अस्फुण्डयिष्यत् -द्	अस्फुण्डयिष्यताम्	अस्फुण्डयिष्यन्
स्फुण्डयिष्यसि	स्फुण्डयिष्यथः	स्फुण्डयिष्यथ	अस्फुण्डयिष्यः	अस्फुण्डयिष्यतम्	अस्फुण्डयिष्यत
स्फुण्डयिष्यामि	स्फुण्डयिष्यावः	स्फुण्डयिष्यामः	अस्फुण्डयिष्यम्	अस्फुण्डयिष्याव	अस्फुण्डयिष्याम

स्फुण्डयिता	स्फुण्डयितारौ	स्फुण्डयितारः	स्फुण्ड्यात् -द्	स्फुण्ड्यास्ताम्	स्फुण्ड्यासुः

स्फुण्डयितासि	स्फुण्डयितास्थः	स्फुण्डयितास्थ	स्फुण्ड्याः	स्फुण्ड्यास्तम्	स्फुण्ड्यास्त
स्फुण्डयितास्मि	स्फुण्डयितास्वः	स्फुण्डयितास्मः	स्फुण्ड्यासम्	स्फुण्ड्यास्व	स्फुण्ड्यास्म

स्फुण्डयाम्बभूव	स्फुण्डयाम्बभूवतुः	स्फुण्डयाम्बभूवुः	अपुस्फुण्डत् -द्	अपुस्फुण्डताम्	अपुस्फुण्डन्
स्फुण्डयाञ्चकार	स्फुण्डयाञ्चक्रतुः	स्फुण्डयाञ्चक्रुः			
स्फुण्डयामास	स्फुण्डयामासतुः	स्फुण्डयामासुः			
स्फुण्डयाम्बभूविथ	स्फुण्डयाम्बभूवथुः	स्फुण्डयाम्बभूव	अपुस्फुण्डः	अपुस्फुण्डतम्	अपुस्फुण्डत
स्फुण्डयाञ्चकर्थ	स्फुण्डयाञ्चक्रथुः	स्फुण्डयाञ्चक्र			
स्फुण्डयामासिथ	स्फुण्डयामासथुः	स्फुण्डयामास			
स्फुण्डयाम्बभूव	स्फुण्डयाम्बभूविव	स्फुण्डयाम्बभूविम	अपुस्फुण्डषम्	अपुस्फुण्डाव	अपुस्फुण्डाम
स्फुण्डयाञ्चकर -कार	स्फुण्डयाञ्चकृव	स्फुण्डयाञ्चकृम			
स्फुण्डयामास	स्फुण्डयामासिव	स्फुण्डयामासिम			

Atmanepadi Forms

स्फुण्डयते	स्फुण्डयेते[4]	स्फुण्डयन्ते[1]	अस्फुण्डयत	अस्फुण्डयेताम्[4]	अस्फुण्डयन्त[1]
स्फुण्डयसे	स्फुण्डयेथे[4]	स्फुण्डयध्वे	अस्फुण्डयथाः	अस्फुण्डयेथाम्[4]	अस्फुण्डयध्वम्
स्फुण्डये[1]	स्फुण्डयावहे[2]	स्फुण्डयामहे[2]	अस्फुण्डये[4]	अस्फुण्डयावहि[3]	अस्फुण्डयामहि[3]

स्फुण्डयताम्	स्फुण्डयेताम्[4]	स्फुण्डयन्ताम्[1]	स्फुण्डयेत	स्फुण्डयेयाताम्	स्फुण्डयेरन्
स्फुण्डयस्व	स्फुण्डयेथाम्[4]	स्फुण्डयध्वम्	स्फुण्डयेथाः	स्फुण्डयेयाथाम्	स्फुण्डयेध्वम्
स्फुण्डयै[5]	स्फुण्डयावहै[3]	स्फुण्डयामहै[3]	स्फुण्डयेय	स्फुण्डयेवहि	स्फुण्डयेमहि

स्फुण्डयिष्यते	स्फुण्डयिष्येते	स्फुण्डयिष्यन्ते	अस्फुण्डयिष्यत	अस्फुण्डयिष्येताम्	अस्फुण्डयिष्यन्त
स्फुण्डयिष्यसे	स्फुण्डयिष्येथे	स्फुण्डयिष्यध्वे	अस्फुण्डयिष्यथाः	अस्फुण्डयिष्येथाम्	अस्फुण्डयिष्यध्वम्
स्फुण्डयिष्ये	स्फुण्डयिष्यावहे	स्फुण्डयिष्यामहे	अस्फुण्डयिष्ये	अस्फुण्डयिष्यावहि	अस्फुण्डयिष्यामहि

स्फुण्डयिता	स्फुण्डयितारौ	स्फुण्डयितारः	स्फुण्डयिषीष्ट	स्फुण्डयिषीयास्ताम्	स्फुण्डयिषीरन्
स्फुण्डयितासे	स्फुण्डयितासाथे	स्फुण्डयिताध्वे	स्फुण्डयिषीष्ठाः	स्फुण्डयिषीयास्थाम्	स्फुण्डयिषीध्वम् -ढ्वम्
स्फुण्डयिताहे	स्फुण्डयितास्वहे	स्फुण्डयितास्महे	स्फुण्डयिषीय	स्फुण्डयिषीवहि	स्फुण्डयिषीमहि

स्फुण्डयाम्बभूव	स्फुण्डयाम्बभूवतुः	स्फुण्डयाम्बभूवुः	अपुस्फुण्डत	अपुस्फुण्डेताम्	अपुस्फुण्डन्त
स्फुण्डयाञ्चक्रे	स्फुण्डयाञ्चक्राते	स्फुण्डयाञ्चक्रिरे			
स्फुण्डयामास	स्फुण्डयामासतुः	स्फुण्डयामासुः			
स्फुण्डयाम्बभूविथ	स्फुण्डयाम्बभूवथुः	स्फुण्डयाम्बभूव	अपुस्फुण्डथाः	अपुस्फुण्डेथाम्	अपुस्फुण्डध्वम्
स्फुण्डयाञ्चकृषे	स्फुण्डयाञ्चक्राथे	स्फुण्डयाञ्चकृढ्वे			
स्फुण्डयामासिथ	स्फुण्डयामासथुः	स्फुण्डयामास			
स्फुण्डयाम्बभूव	स्फुण्डयाम्बभूविव	स्फुण्डयाम्बभूविम	अपुस्फुण्डे	अपुस्फुण्डावहि	अपुस्फुण्डामहि

स्फुण्डयाञ्चक्रे	स्फुण्डयाञ्चकृवहे	स्फुण्डयाञ्चकृमहे			
स्फुण्डयामास	स्फुण्डयामासिव	स्फुण्डयामासिम			

1537 स्फुडि परिहासे । णिजभावपक्षे 1.3.78 शेषात् कर्त्तरि परस्मैपदम् । पक्षे भ्वादिः इव स्फुण्ड् । P । सेट् । स०।

स्फुण्डति	स्फुण्डतः	स्फुण्डन्ति	अस्फुण्डत् -द्	अस्फुण्डताम्	अस्फुण्डन्
स्फुण्डसि	स्फुण्डथः	स्फुण्डथ	अस्फुण्डः	अस्फुण्डतम्	अस्फुण्डत
स्फुण्डामि	स्फुण्डावः	स्फुण्डामः	अस्फुण्डम्	अस्फुण्डाव[2]	अस्फुण्डाम

स्फुण्डतु स्फुण्डतात् -द्	स्फुण्डताम्	स्फुण्डन्तु	स्फुण्डेत् -द्	स्फुण्डेताम्	स्फुण्डेयुः
स्फुण्ड स्फुण्डतात् -द्	स्फुण्डतम्	स्फुण्डत	स्फुण्डयेः	स्फुण्डेतम्	स्फुण्डेत
स्फुण्डानि	स्फुण्डाव	स्फुण्डाम	स्फुण्डेयम्	स्फुण्डेव	स्फुण्डेम

स्फुण्डिष्यति	स्फुण्डिष्यतः	स्फुण्डिष्यन्ति	अस्फुण्डिष्यत् -द्	अस्फुण्डिष्यताम्	अस्फुण्डिष्यन्
स्फुण्डिष्यसि	स्फुण्डिष्यथः	स्फुण्डिष्यथ	अस्फुण्डिष्यः	अस्फुण्डिष्यतम्	अस्फुण्डिष्यत
स्फुण्डिष्यामि	स्फुण्डिष्यावः	स्फुण्डिष्यामः	अस्फुण्डिष्यम्	अस्फुण्डिष्याव	अस्फुण्डिष्याम

स्फुण्डिता	स्फुण्डितारौ	स्फुण्डितारः	स्फुण्ड्यात् -द्	स्फुण्ड्यास्ताम्	स्फुण्ड्यासुः
स्फुण्डितासि	स्फुण्डितास्थः	स्फुण्डितास्थ	स्फुण्ड्याः	स्फुण्ड्यास्तम्	स्फुण्ड्यास्त
स्फुण्डितास्मि	स्फुण्डितास्वः	स्फुण्डितास्मः	स्फुण्ड्यासम्	स्फुण्ड्यास्व	स्फुण्ड्यास्म

पुस्फुण्ड	पुस्फुण्डतुः	पुस्फुण्डुः	अस्फुण्डीत् -द्	अस्फुण्डिष्टाम्	अस्फुण्डिषुः
पुस्फुण्डिथ	पुस्फुण्डथुः	पुस्फुण्ड	अस्फुण्डीः	अस्फुण्डिष्टम्	अस्फुण्डिष्ट
पुस्फुण्ड	पुस्फुण्डिव	पुस्फुण्डिम	अस्फुण्डिषम्	अस्फुण्डिष्व	अस्फुण्डिष्म

1538 लक्ष दर्शनाङ्कनयोः । notice, observe, perceive, find. *Famous words* लक्ष्मीः , लक्षणम् ।
10c 5 लक्षँ । लक्ष् । लक्षयति / ते । U । सेट् । स० । लक्षि । लक्षय । **Parasmaipadi Forms**

लक्षयति	लक्षयतः	लक्षयन्ति	अलक्षयत् -द्	अलक्षयताम्	अलक्षयन्
लक्षयसि	लक्षयथः	लक्षयथ	अलक्षयः	अलक्षयतम्	अलक्षयत
लक्षयामि	लक्षयावः	लक्षयामः	अलक्षयम्	अलक्षयाव	अलक्षयाम

लक्षयतु लक्षयतात् -द्	लक्षयताम्	लक्षयन्तु	लक्षयेत् -द्	लक्षयेताम्	लक्षयेयुः
लक्षय लक्षयतात् -द्	लक्षयतम्	लक्षयत	लक्षयेः	लक्षयेतम्	लक्षयेत
लक्षयाणि	लक्षयाव	लक्षयाम	लक्षयेयम्	लक्षयेव	लक्षयेम

लक्षयिष्यति	लक्षयिष्यतः	लक्षयिष्यन्ति	अलक्षयिष्यत् -द्	अलक्षयिष्यताम्	अलक्षयिष्यन्
लक्षयिष्यसि	लक्षयिष्यथः	लक्षयिष्यथ	अलक्षयिष्यः	अलक्षयिष्यतम्	अलक्षयिष्यत
लक्षयिष्यामि	लक्षयिष्यावः	लक्षयिष्यामः	अलक्षयिष्यम्	अलक्षयिष्याव	अलक्षयिष्याम

लक्षयिता	लक्षयितारौ	लक्षयितारः	लक्ष्यात् -द्	लक्ष्यास्ताम्	लक्ष्यासुः
लक्षयितासि	लक्षयितास्थः	लक्षयितास्थ	लक्ष्याः	लक्ष्यास्तम्	लक्ष्यास्त
लक्षयितास्मि	लक्षयितास्वः	लक्षयितास्मः	लक्ष्यासम्	लक्ष्यास्व	लक्ष्यास्म

लक्षयाम्बभूव	लक्षयाम्बभूवतुः	लक्षयाम्बभूवुः	अललक्षत् -द्	अललक्षताम्	अललक्षन्
लक्षयाञ्चकार	लक्षयाञ्चक्रतुः	लक्षयाञ्चक्रुः			
लक्षयामास	लक्षयामासतुः	लक्षयामासुः			
लक्षयाम्बभूविथ	लक्षयाम्बभूवथुः	लक्षयाम्बभूव	अललक्षः	अललक्षतम्	अललक्षत
लक्षयाञ्चकर्थ	लक्षयाञ्चक्रथुः	लक्षयाञ्चक्र			
लक्षयामासिथ	लक्षयामासथुः	लक्षयामास			
लक्षयाम्बभूव	लक्षयाम्बभूविव	लक्षयाम्बभूविम	अललक्षम्	अललक्षाव	अललक्षाम
लक्षयाञ्चकर -कार	लक्षयाञ्चकृव	लक्षयाञ्चकृम			
लक्षयामास	लक्षयामासिव	लक्षयामासिम			

Atmanepadi Forms

लक्षयते	लक्षयेते	लक्षयन्ते	अलक्षयत	अलक्षयेताम्	अलक्षयन्त
लक्षयसे	लक्षयेथे	लक्षयध्वे	अलक्षयथाः	अलक्षयेथाम्	अलक्षयध्वम्
लक्षये	लक्षयावहे	लक्षयामहे	अलक्षये	अलक्षयावहि	अलक्षयामहि

लक्षयताम्	लक्षयेताम्	लक्षयन्ताम्	लक्षयेत	लक्षयेयाताम्	लक्षयेरन्
लक्षयस्व	लक्षयेथाम्	लक्षयध्वम्	लक्षयेथाः	लक्षयेयाथाम्	लक्षयेध्वम्
लक्षयै	लक्षयावहै	लक्षयामहै	लक्षयेय	लक्षयेवहि	लक्षयेमहि

लक्षयिष्यते	लक्षयिष्येते	लक्षयिष्यन्ते	अलक्षयिष्यत	अलक्षयिष्येताम्	अलक्षयिष्यन्त
लक्षयिष्यसे	लक्षयिष्येथे	लक्षयिष्यध्वे	अलक्षयिष्यथाः	अलक्षयिष्येथाम्	अलक्षयिष्यध्वम्
लक्षयिष्ये	लक्षयिष्यावहे	लक्षयिष्यामहे	अलक्षयिष्ये	अलक्षयिष्यावहि	अलक्षयिष्यामहि

लक्षयिता	लक्षयितारौ	लक्षयितारः	लक्षयिषीष्ट	लक्षयिषीयास्ताम्	लक्षयिषीरन्
लक्षयितासे	लक्षयितासाथे	लक्षयिताध्वे	लक्षयिषीष्ठाः	लक्षयिषीयास्थाम्	लक्षयिषीध्वम् -ढ्वम्
लक्षयिताहे	लक्षयितास्वहे	लक्षयितास्महे	लक्षयिषीय	लक्षयिषीवहि	लक्षयिषीमहि

लक्षयाम्बभूव	लक्षयाम्बभूवतुः	लक्षयाम्बभूवुः	अललक्षत	अललक्षेताम्	अललक्षन्त
लक्षयाञ्चक्रे	लक्षयाञ्चक्राते	लक्षयाञ्चक्रिरे			
लक्षयामास	लक्षयामासतुः	लक्षयामासुः			
लक्षयाम्बभूविथ	लक्षयाम्बभूवथुः	लक्षयाम्बभूव	अललक्षथाः	अललक्षेथाम्	अललक्षध्वम्
लक्षयाञ्चकृषे	लक्षयाञ्चक्राथे	लक्षयाञ्चकृढ्वे			
लक्षयामासिथ	लक्षयामासथुः	लक्षयामास			
लक्षयाम्बभूव	लक्षयाम्बभूविव	लक्षयाम्बभूविम	अललक्षे	अललक्षावहि	अललक्षामहि
लक्षयाञ्चक्रे	लक्षयाञ्चकृवहे	लक्षयाञ्चकृमहे			
लक्षयामास	लक्षयामासिव	लक्षयामासिम			

1539 कुद्रि अनृतभाषणे । कुद्द इत्येके । कुडि इत्यपरे । अयं नित्यं णिच् । tell a lie

10c 6 कुद्रिँ । कुन्द्र । कुन्द्रयति / ते । U । सेट् । स० । कुन्द्रि । कुन्द्रय ।

7.1.58 इदितो नुम् धातोः । इदित्करणं णिचः पाक्षिकत्वे लिङ्गम् । However this Dhatu ends in a **Conjunct** द्र , so वैकल्पिकत्वम् does not apply. **Parasmaipadi Forms**

कुन्द्रयति	कुन्द्रयतः	कुन्द्रयन्ति	अकुन्द्रयत् -द्	अकुन्द्रयताम्	अकुन्द्रयन्
कुन्द्रयसि	कुन्द्रयथः	कुन्द्रयथ	अकुन्द्रयः	अकुन्द्रयतम्	अकुन्द्रयत
कुन्द्रयामि	कुन्द्रयावः	कुन्द्रयामः	अकुन्द्रयम्	अकुन्द्रयाव	अकुन्द्रयाम

कुन्द्रयतु कुन्द्रयतात् -द्	कुन्द्रयताम्	कुन्द्रयन्तु	कुन्द्रयेत् -द्	कुन्द्रयेताम्	कुन्द्रयेयुः
कुन्द्रय कुन्द्रयतात् -द्	कुन्द्रयतम्	कुन्द्रयत	कुन्द्रयेः	कुन्द्रयेतम्	कुन्द्रयेत
कुन्द्रयाणि	कुन्द्रयाव	कुन्द्रयाम	कुन्द्रयेयम्	कुन्द्रयेव	कुन्द्रयेम

कुन्द्रयिष्यति	कुन्द्रयिष्यतः	कुन्द्रयिष्यन्ति	अकुन्द्रयिष्यत् -द्	अकुन्द्रयिष्यताम्	अकुन्द्रयिष्यन्
कुन्द्रयिष्यसि	कुन्द्रयिष्यथः	कुन्द्रयिष्यथ	अकुन्द्रयिष्यः	अकुन्द्रयिष्यतम्	अकुन्द्रयिष्यत
कुन्द्रयिष्यामि	कुन्द्रयिष्यावः	कुन्द्रयिष्यामः	अकुन्द्रयिष्यम्	अकुन्द्रयिष्याव	अकुन्द्रयिष्याम

कुन्द्रयिता	कुन्द्रयितारौ	कुन्द्रयितारः	कुन्द्र्यात् -द्	कुन्द्र्यास्ताम्	कुन्द्र्यासुः
कुन्द्रयितासि	कुन्द्रयितास्थः	कुन्द्रयितास्थ	कुन्द्र्याः	कुन्द्र्यास्तम्	कुन्द्र्यास्त
कुन्द्रयितास्मि	कुन्द्रयितास्वः	कुन्द्रयितास्मः	कुन्द्र्यासम्	कुन्द्र्यास्व	कुन्द्र्यास्म

कुन्द्रयाम्बभूव	कुन्द्रयाम्बभूवतुः	कुन्द्रयाम्बभूवुः	अचुकुन्द्रत् -द्	अचुकुन्द्रताम्	अचुकुन्द्रन्
कुन्द्रयाञ्चकार	कुन्द्रयाञ्चक्रतुः	कुन्द्रयाञ्चक्रुः			
कुन्द्रयामास	कुन्द्रयामासतुः	कुन्द्रयामासुः			
कुन्द्रयाम्बभूविथ	कुन्द्रयाम्बभूवथुः	कुन्द्रयाम्बभूव	अचुकुन्द्रः	अचुकुन्द्रतम्	अचुकुन्द्रत
कुन्द्रयाञ्चकर्थ	कुन्द्रयाञ्चक्रथुः	कुन्द्रयाञ्चक्र			
कुन्द्रयामासिथ	कुन्द्रयामासथुः	कुन्द्रयामास			
कुन्द्रयाम्बभूव	कुन्द्रयाम्बभूविव	कुन्द्रयाम्बभूविम	अचुकुन्द्रम्	अचुकुन्द्राव	अचुकुन्द्राम
कुन्द्रयाञ्चकर -कार	कुन्द्रयाञ्चकृव	कुन्द्रयाञ्चकृम			
कुन्द्रयामास	कुन्द्रयामासिव	कुन्द्रयामासिम			

Atmanepadi Forms

कुन्द्रयते	कुन्द्रयेते	कुन्द्रयन्ते	अकुन्द्रयत	अकुन्द्रयेताम्	अकुन्द्रयन्त
कुन्द्रयसे	कुन्द्रयेथे	कुन्द्रयध्वे	अकुन्द्रयथाः	अकुन्द्रयेथाम्	अकुन्द्रयध्वम्
कुन्द्रये	कुन्द्रयावहे	कुन्द्रयामहे	अकुन्द्रये	अकुन्द्रयावहि	अकुन्द्रयामहि

कुन्द्रयताम्	कुन्द्रयेताम्	कुन्द्रयन्ताम्	कुन्द्रयेत	कुन्द्रयेयाताम्	कुन्द्रयेरन्
कुन्द्रयस्व	कुन्द्रयेथाम्	कुन्द्रयध्वम्	कुन्द्रयेथाः	कुन्द्रयेयाथाम्	कुन्द्रयेध्वम्

कुन्द्रयै	कुन्द्रयावहै	कुन्द्रयामहै	कुन्द्रयेय	कुन्द्रयेवहि	कुन्द्रयेमहि

कुन्द्रयिष्यते	कुन्द्रयिष्येते	कुन्द्रयिष्यन्ते	अकुन्द्रयिष्यत	अकुन्द्रयिष्येताम्	अकुन्द्रयिष्यन्त
कुन्द्रयिष्यसे	कुन्द्रयिष्येथे	कुन्द्रयिष्यध्वे	अकुन्द्रयिष्यथाः	अकुन्द्रयिष्येथाम्	अकुन्द्रयिष्यध्वम्
कुन्द्रयिष्ये	कुन्द्रयिष्यावहे	कुन्द्रयिष्यामहे	अकुन्द्रयिष्ये	अकुन्द्रयिष्यावहि	अकुन्द्रयिष्यामहि

कुन्द्रयिता	कुन्द्रयितारौ	कुन्द्रयितारः	कुन्द्रयिषीष्ट	कुन्द्रयिषीयास्ताम्	कुन्द्रयिषीरन्
कुन्द्रयितासे	कुन्द्रयितासाथे	कुन्द्रयिताध्वे	कुन्द्रयिषीष्ठाः	कुन्द्रयिषीयास्थाम्	कुन्द्रयिषीध्वम् -ढ्वम
कुन्द्रयिताहे	कुन्द्रयितास्वहे	कुन्द्रयितास्महे	कुन्द्रयिषीय	कुन्द्रयिषीवहि	कुन्द्रयिषीमहि

कुन्द्रयाम्बभूव	कुन्द्रयाम्बभूवतुः	कुन्द्रयाम्बभूवुः	अचुकुन्द्रत	अचुकुन्द्रेताम्	अचुकुन्द्रन्त
कुन्द्रयाञ्चक्रे	कुन्द्रयाञ्चक्राते	कुन्द्रयाञ्चक्रिरे			
कुन्द्रयामास	कुन्द्रयामासतुः	कुन्द्रयामासुः			
कुन्द्रयाम्बभूविथ	कुन्द्रयाम्बभूवथुः	कुन्द्रयाम्बभूव	अचुकुन्द्रथाः	अचुकुन्द्रेथाम्	अचुकुन्द्रध्वम्
कुन्द्रयाञ्चकृषे	कुन्द्रयाञ्चक्राथे	कुन्द्रयाञ्चकृढ्वे			
कुन्द्रयामासिथ	कुन्द्रयामासथुः	कुन्द्रयामास			
कुन्द्रयाम्बभूव	कुन्द्रयाम्बभूविव	कुन्द्रयाम्बभूविम	अचुकुन्द्रे	अचुकुन्द्रावहि	अचुकुन्द्रामहि
कुन्द्रयाञ्चक्रे	कुन्द्रयाञ्चकृवहे	कुन्द्रयाञ्चकृमहे			
कुन्द्रयामास	कुन्द्रयामासिव	कुन्द्रयामासिम			

1540 लड उपसेवायाम् । fondle, caress, desire. *Famous word* लाडः ।
10c 7 लडँ । लड् । लाडयति / ते । U । सेट् । स० । लाडि । लाडय ।
7.2.116 अत उपधायाः । इति वृद्धिः । **Parasmaipadi Forms**

लाडयति	लाडयतः	लाडयन्ति	अलाडयत् -द्	अलाडयताम्	अलाडयन्
लाडयसि	लाडयथः	लाडयथ	अलाडयः	अलाडयतम्	अलाडयत
लाडयामि	लाडयावः	लाडयामः	अलाडयम्	अलाडयाव	अलाडयाम

लाडयतु लाडयतात् -द्	लाडयताम्	लाडयन्तु	लाडयेत् -द्	लाडयेताम्	लाडयेयुः
लाडय लाडयतात् -द्	लाडयतम्	लाडयत	लाडयेः	लाडयेतम्	लाडयेत
लाडयानि	लाडयाव	लाडयाम	लाडयेयम्	लाडयेव	लाडयेम

लाडयिष्यति	लाडयिष्यतः	लाडयिष्यन्ति	अलाडयिष्यत् -द्	अलाडयिष्यताम्	अलाडयिष्यन्
लाडयिष्यसि	लाडयिष्यथः	लाडयिष्यथ	अलाडयिष्यः	अलाडयिष्यतम्	अलाडयिष्यत
लाडयिष्यामि	लाडयिष्यावः	लाडयिष्यामः	अलाडयिष्यम्	अलाडयिष्याव	अलाडयिष्याम

लाडयिता	लाडयितारौ	लाडयितारः	लाड्यात् -द्	लाड्यास्ताम्	लाड्यासुः
लाडयितासि	लाडयितास्थः	लाडयितास्थ	लाड्याः	लाड्यास्तम्	लाड्यास्त

लाडयितास्मि	लाडयितास्वः	लाडयितास्मः	लाड्यासम्	लाड्यास्व	लाड्यास्म

लाडयाम्बभूव	लाडयाम्बभूवतुः	लाडयाम्बभूवुः	अलीलडत् -द्	अलीलडताम्	अलीलडन्
लाडयाञ्चकार	लाडयाञ्चक्रतुः	लाडयाञ्चक्रुः			
लाडयामास	लाडयामासतुः	लाडयामासुः			
लाडयाम्बभूविथ	लाडयाम्बभूवथुः	लाडयाम्बभूव	अलीलडः	अलीलडतम्	अलीलडत
लाडयाञ्चकर्थ	लाडयाञ्चक्रथुः	लाडयाञ्चक्र			
लाडयामासिथ	लाडयामासथुः	लाडयामास			
लाडयाम्बभूव	लाडयाम्बभूविव	लाडयाम्बभूविम	अलीलडम्	अलीलडाव	अलीलडाम
लाडयाञ्चकर -कार	लाडयाञ्चकृव	लाडयाञ्चकृम			
लाडयामास	लाडयामासिव	लाडयामासिम			

Atmanepadi Forms

लाडयते	लाडयेते	लाडयन्ते	अलाडयत	अलाडयेताम्	अलाडयन्त
लाडयसे	लाडयेथे	लाडयध्वे	अलाडयथाः	अलाडयेथाम्	अलाडयध्वम्
लाडये[1]	लाडयावहे	लाडयामहे	अलाडये	अलाडयावहि	अलाडयामहि

लाडयताम्	लाडयेताम्	लाडयन्ताम्	लाडयेत	लाडयेयाताम्	लाडयेरन्
लाडयस्व	लाडयेथाम्	लाडयध्वम्	लाडयेथाः	लाडयेयाथाम्	लाडयेध्वम्
लाडयै	लाडयावहै	लाडयामहै	लाडयेय	लाडयेवहि	लाडयेमहि

लाडयिष्यते	लाडयिष्येते	लाडयिष्यन्ते	अलाडयिष्यत	अलाडयिष्येताम्	अलाडयिष्यन्त
लाडयिष्यसे	लाडयिष्येथे	लाडयिष्यध्वे	अलाडयिष्यथाः	अलाडयिष्येथाम्	अलाडयिष्यध्वम्
लाडयिष्ये	लाडयिष्यावहे	लाडयिष्यामहे	अलाडयिष्ये	अलाडयिष्यावहि	अलाडयिष्यामहि

लाडयिता	लाडयितारौ	लाडयितारः	लाडयिषीष्ट	लाडयिषीयास्ताम्	लाडयिषीरन्
लाडयितासे	लाडयितासाथे	लाडयिताध्वे	लाडयिषीष्ठाः	लाडयिषीयास्थाम्	लाडयिषीध्वम् -ढ्वम्
लाडयिताहे	लाडयितास्वहे	लाडयितास्महे	लाडयिषीय	लाडयिषीवहि	लाडयिषीमहि

लाडयाम्बभूव	लाडयाम्बभूवतुः	लाडयाम्बभूवुः	अलीलडत	अलीलडेताम्	अलीलडन्त
लाडयाञ्चक्रे	लाडयाञ्चक्राते	लाडयाञ्चक्रिरे			
लाडयामास	लाडयामासतुः	लाडयामासुः			
लाडयाम्बभूविथ	लाडयाम्बभूवथुः	लाडयाम्बभूव	अलीलडथाः	अलीलडेथाम्	अलीलडध्वम्
लाडयाञ्चकृषे	लाडयाञ्चक्राथे	लाडयाञ्चकृढ्वे			
लाडयामासिथ	लाडयामासथुः	लाडयामास			
लाडयाम्बभूव	लाडयाम्बभूविव	लाडयाम्बभूविम	अलीलडे	अलीलडावहि	अलीलडामहि
लाडयाञ्चक्रे	लाडयाञ्चकृवहे	लाडयाञ्चकृमहे			

लाडयामास	लाडयामासिव	लाडयामासिम	

1541 मिदि स्नेहने । इदित् वैकल्पिकः णिच् । मिद इति क्षीरस्वामिकौशिकौ । melt, love, be affectionate
10c 8 मिदिँ । मिन्द् । मिन्दयति / ते , मिन्दति । U । सेट् । स० । मिन्दि । मिन्दय । apply oil

Parasmaipadi Forms

मिन्दयति	मिन्दयतः	मिन्दयन्ति	अमिन्दयत् -द्	अमिन्दयताम्	अमिन्दयन्
मिन्दयसि	मिन्दयथः	मिन्दयथ	अमिन्दयः	अमिन्दयतम्	अमिन्दयत
मिन्दयामि	मिन्दयावः	मिन्दयामः	अमिन्दयम्	अमिन्दयाव	अमिन्दयाम

मिन्दयतु मिन्दयतात् -द्	मिन्दयताम्	मिन्दयन्तु	मिन्दयेत् -द्	मिन्दयेताम्	मिन्दयेयुः
मिन्दय मिन्दयतात् -द्	मिन्दयतम्	मिन्दयत	मिन्दयेः	मिन्दयेतम्	मिन्दयेत
मिन्दयानि	मिन्दयाव	मिन्दयाम	मिन्दयेयम्	मिन्दयेव	मिन्दयेम

मिन्दयिष्यति	मिन्दयिष्यतः	मिन्दयिष्यन्ति	अमिन्दयिष्यत् -द्	अमिन्दयिष्यताम्	अमिन्दयिष्यन्
मिन्दयिष्यसि	मिन्दयिष्यथः	मिन्दयिष्यथ	अमिन्दयिष्यः	अमिन्दयिष्यतम्	अमिन्दयिष्यत
मिन्दयिष्यामि	मिन्दयिष्यावः	मिन्दयिष्यामः	अमिन्दयिष्यम्	अमिन्दयिष्याव	अमिन्दयिष्याम

मिन्दयिता	मिन्दयितारौ	मिन्दयितारः	मिन्द्यात् -द्	मिन्द्यास्ताम्	मिन्द्यासुः
मिन्दयितासि	मिन्दयितास्थः	मिन्दयितास्थ	मिन्द्याः	मिन्द्यास्तम्	मिन्द्यास्त
मिन्दयितास्मि	मिन्दयितास्वः	मिन्दयितास्मः	मिन्द्यासम्	मिन्द्यास्व	मिन्द्यास्म

मिन्दयाम्बभूव	मिन्दयाम्बभूवतुः	मिन्दयाम्बभूवुः	अमिमिन्दत् -द्	अमिमिन्दताम्	अमिमिन्दन्
मिन्दयाञ्चकार	मिन्दयाञ्चक्रतुः	मिन्दयाञ्चक्रुः			
मिन्दयामास	मिन्दयामासतुः	मिन्दयामासुः			
मिन्दयाम्बभूविथ	मिन्दयाम्बभूवथुः	मिन्दयाम्बभूव	अमिमिन्दः	अमिमिन्दतम्	अमिमिन्दत
मिन्दयाञ्चकर्थ	मिन्दयाञ्चक्रथुः	मिन्दयाञ्चक्र			
मिन्दयामासिथ	मिन्दयामासथुः	मिन्दयामास			
मिन्दयाम्बभूव	मिन्दयाम्बभूविव	मिन्दयाम्बभूविम	अमिमिन्दम्	अमिमिन्दाव	अमिमिन्दाम
मिन्दयाञ्चकर -कार	मिन्दयाञ्चकृव	मिन्दयाञ्चकृम			
मिन्दयामास	मिन्दयामासिव	मिन्दयामासिम			

Atmanepadi Forms

मिन्दयते	मिन्दयेते	मिन्दयन्ते	अमिन्दयत	अमिन्दयेताम्	अमिन्दयन्त
मिन्दयसे	मिन्दयेथे	मिन्दयध्वे	अमिन्दयथाः	अमिन्दयेथाम्	अमिन्दयध्वम्
मिन्दये	मिन्दयावहे	मिन्दयामहे	अमिन्दये	अमिन्दयावहि	अमिन्दयामहि

मिन्दयताम्	मिन्दयेताम्	मिन्दयन्ताम्	मिन्दयेत	मिन्दयेयाताम्	मिन्दयेरन्
मिन्दयस्व	मिन्दयेथाम्	मिन्दयध्वम्	मिन्दयेथाः	मिन्दयेयाथाम्	मिन्दयेध्वम्

मिन्दयै	मिन्दयावहै	मिन्दयामहै	मिन्दयेय	मिन्दयेवहि	मिन्दयेमहि

मिन्दयिष्यते	मिन्दयिष्येते	मिन्दयिष्यन्ते	अमिन्दयिष्यत	अमिन्दयिष्येताम्	अमिन्दयिष्यन्त
मिन्दयिष्यसे	मिन्दयिष्येथे	मिन्दयिष्यध्वे	अमिन्दयिष्यथाः	अमिन्दयिष्येथाम्	अमिन्दयिष्यध्वम्
मिन्दयिष्ये	मिन्दयिष्यावहे	मिन्दयिष्यामहे	अमिन्दयिष्ये	अमिन्दयिष्यावहि	अमिन्दयिष्यामहि

मिन्दयिता	मिन्दयितारौ	मिन्दयितारः	मिन्दयिषीष्ट	मिन्दयिषीयास्ताम्	मिन्दयिषीरन्
मिन्दयितासे	मिन्दयितासाथे	मिन्दयिताध्वे	मिन्दयिषीष्ठाः	मिन्दयिषीयास्थाम्	मिन्दयिषीध्वम् -ढ्वम्
मिन्दयिताहे	मिन्दयितास्वहे	मिन्दयितास्महे	मिन्दयिषीय	मिन्दयिषीवहि	मिन्दयिषीमहि

मिन्दयाम्बभूव	मिन्दयाम्बभूवतुः	मिन्दयाम्बभूवुः	अमिमिन्दत	अमिमिन्देताम्	अमिमिन्दन्त
मिन्दयाञ्चक्रे	मिन्दयाञ्चक्राते	मिन्दयाञ्चक्रिरे			
मिन्दयामास	मिन्दयामासतुः	मिन्दयामासुः			
मिन्दयाम्बभूविथ	मिन्दयाम्बभूवथुः	मिन्दयाम्बभूव	अमिमिन्दथाः	अमिमिन्देथाम्	अमिमिन्दध्वम्
मिन्दयाञ्चकृषे	मिन्दयाञ्चक्राथे	मिन्दयाञ्चकृढ्वे			
मिन्दयामासिथ	मिन्दयामासथुः	मिन्दयामास			
मिन्दयाम्बभूव	मिन्दयाम्बभूविव	मिन्दयाम्बभूविम	अमिमिन्दे	अमिमिन्दावहि	अमिमिन्दामहि
मिन्दयाञ्चक्रे	मिन्दयाञ्चकृवहे	मिन्दयाञ्चकृमहे			
मिन्दयामास	मिन्दयामासिव	मिन्दयामासिम			

णिजभावपक्षे 1.3.78 शेषात् कर्त्तरि परस्मैपदम् । इति पक्षे भ्वादिः इव मिन्द् । P । सेट् । स० ।

मिन्दति	मिन्दतः	मिन्दन्ति	अमिन्दत् -द्	अमिन्दताम्	अमिन्दन्
मिन्दसि	मिन्दथः	मिन्दथ	अमिन्दः	अमिन्दतम्	अमिन्दत
मिन्दामि	मिन्दावः	मिन्दामः	अमिन्दम्	अमिन्दाव	अमिन्दाम

मिन्दतु मिन्दतात् -द्	मिन्दताम्	मिन्दन्तु	मिन्देत् -द्	मिन्देताम्	मिन्देयुः
मिन्द मिन्दतात् -द्	मिन्दतम्	मिन्दत	मिन्देः	मिन्देतम्	मिन्देत
मिन्दानि	मिन्दाव	मिन्दाम	मिन्देयम्	मिन्देव	मिन्देम

मिन्दिष्यति	मिन्दिष्यतः	मिन्दिष्यन्ति	अमिन्दिष्यत् -द्	अमिन्दिष्यताम्	अमिन्दिष्यन्
मिन्दिष्यसि	मिन्दिष्यथः	मिन्दिष्यथ	अमिन्दिष्यः	अमिन्दिष्यतम्	अमिन्दिष्यत
मिन्दिष्यामि	मिन्दिष्यावः	मिन्दिष्यामः	अमिन्दिष्यम्	अमिन्दिष्याव	अमिन्दिष्याम

मिन्दिता	मिन्दितारौ	मिन्दितारः	मिन्द्यात् -द्	मिन्द्यास्ताम्	मिन्द्यासुः
मिन्दितासि	मिन्दितास्थः	मिन्दितास्थ	मिन्द्याः	मिन्द्यास्तम्	मिन्द्यास्त
मिन्दितास्मि	मिन्दितास्वः	मिन्दितास्मः	मिन्द्यासम्	मिन्द्यास्व	मिन्द्यास्म

मिमिन्द	मिमिन्दतुः	मिमिन्दुः	अमिन्दीत् -द्	अमिन्दिष्टाम्	अमिन्दिषुः
मिमिन्दिथ	मिमिन्दथुः	मिमिन्द	अमिन्दीः	अमिन्दिष्टम्	अमिन्दिष्ट
मिमिन्द	मिमिन्दिव	मिमिन्दिम	अमिन्दिषम्	अमिन्दिष्व	अमिन्दिष्म

1542 ओलडि उत्क्षेपणे । इदित् वैकल्पिकः णिच् । ओकारः धातु अवयव इत्येके । न इति अपरे । उलडि इत्यन्ये ।
10c 9 ओलडिँ । ओलण्डँ । ओलण्डयति/ते, ओलण्डति, (लण्डयति/ते, लण्डति) । U । सेट् । स० ।
7.1.58 इदितो नुम् धातोः । इदित्करणं णिचः पाक्षिकत्वे लिङ्गम् । throw up, be happy, count, play

Parasmaipadi Forms

ओलण्डयति	ओलण्डयतः	ओलण्डयन्ति	औलण्डयत् -द्	औलण्डयताम्	औलण्डयन्
ओलण्डयसि	ओलण्डयथः	ओलण्डयथ	औलण्डयः	औलण्डयतम्	औलण्डयत
ओलण्डयामि	ओलण्डयावः	ओलण्डयामः	औलण्डयम्	औलण्डयाव	औलण्डयाम

ओलण्डयतु ओलण्डयतात् -द्	ओलण्डयताम्	ओलण्डयन्तु	ओलण्डयेत् -द्	ओलण्डयेताम्	ओलण्डयेयुः
ओलण्डय ओलण्डयतात् -द्	ओलण्डयतम्	ओलण्डयत	ओलण्डयेः	ओलण्डयेतम्	ओलण्डयेत
ओलण्डयानि	ओलण्डयाव	ओलण्डयाम	ओलण्डयेयम्	ओलण्डयेव	ओलण्डयेम

ओलण्डयिष्यति	ओलण्डयिष्यतः	ओलण्डयिष्यन्ति	औलण्डयिष्यत् -द्	औलण्डयिष्यताम्	औलण्डयिष्यन्
ओलण्डयिष्यसि	ओलण्डयिष्यथः	ओलण्डयिष्यथ	औलण्डयिष्यः	औलण्डयिष्यतम्	औलण्डयिष्यत
ओलण्डयिष्यामि	ओलण्डयिष्यावः	ओलण्डयिष्यामः	औलण्डयिष्यम्	औलण्डयिष्याव	औलण्डयिष्याम

ओलण्डयिता	ओलण्डयितारौ	ओलण्डयितारः	ओलण्ड्यात् -द्	ओलण्ड्यास्ताम्	ओलण्ड्यासुः
ओलण्डयितासि	ओलण्डयितास्थः	ओलण्डयितास्थ	ओलण्ड्याः	ओलण्ड्यास्तम्	ओलण्ड्यास्त
ओलण्डयितास्मि	ओलण्डयितास्वः	ओलण्डयितास्मः	ओलण्ड्यासम्	ओलण्ड्यास्व	ओलण्ड्यास्म

ओलण्डयाम्बभूव	ओलण्डयाम्बभूवतुः	ओलण्डयाम्बभूवुः	औललण्डत् -द्	औललण्डताम्	औललण्डन्
ओलण्डयाञ्चकार	ओलण्डयाञ्चक्रतुः	ओलण्डयाञ्चक्रुः			
ओलण्डयामास	ओलण्डयामासतुः	ओलण्डयामासुः			
ओलण्डयाम्बभूविथ	ओलण्डयाम्बभूवथुः	ओलण्डयाम्बभूव	औललण्डः	औललण्डतम्	औललण्डत
ओलण्डयाञ्चकर्थ	ओलण्डयाञ्चक्रथुः	ओलण्डयाञ्चक्र			
ओलण्डयामासिथ	ओलण्डयामासथुः	ओलण्डयामास			
ओलण्डयाम्बभूव	ओलण्डयाम्बभूविव	ओलण्डयाम्बभूविम	औललण्डम्	औललण्डाव	औललण्डाम
ओलण्डयाञ्चकर - कार	ओलण्डयाञ्चकृव	ओलण्डयाञ्चकृम			
ओलण्डयामास	ओलण्डयामासिव	ओलण्डयामासिम			

Atmanepadi Forms

ओलण्डयते	ओलण्डयेते	ओलण्डयन्ते	औलण्डयत	औलण्डयेताम्	औलण्डयन्त
ओलण्डयसे	ओलण्डयेथे	ओलण्डयध्वे	औलण्डयथाः	औलण्डयेथाम्	औलण्डयध्वम्
ओलण्डये	ओलण्डयावहे	ओलण्डयामहे	औलण्डये	औलण्डयावहि	औलण्डयामहि

ओलण्डयताम्	ओलण्डयेताम्	ओलण्डयन्ताम्	ओलण्डयेत	ओलण्डयेयाताम्	ओलण्डयेरन्
ओलण्डयस्व	ओलण्डयेथाम्	ओलण्डयध्वम्	ओलण्डयेथाः	ओलण्डयेयाथाम्	ओलण्डयेध्वम्
ओलण्डयै	ओलण्डयावहै	ओलण्डयामहै	ओलण्डयेय	ओलण्डयेवहि	ओलण्डयेमहि

ओलण्डयिष्यते	ओलण्डयिष्येते	ओलण्डयिष्यन्ते	औलण्डयिष्यत	औलण्डयिष्येताम्	औलण्डयिष्यन्त
ओलण्डयिष्यसे	ओलण्डयिष्येथे	ओलण्डयिष्यध्वे	औलण्डयिष्यथाः	औलण्डयिष्येथाम्	औलण्डयिष्यध्वम्
ओलण्डयिष्ये	ओलण्डयिष्यावहे	ओलण्डयिष्यामहे	औलण्डयिष्ये	औलण्डयिष्यावहि	औलण्डयिष्यामहि

ओलण्डयिता	ओलण्डयितारौ	ओलण्डयितारः	ओलण्डयिषीष्ट	ओलण्डयिषीयास्ताम्	ओलण्डयिषीरन्
ओलण्डयितासे	ओलण्डयितासाथे	ओलण्डयिताध्वे	ओलण्डयिषीष्ठाः	ओलण्डयिषीयास्थाम्	ओलण्डयिषीध्वम् -ढ्वम्
ओलण्डयिताहे	ओलण्डयितास्वहे	ओलण्डयितास्महे	ओलण्डयिषीय	ओलण्डयिषीवहि	ओलण्डयिषीमहि

ओलण्डयाम्बभूव	ओलण्डयाम्बभूवतुः	ओलण्डयाम्बभूवुः	औललण्डत	औललण्डेताम्	औललण्डन्त
ओलण्डयाञ्चक्रे	ओलण्डयाञ्चक्राते	ओलण्डयाञ्चक्रिरे			
ओलण्डयामास	ओलण्डयामासतुः	ओलण्डयामासुः			
ओलण्डयाम्बभूविथ	ओलण्डयाम्बभूवथुः	ओलण्डयाम्बभूव	औललण्डथाः	औललण्डेथाम्	औललण्डध्वम्
ओलण्डयाञ्चकृषे	ओलण्डयाञ्चक्राथे	ओलण्डयाञ्चकृढ्वे			
ओलण्डयामासिथ	ओलण्डयामासथुः	ओलण्डयामास			
ओलण्डयाम्बभूव	ओलण्डयाम्बभूविव	ओलण्डयाम्बभूविम	औललण्डे	औललण्डावहि	औललण्डामहि
ओलण्डयाञ्चक्रे	ओलण्डयाञ्चकृवहे	ओलण्डयाञ्चकृमहे			
ओलण्डयामास	ओलण्डयामासिव	ओलण्डयामासिम			

णिजभावपक्षे 1.3.78 शेषात् कर्त्तरि परस्मैपदम् । इति पक्षे भ्वादिः इव ओलण्ड् । P । सेट् । स० ।

ओलण्डति	ओलण्डतः	ओलण्डन्ति	औलण्डत् -द्	औलण्डताम्	औलण्डन्
ओलण्डसि	ओलण्डथः	ओलण्डथ	औलण्डः	औलण्डतम्	औलण्डत
ओलण्डामि	ओलण्डावः	ओलण्डामः	औलण्डम्	औलण्डाव	औलण्डाम

ओलण्डतु ओलण्डतात् -द्	ओलण्डताम्	ओलण्डन्तु	ओलण्डेत् -द्	ओलण्डेताम्	ओलण्डेयुः
ओलण्ड ओलण्डतात् -द्	ओलण्डतम्	ओलण्डत	ओलण्डेः	ओलण्डेतम्	ओलण्डेत
ओलण्डानि	ओलण्डाव	ओलण्डाम	ओलण्डेयम्	ओलण्डेव	ओलण्डेम

ओलण्डिष्यति	ओलण्डिष्यतः	ओलण्डिष्यन्ति	औलण्डिष्यत् -द्	औलण्डिष्यताम्	औलण्डिष्यन्
ओलण्डिष्यसि	ओलण्डिष्यथः	ओलण्डिष्यथ	औलण्डिष्यः	औलण्डिष्यतम्	औलण्डिष्यत
ओलण्डिष्यामि	ओलण्डिष्यावः	ओलण्डिष्यामः	औलण्डिष्यम्	औलण्डिष्याव	औलण्डिष्याम

ओलण्डिता	ओलण्डितारौ	ओलण्डितारः	ओलण्ड्यात् -द्	ओलण्ड्यास्ताम्	ओलण्ड्यासुः

| ओलण्डितासि | ओलण्डितास्थः | ओलण्डितास्थ | ओलण्ड्याः | ओलण्ड्यास्तम् | ओलण्ड्यास्त |
| ओलण्डितास्मि | ओलण्डितास्वः | ओलण्डितास्मः | ओलण्ड्यासम् | ओलण्ड्यास्व | ओलण्ड्यास्म |

ओललण्ड	ओललण्डतुः	ओललण्डुः	औलण्डीत् -द्	औलण्डिष्टाम्	औलण्डिषुः
ओललण्डिथ	ओललण्डथुः	ओललण्ड	औलण्डीः	औलण्डिष्टम्	औलण्डिष्ट
ओललण्ड	ओललण्डिव	ओललण्डिम	औलण्डिषम्	औलण्डिष्व	औलण्डिष्म

1543 जल अपवारणे । लज इत्येके । cover, stop, put a net. *Famous word* जालः ।
10c 10 जलँ । जल् । जालयति / ते । U । सेट् । स० । जालि । जालय । 7.2.116 अत उपधायाः ।

Parasmaipadi Forms

जालयति	जालयतः	जालयन्ति	अजालयत् -द्	अजालयताम्	अजालयन्
जालयसि	जालयथः	जालयथ	अजालयः	अजालयतम्	अजालयत
जालयामि	जालयावः	जालयामः	अजालयम्	अजालयाव	अजालयाम

जालयतु जालयतात् -द्	जालयताम्	जालयन्तु	जालयेत् -द्	जालयेताम्	जालयेयुः
जालय जालयतात् -द्	जालयतम्	जालयत	जालयेः	जालयेतम्	जालयेत
जालयानि	जालयाव	जालयाम	जालयेयम्	जालयेव	जालयेम

जालयिष्यति	जालयिष्यतः	जालयिष्यन्ति	अजालयिष्यत् -द्	अजालयिष्यताम्	अजालयिष्यन्
जालयिष्यसि	जालयिष्यथः	जालयिष्यथ	अजालयिष्यः	अजालयिष्यतम्	अजालयिष्यत
जालयिष्यामि	जालयिष्यावः	जालयिष्यामः	अजालयिष्यम्	अजालयिष्याव	अजालयिष्याम

जालयिता	जालयितारौ	जालयितारः	जाल्यात् -द्	जाल्यास्ताम्	जाल्यासुः
जालयितासि	जालयितास्थः	जालयितास्थ	जाल्याः	जाल्यास्तम्	जाल्यास्त
जालयितास्मि	जालयितास्वः	जालयितास्मः	जाल्यासम्	जाल्यास्व	जाल्यास्म

जालयाम्बभूव	जालयाम्बभूवतुः	जालयाम्बभूवुः	अजीजलत् -द्	अजीजलताम्	अजीजलन्
जालयाञ्चकार	जालयाञ्चक्रतुः	जालयाञ्चक्रुः			
जालयामास	जालयामासतुः	जालयामासुः			
जालयाम्बभूविथ	जालयाम्बभूवथुः	जालयाम्बभूव	अजीजलः	अजीजलतम्	अजीजलत
जालयाञ्चकर्थ	जालयाञ्चक्रथुः	जालयाञ्चक्र			
जालयामासिथ	जालयामासथुः	जालयामास			
जालयाम्बभूव	जालयाम्बभूविव	जालयाम्बभूविम	अजीजलम्	अजीजलाव	अजीजलाम
जालयाञ्चकर -कार	जालयाञ्चकृव	जालयाञ्चकृम			
जालयामास	जालयामासिव	जालयामासिम			

Atmanepadi Forms

| जालयते | जालयेते | जालयन्ते | अजालयत | अजालयेताम् | अजालयन्त |
| जालयसे | जालयेथे | जालयध्वे | अजालयथाः | अजालयेथाम् | अजालयध्वम् |

जालये	जालयावहे	जालयामहे	अजालये	अजालयावहि	अजालयामहि
जालयताम्	जालयेताम्	जालयन्ताम्	जालयेत	जालयेयाताम्	जालयेरन्
जालयस्व	जालयेथाम्	जालयध्वम्	जालयेथाः	जालयेयाथाम्	जालयेध्वम्
जालयै	जालयावहै	जालयामहै	जालयेय	जालयेवहि	जालयेमहि
जालयिष्यते	जालयिष्येते	जालयिष्यन्ते	अजालयिष्यत	अजालयिष्येताम्	अजालयिष्यन्त
जालयिष्यसे	जालयिष्येथे	जालयिष्यध्वे	अजालयिष्यथाः	अजालयिष्येथाम्	अजालयिष्यध्वम्
जालयिष्ये	जालयिष्यावहे	जालयिष्यामहे	अजालयिष्ये	अजालयिष्यावहि	अजालयिष्यामहि
जालयिता	जालयितारौ	जालयितारः	जालयिषीष्ट	जालयिषीयास्ताम्	जालयिषीरन्
जालयितासे	जालयितासाथे	जालयिताध्वे	जालयिषीष्ठाः	जालयिषीयास्थाम्	जालयिषीध्वम् -ढ्वम्
जालयिताहे	जालयितास्वहे	जालयितास्महे	जालयिषीय	जालयिषीवहि	जालयिषीमहि
जालयाम्बभूव	जालयाम्बभूवतुः	जालयाम्बभूवुः	अजीजलत	अजीजलेताम्	अजीजलन्त
जालयाञ्चक्रे	जालयाञ्चक्राते	जालयाञ्चक्रिरे			
जालयामास	जालयामासतुः	जालयामासुः			
जालयाम्बभूविथ	जालयाम्बभूवथुः	जालयाम्बभूव	अजीजलथाः	अजीजलेथाम्	अजीजलध्वम्
जालयाञ्चकृषे	जालयाञ्चक्राथे	जालयाञ्चकृढ्वे			
जालयामासिथ	जालयामासथुः	जालयामास			
जालयाम्बभूव	जालयाम्बभूविव	जालयाम्बभूविम	अजीजले	अजीजलावहि	अजीजलामहि
जालयाञ्चक्रे	जालयाञ्चकृवहे	जालयाञ्चकृमहे			
जालयामास	जालयामासिव	जालयामासिम			

1544 पीड अवगाहने । oppress, harm, afflict. *Famous words* पीडितः , पीडा ।
10c 11 पीडँ । पीड् । पीडयति / ते । U । सेट् । स० । पीडि । पीडय ।
7.4.3 भ्राजभासभाषदीपजीवमीलपीडामन्यतरस्याम् । **Parasmaipadi Forms**

पीडयति	पीडयतः	पीडयन्ति	अपीडयत् -द्	अपीडयताम्	अपीडयन्
पीडयसि	पीडयथः	पीडयथ	अपीडयः	अपीडयतम्	अपीडयत
पीडयामि	पीडयावः	पीडयामः	अपीडयम्[1]	अपीडयाव	अपीडयाम
पीडयतु पीडयतात् -द्	पीडयताम्	पीडयन्तु	पीडयेत् -द्	पीडयेताम्	पीडयेयुः
पीडय पीडयतात् -द्	पीडयतम्	पीडयत	पीडयेः	पीडयेतम्	पीडयेत
पीडयानि	पीडयाव	पीडयाम	पीडयेयम्	पीडयेव	पीडयेम
पीडयिष्यति	पीडयिष्यतः	पीडयिष्यन्ति	अपीडयिष्यत् -द्	अपीडयिष्यताम्	अपीडयिष्यन्
पीडयिष्यसि	पीडयिष्यथः	पीडयिष्यथ	अपीडयिष्यः	अपीडयिष्यतम्	अपीडयिष्यत

| पीडयिष्यामि | पीडयिष्यावः | पीडयिष्यामः | अपीडयिष्यम् | अपीडयिष्याव | अपीडयिष्याम |

पीडयिता	पीडयितारौ	पीडयितारः	पीड्यात् -द्	पीड्यास्ताम्	पीड्यासुः
पीडयितासि	पीडयितास्थः	पीडयितास्थ	पीड्याः	पीड्यास्तम्	पीड्यास्त
पीडयितास्मि	पीडयितास्वः	पीडयितास्मः	पीड्यासम्	पीड्यास्व	पीड्यास्म

पीडयाम्बभूव	पीडयाम्बभूवतुः	पीडयाम्बभूवुः	अपीपिडत् -द्	अपीपिडताम्	अपीपिडन्
पीडयाञ्चकार	पीडयाञ्चक्रतुः	पीडयाञ्चक्रुः	अपिपीडत् -द्	अपिपीडताम्	अपिपीडन्
पीडयामास	पीडयामासतुः	पीडयामासुः			
पीडयाम्बभूविथ	पीडयाम्बभूवथुः	पीडयाम्बभूव	अपीपिडः	अपीपिडतम्	अपीपिडत
पीडयाञ्चकर्थ	पीडयाञ्चक्रथुः	पीडयाञ्चक्र	अपिपीडः	अपिपीडतम्	अपिपीडत
पीडयामासिथ	पीडयामासथुः	पीडयामास			
पीडयाम्बभूव	पीडयाम्बभूविव	पीडयाम्बभूविम	अपीपिडम्	अपीपिडाव	अपीपिडाम
पीडयाञ्चकर -कार	पीडयाञ्चकृव	पीडयाञ्चकृम	अपिपीडम्	अपिपीडाव	अपिपीडाम
पीडयामास	पीडयामासिव	पीडयामासिम			

Atmanepadi Forms

पीडयते	पीडयेते	पीडयन्ते	अपीडयत	अपीडयेताम्	अपीडयन्त
पीडयसे	पीडयेथे	पीडयध्वे	अपीडयथाः	अपीडयेथाम्	अपीडयध्वम्
पीडये	पीडयावहे	पीडयामहे	अपीडये	अपीडयावहि	अपीडयामहि

पीडयताम्	पीडयेताम्	पीडयन्ताम्	पीडयेत	पीडयेयाताम्	पीडयेरन्
पीडयस्व	पीडयेथाम्	पीडयध्वम्	पीडयेथाः	पीडयेयाथाम्	पीडयेध्वम्
पीडयै	पीडयावहै	पीडयामहै	पीडयेय	पीडयेवहि	पीडयेमहि

पीडयिष्यते	पीडयिष्येते	पीडयिष्यन्ते	अपीडयिष्यत	अपीडयिष्येताम्	अपीडयिष्यन्त
पीडयिष्यसे	पीडयिष्येथे	पीडयिष्यध्वे	अपीडयिष्यथाः	अपीडयिष्येथाम्	अपीडयिष्यध्वम्
पीडयिष्ये	पीडयिष्यावहे	पीडयिष्यामहे	अपीडयिष्ये	अपीडयिष्यावहि	अपीडयिष्यामहि

पीडयिता	पीडयितारौ	पीडयितारः	पीडयिषीष्ट	पीडयिषीयास्ताम्	पीडयिषीरन्
पीडयितासे	पीडयितासाथे	पीडयिताध्वे	पीडयिषीष्ठाः	पीडयिषीयास्थाम्	पीडयिषीध्वम् -ढ्वम्
पीडयिताहे	पीडयितास्वहे	पीडयितास्महे	पीडयिषीय	पीडयिषीवहि	पीडयिषीमहि

पीडयाम्बभूव	पीडयाम्बभूवतुः	पीडयाम्बभूवुः	अपीपिडत	अपीपिडेताम्	अपीपिडन्त
पीडयाञ्चक्रे	पीडयाञ्चक्राते	पीडयाञ्चक्रिरे	अपिपीडत	अपिपीडेताम्	अपिपीडन्त
पीडयामास	पीडयामासतुः	पीडयामासुः			
पीडयाम्बभूविथ	पीडयाम्बभूवथुः	पीडयाम्बभूव	अपीपिडथाः	अपीपिडेथाम्	अपीपिडध्वम्

पीडयाञ्चकृषे	पीडयाञ्चक्राथे	पीडयाञ्चकृढ्वे	अपिपीडथाः	अपिपीडेथाम्	अपिपीडध्वम्
पीडयामासिथ	पीडयामासथुः	पीडयामास			
पीडयाम्बभूव	पीडयाम्बभूविव	पीडयाम्बभूविम	अपीपिडे	अपीपिडावहि	अपीपिडामहि
पीडयाञ्चक्रे	पीडयाञ्चकृवहे	पीडयाञ्चकृमहे	अपिपीडे	अपिपीडावहि	अपिपीडामहि
पीडयामास	पीडयामासिव	पीडयामासिम			

1545 नट अवस्यन्दने । अवस्कन्दने । अवस्पन्दने । अवस्पन्दनं नाट्यम् । dance, act, fall, tremble, slide 10c 12 नटँ । नट् । नाटयति / ते । U । सेट् । स० । नाटि । नाटय । *Famous word* नाटकः । अयं णोपदेशः न । सिद्धान्तकौमुदी 2286 णो नः 6.1.65 – णोपदेशाः तु अ–नर्द–नाटि–नाथ्–नाध्–नन्द–नक्क–नृ–नृतः । 7.2.116 अत उपधायाः । **Parasmaipadi Forms**

नाटयति	नाटयतः	नाटयन्ति	अनाटयत् -द्	अनाटयताम्	अनाटयन्
नाटयसि	नाटयथः	नाटयथ	अनाटयः	अनाटयतम्	अनाटयत
नाटयामि	नाटयावः	नाटयामः	अनाटयम्	अनाटयाव	अनाटयाम

नाटयतु नाटयतात् -द्	नाटयताम्	नाटयन्तु	नाटयेत् -द्	नाटयेताम्	नाटयेयुः
नाटय नाटयतात् -द्	नाटयतम्	नाटयत	नाटयेः	नाटयेतम्	नाटयेत
नाटयानि	नाटयाव	नाटयाम	नाटयेयम्	नाटयेव	नाटयेम

नाटयिष्यति	नाटयिष्यतः	नाटयिष्यन्ति	अनाटयिष्यत् -द्	अनाटयिष्यताम्	अनाटयिष्यन्
नाटयिष्यसि	नाटयिष्यथः	नाटयिष्यथ	अनाटयिष्यः	अनाटयिष्यतम्	अनाटयिष्यत
नाटयिष्यामि	नाटयिष्यावः	नाटयिष्यामः	अनाटयिष्यम्	अनाटयिष्याव	अनाटयिष्याम

नाटयिता	नाटयितारौ	नाटयितारः	नाट्यात् -द्	नाट्यास्ताम्	नाट्यासुः
नाटयितासि	नाटयितास्थः	नाटयितास्थ	नाट्याः	नाट्यास्तम्	नाट्यास्त
नाटयितास्मि	नाटयितास्वः	नाटयितास्मः	नाट्यासम्	नाट्यास्व	नाट्यास्म

नाटयाम्बभूव	नाटयाम्बभूवतुः	नाटयाम्बभूवुः	अनीनटत् -द्	अनीनटताम्	अनीनटन्
नाटयाञ्चकार	नाटयाञ्चक्रतुः	नाटयाञ्चक्रुः			
नाटयामास	नाटयामासतुः	नाटयामासुः			
नाटयाम्बभूविथ	नाटयाम्बभूवथुः	नाटयाम्बभूव	अनीनटः	अनीनटतम्	अनीनटत
नाटयाञ्चकर्थ	नाटयाञ्चक्रथुः	नाटयाञ्चक्र			
नाटयामासिथ	नाटयामासथुः	नाटयामास			
नाटयाम्बभूव	नाटयाम्बभूविव	नाटयाम्बभूविम	अनीनटम्	अनीनटाव	अनीनटाम
नाटयाञ्चकर -कार	नाटयाञ्चकृव	नाटयाञ्चकृम			
नाटयामास	नाटयामासिव	नाटयामासिम			

Atmanepadi Forms

नाटयते	नाटयेते	नाटयन्ते	अनाटयत	अनाटयेताम्	अनाटयन्त
नाटयसे	नाटयेथे	नाटयध्वे	अनाटयथाः	अनाटयेथाम्	अनाटयध्वम्
नाटये	नाटयावहे	नाटयामहे	अनाटये	अनाटयावहि	अनाटयामहि

नाटयताम्	नाटयेताम्	नाटयन्ताम्	नाटयेत	नाटयेयाताम्	नाटयेरन्
नाटयस्व	नाटयेथाम्	नाटयध्वम्	नाटयेथाः	नाटयेयाथाम्	नाटयेध्वम्
नाटयै	नाटयावहै	नाटयामहै	नाटयेय	नाटयेवहि	नाटयेमहि

नाटयिष्यते	नाटयिष्येते	नाटयिष्यन्ते	अनाटयिष्यत	अनाटयिष्येताम्	अनाटयिष्यन्त
नाटयिष्यसे	नाटयिष्येथे	नाटयिष्यध्वे	अनाटयिष्यथाः	अनाटयिष्येथाम्	अनाटयिष्यध्वम्
नाटयिष्ये	नाटयिष्यावहे	नाटयिष्यामहे	अनाटयिष्ये	अनाटयिष्यावहि	अनाटयिष्यामहि

नाटयिता	नाटयितारौ	नाटयितारः	नाटयिषीष्ट	नाटयिषीयास्ताम्	नाटयिषीरन्
नाटयितासे	नाटयितासाथे	नाटयिताध्वे	नाटयिषीष्ठाः	नाटयिषीयास्थाम्	नाटयिषीध्वम् -ढ्वम्
नाटयिताहे	नाटयितास्वहे	नाटयितास्महे	नाटयिषीय	नाटयिषीवहि	नाटयिषीमहि

नाटयाम्बभूव	नाटयाम्बभूवतुः	नाटयाम्बभूवुः	अनीनटत	अनीनटेताम्	अनीनटन्त
नाटयाञ्चक्रे	नाटयाञ्चक्राते	नाटयाञ्चक्रिरे			
नाटयामास	नाटयामासतुः	नाटयामासुः			
नाटयाम्बभूविथ	नाटयाम्बभूवथुः	नाटयाम्बभूव	अनीनटथाः	अनीनटेथाम्	अनीनटध्वम्
नाटयाञ्चकृषे	नाटयाञ्चक्राथे	नाटयाञ्चकृढ्वे			
नाटयामासिथ	नाटयामासथुः	नाटयामास			
नाटयाम्बभूव	नाटयाम्बभूविव	नाटयाम्बभूविम	अनीनटे	अनीनटावहि	अनीनटामहि
नाटयाञ्चक्रे	नाटयाञ्चकृवहे	नाटयाञ्चकृमहे			
नाटयामास	नाटयामासिव	नाटयामासिम			

1546 श्रथ प्रयत्ने । प्रस्थाने इत्येके । strive, be occupied, be busy, be infirm, glad
10c 13 श्रथँ । श्रथ् । श्राथयति / ते । U । सेट् । अ० । श्राथि । श्राथय । 7.2.116 अत उपधायाः ।

Parasmaipadi Forms

श्राथयति	श्राथयतः	श्राथयन्ति	अश्राथयत् -द्	अश्राथयताम्	अश्राथयन्
श्राथयसि	श्राथयथः	श्राथयथ	अश्राथयः	अश्राथयतम्	अश्राथयत
श्राथयामि	श्राथयावः	श्राथयामः	अश्राथयम्	अश्राथयाव	अश्राथयाम

श्राथयतु श्राथयतात् -द्	श्राथयताम्	श्राथयन्तु	श्राथयेत् -द्	श्राथयेताम्	श्राथयेयुः
श्राथय श्राथयतात् -द्	श्राथयतम्	श्राथयत	श्राथयेः	श्राथयेतम्	श्राथयेत
श्राथयानि	श्राथयाव	श्राथयाम	श्राथयेयम्	श्राथयेव	श्राथयेम

श्राथयिष्यति	श्राथयिष्यतः	श्राथयिष्यन्ति	अश्राथयिष्यत् -द्	अश्राथयिष्यताम्	अश्राथयिष्यन्
श्राथयिष्यसि	श्राथयिष्यथः	श्राथयिष्यथ	अश्राथयिष्यः	अश्राथयिष्यतम्	अश्राथयिष्यत
श्राथयिष्यामि	श्राथयिष्यावः	श्राथयिष्यामः	अश्राथयिष्यम्	अश्राथयिष्याव	अश्राथयिष्याम

श्राथयिता	श्राथयितारौ	श्राथयितारः	श्राथ्यात् -द्	श्राथ्यास्ताम्	श्राथ्यासुः
श्राथयितासि	श्राथयितास्थः	श्राथयितास्थ	श्राथ्याः	श्राथ्यास्तम्	श्राथ्यास्त
श्राथयितास्मि	श्राथयितास्वः	श्राथयितास्मः	श्राथ्यासम्	श्राथ्यास्व	श्राथ्यास्म

श्राथयाम्बभूव	श्राथयाम्बभूवतुः	श्राथयाम्बभूवुः	अशिश्रथत् -द्	अशिश्रथताम्	अशिश्रथन्
श्राथयाञ्चकार	श्राथयाञ्चक्रतुः	श्राथयाञ्चक्रुः			
श्राथयामास	श्राथयामासतुः	श्राथयामासुः			
श्राथयाम्बभूविथ	श्राथयाम्बभूवथुः	श्राथयाम्बभूव	अशिश्रथः	अशिश्रथतम्	अशिश्रथत
श्राथयाञ्चकर्थ	श्राथयाञ्चक्रथुः	श्राथयाञ्चक्र			
श्राथयामासिथ	श्राथयामासथुः	श्राथयामास			
श्राथयाम्बभूव	श्राथयाम्बभूविव	श्राथयाम्बभूविम	अशिश्रथषम्	अशिश्रथाव	अशिश्रथाम
श्राथयाञ्चकर -कार	श्राथयाञ्चकृव	श्राथयाञ्चकृम			
श्राथयामास	श्राथयामासिव	श्राथयामासिम			

Atmanepadi Forms

श्राथयते	श्राथयेते	श्राथयन्ते	अश्राथयत	अश्राथयेताम्	अश्राथयन्त
श्राथयसे	श्राथयेथे	श्राथयध्वे	अश्राथयथाः	अश्राथयेथाम्	अश्राथयध्वम्
श्राथये	श्राथयावहे	श्राथयामहे	अश्राथये	अश्राथयावहि	अश्राथयामहि

श्राथयताम्	श्राथयेताम्	श्राथयन्ताम्	श्राथयेत	श्राथयेयाताम्	श्राथयेरन्
श्राथयस्व	श्राथयेथाम्	श्राथयध्वम्	श्राथयेथाः	श्राथयेयाथाम्	श्राथयेध्वम्
श्राथयै	श्राथयावहै	श्राथयामहै	श्राथयेय	श्राथयेवहि	श्राथयेमहि

श्राथयिष्यते	श्राथयिष्येते	श्राथयिष्यन्ते	अश्राथयिष्यत	अश्राथयिष्येताम्	अश्राथयिष्यन्त
श्राथयिष्यसे	श्राथयिष्येथे	श्राथयिष्यध्वे	अश्राथयिष्यथाः	अश्राथयिष्येथाम्	अश्राथयिष्यध्वम्
श्राथयिष्ये	श्राथयिष्यावहे	श्राथयिष्यामहे	अश्राथयिष्ये	अश्राथयिष्यावहि	अश्राथयिष्यामहि

श्राथयिता	श्राथयितारौ	श्राथयितारः	श्राथयिषीष्ट	श्राथयिषीयास्ताम्	श्राथयिषीरन्
श्राथयितासे	श्राथयितासाथे	श्राथयिताध्वे	श्राथयिषीष्ठाः	श्राथयिषीयास्थाम्	श्राथयिषीध्वम् -ढ्वम्
श्राथयिताहे	श्राथयितास्वहे	श्राथयितास्महे	श्राथयिषीय	श्राथयिषीवहि	श्राथयिषीमहि

श्राथयाम्बभूव	श्राथयाम्बभूवतुः	श्राथयाम्बभूवुः	अशिश्रथत	अशिश्रथेताम्	अशिश्रथन्त
श्राथयाञ्चक्रे	श्राथयाञ्चक्राते	श्राथयाञ्चक्रिरे			

श्राथयामास	श्राथयामासतुः	श्राथयामासुः			
श्राथयाम्बभूविथ	श्राथयाम्बभूवथुः	श्राथयाम्बभूव	अशिश्रथथाः	अशिश्रथेथाम्	अशिश्रथध्वम्
श्राथयाञ्चकृषे	श्राथयाञ्चक्राथे	श्राथयाञ्चकृढ्वे			
श्राथयामासिथ	श्राथयामासथुः	श्राथयामास			
श्राथयाम्बभूव	श्राथयाम्बभूविव	श्राथयाम्बभूविम	अशिश्रथे	अशिश्रथावहि	अशिश्रथामहि
श्राथयाञ्चक्रे	श्राथयाञ्चकृवहे	श्राथयाञ्चकृमहे			
श्राथयामास	श्राथयामासिव	श्राथयामासिम			

1547 बध संयमने । बन्ध इति चान्द्राः । discipline, restrain, bind 7.2.116 अत उपधायाः ।
10c 14 बधँ । बध् । बाधयति / ते । U । सेट् । स० । बाधि । बाधय । **Parasmaipadi Forms**

बाधयति	बाधयतः	बाधयन्ति	अबाधयत् -द्	अबाधयताम्	अबाधयन्
बाधयसि	बाधयथः	बाधयथ	अबाधयः	अबाधयतम्	अबाधयत
बाधयामि	बाधयावः	बाधयामः	अबाधयम्	अबाधयाव	अबाधयाम

बाधयतु बाधयतात् -द्	बाधयताम्	बाधयन्तु	बाधयेत् -द्	बाधयेताम्	बाधयेयुः
बाधय बाधयतात् -द्	बाधयतम्	बाधयत	बाधयेः	बाधयेतम्	बाधयेत
बाधयानि	बाधयाव	बाधयाम	बाधयेयम्	बाधयेव	बाधयेम

बाधयिष्यति	बाधयिष्यतः	बाधयिष्यन्ति	अबाधयिष्यत् -द्	अबाधयिष्यताम्	अबाधयिष्यन्
बाधयिष्यसि	बाधयिष्यथः	बाधयिष्यथ	अबाधयिष्यः	अबाधयिष्यतम्	अबाधयिष्यत
बाधयिष्यामि	बाधयिष्यावः	बाधयिष्यामः	अबाधयिष्यम्	अबाधयिष्याव	अबाधयिष्याम

बाधयिता	बाधयितारौ	बाधयितारः	बाध्यात् -द्	बाध्यास्ताम्	बाध्यासुः
बाधयितासि	बाधयितास्थः	बाधयितास्थ	बाध्याः	बाध्यास्तम्	बाध्यास्त
बाधयितास्मि	बाधयितास्वः	बाधयितास्मः	बाध्यासम्	बाध्यास्व	बाध्यास्म

बाधयाम्बभूव	बाधयाम्बभूवतुः	बाधयाम्बभूवुः	अबीबधत् -द्	अबीबधताम्	अबीबधन्
बाधयाञ्चकार	बाधयाञ्चक्रतुः	बाधयाञ्चक्रुः			
बाधयामास	बाधयामासतुः	बाधयामासुः			
बाधयाम्बभूविथ	बाधयाम्बभूवथुः	बाधयाम्बभूव	अबीबधः	अबीबधतम्	अबीबधत
बाधयाञ्चकर्थ	बाधयाञ्चक्रथुः	बाधयाञ्चक्र			
बाधयामासिथ	बाधयामासथुः	बाधयामास			
बाधयाम्बभूव	बाधयाम्बभूविव	बाधयाम्बभूविम	अबीबधषम्	अबीबधाव	अबीबधाम
बाधयाञ्चकर -कार	बाधयाञ्चकृव	बाधयाञ्चकृम			
बाधयामास	बाधयामासिव	बाधयामासिम			

Atmanepadi Forms

बाधयते	बाधयेते	बाधयन्ते	अबाधयत	अबाधयेताम्	अबाधयन्त
बाधयसे	बाधयेथे	बाधयध्वे	अबाधयथाः	अबाधयेथाम्	अबाधयध्वम्
बाधये	बाधयावहे	बाधयामहे	अबाधये	अबाधयावहि	अबाधयामहि

बाधयताम्	बाधयेताम्	बाधयन्ताम्	बाधयेत	बाधयेयाताम्	बाधयेरन्
बाधयस्व	बाधयेथाम्	बाधयध्वम्	बाधयेथाः	बाधयेयाथाम्	बाधयेध्वम्
बाधयै	बाधयावहै	बाधयामहै	बाधयेय	बाधयेवहि	बाधयेमहि

बाधयिष्यते	बाधयिष्येते	बाधयिष्यन्ते	अबाधयिष्यत	अबाधयिष्येताम्	अबाधयिष्यन्त
बाधयिष्यसे	बाधयिष्येथे	बाधयिष्यध्वे	अबाधयिष्यथाः	अबाधयिष्येथाम्	अबाधयिष्यध्वम्
बाधयिष्ये	बाधयिष्यावहे	बाधयिष्यामहे	अबाधयिष्ये	अबाधयिष्यावहि	अबाधयिष्यामहि

बाधयिता	बाधयितारौ	बाधयितारः	बाधयिषीष्ट	बाधयिषीयास्ताम्	बाधयिषीरन्
बाधयितासे	बाधयितासाथे	बाधयिताध्वे	बाधयिषीष्ठाः	बाधयिषीयास्थाम्	बाधयिषीध्वम् -ढ्वम्
बाधयिताहे	बाधयितास्वहे	बाधयितास्महे	बाधयिषीय	बाधयिषीवहि	बाधयिषीमहि

बाधयाम्बभूव	बाधयाम्बभूवतुः	बाधयाम्बभूवुः	अबीबधत	अबीबधेताम्	अबीबधन्त
बाधयाञ्चक्रे	बाधयाञ्चक्राते	बाधयाञ्चक्रिरे			
बाधयामास	बाधयामासतुः	बाधयामासुः			
बाधयाम्बभूविथ	बाधयाम्बभूवथुः	बाधयाम्बभूव	अबीबधथाः	अबीबधेथाम्	अबीबधध्वम्
बाधयाञ्चकृषे	बाधयाञ्चक्राथे	बाधयाञ्चकृढ्वे			
बाधयामासिथ	बाधयामासथुः	बाधयामास			
बाधयाम्बभूव	बाधयाम्बभूविव	बाधयाम्बभूविम	अबीबधे	अबीबधावहि	अबीबधामहि
बाधयाञ्चक्रे	बाधयाञ्चकृवहे	बाधयाञ्चकृमहे			
बाधयामास	बाधयामासिव	बाधयामासिम			

1548 पृ पूरणे । दीर्घोच्चारणं णिचः पाक्षिकत्वे लिङ्गम् , इति सिद्धान्तकौमुदी । fill

10c 15 पृ । पृ । पारयति / ते , परति । U । सेट् । स० । पारि । पारय । 7.2.115 अचो ञ्णिति ।

Parasmaipadi Forms

पारयति	पारयतः	पारयन्ति	अपारयत् -द्	अपारयताम्	अपारयन्
पारयसि	पारयथः	पारयथ	अपारयः	अपारयतम्	अपारयत
पारयामि	पारयावः	पारयामः	अपारयम्	अपारयाव	अपारयाम

पारयतु पारयतात् -द्	पारयताम्	पारयन्तु	पारयेत् -द्	पारयेताम्	पारयेयुः
पारय पारयतात् -द्	पारयतम्	पारयत	पारयेः	पारयेतम्	पारयेत
पारयाणि	पारयाव	पारयाम	पारयेयम्	पारयेव	पारयेम

पारयिष्यति	पारयिष्यतः	पारयिष्यन्ति	अपारयिष्यत् -द्	अपारयिष्यताम्	अपारयिष्यन्
पारयिष्यसि	पारयिष्यथः	पारयिष्यथ	अपारयिष्यः	अपारयिष्यतम्	अपारयिष्यत
पारयिष्यामि	पारयिष्यावः	पारयिष्यामः	अपारयिष्यम्	अपारयिष्याव	अपारयिष्याम

पारयिता	पारयितारौ	पारयितारः	पार्यात् -द्	पार्यास्ताम्	पार्यासुः
पारयितासि	पारयितास्थः	पारयितास्थ	पार्याः	पार्यास्तम्	पार्यास्त
पारयितास्मि	पारयितास्वः	पारयितास्मः	पार्यासम्	पार्यास्व	पार्यास्म

पारयाम्बभूव	पारयाम्बभूवतुः	पारयाम्बभूवुः	अपीपरत् -द्	अपीपरताम्	अपीपरन्
पारयाञ्चकार	पारयाञ्चक्रतुः	पारयाञ्चक्रुः			
पारयामास	पारयामासतुः	पारयामासुः			
पारयाम्बभूविथ	पारयाम्बभूवथुः	पारयाम्बभूव	अपीपरः	अपीपरतम्	अपीपरत
पारयाञ्चकर्थ	पारयाञ्चक्रथुः	पारयाञ्चक्र			
पारयामासिथ	पारयामासथुः	पारयामास			
पारयाम्बभूव	पारयाम्बभूविव	पारयाम्बभूविम	अपीपरम्	अपीपराव	अपीपराम
पारयाञ्चकर -कार	पारयाञ्चकृव	पारयाञ्चकृम			
पारयामास	पारयामासिव	पारयामासिम			

Atmanepadi Forms

पारयते	पारयेते	पारयन्ते	अपारयत	अपारयेताम्	अपारयन्त
पारयसे	पारयेथे	पारयध्वे	अपारयथाः	अपारयेथाम्	अपारयध्वम्
पारये	पारयावहे	पारयामहे	अपारये	अपारयावहि	अपारयामहि

पारयताम्	पारयेताम्	पारयन्ताम्	पारयेत	पारयेयाताम्	पारयेरन्
पारयस्व	पारयेथाम्	पारयध्वम्	पारयेथाः	पारयेयाथाम्	पारयेध्वम्
पारयै	पारयावहै	पारयामहै	पारयेय	पारयेवहि	पारयेमहि

पारयिष्यते	पारयिष्येते	पारयिष्यन्ते	अपारयिष्यत	अपारयिष्येताम्	अपारयिष्यन्त
पारयिष्यसे	पारयिष्येथे	पारयिष्यध्वे	अपारयिष्यथाः	अपारयिष्येथाम्	अपारयिष्यध्वम्
पारयिष्ये	पारयिष्यावहे	पारयिष्यामहे	अपारयिष्ये	अपारयिष्यावहि	अपारयिष्यामहि

पारयिता	पारयितारौ	पारयितारः	पारयिषीष्ट	पारयिषीयास्ताम्	पारयिषीरन्
पारयितासे	पारयितासाथे	पारयिताध्वे	पारयिषीष्ठाः	पारयिषीयास्थाम्	पारयिषीध्वम् -ढ्वम्
पारयिताहे	पारयितास्वहे	पारयितास्महे	पारयिषीय	पारयिषीवहि	पारयिषीमहि

पारयाम्बभूव	पारयाम्बभूवतुः	पारयाम्बभूवुः	अपीपरत	अपीपरेताम्	अपीपरन्त
पारयाञ्चक्रे	पारयाञ्चक्राते	पारयाञ्चक्रिरे			

पारयामास	**पारयामासतुः**	**पारयामासुः**			
पारयाम्बभूविथ	**पारयाम्बभूवथुः**	**पारयाम्बभूव**	**अपीपरथाः**	**अपीपरेथाम्**	**अपीपरध्वम्**
पारयाञ्चकृषे	**पारयाञ्चक्राथे**	**पारयाञ्चकृढ्वे**			
पारयामासिथ	**पारयामासथुः**	**पारयामास**			
पारयाम्बभूव	**पारयाम्बभूविव**	**पारयाम्बभूविम**	**अपीपरे**	**अपीपरावहि**	**अपीपरामहि**
पारयाञ्चक्रे	**पारयाञ्चकृवहे**	**पारयाञ्चकृमहे**			
पारयामास	**पारयामासिव**	**पारयामासिम**			

णिजभावपक्षे 1.3.78 शेषात् कर्त्तरि परस्मैपदम् । इति पक्षे भ्वादिः इव पृ । P । सेट् । स० । 7.2.38 वृतो वा । Optional lengthening of इट् augment. Q. Why it does not apply to लुङ् ? A. By 7.2.40 सिंचि च परस्मैपदेषु । Does not apply to लुङ् Parasmaipada, applies to लुङ् Atmanepada. 7.1.91 णलुत्तमो वा । 7.4.12 शृदॄप्रां ह्रस्वो वा ।

परति	परतः	परन्ति	अपरत् -द्	अपरताम्	अपरन्
परसि	परथः	परथ	अपरः	अपरतम्	अपरत
परामि	परावः	परामः	अपरम्	अपराव	अपराम
परतु परतात् -द्	परताम्	परन्तु	परेत् -द्	परेताम्	परेयुः
पर परतात् -द्	परतम्	परत	परेः	परेतम्	परेत
पराणि	पराव	पराम	परेयम्	परेव	परेम
परिष्यति	परिष्यतः	परिष्यन्ति	अपरिष्यत् -द्	अपरिष्यताम्	अपरिष्यन्
परीष्यति	परीष्यतः	परीष्यन्ति	अपरीष्यत् -द्	अपरीष्यताम	अपरीष्यन्
परिष्यसि	परिष्यथः	परिष्यथ	अपरिष्यः	अपरिष्यतम्	अपरिष्यत
परीष्यसि	परीष्यथः	परीष्यथ	अपरीष्यः	अपरीष्यतम	अपरीष्यत
परिष्यामि	परिष्यावः	परिष्यामः	अपरिष्यम्	अपरिष्याव	अपरिष्याम
परीष्यामि	परीष्यावः	परीष्यामः	अपरीष्यम्	अपरीष्याव	अपरीष्याम
परिता	परितारौ	परितारः	पूर्यात् -द्	पूर्यास्ताम्	पूर्यासुः
परीता	परीतारौ	परीतारः			
परितासि	परितास्थः	परितास्थ	पूर्याः	पूर्यास्तम्	पूर्यास्त
परीतासि	परीतास्थः	परीतास्थ			
परितास्मि	परितास्वः	परितास्मः	पूर्यासम्	पूर्यास्व	पूर्यास्म
परीतास्मि	परीतास्वः	परीतास्मः			
पपार	पपरतुः पप्रतुः	पपरुः पप्रुः	अपारीत् -द्	अपारिष्टाम्	अपारिषुः
पपरिथ	पपरथुः पप्रथुः	पपर पप्र	अपारीः	अपारिष्टम्	अपारिष्ट
पपार पपर	पपरिव पप्रिव	पपरिम पप्रिम	अपारिषम्	अपारिष्व	अपारिष्म

1549 ऊर्ज बलप्राणनयोः । strengthen, live, be powerful

10c 16 ऊर्जँ । ऊर्ज् । ऊर्जयति / ते । U । सेट् । अ० । ऊर्जि । ऊर्जय । **Parasmaipadi Forms**

ऊर्जयति	**ऊर्जयतः**	**ऊर्जयन्ति**	**और्जयत् -द्**	**और्जयताम्**	**और्जयन्**
ऊर्जयसि	**ऊर्जयथः**	**ऊर्जयथ**	**और्जयः**	**और्जयतम्**	**और्जयत**
ऊर्जयामि	**ऊर्जयावः**	**ऊर्जयामः**	**और्जयम्**	**और्जयाव**	**और्जयाम**

ऊर्जयतु ऊर्जयतात् -द्	ऊर्जयताम्	ऊर्जयन्तु	ऊर्जयेत् -द्	ऊर्जयेताम्	ऊर्जयेयुः
ऊर्जय ऊर्जयतात् -द्	ऊर्जयतम्	ऊर्जयत	ऊर्जयेः	ऊर्जयेतम्	ऊर्जयेत
ऊर्जयानि	ऊर्जयाव	ऊर्जयाम	ऊर्जयेयम्	ऊर्जयेव	ऊर्जयेम
ऊर्जयिष्यति	ऊर्जयिष्यतः	ऊर्जयिष्यन्ति	और्जयिष्यत् -द्	और्जयिष्यताम्	और्जयिष्यन्
ऊर्जयिष्यसि	ऊर्जयिष्यथः	ऊर्जयिष्यथ	और्जयिष्यः	और्जयिष्यतम्	और्जयिष्यत
ऊर्जयिष्यामि	ऊर्जयिष्यावः	ऊर्जयिष्यामः	और्जयिष्यम्	और्जयिष्याव	और्जयिष्याम
ऊर्जयिता	ऊर्जयितारौ	ऊर्जयितारः	ऊर्ज्यात् -द्	ऊर्ज्यास्ताम्	ऊर्ज्यासुः
ऊर्जयितासि	ऊर्जयितास्थः	ऊर्जयितास्थ	ऊर्ज्याः	ऊर्ज्यास्तम्	ऊर्ज्यास्त
ऊर्जयितास्मि	ऊर्जयितास्वः	ऊर्जयितास्मः	ऊर्ज्यासम्	ऊर्ज्यास्व	ऊर्ज्यास्म
ऊर्जयाम्बभूव	ऊर्जयाम्बभूवतुः	ऊर्जयाम्बभूवुः	और्जिजत् -द्	और्जिजताम्	और्जिजन्
ऊर्जयाञ्चकार	ऊर्जयाञ्चक्रतुः	ऊर्जयाञ्चक्रुः			
ऊर्जयामास	ऊर्जयामासतुः	ऊर्जयामासुः			
ऊर्जयाम्बभूविथ	ऊर्जयाम्बभूवथुः	ऊर्जयाम्बभूव	और्जिजः	और्जिजतम्	और्जिजत
ऊर्जयाञ्चकर्थ	ऊर्जयाञ्चक्रथुः	ऊर्जयाञ्चक्र			
ऊर्जयामासिथ	ऊर्जयामासथुः	ऊर्जयामास			
ऊर्जयाम्बभूव	ऊर्जयाम्बभूविव	ऊर्जयाम्बभूविम	और्जिजम्	और्जिजाव	और्जिजाम
ऊर्जयाञ्चकर -कार	ऊर्जयाञ्चकृव	ऊर्जयाञ्चकृम			
ऊर्जयामास	ऊर्जयामासिव	ऊर्जयामासिम			

Atmanepadi Forms

ऊर्जयते	ऊर्जयेते	ऊर्जयन्ते	और्जयत	और्जयेताम्	और्जयन्त
ऊर्जयसे	ऊर्जयेथे	ऊर्जयध्वे	और्जयथाः	और्जयेथाम्	और्जयध्वम्
ऊर्जये	ऊर्जयावहे	ऊर्जयामहे	और्जये	और्जयावहि	और्जयामहि
ऊर्जयताम्	ऊर्जयेताम्	ऊर्जयन्ताम्	ऊर्जयेत	ऊर्जयेयाताम्	ऊर्जयेरन्
ऊर्जयस्व	ऊर्जयेथाम्	ऊर्जयध्वम्	ऊर्जयेथाः	ऊर्जयेयाथाम्	ऊर्जयेध्वम्
ऊर्जयै	ऊर्जयावहै	ऊर्जयामहै	ऊर्जयेय	ऊर्जयेवहि	ऊर्जयेमहि
ऊर्जयिष्यते	ऊर्जयिष्येते	ऊर्जयिष्यन्ते	और्जयिष्यत	और्जयिष्येताम्	और्जयिष्यन्त
ऊर्जयिष्यसे	ऊर्जयिष्येथे	ऊर्जयिष्यध्वे	और्जयिष्यथाः	और्जयिष्येथाम्	और्जयिष्यध्वम्
ऊर्जयिष्ये	ऊर्जयिष्यावहे	ऊर्जयिष्यामहे	और्जयिष्ये	और्जयिष्यावहि	और्जयिष्यामहि
ऊर्जयिता	ऊर्जयितारौ	ऊर्जयितारः	ऊर्जयिषीष्ट	ऊर्जयिषीयास्ताम्	ऊर्जयिषीरन्
ऊर्जयितासे	ऊर्जयितासाथे	ऊर्जयिताध्वे	ऊर्जयिषीष्ठाः	ऊर्जयिषीयास्थाम्	ऊर्जयिषीध्वम् -ढ्वम्

ऊर्जयिताहे	ऊर्जयितास्वहे	ऊर्जयितास्महे	ऊर्जयिषीय	ऊर्जयिषीवहि	ऊर्जयिषीमहि

ऊर्जयाम्बभूव	ऊर्जयाम्बभूवतुः	ऊर्जयाम्बभूवुः	और्जिजत	और्जिजेताम्	और्जिजन्त
ऊर्जयाञ्चक्रे	ऊर्जयाञ्चक्राते	ऊर्जयाञ्चक्रिरे			
ऊर्जयामास	ऊर्जयामासतुः	ऊर्जयामासुः			
ऊर्जयाम्बभूविथ	ऊर्जयाम्बभूवथुः	ऊर्जयाम्बभूव	और्जिजथाः	और्जिजेथाम्	और्जिजध्वम्
ऊर्जयाञ्चकृषे	ऊर्जयाञ्चक्राथे	ऊर्जयाञ्चकृढ्वे			
ऊर्जयामासिथ	ऊर्जयामासथुः	ऊर्जयामास			
ऊर्जयाम्बभूव	ऊर्जयाम्बभूविव	ऊर्जयाम्बभूविम	और्जिजे	और्जिजावहि	और्जिजामहि
ऊर्जयाञ्चक्रे	ऊर्जयाञ्चकृवहे	ऊर्जयाञ्चकृमहे			
ऊर्जयामास	ऊर्जयामासिव	ऊर्जयामासिम			

1550 पक्ष परिग्रहे । take, seize, accept, side with

10c 17 पक्षँ । पक्ष् । पक्षयति / ते । U । सेट् । स० । पक्षि । पक्षय । **Parasmaipadi Forms**

पक्षयति	पक्षयतः	पक्षयन्ति	अपक्षयत् -द्	अपक्षयताम्	अपक्षयन्
पक्षयसि	पक्षयथः	पक्षयथ	अपक्षयः	अपक्षयतम्	अपक्षयत
पक्षयामि	पक्षयावः	पक्षयामः	अपक्षयम्	अपक्षयाव	अपक्षयाम

पक्षयतु पक्षयतात् -द्	पक्षयताम्	पक्षयन्तु[1]	पक्षयेत् -द्	पक्षयेताम्	पक्षयेयुः
पक्षय पक्षयतात् -द्	पक्षयतम्	पक्षयत	पक्षयेः	पक्षयेतम्	पक्षयेत
पक्षयाणि	पक्षयाव	पक्षयाम	पक्षयेयम्	पक्षयेव	पक्षयेम

पक्षयिष्यति	पक्षयिष्यतः	पक्षयिष्यन्ति	अपक्षयिष्यत् -द्	अपक्षयिष्यताम्	अपक्षयिष्यन्
पक्षयिष्यसि	पक्षयिष्यथः	पक्षयिष्यथ	अपक्षयिष्यः	अपक्षयिष्यतम्	अपक्षयिष्यत
पक्षयिष्यामि	पक्षयिष्यावः	पक्षयिष्यामः	अपक्षयिष्यम्	अपक्षयिष्याव	अपक्षयिष्याम

पक्षयिता	पक्षयितारौ	पक्षयितारः	पक्ष्यात् -द्	पक्ष्यास्ताम्	पक्ष्यासुः
पक्षयितासि	पक्षयितास्थः	पक्षयितास्थ	पक्ष्याः	पक्ष्यास्तम्	पक्ष्यास्त
पक्षयितास्मि	पक्षयितास्वः	पक्षयितास्मः	पक्ष्यासम्	पक्ष्यास्व	पक्ष्यास्म

पक्षयाम्बभूव	पक्षयाम्बभूवतुः	पक्षयाम्बभूवुः	अपपक्षत् -द्	अपपक्षताम्	अपपक्षन्
पक्षयाञ्चकार	पक्षयाञ्चक्रतुः	पक्षयाञ्चक्रुः			
पक्षयामास	पक्षयामासतुः	पक्षयामासुः			
पक्षयाम्बभूविथ	पक्षयाम्बभूवथुः	पक्षयाम्बभूव	अपपक्षः	अपपक्षतम्	अपपक्षत
पक्षयाञ्चकर्थ	पक्षयाञ्चक्रथुः	पक्षयाञ्चक्र			
पक्षयामासिथ	पक्षयामासथुः	पक्षयामास			
पक्षयाम्बभूव	पक्षयाम्बभूविव	पक्षयाम्बभूविम	अपपक्षम्	अपपक्षाव	अपपक्षाम

पक्षयाञ्चकर -कार	पक्षयाञ्चकृव	पक्षयाञ्चकृम			
पक्षयामास	पक्षयामासिव	पक्षयामासिम			

Atmanepadi Forms

पक्षयते	पक्षयेते	पक्षयन्ते	अपक्षयत	अपक्षयेताम्	अपक्षयन्त
पक्षयसे	पक्षयेथे	पक्षयध्वे	अपक्षयथाः	अपक्षयेथाम्	अपक्षयध्वम्
पक्षये	पक्षयावहे	पक्षयामहे	अपक्षये	अपक्षयावहि	अपक्षयामहि

पक्षयताम्	पक्षयेताम्	पक्षयन्ताम्	पक्षयेत	पक्षयेयाताम्	पक्षयेरन्
पक्षयस्व	पक्षयेथाम्	पक्षयध्वम्	पक्षयेथाः	पक्षयेयाथाम्	पक्षयेध्वम्
पक्षयै	पक्षयावहै	पक्षयामहै	पक्षयेय	पक्षयेवहि	पक्षयेमहि

पक्षयिष्यते	पक्षयिष्येते	पक्षयिष्यन्ते	अपक्षयिष्यत	अपक्षयिष्येताम्	अपक्षयिष्यन्त
पक्षयिष्यसे	पक्षयिष्येथे	पक्षयिष्यध्वे	अपक्षयिष्यथाः	अपक्षयिष्येथाम्	अपक्षयिष्यध्वम्
पक्षयिष्ये	पक्षयिष्यावहे	पक्षयिष्यामहे	अपक्षयिष्ये	अपक्षयिष्यावहि	अपक्षयिष्यामहि

पक्षयिता	पक्षयितारौ	पक्षयितारः	पक्षयिषीष्ट	पक्षयिषीयास्ताम्	पक्षयिषीरन्
पक्षयितासे	पक्षयितासाथे	पक्षयिताध्वे	पक्षयिषीष्ठाः	पक्षयिषीयास्थाम्	पक्षयिषीध्वम् -ढ्वम्
पक्षयिताहे	पक्षयितास्वहे	पक्षयितास्महे	पक्षयिषीय	पक्षयिषीवहि	पक्षयिषीमहि

पक्षयाम्बभूव	पक्षयाम्बभूवतुः	पक्षयाम्बभूवुः	अपपक्षत	अपपक्षेताम्	अपपक्षन्त
पक्षयाञ्चक्रे	पक्षयाञ्चक्राते	पक्षयाञ्चक्रिरे			
पक्षयामास	पक्षयामासतुः	पक्षयामासुः			
पक्षयाम्बभूविथ	पक्षयाम्बभूवथुः	पक्षयाम्बभूव	अपपक्षथाः	अपपक्षेथाम्	अपपक्षध्वम्
पक्षयाञ्चकृषे	पक्षयाञ्चक्राथे	पक्षयाञ्चकृढ्वे			
पक्षयामासिथ	पक्षयामासथुः	पक्षयामास			
पक्षयाम्बभूव	पक्षयाम्बभूविव	पक्षयाम्बभूविम	अपपक्षे	अपपक्षावहि	अपपक्षामहि
पक्षयाञ्चक्रे	पक्षयाञ्चकृवहे	पक्षयाञ्चकृमहे			
पक्षयामास	पक्षयामासिव	पक्षयामासिम			

1551 वर्ण प्रेरणे । order, prompt, send

10c 18 वर्णँ । वर्ण् । वर्णयति / ते । U । सेट् । स० । वर्णि । वर्णय । **Parasmaipadi Forms**

वर्णयति	वर्णयतः	वर्णयन्ति	अवर्णयत् -द्	अवर्णयताम्	अवर्णयन्
वर्णयसि	वर्णयथः	वर्णयथ	अवर्णयः	अवर्णयतम्	अवर्णयत
वर्णयामि	वर्णयावः	वर्णयामः	अवर्णयम्	अवर्णयाव	अवर्णयाम

वर्णयतु वर्णयतात् -द्	वर्णयताम्	वर्णयन्तु	वर्णयेत् -द्	वर्णयेताम्	वर्णयेयुः

| वर्णय | वर्णयतात् -द् | वर्णयतम् | वर्णयत | वर्णयेः | वर्णयेतम् | वर्णयेत |
| वर्णयानि | | वर्णयाव | वर्णयाम | वर्णयेयम् | वर्णयेव | वर्णयेम |

वर्णयिष्यति	वर्णयिष्यतः	वर्णयिष्यन्ति	अवर्णयिष्यत् -द्	अवर्णयिष्यताम्	अवर्णयिष्यन्
वर्णयिष्यसि	वर्णयिष्यथः	वर्णयिष्यथ	अवर्णयिष्यः	अवर्णयिष्यतम्	अवर्णयिष्यत
वर्णयिष्यामि	वर्णयिष्यावः	वर्णयिष्यामः	अवर्णयिष्यम्	अवर्णयिष्याव	अवर्णयिष्याम

वर्णयिता	वर्णयितारौ	वर्णयितारः	वर्ण्यात् -द्	वर्ण्यास्ताम्	वर्ण्यासुः
वर्णयितासि	वर्णयितास्थः	वर्णयितास्थ	वर्ण्याः	वर्ण्यास्तम्	वर्ण्यास्त
वर्णयितास्मि	वर्णयितास्वः	वर्णयितास्मः	वर्ण्यासम्	वर्ण्यास्व	वर्ण्यास्म

वर्णयाम्बभूव	वर्णयाम्बभूवतुः	वर्णयाम्बभूवुः	अववर्णत् -द्	अववर्णताम्	अववर्णन्
वर्णयाञ्चकार	वर्णयाञ्चक्रतुः	वर्णयाञ्चक्रुः			
वर्णयामास	वर्णयामासतुः	वर्णयामासुः			
वर्णयाम्बभूविथ	वर्णयाम्बभूवथुः	वर्णयाम्बभूव	अववर्णः	अववर्णतम्	अववर्णत
वर्णयाञ्चकर्थ	वर्णयाञ्चक्रथुः	वर्णयाञ्चक्र			
वर्णयामासिथ	वर्णयामासथुः	वर्णयामास			
वर्णयाम्बभूव	वर्णयाम्बभूविव	वर्णयाम्बभूविम	अववर्णम्	अववर्णाव	अववर्णाम
वर्णयाञ्चकर -कार	वर्णयाञ्चकृव	वर्णयाञ्चकृम			
वर्णयामास	वर्णयामासिव	वर्णयामासिम			

Atmanepadi Forms

वर्णयते	वर्णयेते	वर्णयन्ते	अवर्णयत	अवर्णयेताम्	अवर्णयन्त
वर्णयसे	वर्णयेथे	वर्णयध्वे	अवर्णयथाः	अवर्णयेथाम्	अवर्णयध्वम्
वर्णये	वर्णयावहे	वर्णयामहे	अवर्णये	अवर्णयावहि	अवर्णयामहि

वर्णयताम्	वर्णयेताम्	वर्णयन्ताम्	वर्णयेत	वर्णयेयाताम्	वर्णयेरन्
वर्णयस्व	वर्णयेथाम्	वर्णयध्वम्	वर्णयेथाः	वर्णयेयाथाम्	वर्णयेध्वम्
वर्णयै	वर्णयावहै	वर्णयामहै	वर्णयेय	वर्णयेवहि	वर्णयेमहि

वर्णयिष्यते	वर्णयिष्येते	वर्णयिष्यन्ते	अवर्णयिष्यत	अवर्णयिष्येताम्	अवर्णयिष्यन्त
वर्णयिष्यसे	वर्णयिष्येथे	वर्णयिष्यध्वे	अवर्णयिष्यथाः	अवर्णयिष्येथाम्	अवर्णयिष्यध्वम्
वर्णयिष्ये	वर्णयिष्यावहे	वर्णयिष्यामहे	अवर्णयिष्ये	अवर्णयिष्यावहि	अवर्णयिष्यामहि

वर्णयिता	वर्णयितारौ	वर्णयितारः	वर्णयिषीष्ट	वर्णयिषीयास्ताम्	वर्णयिषीरन्
वर्णयितासे	वर्णयितासाथे	वर्णयिताध्वे	वर्णयिषीष्ठाः	वर्णयिषीयास्थाम्	वर्णयिषीध्वम् -ढ्वम्
वर्णयिताहे	वर्णयितास्वहे	वर्णयितास्महे	वर्णयिषीय	वर्णयिषीवहि	वर्णयिषीमहि

वर्णयाम्बभूव	वर्णयाम्बभूवतुः	वर्णयाम्बभूवुः	अववर्णत	अववर्णेताम्	अववर्णन्त
वर्णयाञ्चक्रे	वर्णयाञ्चक्राते	वर्णयाञ्चक्रिरे			
वर्णयामास	वर्णयामासतुः	वर्णयामासुः			
वर्णयाम्बभूविथ	वर्णयाम्बभूवथुः	वर्णयाम्बभूव	अववर्णथाः	अववर्णेथाम्	अववर्णध्वम्
वर्णयाञ्चकृषे	वर्णयाञ्चक्राथे	वर्णयाञ्चकृढ्वे			
वर्णयामासिथ	वर्णयामासथुः	वर्णयामास			
वर्णयाम्बभूव	वर्णयाम्बभूविव	वर्णयाम्बभूविम	अववर्णे	अववर्णावहि	अववर्णामहि
वर्णयाञ्चक्रे	वर्णयाञ्चकृवहे	वर्णयाञ्चकृमहे			
वर्णयामास	वर्णयामासिव	वर्णयामासिम			

1552 चूर्ण प्रेरणे । वर्ण वर्णने इत्येके। order, prompt, send

10c 19 चूर्णँ । चूर्ण् । चूर्णयति / ते । U । सेट् । स० । चूर्णि । चूर्णय । **Parasmaipadi Forms**

चूर्णयति	चूर्णयतः	चूर्णयन्ति[1]	अचूर्णयत् -द्	अचूर्णयताम्	अचूर्णयन्[1]
चूर्णयसि	चूर्णयथः	चूर्णयथ	अचूर्णयः	अचूर्णयतम्	अचूर्णयत
चूर्णयामि[2]	चूर्णयावः[2]	चूर्णयामः[2]	अचूर्णयम्[1]	अचूर्णयाव[2]	अचूर्णयाम[2]

चूर्णयतु चूर्णयतात् -द्	चूर्णयताम्	चूर्णयन्तु[1]	चूर्णयेत् -द्	चूर्णयेताम्	चूर्णयेयुः
चूर्णय चूर्णयतात् -द्	चूर्णयतम्	चूर्णयत	चूर्णयेः	चूर्णयेतम्	चूर्णयेत
चूर्णयानि[3]	चूर्णयाव[3]	चूर्णयाम[3]	चूर्णयेयम्	चूर्णयेव	चूर्णयेम

चूर्णयिष्यति	चूर्णयिष्यतः	चूर्णयिष्यन्ति	अचूर्णयिष्यत् -द्	अचूर्णयिष्यताम्	अचूर्णयिष्यन्
चूर्णयिष्यसि	चूर्णयिष्यथः	चूर्णयिष्यथ	अचूर्णयिष्यः	अचूर्णयिष्यतम्	अचूर्णयिष्यत
चूर्णयिष्यामि	चूर्णयिष्यावः	चूर्णयिष्यामः	अचूर्णयिष्यम्	अचूर्णयिष्याव	अचूर्णयिष्याम

चूर्णयिता	चूर्णयितारौ	चूर्णयितारः	चूर्ण्यात् -द्	चूर्ण्यास्ताम्	चूर्ण्यासुः
चूर्णयितासि	चूर्णयितास्थः	चूर्णयितास्थ	चूर्ण्याः	चूर्ण्यास्तम्	चूर्ण्यास्त
चूर्णयितास्मि	चूर्णयितास्वः	चूर्णयितास्मः	चूर्ण्यासम्	चूर्ण्यास्व	चूर्ण्यास्म

चूर्णयाम्बभूव	चूर्णयाम्बभूवतुः	चूर्णयाम्बभूवुः	अचुचूर्णत् -द्	अचुचूर्णताम्	अचुचूर्णन्
चूर्णयाञ्चकार	चूर्णयाञ्चक्रतुः	चूर्णयाञ्चक्रुः			
चूर्णयामास	चूर्णयामासतुः	चूर्णयामासुः			
चूर्णयाम्बभूविथ	चूर्णयाम्बभूवथुः	चूर्णयाम्बभूव	अचुचूर्णः	अचुचूर्णतम्	अचुचूर्णत
चूर्णयाञ्चकर्थ	चूर्णयाञ्चक्रथुः	चूर्णयाञ्चक्र			
चूर्णयामासिथ	चूर्णयामासथुः	चूर्णयामास			
चूर्णयाम्बभूव	चूर्णयाम्बभूविव	चूर्णयाम्बभूविम	अचुचूर्णम्	अचुचूर्णाव	अचुचूर्णाम
चूर्णयाञ्चकर -कार	चूर्णयाञ्चकृव	चूर्णयाञ्चकृम			
चूर्णयामास	चूर्णयामासिव	चूर्णयामासिम			

Atmanepadi Forms

चूर्णयते	चूर्णयेते[4]	चूर्णयन्ते[1]	अचूर्णयत	अचूर्णयेताम्[4]	अचूर्णयन्त[1]
चूर्णयसे	चूर्णयेथे[4]	चूर्णयध्वे	अचूर्णयथाः	अचूर्णयेथाम्[4]	अचूर्णयध्वम्
चूर्णये[1]	चूर्णयावहे[2]	चूर्णयामहे[2]	अचूर्णये[4]	अचूर्णयावहि[3]	अचूर्णयामहि[3]

चूर्णयताम्	चूर्णयेताम्[4]	चूर्णयन्ताम्[1]	चूर्णयेत	चूर्णयेयाताम्	चूर्णयेरन्
चूर्णयस्व	चूर्णयेथाम्[4]	चूर्णयध्वम्	चूर्णयेथाः	चूर्णयेयाथाम्	चूर्णयेध्वम्
चूर्णयै[5]	चूर्णयावहै[3]	चूर्णयामहै[3]	चूर्णयेय	चूर्णयेवहि	चूर्णयेमहि

चूर्णयिष्यते	चूर्णयिष्येते	चूर्णयिष्यन्ते	अचूर्णयिष्यत	अचूर्णयिष्येताम्	अचूर्णयिष्यन्त
चूर्णयिष्यसे	चूर्णयिष्येथे	चूर्णयिष्यध्वे	अचूर्णयिष्यथाः	अचूर्णयिष्येथाम्	अचूर्णयिष्यध्वम्
चूर्णयिष्ये	चूर्णयिष्यावहे	चूर्णयिष्यामहे	अचूर्णयिष्ये	अचूर्णयिष्यावहि	अचूर्णयिष्यामहि

चूर्णयिता	चूर्णयितारौ	चूर्णयितारः	चूर्णयिषीष्ट	चूर्णयिषीयास्ताम्	चूर्णयिषीरन्
चूर्णयितासे	चूर्णयितासाथे	चूर्णयिताध्वे	चूर्णयिषीष्ठाः	चूर्णयिषीयास्थाम्	चूर्णयिषीध्वम् -ढ्वम्
चूर्णयिताहे	चूर्णयितास्वहे	चूर्णयितास्महे	चूर्णयिषीय	चूर्णयिषीवहि	चूर्णयिषीमहि

चूर्णयाम्बभूव	चूर्णयाम्बभूवतुः	चूर्णयाम्बभूवुः	अचुचूर्णत	अचुचूर्णेताम्	अचुचूर्णन्त
चूर्णयाञ्चक्रे	चूर्णयाञ्चक्राते	चूर्णयाञ्चक्रिरे			
चूर्णयामास	चूर्णयामासतुः	चूर्णयामासुः			
चूर्णयाम्बभूविथ	चूर्णयाम्बभूवथुः	चूर्णयाम्बभूव	अचुचूर्णथाः	अचुचूर्णेथाम्	अचुचूर्णध्वम्
चूर्णयाञ्चकृषे	चूर्णयाञ्चक्राथे	चूर्णयाञ्चकृढ्वे			
चूर्णयामासिथ	चूर्णयामासथुः	चूर्णयामास			
चूर्णयाम्बभूव	चूर्णयाम्बभूविव	चूर्णयाम्बभूविम	अचुचूर्णे	अचुचूर्णावहि	अचुचूर्णामहि
चूर्णयाञ्चक्रे	चूर्णयाञ्चकृवहे	चूर्णयाञ्चकृमहे			
चूर्णयामास	चूर्णयामासिव	चूर्णयामासिम			

1553 प्रथ प्रख्याने । be famous, extend, spread. 7.2.116 अत उपधायाः ।

10c 20 प्रथँ । प्रथ् । प्राथयति / ते । U । सेट् । स० । प्राथि । प्राथय । **Parasmaipadi Forms**

प्राथयति	प्राथयतः	प्राथयन्ति[1]	अप्राथयत् -द्	अप्राथयताम्	अप्राथयन्[1]
प्राथयसि	प्राथयथः	प्राथयथ	अप्राथयः	अप्राथयतम्	अप्राथयत
प्राथयामि[2]	प्राथयावः[2]	प्राथयामः[2]	अप्राथयम्[1]	अप्राथयाव[2]	अप्राथयाम[2]

प्राथयतु प्राथयतात् -द्	प्राथयताम्	प्राथयन्तु[1]	प्राथयेत् -द्	प्राथयेताम्	प्राथयेयुः
प्राथय प्राथयतात् -द्	प्राथयतम्	प्राथयत	प्राथयेः	प्राथयेतम्	प्राथयेत
प्राथयानि[3]	प्राथयाव[3]	प्राथयाम[3]	प्राथयेयम्	प्राथयेव	प्राथयेम

प्राथयिष्यति	प्राथयिष्यतः	प्राथयिष्यन्ति	अप्राथयिष्यत् -द्	अप्राथयिष्यताम्	अप्राथयिष्यन्
प्राथयिष्यसि	प्राथयिष्यथः	प्राथयिष्यथ	अप्राथयिष्यः	अप्राथयिष्यतम्	अप्राथयिष्यत
प्राथयिष्यामि	प्राथयिष्यावः	प्राथयिष्यामः	अप्राथयिष्यम्	अप्राथयिष्याव	अप्राथयिष्याम

प्राथयिता	प्राथयितारौ	प्राथयितारः	प्राथ्यात् -द्	प्राथ्यास्ताम्	प्राथ्यासुः
प्राथयितासि	प्राथयितास्थः	प्राथयितास्थ	प्राथ्याः	प्राथ्यास्तम्	प्राथ्यास्त
प्राथयितास्मि	प्राथयितास्वः	प्राथयितास्मः	प्राथ्यासम्	प्राथ्यास्व	प्राथ्यास्म

प्राथयाम्बभूव	प्राथयाम्बभूवतुः	प्राथयाम्बभूवुः	अपप्रथत् -द्	अपप्रथताम्	अपप्रथन्
प्राथयाञ्चकार	प्राथयाञ्चक्रतुः	प्राथयाञ्चक्रुः			
प्राथयामास	प्राथयामासतुः	प्राथयामासुः			
प्राथयाम्बभूविथ	प्राथयाम्बभूवथुः	प्राथयाम्बभूव	अपप्रथः	अपप्रथतम्	अपप्रथत
प्राथयाञ्चकर्थ	प्राथयाञ्चक्रथुः	प्राथयाञ्चक्र			
प्राथयामासिथ	प्राथयामासथुः	प्राथयामास			
प्राथयाम्बभूव	प्राथयाम्बभूविव	प्राथयाम्बभूविम	अपप्रथषम्	अपप्रथाव	अपप्रथाम
प्राथयाञ्चकर -कार	प्राथयाञ्चकृव	प्राथयाञ्चकृम			
प्राथयामास	प्राथयामासिव	प्राथयामासिम			

Atmanepadi Forms

प्राथयते	प्राथयेते[4]	प्राथयन्ते[1]	अप्राथयत	अप्राथयेताम्[4]	अप्राथयन्त[1]
प्राथयसे	प्राथयेथे[4]	प्राथयध्वे	अप्राथयथाः	अप्राथयेथाम्[4]	अप्राथयध्वम्
प्राथये[1]	प्राथयावहे[2]	प्राथयामहे[2]	अप्राथये[4]	अप्राथयावहि[3]	अप्राथयामहि[3]

प्राथयताम्	प्राथयेताम्[4]	प्राथयन्ताम्[1]	प्राथयेत	प्राथयेयाताम्	प्राथयेरन्
प्राथयस्व	प्राथयेथाम्[4]	प्राथयध्वम्	प्राथयेथाः	प्राथयेयाथाम्	प्राथयेध्वम्
प्राथयै[5]	प्राथयावहै[3]	प्राथयामहै[3]	प्राथयेय	प्राथयेवहि	प्राथयेमहि

प्राथयिष्यते	प्राथयिष्येते	प्राथयिष्यन्ते	अप्राथयिष्यत	अप्राथयिष्येताम्	अप्राथयिष्यन्त
प्राथयिष्यसे	प्राथयिष्येथे	प्राथयिष्यध्वे	अप्राथयिष्यथाः	अप्राथयिष्येथाम्	अप्राथयिष्यध्वम्
प्राथयिष्ये	प्राथयिष्यावहे	प्राथयिष्यामहे	अप्राथयिष्ये	अप्राथयिष्यावहि	अप्राथयिष्यामहि

प्राथयिता	प्राथयितारौ	प्राथयितारः	प्राथयिषीष्ट	प्राथयिषीयास्ताम्	प्राथयिषीरन्
प्राथयितासे	प्राथयितासाथे	प्राथयिताध्वे	प्राथयिषीष्ठाः	प्राथयिषीयास्थाम्	प्राथयिषीध्वम् -ढ्वम्
प्राथयिताहे	प्राथयितास्वहे	प्राथयितास्महे	प्राथयिषीय	प्राथयिषीवहि	प्राथयिषीमहि

| प्राथयाम्बभूव | प्राथयाम्बभूवतुः | प्राथयाम्बभूवुः | अपप्रथत | अपप्रथेताम् | अपप्रथन्त |
| प्राथयाञ्चक्रे | प्राथयाञ्चक्राते | प्राथयाञ्चक्रिरे | | | |

प्राथयामास	प्राथयामासतुः	प्राथयामासुः			
प्राथयाम्बभूविथ	प्राथयाम्बभूवथुः	प्राथयाम्बभूव	अपप्रथथाः	अपप्रथेथाम्	अपप्रथध्वम्
प्राथयाञ्चकृषे	प्राथयाञ्चक्राथे	प्राथयाञ्चकृढ्वे			
प्राथयामासिथ	प्राथयामासथुः	प्राथयामास			
प्राथयाम्बभूव	प्राथयाम्बभूविव	प्राथयाम्बभूविम	अपप्रथे	अपप्रथावहि	अपप्रथामहि
प्राथयाञ्चक्रे	प्राथयाञ्चकृवहे	प्राथयाञ्चकृमहे			
प्राथयामास	प्राथयामासिव	प्राथयामासिम			

1554 पृथ प्रक्षेपे । पथ इत्येके । extend, throw, send, cast. 7.4.7 उर्ऋत् ।

10c 21 पृथँ । पृथ् । पर्थयति / ते । U । सेट् । स० । पर्थि । पर्थय । **Parasmaipadi Forms**

पर्थयति	पर्थयतः	पर्थयन्ति[1]	अपर्थयत् -द्	अपर्थयताम्	अपर्थयन्[1]
पर्थयसि	पर्थयथः	पर्थयथ	अपर्थयः	अपर्थयतम्	अपर्थयत
पर्थयामि[2]	पर्थयावः[2]	पर्थयामः[2]	अपर्थयम्[1]	अपर्थयाव[2]	अपर्थयाम[2]

पर्थयतु पर्थयतात् -द्	पर्थयताम्	पर्थयन्तु[1]	पर्थयेत् -द्	पर्थयेताम्	पर्थयेयुः
पर्थय पर्थयतात् -द्	पर्थयतम्	पर्थयत	पर्थयेः	पर्थयेतम्	पर्थयेत
पर्थयानि[3]	पर्थयाव[3]	पर्थयाम[3]	पर्थयेयम्	पर्थयेव	पर्थयेम

पर्थयिष्यति	पर्थयिष्यतः	पर्थयिष्यन्ति	अपर्थयिष्यत् -द्	अपर्थयिष्यताम्	अपर्थयिष्यन्
पर्थयिष्यसि	पर्थयिष्यथः	पर्थयिष्यथ	अपर्थयिष्यः	अपर्थयिष्यतम्	अपर्थयिष्यत
पर्थयिष्यामि	पर्थयिष्यावः	पर्थयिष्यामः	अपर्थयिष्यम्	अपर्थयिष्याव	अपर्थयिष्याम

पर्थयिता	पर्थयितारौ	पर्थयितारः	पर्थ्यात् -द्	पर्थ्यास्ताम्	पर्थ्यासुः
पर्थयितासि	पर्थयितास्थः	पर्थयितास्थ	पर्थ्याः	पर्थ्यास्तम्	पर्थ्यास्त
पर्थयितास्मि	पर्थयितास्वः	पर्थयितास्मः	पर्थ्यासम्	पर्थ्यास्व	पर्थ्यास्म

पर्थयाम्बभूव	पर्थयाम्बभूवतुः	पर्थयाम्बभूवुः	अपपर्थत् -द्	अपपर्थताम्	अपपर्थन्
पर्थयाञ्चकार	पर्थयाञ्चक्रतुः	पर्थयाञ्चक्रुः	अपीपृथत् -द्	अपीपृथताम्	अपीपृथन्
पर्थयामास	पर्थयामासतुः	पर्थयामासुः			
पर्थयाम्बभूविथ	पर्थयाम्बभूवथुः	पर्थयाम्बभूव	अपपर्थः	अपपर्थतम्	अपपर्थत
पर्थयाञ्चकर्थ	पर्थयाञ्चक्रथुः	पर्थयाञ्चक्र	अपीपृथः	अपीपृथतम्	अपीपृथत
पर्थयामासिथ	पर्थयामासथुः	पर्थयामास			
पर्थयाम्बभूव	पर्थयाम्बभूविव	पर्थयाम्बभूविम	अपपर्थम्	अपपर्थाव	अपपर्थाम
पर्थयाञ्चकर -कार	पर्थयाञ्चकृव	पर्थयाञ्चकृम	अपीपृथम्	अपीपृथाव	अपीपृथाम
पर्थयामास	पर्थयामासिव	पर्थयामासिम			

Atmanepadi Forms

पर्थयते	पर्थयेते[4]	पर्थयन्ते[1]	अपर्थयत	अपर्थयेताम्[4]	अपर्थयन्त[1]
पर्थयसे	पर्थयेथे[4]	पर्थयध्वे	अपर्थयथाः	अपर्थयेथाम्[4]	अपर्थयध्वम्
पर्थये[1]	पर्थयावहे[2]	पर्थयामहे[2]	अपर्थये[4]	अपर्थयावहि[3]	अपर्थयामहि[3]

पर्थयताम्	पर्थयेताम्[4]	पर्थयन्ताम्[1]	पर्थयेत	पर्थयेयाताम्	पर्थयेरन्
पर्थयस्व	पर्थयेथाम्[4]	पर्थयध्वम्	पर्थयेथाः	पर्थयेयाथाम्	पर्थयेध्वम्
पर्थयै[5]	पर्थयावहै[3]	पर्थयामहै[3]	पर्थयेय	पर्थयेवहि	पर्थयेमहि

पर्थयिष्यते	पर्थयिष्येते	पर्थयिष्यन्ते	अपर्थयिष्यत	अपर्थयिष्येताम्	अपर्थयिष्यन्त
पर्थयिष्यसे	पर्थयिष्येथे	पर्थयिष्यध्वे	अपर्थयिष्यथाः	अपर्थयिष्येथाम्	अपर्थयिष्यध्वम्
पर्थयिष्ये	पर्थयिष्यावहे	पर्थयिष्यामहे	अपर्थयिष्ये	अपर्थयिष्यावहि	अपर्थयिष्यामहि

पर्थयिता	पर्थयितारौ	पर्थयितारः	पर्थयिषीष्ट	पर्थयिषीयास्ताम्	पर्थयिषीरन्
पर्थयितासे	पर्थयितासाथे	पर्थयिताध्वे	पर्थयिषीष्ठाः	पर्थयिषीयास्थाम्	पर्थयिषीध्वम् -ढ्वम्
पर्थयिताहे	पर्थयितास्वहे	पर्थयितास्महे	पर्थयिषीय	पर्थयिषीवहि	पर्थयिषीमहि

पर्थयाम्बभूव	पर्थयाम्बभूवतुः	पर्थयाम्बभूवुः	अपपर्थत	अपपर्थेताम्	अपपर्थन्त
पर्थयाञ्चक्रे	पर्थयाञ्चक्राते	पर्थयाञ्चक्रिरे	अपीपृथत	अपीपृथेताम्	अपीपृथन्त
पर्थयामास	पर्थयामासतुः	पर्थयामासुः			
पर्थयाम्बभूविथ	पर्थयाम्बभूवथुः	पर्थयाम्बभूव	अपपर्थथाः	अपपर्थेथाम्	अपपर्थध्वम्
पर्थयाञ्चकृषे	पर्थयाञ्चक्राथे	पर्थयाञ्चकृढ्वे	अपीपृथथाः	अपीपृथेथाम्	अपीपृथध्वम्
पर्थयामासिथ	पर्थयामासथुः	पर्थयामास			
पर्थयाम्बभूव	पर्थयाम्बभूविव	पर्थयाम्बभूविम	अपपर्थे	अपपर्थावहि	अपपर्थामहि
पर्थयाञ्चक्रे	पर्थयाञ्चकृवहे	पर्थयाञ्चकृमहे	अपीपृथे	अपीपृथावहि	अपीपृथामहि
पर्थयामास	पर्थयामासिव	पर्थयामासिम			

1555 षम्ब सम्बन्धने । collect, meet, unite. 6.1.64 धात्वादेः षः सः ।

10c 22 षम्बँ । सम्ब् । सम्बयति / ते । U । सेट् । स० । सम्बि । सम्बय । **Parasmaipadi Forms**

सम्बयति	सम्बयतः	सम्बयन्ति[1]	असम्बयत् -द्	असम्बयताम्	असम्बयन्[1]
सम्बयसि	सम्बयथः	सम्बयथ	असम्बयः	असम्बयतम्	असम्बयत
सम्बयामि[2]	सम्बयावः[2]	सम्बयामः[2]	असम्बयम्[1]	असम्बयाव[2]	असम्बयाम[2]

सम्बयतु सम्बयतात् -द्	सम्बयताम्	सम्बयन्तु[1]	सम्बयेत् -द्	सम्बयेताम्	सम्बयेयुः
सम्बय सम्बयतात् -द्	सम्बयतम्	सम्बयत	सम्बयेः	सम्बयेतम्	सम्बयेत
सम्बयानि[3]	सम्बयाव[3]	सम्बयाम[3]	सम्बयेयम्	सम्बयेव	सम्बयेम

सम्बयिष्यति	सम्बयिष्यतः	सम्बयिष्यन्ति	असम्बयिष्यत् -द्	असम्बयिष्यताम्	असम्बयिष्यन्

सम्बयिष्यसि	सम्बयिष्यथः	सम्बयिष्यथ	असम्बयिष्यः	असम्बयिष्यतम्	असम्बयिष्यत
सम्बयिष्यामि	सम्बयिष्यावः	सम्बयिष्यामः	असम्बयिष्यम्	असम्बयिष्याव	असम्बयिष्याम

सम्बयिता	सम्बयितारौ	सम्बयितारः	सम्ब्यात् -द्	सम्ब्यास्ताम्	सम्ब्यासुः
सम्बयितासि	सम्बयितास्थः	सम्बयितास्थ	सम्ब्याः	सम्ब्यास्तम्	सम्ब्यास्त
सम्बयितास्मि	सम्बयितास्वः	सम्बयितास्मः	सम्ब्यासम्	सम्ब्यास्व	सम्ब्यास्म

सम्बयाम्बभूव	सम्बयाम्बभूवतुः	सम्बयाम्बभूवुः	अससम्बत् -द्	अससम्बताम्	अससम्बन्
सम्बयाञ्चकार	सम्बयाञ्चक्रतुः	सम्बयाञ्चक्रुः			
सम्बयामास	सम्बयामासतुः	सम्बयामासुः			
सम्बयाम्बभूविथ	सम्बयाम्बभूवथुः	सम्बयाम्बभूव	अससम्बः	अससम्बतम्	अससम्बत
सम्बयाञ्चकर्थ	सम्बयाञ्चक्रथुः	सम्बयाञ्चक्र			
सम्बयामासिथ	सम्बयामासथुः	सम्बयामास			
सम्बयाम्बभूव	सम्बयाम्बभूविव	सम्बयाम्बभूविम	अससम्बम्	अससम्बाव	अससम्बाम
सम्बयाञ्चकर -कार	सम्बयाञ्चकृव	सम्बयाञ्चकृम			
सम्बयामास	सम्बयामासिव	सम्बयामासिम			

Atmanepadi Forms

सम्बयते	सम्बयेते[4]	सम्बयन्ते[1]	असम्बयत	असम्बयेताम्[4]	असम्बयन्त[1]
सम्बयसे	सम्बयेथे[4]	सम्बयध्वे	असम्बयथाः	असम्बयेथाम्[4]	असम्बयध्वम्
सम्बये[1]	सम्बयावहे[2]	सम्बयामहे[2]	असम्बये[4]	असम्बयावहि[3]	असम्बयामहि[3]

सम्बयताम्	सम्बयेताम्[4]	सम्बयन्ताम्[1]	सम्बयेत	सम्बयेयाताम्	सम्बयेरन्
सम्बयस्व	सम्बयेथाम्[4]	सम्बयध्वम्	सम्बयेथाः	सम्बयेयाथाम्	सम्बयेध्वम्
सम्बयै[5]	सम्बयावहै[3]	सम्बयामहै[3]	सम्बयेय	सम्बयेवहि	सम्बयेमहि

सम्बयिष्यते	सम्बयिष्येते	सम्बयिष्यन्ते	असम्बयिष्यत	असम्बयिष्येताम्	असम्बयिष्यन्त
सम्बयिष्यसे	सम्बयिष्येथे	सम्बयिष्यध्वे	असम्बयिष्यथाः	असम्बयिष्येथाम्	असम्बयिष्यध्वम्
सम्बयिष्ये	सम्बयिष्यावहे	सम्बयिष्यामहे	असम्बयिष्ये	असम्बयिष्यावहि	असम्बयिष्यामहि

सम्बयिता	सम्बयितारौ	सम्बयितारः	सम्बयिषीष्ट	सम्बयिषीयास्ताम्	सम्बयिषीरन्
सम्बयितासे	सम्बयितासाथे	सम्बयिताध्वे	सम्बयिषीष्ठाः	सम्बयिषीयास्थाम्	सम्बयिषीध्वम् -ढ्वम्
सम्बयिताहे	सम्बयितास्वहे	सम्बयितास्महे	सम्बयिषीय	सम्बयिषीवहि	सम्बयिषीमहि

सम्बयाम्बभूव	सम्बयाम्बभूवतुः	सम्बयाम्बभूवुः	अससम्बत	अससम्बेताम्	अससम्बन्त
सम्बयाञ्चक्रे	सम्बयाञ्चक्राते	सम्बयाञ्चक्रिरे			
सम्बयामास	सम्बयामासतुः	सम्बयामासुः			

सम्बयाम्बभूविथ	सम्बयाम्बभूवथुः	सम्बयाम्बभूव	असससम्बथाः	असससम्बेथाम्	असससम्बध्वम्
सम्बयाञ्चकृषे	सम्बयाञ्चक्राथे	सम्बयाञ्चकृढ्वे			
सम्बयामासिथ	सम्बयामासथुः	सम्बयामास			
सम्बयाम्बभूव	सम्बयाम्बभूविव	सम्बयाम्बभूविम	असससम्बे	असससम्बावहि	असससम्बामहि
सम्बयाञ्चक्रे	सम्बयाञ्चकृवहे	सम्बयाञ्चकृमहे			
सम्बयामास	सम्बयामासिव	सम्बयामासिम			

1556 शम्ब च । सम्बन्धने । साम्ब इत्येके । collect, gather

10c 23 शम्बँ । शम्ब् । शम्बयति / ते । U । सेट् । स० । सम्बि । सम्बय । **Parasmaipadi Forms**

शम्बयति	शम्बयतः	शम्बयन्ति[1]	अशम्बयत् -द्	अशम्बयताम्	अशम्बयन्[1]
शम्बयसि	शम्बयथः	शम्बयथ	अशम्बयः	अशम्बयतम्	अशम्बयत
शम्बयामि[2]	शम्बयावः[2]	शम्बयामः[2]	अशम्बयम्[1]	अशम्बयाव[2]	अशम्बयाम[2]

शम्बयतु शम्बयतात् -द्	शम्बयताम्	शम्बयन्तु[1]	शम्बयेत् -द्	शम्बयेताम्	शम्बयेयुः
शम्बय शम्बयतात् -द्	शम्बयतम्	शम्बयत	शम्बयेः	शम्बयेतम्	शम्बयेत
शम्बयानि[3]	शम्बयाव[3]	शम्बयाम[3]	शम्बयेयम्	शम्बयेव	शम्बयेम

शम्बयिष्यति	शम्बयिष्यतः	शम्बयिष्यन्ति	अशम्बयिष्यत् -द्	अशम्बयिष्यताम्	अशम्बयिष्यन्
शम्बयिष्यसि	शम्बयिष्यथः	शम्बयिष्यथ	अशम्बयिष्यः	अशम्बयिष्यतम्	अशम्बयिष्यत
शम्बयिष्यामि	शम्बयिष्यावः	शम्बयिष्यामः	अशम्बयिष्यम्	अशम्बयिष्याव	अशम्बयिष्याम

शम्बयिता	शम्बयितारौ	शम्बयितारः	शम्ब्यात् -द्	शम्ब्यास्ताम्	शम्ब्यासुः
शम्बयितासि	शम्बयितास्थः	शम्बयितास्थ	शम्ब्याः	शम्ब्यास्तम्	शम्ब्यास्त
शम्बयितास्मि	शम्बयितास्वः	शम्बयितास्मः	शम्ब्यासम्	शम्ब्यास्व	शम्ब्यास्म

शम्बयाम्बभूव	शम्बयाम्बभूवतुः	शम्बयाम्बभूवुः	अशशम्बत् -द्	अशशम्बताम्	अशशम्बन्
शम्बयाञ्चकार	शम्बयाञ्चक्रतुः	शम्बयाञ्चक्रुः			
शम्बयामास	शम्बयामासतुः	शम्बयामासुः			
शम्बयाम्बभूविथ	शम्बयाम्बभूवथुः	शम्बयाम्बभूव	अशशम्बः	अशशम्बतम्	अशशम्बत
शम्बयाञ्चकर्थ	शम्बयाञ्चक्रथुः	शम्बयाञ्चक्र			
शम्बयामासिथ	शम्बयामासथुः	शम्बयामास			
शम्बयाम्बभूव	शम्बयाम्बभूविव	शम्बयाम्बभूविम	अशशम्बम्	अशशम्बाव	अशशम्बाम
शम्बयाञ्चकर -कार	शम्बयाञ्चकृव	शम्बयाञ्चकृम			
शम्बयामास	शम्बयामासिव	शम्बयामासिम			

Atmanepadi Forms

शम्बयते	शम्बयेते[4]	शम्बयन्ते[1]	अशम्बयत	अशम्बयेताम्[4]	अशम्बयन्त[1]

शम्बयसे	शम्बयेथे[4]	शम्बयध्वे	अशम्बयथाः	अशम्बयेथाम्[4]	अशम्बयध्वम्
शम्बये[1]	शम्बयावहे[2]	शम्बयामहे[2]	अशम्बये[4]	अशम्बयावहि[3]	अशम्बयामहि[3]

शम्बयताम्	शम्बयेताम्[4]	शम्बयन्ताम्[1]	शम्बयेत	शम्बयेयाताम्	शम्बयेरन्
शम्बयस्व	शम्बयेथाम्[4]	शम्बयध्वम्	शम्बयेथाः	शम्बयेयाथाम्	शम्बयेध्वम्
शम्बयै[5]	शम्बयावहै[3]	शम्बयामहै[3]	शम्बयेय	शम्बयेवहि	शम्बयेमहि

शम्बयिष्यते	शम्बयिष्येते	शम्बयिष्यन्ते	अशम्बयिष्यत	अशम्बयिष्येताम्	अशम्बयिष्यन्त
शम्बयिष्यसे	शम्बयिष्येथे	शम्बयिष्यध्वे	अशम्बयिष्यथाः	अशम्बयिष्येथाम्	अशम्बयिष्यध्वम्
शम्बयिष्ये	शम्बयिष्यावहे	शम्बयिष्यामहे	अशम्बयिष्ये	अशम्बयिष्यावहि	अशम्बयिष्यामहि

शम्बयिता	शम्बयितारौ	शम्बयितारः	शम्बयिषीष्ट	शम्बयिषीयास्ताम्	शम्बयिषीरन्
शम्बयितासे	शम्बयितासाथे	शम्बयिताध्वे	शम्बयिषीष्ठाः	शम्बयिषीयास्थाम्	शम्बयिषीध्वम् -ढ्वम्
शम्बयिताहे	शम्बयितास्वहे	शम्बयितास्महे	शम्बयिषीय	शम्बयिषीवहि	शम्बयिषीमहि

शम्बयाम्बभूव	शम्बयाम्बभूवतुः	शम्बयाम्बभूवुः	अशशम्बत	अशशम्बेताम्	अशशम्बन्त
शम्बयाञ्चक्रे	शम्बयाञ्चक्राते	शम्बयाञ्चक्रिरे			
शम्बयामास	शम्बयामासतुः	शम्बयामासुः			
शम्बयाम्बभूविथ	शम्बयाम्बभूवथुः	शम्बयाम्बभूव	अशशम्बथाः	अशशम्बेथाम्	अशशम्बध्वम्
शम्बयाञ्चकृषे	शम्बयाञ्चक्राथे	शम्बयाञ्चकृढ्वे			
शम्बयामासिथ	शम्बयामासथुः	शम्बयामास			
शम्बयाम्बभूव	शम्बयाम्बभूविव	शम्बयाम्बभूविम	अशशम्बे	अशशम्बावहि	अशशम्बामहि
शम्बयाञ्चक्रे	शम्बयाञ्चकृवहे	शम्बयाञ्चकृमहे			
शम्बयामास	शम्बयामासिव	शम्बयामासिम			

1557 भक्ष अदने । eat, partake of, consume

10c 24 भक्षँ । भक्ष् । भक्षयति / ते । U । सेट् । स० । भक्षि । भक्षय । **Parasmaipadi Forms**

भक्षयति	भक्षयतः	भक्षयन्ति[1]	अभक्षयत् -द्	अभक्षयताम्	अभक्षयन्[1]
भक्षयसि	भक्षयथः	भक्षयथ	अभक्षयः	अभक्षयतम्	अभक्षयत
भक्षयामि[2]	भक्षयावः[2]	भक्षयामः[2]	अभक्षयम्[1]	अभक्षयाव[2]	अभक्षयाम[2]

भक्षयतु भक्षयतात् -द्	भक्षयताम्	भक्षयन्तु[1]	भक्षयेत् -द्	भक्षयेताम्	भक्षयेयुः
भक्षय भक्षयतात् -द्	भक्षयतम्	भक्षयत	भक्षयेः	भक्षयेतम्	भक्षयेत
भक्षयाणि[3]	भक्षयाव[3]	भक्षयाम[3]	भक्षयेयम्	भक्षयेव	भक्षयेम

भक्षयिष्यति	भक्षयिष्यतः	भक्षयिष्यन्ति	अभक्षयिष्यत् -द्	अभक्षयिष्यताम्	अभक्षयिष्यन्
भक्षयिष्यसि	भक्षयिष्यथः	भक्षयिष्यथ	अभक्षयिष्यः	अभक्षयिष्यतम्	अभक्षयिष्यत

भक्षयिष्यामि	भक्षयिष्यावः	भक्षयिष्यामः	अभक्षयिष्यम्	अभक्षयिष्याव	अभक्षयिष्याम
भक्षयिता	भक्षयितारौ	भक्षयितारः	भक्ष्यात् -द्	भक्ष्यास्ताम्	भक्ष्यासुः
भक्षयितासि	भक्षयितास्थः	भक्षयितास्थ	भक्ष्याः	भक्ष्यास्तम्	भक्ष्यास्त
भक्षयितास्मि	भक्षयितास्वः	भक्षयितास्मः	भक्ष्यासम्	भक्ष्यास्व	भक्ष्यास्म
भक्षयाम्बभूव	भक्षयाम्बभूवतुः	भक्षयाम्बभूवुः	अबभक्षत् -द्	अबभक्षताम्	अबभक्षन्
भक्षयाञ्चकार	भक्षयाञ्चक्रतुः	भक्षयाञ्चक्रुः			
भक्षयामास	भक्षयामासतुः	भक्षयामासुः			
भक्षयाम्बभूविथ	भक्षयाम्बभूवथुः	भक्षयाम्बभूव	अबभक्षः	अबभक्षतम्	अबभक्षत
भक्षयाञ्चकर्थ	भक्षयाञ्चक्रथुः	भक्षयाञ्चक्र			
भक्षयामासिथ	भक्षयामासथुः	भक्षयामास			
भक्षयाम्बभूव	भक्षयाम्बभूविव	भक्षयाम्बभूविम	अबभक्षम्	अबभक्षाव	अबभक्षाम
भक्षयाञ्चकर -कार	भक्षयाञ्चकृव	भक्षयाञ्चकृम			
भक्षयामास	भक्षयामासिव	भक्षयामासिम			

Atmanepadi Forms

भक्षयते	भक्षयेते[4]	भक्षयन्ते[1]	अभक्षयत	अभक्षयेताम्[4]	अभक्षयन्त[1]
भक्षयसे	भक्षयेथे[4]	भक्षयध्वे	अभक्षयथाः	अभक्षयेथाम्[4]	अभक्षयध्वम्
भक्षये[1]	भक्षयावहे[2]	भक्षयामहे[2]	अभक्षये[4]	अभक्षयावहि[3]	अभक्षयामहि[3]
भक्षयताम्	भक्षयेताम्[4]	भक्षयन्ताम्[1]	भक्षयेत	भक्षयेयाताम्	भक्षयेरन्
भक्षयस्व	भक्षयेथाम्[4]	भक्षयध्वम्	भक्षयेथाः	भक्षयेयाथाम्	भक्षयेध्वम्
भक्षयै[5]	भक्षयावहै[3]	भक्षयामहै[3]	भक्षयेय	भक्षयेवहि	भक्षयेमहि
भक्षयिष्यते	भक्षयिष्येते	भक्षयिष्यन्ते	अभक्षयिष्यत	अभक्षयिष्येताम्	अभक्षयिष्यन्त
भक्षयिष्यसे	भक्षयिष्येथे	भक्षयिष्यध्वे	अभक्षयिष्यथाः	अभक्षयिष्येथाम्	अभक्षयिष्यध्वम्
भक्षयिष्ये	भक्षयिष्यावहे	भक्षयिष्यामहे	अभक्षयिष्ये	अभक्षयिष्यावहि	अभक्षयिष्यामहि
भक्षयिता	भक्षयितारौ	भक्षयितारः	भक्षयिषीष्ट	भक्षयिषीयास्ताम्	भक्षयिषीरन्
भक्षयितासे	भक्षयितासाथे	भक्षयिताध्वे	भक्षयिषीष्ठाः	भक्षयिषीयास्थाम्	भक्षयिषीध्वम् -ढ्वम्
भक्षयिताहे	भक्षयितास्वहे	भक्षयितास्महे	भक्षयिषीय	भक्षयिषीवहि	भक्षयिषीमहि
भक्षयाम्बभूव	भक्षयाम्बभूवतुः	भक्षयाम्बभूवुः	अबभक्षत	अबभक्षेताम्	अबभक्षन्त
भक्षयाञ्चक्रे	भक्षयाञ्चक्राते	भक्षयाञ्चक्रिरे			
भक्षयामास	भक्षयामासतुः	भक्षयामासुः			
भक्षयाम्बभूविथ	भक्षयाम्बभूवथुः	भक्षयाम्बभूव	अबभक्षथाः	अबभक्षेथाम्	अबभक्षध्वम्

भक्षयाञ्चकृषे	भक्षयाञ्चक्राथे	भक्षयाञ्चकृढ्वे			
भक्षयामासिथ	भक्षयामासथुः	भक्षयामास			
भक्षयाम्बभूव	भक्षयाम्बभूविव	भक्षयाम्बभूविम	अबभक्षे	अबभक्षावहि	अबभक्षामहि
भक्षयाञ्चक्रे	भक्षयाञ्चकृवहे	भक्षयाञ्चकृमहे			
भक्षयामास	भक्षयामासिव	भक्षयामासिम			

1558 कुट्ट छेदनभर्त्सनयोः । पूरण इत्येके । crush, abuse, divide, censure, multiply

10c 25 कुट्टँ । कुट्ट् । कुट्टयति / ते । U । सेट् । स० । कुट्टि । कुट्टय । **Parasmaipadi Forms**

कुट्टयति	कुट्टयतः	कुट्टयन्ति[1]	अकुट्टयत् -द्	अकुट्टयताम्	अकुट्टयन्[1]
कुट्टयसि	कुट्टयथः	कुट्टयथ	अकुट्टयः	अकुट्टयतम्	अकुट्टयत
कुट्टयामि[2]	कुट्टयावः[2]	कुट्टयामः[2]	अकुट्टयम्[1]	अकुट्टयाव[2]	अकुट्टयाम[2]

कुट्टयतु कुट्टयतात् -द्	कुट्टयताम्	कुट्टयन्तु[1]	कुट्टयेत् -द्	कुट्टयेताम्	कुट्टयेयुः
कुट्टय कुट्टयतात् -द्	कुट्टयतम्	कुट्टयत	कुट्टयेः	कुट्टयेतम्	कुट्टयेत
कुट्टयानि[3]	कुट्टयाव[3]	कुट्टयाम[3]	कुट्टयेयम्	कुट्टयेव	कुट्टयेम

कुट्टयिष्यति	कुट्टयिष्यतः	कुट्टयिष्यन्ति	अकुट्टयिष्यत् -द्	अकुट्टयिष्यताम्	अकुट्टयिष्यन्
कुट्टयिष्यसि	कुट्टयिष्यथः	कुट्टयिष्यथ	अकुट्टयिष्यः	अकुट्टयिष्यतम्	अकुट्टयिष्यत
कुट्टयिष्यामि	कुट्टयिष्यावः	कुट्टयिष्यामः	अकुट्टयिष्यम्	अकुट्टयिष्याव	अकुट्टयिष्याम

कुट्टयिता	कुट्टयितारौ	कुट्टयितारः	कुट्ट्यात् -द्	कुट्ट्यास्ताम्	कुट्ट्यासुः
कुट्टयितासि	कुट्टयितास्थः	कुट्टयितास्थ	कुट्ट्याः	कुट्ट्यास्तम्	कुट्ट्यास्त
कुट्टयितास्मि	कुट्टयितास्वः	कुट्टयितास्मः	कुट्ट्यासम्	कुट्ट्यास्व	कुट्ट्यास्म

कुट्टयाम्बभूव	कुट्टयाम्बभूवतुः	कुट्टयाम्बभूवुः	अचुकुट्टत् -द्	अचुकुट्टताम्	अचुकुट्टन्
कुट्टयाञ्चकार	कुट्टयाञ्चक्रतुः	कुट्टयाञ्चक्रुः			
कुट्टयामास	कुट्टयामासतुः	कुट्टयामासुः			
कुट्टयाम्बभूविथ	कुट्टयाम्बभूवथुः	कुट्टयाम्बभूव	अचुकुट्टः	अचुकुट्टतम्	अचुकुट्टत
कुट्टयाञ्चकर्थ	कुट्टयाञ्चक्रथुः	कुट्टयाञ्चक्र			
कुट्टयामासिथ	कुट्टयामासथुः	कुट्टयामास			
कुट्टयाम्बभूव	कुट्टयाम्बभूविव	कुट्टयाम्बभूविम	अचुकुट्टम्	अचुकुट्टाव	अचुकुट्टाम
कुट्टयाञ्चकर -कार	कुट्टयाञ्चकृव	कुट्टयाञ्चकृम			
कुट्टयामास	कुट्टयामासिव	कुट्टयामासिम			

Atmanepadi Forms

कुट्टयते	कुट्टयेते[4]	कुट्टयन्ते[1]	अकुट्टयत	अकुट्टयेताम्[4]	अकुट्टयन्त[1]
कुट्टयसे	कुट्टयेथे[4]	कुट्टयध्वे	अकुट्टयथाः	अकुट्टयेथाम्[4]	अकुट्टयध्वम्

कुट्टये[1]	कुट्टयावहे[2]	कुट्टयामहे[2]	अकुट्टये[4]	अकुट्टयावहि[3]	अकुट्टयामहि[3]

कुट्टयताम्	कुट्टयेताम्[4]	कुट्टयन्ताम्[1]	कुट्टयेत	कुट्टयेयाताम्	कुट्टयेरन्
कुट्टयस्व	कुट्टयेथाम्[4]	कुट्टयध्वम्	कुट्टयेथाः	कुट्टयेयाथाम्	कुट्टयेध्वम्
कुट्टयै[5]	कुट्टयावहै[3]	कुट्टयामहै[3]	कुट्टयेय	कुट्टयेवहि	कुट्टयेमहि

कुट्टयिष्यते	कुट्टयिष्येते	कुट्टयिष्यन्ते	अकुट्टयिष्यत	अकुट्टयिष्येताम्	अकुट्टयिष्यन्त
कुट्टयिष्यसे	कुट्टयिष्येथे	कुट्टयिष्यध्वे	अकुट्टयिष्यथाः	अकुट्टयिष्येथाम्	अकुट्टयिष्यध्वम्
कुट्टयिष्ये	कुट्टयिष्यावहे	कुट्टयिष्यामहे	अकुट्टयिष्ये	अकुट्टयिष्यावहि	अकुट्टयिष्यामहि

कुट्टयिता	कुट्टयितारौ	कुट्टयितारः	कुट्टयिषीष्ट	कुट्टयिषीयास्ताम्	कुट्टयिषीरन्
कुट्टयितासे	कुट्टयितासाथे	कुट्टयिताध्वे	कुट्टयिषीष्ठाः	कुट्टयिषीयास्थाम्	कुट्टयिषीध्वम् -ढ्वम्
कुट्टयिताहे	कुट्टयितास्वहे	कुट्टयितास्महे	कुट्टयिषीय	कुट्टयिषीवहि	कुट्टयिषीमहि

कुट्टयाम्बभूव	कुट्टयाम्बभूवतुः	कुट्टयाम्बभूवुः	अचुकुट्टत	अचुकुट्टेताम्	अचुकुट्टन्त
कुट्टयाञ्चक्रे	कुट्टयाञ्चक्राते	कुट्टयाञ्चक्रिरे			
कुट्टयामास	कुट्टयामासतुः	कुट्टयामासुः			
कुट्टयाम्बभूविथ	कुट्टयाम्बभूवथुः	कुट्टयाम्बभूव	अचुकुट्टथाः	अचुकुट्टेथाम्	अचुकुट्टध्वम्
कुट्टयाञ्चकृषे	कुट्टयाञ्चक्राथे	कुट्टयाञ्चकृढ्वे			
कुट्टयामासिथ	कुट्टयामासथुः	कुट्टयामास			
कुट्टयाम्बभूव	कुट्टयाम्बभूविव	कुट्टयाम्बभूविम	अचुकुट्टे	अचुकुट्टावहि	अचुकुट्टामहि
कुट्टयाञ्चक्रे	कुट्टयाञ्चकृवहे	कुट्टयाञ्चकृमहे			
कुट्टयामास	कुट्टयामासिव	कुट्टयामासिम			

1559 पुट्ट अल्पीभावे । diminish, become small

10c 26 पुट्टँ । पुट्ट् । पुट्टयति / ते । U । सेट् । अ० । कुट्टि । कुट्टय । **Parasmaipadi Forms**

पुट्टयति	पुट्टयतः	पुट्टयन्ति[1]	अपुट्टयत् -द्	अपुट्टयताम्	अपुट्टयन्[1]
पुट्टयसि	पुट्टयथः	पुट्टयथ	अपुट्टयः	अपुट्टयतम्	अपुट्टयत
पुट्टयामि[2]	पुट्टयावः[2]	पुट्टयामः[2]	अपुट्टयम्[1]	अपुट्टयाव[2]	अपुट्टयाम[2]

पुट्टयतु पुट्टयतात् -द्	पुट्टयताम्	पुट्टयन्तु[1]	पुट्टयेत् -द्	पुट्टयेताम्	पुट्टयेयुः
पुट्टय पुट्टयतात् -द्	पुट्टयतम्	पुट्टयत	पुट्टयेः	पुट्टयेतम्	पुट्टयेत
पुट्टयानि[3]	पुट्टयाव[3]	पुट्टयाम[3]	पुट्टयेयम्	पुट्टयेव	पुट्टयेम

पुट्टयिष्यति	पुट्टयिष्यतः	पुट्टयिष्यन्ति	अपुट्टयिष्यत् -द्	अपुट्टयिष्यताम्	अपुट्टयिष्यन्
पुट्टयिष्यसि	पुट्टयिष्यथः	पुट्टयिष्यथ	अपुट्टयिष्यः	अपुट्टयिष्यतम्	अपुट्टयिष्यत
पुट्टयिष्यामि	पुट्टयिष्यावः	पुट्टयिष्यामः	अपुट्टयिष्यम्	अपुट्टयिष्याव	अपुट्टयिष्याम

पुट्टयिता	पुट्टयितारौ	पुट्टयितारः	पुट्ट्यात् -द्	पुट्ट्यास्ताम्	पुट्ट्यासुः
पुट्टयितासि	पुट्टयितास्थः	पुट्टयितास्थ	पुट्ट्याः	पुट्ट्यास्तम्	पुट्ट्यास्त
पुट्टयितास्मि	पुट्टयितास्वः	पुट्टयितास्मः	पुट्ट्यासम्	पुट्ट्यास्व	पुट्ट्यास्म

पुट्टयाम्बभूव	पुट्टयाम्बभूवतुः	पुट्टयाम्बभूवुः	अपुपुट्टत् -द्	अपुपुट्टताम्	अपुपुट्टन्
पुट्टयाञ्चकार	पुट्टयाञ्चक्रतुः	पुट्टयाञ्चक्रुः			
पुट्टयामास	पुट्टयामासतुः	पुट्टयामासुः			
पुट्टयाम्बभूविथ	पुट्टयाम्बभूवथुः	पुट्टयाम्बभूव	अपुपुट्टः	अपुपुट्टतम्	अपुपुट्टत
पुट्टयाञ्चकर्थ	पुट्टयाञ्चक्रथुः	पुट्टयाञ्चक्र			
पुट्टयामासिथ	पुट्टयामासथुः	पुट्टयामास			
पुट्टयाम्बभूव	पुट्टयाम्बभूविव	पुट्टयाम्बभूविम	अपुपुट्टम्	अपुपुट्टाव	अपुपुट्टाम
पुट्टयाञ्चकर -कार	पुट्टयाञ्चकृव	पुट्टयाञ्चकृम			
पुट्टयामास	पुट्टयामासिव	पुट्टयामासिम			

Atmanepadi Forms

पुट्टयते	पुट्टयेते[4]	पुट्टयन्ते[1]	अपुट्टयत	अपुट्टयेताम्[4]	अपुट्टयन्त[1]
पुट्टयसे	पुट्टयेथे[4]	पुट्टयध्वे	अपुट्टयथाः	अपुट्टयेथाम्[4]	अपुट्टयध्वम्
पुट्टये[1]	पुट्टयावहे[2]	पुट्टयामहे[2]	अपुट्टये[4]	अपुट्टयावहि[3]	अपुट्टयामहि[3]

पुट्टयताम्	पुट्टयेताम्[4]	पुट्टयन्ताम्[1]	पुट्टयेत	पुट्टयेयाताम्	पुट्टयेरन्
पुट्टयस्व	पुट्टयेथाम्[4]	पुट्टयध्वम्	पुट्टयेथाः	पुट्टयेयाथाम्	पुट्टयेध्वम्
पुट्टयै[5]	पुट्टयावहै[3]	पुट्टयामहै[3]	पुट्टयेय	पुट्टयेवहि	पुट्टयेमहि

पुट्टयिष्यते	पुट्टयिष्येते	पुट्टयिष्यन्ते	अपुट्टयिष्यत	अपुट्टयिष्येताम्	अपुट्टयिष्यन्त
पुट्टयिष्यसे	पुट्टयिष्येथे	पुट्टयिष्यध्वे	अपुट्टयिष्यथाः	अपुट्टयिष्येथाम्	अपुट्टयिष्यध्वम्
पुट्टयिष्ये	पुट्टयिष्यावहे	पुट्टयिष्यामहे	अपुट्टयिष्ये	अपुट्टयिष्यावहि	अपुट्टयिष्यामहि

पुट्टयिता	पुट्टयितारौ	पुट्टयितारः	पुट्टयिषीष्ट	पुट्टयिषीयास्ताम्	पुट्टयिषीरन्
पुट्टयितासे	पुट्टयितासाथे	पुट्टयिताध्वे	पुट्टयिषीष्ठाः	पुट्टयिषीयास्थाम्	पुट्टयिषीध्वम् -ढ्वम्
पुट्टयिताहे	पुट्टयितास्वहे	पुट्टयितास्महे	पुट्टयिषीय	पुट्टयिषीवहि	पुट्टयिषीमहि

पुट्टयाम्बभूव	पुट्टयाम्बभूवतुः	पुट्टयाम्बभूवुः	अपुपुट्टत	अपुपुट्टेताम्	अपुपुट्टन्त
पुट्टयाञ्चक्रे	पुट्टयाञ्चक्राते	पुट्टयाञ्चक्रिरे			
पुट्टयामास	पुट्टयामासतुः	पुट्टयामासुः			
पुट्टयाम्बभूविथ	पुट्टयाम्बभूवथुः	पुट्टयाम्बभूव	अपुपुट्टथाः	अपुपुट्टेथाम्	अपुपुट्टध्वम्
पुट्टयाञ्चकृषे	पुट्टयाञ्चक्राथे	पुट्टयाञ्चकृढ्वे			

पुट्टयामासिथ	पुट्टयामासथुः	पुट्टयामास			
पुट्टयाम्बभूव	पुट्टयाम्बभूविव	पुट्टयाम्बभूविम	अपुपुट्टे	अपुपुट्टावहि	अपुपुट्टामहि
पुट्टयाञ्चक्रे	पुट्टयाञ्चकृवहे	पुट्टयाञ्चकृमहे			
पुट्टयामास	पुट्टयामासिव	पुट्टयामासिम			

1560 चुट्ट अल्पीभावे । be less, become less in number

10c 27 चुट्टँ । चुट्ट् । चुट्टयति / ते । U । सेट् । अ० । चुट्टि । चुट्टय । **Parasmaipadi Forms**

चुट्टयति	चुट्टयतः	चुट्टयन्ति[1]	अचुट्टयत् -द्	अचुट्टयताम्	अचुट्टयन्[1]
चुट्टयसि	चुट्टयथः	चुट्टयथ	अचुट्टयः	अचुट्टयतम्	अचुट्टयत
चुट्टयामि[2]	चुट्टयावः[2]	चुट्टयामः[2]	अचुट्टयम्[1]	अचुट्टयाव[2]	अचुट्टयाम[2]

चुट्टयतु चुट्टयतात् -द्	चुट्टयताम्	चुट्टयन्तु[1]	चुट्टयेत् -द्	चुट्टयेताम्	चुट्टयेयुः
चुट्टय चुट्टयतात् -द्	चुट्टयतम्	चुट्टयत	चुट्टयेः	चुट्टयेतम्	चुट्टयेत
चुट्टयानि[3]	चुट्टयाव[3]	चुट्टयाम[3]	चुट्टयेयम्	चुट्टयेव	चुट्टयेम

चुट्टयिष्यति	चुट्टयिष्यतः	चुट्टयिष्यन्ति	अचुट्टयिष्यत् -द्	अचुट्टयिष्यताम्	अचुट्टयिष्यन्
चुट्टयिष्यसि	चुट्टयिष्यथः	चुट्टयिष्यथ	अचुट्टयिष्यः	अचुट्टयिष्यतम्	अचुट्टयिष्यत
चुट्टयिष्यामि	चुट्टयिष्यावः	चुट्टयिष्यामः	अचुट्टयिष्यम्	अचुट्टयिष्याव	अचुट्टयिष्याम

चुट्टयिता	चुट्टयितारौ	चुट्टयितारः	चुट्ट्यात् -द्	चुट्ट्यास्ताम्	चुट्ट्यासुः
चुट्टयितासि	चुट्टयितास्थः	चुट्टयितास्थ	चुट्ट्याः	चुट्ट्यास्तम्	चुट्ट्यास्त
चुट्टयितास्मि	चुट्टयितास्वः	चुट्टयितास्मः	चुट्ट्यासम्	चुट्ट्यास्व	चुट्ट्यास्म

चुट्टयाम्बभूव	चुट्टयाम्बभूवतुः	चुट्टयाम्बभूवुः	अचुचुट्टत् -द्	अचुचुट्टताम्	अचुचुट्टन्
चुट्टयाञ्चकार	चुट्टयाञ्चक्रतुः	चुट्टयाञ्चक्रुः			
चुट्टयामास	चुट्टयामासतुः	चुट्टयामासुः			
चुट्टयाम्बभूविथ	चुट्टयाम्बभूवथुः	चुट्टयाम्बभूव	अचुचुट्टः	अचुचुट्टतम्	अचुचुट्टत
चुट्टयाञ्चकर्थ	चुट्टयाञ्चक्रथुः	चुट्टयाञ्चक्र			
चुट्टयामासिथ	चुट्टयामासथुः	चुट्टयामास			
चुट्टयाम्बभूव	चुट्टयाम्बभूविव	चुट्टयाम्बभूविम	अचुचुट्टम्	अचुचुट्टाव	अचुचुट्टाम
चुट्टयाञ्चकर -कार	चुट्टयाञ्चकृव	चुट्टयाञ्चकृम			
चुट्टयामास	चुट्टयामासिव	चुट्टयामासिम			

Atmanepadi Forms

चुट्टयते	चुट्टयेते[4]	चुट्टयन्ते[1]	अचुट्टयत	अचुट्टयेताम्[4]	अचुट्टयन्त[1]
चुट्टयसे	चुट्टयेथे[4]	चुट्टयध्वे	अचुट्टयथाः	अचुट्टयेथाम्[4]	अचुट्टयध्वम्
चुट्टये[1]	चुट्टयावहे[2]	चुट्टयामहे[2]	अचुट्टये[4]	अचुट्टयावहि[3]	अचुट्टयामहि[3]

चुट्टयताम्	चुट्टयेताम्[4]	चुट्टयन्ताम्[1]	चुट्टयेत	चुट्टयेयाताम्	चुट्टयेरन्
चुट्टयस्व	चुट्टयेथाम्[4]	चुट्टयध्वम्	चुट्टयेथाः	चुट्टयेयाथाम्	चुट्टयेध्वम्
चुट्टयै[5]	चुट्टयावहै[3]	चुट्टयामहै[3]	चुट्टयेय	चुट्टयेवहि	चुट्टयेमहि

चुट्टयिष्यते	चुट्टयिष्येते	चुट्टयिष्यन्ते	अचुट्टयिष्यत	अचुट्टयिष्येताम्	अचुट्टयिष्यन्त
चुट्टयिष्यसे	चुट्टयिष्येथे	चुट्टयिष्यध्वे	अचुट्टयिष्यथाः	अचुट्टयिष्येथाम्	अचुट्टयिष्यध्वम्
चुट्टयिष्ये	चुट्टयिष्यावहे	चुट्टयिष्यामहे	अचुट्टयिष्ये	अचुट्टयिष्यावहि	अचुट्टयिष्यामहि

चुट्टयिता	चुट्टयितारौ	चुट्टयितारः	चुट्टयिषीष्ट	चुट्टयिषीयास्ताम्	चुट्टयिषीरन्
चुट्टयितासे	चुट्टयितासाथे	चुट्टयिताध्वे	चुट्टयिषीष्ठाः	चुट्टयिषीयास्थाम्	चुट्टयिषीध्वम् -ढ्वम्
चुट्टयिताहे	चुट्टयितास्वहे	चुट्टयितास्महे	चुट्टयिषीय	चुट्टयिषीवहि	चुट्टयिषीमहि

चुट्टयाम्बभूव	चुट्टयाम्बभूवतुः	चुट्टयाम्बभूवुः	अचुचुट्टत	अचुचुट्टेताम्	अचुचुट्टन्त
चुट्टयाञ्चक्रे	चुट्टयाञ्चक्राते	चुट्टयाञ्चक्रिरे			
चुट्टयामास	चुट्टयामासतुः	चुट्टयामासुः			
चुट्टयाम्बभूविथ	चुट्टयाम्बभूवथुः	चुट्टयाम्बभूव	अचुचुट्टथाः	अचुचुट्टेथाम्	अचुचुट्टध्वम्
चुट्टयाञ्चकृषे	चुट्टयाञ्चक्राथे	चुट्टयाञ्चकृढ्वे			
चुट्टयामासिथ	चुट्टयामासथुः	चुट्टयामास			
चुट्टयाम्बभूव	चुट्टयाम्बभूविव	चुट्टयाम्बभूविम	अचुचुट्टे	अचुचुट्टावहि	अचुचुट्टामहि
चुट्टयाञ्चक्रे	चुट्टयाञ्चकृवहे	चुट्टयाञ्चकृमहे			
चुट्टयामास	चुट्टयामासिव	चुट्टयामासिम			

1561 अट्ट अनादरे । despise, insult, condemn

10c 28 अट्टँ । अट्ट् । अट्टयति / ते । U । सेट् । स० । अट्टि । अट्टय ।

Siddhanta Kaumudi says that this Root is originally अद्ट् । By ष्टुत्व द् → ड् and चर्त्व ड् → ट् ।

Parasmaipadi Forms

अट्टयति	अट्टयतः	अट्टयन्ति[1]	आट्टयत् -द्	आट्टयताम्	आट्टयन्[1]
अट्टयसि	अट्टयथः	अट्टयथ	आट्टयः	आट्टयतम्	आट्टयत
अट्टयामि[2]	अट्टयावः[2]	अट्टयामः[2]	आट्टयम्[1]	आट्टयाव[2]	आट्टयाम[2]

अट्टयतु अट्टयतात् -द्	अट्टयताम्	अट्टयन्तु[1]	अट्टयेत् -द्	अट्टयेताम्	अट्टयेयुः
अट्टय अट्टयतात् -द्	अट्टयतम्	अट्टयत	अट्टयेः	अट्टयेतम्	अट्टयेत
अट्टयानि[3]	अट्टयाव[3]	अट्टयाम[3]	अट्टयेयम्	अट्टयेव	अट्टयेम

अट्टयिष्यति	अट्टयिष्यतः	अट्टयिष्यन्ति	आट्टयिष्यत् -द्	आट्टयिष्यताम्	आट्टयिष्यन्
अट्टयिष्यसि	अट्टयिष्यथः	अट्टयिष्यथ	आट्टयिष्यः	आट्टयिष्यतम्	आट्टयिष्यत

अट्टयिष्यामि	अट्टयिष्यावः	अट्टयिष्यामः	आट्टयिष्यम्	आट्टयिष्याव	आट्टयिष्याम

अट्टयिता	अट्टयितारौ	अट्टयितारः	अट्ट्यात् -द्	अट्ट्यास्ताम्	अट्ट्यासुः
अट्टयितासि	अट्टयितास्थः	अट्टयितास्थ	अट्ट्याः	अट्ट्यास्तम्	अट्ट्यास्त
अट्टयितास्मि	अट्टयितास्वः	अट्टयितास्मः	अट्ट्यासम्	अट्ट्यास्व	अट्ट्यास्म

अट्टयाम्बभूव	अट्टयाम्बभूवतुः	अट्टयाम्बभूवुः	आट्टिटत् -द्	आट्टिटताम्	आट्टिटन्
अट्टयाञ्चकार	अट्टयाञ्चक्रतुः	अट्टयाञ्चक्रुः			
अट्टयामास	अट्टयामासतुः	अट्टयामासुः			
अट्टयाम्बभूविथ	अट्टयाम्बभूवथुः	अट्टयाम्बभूव	आट्टिटः	आट्टिटतम्	आट्टिटत
अट्टयाञ्चकर्थ	अट्टयाञ्चक्रथुः	अट्टयाञ्चक्र			
अट्टयामासिथ	अट्टयामासथुः	अट्टयामास			
अट्टयाम्बभूव	अट्टयाम्बभूविव	अट्टयाम्बभूविम	आट्टिटम्	आट्टिटाव	आट्टिटाम
अट्टयाञ्चकर -कार	अट्टयाञ्चकृव	अट्टयाञ्चकृम			
अट्टयामास	अट्टयामासिव	अट्टयामासिम			

Atmanepadi Forms

अट्टयते	अट्टयेते[4]	अट्टयन्ते[1]	आट्टयत	आट्टयेताम्[4]	आट्टयन्त[1]
अट्टयसे	अट्टयेथे[4]	अट्टयध्वे	आट्टयथाः	आट्टयेथाम्[4]	आट्टयध्वम्
अट्टये[1]	अट्टयावहे[2]	अट्टयामहे[2]	आट्टये[4]	आट्टयावहि[3]	आट्टयामहि[3]

अट्टयताम्	अट्टयेताम्[4]	अट्टयन्ताम्[1]	अट्टयेत	अट्टयेयाताम्	अट्टयेरन्
अट्टयस्व	अट्टयेथाम्[4]	अट्टयध्वम्	अट्टयेथाः	अट्टयेयाथाम्	अट्टयेध्वम्
अट्टयै[5]	अट्टयावहै[3]	अट्टयामहै[3]	अट्टयेय	अट्टयेवहि	अट्टयेमहि

अट्टयिष्यते	अट्टयिष्येते	अट्टयिष्यन्ते	आट्टयिष्यत	आट्टयिष्येताम्	आट्टयिष्यन्त
अट्टयिष्यसे	अट्टयिष्येथे	अट्टयिष्यध्वे	आट्टयिष्यथाः	आट्टयिष्येथाम्	आट्टयिष्यध्वम्
अट्टयिष्ये	अट्टयिष्यावहे	अट्टयिष्यामहे	आट्टयिष्ये	आट्टयिष्यावहि	आट्टयिष्यामहि

अट्टयिता	अट्टयितारौ	अट्टयितारः	अट्टयिषीष्ट	अट्टयिषीयास्ताम्	अट्टयिषीरन्
अट्टयितासे	अट्टयितासाथे	अट्टयिताध्वे	अट्टयिषीष्ठाः	अट्टयिषीयास्थाम्	अट्टयिषीध्वम् -ढ्वम्
अट्टयिताहे	अट्टयितास्वहे	अट्टयितास्महे	अट्टयिषीय	अट्टयिषीवहि	अट्टयिषीमहि

अट्टयाम्बभूव	अट्टयाम्बभूवतुः	अट्टयाम्बभूवुः	आट्टिटत	आट्टिटेताम्	आट्टिटन्त
अट्टयाञ्चक्रे	अट्टयाञ्चक्राते	अट्टयाञ्चक्रिरे			
अट्टयामास	अट्टयामासतुः	अट्टयामासुः			
अट्टयाम्बभूविथ	अट्टयाम्बभूवथुः	अट्टयाम्बभूव	आट्टिटथाः	आट्टिटेथाम्	आट्टिटध्वम्

अट्टयाञ्चकृषे	अट्टयाञ्चक्राथे	अट्टयाञ्चकृढ्वे			
अट्टयामासिथ	अट्टयामासथुः	अट्टयामास			
अट्टयाम्बभूव	अट्टयाम्बभूविव	अट्टयाम्बभूविम	आट्टिटे	आट्टिटावहि	आट्टिटामहि
अट्टयाञ्चक्रे	अट्टयाञ्चकृवहे	अट्टयाञ्चकृमहे			
अट्टयामास	अट्टयामासिव	अट्टयामासिम			

1562 षुट्ट अनादरे । disregard, neglect 6.1.64 धात्वादेः षः सः ।

10c 29 षुट्टँ । सुट्ट । सुट्टयति / ते । U । सेट् । स० । सुट्टि । सुट्टय । **Parasmaipadi Forms**

सुट्टयति	सुट्टयतः	सुट्टयन्ति[1]	असुट्टयत् -द्	असुट्टयताम्	असुट्टयन्[1]
सुट्टयसि	सुट्टयथः	सुट्टयथ	असुट्टयः	असुट्टयतम्	असुट्टयत
सुट्टयामि[2]	सुट्टयावः[2]	सुट्टयामः[2]	असुट्टयम्[1]	असुट्टयाव[2]	असुट्टयाम[2]

सुट्टयतु सुट्टयतात् -द्	सुट्टयताम्	सुट्टयन्तु[1]	सुट्टयेत् -द्	सुट्टयेताम्	सुट्टयेयुः
सुट्टय सुट्टयतात् -द्	सुट्टयतम्	सुट्टयत	सुट्टयेः	सुट्टयेतम्	सुट्टयेत
सुट्टयानि[3]	सुट्टयाव[3]	सुट्टयाम[3]	सुट्टयेयम्	सुट्टयेव	सुट्टयेम

सुट्टयिष्यति	सुट्टयिष्यतः	सुट्टयिष्यन्ति	असुट्टयिष्यत् -द्	असुट्टयिष्यताम्	असुट्टयिष्यन्
सुट्टयिष्यसि	सुट्टयिष्यथः	सुट्टयिष्यथ	असुट्टयिष्यः	असुट्टयिष्यतम्	असुट्टयिष्यत
सुट्टयिष्यामि	सुट्टयिष्यावः	सुट्टयिष्यामः	असुट्टयिष्यम्	असुट्टयिष्याव	असुट्टयिष्याम

सुट्टयिता	सुट्टयितारौ	सुट्टयितारः	सुट्ट्यात् -द्	सुट्ट्यास्ताम्	सुट्ट्यासुः
सुट्टयितासि	सुट्टयितास्थः	सुट्टयितास्थ	सुट्ट्याः	सुट्ट्यास्तम्	सुट्ट्यास्त
सुट्टयितास्मि	सुट्टयितास्वः	सुट्टयितास्मः	सुट्ट्यासम्	सुट्ट्यास्व	सुट्ट्यास्म

सुट्टयाम्बभूव	सुट्टयाम्बभूवतुः	सुट्टयाम्बभूवुः	असुषुट्टत् -द्	असुषुट्टताम्	असुषुट्टन्
सुट्टयाञ्चकार	सुट्टयाञ्चक्रतुः	सुट्टयाञ्चक्रुः			
सुट्टयामास	सुट्टयामासतुः	सुट्टयामासुः			
सुट्टयाम्बभूविथ	सुट्टयाम्बभूवथुः	सुट्टयाम्बभूव	असुषुट्टः	असुषुट्टतम्	असुषुट्टत
सुट्टयाञ्चकर्थ	सुट्टयाञ्चक्रथुः	सुट्टयाञ्चक्र			
सुट्टयामासिथ	सुट्टयामासथुः	सुट्टयामास			
सुट्टयाम्बभूव	सुट्टयाम्बभूविव	सुट्टयाम्बभूविम	असुषुट्टम्	असुषुट्टाव	असुषुट्टाम
सुट्टयाञ्चकर -कार	सुट्टयाञ्चकृव	सुट्टयाञ्चकृम			
सुट्टयामास	सुट्टयामासिव	सुट्टयामासिम			

Atmanepadi Forms

सुट्टयते	सुट्टयेते[4]	सुट्टयन्ते[1]	असुट्टयत	असुट्टयेताम्[4]	असुट्टयन्त[1]
सुट्टयसे	सुट्टयेथे[4]	सुट्टयध्वे	असुट्टयथाः	असुट्टयेथाम्[4]	असुट्टयध्वम्

सुट्टये[1]	सुट्टयावहे[2]	सुट्टयामहे[2]	असुट्टये[4]	असुट्टयावहि[3]	असुट्टयामहि[3]

सुट्टयताम्	सुट्टयेताम्[4]	सुट्टयन्ताम्[1]	सुट्टयेत	सुट्टयेयाताम्	सुट्टयेरन्
सुट्टयस्व	सुट्टयेथाम्[4]	सुट्टयध्वम्	सुट्टयेथाः	सुट्टयेयाथाम्	सुट्टयेध्वम्
सुट्टयै[5]	सुट्टयावहै[3]	सुट्टयामहै[3]	सुट्टयेय	सुट्टयेवहि	सुट्टयेमहि

सुट्टयिष्यते	सुट्टयिष्येते	सुट्टयिष्यन्ते	असुट्टयिष्यत	असुट्टयिष्येताम्	असुट्टयिष्यन्त
सुट्टयिष्यसे	सुट्टयिष्येथे	सुट्टयिष्यध्वे	असुट्टयिष्यथाः	असुट्टयिष्येथाम्	असुट्टयिष्यध्वम्
सुट्टयिष्ये	सुट्टयिष्यावहे	सुट्टयिष्यामहे	असुट्टयिष्ये	असुट्टयिष्यावहि	असुट्टयिष्यामहि

सुट्टयिता	सुट्टयितारौ	सुट्टयितारः	सुट्टयिषीष्ट	सुट्टयिषीयास्ताम्	सुट्टयिषीरन्
सुट्टयितासे	सुट्टयितासाथे	सुट्टयिताध्वे	सुट्टयिषीष्ठाः	सुट्टयिषीयास्थाम्	सुट्टयिषीध्वम् -ढ्वम्
सुट्टयिताहे	सुट्टयितास्वहे	सुट्टयितास्महे	सुट्टयिषीय	सुट्टयिषीवहि	सुट्टयिषीमहि

सुट्टयाम्बभूव	सुट्टयाम्बभूवतुः	सुट्टयाम्बभूवुः	असुषुट्टत	असुषुट्टेताम्	असुषुट्टन्त
सुट्टयाञ्चक्रे	सुट्टयाञ्चक्राते	सुट्टयाञ्चक्रिरे			
सुट्टयामास	सुट्टयामासतुः	सुट्टयामासुः			
सुट्टयाम्बभूविथ	सुट्टयाम्बभूवथुः	सुट्टयाम्बभूव	असुषुट्टथाः	असुषुट्टेथाम्	असुषुट्टध्वम्
सुट्टयाञ्चकृषे	सुट्टयाञ्चक्राथे	सुट्टयाञ्चकृढ्वे			
सुट्टयामासिथ	सुट्टयामासथुः	सुट्टयामास			
सुट्टयाम्बभूव	सुट्टयाम्बभूविव	सुट्टयाम्बभूविम	असुषुट्टे	असुषुट्टावहि	असुषुट्टामहि
सुट्टयाञ्चक्रे	सुट्टयाञ्चकृवहे	सुट्टयाञ्चकृमहे			
सुट्टयामास	सुट्टयामासिव	सुट्टयामासिम			

1563 लुण्ठ स्तेये । लुण्ट इति केचित् । rob, plunder

10c 30 लुण्ठँ । लुण्ठ् । लुण्ठयति / ते । U । सेट् । स० । सुट्टि । सुट्टय । **Parasmaipadi Forms**

लुण्ठयति	लुण्ठयतः	लुण्ठयन्ति[1]	अलुण्ठयत् -द्	अलुण्ठयताम्	अलुण्ठयन्[1]
लुण्ठयसि	लुण्ठयथः	लुण्ठयथ	अलुण्ठयः	अलुण्ठयतम्	अलुण्ठयत
लुण्ठयामि[2]	लुण्ठयावः[2]	लुण्ठयामः[2]	अलुण्ठयम्[1]	अलुण्ठयाव[2]	अलुण्ठयाम[2]

लुण्ठयतु लुण्ठयतात् -द्	लुण्ठयताम्	लुण्ठयन्तु[1]	लुण्ठयेत् -द्	लुण्ठयेताम्	लुण्ठयेयुः
लुण्ठय लुण्ठयतात् -द्	लुण्ठयतम्	लुण्ठयत	लुण्ठयेः	लुण्ठयेतम्	लुण्ठयेत
लुण्ठयानि[3]	लुण्ठयाव[3]	लुण्ठयाम[3]	लुण्ठयेयम्	लुण्ठयेव	लुण्ठयेम

लुण्ठयिष्यति	लुण्ठयिष्यतः	लुण्ठयिष्यन्ति	अलुण्ठयिष्यत् -द्	अलुण्ठयिष्यताम्	अलुण्ठयिष्यन्
लुण्ठयिष्यसि	लुण्ठयिष्यथः	लुण्ठयिष्यथ	अलुण्ठयिष्यः	अलुण्ठयिष्यतम्	अलुण्ठयिष्यत
लुण्ठयिष्यामि	लुण्ठयिष्यावः	लुण्ठयिष्यामः	अलुण्ठयिष्यम्	अलुण्ठयिष्याव	अलुण्ठयिष्याम

लुण्ठयिता	लुण्ठयितारौ	लुण्ठयितारः	लुण्ठ्यात् -द्	लुण्ठ्यास्ताम्	लुण्ठ्यासुः
लुण्ठयितासि	लुण्ठयितास्थः	लुण्ठयितास्थ	लुण्ठ्याः	लुण्ठ्यास्तम्	लुण्ठ्यास्त
लुण्ठयितास्मि	लुण्ठयितास्वः	लुण्ठयितास्मः	लुण्ठ्यासम्	लुण्ठ्यास्व	लुण्ठ्यास्म

लुण्ठयाम्बभूव	लुण्ठयाम्बभूवतुः	लुण्ठयाम्बभूवुः	अलुलुण्ठत् -द्	अलुलुण्ठताम्	अलुलुण्ठन्
लुण्ठयाञ्चकार	लुण्ठयाञ्चक्रतुः	लुण्ठयाञ्चक्रुः			
लुण्ठयामास	लुण्ठयामासतुः	लुण्ठयामासुः			
लुण्ठयाम्बभूविथ	लुण्ठयाम्बभूवथुः	लुण्ठयाम्बभूव	अलुलुण्ठः	अलुलुण्ठतम्	अलुलुण्ठत
लुण्ठयाञ्चकर्थ	लुण्ठयाञ्चक्रथुः	लुण्ठयाञ्चक्र			
लुण्ठयामासिथ	लुण्ठयामासथुः	लुण्ठयामास			
लुण्ठयाम्बभूव	लुण्ठयाम्बभूविव	लुण्ठयाम्बभूविम	अलुलुण्ठम्	अलुलुण्ठाव	अलुलुण्ठाम
लुण्ठयाञ्चकर -कार	लुण्ठयाञ्चकृव	लुण्ठयाञ्चकृम			
लुण्ठयामास	लुण्ठयामासिव	लुण्ठयामासिम			

Atmanepadi Forms

लुण्ठयते	लुण्ठयेते[4]	लुण्ठयन्ते[1]	अलुण्ठयत	अलुण्ठयेताम्[4]	अलुण्ठयन्त[1]
लुण्ठयसे	लुण्ठयेथे[4]	लुण्ठयध्वे	अलुण्ठयथाः	अलुण्ठयेथाम्[4]	अलुण्ठयध्वम्
लुण्ठये[1]	लुण्ठयावहे[2]	लुण्ठयामहे[2]	अलुण्ठये[4]	अलुण्ठयावहि[3]	अलुण्ठयामहि[3]

लुण्ठयताम्	लुण्ठयेताम्[4]	लुण्ठयन्ताम्[1]	लुण्ठयेत	लुण्ठयेयाताम्	लुण्ठयेरन्
लुण्ठयस्व	लुण्ठयेथाम्[4]	लुण्ठयध्वम्	लुण्ठयेथाः	लुण्ठयेयाथाम्	लुण्ठयेध्वम्
लुण्ठयै[5]	लुण्ठयावहै[3]	लुण्ठयामहै[3]	लुण्ठयेय	लुण्ठयेवहि	लुण्ठयेमहि

लुण्ठयिष्यते	लुण्ठयिष्येते	लुण्ठयिष्यन्ते	अलुण्ठयिष्यत	अलुण्ठयिष्येताम्	अलुण्ठयिष्यन्त
लुण्ठयिष्यसे	लुण्ठयिष्येथे	लुण्ठयिष्यध्वे	अलुण्ठयिष्यथाः	अलुण्ठयिष्येथाम्	अलुण्ठयिष्यध्वम्
लुण्ठयिष्ये	लुण्ठयिष्यावहे	लुण्ठयिष्यामहे	अलुण्ठयिष्ये	अलुण्ठयिष्यावहि	अलुण्ठयिष्यामहि

लुण्ठयिता	लुण्ठयितारौ	लुण्ठयितारः	लुण्ठयिषीष्ट	लुण्ठयिषीयास्ताम्	लुण्ठयिषीरन्
लुण्ठयितासे	लुण्ठयितासाथे	लुण्ठयिताध्वे	लुण्ठयिषीष्ठाः	लुण्ठयिषीयास्थाम्	लुण्ठयिषीध्वम् -ढ्वम्
लुण्ठयिताहे	लुण्ठयितास्वहे	लुण्ठयितास्महे	लुण्ठयिषीय	लुण्ठयिषीवहि	लुण्ठयिषीमहि

लुण्ठयाम्बभूव	लुण्ठयाम्बभूवतुः	लुण्ठयाम्बभूवुः	अलुलुण्ठत	अलुलुण्ठेताम्	अलुलुण्ठन्त
लुण्ठयाञ्चक्रे	लुण्ठयाञ्चक्राते	लुण्ठयाञ्चक्रिरे			
लुण्ठयामास	लुण्ठयामासतुः	लुण्ठयामासुः			
लुण्ठयाम्बभूविथ	लुण्ठयाम्बभूवथुः	लुण्ठयाम्बभूव	अलुलुण्ठथाः	अलुलुण्ठेथाम्	अलुलुण्ठध्वम्
लुण्ठयाञ्चकृषे	लुण्ठयाञ्चक्राथे	लुण्ठयाञ्चकृढ्वे			

लुण्ठयामासिथ	लुण्ठयामासथुः	लुण्ठयामास			
लुण्ठयाम्बभूव	लुण्ठयाम्बभूविव	लुण्ठयाम्बभूविम	अलुलुण्ठे	अलुलुण्ठावहि	अलुलुण्ठामहि
लुण्ठयाञ्चक्रे	लुण्ठयाञ्चकृवहे	लुण्ठयाञ्चकृमहे			
लुण्ठयामास	लुण्ठयामासिव	लुण्ठयामासिम			

1564 शठ असंस्कारगत्योः । leave incomplete, be crude, go, move. 7.2.116 अत उपधायाः ।
10c 31 शठँ । शठ् । शाठयति / ते । U । सेट् । स० । शाठि । शाठय । **Parasmaipadi Forms**

शाठयति	शाठयतः	शाठयन्ति[1]	अशाठयत् -द्	अशाठयताम्	अशाठयन्[1]
शाठयसि	शाठयथः	शाठयथ	अशाठयः	अशाठयतम्	अशाठयत
शाठयामि[2]	शाठयावः[2]	शाठयामः[2]	अशाठयम्[1]	अशाठयाव[2]	अशाठयाम[2]

शाठयतु शाठयतात् -द्	शाठयताम्	शाठयन्तु[1]	शाठयेत् -द्	शाठयेताम्	शाठयेयुः
शाठय शाठयतात् -द्	शाठयतम्	शाठयत	शाठयेः	शाठयेतम्	शाठयेत
शाठयानि[3]	शाठयाव[3]	शाठयाम[3]	शाठयेयम्	शाठयेव	शाठयेम

शाठयिष्यति	शाठयिष्यतः	शाठयिष्यन्ति	अशाठयिष्यत् -द्	अशाठयिष्यताम्	अशाठयिष्यन्
शाठयिष्यसि	शाठयिष्यथः	शाठयिष्यथ	अशाठयिष्यः	अशाठयिष्यतम्	अशाठयिष्यत
शाठयिष्यामि	शाठयिष्यावः	शाठयिष्यामः	अशाठयिष्यम्	अशाठयिष्याव	अशाठयिष्याम

शाठयिता	शाठयितारौ	शाठयितारः	शाठ्यात् -द्	शाठ्यास्ताम्	शाठ्यासुः
शाठयितासि	शाठयितास्थः	शाठयितास्थ	शाठ्याः	शाठ्यास्तम्	शाठ्यास्त
शाठयितास्मि	शाठयितास्वः	शाठयितास्मः	शाठ्यासम्	शाठ्यास्व	शाठ्यास्म

शाठयाम्बभूव	शाठयाम्बभूवतुः	शाठयाम्बभूवुः	अशीशठत् -द्	अशीशठताम्	अशीशठन्
शाठयाञ्चकार	शाठयाञ्चक्रतुः	शाठयाञ्चक्रुः			
शाठयामास	शाठयामासतुः	शाठयामासुः			
शाठयाम्बभूविथ	शाठयाम्बभूवथुः	शाठयाम्बभूव	अशीशठः	अशीशठतम्	अशीशठत
शाठयाञ्चकर्थ	शाठयाञ्चक्रथुः	शाठयाञ्चक्र			
शाठयामासिथ	शाठयामासथुः	शाठयामास			
शाठयाम्बभूव	शाठयाम्बभूविव	शाठयाम्बभूविम	अशीशठम्	अशीशठाव	अशीशठाम
शाठयाञ्चकर -कार	शाठयाञ्चकृव	शाठयाञ्चकृम			
शाठयामास	शाठयामासिव	शाठयामासिम			

Atmanepadi Forms

शाठयते	शाठयेते[4]	शाठयन्ते[1]	अशाठयत	अशाठयेताम्[4]	अशाठयन्त[1]
शाठयसे	शाठयेथे[4]	शाठयध्वे	अशाठयथाः	अशाठयेथाम्[4]	अशाठयध्वम्
शाठये[1]	शाठयावहे[2]	शाठयामहे[2]	अशाठये[4]	अशाठयावहि[3]	अशाठयामहि[3]

शाठयताम्	शाठयेताम्[4]	शाठयन्ताम्[1]	शाठयेत	शाठयेयाताम्	शाठयेरन्
शाठयस्व	शाठयेथाम्[4]	शाठयध्वम्	शाठयेथाः	शाठयेयाथाम्	शाठयेध्वम्
शाठयै[5]	शाठयावहै[3]	शाठयामहै[3]	शाठयेय	शाठयेवहि	शाठयेमहि

शाठयिष्यते	शाठयिष्येते	शाठयिष्यन्ते	अशाठयिष्यत	अशाठयिष्येताम्	अशाठयिष्यन्त
शाठयिष्यसे	शाठयिष्येथे	शाठयिष्यध्वे	अशाठयिष्यथाः	अशाठयिष्येथाम्	अशाठयिष्यध्वम्
शाठयिष्ये	शाठयिष्यावहे	शाठयिष्यामहे	अशाठयिष्ये	अशाठयिष्यावहि	अशाठयिष्यामहि

शाठयिता	शाठयितारौ	शाठयितारः	शाठयिषीष्ट	शाठयिषीयास्ताम्	शाठयिषीरन्
शाठयितासे	शाठयितासाथे	शाठयिताध्वे	शाठयिषीष्ठाः	शाठयिषीयास्थाम्	शाठयिषीध्वम् -ढ्वम्
शाठयिताहे	शाठयितास्वहे	शाठयितास्महे	शाठयिषीय	शाठयिषीवहि	शाठयिषीमहि

शाठयाम्बभूव	शाठयाम्बभूवतुः	शाठयाम्बभूवुः	अशीशठत	अशीशठेताम्	अशीशठन्त
शाठयाञ्चक्रे	शाठयाञ्चक्राते	शाठयाञ्चक्रिरे			
शाठयामास	शाठयामासतुः	शाठयामासुः			
शाठयाम्बभूविथ	शाठयाम्बभूवथुः	शाठयाम्बभूव	अशीशठथाः	अशीशठेथाम्	अशीशठध्वम्
शाठयाञ्चकृषे	शाठयाञ्चक्राथे	शाठयाञ्चकृढ्वे			
शाठयामासिथ	शाठयामासथुः	शाठयामास			
शाठयाम्बभूव	शाठयाम्बभूविव	शाठयाम्बभूविम	अशीशठे	अशीशठावहि	अशीशठामहि
शाठयाञ्चक्रे	शाठयाञ्चकृवहे	शाठयाञ्चकृमहे			
शाठयामास	शाठयामासिव	शाठयामासिम			

1565 श्वठ असंस्कारगत्योः । श्वठि इत्येके । be incomplete, be incorrect, go , move

10c 32 श्वठँ । श्वठ् । श्वाठयति / ते । U । सेट् । स० । श्वाठि । श्वाठय । 7.2.116 अत उपधायाः ।

Parasmaipadi Forms

श्वाठयति	श्वाठयतः	श्वाठयन्ति[1]	अश्वाठयत् -द्	अश्वाठयताम्	अश्वाठयन्[1]
श्वाठयसि	श्वाठयथः	श्वाठयथ	अश्वाठयः	अश्वाठयतम्	अश्वाठयत
श्वाठयामि[2]	श्वाठयावः[2]	श्वाठयामः[2]	अश्वाठयम्[1]	अश्वाठयाव[2]	अश्वाठयाम[2]

श्वाठयतु श्वाठयतात् -द्	श्वाठयताम्	श्वाठयन्तु[1]	श्वाठयेत् -द्	श्वाठयेताम्	श्वाठयेयुः
श्वाठय श्वाठयतात् -द्	श्वाठयतम्	श्वाठयत	श्वाठयेः	श्वाठयेतम्	श्वाठयेत
श्वाठयानि[3]	श्वाठयाव[3]	श्वाठयाम[3]	श्वाठयेयम्	श्वाठयेव	श्वाठयेम

श्वाठयिष्यति	श्वाठयिष्यतः	श्वाठयिष्यन्ति	अश्वाठयिष्यत् -द्	अश्वाठयिष्यताम्	अश्वाठयिष्यन्
श्वाठयिष्यसि	श्वाठयिष्यथः	श्वाठयिष्यथ	अश्वाठयिष्यः	अश्वाठयिष्यतम्	अश्वाठयिष्यत
श्वाठयिष्यामि	श्वाठयिष्यावः	श्वाठयिष्यामः	अश्वाठयिष्यम्	अश्वाठयिष्याव	अश्वाठयिष्याम

श्वाठयिता	श्वाठयितारौ	श्वाठयितारः	श्वाठ्यात् -द्	श्वाठ्यास्ताम्	श्वाठ्यासुः
श्वाठयितासि	श्वाठयितास्थः	श्वाठयितास्थ	श्वाठ्याः	श्वाठ्यास्तम्	श्वाठ्यास्त
श्वाठयितास्मि	श्वाठयितास्वः	श्वाठयितास्मः	श्वाठ्यासम्	श्वाठ्यास्व	श्वाठ्यास्म

श्वाठयाम्बभूव	श्वाठयाम्बभूवतुः	श्वाठयाम्बभूवुः	अशिश्वठत् -द्	अशिश्वठताम्	अशिश्वठन्
श्वाठयाञ्चकार	श्वाठयाञ्चक्रतुः	श्वाठयाञ्चक्रुः			
श्वाठयामास	श्वाठयामासतुः	श्वाठयामासुः			
श्वाठयाम्बभूविथ	श्वाठयाम्बभूवथुः	श्वाठयाम्बभूव	अशिश्वठः	अशिश्वठतम्	अशिश्वठत
श्वाठयाञ्चकर्थ	श्वाठयाञ्चक्रथुः	श्वाठयाञ्चक्र			
श्वाठयामासिथ	श्वाठयामासथुः	श्वाठयामास			
श्वाठयाम्बभूव	श्वाठयाम्बभूविव	श्वाठयाम्बभूविम	अशिश्वठम्	अशिश्वठाव	अशिश्वठाम
श्वाठयाञ्चकर -कार	श्वाठयाञ्चकृव	श्वाठयाञ्चकृम			
श्वाठयामास	श्वाठयामासिव	श्वाठयामासिम			

Atmanepadi Forms

श्वाठयते	श्वाठयेते[4]	श्वाठयन्ते[1]	अश्वाठयत	अश्वाठयेताम्[4]	अश्वाठयन्त[1]
श्वाठयसे	श्वाठयेथे[4]	श्वाठयध्वे	अश्वाठयथाः	अश्वाठयेथाम्[4]	अश्वाठयध्वम्
श्वाठये[1]	श्वाठयावहे[2]	श्वाठयामहे[2]	अश्वाठये[4]	अश्वाठयावहि[3]	अश्वाठयामहि[3]

श्वाठयताम्	श्वाठयेताम्[4]	श्वाठयन्ताम्[1]	श्वाठयेत	श्वाठयेयाताम्	श्वाठयेरन्
श्वाठयस्व	श्वाठयेथाम्[4]	श्वाठयध्वम्	श्वाठयेथाः	श्वाठयेयाथाम्	श्वाठयेध्वम्
श्वाठयै[5]	श्वाठयावहै[3]	श्वाठयामहै[3]	श्वाठयेय	श्वाठयेवहि	श्वाठयेमहि

श्वाठयिष्यते	श्वाठयिष्येते	श्वाठयिष्यन्ते	अश्वाठयिष्यत	अश्वाठयिष्येताम्	अश्वाठयिष्यन्त
श्वाठयिष्यसे	श्वाठयिष्येथे	श्वाठयिष्यध्वे	अश्वाठयिष्यथाः	अश्वाठयिष्येथाम्	अश्वाठयिष्यध्वम्
श्वाठयिष्ये	श्वाठयिष्यावहे	श्वाठयिष्यामहे	अश्वाठयिष्ये	अश्वाठयिष्यावहि	अश्वाठयिष्यामहि

श्वाठयिता	श्वाठयितारौ	श्वाठयितारः	श्वाठयिषीष्ट	श्वाठयिषीयास्ताम्	श्वाठयिषीरन्
श्वाठयितासे	श्वाठयितासाथे	श्वाठयिताध्वे	श्वाठयिषीष्ठाः	श्वाठयिषीयास्थाम्	श्वाठयिषीध्वम् -ढ्वम्
श्वाठयिताहे	श्वाठयितास्वहे	श्वाठयितास्महे	श्वाठयिषीय	श्वाठयिषीवहि	श्वाठयिषीमहि

श्वाठयाम्बभूव	श्वाठयाम्बभूवतुः	श्वाठयाम्बभूवुः	अशिश्वठत	अशिश्वठेताम्	अशिश्वठन्त
श्वाठयाञ्चक्रे	श्वाठयाञ्चक्राते	श्वाठयाञ्चक्रिरे			
श्वाठयामास	श्वाठयामासतुः	श्वाठयामासुः			
श्वाठयाम्बभूविथ	श्वाठयाम्बभूवथुः	श्वाठयाम्बभूव	अशिश्वठथाः	अशिश्वठेथाम्	अशिश्वठध्वम्
श्वाठयाञ्चकृषे	श्वाठयाञ्चक्राथे	श्वाठयाञ्चकृढ्वे			

श्वाठयामासिथ	श्वाठयामासथुः	श्वाठयामास			
श्वाठयाम्बभूव	श्वाठयाम्बभूविव	श्वाठयाम्बभूविम	अशिश्वठे	अशिश्वठावहि	अशिश्वठामहि
श्वाठयाञ्चक्रे	श्वाठयाञ्चकृवहे	श्वाठयाञ्चकृमहे			
श्वाठयामास	श्वाठयामासिव	श्वाठयामासिम			

1566 तुजि । हिंसाबलादाननिकेतनेषु । इदित् वैकल्पिकः णिच् । reside, be strong, take, shine, hurt
10c 33 तुजिँ । तुञ्ज् । तुञ्जयति / ते , तुञ्जति । U । सेट् । स०* । तुञ्जि । तुञ्जय । 7.1.58

Parasmaipadi Forms

तुञ्जयति	तुञ्जयतः	तुञ्जयन्ति[1]	अतुञ्जयत् -द्	अतुञ्जयताम्	अतुञ्जयन्[1]
तुञ्जयसि	तुञ्जयथः	तुञ्जयथ	अतुञ्जयः	अतुञ्जयतम्	अतुञ्जयत
तुञ्जयामि[2]	तुञ्जयावः[2]	तुञ्जयामः[2]	अतुञ्जयम्[1]	अतुञ्जयाव[2]	अतुञ्जयाम[2]

तुञ्जयतु तुञ्जयतात् -द्	तुञ्जयताम्	तुञ्जयन्तु[1]	तुञ्जयेत् -द्	तुञ्जयेताम्	तुञ्जयेयुः
तुञ्जय तुञ्जयतात् -द्	तुञ्जयतम्	तुञ्जयत	तुञ्जयेः	तुञ्जयेतम्	तुञ्जयेत
तुञ्जयानि[3]	तुञ्जयाव[3]	तुञ्जयाम[3]	तुञ्जयेयम्	तुञ्जयेव	तुञ्जयेम

तुञ्जयिष्यति	तुञ्जयिष्यतः	तुञ्जयिष्यन्ति	अतुञ्जयिष्यत् -द्	अतुञ्जयिष्यताम्	अतुञ्जयिष्यन्
तुञ्जयिष्यसि	तुञ्जयिष्यथः	तुञ्जयिष्यथ	अतुञ्जयिष्यः	अतुञ्जयिष्यतम्	अतुञ्जयिष्यत
तुञ्जयिष्यामि	तुञ्जयिष्यावः	तुञ्जयिष्यामः	अतुञ्जयिष्यम्	अतुञ्जयिष्याव	अतुञ्जयिष्याम

तुञ्जयिता	तुञ्जयितारौ	तुञ्जयितारः	तुञ्ज्यात् -द्	तुञ्ज्यास्ताम्	तुञ्ज्यासुः
तुञ्जयितासि	तुञ्जयितास्थः	तुञ्जयितास्थ	तुञ्ज्याः	तुञ्ज्यास्तम्	तुञ्ज्यास्त
तुञ्जयितास्मि	तुञ्जयितास्वः	तुञ्जयितास्मः	तुञ्ज्यासम्	तुञ्ज्यास्व	तुञ्ज्यास्म

तुञ्जयाम्बभूव	तुञ्जयाम्बभूवतुः	तुञ्जयाम्बभूवुः	अतुतुञ्जत् -द्	अतुतुञ्जताम्	अतुतुञ्जन्
तुञ्जयाञ्चकार	तुञ्जयाञ्चक्रतुः	तुञ्जयाञ्चक्रुः			
तुञ्जयामास	तुञ्जयामासतुः	तुञ्जयामासुः			
तुञ्जयाम्बभूविथ	तुञ्जयाम्बभूवथुः	तुञ्जयाम्बभूव	अतुतुञ्जः	अतुतुञ्जतम्	अतुतुञ्जत
तुञ्जयाञ्चकर्थ	तुञ्जयाञ्चक्रथुः	तुञ्जयाञ्चक्र			
तुञ्जयामासिथ	तुञ्जयामासथुः	तुञ्जयामास			
तुञ्जयाम्बभूव	तुञ्जयाम्बभूविव	तुञ्जयाम्बभूविम	अतुतुञ्जम्	अतुतुञ्जाव	अतुतुञ्जाम
तुञ्जयाञ्चकर -कार	तुञ्जयाञ्चकृव	तुञ्जयाञ्चकृम			
तुञ्जयामास	तुञ्जयामासिव	तुञ्जयामासिम			

Atmanepadi Forms

तुञ्जयते	तुञ्जयेते[4]	तुञ्जयन्ते[1]	अतुञ्जयत	अतुञ्जयेताम्[4]	अतुञ्जयन्त[1]
तुञ्जयसे	तुञ्जयेथे[4]	तुञ्जयध्वे	अतुञ्जयथाः	अतुञ्जयेथाम्[4]	अतुञ्जयध्वम्

तुञ्जये[1]	तुञ्जयावहे[2]	तुञ्जयामहे[2]	अतुञ्जये[4]	अतुञ्जयावहि[3]	अतुञ्जयामहि[3]
तुञ्जयताम्	तुञ्जयेताम्[4]	तुञ्जयन्ताम्[1]	तुञ्जयेत	तुञ्जयेयाताम्	तुञ्जयेरन्
तुञ्जयस्व	तुञ्जयेथाम्[4]	तुञ्जयध्वम्	तुञ्जयेथाः	तुञ्जयेयाथाम्	तुञ्जयेध्वम्
तुञ्जयै[5]	तुञ्जयावहै[3]	तुञ्जयामहै[3]	तुञ्जयेय	तुञ्जयेवहि	तुञ्जयेमहि
तुञ्जयिष्यते	तुञ्जयिष्येते	तुञ्जयिष्यन्ते	अतुञ्जयिष्यत	अतुञ्जयिष्येताम्	अतुञ्जयिष्यन्त
तुञ्जयिष्यसे	तुञ्जयिष्येथे	तुञ्जयिष्यध्वे	अतुञ्जयिष्यथाः	अतुञ्जयिष्येथाम्	अतुञ्जयिष्यध्वम्
तुञ्जयिष्ये	तुञ्जयिष्यावहे	तुञ्जयिष्यामहे	अतुञ्जयिष्ये	अतुञ्जयिष्यावहि	अतुञ्जयिष्यामहि
तुञ्जयिता	तुञ्जयितारौ	तुञ्जयितारः	तुञ्जयिषीष्ट	तुञ्जयिषीयास्ताम्	तुञ्जयिषीरन्
तुञ्जयितासे	तुञ्जयितासाथे	तुञ्जयिताध्वे	तुञ्जयिषीष्ठाः	तुञ्जयिषीयास्थाम्	तुञ्जयिषीध्वम् -ढ्वम्
तुञ्जयिताहे	तुञ्जयितास्वहे	तुञ्जयितास्महे	तुञ्जयिषीय	तुञ्जयिषीवहि	तुञ्जयिषीमहि
तुञ्जयाम्बभूव	तुञ्जयाम्बभूवतुः	तुञ्जयाम्बभूवुः	अतुतुञ्जत	अतुतुञ्जेताम्	अतुतुञ्जन्त
तुञ्जयाञ्चक्रे	तुञ्जयाञ्चक्राते	तुञ्जयाञ्चक्रिरे			
तुञ्जयामास	तुञ्जयामासतुः	तुञ्जयामासुः			
तुञ्जयाम्बभूविथ	तुञ्जयाम्बभूवथुः	तुञ्जयाम्बभूव	अतुतुञ्जथाः	अतुतुञ्जेथाम्	अतुतुञ्जध्वम्
तुञ्जयाञ्चकृषे	तुञ्जयाञ्चक्राथे	तुञ्जयाञ्चकृढ्वे			
तुञ्जयामासिथ	तुञ्जयामासथुः	तुञ्जयामास			
तुञ्जयाम्बभूव	तुञ्जयाम्बभूविव	तुञ्जयाम्बभूविम	अतुतुञ्जे	अतुतुञ्जावहि	अतुतुञ्जामहि
तुञ्जयाञ्चक्रे	तुञ्जयाञ्चकृवहे	तुञ्जयाञ्चकृमहे			
तुञ्जयामास	तुञ्जयामासिव	तुञ्जयामासिम			

णिजभावपक्षे 1.3.78 शेषात् कर्त्तरि परस्मैपदम् । इति पक्षे भ्वादिः इव तुञ्ज् । P । सेट् । स० ।

तुञ्जति	तुञ्जतः	तुञ्जन्ति	अतुञ्जत् -द्	अतुञ्जताम्	अतुञ्जन्
तुञ्जसि	तुञ्जथः	तुञ्जथ	अतुञ्जः	अतुञ्जतम्	अतुञ्जत
तुञ्जामि	तुञ्जावः	तुञ्जामः	अतुञ्जम्	अतुञ्जाव	अतुञ्जाम
तुञ्जतु तुञ्जतात् -द्	तुञ्जताम्	तुञ्जन्तु	तुञ्जेत् -द्	तुञ्जेताम्	तुञ्जेयुः
तुञ्ज तुञ्जतात् -द्	तुञ्जतम्	तुञ्जत	तुञ्जेः	तुञ्जेतम्	तुञ्जेत
तुञ्जानि	तुञ्जाव	तुञ्जाम	तुञ्जेयम्	तुञ्जेव	तुञ्जेम
तुञ्जिष्यति	तुञ्जिष्यतः	तुञ्जिष्यन्ति	अतुञ्जिष्यत् -द्	अतुञ्जिष्यताम्	अतुञ्जिष्यन्
तुञ्जिष्यसि	तुञ्जिष्यथः	तुञ्जिष्यथ	अतुञ्जिष्यः	अतुञ्जिष्यतम्	अतुञ्जिष्यत
तुञ्जिष्यामि	तुञ्जिष्यावः	तुञ्जिष्यामः	अतुञ्जिष्यम्	अतुञ्जिष्याव	अतुञ्जिष्याम
तुञ्जिता	तुञ्जितारौ	तुञ्जितारः	तुञ्ज्यात् -द्	तुञ्ज्यास्ताम्	तुञ्ज्यासुः

तुञ्जितासि	तुञ्जितास्थः	तुञ्जितास्थ	तुञ्ज्याः	तुञ्ज्यास्तम्	तुञ्ज्यास्त
तुञ्जितास्मि	तुञ्जितास्वः	तुञ्जितास्मः	तुञ्ज्यासम्	तुञ्ज्यास्व	तुञ्ज्यास्म

तुतुञ्ज	तुतुञ्जतुः	तुतुञ्जुः	अतुञ्जीत् -द्	अतुञ्जिष्टाम्	अतुञ्जिषुः
तुतुञ्जिथ	तुतुञ्जथुः	तुतुञ्ज	अतुञ्जीः	अतुञ्जिष्टम्	अतुञ्जिष्ट
तुतुञ्ज	तुतुञ्जिव	तुतुञ्जिम	अतुञ्जिषम्	अतुञ्जिष्व	अतुञ्जिष्म

1567 पिजि हिंसाबलादाननिकेतनेषु । तुज पिज इति केचित्। लजि लुजि इत्येके। kill, be strong, take, shine
10c 34 पिजिँ । पिञ्ज् । पिञ्जयति / ते , पिञ्जति । U । सेट् । स०* । पिञ्जि । पिञ्जय । इदित् वैकल्पिकः णिच् ।

Parasmaipadi Forms

पिञ्जयति	पिञ्जयतः	पिञ्जयन्ति[1]	अपिञ्जयत् -द्	अपिञ्जयताम्	अपिञ्जयन्[1]
पिञ्जयसि	पिञ्जयथः	पिञ्जयथ	अपिञ्जयः	अपिञ्जयतम्	अपिञ्जयत
पिञ्जयामि[2]	पिञ्जयावः[2]	पिञ्जयामः[2]	अपिञ्जयम्[1]	अपिञ्जयाव[2]	अपिञ्जयाम[2]

पिञ्जयतु पिञ्जयतात् -द्	पिञ्जयताम्	पिञ्जयन्तु[1]	पिञ्जयेत् -द्	पिञ्जयेताम्	पिञ्जयेयुः
पिञ्जय पिञ्जयतात् -द्	पिञ्जयतम्	पिञ्जयत	पिञ्जयेः	पिञ्जयेतम्	पिञ्जयेत
पिञ्जयानि[3]	पिञ्जयाव[3]	पिञ्जयाम[3]	पिञ्जयेयम्	पिञ्जयेव	पिञ्जयेम

पिञ्जयिष्यति	पिञ्जयिष्यतः	पिञ्जयिष्यन्ति	अपिञ्जयिष्यत् -द्	अपिञ्जयिष्यताम्	अपिञ्जयिष्यन्
पिञ्जयिष्यसि	पिञ्जयिष्यथः	पिञ्जयिष्यथ	अपिञ्जयिष्यः	अपिञ्जयिष्यतम्	अपिञ्जयिष्यत
पिञ्जयिष्यामि	पिञ्जयिष्यावः	पिञ्जयिष्यामः	अपिञ्जयिष्यम्	अपिञ्जयिष्याव	अपिञ्जयिष्याम

पिञ्जयिता	पिञ्जयितारौ	पिञ्जयितारः	पिञ्ज्यात् -द्	पिञ्ज्यास्ताम्	पिञ्ज्यासुः
पिञ्जयितासि	पिञ्जयितास्थः	पिञ्जयितास्थ	पिञ्ज्याः	पिञ्ज्यास्तम्	पिञ्ज्यास्त
पिञ्जयितास्मि	पिञ्जयितास्वः	पिञ्जयितास्मः	पिञ्ज्यासम्	पिञ्ज्यास्व	पिञ्ज्यास्म

पिञ्जयाम्बभूव	पिञ्जयाम्बभूवतुः	पिञ्जयाम्बभूवुः	अपिपिञ्जत् -द्	अपिपिञ्जताम्	अपिपिञ्जन्
पिञ्जयाञ्चकार	पिञ्जयाञ्चक्रतुः	पिञ्जयाञ्चक्रुः			
पिञ्जयामास	पिञ्जयामासतुः	पिञ्जयामासुः			
पिञ्जयाम्बभूविथ	पिञ्जयाम्बभूवथुः	पिञ्जयाम्बभूव	अपिपिञ्जः	अपिपिञ्जतम्	अपिपिञ्जत
पिञ्जयाञ्चकर्थ	पिञ्जयाञ्चक्रथुः	पिञ्जयाञ्चक्र			
पिञ्जयामासिथ	पिञ्जयामासथुः	पिञ्जयामास			
पिञ्जयाम्बभूव	पिञ्जयाम्बभूविव	पिञ्जयाम्बभूविम	अपिपिञ्जम्	अपिपिञ्जाव	अपिपिञ्जाम
पिञ्जयाञ्चकर -कार	पिञ्जयाञ्चकृव	पिञ्जयाञ्चकृम			
पिञ्जयामास	पिञ्जयामासिव	पिञ्जयामासिम			

Atmanepadi Forms

पिञ्जयते	पिञ्जयेते[4]	पिञ्जयन्ते[1]	अपिञ्जयत	अपिञ्जयेताम्[4]	अपिञ्जयन्त[1]

पिञ्जयसे	पिञ्जयेथे[4]	पिञ्जयध्वे	अपिञ्जयथाः	अपिञ्जयेथाम्[4]	अपिञ्जयध्वम्
पिञ्जये[1]	पिञ्जयावहे[2]	पिञ्जयामहे[2]	अपिञ्जये[4]	अपिञ्जयावहि[3]	अपिञ्जयामहि[3]

पिञ्जयताम्	पिञ्जयेताम्[4]	पिञ्जयन्ताम्[1]	पिञ्जयेत	पिञ्जयेयाताम्	पिञ्जयेरन्
पिञ्जयस्व	पिञ्जयेथाम्[4]	पिञ्जयध्वम्	पिञ्जयेथाः	पिञ्जयेयाथाम्	पिञ्जयेध्वम्
पिञ्जयै[5]	पिञ्जयावहै[3]	पिञ्जयामहै[3]	पिञ्जयेय	पिञ्जयेवहि	पिञ्जयेमहि

पिञ्जयिष्यते	पिञ्जयिष्येते	पिञ्जयिष्यन्ते	अपिञ्जयिष्यत	अपिञ्जयिष्येताम्	अपिञ्जयिष्यन्त
पिञ्जयिष्यसे	पिञ्जयिष्येथे	पिञ्जयिष्यध्वे	अपिञ्जयिष्यथाः	अपिञ्जयिष्येथाम्	अपिञ्जयिष्यध्वम्
पिञ्जयिष्ये	पिञ्जयिष्यावहे	पिञ्जयिष्यामहे	अपिञ्जयिष्ये	अपिञ्जयिष्यावहि	अपिञ्जयिष्यामहि

पिञ्जयिता	पिञ्जयितारौ	पिञ्जयितारः	पिञ्जयिषीष्ट	पिञ्जयिषीयास्ताम्	पिञ्जयिषीरन्
पिञ्जयितासे	पिञ्जयितासाथे	पिञ्जयिताध्वे	पिञ्जयिषीष्ठाः	पिञ्जयिषीयास्थाम्	पिञ्जयिषीध्वम् -ढ्वम्
पिञ्जयिताहे	पिञ्जयितास्वहे	पिञ्जयितास्महे	पिञ्जयिषीय	पिञ्जयिषीवहि	पिञ्जयिषीमहि

पिञ्जयाम्बभूव	पिञ्जयाम्बभूवतुः	पिञ्जयाम्बभूवुः	अपिपिञ्जत	अपिपिञ्जेताम्	अपिपिञ्जन्त
पिञ्जयाञ्चक्रे	पिञ्जयाञ्चक्राते	पिञ्जयाञ्चक्रिरे			
पिञ्जयामास	पिञ्जयामासतुः	पिञ्जयामासुः			
पिञ्जयाम्बभूविथ	पिञ्जयाम्बभूवथुः	पिञ्जयाम्बभूव	अपिपिञ्जथाः	अपिपिञ्जेथाम्	अपिपिञ्जध्वम्
पिञ्जयाञ्चकृषे	पिञ्जयाञ्चक्राथे	पिञ्जयाञ्चकृढ्वे			
पिञ्जयामासिथ	पिञ्जयामासथुः	पिञ्जयामास			
पिञ्जयाम्बभूव	पिञ्जयाम्बभूविव	पिञ्जयाम्बभूविम	अपिपिञ्जे	अपिपिञ्जावहि	अपिपिञ्जामहि
पिञ्जयाञ्चक्रे	पिञ्जयाञ्चकृवहे	पिञ्जयाञ्चकृमहे			
पिञ्जयामास	पिञ्जयामासिव	पिञ्जयामासिम			

णिजभावपक्षे 1.3.78 शेषात् कर्त्तरि परस्मैपदम् । इति पक्षे भ्वादिः इव पिञ्ज् । P । सेट् । स० ।

पिञ्जति	पिञ्जतः	पिञ्जन्ति	अपिञ्जत् -द्	अपिञ्जताम्	अपिञ्जन्
पिञ्जसि	पिञ्जथः	पिञ्जथ	अपिञ्जः	अपिञ्जतम्	अपिञ्जत
पिञ्जामि	पिञ्जावः	पिञ्जामः	अपिञ्जम्	अपिञ्जाव	अपिञ्जाम

पिञ्जतु पिञ्जतात् -द्	पिञ्जताम्	पिञ्जन्तु	पिञ्जेत् -द्	पिञ्जेताम्	पिञ्जेयुः
पिञ्ज पिञ्जतात् -द्	पिञ्जतम्	पिञ्जत	पिञ्जेः	पिञ्जेतम्	पिञ्जेत
पिञ्जानि	पिञ्जाव	पिञ्जाम	पिञ्जेयम्	पिञ्जेव	पिञ्जेम

पिञ्जिष्यति	पिञ्जिष्यतः	पिञ्जिष्यन्ति	अपिञ्जिष्यत् -द्	अपिञ्जिष्यताम्	अपिञ्जिष्यन्
पिञ्जिष्यसि	पिञ्जिष्यथः	पिञ्जिष्यथ	अपिञ्जिष्यः	अपिञ्जिष्यतम्	अपिञ्जिष्यत
पिञ्जिष्यामि	पिञ्जिष्यावः	पिञ्जिष्यामः	अपिञ्जिष्यम्	अपिञ्जिष्याव	अपिञ्जिष्याम

पिञ्जिता	पिञ्जितारौ	पिञ्जितारः	पिञ्ज्यात् -द्	पिञ्ज्यास्ताम्	पिञ्ज्यासुः
पिञ्जितासि	पिञ्जितास्थः	पिञ्जितास्थ	पिञ्ज्याः	पिञ्ज्यास्तम्	पिञ्ज्यास्त
पिञ्जितास्मि	पिञ्जितास्वः	पिञ्जितास्मः	पिञ्ज्यासम्	पिञ्ज्यास्व	पिञ्ज्यास्म
पिपिञ्ज	पिपिञ्जतुः	पिपिञ्जुः	अपिञ्जीत् -द्	अपिञ्जिष्टाम्	अपिञ्जिषुः
पिपिञ्जिथ	पिपिञ्जथुः	पिपिञ्ज	अपिञ्जीः	अपिञ्जिष्टम्	अपिञ्जिष्ट
पिपिञ्ज	पिपिञ्जिव	पिपिञ्जिम	अपिञ्जिषम्	अपिञ्जिष्व	अपिञ्जिष्म

1568 **पिस गतौ** । go, move

10c 35 पिसँ । पिस् । पेसयति /ते । U । सेट् । स० । पेसि । पेसय । **Parasmaipadi Forms**

पेसयति	पेसयतः	पेसयन्ति[1]	अपेसयत् -द्	अपेसयताम्	अपेसयन्[1]
पेसयसि	पेसयथः	पेसयथ	अपेसयः	अपेसयतम्	अपेसयत
पेसयामि[2]	पेसयावः[2]	पेसयामः[2]	अपेसयम्[1]	अपेसयाव[2]	अपेसयाम[2]
पेसयतु पेसयतात् -द्	पेसयताम्	पेसयन्तु[1]	पेसयेत् -द्	पेसयेताम्	पेसयेयुः
पेसय पेसयतात् -द्	पेसयतम्	पेसयत	पेसयेः	पेसयेतम्	पेसयेत
पेसयानि[3]	पेसयाव[3]	पेसयाम[3]	पेसयेयम्	पेसयेव	पेसयेम
पेसयिष्यति	पेसयिष्यतः	पेसयिष्यन्ति	अपेसयिष्यत् -द्	अपेसयिष्यताम्	अपेसयिष्यन्
पेसयिष्यसि	पेसयिष्यथः	पेसयिष्यथ	अपेसयिष्यः	अपेसयिष्यतम्	अपेसयिष्यत
पेसयिष्यामि	पेसयिष्यावः	पेसयिष्यामः	अपेसयिष्यम्	अपेसयिष्याव	अपेसयिष्याम
पेसयिता	पेसयितारौ	पेसयितारः	पेस्यात् -द्	पेस्यास्ताम्	पेस्यासुः
पेसयितासि	पेसयितास्थः	पेसयितास्थ	पेस्याः	पेस्यास्तम्	पेस्यास्त
पेसयितास्मि	पेसयितास्वः	पेसयितास्मः	पेस्यासम्	पेस्यास्व	पेस्यास्म
पेसयाम्बभूव	पेसयाम्बभूवतुः	पेसयाम्बभूवुः	अपीपिसत् -द्	अपीपिसताम्	अपीपिसन्
पेसयाञ्चकार	पेसयाञ्चक्रतुः	पेसयाञ्चक्रुः			
पेसयामास	पेसयामासतुः	पेसयामासुः			
पेसयाम्बभूविथ	पेसयाम्बभूवथुः	पेसयाम्बभूव	अपीपिसः	अपीपिसतम्	अपीपिसत
पेसयाञ्चकर्थ	पेसयाञ्चक्रथुः	पेसयाञ्चक्र			
पेसयामासिथ	पेसयामासथुः	पेसयामास			
पेसयाम्बभूव	पेसयाम्बभूविव	पेसयाम्बभूविम	अपीपिसम्	अपीपिसाव	अपीपिसाम
पेसयाञ्चकर -कार	पेसयाञ्चकृव	पेसयाञ्चकृम			
पेसयामास	पेसयामासिव	पेसयामासिम			

Atmanepadi Forms

पेसयते	पेसयेते[4]	पेसयन्ते[1]	अपेसयत	अपेसयेताम्[4]	अपेसयन्त[1]
पेसयसे	पेसयेथे[4]	पेसयध्वे	अपेसयथाः	अपेसयेथाम्[4]	अपेसयध्वम्
पेसये[1]	पेसयावहे[2]	पेसयामहे[2]	अपेसये[4]	अपेसयावहि[3]	अपेसयामहि[3]

पेसयताम्	पेसयेताम्[4]	पेसयन्ताम्[1]	पेसयेत	पेसयेयाताम्	पेसयेरन्
पेसयस्व	पेसयेथाम्[4]	पेसयध्वम्	पेसयेथाः	पेसयेयाथाम्	पेसयेध्वम्
पेसयै[5]	पेसयावहै[3]	पेसयामहै[3]	पेसयेय	पेसयेवहि	पेसयेमहि

पेसयिष्यते	पेसयिष्येते	पेसयिष्यन्ते	अपेसयिष्यत	अपेसयिष्येताम्	अपेसयिष्यन्त
पेसयिष्यसे	पेसयिष्येथे	पेसयिष्यध्वे	अपेसयिष्यथाः	अपेसयिष्येथाम्	अपेसयिष्यध्वम्
पेसयिष्ये	पेसयिष्यावहे	पेसयिष्यामहे	अपेसयिष्ये	अपेसयिष्यावहि	अपेसयिष्यामहि

पेसयिता	पेसयितारौ	पेसयितारः	पेसयिषीष्ट	पेसयिषीयास्ताम्	पेसयिषीरन्
पेसयितासे	पेसयितासाथे	पेसयिताध्वे	पेसयिषीष्ठाः	पेसयिषीयास्थाम्	पेसयिषीध्वम् -ढ्वम्
पेसयिताहे	पेसयितास्वहे	पेसयितास्महे	पेसयिषीय	पेसयिषीवहि	पेसयिषीमहि

पेसयाम्बभूव	पेसयाम्बभूवतुः	पेसयाम्बभूवुः	अपीपिसत	अपीपिसेताम्	अपीपिसन्त
पेसयाञ्चक्रे	पेसयाञ्चक्राते	पेसयाञ्चक्रिरे			
पेसयामास	पेसयामासतुः	पेसयामासुः			
पेसयाम्बभूविथ	पेसयाम्बभूवथुः	पेसयाम्बभूव	अपीपिसथाः	अपीपिसेथाम्	अपीपिसध्वम्
पेसयाञ्चकृषे	पेसयाञ्चक्राथे	पेसयाञ्चकृढ्वे			
पेसयामासिथ	पेसयामासथुः	पेसयामास			
पेसयाम्बभूव	पेसयाम्बभूविव	पेसयाम्बभूविम	अपीपिसे	अपीपिसावहि	अपीपिसामहि
पेसयाञ्चक्रे	पेसयाञ्चकृवहे	पेसयाञ्चकृमहे			
पेसयामास	पेसयामासिव	पेसयामासिम			

1569 षान्त्व सामप्रयोगे । console

10c 36 षान्त्वँ । सान्त्व् । सान्त्वयति / ते । U । सेट् । स० । सान्त्वि । सान्त्वय ।

According to some grammarians this is two Roots षान्त्वँ , सामँ । In that case the लुङ् form of साम् will be असीषमत् given by Siddhanta Kaumudi, see Root 1879 साम सान्त्वप्रयोगे ।

साम् लुङ् iii/1 → णिच् → साम् + इ + ति → 3.1.43 3.1.48 → साम् + इ + अ + ति → 3.4.100 → साम् + इ + अ + त् → 6.1.11 → साम् + साम् + इ + अ + त् → 6.4.51 → साम् + साम् + अ + त् → 7.4.1 → साम् + सम् + अ + त् → 7.4.60 → सा + सम् + अ + त् → 7.4.59 → स + सम् + अ + त् → 7.4.79 → सि + सम् + अ + त् → 7.4.94 → सी + सम् + अ + त् → 8.3.59 → सी + षम् + अ + त् → 6.4.71 → अट् + सी + षम् + अ + त् = असीषमत् ।

Parasmaipadi Forms

सान्त्वयति	सान्त्वयतः	सान्त्वयन्ति[1]	असान्त्वयत् -द्	असान्त्वयताम्	असान्त्वयन्[1]

सान्त्वयसि	सान्त्वयथः	सान्त्वयथ	असान्त्वयः	असान्त्वयतम्	असान्त्वयत
सान्त्वयामि[2]	सान्त्वयावः[2]	सान्त्वयामः[2]	असान्त्वयम्[1]	असान्त्वयाव[2]	असान्त्वयाम[2]

सान्त्वयतु सान्त्वयतात् -द्	सान्त्वयताम्	सान्त्वयन्तु[1]	सान्त्वयेत् -द्	सान्त्वयेताम्	सान्त्वयेयुः
सान्त्वय सान्त्वयतात् -द्	सान्त्वयतम्	सान्त्वयत	सान्त्वयेः	सान्त्वयेतम्	सान्त्वयेत
सान्त्वयानि[3]	सान्त्वयाव[3]	सान्त्वयाम[3]	सान्त्वयेयम्	सान्त्वयेव	सान्त्वयेम

सान्त्वयिष्यति	सान्त्वयिष्यतः	सान्त्वयिष्यन्ति	असान्त्वयिष्यत् -द्	असान्त्वयिष्यताम्	असान्त्वयिष्यन्
सान्त्वयिष्यसि	सान्त्वयिष्यथः	सान्त्वयिष्यथ	असान्त्वयिष्यः	असान्त्वयिष्यतम्	असान्त्वयिष्यत
सान्त्वयिष्यामि	सान्त्वयिष्यावः	सान्त्वयिष्यामः	असान्त्वयिष्यम्	असान्त्वयिष्याव	असान्त्वयिष्याम

सान्त्वयिता	सान्त्वयितारौ	सान्त्वयितारः	सान्त्व्यात् -द्	सान्त्व्यास्ताम्	सान्त्व्यासुः
सान्त्वयितासि	सान्त्वयितास्थः	सान्त्वयितास्थ	सान्त्व्याः	सान्त्व्यास्तम्	सान्त्व्यास्त
सान्त्वयितास्मि	सान्त्वयितास्वः	सान्त्वयितास्मः	सान्त्व्यासम्	सान्त्व्यास्व	सान्त्व्यास्म

सान्त्वयाम्बभूव	सान्त्वयाम्बभूवतुः	सान्त्वयाम्बभूवुः	अससान्त्वत् -द्	अससान्त्वताम्	अससान्त्वन्
सान्त्वयाञ्चकार	सान्त्वयाञ्चक्रतुः	सान्त्वयाञ्चक्रुः			
सान्त्वयामास	सान्त्वयामासतुः	सान्त्वयामासुः			
सान्त्वयाम्बभूविथ	सान्त्वयाम्बभूवथुः	सान्त्वयाम्बभूव	अससान्त्वः	अससान्त्वतम्	अससान्त्वत
सान्त्वयाञ्चकर्थ	सान्त्वयाञ्चक्रथुः	सान्त्वयाञ्चक्र			
सान्त्वयामासिथ	सान्त्वयामासथुः	सान्त्वयामास			
सान्त्वयाम्बभूव	सान्त्वयाम्बभूविव	सान्त्वयाम्बभूविम	अससान्त्वम्	अससान्त्वाव	अससान्त्वाम
सान्त्वयाञ्चकर -कार	सान्त्वयाञ्चकृव	सान्त्वयाञ्चकृम			
सान्त्वयामास	सान्त्वयामासिव	सान्त्वयामासिम			

Atmanepadi Forms

सान्त्वयते	सान्त्वयेते[4]	सान्त्वयन्ते[1]	असान्त्वयत	असान्त्वयेताम्[4]	असान्त्वयन्त[1]
सान्त्वयसे	सान्त्वयेथे[4]	सान्त्वयध्वे	असान्त्वयथाः	असान्त्वयेथाम्[4]	असान्त्वयध्वम्
सान्त्वये[1]	सान्त्वयावहे[2]	सान्त्वयामहे[2]	असान्त्वये[4]	असान्त्वयावहि[3]	असान्त्वयामहि[3]

सान्त्वयताम्	सान्त्वयेताम्[4]	सान्त्वयन्ताम्[1]	सान्त्वयेत	सान्त्वयेयाताम्	सान्त्वयेरन्
सान्त्वयस्व	सान्त्वयेथाम्[4]	सान्त्वयध्वम्	सान्त्वयेथाः	सान्त्वयेयाथाम्	सान्त्वयेध्वम्
सान्त्वयै[5]	सान्त्वयावहै[3]	सान्त्वयामहै[3]	सान्त्वयेय	सान्त्वयेवहि	सान्त्वयेमहि

सान्त्वयिष्यते	सान्त्वयिष्येते	सान्त्वयिष्यन्ते	असान्त्वयिष्यत	असान्त्वयिष्येताम्	असान्त्वयिष्यन्त
सान्त्वयिष्यसे	सान्त्वयिष्येथे	सान्त्वयिष्यध्वे	असान्त्वयिष्यथाः	असान्त्वयिष्येथाम्	असान्त्वयिष्यध्वम्
सान्त्वयिष्ये	सान्त्वयिष्यावहे	सान्त्वयिष्यामहे	असान्त्वयिष्ये	असान्त्वयिष्यावहि	असान्त्वयिष्यामहि

सान्त्वयिता	सान्त्वयितारौ	सान्त्वयितारः	सान्त्वयिषीष्ट	सान्त्वयिषीयास्ताम्	सान्त्वयिषीरन्
सान्त्वयितासे	सान्त्वयितासाथे	सान्त्वयिताध्वे	सान्त्वयिषीष्ठाः	सान्त्वयिषीयास्थाम्	सान्त्वयिषीध्वम् -ढ्वम्
सान्त्वयिताहे	सान्त्वयितास्वहे	सान्त्वयितास्महे	सान्त्वयिषीय	सान्त्वयिषीवहि	सान्त्वयिषीमहि

सान्त्वयाम्बभूव	सान्त्वयाम्बभूवतुः	सान्त्वयाम्बभूवुः	अससान्त्वत	अससान्त्वेताम्	अससान्त्वन्त
सान्त्वयाञ्चक्रे	सान्त्वयाञ्चक्राते	सान्त्वयाञ्चक्रिरे			
सान्त्वयामास	सान्त्वयामासतुः	सान्त्वयामासुः			
सान्त्वयाम्बभूविथ	सान्त्वयाम्बभूवथुः	सान्त्वयाम्बभूव	अससान्त्वथाः	अससान्त्वेथाम्	अससान्त्वध्वम्
सान्त्वयाञ्चकृषे	सान्त्वयाञ्चक्राथे	सान्त्वयाञ्चकृढ्वे			
सान्त्वयामासिथ	सान्त्वयामासथुः	सान्त्वयामास			
सान्त्वयाम्बभूव	सान्त्वयाम्बभूविव	सान्त्वयाम्बभूविम	अससान्त्वे	अससान्त्वावहि	अससान्त्वामहि
सान्त्वयाञ्चक्रे	सान्त्वयाञ्चकृवहे	सान्त्वयाञ्चकृमहे			
सान्त्वयामास	सान्त्वयामासिव	सान्त्वयामासिम			

1570 श्वल्क परिभाषणे । lecture, express, speak

10c 37 श्वल्कँ । श्वल्क् । श्वल्कयति / ते । U । सेट् । स० । श्वल्कि । श्वल्कय । **Parasmaipadi Forms**

श्वल्कयति	श्वल्कयतः	श्वल्कयन्ति	अश्वल्कयत् -द्	अश्वल्कयताम्	अश्वल्कयन्
श्वल्कयसि	श्वल्कयथः	श्वल्कयथ	अश्वल्कयः	अश्वल्कयतम्	अश्वल्कयत
श्वल्कयामि	श्वल्कयावः	श्वल्कयामः	अश्वल्कयम्	अश्वल्कयाव	अश्वल्कयाम

श्वल्कयतु श्वल्कयतात् -द्	श्वल्कयताम्	श्वल्कयन्तु	श्वल्कयेत् -द्	श्वल्कयेताम्	श्वल्कयेयुः
श्वल्कय श्वल्कयतात् -द्	श्वल्कयतम्	श्वल्कयत	श्वल्कयेः	श्वल्कयेतम्	श्वल्कयेत
श्वल्कयानि	श्वल्कयाव	श्वल्कयाम	श्वल्कयेयम्	श्वल्कयेव	श्वल्कयेम

श्वल्कयिष्यति	श्वल्कयिष्यतः	श्वल्कयिष्यन्ति	अश्वल्कयिष्यत् -द्	अश्वल्कयिष्यताम्	अश्वल्कयिष्यन्
श्वल्कयिष्यसि	श्वल्कयिष्यथः	श्वल्कयिष्यथ	अश्वल्कयिष्यः	अश्वल्कयिष्यतम्	अश्वल्कयिष्यत
श्वल्कयिष्यामि	श्वल्कयिष्यावः	श्वल्कयिष्यामः	अश्वल्कयिष्यम्	अश्वल्कयिष्याव	अश्वल्कयिष्याम

श्वल्कयिता	श्वल्कयितारौ	श्वल्कयितारः	श्वल्क्यात् -द्	श्वल्क्यास्ताम्	श्वल्क्यासुः
श्वल्कयितासि	श्वल्कयितास्थः	श्वल्कयितास्थ	श्वल्क्याः	श्वल्क्यास्तम्	श्वल्क्यास्त
श्वल्कयितास्मि	श्वल्कयितास्वः	श्वल्कयितास्मः	श्वल्क्यासम्	श्वल्क्यास्व	श्वल्क्यास्म

श्वल्कयाम्बभूव	श्वल्कयाम्बभूवतुः	श्वल्कयाम्बभूवुः	अशश्वल्कत् -द्	अशश्वल्कताम्	अशश्वल्कन्
श्वल्कयाञ्चकार	श्वल्कयाञ्चक्रतुः	श्वल्कयाञ्चक्रुः			
श्वल्कयामास	श्वल्कयामासतुः	श्वल्कयामासुः			
श्वल्कयाम्बभूविथ	श्वल्कयाम्बभूवथुः	श्वल्कयाम्बभूव	अशश्वल्कः	अशश्वल्कतम्	अशश्वल्कत
श्वल्कयाञ्चकर्थ	श्वल्कयाञ्चक्रथुः	श्वल्कयाञ्चक्र			

श्वल्कयामासिथ	श्वल्कयामासथुः	श्वल्कयामास				
श्वल्कयाम्बभूव	श्वल्कयाम्बभूविव	श्वल्कयाम्बभूविम	अशश्वल्कम्	अशश्वल्काव	अशश्वल्काम	
श्वल्कयाञ्चकर -कार	श्वल्कयाञ्चकृव	श्वल्कयाञ्चकृम				
श्वल्कयामास	श्वल्कयामासिव	श्वल्कयामासिम				

Atmanepadi Forms

श्वल्कयते	श्वल्कयेते	श्वल्कयन्ते	अश्वल्कयत	अश्वल्कयेताम्	अश्वल्कयन्त
श्वल्कयसे	श्वल्कयेथे	श्वल्कयध्वे	अश्वल्कयथाः	अश्वल्कयेथाम्	अश्वल्कयध्वम्
श्वल्कये	श्वल्कयावहे	श्वल्कयामहे	अश्वल्कये	अश्वल्कयावहि	अश्वल्कयामहि
श्वल्कयताम्	श्वल्कयेताम्	श्वल्कयन्ताम्	श्वल्कयेत	श्वल्कयेयाताम्	श्वल्कयेरन्
श्वल्कयस्व	श्वल्कयेथाम्	श्वल्कयध्वम्	श्वल्कयेथाः	श्वल्कयेयाथाम्	श्वल्कयेध्वम्
श्वल्कयै	श्वल्कयावहै	श्वल्कयामहै	श्वल्कयेय	श्वल्कयेवहि	श्वल्कयेमहि
श्वल्कयिष्यते	श्वल्कयिष्येते	श्वल्कयिष्यन्ते	अश्वल्कयिष्यत	अश्वल्कयिष्येताम्	अश्वल्कयिष्यन्त
श्वल्कयिष्यसे	श्वल्कयिष्येथे	श्वल्कयिष्यध्वे	अश्वल्कयिष्यथाः	अश्वल्कयिष्येथाम्	अश्वल्कयिष्यध्वम्
श्वल्कयिष्ये	श्वल्कयिष्यावहे	श्वल्कयिष्यामहे	अश्वल्कयिष्ये	अश्वल्कयिष्यावहि	अश्वल्कयिष्यामहि
श्वल्कयिता	श्वल्कयितारौ	श्वल्कयितारः	श्वल्कयिषीष्ट	श्वल्कयिषीयास्ताम्	श्वल्कयिषीरन्
श्वल्कयितासे	श्वल्कयितासाथे	श्वल्कयिताध्वे	श्वल्कयिषीष्ठाः	श्वल्कयिषीयास्थाम्	श्वल्कयिषीध्वम् -ढ्वम्
श्वल्कयिताहे	श्वल्कयितास्वहे	श्वल्कयितास्महे	श्वल्कयिषीय	श्वल्कयिषीवहि	श्वल्कयिषीमहि
श्वल्कयाम्बभूव	श्वल्कयाम्बभूवतुः	श्वल्कयाम्बभूवुः	अशश्वल्कत	अशश्वल्केताम्	अशश्वल्कन्त
श्वल्कयाञ्चक्रे	श्वल्कयाञ्चक्राते	श्वल्कयाञ्चक्रिरे			
श्वल्कयामास	श्वल्कयामासतुः	श्वल्कयामासुः			
श्वल्कयाम्बभूविथ	श्वल्कयाम्बभूवथुः	श्वल्कयाम्बभूव	अशश्वल्कथाः	अशश्वल्केथाम्	अशश्वल्कध्वम्
श्वल्कयाञ्चकृषे	श्वल्कयाञ्चक्राथे	श्वल्कयाञ्चकृढ्वे			
श्वल्कयामासिथ	श्वल्कयामासथुः	श्वल्कयामास			
श्वल्कयाम्बभूव	श्वल्कयाम्बभूविव	श्वल्कयाम्बभूविम	अशश्वल्के	अशश्वल्कावहि	अशश्वल्कामहि
श्वल्कयाञ्चक्रे	श्वल्कयाञ्चकृवहे	श्वल्कयाञ्चकृमहे			
श्वल्कयामास	श्वल्कयामासिव	श्वल्कयामासिम			

1571 वल्क परिभाषणे । utter, speak

10c 38 वल्कँ । वल्क् । वल्कयति / ते । U । सेट् । स० । वल्कि । वल्कय ।**Parasmaipadi Forms**

वल्कयति	वल्कयतः	वल्कयन्ति[1]	अवल्कयत् -द्	अवल्कयताम्	अवल्कयन्[1]
वल्कयसि	वल्कयथः	वल्कयथ	अवल्कयः	अवल्कयतम्	अवल्कयत
वल्कयामि[2]	वल्कयावः[2]	वल्कयामः[2]	अवल्कयम्[1]	अवल्कयाव[2]	अवल्कयाम[2]

वल्कयतु	वल्कयतात् -द्	वल्कयताम्	वल्कयन्तु¹	वल्कयेत् -द्	वल्कयेताम्	वल्कयेयुः
वल्कय	वल्कयतात् -द्	वल्कयतम्	वल्कयत	वल्कयेः	वल्कयेतम्	वल्कयेत
वल्कयानि³		वल्कयाव³	वल्कयाम³	वल्कयेयम्	वल्कयेव	वल्कयेम

वल्कयिष्यति	वल्कयिष्यतः	वल्कयिष्यन्ति	अवल्कयिष्यत् -द्	अवल्कयिष्यताम्	अवल्कयिष्यन्
वल्कयिष्यसि	वल्कयिष्यथः	वल्कयिष्यथ	अवल्कयिष्यः	अवल्कयिष्यतम्	अवल्कयिष्यत
वल्कयिष्यामि	वल्कयिष्यावः	वल्कयिष्यामः	अवल्कयिष्यम्	अवल्कयिष्याव	अवल्कयिष्याम

वल्कयिता	वल्कयितारौ	वल्कयितारः	वल्क्यात् -द्	वल्क्यास्ताम्	वल्क्यासुः
वल्कयितासि	वल्कयितास्थः	वल्कयितास्थ	वल्क्याः	वल्क्यास्तम्	वल्क्यास्त
वल्कयितास्मि	वल्कयितास्वः	वल्कयितास्मः	वल्क्यासम्	वल्क्यास्व	वल्क्यास्म

वल्कयाम्बभूव	वल्कयाम्बभूवतुः	वल्कयाम्बभूवुः	अववल्कत् -द्	अववल्कताम्	अववल्कन्
वल्कयाञ्चकार	वल्कयाञ्चक्रतुः	वल्कयाञ्चक्रुः			
वल्कयामास	वल्कयामासतुः	वल्कयामासुः			
वल्कयाम्बभूविथ	वल्कयाम्बभूवथुः	वल्कयाम्बभूव	अववल्कः	अववल्कतम्	अववल्कत
वल्कयाञ्चकर्थ	वल्कयाञ्चक्रथुः	वल्कयाञ्चक्र			
वल्कयामासिथ	वल्कयामासथुः	वल्कयामास			
वल्कयाम्बभूव	वल्कयाम्बभूविव	वल्कयाम्बभूविम	अववल्कम्	अववल्काव	अववल्काम
वल्कयाञ्चकर -कार	वल्कयाञ्चकृव	वल्कयाञ्चकृम			
वल्कयामास	वल्कयामासिव	वल्कयामासिम			

Atmanepadi Forms

वल्कयते	वल्कयेते⁴	वल्कयन्ते¹	अवल्कयत	अवल्कयेताम्⁴	अवल्कयन्त¹
वल्कयसे	वल्कयेथे⁴	वल्कयध्वे	अवल्कयथाः	अवल्कयेथाम्⁴	अवल्कयध्वम्
वल्कये¹	वल्कयावहे²	वल्कयामहे²	अवल्कये⁴	अवल्कयावहि³	अवल्कयामहि³

वल्कयताम्	वल्कयेताम्⁴	वल्कयन्ताम्¹	वल्कयेत	वल्कयेयाताम्	वल्कयेरन्
वल्कयस्व	वल्कयेथाम्⁴	वल्कयध्वम्	वल्कयेथाः	वल्कयेयाथाम्	वल्कयेध्वम्
वल्कयै⁵	वल्कयावहै³	वल्कयामहै³	वल्कयेय	वल्कयेवहि	वल्कयेमहि

वल्कयिष्यते	वल्कयिष्येते	वल्कयिष्यन्ते	अवल्कयिष्यत	अवल्कयिष्येताम्	अवल्कयिष्यन्त
वल्कयिष्यसे	वल्कयिष्येथे	वल्कयिष्यध्वे	अवल्कयिष्यथाः	अवल्कयिष्येथाम्	अवल्कयिष्यध्वम्
वल्कयिष्ये	वल्कयिष्यावहे	वल्कयिष्यामहे	अवल्कयिष्ये	अवल्कयिष्यावहि	अवल्कयिष्यामहि

| वल्कयिता | वल्कयितारौ | वल्कयितारः | वल्कयिषीष्ट | वल्कयिषीयास्ताम् | वल्कयिषीरन् |
| वल्कयितासे | वल्कयितासाथे | वल्कयिताध्वे | वल्कयिषीष्ठाः | वल्कयिषीयास्थाम् | वल्कयिषीध्वम् -ढ्वम् |

वल्कयिताहे	वल्कयितास्वहे	वल्कयितास्महे	वल्कयिषीय	वल्कयिषीवहि	वल्कयिषीमहि

वल्कयाम्बभूव	वल्कयाम्बभूवतुः	वल्कयाम्बभूवुः	अववल्कत	अववल्केताम्	अववल्कन्त
वल्कयाञ्चक्रे	वल्कयाञ्चक्राते	वल्कयाञ्चक्रिरे			
वल्कयामास	वल्कयामासतुः	वल्कयामासुः			
वल्कयाम्बभूविथ	वल्कयाम्बभूवथुः	वल्कयाम्बभूव	अववल्कथाः	अववल्केथाम्	अववल्कध्वम्
वल्कयाञ्चकृषे	वल्कयाञ्चक्राथे	वल्कयाञ्चकृढ्वे			
वल्कयामासिथ	वल्कयामासथुः	वल्कयामास			
वल्कयाम्बभूव	वल्कयाम्बभूविव	वल्कयाम्बभूविम	अववल्के	अववल्कावहि	अववल्कामहि
वल्कयाञ्चक्रे	वल्कयाञ्चकृवहे	वल्कयाञ्चकृमहे			
वल्कयामास	वल्कयामासिव	वल्कयामासिम			

1572 ष्णिह स्नेहने । स्फिट इत्येके । make oily, anoint, be loving

10c 39 ष्णिहँ । स्निह् । स्नेहयति / ते । U । सेट् । अ० । स्नेहि । स्नेहय । **Parasmaipadi Forms**

स्नेहयति	स्नेहयतः	स्नेहयन्ति[1]	अस्नेहयत् -द्	अस्नेहयताम्	अस्नेहयन्[1]
स्नेहयसि	स्नेहयथः	स्नेहयथ	अस्नेहयः	अस्नेहयतम्	अस्नेहयत
स्नेहयामि[2]	स्नेहयावः[2]	स्नेहयामः[2]	अस्नेहयम्[1]	अस्नेहयाव[2]	अस्नेहयाम[2]

स्नेहयतु स्नेहयतात् -द्	स्नेहयताम्	स्नेहयन्तु[1]	स्नेहयेत् -द्	स्नेहयेताम्	स्नेहयेयुः
स्नेहय स्नेहयतात् -द्	स्नेहयतम्	स्नेहयत	स्नेहयेः	स्नेहयेतम्	स्नेहयेत
स्नेहयानि[3]	स्नेहयाव[3]	स्नेहयाम[3]	स्नेहयेयम्	स्नेहयेव	स्नेहयेम

स्नेहयिष्यति	स्नेहयिष्यतः	स्नेहयिष्यन्ति	अस्नेहयिष्यत् -द्	अस्नेहयिष्यताम्	अस्नेहयिष्यन्
स्नेहयिष्यसि	स्नेहयिष्यथः	स्नेहयिष्यथ	अस्नेहयिष्यः	अस्नेहयिष्यतम्	अस्नेहयिष्यत
स्नेहयिष्यामि	स्नेहयिष्यावः	स्नेहयिष्यामः	अस्नेहयिष्यम्	अस्नेहयिष्याव	अस्नेहयिष्याम

स्नेहयिता	स्नेहयितारौ	स्नेहयितारः	स्नेह्यात् -द्	स्नेह्यास्ताम्	स्नेह्यासुः
स्नेहयितासि	स्नेहयितास्थः	स्नेहयितास्थ	स्नेह्याः	स्नेह्यास्तम्	स्नेह्यास्त
स्नेहयितास्मि	स्नेहयितास्वः	स्नेहयितास्मः	स्नेह्यासम्	स्नेह्यास्व	स्नेह्यास्म

स्नेहयाम्बभूव	स्नेहयाम्बभूवतुः	स्नेहयाम्बभूवुः	असिष्णिहत् -द्	असिष्णिहताम्	असिष्णिहन्
स्नेहयाञ्चकार	स्नेहयाञ्चक्रतुः	स्नेहयाञ्चक्रुः			
स्नेहयामास	स्नेहयामासतुः	स्नेहयामासुः			
स्नेहयाम्बभूविथ	स्नेहयाम्बभूवथुः	स्नेहयाम्बभूव	असिष्णिहः	असिष्णिहतम्	असिष्णिहत
स्नेहयाञ्चकर्थ	स्नेहयाञ्चक्रथुः	स्नेहयाञ्चक्र			
स्नेहयामासिथ	स्नेहयामासथुः	स्नेहयामास			
स्नेहयाम्बभूव	स्नेहयाम्बभूविव	स्नेहयाम्बभूविम	असिष्णिहम्	असिष्णिहाव	असिष्णिहाम

स्नेहयाञ्चकर -कार	स्नेहयाञ्चकृव	स्नेहयाञ्चकृम			
स्नेहयामास	स्नेहयामासिव	स्नेहयामासिम			

Atmanepadi Forms

स्नेहयते	स्नेहयेते[4]	स्नेहयन्ते[1]	अस्नेहयत	अस्नेहयेताम्[4]	अस्नेहयन्त[1]
स्नेहयसे	स्नेहयेथे[4]	स्नेहयध्वे	अस्नेहयथाः	अस्नेहयेथाम्[4]	अस्नेहयध्वम्
स्नेहये[1]	स्नेहयावहे[2]	स्नेहयामहे[2]	अस्नेहये[4]	अस्नेहयावहि[3]	अस्नेहयामहि[3]

स्नेहयताम्	स्नेहयेताम्[4]	स्नेहयन्ताम्[1]	स्नेहयेत	स्नेहयेयाताम्	स्नेहयेरन्
स्नेहयस्व	स्नेहयेथाम्[4]	स्नेहयध्वम्	स्नेहयेथाः	स्नेहयेयाथाम्	स्नेहयेध्वम्
स्नेहयै[5]	स्नेहयावहै[3]	स्नेहयामहै[3]	स्नेहयेय	स्नेहयेवहि	स्नेहयेमहि

स्नेहयिष्यते	स्नेहयिष्येते	स्नेहयिष्यन्ते	अस्नेहयिष्यत	अस्नेहयिष्येताम्	अस्नेहयिष्यन्त
स्नेहयिष्यसे	स्नेहयिष्येथे	स्नेहयिष्यध्वे	अस्नेहयिष्यथाः	अस्नेहयिष्येथाम्	अस्नेहयिष्यध्वम्
स्नेहयिष्ये	स्नेहयिष्यावहे	स्नेहयिष्यामहे	अस्नेहयिष्ये	अस्नेहयिष्यावहि	अस्नेहयिष्यामहि

स्नेहयिता	स्नेहयितारौ	स्नेहयितारः	स्नेहयिषीष्ट	स्नेहयिषीयास्ताम्	स्नेहयिषीरन्
स्नेहयितासे	स्नेहयितासाथे	स्नेहयिताध्वे	स्नेहयिषीष्ठाः	स्नेहयिषीयास्थाम्	स्नेहयिषीध्वम् -ढ्वम्
स्नेहयिताहे	स्नेहयितास्वहे	स्नेहयितास्महे	स्नेहयिषीय	स्नेहयिषीवहि	स्नेहयिषीमहि

स्नेहयाम्बभूव	स्नेहयाम्बभूवतुः	स्नेहयाम्बभूवुः	असिष्णिहत	असिष्णिहेताम्	असिष्णिहन्त
स्नेहयाञ्चक्रे	स्नेहयाञ्चक्राते	स्नेहयाञ्चक्रिरे			
स्नेहयामास	स्नेहयामासतुः	स्नेहयामासुः			
स्नेहयाम्बभूविथ	स्नेहयाम्बभूवथुः	स्नेहयाम्बभूव	असिष्णिहथाः	असिष्णिहेथाम्	असिष्णिहध्वम्
स्नेहयाञ्चकृषे	स्नेहयाञ्चक्राथे	स्नेहयाञ्चकृढ्वे			
स्नेहयामासिथ	स्नेहयामासथुः	स्नेहयामास			
स्नेहयाम्बभूव	स्नेहयाम्बभूविव	स्नेहयाम्बभूविम	असिष्णिहे	असिष्णिहावहि	असिष्णिहामहि
स्नेहयाञ्चक्रे	स्नेहयाञ्चकृवहे	स्नेहयाञ्चकृमहे			
स्नेहयामास	स्नेहयामासिव	स्नेहयामासिम			

1573 स्मिट अनादरे । ष्मिङ् इत्येके । scorn, despise, go

10c 40 स्मिटँ । स्मिट् । स्मेटयति / ते । U । सेट् । स० । स्मेटि । स्मेटय। **Parasmaipadi Forms**

स्मेटयति	स्मेटयतः	स्मेटयन्ति[1]	अस्मेटयत् -द्	अस्मेटयताम्	अस्मेटयन्[1]
स्मेटयसि	स्मेटयथः	स्मेटयथ	अस्मेटयः	अस्मेटयतम्	अस्मेटयत
स्मेटयामि[2]	स्मेटयावः[2]	स्मेटयामः[2]	अस्मेटयम्[1]	अस्मेटयाव[2]	अस्मेटयाम[2]

स्मेटयतु स्मेटयतात् -द्	स्मेटयताम्	स्मेटयन्तु[1]	स्मेटयेत् -द्	स्मेटयेताम्	स्मेटयेयुः

स्मेटय स्मेटयतात् -द्	स्मेटयतम्	स्मेटयत	स्मेटयेः	स्मेटयेतम्	स्मेटयेत
स्मेटयानि³	स्मेटयाव³	स्मेटयाम³	स्मेटयेयम्	स्मेटयेव	स्मेटयेम
स्मेटयिष्यति	स्मेटयिष्यतः	स्मेटयिष्यन्ति	अस्मेटयिष्यत् -द्	अस्मेटयिष्यताम्	अस्मेटयिष्यन्
स्मेटयिष्यसि	स्मेटयिष्यथः	स्मेटयिष्यथ	अस्मेटयिष्यः	अस्मेटयिष्यतम्	अस्मेटयिष्यत
स्मेटयिष्यामि	स्मेटयिष्यावः	स्मेटयिष्यामः	अस्मेटयिष्यम्	अस्मेटयिष्याव	अस्मेटयिष्याम
स्मेटयिता	स्मेटयितारौ	स्मेटयितारः	स्मेट्यात् -द्	स्मेट्यास्ताम्	स्मेट्यासुः
स्मेटयितासि	स्मेटयितास्थः	स्मेटयितास्थ	स्मेट्याः	स्मेट्यास्तम्	स्मेट्यास्त
स्मेटयितास्मि	स्मेटयितास्वः	स्मेटयितास्मः	स्मेट्यासम्	स्मेट्यास्व	स्मेट्यास्म
स्मेटयाम्बभूव	स्मेटयाम्बभूवतुः	स्मेटयाम्बभूवुः	असिस्मिटत् -द्	असिस्मिटताम्	असिस्मिटन्
स्मेटयाञ्चकार	स्मेटयाञ्चक्रतुः	स्मेटयाञ्चक्रुः			
स्मेटयामास	स्मेटयामासतुः	स्मेटयामासुः			
स्मेटयाम्बभूविथ	स्मेटयाम्बभूवथुः	स्मेटयाम्बभूव	असिस्मिटः	असिस्मिटतम्	असिस्मिटत
स्मेटयाञ्चकर्थ	स्मेटयाञ्चक्रथुः	स्मेटयाञ्चक्र			
स्मेटयामासिथ	स्मेटयामासथुः	स्मेटयामास			
स्मेटयाम्बभूव	स्मेटयाम्बभूविव	स्मेटयाम्बभूविम	असिस्मिटम्	असिस्मिटाव	असिस्मिटाम
स्मेटयाञ्चकर -कार	स्मेटयाञ्चकृव	स्मेटयाञ्चकृम			
स्मेटयामास	स्मेटयामासिव	स्मेटयामासिम			

Atmanepadi Forms

स्मेटयते	स्मेटयेते⁴	स्मेटयन्ते¹	अस्मेटयत	अस्मेटयेताम्⁴	अस्मेटयन्त¹
स्मेटयसे	स्मेटयेथे⁴	स्मेटयध्वे	अस्मेटयथाः	अस्मेटयेथाम्⁴	अस्मेटयध्वम्
स्मेटये¹	स्मेटयावहे²	स्मेटयामहे²	अस्मेटये⁴	अस्मेटयावहि³	अस्मेटयामहि³
स्मेटयताम्	स्मेटयेताम्⁴	स्मेटयन्ताम्¹	स्मेटयेत	स्मेटयेयाताम्	स्मेटयेरन्
स्मेटयस्व	स्मेटयेथाम्⁴	स्मेटयध्वम्	स्मेटयेथाः	स्मेटयेयाथाम्	स्मेटयेध्वम्
स्मेटयै⁵	स्मेटयावहै³	स्मेटयामहै³	स्मेटयेय	स्मेटयेवहि	स्मेटयेमहि
स्मेटयिष्यते	स्मेटयिष्येते	स्मेटयिष्यन्ते	अस्मेटयिष्यत	अस्मेटयिष्येताम्	अस्मेटयिष्यन्त
स्मेटयिष्यसे	स्मेटयिष्येथे	स्मेटयिष्यध्वे	अस्मेटयिष्यथाः	अस्मेटयिष्येथाम्	अस्मेटयिष्यध्वम्
स्मेटयिष्ये	स्मेटयिष्यावहे	स्मेटयिष्यामहे	अस्मेटयिष्ये	अस्मेटयिष्यावहि	अस्मेटयिष्यामहि
स्मेटयिता	स्मेटयितारौ	स्मेटयितारः	स्मेटयिषीष्ट	स्मेटयिषीयास्ताम्	स्मेटयिषीरन्
स्मेटयितासे	स्मेटयितासाथे	स्मेटयिताध्वे	स्मेटयिषीष्ठाः	स्मेटयिषीयास्थाम्	स्मेटयिषीध्वम् -ढ्वम्
स्मेटयिताहे	स्मेटयितास्वहे	स्मेटयितास्महे	स्मेटयिषीय	स्मेटयिषीवहि	स्मेटयिषीमहि

स्मेटयाम्बभूव	स्मेटयाम्बभूवतुः	स्मेटयाम्बभूवुः	असिस्मिटत	असिस्मिटेताम्	असिस्मिटन्त
स्मेटयाञ्चक्रे	स्मेटयाञ्चक्राते	स्मेटयाञ्चक्रिरे			
स्मेटयामास	स्मेटयामासतुः	स्मेटयामासुः			
स्मेटयाम्बभूविथ	स्मेटयाम्बभूवथुः	स्मेटयाम्बभूव	असिस्मिटथाः	असिस्मिटेथाम्	असिस्मिटध्वम्
स्मेटयाञ्चकृषे	स्मेटयाञ्चक्राथे	स्मेटयाञ्चकृढ्वे			
स्मेटयामासिथ	स्मेटयामासथुः	स्मेटयामास			
स्मेटयाम्बभूव	स्मेटयाम्बभूविव	स्मेटयाम्बभूविम	असिस्मिटे	असिस्मिटावहि	असिस्मिटामहि
स्मेटयाञ्चक्रे	स्मेटयाञ्चकृवहे	स्मेटयाञ्चकृमहे			
स्मेटयामास	स्मेटयामासिव	स्मेटयामासिम			

1574 श्लिष श्लेषणे । decorate, embrace, hug. 8.4.2
10c 41 श्लिषँ । श्लिष् । श्लेषयति / ते । U । सेट् । स० । श्लेषि । श्लेषय । **Parasmaipadi Forms**

श्लेषयति	श्लेषयतः	श्लेषयन्ति[1]	अश्लेषयत् -द्	अश्लेषयताम्	अश्लेषयन्[1]
श्लेषयसि	श्लेषयथः	श्लेषयथ	अश्लेषयः	अश्लेषयतम्	अश्लेषयत
श्लेषयामि[2]	श्लेषयावः[2]	श्लेषयामः[2]	अश्लेषयम्[1]	अश्लेषयाव[2]	अश्लेषयाम[2]

श्लेषयतु श्लेषयतात् -द्	श्लेषयताम्	श्लेषयन्तु[1]	श्लेषयेत् -द्	श्लेषयेताम्	श्लेषयेयुः
श्लेषय श्लेषयतात् -द्	श्लेषयतम्	श्लेषयत	श्लेषयेः	श्लेषयेतम्	श्लेषयेत
श्लेषयाणि[3]	श्लेषयाव[3]	श्लेषयाम[3]	श्लेषयेयम्	श्लेषयेव	श्लेषयेम

श्लेषयिष्यति	श्लेषयिष्यतः	श्लेषयिष्यन्ति	अश्लेषयिष्यत् -द्	अश्लेषयिष्यताम्	अश्लेषयिष्यन्
श्लेषयिष्यसि	श्लेषयिष्यथः	श्लेषयिष्यथ	अश्लेषयिष्यः	अश्लेषयिष्यतम्	अश्लेषयिष्यत
श्लेषयिष्यामि	श्लेषयिष्यावः	श्लेषयिष्यामः	अश्लेषयिष्यम्	अश्लेषयिष्याव	अश्लेषयिष्याम

श्लेषयिता	श्लेषयितारौ	श्लेषयितारः	श्लेष्यात् -द्	श्लेष्यास्ताम्	श्लेष्यासुः
श्लेषयितासि	श्लेषयितास्थः	श्लेषयितास्थ	श्लेष्याः	श्लेष्यास्तम्	श्लेष्यास्त
श्लेषयितास्मि	श्लेषयितास्वः	श्लेषयितास्मः	श्लेष्यासम्	श्लेष्यास्व	श्लेष्यास्म

श्लेषयाम्बभूव	श्लेषयाम्बभूवतुः	श्लेषयाम्बभूवुः	अशिश्लिषत् -द्	अशिश्लिषताम्	अशिश्लिषन्
श्लेषयाञ्चकार	श्लेषयाञ्चक्रतुः	श्लेषयाञ्चक्रुः			
श्लेषयामास	श्लेषयामासतुः	श्लेषयामासुः			
श्लेषयाम्बभूविथ	श्लेषयाम्बभूवथुः	श्लेषयाम्बभूव	अशिश्लिषः	अशिश्लिषतम्	अशिश्लिषत
श्लेषयाञ्चकर्थ	श्लेषयाञ्चक्रथुः	श्लेषयाञ्चक्र			
श्लेषयामासिथ	श्लेषयामासथुः	श्लेषयामास			
श्लेषयाम्बभूव	श्लेषयाम्बभूविव	श्लेषयाम्बभूविम	अशिश्लिषम्	अशिश्लिषाव	अशिश्लिषाम
श्लेषयाञ्चकर -कार	श्लेषयाञ्चकृव	श्लेषयाञ्चकृम			
श्लेषयामास	श्लेषयामासिव	श्लेषयामासिम			

Atmanepadi Forms

श्लेषयते	श्लेषयेते[4]	श्लेषयन्ते[1]	अश्लेषयत	अश्लेषयेताम्[4]	अश्लेषयन्त[1]
श्लेषयसे	श्लेषयेथे[4]	श्लेषयध्वे	अश्लेषयथाः	अश्लेषयेथाम्[4]	अश्लेषयध्वम्
श्लेषये[1]	श्लेषयावहे[2]	श्लेषयामहे[2]	अश्लेषये[4]	अश्लेषयावहि[3]	अश्लेषयामहि[3]

श्लेषयताम्	श्लेषयेताम्[4]	श्लेषयन्ताम्[1]	श्लेषयेत	श्लेषयेयाताम्	श्लेषयेरन्
श्लेषयस्व	श्लेषयेथाम्[4]	श्लेषयध्वम्	श्लेषयेथाः	श्लेषयेयाथाम्	श्लेषयेध्वम्
श्लेषयै[5]	श्लेषयावहै[3]	श्लेषयामहै[3]	श्लेषयेय	श्लेषयेवहि	श्लेषयेमहि

श्लेषयिष्यते	श्लेषयिष्येते	श्लेषयिष्यन्ते	अश्लेषयिष्यत	अश्लेषयिष्येताम्	अश्लेषयिष्यन्त
श्लेषयिष्यसे	श्लेषयिष्येथे	श्लेषयिष्यध्वे	अश्लेषयिष्यथाः	अश्लेषयिष्येथाम्	अश्लेषयिष्यध्वम्
श्लेषयिष्ये	श्लेषयिष्यावहे	श्लेषयिष्यामहे	अश्लेषयिष्ये	अश्लेषयिष्यावहि	अश्लेषयिष्यामहि

श्लेषयिता	श्लेषयितारौ	श्लेषयितारः	श्लेषयिषीष्ट	श्लेषयिषीयास्ताम्	श्लेषयिषीरन्
श्लेषयितासे	श्लेषयितासाथे	श्लेषयिताध्वे	श्लेषयिषीष्ठाः	श्लेषयिषीयास्थाम्	श्लेषयिषीध्वम् -ढ्वम्
श्लेषयिताहे	श्लेषयितास्वहे	श्लेषयितास्महे	श्लेषयिषीय	श्लेषयिषीवहि	श्लेषयिषीमहि

श्लेषयाम्बभूव	श्लेषयाम्बभूवतुः	श्लेषयाम्बभूवुः	अशिश्लिषत	अशिश्लिषेताम्	अशिश्लिषन्त
श्लेषयाञ्चक्रे	श्लेषयाञ्चक्राते	श्लेषयाञ्चक्रिरे			
श्लेषयामास	श्लेषयामासतुः	श्लेषयामासुः			
श्लेषयाम्बभूविथ	श्लेषयाम्बभूवथुः	श्लेषयाम्बभूव	अशिश्लिषथाः	अशिश्लिषेथाम्	अशिश्लिषध्वम्
श्लेषयाञ्चकृषे	श्लेषयाञ्चक्राथे	श्लेषयाञ्चकृढ्वे			
श्लेषयामासिथ	श्लेषयामासथुः	श्लेषयामास			
श्लेषयाम्बभूव	श्लेषयाम्बभूविव	श्लेषयाम्बभूविम	अशिश्लिषे	अशिश्लिषावहि	अशिश्लिषामहि
श्लेषयाञ्चक्रे	श्लेषयाञ्चकृवहे	श्लेषयाञ्चकृमहे			
श्लेषयामास	श्लेषयामासिव	श्लेषयामासिम			

1575 पथि गतौ । इदित् वैकल्पिकः णिच् । go, move. 7.1.58

10c 42 पथिँ । पन्थ् । पन्थयति / ते , पन्थति । U । सेट् । स० । पन्थि । पन्थय ।

Parasmaipadi Forms

पन्थयति	पन्थयतः	पन्थयन्ति[1]	अपन्थयत् -द्	अपन्थयताम्	अपन्थयन्[1]
पन्थयसि	पन्थयथः	पन्थयथ	अपन्थयः	अपन्थयतम्	अपन्थयत
पन्थयामि[2]	पन्थयावः[2]	पन्थयामः[2]	अपन्थयम्[1]	अपन्थयाव[2]	अपन्थयाम[2]

पन्थयतु पन्थयतात् -द्	पन्थयताम्	पन्थयन्तु[1]	पन्थयेत् -द्	पन्थयेताम्	पन्थयेयुः
पन्थय पन्थयतात् -द्	पन्थयतम्	पन्थयत	पन्थयेः	पन्थयेतम्	पन्थयेत
पन्थयानि[3]	पन्थयाव[3]	पन्थयाम[3]	पन्थयेयम्	पन्थयेव	पन्थयेम

पन्थयिष्यति	पन्थयिष्यतः	पन्थयिष्यन्ति	अपन्थयिष्यत् -द्	अपन्थयिष्यताम्	अपन्थयिष्यन्
पन्थयिष्यसि	पन्थयिष्यथः	पन्थयिष्यथ	अपन्थयिष्यः	अपन्थयिष्यतम्	अपन्थयिष्यत
पन्थयिष्यामि	पन्थयिष्यावः	पन्थयिष्यामः	अपन्थयिष्यम्	अपन्थयिष्याव	अपन्थयिष्याम

पन्थयिता	पन्थयितारौ	पन्थयितारः	पन्थ्यात् -द्	पन्थ्यास्ताम्	पन्थ्यासुः
पन्थयितासि	पन्थयितास्थः	पन्थयितास्थ	पन्थ्याः	पन्थ्यास्तम्	पन्थ्यास्त
पन्थयितास्मि	पन्थयितास्वः	पन्थयितास्मः	पन्थ्यासम्	पन्थ्यास्व	पन्थ्यास्म

पन्थयाम्बभूव	पन्थयाम्बभूवतुः	पन्थयाम्बभूवुः	अपपन्थत् -द्	अपपन्थताम्	अपपन्थन्
पन्थयाञ्चकार	पन्थयाञ्चक्रतुः	पन्थयाञ्चक्रुः			
पन्थयामास	पन्थयामासतुः	पन्थयामासुः			
पन्थयाम्बभूविथ	पन्थयाम्बभूवथुः	पन्थयाम्बभूव	अपपन्थः	अपपन्थतम्	अपपन्थत
पन्थयाञ्चकर्थ	पन्थयाञ्चक्रथुः	पन्थयाञ्चक्र			
पन्थयामासिथ	पन्थयामासथुः	पन्थयामास			
पन्थयाम्बभूव	पन्थयाम्बभूविव	पन्थयाम्बभूविम	अपपन्थम्	अपपन्थाव	अपपन्थाम
पन्थयाञ्चकर -कार	पन्थयाञ्चकृव	पन्थयाञ्चकृम			
पन्थयामास	पन्थयामासिव	पन्थयामासिम			

Atmanepadi Forms

पन्थयते	पन्थयेते[4]	पन्थयन्ते[1]	अपन्थयत	अपन्थयेताम्[4]	अपन्थयन्त[1]
पन्थयसे	पन्थयेथे[4]	पन्थयध्वे	अपन्थयथाः	अपन्थयेथाम्[4]	अपन्थयध्वम्
पन्थये[1]	पन्थयावहे[2]	पन्थयामहे[2]	अपन्थये[4]	अपन्थयावहि[3]	अपन्थयामहि[3]

पन्थयताम्	पन्थयेताम्[4]	पन्थयन्ताम्[1]	पन्थयेत	पन्थयेयाताम्	पन्थयेरन्
पन्थयस्व	पन्थयेथाम्[4]	पन्थयध्वम्	पन्थयेथाः	पन्थयेयाथाम्	पन्थयेध्वम्
पन्थयै[5]	पन्थयावहै[3]	पन्थयामहै[3]	पन्थयेय	पन्थयेवहि	पन्थयेमहि

पन्थयिष्यते	पन्थयिष्येते	पन्थयिष्यन्ते	अपन्थयिष्यत	अपन्थयिष्येताम्	अपन्थयिष्यन्त
पन्थयिष्यसे	पन्थयिष्येथे	पन्थयिष्यध्वे	अपन्थयिष्यथाः	अपन्थयिष्येथाम्	अपन्थयिष्यध्वम्
पन्थयिष्ये	पन्थयिष्यावहे	पन्थयिष्यामहे	अपन्थयिष्ये	अपन्थयिष्यावहि	अपन्थयिष्यामहि

पन्थयिता	पन्थयितारौ	पन्थयितारः	पन्थयिषीष्ट	पन्थयिषीयास्ताम्	पन्थयिषीरन्
पन्थयितासे	पन्थयितासाथे	पन्थयिताध्वे	पन्थयिषीष्ठाः	पन्थयिषीयास्थाम्	पन्थयिषीध्वम् -ढ्वम्
पन्थयिताहे	पन्थयितास्वहे	पन्थयितास्महे	पन्थयिषीय	पन्थयिषीवहि	पन्थयिषीमहि

| पन्थयाम्बभूव | पन्थयाम्बभूवतुः | पन्थयाम्बभूवुः | अपपन्थत | अपपन्थेताम् | अपपन्थन्त |
| पन्थयाञ्चक्रे | पन्थयाञ्चक्राते | पन्थयाञ्चक्रिरे | | | |

पन्थयामास	**पन्थयामासतुः**	**पन्थयामासुः**			
पन्थयाम्बभूविथ	**पन्थयाम्बभूवथुः**	**पन्थयाम्बभूव**	**अपपन्थथाः**	**अपपन्थेथाम्**	**अपपन्थध्वम्**
पन्थयाञ्चकृषे	**पन्थयाञ्चक्राथे**	**पन्थयाञ्चकृढ्वे**			
पन्थयामासिथ	**पन्थयामासथुः**	**पन्थयामास**			
पन्थयाम्बभूव	**पन्थयाम्बभूविव**	**पन्थयाम्बभूविम**	**अपपन्थे**	**अपपन्थावहि**	**अपपन्थामहि**
पन्थयाञ्चक्रे	**पन्थयाञ्चकृवहे**	**पन्थयाञ्चकृमहे**			
पन्थयामास	**पन्थयामासिव**	**पन्थयामासिम**			

णिजभावपक्षे 1.3.78 शेषात् कर्त्तरि परस्मैपदम् । इति पक्षे भ्वादिः इव पन्थ् । P । सेट् । स० ।

पन्थति	पन्थतः	पन्थन्ति	अपन्थत् -द्	अपन्थताम्	अपन्थन्
पन्थसि	पन्थथः	पन्थथ	अपन्थः	अपन्थतम्	अपन्थत
पन्थामि	पन्थावः	पन्थामः	अपन्थम्	अपन्थाव	अपन्थाम

पन्थतु पन्थतात् -द्	पन्थताम्	पन्थन्तु	पन्थेत् -द्	पन्थेताम्	पन्थेयुः
पन्थ पन्थतात् -द्	पन्थतम्	पन्थत	पन्थेः	पन्थेतम्	पन्थेत
पन्थानि	पन्थाव	पन्थाम	पन्थेयम्	पन्थेव	पन्थेम

पन्थिष्यति	पन्थिष्यतः	पन्थिष्यन्ति	अपन्थिष्यत् -द्	अपन्थिष्यताम्	अपन्थिष्यन्
पन्थिष्यसि	पन्थिष्यथः	पन्थिष्यथ	अपन्थिष्यः	अपन्थिष्यतम्	अपन्थिष्यत
पन्थिष्यामि	पन्थिष्यावः	पन्थिष्यामः	अपन्थिष्यम्	अपन्थिष्याव	अपन्थिष्याम

पन्थिता	पन्थितारौ	पन्थितारः	पन्थ्यात् -द्	पन्थ्यास्ताम्	पन्थ्यासुः
पन्थितासि	पन्थितास्थः	पन्थितास्थ	पन्थ्याः	पन्थ्यास्तम्	पन्थ्यास्त
पन्थितास्मि	पन्थितास्वः	पन्थितास्मः	पन्थ्यासम्	पन्थ्यास्व	पन्थ्यास्म

पपन्थ	पपन्थतुः	पपन्थुः	अपन्थीत् -द्	अपन्थिष्टाम्	अपन्थिषुः
पपन्थिथ	पपन्थथुः	पपन्थ	अपन्थीः	अपन्थिष्टम्	अपन्थिष्ट
पपन्थ	पपन्थिव	पपन्थिम	अपन्थिषम्	अपन्थिष्व	अपन्थिष्म

1576 पिच्छ कुट्टने । पिछ् । पिच्च इति क्षीरतरङ्गिणी । press flat, divide, hurt, flatten

10c 43 पिच्छँ । पिच्छ् । पिच्छयति / ते । U । सेट् । स० । पिच्छि । पिच्छय ।

Parasmaipadi Forms

पिच्छयति	**पिच्छयतः**	**पिच्छयन्ति**[1]	**अपिच्छयत् -द्**	**अपिच्छयताम्**	**अपिच्छयन्**[1]
पिच्छयसि	**पिच्छयथः**	**पिच्छयथ**	**अपिच्छयः**	**अपिच्छयतम्**	**अपिच्छयत**
पिच्छयामि[2]	**पिच्छयावः**[2]	**पिच्छयामः**[2]	**अपिच्छयम्**[1]	**अपिच्छयाव**[2]	**अपिच्छयाम**[2]

पिच्छयतु पिच्छयतात् -द्	**पिच्छयताम्**	**पिच्छयन्तु**[1]	**पिच्छयेत् -द्**	**पिच्छयेताम्**	**पिच्छयेयुः**
पिच्छय पिच्छयतात् -द्	**पिच्छयतम्**	**पिच्छयत**	**पिच्छयेः**	**पिच्छयेतम्**	**पिच्छयेत**
पिच्छयानि[3]	**पिच्छयाव**[3]	**पिच्छयाम**[3]	**पिच्छयेयम्**	**पिच्छयेव**	**पिच्छयेम**

पिच्छयिष्यति	**पिच्छयिष्यतः**	**पिच्छयिष्यन्ति**	**अपिच्छयिष्यत् -द**	**अपिच्छयिष्यताम्**	**अपिच्छयिष्यन्**
पिच्छयिष्यसि	**पिच्छयिष्यथः**	**पिच्छयिष्यथ**	**अपिच्छयिष्यः**	**अपिच्छयिष्यतम्**	**अपिच्छयिष्यत**

| पिच्छयिष्यामि | पिच्छयिष्यावः | पिच्छयिष्यामः | अपिच्छयिष्यम् | अपिच्छयिष्याव | अपिच्छयिष्याम |

पिच्छयिता	पिच्छयितारौ	पिच्छयितारः	पिच्छ्यात् -द्	पिच्छ्यास्ताम्	पिच्छ्यासुः
पिच्छयितासि	पिच्छयितास्थः	पिच्छयितास्थ	पिच्छ्याः	पिच्छ्यास्तम्	पिच्छ्यास्त
पिच्छयितास्मि	पिच्छयितास्वः	पिच्छयितास्मः	पिच्छ्यासम्	पिच्छ्यास्व	पिच्छ्यास्म

पिच्छयाम्बभूव	पिच्छयाम्बभूवतुः	पिच्छयाम्बभूवुः	अपिपिच्छत् -द्	अपिपिच्छताम्	अपिपिच्छन्
पिच्छयाञ्चकार	पिच्छयाञ्चक्रतुः	पिच्छयाञ्चक्रुः			
पिच्छयामास	पिच्छयामासतुः	पिच्छयामासुः			
पिच्छयाम्बभूविथ	पिच्छयाम्बभूवथुः	पिच्छयाम्बभूव	अपिपिच्छः	अपिपिच्छतम्	अपिपिच्छत
पिच्छयाञ्चकर्थ	पिच्छयाञ्चक्रथुः	पिच्छयाञ्चक्र			
पिच्छयामासिथ	पिच्छयामासथुः	पिच्छयामास			
पिच्छयाम्बभूव	पिच्छयाम्बभूविव	पिच्छयाम्बभूविम	अपिपिच्छम्	अपिपिच्छाव	अपिपिच्छाम
पिच्छयाञ्चकर -कार	पिच्छयाञ्चकृव	पिच्छयाञ्चकृम			
पिच्छयामास	पिच्छयामासिव	पिच्छयामासिम			

Atmanepadi Forms

पिच्छयते	पिच्छयेते[4]	पिच्छयन्ते[1]	अपिच्छयत	अपिच्छयेताम्[4]	अपिच्छयन्त[1]
पिच्छयसे	पिच्छयेथे[4]	पिच्छयध्वे	अपिच्छयथाः	अपिच्छयेथाम्[4]	अपिच्छयध्वम्
पिच्छये[1]	पिच्छयावहे[2]	पिच्छयामहे[2]	अपिच्छये[4]	अपिच्छयावहि[3]	अपिच्छयामहि[3]

पिच्छयताम्	पिच्छयेताम्[4]	पिच्छयन्ताम्[1]	पिच्छयेत	पिच्छयेयाताम्	पिच्छयेरन्
पिच्छयस्व	पिच्छयेथाम्[4]	पिच्छयध्वम्	पिच्छयेथाः	पिच्छयेयाथाम्	पिच्छयेध्वम्
पिच्छयै[5]	पिच्छयावहै[3]	पिच्छयामहै[3]	पिच्छयेय	पिच्छयेवहि	पिच्छयेमहि

पिच्छयिष्यते	पिच्छयिष्येते	पिच्छयिष्यन्ते	अपिच्छयिष्यत	अपिच्छयिष्येताम्	अपिच्छयिष्यन्त
पिच्छयिष्यसे	पिच्छयिष्येथे	पिच्छयिष्यध्वे	अपिच्छयिष्यथाः	अपिच्छयिष्येथाम्	अपिच्छयिष्यध्वम्
पिच्छयिष्ये	पिच्छयिष्यावहे	पिच्छयिष्यामहे	अपिच्छयिष्ये	अपिच्छयिष्यावहि	अपिच्छयिष्यामहि

पिच्छयिता	पिच्छयितारौ	पिच्छयितारः	पिच्छयिषीष्ट	पिच्छयिषीयास्ताम्	पिच्छयिषीरन्
पिच्छयितासे	पिच्छयितासाथे	पिच्छयिताध्वे	पिच्छयिषीष्ठाः	पिच्छयिषीयास्थाम्	पिच्छयिषीध्वम् -ढ्वम्
पिच्छयिताहे	पिच्छयितास्वहे	पिच्छयितास्महे	पिच्छयिषीय	पिच्छयिषीवहि	पिच्छयिषीमहि

पिच्छयाम्बभूव	पिच्छयाम्बभूवतुः	पिच्छयाम्बभूवुः	अपिपिच्छत	अपिपिच्छेताम्	अपिपिच्छन्त
पिच्छयाञ्चक्रे	पिच्छयाञ्चक्राते	पिच्छयाञ्चक्रिरे			
पिच्छयामास	पिच्छयामासतुः	पिच्छयामासुः			
पिच्छयाम्बभूविथ	पिच्छयाम्बभूवथुः	पिच्छयाम्बभूव	अपिपिच्छथाः	अपिपिच्छेथाम्	अपिपिच्छध्वम्

पिच्छयाञ्चकृषे	पिच्छयाञ्चक्राथे	पिच्छयाञ्चकृढ्वे			
पिच्छयामासिथ	पिच्छयामासथुः	पिच्छयामास			
पिच्छयाम्बभूव	पिच्छयाम्बभूविव	पिच्छयाम्बभूविम	अपिपिच्छे	अपिपिच्छावहि	अपिपिच्छामहि
पिच्छयाञ्चक्रे	पिच्छयाञ्चकृवहे	पिच्छयाञ्चकृमहे			
पिच्छयामास	पिच्छयामासिव	पिच्छयामासिम			

1577 छदि संवरणे । इदित् वैकल्पिकः णिच् । cover, veil 7.1.58 6.1.73 छे च ।

10c 44 छदिँ । छन्द् । छन्दयति / तेब, छन्दति । U । सेट् । स० । छन्दि । छन्दय ।

Parasmaipadi Forms

छन्दयति	छन्दयतः	छन्दयन्ति[1]	अच्छन्दयत् -द्	अच्छन्दयताम्	अच्छन्दयन्[1]
छन्दयसि	छन्दयथः	छन्दयथ	अच्छन्दयः	अच्छन्दयतम्	अच्छन्दयत
छन्दयामि[2]	छन्दयावः[2]	छन्दयामः[2]	अच्छन्दयम्[1]	अच्छन्दयाव[2]	अच्छन्दयाम[2]

छन्दयतु छन्दयतात् -द्	छन्दयताम्	छन्दयन्तु[1]	छन्दयेत् -द्	छन्दयेताम्	छन्दयेयुः
छन्दय छन्दयतात् -द्	छन्दयतम्	छन्दयत	छन्दयेः	छन्दयेतम्	छन्दयेत
छन्दयानि[3]	छन्दयाव[3]	छन्दयाम[3]	छन्दयेयम्	छन्दयेव	छन्दयेम

छन्दयिष्यति	छन्दयिष्यतः	छन्दयिष्यन्ति	अच्छन्दयिष्यत् -द्	अच्छन्दयिष्यताम्	अच्छन्दयिष्यन्
छन्दयिष्यसि	छन्दयिष्यथः	छन्दयिष्यथ	अच्छन्दयिष्यः	अच्छन्दयिष्यतम्	अच्छन्दयिष्यत
छन्दयिष्यामि	छन्दयिष्यावः	छन्दयिष्यामः	अच्छन्दयिष्यम्	अच्छन्दयिष्याव	अच्छन्दयिष्याम

छन्दयिता	छन्दयितारौ	छन्दयितारः	छन्द्यात् -द्	छन्द्यास्ताम्	छन्द्यासुः
छन्दयितासि	छन्दयितास्थः	छन्दयितास्थ	छन्द्याः	छन्द्यास्तम्	छन्द्यास्त
छन्दयितास्मि	छन्दयितास्वः	छन्दयितास्मः	छन्द्यासम्	छन्द्यास्व	छन्द्यास्म

छन्दयाम्बभूव	छन्दयाम्बभूवतुः	छन्दयाम्बभूवुः	अचच्छन्दत् -द्	अचच्छन्दताम्	अचच्छन्दन्
छन्दयाञ्चकार	छन्दयाञ्चक्रतुः	छन्दयाञ्चक्रुः			
छन्दयामास	छन्दयामासतुः	छन्दयामासुः			
छन्दयाम्बभूविथ	छन्दयाम्बभूवथुः	छन्दयाम्बभूव	अचच्छन्दः	अचच्छन्दतम्	अचच्छन्दत
छन्दयाञ्चकर्थ	छन्दयाञ्चक्रथुः	छन्दयाञ्चक्र			
छन्दयामासिथ	छन्दयामासथुः	छन्दयामास			
छन्दयाम्बभूव	छन्दयाम्बभूविव	छन्दयाम्बभूविम	अचच्छन्दम्	अचच्छन्दाव	अचच्छन्दाम
छन्दयाञ्चकर -कार	छन्दयाञ्चकृव	छन्दयाञ्चकृम			
छन्दयामास	छन्दयामासिव	छन्दयामासिम			

Atmanepadi Forms

छन्दयते	छन्दयेते[4]	छन्दयन्ते[1]	अच्छन्दयत	अच्छन्दयेताम्[4]	अच्छन्दयन्त[1]

छन्दयसे	छन्दयेथे[4]	छन्दयध्वे	अच्छन्दयथाः	अच्छन्दयेथाम्[4]	अच्छन्दयध्वम्
छन्दये[1]	छन्दयावहे[2]	छन्दयामहे[2]	अच्छन्दये[4]	अच्छन्दयावहि[3]	अच्छन्दयामहि[3]

छन्दयताम्	छन्दयेताम्[4]	छन्दयन्ताम्[1]	छन्दयेत	छन्दयेयाताम्	छन्दयेरन्
छन्दयस्व	छन्दयेथाम्[4]	छन्दयध्वम्	छन्दयेथाः	छन्दयेयाथाम्	छन्दयेध्वम्
छन्दयै[5]	छन्दयावहै[3]	छन्दयामहै[3]	छन्दयेय	छन्दयेवहि	छन्दयेमहि

छन्दयिष्यते	छन्दयिष्येते	छन्दयिष्यन्ते	अच्छन्दयिष्यत	अच्छन्दयिष्येताम्	अच्छन्दयिष्यन्त
छन्दयिष्यसे	छन्दयिष्येथे	छन्दयिष्यध्वे	अच्छन्दयिष्यथाः	अच्छन्दयिष्येथाम्	अच्छन्दयिष्यध्वम्
छन्दयिष्ये	छन्दयिष्यावहे	छन्दयिष्यामहे	अच्छन्दयिष्ये	अच्छन्दयिष्यावहि	अच्छन्दयिष्यामहि

छन्दयिता	छन्दयितारौ	छन्दयितारः	छन्दयिषीष्ट	छन्दयिषीयास्ताम्	छन्दयिषीरन्
छन्दयितासे	छन्दयितासाथे	छन्दयिताध्वे	छन्दयिषीष्ठाः	छन्दयिषीयास्थाम्	छन्दयिषीध्वम् -ढ्वम्
छन्दयिताहे	छन्दयितास्वहे	छन्दयितास्महे	छन्दयिषीय	छन्दयिषीवहि	छन्दयिषीमहि

छन्दयाम्बभूव	छन्दयाम्बभूवतुः	छन्दयाम्बभूवुः	अचच्छन्दत	अचच्छन्देताम्	अचच्छन्दन्त
छन्दयाञ्चक्रे	छन्दयाञ्चक्राते	छन्दयाञ्चक्रिरे			
छन्दयामास	छन्दयामासतुः	छन्दयामासुः			
छन्दयाम्बभूविथ	छन्दयाम्बभूवथुः	छन्दयाम्बभूव	अचच्छन्दथाः	अचच्छन्देथाम्	अचच्छन्दध्वम्
छन्दयाञ्चकृषे	छन्दयाञ्चक्राथे	छन्दयाञ्चकृढ्वे			
छन्दयामासिथ	छन्दयामासथुः	छन्दयामास			
छन्दयाम्बभूव	छन्दयाम्बभूविव	छन्दयाम्बभूविम	अचच्छन्दे	अचच्छन्दावहि	अचच्छन्दामहि
छन्दयाञ्चक्रे	छन्दयाञ्चकृवहे	छन्दयाञ्चकृमहे			
छन्दयामास	छन्दयामासिव	छन्दयामासिम			

णिजभावपक्षे 1.3.78 शेषात् कर्त्तरि परस्मैपदम् । इति पक्षे भ्वादिः इव छन्द् । P । सेट् । स० ।

छन्दति	छन्दतः	छन्दन्ति	अच्छन्दत् -द्	अच्छन्दताम्	अच्छन्दन्
छन्दसि	छन्दथः	छन्दथ	अच्छन्दः	अच्छन्दतम्	अच्छन्दत
छन्दामि	छन्दावः	छन्दामः	अच्छन्दम्	अच्छन्दाव	अच्छन्दाम

छन्दतु छन्दतात् -द्	छन्दताम्	छन्दन्तु	छन्देत् -द्	छन्देताम्	छन्देयुः
छन्द छन्दतात् -द्	छन्दतम्	छन्दत	छन्देः	छन्देतम्	छन्देत
छन्दानि	छन्दाव	छन्दाम	छन्देयम्	छन्देव	छन्देम

छन्दिष्यति	छन्दिष्यतः	छन्दिष्यन्ति	अच्छन्दिष्यत् -द्	अच्छन्दिष्यताम्	अच्छन्दिष्यन्
छन्दिष्यसि	छन्दिष्यथः	छन्दिष्यथ	अच्छन्दिष्यः	अच्छन्दिष्यतम्	अच्छन्दिष्यत
छन्दिष्यामि	छन्दिष्यावः	छन्दिष्यामः	अच्छन्दिष्यम्	अच्छन्दिष्याव	अच्छन्दिष्याम

छन्दिता	छन्दितारौ	छन्दितारः	छन्द्यात् -द्	छन्द्यास्ताम्	छन्द्यासुः
छन्दितासि	छन्दितास्थः	छन्दितास्थ	छन्द्याः	छन्द्यास्तम्	छन्द्यास्त

छन्दितास्मि	छन्दितास्वः	छन्दितास्मः	छन्द्यासम्	छन्द्यास्व	छन्द्यास्म

चच्छन्द	चच्छन्दतुः	चच्छन्दुः	अच्छन्दीत् -द्	अच्छन्दिष्टाम्	अच्छन्दिषुः
चच्छन्दिथ	चच्छन्दथुः	चच्छन्द	अच्छन्दीः	अच्छन्दिष्टम्	अच्छन्दिष्ट
चच्छन्द	चच्छन्दिव	चच्छन्दिम	अच्छन्दिषम्	अच्छन्दिष्व	अच्छन्दिष्म

1578 श्रण दाने । प्रायेण अयं विपूर्वः । विश्राणयति । give 7.2.116 अत उपधायाः ।
10c 45 श्रणँ । श्रण् । श्राणयति / ते । U । सेट् । स० । श्राणि । श्राणय ।
Mahabhashya says 7.4.3 भ्राजभासभाषदीपजीवमीलपीडामन्यतरस्याम् । काण्यादीनां वेति वक्तव्यम् ॥
काणिराणिश्राणिभाणिहेठिलोपयः । अचकाणत् अचीकणत् । अरराणत् अरीरणत् । अशश्राणत् । अशिश्रणत् ।
अबभाणत् अबीभणत् । अजिहेठत् अजीहिठत् । अलुलोपत् अलूलुपत् ॥ **Parasmaipadi Forms**

श्राणयति	श्राणयतः	श्राणयन्ति[1]	अश्राणयत् -द्	अश्राणयताम्	अश्राणयन्[1]
श्राणयसि	श्राणयथः	श्राणयथ	अश्राणयः	अश्राणयतम्	अश्राणयत
श्राणयामि[2]	श्राणयावः[2]	श्राणयामः[2]	अश्राणयम्[1]	अश्राणयाव[2]	अश्राणयाम[2]

श्राणयतु	श्राणयतात् -द्	श्राणयताम्	श्राणयन्तु[1]	श्राणयेत् -द्	श्राणयेताम्	श्राणयेयुः
श्राणय	श्राणयतात् -द्	श्राणयतम्	श्राणयत	श्राणयेः	श्राणयेतम्	श्राणयेत
श्राणयानि[3]		श्राणयाव[3]	श्राणयाम[3]	श्राणयेयम्	श्राणयेव	श्राणयेम

श्राणयिष्यति	श्राणयिष्यतः	श्राणयिष्यन्ति	अश्राणयिष्यत् -द्	अश्राणयिष्यताम्	अश्राणयिष्यन्
श्राणयिष्यसि	श्राणयिष्यथः	श्राणयिष्यथ	अश्राणयिष्यः	अश्राणयिष्यतम्	अश्राणयिष्यत
श्राणयिष्यामि	श्राणयिष्यावः	श्राणयिष्यामः	अश्राणयिष्यम्	अश्राणयिष्याव	अश्राणयिष्याम

श्राणयिता	श्राणयितारौ	श्राणयितारः	श्राण्यात् -द्	श्राण्यास्ताम्	श्राण्यासुः
श्राणयितासि	श्राणयितास्थः	श्राणयितास्थ	श्राण्याः	श्राण्यास्तम्	श्राण्यास्त
श्राणयितास्मि	श्राणयितास्वः	श्राणयितास्मः	श्राण्यासम्	श्राण्यास्व	श्राण्यास्म

श्राणयाम्बभूव	श्राणयाम्बभूवतुः	श्राणयाम्बभूवुः	अशश्राणत् -द्	अशश्राणताम्	अशश्राणन्
श्राणयाञ्चकार	श्राणयाञ्चक्रतुः	श्राणयाञ्चक्रुः	अशिश्रणत् -द्	अशिश्रणताम्	अशिश्रणन्
श्राणयामास	श्राणयामासतुः	श्राणयामासुः			
श्राणयाम्बभूविथ	श्राणयाम्बभूवथुः	श्राणयाम्बभूव	अशश्राणः	अशश्राणतम्	अशश्राणत
श्राणयाञ्चकर्थ	श्राणयाञ्चक्रथुः	श्राणयाञ्चक्र	अशिश्रणः	अशिश्रणतम्	अशिश्रणत
श्राणयामासिथ	श्राणयामासथुः	श्राणयामास			
श्राणयाम्बभूव	श्राणयाम्बभूविव	श्राणयाम्बभूविम	अशश्राणम्	अशश्राणाव	अशश्राणाम
श्राणयाञ्चकर -कार	श्राणयाञ्चकृव	श्राणयाञ्चकृम	अशिश्रणम्	अशिश्रणाव	अशिश्रणाम
श्राणयामास	श्राणयामासिव	श्राणयामासिम			

Atmanepadi Forms

श्राणयते	श्राणयेते[4]	श्राणयन्ते[1]	अश्राणयत	अश्राणयेताम्[4]	अश्राणयन्त[1]
श्राणयसे	श्राणयेथे[4]	श्राणयध्वे	अश्राणयथाः	अश्राणयेथाम्[4]	अश्राणयध्वम्
श्राणये[1]	श्राणयावहे[2]	श्राणयामहे[2]	अश्राणये[4]	अश्राणयावहि[3]	अश्राणयामहि[3]

श्राणयताम्	श्राणयेताम्[4]	श्राणयन्ताम्[1]	श्राणयेत	श्राणयेयाताम्	श्राणयेरन्
श्राणयस्व	श्राणयेथाम्[4]	श्राणयध्वम्	श्राणयेथाः	श्राणयेयाथाम्	श्राणयेध्वम्
श्राणयै[5]	श्राणयावहै[3]	श्राणयामहै[3]	श्राणयेय	श्राणयेवहि	श्राणयेमहि

श्राणयिष्यते	श्राणयिष्येते	श्राणयिष्यन्ते	अश्राणयिष्यत	अश्राणयिष्येताम्	अश्राणयिष्यन्त
श्राणयिष्यसे	श्राणयिष्येथे	श्राणयिष्यध्वे	अश्राणयिष्यथाः	अश्राणयिष्येथाम्	अश्राणयिष्यध्वम्
श्राणयिष्ये	श्राणयिष्यावहे	श्राणयिष्यामहे	अश्राणयिष्ये	अश्राणयिष्यावहि	अश्राणयिष्यामहि

श्राणयिता	श्राणयितारौ	श्राणयितारः	श्राणयिषीष्ट	श्राणयिषीयास्ताम्	श्राणयिषीरन्
श्राणयितासे	श्राणयितासाथे	श्राणयिताध्वे	श्राणयिषीष्ठाः	श्राणयिषीयास्थाम्	श्राणयिषीध्वम् -ढ्वम्
श्राणयिताहे	श्राणयितास्वहे	श्राणयितास्महे	श्राणयिषीय	श्राणयिषीवहि	श्राणयिषीमहि

श्राणयाम्बभूव	श्राणयाम्बभूवतुः	श्राणयाम्बभूवुः	अशश्राणत	अशश्राणेताम्	अशश्राणन्त
श्राणयाञ्चक्रे	श्राणयाञ्चक्राते	श्राणयाञ्चक्रिरे	अशिश्रणत	अशिश्रणेताम्	अशिश्रणन्त
श्राणयामास	श्राणयामासतुः	श्राणयामासुः			
श्राणयाम्बभूविथ	श्राणयाम्बभूवथुः	श्राणयाम्बभूव	अशश्राणथाः	अशश्राणेथाम्	अशश्राणध्वम्
श्राणयाञ्चकृषे	श्राणयाञ्चक्राथे	श्राणयाञ्चकृढ्वे	अशिश्रणथाः	अशिश्रणेथाम्	अशिश्रणध्वम्
श्राणयामासिथ	श्राणयामासथुः	श्राणयामास			
श्राणयाम्बभूव	श्राणयाम्बभूविव	श्राणयाम्बभूविम	अशश्राणे	अशश्राणावहि	अशश्राणामहि
श्राणयाञ्चक्रे	श्राणयाञ्चकृवहे	श्राणयाञ्चकृमहे	अशिश्रणे	अशिश्रणावहि	अशिश्रणामहि
श्राणयामास	श्राणयामासिव	श्राणयामासिम			

1579 तड आघाते । strike, beat 7.2.116 अत उपधायाः ।

10c 46 तडँ । तड् । ताडयति / ते । U । सेट्। स०। ताडि। ताडय । **Parasmaipadi Forms**

ताडयति	ताडयतः	ताडयन्ति[1]	अताडयत् -द्	अताडयताम्	अताडयन्[1]
ताडयसि	ताडयथः	ताडयथ	अताडयः	अताडयतम्	अताडयत
ताडयामि[2]	ताडयावः[2]	ताडयामः[2]	अताडयम्[1]	अताडयाव[2]	अताडयाम[2]

ताडयतु ताडयतात् -द्	ताडयताम्	ताडयन्तु[1]	ताडयेत् -द्	ताडयेताम्	ताडयेयुः
ताडय ताडयतात् -द्	ताडयतम्	ताडयत	ताडयेः	ताडयेतम्	ताडयेत
ताडयानि[3]	ताडयाव[3]	ताडयाम[3]	ताडयेयम्	ताडयेव	ताडयेम

ताडयिष्यति	ताडयिष्यतः	ताडयिष्यन्ति	अताडयिष्यत् -द्	अताडयिष्यताम्	अताडयिष्यन्
ताडयिष्यसि	ताडयिष्यथः	ताडयिष्यथ	अताडयिष्यः	अताडयिष्यतम्	अताडयिष्यत
ताडयिष्यामि	ताडयिष्यावः	ताडयिष्यामः	अताडयिष्यम्	अताडयिष्याव	अताडयिष्याम
ताडयिता	ताडयितारौ	ताडयितारः	ताड्यात् -द्	ताड्यास्ताम्	ताड्यासुः
ताडयितासि	ताडयितास्थः	ताडयितास्थ	ताड्याः	ताड्यास्तम्	ताड्यास्त
ताडयितास्मि	ताडयितास्वः	ताडयितास्मः	ताड्यासम्	ताड्यास्व	ताड्यास्म
ताडयाम्बभूव	ताडयाम्बभूवतुः	ताडयाम्बभूवुः	अतीतडत् -द्	अतीतडताम्	अतीतडन्
ताडयाञ्चकार	ताडयाञ्चक्रतुः	ताडयाञ्चक्रुः			
ताडयामास	ताडयामासतुः	ताडयामासुः			
ताडयाम्बभूविथ	ताडयाम्बभूवथुः	ताडयाम्बभूव	अतीतडः	अतीतडतम्	अतीतडत
ताडयाञ्चकर्थ	ताडयाञ्चक्रथुः	ताडयाञ्चक्र			
ताडयामासिथ	ताडयामासथुः	ताडयामास			
ताडयाम्बभूव	ताडयाम्बभूविव	ताडयाम्बभूविम	अतीतडम्	अतीतडाव	अतीतडाम
ताडयाञ्चकर -कार	ताडयाञ्चकृव	ताडयाञ्चकृम			
ताडयामास	ताडयामासिव	ताडयामासिम			

Atmanepadi Forms

ताडयते	ताडयेते[4]	ताडयन्ते[1]	अताडयत	अताडयेताम्[4]	अताडयन्त[1]
ताडयसे	ताडयेथे[4]	ताडयध्वे	अताडयथाः	अताडयेथाम्[4]	अताडयध्वम्
ताडये[1]	ताडयावहे[2]	ताडयामहे[2]	अताडये[4]	अताडयावहि[3]	अताडयामहि[3]
ताडयताम्	ताडयेताम्[4]	ताडयन्ताम्[1]	ताडयेत	ताडयेयाताम्	ताडयेरन्
ताडयस्व	ताडयेथाम्[4]	ताडयध्वम्	ताडयेथाः	ताडयेयाथाम्	ताडयेध्वम्
ताडयै[5]	ताडयावहै[3]	ताडयामहै[3]	ताडयेय	ताडयेवहि	ताडयेमहि
ताडयिष्यते	ताडयिष्येते	ताडयिष्यन्ते	अताडयिष्यत	अताडयिष्येताम्	अताडयिष्यन्त
ताडयिष्यसे	ताडयिष्येथे	ताडयिष्यध्वे	अताडयिष्यथाः	अताडयिष्येथाम्	अताडयिष्यध्वम्
ताडयिष्ये	ताडयिष्यावहे	ताडयिष्यामहे	अताडयिष्ये	अताडयिष्यावहि	अताडयिष्यामहि
ताडयिता	ताडयितारौ	ताडयितारः	ताडयिषीष्ट	ताडयिषीयास्ताम्	ताडयिषीरन्
ताडयितासे	ताडयितासाथे	ताडयिताध्वे	ताडयिषीष्ठाः	ताडयिषीयास्थाम्	ताडयिषीध्वम् -ढ्वम्
ताडयिताहे	ताडयितास्वहे	ताडयितास्महे	ताडयिषीय	ताडयिषीवहि	ताडयिषीमहि
ताडयाम्बभूव	ताडयाम्बभूवतुः	ताडयाम्बभूवुः	अतीतडत	अतीतडेताम्	अतीतडन्त
ताडयाञ्चक्रे	ताडयाञ्चक्राते	ताडयाञ्चक्रिरे			

ताडयामास	ताडयामासतुः	ताडयामासुः			
ताडयाम्बभूविथ	ताडयाम्बभूवथुः	ताडयाम्बभूव	अतीतडथाः	अतीतडेथाम्	अतीतडध्वम्
ताडयाञ्चकृषे	ताडयाञ्चक्राथे	ताडयाञ्चकृढ्वे			
ताडयामासिथ	ताडयामासथुः	ताडयामास			
ताडयाम्बभूव	ताडयाम्बभूविव	ताडयाम्बभूविम	अतीतडे	अतीतडावहि	अतीतडामहि
ताडयाञ्चक्रे	ताडयाञ्चकृवहे	ताडयाञ्चकृमहे			
ताडयामास	ताडयामासिव	ताडयामासिम			

1580 खड भेदने । break, disturb, cut into pieces. *Famous word* खड्गः ।
10c 47 खडँ । खड् । खाडयति / ते । U । सेट् । स० । खाडि । खाडय । 7.2.116 अत उपधायाः ।

Parasmaipadi Forms

खाडयति	खाडयतः	खाडयन्ति[1]	अखाडयत् -द्	अखाडयताम्	अखाडयन्[1]
खाडयसि	खाडयथः	खाडयथ	अखाडयः	अखाडयतम्	अखाडयत
खाडयामि[2]	खाडयावः[2]	खाडयामः[2]	अखाडयम्[1]	अखाडयाव[2]	अखाडयाम[2]

खाडयतु खाडयतात् -द्	खाडयताम्	खाडयन्तु[1]	खाडयेत् -द्	खाडयेताम्	खाडयेयुः
खाडय खाडयतात् -द्	खाडयतम्	खाडयत	खाडयेः	खाडयेतम्	खाडयेत
खाडयानि[3]	खाडयाव[3]	खाडयाम[3]	खाडयेयम्	खाडयेव	खाडयेम

खाडयिष्यति	खाडयिष्यतः	खाडयिष्यन्ति	अखाडयिष्यत् -द्	अखाडयिष्यताम्	अखाडयिष्यन्
खाडयिष्यसि	खाडयिष्यथः	खाडयिष्यथ	अखाडयिष्यः	अखाडयिष्यतम्	अखाडयिष्यत
खाडयिष्यामि	खाडयिष्यावः	खाडयिष्यामः	अखाडयिष्यम्	अखाडयिष्याव	अखाडयिष्याम

खाडयिता	खाडयितारौ	खाडयितारः	खाड्यात् -द्	खाड्यास्ताम्	खाड्यासुः
खाडयितासि	खाडयितास्थः	खाडयितास्थ	खाड्याः	खाड्यास्तम्	खाड्यास्त
खाडयितास्मि	खाडयितास्वः	खाडयितास्मः	खाड्यासम्	खाड्यास्व	खाड्यास्म

खाडयाम्बभूव	खाडयाम्बभूवतुः	खाडयाम्बभूवुः	अचीखडत् -द्	अचीखडताम्	अचीखडन्
खाडयाञ्चकार	खाडयाञ्चक्रतुः	खाडयाञ्चक्रुः			
खाडयामास	खाडयामासतुः	खाडयामासुः			
खाडयाम्बभूविथ	खाडयाम्बभूवथुः	खाडयाम्बभूव	अचीखडः	अचीखडतम्	अचीखडत
खाडयाञ्चकर्थ	खाडयाञ्चक्रथुः	खाडयाञ्चक्र			
खाडयामासिथ	खाडयामासथुः	खाडयामास			
खाडयाम्बभूव	खाडयाम्बभूविव	खाडयाम्बभूविम	अचीखडम्	अचीखडाव	अचीखडाम
खाडयाञ्चकर -कार	खाडयाञ्चकृव	खाडयाञ्चकृम			
खाडयामास	खाडयामासिव	खाडयामासिम			

Atmanepadi Forms

खाडयते	खाडयेते[4]	खाडयन्ते[1]	अखाडयत	अखाडयेताम्[4]	अखाडयन्त[1]
खाडयसे	खाडयेथे[4]	खाडयध्वे	अखाडयथाः	अखाडयेथाम्[4]	अखाडयध्वम्
खाडये[1]	खाडयावहे[2]	खाडयामहे[2]	अखाडये[4]	अखाडयावहि[3]	अखाडयामहि[3]

खाडयताम्	खाडयेताम्[4]	खाडयन्ताम्[1]	खाडयेत	खाडयेयाताम्	खाडयेरन्
खाडयस्व	खाडयेथाम्[4]	खाडयध्वम्	खाडयेथाः	खाडयेयाथाम्	खाडयेध्वम्
खाडयै[5]	खाडयावहै[3]	खाडयामहै[3]	खाडयेय	खाडयेवहि	खाडयेमहि

खाडयिष्यते	खाडयिष्येते	खाडयिष्यन्ते	अखाडयिष्यत	अखाडयिष्येताम्	अखाडयिष्यन्त
खाडयिष्यसे	खाडयिष्येथे	खाडयिष्यध्वे	अखाडयिष्यथाः	अखाडयिष्येथाम्	अखाडयिष्यध्वम्
खाडयिष्ये	खाडयिष्यावहे	खाडयिष्यामहे	अखाडयिष्ये	अखाडयिष्यावहि	अखाडयिष्यामहि

खाडयिता	खाडयितारौ	खाडयितारः	खाडयिषीष्ट	खाडयिषीयास्ताम्	खाडयिषीरन्
खाडयितासे	खाडयितासाथे	खाडयिताध्वे	खाडयिषीष्ठाः	खाडयिषीयास्थाम्	खाडयिषीध्वम् -ढ्वम्
खाडयिताहे	खाडयितास्वहे	खाडयितास्महे	खाडयिषीय	खाडयिषीवहि	खाडयिषीमहि

खाडयाम्बभूव	खाडयाम्बभूवतुः	खाडयाम्बभूवुः	अचीखडत	अचीखडेताम्	अचीखडन्त
खाडयाञ्चक्रे	खाडयाञ्चक्राते	खाडयाञ्चक्रिरे			
खाडयामास	खाडयामासतुः	खाडयामासुः			
खाडयाम्बभूविथ	खाडयाम्बभूवथुः	खाडयाम्बभूव	अचीखडथाः	अचीखडेथाम्	अचीखडध्वम्
खाडयाञ्चकृषे	खाडयाञ्चक्राथे	खाडयाञ्चकृढ्वे			
खाडयामासिथ	खाडयामासथुः	खाडयामास			
खाडयाम्बभूव	खाडयाम्बभूविव	खाडयाम्बभूविम	अचीखडे	अचीखडावहि	अचीखडामहि
खाडयाञ्चक्रे	खाडयाञ्चकृवहे	खाडयाञ्चकृमहे			
खाडयामास	खाडयामासिव	खाडयामासिम			

1581 खडि भेदने । इदित् वैकल्पिकः णिच् । break, disturb, cut into pieces. *Famous* खण्डितः । अखण्डः ।
10c 48 खडिँ । खण्ड् । खण्डयति / ते , खण्डति । U । सेट् । स० । खण्डि । खण्डय । 7.1.58

Parasmaipadi Forms

खण्डयति	खण्डयतः	खण्डयन्ति[1]	अखण्डयत् -द्	अखण्डयताम्	अखण्डयन्[1]
खण्डयसि	खण्डयथः	खण्डयथ	अखण्डयः	अखण्डयतम्	अखण्डयत
खण्डयामि[2]	खण्डयावः[2]	खण्डयामः[2]	अखण्डयम्[1]	अखण्डयाव[2]	अखण्डयाम[2]

खण्डयतु खण्डयतात् -द्	खण्डयताम्	खण्डयन्तु[1]	खण्डयेत् -द्	खण्डयेताम्	खण्डयेयुः
खण्डय खण्डयतात् -द्	खण्डयतम्	खण्डयत	खण्डयेः	खण्डयेतम्	खण्डयेत
खण्डयानि[3]	खण्डयाव[3]	खण्डयाम[3]	खण्डयेयम्	खण्डयेव	खण्डयेम

खण्डयिष्यति	खण्डयिष्यतः	खण्डयिष्यन्ति	अखण्डयिष्यत् -द्	अखण्डयिष्यताम्	अखण्डयिष्यन्
खण्डयिष्यसि	खण्डयिष्यथः	खण्डयिष्यथ	अखण्डयिष्यः	अखण्डयिष्यतम्	अखण्डयिष्यत
खण्डयिष्यामि	खण्डयिष्यावः	खण्डयिष्यामः	अखण्डयिष्यम्	अखण्डयिष्याव	अखण्डयिष्याम
खण्डयिता	खण्डयितारौ	खण्डयितारः	खण्ड्यात् -द्	खण्ड्यास्ताम्	खण्ड्यासुः
खण्डयितासि	खण्डयितास्थः	खण्डयितास्थ	खण्ड्याः	खण्ड्यास्तम्	खण्ड्यास्त
खण्डयितास्मि	खण्डयितास्वः	खण्डयितास्मः	खण्ड्यासम्	खण्ड्यास्व	खण्ड्यास्म
खण्डयाम्बभूव	खण्डयाम्बभूवतुः	खण्डयाम्बभूवुः	अचखण्डत् -द्	अचखण्डताम्	अचखण्डन्
खण्डयाञ्चकार	खण्डयाञ्चक्रतुः	खण्डयाञ्चक्रुः			
खण्डयामास	खण्डयामासतुः	खण्डयामासुः			
खण्डयाम्बभूविथ	खण्डयाम्बभूवथुः	खण्डयाम्बभूव	अचखण्डः	अचखण्डतम्	अचखण्डत
खण्डयाञ्चकर्थ	खण्डयाञ्चक्रथुः	खण्डयाञ्चक्र			
खण्डयामासिथ	खण्डयामासथुः	खण्डयामास			
खण्डयाम्बभूव	खण्डयाम्बभूविव	खण्डयाम्बभूविम	अचखण्डम्	अचखण्डाव	अचखण्डाम
खण्डयाञ्चकर -कार	खण्डयाञ्चकृव	खण्डयाञ्चकृम			
खण्डयामास	खण्डयामासिव	खण्डयामासिम			

Atmanepadi Forms

खण्डयते	खण्डयेते[4]	खण्डयन्ते[1]	अखण्डयत	अखण्डयेताम्[4]	अखण्डयन्त[1]
खण्डयसे	खण्डयेथे[4]	खण्डयध्वे	अखण्डयथाः	अखण्डयेथाम्[4]	अखण्डयध्वम्
खण्डये[1]	खण्डयावहे[2]	खण्डयामहे[2]	अखण्डये[4]	अखण्डयावहि[3]	अखण्डयामहि[3]
खण्डयताम्	खण्डयेताम्[4]	खण्डयन्ताम्[1]	खण्डयेत	खण्डयेयाताम्	खण्डयेरन्
खण्डयस्व	खण्डयेथाम्[4]	खण्डयध्वम्	खण्डयेथाः	खण्डयेयाथाम्	खण्डयेध्वम्
खण्डयै[5]	खण्डयावहै[3]	खण्डयामहै[3]	खण्डयेय	खण्डयेवहि	खण्डयेमहि
खण्डयिष्यते	खण्डयिष्येते	खण्डयिष्यन्ते	अखण्डयिष्यत	अखण्डयिष्येताम्	अखण्डयिष्यन्त
खण्डयिष्यसे	खण्डयिष्येथे	खण्डयिष्यध्वे	अखण्डयिष्यथाः	अखण्डयिष्येथाम्	अखण्डयिष्यध्वम्
खण्डयिष्ये	खण्डयिष्यावहे	खण्डयिष्यामहे	अखण्डयिष्ये	अखण्डयिष्यावहि	अखण्डयिष्यामहि
खण्डयिता	खण्डयितारौ	खण्डयितारः	खण्डयिषीष्ट	खण्डयिषीयास्ताम्	खण्डयिषीरन्
खण्डयितासे	खण्डयितासाथे	खण्डयिताध्वे	खण्डयिषीष्ठाः	खण्डयिषीयास्थाम्	खण्डयिषीध्वम् -ढ्वम्
खण्डयिताहे	खण्डयितास्वहे	खण्डयितास्महे	खण्डयिषीय	खण्डयिषीवहि	खण्डयिषीमहि
खण्डयाम्बभूव	खण्डयाम्बभूवतुः	खण्डयाम्बभूवुः	अचखण्डत	अचखण्डेताम्	अचखण्डन्त
खण्डयाञ्चक्रे	खण्डयाञ्चक्राते	खण्डयाञ्चक्रिरे			

खण्डयामास	**खण्डयामासतुः**	**खण्डयामासुः**			
खण्डयाम्बभूविथ	**खण्डयाम्बभूवथुः**	**खण्डयाम्बभूव**	**अचखण्डथाः**	**अचखण्डेथाम्**	**अचखण्डध्वम्**
खण्डयाञ्चकृषे	**खण्डयाञ्चक्राथे**	**खण्डयाञ्चकृढ्वे**			
खण्डयामासिथ	**खण्डयामासथुः**	**खण्डयामास**			
खण्डयाम्बभूव	**खण्डयाम्बभूविव**	**खण्डयाम्बभूविम**	**अचखण्डे**	**अचखण्डावहि**	**अचखण्डामहि**
खण्डयाञ्चक्रे	**खण्डयाञ्चकृवहे**	**खण्डयाञ्चकृमहे**			
खण्डयामास	**खण्डयामासिव**	**खण्डयामासिम**			

णिजभावपक्षे 1.3.78 शेषात् कर्त्तरि परस्मैपदम् । इति पक्षे भ्वादिः इव खण्ड् । P । सेट् । स० ।

खण्डति	खण्डतः	खण्डन्ति	अखण्डत् -द्	अखण्डताम्	अखण्डन्
खण्डसि	खण्डथः	खण्डथ	अखण्डः	अखण्डतम्	अखण्डत
खण्डामि	खण्डावः	खण्डामः	अखण्डम्	अखण्डाव	अखण्डाम

खण्डतु खण्डतात् -द्	खण्डताम्	खण्डन्तु	खण्डेत् -द्	खण्डेताम्	खण्डेयुः
खण्ड खण्डतात् -द्	खण्डतम्	खण्डत	खण्डेः	खण्डेतम्	खण्डेत
खण्डानि	खण्डाव	खण्डाम	खण्डेयम्	खण्डेव	खण्डेम

खण्डिष्यति	खण्डिष्यतः	खण्डिष्यन्ति	अखण्डिष्यत् -द्	अखण्डिष्यताम्	अखण्डिष्यन्
खण्डिष्यसि	खण्डिष्यथः	खण्डिष्यथ	अखण्डिष्यः	अखण्डिष्यतम्	अखण्डिष्यत
खण्डिष्यामि	खण्डिष्यावः	खण्डिष्यामः	अखण्डिष्यम्	अखण्डिष्याव	अखण्डिष्याम

खण्डिता	खण्डितारौ	खण्डितारः	खण्ड्यात् -द्	खण्ड्यास्ताम्	खण्ड्यासुः
खण्डितासि	खण्डितास्थः	खण्डितास्थ	खण्ड्याः	खण्ड्यास्तम्	खण्ड्यास्त
खण्डितास्मि	खण्डितास्वः	खण्डितास्मः	खण्ड्यासम्	खण्ड्यास्व	खण्ड्यास्म

चखण्ड	चखण्डतुः	चखण्डुः	अखण्डीत् -द्	अखण्डिष्टाम्	अखण्डिषुः
चखण्डिथ	चखण्डथुः	चखण्ड	अखण्डीः	अखण्डिष्टम्	अखण्डिष्ट
चखण्ड	चखण्डिव	चखण्डिम	अखण्डिषम्	अखण्डिष्व	अखण्डिष्म

1582 कडि भेदने । इदित् वैकल्पिकः णिच् । separate the chaff, defend

10c 49 कडिँ । कण्ड् । कण्डयति / ते, कण्डति । U । सेट् । स० । कण्डि । कण्डय । 7.1.58

Parasmaipadi Forms

कण्डयति	**कण्डयतः**	**कण्डयन्ति**[1]	**अकण्डयत् -द्**	**अकण्डयताम्**	**अकण्डयन्**[1]
कण्डयसि	**कण्डयथः**	**कण्डयथ**	**अकण्डयः**	**अकण्डयतम्**	**अकण्डयत**
कण्डयामि[2]	**कण्डयावः**[2]	**कण्डयामः**[2]	**अकण्डयम्**[1]	**अकण्डयाव**[2]	**अकण्डयाम**[2]

कण्डयतु कण्डयतात् -द्	**कण्डयताम्**	**कण्डयन्तु**[1]	**कण्डयेत् -द्**	**कण्डयेताम्**	**कण्डयेयुः**
कण्डय कण्डयतात् -द्	**कण्डयतम्**	**कण्डयत**	**कण्डयेः**	**कण्डयेतम्**	**कण्डयेत**
कण्डयानि[3]	**कण्डयाव**[3]	**कण्डयाम**[3]	**कण्डयेयम्**	**कण्डयेव**	**कण्डयेम**

कण्डयिष्यति	**कण्डयिष्यतः**	**कण्डयिष्यन्ति**	**अकण्डयिष्यत् -द्**	**अकण्डयिष्यताम्**	**अकण्डयिष्यन्**

| कण्डयिष्यसि | कण्डयिष्यथः | कण्डयिष्यथ | अकण्डयिष्यः | अकण्डयिष्यतम् | अकण्डयिष्यत |
| कण्डयिष्यामि | कण्डयिष्यावः | कण्डयिष्यामः | अकण्डयिष्यम् | अकण्डयिष्याव | अकण्डयिष्याम |

कण्डयिता	कण्डयितारौ	कण्डयितारः	कण्ड्यात् -द्	कण्ड्यास्ताम्	कण्ड्यासुः
कण्डयितासि	कण्डयितास्थः	कण्डयितास्थ	कण्ड्याः	कण्ड्यास्तम्	कण्ड्यास्त
कण्डयितास्मि	कण्डयितास्वः	कण्डयितास्मः	कण्ड्यासम्	कण्ड्यास्व	कण्ड्यास्म

कण्डयाम्बभूव	कण्डयाम्बभूवतुः	कण्डयाम्बभूवुः	अचकण्डत् -द्	अचकण्डताम्	अचकण्डन्
कण्डयाञ्चकार	कण्डयाञ्चक्रतुः	कण्डयाञ्चक्रुः			
कण्डयामास	कण्डयामासतुः	कण्डयामासुः			
कण्डयाम्बभूविथ	कण्डयाम्बभूवथुः	कण्डयाम्बभूव	अचकण्डः	अचकण्डतम्	अचकण्डत
कण्डयाञ्चकर्थ	कण्डयाञ्चक्रथुः	कण्डयाञ्चक्र			
कण्डयामासिथ	कण्डयामासथुः	कण्डयामास			
कण्डयाम्बभूव	कण्डयाम्बभूविव	कण्डयाम्बभूविम	अचकण्डम्	अचकण्डाव	अचकण्डाम
कण्डयाञ्चकर -कार	कण्डयाञ्चकृव	कण्डयाञ्चकृम			
कण्डयामास	कण्डयामासिव	कण्डयामासिम			

Atmanepadi Forms

कण्डयते	कण्डयेते[4]	कण्डयन्ते[1]	अकण्डयत	अकण्डयेताम्[4]	अकण्डयन्त[1]
कण्डयसे	कण्डयेथे[4]	कण्डयध्वे	अकण्डयथाः	अकण्डयेथाम्[4]	अकण्डयध्वम्
कण्डये[1]	कण्डयावहे[2]	कण्डयामहे[2]	अकण्डये[4]	अकण्डयावहि[3]	अकण्डयामहि[3]

कण्डयताम्	कण्डयेताम्[4]	कण्डयन्ताम्[1]	कण्डयेत	कण्डयेयाताम्	कण्डयेरन्
कण्डयस्व	कण्डयेथाम्[4]	कण्डयध्वम्	कण्डयेथाः	कण्डयेयाथाम्	कण्डयेध्वम्
कण्डयै[5]	कण्डयावहै[3]	कण्डयामहै[3]	कण्डयेय	कण्डयेवहि	कण्डयेमहि

कण्डयिष्यते	कण्डयिष्येते	कण्डयिष्यन्ते	अकण्डयिष्यत	अकण्डयिष्येताम्	अकण्डयिष्यन्त
कण्डयिष्यसे	कण्डयिष्येथे	कण्डयिष्यध्वे	अकण्डयिष्यथाः	अकण्डयिष्येथाम्	अकण्डयिष्यध्वम्
कण्डयिष्ये	कण्डयिष्यावहे	कण्डयिष्यामहे	अकण्डयिष्ये	अकण्डयिष्यावहि	अकण्डयिष्यामहि

कण्डयिता	कण्डयितारौ	कण्डयितारः	कण्डयिषीष्ट	कण्डयिषीयास्ताम्	कण्डयिषीरन्
कण्डयितासे	कण्डयितासाथे	कण्डयिताध्वे	कण्डयिषीष्ठाः	कण्डयिषीयास्थाम्	कण्डयिषीध्वम् -ढ्वम्
कण्डयिताहे	कण्डयितास्वहे	कण्डयितास्महे	कण्डयिषीय	कण्डयिषीवहि	कण्डयिषीमहि

कण्डयाम्बभूव	कण्डयाम्बभूवतुः	कण्डयाम्बभूवुः	अचकण्डत	अचकण्डेताम्	अचकण्डन्त
कण्डयाञ्चक्रे	कण्डयाञ्चक्राते	कण्डयाञ्चक्रिरे			
कण्डयामास	कण्डयामासतुः	कण्डयामासुः			

कण्डयाम्बभूविथ	**कण्डयाम्बभूवथुः**	**कण्डयाम्बभूव**	**अचकण्डथाः**	**अचकण्डेथाम्**	**अचकण्डध्वम्**
कण्डयाञ्चकृषे	**कण्डयाञ्चक्राथे**	**कण्डयाञ्चकृढ्वे**			
कण्डयामासिथ	**कण्डयामासथुः**	**कण्डयामास**			
कण्डयाम्बभूव	**कण्डयाम्बभूविव**	**कण्डयाम्बभूविम**	**अचकण्डे**	**अचकण्डावहि**	**अचकण्डामहि**
कण्डयाञ्चक्रे	**कण्डयाञ्चकृवहे**	**कण्डयाञ्चकृमहे**			
कण्डयामास	**कण्डयामासिव**	**कण्डयामासिम**			

णिजभावपक्षे 1.3.78 शेषात् कर्त्तरि परस्मैपदम् । इति पक्षे भ्वादिः इव कण्ड् । P । सेट् । स० ।

कण्डति	कण्डतः	कण्डन्ति	अकण्डत् -द्	अकण्डताम्	अकण्डन्
कण्डसि	कण्डथः	कण्डथ	अकण्डः	अकण्डतम्	अकण्डत
कण्डामि	कण्डावः	कण्डामः	अकण्डम्	अकण्डाव	अकण्डाम

कण्डतु कण्डतात् -द्	कण्डताम्	कण्डन्तु	कण्डेत् -द्	कण्डेताम्	कण्डेयुः
कण्ड कण्डतात् -द्	कण्डतम्	कण्डत	कण्डयेः	कण्डेतम्	कण्डेत
कण्डानि	कण्डाव	कण्डाम	कण्डेयम्	कण्डेव	कण्डेम

कण्डिष्यति	कण्डिष्यतः	कण्डिष्यन्ति	अकण्डिष्यत् -द्	अकण्डिष्यताम्	अकण्डिष्यन्
कण्डिष्यसि	कण्डिष्यथः	कण्डिष्यथ	अकण्डिष्यः	अकण्डिष्यतम्	अकण्डिष्यत
कण्डिष्यामि	कण्डिष्यावः	कण्डिष्यामः	अकण्डिष्यम्	अकण्डिष्याव	अकण्डिष्याम

कण्डिता	कण्डितारौ	कण्डितारः	कण्ड्यात् -द्	कण्ड्यास्ताम्	कण्ड्यासुः
कण्डितासि	कण्डितास्थः	कण्डितास्थ	कण्ड्याः	कण्ड्यास्तम्	कण्ड्यास्त
कण्डितास्मि	कण्डितास्वः	कण्डितास्मः	कण्ड्यासम्	कण्ड्यास्व	कण्ड्यास्म

चकण्ड	चकण्डतुः	चकण्डुः	अकण्डीत् -द्	अकण्डिष्टाम्	अकण्डिषुः
चकण्डिथ	चकण्डथुः	चकण्ड	अकण्डीः	अकण्डिष्टम्	अकण्डिष्ट
चकण्ड	चकण्डिव	चकण्डिम	अकण्डिषम्	अकण्डिष्व	अकण्डिष्म

1583 कुडि रक्षणे । इदित् वैकल्पिकः णिच् । protect, take care

10c 50 कुडिँ । कुण्ड् । कुण्डयति / ते , कुण्डति । U । सेट् । स० । कुण्डि । कुण्डय । 7.1.58

Parasmaipadi Forms

कुण्डयति	**कुण्डयतः**	**कुण्डयन्ति**[1]	**अकुण्डयत् -द्**	**अकुण्डयताम्**	**अकुण्डयन्**[1]
कुण्डयसि	**कुण्डयथः**	**कुण्डयथ**	**अकुण्डयः**	**अकुण्डयतम्**	**अकुण्डयत**
कुण्डयामि[2]	**कुण्डयावः**[2]	**कुण्डयामः**[2]	**अकुण्डयम्**[1]	**अकुण्डयाव**[2]	**अकुण्डयाम**[2]

कुण्डयतु कुण्डयतात् -द्	**कुण्डयताम्**	**कुण्डयन्तु**[1]	**कुण्डयेत् -द्**	**कुण्डयेताम्**	**कुण्डयेयुः**
कुण्डय कुण्डयतात् -द्	**कुण्डयतम्**	**कुण्डयत**	**कुण्डयेः**	**कुण्डयेतम्**	**कुण्डयेत**
कुण्डयानि[3]	**कुण्डयाव**[3]	**कुण्डयाम**[3]	**कुण्डयेयम्**	**कुण्डयेव**	**कुण्डयेम**

कुण्डयिष्यति	**कुण्डयिष्यतः**	**कुण्डयिष्यन्ति**	**अकुण्डयिष्यत् -द्**	**अकुण्डयिष्यताम्**	**अकुण्डयिष्यन्**
कुण्डयिष्यसि	**कुण्डयिष्यथः**	**कुण्डयिष्यथ**	**अकुण्डयिष्यः**	**अकुण्डयिष्यतम्**	**अकुण्डयिष्यत**
कुण्डयिष्यामि	**कुण्डयिष्यावः**	**कुण्डयिष्यामः**	**अकुण्डयिष्यम्**	**अकुण्डयिष्याव**	**अकुण्डयिष्याम**

कुण्डयिता	कुण्डयितारौ	कुण्डयितारः	कुण्ड्यात् -द्	कुण्ड्यास्ताम्	कुण्ड्यासुः
कुण्डयितासि	कुण्डयितास्थः	कुण्डयितास्थ	कुण्ड्याः	कुण्ड्यास्तम्	कुण्ड्यास्त
कुण्डयितास्मि	कुण्डयितास्वः	कुण्डयितास्मः	कुण्ड्यासम्	कुण्ड्यास्व	कुण्ड्यास्म

कुण्डयाम्बभूव	कुण्डयाम्बभूवतुः	कुण्डयाम्बभूवुः	अचुकुण्डत् -द्	अचुकुण्डताम्	अचुकुण्डन्
कुण्डयाञ्चकार	कुण्डयाञ्चक्रतुः	कुण्डयाञ्चक्रुः			
कुण्डयामास	कुण्डयामासतुः	कुण्डयामासुः			
कुण्डयाम्बभूविथ	कुण्डयाम्बभूवथुः	कुण्डयाम्बभूव	अचुकुण्डः	अचुकुण्डतम्	अचुकुण्डत
कुण्डयाञ्चकर्थ	कुण्डयाञ्चक्रथुः	कुण्डयाञ्चक्र			
कुण्डयामासिथ	कुण्डयामासथुः	कुण्डयामास			
कुण्डयाम्बभूव	कुण्डयाम्बभूविव	कुण्डयाम्बभूविम	अचुकुण्डम्	अचुकुण्डाव	अचुकुण्डाम
कुण्डयाञ्चकर -कार	कुण्डयाञ्चकृव	कुण्डयाञ्चकृम			
कुण्डयामास	कुण्डयामासिव	कुण्डयामासिम			

Atmanepadi Forms

कुण्डयते	कुण्डयेते[4]	कुण्डयन्ते[1]	अकुण्डयत	अकुण्डयेताम्[4]	अकुण्डयन्त[1]
कुण्डयसे	कुण्डयेथे[4]	कुण्डयध्वे	अकुण्डयथाः	अकुण्डयेथाम्[4]	अकुण्डयध्वम्
कुण्डये[1]	कुण्डयावहे[2]	कुण्डयामहे[2]	अकुण्डये[4]	अकुण्डयावहि[3]	अकुण्डयामहि[3]

कुण्डयताम्	कुण्डयेताम्[4]	कुण्डयन्ताम्[1]	कुण्डयेत	कुण्डयेयाताम्	कुण्डयेरन्
कुण्डयस्व	कुण्डयेथाम्[4]	कुण्डयध्वम्	कुण्डयेथाः	कुण्डयेयाथाम्	कुण्डयेध्वम्
कुण्डयै[5]	कुण्डयावहै[3]	कुण्डयामहै[3]	कुण्डयेय	कुण्डयेवहि	कुण्डयेमहि

कुण्डयिष्यते	कुण्डयिष्येते	कुण्डयिष्यन्ते	अकुण्डयिष्यत	अकुण्डयिष्येताम्	अकुण्डयिष्यन्त
कुण्डयिष्यसे	कुण्डयिष्येथे	कुण्डयिष्यध्वे	अकुण्डयिष्यथाः	अकुण्डयिष्येथाम्	अकुण्डयिष्यध्वम्
कुण्डयिष्ये	कुण्डयिष्यावहे	कुण्डयिष्यामहे	अकुण्डयिष्ये	अकुण्डयिष्यावहि	अकुण्डयिष्यामहि

कुण्डयिता	कुण्डयितारौ	कुण्डयितारः	कुण्डयिषीष्ट	कुण्डयिषीयास्ताम्	कुण्डयिषीरन्
कुण्डयितासे	कुण्डयितासाथे	कुण्डयिताध्वे	कुण्डयिषीष्ठाः	कुण्डयिषीयास्थाम्	कुण्डयिषीध्वम् -ढ्वम्
कुण्डयिताहे	कुण्डयितास्वहे	कुण्डयितास्महे	कुण्डयिषीय	कुण्डयिषीवहि	कुण्डयिषीमहि

कुण्डयाम्बभूव	कुण्डयाम्बभूवतुः	कुण्डयाम्बभूवुः	अचुकुण्डत	अचुकुण्डेताम्	अचुकुण्डन्त
कुण्डयाञ्चक्रे	कुण्डयाञ्चक्राते	कुण्डयाञ्चक्रिरे			
कुण्डयामास	कुण्डयामासतुः	कुण्डयामासुः			
कुण्डयाम्बभूविथ	कुण्डयाम्बभूवथुः	कुण्डयाम्बभूव	अचुकुण्डथाः	अचुकुण्डेथाम्	अचुकुण्डध्वम्
कुण्डयाञ्चकृषे	कुण्डयाञ्चक्राथे	कुण्डयाञ्चकृढ्वे			

कुण्डयामासिथ	कुण्डयामासथुः	कुण्डयामास			
कुण्डयाम्बभूव	कुण्डयाम्बभूविव	कुण्डयाम्बभूविम	अचुकुण्डे	अचुकुण्डावहि	अचुकुण्डामहि
कुण्डयाञ्चक्रे	कुण्डयाञ्चकृवहे	कुण्डयाञ्चकृमहे			
कुण्डयामास	कुण्डयामासिव	कुण्डयामासिम			

णिजभावपक्षे 1.3.78 शेषात् कर्त्तरि परस्मैपदम् । इति पक्षे भ्वादिः इव कुण्ड् । P । सेट् । स० ।

कुण्डति	कुण्डतः	कुण्डन्ति	अकुण्डत् -द्	अकुण्डताम्	अकुण्डन्
कुण्डसि	कुण्डथः	कुण्डथ	अकुण्डः	अकुण्डतम्	अकुण्डत
कुण्डामि	कुण्डावः	कुण्डामः	अकुण्डम्	अकुण्डाव	अकुण्डाम

कुण्डतु कुण्डतात् -द्	कुण्डताम्	कुण्डन्तु	कुण्डेत् -द्	कुण्डेताम्	कुण्डेयुः
कुण्ड कुण्डतात् -द्	कुण्डतम्	कुण्डत	कुण्डयेः	कुण्डेतम्	कुण्डेत
कुण्डानि	कुण्डाव	कुण्डाम	कुण्डेयम्	कुण्डेव	कुण्डेम

कुण्डिष्यति	कुण्डिष्यतः	कुण्डिष्यन्ति	अकुण्डिष्यत् -द्	अकुण्डिष्यताम्	अकुण्डिष्यन्
कुण्डिष्यसि	कुण्डिष्यथः	कुण्डिष्यथ	अकुण्डिष्यः	अकुण्डिष्यतम्	अकुण्डिष्यत
कुण्डिष्यामि	कुण्डिष्यावः	कुण्डिष्यामः	अकुण्डिष्यम्	अकुण्डिष्याव	अकुण्डिष्याम

कुण्डिता	कुण्डितारौ	कुण्डितारः	कुण्ड्यात् -द्	कुण्ड्यास्ताम्	कुण्ड्यासुः
कुण्डितासि	कुण्डितास्थः	कुण्डितास्थ	कुण्ड्याः	कुण्ड्यास्तम्	कुण्ड्यास्त
कुण्डितास्मि	कुण्डितास्वः	कुण्डितास्मः	कुण्ड्यासम्	कुण्ड्यास्व	कुण्ड्यास्म

चुकुण्ड	चुकुण्डतुः	चुकुण्डुः	अकुण्डीत् -द्	अकुण्डिष्टाम्	अकुण्डिषुः
चुकुण्डिथ	चुकुण्डथुः	चुकुण्ड	अकुण्डीः	अकुण्डिष्टम्	अकुण्डिष्ट
चुकुण्ड	चुकुण्डिव	चुकुण्डिम	अकुण्डिषम्	अकुण्डिष्व	अकुण्डिष्म

1584 गुडि वेष्टने । रक्षणे इत्येके। कुठि इत्यन्ये। गुठि इत्यपरे। इदित् वैकल्पिकः णिच् । cover, grind, safeguard
10c 51 गुडिँ । गुण्ड् । गुण्डयति / ते , गुण्डति । U । सेट् । स० । गुण्डि । गुण्डय । 7.1.58

Parasmaipadi Forms

गुण्डयति	गुण्डयतः	गुण्डयन्ति[1]	अगुण्डयत् -द्	अगुण्डयताम्	अगुण्डयन्[1]
गुण्डयसि	गुण्डयथः	गुण्डयथ	अगुण्डयः	अगुण्डयतम्	अगुण्डयत
गुण्डयामि[2]	गुण्डयावः[2]	गुण्डयामः[2]	अगुण्डयम्[1]	अगुण्डयाव[2]	अगुण्डयाम[2]

गुण्डयतु गुण्डयतात् -द्	गुण्डयताम्	गुण्डयन्तु[1]	गुण्डयेत् -द्	गुण्डयेताम्	गुण्डयेयुः
गुण्डय गुण्डयतात् -द्	गुण्डयतम्	गुण्डयत	गुण्डयेः	गुण्डयेतम्	गुण्डयेत
गुण्डयानि[3]	गुण्डयाव[3]	गुण्डयाम[3]	गुण्डयेयम्	गुण्डयेव	गुण्डयेम

गुण्डयिष्यति	गुण्डयिष्यतः	गुण्डयिष्यन्ति	अगुण्डयिष्यत् -द्	अगुण्डयिष्यताम्	अगुण्डयिष्यन्
गुण्डयिष्यसि	गुण्डयिष्यथः	गुण्डयिष्यथ	अगुण्डयिष्यः	अगुण्डयिष्यतम्	अगुण्डयिष्यत
गुण्डयिष्यामि	गुण्डयिष्यावः	गुण्डयिष्यामः	अगुण्डयिष्यम्	अगुण्डयिष्याव	अगुण्डयिष्याम

गुण्डयिता	गुण्डयितारौ	गुण्डयितारः	गुण्ड्यात् -द्	गुण्ड्यास्ताम्	गुण्ड्यासुः
गुण्डयितासि	गुण्डयितास्थः	गुण्डयितास्थ	गुण्ड्याः	गुण्ड्यास्तम्	गुण्ड्यास्त
गुण्डयितास्मि	गुण्डयितास्वः	गुण्डयितास्मः	गुण्ड्यासम्	गुण्ड्यास्व	गुण्ड्यास्म

गुण्डयाम्बभूव	गुण्डयाम्बभूवतुः	गुण्डयाम्बभूवुः	अजुगुण्डत् -द्	अजुगुण्डताम्	अजुगुण्डन्
गुण्डयाञ्चकार	गुण्डयाञ्चक्रतुः	गुण्डयाञ्चक्रुः			
गुण्डयामास	गुण्डयामासतुः	गुण्डयामासुः			
गुण्डयाम्बभूविथ	गुण्डयाम्बभूवथुः	गुण्डयाम्बभूव	अजुगुण्डः	अजुगुण्डतम्	अजुगुण्डत
गुण्डयाञ्चकर्थ	गुण्डयाञ्चक्रथुः	गुण्डयाञ्चक्र			
गुण्डयामासिथ	गुण्डयामासथुः	गुण्डयामास			
गुण्डयाम्बभूव	गुण्डयाम्बभूविव	गुण्डयाम्बभूविम	अजुगुण्डम्	अजुगुण्डाव	अजुगुण्डाम
गुण्डयाञ्चकर -कार गुण्डयाञ्चकृव	गुण्डयाञ्चकृम				
गुण्डयामास	गुण्डयामासिव	गुण्डयामासिम			

Atmanepadi Forms

गुण्डयते	गुण्डयेते[4]	गुण्डयन्ते[1]	अगुण्डयत	अगुण्डयेताम्[4]	अगुण्डयन्त[1]
गुण्डयसे	गुण्डयेथे[4]	गुण्डयध्वे	अगुण्डयथाः	अगुण्डयेथाम्[4]	अगुण्डयध्वम्
गुण्डये[1]	गुण्डयावहे[2]	गुण्डयामहे[2]	अगुण्डये[4]	अगुण्डयावहि[3]	अगुण्डयामहि[3]

गुण्डयताम्	गुण्डयेताम्[4]	गुण्डयन्ताम्[1]	गुण्डयेत	गुण्डयेयाताम्	गुण्डयेरन्
गुण्डयस्व	गुण्डयेथाम्[4]	गुण्डयध्वम्	गुण्डयेथाः	गुण्डयेयाथाम्	गुण्डयेध्वम्
गुण्डयै[5]	गुण्डयावहै[3]	गुण्डयामहै[3]	गुण्डयेय	गुण्डयेवहि	गुण्डयेमहि

गुण्डयिष्यते	गुण्डयिष्येते	गुण्डयिष्यन्ते	अगुण्डयिष्यत	अगुण्डयिष्येताम्	अगुण्डयिष्यन्त
गुण्डयिष्यसे	गुण्डयिष्येथे	गुण्डयिष्यध्वे	अगुण्डयिष्यथाः	अगुण्डयिष्येथाम्	अगुण्डयिष्यध्वम्
गुण्डयिष्ये	गुण्डयिष्यावहे	गुण्डयिष्यामहे	अगुण्डयिष्ये	अगुण्डयिष्यावहि	अगुण्डयिष्यामहि

गुण्डयिता	गुण्डयितारौ	गुण्डयितारः	गुण्डयिषीष्ट	गुण्डयिषीयास्ताम्	गुण्डयिषीरन्
गुण्डयितासे	गुण्डयितासाथे	गुण्डयिताध्वे	गुण्डयिषीष्ठाः	गुण्डयिषीयास्थाम्	गुण्डयिषीध्वम् -ढ्वम्
गुण्डयिताहे	गुण्डयितास्वहे	गुण्डयितास्महे	गुण्डयिषीय	गुण्डयिषीवहि	गुण्डयिषीमहि

गुण्डयाम्बभूव	गुण्डयाम्बभूवतुः	गुण्डयाम्बभूवुः	अजुगुण्डत	अजुगुण्डेताम्	अजुगुण्डन्त
गुण्डयाञ्चक्रे	गुण्डयाञ्चक्राते	गुण्डयाञ्चक्रिरे			
गुण्डयामास	गुण्डयामासतुः	गुण्डयामासुः			
गुण्डयाम्बभूविथ	गुण्डयाम्बभूवथुः	गुण्डयाम्बभूव	अजुगुण्डथाः	अजुगुण्डेथाम्	अजुगुण्डध्वम्
गुण्डयाञ्चकृषे	गुण्डयाञ्चक्राथे	गुण्डयाञ्चकृढ्वे			
गुण्डयामासिथ	गुण्डयामासथुः	गुण्डयामास			

गुण्डयाम्बभूव	**गुण्डयाम्बभूविव**	**गुण्डयाम्बभूविम**	**अजुगुण्डे**	**अजुगुण्डावहि**	**अजुगुण्डामहि**
गुण्डयाञ्चक्रे	**गुण्डयाञ्चकृवहे**	**गुण्डयाञ्चकृमहे**			
गुण्डयामास	**गुण्डयामासिव**	**गुण्डयामासिम**			

णिजभावपक्षे 1.3.78 **शेषात् कर्त्तरि परस्मैपदम् । इति पक्षे भ्वादिः इव गुण्ड् ।** P **। सेट् । स० ।**

गुण्डति	गुण्डतः	गुण्डन्ति	अगुण्डत् -द्	अगुण्डताम्	अगुण्डन्
गुण्डसि	गुण्डथः	गुण्डथ	अगुण्डः	अगुण्डतम्	अगुण्डत
गुण्डामि	गुण्डावः	गुण्डामः	अगुण्डम्	अगुण्डाव	अगुण्डाम

गुण्डतु गुण्डतात् -द्	गुण्डताम्	गुण्डन्तु	गुण्डेत् -द्	गुण्डेताम्	गुण्डेयुः
गुण्ड गुण्डतात् -द्	गुण्डतम्	गुण्डत	गुण्डयेः	गुण्डेतम्	गुण्डेत
गुण्डानि	गुण्डाव	गुण्डाम	गुण्डेयम्	गुण्डेव	गुण्डेम

गुण्डिष्यति	गुण्डिष्यतः	गुण्डिष्यन्ति	अगुण्डिष्यत् -द्	अगुण्डिष्यताम्	अगुण्डिष्यन्
गुण्डिष्यसि	गुण्डिष्यथः	गुण्डिष्यथ	अगुण्डिष्यः	अगुण्डिष्यतम्	अगुण्डिष्यत
गुण्डिष्यामि	गुण्डिष्यावः	गुण्डिष्यामः	अगुण्डिष्यम्	अगुण्डिष्याव	अगुण्डिष्याम

गुण्डिता	गुण्डितारौ	गुण्डितारः	गुण्ड्यात् -द्	गुण्ड्यास्ताम्	गुण्ड्यासुः
गुण्डितासि	गुण्डितास्थः	गुण्डितास्थ	गुण्ड्याः	गुण्ड्यास्तम्	गुण्ड्यास्त
गुण्डितास्मि	गुण्डितास्वः	गुण्डितास्मः	गुण्ड्यासम्	गुण्ड्यास्व	गुण्ड्यास्म

जुगुण्ड	जुगुण्डतुः	जुगुण्डुः	अगुण्डीत् -द्	अगुण्डिष्टाम्	अगुण्डिषुः
जुगुण्डिथ	जुगुण्डथुः	जुगुण्ड	अगुण्डीः	अगुण्डिष्टम्	अगुण्डिष्ट
जुगुण्ड	जुगुण्डिव	जुगुण्डिम	अगुण्डिषम्	अगुण्डिष्व	अगुण्डिष्म

1585 **खुडि खण्डने । इदित् वैकल्पिकः णिच् ।** break into pieces, saw

10c 52 **खुडिँ । खुण्ड् । खुण्डयति / ते , खुण्डति ।** U **। सेट् । स० । खुण्डि । खुण्डय ।** 7.1.58

Parasmaipadi Forms

खुण्डयति	**खुण्डयतः**	**खुण्डयन्ति**[1]	**अखुण्डयत् -द्**	**अखुण्डयताम्**	**अखुण्डयन्**[1]
खुण्डयसि	**खुण्डयथः**	**खुण्डयथ**	**अखुण्डयः**	**अखुण्डयतम्**	**अखुण्डयत**
खुण्डयामि[2]	**खुण्डयावः**[2]	**खुण्डयामः**[2]	**अखुण्डयम्**[1]	**अखुण्डयाव**[2]	**अखुण्डयाम**[2]

खुण्डयतु खुण्डयतात् -द्	**खुण्डयताम्**	**खुण्डयन्तु**[1]	**खुण्डयेत् -द्**	**खुण्डयेताम्**	**खुण्डयेयुः**
खुण्डय खुण्डयतात् -द्	**खुण्डयतम्**	**खुण्डयत**	**खुण्डयेः**	**खुण्डयेतम्**	**खुण्डयेत**
खुण्डयानि[3]	**खुण्डयाव**[3]	**खुण्डयाम**[3]	**खुण्डयेयम्**	**खुण्डयेव**	**खुण्डयेम**

खुण्डयिष्यति	**खुण्डयिष्यतः**	**खुण्डयिष्यन्ति**	**अखुण्डयिष्यत् -द्**	**अखुण्डयिष्यताम्**	**अखुण्डयिष्यन्**
खुण्डयिष्यसि	**खुण्डयिष्यथः**	**खुण्डयिष्यथ**	**अखुण्डयिष्यः**	**अखुण्डयिष्यतम्**	**अखुण्डयिष्यत**
खुण्डयिष्यामि	**खुण्डयिष्यावः**	**खुण्डयिष्यामः**	**अखुण्डयिष्यम्**	**अखुण्डयिष्याव**	**अखुण्डयिष्याम**

खुण्डयिता	**खुण्डयितारौ**	**खुण्डयितारः**	**खुण्ड्यात् -द्**	**खुण्ड्यास्ताम्**	**खुण्ड्यासुः**

खुण्डयितासि	खुण्डयितास्थः	खुण्डयितास्थ	खुण्ड्याः	खुण्ड्यास्तम्	खुण्ड्यास्त
खुण्डयितास्मि	खुण्डयितास्वः	खुण्डयितास्मः	खुण्ड्यासम्	खुण्ड्यास्व	खुण्ड्यास्म
खुण्डयाम्बभूव	खुण्डयाम्बभूवतुः	खुण्डयाम्बभूवुः	अचुखुण्डत् -द्	अचुखुण्डताम्	अचुखुण्डन्
खुण्डयाञ्चकार	खुण्डयाञ्चक्रतुः	खुण्डयाञ्चक्रुः			
खुण्डयामास	खुण्डयामासतुः	खुण्डयामासुः			
खुण्डयाम्बभूविथ	खुण्डयाम्बभूवथुः	खुण्डयाम्बभूव	अचुखुण्डः	अचुखुण्डतम्	अचुखुण्डत
खुण्डयाञ्चकर्थ	खुण्डयाञ्चक्रथुः	खुण्डयाञ्चक्र			
खुण्डयामासिथ	खुण्डयामासथुः	खुण्डयामास			
खुण्डयाम्बभूव	खुण्डयाम्बभूविव	खुण्डयाम्बभूविम	अचुखुण्डम्	अचुखुण्डाव	अचुखुण्डाम
खुण्डयाञ्चकर -कार	खुण्डयाञ्चकृव	खुण्डयाञ्चकृम			
खुण्डयामास	खुण्डयामासिव	खुण्डयामासिम			

Atmanepadi Forms

खुण्डयते	खुण्डयेते[4]	खुण्डयन्ते[1]	अखुण्डयत	अखुण्डयेताम्[4]	अखुण्डयन्त[1]
खुण्डयसे	खुण्डयेथे[4]	खुण्डयध्वे	अखुण्डयथाः	अखुण्डयेथाम्[4]	अखुण्डयध्वम्
खुण्डये[1]	खुण्डयावहे[2]	खुण्डयामहे[2]	अखुण्डये[4]	अखुण्डयावहि[3]	अखुण्डयामहि[3]
खुण्डयताम्	खुण्डयेताम्[4]	खुण्डयन्ताम्[1]	खुण्डयेत	खुण्डयेयाताम्	खुण्डयेरन्
खुण्डयस्व	खुण्डयेथाम्[4]	खुण्डयध्वम्	खुण्डयेथाः	खुण्डयेयाथाम्	खुण्डयेध्वम्
खुण्डयै[5]	खुण्डयावहै[3]	खुण्डयामहै[3]	खुण्डयेय	खुण्डयेवहि	खुण्डयेमहि
खुण्डयिष्यते	खुण्डयिष्येते	खुण्डयिष्यन्ते	अखुण्डयिष्यत	अखुण्डयिष्येताम्	अखुण्डयिष्यन्त
खुण्डयिष्यसे	खुण्डयिष्येथे	खुण्डयिष्यध्वे	अखुण्डयिष्यथाः	अखुण्डयिष्येथाम्	अखुण्डयिष्यध्वम्
खुण्डयिष्ये	खुण्डयिष्यावहे	खुण्डयिष्यामहे	अखुण्डयिष्ये	अखुण्डयिष्यावहि	अखुण्डयिष्यामहि
खुण्डयिता	खुण्डयितारौ	खुण्डयितारः	खुण्डयिषीष्ट	खुण्डयिषीयास्ताम्	खुण्डयिषीरन्
खुण्डयितासे	खुण्डयितासाथे	खुण्डयिताध्वे	खुण्डयिषीष्ठाः	खुण्डयिषीयास्थाम्	खुण्डयिषीध्वम् -ढ्वम्
खुण्डयिताहे	खुण्डयितास्वहे	खुण्डयितास्महे	खुण्डयिषीय	खुण्डयिषीवहि	खुण्डयिषीमहि
खुण्डयाम्बभूव	खुण्डयाम्बभूवतुः	खुण्डयाम्बभूवुः	अचुखुण्डत	अचुखुण्डेताम्	अचुखुण्डन्त
खुण्डयाञ्चक्रे	खुण्डयाञ्चक्राते	खुण्डयाञ्चक्रिरे			
खुण्डयामास	खुण्डयामासतुः	खुण्डयामासुः			
खुण्डयाम्बभूविथ	खुण्डयाम्बभूवथुः	खुण्डयाम्बभूव	अचुखुण्डथाः	अचुखुण्डेथाम्	अचुखुण्डध्वम्
खुण्डयाञ्चकृषे	खुण्डयाञ्चक्राथे	खुण्डयाञ्चकृढ्वे			
खुण्डयामासिथ	खुण्डयामासथुः	खुण्डयामास			
खुण्डयाम्बभूव	खुण्डयाम्बभूविव	खुण्डयाम्बभूविम	अचुखुण्डे	अचुखुण्डावहि	अचुखुण्डामहि

खुण्डयाञ्चक्रे	खुण्डयाञ्चकृवहे	खुण्डयाञ्चकृमहे
खुण्डयामास	खुण्डयामासिव	खुण्डयामासिम

णिजभावपक्षे 1.3.78 शेषात् कर्त्तरि परस्मैपदम् । इति पक्षे भ्वादिः इव खुण्ड् । P । सेट् । स० ।

खुण्डति	खुण्डतः	खुण्डन्ति	अखुण्डत् -द्	अखुण्डताम्	अखुण्डन्
खुण्डसि	खुण्डथः	खुण्डथ	अखुण्डः	अखुण्डतम्	अखुण्डत
खुण्डामि	खुण्डावः	खुण्डामः	अखुण्डम्	अखुण्डाव	अखुण्डाम

खुण्डतु खुण्डतात् -द्	खुण्डताम्	खुण्डन्तु	खुण्डेत् -द्	खुण्डेताम्	खुण्डेयुः
खुण्ड खुण्डतात् -द्	खुण्डतम्	खुण्डत	खुण्डयेः	खुण्डेतम्	खुण्डेत
खुण्डानि	खुण्डाव	खुण्डाम	खुण्डेयम्	खुण्डेव	खुण्डेम

खुण्डिष्यति	खुण्डिष्यतः	खुण्डिष्यन्ति	अखुण्डिष्यत् -द्	अखुण्डिष्यताम्	अखुण्डिष्यन्
खुण्डिष्यसि	खुण्डिष्यथः	खुण्डिष्यथ	अखुण्डिष्यः	अखुण्डिष्यतम्	अखुण्डिष्यत
खुण्डिष्यामि	खुण्डिष्यावः	खुण्डिष्यामः	अखुण्डिष्यम्	अखुण्डिष्याव	अखुण्डिष्याम

खुण्डिता	खुण्डितारौ	खुण्डितारः	खुण्ड्यात् -द्	खुण्ड्यास्ताम्	खुण्ड्यासुः
खुण्डितासि	खुण्डितास्थः	खुण्डितास्थ	खुण्ड्याः	खुण्ड्यास्तम्	खुण्ड्यास्त
खुण्डितास्मि	खुण्डितास्वः	खुण्डितास्मः	खुण्ड्यासम्	खुण्ड्यास्व	खुण्ड्यास्म

चुखुण्ड	चुखुण्डतुः	चुखुण्डुः	अखुण्डीत् -द्	अखुण्डिष्टाम्	अखुण्डिषुः
चुखुण्डिथ	चुखुण्डथुः	चुखुण्ड	अखुण्डीः	अखुण्डिष्टम्	अखुण्डिष्ट
चुखुण्ड	चुखुण्डिव	चुखुण्डिम	अखुण्डिषम्	अखुण्डिष्व	अखुण्डिष्म

1586 वटि विभाजने । पडि इति केचित् । चडि कपि चण्डे । वडि इति क्षीरतरङ्गिणी । इदित् वैकल्पिकः णिच् । 10c 53 वटँ । वण्ट् । वण्टयति / ते , वण्टति । U । सेट् । स० । वण्टि । वण्ट्य । separate, share, partition 7.1.58 इदितो नुम् धातोः । **Parasmaipadi Forms**

वण्टयति	**वण्टयतः**	**वण्टयन्ति**[1]	**अवण्टयत् -द्**	**अवण्टयताम्**	**अवण्टयन्**[1]
वण्टयसि	**वण्टयथः**	**वण्टयथ**	**अवण्टयः**	**अवण्टयतम्**	**अवण्टयत**
वण्टयामि[2]	**वण्टयावः**[2]	**वण्टयामः**[2]	**अवण्टयम्**[1]	**अवण्टयाव**[2]	**अवण्टयाम**[2]

वण्टयतु वण्टयतात् -द्	**वण्टयताम्**	**वण्टयन्तु**[1]	**वण्टयेत् -द्**	**वण्टयेताम्**	**वण्टयेयुः**
वण्टय वण्टयतात् -द्	**वण्टयतम्**	**वण्टयत**	**वण्टयेः**	**वण्टयेतम्**	**वण्टयेत**
वण्टयानि[3]	**वण्टयाव**[3]	**वण्टयाम**[3]	**वण्टयेयम्**	**वण्टयेव**	**वण्टयेम**

वण्टयिष्यति	**वण्टयिष्यतः**	**वण्टयिष्यन्ति**	**अवण्टयिष्यत् -द्**	**अवण्टयिष्यताम्**	**अवण्टयिष्यन्**
वण्टयिष्यसि	**वण्टयिष्यथः**	**वण्टयिष्यथ**	**अवण्टयिष्यः**	**अवण्टयिष्यतम्**	**अवण्टयिष्यत**
वण्टयिष्यामि	**वण्टयिष्यावः**	**वण्टयिष्यामः**	**अवण्टयिष्यम्**	**अवण्टयिष्याव**	**अवण्टयिष्याम**

वण्टयिता	**वण्टयितारौ**	**वण्टयितारः**	**वण्ट्यात् -द्**	**वण्ट्यास्ताम्**	**वण्ट्यासुः**
वण्टयितासि	**वण्टयितास्थः**	**वण्टयितास्थ**	**वण्ट्याः**	**वण्ट्यास्तम्**	**वण्ट्यास्त**

वण्टयितास्मि	वण्टयितास्वः	वण्टयितास्मः	वण्ट्यासम्	वण्ट्यास्व	वण्ट्यास्म

वण्टयाम्बभूव	वण्टयाम्बभूवतुः	वण्टयाम्बभूवुः	अववण्टत् -द्	अववण्टताम्	अववण्टन्
वण्टयाञ्चकार	वण्टयाञ्चक्रतुः	वण्टयाञ्चक्रुः			
वण्टयामास	वण्टयामासतुः	वण्टयामासुः			
वण्टयाम्बभूविथ	वण्टयाम्बभूवथुः	वण्टयाम्बभूव	अववण्टः	अववण्टतम्	अववण्टत
वण्टयाञ्चकर्थ	वण्टयाञ्चक्रथुः	वण्टयाञ्चक्र			
वण्टयामासिथ	वण्टयामासथुः	वण्टयामास			
वण्टयाम्बभूव	वण्टयाम्बभूविव	वण्टयाम्बभूविम	अववण्टम्	अववण्टाव	अववण्टाम
वण्टयाञ्चकर -कार	वण्टयाञ्चकृव	वण्टयाञ्चकृम			
वण्टयामास	वण्टयामासिव	वण्टयामासिम			

Atmanepadi Forms

वण्टयते	वण्टयेते[4]	वण्टयन्ते[1]	अवण्टयत	अवण्टयेताम्[4]	अवण्टयन्त[1]
वण्टयसे	वण्टयेथे[4]	वण्टयध्वे	अवण्टयथाः	अवण्टयेथाम्[4]	अवण्टयध्वम्
वण्टये[1]	वण्टयावहे[2]	वण्टयामहे[2]	अवण्टये[4]	अवण्टयावहि[3]	अवण्टयामहि[3]

वण्टयताम्	वण्टयेताम्[4]	वण्टयन्ताम्[1]	वण्टयेत	वण्टयेयाताम्	वण्टयेरन्
वण्टयस्व	वण्टयेथाम्[4]	वण्टयध्वम्	वण्टयेथाः	वण्टयेयाथाम्	वण्टयेध्वम्
वण्टयै[5]	वण्टयावहै[3]	वण्टयामहै[3]	वण्टयेय	वण्टयेवहि	वण्टयेमहि

वण्टयिष्यते	वण्टयिष्येते	वण्टयिष्यन्ते	अवण्टयिष्यत	अवण्टयिष्येताम्	अवण्टयिष्यन्त
वण्टयिष्यसे	वण्टयिष्येथे	वण्टयिष्यध्वे	अवण्टयिष्यथाः	अवण्टयिष्येथाम्	अवण्टयिष्यध्वम्
वण्टयिष्ये	वण्टयिष्यावहे	वण्टयिष्यामहे	अवण्टयिष्ये	अवण्टयिष्यावहि	अवण्टयिष्यामहि

वण्टयिता	वण्टयितारौ	वण्टयितारः	वण्टयिषीष्ट	वण्टयिषीयास्ताम्	वण्टयिषीरन्
वण्टयितासे	वण्टयितासाथे	वण्टयिताध्वे	वण्टयिषीष्ठाः	वण्टयिषीयास्थाम्	वण्टयिषीध्वम् -ढ्वम्
वण्टयिताहे	वण्टयितास्वहे	वण्टयितास्महे	वण्टयिषीय	वण्टयिषीवहि	वण्टयिषीमहि

वण्टयाम्बभूव	वण्टयाम्बभूवतुः	वण्टयाम्बभूवुः	अववण्टत	अववण्टेताम्	अववण्टन्त
वण्टयाञ्चक्रे	वण्टयाञ्चक्राते	वण्टयाञ्चक्रिरे			
वण्टयामास	वण्टयामासतुः	वण्टयामासुः			
वण्टयाम्बभूविथ	वण्टयाम्बभूवथुः	वण्टयाम्बभूव	अववण्टथाः	अववण्टेथाम्	अववण्टध्वम्
वण्टयाञ्चकृषे	वण्टयाञ्चक्राथे	वण्टयाञ्चकृढ्वे			
वण्टयामासिथ	वण्टयामासथुः	वण्टयामास			
वण्टयाम्बभूव	वण्टयाम्बभूविव	वण्टयाम्बभूविम	अववण्टे	अववण्टावहि	अववण्टामहि
वण्टयाञ्चक्रे	वण्टयाञ्चकृवहे	वण्टयाञ्चकृमहे			

वण्टयामास	वण्टयामासिव	वण्टयामासिम			

णिजभावपक्षे 1.3.78 शेषात् कर्त्तरि परस्मैपदम् । इति पक्षे भ्वादिः इव वण्ट् । P । सेट् । स० ।

वण्टति	वण्टतः	वण्टन्ति	अवण्टत् -द्	अवण्टताम्	अवण्टन्
वण्टसि	वण्टथः	वण्टथ	अवण्टः	अवण्टतम्	अवण्टत
वण्टामि	वण्टावः	वण्टामः	अवण्टम्	अवण्टाव	अवण्टाम

वण्टतु वण्टतात् -द्	वण्टताम्	वण्टन्तु	वण्टेत् -द्	वण्टेताम्	वण्टेयुः
वण्ट वण्टतात् -द्	वण्टतम्	वण्टत	वण्टेः	वण्टेतम्	वण्टेत
वण्टानि	वण्टाव	वण्टाम	वण्टेयम्	वण्टेव	वण्टेम

वण्टिष्यति	वण्टिष्यतः	वण्टिष्यन्ति	अवण्टिष्यत् -द्	अवण्टिष्यताम्	अवण्टिष्यन्
वण्टिष्यसि	वण्टिष्यथः	वण्टिष्यथ	अवण्टिष्यः	अवण्टिष्यतम्	अवण्टिष्यत
वण्टिष्यामि	वण्टिष्यावः	वण्टिष्यामः	अवण्टिष्यम्	अवण्टिष्याव	अवण्टिष्याम

वण्टिता	वण्टितारौ	वण्टितारः	वण्ट्यात् -द्	वण्ट्यास्ताम्	वण्ट्यासुः
वण्टितासि	वण्टितास्थः	वण्टितास्थ	वण्ट्याः	वण्ट्यास्तम्	वण्ट्यास्त
वण्टितास्मि	वण्टितास्वः	वण्टितास्मः	वण्ट्यासम्	वण्ट्यास्व	वण्ट्यास्म

ववण्ट	ववण्टतुः	ववण्टुः	अवण्टीत् -द्	अवण्टिष्टाम्	अवण्टिषुः
ववण्टिथ	ववण्टथुः	ववण्ट	अवण्टीः	अवण्टिष्टम्	अवण्टिष्ट
ववण्ट	ववण्टिव	ववण्टिम	अवण्टिषम्	अवण्टिष्व	अवण्टिष्म

1587 मडि भूषायां हर्षे च । इदित् वैकल्पिकः णिच् । adorn, rejoice 7.1.58 इदितो नुम् धातोः ।
10c 54 मडिँ । मण्ड् । मण्डयति / ते , मण्डति । U । सेट् । स०* । खुण्डि । खुण्डय ।

Parasmaipadi Forms

मण्डयति	मण्डयतः	मण्डयन्ति[1]	अमण्डयत् -द्	अमण्डयताम्	अमण्डयन्[1]
मण्डयसि	मण्डयथः	मण्डयथ	अमण्डयः	अमण्डयतम्	अमण्डयत
मण्डयामि[2]	मण्डयावः[2]	मण्डयामः[2]	अमण्डयम्[1]	अमण्डयाव[2]	अमण्डयाम[2]

मण्डयतु मण्डयतात् -द्	मण्डयताम्	मण्डयन्तु[1]	मण्डयेत् -द्	मण्डयेताम्	मण्डयेयुः
मण्डय मण्डयतात् -द्	मण्डयतम्	मण्डयत	मण्डयेः	मण्डयेतम्	मण्डयेत
मण्डयानि[3]	मण्डयाव[3]	मण्डयाम[3]	मण्डयेयम्	मण्डयेव	मण्डयेम

मण्डयिष्यति	मण्डयिष्यतः	मण्डयिष्यन्ति	अमण्डयिष्यत् -द्	अमण्डयिष्यताम्	अमण्डयिष्यन्
मण्डयिष्यसि	मण्डयिष्यथः	मण्डयिष्यथ	अमण्डयिष्यः	अमण्डयिष्यतम्	अमण्डयिष्यत
मण्डयिष्यामि	मण्डयिष्यावः	मण्डयिष्यामः	अमण्डयिष्यम्	अमण्डयिष्याव	अमण्डयिष्याम

मण्डयिता	मण्डयितारौ	मण्डयितारः	मण्ड्यात् -द्	मण्ड्यास्ताम्	मण्ड्यासुः
मण्डयितासि	मण्डयितास्थः	मण्डयितास्थ	मण्ड्याः	मण्ड्यास्तम्	मण्ड्यास्त
मण्डयितास्मि	मण्डयितास्वः	मण्डयितास्मः	मण्ड्यासम्	मण्ड्यास्व	मण्ड्यास्म

मण्डयाम्बभूव	मण्डयाम्बभूवतुः	मण्डयाम्बभूवुः	अममण्डत् -द्	अममण्डताम्	अममण्डन्
मण्डयाञ्चकार	मण्डयाञ्चक्रतुः	मण्डयाञ्चक्रुः			
मण्डयामास	मण्डयामासतुः	मण्डयामासुः			
मण्डयाम्बभूविथ	मण्डयाम्बभूवथुः	मण्डयाम्बभूव	अममण्डः	अममण्डतम्	अममण्डत
मण्डयाञ्चकर्थ	मण्डयाञ्चक्रथुः	मण्डयाञ्चक्र			
मण्डयामासिथ	मण्डयामासथुः	मण्डयामास			
मण्डयाम्बभूव	मण्डयाम्बभूविव	मण्डयाम्बभूविम	अममण्डम्	अममण्डाव	अममण्डाम
मण्डयाञ्चकर -कार	मण्डयाञ्चकृव	मण्डयाञ्चकृम			
मण्डयामास	मण्डयामासिव	मण्डयामासिम			

Atmanepadi Forms

मण्डयते	मण्डयेते[4]	मण्डयन्ते[1]	अमण्डयत	अमण्डयेताम्[4]	अमण्डयन्त[1]
मण्डयसे	मण्डयेथे[4]	मण्डयध्वे	अमण्डयथाः	अमण्डयेथाम्[4]	अमण्डयध्वम्
मण्डये[1]	मण्डयावहे[2]	मण्डयामहे[2]	अमण्डये[4]	अमण्डयावहि[3]	अमण्डयामहि[3]
मण्डयताम्	मण्डयेताम्[4]	मण्डयन्ताम्[1]	मण्डयेत	मण्डयेयाताम्	मण्डयेरन्
मण्डयस्व	मण्डयेथाम्[4]	मण्डयध्वम्	मण्डयेथाः	मण्डयेयाथाम्	मण्डयेध्वम्
मण्डयै[5]	मण्डयावहै[3]	मण्डयामहै[3]	मण्डयेय	मण्डयेवहि	मण्डयेमहि
मण्डयिष्यते	मण्डयिष्येते	मण्डयिष्यन्ते	अमण्डयिष्यत	अमण्डयिष्येताम्	अमण्डयिष्यन्त
मण्डयिष्यसे	मण्डयिष्येथे	मण्डयिष्यध्वे	अमण्डयिष्यथाः	अमण्डयिष्येथाम्	अमण्डयिष्यध्वम्
मण्डयिष्ये	मण्डयिष्यावहे	मण्डयिष्यामहे	अमण्डयिष्ये	अमण्डयिष्यावहि	अमण्डयिष्यामहि
मण्डयिता	मण्डयितारौ	मण्डयितारः	मण्डयिषीष्ट	मण्डयिषीयास्ताम्	मण्डयिषीरन्
मण्डयितासे	मण्डयितासाथे	मण्डयिताध्वे	मण्डयिषीष्ठाः	मण्डयिषीयास्थाम्	मण्डयिषीध्वम् -ढ्वम्
मण्डयिताहे	मण्डयितास्वहे	मण्डयितास्महे	मण्डयिषीय	मण्डयिषीवहि	मण्डयिषीमहि
मण्डयाम्बभूव	मण्डयाम्बभूवतुः	मण्डयाम्बभूवुः	अममण्डत	अममण्डेताम्	अममण्डन्त
मण्डयाञ्चक्रे	मण्डयाञ्चक्राते	मण्डयाञ्चक्रिरे			
मण्डयामास	मण्डयामासतुः	मण्डयामासुः			
मण्डयाम्बभूविथ	मण्डयाम्बभूवथुः	मण्डयाम्बभूव	अममण्डथाः	अममण्डेथाम्	अममण्डध्वम्
मण्डयाञ्चकृषे	मण्डयाञ्चक्राथे	मण्डयाञ्चकृढ्वे			
मण्डयामासिथ	मण्डयामासथुः	मण्डयामास			
मण्डयाम्बभूव	मण्डयाम्बभूविव	मण्डयाम्बभूविम	अममण्डे	अममण्डावहि	अममण्डामहि
मण्डयाञ्चक्रे	मण्डयाञ्चकृवहे	मण्डयाञ्चकृमहे			
मण्डयामास	मण्डयामासिव	मण्डयामासिम			

णिजभावपक्षे 1.3.78 शेषात् कर्त्तरि परस्मैपदम् । इति पक्षे भ्वादिः इव मण्ड् । P । सेट् । स० ।

मण्डति	मण्डतः	मण्डन्ति	अमण्डत् -द्	अमण्डताम्	अमण्डन्
मण्डसि	मण्डथः	मण्डथ	अमण्डः	अमण्डतम्	अमण्डत
मण्डामि	मण्डावः	मण्डामः	अमण्डम्	अमण्डाव	अमण्डाम

मण्डतु मण्डतात् -द्	मण्डताम्	मण्डन्तु	मण्डेत् -द्	मण्डेताम्	मण्डेयुः
मण्ड मण्डतात् -द्	मण्डतम्	मण्डत	मण्डयेः	मण्डेतम्	मण्डेत
मण्डानि	मण्डाव	मण्डाम	मण्डेयम्	मण्डेव	मण्डेम

मण्डिष्यति	मण्डिष्यतः	मण्डिष्यन्ति	अमण्डिष्यत् -द्	अमण्डिष्यताम्	अमण्डिष्यन्
मण्डिष्यसि	मण्डिष्यथः	मण्डिष्यथ	अमण्डिष्यः	अमण्डिष्यतम्	अमण्डिष्यत
मण्डिष्यामि	मण्डिष्यावः	मण्डिष्यामः	अमण्डिष्यम्	अमण्डिष्याव	अमण्डिष्याम

मण्डिता	मण्डितारौ	मण्डितारः	मण्ड्यात् -द्	मण्ड्यास्ताम्	मण्ड्यासुः
मण्डितासि	मण्डितास्थः	मण्डितास्थ	मण्ड्याः	मण्ड्यास्तम्	मण्ड्यास्त
मण्डितास्मि	मण्डितास्वः	मण्डितास्मः	मण्ड्यासम्	मण्ड्यास्व	मण्ड्यास्म

ममण्ड	ममण्डतुः	ममण्डुः	अमण्डीत् -द्	अमण्डिष्टाम्	अमण्डिषुः
ममण्डिथ	ममण्डथुः	ममण्ड	अमण्डीः	अमण्डिष्टम्	अमण्डिष्ट
ममण्ड	ममण्डिव	ममण्डिम	अमण्डिषम्	अमण्डिष्व	अमण्डिष्म

1588 भडि कल्याणे । इदित् वैकल्पिकः णिच् । do auspicious act 7.1.58 इदितो नुम् धातोः ।
10c 55 भडिँ । भण्ड् । भण्डयति / ते, भण्डति । U । सेट् । स० । भण्डि । भण्डय ।

Parasmaipadi Forms

भण्डयति	भण्डयतः	भण्डयन्ति[1]	अभण्डयत् -द्	अभण्डयताम्	अभण्डयन्[1]
भण्डयसि	भण्डयथः	भण्डयथ	अभण्डयः	अभण्डयतम्	अभण्डयत
भण्डयामि[2]	भण्डयावः[2]	भण्डयामः[2]	अभण्डयम्[1]	अभण्डयाव[2]	अभण्डयाम[2]

भण्डयतु भण्डयतात् -द्	भण्डयताम्	भण्डयन्तु[1]	भण्डयेत् -द्	भण्डयेताम्	भण्डयेयुः
भण्डय भण्डयतात् -द्	भण्डयतम्	भण्डयत	भण्डयेः	भण्डयेतम्	भण्डयेत
भण्डयानि[3]	भण्डयाव[3]	भण्डयाम[3]	भण्डयेयम्	भण्डयेव	भण्डयेम

भण्डयिष्यति	भण्डयिष्यतः	भण्डयिष्यन्ति	अभण्डयिष्यत् -द्	अभण्डयिष्यताम्	अभण्डयिष्यन्
भण्डयिष्यसि	भण्डयिष्यथः	भण्डयिष्यथ	अभण्डयिष्यः	अभण्डयिष्यतम्	अभण्डयिष्यत
भण्डयिष्यामि	भण्डयिष्यावः	भण्डयिष्यामः	अभण्डयिष्यम्	अभण्डयिष्याव	अभण्डयिष्याम

भण्डयिता	भण्डयितारौ	भण्डयितारः	भण्ड्यात् -द्	भण्ड्यास्ताम्	भण्ड्यासुः
भण्डयितासि	भण्डयितास्थः	भण्डयितास्थ	भण्ड्याः	भण्ड्यास्तम्	भण्ड्यास्त
भण्डयितास्मि	भण्डयितास्वः	भण्डयितास्मः	भण्ड्यासम्	भण्ड्यास्व	भण्ड्यास्म

भण्डयाम्बभूव	भण्डयाम्बभूवतुः	भण्डयाम्बभूवुः	अबभण्डत् -द्	अबभण्डताम्	अबभण्डन्
भण्डयाञ्चकार	भण्डयाञ्चक्रतुः	भण्डयाञ्चक्रुः			

भण्डयामास	भण्डयामासतुः	भण्डयामासुः			
भण्डयाम्बभूविथ	भण्डयाम्बभूवथुः	भण्डयाम्बभूव	अबभण्डः	अबभण्डतम्	अबभण्डत
भण्डयाञ्चकर्थ	भण्डयाञ्चक्रथुः	भण्डयाञ्चक्र			
भण्डयामासिथ	भण्डयामासथुः	भण्डयामास			
भण्डयाम्बभूव	भण्डयाम्बभूविव	भण्डयाम्बभूविम	अबभण्डम्	अबभण्डाव	अबभण्डाम
भण्डयाञ्चकर -कार भण्डयाञ्चकृव		भण्डयाञ्चकृम			
भण्डयामास	भण्डयामासिव	भण्डयामासिम			

Atmanepadi Forms

भण्डयते	भण्डयेते[4]	भण्डयन्ते[1]	अभण्डयत	अभण्डयेताम्[4]	अभण्डयन्त[1]
भण्डयसे	भण्डयेथे[4]	भण्डयध्वे	अभण्डयथाः	अभण्डयेथाम्[4]	अभण्डयध्वम्
भण्डये[1]	भण्डयावहे[2]	भण्डयामहे[2]	अभण्डये[4]	अभण्डयावहि[3]	अभण्डयामहि[3]
भण्डयताम्	भण्डयेताम्[4]	भण्डयन्ताम्[1]	भण्डयेत	भण्डयेयाताम्	भण्डयेरन्
भण्डयस्व	भण्डयेथाम्[4]	भण्डयध्वम्	भण्डयेथाः	भण्डयेयाथाम्	भण्डयेध्वम्
भण्डयै[5]	भण्डयावहै[3]	भण्डयामहै[3]	भण्डयेय	भण्डयेवहि	भण्डयेमहि
भण्डयिष्यते	भण्डयिष्येते	भण्डयिष्यन्ते	अभण्डयिष्यत	अभण्डयिष्येताम्	अभण्डयिष्यन्त
भण्डयिष्यसे	भण्डयिष्येथे	भण्डयिष्यध्वे	अभण्डयिष्यथाः	अभण्डयिष्येथाम्	अभण्डयिष्यध्वम्
भण्डयिष्ये	भण्डयिष्यावहे	भण्डयिष्यामहे	अभण्डयिष्ये	अभण्डयिष्यावहि	अभण्डयिष्यामहि
भण्डयिता	भण्डयितारौ	भण्डयितारः	भण्डयिषीष्ट	भण्डयिषीयास्ताम्	भण्डयिषीरन्
भण्डयितासे	भण्डयितासाथे	भण्डयिताध्वे	भण्डयिषीष्ठाः	भण्डयिषीयास्थाम्	भण्डयिषीध्वम् -ढ्वम्
भण्डयिताहे	भण्डयितास्वहे	भण्डयितास्महे	भण्डयिषीय	भण्डयिषीवहि	भण्डयिषीमहि
भण्डयाम्बभूव	भण्डयाम्बभूवतुः	भण्डयाम्बभूवुः	अबभण्डत	अबभण्डेताम्	अबभण्डन्त
भण्डयाञ्चक्रे	भण्डयाञ्चक्राते	भण्डयाञ्चक्रिरे			
भण्डयामास	भण्डयामासतुः	भण्डयामासुः			
भण्डयाम्बभूविथ	भण्डयाम्बभूवथुः	भण्डयाम्बभूव	अबभण्डथाः	अबभण्डेथाम्	अबभण्डध्वम्
भण्डयाञ्चकृषे	भण्डयाञ्चक्राथे	भण्डयाञ्चकृढ्वे			
भण्डयामासिथ	भण्डयामासथुः	भण्डयामास			
भण्डयाम्बभूव	भण्डयाम्बभूविव	भण्डयाम्बभूविम	अबभण्डे	अबभण्डावहि	अबभण्डामहि
भण्डयाञ्चक्रे	भण्डयाञ्चकृवहे	भण्डयाञ्चकृमहे			
भण्डयामास	भण्डयामासिव	भण्डयामासिम			

णिजभावपक्षे 1.3.78 शेषात् कर्त्तरि परस्मैपदम् । इति पक्षे भ्वादिः इव भण्ड् । P । सेट् । स० ।

भण्डति	भण्डतः	भण्डन्ति	अभण्डत् -द्	अभण्डताम्	अभण्डन्
भण्डसि	भण्डथः	भण्डथ	अभण्डः	अभण्डतम्	अभण्डत

भण्डामि	भण्डावः	भण्डामः	अभण्डम्	अभण्डाव	अभण्डाम
भण्डतु भण्डतात् -द्	भण्डताम्	भण्डन्तु	भण्डेत् -द्	भण्डेताम्	भण्डेयुः
भण्ड भण्डतात् -द्	भण्डतम्	भण्डत	भण्डयेः	भण्डेतम्	भण्डेत
भण्डानि	भण्डाव	भण्डाम	भण्डेयम्	भण्डेव	भण्डेम
भण्डिष्यति	भण्डिष्यतः	भण्डिष्यन्ति	अभण्डिष्यत् -द्	अभण्डिष्यताम्	अभण्डिष्यन्
भण्डिष्यसि	भण्डिष्यथः	भण्डिष्यथ	अभण्डिष्यः	अभण्डिष्यतम्	अभण्डिष्यत
भण्डिष्यामि	भण्डिष्यावः	भण्डिष्यामः	अभण्डिष्यम्	अभण्डिष्याव	अभण्डिष्याम
भण्डिता	भण्डितारौ	भण्डितारः	भण्ड्यात् -द्	भण्ड्यास्ताम्	भण्ड्यासुः
भण्डितासि	भण्डितास्थः	भण्डितास्थ	भण्ड्याः	भण्ड्यास्तम्	भण्ड्यास्त
भण्डितास्मि	भण्डितास्वः	भण्डितास्मः	भण्ड्यासम्	भण्ड्यास्व	भण्ड्यास्म
बभण्ड	बभण्डतुः	बभण्डुः	अभण्डीत् -द्	अभण्डिष्टाम्	अभण्डिषुः
बभण्डिथ	बभण्डथुः	बभण्ड	अभण्डीः	अभण्डिष्टम्	अभण्डिष्ट
बभण्ड	बभण्डिव	बभण्डिम	अभण्डिषम्	अभण्डिष्व	अभण्डिष्म

1589 छर्द वमने । vomit

10c 56 छर्दँ । छर्द् । छर्दयति / ते । U । सेट् । अ० । छर्दि । छर्दय । **Parasmaipadi Forms**

छर्दयति	छर्दयतः	छर्दयन्ति[1]	अच्छर्दयत् -द्	अच्छर्दयताम्	अच्छर्दयन्[1]
छर्दयसि	छर्दयथः	छर्दयथ	अच्छर्दयः	अच्छर्दयतम्	अच्छर्दयत
छर्दयामि[2]	छर्दयावः[2]	छर्दयामः[2]	अच्छर्दयम्[1]	अच्छर्दयाव[2]	अच्छर्दयाम[2]
छर्दयतु छर्दयतात् -द्	छर्दयताम्	छर्दयन्तु[1]	छर्दयेत् -द्	छर्दयेताम्	छर्दयेयुः
छर्दय छर्दयतात् -द्	छर्दयतम्	छर्दयत	छर्दयेः	छर्दयेतम्	छर्दयेत
छर्दयानि[3]	छर्दयाव[3]	छर्दयाम[3]	छर्दयेयम्	छर्दयेव	छर्दयेम
छर्दयिष्यति	छर्दयिष्यतः	छर्दयिष्यन्ति	अच्छर्दयिष्यत् -द्	अच्छर्दयिष्यताम्	अच्छर्दयिष्यन्
छर्दयिष्यसि	छर्दयिष्यथः	छर्दयिष्यथ	अच्छर्दयिष्यः	अच्छर्दयिष्यतम्	अच्छर्दयिष्यत
छर्दयिष्यामि	छर्दयिष्यावः	छर्दयिष्यामः	अच्छर्दयिष्यम्	अच्छर्दयिष्याव	अच्छर्दयिष्याम
छर्दयिता	छर्दयितारौ	छर्दयितारः	छर्द्यात् -द्	छर्द्यास्ताम्	छर्द्यासुः
छर्दयितासि	छर्दयितास्थः	छर्दयितास्थ	छर्द्याः	छर्द्यास्तम्	छर्द्यास्त
छर्दयितास्मि	छर्दयितास्वः	छर्दयितास्मः	छर्द्यासम्	छर्द्यास्व	छर्द्यास्म
छर्दयाम्बभूव	छर्दयाम्बभूवतुः	छर्दयाम्बभूवुः	अचच्छर्दत् -द्	अचच्छर्दताम्	अचच्छर्दन्
छर्दयाञ्चकार	छर्दयाञ्चक्रतुः	छर्दयाञ्चक्रुः			
छर्दयामास	छर्दयामासतुः	छर्दयामासुः			
छर्दयाम्बभूविथ	छर्दयाम्बभूवथुः	छर्दयाम्बभूव	अचच्छर्दः	अचच्छर्दतम्	अचच्छर्दत
छर्दयाञ्चकर्थ	छर्दयाञ्चक्रथुः	छर्दयाञ्चक्र			

छर्दयामासिथ	छर्दयामासथुः	छर्दयामास				
छर्दयाम्बभूव	छर्दयाम्बभूविव	छर्दयाम्बभूविम	अचच्छर्दम्	अचच्छर्दाव	अचच्छर्दाम
छर्दयाञ्चकर -कार	छर्दयाञ्चकृव	छर्दयाञ्चकृम				
छर्दयामास	छर्दयामासिव	छर्दयामासिम				

Atmanepadi Forms

छर्दयते	छर्दयेते[4]	छर्दयन्ते[1]	अच्छर्दयत	अच्छर्दयेताम्[4]	अच्छर्दयन्त[1]
छर्दयसे	छर्दयेथे[4]	छर्दयध्वे	अच्छर्दयथाः	अच्छर्दयेथाम्[4]	अच्छर्दयध्वम्
छर्दये[1]	छर्दयावहे[2]	छर्दयामहे[2]	अच्छर्दये[4]	अच्छर्दयावहि[3]	अच्छर्दयामहि[3]

छर्दयताम्	छर्दयेताम्[4]	छर्दयन्ताम्[1]	छर्दयेत	छर्दयेयाताम्	छर्दयेरन्
छर्दयस्व	छर्दयेथाम्[4]	छर्दयध्वम्	छर्दयेथाः	छर्दयेयाथाम्	छर्दयेध्वम्
छर्दयै[5]	छर्दयावहै[3]	छर्दयामहै[3]	छर्दयेय	छर्दयेवहि	छर्दयेमहि

छर्दयिष्यते	छर्दयिष्येते	छर्दयिष्यन्ते	अच्छर्दयिष्यत	अच्छर्दयिष्येताम्	अच्छर्दयिष्यन्त
छर्दयिष्यसे	छर्दयिष्येथे	छर्दयिष्यध्वे	अच्छर्दयिष्यथाः	अच्छर्दयिष्येथाम्	अच्छर्दयिष्यध्वम्
छर्दयिष्ये	छर्दयिष्यावहे	छर्दयिष्यामहे	अच्छर्दयिष्ये	अच्छर्दयिष्यावहि	अच्छर्दयिष्यामहि

छर्दयिता	छर्दयितारौ	छर्दयितारः	छर्दयिषीष्ट	छर्दयिषीयास्ताम्	छर्दयिषीरन्
छर्दयितासे	छर्दयितासाथे	छर्दयिताध्वे	छर्दयिषीष्ठाः	छर्दयिषीयास्थाम्	छर्दयिषीध्वम् -ढ्वम्
छर्दयिताहे	छर्दयितास्वहे	छर्दयितास्महे	छर्दयिषीय	छर्दयिषीवहि	छर्दयिषीमहि

छर्दयाम्बभूव	छर्दयाम्बभूवतुः	छर्दयाम्बभूवुः	अचच्छर्दत	अचच्छर्देताम्	अचच्छर्दन्त
छर्दयाञ्चक्रे	छर्दयाञ्चक्राते	छर्दयाञ्चक्रिरे			
छर्दयामास	छर्दयामासतुः	छर्दयामासुः			
छर्दयाम्बभूविथ	छर्दयाम्बभूवथुः	छर्दयाम्बभूव	अचच्छर्दथाः	अचच्छर्देथाम्	अचच्छर्दध्वम्
छर्दयाञ्चकृषे	छर्दयाञ्चक्राथे	छर्दयाञ्चकृढ्वे			
छर्दयामासिथ	छर्दयामासथुः	छर्दयामास			
छर्दयाम्बभूव	छर्दयाम्बभूविव	छर्दयाम्बभूविम	अचच्छर्दे	अचच्छर्दावहि	अचच्छर्दामहि
छर्दयाञ्चक्रे	छर्दयाञ्चकृवहे	छर्दयाञ्चकृमहे			
छर्दयामास	छर्दयामासिव	छर्दयामासिम			

1590 पुस्त आदरानादरयोः । respect, disrespect, bind, paste
10c 57 पुस्तँ । पुस्त् । पुस्तयति / ते । U । सेट् । स० । पुस्ति । पुस्तय । **Parasmaipadi Forms**

पुस्तयति	पुस्तयतः	पुस्तयन्ति[1]	अपुस्तयत् -द्	अपुस्तयताम्	अपुस्तयन्[1]
पुस्तयसि	पुस्तयथः	पुस्तयथ	अपुस्तयः	अपुस्तयतम्	अपुस्तयत
पुस्तयामि[2]	पुस्तयावः[2]	पुस्तयामः[2]	अपुस्तयम्[1]	अपुस्तयाव[2]	अपुस्तयाम[2]

पुस्तयतु पुस्तयतात् -द्	पुस्तयताम्	पुस्तयन्तु[1]	पुस्तयेत् -द्	पुस्तयेताम्	पुस्तयेयुः
पुस्तय पुस्तयतात् -द्	पुस्तयतम्	पुस्तयत	पुस्तयेः	पुस्तयेतम्	पुस्तयेत
पुस्तयानि[3]	पुस्तयाव[3]	पुस्तयाम[3]	पुस्तयेयम्	पुस्तयेव	पुस्तयेम

पुस्तयिष्यति	पुस्तयिष्यतः	पुस्तयिष्यन्ति	अपुस्तयिष्यत् -द्	अपुस्तयिष्यताम्	अपुस्तयिष्यन्
पुस्तयिष्यसि	पुस्तयिष्यथः	पुस्तयिष्यथ	अपुस्तयिष्यः	अपुस्तयिष्यतम्	अपुस्तयिष्यत
पुस्तयिष्यामि	पुस्तयिष्यावः	पुस्तयिष्यामः	अपुस्तयिष्यम्	अपुस्तयिष्याव	अपुस्तयिष्याम

पुस्तयिता	पुस्तयितारौ	पुस्तयितारः	पुस्त्यात् -द्	पुस्त्यास्ताम्	पुस्त्यासुः
पुस्तयितासि	पुस्तयितास्थः	पुस्तयितास्थ	पुस्त्याः	पुस्त्यास्तम्	पुस्त्यास्त
पुस्तयितास्मि	पुस्तयितास्वः	पुस्तयितास्मः	पुस्त्यासम्	पुस्त्यास्व	पुस्त्यास्म

पुस्तयाम्बभूव	पुस्तयाम्बभूवतुः	पुस्तयाम्बभूवुः	अपुपुस्तत् -द्	अपुपुस्तताम्	अपुपुस्तन्
पुस्तयाञ्चकार	पुस्तयाञ्चक्रतुः	पुस्तयाञ्चक्रुः			
पुस्तयामास	पुस्तयामासतुः	पुस्तयामासुः			
पुस्तयाम्बभूविथ	पुस्तयाम्बभूवथुः	पुस्तयाम्बभूव	अपुपुस्तः	अपुपुस्ततम्	अपुपुस्तत
पुस्तयाञ्चकर्थ	पुस्तयाञ्चक्रथुः	पुस्तयाञ्चक्र			
पुस्तयामासिथ	पुस्तयामासथुः	पुस्तयामास			
पुस्तयाम्बभूव	पुस्तयाम्बभूविव	पुस्तयाम्बभूविम	अपुपुस्तम्	अपुपुस्ताव	अपुपुस्ताम
पुस्तयाञ्चकर -कार	पुस्तयाञ्चकृव	पुस्तयाञ्चकृम			
पुस्तयामास	पुस्तयामासिव	पुस्तयामासिम			

Atmanepadi Forms

पुस्तयते	पुस्तयेते[4]	पुस्तयन्ते[1]	अपुस्तयत	अपुस्तयेताम्[4]	अपुस्तयन्त[1]
पुस्तयसे	पुस्तयेथे[4]	पुस्तयध्वे	अपुस्तयथाः	अपुस्तयेथाम्[4]	अपुस्तयध्वम्
पुस्तये[1]	पुस्तयावहे[2]	पुस्तयामहे[2]	अपुस्तये[4]	अपुस्तयावहि[3]	अपुस्तयामहि[3]

पुस्तयताम्	पुस्तयेताम्[4]	पुस्तयन्ताम्[1]	पुस्तयेत	पुस्तयेयाताम्	पुस्तयेरन्
पुस्तयस्व	पुस्तयेथाम्[4]	पुस्तयध्वम्	पुस्तयेथाः	पुस्तयेयाथाम्	पुस्तयेध्वम्
पुस्तयै[5]	पुस्तयावहै[3]	पुस्तयामहै[3]	पुस्तयेय	पुस्तयेवहि	पुस्तयेमहि

पुस्तयिष्यते	पुस्तयिष्येते	पुस्तयिष्यन्ते	अपुस्तयिष्यत	अपुस्तयिष्येताम्	अपुस्तयिष्यन्त
पुस्तयिष्यसे	पुस्तयिष्येथे	पुस्तयिष्यध्वे	अपुस्तयिष्यथाः	अपुस्तयिष्येथाम्	अपुस्तयिष्यध्वम्
पुस्तयिष्ये	पुस्तयिष्यावहे	पुस्तयिष्यामहे	अपुस्तयिष्ये	अपुस्तयिष्यावहि	अपुस्तयिष्यामहि

पुस्तयिता	पुस्तयितारौ	पुस्तयितारः	पुस्तयिषीष्ट	पुस्तयिषीयास्ताम्	पुस्तयिषीरन्
पुस्तयितासे	पुस्तयितासाथे	पुस्तयिताध्वे	पुस्तयिषीष्ठाः	पुस्तयिषीयास्थाम्	पुस्तयिषीध्वम् -ढ्वम्

पुस्तयिताहे	पुस्तयितास्वहे	पुस्तयितास्महे	पुस्तयिषीय	पुस्तयिषीवहि	पुस्तयिषीमहि

पुस्तयाम्बभूव	पुस्तयाम्बभूवतुः	पुस्तयाम्बभूवुः	अपुपुस्तत	अपुपुस्तेताम्	अपुपुस्तन्त
पुस्तयाञ्चक्रे	पुस्तयाञ्चक्राते	पुस्तयाञ्चक्रिरे			
पुस्तयामास	पुस्तयामासतुः	पुस्तयामासुः			
पुस्तयाम्बभूविथ	पुस्तयाम्बभूवथुः	पुस्तयाम्बभूव	अपुपुस्तथाः	अपुपुस्तेथाम्	अपुपुस्तध्वम्
पुस्तयाञ्चकृषे	पुस्तयाञ्चक्राथे	पुस्तयाञ्चकृढ्वे			
पुस्तयामासिथ	पुस्तयामासथुः	पुस्तयामास			
पुस्तयाम्बभूव	पुस्तयाम्बभूविव	पुस्तयाम्बभूविम	अपुपुस्ते	अपुपुस्तावहि	अपुपुस्तामहि
पुस्तयाञ्चक्रे	पुस्तयाञ्चकृवहे	पुस्तयाञ्चकृमहे			
पुस्तयामास	पुस्तयामासिव	पुस्तयामासिम			

1591 बुस्त आदरानादरयोः । respect, disrespect

10c 58 बुस्तँ । बुस्त् । बुस्तयति / ते । U । सेट् । स० । बुस्ति । बुस्तय । **Parasmaipadi Forms**

बुस्तयति	बुस्तयतः	बुस्तयन्ति[1]	अबुस्तयत् -द्	अबुस्तयताम्	अबुस्तयन्[1]
बुस्तयसि	बुस्तयथः	बुस्तयथ	अबुस्तयः	अबुस्तयतम्	अबुस्तयत
बुस्तयामि[2]	बुस्तयावः[2]	बुस्तयामः[2]	अबुस्तयम्[1]	अबुस्तयाव[2]	अबुस्तयाम[2]

बुस्तयतु बुस्तयतात् -द्	बुस्तयताम्	बुस्तयन्तु[1]	बुस्तयेत् -द्	बुस्तयेताम्	बुस्तयेयुः
बुस्तय बुस्तयतात् -द्	बुस्तयतम्	बुस्तयत	बुस्तयेः	बुस्तयेतम्	बुस्तयेत
बुस्तयानि[3]	बुस्तयाव[3]	बुस्तयाम[3]	बुस्तयेयम्	बुस्तयेव	बुस्तयेम

बुस्तयिष्यति	बुस्तयिष्यतः	बुस्तयिष्यन्ति	अबुस्तयिष्यत् -द्	अबुस्तयिष्यताम्	अबुस्तयिष्यन्
बुस्तयिष्यसि	बुस्तयिष्यथः	बुस्तयिष्यथ	अबुस्तयिष्यः	अबुस्तयिष्यतम्	अबुस्तयिष्यत
बुस्तयिष्यामि	बुस्तयिष्यावः	बुस्तयिष्यामः	अबुस्तयिष्यम्	अबुस्तयिष्याव	अबुस्तयिष्याम

बुस्तयिता	बुस्तयितारौ	बुस्तयितारः	बुस्त्यात् -द्	बुस्त्यास्ताम्	बुस्त्यासुः
बुस्तयितासि	बुस्तयितास्थः	बुस्तयितास्थ	बुस्त्याः	बुस्त्यास्तम्	बुस्त्यास्त
बुस्तयितास्मि	बुस्तयितास्वः	बुस्तयितास्मः	बुस्त्यासम्	बुस्त्यास्व	बुस्त्यास्म

बुस्तयाम्बभूव	बुस्तयाम्बभूवतुः	बुस्तयाम्बभूवुः	अबुबुस्तत् -द्	अबुबुस्तताम्	अबुबुस्तन्
बुस्तयाञ्चकार	बुस्तयाञ्चक्रतुः	बुस्तयाञ्चक्रुः			
बुस्तयामास	बुस्तयामासतुः	बुस्तयामासुः			
बुस्तयाम्बभूविथ	बुस्तयाम्बभूवथुः	बुस्तयाम्बभूव	अबुबुस्तः	अबुबुस्ततम्	अबुबुस्तत
बुस्तयाञ्चकर्थ	बुस्तयाञ्चक्रथुः	बुस्तयाञ्चक्र			
बुस्तयामासिथ	बुस्तयामासथुः	बुस्तयामास			
बुस्तयाम्बभूव	बुस्तयाम्बभूविव	बुस्तयाम्बभूविम	अबुबुस्तम्	अबुबुस्ताव	अबुबुस्ताम

बुस्तयाञ्चकर -कार	बुस्तयाञ्चकृव	बुस्तयाञ्चकृम			
बुस्तयामास	बुस्तयामासिव	बुस्तयामासिम			

Atmanepadi Forms

बुस्तयते	बुस्तयेते[4]	बुस्तयन्ते[1]	अबुस्तयत	अबुस्तयेताम्[4]	अबुस्तयन्त[1]
बुस्तयसे	बुस्तयेथे[4]	बुस्तयध्वे	अबुस्तयथाः	अबुस्तयेथाम्[4]	अबुस्तयध्वम्
बुस्तये[1]	बुस्तयावहे[2]	बुस्तयामहे[2]	अबुस्तये[4]	अबुस्तयावहि[3]	अबुस्तयामहि[3]

बुस्तयताम्	बुस्तयेताम्[4]	बुस्तयन्ताम्[1]	बुस्तयेत	बुस्तयेयाताम्	बुस्तयेरन्
बुस्तयस्व	बुस्तयेथाम्[4]	बुस्तयध्वम्	बुस्तयेथाः	बुस्तयेयाथाम्	बुस्तयेध्वम्
बुस्तयै[5]	बुस्तयावहै[3]	बुस्तयामहै[3]	बुस्तयेय	बुस्तयेवहि	बुस्तयेमहि

बुस्तयिष्यते	बुस्तयिष्येते	बुस्तयिष्यन्ते	अबुस्तयिष्यत	अबुस्तयिष्येताम्	अबुस्तयिष्यन्त
बुस्तयिष्यसे	बुस्तयिष्येथे	बुस्तयिष्यध्वे	अबुस्तयिष्यथाः	अबुस्तयिष्येथाम्	अबुस्तयिष्यध्वम्
बुस्तयिष्ये	बुस्तयिष्यावहे	बुस्तयिष्यामहे	अबुस्तयिष्ये	अबुस्तयिष्यावहि	अबुस्तयिष्यामहि

बुस्तयिता	बुस्तयितारौ	बुस्तयितारः	बुस्तयिषीष्ट	बुस्तयिषीयास्ताम्	बुस्तयिषीरन्
बुस्तयितासे	बुस्तयितासाथे	बुस्तयिताध्वे	बुस्तयिषीष्ठाः	बुस्तयिषीयास्थाम्	बुस्तयिषीध्वम् -ढ्वम्
बुस्तयिताहे	बुस्तयितास्वहे	बुस्तयितास्महे	बुस्तयिषीय	बुस्तयिषीवहि	बुस्तयिषीमहि

बुस्तयाम्बभूव	बुस्तयाम्बभूवतुः	बुस्तयाम्बभूवुः	अबुबुस्तत	अबुबुस्तेताम्	अबुबुस्तन्त
बुस्तयाञ्चक्रे	बुस्तयाञ्चक्राते	बुस्तयाञ्चक्रिरे			
बुस्तयामास	बुस्तयामासतुः	बुस्तयामासुः			
बुस्तयाम्बभूविथ	बुस्तयाम्बभूवथुः	बुस्तयाम्बभूव	अबुबुस्तथाः	अबुबुस्तेथाम्	अबुबुस्तध्वम्
बुस्तयाञ्चकृषे	बुस्तयाञ्चक्राथे	बुस्तयाञ्चकृढ्वे			
बुस्तयामासिथ	बुस्तयामासथुः	बुस्तयामास			
बुस्तयाम्बभूव	बुस्तयाम्बभूविव	बुस्तयाम्बभूविम	अबुबुस्ते	अबुबुस्तावहि	अबुबुस्तामहि
बुस्तयाञ्चक्रे	बुस्तयाञ्चकृवहे	बुस्तयाञ्चकृमहे			
बुस्तयामास	बुस्तयामासिव	बुस्तयामासिम			

1592 चुद सञ्चोदने । push on, arouse, have intercourse, encourage, ask, pray

10c 59 चुदँ । चुद् । चोदयति / ते । U । सेट् । स० । चोदि । चोदय । **Parasmaipadi Forms**

चोदयति	चोदयतः	चोदयन्ति[1]	अचोदयत् -द्	अचोदयताम्	अचोदयन्[1]
चोदयसि	चोदयथः	चोदयथ	अचोदयः	अचोदयतम्	अचोदयत
चोदयामि[2]	चोदयावः[2]	चोदयामः[2]	अचोदयम्[1]	अचोदयाव[2]	अचोदयाम[2]

चोदयतु चोदयतात् -द्	चोदयताम्	चोदयन्तु[1]	चोदयेत् -द्	चोदयेताम्	चोदयेयुः

| चोदय चोदयतात् -द् | चोदयतम् | चोदयत | चोदयेः | चोदयेतम् | चोदयेत |
| चोदयानि³ | चोदयाव³ | चोदयाम³ | चोदयेयम् | चोदयेव | चोदयेम |

चोदयिष्यति	चोदयिष्यतः	चोदयिष्यन्ति	अचोदयिष्यत् -द्	अचोदयिष्यताम्	अचोदयिष्यन्
चोदयिष्यसि	चोदयिष्यथः	चोदयिष्यथ	अचोदयिष्यः	अचोदयिष्यतम्	अचोदयिष्यत
चोदयिष्यामि	चोदयिष्यावः	चोदयिष्यामः	अचोदयिष्यम्	अचोदयिष्याव	अचोदयिष्याम

चोदयिता	चोदयितारौ	चोदयितारः	चोद्यात् -द्	चोद्यास्ताम्	चोद्यासुः
चोदयितासि	चोदयितास्थः	चोदयितास्थ	चोद्याः	चोद्यास्तम्	चोद्यास्त
चोदयितास्मि	चोदयितास्वः	चोदयितास्मः	चोद्यासम्	चोद्यास्व	चोद्यास्म

चोदयाम्बभूव	चोदयाम्बभूवतुः	चोदयाम्बभूवुः	अचूचुदत् -द्	अचूचुदताम्	अचूचुदन्
चोदयाञ्चकार	चोदयाञ्चक्रतुः	चोदयाञ्चक्रुः			
चोदयामास	चोदयामासतुः	चोदयामासुः			
चोदयाम्बभूविथ	चोदयाम्बभूवथुः	चोदयाम्बभूव	अचूचुदः	अचूचुदतम्	अचूचुदत
चोदयाञ्चकर्थ	चोदयाञ्चक्रथुः	चोदयाञ्चक्र			
चोदयामासिथ	चोदयामासथुः	चोदयामास			
चोदयाम्बभूव	चोदयाम्बभूविव	चोदयाम्बभूविम	अचूचुदम्	अचूचुदाव	अचूचुदाम
चोदयाञ्चकर -कार	चोदयाञ्चकृव	चोदयाञ्चकृम			
चोदयामास	चोदयामासिव	चोदयामासिम			

Atmanepadi Forms

चोदयते	चोदयेते⁴	चोदयन्ते¹	अचोदयत	अचोदयेताम्⁴	अचोदयन्त¹
चोदयसे	चोदयेथे⁴	चोदयध्वे	अचोदयथाः	अचोदयेथाम्⁴	अचोदयध्वम्
चोदये¹	चोदयावहे²	चोदयामहे²	अचोदये⁴	अचोदयावहि³	अचोदयामहि³

चोदयताम्	चोदयेताम्⁴	चोदयन्ताम्¹	चोदयेत	चोदयेयाताम्	चोदयेरन्
चोदयस्व	चोदयेथाम्⁴	चोदयध्वम्	चोदयेथाः	चोदयेयाथाम्	चोदयेध्वम्
चोदयै⁵	चोदयावहै³	चोदयामहै³	चोदयेय	चोदयेवहि	चोदयेमहि

चोदयिष्यते	चोदयिष्येते	चोदयिष्यन्ते	अचोदयिष्यत	अचोदयिष्येताम्	अचोदयिष्यन्त
चोदयिष्यसे	चोदयिष्येथे	चोदयिष्यध्वे	अचोदयिष्यथाः	अचोदयिष्येथाम्	अचोदयिष्यध्वम्
चोदयिष्ये	चोदयिष्यावहे	चोदयिष्यामहे	अचोदयिष्ये	अचोदयिष्यावहि	अचोदयिष्यामहि

चोदयिता	चोदयितारौ	चोदयितारः	चोदयिषीष्ट	चोदयिषीयास्ताम्	चोदयिषीरन्
चोदयितासे	चोदयितासाथे	चोदयिताध्वे	चोदयिषीष्ठाः	चोदयिषीयास्थाम्	चोदयिषीध्वम् -ढ्वम्
चोदयिताहे	चोदयितास्वहे	चोदयितास्महे	चोदयिषीय	चोदयिषीवहि	चोदयिषीमहि

चोदयाम्बभूव	चोदयाम्बभूवतुः	चोदयाम्बभूवुः	अचूचुदत	अचूचुदेताम्	अचूचुदन्त
चोदयाञ्चक्रे	चोदयाञ्चक्राते	चोदयाञ्चक्रिरे			
चोदयामास	चोदयामासतुः	चोदयामासुः			
चोदयाम्बभूविथ	चोदयाम्बभूवथुः	चोदयाम्बभूव	अचूचुदथाः	अचूचुदेथाम्	अचूचुदध्वम्
चोदयाञ्चकृषे	चोदयाञ्चक्राथे	चोदयाञ्चकृढ्वे			
चोदयामासिथ	चोदयामासथुः	चोदयामास			
चोदयाम्बभूव	चोदयाम्बभूविव	चोदयाम्बभूविम	अचूचुदे	अचूचुदावहि	अचूचुदामहि
चोदयाञ्चक्रे	चोदयाञ्चकृवहे	चोदयाञ्चकृमहे			
चोदयामास	चोदयामासिव	चोदयामासिम			

1593 नक्क नाशने । destroy

10c 60 नक्कँ । नक्क् । नक्कयति / ते । U । सेट् । स० । नक्कि । नक्कय । अयं णोपदेशः न ।

सिद्धान्तकौमुदी 2286 णो नः 6.1.65 णोपदेशाः तु अ–नर्द–नाटि–नाथ्–नाध्–नन्द–नक्क–नृ–नृतः ।

Parasmaipadi Forms

नक्कयति	नक्कयतः	नक्कयन्ति[1]	अनक्कयत् -द्	अनक्कयताम्	अनक्कयन्[1]
नक्कयसि	नक्कयथः	नक्कयथ	अनक्कयः	अनक्कयतम्	अनक्कयत
नक्कयामि[2]	नक्कयावः[2]	नक्कयामः[2]	अनक्कयम्[1]	अनक्कयाव[2]	अनक्कयाम[2]

नक्कयतु नक्कयतात् -द्	नक्कयताम्	नक्कयन्तु[1]	नक्कयेत् -द्	नक्कयेताम्	नक्कयेयुः
नक्कय नक्कयतात् -द्	नक्कयतम्	नक्कयत	नक्कयेः	नक्कयेतम्	नक्कयेत
नक्कयानि[3]	नक्कयाव[3]	नक्कयाम[3]	नक्कयेयम्	नक्कयेव	नक्कयेम

नक्कयिष्यति	नक्कयिष्यतः	नक्कयिष्यन्ति	अनक्कयिष्यत् -द्	अनक्कयिष्यताम्	अनक्कयिष्यन्
नक्कयिष्यसि	नक्कयिष्यथः	नक्कयिष्यथ	अनक्कयिष्यः	अनक्कयिष्यतम्	अनक्कयिष्यत
नक्कयिष्यामि	नक्कयिष्यावः	नक्कयिष्यामः	अनक्कयिष्यम्	अनक्कयिष्याव	अनक्कयिष्याम

नक्कयिता	नक्कयितारौ	नक्कयितारः	नक्क्यात् -द्	नक्क्यास्ताम्	नक्क्यासुः
नक्कयितासि	नक्कयितास्थः	नक्कयितास्थ	नक्क्याः	नक्क्यास्तम्	नक्क्यास्त
नक्कयितास्मि	नक्कयितास्वः	नक्कयितास्मः	नक्क्यासम्	नक्क्यास्व	नक्क्यास्म

नक्कयाम्बभूव	नक्कयाम्बभूवतुः	नक्कयाम्बभूवुः	अननक्कत् -द्	अननक्कताम्	अननक्कन्
नक्कयाञ्चकार	नक्कयाञ्चक्रतुः	नक्कयाञ्चक्रुः			
नक्कयामास	नक्कयामासतुः	नक्कयामासुः			
नक्कयाम्बभूविथ	नक्कयाम्बभूवथुः	नक्कयाम्बभूव	अननक्कः	अननक्कतम्	अननक्कत
नक्कयाञ्चकर्थ	नक्कयाञ्चक्रथुः	नक्कयाञ्चक्र			
नक्कयामासिथ	नक्कयामासथुः	नक्कयामास			
नक्कयाम्बभूव	नक्कयाम्बभूविव	नक्कयाम्बभूविम	अननक्कम्	अननक्काव	अननक्काम

नक्कयाञ्चकर -कार	नक्कयाञ्चकृव	नक्कयाञ्चकृम			
नक्कयामास	नक्कयामासिव	नक्कयामासिम			

Atmanepadi Forms

नक्कयते	नक्कयेते[4]	नक्कयन्ते[1]	अनक्कयत	अनक्कयेताम्[4]	अनक्कयन्त[1]
नक्कयसे	नक्कयेथे[4]	नक्कयध्वे	अनक्कयथाः	अनक्कयेथाम्[4]	अनक्कयध्वम्
नक्कये[1]	नक्कयावहे[2]	नक्कयामहे[2]	अनक्कये[4]	अनक्कयावहि[3]	अनक्कयामहि[3]

नक्कयताम्	नक्कयेताम्[4]	नक्कयन्ताम्[1]	नक्कयेत	नक्कयेयाताम्	नक्कयेरन्
नक्कयस्व	नक्कयेथाम्[4]	नक्कयध्वम्	नक्कयेथाः	नक्कयेयाथाम्	नक्कयेध्वम्
नक्कयै[5]	नक्कयावहै[3]	नक्कयामहै[3]	नक्कयेय	नक्कयेवहि	नक्कयेमहि

नक्कयिष्यते	नक्कयिष्येते	नक्कयिष्यन्ते	अनक्कयिष्यत	अनक्कयिष्येताम्	अनक्कयिष्यन्त
नक्कयिष्यसे	नक्कयिष्येथे	नक्कयिष्यध्वे	अनक्कयिष्यथाः	अनक्कयिष्येथाम्	अनक्कयिष्यध्वम्
नक्कयिष्ये	नक्कयिष्यावहे	नक्कयिष्यामहे	अनक्कयिष्ये	अनक्कयिष्यावहि	अनक्कयिष्यामहि

नक्कयिता	नक्कयितारौ	नक्कयितारः	नक्कयिषीष्ट	नक्कयिषीयास्ताम्	नक्कयिषीरन्
नक्कयितासे	नक्कयितासाथे	नक्कयिताध्वे	नक्कयिषीष्ठाः	नक्कयिषीयास्थाम्	नक्कयिषीध्वम् -ढ्वम्
नक्कयिताहे	नक्कयितास्वहे	नक्कयितास्महे	नक्कयिषीय	नक्कयिषीवहि	नक्कयिषीमहि

नक्कयाम्बभूव	नक्कयाम्बभूवतुः	नक्कयाम्बभूवुः	अननक्कत	अननक्केताम्	अननक्कन्त
नक्कयाञ्चक्रे	नक्कयाञ्चक्राते	नक्कयाञ्चक्रिरे			
नक्कयामास	नक्कयामासतुः	नक्कयामासुः			
नक्कयाम्बभूविथ	नक्कयाम्बभूवथुः	नक्कयाम्बभूव	अननक्कथाः	अननक्केथाम्	अननक्कध्वम्
नक्कयाञ्चकृषे	नक्कयाञ्चक्राथे	नक्कयाञ्चकृढ्वे			
नक्कयामासिथ	नक्कयामासथुः	नक्कयामास			
नक्कयाम्बभूव	नक्कयाम्बभूविव	नक्कयाम्बभूविम	अननक्के	अननक्कावहि	अननक्कामहि
नक्कयाञ्चक्रे	नक्कयाञ्चकृवहे	नक्कयाञ्चकृमहे			
नक्कयामास	नक्कयामासिव	नक्कयामासिम			

1594 धक्क नाशने । destroy, shun, push

10c 61 धक्कँ । धक्क् । धक्कयति / ते । U । सेट् । स० । धक्कि । धक्कय । **Parasmaipadi Forms**

धक्कयति	धक्कयतः	धक्कयन्ति[1]	अधक्कयत् -द्	अधक्कयताम्	अधक्कयन्[1]
धक्कयसि	धक्कयथः	धक्कयथ	अधक्कयः	अधक्कयतम्	अधक्कयत
धक्कयामि[2]	धक्कयावः[2]	धक्कयामः[2]	अधक्कयम्[1]	अधक्कयाव[2]	अधक्कयाम[2]

धक्कयतु धक्कयतात् -द्	धक्कयताम्	धक्कयन्तु[1]	धक्कयेत् -द्	धक्कयेताम्	धक्कयेयुः

धक्कय धक्कयतात् -द्	धक्कयतम्	धक्कयत	धक्कयेः	धक्कयेतम्	धक्कयेत
धक्कयानि[3]	धक्कयाव[3]	धक्कयाम[3]	धक्कयेयम्	धक्कयेव	धक्कयेम

धक्कयिष्यति	धक्कयिष्यतः	धक्कयिष्यन्ति	अधक्कयिष्यत् -द्	अधक्कयिष्यताम्	अधक्कयिष्यन्
धक्कयिष्यसि	धक्कयिष्यथः	धक्कयिष्यथ	अधक्कयिष्यः	अधक्कयिष्यतम्	अधक्कयिष्यत
धक्कयिष्यामि	धक्कयिष्यावः	धक्कयिष्यामः	अधक्कयिष्यम्	अधक्कयिष्याव	अधक्कयिष्याम

धक्कयिता	धक्कयितारौ	धक्कयितारः	धक्क्यात् -द्	धक्क्यास्ताम्	धक्क्यासुः
धक्कयितासि	धक्कयितास्थः	धक्कयितास्थ	धक्क्याः	धक्क्यास्तम्	धक्क्यास्त
धक्कयितास्मि	धक्कयितास्वः	धक्कयितास्मः	धक्क्यासम्	धक्क्यास्व	धक्क्यास्म

धक्कयाम्बभूव	धक्कयाम्बभूवतुः	धक्कयाम्बभूवुः	अदधक्कत् -द्	अदधक्कताम्	अदधक्कन्
धक्कयाञ्चकार	धक्कयाञ्चक्रतुः	धक्कयाञ्चक्रुः			
धक्कयामास	धक्कयामासतुः	धक्कयामासुः			
धक्कयाम्बभूविथ	धक्कयाम्बभूवथुः	धक्कयाम्बभूव	अदधक्कः	अदधक्कतम्	अदधक्कत
धक्कयाञ्चकर्थ	धक्कयाञ्चक्रथुः	धक्कयाञ्चक्र			
धक्कयामासिथ	धक्कयामासथुः	धक्कयामास			
धक्कयाम्बभूव	धक्कयाम्बभूविव	धक्कयाम्बभूविम	अदधक्कम्	अदधक्काव	अदधक्काम
धक्कयाञ्चकर -कार	धक्कयाञ्चकृव	धक्कयाञ्चकृम			
धक्कयामास	धक्कयामासिव	धक्कयामासिम			

Atmanepadi Forms

धक्कयते	धक्कयेते[4]	धक्कयन्ते[1]	अधक्कयत	अधक्कयेताम्[4]	अधक्कयन्त[1]
धक्कयसे	धक्कयेथे[4]	धक्कयध्वे	अधक्कयथाः	अधक्कयेथाम्[4]	अधक्कयध्वम्
धक्कये[1]	धक्कयावहे[2]	धक्कयामहे[2]	अधक्कये[4]	अधक्कयावहि[3]	अधक्कयामहि[3]

धक्कयताम्	धक्कयेताम्[4]	धक्कयन्ताम्[1]	धक्कयेत	धक्कयेयाताम्	धक्कयेरन्
धक्कयस्व	धक्कयेथाम्[4]	धक्कयध्वम्	धक्कयेथाः	धक्कयेयाथाम्	धक्कयेध्वम्
धक्कयै[5]	धक्कयावहै[3]	धक्कयामहै[3]	धक्कयेय	धक्कयेवहि	धक्कयेमहि

धक्कयिष्यते	धक्कयिष्येते	धक्कयिष्यन्ते	अधक्कयिष्यत	अधक्कयिष्येताम्	अधक्कयिष्यन्त
धक्कयिष्यसे	धक्कयिष्येथे	धक्कयिष्यध्वे	अधक्कयिष्यथाः	अधक्कयिष्येथाम्	अधक्कयिष्यध्वम्
धक्कयिष्ये	धक्कयिष्यावहे	धक्कयिष्यामहे	अधक्कयिष्ये	अधक्कयिष्यावहि	अधक्कयिष्यामहि

धक्कयिता	धक्कयितारौ	धक्कयितारः	धक्कयिषीष्ट	धक्कयिषीयास्ताम्	धक्कयिषीरन्
धक्कयितासे	धक्कयितासाथे	धक्कयिताध्वे	धक्कयिषीष्ठाः	धक्कयिषीयास्थाम्	धक्कयिषीध्वम् -ढ्वम्
धक्कयिताहे	धक्कयितास्वहे	धक्कयितास्महे	धक्कयिषीय	धक्कयिषीवहि	धक्कयिषीमहि

धक्कयाम्बभूव	धक्कयाम्बभूवतुः	धक्कयाम्बभूवुः	अद्धक्कत	अद्धक्केताम्	अद्धक्कन्त
धक्कयाञ्चक्रे	धक्कयाञ्चक्राते	धक्कयाञ्चक्रिरे			
धक्कयामास	धक्कयामासतुः	धक्कयामासुः			
धक्कयाम्बभूविथ	धक्कयाम्बभूवथुः	धक्कयाम्बभूव	अद्धक्कथाः	अद्धक्केथाम्	अद्धक्कध्वम्
धक्कयाञ्चकृषे	धक्कयाञ्चक्राथे	धक्कयाञ्चकृढ्वे			
धक्कयामासिथ	धक्कयामासथुः	धक्कयामास			
धक्कयाम्बभूव	धक्कयाम्बभूविव	धक्कयाम्बभूविम	अद्धक्के	अद्धक्कावहि	अद्धक्कामहि
धक्कयाञ्चक्रे	धक्कयाञ्चकृवहे	धक्कयाञ्चकृमहे			
धक्कयामास	धक्कयामासिव	धक्कयामासिम			

1595 चक्क व्यथने । torture, be tortured

10c 62 चक्कँ । चक्क् । चक्कयति / ते । U । सेट् । स० । चक्कि । चक्कय । **Parasmaipadi Forms**

चक्कयति	चक्कयतः	चक्कयन्ति[1]	अचक्कयत् -द्	अचक्कयताम्	अचक्कयन्[1]
चक्कयसि	चक्कयथः	चक्कयथ	अचक्कयः	अचक्कयतम्	अचक्कयत
चक्कयामि[2]	चक्कयावः[2]	चक्कयामः[2]	अचक्कयम्[1]	अचक्कयाव[2]	अचक्कयाम[2]

चक्कयतु चक्कयतात् -द्	चक्कयताम्	चक्कयन्तु[1]	चक्कयेत् -द्	चक्कयेताम्	चक्कयेयुः
चक्कय चक्कयतात् -द्	चक्कयतम्	चक्कयत	चक्कयेः	चक्कयेतम्	चक्कयेत
चक्कयानि[3]	चक्कयाव[3]	चक्कयाम[3]	चक्कयेयम्	चक्कयेव	चक्कयेम

चक्कयिष्यति	चक्कयिष्यतः	चक्कयिष्यन्ति	अचक्कयिष्यत् -द्	अचक्कयिष्यताम्	अचक्कयिष्यन्
चक्कयिष्यसि	चक्कयिष्यथः	चक्कयिष्यथ	अचक्कयिष्यः	अचक्कयिष्यतम्	अचक्कयिष्यत
चक्कयिष्यामि	चक्कयिष्यावः	चक्कयिष्यामः	अचक्कयिष्यम्	अचक्कयिष्याव	अचक्कयिष्याम

चक्कयिता	चक्कयितारौ	चक्कयितारः	चक्क्यात् -द्	चक्क्यास्ताम्	चक्क्यासुः
चक्कयितासि	चक्कयितास्थः	चक्कयितास्थ	चक्क्याः	चक्क्यास्तम्	चक्क्यास्त
चक्कयितास्मि	चक्कयितास्वः	चक्कयितास्मः	चक्क्यासम्	चक्क्यास्व	चक्क्यास्म

चक्कयाम्बभूव	चक्कयाम्बभूवतुः	चक्कयाम्बभूवुः	अचचक्कत् -द्	अचचक्कताम्	अचचक्कन्
चक्कयाञ्चकार	चक्कयाञ्चक्रतुः	चक्कयाञ्चक्रुः			
चक्कयामास	चक्कयामासतुः	चक्कयामासुः			
चक्कयाम्बभूविथ	चक्कयाम्बभूवथुः	चक्कयाम्बभूव	अचचक्कः	अचचक्कतम्	अचचक्कत
चक्कयाञ्चकर्थ	चक्कयाञ्चक्रथुः	चक्कयाञ्चक्र			
चक्कयामासिथ	चक्कयामासथुः	चक्कयामास			
चक्कयाम्बभूव	चक्कयाम्बभूविव	चक्कयाम्बभूविम	अचचक्कम्	अचचक्काव	अचचक्काम
चक्कयाञ्चकर -कार	चक्कयाञ्चकृव	चक्कयाञ्चकृम			
चक्कयामास	चक्कयामासिव	चक्कयामासिम			

Atmanepadi Forms

चक्कयते	चक्कयेते[4]	चक्कयन्ते[1]	अचक्कयत	अचक्कयेताम्[4]	अचक्कयन्त[1]
चक्कयसे	चक्कयेथे[4]	चक्कयध्वे	अचक्कयथाः	अचक्कयेथाम्[4]	अचक्कयध्वम्
चक्कये[1]	चक्कयावहे[2]	चक्कयामहे[2]	अचक्कये[4]	अचक्कयावहि[3]	अचक्कयामहि[3]

चक्कयताम्	चक्कयेताम्[4]	चक्कयन्ताम्[1]	चक्कयेत	चक्कयेयाताम्	चक्कयेरन्
चक्कयस्व	चक्कयेथाम्[4]	चक्कयध्वम्	चक्कयेथाः	चक्कयेयाथाम्	चक्कयेध्वम्
चक्कयै[5]	चक्कयावहै[3]	चक्कयामहै[3]	चक्कयेय	चक्कयेवहि	चक्कयेमहि

चक्कयिष्यते	चक्कयिष्येते	चक्कयिष्यन्ते	अचक्कयिष्यत	अचक्कयिष्येताम्	अचक्कयिष्यन्त
चक्कयिष्यसे	चक्कयिष्येथे	चक्कयिष्यध्वे	अचक्कयिष्यथाः	अचक्कयिष्येथाम्	अचक्कयिष्यध्वम्
चक्कयिष्ये	चक्कयिष्यावहे	चक्कयिष्यामहे	अचक्कयिष्ये	अचक्कयिष्यावहि	अचक्कयिष्यामहि

चक्कयिता	चक्कयितारौ	चक्कयितारः	चक्कयिषीष्ट	चक्कयिषीयास्ताम्	चक्कयिषीरन्
चक्कयितासे	चक्कयितासाथे	चक्कयिताध्वे	चक्कयिषीष्ठाः	चक्कयिषीयास्थाम्	चक्कयिषीध्वम् -ढ्वम्
चक्कयिताहे	चक्कयितास्वहे	चक्कयितास्महे	चक्कयिषीय	चक्कयिषीवहि	चक्कयिषीमहि

चक्कयाम्बभूव	चक्कयाम्बभूवतुः	चक्कयाम्बभूवुः	अचचक्कत	अचचक्केताम्	अचचक्कन्त
चक्कयाञ्चक्रे	चक्कयाञ्चक्राते	चक्कयाञ्चक्रिरे			
चक्कयामास	चक्कयामासतुः	चक्कयामासुः			
चक्कयाम्बभूविथ	चक्कयाम्बभूवथुः	चक्कयाम्बभूव	अचचक्कथाः	अचचक्केथाम्	अचचक्कध्वम्
चक्कयाञ्चकृषे	चक्कयाञ्चक्राथे	चक्कयाञ्चकृढ्वे			
चक्कयामासिथ	चक्कयामासथुः	चक्कयामास			
चक्कयाम्बभूव	चक्कयाम्बभूविव	चक्कयाम्बभूविम	अचचक्के	अचचक्कावहि	अचचक्कामहि
चक्कयाञ्चक्रे	चक्कयाञ्चकृवहे	चक्कयाञ्चकृमहे			
चक्कयामास	चक्कयामासिव	चक्कयामासिम			

1596 चुक्क व्यथने । cause trouble, feel troubled

10c 63 चुक्कँ । चुक्क् । चुक्कयति / ते । U । सेट् । स० । चुक्कि । चुक्कय । **Parasmaipadi Forms**

चुक्कयति	चुक्कयतः	चुक्कयन्ति[1]	अचुक्कयत् -द्	अचुक्कयताम्	अचुक्कयन्[1]
चुक्कयसि	चुक्कयथः	चुक्कयथ	अचुक्कयः	अचुक्कयतम्	अचुक्कयत
चुक्कयामि[2]	चुक्कयावः[2]	चुक्कयामः[2]	अचुक्कयम्[1]	अचुक्कयाव[2]	अचुक्कयाम[2]

चुक्कयतु चुक्कयतात् -द्	चुक्कयताम्	चुक्कयन्तु[1]	चुक्कयेत् -द्	चुक्कयेताम्	चुक्कयेयुः
चुक्कय चुक्कयतात् -द्	चुक्कयतम्	चुक्कयत	चुक्कयेः	चुक्कयेतम्	चुक्कयेत
चुक्कयानि[3]	चुक्कयाव[3]	चुक्कयाम[3]	चुक्कयेयम्	चुक्कयेव	चुक्कयेम

चुक्कयिष्यति	चुक्कयिष्यतः	चुक्कयिष्यन्ति	अचुक्कयिष्यत् -द्	अचुक्कयिष्यताम्	अचुक्कयिष्यन्
चुक्कयिष्यसि	चुक्कयिष्यथः	चुक्कयिष्यथ	अचुक्कयिष्यः	अचुक्कयिष्यतम्	अचुक्कयिष्यत
चुक्कयिष्यामि	चुक्कयिष्यावः	चुक्कयिष्यामः	अचुक्कयिष्यम्	अचुक्कयिष्याव	अचुक्कयिष्याम

चुक्कयिता	चुक्कयितारौ	चुक्कयितारः	चुक्क्यात् -द्	चुक्क्यास्ताम्	चुक्क्यासुः
चुक्कयितासि	चुक्कयितास्थः	चुक्कयितास्थ	चुक्क्याः	चुक्क्यास्तम्	चुक्क्यास्त
चुक्कयितास्मि	चुक्कयितास्वः	चुक्कयितास्मः	चुक्क्यासम्	चुक्क्यास्व	चुक्क्यास्म

चुक्कयाम्बभूव	चुक्कयाम्बभूवतुः	चुक्कयाम्बभूवुः	अचुचुक्कत् -द्	अचुचुक्कताम्	अचुचुक्कन्
चुक्कयाञ्चकार	चुक्कयाञ्चक्रतुः	चुक्कयाञ्चक्रुः			
चुक्कयामास	चुक्कयामासतुः	चुक्कयामासुः			
चुक्कयाम्बभूविथ	चुक्कयाम्बभूवथुः	चुक्कयाम्बभूव	अचुचुक्कः	अचुचुक्कतम्	अचुचुक्कत
चुक्कयाञ्चकर्थ	चुक्कयाञ्चक्रथुः	चुक्कयाञ्चक्र			
चुक्कयामासिथ	चुक्कयामासथुः	चुक्कयामास			
चुक्कयाम्बभूव	चुक्कयाम्बभूविव	चुक्कयाम्बभूविम	अचुचुक्कम्	अचुचुक्काव	अचुचुक्काम
चुक्कयाञ्चकर -कार	चुक्कयाञ्चकृव	चुक्कयाञ्चकृम			
चुक्कयामास	चुक्कयामासिव	चुक्कयामासिम			

Atmanepadi Forms

चुक्कयते	चुक्कयेते[4]	चुक्कयन्ते[1]	अचुक्कयत	अचुक्कयेताम्[4]	अचुक्कयन्त[1]
चुक्कयसे	चुक्कयेथे[4]	चुक्कयध्वे	अचुक्कयथाः	अचुक्कयेथाम्[4]	अचुक्कयध्वम्
चुक्कये[1]	चुक्कयावहे[2]	चुक्कयामहे[2]	अचुक्कये[4]	अचुक्कयावहि[3]	अचुक्कयामहि[3]

चुक्कयताम्	चुक्कयेताम्[4]	चुक्कयन्ताम्[1]	चुक्कयेत	चुक्कयेयाताम्	चुक्कयेरन्
चुक्कयस्व	चुक्कयेथाम्[4]	चुक्कयध्वम्	चुक्कयेथाः	चुक्कयेयाथाम्	चुक्कयेध्वम्
चुक्कयै[5]	चुक्कयावहै[3]	चुक्कयामहै[3]	चुक्कयेय	चुक्कयेवहि	चुक्कयेमहि

चुक्कयिष्यते	चुक्कयिष्येते	चुक्कयिष्यन्ते	अचुक्कयिष्यत	अचुक्कयिष्येताम्	अचुक्कयिष्यन्त
चुक्कयिष्यसे	चुक्कयिष्येथे	चुक्कयिष्यध्वे	अचुक्कयिष्यथाः	अचुक्कयिष्येथाम्	अचुक्कयिष्यध्वम्
चुक्कयिष्ये	चुक्कयिष्यावहे	चुक्कयिष्यामहे	अचुक्कयिष्ये	अचुक्कयिष्यावहि	अचुक्कयिष्यामहि

चुक्कयिता	चुक्कयितारौ	चुक्कयितारः	चुक्कयिषीष्ट	चुक्कयिषीयास्ताम्	चुक्कयिषीरन्
चुक्कयितासे	चुक्कयितासाथे	चुक्कयिताध्वे	चुक्कयिषीष्ठाः	चुक्कयिषीयास्थाम्	चुक्कयिषीध्वम् -ढ्वम्
चुक्कयिताहे	चुक्कयितास्वहे	चुक्कयितास्महे	चुक्कयिषीय	चुक्कयिषीवहि	चुक्कयिषीमहि

चुक्कयाम्बभूव	चुक्कयाम्बभूवतुः	चुक्कयाम्बभूवुः	अचुचुक्कत	अचुचुक्केताम्	अचुचुक्कन्त
चुक्कयाञ्चक्रे	चुक्कयाञ्चक्राते	चुक्कयाञ्चक्रिरे			

चुक्कयामास	चुक्कयामासतुः	चुक्कयामासुः			
चुक्कयाम्बभूविथ	चुक्कयाम्बभूवथुः	चुक्कयाम्बभूव	अचुचुक्कथाः	अचुचुक्केथाम्	अचुचुक्कध्वम्
चुक्कयाञ्चकृषे	चुक्कयाञ्चक्राथे	चुक्कयाञ्चकृढ्वे			
चुक्कयामासिथ	चुक्कयामासथुः	चुक्कयामास			
चुक्कयाम्बभूव	चुक्कयाम्बभूविव	चुक्कयाम्बभूविम	अचुचुक्के	अचुचुक्कावहि	अचुचुक्कामहि
चुक्कयाञ्चक्रे	चुक्कयाञ्चकृवहे	चुक्कयाञ्चकृमहे			
चुक्कयामास	चुक्कयामासिव	चुक्कयामासिम			

1597 क्षल शौचकर्मणि । wash, purify. *Famous word* प्रक्षालनम् । 7.2.116 अत उपधायाः ।
10c 64 क्षलँ । क्षल् । क्षालयति / ते । U । सेट् । स० । क्षालि । क्षालय । **Parasmaipadi Forms**

क्षालयति	क्षालयतः	क्षालयन्ति[1]	अक्षालयत् -द्	अक्षालयताम्	अक्षालयन्[1]
क्षालयसि	क्षालयथः	क्षालयथ	अक्षालयः	अक्षालयतम्	अक्षालयत
क्षालयामि[2]	क्षालयावः[2]	क्षालयामः[2]	अक्षालयम्[1]	अक्षालयाव[2]	अक्षालयाम[2]

क्षालयतु क्षालयतात् -द्	क्षालयताम्	क्षालयन्तु[1]	क्षालयेत् -द्	क्षालयेताम्	क्षालयेयुः
क्षालय क्षालयतात् -द्	क्षालयतम्	क्षालयत	क्षालयेः	क्षालयेतम्	क्षालयेत
क्षालयानि[3]	क्षालयाव[3]	क्षालयाम[3]	क्षालयेयम्	क्षालयेव	क्षालयेम

क्षालयिष्यति	क्षालयिष्यतः	क्षालयिष्यन्ति	अक्षालयिष्यत् -द्	अक्षालयिष्यताम्	अक्षालयिष्यन्
क्षालयिष्यसि	क्षालयिष्यथः	क्षालयिष्यथ	अक्षालयिष्यः	अक्षालयिष्यतम्	अक्षालयिष्यत
क्षालयिष्यामि	क्षालयिष्यावः	क्षालयिष्यामः	अक्षालयिष्यम्	अक्षालयिष्याव	अक्षालयिष्याम

क्षालयिता	क्षालयितारौ	क्षालयितारः	क्षाल्यात् -द्	क्षाल्यास्ताम्	क्षाल्यासुः
क्षालयितासि	क्षालयितास्थः	क्षालयितास्थ	क्षाल्याः	क्षाल्यास्तम्	क्षाल्यास्त
क्षालयितास्मि	क्षालयितास्वः	क्षालयितास्मः	क्षाल्यासम्	क्षाल्यास्व	क्षाल्यास्म

क्षालयाम्बभूव	क्षालयाम्बभूवतुः	क्षालयाम्बभूवुः	अचिक्षलत् -द्	अचिक्षलताम्	अचिक्षलन्
क्षालयाञ्चकार	क्षालयाञ्चक्रतुः	क्षालयाञ्चक्रुः			
क्षालयामास	क्षालयामासतुः	क्षालयामासुः			
क्षालयाम्बभूविथ	क्षालयाम्बभूवथुः	क्षालयाम्बभूव	अचिक्षलः	अचिक्षलतम्	अचिक्षलत
क्षालयाञ्चकर्थ	क्षालयाञ्चक्रथुः	क्षालयाञ्चक्र			
क्षालयामासिथ	क्षालयामासथुः	क्षालयामास			
क्षालयाम्बभूव	क्षालयाम्बभूविव	क्षालयाम्बभूविम	अचिक्षलम्	अचिक्षलाव	अचिक्षलाम
क्षालयाञ्चकर -कार	क्षालयाञ्चकृव	क्षालयाञ्चकृम			
क्षालयामास	क्षालयामासिव	क्षालयामासिम			

Atmanepadi Forms

क्षालयते	क्षालयेते[4]	क्षालयन्ते[1]	अक्षालयत	अक्षालयेताम्[4]	अक्षालयन्त[1]
क्षालयसे	क्षालयेथे[4]	क्षालयध्वे	अक्षालयथाः	अक्षालयेथाम्[4]	अक्षालयध्वम्
क्षालये[1]	क्षालयावहे[2]	क्षालयामहे[2]	अक्षालये[4]	अक्षालयावहि[3]	अक्षालयामहि[3]

क्षालयताम्	क्षालयेताम्[4]	क्षालयन्ताम्[1]	क्षालयेत	क्षालयेयाताम्	क्षालयेरन्
क्षालयस्व	क्षालयेथाम्[4]	क्षालयध्वम्	क्षालयेथाः	क्षालयेयाथाम्	क्षालयेध्वम्
क्षालयै[5]	क्षालयावहै[3]	क्षालयामहै[3]	क्षालयेय	क्षालयेवहि	क्षालयेमहि

क्षालयिष्यते	क्षालयिष्येते	क्षालयिष्यन्ते	अक्षालयिष्यत	अक्षालयिष्येताम्	अक्षालयिष्यन्त
क्षालयिष्यसे	क्षालयिष्येथे	क्षालयिष्यध्वे	अक्षालयिष्यथाः	अक्षालयिष्येथाम्	अक्षालयिष्यध्वम्
क्षालयिष्ये	क्षालयिष्यावहे	क्षालयिष्यामहे	अक्षालयिष्ये	अक्षालयिष्यावहि	अक्षालयिष्यामहि

क्षालयिता	क्षालयितारौ	क्षालयितारः	क्षालयिषीष्ट	क्षालयिषीयास्ताम्	क्षालयिषीरन्
क्षालयितासे	क्षालयितासाथे	क्षालयिताध्वे	क्षालयिषीष्ठाः	क्षालयिषीयास्थाम्	क्षालयिषीध्वम् -ढ्वम्
क्षालयिताहे	क्षालयितास्वहे	क्षालयितास्महे	क्षालयिषीय	क्षालयिषीवहि	क्षालयिषीमहि

क्षालयाम्बभूव	क्षालयाम्बभूवतुः	क्षालयाम्बभूवुः	अचिक्षलत	अचिक्षलेताम्	अचिक्षलन्त
क्षालयाञ्चक्रे	क्षालयाञ्चक्राते	क्षालयाञ्चक्रिरे			
क्षालयामास	क्षालयामासतुः	क्षालयामासुः			
क्षालयाम्बभूविथ	क्षालयाम्बभूवथुः	क्षालयाम्बभूव	अचिक्षलथाः	अचिक्षलेथाम्	अचिक्षलध्वम्
क्षालयाञ्चकृषे	क्षालयाञ्चक्राथे	क्षालयाञ्चकृढ्वे			
क्षालयामासिथ	क्षालयामासथुः	क्षालयामास			
क्षालयाम्बभूव	क्षालयाम्बभूविव	क्षालयाम्बभूविम	अचिक्षले	अचिक्षलावहि	अचिक्षलामहि
क्षालयाञ्चक्रे	क्षालयाञ्चकृवहे	क्षालयाञ्चकृमहे			
क्षालयामास	क्षालयामासिव	क्षालयामासिम			

1598 तल प्रतिष्ठायाम् । accomplish, establish. 7.2.116 अत उपधायाः ।

10c 65 तलँ । तल् । तालयति / ते । U । सेट् । स० । तालि । तालय । **Parasmaipadi Forms**

तालयति	तालयतः	तालयन्ति[1]	अतालयत् -द्	अतालयताम्	अतालयन्[1]
तालयसि	तालयथः	तालयथ	अतालयः	अतालयतम्	अतालयत
तालयामि[2]	तालयावः[2]	तालयामः[2]	अतालयम्[1]	अतालयाव[2]	अतालयाम[2]

तालयतु तालयतात् -द्	तालयताम्	तालयन्तु[1]	तालयेत् -द्	तालयेताम्	तालयेयुः
तालय तालयतात् -द्	तालयतम्	तालयत	तालयेः	तालयेतम्	तालयेत
तालयानि[3]	तालयाव[3]	तालयाम[3]	तालयेयम्	तालयेव	तालयेम

तालयिष्यति	तालयिष्यतः	तालयिष्यन्ति	अतालयिष्यत् -द्	अतालयिष्यताम्	अतालयिष्यन्
तालयिष्यसि	तालयिष्यथः	तालयिष्यथ	अतालयिष्यः	अतालयिष्यतम्	अतालयिष्यत
तालयिष्यामि	तालयिष्यावः	तालयिष्यामः	अतालयिष्यम्	अतालयिष्याव	अतालयिष्याम
तालयिता	तालयितारौ	तालयितारः	ताल्यात् -द्	ताल्यास्ताम्	ताल्यासुः
तालयितासि	तालयितास्थः	तालयितास्थ	ताल्याः	ताल्यास्तम्	ताल्यास्त
तालयितास्मि	तालयितास्वः	तालयितास्मः	ताल्यासम्	ताल्यास्व	ताल्यास्म
तालयाम्बभूव	तालयाम्बभूवतुः	तालयाम्बभूवुः	अतीतलत् -द्	अतीतलताम्	अतीतलन्
तालयाञ्चकार	तालयाञ्चक्रतुः	तालयाञ्चक्रुः			
तालयामास	तालयामासतुः	तालयामासुः			
तालयाम्बभूविथ	तालयाम्बभूवथुः	तालयाम्बभूव	अतीतलः	अतीतलतम्	अतीतलत
तालयाञ्चकर्थ	तालयाञ्चक्रथुः	तालयाञ्चक्र			
तालयामासिथ	तालयामासथुः	तालयामास			
तालयाम्बभूव	तालयाम्बभूविव	तालयाम्बभूविम	अतीतलम्	अतीतलाव	अतीतलाम
तालयाञ्चकर -कार	तालयाञ्चकृव	तालयाञ्चकृम			
तालयामास	तालयामासिव	तालयामासिम			

Atmanepadi Forms

तालयते	तालयेते[4]	तालयन्ते[1]	अतालयत	अतालयेताम्[4]	अतालयन्त[1]
तालयसे	तालयेथे[4]	तालयध्वे	अतालयथाः	अतालयेथाम्[4]	अतालयध्वम्
तालये[1]	तालयावहे[2]	तालयामहे[2]	अतालये[4]	अतालयावहि[3]	अतालयामहि[3]
तालयताम्	तालयेताम्[4]	तालयन्ताम्[1]	तालयेत	तालयेयाताम्	तालयेरन्
तालयस्व	तालयेथाम्[4]	तालयध्वम्	तालयेथाः	तालयेयाथाम्	तालयेध्वम्
तालयै[5]	तालयावहै[3]	तालयामहै[3]	तालयेय	तालयेवहि	तालयेमहि
तालयिष्यते	तालयिष्येते	तालयिष्यन्ते	अतालयिष्यत	अतालयिष्येताम्	अतालयिष्यन्त
तालयिष्यसे	तालयिष्येथे	तालयिष्यध्वे	अतालयिष्यथाः	अतालयिष्येथाम्	अतालयिष्यध्वम्
तालयिष्ये	तालयिष्यावहे	तालयिष्यामहे	अतालयिष्ये	अतालयिष्यावहि	अतालयिष्यामहि
तालयिता	तालयितारौ	तालयितारः	तालयिषीष्ट	तालयिषीयास्ताम्	तालयिषीरन्
तालयितासे	तालयितासाथे	तालयिताध्वे	तालयिषीष्ठाः	तालयिषीयास्थाम्	तालयिषीध्वम् -ढ्वम्
तालयिताहे	तालयितास्वहे	तालयितास्महे	तालयिषीय	तालयिषीवहि	तालयिषीमहि
तालयाम्बभूव	तालयाम्बभूवतुः	तालयाम्बभूवुः	अतीतलत	अतीतलेताम्	अतीतलन्त
तालयाञ्चक्रे	तालयाञ्चक्राते	तालयाञ्चक्रिरे			

तालयामास	तालयामासतुः	तालयामासुः			
तालयाम्बभूविथ	तालयाम्बभूवथुः	तालयाम्बभूव	अतीतलथाः	अतीतलेथाम्	अतीतलध्वम्
तालयाञ्चकृषे	तालयाञ्चक्राथे	तालयाञ्चकृढ्वे			
तालयामासिथ	तालयामासथुः	तालयामास			
तालयाम्बभूव	तालयाम्बभूविव	तालयाम्बभूविम	अतीतले	अतीतलावहि	अतीतलामहि
तालयाञ्चक्रे	तालयाञ्चकृवहे	तालयाञ्चकृमहे			
तालयामास	तालयामासिव	तालयामासिम			

1599 तुल उन्माने । weigh. *Famous words* तोलनम् , तुला , तोलना ।
10c 66 तुलँ । तुल् । तोलयति / ते । U । सेट् । स० । तोलि । तोलय ।
2.3.72 तुल्यार्थैरतुलोपमाभ्यां तृतीयाऽन्यतरस्याम् । **Parasmaipadi Forms**

तोलयति	तोलयतः	तोलयन्ति[1]	अतोलयत् -द्	अतोलयताम्	अतोलयन्[1]
तोलयसि	तोलयथः	तोलयथ	अतोलयः	अतोलयतम्	अतोलयत
तोलयामि[2]	तोलयावः[2]	तोलयामः[2]	अतोलयम्[1]	अतोलयाव[2]	अतोलयाम[2]

तोलयतु तोलयतात् -द्	तोलयताम्	तोलयन्तु[1]	तोलयेत् -द्	तोलयेताम्	तोलयेयुः
तोलय तोलयतात् -द्	तोलयतम्	तोलयत	तोलयेः	तोलयेतम्	तोलयेत
तोलयानि[3]	तोलयाव[3]	तोलयाम[3]	तोलयेयम्	तोलयेव	तोलयेम

तोलयिष्यति	तोलयिष्यतः	तोलयिष्यन्ति	अतोलयिष्यत् -द्	अतोलयिष्यताम्	अतोलयिष्यन्
तोलयिष्यसि	तोलयिष्यथः	तोलयिष्यथ	अतोलयिष्यः	अतोलयिष्यतम्	अतोलयिष्यत
तोलयिष्यामि	तोलयिष्यावः	तोलयिष्यामः	अतोलयिष्यम्	अतोलयिष्याव	अतोलयिष्याम

तोलयिता	तोलयितारौ	तोलयितारः	तोल्यात् -द्	तोल्यास्ताम्	तोल्यासुः
तोलयितासि	तोलयितास्थः	तोलयितास्थ	तोल्याः	तोल्यास्तम्	तोल्यास्त
तोलयितास्मि	तोलयितास्वः	तोलयितास्मः	तोल्यासम्	तोल्यास्व	तोल्यास्म

तोलयाम्बभूव	तोलयाम्बभूवतुः	तोलयाम्बभूवुः	अतूतुलत् -द्	अतूतुलताम्	अतूतुलन्
तोलयाञ्चकार	तोलयाञ्चक्रतुः	तोलयाञ्चक्रुः			
तोलयामास	तोलयामासतुः	तोलयामासुः			
तोलयाम्बभूविथ	तोलयाम्बभूवथुः	तोलयाम्बभूव	अतूतुलः	अतूतुलतम्	अतूतुलत
तोलयाञ्चकर्थ	तोलयाञ्चक्रथुः	तोलयाञ्चक्र			
तोलयामासिथ	तोलयामासथुः	तोलयामास			
तोलयाम्बभूव	तोलयाम्बभूविव	तोलयाम्बभूविम	अतूतुलम्	अतूतुलाव	अतूतुलाम
तोलयाञ्चकर -कार	तोलयाञ्चकृव	तोलयाञ्चकृम			
तोलयामास	तोलयामासिव	तोलयामासिम			

Atmanepadi Forms

तोलयते	तोलयेते[4]	तोलयन्ते[1]	अतोलयत	अतोलयेताम्[4]	अतोलयन्त[1]
तोलयसे	तोलयेथे[4]	तोलयध्वे	अतोलयथाः	अतोलयेथाम्[4]	अतोलयध्वम्
तोलये[1]	तोलयावहे[2]	तोलयामहे[2]	अतोलये[4]	अतोलयावहि[3]	अतोलयामहि[3]

तोलयताम्	तोलयेताम्[4]	तोलयन्ताम्[1]	तोलयेत	तोलयेयाताम्	तोलयेरन्
तोलयस्व	तोलयेथाम्[4]	तोलयध्वम्	तोलयेथाः	तोलयेयाथाम्	तोलयेध्वम्
तोलयै[5]	तोलयावहै[3]	तोलयामहै[3]	तोलयेय	तोलयेवहि	तोलयेमहि

तोलयिष्यते	तोलयिष्येते	तोलयिष्यन्ते	अतोलयिष्यत	अतोलयिष्येताम्	अतोलयिष्यन्त
तोलयिष्यसे	तोलयिष्येथे	तोलयिष्यध्वे	अतोलयिष्यथाः	अतोलयिष्येथाम्	अतोलयिष्यध्वम्
तोलयिष्ये	तोलयिष्यावहे	तोलयिष्यामहे	अतोलयिष्ये	अतोलयिष्यावहि	अतोलयिष्यामहि

तोलयिता	तोलयितारौ	तोलयितारः	तोलयिषीष्ट	तोलयिषीयास्ताम्	तोलयिषीरन्
तोलयितासे	तोलयितासाथे	तोलयिताध्वे	तोलयिषीष्ठाः	तोलयिषीयास्थाम्	तोलयिषीध्वम् -ढ्वम्
तोलयिताहे	तोलयितास्वहे	तोलयितास्महे	तोलयिषीय	तोलयिषीवहि	तोलयिषीमहि

तोलयाम्बभूव	तोलयाम्बभूवतुः	तोलयाम्बभूवुः	अतूतुलत	अतूतुलेताम्	अतूतुलन्त
तोलयाञ्चक्रे	तोलयाञ्चक्राते	तोलयाञ्चक्रिरे			
तोलयामास	तोलयामासतुः	तोलयामासुः			
तोलयाम्बभूविथ	तोलयाम्बभूवथुः	तोलयाम्बभूव	अतूतुलथाः	अतूतुलेथाम्	अतूतुलध्वम्
तोलयाञ्चकृषे	तोलयाञ्चक्राथे	तोलयाञ्चकृढ्वे			
तोलयामासिथ	तोलयामासथुः	तोलयामास			
तोलयाम्बभूव	तोलयाम्बभूविव	तोलयाम्बभूविम	अतूतुले	अतूतुलावहि	अतूतुलामहि
तोलयाञ्चक्रे	तोलयाञ्चकृवहे	तोलयाञ्चकृमहे			
तोलयामास	तोलयामासिव	तोलयामासिम			

1600 दुल उत्क्षेपे । swing, shake to and fro, oscillate

10c 67 दुलँ । दुल् । दोलयति / ते । U । सेट् । स० । दोलि । दोलय । **Parasmaipadi Forms**

दोलयति	दोलयतः	दोलयन्ति[1]	अदोलयत् -द्	अदोलयताम्	अदोलयन्[1]
दोलयसि	दोलयथः	दोलयथ	अदोलयः	अदोलयतम्	अदोलयत
दोलयामि[2]	दोलयावः[2]	दोलयामः[2]	अदोलयम्[1]	अदोलयाव[2]	अदोलयाम[2]

दोलयतु दोलयतात् -द्	दोलयताम्	दोलयन्तु[1]	दोलयेत् -द्	दोलयेताम्	दोलयेयुः
दोलय दोलयतात् -द्	दोलयतम्	दोलयत	दोलयेः	दोलयेतम्	दोलयेत
दोलयानि[3]	दोलयाव[3]	दोलयाम[3]	दोलयेयम्	दोलयेव	दोलयेम

दोलयिष्यति	दोलयिष्यतः	दोलयिष्यन्ति	अदोलयिष्यत् -द्	अदोलयिष्यताम्	अदोलयिष्यन्
दोलयिष्यसि	दोलयिष्यथः	दोलयिष्यथ	अदोलयिष्यः	अदोलयिष्यतम्	अदोलयिष्यत
दोलयिष्यामि	दोलयिष्यावः	दोलयिष्यामः	अदोलयिष्यम्	अदोलयिष्याव	अदोलयिष्याम
दोलयिता	दोलयितारौ	दोलयितारः	दोल्यात् -द्	दोल्यास्ताम्	दोल्यासुः
दोलयितासि	दोलयितास्थः	दोलयितास्थ	दोल्याः	दोल्यास्तम्	दोल्यास्त
दोलयितास्मि	दोलयितास्वः	दोलयितास्मः	दोल्यासम्	दोल्यास्व	दोल्यास्म
दोलयाम्बभूव	दोलयाम्बभूवतुः	दोलयाम्बभूवुः	अदूदुलत् -द्	अदूदुलताम्	अदूदुलन्
दोलयाञ्चकार	दोलयाञ्चक्रतुः	दोलयाञ्चक्रुः			
दोलयामास	दोलयामासतुः	दोलयामासुः			
दोलयाम्बभूविथ	दोलयाम्बभूवथुः	दोलयाम्बभूव	अदूदुलः	अदूदुलतम्	अदूदुलत
दोलयाञ्चकर्थ	दोलयाञ्चक्रथुः	दोलयाञ्चक्र			
दोलयामासिथ	दोलयामासथुः	दोलयामास			
दोलयाम्बभूव	दोलयाम्बभूविव	दोलयाम्बभूविम	अदूदुलम्	अदूदुलाव	अदूदुलाम
दोलयाञ्चकर -कार	दोलयाञ्चकृव	दोलयाञ्चकृम			
दोलयामास	दोलयामासिव	दोलयामासिम			

Atmanepadi Forms

दोलयते	दोलयेते[4]	दोलयन्ते[1]	अदोलयत	अदोलयेताम्[4]	अदोलयन्त[1]
दोलयसे	दोलयेथे[4]	दोलयध्वे	अदोलयथाः	अदोलयेथाम्[4]	अदोलयध्वम्
दोलये[1]	दोलयावहे[2]	दोलयामहे[2]	अदोलये[4]	अदोलयावहि[3]	अदोलयामहि[3]
दोलयताम्	दोलयेताम्[4]	दोलयन्ताम्[1]	दोलयेत	दोलयेयाताम्	दोलयेरन्
दोलयस्व	दोलयेथाम्[4]	दोलयध्वम्	दोलयेथाः	दोलयेयाथाम्	दोलयेध्वम्
दोलयै[5]	दोलयावहै[3]	दोलयामहै[3]	दोलयेय	दोलयेवहि	दोलयेमहि
दोलयिष्यते	दोलयिष्येते	दोलयिष्यन्ते	अदोलयिष्यत	अदोलयिष्येताम्	अदोलयिष्यन्त
दोलयिष्यसे	दोलयिष्येथे	दोलयिष्यध्वे	अदोलयिष्यथाः	अदोलयिष्येथाम्	अदोलयिष्यध्वम्
दोलयिष्ये	दोलयिष्यावहे	दोलयिष्यामहे	अदोलयिष्ये	अदोलयिष्यावहि	अदोलयिष्यामहि
दोलयिता	दोलयितारौ	दोलयितारः	दोलयिषीष्ट	दोलयिषीयास्ताम्	दोलयिषीरन्
दोलयितासे	दोलयितासाथे	दोलयिताध्वे	दोलयिषीष्ठाः	दोलयिषीयास्थाम्	दोलयिषीध्वम् -ढ्वम्
दोलयिताहे	दोलयितास्वहे	दोलयितास्महे	दोलयिषीय	दोलयिषीवहि	दोलयिषीमहि
दोलयाम्बभूव	दोलयाम्बभूवतुः	दोलयाम्बभूवुः	अदूदुलत	अदूदुलेताम्	अदूदुलन्त
दोलयाञ्चक्रे	दोलयाञ्चक्राते	दोलयाञ्चक्रिरे			

दोलयामास	दोलयामासतुः	दोलयामासुः			
दोलयाम्बभूविथ	दोलयाम्बभूवथुः	दोलयाम्बभूव	अदूदुलथाः	अदूदुलेथाम्	अदूदुलध्वम्
दोलयाञ्चकृषे	दोलयाञ्चक्राथे	दोलयाञ्चकृढ्वे			
दोलयामासिथ	दोलयामासथुः	दोलयामास			
दोलयाम्बभूव	दोलयाम्बभूविव	दोलयाम्बभूविम	अदूदुले	अदूदुलावहि	अदूदुलामहि
दोलयाञ्चक्रे	दोलयाञ्चकृवहे	दोलयाञ्चकृमहे			
दोलयामास	दोलयामासिव	दोलयामासिम			

1601 पुल महत्त्वे । बुल निमज्जने इत्यानुपूर्व्या क्षीरतरङ्गिणी । be great, be large, be high

10c 68 पुलँ । पुल् । पोलयति / ते । U । सेट् । अ० । पोलि । पोलय । **Parasmaipadi Forms**

पोलयति	पोलयतः	पोलयन्ति[1]	अपोलयत् -द्	अपोलयताम्	अपोलयन्[1]
पोलयसि	पोलयथः	पोलयथ	अपोलयः	अपोलयतम्	अपोलयत
पोलयामि[2]	पोलयावः[2]	पोलयामः[2]	अपोलयम्[1]	अपोलयाव[2]	अपोलयाम[2]

पोलयतु पोलयतात् -द्	पोलयताम्	पोलयन्तु[1]	पोलयेत् -द्	पोलयेताम्	पोलयेयुः
पोलय पोलयतात् -द्	पोलयतम्	पोलयत	पोलयेः	पोलयेतम्	पोलयेत
पोलयानि[3]	पोलयाव[3]	पोलयाम[3]	पोलयेयम्	पोलयेव	पोलयेम

पोलयिष्यति	पोलयिष्यतः	पोलयिष्यन्ति	अपोलयिष्यत् -द्	अपोलयिष्यताम्	अपोलयिष्यन्
पोलयिष्यसि	पोलयिष्यथः	पोलयिष्यथ	अपोलयिष्यः	अपोलयिष्यतम्	अपोलयिष्यत
पोलयिष्यामि	पोलयिष्यावः	पोलयिष्यामः	अपोलयिष्यम्	अपोलयिष्याव	अपोलयिष्याम

पोलयिता	पोलयितारौ	पोलयितारः	पोल्यात् -द्	पोल्यास्ताम्	पोल्यासुः
पोलयितासि	पोलयितास्थः	पोलयितास्थ	पोल्याः	पोल्यास्तम्	पोल्यास्त
पोलयितास्मि	पोलयितास्वः	पोलयितास्मः	पोल्यासम्	पोल्यास्व	पोल्यास्म

पोलयाम्बभूव	पोलयाम्बभूवतुः	पोलयाम्बभूवुः	अपूपुलत् -द्	अपूपुलताम्	अपूपुलन्
पोलयाञ्चकार	पोलयाञ्चक्रतुः	पोलयाञ्चक्रुः			
पोलयामास	पोलयामासतुः	पोलयामासुः			
पोलयाम्बभूविथ	पोलयाम्बभूवथुः	पोलयाम्बभूव	अपूपुलः	अपूपुलतम्	अपूपुलत
पोलयाञ्चकर्थ	पोलयाञ्चक्रथुः	पोलयाञ्चक्र			
पोलयामासिथ	पोलयामासथुः	पोलयामास			
पोलयाम्बभूव	पोलयाम्बभूविव	पोलयाम्बभूविम	अपूपुलम्	अपूपुलाव	अपूपुलाम
पोलयाञ्चकर -कार	पोलयाञ्चकृव	पोलयाञ्चकृम			
पोलयामास	पोलयामासिव	पोलयामासिम			

Atmanepadi Forms

पोलयते	पोलयेते⁴	पोलयन्ते¹	अपोलयत	अपोलयेताम्⁴	अपोलयन्त¹
पोलयसे	पोलयेथे⁴	पोलयध्वे	अपोलयथाः	अपोलयेथाम्⁴	अपोलयध्वम्
पोलये¹	पोलयावहे²	पोलयामहे²	अपोलये⁴	अपोलयावहि³	अपोलयामहि³
पोलयताम्	पोलयेताम्⁴	पोलयन्ताम्¹	पोलयेत	पोलयेयाताम्	पोलयेरन्
पोलयस्व	पोलयेथाम्⁴	पोलयध्वम्	पोलयेथाः	पोलयेयाथाम्	पोलयेध्वम्
पोलयै⁵	पोलयावहै³	पोलयामहै³	पोलयेय	पोलयेवहि	पोलयेमहि
पोलयिष्यते	पोलयिष्येते	पोलयिष्यन्ते	अपोलयिष्यत	अपोलयिष्येताम्	अपोलयिष्यन्त
पोलयिष्यसे	पोलयिष्येथे	पोलयिष्यध्वे	अपोलयिष्यथाः	अपोलयिष्येथाम्	अपोलयिष्यध्वम्
पोलयिष्ये	पोलयिष्यावहे	पोलयिष्यामहे	अपोलयिष्ये	अपोलयिष्यावहि	अपोलयिष्यामहि
पोलयिता	पोलयितारौ	पोलयितारः	पोलयिषीष्ट	पोलयिषीयास्ताम्	पोलयिषीरन्
पोलयितासे	पोलयितासाथे	पोलयिताध्वे	पोलयिषीष्ठाः	पोलयिषीयास्थाम्	पोलयिषीध्वम् -ढ्वम्
पोलयिताहे	पोलयितास्वहे	पोलयितास्महे	पोलयिषीय	पोलयिषीवहि	पोलयिषीमहि
पोलयाम्बभूव	पोलयाम्बभूवतुः	पोलयाम्बभूवुः	अपूपुलत	अपूपुलेताम्	अपूपुलन्त
पोलयाञ्चक्रे	पोलयाञ्चक्राते	पोलयाञ्चक्रिरे			
पोलयामास	पोलयामासतुः	पोलयामासुः			
पोलयाम्बभूविथ	पोलयाम्बभूवथुः	पोलयाम्बभूव	अपूपुलथाः	अपूपुलेथाम्	अपूपुलध्वम्
पोलयाञ्चकृषे	पोलयाञ्चक्राथे	पोलयाञ्चकृढ्वे			
पोलयामासिथ	पोलयामासथुः	पोलयामास			
पोलयाम्बभूव	पोलयाम्बभूविव	पोलयाम्बभूविम	अपूपुले	अपूपुलावहि	अपूपुलामहि
पोलयाञ्चक्रे	पोलयाञ्चकृवहे	पोलयाञ्चकृमहे			
पोलयामास	पोलयामासिव	पोलयामासिम			

1602 चुल समुच्छ्राये । षुल समुच्छ्राये । raise, lift, soak

10c 69 चुलँ । चुल् । चोलयति / ते । U । सेट् । स० । चोलि । चोलय **Parasmaipadi Forms**

चोलयति	चोलयतः	चोलयन्ति¹	अचोलयत् -द्	अचोलयताम्	अचोलयन्¹
चोलयसि	चोलयथः	चोलयथ	अचोलयः	अचोलयतम्	अचोलयत
चोलयामि²	चोलयावः²	चोलयामः²	अचोलयम्¹	अचोलयाव²	अचोलयाम²
चोलयतु चोलयतात् -द्	चोलयताम्	चोलयन्तु¹	चोलयेत् -द्	चोलयेताम्	चोलयेयुः
चोलय चोलयतात् -द्	चोलयतम्	चोलयत	चोलयेः	चोलयेतम्	चोलयेत
चोलयानि³	चोलयाव³	चोलयाम³	चोलयेयम्	चोलयेव	चोलयेम
चोलयिष्यति	चोलयिष्यतः	चोलयिष्यन्ति	अचोलयिष्यत् -द्	अचोलयिष्यताम्	अचोलयिष्यन्

चोलयिष्यसि	चोलयिष्यथः	चोलयिष्यथ	अचोलयिष्यः	अचोलयिष्यतम्	अचोलयिष्यत
चोलयिष्यामि	चोलयिष्यावः	चोलयिष्यामः	अचोलयिष्यम्	अचोलयिष्याव	अचोलयिष्याम

चोलयिता	चोलयितारौ	चोलयितारः	चोल्यात् -द्	चोल्यास्ताम्	चोल्यासुः
चोलयितासि	चोलयितास्थः	चोलयितास्थ	चोल्याः	चोल्यास्तम्	चोल्यास्त
चोलयितास्मि	चोलयितास्वः	चोलयितास्मः	चोल्यासम्	चोल्यास्व	चोल्यास्म

चोलयाम्बभूव	चोलयाम्बभूवतुः	चोलयाम्बभूवुः	अचूचुलत् -द्	अचूचुलताम्	अचूचुलन्
चोलयाञ्चकार	चोलयाञ्चक्रतुः	चोलयाञ्चक्रुः			
चोलयामास	चोलयामासतुः	चोलयामासुः			
चोलयाम्बभूविथ	चोलयाम्बभूवथुः	चोलयाम्बभूव	अचूचुलः	अचूचुलतम्	अचूचुलत
चोलयाञ्चकर्थ	चोलयाञ्चक्रथुः	चोलयाञ्चक्र			
चोलयामासिथ	चोलयामासथुः	चोलयामास			
चोलयाम्बभूव	चोलयाम्बभूविव	चोलयाम्बभूविम	अचूचुलम्	अचूचुलाव	अचूचुलाम
चोलयाञ्चकर -कार	चोलयाञ्चकृव	चोलयाञ्चकृम			
चोलयामास	चोलयामासिव	चोलयामासिम			

Atmanepadi Forms

चोलयते	चोलयेते[4]	चोलयन्ते[1]	अचोलयत	अचोलयेताम्[4]	अचोलयन्त[1]
चोलयसे	चोलयेथे[4]	चोलयध्वे	अचोलयथाः	अचोलयेथाम्[4]	अचोलयध्वम्
चोलये[1]	चोलयावहे[2]	चोलयामहे[2]	अचोलये[4]	अचोलयावहि[3]	अचोलयामहि[3]

चोलयताम्	चोलयेताम्[4]	चोलयन्ताम्[1]	चोलयेत	चोलयेयाताम्	चोलयेरन्
चोलयस्व	चोलयेथाम्[4]	चोलयध्वम्	चोलयेथाः	चोलयेयाथाम्	चोलयेध्वम्
चोलयै[5]	चोलयावहै[3]	चोलयामहै[3]	चोलयेय	चोलयेवहि	चोलयेमहि

चोलयिष्यते	चोलयिष्येते	चोलयिष्यन्ते	अचोलयिष्यत	अचोलयिष्येताम्	अचोलयिष्यन्त
चोलयिष्यसे	चोलयिष्येथे	चोलयिष्यध्वे	अचोलयिष्यथाः	अचोलयिष्येथाम्	अचोलयिष्यध्वम्
चोलयिष्ये	चोलयिष्यावहे	चोलयिष्यामहे	अचोलयिष्ये	अचोलयिष्यावहि	अचोलयिष्यामहि

चोलयिता	चोलयितारौ	चोलयितारः	चोलयिषीष्ट	चोलयिषीयास्ताम्	चोलयिषीरन्
चोलयितासे	चोलयितासाथे	चोलयिताध्वे	चोलयिषीष्ठाः	चोलयिषीयास्थाम्	चोलयिषीध्वम् -ढ्वम्
चोलयिताहे	चोलयितास्वहे	चोलयितास्महे	चोलयिषीय	चोलयिषीवहि	चोलयिषीमहि

चोलयाम्बभूव	चोलयाम्बभूवतुः	चोलयाम्बभूवुः	अचूचुलत	अचूचुलेताम्	अचूचुलन्त
चोलयाञ्चक्रे	चोलयाञ्चक्राते	चोलयाञ्चक्रिरे			
चोलयामास	चोलयामासतुः	चोलयामासुः			

चोलयाम्बभूविथ	चोलयाम्बभूवथुः	चोलयाम्बभूव	अचूचुलथाः	अचूचुलेथाम्	अचूचुलध्वम्
चोलयाञ्चकृषे	चोलयाञ्चक्राथे	चोलयाञ्चकृढ्वे			
चोलयामासिथ	चोलयामासथुः	चोलयामास			
चोलयाम्बभूव	चोलयाम्बभूविव	चोलयाम्बभूविम	अचूचुले	अचूचुलावहि	अचूचुलामहि
चोलयाञ्चक्रे	चोलयाञ्चकृवहे	चोलयाञ्चकृमहे			
चोलयामास	चोलयामासिव	चोलयामासिम			

1603 मूल रोहणे । plant, grow, sprout

10c 70 मूलँ । मूल् । मूलयति / ते । U । सेट् । स० । मूलि । मूलय । **Parasmaipadi Forms**

मूलयति	मूलयतः	मूलयन्ति[1]	अमूलयत् -द्	अमूलयताम्	अमूलयन्[1]
मूलयसि	मूलयथः	मूलयथ	अमूलयः	अमूलयतम्	अमूलयत
मूलयामि[2]	मूलयावः[2]	मूलयामः[2]	अमूलयम्[1]	अमूलयाव[2]	अमूलयाम[2]

मूलयतु मूलयतात् -द्	मूलयताम्	मूलयन्तु[1]	मूलयेत् -द्	मूलयेताम्	मूलयेयुः
मूलय मूलयतात् -द्	मूलयतम्	मूलयत	मूलयेः	मूलयेतम्	मूलयेत
मूलयानि[3]	मूलयाव[3]	मूलयाम[3]	मूलयेयम्	मूलयेव	मूलयेम

मूलयिष्यति	मूलयिष्यतः	मूलयिष्यन्ति	अमूलयिष्यत् -द्	अमूलयिष्यताम्	अमूलयिष्यन्
मूलयिष्यसि	मूलयिष्यथः	मूलयिष्यथ	अमूलयिष्यः	अमूलयिष्यतम्	अमूलयिष्यत
मूलयिष्यामि	मूलयिष्यावः	मूलयिष्यामः	अमूलयिष्यम्	अमूलयिष्याव	अमूलयिष्याम

मूलयिता	मूलयितारौ	मूलयितारः	मूल्यात् -द्	मूल्यास्ताम्	मूल्यासुः
मूलयितासि	मूलयितास्थः	मूलयितास्थ	मूल्याः	मूल्यास्तम्	मूल्यास्त
मूलयितास्मि	मूलयितास्वः	मूलयितास्मः	मूल्यासम्	मूल्यास्व	मूल्यास्म

मूलयाम्बभूव	मूलयाम्बभूवतुः	मूलयाम्बभूवुः	अमूमुलत् -द्	अमूमुलताम्	अमूमुलन्
मूलयाञ्चकार	मूलयाञ्चक्रतुः	मूलयाञ्चक्रुः			
मूलयामास	मूलयामासतुः	मूलयामासुः			
मूलयाम्बभूविथ	मूलयाम्बभूवथुः	मूलयाम्बभूव	अमूमुलः	अमूमुलतम्	अमूमुलत
मूलयाञ्चकर्थ	मूलयाञ्चक्रथुः	मूलयाञ्चक्र			
मूलयामासिथ	मूलयामासथुः	मूलयामास			
मूलयाम्बभूव	मूलयाम्बभूविव	मूलयाम्बभूविम	अमूमुलम्	अमूमुलाव	अमूमुलाम
मूलयाञ्चकर -कार	मूलयाञ्चकृव	मूलयाञ्चकृम			
मूलयामास	मूलयामासिव	मूलयामासिम			

Atmanepadi Forms

मूलयते	मूलयेते[4]	मूलयन्ते[1]	अमूलयत	अमूलयेताम्[4]	अमूलयन्त[1]

मूलयसे	मूलयेथे[4]	मूलयध्वे	अमूलयथाः	अमूलयेथाम्[4]	अमूलयध्वम्
मूलये[1]	मूलयावहे[2]	मूलयामहे[2]	अमूलये[4]	अमूलयावहि[3]	अमूलयामहि[3]

मूलयताम्	मूलयेताम्[4]	मूलयन्ताम्[1]	मूलयेत	मूलयेयाताम्	मूलयेरन्
मूलयस्व	मूलयेथाम्[4]	मूलयध्वम्	मूलयेथाः	मूलयेयाथाम्	मूलयेध्वम्
मूलयै[5]	मूलयावहै[3]	मूलयामहै[3]	मूलयेय	मूलयेवहि	मूलयेमहि

मूलयिष्यते	मूलयिष्येते	मूलयिष्यन्ते	अमूलयिष्यत	अमूलयिष्येताम्	अमूलयिष्यन्त
मूलयिष्यसे	मूलयिष्येथे	मूलयिष्यध्वे	अमूलयिष्यथाः	अमूलयिष्येथाम्	अमूलयिष्यध्वम्
मूलयिष्ये	मूलयिष्यावहे	मूलयिष्यामहे	अमूलयिष्ये	अमूलयिष्यावहि	अमूलयिष्यामहि

मूलयिता	मूलयितारौ	मूलयितारः	मूलयिषीष्ट	मूलयिषीयास्ताम्	मूलयिषीरन्
मूलयितासे	मूलयितासाथे	मूलयिताध्वे	मूलयिषीष्ठाः	मूलयिषीयास्थाम्	मूलयिषीध्वम् -ढ्वम्
मूलयिताहे	मूलयितास्वहे	मूलयितास्महे	मूलयिषीय	मूलयिषीवहि	मूलयिषीमहि

मूलयाम्बभूव	मूलयाम्बभूवतुः	मूलयाम्बभूवुः	अमूमुलत	अमूमुलेताम्	अमूमुलन्त
मूलयाञ्चक्रे	मूलयाञ्चक्राते	मूलयाञ्चक्रिरे			
मूलयामास	मूलयामासतुः	मूलयामासुः			
मूलयाम्बभूविथ	मूलयाम्बभूवथुः	मूलयाम्बभूव	अमूमुलथाः	अमूमुलेथाम्	अमूमुलध्वम्
मूलयाञ्चकृषे	मूलयाञ्चक्राथे	मूलयाञ्चकृढ्वे			
मूलयामासिथ	मूलयामासथुः	मूलयामास			
मूलयाम्बभूव	मूलयाम्बभूविव	मूलयाम्बभूविम	अमूमुले	अमूमुलावहि	अमूमुलामहि
मूलयाञ्चक्रे	मूलयाञ्चकृवहे	मूलयाञ्चकृमहे			
मूलयामास	मूलयामासिव	मूलयामासिम			

1604 कल क्षेपे । कल किल पिल इति क्षीरतरङ्गिणी । throw, toss, cast. 7.2.116 अत उपधायाः ।
10c 71 कलँ । कल् । कालयति / ते । U । सेट् । स० । कालि । कालय । **Parasmaipadi Forms**

कालयति	कालयतः	कालयन्ति[1]	अकालयत् -द्	अकालयताम्	अकालयन्[1]
कालयसि	कालयथः	कालयथ	अकालयः	अकालयतम्	अकालयत
कालयामि[2]	कालयावः[2]	कालयामः[2]	अकालयम्[1]	अकालयाव[2]	अकालयाम[2]

कालयतु कालयतात् -द्	कालयताम्	कालयन्तु[1]	कालयेत् -द्	कालयेताम्	कालयेयुः
कालय कालयतात् -द्	कालयतम्	कालयत	कालयेः	कालयेतम्	कालयेत
कालयानि[3]	कालयाव[3]	कालयाम[3]	कालयेयम्	कालयेव	कालयेम

कालयिष्यति	कालयिष्यतः	कालयिष्यन्ति	अकालयिष्यत् -द्	अकालयिष्यताम्	अकालयिष्यन्
कालयिष्यसि	कालयिष्यथः	कालयिष्यथ	अकालयिष्यः	अकालयिष्यतम्	अकालयिष्यत

कालयिष्यामि	कालयिष्यावः	कालयिष्यामः	अकालयिष्यम्	अकालयिष्याव	अकालयिष्याम
कालयिता	कालयितारौ	कालयितारः	काल्यात्-द्	काल्यास्ताम्	काल्यासुः
कालयितासि	कालयितास्थः	कालयितास्थ	काल्याः	काल्यास्तम्	काल्यास्त
कालयितास्मि	कालयितास्वः	कालयितास्मः	काल्यासम्	काल्यास्व	काल्यास्म
कालयाम्बभूव	कालयाम्बभूवतुः	कालयाम्बभूवुः	अचीकलत्-द्	अचीकलताम्	अचीकलन्
कालयाञ्चकार	कालयाञ्चक्रतुः	कालयाञ्चक्रुः			
कालयामास	कालयामासतुः	कालयामासुः			
कालयाम्बभूविथ	कालयाम्बभूवथुः	कालयाम्बभूव	अचीकलः	अचीकलतम्	अचीकलत
कालयाञ्चकर्थ	कालयाञ्चक्रथुः	कालयाञ्चक्र			
कालयामासिथ	कालयामासथुः	कालयामास			
कालयाम्बभूव	कालयाम्बभूविव	कालयाम्बभूविम	अचीकलम्	अचीकलाव	अचीकलाम
कालयाञ्चकर -कार	कालयाञ्चकृव	कालयाञ्चकृम			
कालयामास	कालयामासिव	कालयामासिम			

Atmanepadi Forms

कालयते	कालयेते[4]	कालयन्ते[1]	अकालयत	अकालयेताम्[4]	अकालयन्त[1]
कालयसे	कालयेथे[4]	कालयध्वे	अकालयथाः	अकालयेथाम्[4]	अकालयध्वम्
कालये[1]	कालयावहे[2]	कालयामहे[2]	अकालये[4]	अकालयावहि[3]	अकालयामहि[3]
कालयताम्	कालयेताम्[4]	कालयन्ताम्[1]	कालयेत	कालयेयाताम्	कालयेरन्
कालयस्व	कालयेथाम्[4]	कालयध्वम्	कालयेथाः	कालयेयाथाम्	कालयेध्वम्
कालयै[5]	कालयावहै[3]	कालयामहै[3]	कालयेय	कालयेवहि	कालयेमहि
कालयिष्यते	कालयिष्येते	कालयिष्यन्ते	अकालयिष्यत	अकालयिष्येताम्	अकालयिष्यन्त
कालयिष्यसे	कालयिष्येथे	कालयिष्यध्वे	अकालयिष्यथाः	अकालयिष्येथाम्	अकालयिष्यध्वम्
कालयिष्ये	कालयिष्यावहे	कालयिष्यामहे	अकालयिष्ये	अकालयिष्यावहि	अकालयिष्यामहि
कालयिता	कालयितारौ	कालयितारः	कालयिषीष्ट	कालयिषीयास्ताम्	कालयिषीरन्
कालयितासे	कालयितासाथे	कालयिताध्वे	कालयिषीष्ठाः	कालयिषीयास्थाम्	कालयिषीध्वम् -ढ्वम्
कालयिताहे	कालयितास्वहे	कालयितास्महे	कालयिषीय	कालयिषीवहि	कालयिषीमहि
कालयाम्बभूव	कालयाम्बभूवतुः	कालयाम्बभूवुः	अचीकलत	अचीकलेताम्	अचीकलन्त
कालयाञ्चक्रे	कालयाञ्चक्राते	कालयाञ्चक्रिरे			
कालयामास	कालयामासतुः	कालयामासुः			
कालयाम्बभूविथ	कालयाम्बभूवथुः	कालयाम्बभूव	अचीकलथाः	अचीकलेथाम्	अचीकलध्वम्

कालयाञ्चकृषे	कालयाञ्चक्राथे	कालयाञ्चकृढ्वे			
कालयामासिथ	कालयामासथुः	कालयामास			
कालयाम्बभूव	कालयाम्बभूविव	कालयाम्बभूविम	अचीकले	अचीकलावहि	अचीकलामहि
कालयाञ्चक्रे	कालयाञ्चकृवहे	कालयाञ्चकृमहे			
कालयामास	कालयामासिव	कालयामासिम			

1605 विल क्षेपे । throw, send

10c 72 विलँ । विल् । वेलयति / ते । U । सेट् । स० । वेलि । वेलय । **Parasmaipadi Forms**

वेलयति	वेलयतः	वेलयन्ति[1]	अवेलयत् -द्	अवेलयताम्	अवेलयन्[1]
वेलयसि	वेलयथः	वेलयथ	अवेलयः	अवेलयतम्	अवेलयत
वेलयामि[2]	वेलयावः[2]	वेलयामः[2]	अवेलयम्[1]	अवेलयाव[2]	अवेलयाम[2]

वेलयतु वेलयतात् -द्	वेलयताम्	वेलयन्तु[1]	वेलयेत् -द्	वेलयेताम्	वेलयेयुः
वेलय वेलयतात् -द्	वेलयतम्	वेलयत	वेलयेः	वेलयेतम्	वेलयेत
वेलयानि[3]	वेलयाव[3]	वेलयाम[3]	वेलयेयम्	वेलयेव	वेलयेम

वेलयिष्यति	वेलयिष्यतः	वेलयिष्यन्ति	अवेलयिष्यत् -द्	अवेलयिष्यताम्	अवेलयिष्यन्
वेलयिष्यसि	वेलयिष्यथः	वेलयिष्यथ	अवेलयिष्यः	अवेलयिष्यतम्	अवेलयिष्यत
वेलयिष्यामि	वेलयिष्यावः	वेलयिष्यामः	अवेलयिष्यम्	अवेलयिष्याव	अवेलयिष्याम

वेलयिता	वेलयितारौ	वेलयितारः	वेल्यात् -द्	वेल्यास्ताम्	वेल्यासुः
वेलयितासि	वेलयितास्थः	वेलयितास्थ	वेल्याः	वेल्यास्तम्	वेल्यास्त
वेलयितास्मि	वेलयितास्वः	वेलयितास्मः	वेल्यासम्	वेल्यास्व	वेल्यास्म

वेलयाम्बभूव	वेलयाम्बभूवतुः	वेलयाम्बभूवुः	अवीविलत् -द्	अवीविलताम्	अवीविलन्
वेलयाञ्चकार	वेलयाञ्चक्रतुः	वेलयाञ्चक्रुः			
वेलयामास	वेलयामासतुः	वेलयामासुः			
वेलयाम्बभूविथ	वेलयाम्बभूवथुः	वेलयाम्बभूव	अवीविलः	अवीविलतम्	अवीविलत
वेलयाञ्चकर्थ	वेलयाञ्चक्रथुः	वेलयाञ्चक्र			
वेलयामासिथ	वेलयामासथुः	वेलयामास			
वेलयाम्बभूव	वेलयाम्बभूविव	वेलयाम्बभूविम	अवीविलम्	अवीविलाव	अवीविलाम
वेलयाञ्चकर -कार	वेलयाञ्चकृव	वेलयाञ्चकृम			
वेलयामास	वेलयामासिव	वेलयामासिम			

Atmanepadi Forms

वेलयते	वेलयेते[4]	वेलयन्ते[1]	अवेलयत	अवेलयेताम्[4]	अवेलयन्त[1]
वेलयसे	वेलयेथे[4]	वेलयध्वे	अवेलयथाः	अवेलयेथाम्[4]	अवेलयध्वम्

वेलये¹	वेलयावहे²	वेलयामहे²	अवेलये⁴	अवेलयावहि³	अवेलयामहि³
वेलयताम्	वेलयेताम्⁴	वेलयन्ताम्¹	वेलयेत	वेलयेयाताम्	वेलयेरन्
वेलयस्व	वेलयेथाम्⁴	वेलयध्वम्	वेलयेथाः	वेलयेयाथाम्	वेलयेध्वम्
वेलयै⁵	वेलयावहै³	वेलयामहै³	वेलयेय	वेलयेवहि	वेलयेमहि
वेलयिष्यते	वेलयिष्येते	वेलयिष्यन्ते	अवेलयिष्यत	अवेलयिष्येताम्	अवेलयिष्यन्त
वेलयिष्यसे	वेलयिष्येथे	वेलयिष्यध्वे	अवेलयिष्यथाः	अवेलयिष्येथाम्	अवेलयिष्यध्वम्
वेलयिष्ये	वेलयिष्यावहे	वेलयिष्यामहे	अवेलयिष्ये	अवेलयिष्यावहि	अवेलयिष्यामहि
वेलयिता	वेलयितारौ	वेलयितारः	वेलयिषीष्ट	वेलयिषीयास्ताम्	वेलयिषीरन्
वेलयितासे	वेलयितासाथे	वेलयिताध्वे	वेलयिषीष्ठाः	वेलयिषीयास्थाम्	वेलयिषीध्वम् -ढ्वम्
वेलयिताहे	वेलयितास्वहे	वेलयितास्महे	वेलयिषीय	वेलयिषीवहि	वेलयिषीमहि
वेलयाम्बभूव	वेलयाम्बभूवतुः	वेलयाम्बभूवुः	अवीविलत	अवीविलेताम्	अवीविलन्त
वेलयाञ्चक्रे	वेलयाञ्चक्राते	वेलयाञ्चक्रिरे			
वेलयामास	वेलयामासतुः	वेलयामासुः			
वेलयाम्बभूविथ	वेलयाम्बभूवथुः	वेलयाम्बभूव	अवीविलथाः	अवीविलेथाम्	अवीविलध्वम्
वेलयाञ्चकृषे	वेलयाञ्चक्राथे	वेलयाञ्चकृढ्वे			
वेलयामासिथ	वेलयामासथुः	वेलयामास			
वेलयाम्बभूव	वेलयाम्बभूविव	वेलयाम्बभूविम	अवीविले	अवीविलावहि	अवीविलामहि
वेलयाञ्चक्रे	वेलयाञ्चकृवहे	वेलयाञ्चकृमहे			
वेलयामास	वेलयामासिव	वेलयामासिम			

1606 बिल भेदने । make hole, pierce, split
10c 73 बिलँ । बिल् । बेलयति / ते । U । सेट् । स० । बेलि । बेलय । **Parasmaipadi Forms**

बेलयति	बेलयतः	बेलयन्ति¹	अबेलयत् -द्	अबेलयताम्	अबेलयन्¹
बेलयसि	बेलयथः	बेलयथ	अबेलयः	अबेलयतम्	अबेलयत
बेलयामि²	बेलयावः²	बेलयामः²	अबेलयम्¹	अबेलयाव²	अबेलयाम²
बेलयतु बेलयतात् -द्	बेलयताम्	बेलयन्तु¹	बेलयेत् -द्	बेलयेताम्	बेलयेयुः
बेलय बेलयतात् -द्	बेलयतम्	बेलयत	बेलयेः	बेलयेतम्	बेलयेत
बेलयानि³	बेलयाव³	बेलयाम³	बेलयेयम्	बेलयेव	बेलयेम
बेलयिष्यति	बेलयिष्यतः	बेलयिष्यन्ति	अबेलयिष्यत् -द्	अबेलयिष्यताम्	अबेलयिष्यन्
बेलयिष्यसि	बेलयिष्यथः	बेलयिष्यथ	अबेलयिष्यः	अबेलयिष्यतम्	अबेलयिष्यत
बेलयिष्यामि	बेलयिष्यावः	बेलयिष्यामः	अबेलयिष्यम्	अबेलयिष्याव	अबेलयिष्याम

बेलयिता	बेलयितारौ	बेलयितारः	बेल्यात् -द्	बेल्यास्ताम्	बेल्यासुः
बेलयितासि	बेलयितास्थः	बेलयितास्थ	बेल्याः	बेल्यास्तम्	बेल्यास्त
बेलयितास्मि	बेलयितास्वः	बेलयितास्मः	बेल्यासम्	बेल्यास्व	बेल्यास्म

बेलयाम्बभूव	बेलयाम्बभूवतुः	बेलयाम्बभूवुः	अबीबिलत् -द्	अबीबिलताम्	अबीबिलन्
बेलयाञ्चकार	बेलयाञ्चक्रतुः	बेलयाञ्चक्रुः			
बेलयामास	बेलयामासतुः	बेलयामासुः			
बेलयाम्बभूविथ	बेलयाम्बभूवथुः	बेलयाम्बभूव	अबीबिलः	अबीबिलतम्	अबीबिलत
बेलयाञ्चकर्थ	बेलयाञ्चक्रथुः	बेलयाञ्चक्र			
बेलयामासिथ	बेलयामासथुः	बेलयामास			
बेलयाम्बभूव	बेलयाम्बभूविव	बेलयाम्बभूविम	अबीबिलम्	अबीबिलाव	अबीबिलाम
बेलयाञ्चकर -कार	बेलयाञ्चकृव	बेलयाञ्चकृम			
बेलयामास	बेलयामासिव	बेलयामासिम			

Atmanepadi Forms

बेलयते	बेलयेते[4]	बेलयन्ते[1]	अबेलयत	अबेलयेताम्[4]	अबेलयन्त[1]
बेलयसे	बेलयेथे[4]	बेलयध्वे	अबेलयथाः	अबेलयेथाम्[4]	अबेलयध्वम्
बेलये[1]	बेलयावहे[2]	बेलयामहे[2]	अबेलये[4]	अबेलयावहि[3]	अबेलयामहि[3]

बेलयताम्	बेलयेताम्[4]	बेलयन्ताम्[1]	बेलयेत	बेलयेयाताम्	बेलयेरन्
बेलयस्व	बेलयेथाम्[4]	बेलयध्वम्	बेलयेथाः	बेलयेयाथाम्	बेलयेध्वम्
बेलयै[5]	बेलयावहै[3]	बेलयामहै[3]	बेलयेय	बेलयेवहि	बेलयेमहि

बेलयिष्यते	बेलयिष्येते	बेलयिष्यन्ते	अबेलयिष्यत	अबेलयिष्येताम्	अबेलयिष्यन्त
बेलयिष्यसे	बेलयिष्येथे	बेलयिष्यध्वे	अबेलयिष्यथाः	अबेलयिष्येथाम्	अबेलयिष्यध्वम्
बेलयिष्ये	बेलयिष्यावहे	बेलयिष्यामहे	अबेलयिष्ये	अबेलयिष्यावहि	अबेलयिष्यामहि

बेलयिता	बेलयितारौ	बेलयितारः	बेलयिषीष्ट	बेलयिषीयास्ताम्	बेलयिषीरन्
बेलयितासे	बेलयितासाथे	बेलयिताध्वे	बेलयिषीष्ठाः	बेलयिषीयास्थाम्	बेलयिषीध्वम् -ढ्वम्
बेलयिताहे	बेलयितास्वहे	बेलयितास्महे	बेलयिषीय	बेलयिषीवहि	बेलयिषीमहि

बेलयाम्बभूव	बेलयाम्बभूवतुः	बेलयाम्बभूवुः	अबीबिलत	अबीबिलेताम्	अबीबिलन्त
बेलयाञ्चक्रे	बेलयाञ्चक्राते	बेलयाञ्चक्रिरे			
बेलयामास	बेलयामासतुः	बेलयामासुः			
बेलयाम्बभूविथ	बेलयाम्बभूवथुः	बेलयाम्बभूव	अबीबिलथाः	अबीबिलेथाम्	अबीबिलध्वम्
बेलयाञ्चकृषे	बेलयाञ्चक्राथे	बेलयाञ्चकृढ्वे			

बेलयामासिथ	बेलयामासथुः	बेलयामास			
बेलयाम्बभूव	बेलयाम्बभूविव	बेलयाम्बभूविम	अबीबिले	अबीबिलावहि	अबीबिलामहि
बेलयाञ्चक्रे	बेलयाञ्चकृवहे	बेलयाञ्चकृमहे			
बेलयामास	बेलयामासिव	बेलयामासिम			

1607 तिल स्नेहने । anoint, be oily

10c 74 तिलँ । तिल् । तेलयति / ते । U । सेट् । अ० । तेलि । तेलय । **Parasmaipadi Forms**

तेलयति	तेलयतः	तेलयन्ति[1]	अतेलयत् -द्	अतेलयताम्	अतेलयन्[1]
तेलयसि	तेलयथः	तेलयथ	अतेलयः	अतेलयतम्	अतेलयत
तेलयामि[2]	तेलयावः[2]	तेलयामः[2]	अतेलयम्[1]	अतेलयाव[2]	अतेलयाम[2]

तेलयतु तेलयतात् -द्	तेलयताम्	तेलयन्तु[1]	तेलयेत् -द्	तेलयेताम्	तेलयेयुः
तेलय तेलयतात् -द्	तेलयतम्	तेलयत	तेलयेः	तेलयेतम्	तेलयेत
तेलयानि[3]	तेलयाव[3]	तेलयाम[3]	तेलयेयम्	तेलयेव	तेलयेम

तेलयिष्यति	तेलयिष्यतः	तेलयिष्यन्ति	अतेलयिष्यत् -द्	अतेलयिष्यताम्	अतेलयिष्यन्
तेलयिष्यसि	तेलयिष्यथः	तेलयिष्यथ	अतेलयिष्यः	अतेलयिष्यतम्	अतेलयिष्यत
तेलयिष्यामि	तेलयिष्यावः	तेलयिष्यामः	अतेलयिष्यम्	अतेलयिष्याव	अतेलयिष्याम

तेलयिता	तेलयितारौ	तेलयितारः	तेल्यात् -द्	तेल्यास्ताम्	तेल्यासुः
तेलयितासि	तेलयितास्थः	तेलयितास्थ	तेल्याः	तेल्यास्तम्	तेल्यास्त
तेलयितास्मि	तेलयितास्वः	तेलयितास्मः	तेल्यासम्	तेल्यास्व	तेल्यास्म

तेलयाम्बभूव	तेलयाम्बभूवतुः	तेलयाम्बभूवुः	अतीतिलत् -द्	अतीतिलताम्	अतीतिलन्
तेलयाञ्चकार	तेलयाञ्चक्रतुः	तेलयाञ्चक्रुः			
तेलयामास	तेलयामासतुः	तेलयामासुः			
तेलयाम्बभूविथ	तेलयाम्बभूवथुः	तेलयाम्बभूव	अतीतिलः	अतीतिलतम्	अतीतिलत
तेलयाञ्चकर्थ	तेलयाञ्चक्रथुः	तेलयाञ्चक्र			
तेलयामासिथ	तेलयामासथुः	तेलयामास			
तेलयाम्बभूव	तेलयाम्बभूविव	तेलयाम्बभूविम	अतीतिलम्	अतीतिलाव	अतीतिलाम
तेलयाञ्चकर -कार	तेलयाञ्चकृव	तेलयाञ्चकृम			
तेलयामास	तेलयामासिव	तेलयामासिम			

Atmanepadi Forms

तेलयते	तेलयेते[4]	तेलयन्ते[1]	अतेलयत	अतेलयेताम्[4]	अतेलयन्त[1]
तेलयसे	तेलयेथे[4]	तेलयध्वे	अतेलयथाः	अतेलयेथाम्[4]	अतेलयध्वम्
तेलये[1]	तेलयावहे[2]	तेलयामहे[2]	अतेलये[4]	अतेलयावहि[3]	अतेलयामहि[3]

तेलयताम्	तेलयेताम्[4]	तेलयन्ताम्[1]	तेलयेत	तेलयेयाताम्	तेलयेरन्
तेलयस्व	तेलयेथाम्[4]	तेलयध्वम्	तेलयेथाः	तेलयेयाथाम्	तेलयेध्वम्
तेलयै[5]	तेलयावहै[3]	तेलयामहै[3]	तेलयेय	तेलयेवहि	तेलयेमहि

तेलयिष्यते	तेलयिष्येते	तेलयिष्यन्ते	अतेलयिष्यत	अतेलयिष्येताम्	अतेलयिष्यन्त
तेलयिष्यसे	तेलयिष्येथे	तेलयिष्यध्वे	अतेलयिष्यथाः	अतेलयिष्येथाम्	अतेलयिष्यध्वम्
तेलयिष्ये	तेलयिष्यावहे	तेलयिष्यामहे	अतेलयिष्ये	अतेलयिष्यावहि	अतेलयिष्यामहि

तेलयिता	तेलयितारौ	तेलयितारः	तेलयिषीष्ट	तेलयिषीयास्ताम्	तेलयिषीरन्
तेलयितासे	तेलयितासाथे	तेलयिताध्वे	तेलयिषीष्ठाः	तेलयिषीयास्थाम्	तेलयिषीध्वम् -ढ्वम्
तेलयिताहे	तेलयितास्वहे	तेलयितास्महे	तेलयिषीय	तेलयिषीवहि	तेलयिषीमहि

तेलयाम्बभूव	तेलयाम्बभूवतुः	तेलयाम्बभूवुः	अतीतिलत	अतीतिलेताम्	अतीतिलन्त
तेलयाञ्चक्रे	तेलयाञ्चक्राते	तेलयाञ्चक्रिरे			
तेलयामास	तेलयामासतुः	तेलयामासुः			
तेलयाम्बभूविथ	तेलयाम्बभूवथुः	तेलयाम्बभूव	अतीतिलथाः	अतीतिलेथाम्	अतीतिलध्वम्
तेलयाञ्चकृषे	तेलयाञ्चक्राथे	तेलयाञ्चकृढ्वे			
तेलयामासिथ	तेलयामासथुः	तेलयामास			
तेलयाम्बभूव	तेलयाम्बभूविव	तेलयाम्बभूविम	अतीतिले	अतीतिलावहि	अतीतिलामहि
तेलयाञ्चक्रे	तेलयाञ्चकृवहे	तेलयाञ्चकृमहे			
तेलयामास	तेलयामासिव	तेलयामासिम			

1608 चल भृतौ । maintain, nurture, foster, bring up. 7.2.116 अत उपधायाः ।

10c 75 चलँ । चल् । चालयति / ते । U । सेट् । स० । चालि । चालय । **Parasmaipadi Forms**

चालयति	चालयतः	चालयन्ति[1]	अचालयत् -द्	अचालयताम्	अचालयन्[1]
चालयसि	चालयथः	चालयथ	अचालयः	अचालयतम्	अचालयत
चालयामि[2]	चालयावः[2]	चालयामः[2]	अचालयम्[1]	अचालयाव[2]	अचालयाम[2]

चालयतु चालयतात् -द्	चालयताम्	चालयन्तु[1]	चालयेत् -द्	चालयेताम्	चालयेयुः
चालय चालयतात् -द्	चालयतम्	चालयत	चालयेः	चालयेतम्	चालयेत
चालयानि[3]	चालयाव[3]	चालयाम[3]	चालयेयम्	चालयेव	चालयेम

चालयिष्यति	चालयिष्यतः	चालयिष्यन्ति	अचालयिष्यत् -द्	अचालयिष्यताम्	अचालयिष्यन्
चालयिष्यसि	चालयिष्यथः	चालयिष्यथ	अचालयिष्यः	अचालयिष्यतम्	अचालयिष्यत
चालयिष्यामि	चालयिष्यावः	चालयिष्यामः	अचालयिष्यम्	अचालयिष्याव	अचालयिष्याम

चालयिता	चालयितारौ	चालयितारः	चाल्यात् -द्	चाल्यास्ताम्	चाल्यासुः
चालयितासि	चालयितास्थः	चालयितास्थ	चाल्याः	चाल्यास्तम्	चाल्यास्त
चालयितास्मि	चालयितास्वः	चालयितास्मः	चाल्यासम्	चाल्यास्व	चाल्यास्म

चालयाम्बभूव	चालयाम्बभूवतुः	चालयाम्बभूवुः	अचीचलत् -द्	अचीचलताम्	अचीचलन्
चालयाञ्चकार	चालयाञ्चक्रतुः	चालयाञ्चक्रुः			
चालयामास	चालयामासतुः	चालयामासुः			
चालयाम्बभूविथ	चालयाम्बभूवथुः	चालयाम्बभूव	अचीचलः	अचीचलतम्	अचीचलत
चालयाञ्चकर्थ	चालयाञ्चक्रथुः	चालयाञ्चक्र			
चालयामासिथ	चालयामासथुः	चालयामास			
चालयाम्बभूव	चालयाम्बभूविव	चालयाम्बभूविम	अचीचलम्	अचीचलाव	अचीचलाम
चालयाञ्चकर -कार	चालयाञ्चकृव	चालयाञ्चकृम			
चालयामास	चालयामासिव	चालयामासिम			

Atmanepadi Forms

चालयते	चालयेते[4]	चालयन्ते[1]	अचालयत	अचालयेताम्[4]	अचालयन्त[1]
चालयसे	चालयेथे[4]	चालयध्वे	अचालयथाः	अचालयेथाम्[4]	अचालयध्वम्
चालये[1]	चालयावहे[2]	चालयामहे[2]	अचालये[4]	अचालयावहि[3]	अचालयामहि[3]

चालयताम्	चालयेताम्[4]	चालयन्ताम्[1]	चालयेत	चालयेयाताम्	चालयेरन्
चालयस्व	चालयेथाम्[4]	चालयध्वम्	चालयेथाः	चालयेयाथाम्	चालयेध्वम्
चालयै[5]	चालयावहै[3]	चालयामहै[3]	चालयेय	चालयेवहि	चालयेमहि

चालयिष्यते	चालयिष्येते	चालयिष्यन्ते	अचालयिष्यत	अचालयिष्येताम्	अचालयिष्यन्त
चालयिष्यसे	चालयिष्येथे	चालयिष्यध्वे	अचालयिष्यथाः	अचालयिष्येथाम्	अचालयिष्यध्वम्
चालयिष्ये	चालयिष्यावहे	चालयिष्यामहे	अचालयिष्ये	अचालयिष्यावहि	अचालयिष्यामहि

चालयिता	चालयितारौ	चालयितारः	चालयिषीष्ट	चालयिषीयास्ताम्	चालयिषीरन्
चालयितासे	चालयितासाथे	चालयिताध्वे	चालयिषीष्ठाः	चालयिषीयास्थाम्	चालयिषीध्वम् -ढ्वम्
चालयिताहे	चालयितास्वहे	चालयितास्महे	चालयिषीय	चालयिषीवहि	चालयिषीमहि

चालयाम्बभूव	चालयाम्बभूवतुः	चालयाम्बभूवुः	अचीचलत	अचीचलेताम्	अचीचलन्त
चालयाञ्चक्रे	चालयाञ्चक्राते	चालयाञ्चक्रिरे			
चालयामास	चालयामासतुः	चालयामासुः			
चालयाम्बभूविथ	चालयाम्बभूवथुः	चालयाम्बभूव	अचीचलथाः	अचीचलेथाम्	अचीचलध्वम्
चालयाञ्चकृषे	चालयाञ्चक्राथे	चालयाञ्चकृढ्वे			
चालयामासिथ	चालयामासथुः	चालयामास			

चालयाम्बभूव	चालयाम्बभूविव	चालयाम्बभूविम	अचीचले	अचीचलावहि	अचीचलामहि
चालयाञ्चक्रे	चालयाञ्चकृवहे	चालयाञ्चकृमहे			
चालयामास	चालयामासिव	चालयामासिम			

1609 पाल रक्षणे । protect, govern. *Famous word* पालनम् ।

10c 76 पालँ । पाल् । पालयति / ते । U । सेट् । स० । पालि । पालय । **Parasmaipadi Forms**

पालयति	पालयतः	पालयन्ति[1]	अपालयत् -द्	अपालयताम्	अपालयन्[1]
पालयसि	पालयथः	पालयथ	अपालयः	अपालयतम्	अपालयत
पालयामि[2]	पालयावः[2]	पालयामः[2]	अपालयम्[1]	अपालयाव[2]	अपालयाम[2]

पालयतु पालयतात् -द्	पालयताम्	पालयन्तु[1]	पालयेत् -द्	पालयेताम्	पालयेयुः
पालय पालयतात् -द्	पालयतम्	पालयत	पालयेः	पालयेतम्	पालयेत
पालयानि[3]	पालयाव[3]	पालयाम[3]	पालयेयम्	पालयेव	पालयेम

पालयिष्यति	पालयिष्यतः	पालयिष्यन्ति	अपालयिष्यत् -द्	अपालयिष्यताम्	अपालयिष्यन्
पालयिष्यसि	पालयिष्यथः	पालयिष्यथ	अपालयिष्यः	अपालयिष्यतम्	अपालयिष्यत
पालयिष्यामि	पालयिष्यावः	पालयिष्यामः	अपालयिष्यम्	अपालयिष्याव	अपालयिष्याम

पालयिता	पालयितारौ	पालयितारः	पाल्यात् -द्	पाल्यास्ताम्	पाल्यासुः
पालयितासि	पालयितास्थः	पालयितास्थ	पाल्याः	पाल्यास्तम्	पाल्यास्त
पालयितास्मि	पालयितास्वः	पालयितास्मः	पाल्यासम्	पाल्यास्व	पाल्यास्म

पालयाम्बभूव	पालयाम्बभूवतुः	पालयाम्बभूवुः	अपीपलत् -द्	अपीपलताम्	अपीपलन्
पालयाञ्चकार	पालयाञ्चक्रतुः	पालयाञ्चक्रुः			
पालयामास	पालयामासतुः	पालयामासुः			
पालयाम्बभूविथ	पालयाम्बभूवथुः	पालयाम्बभूव	अपीपलः	अपीपलतम्	अपीपलत
पालयाञ्चकर्थ	पालयाञ्चक्रथुः	पालयाञ्चक्र			
पालयामासिथ	पालयामासथुः	पालयामास			
पालयाम्बभूव	पालयाम्बभूविव	पालयाम्बभूविम	अपीपलम्	अपीपलाव	अपीपलाम
पालयाञ्चकर -कार	पालयाञ्चकृव	पालयाञ्चकृम			
पालयामास	पालयामासिव	पालयामासिम			

Atmanepadi Forms

पालयते	पालयेते[4]	पालयन्ते[1]	अपालयत	अपालयेताम्[4]	अपालयन्त[1]
पालयसे	पालयेथे[4]	पालयध्वे	अपालयथाः	अपालयेथाम्[4]	अपालयध्वम्
पालये[1]	पालयावहे[2]	पालयामहे[2]	अपालये[4]	अपालयावहि[3]	अपालयामहि[3]

पालयताम्	पालयेताम्[4]	पालयन्ताम्[1]	पालयेत	पालयेयाताम्	पालयेरन्
पालयस्व	पालयेथाम्[4]	पालयध्वम्	पालयेथाः	पालयेयाथाम्	पालयेध्वम्
पालयै[5]	पालयावहै[3]	पालयामहै[3]	पालयेय	पालयेवहि	पालयेमहि

पालयिष्यते	पालयिष्येते	पालयिष्यन्ते	अपालयिष्यत	अपालयिष्येताम्	अपालयिष्यन्त
पालयिष्यसे	पालयिष्येथे	पालयिष्यध्वे	अपालयिष्यथाः	अपालयिष्येथाम्	अपालयिष्यध्वम्
पालयिष्ये	पालयिष्यावहे	पालयिष्यामहे	अपालयिष्ये	अपालयिष्यावहि	अपालयिष्यामहि

पालयिता	पालयितारौ	पालयितारः	पालयिषीष्ट	पालयिषीयास्ताम्	पालयिषीरन्
पालयितासे	पालयितासाथे	पालयिताध्वे	पालयिषीष्ठाः	पालयिषीयास्थाम्	पालयिषीध्वम् -ढ्वम्
पालयिताहे	पालयितास्वहे	पालयितास्महे	पालयिषीय	पालयिषीवहि	पालयिषीमहि

पालयाम्बभूव	पालयाम्बभूवतुः	पालयाम्बभूवुः	अपीपलत	अपीपलेताम्	अपीपलन्त
पालयाञ्चक्रे	पालयाञ्चक्राते	पालयाञ्चक्रिरे			
पालयामास	पालयामासतुः	पालयामासुः			
पालयाम्बभूविथ	पालयाम्बभूवथुः	पालयाम्बभूव	अपीपलथाः	अपीपलेथाम्	अपीपलध्वम्
पालयाञ्चकृषे	पालयाञ्चक्राथे	पालयाञ्चकृढ्वे			
पालयामासिथ	पालयामासथुः	पालयामास			
पालयाम्बभूव	पालयाम्बभूविव	पालयाम्बभूविम	अपीपले	अपीपलावहि	अपीपलामहि
पालयाञ्चक्रे	पालयाञ्चकृवहे	पालयाञ्चकृमहे			
पालयामास	पालयामासिव	पालयामासिम			

1610 लूष हिंसायाम् । hurt, injure
10c 77 लूषँ । लूष् । लूषयति / ते । U । सेट् । स० । लूषि । लूषय । **Parasmaipadi Forms**

लूषयति	लूषयतः	लूषयन्ति[1]	अलूषयत् -द्	अलूषयताम्	अलूषयन्[1]
लूषयसि	लूषयथः	लूषयथ	अलूषयः	अलूषयतम्	अलूषयत
लूषयामि[2]	लूषयावः[2]	लूषयामः[2]	अलूषयम्[1]	अलूषयाव[2]	अलूषयाम[2]

लूषयतु लूषयतात् -द्	लूषयताम्	लूषयन्तु[1]	लूषयेत् -द्	लूषयेताम्	लूषयेयुः
लूषय लूषयतात् -द्	लूषयतम्	लूषयत	लूषयेः	लूषयेतम्	लूषयेत
लूषयाणि[3]	लूषयाव[3]	लूषयाम[3]	लूषयेयम्	लूषयेव	लूषयेम

लूषयिष्यति	लूषयिष्यतः	लूषयिष्यन्ति	अलूषयिष्यत् -द्	अलूषयिष्यताम्	अलूषयिष्यन्
लूषयिष्यसि	लूषयिष्यथः	लूषयिष्यथ	अलूषयिष्यः	अलूषयिष्यतम्	अलूषयिष्यत
लूषयिष्यामि	लूषयिष्यावः	लूषयिष्यामः	अलूषयिष्यम्	अलूषयिष्याव	अलूषयिष्याम

लूषयिता	लूषयितारौ	लूषयितारः	लूष्यात् -द्	लूष्यास्ताम्	लूष्यासुः

लूषयितासि	लूषयितास्थः	लूषयितास्थ	लूष्याः	लूष्यास्तम्	लूष्यास्त
लूषयितास्मि	लूषयितास्वः	लूषयितास्मः	लूष्यासम्	लूष्यास्व	लूष्यास्म
लूषयाम्बभूव	लूषयाम्बभूवतुः	लूषयाम्बभूवुः	अलूलुषत् -द्	अलूलुषताम्	अलूलुषन्
लूषयाञ्चकार	लूषयाञ्चक्रतुः	लूषयाञ्चक्रुः			
लूषयामास	लूषयामासतुः	लूषयामासुः			
लूषयाम्बभूविथ	लूषयाम्बभूवथुः	लूषयाम्बभूव	अलूलुषः	अलूलुषतम्	अलूलुषत
लूषयाञ्चकर्थ	लूषयाञ्चक्रथुः	लूषयाञ्चक्र			
लूषयामासिथ	लूषयामासथुः	लूषयामास			
लूषयाम्बभूव	लूषयाम्बभूविव	लूषयाम्बभूविम	अलूलुषम्	अलूलुषाव	अलूलुषाम
लूषयाञ्चकर -कार	लूषयाञ्चकृव	लूषयाञ्चकृम			
लूषयामास	लूषयामासिव	लूषयामासिम			

Atmanepadi Forms

लूषयते	लूषयेते[4]	लूषयन्ते[1]	अलूषयत	अलूषयेताम्[4]	अलूषयन्त[1]
लूषयसे	लूषयेथे[4]	लूषयध्वे	अलूषयथाः	अलूषयेथाम्[4]	अलूषयध्वम्
लूषये[1]	लूषयावहे[2]	लूषयामहे[2]	अलूषये[4]	अलूषयावहि[3]	अलूषयामहि[3]
लूषयताम्	लूषयेताम्[4]	लूषयन्ताम्[1]	लूषयेत	लूषयेयाताम्	लूषयेरन्
लूषयस्व	लूषयेथाम्[4]	लूषयध्वम्	लूषयेथाः	लूषयेयाथाम्	लूषयेध्वम्
लूषयै[5]	लूषयावहै[3]	लूषयामहै[3]	लूषयेय	लूषयेवहि	लूषयेमहि
लूषयिष्यते	लूषयिष्येते	लूषयिष्यन्ते	अलूषयिष्यत	अलूषयिष्येताम्	अलूषयिष्यन्त
लूषयिष्यसे	लूषयिष्येथे	लूषयिष्यध्वे	अलूषयिष्यथाः	अलूषयिष्येथाम्	अलूषयिष्यध्वम्
लूषयिष्ये	लूषयिष्यावहे	लूषयिष्यामहे	अलूषयिष्ये	अलूषयिष्यावहि	अलूषयिष्यामहि
लूषयिता	लूषयितारौ	लूषयितारः	लूषयिषीष्ट	लूषयिषीयास्ताम्	लूषयिषीरन्
लूषयितासे	लूषयितासाथे	लूषयिताध्वे	लूषयिषीष्ठाः	लूषयिषीयास्थाम्	लूषयिषीध्वम् -ढ्वम्
लूषयिताहे	लूषयितास्वहे	लूषयितास्महे	लूषयिषीय	लूषयिषीवहि	लूषयिषीमहि
लूषयाम्बभूव	लूषयाम्बभूवतुः	लूषयाम्बभूवुः	अलूलुषत	अलूलुषेताम्	अलूलुषन्त
लूषयाञ्चक्रे	लूषयाञ्चक्राते	लूषयाञ्चक्रिरे			
लूषयामास	लूषयामासतुः	लूषयामासुः			
लूषयाम्बभूविथ	लूषयाम्बभूवथुः	लूषयाम्बभूव	अलूलुषथाः	अलूलुषेथाम्	अलूलुषध्वम्
लूषयाञ्चकृषे	लूषयाञ्चक्राथे	लूषयाञ्चकृढ्वे			
लूषयामासिथ	लूषयामासथुः	लूषयामास			
लूषयाम्बभूव	लूषयाम्बभूविव	लूषयाम्बभूविम	अलूलुषे	अलूलुषावहि	अलूलुषामहि

लूषयाञ्चक्रे	लूषयाञ्चकृवहे	लूषयाञ्चकृमहे			
लूषयामास	लूषयामासिव	लूषयामासिम			

1611 शुल्ब माने । analyse, discriminate, measure, count, weigh. *Famous word* शुल्ब सूत्रः ।
10c 78 शुल्बँ । शुल्ब् । शुल्बयति / ते । U । सेट् । स० । शुल्बि । शुल्बय । **Parasmaipadi Forms**

शुल्बयति	शुल्बयतः	शुल्बयन्ति[1]	अशुल्बयत् -द्	अशुल्बयताम्	अशुल्बयन्[1]
शुल्बयसि	शुल्बयथः	शुल्बयथ	अशुल्बयः	अशुल्बयतम्	अशुल्बयत
शुल्बयामि[2]	शुल्बयावः[2]	शुल्बयामः[2]	अशुल्बयम्[1]	अशुल्बयाव[2]	अशुल्बयाम[2]
शुल्बयतु शुल्बयतात् -द्	शुल्बयताम्	शुल्बयन्तु[1]	शुल्बयेत् -द्	शुल्बयेताम्	शुल्बयेयुः
शुल्बय शुल्बयतात् -द्	शुल्बयतम्	शुल्बयत	शुल्बयेः	शुल्बयेतम्	शुल्बयेत
शुल्बयानि[3]	शुल्बयाव[3]	शुल्बयाम[3]	शुल्बयेयम्	शुल्बयेव	शुल्बयेम
शुल्बयिष्यति	शुल्बयिष्यतः	शुल्बयिष्यन्ति	अशुल्बयिष्यत् -द्	अशुल्बयिष्यताम्	अशुल्बयिष्यन्
शुल्बयिष्यसि	शुल्बयिष्यथः	शुल्बयिष्यथ	अशुल्बयिष्यः	अशुल्बयिष्यतम्	अशुल्बयिष्यत
शुल्बयिष्यामि	शुल्बयिष्यावः	शुल्बयिष्यामः	अशुल्बयिष्यम्	अशुल्बयिष्याव	अशुल्बयिष्याम
शुल्बयिता	शुल्बयितारौ	शुल्बयितारः	शुल्ब्यात् -द्	शुल्ब्यास्ताम्	शुल्ब्यासुः
शुल्बयितासि	शुल्बयितास्थः	शुल्बयितास्थ	शुल्ब्याः	शुल्ब्यास्तम्	शुल्ब्यास्त
शुल्बयितास्मि	शुल्बयितास्वः	शुल्बयितास्मः	शुल्ब्यासम्	शुल्ब्यास्व	शुल्ब्यास्म
शुल्बयाम्बभूव	शुल्बयाम्बभूवतुः	शुल्बयाम्बभूवुः	अशुशुल्बत् -द्	अशुशुल्बताम्	अशुशुल्बन्
शुल्बयाञ्चकार	शुल्बयाञ्चक्रतुः	शुल्बयाञ्चक्रुः			
शुल्बयामास	शुल्बयामासतुः	शुल्बयामासुः			
शुल्बयाम्बभूविथ	शुल्बयाम्बभूवथुः	शुल्बयाम्बभूव	अशुशुल्बः	अशुशुल्बतम्	अशुशुल्बत
शुल्बयाञ्चकर्थ	शुल्बयाञ्चक्रथुः	शुल्बयाञ्चक्र			
शुल्बयामासिथ	शुल्बयामासथुः	शुल्बयामास			
शुल्बयाम्बभूव	शुल्बयाम्बभूविव	शुल्बयाम्बभूविम	अशुशुल्बम्	अशुशुल्बाव	अशुशुल्बाम
शुल्बयाञ्चकर -कार	शुल्बयाञ्चकृव	शुल्बयाञ्चकृम			
शुल्बयामास	शुल्बयामासिव	शुल्बयामासिम			

Atmanepadi Forms

शुल्बयते	शुल्बयेते[4]	शुल्बयन्ते[1]	अशुल्बयत	अशुल्बयेताम्[4]	अशुल्बयन्त[1]
शुल्बयसे	शुल्बयेथे[4]	शुल्बयध्वे	अशुल्बयथाः	अशुल्बयेथाम्[4]	अशुल्बयध्वम्
शुल्बये[1]	शुल्बयावहे[2]	शुल्बयामहे[2]	अशुल्बये[4]	अशुल्बयावहि[3]	अशुल्बयामहि[3]
शुल्बयताम्	शुल्बयेताम्[4]	शुल्बयन्ताम्[1]	शुल्बयेत	शुल्बयेयाताम्	शुल्बयेरन्

शुल्बयस्व	शुल्बयेथाम्⁴	शुल्बयध्वम्	शुल्बयेथाः	शुल्बयेयाथाम्	शुल्बयेध्वम्
शुल्बयै⁵	शुल्बयावहै³	शुल्बयामहै³	शुल्बयेय	शुल्बयेवहि	शुल्बयेमहि

शुल्बयिष्यते	शुल्बयिष्येते	शुल्बयिष्यन्ते	अशुल्बयिष्यत	अशुल्बयिष्येताम्	अशुल्बयिष्यन्त
शुल्बयिष्यसे	शुल्बयिष्येथे	शुल्बयिष्यध्वे	अशुल्बयिष्यथाः	अशुल्बयिष्येथाम्	अशुल्बयिष्यध्वम्
शुल्बयिष्ये	शुल्बयिष्यावहे	शुल्बयिष्यामहे	अशुल्बयिष्ये	अशुल्बयिष्यावहि	अशुल्बयिष्यामहि

शुल्बयिता	शुल्बयितारौ	शुल्बयितारः	शुल्बयिषीष्ट	शुल्बयिषीयास्ताम्	शुल्बयिषीरन्
शुल्बयितासे	शुल्बयितासाथे	शुल्बयिताध्वे	शुल्बयिषीष्ठाः	शुल्बयिषीयास्थाम्	शुल्बयिषीध्वम् -ढ्वम्
शुल्बयिताहे	शुल्बयितास्वहे	शुल्बयितास्महे	शुल्बयिषीय	शुल्बयिषीवहि	शुल्बयिषीमहि

शुल्बयाम्बभूव	शुल्बयाम्बभूवतुः	शुल्बयाम्बभूवुः	अशुशुल्बत	अशुशुल्बेताम्	अशुशुल्बन्त
शुल्बयाञ्चक्रे	शुल्बयाञ्चक्राते	शुल्बयाञ्चक्रिरे			
शुल्बयामास	शुल्बयामासतुः	शुल्बयामासुः			
शुल्बयाम्बभूविथ	शुल्बयाम्बभूवथुः	शुल्बयाम्बभूव	अशुशुल्बथाः	अशुशुल्बेथाम्	अशुशुल्बध्वम्
शुल्बयाञ्चकृषे	शुल्बयाञ्चक्राथे	शुल्बयाञ्चकृढ्वे			
शुल्बयामासिथ	शुल्बयामासथुः	शुल्बयामास			
शुल्बयाम्बभूव	शुल्बयाम्बभूविव	शुल्बयाम्बभूविम	अशुशुल्बे	अशुशुल्बावहि	अशुशुल्बामहि
शुल्बयाञ्चक्रे	शुल्बयाञ्चकृवहे	शुल्बयाञ्चकृमहे			
शुल्बयामास	शुल्बयामासिव	शुल्बयामासिम			

1612 शूर्प च । माने । measure, count, weigh
10c 79 शूर्पँ । शूर्प् । शूर्पयति / ते । U । सेट् । स० । शूर्पि । शूर्पय । **Parasmaipadi Forms**

शूर्पयति	शूर्पयतः	शूर्पयन्ति¹	अशूर्पयत् -द्	अशूर्पयताम्	अशूर्पयन्¹
शूर्पयसि	शूर्पयथः	शूर्पयथ	अशूर्पयः	अशूर्पयतम्	अशूर्पयत
शूर्पयामि²	शूर्पयावः²	शूर्पयामः²	अशूर्पयम्¹	अशूर्पयाव²	अशूर्पयाम²

शूर्पयतु शूर्पयतात् -द्	शूर्पयताम्	शूर्पयन्तु¹	शूर्पयेत् -द्	शूर्पयेताम्	शूर्पयेयुः
शूर्पय शूर्पयतात् -द्	शूर्पयतम्	शूर्पयत	शूर्पयेः	शूर्पयेतम्	शूर्पयेत
शूर्पयाणि³	शूर्पयाव³	शूर्पयाम³	शूर्पयेयम्	शूर्पयेव	शूर्पयेम

शूर्पयिष्यति	शूर्पयिष्यतः	शूर्पयिष्यन्ति	अशूर्पयिष्यत् -द्	अशूर्पयिष्यताम्	अशूर्पयिष्यन्
शूर्पयिष्यसि	शूर्पयिष्यथः	शूर्पयिष्यथ	अशूर्पयिष्यः	अशूर्पयिष्यतम्	अशूर्पयिष्यत
शूर्पयिष्यामि	शूर्पयिष्यावः	शूर्पयिष्यामः	अशूर्पयिष्यम्	अशूर्पयिष्याव	अशूर्पयिष्याम

शूर्पयिता	शूर्पयितारौ	शूर्पयितारः	शूर्प्यात् -द्	शूर्प्यास्ताम्	शूर्प्यासुः
शूर्पयितासि	शूर्पयितास्थः	शूर्पयितास्थ	शूर्प्याः	शूर्प्यास्तम्	शूर्प्यास्त

शूर्पयितास्मि	शूर्पयितास्वः	शूर्पयितास्मः	शूर्प्यासम्	शूर्प्यास्व	शूर्प्यास्म

शूर्पयाम्बभूव	शूर्पयाम्बभूवतुः	शूर्पयाम्बभूवुः	अशुशूर्पत् -द्	अशुशूर्पताम्	अशुशूर्पन्
शूर्पयाञ्चकार	शूर्पयाञ्चक्रतुः	शूर्पयाञ्चक्रुः			
शूर्पयामास	शूर्पयामासतुः	शूर्पयामासुः			
शूर्पयाम्बभूविथ	शूर्पयाम्बभूवथुः	शूर्पयाम्बभूव	अशुशूर्पः	अशुशूर्पतम्	अशुशूर्पत
शूर्पयाञ्चकर्थ	शूर्पयाञ्चक्रथुः	शूर्पयाञ्चक्र			
शूर्पयामासिथ	शूर्पयामासथुः	शूर्पयामास			
शूर्पयाम्बभूव	शूर्पयाम्बभूविव	शूर्पयाम्बभूविम	अशुशूर्पम्	अशुशूर्पाव	अशुशूर्पाम
शूर्पयाञ्चकर -कार	शूर्पयाञ्चकृव	शूर्पयाञ्चकृम			
शूर्पयामास	शूर्पयामासिव	शूर्पयामासिम			

Atmanepadi Forms

शूर्पयते	शूर्पयेते[4]	शूर्पयन्ते[1]	अशूर्पयत	अशूर्पयेताम्[4]	अशूर्पयन्त[1]
शूर्पयसे	शूर्पयेथे[4]	शूर्पयध्वे	अशूर्पयथाः	अशूर्पयेथाम्[4]	अशूर्पयध्वम्
शूर्पये[1]	शूर्पयावहे[2]	शूर्पयामहे[2]	अशूर्पये[4]	अशूर्पयावहि[3]	अशूर्पयामहि[3]

शूर्पयताम्	शूर्पयेताम्[4]	शूर्पयन्ताम्[1]	शूर्पयेत	शूर्पयेयाताम्	शूर्पयेरन्
शूर्पयस्व	शूर्पयेथाम्[4]	शूर्पयध्वम्	शूर्पयेथाः	शूर्पयेयाथाम्	शूर्पयेध्वम्
शूर्पयै[5]	शूर्पयावहै[3]	शूर्पयामहै[3]	शूर्पयेय	शूर्पयेवहि	शूर्पयेमहि

शूर्पयिष्यते	शूर्पयिष्येते	शूर्पयिष्यन्ते	अशूर्पयिष्यत	अशूर्पयिष्येताम्	अशूर्पयिष्यन्त
शूर्पयिष्यसे	शूर्पयिष्येथे	शूर्पयिष्यध्वे	अशूर्पयिष्यथाः	अशूर्पयिष्येथाम्	अशूर्पयिष्यध्वम्
शूर्पयिष्ये	शूर्पयिष्यावहे	शूर्पयिष्यामहे	अशूर्पयिष्ये	अशूर्पयिष्यावहि	अशूर्पयिष्यामहि

शूर्पयिता	शूर्पयितारौ	शूर्पयितारः	शूर्पयिषीष्ट	शूर्पयिषीयास्ताम्	शूर्पयिषीरन्
शूर्पयितासे	शूर्पयितासाथे	शूर्पयिताध्वे	शूर्पयिषीष्ठाः	शूर्पयिषीयास्थाम्	शूर्पयिषीध्वम् -ढ्वम्
शूर्पयिताहे	शूर्पयितास्वहे	शूर्पयितास्महे	शूर्पयिषीय	शूर्पयिषीवहि	शूर्पयिषीमहि

शूर्पयाम्बभूव	शूर्पयाम्बभूवतुः	शूर्पयाम्बभूवुः	अशुशूर्पत	अशुशूर्पेताम्	अशुशूर्पन्त
शूर्पयाञ्चक्रे	शूर्पयाञ्चक्राते	शूर्पयाञ्चक्रिरे			
शूर्पयामास	शूर्पयामासतुः	शूर्पयामासुः			
शूर्पयाम्बभूविथ	शूर्पयाम्बभूवथुः	शूर्पयाम्बभूव	अशुशूर्पथाः	अशुशूर्पेथाम्	अशुशूर्पध्वम्
शूर्पयाञ्चकृषे	शूर्पयाञ्चक्राथे	शूर्पयाञ्चकृढ्वे			
शूर्पयामासिथ	शूर्पयामासथुः	शूर्पयामास			
शूर्पयाम्बभूव	शूर्पयाम्बभूविव	शूर्पयाम्बभूविम	अशुशूर्पे	अशुशूर्पावहि	अशुशूर्पामहि
शूर्पयाञ्चक्रे	शूर्पयाञ्चकृवहे	शूर्पयाञ्चकृमहे			

शूर्पयामास शूर्पयामासिव शूर्पयामासिम

1613 चुट छेदने । cut, trim, strike, be small, be artless, naive
10c 80 चुटँ । चुट् । चोटयति / ते । U । सेट् । स० । चोटि । चोटय । **Parasmaipadi Forms**

चोटयति	चोटयतः	चोटयन्ति[1]	अचोटयत् -द्	अचोटयताम्	अचोटयन्[1]
चोटयसि	चोटयथः	चोटयथ	अचोटयः	अचोटयतम्	अचोटयत
चोटयामि[2]	चोटयावः[2]	चोटयामः[2]	अचोटयम्[1]	अचोटयाव[2]	अचोटयाम[2]

चोटयतु चोटयतात् -द्	चोटयताम्	चोटयन्तु[1]	चोटयेत् -द्	चोटयेताम्	चोटयेयुः
चोटय चोटयतात् -द्	चोटयतम्	चोटयत	चोटयेः	चोटयेतम्	चोटयेत
चोटयानि[3]	चोटयाव[3]	चोटयाम[3]	चोटयेयम्	चोटयेव	चोटयेम

चोटयिष्यति	चोटयिष्यतः	चोटयिष्यन्ति	अचोटयिष्यत् -द्	अचोटयिष्यताम्	अचोटयिष्यन्
चोटयिष्यसि	चोटयिष्यथः	चोटयिष्यथ	अचोटयिष्यः	अचोटयिष्यतम्	अचोटयिष्यत
चोटयिष्यामि	चोटयिष्यावः	चोटयिष्यामः	अचोटयिष्यम्	अचोटयिष्याव	अचोटयिष्याम

चोटयिता	चोटयितारौ	चोटयितारः	चोट्यात् -द्	चोट्यास्ताम्	चोट्यासुः
चोटयितासि	चोटयितास्थः	चोटयितास्थ	चोट्याः	चोट्यास्तम्	चोट्यास्त
चोटयितास्मि	चोटयितास्वः	चोटयितास्मः	चोट्यासम्	चोट्यास्व	चोट्यास्म

चोटयाम्बभूव	चोटयाम्बभूवतुः	चोटयाम्बभूवुः	अचूचुटत् -द्	अचूचुटताम्	अचूचुटन्
चोटयाञ्चकार	चोटयाञ्चक्रतुः	चोटयाञ्चक्रुः			
चोटयामास	चोटयामासतुः	चोटयामासुः			
चोटयाम्बभूविथ	चोटयाम्बभूवथुः	चोटयाम्बभूव	अचूचुटः	अचूचुटतम्	अचूचुटत
चोटयाञ्चकर्थ	चोटयाञ्चक्रथुः	चोटयाञ्चक्र			
चोटयामासिथ	चोटयामासथुः	चोटयामास			
चोटयाम्बभूव	चोटयाम्बभूविव	चोटयाम्बभूविम	अचूचुटम्	अचूचुटाव	अचूचुटाम
चोटयाञ्चकर -कार	चोटयाञ्चकृव	चोटयाञ्चकृम			
चोटयामास	चोटयामासिव	चोटयामासिम			

Atmanepadi Forms

चोटयते	चोटयेते[4]	चोटयन्ते[1]	अचोटयत	अचोटयेताम्[4]	अचोटयन्त[1]
चोटयसे	चोटयेथे[4]	चोटयध्वे	अचोटयथाः	अचोटयेथाम्[4]	अचोटयध्वम्
चोटये[1]	चोटयावहे[2]	चोटयामहे[2]	अचोटये[4]	अचोटयावहि[3]	अचोटयामहि[3]

| चोटयताम् | चोटयेताम्[4] | चोटयन्ताम्[1] | चोटयेत | चोटयेयाताम् | चोटयेरन् |
| चोटयस्व | चोटयेथाम्[4] | चोटयध्वम् | चोटयेथाः | चोटयेयाथाम् | चोटयेध्वम् |

चोटयै[5]	चोटयावहै[3]	चोटयामहै[3]	चोटयेय	चोटयेवहि	चोटयेमहि
चोटयिष्यते	चोटयिष्येते	चोटयिष्यन्ते	अचोटयिष्यत	अचोटयिष्येताम्	अचोटयिष्यन्त
चोटयिष्यसे	चोटयिष्येथे	चोटयिष्यध्वे	अचोटयिष्यथाः	अचोटयिष्येथाम्	अचोटयिष्यध्वम्
चोटयिष्ये	चोटयिष्यावहे	चोटयिष्यामहे	अचोटयिष्ये	अचोटयिष्यावहि	अचोटयिष्यामहि
चोटयिता	चोटयितारौ	चोटयितारः	चोटयिषीष्ट	चोटयिषीयास्ताम्	चोटयिषीरन्
चोटयितासे	चोटयितासाथे	चोटयिताध्वे	चोटयिषीष्ठाः	चोटयिषीयास्थाम्	चोटयिषीध्वम् -ढ्वम्
चोटयिताहे	चोटयितास्वहे	चोटयितास्महे	चोटयिषीय	चोटयिषीवहि	चोटयिषीमहि
चोटयाम्बभूव	चोटयाम्बभूवतुः	चोटयाम्बभूवुः	अचूचुटत	अचूचुटेताम्	अचूचुटन्त
चोटयाञ्चक्रे	चोटयाञ्चक्राते	चोटयाञ्चक्रिरे			
चोटयामास	चोटयामासतुः	चोटयामासुः			
चोटयाम्बभूविथ	चोटयाम्बभूवथुः	चोटयाम्बभूव	अचूचुटथाः	अचूचुटेथाम्	अचूचुटध्वम्
चोटयाञ्चकृषे	चोटयाञ्चक्राथे	चोटयाञ्चकृढ्वे			
चोटयामासिथ	चोटयामासथुः	चोटयामास			
चोटयाम्बभूव	चोटयाम्बभूविव	चोटयाम्बभूविम	अचूचुटे	अचूचुटावहि	अचूचुटामहि
चोटयाञ्चक्रे	चोटयाञ्चकृवहे	चोटयाञ्चकृमहे			
चोटयामास	चोटयामासिव	चोटयामासिम			

1614 मुट सञ्चूर्णने । crush, powder

10c 81 मुटँ । मुट् । मोटयति / ते । U । सेट् । स० । मोटि । मोटय । **Parasmaipadi Forms**

मोटयति	मोटयतः	मोटयन्ति[1]	अमोटयत् -द्	अमोटयताम्	अमोटयन्[1]
मोटयसि	मोटयथः	मोटयथ	अमोटयः	अमोटयतम्	अमोटयत
मोटयामि[2]	मोटयावः[2]	मोटयामः[2]	अमोटयम्[1]	अमोटयाव[2]	अमोटयाम[2]
मोटयतु मोटयतात् -द्	मोटयताम्	मोटयन्तु[1]	मोटयेत् -द्	मोटयेताम्	मोटयेयुः
मोटय मोटयतात् -द्	मोटयतम्	मोटयत	मोटयेः	मोटयेतम्	मोटयेत
मोटयानि[3]	मोटयाव[3]	मोटयाम[3]	मोटयेयम्	मोटयेव	मोटयेम
मोटयिष्यति	मोटयिष्यतः	मोटयिष्यन्ति	अमोटयिष्यत् -द्	अमोटयिष्यताम्	अमोटयिष्यन्
मोटयिष्यसि	मोटयिष्यथः	मोटयिष्यथ	अमोटयिष्यः	अमोटयिष्यतम्	अमोटयिष्यत
मोटयिष्यामि	मोटयिष्यावः	मोटयिष्यामः	अमोटयिष्यम्	अमोटयिष्याव	अमोटयिष्याम
मोटयिता	मोटयितारौ	मोटयितारः	मोट्यात् -द्	मोट्यास्ताम्	मोट्यासुः
मोटयितासि	मोटयितास्थः	मोटयितास्थ	मोट्याः	मोट्यास्तम्	मोट्यास्त
मोटयितास्मि	मोटयितास्वः	मोटयितास्मः	मोट्यासम्	मोट्यास्व	मोट्यास्म

मोटयाम्बभूव	मोटयाम्बभूवतुः	मोटयाम्बभूवुः	अमूमुटत् -द्	अमूमुटताम्	अमूमुटन्
मोटयाञ्चकार	मोटयाञ्चक्रतुः	मोटयाञ्चक्रुः			
मोटयामास	मोटयामासतुः	मोटयामासुः			
मोटयाम्बभूविथ	मोटयाम्बभूवथुः	मोटयाम्बभूव	अमूमुटः	अमूमुटतम्	अमूमुटत
मोटयाञ्चकर्थ	मोटयाञ्चक्रथुः	मोटयाञ्चक्र			
मोटयामासिथ	मोटयामासथुः	मोटयामास			
मोटयाम्बभूव	मोटयाम्बभूविव	मोटयाम्बभूविम	अमूमुटम्	अमूमुटाव	अमूमुटाम
मोटयाञ्चकर -कार	मोटयाञ्चकृव	मोटयाञ्चकृम			
मोटयामास	मोटयामासिव	मोटयामासिम			

Atmanepadi Forms

मोटयते	मोटयेते[4]	मोटयन्ते[1]	अमोटयत	अमोटयेताम्[4]	अमोटयन्त[1]
मोटयसे	मोटयेथे[4]	मोटयध्वे	अमोटयथाः	अमोटयेथाम्[4]	अमोटयध्वम्
मोटये[1]	मोटयावहे[2]	मोटयामहे[2]	अमोटये[4]	अमोटयावहि[3]	अमोटयामहि[3]

मोटयताम्	मोटयेताम्[4]	मोटयन्ताम्[1]	मोटयेत	मोटयेयाताम्	मोटयेरन्
मोटयस्व	मोटयेथाम्[4]	मोटयध्वम्	मोटयेथाः	मोटयेयाथाम्	मोटयेध्वम्
मोटयै[5]	मोटयावहै[3]	मोटयामहै[3]	मोटयेय	मोटयेवहि	मोटयेमहि

मोटयिष्यते	मोटयिष्येते	मोटयिष्यन्ते	अमोटयिष्यत	अमोटयिष्येताम्	अमोटयिष्यन्त
मोटयिष्यसे	मोटयिष्येथे	मोटयिष्यध्वे	अमोटयिष्यथाः	अमोटयिष्येथाम्	अमोटयिष्यध्वम्
मोटयिष्ये	मोटयिष्यावहे	मोटयिष्यामहे	अमोटयिष्ये	अमोटयिष्यावहि	अमोटयिष्यामहि

मोटयिता	मोटयितारौ	मोटयितारः	मोटयिषीष्ट	मोटयिषीयास्ताम्	मोटयिषीरन्
मोटयितासे	मोटयितासाथे	मोटयिताध्वे	मोटयिषीष्ठाः	मोटयिषीयास्थाम्	मोटयिषीध्वम् -ढ्वम्
मोटयिताहे	मोटयितास्वहे	मोटयितास्महे	मोटयिषीय	मोटयिषीवहि	मोटयिषीमहि

मोटयाम्बभूव	मोटयाम्बभूवतुः	मोटयाम्बभूवुः	अमूमुटत	अमूमुटेताम्	अमूमुटन्त
मोटयाञ्चक्रे	मोटयाञ्चक्राते	मोटयाञ्चक्रिरे			
मोटयामास	मोटयामासतुः	मोटयामासुः			
मोटयाम्बभूविथ	मोटयाम्बभूवथुः	मोटयाम्बभूव	अमूमुटथाः	अमूमुटेथाम्	अमूमुटध्वम्
मोटयाञ्चकृषे	मोटयाञ्चक्राथे	मोटयाञ्चकृढ्वे			
मोटयामासिथ	मोटयामासथुः	मोटयामास			
मोटयाम्बभूव	मोटयाम्बभूविव	मोटयाम्बभूविम	अमूमुटे	अमूमुटावहि	अमूमुटामहि
मोटयाञ्चक्रे	मोटयाञ्चकृवहे	मोटयाञ्चकृमहे			
मोटयामास	मोटयामासिव	मोटयामासिम			

1615 पडि नाशने । इदित् वैकल्पिकः णिच् । destroy 8.3.24 8.4.58 7.1.58 इदितो नुम् धातोः ।
10c 82 पडिँ । पण्ड् । पण्डयति / ते, पण्डति । U । सेट् । स० । पण्डि । पण्डय ।

Parasmaipadi Forms

पण्डयति	पण्डयतः	पण्डयन्ति[1]	अपण्डयत् -द्	अपण्डयताम्	अपण्डयन्[1]
पण्डयसि	पण्डयथः	पण्डयथ	अपण्डयः	अपण्डयतम्	अपण्डयत
पण्डयामि[2]	पण्डयावः[2]	पण्डयामः[2]	अपण्डयम्[1]	अपण्डयाव[2]	अपण्डयाम[2]

पण्डयतु पण्डयतात् -द्	पण्डयताम्	पण्डयन्तु[1]	पण्डयेत् -द्	पण्डयेताम्	पण्डयेयुः
पण्डय पण्डयतात् -द्	पण्डयतम्	पण्डयत	पण्डयेः	पण्डयेतम्	पण्डयेत
पण्डयानि[3]	पण्डयाव[3]	पण्डयाम[3]	पण्डयेयम्	पण्डयेव	पण्डयेम

पण्डयिष्यति	पण्डयिष्यतः	पण्डयिष्यन्ति	अपण्डयिष्यत् -द्	अपण्डयिष्यताम्	अपण्डयिष्यन्
पण्डयिष्यसि	पण्डयिष्यथः	पण्डयिष्यथ	अपण्डयिष्यः	अपण्डयिष्यतम्	अपण्डयिष्यत
पण्डयिष्यामि	पण्डयिष्यावः	पण्डयिष्यामः	अपण्डयिष्यम्	अपण्डयिष्याव	अपण्डयिष्याम

पण्डयिता	पण्डयितारौ	पण्डयितारः	पण्ड्यात् -द्	पण्ड्यास्ताम्	पण्ड्यासुः
पण्डयितासि	पण्डयितास्थः	पण्डयितास्थ	पण्ड्याः	पण्ड्यास्तम्	पण्ड्यास्त
पण्डयितास्मि	पण्डयितास्वः	पण्डयितास्मः	पण्ड्यासम्	पण्ड्यास्व	पण्ड्यास्म

पण्डयाम्बभूव	पण्डयाम्बभूवतुः	पण्डयाम्बभूवुः	अपपण्डत् -द्	अपपण्डताम्	अपपण्डन्
पण्डयाञ्चकार	पण्डयाञ्चक्रतुः	पण्डयाञ्चक्रुः			
पण्डयामास	पण्डयामासतुः	पण्डयामासुः			
पण्डयाम्बभूविथ	पण्डयाम्बभूवथुः	पण्डयाम्बभूव	अपपण्डः	अपपण्डतम्	अपपण्डत
पण्डयाञ्चकर्थ	पण्डयाञ्चक्रथुः	पण्डयाञ्चक्र			
पण्डयामासिथ	पण्डयामासथुः	पण्डयामास			
पण्डयाम्बभूव	पण्डयाम्बभूविव	पण्डयाम्बभूविम	अपपण्डम्	अपपण्डाव	अपपण्डाम
पण्डयाञ्चकर -कार	पण्डयाञ्चकृव	पण्डयाञ्चकृम			
पण्डयामास	पण्डयामासिव	पण्डयामासिम			

Atmanepadi Forms

पण्डयते	पण्डयेते[4]	पण्डयन्ते[1]	अपण्डयत	अपण्डयेताम्[4]	अपण्डयन्त[1]
पण्डयसे	पण्डयेथे[4]	पण्डयध्वे	अपण्डयथाः	अपण्डयेथाम्[4]	अपण्डयध्वम्
पण्डये[1]	पण्डयावहे[2]	पण्डयामहे[2]	अपण्डये[4]	अपण्डयावहि[3]	अपण्डयामहि[3]

पण्डयताम्	पण्डयेताम्[4]	पण्डयन्ताम्[1]	पण्डयेत	पण्डयेयाताम्	पण्डयेरन्
पण्डयस्व	पण्डयेथाम्[4]	पण्डयध्वम्	पण्डयेथाः	पण्डयेयाथाम्	पण्डयेध्वम्

पण्डयै[5]	पण्डयावहै[3]	पण्डयामहै[3]	पण्डयेय	पण्डयेवहि	पण्डयेमहि

पण्डयिष्यते	पण्डयिष्येते	पण्डयिष्यन्ते	अपण्डयिष्यत	अपण्डयिष्येताम्	अपण्डयिष्यन्त
पण्डयिष्यसे	पण्डयिष्येथे	पण्डयिष्यध्वे	अपण्डयिष्यथाः	अपण्डयिष्येथाम्	अपण्डयिष्यध्वम्
पण्डयिष्ये	पण्डयिष्यावहे	पण्डयिष्यामहे	अपण्डयिष्ये	अपण्डयिष्यावहि	अपण्डयिष्यामहि

पण्डयिता	पण्डयितारौ	पण्डयितारः	पण्डयिषीष्ट	पण्डयिषीयास्ताम्	पण्डयिषीरन्
पण्डयितासे	पण्डयितासाथे	पण्डयिताध्वे	पण्डयिषीष्ठाः	पण्डयिषीयास्थाम्	पण्डयिषीध्वम् -ढ्वम्
पण्डयिताहे	पण्डयितास्वहे	पण्डयितास्महे	पण्डयिषीय	पण्डयिषीवहि	पण्डयिषीमहि

पण्डयाम्बभूव	पण्डयाम्बभूवतुः	पण्डयाम्बभूवुः	अपपण्डत	अपपण्डेताम्	अपपण्डन्त
पण्डयाञ्चक्रे	पण्डयाञ्चक्राते	पण्डयाञ्चक्रिरे			
पण्डयामास	पण्डयामासतुः	पण्डयामासुः			
पण्डयाम्बभूविथ	पण्डयाम्बभूवथुः	पण्डयाम्बभूव	अपपण्डथाः	अपपण्डेथाम्	अपपण्डध्वम्
पण्डयाञ्चकृषे	पण्डयाञ्चक्राथे	पण्डयाञ्चकृढ्वे			
पण्डयामासिथ	पण्डयामासथुः	पण्डयामास			
पण्डयाम्बभूव	पण्डयाम्बभूविव	पण्डयाम्बभूविम	अपपण्डे	अपपण्डावहि	अपपण्डामहि
पण्डयाञ्चक्रे	पण्डयाञ्चकृवहे	पण्डयाञ्चकृमहे			
पण्डयामास	पण्डयामासिव	पण्डयामासिम			

णिजभावपक्षे 1.3.78 शेषात् कर्त्तरि परस्मैपदम् । इति पक्षे भ्वादिः इव पण्ड् । P । सेट् । स० ।

पण्डति	पण्डतः	पण्डन्ति	अपण्डत् -द्	अपण्डताम्	अपण्डन्
पण्डसि	पण्डथः	पण्डथ	अपण्डः	अपण्डतम्	अपण्डत
पण्डामि	पण्डावः	पण्डामः	अपण्डम्	अपण्डाव	अपण्डाम

पण्डतु पण्डतात् -द्	पण्डताम्	पण्डन्तु	पण्डेत् -द्	पण्डेताम्	पण्डेयुः
पण्ड पण्डतात् -द्	पण्डतम्	पण्डत	पण्डयेः	पण्डेतम्	पण्डेत
पण्डानि	पण्डाव	पण्डाम	पण्डेयम्	पण्डेव	पण्डेम

पण्डिष्यति	पण्डिष्यतः	पण्डिष्यन्ति	अपण्डिष्यत् -द्	अपण्डिष्यताम्	अपण्डिष्यन्
पण्डिष्यसि	पण्डिष्यथः	पण्डिष्यथ	अपण्डिष्यः	अपण्डिष्यतम्	अपण्डिष्यत
पण्डिष्यामि	पण्डिष्यावः	पण्डिष्यामः	अपण्डिष्यम्	अपण्डिष्याव	अपण्डिष्याम

पण्डिता	पण्डितारौ	पण्डितारः	पण्ड्यात् -द्	पण्ड्यास्ताम्	पण्ड्यासुः
पण्डितासि	पण्डितास्थः	पण्डितास्थ	पण्ड्याः	पण्ड्यास्तम्	पण्ड्यास्त
पण्डितास्मि	पण्डितास्वः	पण्डितास्मः	पण्ड्यासम्	पण्ड्यास्व	पण्ड्यास्म

पपण्ड	पपण्डतुः	पपण्डुः	अपण्डीत् -द्	अपण्डिष्टाम्	अपण्डिषुः
पपण्डिथ	पपण्डथुः	पपण्ड	अपण्डीः	अपण्डिष्टम्	अपण्डिष्ट
पपण्ड	पपण्डिव	पपण्डिम	अपण्डिषम्	अपण्डिष्व	अपण्डिष्म

1616 पसि नाशने । इदित्करणं णिचः पाक्षिकत्वे लिङ्गम् । destroy 8.3.24 8.4.58 7.1.58

10c 83 पसिँ । पंस् । पंसयति / ते , पंसति । U । सेट् । स० । पंसि । पंसय । **Parasmaipadi Forms**

पंसयति	पंसयतः	पंसयन्ति[1]	अपंसयत् -द्	अपंसयताम्	अपंसयन्[1]
पंसयसि	पंसयथः	पंसयथ	अपंसयः	अपंसयतम्	अपंसयत
पंसयामि[2]	पंसयावः[2]	पंसयामः[2]	अपंसयम्[1]	अपंसयाव[2]	अपंसयाम[2]

पंसयतु पंसयतात् -द्	पंसयताम्	पंसयन्तु[1]	पंसयेत् -द्	पंसयेताम्	पंसयेयुः
पंसय पंसयतात् -द्	पंसयतम्	पंसयत	पंसयेः	पंसयेतम्	पंसयेत
पंसयानि[3]	पंसयाव[3]	पंसयाम[3]	पंसयेयम्	पंसयेव	पंसयेम

पंसयिष्यति	पंसयिष्यतः	पंसयिष्यन्ति	अपंसयिष्यत् -द्	अपंसयिष्यताम्	अपंसयिष्यन्
पंसयिष्यसि	पंसयिष्यथः	पंसयिष्यथ	अपंसयिष्यः	अपंसयिष्यतम्	अपंसयिष्यत
पंसयिष्यामि	पंसयिष्यावः	पंसयिष्यामः	अपंसयिष्यम्	अपंसयिष्याव	अपंसयिष्याम

पंसयिता	पंसयितारौ	पंसयितारः	पंस्यात् -द्	पंस्यास्ताम्	पंस्यासुः
पंसयितासि	पंसयितास्थः	पंसयितास्थ	पंस्याः	पंस्यास्तम्	पंस्यास्त
पंसयितास्मि	पंसयितास्वः	पंसयितास्मः	पंस्यासम्	पंस्यास्व	पंस्यास्म

पंसयाम्बभूव	पंसयाम्बभूवतुः	पंसयाम्बभूवुः	अपपंसत् -द्	अपपंसताम्	अपपंसन्
पंसयाञ्चकार	पंसयाञ्चक्रतुः	पंसयाञ्चक्रुः			
पंसयामास	पंसयामासतुः	पंसयामासुः			
पंसयाम्बभूविथ	पंसयाम्बभूवथुः	पंसयाम्बभूव	अपपंसः	अपपंसतम्	अपपंसत
पंसयाञ्चकर्थ	पंसयाञ्चक्रथुः	पंसयाञ्चक्र			
पंसयामासिथ	पंसयामासथुः	पंसयामास			
पंसयाम्बभूव	पंसयाम्बभूविव	पंसयाम्बभूविम	अपपंसम्	अपपंसाव	अपपंसाम
पंसयाञ्चकर -कार	पंसयाञ्चकृव	पंसयाञ्चकृम			
पंसयामास	पंसयामासिव	पंसयामासिम			

Atmanepadi Forms

पंसयते	पंसयेते[4]	पंसयन्ते[1]	अपंसयत	अपंसयेताम्[4]	अपंसयन्त[1]
पंसयसे	पंसयेथे[4]	पंसयध्वे	अपंसयथाः	अपंसयेथाम्[4]	अपंसयध्वम्
पंसये[1]	पंसयावहे[2]	पंसयामहे[2]	अपंसये[4]	अपंसयावहि[3]	अपंसयामहि[3]

पंसयताम्	पंसयेताम्[4]	पंसयन्ताम्[1]	पंसयेत	पंसयेयाताम्	पंसयेरन्
पंसयस्व	पंसयेथाम्[4]	पंसयध्वम्	पंसयेथाः	पंसयेयाथाम्	पंसयेध्वम्
पंसयै[5]	पंसयावहै[3]	पंसयामहै[3]	पंसयेय	पंसयेवहि	पंसयेमहि

पंसयिष्यते	**पंसयिष्येते**	**पंसयिष्यन्ते**	**अपंसयिष्यत**	**अपंसयिष्येताम्**	**अपंसयिष्यन्त**
पंसयिष्यसे	**पंसयिष्येथे**	**पंसयिष्यध्वे**	**अपंसयिष्यथाः**	**अपंसयिष्येथाम्**	**अपंसयिष्यध्वम्**
पंसयिष्ये	**पंसयिष्यावहे**	**पंसयिष्यामहे**	**अपंसयिष्ये**	**अपंसयिष्यावहि**	**अपंसयिष्यामहि**

पंसयिता	**पंसयितारौ**	**पंसयितारः**	**पंसयिषीष्ट**	**पंसयिषीयास्ताम्**	**पंसयिषीरन्**
पंसयितासे	**पंसयितासाथे**	**पंसयिताध्वे**	**पंसयिषीष्ठाः**	**पंसयिषीयास्थाम्**	**पंसयिषीध्वम् -ढ्वम्**
पंसयिताहे	**पंसयितास्वहे**	**पंसयितास्महे**	**पंसयिषीय**	**पंसयिषीवहि**	**पंसयिषीमहि**

पंसयाम्बभूव	**पंसयाम्बभूवतुः**	**पंसयाम्बभूवुः**	**अपपंसत**	**अपपंसेताम्**	**अपपंसन्त**
पंसयाञ्चक्रे	**पंसयाञ्चक्राते**	**पंसयाञ्चक्रिरे**			
पंसयामास	**पंसयामासतुः**	**पंसयामासुः**			
पंसयाम्बभूविथ	**पंसयाम्बभूवथुः**	**पंसयाम्बभूव**	**अपपंसथाः**	**अपपंसेथाम्**	**अपपंसध्वम्**
पंसयाञ्चकृषे	**पंसयाञ्चक्राथे**	**पंसयाञ्चकृढ्वे**			
पंसयामासिथ	**पंसयामासथुः**	**पंसयामास**			
पंसयाम्बभूव	**पंसयाम्बभूविव**	**पंसयाम्बभूविम**	**अपपंसे**	**अपपंसावहि**	**अपपंसामहि**
पंसयाञ्चक्रे	**पंसयाञ्चकृवहे**	**पंसयाञ्चकृमहे**			
पंसयामास	**पंसयामासिव**	**पंसयामासिम**			

णिजभावपक्षे 1.3.78 **शेषात् कर्त्तरि परस्मैपदम् । इति पक्षे भ्वादिः इव पंस् ।** P **। सेट् । स० ।**

पंसति	पंसतः	पंसन्ति	अपंसत् -द्	अपंसताम्	अपंसन्
पंससि	पंसथः	पंसथ	अपंसः	अपंसतम्	अपंसत
पंसामि	पंसावः	पंसामः	अपंसम्	अपंसाव	अपंसाम

पंसतु पंसतात् -द्	पंसताम्	पंसन्तु	पंसेत् -द्	पंसेताम्	पंसेयुः
पंस पंसतात् -द्	पंसतम्	पंसत	पंसेः	पंसेतम्	पंसेत
पंसानि	पंसाव	पंसाम	पंसेयम्	पंसेव	पंसेम

पंसिष्यति	पंसिष्यतः	पंसिष्यन्ति	अपंसिष्यत् -द्	अपंसिष्यताम्	अपंसिष्यन्
पंसिष्यसि	पंसिष्यथः	पंसिष्यथ	अपंसिष्यः	अपंसिष्यतम्	अपंसिष्यत
पंसिष्यामि	पंसिष्यावः	पंसिष्यामः	अपंसिष्यम्	अपंसिष्याव	अपंसिष्याम

पंसिता	पंसितारौ	पंसितारः	पंस्यात् -द्	पंस्यास्ताम्	पंस्यासुः
पंसितासि	पंसितास्थः	पंसितास्थ	पंस्याः	पंस्यास्तम्	पंस्यास्त
पंसितास्मि	पंसितास्वः	पंसितास्मः	पंस्यासम्	पंस्यास्व	पंस्यास्म

पपंस	पपंसतुः	पपंसुः	अपंसीत् -द्	अपंसिष्टाम्	अपंसिषुः
पपंसिथ	पपंसथुः	पपंस	अपंसीः	अपंसिष्टम्	अपंसिष्ट
पपंस	पपंसिव	पपंसिम	अपंसिषम्	अपंसिष्व	अपंसिष्म

1617 **व्रज मार्गसंस्कारगत्योः । व्रज च मार्ग द्वौ धातू इति सिद्धान्तकौमुदी ।** prepare, go, roam

10c 84 **व्रजँ । व्रज् । व्राजयति / ते ।** U **। सेट् । स० । व्राजि । व्राजय ।** 7.2.116 **अत उपधायाः ।**

Parasmaipadi Forms

व्राजयति	व्राजयतः	व्राजयन्ति[1]	अव्राजयत् -द्	अव्राजयताम्	अव्राजयन्[1]
व्राजयसि	व्राजयथः	व्राजयथ	अव्राजयः	अव्राजयतम्	अव्राजयत
व्राजयामि[2]	व्राजयावः[2]	व्राजयामः[2]	अव्राजयम्[1]	अव्राजयाव[2]	अव्राजयाम[2]

व्राजयतु व्राजयतात् -द्	व्राजयताम्	व्राजयन्तु[1]	व्राजयेत् -द्	व्राजयेताम्	व्राजयेयुः
व्राजय व्राजयतात् -द्	व्राजयतम्	व्राजयत	व्राजयेः	व्राजयेतम्	व्राजयेत
व्राजयानि[3]	व्राजयाव[3]	व्राजयाम[3]	व्राजयेयम्	व्राजयेव	व्राजयेम

व्राजयिष्यति	व्राजयिष्यतः	व्राजयिष्यन्ति	अव्राजयिष्यत् -द्	अव्राजयिष्यताम्	अव्राजयिष्यन्
व्राजयिष्यसि	व्राजयिष्यथः	व्राजयिष्यथ	अव्राजयिष्यः	अव्राजयिष्यतम्	अव्राजयिष्यत
व्राजयिष्यामि	व्राजयिष्यावः	व्राजयिष्यामः	अव्राजयिष्यम्	अव्राजयिष्याव	अव्राजयिष्याम

व्राजयिता	व्राजयितारौ	व्राजयितारः	व्राज्यात् -द्	व्राज्यास्ताम्	व्राज्यासुः
व्राजयितासि	व्राजयितास्थः	व्राजयितास्थ	व्राज्याः	व्राज्यास्तम्	व्राज्यास्त
व्राजयितास्मि	व्राजयितास्वः	व्राजयितास्मः	व्राज्यासम्	व्राज्यास्व	व्राज्यास्म

व्राजयाम्बभूव	व्राजयाम्बभूवतुः	व्राजयाम्बभूवुः	अविव्रजत् -द्	अविव्रजताम्	अविव्रजन्
व्राजयाञ्चकार	व्राजयाञ्चक्रतुः	व्राजयाञ्चक्रुः			
व्राजयामास	व्राजयामासतुः	व्राजयामासुः			
व्राजयाम्बभूविथ	व्राजयाम्बभूवथुः	व्राजयाम्बभूव	अविव्रजः	अविव्रजतम्	अविव्रजत
व्राजयाञ्चकर्थ	व्राजयाञ्चक्रथुः	व्राजयाञ्चक्र			
व्राजयामासिथ	व्राजयामासथुः	व्राजयामास			
व्राजयाम्बभूव	व्राजयाम्बभूविव	व्राजयाम्बभूविम	अविव्रजम्	अविव्रजाव	अविव्रजाम
व्राजयाञ्चकर -कार	व्राजयाञ्चकृव	व्राजयाञ्चकृम			
व्राजयामास	व्राजयामासिव	व्राजयामासिम			

Atmanepadi Forms

व्राजयते	व्राजयेते[4]	व्राजयन्ते[1]	अव्राजयत	अव्राजयेताम्[4]	अव्राजयन्त[1]
व्राजयसे	व्राजयेथे[4]	व्राजयध्वे	अव्राजयथाः	अव्राजयेथाम्[4]	अव्राजयध्वम्
व्राजये[1]	व्राजयावहे[2]	व्राजयामहे[2]	अव्राजये[4]	अव्राजयावहि[3]	अव्राजयामहि[3]

व्राजयताम्	व्राजयेताम्[4]	व्राजयन्ताम्[1]	व्राजयेत	व्राजयेयाताम्	व्राजयेरन्
व्राजयस्व	व्राजयेथाम्[4]	व्राजयध्वम्	व्राजयेथाः	व्राजयेयाथाम्	व्राजयेध्वम्
व्राजयै[5]	व्राजयावहै[3]	व्राजयामहै[3]	व्राजयेय	व्राजयेवहि	व्राजयेमहि

व्राजयिष्यते	व्राजयिष्येते	व्राजयिष्यन्ते	अव्राजयिष्यत	अव्राजयिष्येताम्	अव्राजयिष्यन्त
व्राजयिष्यसे	व्राजयिष्येथे	व्राजयिष्यध्वे	अव्राजयिष्यथाः	अव्राजयिष्येथाम्	अव्राजयिष्यध्वम्

व्राजयिष्ये	व्राजयिष्यावहे	व्राजयिष्यामहे	अव्राजयिष्ये	अव्राजयिष्यावहि	अव्राजयिष्यामहि

व्राजयिता	व्राजयितारौ	व्राजयितारः	व्राजयिषीष्ट	व्राजयिषीयास्ताम्	व्राजयिषीरन्
व्राजयितासे	व्राजयितासाथे	व्राजयिताध्वे	व्राजयिषीष्ठाः	व्राजयिषीयास्थाम्	व्राजयिषीध्वम् -ढ्वम्
व्राजयिताहे	व्राजयितास्वहे	व्राजयितास्महे	व्राजयिषीय	व्राजयिषीवहि	व्राजयिषीमहि

व्राजयाम्बभूव	व्राजयाम्बभूवतुः	व्राजयाम्बभूवुः	अविव्रजत	अविव्रजेताम्	अविव्रजन्त
व्राजयाञ्चक्रे	व्राजयाञ्चक्राते	व्राजयाञ्चक्रिरे			
व्राजयामास	व्राजयामासतुः	व्राजयामासुः			
व्राजयाम्बभूविथ	व्राजयाम्बभूवथुः	व्राजयाम्बभूव	अविव्रजथाः	अविव्रजेथाम्	अविव्रजध्वम्
व्राजयाञ्चकृषे	व्राजयाञ्चक्राथे	व्राजयाञ्चकृढ्वे			
व्राजयामासिथ	व्राजयामासथुः	व्राजयामास			
व्राजयाम्बभूव	व्राजयाम्बभूविव	व्राजयाम्बभूविम	अविव्रजे	अविव्रजावहि	अविव्रजामहि
व्राजयाञ्चक्रे	व्राजयाञ्चकृवहे	व्राजयाञ्चकृमहे			
व्राजयामास	व्राजयामासिव	व्राजयामासिम			

1618 **मार्ग संस्कारगत्योः** । In Siddhanta Kaumudi this is listed as a separate Root. However in standard Dhatupathas, including Madhaviya Dhatuvritti it is not distinct. Already a distinct Root 1846 **मार्ग अन्वेषणे** is present in Dhatupatha.

1618 Now Dhatu **Serial Number** differs by 1 from Siddhanta Kaumudi.

1618 **शुल्क अतिस्पर्शने** । **अतिसर्जने इत्येके** । tax, pay duty, grow, release
10c 85 **शुल्कँ** । **शुल्क्** । **शुल्कयति / ते** । U । **सेट्** । **स०** । **शुल्कि** । **शुल्कय** ।
Siddhanta Kaumudi Dhatu **Serial Number** is **1619 शुल्क अतिस्पर्शने** । **Parasmaipadi Forms**

शुल्कयति	शुल्कयतः	शुल्कयन्ति[1]	अशुल्कयत् -द्	अशुल्कयताम्	अशुल्कयन्[1]
शुल्कयसि	शुल्कयथः	शुल्कयथ	अशुल्कयः	अशुल्कयतम्	अशुल्कयत
शुल्कयामि[2]	शुल्कयावः[2]	शुल्कयामः[2]	अशुल्कयम्[1]	अशुल्कयाव[2]	अशुल्कयाम[2]

शुल्कयतु शुल्कयतात् -द्	शुल्कयताम्	शुल्कयन्तु[1]	शुल्कयेत् -द्	शुल्कयेताम्	शुल्कयेयुः
शुल्कय शुल्कयतात् -द्	शुल्कयतम्	शुल्कयत	शुल्कयेः	शुल्कयेतम्	शुल्कयेत
शुल्कयानि[3]	शुल्कयाव[3]	शुल्कयाम[3]	शुल्कयेयम्	शुल्कयेव	शुल्कयेम

शुल्कयिष्यति	शुल्कयिष्यतः	शुल्कयिष्यन्ति	अशुल्कयिष्यत् -द	अशुल्कयिष्यताम्	अशुल्कयिष्यन्
शुल्कयिष्यसि	शुल्कयिष्यथः	शुल्कयिष्यथ	अशुल्कयिष्यः	अशुल्कयिष्यतम्	अशुल्कयिष्यत
शुल्कयिष्यामि	शुल्कयिष्यावः	शुल्कयिष्यामः	अशुल्कयिष्यम्	अशुल्कयिष्याव	अशुल्कयिष्याम

शुल्कयिता	शुल्कयितारौ	शुल्कयितारः	शुल्क्यात् -द्	शुल्क्यास्ताम्	शुल्क्यासुः
शुल्कयितासि	शुल्कयितास्थः	शुल्कयितास्थ	शुल्क्याः	शुल्क्यास्तम्	शुल्क्यास्त
शुल्कयितास्मि	शुल्कयितास्वः	शुल्कयितास्मः	शुल्क्यासम्	शुल्क्यास्व	शुल्क्यास्म

शुल्कयाम्बभूव	शुल्कयाम्बभूवतुः	शुल्कयाम्बभूवुः	अशुशुल्कत् -द्	अशुशुल्कताम्	अशुशुल्कन्
शुल्कयाञ्चकार	शुल्कयाञ्चक्रतुः	शुल्कयाञ्चक्रुः			
शुल्कयामास	शुल्कयामासतुः	शुल्कयामासुः			
शुल्कयाम्बभूविथ	शुल्कयाम्बभूवथुः	शुल्कयाम्बभूव	अशुशुल्कः	अशुशुल्कतम्	अशुशुल्कत
शुल्कयाञ्चकर्थ	शुल्कयाञ्चक्रथुः	शुल्कयाञ्चक्र			
शुल्कयामासिथ	शुल्कयामासथुः	शुल्कयामास			
शुल्कयाम्बभूव	शुल्कयाम्बभूविव	शुल्कयाम्बभूविम	अशुशुल्कम्	अशुशुल्काव	अशुशुल्काम
शुल्कयाञ्चकर -कार	शुल्कयाञ्चकृव	शुल्कयाञ्चकृम			
शुल्कयामास	शुल्कयामासिव	शुल्कयामासिम			

Atmanepadi Forms

शुल्कयते	शुल्कयेते[4]	शुल्कयन्ते[1]	अशुल्कयत	अशुल्कयेताम्[4]	अशुल्कयन्त[1]
शुल्कयसे	शुल्कयेथे[4]	शुल्कयध्वे	अशुल्कयथाः	अशुल्कयेथाम्[4]	अशुल्कयध्वम्
शुल्कये[1]	शुल्कयावहे[2]	शुल्कयामहे[2]	अशुल्कये[4]	अशुल्कयावहि[3]	अशुल्कयामहि[3]

शुल्कयताम्	शुल्कयेताम्[4]	शुल्कयन्ताम्[1]	शुल्कयेत	शुल्कयेयाताम्	शुल्कयेरन्
शुल्कयस्व	शुल्कयेथाम्[4]	शुल्कयध्वम्	शुल्कयेथाः	शुल्कयेयाथाम्	शुल्कयेध्वम्
शुल्कयै[5]	शुल्कयावहै[3]	शुल्कयामहै[3]	शुल्कयेय	शुल्कयेवहि	शुल्कयेमहि

शुल्कयिष्यते	शुल्कयिष्येते	शुल्कयिष्यन्ते	अशुल्कयिष्यत	अशुल्कयिष्येताम्	अशुल्कयिष्यन्त
शुल्कयिष्यसे	शुल्कयिष्येथे	शुल्कयिष्यध्वे	अशुल्कयिष्यथाः	अशुल्कयिष्येथाम्	अशुल्कयिष्यध्वम्
शुल्कयिष्ये	शुल्कयिष्यावहे	शुल्कयिष्यामहे	अशुल्कयिष्ये	अशुल्कयिष्यावहि	अशुल्कयिष्यामहि

शुल्कयिता	शुल्कयितारौ	शुल्कयितारः	शुल्कयिषीष्ट	शुल्कयिषीयास्ताम्	शुल्कयिषीरन्
शुल्कयितासे	शुल्कयितासाथे	शुल्कयिताध्वे	शुल्कयिषीष्ठाः	शुल्कयिषीयास्थाम्	शुल्कयिषीध्वम् -ढ्वम्
शुल्कयिताहे	शुल्कयितास्वहे	शुल्कयितास्महे	शुल्कयिषीय	शुल्कयिषीवहि	शुल्कयिषीमहि

शुल्कयाम्बभूव	शुल्कयाम्बभूवतुः	शुल्कयाम्बभूवुः	अशुशुल्कत	अशुशुल्केताम्	अशुशुल्कन्त
शुल्कयाञ्चक्रे	शुल्कयाञ्चक्राते	शुल्कयाञ्चक्रिरे			
शुल्कयामास	शुल्कयामासतुः	शुल्कयामासुः			
शुल्कयाम्बभूविथ	शुल्कयाम्बभूवथुः	शुल्कयाम्बभूव	अशुशुल्कथाः	अशुशुल्केथाम्	अशुशुल्कध्वम्
शुल्कयाञ्चकृषे	शुल्कयाञ्चक्राथे	शुल्कयाञ्चकृढ्वे			

शुल्कयामासिथ	शुल्कयामासथुः	शुल्कयामास			
शुल्कयाम्बभूव	शुल्कयाम्बभूविव	शुल्कयाम्बभूविम	अशुशुल्के	अशुशुल्कावहि	अशुशुल्कामहि
शुल्कयाञ्चक्रे	शुल्कयाञ्चकृवहे	शुल्कयाञ्चकृमहे			
शुल्कयामास	शुल्कयामासिव	शुल्कयामासिम			

1619 चपि गत्याम् । इदित्करणं णिचः पाक्षिकत्वे लिङ्गम् । go 7.1.58 इदितो नुम् धातोः । 8.3.24 8.4.58
10c 86 चपिँ । चम्प् । चम्पयति / ते , चम्पति । U । सेट् । स० । चम्पि । चम्पय ।

Parasmaipadi Forms

चम्पयति	चम्पयतः	चम्पयन्ति[1]	अचम्पयत् -द्	अचम्पयताम्	अचम्पयन्[1]
चम्पयसि	चम्पयथः	चम्पयथ	अचम्पयः	अचम्पयतम्	अचम्पयत
चम्पयामि[2]	चम्पयावः[2]	चम्पयामः[2]	अचम्पयम्[1]	अचम्पयाव[2]	अचम्पयाम[2]

चम्पयतु चम्पयतात् -द्	चम्पयताम्	चम्पयन्तु[1]	चम्पयेत् -द्	चम्पयेताम्	चम्पयेयुः
चम्पय चम्पयतात् -द्	चम्पयतम्	चम्पयत	चम्पयेः	चम्पयेतम्	चम्पयेत
चम्पयानि[3]	चम्पयाव[3]	चम्पयाम[3]	चम्पयेयम्	चम्पयेव	चम्पयेम

चम्पयिष्यति	चम्पयिष्यतः	चम्पयिष्यन्ति	अचम्पयिष्यत् -द्	अचम्पयिष्यताम्	अचम्पयिष्यन्
चम्पयिष्यसि	चम्पयिष्यथः	चम्पयिष्यथ	अचम्पयिष्यः	अचम्पयिष्यतम्	अचम्पयिष्यत
चम्पयिष्यामि	चम्पयिष्यावः	चम्पयिष्यामः	अचम्पयिष्यम्	अचम्पयिष्याव	अचम्पयिष्याम

चम्पयिता	चम्पयितारौ	चम्पयितारः	चम्प्यात् -द्	चम्प्यास्ताम्	चम्प्यासुः
चम्पयितासि	चम्पयितास्थः	चम्पयितास्थ	चम्प्याः	चम्प्यास्तम्	चम्प्यास्त
चम्पयितास्मि	चम्पयितास्वः	चम्पयितास्मः	चम्प्यासम्	चम्प्यास्व	चम्प्यास्म

चम्पयाम्बभूव	चम्पयाम्बभूवतुः	चम्पयाम्बभूवुः	अचचम्पत् -द्	अचचम्पताम्	अचचम्पन्
चम्पयाञ्चकार	चम्पयाञ्चक्रतुः	चम्पयाञ्चक्रुः			
चम्पयामास	चम्पयामासतुः	चम्पयामासुः			
चम्पयाम्बभूविथ	चम्पयाम्बभूवथुः	चम्पयाम्बभूव	अचचम्पः	अचचम्पतम्	अचचम्पत
चम्पयाञ्चकर्थ	चम्पयाञ्चक्रथुः	चम्पयाञ्चक्र			
चम्पयामासिथ	चम्पयामासथुः	चम्पयामास			
चम्पयाम्बभूव	चम्पयाम्बभूविव	चम्पयाम्बभूविम	अचचम्पम्	अचचम्पाव	अचचम्पाम
चम्पयाञ्चकर -कार	चम्पयाञ्चकृव	चम्पयाञ्चकृम			
चम्पयामास	चम्पयामासिव	चम्पयामासिम			

Atmanepadi Forms

चम्पयते	चम्पयेते[4]	चम्पयन्ते[1]	अचम्पयत	अचम्पयेताम्[4]	अचम्पयन्त[1]
चम्पयसे	चम्पयेथे[4]	चम्पयध्वे	अचम्पयथाः	अचम्पयेथाम्[4]	अचम्पयध्वम्

चम्पये[1]	चम्पयावहे[2]	चम्पयामहे[2]	अचम्पये[4]	अचम्पयावहि[3]	अचम्पयामहि[3]

चम्पयताम्	चम्पयेताम्[4]	चम्पयन्ताम्[1]	चम्पयेत	चम्पयेयाताम्	चम्पयेरन्
चम्पयस्व	चम्पयेथाम्[4]	चम्पयध्वम्	चम्पयेथाः	चम्पयेयाथाम्	चम्पयेध्वम्
चम्पयै[5]	चम्पयावहै[3]	चम्पयामहै[3]	चम्पयेय	चम्पयेवहि	चम्पयेमहि

चम्पयिष्यते	चम्पयिष्येते	चम्पयिष्यन्ते	अचम्पयिष्यत	अचम्पयिष्येताम्	अचम्पयिष्यन्त
चम्पयिष्यसे	चम्पयिष्येथे	चम्पयिष्यध्वे	अचम्पयिष्यथाः	अचम्पयिष्येथाम्	अचम्पयिष्यध्वम्
चम्पयिष्ये	चम्पयिष्यावहे	चम्पयिष्यामहे	अचम्पयिष्ये	अचम्पयिष्यावहि	अचम्पयिष्यामहि

चम्पयिता	चम्पयितारौ	चम्पयितारः	चम्पयिषीष्ट	चम्पयिषीयास्ताम्	चम्पयिषीरन्
चम्पयितासे	चम्पयितासाथे	चम्पयिताध्वे	चम्पयिषीष्ठाः	चम्पयिषीयास्थाम्	चम्पयिषीध्वम् -ढ्वम्
चम्पयिताहे	चम्पयितास्वहे	चम्पयितास्महे	चम्पयिषीय	चम्पयिषीवहि	चम्पयिषीमहि

चम्पयाम्बभूव	चम्पयाम्बभूवतुः	चम्पयाम्बभूवुः	अचचम्पत	अचचम्पेताम्	अचचम्पन्त
चम्पयाञ्चक्रे	चम्पयाञ्चक्राते	चम्पयाञ्चक्रिरे			
चम्पयामास	चम्पयामासतुः	चम्पयामासुः			
चम्पयाम्बभूविथ	चम्पयाम्बभूवथुः	चम्पयाम्बभूव	अचचम्पथाः	अचचम्पेथाम्	अचचम्पध्वम्
चम्पयाञ्चकृषे	चम्पयाञ्चक्राथे	चम्पयाञ्चकृढ्वे			
चम्पयामासिथ	चम्पयामासथुः	चम्पयामास			
चम्पयाम्बभूव	चम्पयाम्बभूविव	चम्पयाम्बभूविम	अचचम्पे	अचचम्पावहि	अचचम्पामहि
चम्पयाञ्चक्रे	चम्पयाञ्चकृवहे	चम्पयाञ्चकृमहे			
चम्पयामास	चम्पयामासिव	चम्पयामासिम			

णिजभावपक्षे 1.3.78 शेषात् कर्त्तरि परस्मैपदम् । इति पक्षे भ्वादिः इव चम्प् । P । सेट् । स० ।

चम्पति	चम्पतः	चम्पन्ति	अचम्पत् -द्	अचम्पताम्	अचम्पन्
चम्पसि	चम्पथः	चम्पथ	अचम्पः	अचम्पतम्	अचम्पत
चम्पामि	चम्पावः	चम्पामः	अचम्पम्	अचम्पाव	अचम्पाम

चम्पतु चम्पतात् -द्	चम्पताम्	चम्पन्तु	चम्पेत् -द्	चम्पेताम्	चम्पेयुः
चम्प चम्पतात् -द्	चम्पतम्	चम्पत	चम्पेः	चम्पेतम्	चम्पेत
चम्पानि	चम्पाव	चम्पाम	चम्पेयम्	चम्पेव	चम्पेम

चम्पिष्यति	चम्पिष्यतः	चम्पिष्यन्ति	अचम्पिष्यत् -द्	अचम्पिष्यताम्	अचम्पिष्यन्
चम्पिष्यसि	चम्पिष्यथः	चम्पिष्यथ	अचम्पिष्यः	अचम्पिष्यतम्	अचम्पिष्यत
चम्पिष्यामि	चम्पिष्यावः	चम्पिष्यामः	अचम्पिष्यम्	अचम्पिष्याव	अचम्पिष्याम

चम्पिता	चम्पितारौ	चम्पितारः	चम्प्यात् -द्	चम्प्यास्ताम्	चम्प्यासुः
चम्पितासि	चम्पितास्थः	चम्पितास्थ	चम्प्याः	चम्प्यास्तम्	चम्प्यास्त
चम्पितास्मि	चम्पितास्वः	चम्पितास्मः	चम्प्यासम्	चम्प्यास्व	चम्प्यास्म

चचम्प	चचम्पतुः	चचम्पुः	अचम्पीत् -द्	अचम्पिष्टाम्	अचम्पिषुः
चचम्पिथ	चचम्पथुः	चचम्प	अचम्पीः	अचम्पिष्टम्	अचम्पिष्ट
चचम्प	चचम्पिव	चचम्पिम	अचम्पिषम्	अचम्पिष्व	अचम्पिष्म

1620 क्षपि क्षान्त्याम् । इदित्करणं णिचः पाक्षिकत्वे लिङ्गम् । bear, suffer, pity, shine
10c 87 क्षपिँ । क्षम्प् । क्षम्पयति / ते, क्षम्पति । U । सेट् । स० । क्षम्पि । क्षम्पय ।
7.1.58 इदितो नुम् धातोः । **Parasmaipadi Forms**

क्षम्पयति	क्षम्पयतः	क्षम्पयन्ति[1]	अक्षम्पयत् -द्	अक्षम्पयताम्	अक्षम्पयन्[1]
क्षम्पयसि	क्षम्पयथः	क्षम्पयथ	अक्षम्पयः	अक्षम्पयतम्	अक्षम्पयत
क्षम्पयामि[2]	क्षम्पयावः[2]	क्षम्पयामः[2]	अक्षम्पयम्[1]	अक्षम्पयाव[2]	अक्षम्पयाम[2]

क्षम्पयतु क्षम्पयतात् -द्	क्षम्पयताम्	क्षम्पयन्तु[1]	क्षम्पयेत् -द्	क्षम्पयेताम्	क्षम्पयेयुः
क्षम्पय क्षम्पयतात् -द्	क्षम्पयतम्	क्षम्पयत	क्षम्पयेः	क्षम्पयेतम्	क्षम्पयेत
क्षम्पयाणि[3]	क्षम्पयाव[3]	क्षम्पयाम[3]	क्षम्पयेयम्	क्षम्पयेव	क्षम्पयेम

क्षम्पयिष्यति	क्षम्पयिष्यतः	क्षम्पयिष्यन्ति	अक्षम्पयिष्यत् -द्	अक्षम्पयिष्यताम्	अक्षम्पयिष्यन्
क्षम्पयिष्यसि	क्षम्पयिष्यथः	क्षम्पयिष्यथ	अक्षम्पयिष्यः	अक्षम्पयिष्यतम्	अक्षम्पयिष्यत
क्षम्पयिष्यामि	क्षम्पयिष्यावः	क्षम्पयिष्यामः	अक्षम्पयिष्यम्	अक्षम्पयिष्याव	अक्षम्पयिष्याम

क्षम्पयिता	क्षम्पयितारौ	क्षम्पयितारः	क्षम्प्यात् -द्	क्षम्प्यास्ताम्	क्षम्प्यासुः
क्षम्पयितासि	क्षम्पयितास्थः	क्षम्पयितास्थ	क्षम्प्याः	क्षम्प्यास्तम्	क्षम्प्यास्त
क्षम्पयितास्मि	क्षम्पयितास्वः	क्षम्पयितास्मः	क्षम्प्यासम्	क्षम्प्यास्व	क्षम्प्यास्म

क्षम्पयाम्बभूव	क्षम्पयाम्बभूवतुः	क्षम्पयाम्बभूवुः	अचक्षम्पत् -द्	अचक्षम्पताम्	अचक्षम्पन्
क्षम्पयाञ्चकार	क्षम्पयाञ्चक्रतुः	क्षम्पयाञ्चक्रुः			
क्षम्पयामास	क्षम्पयामासतुः	क्षम्पयामासुः			
क्षम्पयाम्बभूविथ	क्षम्पयाम्बभूवथुः	क्षम्पयाम्बभूव	अचक्षम्पः	अचक्षम्पतम्	अचक्षम्पत
क्षम्पयाञ्चकर्थ	क्षम्पयाञ्चक्रथुः	क्षम्पयाञ्चक्र			
क्षम्पयामासिथ	क्षम्पयामासथुः	क्षम्पयामास			
क्षम्पयाम्बभूव	क्षम्पयाम्बभूविव	क्षम्पयाम्बभूविम	अचक्षम्पम्	अचक्षम्पाव	अचक्षम्पाम
क्षम्पयाञ्चकर -कार	क्षम्पयाञ्चकृव	क्षम्पयाञ्चकृम			
क्षम्पयामास	क्षम्पयामासिव	क्षम्पयामासिम			

Atmanepadi Forms

क्षम्पयते	क्षम्पयेते[4]	क्षम्पयन्ते[1]	अक्षम्पयत	अक्षम्पयेताम्[4]	अक्षम्पयन्त[1]
क्षम्पयसे	क्षम्पयेथे[4]	क्षम्पयध्वे	अक्षम्पयथाः	अक्षम्पयेथाम्[4]	अक्षम्पयध्वम्
क्षम्पये[1]	क्षम्पयावहे[2]	क्षम्पयामहे[2]	अक्षम्पये[4]	अक्षम्पयावहि[3]	अक्षम्पयामहि[3]

क्षम्पयताम्	क्षम्पयेताम्[4]	क्षम्पयन्ताम्[1]	क्षम्पयेत	क्षम्पयेयाताम्	क्षम्पयेरन्
क्षम्पयस्व	क्षम्पयेथाम्[4]	क्षम्पयध्वम्	क्षम्पयेथाः	क्षम्पयेयाथाम्	क्षम्पयेध्वम्
क्षम्पयै[5]	क्षम्पयावहै[3]	क्षम्पयामहै[3]	क्षम्पयेय	क्षम्पयेवहि	क्षम्पयेमहि

क्षम्पयिष्यते	क्षम्पयिष्येते	क्षम्पयिष्यन्ते	अक्षम्पयिष्यत	अक्षम्पयिष्येताम्	अक्षम्पयिष्यन्त
क्षम्पयिष्यसे	क्षम्पयिष्येथे	क्षम्पयिष्यध्वे	अक्षम्पयिष्यथाः	अक्षम्पयिष्येथाम्	अक्षम्पयिष्यध्वम्
क्षम्पयिष्ये	क्षम्पयिष्यावहे	क्षम्पयिष्यामहे	अक्षम्पयिष्ये	अक्षम्पयिष्यावहि	अक्षम्पयिष्यामहि

क्षम्पयिता	क्षम्पयितारौ	क्षम्पयितारः	क्षम्पयिषीष्ट	क्षम्पयिषीयास्ताम्	क्षम्पयिषीरन्
क्षम्पयितासे	क्षम्पयितासाथे	क्षम्पयिताध्वे	क्षम्पयिषीष्ठाः	क्षम्पयिषीयास्थाम्	क्षम्पयिषीध्वम् -ढ्वम्
क्षम्पयिताहे	क्षम्पयितास्वहे	क्षम्पयितास्महे	क्षम्पयिषीय	क्षम्पयिषीवहि	क्षम्पयिषीमहि

क्षम्पयाम्बभूव	क्षम्पयाम्बभूवतुः	क्षम्पयाम्बभूवुः	अचक्षम्पत	अचक्षम्पेताम्	अचक्षम्पन्त
क्षम्पयाञ्चक्रे	क्षम्पयाञ्चक्राते	क्षम्पयाञ्चक्रिरे			
क्षम्पयामास	क्षम्पयामासतुः	क्षम्पयामासुः			
क्षम्पयाम्बभूविथ	क्षम्पयाम्बभूवथुः	क्षम्पयाम्बभूव	अचक्षम्पथाः	अचक्षम्पेथाम्	अचक्षम्पध्वम्
क्षम्पयाञ्चकृषे	क्षम्पयाञ्चक्राथे	क्षम्पयाञ्चकृढ्वे			
क्षम्पयामासिथ	क्षम्पयामासथुः	क्षम्पयामास			
क्षम्पयाम्बभूव	क्षम्पयाम्बभूविव	क्षम्पयाम्बभूविम	अचक्षम्पे	अचक्षम्पावहि	अचक्षम्पामहि
क्षम्पयाञ्चक्रे	क्षम्पयाञ्चकृवहे	क्षम्पयाञ्चकृमहे			
क्षम्पयामास	क्षम्पयामासिव	क्षम्पयामासिम			

णिजभावपक्षे 1.3.78 शेषात् कर्त्तरि परस्मैपदम् । इति पक्षे भ्वादिः इव क्षम्प् । P । सेट् । स० ।

क्षम्पति	क्षम्पतः	क्षम्पन्ति	अक्षम्पत् -द्	अक्षम्पताम्	अक्षम्पन्
क्षम्पसि	क्षम्पथः	क्षम्पथ	अक्षम्पः	अक्षम्पतम्	अक्षम्पत
क्षम्पामि	क्षम्पावः	क्षम्पामः	अक्षम्पम्	अक्षम्पाव	अक्षम्पाम

क्षम्पतु क्षम्पतात् -द्	क्षम्पताम्	क्षम्पन्तु	क्षम्पेत् -द्	क्षम्पेताम्	क्षम्पेयुः
क्षम्प क्षम्पतात् -द्	क्षम्पतम्	क्षम्पत	क्षम्पेः	क्षम्पेतम्	क्षम्पेत
क्षम्पाणि	क्षम्पाव	क्षम्पाम	क्षम्पेयम्	क्षम्पेव	क्षम्पेम

क्षम्पिष्यति	क्षम्पिष्यतः	क्षम्पिष्यन्ति	अक्षम्पिष्यत् -द्	अक्षम्पिष्यताम्	अक्षम्पिष्यन्
क्षम्पिष्यसि	क्षम्पिष्यथः	क्षम्पिष्यथ	अक्षम्पिष्यः	अक्षम्पिष्यतम्	अक्षम्पिष्यत
क्षम्पिष्यामि	क्षम्पिष्यावः	क्षम्पिष्यामः	अक्षम्पिष्यम्	अक्षम्पिष्याव	अक्षम्पिष्याम

क्षम्पिता	क्षम्पितारौ	क्षम्पितारः	क्षम्प्यात् -द्	क्षम्प्यास्ताम्	क्षम्प्यासुः
क्षम्पितासि	क्षम्पितास्थः	क्षम्पितास्थ	क्षम्प्याः	क्षम्प्यास्तम्	क्षम्प्यास्त
क्षम्पितास्मि	क्षम्पितास्वः	क्षम्पितास्मः	क्षम्प्यासम्	क्षम्प्यास्व	क्षम्प्यास्म

चक्षम्प	चक्षम्पतुः	चक्षम्पुः	अक्षम्पीत् -द्	अक्षम्पिष्टाम्	अक्षम्पिषुः
चक्षम्पिथ	चक्षम्पथुः	चक्षम्प	अक्षम्पीः	अक्षम्पिष्टम्	अक्षम्पिष्ट

चक्षम्प	चक्षम्पिव	चक्षम्पिम	अक्षम्पिषम्	अक्षम्पिष्व	अक्षम्पिष्म

1621 छजि कृच्छ्रजीवने । क्षजि इत्येके । इदित् वैकल्पिकः णिच् । bear with, live in distress
10c 88 छजिँ । छञ्ज् । छञ्जयति / ते , छञ्जति । U । सेट् । अ० । छञ्जि । छञ्जय ।
7.1.58 इदितो नुम् धातोः । **Parasmaipadi Forms**

छञ्जयति	छञ्जयतः	छञ्जयन्ति[1]	अच्छञ्जयत् -द्	अच्छञ्जयताम्	अच्छञ्जयन्[1]
छञ्जयसि	छञ्जयथः	छञ्जयथ	अच्छञ्जयः	अच्छञ्जयतम्	अच्छञ्जयत
छञ्जयामि[2]	छञ्जयावः[2]	छञ्जयामः[2]	अच्छञ्जयम्[1]	अच्छञ्जयाव[2]	अच्छञ्जयाम[2]

छञ्जयतु छञ्जयतात् -द्	छञ्जयताम्	छञ्जयन्तु[1]	छञ्जयेत् -द्	छञ्जयेताम्	छञ्जयेयुः
छञ्जय छञ्जयतात् -द्	छञ्जयतम्	छञ्जयत	छञ्जयेः	छञ्जयेतम्	छञ्जयेत
छञ्जयानि[3]	छञ्जयाव[3]	छञ्जयाम[3]	छञ्जयेयम्	छञ्जयेव	छञ्जयेम

छञ्जयिष्यति	छञ्जयिष्यतः	छञ्जयिष्यन्ति	अच्छञ्जयिष्यत् -द्	अच्छञ्जयिष्यताम्	अच्छञ्जयिष्यन्
छञ्जयिष्यसि	छञ्जयिष्यथः	छञ्जयिष्यथ	अच्छञ्जयिष्यः	अच्छञ्जयिष्यतम्	अच्छञ्जयिष्यत
छञ्जयिष्यामि	छञ्जयिष्यावः	छञ्जयिष्यामः	अच्छञ्जयिष्यम्	अच्छञ्जयिष्याव	अच्छञ्जयिष्याम

छञ्जयिता	छञ्जयितारौ	छञ्जयितारः	छञ्ज्यात् -द्	छञ्ज्यास्ताम्	छञ्ज्यासुः
छञ्जयितासि	छञ्जयितास्थः	छञ्जयितास्थ	छञ्ज्याः	छञ्ज्यास्तम्	छञ्ज्यास्त
छञ्जयितास्मि	छञ्जयितास्वः	छञ्जयितास्मः	छञ्ज्यासम्	छञ्ज्यास्व	छञ्ज्यास्म

छञ्जयाम्बभूव	छञ्जयाम्बभूवतुः	छञ्जयाम्बभूवुः	अचच्छञ्जत् -द्	अचच्छञ्जताम्	अचच्छञ्जन्
छञ्जयाञ्चकार	छञ्जयाञ्चक्रतुः	छञ्जयाञ्चक्रुः			
छञ्जयामास	छञ्जयामासतुः	छञ्जयामासुः			
छञ्जयाम्बभूविथ	छञ्जयाम्बभूवथुः	छञ्जयाम्बभूव	अचच्छञ्जः	अचच्छञ्जतम्	अचच्छञ्जत
छञ्जयाञ्चकर्थ	छञ्जयाञ्चक्रथुः	छञ्जयाञ्चक्र			
छञ्जयामासिथ	छञ्जयामासथुः	छञ्जयामास			
छञ्जयाम्बभूव	छञ्जयाम्बभूविव	छञ्जयाम्बभूविम	अचच्छञ्जम्	अचच्छञ्जाव	अचच्छञ्जाम
छञ्जयाञ्चकर -कार	छञ्जयाञ्चकृव	छञ्जयाञ्चकृम			
छञ्जयामास	छञ्जयामासिव	छञ्जयामासिम			

Atmanepadi Forms

छञ्जयते	छञ्जयेते[4]	छञ्जयन्ते[1]	अच्छञ्जयत	अच्छञ्जयेताम्[4]	अच्छञ्जयन्त[1]
छञ्जयसे	छञ्जयेथे[4]	छञ्जयध्वे	अच्छञ्जयथाः	अच्छञ्जयेथाम्[4]	अच्छञ्जयध्वम्
छञ्जये[1]	छञ्जयावहे[2]	छञ्जयामहे[2]	अच्छञ्जये[4]	अच्छञ्जयावहि[3]	अच्छञ्जयामहि[3]

छञ्जयताम्	छञ्जयेताम्[4]	छञ्जयन्ताम्[1]	छञ्जयेत	छञ्जयेयाताम्	छञ्जयेरन्
छञ्जयस्व	छञ्जयेथाम्[4]	छञ्जयध्वम्	छञ्जयेथाः	छञ्जयेयाथाम्	छञ्जयेध्वम्

| छञ्जयै[5] | छञ्जयावहै[3] | छञ्जयामहै[3] | छञ्जयेय | छञ्जयेवहि | छञ्जयेमहि |

छञ्जयिष्यते	छञ्जयिष्येते	छञ्जयिष्यन्ते	अच्छञ्जयिष्यत	अच्छञ्जयिष्येताम्	अच्छञ्जयिष्यन्त
छञ्जयिष्यसे	छञ्जयिष्येथे	छञ्जयिष्यध्वे	अच्छञ्जयिष्यथाः	अच्छञ्जयिष्येथाम्	अच्छञ्जयिष्यध्वम्
छञ्जयिष्ये	छञ्जयिष्यावहे	छञ्जयिष्यामहे	अच्छञ्जयिष्ये	अच्छञ्जयिष्यावहि	अच्छञ्जयिष्यामहि

छञ्जयिता	छञ्जयितारौ	छञ्जयितारः	छञ्जयिषीष्ट	छञ्जयिषीयास्ताम्	छञ्जयिषीरन्
छञ्जयितासे	छञ्जयितासाथे	छञ्जयिताध्वे	छञ्जयिषीष्ठाः	छञ्जयिषीयास्थाम्	छञ्जयिषीध्वम् -ढ्वम्
छञ्जयिताहे	छञ्जयितास्वहे	छञ्जयितास्महे	छञ्जयिषीय	छञ्जयिषीवहि	छञ्जयिषीमहि

छञ्जयाम्बभूव	छञ्जयाम्बभूवतुः	छञ्जयाम्बभूवुः	अचच्छञ्जत	अचच्छञ्जेताम्	अचच्छञ्जन्त
छञ्जयाञ्चक्रे	छञ्जयाञ्चक्राते	छञ्जयाञ्चक्रिरे			
छञ्जयामास	छञ्जयामासतुः	छञ्जयामासुः			
छञ्जयाम्बभूविथ	छञ्जयाम्बभूवथुः	छञ्जयाम्बभूव	अचच्छञ्जथाः	अचच्छञ्जेथाम्	अचच्छञ्जध्वम्
छञ्जयाञ्चकृषे	छञ्जयाञ्चक्राथे	छञ्जयाञ्चकृढ्वे			
छञ्जयामासिथ	छञ्जयामासथुः	छञ्जयामास			
छञ्जयाम्बभूव	छञ्जयाम्बभूविव	छञ्जयाम्बभूविम	अचच्छञ्जे	अचच्छञ्जावहि	अचच्छञ्जामहि
छञ्जयाञ्चक्रे	छञ्जयाञ्चकृवहे	छञ्जयाञ्चकृमहे			
छञ्जयामास	छञ्जयामासिव	छञ्जयामासिम			

णिजभावपक्षे 1.3.78 शेषात् कर्त्तरि परस्मैपदम् । इति पक्षे भ्वादिः इव छञ्ज् । P । सेट् । स० ।

छञ्जति	छञ्जतः	छञ्जन्ति	अच्छञ्जत् -द्	अच्छञ्जताम्	अच्छञ्जन्
छञ्जसि	छञ्जथः	छञ्जथ	अच्छञ्जः	अच्छञ्जतम्	अच्छञ्जत
छञ्जामि	छञ्जावः	छञ्जामः	अच्छञ्जम्	अच्छञ्जाव	अच्छञ्जाम

छञ्जतु छञ्जतात् -द्	छञ्जताम्	छञ्जन्तु	छञ्जेत् -द्	छञ्जेताम्	छञ्जेयुः
छञ्ज छञ्जतात् -द्	छञ्जतम्	छञ्जत	छञ्जेः	छञ्जेतम्	छञ्जेत
छञ्जानि	छञ्जाव	छञ्जाम	छञ्जेयम्	छञ्जेव	छञ्जेम

छञ्जिष्यति	छञ्जिष्यतः	छञ्जिष्यन्ति	अच्छञ्जिष्यत् -द्	अच्छञ्जिष्यताम्	अच्छञ्जिष्यन्
छञ्जिष्यसि	छञ्जिष्यथः	छञ्जिष्यथ	अच्छञ्जिष्यः	अच्छञ्जिष्यतम्	अच्छञ्जिष्यत
छञ्जिष्यामि	छञ्जिष्यावः	छञ्जिष्यामः	अच्छञ्जिष्यम्	अच्छञ्जिष्याव	अच्छञ्जिष्याम

छञ्जिता	छञ्जितारौ	छञ्जितारः	छञ्ज्यात् -द्	छञ्ज्यास्ताम्	छञ्ज्यासुः
छञ्जितासि	छञ्जितास्थः	छञ्जितास्थ	छञ्ज्याः	छञ्ज्यास्तम्	छञ्ज्यास्त
छञ्जितास्मि	छञ्जितास्वः	छञ्जितास्मः	छञ्ज्यासम्	छञ्ज्यास्व	छञ्ज्यास्म

| चच्छञ्ज | चच्छञ्जतुः | चच्छञ्जुः | अच्छञ्जीत् -द् | अच्छञ्जिष्टाम् | अच्छञ्जिषुः |

चच्छञ्जिथ	चच्छञ्जथुः	चच्छञ्ज	अच्छञ्जीः	अच्छञ्जिष्टम्	अच्छञ्जिष्ट
चच्छञ्ज	चच्छञ्जिव	चच्छञ्जिम	अच्छञ्जिषम्	अच्छञ्जिष्व	अच्छञ्जिष्म

1622 श्वर्त गत्याम् । go, fall in ditch

10c 89 श्वर्तँ । श्वर्त् । श्वर्तयति / ते । U । सेट् । स० । श्वर्ति । श्वर्तय । **Parasmaipadi Forms**

श्वर्तयति	श्वर्तयतः	श्वर्तयन्ति[1]	अश्वर्तयत् -द्	अश्वर्तयताम्	अश्वर्तयन्[1]
श्वर्तयसि	श्वर्तयथः	श्वर्तयथ	अश्वर्तयः	अश्वर्तयतम्	अश्वर्तयत
श्वर्तयामि[2]	श्वर्तयावः[2]	श्वर्तयामः[2]	अश्वर्तयम्[1]	अश्वर्तयाव[2]	अश्वर्तयाम[2]

श्वर्तयतु श्वर्तयतात् -द्	श्वर्तयताम्	श्वर्तयन्तु[1]	श्वर्तयेत् -द्	श्वर्तयेताम्	श्वर्तयेयुः
श्वर्तय श्वर्तयतात् -द्	श्वर्तयतम्	श्वर्तयत	श्वर्तयेः	श्वर्तयेतम्	श्वर्तयेत
श्वर्तयानि[3]	श्वर्तयाव[3]	श्वर्तयाम[3]	श्वर्तयेयम्	श्वर्तयेव	श्वर्तयेम

श्वर्तयिष्यति	श्वर्तयिष्यतः	श्वर्तयिष्यन्ति	अश्वर्तयिष्यत् -द्	अश्वर्तयिष्यताम्	अश्वर्तयिष्यन्
श्वर्तयिष्यसि	श्वर्तयिष्यथः	श्वर्तयिष्यथ	अश्वर्तयिष्यः	अश्वर्तयिष्यतम्	अश्वर्तयिष्यत
श्वर्तयिष्यामि	श्वर्तयिष्यावः	श्वर्तयिष्यामः	अश्वर्तयिष्यम्	अश्वर्तयिष्याव	अश्वर्तयिष्याम

श्वर्तयिता	श्वर्तयितारौ	श्वर्तयितारः	श्वर्त्यात् -द्	श्वर्त्यास्ताम्	श्वर्त्यासुः
श्वर्तयितासि	श्वर्तयितास्थः	श्वर्तयितास्थ	श्वर्त्याः	श्वर्त्यास्तम्	श्वर्त्यास्त
श्वर्तयितास्मि	श्वर्तयितास्वः	श्वर्तयितास्मः	श्वर्त्यासम्	श्वर्त्यास्व	श्वर्त्यास्म

श्वर्तयाम्बभूव	श्वर्तयाम्बभूवतुः	श्वर्तयाम्बभूवुः	अशश्वर्तत् -द्	अशश्वर्तताम्	अशश्वर्तन्
श्वर्तयाञ्चकार	श्वर्तयाञ्चक्रतुः	श्वर्तयाञ्चक्रुः			
श्वर्तयामास	श्वर्तयामासतुः	श्वर्तयामासुः			
श्वर्तयाम्बभूविथ	श्वर्तयाम्बभूवथुः	श्वर्तयाम्बभूव	अशश्वर्तः	अशश्वर्ततम्	अशश्वर्तत
श्वर्तयाञ्चकर्थ	श्वर्तयाञ्चक्रथुः	श्वर्तयाञ्चक्र			
श्वर्तयामासिथ	श्वर्तयामासथुः	श्वर्तयामास			
श्वर्तयाम्बभूव	श्वर्तयाम्बभूविव	श्वर्तयाम्बभूविम	अशश्वर्तम्	अशश्वर्ताव	अशश्वर्ताम
श्वर्तयाञ्चकर -कार	श्वर्तयाञ्चकृव	श्वर्तयाञ्चकृम			
श्वर्तयामास	श्वर्तयामासिव	श्वर्तयामासिम			

Atmanepadi Forms

श्वर्तयते	श्वर्तयेते[4]	श्वर्तयन्ते[1]	अश्वर्तयत	अश्वर्तयेताम्[4]	अश्वर्तयन्त[1]
श्वर्तयसे	श्वर्तयेथे[4]	श्वर्तयध्वे	अश्वर्तयथाः	अश्वर्तयेथाम्[4]	अश्वर्तयध्वम्
श्वर्तये[1]	श्वर्तयावहे[2]	श्वर्तयामहे[2]	अश्वर्तये[4]	अश्वर्तयावहि[3]	अश्वर्तयामहि[3]

श्वर्तयताम्	श्वर्तयेताम्[4]	श्वर्तयन्ताम्[1]	श्वर्तयेत	श्वर्तयेयाताम्	श्वर्तयेरन्

श्वर्तयस्व	श्वर्तयेथाम्[4]	श्वर्तयध्वम्	श्वर्तयेथाः	श्वर्तयेयाथाम्	श्वर्तयेध्वम्
श्वर्तयै[5]	श्वर्तयावहै[3]	श्वर्तयामहै[3]	श्वर्तयेय	श्वर्तयेवहि	श्वर्तयेमहि

श्वर्तयिष्यते	श्वर्तयिष्येते	श्वर्तयिष्यन्ते	अश्वर्तयिष्यत	अश्वर्तयिष्येताम्	अश्वर्तयिष्यन्त
श्वर्तयिष्यसे	श्वर्तयिष्येथे	श्वर्तयिष्यध्वे	अश्वर्तयिष्यथाः	अश्वर्तयिष्येथाम्	अश्वर्तयिष्यध्वम्
श्वर्तयिष्ये	श्वर्तयिष्यावहे	श्वर्तयिष्यामहे	अश्वर्तयिष्ये	अश्वर्तयिष्यावहि	अश्वर्तयिष्यामहि

श्वर्तयिता	श्वर्तयितारौ	श्वर्तयितारः	श्वर्तयिषीष्ट	श्वर्तयिषीयास्ताम्	श्वर्तयिषीरन्
श्वर्तयितासे	श्वर्तयितासाथे	श्वर्तयिताध्वे	श्वर्तयिषीष्ठाः	श्वर्तयिषीयास्थाम्	श्वर्तयिषीध्वम् -ढ्वम्
श्वर्तयिताहे	श्वर्तयितास्वहे	श्वर्तयितास्महे	श्वर्तयिषीय	श्वर्तयिषीवहि	श्वर्तयिषीमहि

श्वर्तयाम्बभूव	श्वर्तयाम्बभूवतुः	श्वर्तयाम्बभूवुः	अशश्वर्तत	अशश्वर्तेताम्	अशश्वर्तन्त
श्वर्तयाञ्चक्रे	श्वर्तयाञ्चक्राते	श्वर्तयाञ्चक्रिरे			
श्वर्तयामास	श्वर्तयामासतुः	श्वर्तयामासुः			
श्वर्तयाम्बभूविथ	श्वर्तयाम्बभूवथुः	श्वर्तयाम्बभूव	अशश्वर्तथाः	अशश्वर्तेथाम्	अशश्वर्तध्वम्
श्वर्तयाञ्चकृषे	श्वर्तयाञ्चक्राथे	श्वर्तयाञ्चकृढ्वे			
श्वर्तयामासिथ	श्वर्तयामासथुः	श्वर्तयामास			
श्वर्तयाम्बभूव	श्वर्तयाम्बभूविव	श्वर्तयाम्बभूविम	अशश्वर्ते	अशश्वर्तावहि	अशश्वर्तामहि
श्वर्तयाञ्चक्रे	श्वर्तयाञ्चकृवहे	श्वर्तयाञ्चकृमहे			
श्वर्तयामास	श्वर्तयामासिव	श्वर्तयामासिम			

1623 श्वभ्र च । गत्याम् । go, pierce 8.4.2

10c 90 श्वभ्रँ । श्वभ्र् । श्वभ्रयति / ते । U । सेट् । स० । श्वभ्रि । श्वभ्रय । **Parasmaipadi Forms**

श्वभ्रयति	श्वभ्रयतः	श्वभ्रयन्ति[1]	अश्वभ्रयत् -द्	अश्वभ्रयताम्	अश्वभ्रयन्[1]
श्वभ्रयसि	श्वभ्रयथः	श्वभ्रयथ	अश्वभ्रयः	अश्वभ्रयतम्	अश्वभ्रयत
श्वभ्रयामि[2]	श्वभ्रयावः[2]	श्वभ्रयामः[2]	अश्वभ्रयम्[1]	अश्वभ्रयाव[2]	अश्वभ्रयाम[2]

श्वभ्रयतु श्वभ्रयतात् -द्	श्वभ्रयताम्	श्वभ्रयन्तु[1]	श्वभ्रयेत् -द्	श्वभ्रयेताम्	श्वभ्रयेयुः
श्वभ्रय श्वभ्रयतात् -द्	श्वभ्रयतम्	श्वभ्रयत	श्वभ्रयेः	श्वभ्रयेतम्	श्वभ्रयेत
श्वभ्रयाणि[3]	श्वभ्रयाव[3]	श्वभ्रयाम[3]	श्वभ्रयेयम्	श्वभ्रयेव	श्वभ्रयेम

श्वभ्रयिष्यति	श्वभ्रयिष्यतः	श्वभ्रयिष्यन्ति	अश्वभ्रयिष्यत् -द्	अश्वभ्रयिष्यताम्	अश्वभ्रयिष्यन्
श्वभ्रयिष्यसि	श्वभ्रयिष्यथः	श्वभ्रयिष्यथ	अश्वभ्रयिष्यः	अश्वभ्रयिष्यतम्	अश्वभ्रयिष्यत
श्वभ्रयिष्यामि	श्वभ्रयिष्यावः	श्वभ्रयिष्यामः	अश्वभ्रयिष्यम्	अश्वभ्रयिष्याव	अश्वभ्रयिष्याम

श्वभ्रयिता	श्वभ्रयितारौ	श्वभ्रयितारः	श्वभ्र्यात् -द्	श्वभ्र्यास्ताम्	श्वभ्र्यासुः
श्वभ्रयितासि	श्वभ्रयितास्थः	श्वभ्रयितास्थ	श्वभ्र्याः	श्वभ्र्यास्तम्	श्वभ्र्यास्त

श्वभ्रयितास्मि	श्वभ्रयितास्वः	श्वभ्रयितास्मः	श्वभ्र्यासम्	श्वभ्र्यास्व	श्वभ्र्यास्म

श्वभ्रयाम्बभूव	श्वभ्रयाम्बभूवतुः	श्वभ्रयाम्बभूवुः	अशश्वभ्रत् -द्	अशश्वभ्रताम्	अशश्वभ्रन्
श्वभ्रयाञ्चकार	श्वभ्रयाञ्चक्रतुः	श्वभ्रयाञ्चक्रुः			
श्वभ्रयामास	श्वभ्रयामासतुः	श्वभ्रयामासुः			
श्वभ्रयाम्बभूविथ	श्वभ्रयाम्बभूवथुः	श्वभ्रयाम्बभूव	अशश्वभ्रः	अशश्वभ्रतम्	अशश्वभ्रत
श्वभ्रयाञ्चकर्थ	श्वभ्रयाञ्चक्रथुः	श्वभ्रयाञ्चक्र			
श्वभ्रयामासिथ	श्वभ्रयामासथुः	श्वभ्रयामास			
श्वभ्रयाम्बभूव	श्वभ्रयाम्बभूविव	श्वभ्रयाम्बभूविम	अशश्वभ्रम्	अशश्वभ्राव	अशश्वभ्राम
श्वभ्रयाञ्चकर -कार	श्वभ्रयाञ्चकृव	श्वभ्रयाञ्चकृम			
श्वभ्रयामास	श्वभ्रयामासिव	श्वभ्रयामासिम			

Atmanepadi Forms

श्वभ्रयते	श्वभ्रयेते[4]	श्वभ्रयन्ते[1]	अश्वभ्रयत	अश्वभ्रयेताम्[4]	अश्वभ्रयन्त[1]
श्वभ्रयसे	श्वभ्रयेथे[4]	श्वभ्रयध्वे	अश्वभ्रयथाः	अश्वभ्रयेथाम्[4]	अश्वभ्रयध्वम्
श्वभ्रये[1]	श्वभ्रयावहे[2]	श्वभ्रयामहे[2]	अश्वभ्रये[4]	अश्वभ्रयावहि[3]	अश्वभ्रयामहि[3]

श्वभ्रयताम्	श्वभ्रयेताम्[4]	श्वभ्रयन्ताम्[1]	श्वभ्रयेत	श्वभ्रयेयाताम्	श्वभ्रयेरन्
श्वभ्रयस्व	श्वभ्रयेथाम्[4]	श्वभ्रयध्वम्	श्वभ्रयेथाः	श्वभ्रयेयाथाम्	श्वभ्रयेध्वम्
श्वभ्रयै[5]	श्वभ्रयावहै[3]	श्वभ्रयामहै[3]	श्वभ्रयेय	श्वभ्रयेवहि	श्वभ्रयेमहि

श्वभ्रयिष्यते	श्वभ्रयिष्येते	श्वभ्रयिष्यन्ते	अश्वभ्रयिष्यत	अश्वभ्रयिष्येताम्	अश्वभ्रयिष्यन्त
श्वभ्रयिष्यसे	श्वभ्रयिष्येथे	श्वभ्रयिष्यध्वे	अश्वभ्रयिष्यथाः	अश्वभ्रयिष्येथाम्	अश्वभ्रयिष्यध्वम्
श्वभ्रयिष्ये	श्वभ्रयिष्यावहे	श्वभ्रयिष्यामहे	अश्वभ्रयिष्ये	अश्वभ्रयिष्यावहि	अश्वभ्रयिष्यामहि

श्वभ्रयिता	श्वभ्रयितारौ	श्वभ्रयितारः	श्वभ्रयिषीष्ट	श्वभ्रयिषीयास्ताम्	श्वभ्रयिषीरन्
श्वभ्रयितासे	श्वभ्रयितासाथे	श्वभ्रयिताध्वे	श्वभ्रयिषीष्ठाः	श्वभ्रयिषीयास्थाम्	श्वभ्रयिषीध्वम् -ढ्वम्
श्वभ्रयिताहे	श्वभ्रयितास्वहे	श्वभ्रयितास्महे	श्वभ्रयिषीय	श्वभ्रयिषीवहि	श्वभ्रयिषीमहि

श्वभ्रयाम्बभूव	श्वभ्रयाम्बभूवतुः	श्वभ्रयाम्बभूवुः	अशश्वभ्रत	अशश्वभ्रेताम्	अशश्वभ्रन्त
श्वभ्रयाञ्चक्रे	श्वभ्रयाञ्चक्राते	श्वभ्रयाञ्चक्रिरे			
श्वभ्रयामास	श्वभ्रयामासतुः	श्वभ्रयामासुः			
श्वभ्रयाम्बभूविथ	श्वभ्रयाम्बभूवथुः	श्वभ्रयाम्बभूव	अशश्वभ्रथाः	अशश्वभ्रेथाम्	अशश्वभ्रध्वम्
श्वभ्रयाञ्चकृषे	श्वभ्रयाञ्चक्राथे	श्वभ्रयाञ्चकृढ्वे			
श्वभ्रयामासिथ	श्वभ्रयामासथुः	श्वभ्रयामास			
श्वभ्रयाम्बभूव	श्वभ्रयाम्बभूविव	श्वभ्रयाम्बभूविम	अशश्वभ्रे	अशश्वभ्रावहि	अशश्वभ्रामहि
श्वभ्रयाञ्चक्रे	श्वभ्रयाञ्चकृवहे	श्वभ्रयाञ्चकृमहे			

श्वभ्रयामास	श्वभ्रयामासिव	श्वभ्रयामासिम			

1624 गणसूत्र = ज्ञप मिच्च । इति ज्ञपादि षट् मित् ।
6.4.92 मितां ह्रस्वः । इति उपधा ह्रस्वः ।

1624 ज्ञप ज्ञानज्ञापनमारणतोषणनिशाननिशामनेषु । मित् च इत्येके । अयं ज्ञाने ज्ञापने च वर्तते इति सिद्धान्तकौमुदी । know, teach, please, hit, sharpen, see
10c 91 ज्ञपँ । ज्ञप् । ज्ञपयति / ते । U । सेट् । स० । ज्ञपि । ज्ञपय । 6.4.92 मितां ह्रस्वः ।
7.2.27 वा दान्तशान्तपूर्णदस्तस्पष्टच्छन्नज्ञप्ताः । णिजन्त दम् शम् पूरी दस् स्पश् छद् ज्ञप् इत्येतेषां धातूनां वा अनिट् निपात्यते। ज्ञप्तः, ज्ञपितः। इट् प्रतिषेधो णिलुक् च निपात्यते । **Parasmaipadi Forms**

ज्ञपयति	ज्ञपयतः	ज्ञपयन्ति[1]	अज्ञपयत् -द्	अज्ञपयताम्	अज्ञपयन्[1]
ज्ञपयसि	ज्ञपयथः	ज्ञपयथ	अज्ञपयः	अज्ञपयतम्	अज्ञपयत
ज्ञपयामि[2]	ज्ञपयावः[2]	ज्ञपयामः[2]	अज्ञपयम्[1]	अज्ञपयाव[2]	अज्ञपयाम[2]
ज्ञपयतु ज्ञपयतात् -द्	ज्ञपयताम्	ज्ञपयन्तु[1]	ज्ञपयेत् -द्	ज्ञपयेताम्	ज्ञपयेयुः
ज्ञपय ज्ञपयतात् -द्	ज्ञपयतम्	ज्ञपयत	ज्ञपयेः	ज्ञपयेतम्	ज्ञपयेत
ज्ञपयानि[3]	ज्ञपयाव[3]	ज्ञपयाम[3]	ज्ञपयेयम्	ज्ञपयेव	ज्ञपयेम
ज्ञपयिष्यति	ज्ञपयिष्यतः	ज्ञपयिष्यन्ति	अज्ञपयिष्यत् -द्	अज्ञपयिष्यताम्	अज्ञपयिष्यन्
ज्ञपयिष्यसि	ज्ञपयिष्यथः	ज्ञपयिष्यथ	अज्ञपयिष्यः	अज्ञपयिष्यतम्	अज्ञपयिष्यत
ज्ञपयिष्यामि	ज्ञपयिष्यावः	ज्ञपयिष्यामः	अज्ञपयिष्यम्	अज्ञपयिष्याव	अज्ञपयिष्याम
ज्ञपयिता	ज्ञपयितारौ	ज्ञपयितारः	ज्ञप्यात् -द्	ज्ञप्यास्ताम्	ज्ञप्यासुः
ज्ञपयितासि	ज्ञपयितास्थः	ज्ञपयितास्थ	ज्ञप्याः	ज्ञप्यास्तम्	ज्ञप्यास्त
ज्ञपयितास्मि	ज्ञपयितास्वः	ज्ञपयितास्मः	ज्ञप्यासम्	ज्ञप्यास्व	ज्ञप्यास्म
ज्ञपयाम्बभूव	ज्ञपयाम्बभूवतुः	ज्ञपयाम्बभूवुः	अजिज्ञपत् -द्	अजिज्ञपताम्	अजिज्ञपन्
ज्ञपयाञ्चकार	ज्ञपयाञ्चक्रतुः	ज्ञपयाञ्चक्रुः			
ज्ञपयामास	ज्ञपयामासतुः	ज्ञपयामासुः			
ज्ञपयाम्बभूविथ	ज्ञपयाम्बभूवथुः	ज्ञपयाम्बभूव	अजिज्ञपः	अजिज्ञपतम्	अजिज्ञपत
ज्ञपयाञ्चकर्थ	ज्ञपयाञ्चक्रथुः	ज्ञपयाञ्चक्र			
ज्ञपयामासिथ	ज्ञपयामासथुः	ज्ञपयामास			
ज्ञपयाम्बभूव	ज्ञपयाम्बभूविव	ज्ञपयाम्बभूविम	अजिज्ञपम्	अजिज्ञपाव	अजिज्ञपाम
ज्ञपयाञ्चकर -कार	ज्ञपयाञ्चकृव	ज्ञपयाञ्चकृम			
ज्ञपयामास	ज्ञपयामासिव	ज्ञपयामासिम			

Atmanepadi Forms

ज्ञपयते	ज्ञपयेते[4]	ज्ञपयन्ते[1]	अज्ञपयत	अज्ञपयेताम्[4]	अज्ञपयन्त[1]
ज्ञपयसे	ज्ञपयेथे[4]	ज्ञपयध्वे	अज्ञपयथाः	अज्ञपयेथाम्[4]	अज्ञपयध्वम्
ज्ञपये[1]	ज्ञपयावहे[2]	ज्ञपयामहे[2]	अज्ञपये[4]	अज्ञपयावहि[3]	अज्ञपयामहि[3]

ज्ञपयताम्	ज्ञपयेताम्[4]	ज्ञपयन्ताम्[1]	ज्ञपयेत	ज्ञपयेयाताम्	ज्ञपयेरन्
ज्ञपयस्व	ज्ञपयेथाम्[4]	ज्ञपयध्वम्	ज्ञपयेथाः	ज्ञपयेयाथाम्	ज्ञपयेध्वम्
ज्ञपयै[5]	ज्ञपयावहै[3]	ज्ञपयामहै[3]	ज्ञपयेय	ज्ञपयेवहि	ज्ञपयेमहि

ज्ञपयिष्यते	ज्ञपयिष्येते	ज्ञपयिष्यन्ते	अज्ञपयिष्यत	अज्ञपयिष्येताम्	अज्ञपयिष्यन्त
ज्ञपयिष्यसे	ज्ञपयिष्येथे	ज्ञपयिष्यध्वे	अज्ञपयिष्यथाः	अज्ञपयिष्येथाम्	अज्ञपयिष्यध्वम्
ज्ञपयिष्ये	ज्ञपयिष्यावहे	ज्ञपयिष्यामहे	अज्ञपयिष्ये	अज्ञपयिष्यावहि	अज्ञपयिष्यामहि

ज्ञपयिता	ज्ञपयितारौ	ज्ञपयितारः	ज्ञपयिषीष्ट	ज्ञपयिषीयास्ताम्	ज्ञपयिषीरन्
ज्ञपयितासे	ज्ञपयितासाथे	ज्ञपयिताध्वे	ज्ञपयिषीष्ठाः	ज्ञपयिषीयास्थाम्	ज्ञपयिषीध्वम् -ढ्वम्
ज्ञपयिताहे	ज्ञपयितास्वहे	ज्ञपयितास्महे	ज्ञपयिषीय	ज्ञपयिषीवहि	ज्ञपयिषीमहि

ज्ञपयाम्बभूव	ज्ञपयाम्बभूवतुः	ज्ञपयाम्बभूवुः	अजिज्ञपत	अजिज्ञपेताम्	अजिज्ञपन्त
ज्ञपयाञ्चक्रे	ज्ञपयाञ्चक्राते	ज्ञपयाञ्चक्रिरे			
ज्ञपयामास	ज्ञपयामासतुः	ज्ञपयामासुः			
ज्ञपयाम्बभूविथ	ज्ञपयाम्बभूवथुः	ज्ञपयाम्बभूव	अजिज्ञपथाः	अजिज्ञपेथाम्	अजिज्ञपध्वम्
ज्ञपयाञ्चकृषे	ज्ञपयाञ्चक्राथे	ज्ञपयाञ्चकृढ्वे			
ज्ञपयामासिथ	ज्ञपयामासथुः	ज्ञपयामास			
ज्ञपयाम्बभूव	ज्ञपयाम्बभूविव	ज्ञपयाम्बभूविम	अजिज्ञपे	अजिज्ञपावहि	अजिज्ञपामहि
ज्ञपयाञ्चक्रे	ज्ञपयाञ्चकृवहे	ज्ञपयाञ्चकृमहे			
ज्ञपयामास	ज्ञपयामासिव	ज्ञपयामासिम			

1625 यम च परिवेषणे । चान्मित् । अयं मित् । control, keep in check
10c 92 यमँ । यम् । यमयति / ते । U । सेट् । स० । ज्ञपि । ज्ञपय । Note - Here the word चान्मित् is चात् मित् । चात् is 5th case singular for stem च । The reference is to the चकारः in यम च परिवेषणे । The meaning is "from/due to चकारः " , i.e. the presence of चकारः alludes to this Root being a मित् । 6.4.92 मितां ह्रस्वः । **Parasmaipadi Forms**

यमयति	यमयतः	यमयन्ति[1]	अयमयत् -द्	अयमयताम्	अयमयन्[1]
यमयसि	यमयथः	यमयथ	अयमयः	अयमयतम्	अयमयत
यमयामि[2]	यमयावः[2]	यमयामः[2]	अयमयम्[1]	अयमयाव[2]	अयमयाम[2]

यमयतु यमयतात् -द्	यमयताम्	यमयन्तु[1]	यमयेत् -द्	यमयेताम्	यमयेयुः
यमय यमयतात् -द्	यमयतम्	यमयत	यमयेः	यमयेतम्	यमयेत

यमयानि[3]	यमयाव[3]	यमयाम[3]	यमयेयम्	यमयेव	यमयेम
यमयिष्यति	यमयिष्यतः	यमयिष्यन्ति	अयमयिष्यत् -द्	अयमयिष्यताम्	अयमयिष्यन्
यमयिष्यसि	यमयिष्यथः	यमयिष्यथ	अयमयिष्यः	अयमयिष्यतम्	अयमयिष्यत
यमयिष्यामि	यमयिष्यावः	यमयिष्यामः	अयमयिष्यम्	अयमयिष्याव	अयमयिष्याम
यमयिता	यमयितारौ	यमयितारः	यम्यात् -द्	यम्यास्ताम्	यम्यासुः
यमयितासि	यमयितास्थः	यमयितास्थ	यम्याः	यम्यास्तम्	यम्यास्त
यमयितास्मि	यमयितास्वः	यमयितास्मः	यम्यासम्	यम्यास्व	यम्यास्म
यमयाम्बभूव	यमयाम्बभूवतुः	यमयाम्बभूवुः	अयीयमत् -द्	अयीयमताम्	अयीयमन्
यमयाञ्चकार	यमयाञ्चक्रतुः	यमयाञ्चक्रुः			
यमयामास	यमयामासतुः	यमयामासुः			
यमयाम्बभूविथ	यमयाम्बभूवथुः	यमयाम्बभूव	अयीयमः	अयीयमतम्	अयीयमत
यमयाञ्चकर्थ	यमयाञ्चक्रथुः	यमयाञ्चक्र			
यमयामासिथ	यमयामासथुः	यमयामास			
यमयाम्बभूव	यमयाम्बभूविव	यमयाम्बभूविम	अयीयमम्	अयीयमाव	अयीयमाम
यमयाञ्चकर -कार	यमयाञ्चकृव	यमयाञ्चकृम			
यमयामास	यमयामासिव	यमयामासिम			

Atmanepadi Forms

यमयते	यमयेते[4]	यमयन्ते[1]	अयमयत	अयमयेताम्[4]	अयमयन्त[1]
यमयसे	यमयेथे[4]	यमयध्वे	अयमयथाः	अयमयेथाम्[4]	अयमयध्वम्
यमये[1]	यमयावहे[2]	यमयामहे[2]	अयमये[4]	अयमयावहि[3]	अयमयामहि[3]
यमयताम्	यमयेताम्[4]	यमयन्ताम्[1]	यमयेत	यमयेयाताम्	यमयेरन्
यमयस्व	यमयेथाम्[4]	यमयध्वम्	यमयेथाः	यमयेयाथाम्	यमयेध्वम्
यमयै[5]	यमयावहै[3]	यमयामहै[3]	यमयेय	यमयेवहि	यमयेमहि
यमयिष्यते	यमयिष्येते	यमयिष्यन्ते	अयमयिष्यत	अयमयिष्येताम्	अयमयिष्यन्त
यमयिष्यसे	यमयिष्येथे	यमयिष्यध्वे	अयमयिष्यथाः	अयमयिष्येथाम्	अयमयिष्यध्वम्
यमयिष्ये	यमयिष्यावहे	यमयिष्यामहे	अयमयिष्ये	अयमयिष्यावहि	अयमयिष्यामहि
यमयिता	यमयितारौ	यमयितारः	यमयिषीष्ट	यमयिषीयास्ताम्	यमयिषीरन्
यमयितासे	यमयितासाथे	यमयिताध्वे	यमयिषीष्ठाः	यमयिषीयास्थाम्	यमयिषीध्वम् -ढ्वम्
यमयिताहे	यमयितास्वहे	यमयितास्महे	यमयिषीय	यमयिषीवहि	यमयिषीमहि
यमयाम्बभूव	यमयाम्बभूवतुः	यमयाम्बभूवुः	अयीयमत	अयीयमेताम्	अयीयमन्त

यमयाञ्चक्रे	यमयाञ्चक्राते	यमयाञ्चक्रिरे			
यमयामास	यमयामासतुः	यमयामासुः			
यमयाम्बभूविथ	यमयाम्बभूवथुः	यमयाम्बभूव	अयीयमथाः	अयीयमेथाम्	अयीयमध्वम्
यमयाञ्चकृषे	यमयाञ्चक्राथे	यमयाञ्चकृढ्वे			
यमयामासिथ	यमयामासथुः	यमयामास			
यमयाम्बभूव	यमयाम्बभूविव	यमयाम्बभूविम	अयीयमे	अयीयमावहि	अयीयमामहि
यमयाञ्चक्रे	यमयाञ्चकृवहे	यमयाञ्चकृमहे			
यमयामास	यमयामासिव	यमयामासिम			

1626 चह परिकल्कने । चप इत्येके । अयं मित् । deceive, cheat. 6.4.92 मितां ह्रस्वः ।
10c 93 चहँ । चह् । चहयति / ते । U । सेट् । स० । चहि । चहय । **Parasmaipadi Forms**

चहयति	चहयतः	चहयन्ति[1]	अचहयत् -द्	अचहयताम्	अचहयन्[1]
चहयसि	चहयथः	चहयथ	अचहयः	अचहयतम्	अचहयत
चहयामि[2]	चहयावः[2]	चहयामः[2]	अचहयम्[1]	अचहयाव[2]	अचहयाम[2]

चहयतु चहयतात् -द्	चहयताम्	चहयन्तु[1]	चहयेत् -द्	चहयेताम्	चहयेयुः
चहय चहयतात् -द्	चहयतम्	चहयत	चहयेः	चहयेतम्	चहयेत
चहयानि[3]	चहयाव[3]	चहयाम[3]	चहयेयम्	चहयेव	चहयेम

चहयिष्यति	चहयिष्यतः	चहयिष्यन्ति	अचहयिष्यत् -द्	अचहयिष्यताम्	अचहयिष्यन्
चहयिष्यसि	चहयिष्यथः	चहयिष्यथ	अचहयिष्यः	अचहयिष्यतम्	अचहयिष्यत
चहयिष्यामि	चहयिष्यावः	चहयिष्यामः	अचहयिष्यम्	अचहयिष्याव	अचहयिष्याम

चहयिता	चहयितारौ	चहयितारः	चह्यात् -द्	चह्यास्ताम्	चह्यासुः
चहयितासि	चहयितास्थः	चहयितास्थ	चह्याः	चह्यास्तम्	चह्यास्त
चहयितास्मि	चहयितास्वः	चहयितास्मः	चह्यासम्	चह्यास्व	चह्यास्म

चहयाम्बभूव	चहयाम्बभूवतुः	चहयाम्बभूवुः	अचीचहत् -द्	अचीचहताम्	अचीचहन्
चहयाञ्चकार	चहयाञ्चक्रतुः	चहयाञ्चक्रुः			
चहयामास	चहयामासतुः	चहयामासुः			
चहयाम्बभूविथ	चहयाम्बभूवथुः	चहयाम्बभूव	अचीचहः	अचीचहतम्	अचीचहत
चहयाञ्चकर्थ	चहयाञ्चक्रथुः	चहयाञ्चक्र			
चहयामासिथ	चहयामासथुः	चहयामास			
चहयाम्बभूव	चहयाम्बभूविव	चहयाम्बभूविम	अचीचहम्	अचीचहाव	अचीचहाम
चहयाञ्चकर -कार	चहयाञ्चकृव	चहयाञ्चकृम			
चहयामास	चहयामासिव	चहयामासिम			

Atmanepadi Forms

चहयते	चहयेते[4]	चहयन्ते[1]	अचहयत	अचहयेताम्[4]	अचहयन्त[1]
चहयसे	चहयेथे[4]	चहयध्वे	अचहयथाः	अचहयेथाम्[4]	अचहयध्वम्
चहये[1]	चहयावहे[2]	चहयामहे[2]	अचहये[4]	अचहयावहि[3]	अचहयामहि[3]

चहयताम्	चहयेताम्[4]	चहयन्ताम्[1]	चहयेत	चहयेयाताम्	चहयेरन्
चहयस्व	चहयेथाम्[4]	चहयध्वम्	चहयेथाः	चहयेयाथाम्	चहयेध्वम्
चहयै[5]	चहयावहै[3]	चहयामहै[3]	चहयेय	चहयेवहि	चहयेमहि

चहयिष्यते	चहयिष्येते	चहयिष्यन्ते	अचहयिष्यत	अचहयिष्येताम्	अचहयिष्यन्त
चहयिष्यसे	चहयिष्येथे	चहयिष्यध्वे	अचहयिष्यथाः	अचहयिष्येथाम्	अचहयिष्यध्वम्
चहयिष्ये	चहयिष्यावहे	चहयिष्यामहे	अचहयिष्ये	अचहयिष्यावहि	अचहयिष्यामहि

चहयिता	चहयितारौ	चहयितारः	चहयिषीष्ट	चहयिषीयास्ताम्	चहयिषीरन्
चहयितासे	चहयितासाथे	चहयिताध्वे	चहयिषीष्ठाः	चहयिषीयास्थाम्	चहयिषीध्वम् -ढ्वम्
चहयिताहे	चहयितास्वहे	चहयितास्महे	चहयिषीय	चहयिषीवहि	चहयिषीमहि

चहयाम्बभूव	चहयाम्बभूवतुः	चहयाम्बभूवुः	अचीचहत	अचीचहेताम्	अचीचहन्त
चहयाञ्चक्रे	चहयाञ्चक्राते	चहयाञ्चक्रिरे			
चहयामास	चहयामासतुः	चहयामासुः			
चहयाम्बभूविथ	चहयाम्बभूवथुः	चहयाम्बभूव	अचीचहथाः	अचीचहेथाम्	अचीचहध्वम्
चहयाञ्चकृषे	चहयाञ्चक्राथे	चहयाञ्चकृढ्वे			
चहयामासिथ	चहयामासथुः	चहयामास			
चहयाम्बभूव	चहयाम्बभूविव	चहयाम्बभूविम	अचीचहे	अचीचहावहि	अचीचहामहि
चहयाञ्चक्रे	चहयाञ्चकृवहे	चहयाञ्चकृमहे			
चहयामास	चहयामासिव	चहयामासिम			

1627 रह त्यागे । अयं मित् । रह त्यागे इत्येके सिद्धान्तकौमुदी । give up, split, leave, delegate, refuse
10c 94 रहँ । रह् । रहयति / ते । U । सेट् । स० । चहि । चहय । 6.4.92 मितां ह्रस्वः ।

Parasmaipadi Forms

रहयति	रहयतः	रहयन्ति[1]	अरहयत् -द्	अरहयताम्	अरहयन्[1]
रहयसि	रहयथः	रहयथ	अरहयः	अरहयतम्	अरहयत
रहयामि[2]	रहयावः[2]	रहयामः[2]	अरहयम्[1]	अरहयाव[2]	अरहयाम[2]

रहयतु रहयतात् -द्	रहयताम्	रहयन्तु[1]	रहयेत् -द्	रहयेताम्	रहयेयुः
रहय रहयतात् -द्	रहयतम्	रहयत	रहयेः	रहयेतम्	रहयेत
रहयाणि[3]	रहयाव[3]	रहयाम[3]	रहयेयम्	रहयेव	रहयेम

रहयिष्यति	रहयिष्यतः	रहयिष्यन्ति	अरहयिष्यत् -द्	अरहयिष्यताम्	अरहयिष्यन्
रहयिष्यसि	रहयिष्यथः	रहयिष्यथ	अरहयिष्यः	अरहयिष्यतम्	अरहयिष्यत
रहयिष्यामि	रहयिष्यावः	रहयिष्यामः	अरहयिष्यम्	अरहयिष्याव	अरहयिष्याम

रहयिता	रहयितारौ	रहयितारः	रह्यात् -द्	रह्यास्ताम्	रह्यासुः
रहयितासि	रहयितास्थः	रहयितास्थ	रह्याः	रह्यास्तम्	रह्यास्त
रहयितास्मि	रहयितास्वः	रहयितास्मः	रह्यासम्	रह्यास्व	रह्यास्म

रहयाम्बभूव	रहयाम्बभूवतुः	रहयाम्बभूवुः	अरीरहत् -द्	अरीरहताम्	अरीरहन्
रहयाञ्चकार	रहयाञ्चक्रतुः	रहयाञ्चक्रुः			
रहयामास	रहयामासतुः	रहयामासुः			
रहयाम्बभूविथ	रहयाम्बभूवथुः	रहयाम्बभूव	अरीरहः	अरीरहतम्	अरीरहत
रहयाञ्चकर्थ	रहयाञ्चक्रथुः	रहयाञ्चक्र			
रहयामासिथ	रहयामासथुः	रहयामास			
रहयाम्बभूव	रहयाम्बभूविव	रहयाम्बभूविम	अरीरहम्	अरीरहाव	अरीरहाम
रहयाञ्चकर -कार	रहयाञ्चकृव	रहयाञ्चकृम			
रहयामास	रहयामासिव	रहयामासिम			

Atmanepadi Forms

रहयते	रहयेते[4]	रहयन्ते[1]	अरहयत	अरहयेताम्[4]	अरहयन्त[1]
रहयसे	रहयेथे[4]	रहयध्वे	अरहयथाः	अरहयेथाम्[4]	अरहयध्वम्
रहये[1]	रहयावहे[2]	रहयामहे[2]	अरहये[4]	अरहयावहि[3]	अरहयामहि[3]

रहयताम्	रहयेताम्[4]	रहयन्ताम्[1]	रहयेत	रहयेयाताम्	रहयेरन्
रहयस्व	रहयेथाम्[4]	रहयध्वम्	रहयेथाः	रहयेयाथाम्	रहयेध्वम्
रहयै[5]	रहयावहै[3]	रहयामहै[3]	रहयेय	रहयेवहि	रहयेमहि

रहयिष्यते	रहयिष्येते	रहयिष्यन्ते	अरहयिष्यत	अरहयिष्येताम्	अरहयिष्यन्त
रहयिष्यसे	रहयिष्येथे	रहयिष्यध्वे	अरहयिष्यथाः	अरहयिष्येथाम्	अरहयिष्यध्वम्
रहयिष्ये	रहयिष्यावहे	रहयिष्यामहे	अरहयिष्ये	अरहयिष्यावहि	अरहयिष्यामहि

रहयिता	रहयितारौ	रहयितारः	रहयिषीष्ट	रहयिषीयास्ताम्	रहयिषीरन्
रहयितासे	रहयितासाथे	रहयिताध्वे	रहयिषीष्ठाः	रहयिषीयास्थाम्	रहयिषीध्वम् -ढ्वम्
रहयिताहे	रहयितास्वहे	रहयितास्महे	रहयिषीय	रहयिषीवहि	रहयिषीमहि

रहयाम्बभूव	रहयाम्बभूवतुः	रहयाम्बभूवुः	अरीरहत	अरीरहेताम्	अरीरहन्त
रहयाञ्चक्रे	रहयाञ्चक्राते	रहयाञ्चक्रिरे			

रहयामास	रहयामासतुः	रहयामासुः			
रहयाम्बभूविथ	रहयाम्बभूवथुः	रहयाम्बभूव	अरीरहथाः	अरीरहेथाम्	अरीरहध्वम्
रहयाञ्चकृषे	रहयाञ्चक्राथे	रहयाञ्चकृढ्वे			
रहयामासिथ	रहयामासथुः	रहयामास			
रहयाम्बभूव	रहयाम्बभूविव	रहयाम्बभूविम	अरीरहे	अरीरहावहि	अरीरहामहि
रहयाञ्चक्रे	रहयाञ्चकृवहे	रहयाञ्चकृमहे			
रहयामास	रहयामासिव	रहयामासिम			

1628 बल प्राणने । अयं मित् । nourish, support, be strong. 6.4.92 मितां ह्रस्वः ।

10c 95 बलँ । बल् । बलयति / ते । U । सेट् । स० । बलि । बलय । **Parasmaipadi Forms**

बलयति	बलयतः	बलयन्ति[1]	अबलयत् -द्	अबलयताम्	अबलयन्[1]
बलयसि	बलयथः	बलयथ	अबलयः	अबलयतम्	अबलयत
बलयामि[2]	बलयावः[2]	बलयामः[2]	अबलयम्[1]	अबलयाव[2]	अबलयाम[2]

बलयतु बलयतात् -द्	बलयताम्	बलयन्तु[1]	बलयेत् -द्	बलयेताम्	बलयेयुः
बलय बलयतात् -द्	बलयतम्	बलयत	बलयेः	बलयेतम्	बलयेत
बलयानि[3]	बलयाव[3]	बलयाम[3]	बलयेयम्	बलयेव	बलयेम

बलयिष्यति	बलयिष्यतः	बलयिष्यन्ति	अबलयिष्यत् -द्	अबलयिष्यताम्	अबलयिष्यन्
बलयिष्यसि	बलयिष्यथः	बलयिष्यथ	अबलयिष्यः	अबलयिष्यतम्	अबलयिष्यत
बलयिष्यामि	बलयिष्यावः	बलयिष्यामः	अबलयिष्यम्	अबलयिष्याव	अबलयिष्याम

बलयिता	बलयितारौ	बलयितारः	बल्यात् -द्	बल्यास्ताम्	बल्यासुः
बलयितासि	बलयितास्थः	बलयितास्थ	बल्याः	बल्यास्तम्	बल्यास्त
बलयितास्मि	बलयितास्वः	बलयितास्मः	बल्यासम्	बल्यास्व	बल्यास्म

बलयाम्बभूव	बलयाम्बभूवतुः	बलयाम्बभूवुः	अबीबलत् -द्	अबीबलताम्	अबीबलन्
बलयाञ्चकार	बलयाञ्चक्रतुः	बलयाञ्चक्रुः			
बलयामास	बलयामासतुः	बलयामासुः			
बलयाम्बभूविथ	बलयाम्बभूवथुः	बलयाम्बभूव	अबीबलः	अबीबलतम्	अबीबलत
बलयाञ्चकर्थ	बलयाञ्चक्रथुः	बलयाञ्चक्र			
बलयामासिथ	बलयामासथुः	बलयामास			
बलयाम्बभूव	बलयाम्बभूविव	बलयाम्बभूविम	अबीबलम्	अबीबलाव	अबीबलाम
बलयाञ्चकर -कार	बलयाञ्चकृव	बलयाञ्चकृम			
बलयामास	बलयामासिव	बलयामासिम			

Atmanepadi Forms

बलयते	बलयेते[4]	बलयन्ते[1]	अबलयत	अबलयेताम्[4]	अबलयन्त[1]
बलयसे	बलयेथे[4]	बलयध्वे	अबलयथाः	अबलयेथाम्[4]	अबलयध्वम्
बलये[1]	बलयावहे[2]	बलयामहे[2]	अबलये[4]	अबलयावहि[3]	अबलयामहि[3]

बलयताम्	बलयेताम्[4]	बलयन्ताम्[1]	बलयेत	बलयेयाताम्	बलयेरन्
बलयस्व	बलयेथाम्[4]	बलयध्वम्	बलयेथाः	बलयेयाथाम्	बलयेध्वम्
बलयै[5]	बलयावहै[3]	बलयामहै[3]	बलयेय	बलयेवहि	बलयेमहि

बलयिष्यते	बलयिष्येते	बलयिष्यन्ते	अबलयिष्यत	अबलयिष्येताम्	अबलयिष्यन्त
बलयिष्यसे	बलयिष्येथे	बलयिष्यध्वे	अबलयिष्यथाः	अबलयिष्येथाम्	अबलयिष्यध्वम्
बलयिष्ये	बलयिष्यावहे	बलयिष्यामहे	अबलयिष्ये	अबलयिष्यावहि	अबलयिष्यामहि

बलयिता	बलयितारौ	बलयितारः	बलयिषीष्ट	बलयिषीयास्ताम्	बलयिषीरन्
बलयितासे	बलयितासाथे	बलयिताध्वे	बलयिषीष्ठाः	बलयिषीयास्थाम्	बलयिषीध्वम् -ढ्वम्
बलयिताहे	बलयितास्वहे	बलयितास्महे	बलयिषीय	बलयिषीवहि	बलयिषीमहि

बलयाम्बभूव	बलयाम्बभूवतुः	बलयाम्बभूवुः	अबीबलत	अबीबलेताम्	अबीबलन्त
बलयाञ्चक्रे	बलयाञ्चक्राते	बलयाञ्चक्रिरे			
बलयामास	बलयामासतुः	बलयामासुः			
बलयाम्बभूविथ	बलयाम्बभूवथुः	बलयाम्बभूव	अबीबलथाः	अबीबलेथाम्	अबीबलध्वम्
बलयाञ्चकृषे	बलयाञ्चक्राथे	बलयाञ्चकृढ्वे			
बलयामासिथ	बलयामासथुः	बलयामास			
बलयाम्बभूव	बलयाम्बभूविव	बलयाम्बभूविम	अबीबले	अबीबलावहि	अबीबलामहि
बलयाञ्चक्रे	बलयाञ्चकृवहे	बलयाञ्चकृमहे			
बलयामास	बलयामासिव	बलयामासिम			

1629 चिञ् चयने । अयं मित् । ञित् वैकल्पिकः णिच् । collect, select, gather, pile up
10c 96 चिञ् । चि । चपयति / ते, चययति / ते, चयति / ते । U । सेट् । द्वि० । चपि चपय । चयि चयय ।
अस्य धातोः ञित् करणसामर्थ्यात् णिचः वैकल्पिकत्वम् , इति सिद्धान्तकौमुदी । 6.4.92 मितां ह्रस्वः ।
णिजभावे औत्सर्गिकः शप् , उभयपदी अनिट् च । Also See 1251 चिञ् चयने ।
6.1.54 चिस्फुरोर्णौ । चिञ् स्फुर इत्येतयोः धात्वोः णौ परतः एचः स्थाने विभाषा आकारादेशः ।
7.3.36 अर्त्तिह्रीब्लीरीक्नूयीक्ष्माय्यातां पुङ्णौ । अर्ति ह्री व्ली री क्नूयी क्ष्मायी इत्येतेषाम् अङ्गानाम् आकारान्तानां च पुगागमो भवति णौ परतः । आत्वाभावपक्षे वृद्धिः अयादेशः ह्रस्वः च । **Parasmaipadi Forms**

चपयति	चपयतः	चपयन्ति[1]	अचपयत् -द्	अचपयताम्	अचपयन्[1]
चपयसि	चपयथः	चपयथ	अचपयः	अचपयतम्	अचपयत
चपयामि[2]	चपयावः[2]	चपयामः[2]	अचपयम्[1]	अचपयाव[2]	अचपयाम[2]

चपयतु चपयतात् -द्	चपयताम्	चपयन्तु[1]	चपयेत् -द्	चपयेताम्	चपयेयुः
चपय चपयतात् -द्	चपयतम्	चपयत	चपयेः	चपयेतम्	चपयेत
चपयानि[3]	चपयाव[3]	चपयाम[3]	चपयेयम्	चपयेव	चपयेम

चपयिष्यति	चपयिष्यतः	चपयिष्यन्ति	अचपयिष्यत् -द्	अचपयिष्यताम्	अचपयिष्यन्
चपयिष्यसि	चपयिष्यथः	चपयिष्यथ	अचपयिष्यः	अचपयिष्यतम्	अचपयिष्यत
चपयिष्यामि	चपयिष्यावः	चपयिष्यामः	अचपयिष्यम्	अचपयिष्याव	अचपयिष्याम

चपयिता	चपयितारौ	चपयितारः	चप्यात् -द्	चप्यास्ताम्	चप्यासुः
चपयितासि	चपयितास्थः	चपयितास्थ	चप्याः	चप्यास्तम्	चप्यास्त
चपयितास्मि	चपयितास्वः	चपयितास्मः	चप्यासम्	चप्यास्व	चप्यास्म

चपयाम्बभूव	चपयाम्बभूवतुः	चपयाम्बभूवुः	अचीचपत् -द्	अचीचपताम्	अचीचपन्
चपयाञ्चकार	चपयाञ्चक्रतुः	चपयाञ्चक्रुः			
चपयामास	चपयामासतुः	चपयामासुः			
चपयाम्बभूविथ	चपयाम्बभूवथुः	चपयाम्बभूव	अचीचपः	अचीचपतम्	अचीचपत
चपयाञ्चकर्थ	चपयाञ्चक्रथुः	चपयाञ्चक्र			
चपयामासिथ	चपयामासथुः	चपयामास			
चपयाम्बभूव	चपयाम्बभूविव	चपयाम्बभूविम	अचीचपम्	अचीचपाव	अचीचपाम
चपयाञ्चकर -कार	चपयाञ्चकृव	चपयाञ्चकृम			
चपयामास	चपयामासिव	चपयामासिम			

Atmanepadi Forms

चपयते	चपयेते[4]	चपयन्ते[1]	अचपयत	अचपयेताम्[4]	अचपयन्त[1]
चपयसे	चपयेथे[4]	चपयध्वे	अचपयथाः	अचपयेथाम्[4]	अचपयध्वम्
चपये[1]	चपयावहे[2]	चपयामहे[2]	अचपये[4]	अचपयावहि[3]	अचपयामहि[3]

चपयताम्	चपयेताम्[4]	चपयन्ताम्[1]	चपयेत	चपयेयाताम्	चपयेरन्
चपयस्व	चपयेथाम्[4]	चपयध्वम्	चपयेथाः	चपयेयाथाम्	चपयेध्वम्
चपयै[5]	चपयावहै[3]	चपयामहै[3]	चपयेय	चपयेवहि	चपयेमहि

चपयिष्यते	चपयिष्येते	चपयिष्यन्ते	अचपयिष्यत	अचपयिष्येताम्	अचपयिष्यन्त
चपयिष्यसे	चपयिष्येथे	चपयिष्यध्वे	अचपयिष्यथाः	अचपयिष्येथाम्	अचपयिष्यध्वम्
चपयिष्ये	चपयिष्यावहे	चपयिष्यामहे	अचपयिष्ये	अचपयिष्यावहि	अचपयिष्यामहि

चपयिता	चपयितारौ	चपयितारः	चपयिषीष्ट	चपयिषीयास्ताम्	चपयिषीरन्
चपयितासे	चपयितासाथे	चपयिताध्वे	चपयिषीष्ठाः	चपयिषीयास्थाम्	चपयिषीध्वम् -ढ्वम्

चपयिताहे	चपयितास्वहे	चपयितास्महे	चपयिषीय	चपयिषीवहि	चपयिषीमहि

चपयाम्बभूव	चपयाम्बभूवतुः	चपयाम्बभूवुः	अचीचपत	अचीचपेताम्	अचीचपन्त
चपयाञ्चक्रे	चपयाञ्चक्राते	चपयाञ्चक्रिरे			
चपयामास	चपयामासतुः	चपयामासुः			
चपयाम्बभूविथ	चपयाम्बभूवथुः	चपयाम्बभूव	अचीचपथाः	अचीचपेथाम्	अचीचपध्वम्
चपयाञ्चकृषे	चपयाञ्चक्राथे	चपयाञ्चकृढ्वे			
चपयामासिथ	चपयामासथुः	चपयामास			
चपयाम्बभूव	चपयाम्बभूविव	चपयाम्बभूविम	अचीचपे	अचीचपावहि	अचीचपामहि
चपयाञ्चक्रे	चपयाञ्चकृवहे	चपयाञ्चकृमहे			
चपयामास	चपयामासिव	चपयामासिम			

7.3.36 अर्त्तिह्रीब्लीरीक्नूयीक्ष्माय्यातां पुङ्णौ । अर्ति ह्री ब्ली री क्नूयी क्ष्मायी इत्येतेषाम् अङ्गानाम् आकारान्तानां च पुगागमो भवति णौ परतः । आत्वाभावपक्षे वृद्धिः अयादेशः ह्रस्वः च । चयि । चयय । **Parasmaipadi Forms**

चययति	चययतः	चययन्ति[1]	अचययत् -द्	अचययताम्	अचययन्[1]
चययसि	चययथः	चययथ	अचययः	अचययतम्	अचययत
चययामि[2]	चययावः[2]	चययामः[2]	अचययम्[1]	अचययाव[2]	अचययाम[2]

चययतु चययतात् -द्	चययताम्	चययन्तु[1]	चययेत् -द्	चययेताम्	चययेयुः
चयय चययतात् -द्	चययतम्	चययत	चययेः	चययेतम्	चययेत
चययानि[3]	चययाव[3]	चययाम[3]	चययेयम्	चययेव	चययेम

चययिष्यति	चययिष्यतः	चययिष्यन्ति	अचययिष्यत् -द्	अचययिष्यताम्	अचययिष्यन्
चययिष्यसि	चययिष्यथः	चययिष्यथ	अचययिष्यः	अचययिष्यतम्	अचययिष्यत
चययिष्यामि	चययिष्यावः	चययिष्यामः	अचययिष्यम्	अचययिष्याव	अचययिष्याम

चययिता	चययितारौ	चययितारः	चय्यात् -द्	चय्यास्ताम्	चय्यासुः
चययितासि	चययितास्थः	चययितास्थ	चय्याः	चय्यास्तम्	चय्यास्त
चययितास्मि	चययितास्वः	चययितास्मः	चय्यासम्	चय्यास्व	चय्यास्म

चययाम्बभूव	चययाम्बभूवतुः	चययाम्बभूवुः	अचीचयत् -द्	अचीचयताम्	अचीचयन्
चययाञ्चकार	चययाञ्चक्रतुः	चययाञ्चक्रुः			
चययामास	चययामासतुः	चययामासुः			
चययाम्बभूविथ	चययाम्बभूवथुः	चययाम्बभूव	अचीचयः	अचीचयतम्	अचीचयत
चययाञ्चकर्थ	चययाञ्चक्रथुः	चययाञ्चक्र			
चययामासिथ	चययामासथुः	चययामास			
चययाम्बभूव	चययाम्बभूविव	चययाम्बभूविम	अचीचयम्	अचीचयाव	अचीचयाम

चययाञ्चकर -कार	चययाञ्चकृव	चययाञ्चकृम			
चययामास	चययामासिव	चययामासिम			

Atmanepadi Forms

चययते	चययेते[4]	चययन्ते[1]	अचययत	अचययेताम्[4]	अचययन्त[1]
चययसे	चययेथे[4]	चययध्वे	अचययथाः	अचययेथाम्[4]	अचययध्वम्
चयये[1]	चययावहे[2]	चययामहे[2]	अचयये[4]	अचययावहि[3]	अचययामहि[3]

चययताम्	चययेताम्[4]	चययन्ताम्[1]	चययेत	चययेयाताम्	चययेरन्
चययस्व	चययेथाम्[4]	चययध्वम्	चययेथाः	चययेयाथाम्	चययेध्वम्
चययै[5]	चययावहै[3]	चययामहै[3]	चययेय	चययेवहि	चययेमहि

चययिष्यते	चययिष्येते	चययिष्यन्ते	अचययिष्यत	अचययिष्येताम्	अचययिष्यन्त
चययिष्यसे	चययिष्येथे	चययिष्यध्वे	अचययिष्यथाः	अचययिष्येथाम्	अचययिष्यध्वम्
चययिष्ये	चययिष्यावहे	चययिष्यामहे	अचययिष्ये	अचययिष्यावहि	अचययिष्यामहि

चययिता	चययितारौ	चययितारः	चययिषीष्ट	चययिषीयास्ताम्	चययिषीरन्
चययितासे	चययितासाथे	चययिताध्वे	चययिषीष्ठाः	चययिषीयास्थाम्	चययिषीध्वम् -ढ्वम्
चययिताहे	चययितास्वहे	चययितास्महे	चययिषीय	चययिषीवहि	चययिषीमहि

चययाम्बभूव	चययाम्बभूवतुः	चययाम्बभूवुः	अचीचयत	अचीचयेताम्	अचीचयन्त
चययाञ्चक्रे	चययाञ्चक्राते	चययाञ्चक्रिरे			
चययामास	चययामासतुः	चययामासुः			
चययाम्बभूविथ	चययाम्बभूवथुः	चययाम्बभूव	अचीचयथाः	अचीचयेथाम्	अचीचयध्वम्
चययाञ्चकृषे	चययाञ्चक्राथे	चययाञ्चकृढ्वे			
चययामासिथ	चययामासथुः	चययामास			
चययाम्बभूव	चययाम्बभूविव	चययाम्बभूविम	अचीचये	अचीचयावहि	अचीचयामहि
चययाञ्चक्रे	चययाञ्चकृवहे	चययाञ्चकृमहे			
चययामास	चययामासिव	चययामासिम			

णिजभावे औत्सर्गिकः शप्, उभयपदी अनिट् च । इति पक्षे भ्वादिः अङ्गः चि । U । अनिट् । द्वि० ।
7.4.25 अकृत्सार्वधातुकयोर्दीर्घः । अजन्तस्य धातुभ्यः दीर्घः, किति सार्वधातुके भिन्नः यकारादिः प्रत्यये परतः ।

चयति	चयतः	चयन्ति[1]	अचयत् -द्	अचयताम्	अचयन्[1]
चयसि	चयथः	चयथ	अचयः	अचयतम्	अचयत
चयामि[2]	चयावः[2]	चयामः[2]	अचयम्[1]	अचयाव[2]	अचयाम[2]

चयतु चयतात् -द्	चयताम्	चयन्तु[1]	चयेत् -द्	चयेताम्	चयेयुः
चय चयतात् -द्	चयतम्	चयत	चयेः	चयेतम्	चयेत

चयानि[3]	चयाव[3]	चयाम[3]	चयेयम्	चयेव	चयेम
चयिष्यति	चयिष्यतः	चयिष्यन्ति	अचयिष्यत् -द्	अचयिष्यताम्	अचयिष्यन्
चयिष्यसि	चयिष्यथः	चयिष्यथ	अचयिष्यः	अचयिष्यतम्	अचयिष्यत
चयिष्यामि	चयिष्यावः	चयिष्यामः	अचयिष्यम्	अचयिष्याव	अचयिष्याम
चयिता	चयितारौ	चयितारः	चीयात् -द्	चीयास्ताम्	चीयासुः
चयितासि	चयितास्थः	चयितास्थ	चीयाः	चीयास्तम्	चीयास्त
चयितास्मि	चयितास्वः	चयितास्मः	चीयासम्	चीयास्व	चीयास्म
चिचाय	चिच्यतुः	चिच्युः	अचायीत् -द्	अचायिष्टाम्	अचायिषुः
चिचयिथ	चिच्यथुः	चिच्य	अचायीः	अचायिष्टम्	अचायिष्ट
चिचाय चिचय	चिच्यिव	चिच्यिम	अचायिषम्	अचायिष्व	अचायिष्म

वृत् । इति मित् गतः ॥

गणसूत्र = नान्ये मितोऽहेतौ । अहेतौ = स्वार्थे । इति ज्ञपादि अन्यत्र न मित् ।

Except for these 6 Roots, None of the other Roots in 10c are मित् ।

1630 घट्ट चलने । shake, touch, rub, stir

10c 97 घट्टँ । घट्ट् । घट्टयति / ते । U । सेट् । अ० । घट्टि । घट्टय । **Parasmaipadi Forms**

घट्टयति	घट्टयतः	घट्टयन्ति[1]	अघट्टयत् -द्	अघट्टयताम्	अघट्टयन्[1]
घट्टयसि	घट्टयथः	घट्टयथ	अघट्टयः	अघट्टयतम्	अघट्टयत
घट्टयामि[2]	घट्टयावः[2]	घट्टयामः[2]	अघट्टयम्[1]	अघट्टयाव[2]	अघट्टयाम[2]
घट्टयतु घट्टयतात् -द्	घट्टयताम्	घट्टयन्तु[1]	घट्टयेत् -द्	घट्टयेताम्	घट्टयेयुः
घट्टय घट्टयतात् -द्	घट्टयतम्	घट्टयत	घट्टयेः	घट्टयेतम्	घट्टयेत
घट्टयानि[3]	घट्टयाव[3]	घट्टयाम[3]	घट्टयेयम्	घट्टयेव	घट्टयेम
घट्टयिष्यति	घट्टयिष्यतः	घट्टयिष्यन्ति	अघट्टयिष्यत् -द्	अघट्टयिष्यताम्	अघट्टयिष्यन्
घट्टयिष्यसि	घट्टयिष्यथः	घट्टयिष्यथ	अघट्टयिष्यः	अघट्टयिष्यतम्	अघट्टयिष्यत
घट्टयिष्यामि	घट्टयिष्यावः	घट्टयिष्यामः	अघट्टयिष्यम्	अघट्टयिष्याव	अघट्टयिष्याम
घट्टयिता	घट्टयितारौ	घट्टयितारः	घट्ट्यात् -द्	घट्ट्यास्ताम्	घट्ट्यासुः
घट्टयितासि	घट्टयितास्थः	घट्टयितास्थ	घट्ट्याः	घट्ट्यास्तम्	घट्ट्यास्त
घट्टयितास्मि	घट्टयितास्वः	घट्टयितास्मः	घट्ट्यासम्	घट्ट्यास्व	घट्ट्यास्म
घट्टयाम्बभूव	घट्टयाम्बभूवतुः	घट्टयाम्बभूवुः	अजघट्टत् -द्	अजघट्टताम्	अजघट्टन्
घट्टयाञ्चकार	घट्टयाञ्चक्रतुः	घट्टयाञ्चक्रुः			
घट्टयामास	घट्टयामासतुः	घट्टयामासुः			
घट्टयाम्बभूविथ	घट्टयाम्बभूवथुः	घट्टयाम्बभूव	अजघट्टः	अजघट्टतम्	अजघट्टत

घट्टयाञ्चकर्थ	घट्टयाञ्चक्रथुः	घट्टयाञ्चक्र			
घट्टयामासिथ	घट्टयामासथुः	घट्टयामास			
घट्टयाम्बभूव	घट्टयाम्बभूविव	घट्टयाम्बभूविम	अजघट्टम्	अजघट्टाव	अजघट्टाम
घट्टयाञ्चकर -कार	घट्टयाञ्चकृव	घट्टयाञ्चकृम			
घट्टयामास	घट्टयामासिव	घट्टयामासिम			

Atmanepadi Forms

घट्टयते	घट्टयेते[4]	घट्टयन्ते[1]	अघट्टयत	अघट्टयेताम्[4]	अघट्टयन्त[1]
घट्टयसे	घट्टयेथे[4]	घट्टयध्वे	अघट्टयथाः	अघट्टयेथाम्[4]	अघट्टयध्वम्
घट्टये[1]	घट्टयावहे[2]	घट्टयामहे[2]	अघट्टये[4]	अघट्टयावहि[3]	अघट्टयामहि[3]

घट्टयताम्	घट्टयेताम्[4]	घट्टयन्ताम्[1]	घट्टयेत	घट्टयेयाताम्	घट्टयेरन्
घट्टयस्व	घट्टयेथाम्[4]	घट्टयध्वम्	घट्टयेथाः	घट्टयेयाथाम्	घट्टयेध्वम्
घट्टयै[5]	घट्टयावहै[3]	घट्टयामहै[3]	घट्टयेय	घट्टयेवहि	घट्टयेमहि

घट्टयिष्यते	घट्टयिष्येते	घट्टयिष्यन्ते	अघट्टयिष्यत	अघट्टयिष्येताम्	अघट्टयिष्यन्त
घट्टयिष्यसे	घट्टयिष्येथे	घट्टयिष्यध्वे	अघट्टयिष्यथाः	अघट्टयिष्येथाम्	अघट्टयिष्यध्वम्
घट्टयिष्ये	घट्टयिष्यावहे	घट्टयिष्यामहे	अघट्टयिष्ये	अघट्टयिष्यावहि	अघट्टयिष्यामहि

घट्टयिता	घट्टयितारौ	घट्टयितारः	घट्टयिषीष्ट	घट्टयिषीयास्ताम्	घट्टयिषीरन्
घट्टयितासे	घट्टयितासाथे	घट्टयिताध्वे	घट्टयिषीष्ठाः	घट्टयिषीयास्थाम्	घट्टयिषीध्वम् -ढ्वम्
घट्टयिताहे	घट्टयितास्वहे	घट्टयितास्महे	घट्टयिषीय	घट्टयिषीवहि	घट्टयिषीमहि

घट्टयाम्बभूव	घट्टयाम्बभूवतुः	घट्टयाम्बभूवुः	अजघट्टत	अजघट्टेताम्	अजघट्टन्त
घट्टयाञ्चक्रे	घट्टयाञ्चक्राते	घट्टयाञ्चक्रिरे			
घट्टयामास	घट्टयामासतुः	घट्टयामासुः			
घट्टयाम्बभूविथ	घट्टयाम्बभूवथुः	घट्टयाम्बभूव	अजघट्टथाः	अजघट्टेथाम्	अजघट्टध्वम्
घट्टयाञ्चकृषे	घट्टयाञ्चक्राथे	घट्टयाञ्चकृढ्वे			
घट्टयामासिथ	घट्टयामासथुः	घट्टयामास			
घट्टयाम्बभूव	घट्टयाम्बभूविव	घट्टयाम्बभूविम	अजघट्टे	अजघट्टावहि	अजघट्टामहि
घट्टयाञ्चक्रे	घट्टयाञ्चकृवहे	घट्टयाञ्चकृमहे			
घट्टयामास	घट्टयामासिव	घट्टयामासिम			

1631 मुस्त सङ्घाते । gather, collect

10c 98 मुस्तँ । मुस्त् । मुस्तयति / ते । U । सेट् । स० । मुस्ति । मुस्तय । **Parasmaipadi Forms**

मुस्तयति	मुस्तयतः	मुस्तयन्ति[1]	अमुस्तयत् -द्	अमुस्तयताम्	अमुस्तयन्[1]
मुस्तयसि	मुस्तयथः	मुस्तयथ	अमुस्तयः	अमुस्तयतम्	अमुस्तयत

मुस्तयामि[2]	मुस्तयावः[2]	मुस्तयामः[2]	अमुस्तयम्[1]	अमुस्तयाव[2]	अमुस्तयाम[2]

मुस्तयतु मुस्तयतात् -द्	मुस्तयताम्	मुस्तयन्तु[1]	मुस्तयेत् -द्	मुस्तयेताम्	मुस्तयेयुः
मुस्तय मुस्तयतात् -द्	मुस्तयतम्	मुस्तयत	मुस्तयेः	मुस्तयेतम्	मुस्तयेत
मुस्तयानि[3]	मुस्तयाव[3]	मुस्तयाम[3]	मुस्तयेयम्	मुस्तयेव	मुस्तयेम

मुस्तयिष्यति	मुस्तयिष्यतः	मुस्तयिष्यन्ति	अमुस्तयिष्यत् -द्	अमुस्तयिष्यताम्	अमुस्तयिष्यन्
मुस्तयिष्यसि	मुस्तयिष्यथः	मुस्तयिष्यथ	अमुस्तयिष्यः	अमुस्तयिष्यतम्	अमुस्तयिष्यत
मुस्तयिष्यामि	मुस्तयिष्यावः	मुस्तयिष्यामः	अमुस्तयिष्यम्	अमुस्तयिष्याव	अमुस्तयिष्याम

मुस्तयिता	मुस्तयितारौ	मुस्तयितारः	मुस्त्यात् -द्	मुस्त्यास्ताम्	मुस्त्यासुः
मुस्तयितासि	मुस्तयितास्थः	मुस्तयितास्थ	मुस्त्याः	मुस्त्यास्तम्	मुस्त्यास्त
मुस्तयितास्मि	मुस्तयितास्वः	मुस्तयितास्मः	मुस्त्यासम्	मुस्त्यास्व	मुस्त्यास्म

मुस्तयाम्बभूव	मुस्तयाम्बभूवतुः	मुस्तयाम्बभूवुः	अमुमुस्तत् -द्	अमुमुस्तताम्	अमुमुस्तन्
मुस्तयाञ्चकार	मुस्तयाञ्चक्रतुः	मुस्तयाञ्चक्रुः			
मुस्तयामास	मुस्तयामासतुः	मुस्तयामासुः			
मुस्तयाम्बभूविथ	मुस्तयाम्बभूवथुः	मुस्तयाम्बभूव	अमुमुस्तः	अमुमुस्ततम्	अमुमुस्तत
मुस्तयाञ्चकर्थ	मुस्तयाञ्चक्रथुः	मुस्तयाञ्चक्र			
मुस्तयामासिथ	मुस्तयामासथुः	मुस्तयामास			
मुस्तयाम्बभूव	मुस्तयाम्बभूविव	मुस्तयाम्बभूविम	अमुमुस्तम्	अमुमुस्ताव	अमुमुस्ताम
मुस्तयाञ्चकर -कार	मुस्तयाञ्चकृव	मुस्तयाञ्चकृम			
मुस्तयामास	मुस्तयामासिव	मुस्तयामासिम			

Atmanepadi Forms

मुस्तयते	मुस्तयेते[4]	मुस्तयन्ते[1]	अमुस्तयत	अमुस्तयेताम्[4]	अमुस्तयन्त[1]
मुस्तयसे	मुस्तयेथे[4]	मुस्तयध्वे	अमुस्तयथाः	अमुस्तयेथाम्[4]	अमुस्तयध्वम्
मुस्तये[1]	मुस्तयावहे[2]	मुस्तयामहे[2]	अमुस्तये[4]	अमुस्तयावहि[3]	अमुस्तयामहि[3]

मुस्तयताम्	मुस्तयेताम्[4]	मुस्तयन्ताम्[1]	मुस्तयेत	मुस्तयेयाताम्	मुस्तयेरन्
मुस्तयस्व	मुस्तयेथाम्[4]	मुस्तयध्वम्	मुस्तयेथाः	मुस्तयेयाथाम्	मुस्तयेध्वम्
मुस्तयै[5]	मुस्तयावहै[3]	मुस्तयामहै[3]	मुस्तयेय	मुस्तयेवहि	मुस्तयेमहि

मुस्तयिष्यते	मुस्तयिष्येते	मुस्तयिष्यन्ते	अमुस्तयिष्यत	अमुस्तयिष्येताम्	अमुस्तयिष्यन्त
मुस्तयिष्यसे	मुस्तयिष्येथे	मुस्तयिष्यध्वे	अमुस्तयिष्यथाः	अमुस्तयिष्येथाम्	अमुस्तयिष्यध्वम्
मुस्तयिष्ये	मुस्तयिष्यावहे	मुस्तयिष्यामहे	अमुस्तयिष्ये	अमुस्तयिष्यावहि	अमुस्तयिष्यामहि

मुस्तयिता	मुस्तयितारौ	मुस्तयितारः	मुस्तयिषीष्ट	मुस्तयिषीयास्ताम्	मुस्तयिषीरन्

मुस्तयितासे	मुस्तयितासाथे	मुस्तयिताध्वे	मुस्तयिषीष्ठाः	मुस्तयिषीयास्थाम्	मुस्तयिषीध्वम् -ढ्वम्
मुस्तयिताहे	मुस्तयितास्वहे	मुस्तयितास्महे	मुस्तयिषीय	मुस्तयिषीवहि	मुस्तयिषीमहि

मुस्तयाम्बभूव	मुस्तयाम्बभूवतुः	मुस्तयाम्बभूवुः	अमुमुस्तत	अमुमुस्तेताम्	अमुमुस्तन्त
मुस्तयाञ्चक्रे	मुस्तयाञ्चक्राते	मुस्तयाञ्चक्रिरे			
मुस्तयामास	मुस्तयामासतुः	मुस्तयामासुः			
मुस्तयाम्बभूविथ	मुस्तयाम्बभूवथुः	मुस्तयाम्बभूव	अमुमुस्तथाः	अमुमुस्तेथाम्	अमुमुस्तध्वम्
मुस्तयाञ्चकृषे	मुस्तयाञ्चक्राथे	मुस्तयाञ्चकृढ्वे			
मुस्तयामासिथ	मुस्तयामासथुः	मुस्तयामास			
मुस्तयाम्बभूव	मुस्तयाम्बभूविव	मुस्तयाम्बभूविम	अमुमुस्ते	अमुमुस्तावहि	अमुमुस्तामहि
मुस्तयाञ्चक्रे	मुस्तयाञ्चकृवहे	मुस्तयाञ्चकृमहे			
मुस्तयामास	मुस्तयामासिव	मुस्तयामासिम			

1632 खट्ट संवरणे । cover, hide

10c 99 खट्टँ । खट्ट् । खट्टयति / ते । U । सेट् । स० । खट्टि । खट्टय । **Parasmaipadi Forms**

खट्टयति	खट्टयतः	खट्टयन्ति[1]	अखट्टयत् -द्	अखट्टयताम्	अखट्टयन्[1]
खट्टयसि	खट्टयथः	खट्टयथ	अखट्टयः	अखट्टयतम्	अखट्टयत
खट्टयामि[2]	खट्टयावः[2]	खट्टयामः[2]	अखट्टयम्[1]	अखट्टयाव[2]	अखट्टयाम[2]

खट्टयतु खट्टयतात् -द्	खट्टयताम्	खट्टयन्तु[1]	खट्टयेत् -द्	खट्टयेताम्	खट्टयेयुः
खट्टय खट्टयतात् -द्	खट्टयतम्	खट्टयत	खट्टयेः	खट्टयेतम्	खट्टयेत
खट्टयानि[3]	खट्टयाव[3]	खट्टयाम[3]	खट्टयेयम्	खट्टयेव	खट्टयेम

खट्टयिष्यति	खट्टयिष्यतः	खट्टयिष्यन्ति	अखट्टयिष्यत् -द्	अखट्टयिष्यताम्	अखट्टयिष्यन्
खट्टयिष्यसि	खट्टयिष्यथः	खट्टयिष्यथ	अखट्टयिष्यः	अखट्टयिष्यतम्	अखट्टयिष्यत
खट्टयिष्यामि	खट्टयिष्यावः	खट्टयिष्यामः	अखट्टयिष्यम्	अखट्टयिष्याव	अखट्टयिष्याम

खट्टयिता	खट्टयितारौ	खट्टयितारः	खट्ट्यात् -द्	खट्ट्यास्ताम्	खट्ट्यासुः
खट्टयितासि	खट्टयितास्थः	खट्टयितास्थ	खट्ट्याः	खट्ट्यास्तम्	खट्ट्यास्त
खट्टयितास्मि	खट्टयितास्वः	खट्टयितास्मः	खट्ट्यासम्	खट्ट्यास्व	खट्ट्यास्म

खट्टयाम्बभूव	खट्टयाम्बभूवतुः	खट्टयाम्बभूवुः	अचखट्टत् -द्	अचखट्टताम्	अचखट्टन्
खट्टयाञ्चकार	खट्टयाञ्चक्रतुः	खट्टयाञ्चक्रुः			
खट्टयामास	खट्टयामासतुः	खट्टयामासुः			
खट्टयाम्बभूविथ	खट्टयाम्बभूवथुः	खट्टयाम्बभूव	अचखट्टः	अचखट्टतम्	अचखट्टत
खट्टयाञ्चकर्थ	खट्टयाञ्चक्रथुः	खट्टयाञ्चक्र			
खट्टयामासिथ	खट्टयामासथुः	खट्टयामास			

खट्टयाम्बभूव	खट्टयाम्बभूविव	खट्टयाम्बभूविम	अचखट्टम्	अचखट्टाव	अचखट्टाम
खट्टयाञ्चकर -कार	खट्टयाञ्चकृव	खट्टयाञ्चकृम			
खट्टयामास	खट्टयामासिव	खट्टयामासिम			

Atmanepadi Forms

खट्टयते	खट्टयेते[4]	खट्टयन्ते[1]	अखट्टयत	अखट्टयेताम्[4]	अखट्टयन्त[1]
खट्टयसे	खट्टयेथे[4]	खट्टयध्वे	अखट्टयथाः	अखट्टयेथाम्[4]	अखट्टयध्वम्
खट्टये[1]	खट्टयावहे[2]	खट्टयामहे[2]	अखट्टये[4]	अखट्टयावहि[3]	अखट्टयामहि[3]

खट्टयताम्	खट्टयेताम्[4]	खट्टयन्ताम्[1]	खट्टयेत	खट्टयेयाताम्	खट्टयेरन्
खट्टयस्व	खट्टयेथाम्[4]	खट्टयध्वम्	खट्टयेथाः	खट्टयेयाथाम्	खट्टयेध्वम्
खट्टयै[5]	खट्टयावहै[3]	खट्टयामहै[3]	खट्टयेय	खट्टयेवहि	खट्टयेमहि

खट्टयिष्यते	खट्टयिष्येते	खट्टयिष्यन्ते	अखट्टयिष्यत	अखट्टयिष्येताम्	अखट्टयिष्यन्त
खट्टयिष्यसे	खट्टयिष्येथे	खट्टयिष्यध्वे	अखट्टयिष्यथाः	अखट्टयिष्येथाम्	अखट्टयिष्यध्वम्
खट्टयिष्ये	खट्टयिष्यावहे	खट्टयिष्यामहे	अखट्टयिष्ये	अखट्टयिष्यावहि	अखट्टयिष्यामहि

खट्टयिता	खट्टयितारौ	खट्टयितारः	खट्टयिषीष्ट	खट्टयिषीयास्ताम्	खट्टयिषीरन्
खट्टयितासे	खट्टयितासाथे	खट्टयिताध्वे	खट्टयिषीष्ठाः	खट्टयिषीयास्थाम्	खट्टयिषीध्वम् -ढ्वम्
खट्टयिताहे	खट्टयितास्वहे	खट्टयितास्महे	खट्टयिषीय	खट्टयिषीवहि	खट्टयिषीमहि

खट्टयाम्बभूव	खट्टयाम्बभूवतुः	खट्टयाम्बभूवुः	अचखट्टत	अचखट्टेताम्	अचखट्टन्त
खट्टयाञ्चक्रे	खट्टयाञ्चक्राते	खट्टयाञ्चक्रिरे			
खट्टयामास	खट्टयामासतुः	खट्टयामासुः			
खट्टयाम्बभूविथ	खट्टयाम्बभूवथुः	खट्टयाम्बभूव	अचखट्टथाः	अचखट्टेथाम्	अचखट्टध्वम्
खट्टयाञ्चकृषे	खट्टयाञ्चक्राथे	खट्टयाञ्चकृढ्वे			
खट्टयामासिथ	खट्टयामासथुः	खट्टयामास			
खट्टयाम्बभूव	खट्टयाम्बभूविव	खट्टयाम्बभूविम	अचखट्टे	अचखट्टावहि	अचखट्टामहि
खट्टयाञ्चक्रे	खट्टयाञ्चकृवहे	खट्टयाञ्चकृमहे			
खट्टयामास	खट्टयामासिव	खट्टयामासिम			

1633 षट्ट हिंसायाम् । hurt, injure

10c 100 षट्टँ । सट्ट् । सट्टयति / ते । U । सेट् । स० । सट्टि । सट्टय । **Parasmaipadi Forms**

सट्टयति	सट्टयतः	सट्टयन्ति[1]	असट्टयत् -द्	असट्टयताम्	असट्टयन्[1]
सट्टयसि	सट्टयथः	सट्टयथ	असट्टयः	असट्टयतम्	असट्टयत
सट्टयामि[2]	सट्टयावः[2]	सट्टयामः[2]	असट्टयम्[1]	असट्टयाव[2]	असट्टयाम[2]

सट्टयतु सट्टयतात् -द्	सट्टयताम्	सट्टयन्तु[1]	सट्टयेत् -द्	सट्टयेताम्	सट्टयेयुः
सट्टय सट्टयतात् -द्	सट्टयतम्	सट्टयत	सट्टयेः	सट्टयेतम्	सट्टयेत
सट्टयानि[3]	सट्टयाव[3]	सट्टयाम[3]	सट्टयेयम्	सट्टयेव	सट्टयेम

सट्टयिष्यति	सट्टयिष्यतः	सट्टयिष्यन्ति	असट्टयिष्यत् -द्	असट्टयिष्यताम्	असट्टयिष्यन्
सट्टयिष्यसि	सट्टयिष्यथः	सट्टयिष्यथ	असट्टयिष्यः	असट्टयिष्यतम्	असट्टयिष्यत
सट्टयिष्यामि	सट्टयिष्यावः	सट्टयिष्यामः	असट्टयिष्यम्	असट्टयिष्याव	असट्टयिष्याम

सट्टयिता	सट्टयितारौ	सट्टयितारः	सट्ट्यात् -द्	सट्ट्यास्ताम्	सट्ट्यासुः
सट्टयितासि	सट्टयितास्थः	सट्टयितास्थ	सट्ट्याः	सट्ट्यास्तम्	सट्ट्यास्त
सट्टयितास्मि	सट्टयितास्वः	सट्टयितास्मः	सट्ट्यासम्	सट्ट्यास्व	सट्ट्यास्म

सट्टयाम्बभूव	सट्टयाम्बभूवतुः	सट्टयाम्बभूवुः	अससट्टत् -द्	अससट्टताम्	अससट्टन्
सट्टयाञ्चकार	सट्टयाञ्चक्रतुः	सट्टयाञ्चक्रुः			
सट्टयामास	सट्टयामासतुः	सट्टयामासुः			
सट्टयाम्बभूविथ	सट्टयाम्बभूवथुः	सट्टयाम्बभूव	अससट्टः	अससट्टतम्	अससट्टत
सट्टयाञ्चकर्थ	सट्टयाञ्चक्रथुः	सट्टयाञ्चक्र			
सट्टयामासिथ	सट्टयामासथुः	सट्टयामास			
सट्टयाम्बभूव	सट्टयाम्बभूविव	सट्टयाम्बभूविम	अससट्टम्	अससट्टाव	अससट्टाम
सट्टयाञ्चकर -कार	सट्टयाञ्चकृव	सट्टयाञ्चकृम			
सट्टयामास	सट्टयामासिव	सट्टयामासिम			

Atmanepadi Forms

सट्टयते	सट्टयेते[4]	सट्टयन्ते[1]	असट्टयत	असट्टयेताम्[4]	असट्टयन्त[1]
सट्टयसे	सट्टयेथे[4]	सट्टयध्वे	असट्टयथाः	असट्टयेथाम्[4]	असट्टयध्वम्
सट्टये[1]	सट्टयावहे[2]	सट्टयामहे[2]	असट्टये[4]	असट्टयावहि[3]	असट्टयामहि[3]

सट्टयताम्	सट्टयेताम्[4]	सट्टयन्ताम्[1]	सट्टयेत	सट्टयेयाताम्	सट्टयेरन्
सट्टयस्व	सट्टयेथाम्[4]	सट्टयध्वम्	सट्टयेथाः	सट्टयेयाथाम्	सट्टयेध्वम्
सट्टयै[5]	सट्टयावहै[3]	सट्टयामहै[3]	सट्टयेय	सट्टयेवहि	सट्टयेमहि

सट्टयिष्यते	सट्टयिष्येते	सट्टयिष्यन्ते	असट्टयिष्यत	असट्टयिष्येताम्	असट्टयिष्यन्त
सट्टयिष्यसे	सट्टयिष्येथे	सट्टयिष्यध्वे	असट्टयिष्यथाः	असट्टयिष्येथाम्	असट्टयिष्यध्वम्
सट्टयिष्ये	सट्टयिष्यावहे	सट्टयिष्यामहे	असट्टयिष्ये	असट्टयिष्यावहि	असट्टयिष्यामहि

सट्टयिता	सट्टयितारौ	सट्टयितारः	सट्टयिषीष्ट	सट्टयिषीयास्ताम्	सट्टयिषीरन्
सट्टयितासे	सट्टयितासाथे	सट्टयिताध्वे	सट्टयिषीष्ठाः	सट्टयिषीयास्थाम्	सट्टयिषीध्वम् -ढ्वम्

सट्टयिताहे	सट्टयितास्वहे	सट्टयितास्महे	सट्टयिषीय	सट्टयिषीवहि	सट्टयिषीमहि

सट्टयाम्बभूव	सट्टयाम्बभूवतुः	सट्टयाम्बभूवुः	अससट्टत	अससट्टेताम्	अससट्टन्त
सट्टयाञ्चक्रे	सट्टयाञ्चक्राते	सट्टयाञ्चक्रिरे			
सट्टयामास	सट्टयामासतुः	सट्टयामासुः			
सट्टयाम्बभूविथ	सट्टयाम्बभूवथुः	सट्टयाम्बभूव	अससट्टथाः	अससट्टेथाम्	अससट्टध्वम्
सट्टयाञ्चकृषे	सट्टयाञ्चक्राथे	सट्टयाञ्चकृढ्वे			
सट्टयामासिथ	सट्टयामासथुः	सट्टयामास			
सट्टयाम्बभूव	सट्टयाम्बभूविव	सट्टयाम्बभूविम	अससट्टे	अससट्टावहि	अससट्टामहि
सट्टयाञ्चक्रे	सट्टयाञ्चकृवहे	सट्टयाञ्चकृमहे			
सट्टयामास	सट्टयामासिव	सट्टयामासिम			

1634 स्फिट्ट हिंसायाम् । hurt, injure

10c 101 स्फिट्टँ । स्फिट्ट् । स्फिट्टयित / ते । U । सेट् । स० । खट्टि । खट्टय । **Parasmaipadi**

स्फिट्टयति	स्फिट्टयतः	स्फिट्टयन्ति[1]	अस्फिट्टयत् -द्	अस्फिट्टयताम्	अस्फिट्टयन्[1]
स्फिट्टयसि	स्फिट्टयथः	स्फिट्टयथ	अस्फिट्टयः	अस्फिट्टयतम्	अस्फिट्टयत
स्फिट्टयामि[2]	स्फिट्टयावः[2]	स्फिट्टयामः[2]	अस्फिट्टयम्[1]	अस्फिट्टयाव[2]	अस्फिट्टयाम[2]

स्फिट्टयतु स्फिट्टयतात् -द्	स्फिट्टयताम्	स्फिट्टयन्तु[1]	स्फिट्टयेत् -द्	स्फिट्टयेताम्	स्फिट्टयेयुः
स्फिट्टय स्फिट्टयतात् -द्	स्फिट्टयतम्	स्फिट्टयत	स्फिट्टयेः	स्फिट्टयेतम्	स्फिट्टयेत
स्फिट्टयानि[3]	स्फिट्टयाव[3]	स्फिट्टयाम[3]	स्फिट्टयेयम्	स्फिट्टयेव	स्फिट्टयेम

स्फिट्टयिष्यति	स्फिट्टयिष्यतः	स्फिट्टयिष्यन्ति	अस्फिट्टयिष्यत् -द्	अस्फिट्टयिष्यताम्	अस्फिट्टयिष्यन्
स्फिट्टयिष्यसि	स्फिट्टयिष्यथः	स्फिट्टयिष्यथ	अस्फिट्टयिष्यः	अस्फिट्टयिष्यतम्	अस्फिट्टयिष्यत
स्फिट्टयिष्यामि	स्फिट्टयिष्यावः	स्फिट्टयिष्यामः	अस्फिट्टयिष्यम्	अस्फिट्टयिष्याव	अस्फिट्टयिष्याम

स्फिट्टयिता	स्फिट्टयितारौ	स्फिट्टयितारः	स्फिट्ट्यात् -द्	स्फिट्ट्यास्ताम्	स्फिट्ट्यासुः
स्फिट्टयितासि	स्फिट्टयितास्थः	स्फिट्टयितास्थ	स्फिट्ट्याः	स्फिट्ट्यास्तम्	स्फिट्ट्यास्त
स्फिट्टयितास्मि	स्फिट्टयितास्वः	स्फिट्टयितास्मः	स्फिट्ट्यासम्	स्फिट्ट्यास्व	स्फिट्ट्यास्म

स्फिट्टयाम्बभूव	स्फिट्टयाम्बभूवतुः	स्फिट्टयाम्बभूवुः	अपिस्फिट्टत् -द्	अपिस्फिट्टताम्	अपिस्फिट्टन्
स्फिट्टयाञ्चकार	स्फिट्टयाञ्चक्रतुः	स्फिट्टयाञ्चक्रुः			
स्फिट्टयामास	स्फिट्टयामासतुः	स्फिट्टयामासुः			
स्फिट्टयाम्बभूविथ	स्फिट्टयाम्बभूवथुः	स्फिट्टयाम्बभूव	अपिस्फिट्टः	अपिस्फिट्टतम्	अपिस्फिट्टत
स्फिट्टयाञ्चकर्थ	स्फिट्टयाञ्चक्रथुः	स्फिट्टयाञ्चक्र			
स्फिट्टयामासिथ	स्फिट्टयामासथुः	स्फिट्टयामास			
स्फिट्टयाम्बभूव	स्फिट्टयाम्बभूविव	स्फिट्टयाम्बभूविम	अपिस्फिट्टम्	अपिस्फिट्टाव	अपिस्फिट्टाम

स्फिट्टयाञ्चकर -कार	स्फिट्टयाञ्चकृव	स्फिट्टयाञ्चकृम			
स्फिट्टयामास	स्फिट्टयामासिव	स्फिट्टयामासिम			

Atmanepadi Forms

स्फिट्टयते	स्फिट्टयेते[4]	स्फिट्टयन्ते[1]	अस्फिट्टयत	अस्फिट्टयेताम्[4]	अस्फिट्टयन्त[1]
स्फिट्टयसे	स्फिट्टयेथे[4]	स्फिट्टयध्वे	अस्फिट्टयथाः	अस्फिट्टयेथाम्[4]	अस्फिट्टयध्वम्
स्फिट्टये[1]	स्फिट्टयावहे[2]	स्फिट्टयामहे[2]	अस्फिट्टये[4]	अस्फिट्टयावहि[3]	अस्फिट्टयामहि[3]

स्फिट्टयताम्	स्फिट्टयेताम्[4]	स्फिट्टयन्ताम्[1]	स्फिट्टयेत	स्फिट्टयेयाताम्	स्फिट्टयेरन्
स्फिट्टयस्व	स्फिट्टयेथाम्[4]	स्फिट्टयध्वम्	स्फिट्टयेथाः	स्फिट्टयेयाथाम्	स्फिट्टयेध्वम्
स्फिट्टयै[5]	स्फिट्टयावहै[3]	स्फिट्टयामहै[3]	स्फिट्टयेय	स्फिट्टयेवहि	स्फिट्टयेमहि

स्फिट्टयिष्यते	स्फिट्टयिष्येते	स्फिट्टयिष्यन्ते	अस्फिट्टयिष्यत	अस्फिट्टयिष्येताम्	अस्फिट्टयिष्यन्त
स्फिट्टयिष्यसे	स्फिट्टयिष्येथे	स्फिट्टयिष्यध्वे	अस्फिट्टयिष्यथाः	अस्फिट्टयिष्येथाम्	अस्फिट्टयिष्यध्वम्
स्फिट्टयिष्ये	स्फिट्टयिष्यावहे	स्फिट्टयिष्यामहे	अस्फिट्टयिष्ये	अस्फिट्टयिष्यावहि	अस्फिट्टयिष्यामहि

स्फिट्टयिता	स्फिट्टयितारौ	स्फिट्टयितारः	स्फिट्टयिषीष्ट	स्फिट्टयिषीयास्ताम्	स्फिट्टयिषीरन्
स्फिट्टयितासे	स्फिट्टयितासाथे	स्फिट्टयिताध्वे	स्फिट्टयिषीष्ठाः	स्फिट्टयिषीयास्थाम्	स्फिट्टयिषीध्वम् -ढ्वम्
स्फिट्टयिताहे	स्फिट्टयितास्वहे	स्फिट्टयितास्महे	स्फिट्टयिषीय	स्फिट्टयिषीवहि	स्फिट्टयिषीमहि

स्फिट्टयाम्बभूव	स्फिट्टयाम्बभूवतुः	स्फिट्टयाम्बभूवुः	अपिस्फिट्टत	अपिस्फिट्टेताम्	अपिस्फिट्टन्त
स्फिट्टयाञ्चक्रे	स्फिट्टयाञ्चक्राते	स्फिट्टयाञ्चक्रिरे			
स्फिट्टयामास	स्फिट्टयामासतुः	स्फिट्टयामासुः			
स्फिट्टयाम्बभूविथ	स्फिट्टयाम्बभूवथुः	स्फिट्टयाम्बभूव	अपिस्फिट्टथाः	अपिस्फिट्टेथाम्	अपिस्फिट्टध्वम्
स्फिट्टयाञ्चकृषे	स्फिट्टयाञ्चक्राथे	स्फिट्टयाञ्चकृढ्वे			
स्फिट्टयामासिथ	स्फिट्टयामासथुः	स्फिट्टयामास			
स्फिट्टयाम्बभूव	स्फिट्टयाम्बभूविव	स्फिट्टयाम्बभूविम	अपिस्फिट्टे	अपिस्फिट्टावहि	अपिस्फिट्टामहि
स्फिट्टयाञ्चक्रे	स्फिट्टयाञ्चकृवहे	स्फिट्टयाञ्चकृमहे			
स्फिट्टयामास	स्फिट्टयामासिव	स्फिट्टयामासिम			

1635 चुबि हिंसायाम् । इदित्करणं णिचः पाक्षिकत्वे लिङ्गम् । cause hurt 7.1.58 इदितो नुम् धातोः ।
10c 102 चुबिँ । चुम्ब् । चुम्बयति / ते , चुम्बति । U । सेट् । स० । चुम्बि । चुम्बय ।

Parasmaipadi Forms

चुम्बयति	चुम्बयतः	चुम्बयन्ति[1]	अचुम्बयत् -द्	अचुम्बयताम्	अचुम्बयन्[1]
चुम्बयसि	चुम्बयथः	चुम्बयथ	अचुम्बयः	अचुम्बयतम्	अचुम्बयत
चुम्बयामि[2]	चुम्बयावः[2]	चुम्बयामः[2]	अचुम्बयम्[1]	अचुम्बयाव[2]	अचुम्बयाम[2]

चुम्बयतु	चुम्बयतात् -द्	चुम्बयताम्	चुम्बयन्तु¹	चुम्बयेत् -द्	चुम्बयेताम्	चुम्बयेयुः
चुम्बय	चुम्बयतात् -द्	चुम्बयतम्	चुम्बयत	चुम्बयेः	चुम्बयेतम्	चुम्बयेत
चुम्बयानि³		चुम्बयाव³	चुम्बयाम³	चुम्बयेयम्	चुम्बयेव	चुम्बयेम

चुम्बयिष्यति	चुम्बयिष्यतः	चुम्बयिष्यन्ति	अचुम्बयिष्यत् -द्	अचुम्बयिष्यताम्	अचुम्बयिष्यन्
चुम्बयिष्यसि	चुम्बयिष्यथः	चुम्बयिष्यथ	अचुम्बयिष्यः	अचुम्बयिष्यतम्	अचुम्बयिष्यत
चुम्बयिष्यामि	चुम्बयिष्यावः	चुम्बयिष्यामः	अचुम्बयिष्यम्	अचुम्बयिष्याव	अचुम्बयिष्याम

चुम्बयिता	चुम्बयितारौ	चुम्बयितारः	चुम्ब्यात् -द्	चुम्ब्यास्ताम्	चुम्ब्यासुः
चुम्बयितासि	चुम्बयितास्थः	चुम्बयितास्थ	चुम्ब्याः	चुम्ब्यास्तम्	चुम्ब्यास्त
चुम्बयितास्मि	चुम्बयितास्वः	चुम्बयितास्मः	चुम्ब्यासम्	चुम्ब्यास्व	चुम्ब्यास्म

चुम्बयाम्बभूव	चुम्बयाम्बभूवतुः	चुम्बयाम्बभूवुः	अचुचुम्बत् -द्	अचुचुम्बताम्	अचुचुम्बन्
चुम्बयाञ्चकार	चुम्बयाञ्चक्रतुः	चुम्बयाञ्चक्रुः			
चुम्बयामास	चुम्बयामासतुः	चुम्बयामासुः			
चुम्बयाम्बभूविथ	चुम्बयाम्बभूवथुः	चुम्बयाम्बभूव	अचुचुम्बः	अचुचुम्बतम्	अचुचुम्बत
चुम्बयाञ्चकर्थ	चुम्बयाञ्चक्रथुः	चुम्बयाञ्चक्र			
चुम्बयामासिथ	चुम्बयामासथुः	चुम्बयामास			
चुम्बयाम्बभूव	चुम्बयाम्बभूविव	चुम्बयाम्बभूविम	अचुचुम्बम्	अचुचुम्बाव	अचुचुम्बाम
चुम्बयाञ्चकर -कार	चुम्बयाञ्चकृव	चुम्बयाञ्चकृम			
चुम्बयामास	चुम्बयामासिव	चुम्बयामासिम			

Atmanepadi Forms

चुम्बयते	चुम्बयेते⁴	चुम्बयन्ते¹	अचुम्बयत	अचुम्बयेताम्⁴	अचुम्बयन्त¹
चुम्बयसे	चुम्बयेथे⁴	चुम्बयध्वे	अचुम्बयथाः	अचुम्बयेथाम्⁴	अचुम्बयध्वम्
चुम्बये¹	चुम्बयावहे²	चुम्बयामहे²	अचुम्बये⁴	अचुम्बयावहि³	अचुम्बयामहि³

चुम्बयताम्	चुम्बयेताम्⁴	चुम्बयन्ताम्¹	चुम्बयेत	चुम्बयेयाताम्	चुम्बयेरन्
चुम्बयस्व	चुम्बयेथाम्⁴	चुम्बयध्वम्	चुम्बयेथाः	चुम्बयेयाथाम्	चुम्बयेध्वम्
चुम्बयै⁵	चुम्बयावहै³	चुम्बयामहै³	चुम्बयेय	चुम्बयेवहि	चुम्बयेमहि

चुम्बयिष्यते	चुम्बयिष्येते	चुम्बयिष्यन्ते	अचुम्बयिष्यत	अचुम्बयिष्येताम्	अचुम्बयिष्यन्त
चुम्बयिष्यसे	चुम्बयिष्येथे	चुम्बयिष्यध्वे	अचुम्बयिष्यथाः	अचुम्बयिष्येथाम्	अचुम्बयिष्यध्वम्
चुम्बयिष्ये	चुम्बयिष्यावहे	चुम्बयिष्यामहे	अचुम्बयिष्ये	अचुम्बयिष्यावहि	अचुम्बयिष्यामहि

| चुम्बयिता | चुम्बयितारौ | चुम्बयितारः | चुम्बयिषीष्ट | चुम्बयिषीयास्ताम् | चुम्बयिषीरन् |
| चुम्बयितासे | चुम्बयितासाथे | चुम्बयिताध्वे | चुम्बयिषीष्ठाः | चुम्बयिषीयास्थाम् | चुम्बयिषीध्वम् -ढ्वम् |

चुम्बयिताहे	चुम्बयितास्वहे	चुम्बयितास्महे	चुम्बयिषीय	चुम्बयिषीवहि	चुम्बयिषीमहि

चुम्बयाम्बभूव	चुम्बयाम्बभूवतुः	चुम्बयाम्बभूवुः	अचुचुम्बत	अचुचुम्बेताम्	अचुचुम्बन्त
चुम्बयाञ्चक्रे	चुम्बयाञ्चक्राते	चुम्बयाञ्चक्रिरे			
चुम्बयामास	चुम्बयामासतुः	चुम्बयामासुः			
चुम्बयाम्बभूविथ	चुम्बयाम्बभूवथुः	चुम्बयाम्बभूव	अचुचुम्बथाः	अचुचुम्बेथाम्	अचुचुम्बध्वम्
चुम्बयाञ्चकृषे	चुम्बयाञ्चक्राथे	चुम्बयाञ्चकृढ्वे			
चुम्बयामासिथ	चुम्बयामासथुः	चुम्बयामास			
चुम्बयाम्बभूव	चुम्बयाम्बभूविव	चुम्बयाम्बभूविम	अचुचुम्बे	अचुचुम्बावहि	अचुचुम्बामहि
चुम्बयाञ्चक्रे	चुम्बयाञ्चकृवहे	चुम्बयाञ्चकृमहे			
चुम्बयामास	चुम्बयामासिव	चुम्बयामासिम			

णिजभावपक्षे 1.3.78 शेषात् कर्त्तरि परस्मैपदम् । इति पक्षे भ्वादिः इव चुम्ब् । P । सेट् । स० ।

चुम्बति	चुम्बतः	चुम्बन्ति	अचुम्बत् -द्	अचुम्बताम्	अचुम्बन्
चुम्बसि	चुम्बथः	चुम्बथ	अचुम्बः	अचुम्बतम्	अचुम्बत
चुम्बामि	चुम्बावः	चुम्बामः	अचुम्बम्	अचुम्बाव	अचुम्बाम

चुम्बतु चुम्बतात् -द्	चुम्बताम्	चुम्बन्तु	चुम्बेत् -द्	चुम्बेताम्	चुम्बेयुः
चुम्ब चुम्बतात् -द्	चुम्बतम्	चुम्बत	चुम्बेः	चुम्बेतम्	चुम्बेत
चुम्बानि	चुम्बाव	चुम्बाम	चुम्बेयम्	चुम्बेव	चुम्बेम

चुम्बिष्यति	चुम्बिष्यतः	चुम्बिष्यन्ति	अचुम्बिष्यत् -द्	अचुम्बिष्यताम्	अचुम्बिष्यन्
चुम्बिष्यसि	चुम्बिष्यथः	चुम्बिष्यथ	अचुम्बिष्यः	अचुम्बिष्यतम्	अचुम्बिष्यत
चुम्बिष्यामि	चुम्बिष्यावः	चुम्बिष्यामः	अचुम्बिष्यम्	अचुम्बिष्याव	अचुम्बिष्याम

चुम्बिता	चुम्बितारौ	चुम्बितारः	चुम्ब्यात् -द्	चुम्ब्यास्ताम्	चुम्ब्यासुः
चुम्बितासि	चुम्बितास्थः	चुम्बितास्थ	चुम्ब्याः	चुम्ब्यास्तम्	चुम्ब्यास्त
चुम्बितास्मि	चुम्बितास्वः	चुम्बितास्मः	चुम्ब्यासम्	चुम्ब्यास्व	चुम्ब्यास्म

चुचुम्ब	चुचुम्बतुः	चुचुम्बुः	अचुम्बीत् -द्	अचुम्बिष्टाम्	अचुम्बिषुः
चुचुम्बिथ	चुचुम्बथुः	चुचुम्ब	अचुम्बीः	अचुम्बिष्टम्	अचुम्बिष्ट
चुचुम्ब	चुचुम्बिव	चुचुम्बिम	अचुम्बिषम्	अचुम्बिष्व	अचुम्बिष्म

1636 पूल सङ्घाते । पूर्ण इत्येके । पुण इत्यन्ये । heap, collect, gather

10c 103 पूलँ । पूल् । पूलयति / ते । U । सेट् । स० । पूलि । पूलय । **Parasmaipadi Forms**

पूलयति	पूलयतः	पूलयन्ति[1]	अपूलयत् -द्	अपूलयताम्	अपूलयन्[1]
पूलयसि	पूलयथः	पूलयथ	अपूलयः	अपूलयतम्	अपूलयत
पूलयामि[2]	पूलयावः[2]	पूलयामः[2]	अपूलयम्[1]	अपूलयाव[2]	अपूलयाम[2]

पूलयतु पूलयतात् -द्	पूलयताम्	पूलयन्तु[1]	पूलयेत् -द्	पूलयेताम्	पूलयेयुः
पूलय पूलयतात् -द्	पूलयतम्	पूलयत	पूलयेः	पूलयेतम्	पूलयेत

पूलयानि[3]	पूलयाव[3]	पूलयाम[3]	पूलयेयम्	पूलयेव	पूलयेम

पूलयिष्यति	पूलयिष्यतः	पूलयिष्यन्ति	अपूलयिष्यत् -द्	अपूलयिष्यताम्	अपूलयिष्यन्
पूलयिष्यसि	पूलयिष्यथः	पूलयिष्यथ	अपूलयिष्यः	अपूलयिष्यतम्	अपूलयिष्यत
पूलयिष्यामि	पूलयिष्यावः	पूलयिष्यामः	अपूलयिष्यम्	अपूलयिष्याव	अपूलयिष्याम

पोलयिता	पोलयितारौ	पोलयितारः	पोल्यात् -द्	पोल्यास्ताम्	पोल्यासुः
पोलयितासि	पोलयितास्थः	पोलयितास्थ	पोल्याः	पोल्यास्तम्	पोल्यास्त
पोलयितास्मि	पोलयितास्वः	पोलयितास्मः	पोल्यासम्	पोल्यास्व	पोल्यास्म

पूलयाम्बभूव	पूलयाम्बभूवतुः	पूलयाम्बभूवुः	अपूपुलत् -द्	अपूपुलताम्	अपूपुलन्
पूलयाञ्चकार	पूलयाञ्चक्रतुः	पूलयाञ्चक्रुः			
पूलयामास	पूलयामासतुः	पूलयामासुः			
पूलयाम्बभूविथ	पूलयाम्बभूवथुः	पूलयाम्बभूव	अपूपुलः	अपूपुलतम्	अपूपुलत
पूलयाञ्चकर्थ	पूलयाञ्चक्रथुः	पूलयाञ्चक्र			
पूलयामासिथ	पूलयामासथुः	पूलयामास			
पूलयाम्बभूव	पूलयाम्बभूविव	पूलयाम्बभूविम	अपूपुलम्	अपूपुलाव	अपूपुलाम
पूलयाञ्चकर -कार	पूलयाञ्चकृव	पूलयाञ्चकृम			
पूलयामास	पूलयामासिव	पूलयामासिम			

Atmanepadi Forms

पूलयते	पूलयेते[4]	पूलयन्ते[1]	अपूलयत	अपूलयेताम्[4]	अपूलयन्त[1]
पूलयसे	पूलयेथे[4]	पूलयध्वे	अपूलयथाः	अपूलयेथाम्[4]	अपूलयध्वम्
पूलये[1]	पूलयावहे[2]	पूलयामहे[2]	अपूलये[4]	अपूलयावहि[3]	अपूलयामहि[3]

पूलयताम्	पूलयेताम्[4]	पूलयन्ताम्[1]	पूलयेत	पूलयेयाताम्	पूलयेरन्
पूलयस्व	पूलयेथाम्[4]	पूलयध्वम्	पूलयेथाः	पूलयेयाथाम्	पूलयेध्वम्
पूलयै[5]	पूलयावहै[3]	पूलयामहै[3]	पूलयेय	पूलयेवहि	पूलयेमहि

पूलयिष्यते	पूलयिष्येते	पूलयिष्यन्ते	अपूलयिष्यत	अपूलयिष्येताम्	अपूलयिष्यन्त
पूलयिष्यसे	पूलयिष्येथे	पूलयिष्यध्वे	अपूलयिष्यथाः	अपूलयिष्येथाम्	अपूलयिष्यध्वम्
पूलयिष्ये	पूलयिष्यावहे	पूलयिष्यामहे	अपूलयिष्ये	अपूलयिष्यावहि	अपूलयिष्यामहि

पूलयिता	पूलयितारौ	पूलयितारः	पूलयिषीष्ट	पूलयिषीयास्ताम्	पूलयिषीरन्
पूलयितासे	पूलयितासाथे	पूलयिताध्वे	पूलयिषीष्ठाः	पूलयिषीयास्थाम्	पूलयिषीध्वम् -ढ्वम्
पूलयिताहे	पूलयितास्वहे	पूलयितास्महे	पूलयिषीय	पूलयिषीवहि	पूलयिषीमहि

पूलयाम्बभूव	पूलयाम्बभूवतुः	पूलयाम्बभूवुः	अपूपुलत	अपूपुलेताम्	अपूपुलन्त

पूलयाञ्चक्रे	पूलयाञ्चक्राते	पूलयाञ्चक्रिरे			
पूलयामास	पूलयामासतुः	पूलयामासुः			
पूलयाम्बभूविथ	पूलयाम्बभूवथुः	पूलयाम्बभूव	अपूपुलथाः	अपूपुलेथाम्	अपूपुलध्वम्
पूलयाञ्चकृषे	पूलयाञ्चक्राथे	पूलयाञ्चकृढ्वे			
पूलयामासिथ	पूलयामासथुः	पूलयामास			
पूलयाम्बभूव	पूलयाम्बभूविव	पूलयाम्बभूविम	अपूपुले	अपूपुलावहि	अपूपुलामहि
पूलयाञ्चक्रे	पूलयाञ्चकृवहे	पूलयाञ्चकृमहे			
पूलयामास	पूलयामासिव	पूलयामासिम			

1637 पुंस अभिवर्धने । grind, destroy, give pain, grow

10c 104 पुंसँ । पुंस् । पुंसयति / ते । U । सेट् । स० । पुंसि । पुंसय । **Parasmaipadi Forms**

पुंसयति	पुंसयतः	पुंसयन्ति[1]	अपुंसयत् -द्	अपुंसयताम्	अपुंसयन्[1]
पुंसयसि	पुंसयथः	पुंसयथ	अपुंसयः	अपुंसयतम्	अपुंसयत
पुंसयामि[2]	पुंसयावः[2]	पुंसयामः[2]	अपुंसयम्[1]	अपुंसयाव[2]	अपुंसयाम[2]

पुंसयतु पुंसयतात् -द्	पुंसयताम्	पुंसयन्तु[1]	पुंसयेत् -द्	पुंसयेताम्	पुंसयेयुः
पुंसय पुंसयतात् -द्	पुंसयतम्	पुंसयत	पुंसयेः	पुंसयेतम्	पुंसयेत
पुंसयानि[3]	पुंसयाव[3]	पुंसयाम[3]	पुंसयेयम्	पुंसयेव	पुंसयेम

पुंसयिष्यति	पुंसयिष्यतः	पुंसयिष्यन्ति	अपुंसयिष्यत् -द्	अपुंसयिष्यताम्	अपुंसयिष्यन्
पुंसयिष्यसि	पुंसयिष्यथः	पुंसयिष्यथ	अपुंसयिष्यः	अपुंसयिष्यतम्	अपुंसयिष्यत
पुंसयिष्यामि	पुंसयिष्यावः	पुंसयिष्यामः	अपुंसयिष्यम्	अपुंसयिष्याव	अपुंसयिष्याम

पुंसयिता	पुंसयितारौ	पुंसयितारः	पुंस्यात् -द्	पुंस्यास्ताम्	पुंस्यासुः
पुंसयितासि	पुंसयितास्थः	पुंसयितास्थ	पुंस्याः	पुंस्यास्तम्	पुंस्यास्त
पुंसयितास्मि	पुंसयितास्वः	पुंसयितास्मः	पुंस्यासम्	पुंस्यास्व	पुंस्यास्म

पुंसयाम्बभूव	पुंसयाम्बभूवतुः	पुंसयाम्बभूवुः	अपुपुंसत् -द्	अपुपुंसताम्	अपुपुंसन्
पुंसयाञ्चकार	पुंसयाञ्चक्रतुः	पुंसयाञ्चक्रुः			
पुंसयामास	पुंसयामासतुः	पुंसयामासुः			
पुंसयाम्बभूविथ	पुंसयाम्बभूवथुः	पुंसयाम्बभूव	अपुपुंसः	अपुपुंसतम्	अपुपुंसत
पुंसयाञ्चकर्थ	पुंसयाञ्चक्रथुः	पुंसयाञ्चक्र			
पुंसयामासिथ	पुंसयामासथुः	पुंसयामास			
पुंसयाम्बभूव	पुंसयाम्बभूविव	पुंसयाम्बभूविम	अपुपुंसम्	अपुपुंसाव	अपुपुंसाम
पुंसयाञ्चकर -कार	पुंसयाञ्चकृव	पुंसयाञ्चकृम			
पुंसयामास	पुंसयामासिव	पुंसयामासिम			

Atmanepadi Forms

पुंसयते	पुंसयेते[4]	पुंसयन्ते[1]	अपुंसयत	अपुंसयेताम्[4]	अपुंसयन्त[1]
पुंसयसे	पुंसयेथे[4]	पुंसयध्वे	अपुंसयथाः	अपुंसयेथाम्[4]	अपुंसयध्वम्
पुंसये[1]	पुंसयावहे[2]	पुंसयामहे[2]	अपुंसये[4]	अपुंसयावहि[3]	अपुंसयामहि[3]

पुंसयताम्	पुंसयेताम्[4]	पुंसयन्ताम्[1]	पुंसयेत	पुंसयेयाताम्	पुंसयेरन्
पुंसयस्व	पुंसयेथाम्[4]	पुंसयध्वम्	पुंसयेथाः	पुंसयेयाथाम्	पुंसयेध्वम्
पुंसयै[5]	पुंसयावहै[3]	पुंसयामहै[3]	पुंसयेय	पुंसयेवहि	पुंसयेमहि

पुंसयिष्यते	पुंसयिष्येते	पुंसयिष्यन्ते	अपुंसयिष्यत	अपुंसयिष्येताम्	अपुंसयिष्यन्त
पुंसयिष्यसे	पुंसयिष्येथे	पुंसयिष्यध्वे	अपुंसयिष्यथाः	अपुंसयिष्येथाम्	अपुंसयिष्यध्वम्
पुंसयिष्ये	पुंसयिष्यावहे	पुंसयिष्यामहे	अपुंसयिष्ये	अपुंसयिष्यावहि	अपुंसयिष्यामहि

पुंसयिता	पुंसयितारौ	पुंसयितारः	पुंसयिषीष्ट	पुंसयिषीयास्ताम्	पुंसयिषीरन्
पुंसयितासे	पुंसयितासाथे	पुंसयिताध्वे	पुंसयिषीष्ठाः	पुंसयिषीयास्थाम्	पुंसयिषीध्वम् -ढ्वम्
पुंसयिताहे	पुंसयितास्वहे	पुंसयितास्महे	पुंसयिषीय	पुंसयिषीवहि	पुंसयिषीमहि

पुंसयाम्बभूव	पुंसयाम्बभूवतुः	पुंसयाम्बभूवुः	अपुपुंसत	अपुपुंसेताम्	अपुपुंसन्त
पुंसयाञ्चक्रे	पुंसयाञ्चक्राते	पुंसयाञ्चक्रिरे			
पुंसयामास	पुंसयामासतुः	पुंसयामासुः			
पुंसयाम्बभूविथ	पुंसयाम्बभूवथुः	पुंसयाम्बभूव	अपुपुंसथाः	अपुपुंसेथाम्	अपुपुंसध्वम्
पुंसयाञ्चकृषे	पुंसयाञ्चक्राथे	पुंसयाञ्चकृढ्वे			
पुंसयामासिथ	पुंसयामासथुः	पुंसयामास			
पुंसयाम्बभूव	पुंसयाम्बभूविव	पुंसयाम्बभूविम	अपुपुंसे	अपुपुंसावहि	अपुपुंसामहि
पुंसयाञ्चक्रे	पुंसयाञ्चकृवहे	पुंसयाञ्चकृमहे			
पुंसयामास	पुंसयामासिव	पुंसयामासिम			

1638 टकि बन्धने । व्यप क्षेपे । व्यय विप इत्येके । इदित् वैकल्पिकः णिच् । bind, tie, fasten, join
10c 105 टकिँ । टङ्क् । टङ्कयति / ते , टङ्कति । U । सेट् । स० । टङ्कि । टङ्कय ।
7.1.58 इदितो नुम् धातोः । **Parasmaipadi Forms**

टङ्कयति	टङ्कयतः	टङ्कयन्ति[1]	अटङ्कयत् -द्	अटङ्कयताम्	अटङ्कयन्[1]
टङ्कयसि	टङ्कयथः	टङ्कयथ	अटङ्कयः	अटङ्कयतम्	अटङ्कयत
टङ्कयामि[2]	टङ्कयावः[2]	टङ्कयामः[2]	अटङ्कयम्[1]	अटङ्कयाव[2]	अटङ्कयाम[2]

टङ्कयतु टङ्कयतात् -द्	टङ्कयताम्	टङ्कयन्तु[1]	टङ्कयेत् -द्	टङ्कयेताम्	टङ्कयेयुः
टङ्कय टङ्कयतात् -द्	टङ्कयतम्	टङ्कयत	टङ्कयेः	टङ्कयेतम्	टङ्कयेत
टङ्कयानि[3]	टङ्कयाव[3]	टङ्कयाम[3]	टङ्कयेयम्	टङ्कयेव	टङ्कयेम

टङ्कयिष्यति	टङ्कयिष्यतः	टङ्कयिष्यन्ति	अटङ्कयिष्यत् -द्	अटङ्कयिष्यताम्	अटङ्कयिष्यन्
टङ्कयिष्यसि	टङ्कयिष्यथः	टङ्कयिष्यथ	अटङ्कयिष्यः	अटङ्कयिष्यतम्	अटङ्कयिष्यत
टङ्कयिष्यामि	टङ्कयिष्यावः	टङ्कयिष्यामः	अटङ्कयिष्यम्	अटङ्कयिष्याव	अटङ्कयिष्याम
टङ्कयिता	टङ्कयितारौ	टङ्कयितारः	टङ्क्यात् -द्	टङ्क्यास्ताम्	टङ्क्यासुः
टङ्कयितासि	टङ्कयितास्थः	टङ्कयितास्थ	टङ्क्याः	टङ्क्यास्तम्	टङ्क्यास्त
टङ्कयितास्मि	टङ्कयितास्वः	टङ्कयितास्मः	टङ्क्यासम्	टङ्क्यास्व	टङ्क्यास्म
टङ्कयाम्बभूव	टङ्कयाम्बभूवतुः	टङ्कयाम्बभूवुः	अटटङ्कत् -द्	अटटङ्कताम्	अटटङ्कन्
टङ्कयाञ्चकार	टङ्कयाञ्चक्रतुः	टङ्कयाञ्चक्रुः			
टङ्कयामास	टङ्कयामासतुः	टङ्कयामासुः			
टङ्कयाम्बभूविथ	टङ्कयाम्बभूवथुः	टङ्कयाम्बभूव	अटटङ्कः	अटटङ्कतम्	अटटङ्कत
टङ्कयाञ्चकर्थ	टङ्कयाञ्चक्रथुः	टङ्कयाञ्चक्र			
टङ्कयामासिथ	टङ्कयामासथुः	टङ्कयामास			
टङ्कयाम्बभूव	टङ्कयाम्बभूविव	टङ्कयाम्बभूविम	अटटङ्कम्	अटटङ्काव	अटटङ्काम
टङ्कयाञ्चकर -कार	टङ्कयाञ्चकृव	टङ्कयाञ्चकृम			
टङ्कयामास	टङ्कयामासिव	टङ्कयामासिम			

Atmanepadi Forms

टङ्कयते	टङ्कयेते[4]	टङ्कयन्ते[1]	अटङ्कयत	अटङ्कयेताम्[4]	अटङ्कयन्त[1]
टङ्कयसे	टङ्कयेथे[4]	टङ्कयध्वे	अटङ्कयथाः	अटङ्कयेथाम्[4]	अटङ्कयध्वम्
टङ्कये[1]	टङ्कयावहे[2]	टङ्कयामहे[2]	अटङ्कये[4]	अटङ्कयावहि[3]	अटङ्कयामहि[3]
टङ्कयताम्	टङ्कयेताम्[4]	टङ्कयन्ताम्[1]	टङ्कयेत	टङ्कयेयाताम्	टङ्कयेरन्
टङ्कयस्व	टङ्कयेथाम्[4]	टङ्कयध्वम्	टङ्कयेथाः	टङ्कयेयाथाम्	टङ्कयेध्वम्
टङ्कयै[5]	टङ्कयावहै[3]	टङ्कयामहै[3]	टङ्कयेय	टङ्कयेवहि	टङ्कयेमहि
टङ्कयिष्यते	टङ्कयिष्येते	टङ्कयिष्यन्ते	अटङ्कयिष्यत	अटङ्कयिष्येताम्	अटङ्कयिष्यन्त
टङ्कयिष्यसे	टङ्कयिष्येथे	टङ्कयिष्यध्वे	अटङ्कयिष्यथाः	अटङ्कयिष्येथाम्	अटङ्कयिष्यध्वम्
टङ्कयिष्ये	टङ्कयिष्यावहे	टङ्कयिष्यामहे	अटङ्कयिष्ये	अटङ्कयिष्यावहि	अटङ्कयिष्यामहि
टङ्कयिता	टङ्कयितारौ	टङ्कयितारः	टङ्कयिषीष्ट	टङ्कयिषीयास्ताम्	टङ्कयिषीरन्
टङ्कयितासे	टङ्कयितासाथे	टङ्कयिताध्वे	टङ्कयिषीष्ठाः	टङ्कयिषीयास्थाम्	टङ्कयिषीध्वम् -ढ्वम्
टङ्कयिताहे	टङ्कयितास्वहे	टङ्कयितास्महे	टङ्कयिषीय	टङ्कयिषीवहि	टङ्कयिषीमहि
टङ्कयाम्बभूव	टङ्कयाम्बभूवतुः	टङ्कयाम्बभूवुः	अटटङ्कत	अटटङ्केताम्	अटटङ्कन्त
टङ्कयाञ्चक्रे	टङ्कयाञ्चक्राते	टङ्कयाञ्चक्रिरे			

टङ्कयामास	टङ्कयामासतुः	टङ्कयामासुः			
टङ्कयाम्बभूविथ	टङ्कयाम्बभूवथुः	टङ्कयाम्बभूव	अटटङ्कथाः	अटटङ्केथाम्	अटटङ्कध्वम्
टङ्कयाञ्चकृषे	टङ्कयाञ्चक्राथे	टङ्कयाञ्चकृढ्वे			
टङ्कयामासिथ	टङ्कयामासथुः	टङ्कयामास			
टङ्कयाम्बभूव	टङ्कयाम्बभूविव	टङ्कयाम्बभूविम	अटटङ्के	अटटङ्कावहि	अटटङ्कामहि
टङ्कयाञ्चक्रे	टङ्कयाञ्चकृवहे	टङ्कयाञ्चकृमहे			
टङ्कयामास	टङ्कयामासिव	टङ्कयामासिम			

णिजभावपक्षे 1.3.78 शेषात् कर्त्तरि परस्मैपदम् । इति पक्षे भ्वादिः इव टङ्क् । P । सेट् । स० ।

टङ्कति	टङ्कतः	टङ्कन्ति	अटङ्कत् -द्	अटङ्कताम्	अटङ्कन्
टङ्कसि	टङ्कथः	टङ्कथ	अटङ्कः	अटङ्कतम्	अटङ्कत
टङ्कामि	टङ्कावः	टङ्कामः	अटङ्कम्	अटङ्काव	अटङ्काम

टङ्कतु टङ्कतात् -द्	टङ्कताम्	टङ्कन्तु	टङ्केत् -द्	टङ्केताम्	टङ्केयुः
टङ्क टङ्कतात् -द्	टङ्कतम्	टङ्कत	टङ्केः	टङ्केतम्	टङ्केत
टङ्कानि	टङ्काव	टङ्काम	टङ्केयम्	टङ्केव	टङ्केम

टङ्किष्यति	टङ्किष्यतः	टङ्किष्यन्ति	अटङ्किष्यत् -द्	अटङ्किष्यताम्	अटङ्किष्यन्
टङ्किष्यसि	टङ्किष्यथः	टङ्किष्यथ	अटङ्किष्यः	अटङ्किष्यटम्	अटङ्किष्यट
टङ्किष्यामि	टङ्किष्यावः	टङ्किष्यामः	अटङ्किष्यम्	अटङ्किष्याव	अटङ्किष्याम

टङ्किता	टङ्कितारौ	टङ्कितारः	टङ्क्यात् -द्	टङ्क्यास्ताम्	टङ्क्यासुः
टङ्कितासि	टङ्कितास्थः	टङ्कितास्थ	टङ्क्याः	टङ्क्यास्तम्	टङ्क्यास्त
टङ्कितास्मि	टङ्कितास्वः	टङ्कितास्मः	टङ्क्यासम्	टङ्क्यास्व	टङ्क्यास्म

टटङ्क	टटङ्कतुः	टटङ्कुः	अटङ्कीत् -द्	अटङ्किष्टाम्	अटङ्किषुः
टटङ्किथ	टटङ्कथुः	टटङ्क	अटङ्कीः	अटङ्किष्टम्	अटङ्किष्ट
टटङ्क	टटङ्किव	टटङ्किम	अटङ्किषम्	अटङ्किष्व	अटङ्किष्म

1639 धूस कान्तिकरणे । धूष मूर्धन्यान्त इत्येके । धूश तालव्यान्त इत्यन्ये । embellish, adorn

10c 106 धूसँ । धूस् । धूसयति / ते । U । सेट् । स० । पुंसि । पुंसय । **Parasmaipadi Forms**

धूसयति	धूसयतः	धूसयन्ति[1]	अधूसयत् -द्	अधूसयताम्	अधूसयन्[1]
धूसयसि	धूसयथः	धूसयथ	अधूसयः	अधूसयतम्	अधूसयत
धूसयामि[2]	धूसयावः[2]	धूसयामः[2]	अधूसयम्[1]	अधूसयाव[2]	अधूसयाम[2]

धूसयतु धूसयतात् -द्	धूसयताम्	धूसयन्तु[1]	धूसयेत् -द्	धूसयेताम्	धूसयेयुः
धूसय धूसयतात् -द्	धूसयतम्	धूसयत	धूसयेः	धूसयेतम्	धूसयेत
धूसयानि[3]	धूसयाव[3]	धूसयाम[3]	धूसयेयम्	धूसयेव	धूसयेम

धूसयिष्यति	धूसयिष्यतः	धूसयिष्यन्ति	अधूसयिष्यत् -द्	अधूसयिष्यताम्	अधूसयिष्यन्
धूसयिष्यसि	धूसयिष्यथः	धूसयिष्यथ	अधूसयिष्यः	अधूसयिष्यतम्	अधूसयिष्यत
धूसयिष्यामि	धूसयिष्यावः	धूसयिष्यामः	अधूसयिष्यम्	अधूसयिष्याव	अधूसयिष्याम
धूसयिता	धूसयितारौ	धूसयितारः	धूस्यात् -द्	धूस्यास्ताम्	धूस्यासुः
धूसयितासि	धूसयितास्थः	धूसयितास्थ	धूस्याः	धूस्यास्तम्	धूस्यास्त
धूसयितास्मि	धूसयितास्वः	धूसयितास्मः	धूस्यासम्	धूस्यास्व	धूस्यास्म
धूसयाम्बभूव	धूसयाम्बभूवतुः	धूसयाम्बभूवुः	अदूधुसत् -द्	अदूधुसताम्	अदूधुसन्
धूसयाञ्चकार	धूसयाञ्चक्रतुः	धूसयाञ्चक्रुः			
धूसयामास	धूसयामासतुः	धूसयामासुः			
धूसयाम्बभूविथ	धूसयाम्बभूवथुः	धूसयाम्बभूव	अदूधुसः	अदूधुसतम्	अदूधुसत
धूसयाञ्चकर्थ	धूसयाञ्चक्रथुः	धूसयाञ्चक्र			
धूसयामासिथ	धूसयामासथुः	धूसयामास			
धूसयाम्बभूव	धूसयाम्बभूविव	धूसयाम्बभूविम	अदूधुसम्	अदूधुसाव	अदूधुसाम
धूसयाञ्चकर -कार	धूसयाञ्चकृव	धूसयाञ्चकृम			
धूसयामास	धूसयामासिव	धूसयामासिम			

Atmanepadi Forms

धूसयते	धूसयेते[4]	धूसयन्ते[1]	अधूसयत	अधूसयेताम्[4]	अधूसयन्त[1]
धूसयसे	धूसयेथे[4]	धूसयध्वे	अधूसयथाः	अधूसयेथाम्[4]	अधूसयध्वम्
धूसये[1]	धूसयावहे[2]	धूसयामहे[2]	अधूसये[4]	अधूसयावहि[3]	अधूसयामहि[3]
धूसयताम्	धूसयेताम्[4]	धूसयन्ताम्[1]	धूसयेत	धूसयेयाताम्	धूसयेरन्
धूसयस्व	धूसयेथाम्[4]	धूसयध्वम्	धूसयेथाः	धूसयेयाथाम्	धूसयेध्वम्
धूसयै[5]	धूसयावहै[3]	धूसयामहै[3]	धूसयेय	धूसयेवहि	धूसयेमहि
धूसयिष्यते	धूसयिष्येते	धूसयिष्यन्ते	अधूसयिष्यत	अधूसयिष्येताम्	अधूसयिष्यन्त
धूसयिष्यसे	धूसयिष्येथे	धूसयिष्यध्वे	अधूसयिष्यथाः	अधूसयिष्येथाम्	अधूसयिष्यध्वम्
धूसयिष्ये	धूसयिष्यावहे	धूसयिष्यामहे	अधूसयिष्ये	अधूसयिष्यावहि	अधूसयिष्यामहि
धूसयिता	धूसयितारौ	धूसयितारः	धूसयिषीष्ट	धूसयिषीयास्ताम्	धूसयिषीरन्
धूसयितासे	धूसयितासाथे	धूसयिताध्वे	धूसयिषीष्ठाः	धूसयिषीयास्थाम्	धूसयिषीध्वम् -ढ्वम्
धूसयिताहे	धूसयितास्वहे	धूसयितास्महे	धूसयिषीय	धूसयिषीवहि	धूसयिषीमहि
धूसयाम्बभूव	धूसयाम्बभूवतुः	धूसयाम्बभूवुः	अदूधुसत	अदूधुसेताम्	अदूधुसन्त
धूसयाञ्चक्रे	धूसयाञ्चक्राते	धूसयाञ्चक्रिरे			

धूसयामास	धूसयामासतुः	धूसयामासुः			
धूसयाम्बभूविथ	धूसयाम्बभूवथुः	धूसयाम्बभूव	अदूधुसथाः	अदूधुसेथाम्	अदूधुसध्वम्
धूसयाञ्चकृषे	धूसयाञ्चक्राथे	धूसयाञ्चकृढ्वे			
धूसयामासिथ	धूसयामासथुः	धूसयामास			
धूसयाम्बभूव	धूसयाम्बभूविव	धूसयाम्बभूविम	अदूधुसे	अदूधुसावहि	अदूधुसामहि
धूसयाञ्चक्रे	धूसयाञ्चकृवहे	धूसयाञ्चकृमहे			
धूसयामास	धूसयामासिव	धूसयामासिम			

1640 कीट वर्णे । colour, dye, tie, rust

10c 107 कीटँ । कीट् । कीटयति / ते । U । सेट् । स० । कीटि । कीटय । **Parasmaipadi Forms**

कीटयति	कीटयतः	कीटयन्ति[1]	अकीटयत् -द्	अकीटयताम्	अकीटयन्[1]
कीटयसि	कीटयथः	कीटयथ	अकीटयः	अकीटयतम्	अकीटयत
कीटयामि[2]	कीटयावः[2]	कीटयामः[2]	अकीटयम्[1]	अकीटयाव[2]	अकीटयाम[2]

कीटयतु कीटयतात् -द्	कीटयताम्	कीटयन्तु[1]	कीटयेत् -द्	कीटयेताम्	कीटयेयुः
कीटय कीटयतात् -द्	कीटयतम्	कीटयत	कीटयेः	कीटयेतम्	कीटयेत
कीटयानि[3]	कीटयाव[3]	कीटयाम[3]	कीटयेयम्	कीटयेव	कीटयेम

कीटयिष्यति	कीटयिष्यतः	कीटयिष्यन्ति	अकीटयिष्यत् -द्	अकीटयिष्यताम्	अकीटयिष्यन्
कीटयिष्यसि	कीटयिष्यथः	कीटयिष्यथ	अकीटयिष्यः	अकीटयिष्यतम्	अकीटयिष्यत
कीटयिष्यामि	कीटयिष्यावः	कीटयिष्यामः	अकीटयिष्यम्	अकीटयिष्याव	अकीटयिष्याम

कीटयिता	कीटयितारौ	कीटयितारः	कीट्यात् -द्	कीट्यास्ताम्	कीट्यासुः
कीटयितासि	कीटयितास्थः	कीटयितास्थ	कीट्याः	कीट्यास्तम्	कीट्यास्त
कीटयितास्मि	कीटयितास्वः	कीटयितास्मः	कीट्यासम्	कीट्यास्व	कीट्यास्म

कीटयाम्बभूव	कीटयाम्बभूवतुः	कीटयाम्बभूवुः	अचीकिटत् -द्	अचीकिटताम्	अचीकिटन्
कीटयाञ्चकार	कीटयाञ्चक्रतुः	कीटयाञ्चक्रुः			
कीटयामास	कीटयामासतुः	कीटयामासुः			
कीटयाम्बभूविथ	कीटयाम्बभूवथुः	कीटयाम्बभूव	अचीकिटः	अचीकिटतम्	अचीकिटत
कीटयाञ्चकर्थ	कीटयाञ्चक्रथुः	कीटयाञ्चक्र			
कीटयामासिथ	कीटयामासथुः	कीटयामास			
कीटयाम्बभूव	कीटयाम्बभूविव	कीटयाम्बभूविम	अचीकिटम्	अचीकिटाव	अचीकिटाम
कीटयाञ्चकर -कार	कीटयाञ्चकृव	कीटयाञ्चकृम			
कीटयामास	कीटयामासिव	कीटयामासिम			

Atmanepadi Forms

कीटयते	कीटयेते[4]	कीटयन्ते[1]	अकीटयत	अकीटयेताम्[4]	अकीटयन्त[1]
कीटयसे	कीटयेथे[4]	कीटयध्वे	अकीटयथाः	अकीटयेथाम्[4]	अकीटयध्वम्
कीटये[1]	कीटयावहे[2]	कीटयामहे[2]	अकीटये[4]	अकीटयावहि[3]	अकीटयामहि[3]

कीटयताम्	कीटयेताम्[4]	कीटयन्ताम्[1]	कीटयेत	कीटयेयाताम्	कीटयेरन्
कीटयस्व	कीटयेथाम्[4]	कीटयध्वम्	कीटयेथाः	कीटयेयाथाम्	कीटयेध्वम्
कीटयै[5]	कीटयावहै[3]	कीटयामहै[3]	कीटयेय	कीटयेवहि	कीटयेमहि

कीटयिष्यते	कीटयिष्येते	कीटयिष्यन्ते	अकीटयिष्यत	अकीटयिष्येताम्	अकीटयिष्यन्त
कीटयिष्यसे	कीटयिष्येथे	कीटयिष्यध्वे	अकीटयिष्यथाः	अकीटयिष्येथाम्	अकीटयिष्यध्वम्
कीटयिष्ये	कीटयिष्यावहे	कीटयिष्यामहे	अकीटयिष्ये	अकीटयिष्यावहि	अकीटयिष्यामहि

कीटयिता	कीटयितारौ	कीटयितारः	कीटयिषीष्ट	कीटयिषीयास्ताम्	कीटयिषीरन्
कीटयितासे	कीटयितासाथे	कीटयिताध्वे	कीटयिषीष्ठाः	कीटयिषीयास्थाम्	कीटयिषीध्वम्-ढ्वम्
कीटयिताहे	कीटयितास्वहे	कीटयितास्महे	कीटयिषीय	कीटयिषीवहि	कीटयिषीमहि

कीटयाम्बभूव	कीटयाम्बभूवतुः	कीटयाम्बभूवुः	अचीकिटत	अचीकिटेताम्	अचीकिटन्त
कीटयाञ्चक्रे	कीटयाञ्चक्राते	कीटयाञ्चक्रिरे			
कीटयामास	कीटयामासतुः	कीटयामासुः			
कीटयाम्बभूविथ	कीटयाम्बभूवथुः	कीटयाम्बभूव	अचीकिटथाः	अचीकिटेथाम्	अचीकिटध्वम्
कीटयाञ्चकृषे	कीटयाञ्चक्राथे	कीटयाञ्चकृढ्वे			
कीटयामासिथ	कीटयामासथुः	कीटयामास			
कीटयाम्बभूव	कीटयाम्बभूविव	कीटयाम्बभूविम	अचीकिटे	अचीकिटावहि	अचीकिटामहि
कीटयाञ्चक्रे	कीटयाञ्चकृवहे	कीटयाञ्चकृमहे			
कीटयामास	कीटयामासिव	कीटयामासिम			

1641 चूर्ण सङ्कोचने । pulverize, pound, crush, bruise

10c 108 चूर्णँ । चूर्ण् । चूर्णयति / ते । U । सेट् । स० । चूर्णि । चूर्णय । **Parasmaipadi Forms**

चूर्णयति	चूर्णयतः	चूर्णयन्ति[1]	अचूर्णयत्-द्	अचूर्णयताम्	अचूर्णयन्[1]
चूर्णयसि	चूर्णयथः	चूर्णयथ	अचूर्णयः	अचूर्णयतम्	अचूर्णयत
चूर्णयामि[2]	चूर्णयावः[2]	चूर्णयामः[2]	अचूर्णयम्[1]	अचूर्णयाव[2]	अचूर्णयाम[2]

चूर्णयतु चूर्णयतात्-द्	चूर्णयताम्	चूर्णयन्तु[1]	चूर्णयेत्-द्	चूर्णयेताम्	चूर्णयेयुः
चूर्णय चूर्णयतात्-द्	चूर्णयतम्	चूर्णयत	चूर्णयेः	चूर्णयेतम्	चूर्णयेत
चूर्णयानि[3]	चूर्णयाव[3]	चूर्णयाम[3]	चूर्णयेयम्	चूर्णयेव	चूर्णयेम

चूर्णयिष्यति	चूर्णयिष्यतः	चूर्णयिष्यन्ति	अचूर्णयिष्यत्-द्	अचूर्णयिष्यताम्	अचूर्णयिष्यन्

चूर्णयिष्यसि	चूर्णयिष्यथः	चूर्णयिष्यथ	अचूर्णयिष्यः	अचूर्णयिष्यतम्	अचूर्णयिष्यत
चूर्णयिष्यामि	चूर्णयिष्यावः	चूर्णयिष्यामः	अचूर्णयिष्यम्	अचूर्णयिष्याव	अचूर्णयिष्याम

चूर्णयिता	चूर्णयितारौ	चूर्णयितारः	चूर्ण्यात् -द्	चूर्ण्यास्ताम्	चूर्ण्यासुः
चूर्णयितासि	चूर्णयितास्थः	चूर्णयितास्थ	चूर्ण्याः	चूर्ण्यास्तम्	चूर्ण्यास्त
चूर्णयितास्मि	चूर्णयितास्वः	चूर्णयितास्मः	चूर्ण्यासम्	चूर्ण्यास्व	चूर्ण्यास्म

चूर्णयाम्बभूव	चूर्णयाम्बभूवतुः	चूर्णयाम्बभूवुः	अचुचूर्णत् -द्	अचुचूर्णताम्	अचुचूर्णन्
चूर्णयाञ्चकार	चूर्णयाञ्चक्रतुः	चूर्णयाञ्चक्रुः			
चूर्णयामास	चूर्णयामासतुः	चूर्णयामासुः			
चूर्णयाम्बभूविथ	चूर्णयाम्बभूवथुः	चूर्णयाम्बभूव	अचुचूर्णः	अचुचूर्णतम्	अचुचूर्णत
चूर्णयाञ्चकर्थ	चूर्णयाञ्चक्रथुः	चूर्णयाञ्चक्र			
चूर्णयामासिथ	चूर्णयामासथुः	चूर्णयामास			
चूर्णयाम्बभूव	चूर्णयाम्बभूविव	चूर्णयाम्बभूविम	अचुचूर्णम्	अचुचूर्णाव	अचुचूर्णाम
चूर्णयाञ्चकर -कार	चूर्णयाञ्चकृव	चूर्णयाञ्चकृम			
चूर्णयामास	चूर्णयामासिव	चूर्णयामासिम			

Atmanepadi Forms

चूर्णयते	चूर्णयेते[4]	चूर्णयन्ते[1]	अचूर्णयत	अचूर्णयेताम्[4]	अचूर्णयन्त[1]
चूर्णयसे	चूर्णयेथे[4]	चूर्णयध्वे	अचूर्णयथाः	अचूर्णयेथाम्[4]	अचूर्णयध्वम्
चूर्णये[1]	चूर्णयावहे[2]	चूर्णयामहे[2]	अचूर्णये[4]	अचूर्णयावहि[3]	अचूर्णयामहि[3]

चूर्णयताम्	चूर्णयेताम्[4]	चूर्णयन्ताम्[1]	चूर्णयेत	चूर्णयेयाताम्	चूर्णयेरन्
चूर्णयस्व	चूर्णयेथाम्[4]	चूर्णयध्वम्	चूर्णयेथाः	चूर्णयेयाथाम्	चूर्णयेध्वम्
चूर्णयै[5]	चूर्णयावहै[3]	चूर्णयामहै[3]	चूर्णयेय	चूर्णयेवहि	चूर्णयेमहि

चूर्णयिष्यते	चूर्णयिष्येते	चूर्णयिष्यन्ते	अचूर्णयिष्यत	अचूर्णयिष्येताम्	अचूर्णयिष्यन्त
चूर्णयिष्यसे	चूर्णयिष्येथे	चूर्णयिष्यध्वे	अचूर्णयिष्यथाः	अचूर्णयिष्येथाम्	अचूर्णयिष्यध्वम्
चूर्णयिष्ये	चूर्णयिष्यावहे	चूर्णयिष्यामहे	अचूर्णयिष्ये	अचूर्णयिष्यावहि	अचूर्णयिष्यामहि

चूर्णयिता	चूर्णयितारौ	चूर्णयितारः	चूर्णयिषीष्ट	चूर्णयिषीयास्ताम्	चूर्णयिषीरन्
चूर्णयितासे	चूर्णयितासाथे	चूर्णयिताध्वे	चूर्णयिषीष्ठाः	चूर्णयिषीयास्थाम्	चूर्णयिषीध्वम् -ढ्वम्
चूर्णयिताहे	चूर्णयितास्वहे	चूर्णयितास्महे	चूर्णयिषीय	चूर्णयिषीवहि	चूर्णयिषीमहि

चूर्णयाम्बभूव	चूर्णयाम्बभूवतुः	चूर्णयाम्बभूवुः	अचुचूर्णत	अचुचूर्णेताम्	अचुचूर्णन्त
चूर्णयाञ्चक्रे	चूर्णयाञ्चक्राते	चूर्णयाञ्चक्रिरे			
चूर्णयामास	चूर्णयामासतुः	चूर्णयामासुः			

चूर्णयाम्बभूविथ	चूर्णयाम्बभूवथुः	चूर्णयाम्बभूव	अचुचूर्णथाः	अचुचूर्णेथाम्	अचुचूर्णध्वम्
चूर्णयाञ्चकृषे	चूर्णयाञ्चक्राथे	चूर्णयाञ्चकृढ्वे			
चूर्णयामासिथ	चूर्णयामासथुः	चूर्णयामास			
चूर्णयाम्बभूव	चूर्णयाम्बभूविव	चूर्णयाम्बभूविम	अचुचूर्णे	अचुचूर्णावहि	अचुचूर्णामहि
चूर्णयाञ्चक्रे	चूर्णयाञ्चकृवहे	चूर्णयाञ्चकृमहे			
चूर्णयामास	चूर्णयामासिव	चूर्णयामासिम			

1642 पूज पूजायाम् । worship, adore. *Famous word* पूजा ।

10c 109 पूजँ । पूज् । पूजयति / ते । U । सेट् । स० । पूजि । पूजय । **Parasmaipadi Forms**

पूजयति	पूजयतः	पूजयन्ति[1]	अपूजयत् -द्	अपूजयताम्	अपूजयन्[1]
पूजयसि	पूजयथः	पूजयथ	अपूजयः	अपूजयतम्	अपूजयत
पूजयामि[2]	पूजयावः[2]	पूजयामः[2]	अपूजयम्[1]	अपूजयाव[2]	अपूजयाम[2]

पूजयतु पूजयतात् -द्	पूजयताम्	पूजयन्तु[1]	पूजयेत् -द्	पूजयेताम्	पूजयेयुः
पूजय पूजयतात् -द्	पूजयतम्	पूजयत	पूजयेः	पूजयेतम्	पूजयेत
पूजयानि[3]	पूजयाव[3]	पूजयाम[3]	पूजयेयम्	पूजयेव	पूजयेम

पूजयिष्यति	पूजयिष्यतः	पूजयिष्यन्ति	अपूजयिष्यत् -द्	अपूजयिष्यताम्	अपूजयिष्यन्
पूजयिष्यसि	पूजयिष्यथः	पूजयिष्यथ	अपूजयिष्यः	अपूजयिष्यतम्	अपूजयिष्यत
पूजयिष्यामि	पूजयिष्यावः	पूजयिष्यामः	अपूजयिष्यम्	अपूजयिष्याव	अपूजयिष्याम

पूजयिता	पूजयितारौ	पूजयितारः	पूज्यात् -द्	पूज्यास्ताम्	पूज्यासुः
पूजयितासि	पूजयितास्थः	पूजयितास्थ	पूज्याः	पूज्यास्तम्	पूज्यास्त
पूजयितास्मि	पूजयितास्वः	पूजयितास्मः	पूज्यासम्	पूज्यास्व	पूज्यास्म

पूजयाम्बभूव	पूजयाम्बभूवतुः	पूजयाम्बभूवुः	अपूपुजत् -द्	अपूपुजताम्	अपूपुजन्
पूजयाञ्चकार	पूजयाञ्चक्रतुः	पूजयाञ्चक्रुः			
पूजयामास	पूजयामासतुः	पूजयामासुः			
पूजयाम्बभूविथ	पूजयाम्बभूवथुः	पूजयाम्बभूव	अपूपुजः	अपूपुजतम्	अपूपुजत
पूजयाञ्चकर्थ	पूजयाञ्चक्रथुः	पूजयाञ्चक्र			
पूजयामासिथ	पूजयामासथुः	पूजयामास			
पूजयाम्बभूव	पूजयाम्बभूविव	पूजयाम्बभूविम	अपूपुजम्	अपूपुजाव	अपूपुजाम
पूजयाञ्चकर -कार	पूजयाञ्चकृव	पूजयाञ्चकृम			
पूजयामास	पूजयामासिव	पूजयामासिम			

Atmanepadi Forms

| पूजयते | पूजयेते[4] | पूजयन्ते[1] | अपूजयत | अपूजयेताम्[4] | अपूजयन्त[1] |

पूजयसे	पूजयेथे[4]	पूजयध्वे	अपूजयथाः	अपूजयेथाम्[4]	अपूजयध्वम्
पूजये[1]	पूजयावहे[2]	पूजयामहे[2]	अपूजये[4]	अपूजयावहि[3]	अपूजयामहि[3]

पूजयताम्	पूजयेताम्[4]	पूजयन्ताम्[1]	पूजयेत	पूजयेयाताम्	पूजयेरन्
पूजयस्व	पूजयेथाम्[4]	पूजयध्वम्	पूजयेथाः	पूजयेयाथाम्	पूजयेध्वम्
पूजयै[5]	पूजयावहै[3]	पूजयामहै[3]	पूजयेय	पूजयेवहि	पूजयेमहि

पूजयिष्यते	पूजयिष्येते	पूजयिष्यन्ते	अपूजयिष्यत	अपूजयिष्येताम्	अपूजयिष्यन्त
पूजयिष्यसे	पूजयिष्येथे	पूजयिष्यध्वे	अपूजयिष्यथाः	अपूजयिष्येथाम्	अपूजयिष्यध्वम्
पूजयिष्ये	पूजयिष्यावहे	पूजयिष्यामहे	अपूजयिष्ये	अपूजयिष्यावहि	अपूजयिष्यामहि

पूजयिता	पूजयितारौ	पूजयितारः	पूजयिषीष्ट	पूजयिषीयास्ताम्	पूजयिषीरन्
पूजयितासे	पूजयितासाथे	पूजयिताध्वे	पूजयिषीष्ठाः	पूजयिषीयास्थाम्	पूजयिषीध्वम् -ढ्वम्
पूजयिताहे	पूजयितास्वहे	पूजयितास्महे	पूजयिषीय	पूजयिषीवहि	पूजयिषीमहि

पूजयाम्बभूव	पूजयाम्बभूवतुः	पूजयाम्बभूवुः	अपूपुजत	अपूपुजेताम्	अपूपुजन्त
पूजयाञ्चक्रे	पूजयाञ्चक्राते	पूजयाञ्चक्रिरे			
पूजयामास	पूजयामासतुः	पूजयामासुः			
पूजयाम्बभूविथ	पूजयाम्बभूवथुः	पूजयाम्बभूव	अपूपुजथाः	अपूपुजेथाम्	अपूपुजध्वम्
पूजयाञ्चकृषे	पूजयाञ्चक्राथे	पूजयाञ्चकृढ्वे			
पूजयामासिथ	पूजयामासथुः	पूजयामास			
पूजयाम्बभूव	पूजयाम्बभूविव	पूजयाम्बभूविम	अपूपुजे	अपूपुजावहि	अपूपुजामहि
पूजयाञ्चक्रे	पूजयाञ्चकृवहे	पूजयाञ्चकृमहे			
पूजयामास	पूजयामासिव	पूजयामासिम			

1643 अर्क स्तवने । तपने इत्येके । praise, heat 8.4.2

10c 110 अर्कँ । अर्क् । अर्कयति / ते । U । सेट् । स० । अर्कि । अर्कय । **Parasmaipadi Forms**

अर्कयति	अर्कयतः	अर्कयन्ति[1]	आर्कयत् -द्	आर्कयताम्	आर्कयन्[1]
अर्कयसि	अर्कयथः	अर्कयथ	आर्कयः	आर्कयतम्	आर्कयत
अर्कयामि[2]	अर्कयावः[2]	अर्कयामः[2]	आर्कयम्[1]	आर्कयाव[2]	आर्कयाम[2]

अर्कयतु अर्कयतात् -द्	अर्कयताम्	अर्कयन्तु[1]	अर्कयेत् -द्	अर्कयेताम्	अर्कयेयुः
अर्कय अर्कयतात् -द्	अर्कयतम्	अर्कयत	अर्कयेः	अर्कयेतम्	अर्कयेत
अर्कयाणि[3]	अर्कयाव[3]	अर्कयाम[3]	अर्कयेयम्	अर्कयेव	अर्कयेम

अर्कयिष्यति	अर्कयिष्यतः	अर्कयिष्यन्ति	आर्कयिष्यत् -द्	आर्कयिष्यताम्	आर्कयिष्यन्
अर्कयिष्यसि	अर्कयिष्यथः	अर्कयिष्यथ	आर्कयिष्यः	आर्कयिष्यतम्	आर्कयिष्यत

अर्कयिष्यामि	अर्कयिष्यावः	अर्कयिष्यामः	आर्कयिष्यम्	आर्कयिष्याव	आर्कयिष्याम

अर्कयिता	अर्कयितारौ	अर्कयितारः	अर्क्यात् -द्	अर्क्यास्ताम्	अर्क्यासुः
अर्कयितासि	अर्कयितास्थः	अर्कयितास्थ	अर्क्याः	अर्क्यास्तम्	अर्क्यास्त
अर्कयितास्मि	अर्कयितास्वः	अर्कयितास्मः	अर्क्यासम्	अर्क्यास्व	अर्क्यास्म

अर्कयाम्बभूव	अर्कयाम्बभूवतुः	अर्कयाम्बभूवुः	आर्चिकत् -द्	आर्चिकताम्	आर्चिकन्
अर्कयाञ्चकार	अर्कयाञ्चक्रतुः	अर्कयाञ्चक्रुः			
अर्कयामास	अर्कयामासतुः	अर्कयामासुः			
अर्कयाम्बभूविथ	अर्कयाम्बभूवथुः	अर्कयाम्बभूव	आर्चिकः	आर्चिकतम्	आर्चिकत
अर्कयाञ्चकर्थ	अर्कयाञ्चक्रथुः	अर्कयाञ्चक्र			
अर्कयामासिथ	अर्कयामासथुः	अर्कयामास			
अर्कयाम्बभूव	अर्कयाम्बभूविव	अर्कयाम्बभूविम	आर्चिकम्	आर्चिकाव	आर्चिकाम
अर्कयाञ्चकर -कार	अर्कयाञ्चकृव	अर्कयाञ्चकृम			
अर्कयामास	अर्कयामासिव	अर्कयामासिम			

Atmanepadi Forms

अर्कयते	अर्कयेते[4]	अर्कयन्ते[1]	आर्कयत	आर्कयेताम्[4]	आर्कयन्त[1]
अर्कयसे	अर्कयेथे[4]	अर्कयध्वे	आर्कयथाः	आर्कयेथाम्[4]	आर्कयध्वम्
अर्कये[1]	अर्कयावहे[2]	अर्कयामहे[2]	आर्कये[4]	आर्कयावहि[3]	आर्कयामहि[3]

अर्कयताम्	अर्कयेताम्[4]	अर्कयन्ताम्[1]	अर्कयेत	अर्कयेयाताम्	अर्कयेरन्
अर्कयस्व	अर्कयेथाम्[4]	अर्कयध्वम्	अर्कयेथाः	अर्कयेयाथाम्	अर्कयेध्वम्
अर्कयै[5]	अर्कयावहै[3]	अर्कयामहै[3]	अर्कयेय	अर्कयेवहि	अर्कयेमहि

अर्कयिष्यते	अर्कयिष्येते	अर्कयिष्यन्ते	आर्कयिष्यत	आर्कयिष्येताम्	आर्कयिष्यन्त
अर्कयिष्यसे	अर्कयिष्येथे	अर्कयिष्यध्वे	आर्कयिष्यथाः	आर्कयिष्येथाम्	आर्कयिष्यध्वम्
अर्कयिष्ये	अर्कयिष्यावहे	अर्कयिष्यामहे	आर्कयिष्ये	आर्कयिष्यावहि	आर्कयिष्यामहि

अर्कयिता	अर्कयितारौ	अर्कयितारः	अर्कयिषीष्ट	अर्कयिषीयास्ताम्	अर्कयिषीरन्
अर्कयितासे	अर्कयितासाथे	अर्कयिताध्वे	अर्कयिषीष्ठाः	अर्कयिषीयास्थाम्	अर्कयिषीध्वम् -ढ्वम्
अर्कयिताहे	अर्कयितास्वहे	अर्कयितास्महे	अर्कयिषीय	अर्कयिषीवहि	अर्कयिषीमहि

अर्कयाम्बभूव	अर्कयाम्बभूवतुः	अर्कयाम्बभूवुः	आर्चिकत	आर्चिकेताम्	आर्चिकन्त
अर्कयाञ्चक्रे	अर्कयाञ्चक्राते	अर्कयाञ्चक्रिरे			
अर्कयामास	अर्कयामासतुः	अर्कयामासुः			
अर्कयाम्बभूविथ	अर्कयाम्बभूवथुः	अर्कयाम्बभूव	आर्चिकथाः	आर्चिकेथाम्	आर्चिकध्वम्

अर्कयाञ्चकृषे	अर्कयाञ्चक्राथे	अर्कयाञ्चकृढ्वे			
अर्कयामासिथ	अर्कयामासथुः	अर्कयामास			
अर्कयाम्बभूव	अर्कयाम्बभूविव	अर्कयाम्बभूविम	आर्चिके	आर्चिकावहि	आर्चिकामहि
अर्कयाञ्चक्रे	अर्कयाञ्चकृवहे	अर्कयाञ्चकृमहे			
अर्कयामास	अर्कयामासिव	अर्कयामासिम			

1644 शुठ आलस्ये । be idle, be dull

10c 111 शुठँ । शुठ् । शोठयति / ते । U । सेट् । अ० । शोठि । शोठय । **Parasmaipadi Forms**

शोठयति	शोठयतः	शोठयन्ति[1]	अशोठयत् -द्	अशोठयताम्	अशोठयन्[1]
शोठयसि	शोठयथः	शोठयथ	अशोठयः	अशोठयतम्	अशोठयत
शोठयामि[2]	शोठयावः[2]	शोठयामः[2]	अशोठयम्[1]	अशोठयाव[2]	अशोठयाम[2]

शोठयतु शोठयतात् -द्	शोठयताम्	शोठयन्तु[1]	शोठयेत् -द्	शोठयेताम्	शोठयेयुः
शोठय शोठयतात् -द्	शोठयतम्	शोठयत	शोठयेः	शोठयेतम्	शोठयेत
शोठयानि[3]	शोठयाव[3]	शोठयाम[3]	शोठयेयम्	शोठयेव	शोठयेम

शोठयिष्यति	शोठयिष्यतः	शोठयिष्यन्ति	अशोठयिष्यत् -द्	अशोठयिष्यताम्	अशोठयिष्यन्
शोठयिष्यसि	शोठयिष्यथः	शोठयिष्यथ	अशोठयिष्यः	अशोठयिष्यतम्	अशोठयिष्यत
शोठयिष्यामि	शोठयिष्यावः	शोठयिष्यामः	अशोठयिष्यम्	अशोठयिष्याव	अशोठयिष्याम

शोठयिता	शोठयितारौ	शोठयितारः	शोठ्यात् -द्	शोठ्यास्ताम्	शोठ्यासुः
शोठयितासि	शोठयितास्थः	शोठयितास्थ	शोठ्याः	शोठ्यास्तम्	शोठ्यास्त
शोठयितास्मि	शोठयितास्वः	शोठयितास्मः	शोठ्यासम्	शोठ्यास्व	शोठ्यास्म

शोठयाम्बभूव	शोठयाम्बभूवतुः	शोठयाम्बभूवुः	अशूशुठत् -द्	अशूशुठताम्	अशूशुठन्
शोठयाञ्चकार	शोठयाञ्चक्रतुः	शोठयाञ्चक्रुः			
शोठयामास	शोठयामासतुः	शोठयामासुः			
शोठयाम्बभूविथ	शोठयाम्बभूवथुः	शोठयाम्बभूव	अशूशुठः	अशूशुठतम्	अशूशुठत
शोठयाञ्चकर्थ	शोठयाञ्चक्रथुः	शोठयाञ्चक्र			
शोठयामासिथ	शोठयामासथुः	शोठयामास			
शोठयाम्बभूव	शोठयाम्बभूविव	शोठयाम्बभूविम	अशूशुठम्	अशूशुठाव	अशूशुठाम
शोठयाञ्चकर -कार	शोठयाञ्चकृव	शोठयाञ्चकृम			
शोठयामास	शोठयामासिव	शोठयामासिम			

Atmanepadi Forms

शोठयते	शोठयेते[4]	शोठयन्ते[1]	अशोठयत	अशोठयेताम्[4]	अशोठयन्त[1]
शोठयसे	शोठयेथे[4]	शोठयध्वे	अशोठयथाः	अशोठयेथाम्[4]	अशोठयध्वम्

शोठये[1]	शोठयावहे[2]	शोठयामहे[2]	अशोठये[4]	अशोठयावहि[3]	अशोठयामहि[3]

शोठयताम्	शोठयेताम्[4]	शोठयन्ताम्[1]	शोठयेत	शोठयेयाताम्	शोठयेरन्
शोठयस्व	शोठयेथाम्[4]	शोठयध्वम्	शोठयेथाः	शोठयेयाथाम्	शोठयेध्वम्
शोठयै[5]	शोठयावहै[3]	शोठयामहै[3]	शोठयेय	शोठयेवहि	शोठयेमहि

शोठयिष्यते	शोठयिष्येते	शोठयिष्यन्ते	अशोठयिष्यत	अशोठयिष्येताम्	अशोठयिष्यन्त
शोठयिष्यसे	शोठयिष्येथे	शोठयिष्यध्वे	अशोठयिष्यथाः	अशोठयिष्येथाम्	अशोठयिष्यध्वम्
शोठयिष्ये	शोठयिष्यावहे	शोठयिष्यामहे	अशोठयिष्ये	अशोठयिष्यावहि	अशोठयिष्यामहि

शोठयिता	शोठयितारौ	शोठयितारः	शोठयिषीष्ट	शोठयिषीयास्ताम्	शोठयिषीरन्
शोठयितासे	शोठयितासाथे	शोठयिताध्वे	शोठयिषीष्ठाः	शोठयिषीयास्थाम्	शोठयिषीध्वम् -ढ्वम्
शोठयिताहे	शोठयितास्वहे	शोठयितास्महे	शोठयिषीय	शोठयिषीवहि	शोठयिषीमहि

शोठयाम्बभूव	शोठयाम्बभूवतुः	शोठयाम्बभूवुः	अशूशुठत	अशूशुठेताम्	अशूशुठन्त
शोठयाञ्चक्रे	शोठयाञ्चक्राते	शोठयाञ्चक्रिरे			
शोठयामास	शोठयामासतुः	शोठयामासुः			
शोठयाम्बभूविथ	शोठयाम्बभूवथुः	शोठयाम्बभूव	अशूशुठथाः	अशूशुठेथाम्	अशूशुठध्वम्
शोठयाञ्चकृषे	शोठयाञ्चक्राथे	शोठयाञ्चकृढ्वे			
शोठयामासिथ	शोठयामासथुः	शोठयामास			
शोठयाम्बभूव	शोठयाम्बभूविव	शोठयाम्बभूविम	अशूशुठे	अशूशुठावहि	अशूशुठामहि
शोठयाञ्चक्रे	शोठयाञ्चकृवहे	शोठयाञ्चकृमहे			
शोठयामास	शोठयामासिव	शोठयामासिम			

1645 शुठि शोषणे । इदित्करणं णिचः पाक्षिकत्वे लिङ्गम् । dry, be dry 7.1.58 इदितो नुम् धातोः ।
10c 112 शुठिँ । शुण्ठ् । शुण्ठयति / ते , शुण्ठति । U । सेट् । स० । शुण्ठि । शुण्ठय ।

Parasmaipadi Forms

शुण्ठयति	शुण्ठयतः	शुण्ठयन्ति[1]	अशुण्ठयत् -द्	अशुण्ठयताम्	अशुण्ठयन्[1]
शुण्ठयसि	शुण्ठयथः	शुण्ठयथ	अशुण्ठयः	अशुण्ठयतम्	अशुण्ठयत
शुण्ठयामि[2]	शुण्ठयावः[2]	शुण्ठयामः[2]	अशुण्ठयम्[1]	अशुण्ठयाव[2]	अशुण्ठयाम[2]

शुण्ठयतु शुण्ठयतात् -द्	शुण्ठयताम्	शुण्ठयन्तु[1]	शुण्ठयेत् -द्	शुण्ठयेताम्	शुण्ठयेयुः
शुण्ठय शुण्ठयतात् -द्	शुण्ठयतम्	शुण्ठयत	शुण्ठयेः	शुण्ठयेतम्	शुण्ठयेत
शुण्ठयानि[3]	शुण्ठयाव[3]	शुण्ठयाम[3]	शुण्ठयेयम्	शुण्ठयेव	शुण्ठयेम

शुण्ठयिष्यति	शुण्ठयिष्यतः	शुण्ठयिष्यन्ति	अशुण्ठयिष्यत् -द्	अशुण्ठयिष्यताम्	अशुण्ठयिष्यन्
शुण्ठयिष्यसि	शुण्ठयिष्यथः	शुण्ठयिष्यथ	अशुण्ठयिष्यः	अशुण्ठयिष्यतम्	अशुण्ठयिष्यत

शुण्ठयिष्यामि	शुण्ठयिष्यावः	शुण्ठयिष्यामः	अशुण्ठयिष्यम्	अशुण्ठयिष्याव	अशुण्ठयिष्याम

शुण्ठयिता	शुण्ठयितारौ	शुण्ठयितारः	शुण्ठ्यात् -द्	शुण्ठ्यास्ताम्	शुण्ठ्यासुः
शुण्ठयितासि	शुण्ठयितास्थः	शुण्ठयितास्थ	शुण्ठ्याः	शुण्ठ्यास्तम्	शुण्ठ्यास्त
शुण्ठयितास्मि	शुण्ठयितास्वः	शुण्ठयितास्मः	शुण्ठ्यासम्	शुण्ठ्यास्व	शुण्ठ्यास्म

शुण्ठयाम्बभूव	शुण्ठयाम्बभूवतुः	शुण्ठयाम्बभूवुः	अशुशुण्ठत् -द्	अशुशुण्ठताम्	अशुशुण्ठन्
शुण्ठयाञ्चकार	शुण्ठयाञ्चक्रतुः	शुण्ठयाञ्चक्रुः			
शुण्ठयामास	शुण्ठयामासतुः	शुण्ठयामासुः			
शुण्ठयाम्बभूविथ	शुण्ठयाम्बभूवथुः	शुण्ठयाम्बभूव	अशुशुण्ठः	अशुशुण्ठतम्	अशुशुण्ठत
शुण्ठयाञ्चकर्थ	शुण्ठयाञ्चक्रथुः	शुण्ठयाञ्चक्र			
शुण्ठयामासिथ	शुण्ठयामासथुः	शुण्ठयामास			
शुण्ठयाम्बभूव	शुण्ठयाम्बभूविव	शुण्ठयाम्बभूविम	अशुशुण्ठम्	अशुशुण्ठाव	अशुशुण्ठाम
शुण्ठयाञ्चकर -कार	शुण्ठयाञ्चकृव	शुण्ठयाञ्चकृम			
शुण्ठयामास	शुण्ठयामासिव	शुण्ठयामासिम			

Atmanepadi Forms

शुण्ठयते	शुण्ठयेते[4]	शुण्ठयन्ते[1]	अशुण्ठयत	अशुण्ठयेताम्[4]	अशुण्ठयन्त[1]
शुण्ठयसे	शुण्ठयेथे[4]	शुण्ठयध्वे	अशुण्ठयथाः	अशुण्ठयेथाम्[4]	अशुण्ठयध्वम्
शुण्ठये[1]	शुण्ठयावहे[2]	शुण्ठयामहे[2]	अशुण्ठये[4]	अशुण्ठयावहि[3]	अशुण्ठयामहि[3]

शुण्ठयताम्	शुण्ठयेताम्[4]	शुण्ठयन्ताम्[1]	शुण्ठयेत	शुण्ठयेयाताम्	शुण्ठयेरन्
शुण्ठयस्व	शुण्ठयेथाम्[4]	शुण्ठयध्वम्	शुण्ठयेथाः	शुण्ठयेयाथाम्	शुण्ठयेध्वम्
शुण्ठयै[5]	शुण्ठयावहै[3]	शुण्ठयामहै[3]	शुण्ठयेय	शुण्ठयेवहि	शुण्ठयेमहि

शुण्ठयिष्यते	शुण्ठयिष्येते	शुण्ठयिष्यन्ते	अशुण्ठयिष्यत	अशुण्ठयिष्येताम्	अशुण्ठयिष्यन्त
शुण्ठयिष्यसे	शुण्ठयिष्येथे	शुण्ठयिष्यध्वे	अशुण्ठयिष्यथाः	अशुण्ठयिष्येथाम्	अशुण्ठयिष्यध्वम्
शुण्ठयिष्ये	शुण्ठयिष्यावहे	शुण्ठयिष्यामहे	अशुण्ठयिष्ये	अशुण्ठयिष्यावहि	अशुण्ठयिष्यामहि

शुण्ठयिता	शुण्ठयितारौ	शुण्ठयितारः	शुण्ठयिषीष्ट	शुण्ठयिषीयास्ताम्	शुण्ठयिषीरन्
शुण्ठयितासे	शुण्ठयितासाथे	शुण्ठयिताध्वे	शुण्ठयिषीष्ठाः	शुण्ठयिषीयास्थाम्	शुण्ठयिषीध्वम् -ढ्वम्
शुण्ठयिताहे	शुण्ठयितास्वहे	शुण्ठयितास्महे	शुण्ठयिषीय	शुण्ठयिषीवहि	शुण्ठयिषीमहि

शुण्ठयाम्बभूव	शुण्ठयाम्बभूवतुः	शुण्ठयाम्बभूवुः	अशुशुण्ठत	अशुशुण्ठेताम्	अशुशुण्ठन्त
शुण्ठयाञ्चक्रे	शुण्ठयाञ्चक्राते	शुण्ठयाञ्चक्रिरे			
शुण्ठयामास	शुण्ठयामासतुः	शुण्ठयामासुः			
शुण्ठयाम्बभूविथ	शुण्ठयाम्बभूवथुः	शुण्ठयाम्बभूव	अशुशुण्ठथाः	अशुशुण्ठेथाम्	अशुशुण्ठध्वम्

शुण्ठयाञ्चकृषे	**शुण्ठयाञ्चक्राथे**	**शुण्ठयाञ्चकृढ्वे**			
शुण्ठयामासिथ	**शुण्ठयामासथुः**	**शुण्ठयामास**			
शुण्ठयाम्बभूव	**शुण्ठयाम्बभूविव**	**शुण्ठयाम्बभूविम**	**अशुशुण्ठे**	**अशुशुण्ठावहि**	**अशुशुण्ठामहि**
शुण्ठयाञ्चक्रे	**शुण्ठयाञ्चकृवहे**	**शुण्ठयाञ्चकृमहे**			
शुण्ठयामास	**शुण्ठयामासिव**	**शुण्ठयामासिम**			

णिजभावपक्षे 1.3.78 शेषात् कर्त्तरि परस्मैपदम् । इति पक्षे भ्वादिः इव शुण्ठ् । P । सेट् । स० ।

शुण्ठति	शुण्ठतः	शुण्ठन्ति	अशुण्ठत् -द्	अशुण्ठताम्	अशुण्ठन्
शुण्ठसि	शुण्ठथः	शुण्ठथ	अशुण्ठः	अशुण्ठतम्	अशुण्ठत
शुण्ठामि	शुण्ठावः	शुण्ठामः	अशुण्ठम्	अशुण्ठाव	अशुण्ठाम

शुण्ठतु शुण्ठतात् -द्	शुण्ठताम्	शुण्ठन्तु	शुण्ठेत् -द्	शुण्ठेताम्	शुण्ठेयुः
शुण्ठशुण्ठतात् -द्	शुण्ठतम्	शुण्ठत	शुण्ठेः	शुण्ठेतम्	शुण्ठेत
शुण्ठानि	शुण्ठाव	शुण्ठाम	शुण्ठेयम्	शुण्ठेव	शुण्ठेम

शुण्ठिष्यति	शुण्ठिष्यतः	शुण्ठिष्यन्ति	अशुण्ठिष्यत् -द्	अशुण्ठिष्यताम्	अशुण्ठिष्यन्
शुण्ठिष्यसि	शुण्ठिष्यथः	शुण्ठिष्यथ	अशुण्ठिष्यः	अशुण्ठिष्यतम्	अशुण्ठिष्यत
शुण्ठिष्यामि	शुण्ठिष्यावः	शुण्ठिष्यामः	अशुण्ठिष्यम्	अशुण्ठिष्याव	अशुण्ठिष्याम

शुण्ठिता	शुण्ठितारौ	शुण्ठितारः	शुण्ठ्यात् -द्	शुण्ठ्यास्ताम्	शुण्ठ्यासुः
शुण्ठितासि	शुण्ठितास्थः	शुण्ठितास्थ	शुण्ठ्याः	शुण्ठ्यास्तम्	शुण्ठ्यास्त
शुण्ठितास्मि	शुण्ठितास्वः	शुण्ठितास्मः	शुण्ठ्यासम्	शुण्ठ्यास्व	शुण्ठ्यास्म

शुशुण्ठ	शुशुण्ठतुः	शुशुण्ठुः	अशुण्ठीत् -द्	अशुण्ठिष्टाम्	अशुण्ठिषुः
शुशुण्ठिथ	शुशुण्ठथुः	शुशुण्ठ	अशुण्ठीः	अशुण्ठिष्टम्	अशुण्ठिष्ट
शुशुण्ठ	शुशुण्ठिव	शुशुण्ठिम	अशुण्ठिषम्	अशुण्ठिष्व	अशुण्ठिष्म

1646 जुड प्रेरणे । prompt, send, grind, powder

10c 113 जुडँ । जुड् । जोडयति / ते । U । सेट् । स० । जोडि । जोडय । **Parasmaipadi Forms**

जोडयति	**जोडयतः**	**जोडयन्ति**[1]	**अजोडयत् -द्**	**अजोडयताम्**	**अजोडयन्**[1]
जोडयसि	**जोडयथः**	**जोडयथ**	**अजोडयः**	**अजोडयतम्**	**अजोडयत**
जोडयामि[2]	**जोडयावः**[2]	**जोडयामः**[2]	**अजोडयम्**[1]	**अजोडयाव**[2]	**अजोडयाम**[2]

जोडयतु जोडयतात् -द्	**जोडयताम्**	**जोडयन्तु**[1]	**जोडयेत् -द्**	**जोडयेताम्**	**जोडयेयुः**
जोडय जोडयतात् -द्	**जोडयतम्**	**जोडयत**	**जोडयेः**	**जोडयेतम्**	**जोडयेत**
जोडयानि[3]	**जोडयाव**[3]	**जोडयाम**[3]	**जोडयेयम्**	**जोडयेव**	**जोडयेम**

जोडयिष्यति	**जोडयिष्यतः**	**जोडयिष्यन्ति**	**अजोडयिष्यत् -द्**	**अजोडयिष्यताम्**	**अजोडयिष्यन्**
जोडयिष्यसि	**जोडयिष्यथः**	**जोडयिष्यथ**	**अजोडयिष्यः**	**अजोडयिष्यतम्**	**अजोडयिष्यत**
जोडयिष्यामि	**जोडयिष्यावः**	**जोडयिष्यामः**	**अजोडयिष्यम्**	**अजोडयिष्याव**	**अजोडयिष्याम**

जोडयिता	जोडयितारौ	जोडयितारः	जोड्यात् -द्	जोड्यास्ताम्	जोड्यासुः
जोडयितासि	जोडयितास्थः	जोडयितास्थ	जोड्याः	जोड्यास्तम्	जोड्यास्त
जोडयितास्मि	जोडयितास्वः	जोडयितास्मः	जोड्यासम्	जोड्यास्व	जोड्यास्म

जोडयाम्बभूव	जोडयाम्बभूवतुः	जोडयाम्बभूवुः	अजूजुडत् -द्	अजूजुडताम्	अजूजुडन्
जोडयाञ्चकार	जोडयाञ्चक्रतुः	जोडयाञ्चक्रुः			
जोडयामास	जोडयामासतुः	जोडयामासुः			
जोडयाम्बभूविथ	जोडयाम्बभूवथुः	जोडयाम्बभूव	अजूजुडः	अजूजुडतम्	अजूजुडत
जोडयाञ्चकर्थ	जोडयाञ्चक्रथुः	जोडयाञ्चक्र			
जोडयामासिथ	जोडयामासथुः	जोडयामास			
जोडयाम्बभूव	जोडयाम्बभूविव	जोडयाम्बभूविम	अजूजुडम्	अजूजुडाव	अजूजुडाम
जोडयाञ्चकर -कार	जोडयाञ्चकृव	जोडयाञ्चकृम			
जोडयामास	जोडयामासिव	जोडयामासिम			

Atmanepadi Forms

जोडयते	जोडयेते[4]	जोडयन्ते[1]	अजोडयत	अजोडयेताम्[4]	अजोडयन्त[1]
जोडयसे	जोडयेथे[4]	जोडयध्वे	अजोडयथाः	अजोडयेथाम्[4]	अजोडयध्वम्
जोडये[1]	जोडयावहे[2]	जोडयामहे[2]	अजोडये[4]	अजोडयावहि[3]	अजोडयामहि[3]

जोडयताम्	जोडयेताम्[4]	जोडयन्ताम्[1]	जोडयेत	जोडयेयाताम्	जोडयेरन्
जोडयस्व	जोडयेथाम्[4]	जोडयध्वम्	जोडयेथाः	जोडयेयाथाम्	जोडयेध्वम्
जोडयै[5]	जोडयावहै[3]	जोडयामहै[3]	जोडयेय	जोडयेवहि	जोडयेमहि

जोडयिष्यते	जोडयिष्येते	जोडयिष्यन्ते	अजोडयिष्यत	अजोडयिष्येताम्	अजोडयिष्यन्त
जोडयिष्यसे	जोडयिष्येथे	जोडयिष्यध्वे	अजोडयिष्यथाः	अजोडयिष्येथाम्	अजोडयिष्यध्वम्
जोडयिष्ये	जोडयिष्यावहे	जोडयिष्यामहे	अजोडयिष्ये	अजोडयिष्यावहि	अजोडयिष्यामहि

जोडयिता	जोडयितारौ	जोडयितारः	जोडयिषीष्ट	जोडयिषीयास्ताम्	जोडयिषीरन्
जोडयितासे	जोडयितासाथे	जोडयिताध्वे	जोडयिषीष्ठाः	जोडयिषीयास्थाम्	जोडयिषीध्वम् -ढ्वम्
जोडयिताहे	जोडयितास्वहे	जोडयितास्महे	जोडयिषीय	जोडयिषीवहि	जोडयिषीमहि

जोडयाम्बभूव	जोडयाम्बभूवतुः	जोडयाम्बभूवुः	अजूजुडत	अजूजुडेताम्	अजूजुडन्त
जोडयाञ्चक्रे	जोडयाञ्चक्राते	जोडयाञ्चक्रिरे			
जोडयामास	जोडयामासतुः	जोडयामासुः			
जोडयाम्बभूविथ	जोडयाम्बभूवथुः	जोडयाम्बभूव	अजूजुडथाः	अजूजुडेथाम्	अजूजुडध्वम्
जोडयाञ्चकृषे	जोडयाञ्चक्राथे	जोडयाञ्चकृढ्वे			
जोडयामासिथ	जोडयामासथुः	जोडयामास			

जोडयाम्बभूव	जोडयाम्बभूविव	जोडयाम्बभूविम	अजूजुडे	अजूजुडावहि	अजूजुडामहि
जोडयाञ्चक्रे	जोडयाञ्चकृवहे	जोडयाञ्चकृमहे			
जोडयामास	जोडयामासिव	जोडयामासिम			

1647 गज शब्दार्थः । roar, be drunk 7.2.116 अत उपधायाः।
10c 114 गजँ । गज् । गाजयति / ते । U । सेट् । अ० । गाजि । गाजय । **Parasmaipadi Forms**

गाजयति	गाजयतः	गाजयन्ति[1]	अगाजयत् -द्	अगाजयताम्	अगाजयन्[1]
गाजयसि	गाजयथः	गाजयथ	अगाजयः	अगाजयतम्	अगाजयत
गाजयामि[2]	गाजयावः[2]	गाजयामः[2]	अगाजयम्[1]	अगाजयाव[2]	अगाजयाम[2]

गाजयतु गाजयतात् -द्	गाजयताम्	गाजयन्तु[1]	गाजयेत् -द्	गाजयेताम्	गाजयेयुः
गाजय गाजयतात् -द्	गाजयतम्	गाजयत	गाजयेः	गाजयेतम्	गाजयेत
गाजयानि[3]	गाजयाव[3]	गाजयाम[3]	गाजयेयम्	गाजयेव	गाजयेम

गाजयिष्यति	गाजयिष्यतः	गाजयिष्यन्ति	अगाजयिष्यत् -द्	अगाजयिष्यताम्	अगाजयिष्यन्
गाजयिष्यसि	गाजयिष्यथः	गाजयिष्यथ	अगाजयिष्यः	अगाजयिष्यतम्	अगाजयिष्यत
गाजयिष्यामि	गाजयिष्यावः	गाजयिष्यामः	अगाजयिष्यम्	अगाजयिष्याव	अगाजयिष्याम

गाजयिता	गाजयितारौ	गाजयितारः	गाज्यात् -द्	गाज्यास्ताम्	गाज्यासुः
गाजयितासि	गाजयितास्थः	गाजयितास्थ	गाज्याः	गाज्यास्तम्	गाज्यास्त
गाजयितास्मि	गाजयितास्वः	गाजयितास्मः	गाज्यासम्	गाज्यास्व	गाज्यास्म

गाजयाम्बभूव	गाजयाम्बभूवतुः	गाजयाम्बभूवुः	अजीगजत् -द्	अजीगजताम्	अजीगजन्
गाजयाञ्चकार	गाजयाञ्चक्रतुः	गाजयाञ्चक्रुः			
गाजयामास	गाजयामासतुः	गाजयामासुः			
गाजयाम्बभूविथ	गाजयाम्बभूवथुः	गाजयाम्बभूव	अजीगजः	अजीगजतम्	अजीगजत
गाजयाञ्चकर्थ	गाजयाञ्चक्रथुः	गाजयाञ्चक्र			
गाजयामासिथ	गाजयामासथुः	गाजयामास			
गाजयाम्बभूव	गाजयाम्बभूविव	गाजयाम्बभूविम	अजीगजम्	अजीगजाव	अजीगजाम
गाजयाञ्चकर -कार	गाजयाञ्चकृव	गाजयाञ्चकृम			
गाजयामास	गाजयामासिव	गाजयामासिम			

Atmanepadi Forms

गाजयते	गाजयेते[4]	गाजयन्ते[1]	अगाजयत	अगाजयेताम्[4]	अगाजयन्त[1]
गाजयसे	गाजयेथे[4]	गाजयध्वे	अगाजयथाः	अगाजयेथाम्[4]	अगाजयध्वम्
गाजये[1]	गाजयावहे[2]	गाजयामहे[2]	अगाजये[4]	अगाजयावहि[3]	अगाजयामहि[3]

गाजयताम्	गाजयेताम्[4]	गाजयन्ताम्[1]	गाजयेत	गाजयेयाताम्	गाजयेरन्
गाजयस्व	गाजयेथाम्[4]	गाजयध्वम्	गाजयेथाः	गाजयेयाथाम्	गाजयेध्वम्
गाजयै[5]	गाजयावहै[3]	गाजयामहै[3]	गाजयेय	गाजयेवहि	गाजयेमहि

गाजयिष्यते	गाजयिष्येते	गाजयिष्यन्ते	अगाजयिष्यत	अगाजयिष्येताम्	अगाजयिष्यन्त
गाजयिष्यसे	गाजयिष्येथे	गाजयिष्यध्वे	अगाजयिष्यथाः	अगाजयिष्येथाम्	अगाजयिष्यध्वम्
गाजयिष्ये	गाजयिष्यावहे	गाजयिष्यामहे	अगाजयिष्ये	अगाजयिष्यावहि	अगाजयिष्यामहि

गाजयिता	गाजयितारौ	गाजयितारः	गाजयिषीष्ट	गाजयिषीयास्ताम्	गाजयिषीरन्
गाजयितासे	गाजयितासाथे	गाजयिताध्वे	गाजयिषीष्ठाः	गाजयिषीयास्थाम्	गाजयिषीध्वम् -ढ्वम्
गाजयिताहे	गाजयितास्वहे	गाजयितास्महे	गाजयिषीय	गाजयिषीवहि	गाजयिषीमहि

गाजयाम्बभूव	गाजयाम्बभूवतुः	गाजयाम्बभूवुः	अजीगजत	अजीगजेताम्	अजीगजन्त
गाजयाञ्चक्रे	गाजयाञ्चक्राते	गाजयाञ्चक्रिरे			
गाजयामास	गाजयामासतुः	गाजयामासुः			
गाजयाम्बभूविथ	गाजयाम्बभूवथुः	गाजयाम्बभूव	अजीगजथाः	अजीगजेथाम्	अजीगजध्वम्
गाजयाञ्चकृषे	गाजयाञ्चक्राथे	गाजयाञ्चकृढ्वे			
गाजयामासिथ	गाजयामासथुः	गाजयामास			
गाजयाम्बभूव	गाजयाम्बभूविव	गाजयाम्बभूविम	अजीगजे	अजीगजावहि	अजीगजामहि
गाजयाञ्चक्रे	गाजयाञ्चकृवहे	गाजयाञ्चकृमहे			
गाजयामास	गाजयामासिव	गाजयामासिम			

1648 मार्ज शब्दार्थः । sound

10c 115 मार्जँ । मार्ज् । मार्जयति / ते । U । सेट् । अ० । मार्जि । मार्जय । **Parasmaipadi Forms**

मार्जयति	मार्जयतः	मार्जयन्ति[1]	अमार्जयत् -द्	अमार्जयताम्	अमार्जयन्[1]
मार्जयसि	मार्जयथः	मार्जयथ	अमार्जयः	अमार्जयतम्	अमार्जयत
मार्जयामि[2]	मार्जयावः[2]	मार्जयामः[2]	अमार्जयम्[1]	अमार्जयाव[2]	अमार्जयाम[2]

मार्जयतु मार्जयतात् -द्	मार्जयताम्	मार्जयन्तु[1]	मार्जयेत् -द्	मार्जयेताम्	मार्जयेयुः
मार्जय मार्जयतात् -द्	मार्जयतम्	मार्जयत	मार्जयेः	मार्जयेतम्	मार्जयेत
मार्जयानि[3]	मार्जयाव[3]	मार्जयाम[3]	मार्जयेयम्	मार्जयेव	मार्जयेम

मार्जयिष्यति	मार्जयिष्यतः	मार्जयिष्यन्ति	अमार्जयिष्यत् -द्	अमार्जयिष्यताम्	अमार्जयिष्यन्
मार्जयिष्यसि	मार्जयिष्यथः	मार्जयिष्यथ	अमार्जयिष्यः	अमार्जयिष्यतम्	अमार्जयिष्यत
मार्जयिष्यामि	मार्जयिष्यावः	मार्जयिष्यामः	अमार्जयिष्यम्	अमार्जयिष्याव	अमार्जयिष्याम

मार्जयिता	मार्जयितारौ	मार्जयितारः	मार्ज्यात् -द्	मार्ज्यास्ताम्	मार्ज्यासुः

मार्जयितासि	मार्जयितास्थः	मार्जयितास्थ	मार्ज्याः	मार्ज्यास्तम्	मार्ज्यास्त
मार्जयितास्मि	मार्जयितास्वः	मार्जयितास्मः	मार्ज्यासम्	मार्ज्यास्व	मार्ज्यास्म

मार्जयाम्बभूव	मार्जयाम्बभूवतुः	मार्जयाम्बभूवुः	अममार्जत् -द्	अममार्जताम्	अममार्जन्
मार्जयाञ्चकार	मार्जयाञ्चक्रतुः	मार्जयाञ्चक्रुः			
मार्जयामास	मार्जयामासतुः	मार्जयामासुः			
मार्जयाम्बभूविथ	मार्जयाम्बभूवथुः	मार्जयाम्बभूव	अममार्जः	अममार्जतम्	अममार्जत
मार्जयाञ्चकर्थ	मार्जयाञ्चक्रथुः	मार्जयाञ्चक्र			
मार्जयामासिथ	मार्जयामासथुः	मार्जयामास			
मार्जयाम्बभूव	मार्जयाम्बभूविव	मार्जयाम्बभूविम	अममार्जम्	अममार्जाव	अममार्जाम
मार्जयाञ्चकर -कार	मार्जयाञ्चकृव	मार्जयाञ्चकृम			
मार्जयामास	मार्जयामासिव	मार्जयामासिम			

Atmanepadi Forms

मार्जयते	मार्जयेते[4]	मार्जयन्ते[1]	अमार्जयत	अमार्जयेताम्[4]	अमार्जयन्त[1]
मार्जयसे	मार्जयेथे[4]	मार्जयध्वे	अमार्जयथाः	अमार्जयेथाम्[4]	अमार्जयध्वम्
मार्जये[1]	मार्जयावहे[2]	मार्जयामहे[2]	अमार्जये[4]	अमार्जयावहि[3]	अमार्जयामहि[3]

मार्जयताम्	मार्जयेताम्[4]	मार्जयन्ताम्[1]	मार्जयेत	मार्जयेयाताम्	मार्जयेरन्
मार्जयस्व	मार्जयेथाम्[4]	मार्जयध्वम्	मार्जयेथाः	मार्जयेयाथाम्	मार्जयेध्वम्
मार्जयै[5]	मार्जयावहै[3]	मार्जयामहै[3]	मार्जयेय	मार्जयेवहि	मार्जयेमहि

मार्जयिष्यते	मार्जयिष्येते	मार्जयिष्यन्ते	अमार्जयिष्यत	अमार्जयिष्येताम्	अमार्जयिष्यन्त
मार्जयिष्यसे	मार्जयिष्येथे	मार्जयिष्यध्वे	अमार्जयिष्यथाः	अमार्जयिष्येथाम्	अमार्जयिष्यध्वम्
मार्जयिष्ये	मार्जयिष्यावहे	मार्जयिष्यामहे	अमार्जयिष्ये	अमार्जयिष्यावहि	अमार्जयिष्यामहि

मार्जयिता	मार्जयितारौ	मार्जयितारः	मार्जयिषीष्ट	मार्जयिषीयास्ताम्	मार्जयिषीरन्
मार्जयितासे	मार्जयितासाथे	मार्जयिताध्वे	मार्जयिषीष्ठाः	मार्जयिषीयास्थाम्	मार्जयिषीध्वम् -ढ्वम्
मार्जयिताहे	मार्जयितास्वहे	मार्जयितास्महे	मार्जयिषीय	मार्जयिषीवहि	मार्जयिषीमहि

मार्जयाम्बभूव	मार्जयाम्बभूवतुः	मार्जयाम्बभूवुः	अममार्जत	अममार्जेताम्	अममार्जन्त
मार्जयाञ्चक्रे	मार्जयाञ्चक्राते	मार्जयाञ्चक्रिरे			
मार्जयामास	मार्जयामासतुः	मार्जयामासुः			
मार्जयाम्बभूविथ	मार्जयाम्बभूवथुः	मार्जयाम्बभूव	अममार्जथाः	अममार्जेथाम्	अममार्जध्वम्
मार्जयाञ्चकृषे	मार्जयाञ्चक्राथे	मार्जयाञ्चकृढ्वे			
मार्जयामासिथ	मार्जयामासथुः	मार्जयामास			
मार्जयाम्बभूव	मार्जयाम्बभूविव	मार्जयाम्बभूविम	अममार्जे	अममार्जावहि	अममार्जामहि

मार्जयाञ्चक्रे	मार्जयाञ्चकृवहे	मार्जयाञ्चकृमहे			
मार्जयामास	मार्जयामासिव	मार्जयामासिम			

1649 मर्च च । शब्दार्थः । मर्ज इत्यपि इति क्षीरस्वामी । take, cleanse, sound

10c 116 मर्चँ । मर्च् । मर्चयति / ते । U । सेट् । अ० । मर्चि । मर्चय । **Parasmaipadi Forms**

मर्चयति	मर्चयतः	मर्चयन्ति[1]	अमर्चयत् -द्	अमर्चयताम्	अमर्चयन्[1]
मर्चयसि	मर्चयथः	मर्चयथ	अमर्चयः	अमर्चयतम्	अमर्चयत
मर्चयामि[2]	मर्चयावः[2]	मर्चयामः[2]	अमर्चयम्[1]	अमर्चयाव[2]	अमर्चयाम[2]

मर्चयतु मर्चयतात् -द्	मर्चयताम्	मर्चयन्तु[1]	मर्चयेत् -द्	मर्चयेताम्	मर्चयेयुः
मर्चय मर्चयतात् -द्	मर्चयतम्	मर्चयत	मर्चयेः	मर्चयेतम्	मर्चयेत
मर्चयानि[3]	मर्चयाव[3]	मर्चयाम[3]	मर्चयेयम्	मर्चयेव	मर्चयेम

मर्चयिष्यति	मर्चयिष्यतः	मर्चयिष्यन्ति	अमर्चयिष्यत् -द्	अमर्चयिष्यताम्	अमर्चयिष्यन्
मर्चयिष्यसि	मर्चयिष्यथः	मर्चयिष्यथ	अमर्चयिष्यः	अमर्चयिष्यतम्	अमर्चयिष्यत
मर्चयिष्यामि	मर्चयिष्यावः	मर्चयिष्यामः	अमर्चयिष्यम्	अमर्चयिष्याव	अमर्चयिष्याम

मर्चयिता	मर्चयितारौ	मर्चयितारः	मर्च्यात् -द्	मर्च्यास्ताम्	मर्च्यासुः
मर्चयितासि	मर्चयितास्थः	मर्चयितास्थ	मर्च्याः	मर्च्यास्तम्	मर्च्यास्त
मर्चयितास्मि	मर्चयितास्वः	मर्चयितास्मः	मर्च्यासम्	मर्च्यास्व	मर्च्यास्म

मर्चयाम्बभूव	मर्चयाम्बभूवतुः	मर्चयाम्बभूवुः	अममर्चत् -द्	अममर्चताम्	अममर्चन्
मर्चयाञ्चकार	मर्चयाञ्चक्रतुः	मर्चयाञ्चक्रुः			
मर्चयामास	मर्चयामासतुः	मर्चयामासुः			
मर्चयाम्बभूविथ	मर्चयाम्बभूवथुः	मर्चयाम्बभूव	अममर्चः	अममर्चतम्	अममर्चत
मर्चयाञ्चकर्थ	मर्चयाञ्चक्रथुः	मर्चयाञ्चक्र			
मर्चयामासिथ	मर्चयामासथुः	मर्चयामास			
मर्चयाम्बभूव	मर्चयाम्बभूविव	मर्चयाम्बभूविम	अममर्चम्	अममर्चाव	अममर्चाम
मर्चयाञ्चकर -कार	मर्चयाञ्चकृव	मर्चयाञ्चकृम			
मर्चयामास	मर्चयामासिव	मर्चयामासिम			

Atmanepadi Forms

मर्चयते	मर्चयेते[4]	मर्चयन्ते[1]	अमर्चयत	अमर्चयेताम्[4]	अमर्चयन्त[1]
मर्चयसे	मर्चयेथे[4]	मर्चयध्वे	अमर्चयथाः	अमर्चयेथाम्[4]	अमर्चयध्वम्
मर्चये[1]	मर्चयावहे[2]	मर्चयामहे[2]	अमर्चये[4]	अमर्चयावहि[3]	अमर्चयामहि[3]

मर्चयताम्	मर्चयेताम्[4]	मर्चयन्ताम्[1]	मर्चयेत	मर्चयेयाताम्	मर्चयेरन्

मर्चयस्व	मर्चयेथाम्[4]	मर्चयध्वम्	मर्चयेथाः	मर्चयेयाथाम्	मर्चयेध्वम्
मर्चयै[5]	मर्चयावहै[3]	मर्चयामहै[3]	मर्चयेय	मर्चयेवहि	मर्चयेमहि

मर्चयिष्यते	मर्चयिष्येते	मर्चयिष्यन्ते	अमर्चयिष्यत	अमर्चयिष्येताम्	अमर्चयिष्यन्त
मर्चयिष्यसे	मर्चयिष्येथे	मर्चयिष्यध्वे	अमर्चयिष्यथाः	अमर्चयिष्येथाम्	अमर्चयिष्यध्वम्
मर्चयिष्ये	मर्चयिष्यावहे	मर्चयिष्यामहे	अमर्चयिष्ये	अमर्चयिष्यावहि	अमर्चयिष्यामहि

मर्चयिता	मर्चयितारौ	मर्चयितारः	मर्चयिषीष्ट	मर्चयिषीयास्ताम्	मर्चयिषीरन्
मर्चयितासे	मर्चयितासाथे	मर्चयिताध्वे	मर्चयिषीष्ठाः	मर्चयिषीयास्थाम्	मर्चयिषीध्वम् -ढ्वम्
मर्चयिताहे	मर्चयितास्वहे	मर्चयितास्महे	मर्चयिषीय	मर्चयिषीवहि	मर्चयिषीमहि

मर्चयाम्बभूव	मर्चयाम्बभूवतुः	मर्चयाम्बभूवुः	अममर्चत	अममर्चेताम्	अममर्चन्त
मर्चयाञ्चक्रे	मर्चयाञ्चक्राते	मर्चयाञ्चक्रिरे			
मर्चयामास	मर्चयामासतुः	मर्चयामासुः			
मर्चयाम्बभूविथ	मर्चयाम्बभूवथुः	मर्चयाम्बभूव	अममर्चथाः	अममर्चेथाम्	अममर्चध्वम्
मर्चयाञ्चकृषे	मर्चयाञ्चक्राथे	मर्चयाञ्चकृढ्वे			
मर्चयामासिथ	मर्चयामासथुः	मर्चयामास			
मर्चयाम्बभूव	मर्चयाम्बभूविव	मर्चयाम्बभूविम	अममर्चे	अममर्चावहि	अममर्चामहि
मर्चयाञ्चक्रे	मर्चयाञ्चकृवहे	मर्चयाञ्चकृमहे			
मर्चयामास	मर्चयामासिव	मर्चयामासिम			

1650 घृ प्रस्रवणे । स्रावणे इत्येके । trickle, drip, sprinkle 7.2.115 अचो ञ्णिति ।

10c 117 घृ । घृ । घारयति / ते । U । सेट् । स०* । घारि । घारय । **Parasmaipadi Forms**

घारयति	घारयतः	घारयन्ति[1]	अघारयत् -द्	अघारयताम्	अघारयन्[1]
घारयसि	घारयथः	घारयथ	अघारयः	अघारयतम्	अघारयत
घारयामि[2]	घारयावः[2]	घारयामः[2]	अघारयम्[1]	अघारयाव[2]	अघारयाम[2]

घारयतु घारयतात् -द्	घारयताम्	घारयन्तु[1]	घारयेत् -द्	घारयेताम्	घारयेयुः
घारय घारयतात् -द्	घारयतम्	घारयत	घारयेः	घारयेतम्	घारयेत
घारयाणि[3]	घारयाव[3]	घारयाम[3]	घारयेयम्	घारयेव	घारयेम

घारयिष्यति	घारयिष्यतः	घारयिष्यन्ति	अघारयिष्यत् -द्	अघारयिष्यताम्	अघारयिष्यन्
घारयिष्यसि	घारयिष्यथः	घारयिष्यथ	अघारयिष्यः	अघारयिष्यतम्	अघारयिष्यत
घारयिष्यामि	घारयिष्यावः	घारयिष्यामः	अघारयिष्यम्	अघारयिष्याव	अघारयिष्याम

घारयिता	घारयितारौ	घारयितारः	घार्यात् -द्	घार्यास्ताम्	घार्यासुः
घारयितासि	घारयितास्थः	घारयितास्थ	घार्याः	घार्यास्तम्	घार्यास्त

घारयितास्मि	घारयितास्वः	घारयितास्मः	घार्यासम्	घार्यास्व	घार्यास्म

घारयाम्बभूव	घारयाम्बभूवतुः	घारयाम्बभूवुः	अजीघरत् -द्	अजीघरताम्	अजीघरन्
घारयाञ्चकार	घारयाञ्चक्रतुः	घारयाञ्चक्रुः			
घारयामास	घारयामासतुः	घारयामासुः			
घारयाम्बभूविथ	घारयाम्बभूवथुः	घारयाम्बभूव	अजीघरः	अजीघरतम्	अजीघरत
घारयाञ्चकर्थ	घारयाञ्चक्रथुः	घारयाञ्चक्र			
घारयामासिथ	घारयामासथुः	घारयामास			
घारयाम्बभूव	घारयाम्बभूविव	घारयाम्बभूविम	अजीघरम्	अजीघराव	अजीघराम
घारयाञ्चकर -कार	घारयाञ्चकृव	घारयाञ्चकृम			
घारयामास	घारयामासिव	घारयामासिम			

Atmanepadi Forms

घारयते	घारयेते[4]	घारयन्ते[1]	अघारयत	अघारयेताम्[4]	अघारयन्त[1]
घारयसे	घारयेथे[4]	घारयध्वे	अघारयथाः	अघारयेथाम्[4]	अघारयध्वम्
घारये[1]	घारयावहे[2]	घारयामहे[2]	अघारये[4]	अघारयावहि[3]	अघारयामहि[3]

घारयताम्	घारयेताम्[4]	घारयन्ताम्[1]	घारयेत	घारयेयाताम्	घारयेरन्
घारयस्व	घारयेथाम्[4]	घारयध्वम्	घारयेथाः	घारयेयाथाम्	घारयेध्वम्
घारयै[5]	घारयावहै[3]	घारयामहै[3]	घारयेय	घारयेवहि	घारयेमहि

घारयिष्यते	घारयिष्येते	घारयिष्यन्ते	अघारयिष्यत	अघारयिष्येताम्	अघारयिष्यन्त
घारयिष्यसे	घारयिष्येथे	घारयिष्यध्वे	अघारयिष्यथाः	अघारयिष्येथाम्	अघारयिष्यध्वम्
घारयिष्ये	घारयिष्यावहे	घारयिष्यामहे	अघारयिष्ये	अघारयिष्यावहि	अघारयिष्यामहि

घारयिता	घारयितारौ	घारयितारः	घारयिषीष्ट	घारयिषीयास्ताम्	घारयिषीरन्
घारयितासे	घारयितासाथे	घारयिताध्वे	घारयिषीष्ठाः	घारयिषीयास्थाम्	घारयिषीध्वम् -ढ्वम्
घारयिताहे	घारयितास्वहे	घारयितास्महे	घारयिषीय	घारयिषीवहि	घारयिषीमहि

घारयाम्बभूव	घारयाम्बभूवतुः	घारयाम्बभूवुः	अजीघरत	अजीघरेताम्	अजीघरन्त
घारयाञ्चक्रे	घारयाञ्चक्राते	घारयाञ्चक्रिरे			
घारयामास	घारयामासतुः	घारयामासुः			
घारयाम्बभूविथ	घारयाम्बभूवथुः	घारयाम्बभूव	अजीघरथाः	अजीघरेथाम्	अजीघरध्वम्
घारयाञ्चकृषे	घारयाञ्चक्राथे	घारयाञ्चकृढ्वे			
घारयामासिथ	घारयामासथुः	घारयामास			
घारयाम्बभूव	घारयाम्बभूविव	घारयाम्बभूविम	अजीघरे	अजीघरावहि	अजीघरामहि
घारयाञ्चक्रे	घारयाञ्चकृवहे	घारयाञ्चकृमहे			

घारयामास	घारयामासिव	घारयामासिम			

1651 पचि विस्तारवचने । इदित्करणं णिचः पाक्षिकत्वे लिङ्गम् । spread, stretch

10c 118 पचिँ । पञ्च् । पञ्चयति / ते , पञ्चति । U । सेट् । स० । पञ्चि । पञ्चय । **Parasmaipadi Forms**

पञ्चयति	पञ्चयतः	पञ्चयन्ति[1]	अपञ्चयत् -द्	अपञ्चयताम्	अपञ्चयन्[1]
पञ्चयसि	पञ्चयथः	पञ्चयथ	अपञ्चयः	अपञ्चयतम्	अपञ्चयत
पञ्चयामि[2]	पञ्चयावः[2]	पञ्चयामः[2]	अपञ्चयम्[1]	अपञ्चयाव[2]	अपञ्चयाम[2]

पञ्चयतु पञ्चयतात् -द्	पञ्चयताम्	पञ्चयन्तु[1]	पञ्चयेत् -द्	पञ्चयेताम्	पञ्चयेयुः
पञ्चय पञ्चयतात् -द्	पञ्चयतम्	पञ्चयत	पञ्चयेः	पञ्चयेतम्	पञ्चयेत
पञ्चयानि[3]	पञ्चयाव[3]	पञ्चयाम[3]	पञ्चयेयम्	पञ्चयेव	पञ्चयेम

पञ्चयिष्यति	पञ्चयिष्यतः	पञ्चयिष्यन्ति	अपञ्चयिष्यत् -द्	अपञ्चयिष्यताम्	अपञ्चयिष्यन्
पञ्चयिष्यसि	पञ्चयिष्यथः	पञ्चयिष्यथ	अपञ्चयिष्यः	अपञ्चयिष्यतम्	अपञ्चयिष्यत
पञ्चयिष्यामि	पञ्चयिष्यावः	पञ्चयिष्यामः	अपञ्चयिष्यम्	अपञ्चयिष्याव	अपञ्चयिष्याम

पञ्चयिता	पञ्चयितारौ	पञ्चयितारः	पञ्च्यात् -द्	पञ्च्यास्ताम्	पञ्च्यासुः
पञ्चयितासि	पञ्चयितास्थः	पञ्चयितास्थ	पञ्च्याः	पञ्च्यास्तम्	पञ्च्यास्त
पञ्चयितास्मि	पञ्चयितास्वः	पञ्चयितास्मः	पञ्च्यासम्	पञ्च्यास्व	पञ्च्यास्म

पञ्चयाम्बभूव	पञ्चयाम्बभूवतुः	पञ्चयाम्बभूवुः	अपपञ्चत् -द्	अपपञ्चताम्	अपपञ्चन्
पञ्चयाञ्चकार	पञ्चयाञ्चक्रतुः	पञ्चयाञ्चक्रुः			
पञ्चयामास	पञ्चयामासतुः	पञ्चयामासुः			
पञ्चयाम्बभूविथ	पञ्चयाम्बभूवथुः	पञ्चयाम्बभूव	अपपञ्चः	अपपञ्चतम्	अपपञ्चत
पञ्चयाञ्चकर्थ	पञ्चयाञ्चक्रथुः	पञ्चयाञ्चक्र			
पञ्चयामासिथ	पञ्चयामासथुः	पञ्चयामास			
पञ्चयाम्बभूव	पञ्चयाम्बभूविव	पञ्चयाम्बभूविम	अपपञ्चम्	अपपञ्चाव	अपपञ्चाम
पञ्चयाञ्चकर -कार	पञ्चयाञ्चकृव	पञ्चयाञ्चकृम			
पञ्चयामास	पञ्चयामासिव	पञ्चयामासिम			

Atmanepadi Forms

पञ्चयते	पञ्चयेते[4]	पञ्चयन्ते[1]	अपञ्चयत	अपञ्चयेताम्[4]	अपञ्चयन्त[1]
पञ्चयसे	पञ्चयेथे[4]	पञ्चयध्वे	अपञ्चयथाः	अपञ्चयेथाम्[4]	अपञ्चयध्वम्
पञ्चये[1]	पञ्चयावहे[2]	पञ्चयामहे[2]	अपञ्चये[4]	अपञ्चयावहि[3]	अपञ्चयामहि[3]

पञ्चयताम्	पञ्चयेताम्[4]	पञ्चयन्ताम्[1]	पञ्चयेत	पञ्चयेयाताम्	पञ्चयेरन्
पञ्चयस्व	पञ्चयेथाम्[4]	पञ्चयध्वम्	पञ्चयेथाः	पञ्चयेयाथाम्	पञ्चयेध्वम्

पञ्चयै⁵	पञ्चयावहै³	पञ्चयामहै³	पञ्चयेय	पञ्चयेवहि	पञ्चयेमहि
पञ्चयिष्यते	पञ्चयिष्येते	पञ्चयिष्यन्ते	अपञ्चयिष्यत	अपञ्चयिष्येताम्	अपञ्चयिष्यन्त
पञ्चयिष्यसे	पञ्चयिष्येथे	पञ्चयिष्यध्वे	अपञ्चयिष्यथाः	अपञ्चयिष्येथाम्	अपञ्चयिष्यध्वम्
पञ्चयिष्ये	पञ्चयिष्यावहे	पञ्चयिष्यामहे	अपञ्चयिष्ये	अपञ्चयिष्यावहि	अपञ्चयिष्यामहि
पञ्चयिता	पञ्चयितारौ	पञ्चयितारः	पञ्चयिषीष्ट	पञ्चयिषीयास्ताम्	पञ्चयिषीरन्
पञ्चयितासे	पञ्चयितासाथे	पञ्चयिताध्वे	पञ्चयिषीष्ठाः	पञ्चयिषीयास्थाम्	पञ्चयिषीध्वम् -ढ्वम्
पञ्चयिताहे	पञ्चयितास्वहे	पञ्चयितास्महे	पञ्चयिषीय	पञ्चयिषीवहि	पञ्चयिषीमहि
पञ्चयाम्बभूव	पञ्चयाम्बभूवतुः	पञ्चयाम्बभूवुः	अपपञ्चत	अपपञ्चेताम्	अपपञ्चन्त
पञ्चयाञ्चक्रे	पञ्चयाञ्चक्राते	पञ्चयाञ्चक्रिरे			
पञ्चयामास	पञ्चयामासतुः	पञ्चयामासुः			
पञ्चयाम्बभूविथ	पञ्चयाम्बभूवथुः	पञ्चयाम्बभूव	अपपञ्चथाः	अपपञ्चेथाम्	अपपञ्चध्वम्
पञ्चयाञ्चकृषे	पञ्चयाञ्चक्राथे	पञ्चयाञ्चकृढ्वे			
पञ्चयामासिथ	पञ्चयामासथुः	पञ्चयामास			
पञ्चयाम्बभूव	पञ्चयाम्बभूविव	पञ्चयाम्बभूविम	अपपञ्चे	अपपञ्चावहि	अपपञ्चामहि
पञ्चयाञ्चक्रे	पञ्चयाञ्चकृवहे	पञ्चयाञ्चकृमहे			
पञ्चयामास	पञ्चयामासिव	पञ्चयामासिम			

णिजभावपक्षे 1.3.78 शेषात् कर्त्तरि परस्मैपदम् । इति पक्षे भ्वादिः इव पञ्च् । P । सेट् । स० ।

पञ्चति	पञ्चतः	पञ्चन्ति	अपञ्चत् -द्	अपञ्चताम्	अपञ्चन्
पञ्चसि	पञ्चथः	पञ्चथ	अपञ्चः	अपञ्चतम्	अपञ्चत
पञ्चामि	पञ्चावः	पञ्चामः	अपञ्चम्	अपञ्चाव	अपञ्चाम
पञ्चतु पञ्चतात् -द्	पञ्चताम्	पञ्चन्तु	पञ्चेत् -द्	पञ्चेताम्	पञ्चेयुः
पञ्च पञ्चतात् -द्	पञ्चतम्	पञ्चत	पञ्चेः	पञ्चेतम्	पञ्चेत
पञ्चानि	पञ्चाव	पञ्चाम	पञ्चेयम्	पञ्चेव	पञ्चेम
पञ्चिष्यति	पञ्चिष्यतः	पञ्चिष्यन्ति	अपञ्चिष्यत् -द्	अपञ्चिष्यताम्	अपञ्चिष्यन्
पञ्चिष्यसि	पञ्चिष्यथः	पञ्चिष्यथ	अपञ्चिष्यः	अपञ्चिष्यतम्	अपञ्चिष्यत
पञ्चिष्यामि	पञ्चिष्यावः	पञ्चिष्यामः	अपञ्चिष्यम्	अपञ्चिष्याव	अपञ्चिष्याम
पञ्चिता	पञ्चितारौ	पञ्चितारः	पञ्च्यात् -द्	पञ्च्यास्ताम्	पञ्च्यासुः
पञ्चितासि	पञ्चितास्थः	पञ्चितास्थ	पञ्च्याः	पञ्च्यास्तम्	पञ्च्यास्त
पञ्चितास्मि	पञ्चितास्वः	पञ्चितास्मः	पञ्च्यासम्	पञ्च्यास्व	पञ्च्यास्म
पपञ्च	पपञ्चतुः	पपञ्चुः	अपञ्चीत् -द्	अपञ्चिष्टाम्	अपञ्चिषुः
पपञ्चिथ	पपञ्चथुः	पपञ्च	अपञ्चीः	अपञ्चिष्टम्	अपञ्चिष्ट
पपञ्च	पपञ्चिव	पपञ्चिम	अपञ्चिषम्	अपञ्चिष्व	अपञ्चिष्म

1652 तिज निशाने । निशातने । stir up, sharpen, excite, agitate

10c 119 तिजँ । तिज् । तेजयति / ते । U । सेट् । स० । तेजि । तेजय । See 971 तिज निशाने ।

3.1.5 गुप्तिज्किद्भ्यः सन् । वा० क्षमाव्याधिप्रतीकारेषु सन्निषते ऽन्यत्र यथा प्राप्तं प्रत्यया भवन्ति ।

Parasmaipadi Forms

तेजयति	तेजयतः	तेजयन्ति[1]	अतेजयत् -द्	अतेजयताम्	अतेजयन्[1]
तेजयसि	तेजयथः	तेजयथ	अतेजयः	अतेजयतम्	अतेजयत
तेजयामि[2]	तेजयावः[2]	तेजयामः[2]	अतेजयम्[1]	अतेजयाव[2]	अतेजयाम[2]

तेजयतु तेजयतात् -द्	तेजयताम्	तेजयन्तु[1]	तेजयेत् -द्	तेजयेताम्	तेजयेयुः
तेजय तेजयतात् -द्	तेजयतम्	तेजयत	तेजयेः	तेजयेतम्	तेजयेत
तेजयानि[3]	तेजयाव[3]	तेजयाम[3]	तेजयेयम्	तेजयेव	तेजयेम

तेजयिष्यति	तेजयिष्यतः	तेजयिष्यन्ति	अतेजयिष्यत् -द्	अतेजयिष्यताम्	अतेजयिष्यन्
तेजयिष्यसि	तेजयिष्यथः	तेजयिष्यथ	अतेजयिष्यः	अतेजयिष्यतम्	अतेजयिष्यत
तेजयिष्यामि	तेजयिष्यावः	तेजयिष्यामः	अतेजयिष्यम्	अतेजयिष्याव	अतेजयिष्याम

तेजयिता	तेजयितारौ	तेजयितारः	तेज्यात् -द्	तेज्यास्ताम्	तेज्यासुः
तेजयितासि	तेजयितास्थः	तेजयितास्थ	तेज्याः	तेज्यास्तम्	तेज्यास्त
तेजयितास्मि	तेजयितास्वः	तेजयितास्मः	तेज्यासम्	तेज्यास्व	तेज्यास्म

तेजयाम्बभूव	तेजयाम्बभूवतुः	तेजयाम्बभूवुः	अतीतिजत् -द्	अतीतिजताम्	अतीतिजन्
तेजयाञ्चकार	तेजयाञ्चक्रतुः	तेजयाञ्चक्रुः			
तेजयामास	तेजयामासतुः	तेजयामासुः			
तेजयाम्बभूविथ	तेजयाम्बभूवथुः	तेजयाम्बभूव	अतीतिजः	अतीतिजतम्	अतीतिजत
तेजयाञ्चकर्थ	तेजयाञ्चक्रथुः	तेजयाञ्चक्र			
तेजयामासिथ	तेजयामासथुः	तेजयामास			
तेजयाम्बभूव	तेजयाम्बभूविव	तेजयाम्बभूविम	अतीतिजम्	अतीतिजाव	अतीतिजाम
तेजयाञ्चकर -कार	तेजयाञ्चकृव	तेजयाञ्चकृम			
तेजयामास	तेजयामासिव	तेजयामासिम			

Atmanepadi Forms

तेजयते	तेजयेते[4]	तेजयन्ते[1]	अतेजयत	अतेजयेताम्[4]	अतेजयन्त[1]
तेजयसे	तेजयेथे[4]	तेजयध्वे	अतेजयथाः	अतेजयेथाम्[4]	अतेजयध्वम्
तेजये[1]	तेजयावहे[2]	तेजयामहे[2]	अतेजये[4]	अतेजयावहि[3]	अतेजयामहि[3]

तेजयताम्	तेजयेताम्[4]	तेजयन्ताम्[1]	तेजयेत	तेजयेयाताम्	तेजयेरन्
तेजयस्व	तेजयेथाम्[4]	तेजयध्वम्	तेजयेथाः	तेजयेयाथाम्	तेजयेध्वम्

तेजयै[5]	तेजयावहै[3]	तेजयामहै[3]	तेजयेय	तेजयेवहि	तेजयेमहि

तेजयिष्यते	तेजयिष्येते	तेजयिष्यन्ते	अतेजयिष्यत	अतेजयिष्येताम्	अतेजयिष्यन्त
तेजयिष्यसे	तेजयिष्येथे	तेजयिष्यध्वे	अतेजयिष्यथाः	अतेजयिष्येथाम्	अतेजयिष्यध्वम्
तेजयिष्ये	तेजयिष्यावहे	तेजयिष्यामहे	अतेजयिष्ये	अतेजयिष्यावहि	अतेजयिष्यामहि

तेजयिता	तेजयितारौ	तेजयितारः	तेजयिषीष्ट	तेजयिषीयास्ताम्	तेजयिषीरन्
तेजयितासे	तेजयितासाथे	तेजयिताध्वे	तेजयिषीष्ठाः	तेजयिषीयास्थाम्	तेजयिषीध्वम् -ढ्वम्
तेजयिताहे	तेजयितास्वहे	तेजयितास्महे	तेजयिषीय	तेजयिषीवहि	तेजयिषीमहि

तेजयाम्बभूव	तेजयाम्बभूवतुः	तेजयाम्बभूवुः	अतीतिजत	अतीतिजेताम्	अतीतिजन्त
तेजयाञ्चक्रे	तेजयाञ्चक्राते	तेजयाञ्चक्रिरे			
तेजयामास	तेजयामासतुः	तेजयामासुः			
तेजयाम्बभूविथ	तेजयाम्बभूवथुः	तेजयाम्बभूव	अतीतिजथाः	अतीतिजेथाम्	अतीतिजध्वम्
तेजयाञ्चकृषे	तेजयाञ्चक्राथे	तेजयाञ्चकृढ्वे			
तेजयामासिथ	तेजयामासथुः	तेजयामास			
तेजयाम्बभूव	तेजयाम्बभूविव	तेजयाम्बभूविम	अतीतिजे	अतीतिजावहि	अतीतिजामहि
तेजयाञ्चक्रे	तेजयाञ्चकृवहे	तेजयाञ्चकृमहे			
तेजयामास	तेजयामासिव	तेजयामासिम			

1653 कृत संशब्दने । recite, do japa, glorify

10c 120 कृतँ । कृत् । कीर्तयति / ते । U । सेट् । स० । कीर्ति । कीर्तय ।

7.1.101 उपधायाश्च । धातौ विद्यमानस्य उपधा-ऋकारस्य इकारादेशः । इ-आदेशः 1.1.51 उरण् रपरः इत्यनेन रपरः वर्तते । 8.2.78 उपधायां च । धातोः उपधयोः हल् परयोः र्वोः (रेफवकारौ) उपधायाः इकः दीर्घः ।

Parasmaipadi Forms

कीर्तयति	कीर्तयतः	कीर्तयन्ति[1]	अकीर्तयत् -द्	अकीर्तयताम्	अकीर्तयन्[1]
कीर्तयसि	कीर्तयथः	कीर्तयथ	अकीर्तयः	अकीर्तयतम्	अकीर्तयत
कीर्तयामि[2]	कीर्तयावः[2]	कीर्तयामः[2]	अकीर्तयम्[1]	अकीर्तयाव[2]	अकीर्तयाम[2]

कीर्तयतु कीर्तयतात् -द्	कीर्तयताम्	कीर्तयन्तु[1]	कीर्तयेत् -द्	कीर्तयेताम्	कीर्तयेयुः
कीर्तय कीर्तयतात् -द्	कीर्तयतम्	कीर्तयत	कीर्तयेः	कीर्तयेतम्	कीर्तयेत
कीर्तयानि[3]	कीर्तयाव[3]	कीर्तयाम[3]	कीर्तयेयम्	कीर्तयेव	कीर्तयेम

कीर्तयिष्यति	कीर्तयिष्यतः	कीर्तयिष्यन्ति	अकीर्तयिष्यत् -द्	अकीर्तयिष्यताम्	अकीर्तयिष्यन्
कीर्तयिष्यसि	कीर्तयिष्यथः	कीर्तयिष्यथ	अकीर्तयिष्यः	अकीर्तयिष्यतम्	अकीर्तयिष्यत
कीर्तयिष्यामि	कीर्तयिष्यावः	कीर्तयिष्यामः	अकीर्तयिष्यम्	अकीर्तयिष्याव	अकीर्तयिष्याम

कीर्तयिता	कीर्तयितारौ	कीर्तयितारः	कीर्त्यात् -द्	कीर्त्यास्ताम्	कीर्त्यासुः
कीर्तयितासि	कीर्तयितास्थः	कीर्तयितास्थ	कीर्त्याः	कीर्त्यास्तम्	कीर्त्यास्त
कीर्तयितास्मि	कीर्तयितास्वः	कीर्तयितास्मः	कीर्त्यासम्	कीर्त्यास्व	कीर्त्यास्म

कीर्तयाम्बभूव	कीर्तयाम्बभूवतुः	कीर्तयाम्बभूवुः	अचिकीर्तत् -द्	अचिकीर्तताम्	अचिकीर्तन्
कीर्तयाञ्चकार	कीर्तयाञ्चक्रतुः	कीर्तयाञ्चक्रुः	अचीकृतत् -द्	अचीकृतताम्	अचीकृतन्
कीर्तयामास	कीर्तयामासतुः	कीर्तयामासुः			
कीर्तयाम्बभूविथ	कीर्तयाम्बभूवथुः	कीर्तयाम्बभूव	अचिकीर्तः	अचिकीर्ततम्	अचिकीर्तत
कीर्तयाञ्चकर्थ	कीर्तयाञ्चक्रथुः	कीर्तयाञ्चक्र	अचीकृतः	अचीकृततम्	अचीकृतत
कीर्तयामासिथ	कीर्तयामासथुः	कीर्तयामास			
कीर्तयाम्बभूव	कीर्तयाम्बभूविव	कीर्तयाम्बभूविम	अचिकीर्तम्	अचिकीर्ताव	अचिकीर्ताम
कीर्तयाञ्चकर -कार	कीर्तयाञ्चकृव	कीर्तयाञ्चकृम	अचीकृतम्	अचीकृताव	अचीकृताम
कीर्तयामास	कीर्तयामासिव	कीर्तयामासिम			

Atmanepadi Forms

कीर्तयते	कीर्तयेते[4]	कीर्तयन्ते[1]	अकीर्तयत	अकीर्तयेताम्[4]	अकीर्तयन्त[1]
कीर्तयसे	कीर्तयेथे[4]	कीर्तयध्वे	अकीर्तयथाः	अकीर्तयेथाम्[4]	अकीर्तयध्वम्
कीर्तये[1]	कीर्तयावहे[2]	कीर्तयामहे[2]	अकीर्तये[4]	अकीर्तयावहि[3]	अकीर्तयामहि[3]

कीर्तयताम्	कीर्तयेताम्[4]	कीर्तयन्ताम्[1]	कीर्तयेत	कीर्तयेयाताम्	कीर्तयेरन्
कीर्तयस्व	कीर्तयेथाम्[4]	कीर्तयध्वम्	कीर्तयेथाः	कीर्तयेयाथाम्	कीर्तयेध्वम्
कीर्तयै[5]	कीर्तयावहै[3]	कीर्तयामहै[3]	कीर्तयेय	कीर्तयेवहि	कीर्तयेमहि

कीर्तयिष्यते	कीर्तयिष्येते	कीर्तयिष्यन्ते	अकीर्तयिष्यत	अकीर्तयिष्येताम्	अकीर्तयिष्यन्त
कीर्तयिष्यसे	कीर्तयिष्येथे	कीर्तयिष्यध्वे	अकीर्तयिष्यथाः	अकीर्तयिष्येथाम्	अकीर्तयिष्यध्वम्
कीर्तयिष्ये	कीर्तयिष्यावहे	कीर्तयिष्यामहे	अकीर्तयिष्ये	अकीर्तयिष्यावहि	अकीर्तयिष्यामहि

कीर्तयिता	कीर्तयितारौ	कीर्तयितारः	कीर्तयिषीष्ट	कीर्तयिषीयास्ताम्	कीर्तयिषीरन्
कीर्तयितासे	कीर्तयितासाथे	कीर्तयिताध्वे	कीर्तयिषीष्ठाः	कीर्तयिषीयास्थाम्	कीर्तयिषीध्वम् -ढ्वम्
कीर्तयिताहे	कीर्तयितास्वहे	कीर्तयितास्महे	कीर्तयिषीय	कीर्तयिषीवहि	कीर्तयिषीमहि

कीर्तयाम्बभूव	कीर्तयाम्बभूवतुः	कीर्तयाम्बभूवुः	अचिकीर्तत	अचिकीर्तेताम्	अचिकीर्तन्त
कीर्तयाञ्चक्रे	कीर्तयाञ्चक्राते	कीर्तयाञ्चक्रिरे	अचीकृतत	अचीकृतेताम्	अचीकृतन्त
कीर्तयामास	कीर्तयामासतुः	कीर्तयामासुः			
कीर्तयाम्बभूविथ	कीर्तयाम्बभूवथुः	कीर्तयाम्बभूव	अचिकीर्तथाः	अचिकीर्तेथाम्	अचिकीर्तध्वम्
कीर्तयाञ्चकृषे	कीर्तयाञ्चक्राथे	कीर्तयाञ्चकृढ्वे	अचीकृतथाः	अचीकृतेथाम्	अचीकृतध्वम्
कीर्तयामासिथ	कीर्तयामासथुः	कीर्तयामास			

कीर्तयाम्बभूव	कीर्तयाम्बभूविव	कीर्तयाम्बभूविम	अचिकीर्ते	अचिकीर्तावहि	अचिकीर्तामहि
कीर्तयाञ्चक्रे	कीर्तयाञ्चकृवहे	कीर्तयाञ्चकृमहे	अचीकृते	अचीकृतावहि	अचीकृतामहि
कीर्तयामास	कीर्तयामासिव	कीर्तयामासिम			

1654 वर्ध छेदनपूरणयोः । cut, severe, fill, shear

10c 121 वर्धँ । वर्ध् । वर्धयति / ते । U । सेट् । स० । वर्धि । वर्धय । **Parasmaipadi Forms**

ववर्धयति	वर्धयतः	वर्धयन्ति[1]	अवर्धयत् -द्	अवर्धयताम्	अवर्धयन्[1]
वर्धयसि	वर्धयथः	वर्धयथ	अवर्धयः	अवर्धयतम्	अवर्धयत
वर्धयामि[2]	वर्धयावः[2]	वर्धयामः[2]	अवर्धयम्[1]	अवर्धयाव[2]	अवर्धयाम[2]

वर्धयतु वर्धयतात् -द्	वर्धयताम्	वर्धयन्तु[1]	वर्धयेत् -द्	वर्धयेताम्	वर्धयेयुः
वर्धय वर्धयतात् -द्	वर्धयतम्	वर्धयत	वर्धयेः	वर्धयेतम्	वर्धयेत
वर्धयानि[3]	वर्धयाव[3]	वर्धयाम[3]	वर्धयेयम्	वर्धयेव	वर्धयेम

वर्धयिष्यति	वर्धयिष्यतः	वर्धयिष्यन्ति	अवर्धयिष्यत् -द्	अवर्धयिष्यताम्	अवर्धयिष्यन्
वर्धयिष्यसि	वर्धयिष्यथः	वर्धयिष्यथ	अवर्धयिष्यः	अवर्धयिष्यतम्	अवर्धयिष्यत
वर्धयिष्यामि	वर्धयिष्यावः	वर्धयिष्यामः	अवर्धयिष्यम्	अवर्धयिष्याव	अवर्धयिष्याम

वर्धयिता	वर्धयितारौ	वर्धयितारः	वर्ध्यात् -द्	वर्ध्यास्ताम्	वर्ध्यासुः
वर्धयितासि	वर्धयितास्थः	वर्धयितास्थ	वर्ध्याः	वर्ध्यास्तम्	वर्ध्यास्त
वर्धयितास्मि	वर्धयितास्वः	वर्धयितास्मः	वर्ध्यासम्	वर्ध्यास्व	वर्ध्यास्म

वर्धयाम्बभूव	वर्धयाम्बभूवतुः	वर्धयाम्बभूवुः	अववर्धत् -द्	अववर्धताम्	अववर्धन्
वर्धयाञ्चकार	वर्धयाञ्चक्रतुः	वर्धयाञ्चक्रुः			
वर्धयामास	वर्धयामासतुः	वर्धयामासुः			
वर्धयाम्बभूविथ	वर्धयाम्बभूवथुः	वर्धयाम्बभूव	अववर्धः	अववर्धतम्	अववर्धत
वर्धयाञ्चकर्थ	वर्धयाञ्चक्रथुः	वर्धयाञ्चक्र			
वर्धयामासिथ	वर्धयामासथुः	वर्धयामास			
वर्धयाम्बभूव	वर्धयाम्बभूविव	वर्धयाम्बभूविम	अववर्धम्	अववर्धाव	अववर्धाम
वर्धयाञ्चकर -कार	वर्धयाञ्चकृव	वर्धयाञ्चकृम			
वर्धयामास	वर्धयामासिव	वर्धयामासिम			

Atmanepadi Forms

वर्धयते	वर्धयेते[4]	वर्धयन्ते[1]	अवर्धयत	अवर्धयेताम्[4]	अवर्धयन्त[1]
वर्धयसे	वर्धयेथे[4]	वर्धयध्वे	अवर्धयथाः	अवर्धयेथाम्[4]	अवर्धयध्वम्
वर्धये[1]	वर्धयावहे[2]	वर्धयामहे[2]	अवर्धये[4]	अवर्धयावहि[3]	अवर्धयामहि[3]

वर्धयताम्	वर्धयेताम्[4]	वर्धयन्ताम्[1]	वर्धयेत	वर्धयेयाताम्	वर्धयेरन्
वर्धयस्व	वर्धयेथाम्[4]	वर्धयध्वम्	वर्धयेथाः	वर्धयेयाथाम्	वर्धयेध्वम्
वर्धयै[5]	वर्धयावहै[3]	वर्धयामहै[3]	वर्धयेय	वर्धयेवहि	वर्धयेमहि

वर्धयिष्यते	वर्धयिष्येते	वर्धयिष्यन्ते	अवर्धयिष्यत	अवर्धयिष्येताम्	अवर्धयिष्यन्त
वर्धयिष्यसे	वर्धयिष्येथे	वर्धयिष्यध्वे	अवर्धयिष्यथाः	अवर्धयिष्येथाम्	अवर्धयिष्यध्वम्
वर्धयिष्ये	वर्धयिष्यावहे	वर्धयिष्यामहे	अवर्धयिष्ये	अवर्धयिष्यावहि	अवर्धयिष्यामहि

वर्धयिता	वर्धयितारौ	वर्धयितारः	वर्धयिषीष्ट	वर्धयिषीयास्ताम्	वर्धयिषीरन्
वर्धयितासे	वर्धयितासाथे	वर्धयिताध्वे	वर्धयिषीष्ठाः	वर्धयिषीयास्थाम्	वर्धयिषीध्वम् -ढ्वम्
वर्धयिताहे	वर्धयितास्वहे	वर्धयितास्महे	वर्धयिषीय	वर्धयिषीवहि	वर्धयिषीमहि

वर्धयाम्बभूव	वर्धयाम्बभूवतुः	वर्धयाम्बभूवुः	अववर्धत	अववर्धेताम्	अववर्धन्त
वर्धयाञ्चक्रे	वर्धयाञ्चक्राते	वर्धयाञ्चक्रिरे			
वर्धयामास	वर्धयामासतुः	वर्धयामासुः			
वर्धयाम्बभूविथ	वर्धयाम्बभूवथुः	वर्धयाम्बभूव	अववर्धथाः	अववर्धेथाम्	अववर्धध्वम्
वर्धयाञ्चकृषे	वर्धयाञ्चक्राथे	वर्धयाञ्चकृढ्वे			
वर्धयामासिथ	वर्धयामासथुः	वर्धयामास			
वर्धयाम्बभूव	वर्धयाम्बभूविव	वर्धयाम्बभूविम	अववर्धे	अववर्धावहि	अववर्धामहि
वर्धयाञ्चक्रे	वर्धयाञ्चकृवहे	वर्धयाञ्चकृमहे			
वर्धयामास	वर्धयामासिव	वर्धयामासिम			

1655 कुबि आच्छादने । कुभि इत्येके । इदित्करणं णिचः पाक्षिकत्वे लिङ्गम् । cover, tremble
10c 122 कुबिँ । कुम्ब् । कुम्बयति / ते , कुम्बति । U । सेट् । स० । कुम्बि । कुम्बय ।
7.1.58 इदितो नुम् धातोः । **Parasmaipadi Forms**

कुम्बयति	कुम्बयतः	कुम्बयन्ति[1]	अकुम्बयत् -द्	अकुम्बयताम्	अकुम्बयन्[1]
कुम्बयसि	कुम्बयथः	कुम्बयथ	अकुम्बयः	अकुम्बयतम्	अकुम्बयत
कुम्बयामि[2]	कुम्बयावः[2]	कुम्बयामः[2]	अकुम्बयम्[1]	अकुम्बयाव[2]	अकुम्बयाम[2]

कुम्बयतु कुम्बयतात् -द्	कुम्बयताम्	कुम्बयन्तु[1]	कुम्बयेत् -द्	कुम्बयेताम्	कुम्बयेयुः
कुम्बय कुम्बयतात् -द्	कुम्बयतम्	कुम्बयत	कुम्बयेः	कुम्बयेतम्	कुम्बयेत
कुम्बयानि[3]	कुम्बयाव[3]	कुम्बयाम[3]	कुम्बयेयम्	कुम्बयेव	कुम्बयेम

कुम्बयिष्यति	कुम्बयिष्यतः	कुम्बयिष्यन्ति	अकुम्बयिष्यत् -द्	अकुम्बयिष्यताम्	अकुम्बयिष्यन्
कुम्बयिष्यसि	कुम्बयिष्यथः	कुम्बयिष्यथ	अकुम्बयिष्यः	अकुम्बयिष्यतम्	अकुम्बयिष्यत
कुम्बयिष्यामि	कुम्बयिष्यावः	कुम्बयिष्यामः	अकुम्बयिष्यम्	अकुम्बयिष्याव	अकुम्बयिष्याम

कुम्बयिता	कुम्बयितारौ	कुम्बयितारः	कुम्ब्यात् -द्	कुम्ब्यास्ताम्	कुम्ब्यासुः
कुम्बयितासि	कुम्बयितास्थः	कुम्बयितास्थ	कुम्ब्याः	कुम्ब्यास्तम्	कुम्ब्यास्त
कुम्बयितास्मि	कुम्बयितास्वः	कुम्बयितास्मः	कुम्ब्यासम्	कुम्ब्यास्व	कुम्ब्यास्म

कुम्बयाम्बभूव	कुम्बयाम्बभूवतुः	कुम्बयाम्बभूवुः	अचुकुम्बत् -द्	अचुकुम्बताम्	अचुकुम्बन्
कुम्बयाञ्चकार	कुम्बयाञ्चक्रतुः	कुम्बयाञ्चक्रुः			
कुम्बयामास	कुम्बयामासतुः	कुम्बयामासुः			
कुम्बयाम्बभूविथ	कुम्बयाम्बभूवथुः	कुम्बयाम्बभूव	अचुकुम्बः	अचुकुम्बतम्	अचुकुम्बत
कुम्बयाञ्चकर्थ	कुम्बयाञ्चक्रथुः	कुम्बयाञ्चक्र			
कुम्बयामासिथ	कुम्बयामासथुः	कुम्बयामास			
कुम्बयाम्बभूव	कुम्बयाम्बभूविव	कुम्बयाम्बभूविम	अचुकुम्बम्	अचुकुम्बाव	अचुकुम्बाम
कुम्बयाञ्चकर -कार	कुम्बयाञ्चकृव	कुम्बयाञ्चकृम			
कुम्बयामास	कुम्बयामासिव	कुम्बयामासिम			

Atmanepadi Forms

कुम्बयते	कुम्बयेते[4]	कुम्बयन्ते[1]	अकुम्बयत	अकुम्बयेताम्[4]	अकुम्बयन्त[1]
कुम्बयसे	कुम्बयेथे[4]	कुम्बयध्वे	अकुम्बयथाः	अकुम्बयेथाम्[4]	अकुम्बयध्वम्
कुम्बये[1]	कुम्बयावहे[2]	कुम्बयामहे[2]	अकुम्बये[4]	अकुम्बयावहि[3]	अकुम्बयामहि[3]

कुम्बयताम्	कुम्बयेताम्[4]	कुम्बयन्ताम्[1]	कुम्बयेत	कुम्बयेयाताम्	कुम्बयेरन्
कुम्बयस्व	कुम्बयेथाम्[4]	कुम्बयध्वम्	कुम्बयेथाः	कुम्बयेयाथाम्	कुम्बयेध्वम्
कुम्बयै[5]	कुम्बयावहै[3]	कुम्बयामहै[3]	कुम्बयेय	कुम्बयेवहि	कुम्बयेमहि

कुम्बयिष्यते	कुम्बयिष्येते	कुम्बयिष्यन्ते	अकुम्बयिष्यत	अकुम्बयिष्येताम्	अकुम्बयिष्यन्त
कुम्बयिष्यसे	कुम्बयिष्येथे	कुम्बयिष्यध्वे	अकुम्बयिष्यथाः	अकुम्बयिष्येथाम्	अकुम्बयिष्यध्वम्
कुम्बयिष्ये	कुम्बयिष्यावहे	कुम्बयिष्यामहे	अकुम्बयिष्ये	अकुम्बयिष्यावहि	अकुम्बयिष्यामहि

कुम्बयिता	कुम्बयितारौ	कुम्बयितारः	कुम्बयिषीष्ट	कुम्बयिषीयास्ताम्	कुम्बयिषीरन्
कुम्बयितासे	कुम्बयितासाथे	कुम्बयिताध्वे	कुम्बयिषीष्ठाः	कुम्बयिषीयास्थाम्	कुम्बयिषीध्वम् -ढ्वम
कुम्बयिताहे	कुम्बयितास्वहे	कुम्बयितास्महे	कुम्बयिषीय	कुम्बयिषीवहि	कुम्बयिषीमहि

कुम्बयाम्बभूव	कुम्बयाम्बभूवतुः	कुम्बयाम्बभूवुः	अचुकुम्बत	अचुकुम्बेताम्	अचुकुम्बन्त
कुम्बयाञ्चक्रे	कुम्बयाञ्चक्राते	कुम्बयाञ्चक्रिरे			
कुम्बयामास	कुम्बयामासतुः	कुम्बयामासुः			
कुम्बयाम्बभूविथ	कुम्बयाम्बभूवथुः	कुम्बयाम्बभूव	अचुकुम्बथाः	अचुकुम्बेथाम्	अचुकुम्बध्वम्
कुम्बयाञ्चकृषे	कुम्बयाञ्चक्राथे	कुम्बयाञ्चकृढ्वे			
कुम्बयामासिथ	कुम्बयामासथुः	कुम्बयामास			

कुम्बयाम्बभूव	कुम्बयाम्बभूविव	कुम्बयाम्बभूविम	अचुकुम्बे	अचुकुम्बावहि	अचुकुम्बामहि
कुम्बयाञ्चक्रे	कुम्बयाञ्चकृवहे	कुम्बयाञ्चकृमहे			
कुम्बयामास	कुम्बयामासिव	कुम्बयामासिम			

णिजभावपक्षे 1.3.78 शेषात् कर्त्तरि परस्मैपदम् । इति पक्षे भ्वादिः इव कुम्ब् । P । सेट् । स० ।

कुम्बति	कुम्बतः	कुम्बन्ति	अकुम्बत् -द्	अकुम्बताम्	अकुम्बन्
कुम्बसि	कुम्बथः	कुम्बथ	अकुम्बः	अकुम्बतम्	अकुम्बत
कुम्बामि	कुम्बावः	कुम्बामः	अकुम्बम्	अकुम्बाव	अकुम्बाम

कुम्बतु कुम्बतात् -द्	कुम्बताम्	कुम्बन्तु	कुम्बेत् -द्	कुम्बेताम्	कुम्बेयुः
कुम्ब कुम्बतात् -द्	कुम्बतम्	कुम्बत	कुम्बेः	कुम्बेतम्	कुम्बेत
कुम्बानि	कुम्बाव	कुम्बाम	कुम्बेयम्	कुम्बेव	कुम्बेम

कुम्बिष्यति	कुम्बिष्यतः	कुम्बिष्यन्ति	अकुम्बिष्यत् -द्	अकुम्बिष्यताम्	अकुम्बिष्यन्
कुम्बिष्यसि	कुम्बिष्यथः	कुम्बिष्यथ	अकुम्बिष्यः	अकुम्बिष्यतम्	अकुम्बिष्यत
कुम्बिष्यामि	कुम्बिष्यावः	कुम्बिष्यामः	अकुम्बिष्यम्	अकुम्बिष्याव	अकुम्बिष्याम

कुम्बिता	कुम्बितारौ	कुम्बितारः	कुम्ब्यात् -द्	कुम्ब्यास्ताम्	कुम्ब्यासुः
कुम्बितासि	कुम्बितास्थः	कुम्बितास्थ	कुम्ब्याः	कुम्ब्यास्तम्	कुम्ब्यास्त
कुम्बितास्मि	कुम्बितास्वः	कुम्बितास्मः	कुम्ब्यासम्	कुम्ब्यास्व	कुम्ब्यास्म

चुकुम्ब	चुकुम्बतुः	चुकुम्बुः	अकुम्बीत् -द्	अकुम्बिष्टाम्	अकुम्बिषुः
चुकुम्बिथ	चुकुम्बथुः	चुकुम्ब	अकुम्बीः	अकुम्बिष्टम्	अकुम्बिष्ट
चुकुम्ब	चुकुम्बिव	चुकुम्बिम	अकुम्बिषम्	अकुम्बिष्व	अकुम्बिष्म

1656 लुबि अदर्शने । इदित्करणं णिचः पाक्षिकत्वे लिङ्गम् । be hidden, be invisible, be destroyed
10c 123 लुबिँ । लुम्ब् । लुम्बयति / ते , लुम्बति । U । सेट् । अ० । लुम्बि । लुम्बय ।
7.1.58 इदितो नुम् धातोः । **Parasmaipadi Forms**

लुम्बयति	लुम्बयतः	लुम्बयन्ति[1]	अलुम्बयत् -द्	अलुम्बयताम्	अलुम्बयन्[1]
लुम्बयसि	लुम्बयथः	लुम्बयथ	अलुम्बयः	अलुम्बयतम्	अलुम्बयत
लुम्बयामि[2]	लुम्बयावः[2]	लुम्बयामः[2]	अलुम्बयम्[1]	अलुम्बयाव[2]	अलुम्बयाम[2]

लुम्बयतु लुम्बयतात् -द्	लुम्बयताम्	लुम्बयन्तु[1]	लुम्बयेत् -द्	लुम्बयेताम्	लुम्बयेयुः
लुम्बय लुम्बयतात् -द्	लुम्बयतम्	लुम्बयत	लुम्बयेः	लुम्बयेतम्	लुम्बयेत
लुम्बयानि[3]	लुम्बयाव[3]	लुम्बयाम[3]	लुम्बयेयम्	लुम्बयेव	लुम्बयेम

लुम्बयिष्यति	लुम्बयिष्यतः	लुम्बयिष्यन्ति	अलुम्बयिष्यत् -द्	अलुम्बयिष्यताम्	अलुम्बयिष्यन्
लुम्बयिष्यसि	लुम्बयिष्यथः	लुम्बयिष्यथ	अलुम्बयिष्यः	अलुम्बयिष्यतम्	अलुम्बयिष्यत
लुम्बयिष्यामि	लुम्बयिष्यावः	लुम्बयिष्यामः	अलुम्बयिष्यम्	अलुम्बयिष्याव	अलुम्बयिष्याम

लुम्बयिता	लुम्बयितारौ	लुम्बयितारः	लुम्ब्यात् -द्	लुम्ब्यास्ताम्	लुम्ब्यासुः

| लुम्बयितासि | लुम्बयितास्थः | लुम्बयितास्थ | लुम्ब्याः | लुम्ब्यास्तम् | लुम्ब्यास्त |
| लुम्बयितास्मि | लुम्बयितास्वः | लुम्बयितास्मः | लुम्ब्यासम् | लुम्ब्यास्व | लुम्ब्यास्म |

लुम्बयाम्बभूव	लुम्बयाम्बभूवतुः	लुम्बयाम्बभूवुः	अलुलुम्बत्-द्	अलुलुम्बताम्	अलुलुम्बन्
लुम्बयाञ्चकार	लुम्बयाञ्चक्रतुः	लुम्बयाञ्चक्रुः			
लुम्बयामास	लुम्बयामासतुः	लुम्बयामासुः			
लुम्बयाम्बभूविथ	लुम्बयाम्बभूवथुः	लुम्बयाम्बभूव	अलुलुम्बः	अलुलुम्बतम्	अलुलुम्बत
लुम्बयाञ्चकर्थ	लुम्बयाञ्चक्रथुः	लुम्बयाञ्चक्र			
लुम्बयामासिथ	लुम्बयामासथुः	लुम्बयामास			
लुम्बयाम्बभूव	लुम्बयाम्बभूविव	लुम्बयाम्बभूविम	अलुलुम्बम्	अलुलुम्बाव	अलुलुम्बाम
लुम्बयाञ्चकर -कार	लुम्बयाञ्चकृव	लुम्बयाञ्चकृम			
लुम्बयामास	लुम्बयामासिव	लुम्बयामासिम			

Atmanepadi Forms

लुम्बयते	लुम्बयेते[4]	लुम्बयन्ते[1]	अलुम्बयत	अलुम्बयेताम्[4]	अलुम्बयन्त[1]
लुम्बयसे	लुम्बयेथे[4]	लुम्बयध्वे	अलुम्बयथाः	अलुम्बयेथाम्[4]	अलुम्बयध्वम्
लुम्बये[1]	लुम्बयावहे[2]	लुम्बयामहे[2]	अलुम्बये[4]	अलुम्बयावहि[3]	अलुम्बयामहि[3]

लुम्बयताम्	लुम्बयेताम्[4]	लुम्बयन्ताम्[1]	लुम्बयेत	लुम्बयेयाताम्	लुम्बयेरन्
लुम्बयस्व	लुम्बयेथाम्[4]	लुम्बयध्वम्	लुम्बयेथाः	लुम्बयेयाथाम्	लुम्बयेध्वम्
लुम्बयै[5]	लुम्बयावहै[3]	लुम्बयामहै[3]	लुम्बयेय	लुम्बयेवहि	लुम्बयेमहि

लुम्बयिष्यते	लुम्बयिष्येते	लुम्बयिष्यन्ते	अलुम्बयिष्यत	अलुम्बयिष्येताम्	अलुम्बयिष्यन्त
लुम्बयिष्यसे	लुम्बयिष्येथे	लुम्बयिष्यध्वे	अलुम्बयिष्यथाः	अलुम्बयिष्येथाम्	अलुम्बयिष्यध्वम्
लुम्बयिष्ये	लुम्बयिष्यावहे	लुम्बयिष्यामहे	अलुम्बयिष्ये	अलुम्बयिष्यावहि	अलुम्बयिष्यामहि

लुम्बयिता	लुम्बयितारौ	लुम्बयितारः	लुम्बयिषीष्ट	लुम्बयिषीयास्ताम्	लुम्बयिषीरन्
लुम्बयितासे	लुम्बयितासाथे	लुम्बयिताध्वे	लुम्बयिषीष्ठाः	लुम्बयिषीयास्थाम्	लुम्बयिषीध्वम् -ढ्वम्
लुम्बयिताहे	लुम्बयितास्वहे	लुम्बयितास्महे	लुम्बयिषीय	लुम्बयिषीवहि	लुम्बयिषीमहि

लुम्बयाम्बभूव	लुम्बयाम्बभूवतुः	लुम्बयाम्बभूवुः	अलुलुम्बत	अलुलुम्बेताम्	अलुलुम्बन्त
लुम्बयाञ्चक्रे	लुम्बयाञ्चक्राते	लुम्बयाञ्चक्रिरे			
लुम्बयामास	लुम्बयामासतुः	लुम्बयामासुः			
लुम्बयाम्बभूविथ	लुम्बयाम्बभूवथुः	लुम्बयाम्बभूव	अलुलुम्बथाः	अलुलुम्बेथाम्	अलुलुम्बध्वम्
लुम्बयाञ्चकृषे	लुम्बयाञ्चक्राथे	लुम्बयाञ्चकृढ्वे			
लुम्बयामासिथ	लुम्बयामासथुः	लुम्बयामास			
लुम्बयाम्बभूव	लुम्बयाम्बभूविव	लुम्बयाम्बभूविम	अलुलुम्बे	अलुलुम्बावहि	अलुलुम्बामहि

लुम्बयाञ्चक्रे	लुम्बयाञ्चकृवहे	लुम्बयाञ्चकृमहे
लुम्बयामास	लुम्बयामासिव	लुम्बयामासिम

णिजभावपक्षे 1.3.78 शेषात् कर्त्तरि परस्मैपदम् । इति पक्षे भ्वादिः इव लुम्ब् । P । सेट् । अ० ।

लुम्बति	लुम्बतः	लुम्बन्ति	अलुम्बत् -द्	अलुम्बताम्	अलुम्बन्
लुम्बसि	लुम्बथः	लुम्बथ	अलुम्बः	अलुम्बतम्	अलुम्बत
लुम्बामि	लुम्बावः	लुम्बामः	अलुम्बम्	अलुम्बाव	अलुम्बाम

लुम्बतु लुम्बतात् -द्	लुम्बताम्	लुम्बन्तु	लुम्बेत् -द्	लुम्बेताम्	लुम्बेयुः
लुम्ब लुम्बतात् -द्	लुम्बतम्	लुम्बत	लुम्बेः	लुम्बेतम्	लुम्बेत
लुम्बानि	लुम्बाव	लुम्बाम	लुम्बेयम्	लुम्बेव	लुम्बेम

लुम्बिष्यति	लुम्बिष्यतः	लुम्बिष्यन्ति	अलुम्बिष्यत् -द्	अलुम्बिष्यताम्	अलुम्बिष्यन्
लुम्बिष्यसि	लुम्बिष्यथः	लुम्बिष्यथ	अलुम्बिष्यः	अलुम्बिष्यतम्	अलुम्बिष्यत
लुम्बिष्यामि	लुम्बिष्यावः	लुम्बिष्यामः	अलुम्बिष्यम्	अलुम्बिष्याव	अलुम्बिष्याम

लुम्बिता	लुम्बितारौ	लुम्बितारः	लुम्ब्यात् -द्	लुम्ब्यास्ताम्	लुम्ब्यासुः
लुम्बितासि	लुम्बितास्थः	लुम्बितास्थ	लुम्ब्याः	लुम्ब्यास्तम्	लुम्ब्यास्त
लुम्बितास्मि	लुम्बितास्वः	लुम्बितास्मः	लुम्ब्यासम्	लुम्ब्यास्व	लुम्ब्यास्म

लुलुम्ब	लुलुम्बतुः	लुलुम्बुः	अलुम्बीत् -द्	अलुम्बिष्टाम्	अलुम्बिषुः
लुलुम्बिथ	लुलुम्बथुः	लुलुम्ब	अलुम्बीः	अलुम्बिष्टम्	अलुम्बिष्ट
लुलुम्ब	लुलुम्बिव	लुलुम्बिम	अलुम्बिषम्	अलुम्बिष्व	अलुम्बिष्म

1657 तुबि अदर्शने । तुपि अर्दने इत्येके । इदित्करणं णिचः पाक्षिकत्वे लिङ्गम् । be invisible
10c 124 तुबिँ । तुम्ब् । तुम्बयति / ते , तुम्बति । U । सेट् । अ० । तुम्बि । तुम्बय ।
7.1.58 इदितो नुम् धातोः । **Parasmaipadi Forms**

तुम्बयति	तुम्बयतः	तुम्बयन्ति[1]	अतुम्बयत् -द्	अतुम्बयताम्	अतुम्बयन्[1]
तुम्बयसि	तुम्बयथः	तुम्बयथ	अतुम्बयः	अतुम्बयतम्	अतुम्बयत
तुम्बयामि[2]	तुम्बयावः[2]	तुम्बयामः[2]	अतुम्बयम्[1]	अतुम्बयाव[2]	अतुम्बयाम[2]

तुम्बयतु तुम्बयतात् -द्	तुम्बयताम्	तुम्बयन्तु[1]	तुम्बयेत् -द्	तुम्बयेताम्	तुम्बयेयुः
तुम्बय तुम्बयतात् -द्	तुम्बयतम्	तुम्बयत	तुम्बयेः	तुम्बयेतम्	तुम्बयेत
तुम्बयानि[3]	तुम्बयाव[3]	तुम्बयाम[3]	तुम्बयेयम्	तुम्बयेव	तुम्बयेम

तुम्बयिष्यति	तुम्बयिष्यतः	तुम्बयिष्यन्ति	अतुम्बयिष्यत् -द्	अतुम्बयिष्यताम्	अतुम्बयिष्यन्
तुम्बयिष्यसि	तुम्बयिष्यथः	तुम्बयिष्यथ	अतुम्बयिष्यः	अतुम्बयिष्यतम्	अतुम्बयिष्यत
तुम्बयिष्यामि	तुम्बयिष्यावः	तुम्बयिष्यामः	अतुम्बयिष्यम्	अतुम्बयिष्याव	अतुम्बयिष्याम

तुम्बयिता	तुम्बयितारौ	तुम्बयितारः	तुम्ब्यात् -द्	तुम्ब्यास्ताम्	तुम्ब्यासुः
तुम्बयितासि	तुम्बयितास्थः	तुम्बयितास्थ	तुम्ब्याः	तुम्ब्यास्तम्	तुम्ब्यास्त

तुम्बयितास्मि	तुम्बयितास्वः	तुम्बयितास्मः	तुम्ब्यासम्	तुम्ब्यास्व	तुम्ब्यास्म

तुम्बयाम्बभूव	तुम्बयाम्बभूवतुः	तुम्बयाम्बभूवुः	अतुतुम्बत् -द्	अतुतुम्बताम्	अतुतुम्बन्
तुम्बयाञ्चकार	तुम्बयाञ्चक्रतुः	तुम्बयाञ्चक्रुः			
तुम्बयामास	तुम्बयामासतुः	तुम्बयामासुः			
तुम्बयाम्बभूविथ	तुम्बयाम्बभूवथुः	तुम्बयाम्बभूव	अतुतुम्बः	अतुतुम्बतम्	अतुतुम्बत
तुम्बयाञ्चकर्थ	तुम्बयाञ्चक्रथुः	तुम्बयाञ्चक्र			
तुम्बयामासिथ	तुम्बयामासथुः	तुम्बयामास			
तुम्बयाम्बभूव	तुम्बयाम्बभूविव	तुम्बयाम्बभूविम	अतुतुम्बम्	अतुतुम्बाव	अतुतुम्बाम
तुम्बयाञ्चकर -कार	तुम्बयाञ्चकृव	तुम्बयाञ्चकृम			
तुम्बयामास	तुम्बयामासिव	तुम्बयामासिम			

Atmanepadi Forms

तुम्बयते	तुम्बयेते[4]	तुम्बयन्ते[1]	अतुम्बयत	अतुम्बयेताम्[4]	अतुम्बयन्त[1]
तुम्बयसे	तुम्बयेथे[4]	तुम्बयध्वे	अतुम्बयथाः	अतुम्बयेथाम्[4]	अतुम्बयध्वम्
तुम्बये[1]	तुम्बयावहे[2]	तुम्बयामहे[2]	अतुम्बये[4]	अतुम्बयावहि[3]	अतुम्बयामहि[3]

तुम्बयताम्	तुम्बयेताम्[4]	तुम्बयन्ताम्[1]	तुम्बयेत	तुम्बयेयाताम्	तुम्बयेरन्
तुम्बयस्व	तुम्बयेथाम्[4]	तुम्बयध्वम्	तुम्बयेथाः	तुम्बयेयाथाम्	तुम्बयेध्वम्
तुम्बयै[5]	तुम्बयावहै[3]	तुम्बयामहै[3]	तुम्बयेय	तुम्बयेवहि	तुम्बयेमहि

तुम्बयिष्यते	तुम्बयिष्येते	तुम्बयिष्यन्ते	अतुम्बयिष्यत	अतुम्बयिष्येताम्	अतुम्बयिष्यन्त
तुम्बयिष्यसे	तुम्बयिष्येथे	तुम्बयिष्यध्वे	अतुम्बयिष्यथाः	अतुम्बयिष्येथाम्	अतुम्बयिष्यध्वम्
तुम्बयिष्ये	तुम्बयिष्यावहे	तुम्बयिष्यामहे	अतुम्बयिष्ये	अतुम्बयिष्यावहि	अतुम्बयिष्यामहि

तुम्बयिता	तुम्बयितारौ	तुम्बयितारः	तुम्बयिषीष्ट	तुम्बयिषीयास्ताम्	तुम्बयिषीरन्
तुम्बयितासे	तुम्बयितासाथे	तुम्बयिताध्वे	तुम्बयिषीष्ठाः	तुम्बयिषीयास्थाम्	तुम्बयिषीध्वम् -ढ्वम्
तुम्बयिताहे	तुम्बयितास्वहे	तुम्बयितास्महे	तुम्बयिषीय	तुम्बयिषीवहि	तुम्बयिषीमहि

तुम्बयाम्बभूव	तुम्बयाम्बभूवतुः	तुम्बयाम्बभूवुः	अतुतुम्बत	अतुतुम्बेताम्	अतुतुम्बन्त
तुम्बयाञ्चक्रे	तुम्बयाञ्चक्राते	तुम्बयाञ्चक्रिरे			
तुम्बयामास	तुम्बयामासतुः	तुम्बयामासुः			
तुम्बयाम्बभूविथ	तुम्बयाम्बभूवथुः	तुम्बयाम्बभूव	अतुतुम्बथाः	अतुतुम्बेथाम्	अतुतुम्बध्वम्
तुम्बयाञ्चकृषे	तुम्बयाञ्चक्राथे	तुम्बयाञ्चकृढ्वे			
तुम्बयामासिथ	तुम्बयामासथुः	तुम्बयामास			
तुम्बयाम्बभूव	तुम्बयाम्बभूविव	तुम्बयाम्बभूविम	अतुतुम्बे	अतुतुम्बावहि	अतुतुम्बामहि
तुम्बयाञ्चक्रे	तुम्बयाञ्चकृवहे	तुम्बयाञ्चकृमहे			

तुम्बयामास	तुम्बयामासिव	तुम्बयामासिम			

णिजभावपक्षे 1.3.78 शेषात् कर्त्तरि परस्मैपदम् । इति पक्षे भ्वादिः इव तुम्ब् । P । सेट् । अ० ।

तुम्बति	तुम्बतः	तुम्बन्ति	अतुम्बत् -द्	अतुम्बताम्	अतुम्बन्
तुम्बसि	तुम्बथः	तुम्बथ	अतुम्बः	अतुम्बतम्	अतुम्बत
तुम्बामि	तुम्बावः	तुम्बामः	अतुम्बम्	अतुम्बाव	अतुम्बाम

तुम्बतु तुम्बतात् -द्	तुम्बताम्	तुम्बन्तु	तुम्बेत् -द्	तुम्बेताम्	तुम्बेयुः
तुम्ब तुम्बतात् -द्	तुम्बतम्	तुम्बत	तुम्बेः	तुम्बेतम्	तुम्बेत
तुम्बानि	तुम्बाव	तुम्बाम	तुम्बेयम्	तुम्बेव	तुम्बेम

तुम्बिष्यति	तुम्बिष्यतः	तुम्बिष्यन्ति	अतुम्बिष्यत् -द्	अतुम्बिष्यताम्	अतुम्बिष्यन्
तुम्बिष्यसि	तुम्बिष्यथः	तुम्बिष्यथ	अतुम्बिष्यः	अतुम्बिष्यतम्	अतुम्बिष्यत
तुम्बिष्यामि	तुम्बिष्यावः	तुम्बिष्यामः	अतुम्बिष्यम्	अतुम्बिष्याव	अतुम्बिष्याम

तुम्बिता	तुम्बितारौ	तुम्बितारः	तुम्ब्यात् -द्	तुम्ब्यास्ताम्	तुम्ब्यासुः
तुम्बितासि	तुम्बितास्थः	तुम्बितास्थ	तुम्ब्याः	तुम्ब्यास्तम्	तुम्ब्यास्त
तुम्बितास्मि	तुम्बितास्वः	तुम्बितास्मः	तुम्ब्यासम्	तुम्ब्यास्व	तुम्ब्यास्म

तुतुम्ब	तुतुम्बतुः	तुतुम्बुः	अतुम्बीत् -द्	अतुम्बिष्टाम्	अतुम्बिषुः
तुतुम्बिथ	तुतुम्बथुः	तुतुम्ब	अतुम्बीः	अतुम्बिष्टम्	अतुम्बिष्ट
तुतुम्ब	तुतुम्बिव	तुतुम्बिम	अतुम्बिषम्	अतुम्बिष्व	अतुम्बिष्म

1658 ह्लप व्यक्तायां वाचि । क्लप इत्येके । ह्वप इत्यन्ये । speak clearly 7.2.116 अत उपधायाः ।
10c 125 ह्लपँ । ह्लप् । ह्लापयति / ते । U । सेट् । स० । ह्लापि । ह्लापय । **Parasmaipadi Forms**

ह्लापयति	ह्लापयतः	ह्लापयन्ति[1]	अह्लापयत् -द्	अह्लापयताम्	अह्लापयन्[1]
ह्लापयसि	ह्लापयथः	ह्लापयथ	अह्लापयः	अह्लापयतम्	अह्लापयत
ह्लापयामि[2]	ह्लापयावः[2]	ह्लापयामः[2]	अह्लापयम्[1]	अह्लापयाव[2]	अह्लापयाम[2]

ह्लापयतु ह्लापयतात् -द्	ह्लापयताम्	ह्लापयन्तु[1]	ह्लापयेत् -द्	ह्लापयेताम्	ह्लापयेयुः
ह्लापय ह्लापयतात् -द्	ह्लापयतम्	ह्लापयत	ह्लापयेः	ह्लापयेतम्	ह्लापयेत
ह्लापयानि[3]	ह्लापयाव[3]	ह्लापयाम[3]	ह्लापयेयम्	ह्लापयेव	ह्लापयेम

ह्लापयिष्यति	ह्लापयिष्यतः	ह्लापयिष्यन्ति	अह्लापयिष्यत् -द्	अह्लापयिष्यताम्	अह्लापयिष्यन्
ह्लापयिष्यसि	ह्लापयिष्यथः	ह्लापयिष्यथ	अह्लापयिष्यः	अह्लापयिष्यतम्	अह्लापयिष्यत
ह्लापयिष्यामि	ह्लापयिष्यावः	ह्लापयिष्यामः	अह्लापयिष्यम्	अह्लापयिष्याव	अह्लापयिष्याम

ह्लापयिता	ह्लापयितारौ	ह्लापयितारः	ह्लाप्यात् -द्	ह्लाप्यास्ताम्	ह्लाप्यासुः
ह्लापयितासि	ह्लापयितास्थः	ह्लापयितास्थ	ह्लाप्याः	ह्लाप्यास्तम्	ह्लाप्यास्त
ह्लापयितास्मि	ह्लापयितास्वः	ह्लापयितास्मः	ह्लाप्यासम्	ह्लाप्यास्व	ह्लाप्यास्म

ह्लापयाम्बभूव	ह्लापयाम्बभूवतुः	ह्लापयाम्बभूवुः	अजिह्लपत् -द्	अजिह्लपताम्	अजिह्लपन्
ह्लापयाञ्चकार	ह्लापयाञ्चक्रतुः	ह्लापयाञ्चक्रुः			
ह्लापयामास	ह्लापयामासतुः	ह्लापयामासुः			
ह्लापयाम्बभूविथ	ह्लापयाम्बभूवथुः	ह्लापयाम्बभूव	अजिह्लपः	अजिह्लपतम्	अजिह्लपत
ह्लापयाञ्चकर्थ	ह्लापयाञ्चक्रथुः	ह्लापयाञ्चक्र			
ह्लापयामासिथ	ह्लापयामासथुः	ह्लापयामास			
ह्लापयाम्बभूव	ह्लापयाम्बभूविव	ह्लापयाम्बभूविम	अजिह्लपम्	अजिह्लपाव	अजिह्लपाम
ह्लापयाञ्चकर -कार	ह्लापयाञ्चकृव	ह्लापयाञ्चकृम			
ह्लापयामास	ह्लापयामासिव	ह्लापयामासिम			

Atmanepadi Forms

ह्लापयते	ह्लापयेते[4]	ह्लापयन्ते[1]	अह्लापयत	अह्लापयेताम्[4]	अह्लापयन्त[1]
ह्लापयसे	ह्लापयेथे[4]	ह्लापयध्वे	अह्लापयथाः	अह्लापयेथाम्[4]	अह्लापयध्वम्
ह्लापये[1]	ह्लापयावहे[2]	ह्लापयामहे[2]	अह्लापये[4]	अह्लापयावहि[3]	अह्लापयामहि[3]

ह्लापयताम्	ह्लापयेताम्[4]	ह्लापयन्ताम्[1]	ह्लापयेत	ह्लापयेयाताम्	ह्लापयेरन्
ह्लापयस्व	ह्लापयेथाम्[4]	ह्लापयध्वम्	ह्लापयेथाः	ह्लापयेयाथाम्	ह्लापयेध्वम्
ह्लापयै[5]	ह्लापयावहै[3]	ह्लापयामहै[3]	ह्लापयेय	ह्लापयेवहि	ह्लापयेमहि

ह्लापयिष्यते	ह्लापयिष्येते	ह्लापयिष्यन्ते	अह्लापयिष्यत	अह्लापयिष्येताम्	अह्लापयिष्यन्त
ह्लापयिष्यसे	ह्लापयिष्येथे	ह्लापयिष्यध्वे	अह्लापयिष्यथाः	अह्लापयिष्येथाम्	अह्लापयिष्यध्वम्
ह्लापयिष्ये	ह्लापयिष्यावहे	ह्लापयिष्यामहे	अह्लापयिष्ये	अह्लापयिष्यावहि	अह्लापयिष्यामहि

ह्लापयिता	ह्लापयितारौ	ह्लापयितारः	ह्लापयिषीष्ट	ह्लापयिषीयास्ताम्	ह्लापयिषीरन्
ह्लापयितासे	ह्लापयितासाथे	ह्लापयिताध्वे	ह्लापयिषीष्ठाः	ह्लापयिषीयास्थाम्	ह्लापयिषीध्वम् -ढ्वम्
ह्लापयिताहे	ह्लापयितास्वहे	ह्लापयितास्महे	ह्लापयिषीय	ह्लापयिषीवहि	ह्लापयिषीमहि

ह्लापयाम्बभूव	ह्लापयाम्बभूवतुः	ह्लापयाम्बभूवुः	अजिह्लपत	अजिह्लपेताम्	अजिह्लपन्त
ह्लापयाञ्चक्रे	ह्लापयाञ्चक्राते	ह्लापयाञ्चक्रिरे			
ह्लापयामास	ह्लापयामासतुः	ह्लापयामासुः			
ह्लापयाम्बभूविथ	ह्लापयाम्बभूवथुः	ह्लापयाम्बभूव	अजिह्लपथाः	अजिह्लपेथाम्	अजिह्लपध्वम्
ह्लापयाञ्चकृषे	ह्लापयाञ्चक्राथे	ह्लापयाञ्चकृढ्वे			
ह्लापयामासिथ	ह्लापयामासथुः	ह्लापयामास			
ह्लापयाम्बभूव	ह्लापयाम्बभूविव	ह्लापयाम्बभूविम	अजिह्लपे	अजिह्लपावहि	अजिह्लपामहि
ह्लापयाञ्चक्रे	ह्लापयाञ्चकृवहे	ह्लापयाञ्चकृमहे			
ह्लापयामास	ह्लापयामासिव	ह्लापयामासिम			

1659 चुटिँ छेदने । इदित्करणं णिचः पाक्षिकत्वे लिङ्गम् । break, claw, pinch

10c 126 चुटिँ । चुण्ट् । चुण्टयति / ते , चुण्टति । U । सेट् । स० । चुण्टि । चुण्टय ।

7.1.58 इदितो नुम् धातोः । **Parasmaipadi Forms**

वचुण्टयति	चुण्टयतः	चुण्टयन्ति[1]	अचुण्टयत् -द्	अचुण्टयताम्	अचुण्टयन्[1]
चुण्टयसि	चुण्टयथः	चुण्टयथ	अचुण्टयः	अचुण्टयतम्	अचुण्टयत
चुण्टयामि[2]	चुण्टयावः[2]	चुण्टयामः[2]	अचुण्टयम्[1]	अचुण्टयाव[2]	अचुण्टयाम[2]

चुण्टयतु चुण्टयतात् -द्	चुण्टयताम्	चुण्टयन्तु[1]	चुण्टयेत् -द्	चुण्टयेताम्	चुण्टयेयुः
चुण्टय चुण्टयतात् -द्	चुण्टयतम्	चुण्टयत	चुण्टयेः	चुण्टयेतम्	चुण्टयेत
चुण्टयानि[3]	चुण्टयाव[3]	चुण्टयाम[3]	चुण्टयेयम्	चुण्टयेव	चुण्टयेम

चुण्टयिष्यति	चुण्टयिष्यतः	चुण्टयिष्यन्ति	अचुण्टयिष्यत् -द्	अचुण्टयिष्यताम्	अचुण्टयिष्यन्
चुण्टयिष्यसि	चुण्टयिष्यथः	चुण्टयिष्यथ	अचुण्टयिष्यः	अचुण्टयिष्यतम्	अचुण्टयिष्यत
चुण्टयिष्यामि	चुण्टयिष्यावः	चुण्टयिष्यामः	अचुण्टयिष्यम्	अचुण्टयिष्याव	अचुण्टयिष्याम

चुण्टयिता	चुण्टयितारौ	चुण्टयितारः	चुण्ट्यात् -द्	चुण्ट्यास्ताम्	चुण्ट्यासुः
चुण्टयितासि	चुण्टयितास्थः	चुण्टयितास्थ	चुण्ट्याः	चुण्ट्यास्तम्	चुण्ट्यास्त
चुण्टयितास्मि	चुण्टयितास्वः	चुण्टयितास्मः	चुण्ट्यासम्	चुण्ट्यास्व	चुण्ट्यास्म

चुण्टयाम्बभूव	चुण्टयाम्बभूवतुः	चुण्टयाम्बभूवुः	अचुचुण्टत् -द्	अचुचुण्टताम्	अचुचुण्टन्
चुण्टयाञ्चकार	चुण्टयाञ्चक्रतुः	चुण्टयाञ्चक्रुः			
चुण्टयामास	चुण्टयामासतुः	चुण्टयामासुः			
चुण्टयाम्बभूविथ	चुण्टयाम्बभूवथुः	चुण्टयाम्बभूव	अचुचुण्टः	अचुचुण्टतम्	अचुचुण्टत
चुण्टयाञ्चकर्थ	चुण्टयाञ्चक्रथुः	चुण्टयाञ्चक्र			
चुण्टयामासिथ	चुण्टयामासथुः	चुण्टयामास			
चुण्टयाम्बभूव	चुण्टयाम्बभूविव	चुण्टयाम्बभूविम	अचुचुण्टम्	अचुचुण्टाव	अचुचुण्टाम
चुण्टयाञ्चकर -कार	चुण्टयाञ्चकृव	चुण्टयाञ्चकृम			
चुण्टयामास	चुण्टयामासिव	चुण्टयामासिम			

Atmanepadi Forms

चुण्टयते	चुण्टयेते[4]	चुण्टयन्ते[1]	अचुण्टयत	अचुण्टयेताम्[4]	अचुण्टयन्त[1]
चुण्टयसे	चुण्टयेथे[4]	चुण्टयध्वे	अचुण्टयथाः	अचुण्टयेथाम्[4]	अचुण्टयध्वम्
चुण्टये[1]	चुण्टयावहे[2]	चुण्टयामहे[2]	अचुण्टये[4]	अचुण्टयावहि[3]	अचुण्टयामहि[3]

चुण्टयताम्	चुण्टयेताम्[4]	चुण्टयन्ताम्[1]	चुण्टयेत	चुण्टयेयाताम्	चुण्टयेरन्
चुण्टयस्व	चुण्टयेथाम्[4]	चुण्टयध्वम्	चुण्टयेथाः	चुण्टयेयाथाम्	चुण्टयेध्वम्
चुण्टयै[5]	चुण्टयावहै[3]	चुण्टयामहै[3]	चुण्टयेय	चुण्टयेवहि	चुण्टयेमहि

चुण्टयिष्यते	**चुण्टयिष्येते**	**चुण्टयिष्यन्ते**	**अचुण्टयिष्यत**	**अचुण्टयिष्येताम्**	**अचुण्टयिष्यन्त**
चुण्टयिष्यसे	**चुण्टयिष्येथे**	**चुण्टयिष्यध्वे**	**अचुण्टयिष्यथाः**	**अचुण्टयिष्येथाम्**	**अचुण्टयिष्यध्वम्**
चुण्टयिष्ये	**चुण्टयिष्यावहे**	**चुण्टयिष्यामहे**	**अचुण्टयिष्ये**	**अचुण्टयिष्यावहि**	**अचुण्टयिष्यामहि**

चुण्टयिता	**चुण्टयितारौ**	**चुण्टयितारः**	**चुण्टयिषीष्ट**	**चुण्टयिषीयास्ताम्**	**चुण्टयिषीरन्**
चुण्टयितासे	**चुण्टयितासाथे**	**चुण्टयिताध्वे**	**चुण्टयिषीष्ठाः**	**चुण्टयिषीयास्थाम्**	**चुण्टयिषीध्वम् -ढ्वम्**
चुण्टयिताहे	**चुण्टयितास्वहे**	**चुण्टयितास्महे**	**चुण्टयिषीय**	**चुण्टयिषीवहि**	**चुण्टयिषीमहि**

चुण्टयाम्बभूव	**चुण्टयाम्बभूवतुः**	**चुण्टयाम्बभूवुः**	**अचुचुण्टत**	**अचुचुण्टेताम्**	**अचुचुण्टन्त**
चुण्टयाञ्चक्रे	**चुण्टयाञ्चक्राते**	**चुण्टयाञ्चक्रिरे**			
चुण्टयामास	**चुण्टयामासतुः**	**चुण्टयामासुः**			
चुण्टयाम्बभूविथ	**चुण्टयाम्बभूवथुः**	**चुण्टयाम्बभूव**	**अचुचुण्टथाः**	**अचुचुण्टेथाम्**	**अचुचुण्टध्वम्**
चुण्टयाञ्चकृषे	**चुण्टयाञ्चक्राथे**	**चुण्टयाञ्चकृढ्वे**			
चुण्टयामासिथ	**चुण्टयामासथुः**	**चुण्टयामास**			
चुण्टयाम्बभूव	**चुण्टयाम्बभूविव**	**चुण्टयाम्बभूविम**	**अचुचुण्टे**	**अचुचुण्टावहि**	**अचुचुण्टामहि**
चुण्टयाञ्चक्रे	**चुण्टयाञ्चकृवहे**	**चुण्टयाञ्चकृमहे**			
चुण्टयामास	**चुण्टयामासिव**	**चुण्टयामासिम**			

णिजभावपक्षे 1.3.78 शेषात् कर्त्तरि परस्मैपदम् । इति पक्षे भ्वादिः इव चुण्ट् । P । सेट् । स० ।

चुण्टति	चुण्टतः	चुण्टन्ति	अचुण्टत्	अचुण्टताम्	अचुण्टन्
चुण्टसि	चुण्टथः	चुण्टथ	अचुण्टः	अचुण्टतम्	अचुण्टत
चुण्टामि	चुण्टावः	चुण्टामः	अचुण्टम्	अचुण्टाव	अचुण्टाम

चुण्टतु चुण्टतात् -द्	चुण्टताम्	चुण्टन्तु	चुण्टेत्	चुण्टेताम्	चुण्टेयुः
चुण्ट चुण्टतात् -द्	चुण्टतम्	चुण्टत	चुण्टेः	चुण्टेतम्	चुण्टेत
चुण्टानि	चुण्टाव	चुण्टाम	चुण्टेयम्	चुण्टेव	चुण्टेम

चुण्टिष्यति	चुण्टिष्यतः	चुण्टिष्यन्ति	अचुण्टिष्यत्	अचुण्टिष्यताम्	अचुण्टिष्यन्
चुण्टिष्यसि	चुण्टिष्यथः	चुण्टिष्यथ	अचुण्टिष्यः	अचुण्टिष्यतम्	अचुण्टिष्यत
चुण्टिष्यामि	चुण्टिष्यावः	चुण्टिष्यामः	अचुण्टिष्यम्	अचुण्टिष्याव	अचुण्टिष्याम

चुण्टिता	चुण्टितारौ	चुण्टितारः	चुण्ट्यात्	चुण्ट्यास्ताम्	चुण्ट्यासुः
चुण्टितासि	चुण्टितास्थः	चुण्टितास्थ	चुण्ट्याः	चुण्ट्यास्तम्	चुण्ट्यास्त
चुण्टितास्मि	चुण्टितास्वः	चुण्टितास्मः	चुण्ट्यासम्	चुण्ट्यास्व	चुण्ट्यास्म

चुचुण्ट	चुचुण्टतुः	चुचुण्टुः	अचुण्टीत्	अचुण्टिष्टाम्	अचुण्टिषुः
चुचुण्टिथ	चुचुण्टथुः	चुचुण्ट	अचुण्टीः	अचुण्टिष्टम्	अचुण्टिष्ट
चुचुण्ट	चुचुण्टिव	चुचुण्टिम	अचुण्टिषम्	अचुण्टिष्व	अचुण्टिष्म

1660 इल प्रेरणे । urge, encourage

10c 127 इलँ । इल् । एलयति / ते । U । सेट् । स० । एलि । एलय । **Parasmaipadi Forms**

एलयति	एलयतः	एलयन्ति¹	ऐलयत् -द्	ऐलयताम्	ऐलयन्¹
एलयसि	एलयथः	एलयथ	ऐलयः	ऐलयतम्	ऐलयत
एलयामि²	एलयावः²	एलयामः²	ऐलयम्¹	ऐलयाव²	ऐलयाम²

एलयतु एलयतात् -द्	एलयताम्	एलयन्तु¹	एलयेत् -द्	एलयेताम्	एलयेयुः
एलय एलयतात् -द्	एलयतम्	एलयत	एलयेः	एलयेतम्	एलयेत
एलयानि³	एलयाव³	एलयाम³	एलयेयम्	एलयेव	एलयेम

एलयिष्यति	एलयिष्यतः	एलयिष्यन्ति	ऐलयिष्यत् -द्	ऐलयिष्यताम्	ऐलयिष्यन्
एलयिष्यसि	एलयिष्यथः	एलयिष्यथ	ऐलयिष्यः	ऐलयिष्यतम्	ऐलयिष्यत
एलयिष्यामि	एलयिष्यावः	एलयिष्यामः	ऐलयिष्यम्	ऐलयिष्याव	ऐलयिष्याम

एलयिता	एलयितारौ	एलयितारः	एल्यात् -द्	एल्यास्ताम्	एल्यासुः
एलयितासि	एलयितास्थः	एलयितास्थ	एल्याः	एल्यास्तम्	एल्यास्त
एलयितास्मि	एलयितास्वः	एलयितास्मः	एल्यासम्	एल्यास्व	एल्यास्म

एलयाम्बभूव	एलयाम्बभूवतुः	एलयाम्बभूवुः	ऐलिलत् -द्	ऐलिलताम्	ऐलिलन्
एलयाञ्चकार	एलयाञ्चक्रतुः	एलयाञ्चक्रुः			
एलयामास	एलयामासतुः	एलयामासुः			
एलयाम्बभूविथ	एलयाम्बभूवथुः	एलयाम्बभूव	ऐलिलः	ऐलिलतम्	ऐलिलत
एलयाञ्चकर्थ	एलयाञ्चक्रथुः	एलयाञ्चक्र			
एलयामासिथ	एलयामासथुः	एलयामास			
एलयाम्बभूव	एलयाम्बभूविव	एलयाम्बभूविम	ऐलिलम्	ऐलिलाव	ऐलिलाम
एलयाञ्चकर -कार	एलयाञ्चकृव	एलयाञ्चकृम			
एलयामास	एलयामासिव	एलयामासिम			

Atmanepadi Forms

एलयते	एलयेते⁴	एलयन्ते¹	ऐलयत	ऐलयेताम्⁴	ऐलयन्त¹
एलयसे	एलयेथे⁴	एलयध्वे	ऐलयथाः	ऐलयेथाम्⁴	ऐलयध्वम्
एलये¹	एलयावहे²	एलयामहे²	ऐलये⁴	ऐलयावहि³	ऐलयामहि³

एलयताम्	एलयेताम्⁴	एलयन्ताम्¹	एलयेत	एलयेयाताम्	एलयेरन्
एलयस्व	एलयेथाम्⁴	एलयध्वम्	एलयेथाः	एलयेयाथाम्	एलयेध्वम्
एलयै⁵	एलयावहै³	एलयामहै³	एलयेय	एलयेवहि	एलयेमहि

| एलयिष्यते | एलयिष्येते | एलयिष्यन्ते | ऐलयिष्यत | ऐलयिष्येताम् | ऐलयिष्यन्त |

एलयिष्यसे	एलयिष्येथे	एलयिष्यध्वे	ऐलयिष्यथाः	ऐलयिष्येथाम्	ऐलयिष्यध्वम्
एलयिष्ये	एलयिष्यावहे	एलयिष्यामहे	ऐलयिष्ये	ऐलयिष्यावहि	ऐलयिष्यामहि

एलयिता	एलयितारौ	एलयितारः	एलयिषीष्ट	एलयिषीयास्ताम्	एलयिषीरन्
एलयितासे	एलयितासाथे	एलयिताध्वे	एलयिषीष्ठाः	एलयिषीयास्थाम्	एलयिषीध्वम् -ढ्वम्
एलयिताहे	एलयितास्वहे	एलयितास्महे	एलयिषीय	एलयिषीवहि	एलयिषीमहि

एलयाम्बभूव	एलयाम्बभूवतुः	एलयाम्बभूवुः	ऐलिलत	ऐलिलेताम्	ऐलिलन्त
एलयाञ्चक्रे	एलयाञ्चक्राते	एलयाञ्चक्रिरे			
एलयामास	एलयामासतुः	एलयामासुः			
एलयाम्बभूविथ	एलयाम्बभूवथुः	एलयाम्बभूव	ऐलिलथाः	ऐलिलेथाम्	ऐलिलध्वम्
एलयाञ्चकृषे	एलयाञ्चक्राथे	एलयाञ्चकृढ्वे			
एलयामासिथ	एलयामासथुः	एलयामास			
एलयाम्बभूव	एलयाम्बभूविव	एलयाम्बभूविम	ऐलिले	ऐलिलावहि	ऐलिलामहि
एलयाञ्चक्रे	एलयाञ्चकृवहे	एलयाञ्चकृमहे			
एलयामास	एलयामासिव	एलयामासिम			

1661 म्रक्ष म्लेच्छने । म्रछ इत्येके । रोषे छेदने इत्यन्ये । । mix, adulterate 8.4.2
10c 128 म्रक्षँ । म्रक्ष् । म्रक्षयति / ते । U । सेट् । अ० । म्रक्षि । म्रक्षय । **Parasmaipadi Forms**

म्रक्षयति	म्रक्षयतः	म्रक्षयन्ति[1]	अम्रक्षयत् -द्	अम्रक्षयताम्	अम्रक्षयन्[1]
म्रक्षयसि	म्रक्षयथः	म्रक्षयथ	अम्रक्षयः	अम्रक्षयतम्	अम्रक्षयत
म्रक्षयामि[2]	म्रक्षयावः[2]	म्रक्षयामः[2]	अम्रक्षयम्[1]	अम्रक्षयाव[2]	अम्रक्षयाम[2]

म्रक्षयतु म्रक्षयतात् -द्	म्रक्षयताम्	म्रक्षयन्तु[1]	म्रक्षयेत् -द्	म्रक्षयेताम्	म्रक्षयेयुः
म्रक्षय म्रक्षयतात् -द्	म्रक्षयतम्	म्रक्षयत	म्रक्षयेः	म्रक्षयेतम्	म्रक्षयेत
म्रक्षयाणि[3]	म्रक्षयाव[3]	म्रक्षयाम[3]	म्रक्षयेयम्	म्रक्षयेव	म्रक्षयेम

म्रक्षयिष्यति	म्रक्षयिष्यतः	म्रक्षयिष्यन्ति	अम्रक्षयिष्यत् -द्	अम्रक्षयिष्यताम्	अम्रक्षयिष्यन्
म्रक्षयिष्यसि	म्रक्षयिष्यथः	म्रक्षयिष्यथ	अम्रक्षयिष्यः	अम्रक्षयिष्यतम्	अम्रक्षयिष्यत
म्रक्षयिष्यामि	म्रक्षयिष्यावः	म्रक्षयिष्यामः	अम्रक्षयिष्यम्	अम्रक्षयिष्याव	अम्रक्षयिष्याम

म्रक्षयिता	म्रक्षयितारौ	म्रक्षयितारः	म्रक्ष्यात् -द्	म्रक्ष्यास्ताम्	म्रक्ष्यासुः
म्रक्षयितासि	म्रक्षयितास्थः	म्रक्षयितास्थ	म्रक्ष्याः	म्रक्ष्यास्तम्	म्रक्ष्यास्त
म्रक्षयितास्मि	म्रक्षयितास्वः	म्रक्षयितास्मः	म्रक्ष्यासम्	म्रक्ष्यास्व	म्रक्ष्यास्म

म्रक्षयाम्बभूव	म्रक्षयाम्बभूवतुः	म्रक्षयाम्बभूवुः	अमम्रक्षत् -द्	अमम्रक्षताम्	अमम्रक्षन्
म्रक्षयाञ्चकार	म्रक्षयाञ्चक्रतुः	म्रक्षयाञ्चक्रुः			

म्रक्षयामास	म्रक्षयामासतुः	म्रक्षयामासुः			
म्रक्षयाम्बभूविथ	म्रक्षयाम्बभूवथुः	म्रक्षयाम्बभूव	अमम्रक्षः	अमम्रक्षतम्	अमम्रक्षत
म्रक्षयाञ्चकर्थ	म्रक्षयाञ्चक्रथुः	म्रक्षयाञ्चक्र			
म्रक्षयामासिथ	म्रक्षयामासथुः	म्रक्षयामास			
म्रक्षयाम्बभूव	म्रक्षयाम्बभूविव	म्रक्षयाम्बभूविम	अमम्रक्षम्	अमम्रक्षाव	अमम्रक्षाम
म्रक्षयाञ्चकर -कार	म्रक्षयाञ्चकृव	म्रक्षयाञ्चकृम			
म्रक्षयामास	म्रक्षयामासिव	म्रक्षयामासिम			

Atmanepadi Forms

म्रक्षयते	म्रक्षयेते[4]	म्रक्षयन्ते[1]	अम्रक्षयत	अम्रक्षयेताम्[4]	अम्रक्षयन्त[1]
म्रक्षयसे	म्रक्षयेथे[4]	म्रक्षयध्वे	अम्रक्षयथाः	अम्रक्षयेथाम्[4]	अम्रक्षयध्वम्
म्रक्षये[1]	म्रक्षयावहे[2]	म्रक्षयामहे[2]	अम्रक्षये[4]	अम्रक्षयावहि[3]	अम्रक्षयामहि[3]

म्रक्षयताम्	म्रक्षयेताम्[4]	म्रक्षयन्ताम्[1]	म्रक्षयेत	म्रक्षयेयाताम्	म्रक्षयेरन्
म्रक्षयस्व	म्रक्षयेथाम्[4]	म्रक्षयध्वम्	म्रक्षयेथाः	म्रक्षयेयाथाम्	म्रक्षयेध्वम्
म्रक्षयै[5]	म्रक्षयावहै[3]	म्रक्षयामहै[3]	म्रक्षयेय	म्रक्षयेवहि	म्रक्षयेमहि

म्रक्षयिष्यते	म्रक्षयिष्येते	म्रक्षयिष्यन्ते	अम्रक्षयिष्यत	अम्रक्षयिष्येताम्	अम्रक्षयिष्यन्त
म्रक्षयिष्यसे	म्रक्षयिष्येथे	म्रक्षयिष्यध्वे	अम्रक्षयिष्यथाः	अम्रक्षयिष्येथाम्	अम्रक्षयिष्यध्वम्
म्रक्षयिष्ये	म्रक्षयिष्यावहे	म्रक्षयिष्यामहे	अम्रक्षयिष्ये	अम्रक्षयिष्यावहि	अम्रक्षयिष्यामहि

म्रक्षयिता	म्रक्षयितारौ	म्रक्षयितारः	म्रक्षयिषीष्ट	म्रक्षयिषीयास्ताम्	म्रक्षयिषीरन्
म्रक्षयितासे	म्रक्षयितासाथे	म्रक्षयिताध्वे	म्रक्षयिषीष्ठाः	म्रक्षयिषीयास्थाम्	म्रक्षयिषीध्वम् -ढ्वम्
म्रक्षयिताहे	म्रक्षयितास्वहे	म्रक्षयितास्महे	म्रक्षयिषीय	म्रक्षयिषीवहि	म्रक्षयिषीमहि

म्रक्षयाम्बभूव	म्रक्षयाम्बभूवतुः	म्रक्षयाम्बभूवुः	अमम्रक्षत	अमम्रक्षेताम्	अमम्रक्षन्त
म्रक्षयाञ्चक्रे	म्रक्षयाञ्चक्राते	म्रक्षयाञ्चक्रिरे			
म्रक्षयामास	म्रक्षयामासतुः	म्रक्षयामासुः			
म्रक्षयाम्बभूविथ	म्रक्षयाम्बभूवथुः	म्रक्षयाम्बभूव	अमम्रक्षथाः	अमम्रक्षेथाम्	अमम्रक्षध्वम्
म्रक्षयाञ्चकृषे	म्रक्षयाञ्चक्राथे	म्रक्षयाञ्चकृढ्वे			
म्रक्षयामासिथ	म्रक्षयामासथुः	म्रक्षयामास			
म्रक्षयाम्बभूव	म्रक्षयाम्बभूविव	म्रक्षयाम्बभूविम	अमम्रक्षे	अमम्रक्षावहि	अमम्रक्षामहि
म्रक्षयाञ्चक्रे	म्रक्षयाञ्चकृवहे	म्रक्षयाञ्चकृमहे			
म्रक्षयामास	म्रक्षयामासिव	म्रक्षयामासिम			

1662 म्लेच्छ अव्यक्तायां वाचि । म्लेछ । speak incorrectly, speak in confusion

10c 129 म्लेच्छँ । म्लेच्छ् । म्लेच्छयति / ते । U । सेट् । अ० । म्लेच्छि । म्लेच्छय । **Parasmaipadi**

म्लेच्छयति	म्लेच्छयतः	म्लेच्छयन्ति[1]	अम्लेच्छयत् -द्	अम्लेच्छयताम्	अम्लेच्छयन्[1]
म्लेच्छयसि	म्लेच्छयथः	म्लेच्छयथ	अम्लेच्छयः	अम्लेच्छयतम्	अम्लेच्छयत
म्लेच्छयामि[2]	म्लेच्छयावः[2]	म्लेच्छयामः[2]	अम्लेच्छयम्[1]	अम्लेच्छयाव[2]	अम्लेच्छयाम[2]

म्लेच्छयतु म्लेच्छयतात् -द्	म्लेच्छयताम्	म्लेच्छयन्तु[1]	म्लेच्छयेत् -द्	म्लेच्छयेताम्	म्लेच्छयेयुः
म्लेच्छय म्लेच्छयतात् -द्	म्लेच्छयतम्	म्लेच्छयत	म्लेच्छयेः	म्लेच्छयेतम्	म्लेच्छयेत
म्लेच्छयानि[3]	म्लेच्छयाव[3]	म्लेच्छयाम[3]	म्लेच्छयेयम्	म्लेच्छयेव	म्लेच्छयेम

म्लेच्छयिष्यति	म्लेच्छयिष्यतः	म्लेच्छयिष्यन्ति	अम्लेच्छयिष्यत् -द्	अम्लेच्छयिष्यताम्	अम्लेच्छयिष्यन्
म्लेच्छयिष्यसि	म्लेच्छयिष्यथः	म्लेच्छयिष्यथ	अम्लेच्छयिष्यः	अम्लेच्छयिष्यतम्	अम्लेच्छयिष्यत
म्लेच्छयिष्यामि	म्लेच्छयिष्यावः	म्लेच्छयिष्यामः	अम्लेच्छयिष्यम्	अम्लेच्छयिष्याव	अम्लेच्छयिष्याम

म्लेच्छयिता	म्लेच्छयितारौ	म्लेच्छयितारः	म्लेच्छ्यात् -द्	म्लेच्छ्यास्ताम्	म्लेच्छ्यासुः
म्लेच्छयितासि	म्लेच्छयितास्थः	म्लेच्छयितास्थ	म्लेच्छ्याः	म्लेच्छ्यास्तम्	म्लेच्छ्यास्त
म्लेच्छयितास्मि	म्लेच्छयितास्वः	म्लेच्छयितास्मः	म्लेच्छ्यासम्	म्लेच्छ्यास्व	म्लेच्छ्यास्म

म्लेच्छयाम्बभूव	म्लेच्छयाम्बभूवतुः	म्लेच्छयाम्बभूवुः	अमिम्लेच्छत् -द्	अमिम्लेच्छताम्	अमिम्लेच्छन्
म्लेच्छयाञ्चकार	म्लेच्छयाञ्चक्रतुः	म्लेच्छयाञ्चक्रुः			
म्लेच्छयामास	म्लेच्छयामासतुः	म्लेच्छयामासुः			
म्लेच्छयाम्बभूविथ	म्लेच्छयाम्बभूवथुः	म्लेच्छयाम्बभूव	अमिम्लेच्छः	अमिम्लेच्छतम्	अमिम्लेच्छत
म्लेच्छयाञ्चकर्थ	म्लेच्छयाञ्चक्रथुः	म्लेच्छयाञ्चक्र			
म्लेच्छयामासिथ	म्लेच्छयामासथुः	म्लेच्छयामास			
म्लेच्छयाम्बभूव	म्लेच्छयाम्बभूविव	म्लेच्छयाम्बभूविम	अमिम्लेच्छम्	अमिम्लेच्छाव	अमिम्लेच्छाम
म्लेच्छयाञ्चकर -कार	म्लेच्छयाञ्चकृव	म्लेच्छयाञ्चकृम			
म्लेच्छयामास	म्लेच्छयामासिव	म्लेच्छयामासिम			

Atmanepadi Forms

म्लेच्छयते	म्लेच्छयेते[4]	म्लेच्छयन्ते[1]	अम्लेच्छयत	अम्लेच्छयेताम्[4]	अम्लेच्छयन्त[1]
म्लेच्छयसे	म्लेच्छयेथे[4]	म्लेच्छयध्वे	अम्लेच्छयथाः	अम्लेच्छयेथाम्[4]	अम्लेच्छयध्वम्
म्लेच्छये[1]	म्लेच्छयावहे[2]	म्लेच्छयामहे[2]	अम्लेच्छये[4]	अम्लेच्छयावहि[3]	अम्लेच्छयामहि[3]

म्लेच्छयताम्	म्लेच्छयेताम्[4]	म्लेच्छयन्ताम्[1]	म्लेच्छयेत	म्लेच्छयेयाताम्	म्लेच्छयेरन्
म्लेच्छयस्व	म्लेच्छयेथाम्[4]	म्लेच्छयध्वम्	म्लेच्छयेथाः	म्लेच्छयेयाथाम्	म्लेच्छयेध्वम्
म्लेच्छयै[5]	म्लेच्छयावहै[3]	म्लेच्छयामहै[3]	म्लेच्छयेय	म्लेच्छयेवहि	म्लेच्छयेमहि

म्लेच्छयिष्यते	म्लेच्छयिष्येते	म्लेच्छयिष्यन्ते	अम्लेच्छयिष्यत	अम्लेच्छयिष्येताम्	अम्लेच्छयिष्यन्त
म्लेच्छयिष्यसे	म्लेच्छयिष्येथे	म्लेच्छयिष्यध्वे	अम्लेच्छयिष्यथाः	अम्लेच्छयिष्येथाम्	अम्लेच्छयिष्यध्वम्

म्लेच्छयिष्ये	म्लेच्छयिष्यावहे	म्लेच्छयिष्यामहे	अम्लेच्छयिष्ये	अम्लेच्छयिष्यावहि	अम्लेच्छयिष्यामहि

म्लेच्छयिता	म्लेच्छयितारौ	म्लेच्छयितारः	म्लेच्छयिषीष्ट	म्लेच्छयिषीयास्ताम्	म्लेच्छयिषीरन्
म्लेच्छयितासे	म्लेच्छयितासाथे	म्लेच्छयिताध्वे	म्लेच्छयिषीष्ठाः	म्लेच्छयिषीयास्थाम्	म्लेच्छयिषीध्वम् -ढ्वम्
म्लेच्छयिताहे	म्लेच्छयितास्वहे	म्लेच्छयितास्महे	म्लेच्छयिषीय	म्लेच्छयिषीवहि	म्लेच्छयिषीमहि

म्लेच्छयाम्बभूव	म्लेच्छयाम्बभूवतुः	म्लेच्छयाम्बभूवुः	अमिम्लेच्छत	अमिम्लेच्छेताम्	अमिम्लेच्छन्त
म्लेच्छयाञ्चक्रे	म्लेच्छयाञ्चक्राते	म्लेच्छयाञ्चक्रिरे			
म्लेच्छयामास	म्लेच्छयामासतुः	म्लेच्छयामासुः			
म्लेच्छयाम्बभूविथ	म्लेच्छयाम्बभूवथुः	म्लेच्छयाम्बभूव	अमिम्लेच्छथाः	अमिम्लेच्छेथाम्	अमिम्लेच्छध्वम्
म्लेच्छयाञ्चकृषे	म्लेच्छयाञ्चक्राथे	म्लेच्छयाञ्चकृढ्वे			
म्लेच्छयामासिथ	म्लेच्छयामासथुः	म्लेच्छयामास			
म्लेच्छयाम्बभूव	म्लेच्छयाम्बभूविव	म्लेच्छयाम्बभूविम	अमिम्लेच्छे	अमिम्लेच्छावहि	अमिम्लेच्छामहि
म्लेच्छयाञ्चक्रे	म्लेच्छयाञ्चकृवहे	म्लेच्छयाञ्चकृमहे			
म्लेच्छयामास	म्लेच्छयामासिव	म्लेच्छयामासिम			

1663 ब्रूस हिंसायाम् । hurt

10c 130 ब्रूसँ । ब्रूस् । ब्रूसयति / ते । U । सेट् । स० । ब्रूसि । ब्रूसय । **Parasmaipadi Forms**

ब्रूसयति	ब्रूसयतः	ब्रूसयन्ति[1]	अब्रूसयत् -द्	अब्रूसयताम्	अब्रूसयन्[1]
ब्रूसयसि	ब्रूसयथः	ब्रूसयथ	अब्रूसयः	अब्रूसयतम्	अब्रूसयत
ब्रूसयामि[2]	ब्रूसयावः[2]	ब्रूसयामः[2]	अब्रूसयम्[1]	अब्रूसयाव[2]	अब्रूसयाम[2]

ब्रूसयतु ब्रूसयतात् -द्	ब्रूसयताम्	ब्रूसयन्तु[1]	ब्रूसयेत् -द्	ब्रूसयेताम्	ब्रूसयेयुः
ब्रूसय ब्रूसयतात् -द्	ब्रूसयतम्	ब्रूसयत	ब्रूसयेः	ब्रूसयेतम्	ब्रूसयेत
ब्रूसयानि[3]	ब्रूसयाव[3]	ब्रूसयाम[3]	ब्रूसयेयम्	ब्रूसयेव	ब्रूसयेम

ब्रूसयिष्यति	ब्रूसयिष्यतः	ब्रूसयिष्यन्ति	अब्रूसयिष्यत् -द्	अब्रूसयिष्यताम्	अब्रूसयिष्यन्
ब्रूसयिष्यसि	ब्रूसयिष्यथः	ब्रूसयिष्यथ	अब्रूसयिष्यः	अब्रूसयिष्यतम्	अब्रूसयिष्यत
ब्रूसयिष्यामि	ब्रूसयिष्यावः	ब्रूसयिष्यामः	अब्रूसयिष्यम्	अब्रूसयिष्याव	अब्रूसयिष्याम

ब्रूसयिता	ब्रूसयितारौ	ब्रूसयितारः	ब्रूस्यात् -द्	ब्रूस्यास्ताम्	ब्रूस्यासुः
ब्रूसयितासि	ब्रूसयितास्थः	ब्रूसयितास्थ	ब्रूस्याः	ब्रूस्यास्तम्	ब्रूस्यास्त
ब्रूसयितास्मि	ब्रूसयितास्वः	ब्रूसयितास्मः	ब्रूस्यासम्	ब्रूस्यास्व	ब्रूस्यास्म

ब्रूसयाम्बभूव	ब्रूसयाम्बभूवतुः	ब्रूसयाम्बभूवुः	अबुब्रुसत् -द्	अबुब्रुसताम्	अबुब्रुसन्
ब्रूसयाञ्चकार	ब्रूसयाञ्चक्रतुः	ब्रूसयाञ्चक्रुः			
ब्रूसयामास	ब्रूसयामासतुः	ब्रूसयामासुः			

ब्रूसयाम्बभूविथ	ब्रूसयाम्बभूवथुः	ब्रूसयाम्बभूव	अबुब्रुसः	अबुब्रुसतम्	अबुब्रुसत
ब्रूसयाञ्चकर्थ	ब्रूसयाञ्चक्रथुः	ब्रूसयाञ्चक्र			
ब्रूसयामासिथ	ब्रूसयामासथुः	ब्रूसयामास			
ब्रूसयाम्बभूव	ब्रूसयाम्बभूविव	ब्रूसयाम्बभूविम	अबुब्रुसम्	अबुब्रुसाव	अबुब्रुसाम
ब्रूसयाञ्चकर -कार	ब्रूसयाञ्चकृव	ब्रूसयाञ्चकृम			
ब्रूसयामास	ब्रूसयामासिव	ब्रूसयामासिम			

Atmanepadi Forms

ब्रूसयते	ब्रूसयेते[4]	ब्रूसयन्ते[1]	अब्रूसयत	अब्रूसयेताम्[4]	अब्रूसयन्त[1]
ब्रूसयसे	ब्रूसयेथे[4]	ब्रूसयध्वे	अब्रूसयथाः	अब्रूसयेथाम्[4]	अब्रूसयध्वम्
ब्रूसये[1]	ब्रूसयावहे[2]	ब्रूसयामहे[2]	अब्रूसये[4]	अब्रूसयावहि[3]	अब्रूसयामहि[3]

ब्रूसयताम्	ब्रूसयेताम्[4]	ब्रूसयन्ताम्[1]	ब्रूसयेत	ब्रूसयेयाताम्	ब्रूसयेरन्
ब्रूसयस्व	ब्रूसयेथाम्[4]	ब्रूसयध्वम्	ब्रूसयेथाः	ब्रूसयेयाथाम्	ब्रूसयेध्वम्
ब्रूसयै[5]	ब्रूसयावहै[3]	ब्रूसयामहै[3]	ब्रूसयेय	ब्रूसयेवहि	ब्रूसयेमहि

ब्रूसयिष्यते	ब्रूसयिष्येते	ब्रूसयिष्यन्ते	अब्रूसयिष्यत	अब्रूसयिष्येताम्	अब्रूसयिष्यन्त
ब्रूसयिष्यसे	ब्रूसयिष्येथे	ब्रूसयिष्यध्वे	अब्रूसयिष्यथाः	अब्रूसयिष्येथाम्	अब्रूसयिष्यध्वम्
ब्रूसयिष्ये	ब्रूसयिष्यावहे	ब्रूसयिष्यामहे	अब्रूसयिष्ये	अब्रूसयिष्यावहि	अब्रूसयिष्यामहि

ब्रूसयिता	ब्रूसयितारौ	ब्रूसयितारः	ब्रूसयिषीष्ट	ब्रूसयिषीयास्ताम्	ब्रूसयिषीरन्
ब्रूसयितासे	ब्रूसयितासाथे	ब्रूसयिताध्वे	ब्रूसयिषीष्ठाः	ब्रूसयिषीयास्थाम्	ब्रूसयिषीध्वम् -ढ्वम्
ब्रूसयिताहे	ब्रूसयितास्वहे	ब्रूसयितास्महे	ब्रूसयिषीय	ब्रूसयिषीवहि	ब्रूसयिषीमहि

ब्रूसयाम्बभूव	ब्रूसयाम्बभूवतुः	ब्रूसयाम्बभूवुः	अबुब्रुसत	अबुब्रुसेताम्	अबुब्रुसन्त
ब्रूसयाञ्चक्रे	ब्रूसयाञ्चक्राते	ब्रूसयाञ्चक्रिरे			
ब्रूसयामास	ब्रूसयामासतुः	ब्रूसयामासुः			
ब्रूसयाम्बभूविथ	ब्रूसयाम्बभूवथुः	ब्रूसयाम्बभूव	अबुब्रुसथाः	अबुब्रुसेथाम्	अबुब्रुसध्वम्
ब्रूसयाञ्चकृषे	ब्रूसयाञ्चक्राथे	ब्रूसयाञ्चकृढ्वे			
ब्रूसयामासिथ	ब्रूसयामासथुः	ब्रूसयामास			
ब्रूसयाम्बभूव	ब्रूसयाम्बभूविव	ब्रूसयाम्बभूविम	अबुब्रुसे	अबुब्रुसावहि	अबुब्रुसामहि
ब्रूसयाञ्चक्रे	ब्रूसयाञ्चकृवहे	ब्रूसयाञ्चकृमहे			
ब्रूसयामास	ब्रूसयामासिव	ब्रूसयामासिम			

1664 बर्ह हिंसायाम् । केचित् इह गर्ज गर्द शब्दे , गर्ध अभिकाङ्क्षायाम् इति पठन्ति । strike, hurt

10c 131 बर्हँ । बर्ह् । बर्हयति / ते । U । सेट् । स० । बर्हि । बर्हय । **Parasmaipadi Forms**

बर्हयति	बर्हयतः	बर्हयन्ति[1]	अबर्हयत् -द्	अबर्हयताम्	अबर्हयन्[1]

बर्हयसि	बर्हयथः	बर्हयथ		अबर्हयः	अबर्हयतम्	अबर्हयत
बर्हयामि[2]	बर्हयावः[2]	बर्हयामः[2]		अबर्हयम्[1]	अबर्हयाव[2]	अबर्हयाम[2]

बर्हयतु बर्हयतात् -द्	बर्हयताम्	बर्हयन्तु[1]		बर्हयेत् -द्	बर्हयेताम्	बर्हयेयुः
बर्हय बर्हयतात् -द्	बर्हयतम्	बर्हयत		बर्हयेः	बर्हयेतम्	बर्हयेत
बर्हयाणि[3]	बर्हयाव[3]	बर्हयाम[3]		बर्हयेयम्	बर्हयेव	बर्हयेम

बर्हयिष्यति	बर्हयिष्यतः	बर्हयिष्यन्ति		अबर्हयिष्यत् -द्	अबर्हयिष्यताम्	अबर्हयिष्यन्
बर्हयिष्यसि	बर्हयिष्यथः	बर्हयिष्यथ		अबर्हयिष्यः	अबर्हयिष्यतम्	अबर्हयिष्यत
बर्हयिष्यामि	बर्हयिष्यावः	बर्हयिष्यामः		अबर्हयिष्यम्	अबर्हयिष्याव	अबर्हयिष्याम

बर्हयिता	बर्हयितारौ	बर्हयितारः		बर्ह्यात् -द्	बर्ह्यास्ताम्	बर्ह्यासुः
बर्हयितासि	बर्हयितास्थः	बर्हयितास्थ		बर्ह्याः	बर्ह्यास्तम्	बर्ह्यास्त
बर्हयितास्मि	बर्हयितास्वः	बर्हयितास्मः		बर्ह्यासम्	बर्ह्यास्व	बर्ह्यास्म

बर्हयाम्बभूव	बर्हयाम्बभूवतुः	बर्हयाम्बभूवुः		अबबर्हत् -द्	अबबर्हताम्	अबबर्हन्
बर्हयाञ्चकार	बर्हयाञ्चक्रतुः	बर्हयाञ्चक्रुः				
बर्हयामास	बर्हयामासतुः	बर्हयामासुः				
बर्हयाम्बभूविथ	बर्हयाम्बभूवथुः	बर्हयाम्बभूव		अबबर्हः	अबबर्हतम्	अबबर्हत
बर्हयाञ्चकर्थ	बर्हयाञ्चक्रथुः	बर्हयाञ्चक्र				
बर्हयामासिथ	बर्हयामासथुः	बर्हयामास				
बर्हयाम्बभूव	बर्हयाम्बभूविव	बर्हयाम्बभूविम		अबबर्हम्	अबबर्हाव	अबबर्हाम
बर्हयाञ्चकर -कार	बर्हयाञ्चकृव	बर्हयाञ्चकृम				
बर्हयामास	बर्हयामासिव	बर्हयामासिम				

Atmanepadi Forms

बर्हयते	बर्हयेते[4]	बर्हयन्ते[1]		अबर्हयत	अबर्हयेताम्[4]	अबर्हयन्त[1]
बर्हयसे	बर्हयेथे[4]	बर्हयध्वे		अबर्हयथाः	अबर्हयेथाम्[4]	अबर्हयध्वम्
बर्हये[1]	बर्हयावहे[2]	बर्हयामहे[2]		अबर्हये[4]	अबर्हयावहि[3]	अबर्हयामहि[3]

बर्हयताम्	बर्हयेताम्[4]	बर्हयन्ताम्[1]		बर्हयेत	बर्हयेयाताम्	बर्हयेरन्
बर्हयस्व	बर्हयेथाम्[4]	बर्हयध्वम्		बर्हयेथाः	बर्हयेयाथाम्	बर्हयेध्वम्
बर्हयै[5]	बर्हयावहै[3]	बर्हयामहै[3]		बर्हयेय	बर्हयेवहि	बर्हयेमहि

बर्हयिष्यते	बर्हयिष्येते	बर्हयिष्यन्ते		अबर्हयिष्यत	अबर्हयिष्येताम्	अबर्हयिष्यन्त
बर्हयिष्यसे	बर्हयिष्येथे	बर्हयिष्यध्वे		अबर्हयिष्यथाः	अबर्हयिष्येथाम्	अबर्हयिष्यध्वम्
बर्हयिष्ये	बर्हयिष्यावहे	बर्हयिष्यामहे		अबर्हयिष्ये	अबर्हयिष्यावहि	अबर्हयिष्यामहि

बर्हयिता	बर्हयितारौ	बर्हयितारः	बर्हयिषीष्ट	बर्हयिषीयास्ताम्	बर्हयिषीरन्
बर्हयितासे	बर्हयितासाथे	बर्हयिताध्वे	बर्हयिषीष्ठाः	बर्हयिषीयास्थाम्	बर्हयिषीध्वम् -ढ्वम्
बर्हयिताहे	बर्हयितास्वहे	बर्हयितास्महे	बर्हयिषीय	बर्हयिषीवहि	बर्हयिषीमहि

बर्हयाम्बभूव	बर्हयाम्बभूवतुः	बर्हयाम्बभूवुः	अबबर्हत	अबबर्हेताम्	अबबर्हन्त
बर्हयाञ्चक्रे	बर्हयाञ्चक्राते	बर्हयाञ्चक्रिरे			
बर्हयामास	बर्हयामासतुः	बर्हयामासुः			
बर्हयाम्बभूविथ	बर्हयाम्बभूवथुः	बर्हयाम्बभूव	अबबर्हथाः	अबबर्हेथाम्	अबबर्हध्वम्
बर्हयाञ्चकृषे	बर्हयाञ्चक्राथे	बर्हयाञ्चकृढ्वे			
बर्हयामासिथ	बर्हयामासथुः	बर्हयामास			
बर्हयाम्बभूव	बर्हयाम्बभूविव	बर्हयाम्बभूविम	अबबर्हे	अबबर्हावहि	अबबर्हामहि
बर्हयाञ्चक्रे	बर्हयाञ्चकृवहे	बर्हयाञ्चकृमहे			
बर्हयामास	बर्हयामासिव	बर्हयामासिम			

1665 गुर्द पूर्वनिकेतने । पूर्व निकेतने इति धातुप्रदीपे , पूर्वयति / ते । dwell, invite, call

10c 132 गुर्दँ । गुर्द् । गुर्दयति / ते । U । सेट् । अ० । गुर्दि । गुर्दय । **Parasmaipadi Forms**

गुर्दयति	गुर्दयतः	गुर्दयन्ति[1]	अगुर्दयत् -द्	अगुर्दयताम्	अगुर्दयन्[1]
गुर्दयसि	गुर्दयथः	गुर्दयथ	अगुर्दयः	अगुर्दयतम्	अगुर्दयत
गुर्दयामि[2]	गुर्दयावः[2]	गुर्दयामः[2]	अगुर्दयम्[1]	अगुर्दयाव[2]	अगुर्दयाम[2]

गुर्दयतु गुर्दयतात् -द्	गुर्दयताम्	गुर्दयन्तु[1]	गुर्दयेत् -द्	गुर्दयेताम्	गुर्दयेयुः
गुर्दय गुर्दयतात् -द्	गुर्दयतम्	गुर्दयत	गुर्दयेः	गुर्दयेतम्	गुर्दयेत
गुर्दयानि[3]	गुर्दयाव[3]	गुर्दयाम[3]	गुर्दयेयम्	गुर्दयेव	गुर्दयेम

गुर्दयिष्यति	गुर्दयिष्यतः	गुर्दयिष्यन्ति	अगुर्दयिष्यत् -द्	अगुर्दयिष्यताम्	अगुर्दयिष्यन्
गुर्दयिष्यसि	गुर्दयिष्यथः	गुर्दयिष्यथ	अगुर्दयिष्यः	अगुर्दयिष्यतम्	अगुर्दयिष्यत
गुर्दयिष्यामि	गुर्दयिष्यावः	गुर्दयिष्यामः	अगुर्दयिष्यम्	अगुर्दयिष्याव	अगुर्दयिष्याम

गूर्दयिता	गूर्दयितारौ	गूर्दयितारः	गूर्द्यात् -द्	गूर्द्यास्ताम्	गूर्द्यासुः
गूर्दयितासि	गूर्दयितास्थः	गूर्दयितास्थ	गूर्द्याः	गूर्द्यास्तम्	गूर्द्यास्त
गूर्दयितास्मि	गूर्दयितास्वः	गूर्दयितास्मः	गूर्द्यासम्	गूर्द्यास्व	गूर्द्यास्म

गुर्दयाम्बभूव	गुर्दयाम्बभूवतुः	गुर्दयाम्बभूवुः	अजुगूर्दत् -द्	अजुगूर्दताम्	अजुगूर्दन्
गुर्दयाञ्चकार	गुर्दयाञ्चक्रतुः	गुर्दयाञ्चक्रुः			
गुर्दयामास	गुर्दयामासतुः	गुर्दयामासुः			
गुर्दयाम्बभूविथ	गुर्दयाम्बभूवथुः	गुर्दयाम्बभूव	अजुगूर्दः	अजुगूर्दतम्	अजुगूर्दत
गुर्दयाञ्चकर्थ	गुर्दयाञ्चक्रथुः	गुर्दयाञ्चक्र			

गुर्दयामासिथ	गुर्दयामासथुः	गुर्दयामास			
गुर्दयाम्बभूव	गुर्दयाम्बभूविव	गुर्दयाम्बभूविम	अजुगूर्दम्	अजुगूर्दाव	अजुगूर्दाम
गुर्दयाञ्चकर -कार	गुर्दयाञ्चकृव	गुर्दयाञ्चकृम			
गुर्दयामास	गुर्दयामासिव	गुर्दयामासिम			

Atmanepadi Forms

गुर्दयते	गुर्दयेते[4]	गुर्दयन्ते[1]	अगुर्दयत	अगुर्दयेताम्[4]	अगुर्दयन्त[1]
गुर्दयसे	गुर्दयेथे[4]	गुर्दयध्वे	अगुर्दयथाः	अगुर्दयेथाम्[4]	अगुर्दयध्वम्
गुर्दये[1]	गुर्दयावहे[2]	गुर्दयामहे[2]	अगुर्दये[4]	अगुर्दयावहि[3]	अगुर्दयामहि[3]

गुर्दयताम्	गुर्दयेताम्[4]	गुर्दयन्ताम्[1]	गुर्दयेत	गुर्दयेयाताम्	गुर्दयेरन्
गुर्दयस्व	गुर्दयेथाम्[4]	गुर्दयध्वम्	गुर्दयेथाः	गुर्दयेयाथाम्	गुर्दयेध्वम्
गुर्दयै[5]	गुर्दयावहै[3]	गुर्दयामहै[3]	गुर्दयेय	गुर्दयेवहि	गुर्दयेमहि

गुर्दयिष्यते	गुर्दयिष्येते	गुर्दयिष्यन्ते	अगुर्दयिष्यत	अगुर्दयिष्येताम्	अगुर्दयिष्यन्त
गुर्दयिष्यसे	गुर्दयिष्येथे	गुर्दयिष्यध्वे	अगुर्दयिष्यथाः	अगुर्दयिष्येथाम्	अगुर्दयिष्यध्वम्
गुर्दयिष्ये	गुर्दयिष्यावहे	गुर्दयिष्यामहे	अगुर्दयिष्ये	अगुर्दयिष्यावहि	अगुर्दयिष्यामहि

गुर्दयिता	गुर्दयितारौ	गुर्दयितारः	गुर्दयिषीष्ट	गुर्दयिषीयास्ताम्	गुर्दयिषीरन्
गुर्दयितासे	गुर्दयितासाथे	गुर्दयिताध्वे	गुर्दयिषीष्ठाः	गुर्दयिषीयास्थाम्	गुर्दयिषीध्वम् -ढ्वम्
गुर्दयिताहे	गुर्दयितास्वहे	गुर्दयितास्महे	गुर्दयिषीय	गुर्दयिषीवहि	गुर्दयिषीमहि

गुर्दयाम्बभूव	गुर्दयाम्बभूवतुः	गुर्दयाम्बभूवुः	अजुगूर्दत	अजुगूर्देताम्	अजुगूर्दन्त
गुर्दयाञ्चक्रे	गुर्दयाञ्चक्राते	गुर्दयाञ्चक्रिरे			
गुर्दयामास	गुर्दयामासतुः	गुर्दयामासुः			
गुर्दयाम्बभूविथ	गुर्दयाम्बभूवथुः	गुर्दयाम्बभूव	अजुगूर्दथाः	अजुगूर्देथाम्	अजुगूर्दध्वम्
गुर्दयाञ्चकृषे	गुर्दयाञ्चक्राथे	गुर्दयाञ्चकृढ्वे			
गुर्दयामासिथ	गुर्दयामासथुः	गुर्दयामास			
गुर्दयाम्बभूव	गुर्दयाम्बभूविव	गुर्दयाम्बभूविम	अजुगूर्दे	अजुगूर्दावहि	अजुगूर्दामहि
गुर्दयाञ्चक्रे	गुर्दयाञ्चकृवहे	गुर्दयाञ्चकृमहे			
गुर्दयामास	गुर्दयामासिव	गुर्दयामासिम			

1666 जसि रक्षणे । मोक्षणे इति केचित् । इदित्करणं णिचः पाक्षिकत्वे लिङ्गम् । protect, set free, release
10c 133 जसिँ । जंस् । जंसयति / ते , जंसति । U । सेट् । स० । जंसि । जंसय ।
7.1.58 इदितो नुम् धातोः । **Parasmaipadi Forms**

जंसयति	जंसयतः	जंसयन्ति[1]	अजंसयत् -द्	अजंसयताम्	अजंसयन्[1]
जंसयसि	जंसयथः	जंसयथ	अजंसयः	अजंसयतम्	अजंसयत

| जंसयामि[2] | जंसयावः[2] | जंसयामः[2] | अजंसयम्[1] | अजंसयाव[2] | अजंसयाम[2] |

जंसयतु जंसयतात् -द्	जंसयताम्	जंसयन्तु[1]	जंसयेत् -द्	जंसयेताम्	जंसयेयुः
जंसय जंसयतात् -द्	जंसयतम्	जंसयत	जंसयेः	जंसयेतम्	जंसयेत
जंसयानि[3]	जंसयाव[3]	जंसयाम[3]	जंसयेयम्	जंसयेव	जंसयेम

जंसयिष्यति	जंसयिष्यतः	जंसयिष्यन्ति	अजंसयिष्यत् -द्	अजंसयिष्यताम्	अजंसयिष्यन्
जंसयिष्यसि	जंसयिष्यथः	जंसयिष्यथ	अजंसयिष्यः	अजंसयिष्यतम्	अजंसयिष्यत
जंसयिष्यामि	जंसयिष्यावः	जंसयिष्यामः	अजंसयिष्यम्	अजंसयिष्याव	अजंसयिष्याम

जंसयिता	जंसयितारौ	जंसयितारः	जंस्यात् -द्	जंस्यास्ताम्	जंस्यासुः
जंसयितासि	जंसयितास्थः	जंसयितास्थ	जंस्याः	जंस्यास्तम्	जंस्यास्त
जंसयितास्मि	जंसयितास्वः	जंसयितास्मः	जंस्यासम्	जंस्यास्व	जंस्यास्म

जंसयाम्बभूव	जंसयाम्बभूवतुः	जंसयाम्बभूवुः	अजजंसत् -द्	अजजंसताम्	अजजंसन्
जंसयाञ्चकार	जंसयाञ्चक्रतुः	जंसयाञ्चक्रुः			
जंसयामास	जंसयामासतुः	जंसयामासुः			
जंसयाम्बभूविथ	जंसयाम्बभूवथुः	जंसयाम्बभूव	अजजंसः	अजजंसतम्	अजजंसत
जंसयाञ्चकर्थ	जंसयाञ्चक्रथुः	जंसयाञ्चक्र			
जंसयामासिथ	जंसयामासथुः	जंसयामास			
जंसयाम्बभूव	जंसयाम्बभूविव	जंसयाम्बभूविम	अजजंसम्	अजजंसाव	अजजंसाम
जंसयाञ्चकर -कार	जंसयाञ्चकृव	जंसयाञ्चकृम			
जंसयामास	जंसयामासिव	जंसयामासिम			

Atmanepadi Forms

जंसयते	जंसयेते[4]	जंसयन्ते[1]	अजंसयत	अजंसयेताम्[4]	अजंसयन्त[1]
जंसयसे	जंसयेथे[4]	जंसयध्वे	अजंसयथाः	अजंसयेथाम्[4]	अजंसयध्वम्
जंसये[1]	जंसयावहे[2]	जंसयामहे[2]	अजंसये[4]	अजंसयावहि[3]	अजंसयामहि[3]

जंसयताम्	जंसयेताम्[4]	जंसयन्ताम्[1]	जंसयेत	जंसयेयाताम्	जंसयेरन्
जंसयस्व	जंसयेथाम्[4]	जंसयध्वम्	जंसयेथाः	जंसयेयाथाम्	जंसयेध्वम्
जंसयै[5]	जंसयावहै[3]	जंसयामहै[3]	जंसयेय	जंसयेवहि	जंसयेमहि

जंसयिष्यते	जंसयिष्येते	जंसयिष्यन्ते	अजंसयिष्यत	अजंसयिष्येताम्	अजंसयिष्यन्त
जंसयिष्यसे	जंसयिष्येथे	जंसयिष्यध्वे	अजंसयिष्यथाः	अजंसयिष्येथाम्	अजंसयिष्यध्वम्
जंसयिष्ये	जंसयिष्यावहे	जंसयिष्यामहे	अजंसयिष्ये	अजंसयिष्यावहि	अजंसयिष्यामहि

| जंसयिता | जंसयितारौ | जंसयितारः | जंसयिषीष्ट | जंसयिषीयास्ताम् | जंसयिषीरन् |

जंसयितासे	जंसयितासाथे	जंसयिताध्वे	जंसयिषीष्ठाः	जंसयिषीयास्थाम्	जंसयिषीध्वम् -ढ्वम्
जंसयिताहे	जंसयितास्वहे	जंसयितास्महे	जंसयिषीय	जंसयिषीवहि	जंसयिषीमहि

जंसयाम्बभूव	जंसयाम्बभूवतुः	जंसयाम्बभूवुः	अजजंसत	अजजंसेताम्	अजजंसन्त
जंसयाञ्चक्रे	जंसयाञ्चक्राते	जंसयाञ्चक्रिरे			
जंसयामास	जंसयामासतुः	जंसयामासुः			
जंसयाम्बभूविथ	जंसयाम्बभूवथुः	जंसयाम्बभूव	अजजंसथाः	अजजंसेथाम्	अजजंसध्वम्
जंसयाञ्चकृषे	जंसयाञ्चक्राथे	जंसयाञ्चकृढ्वे			
जंसयामासिथ	जंसयामासथुः	जंसयामास			
जंसयाम्बभूव	जंसयाम्बभूविव	जंसयाम्बभूविम	अजजंसे	अजजंसावहि	अजजंसामहि
जंसयाञ्चक्रे	जंसयाञ्चकृवहे	जंसयाञ्चकृमहे			
जंसयामास	जंसयामासिव	जंसयामासिम			

णिजभावपक्षे 1.3.78 शेषात् कर्त्तरि परस्मैपदम् । इति पक्षे भ्वादिः इव जंस् । P । सेट् । स० ।

जंसति	जंसतः	जंसन्ति	अजंसत् -द्	अजंसताम्	अजंसन्
जंससि	जंसथः	जंसथ	अजंसः	अजंसतम्	अजंसत
जंसामि	जंसावः	जंसामः	अजंसम्	अजंसाव	अजंसाम

जंसतु जंसतात् -द्	जंसताम्	जंसन्तु	जंसेत् -द्	जंसेताम्	जंसेयुः
जंस जंसतात् -द्	जंसतम्	जंसत	जंसेः	जंसेतम्	जंसेत
जंसानि	जंसाव	जंसाम	जंसेयम्	जंसेव	जंसेम

जंसिष्यति	जंसिष्यतः	जंसिष्यन्ति	अजंसिष्यत् -द्	अजंसिष्यताम्	अजंसिष्यन्
जंसिष्यसि	जंसिष्यथः	जंसिष्यथ	अजंसिष्यः	अजंसिष्यतम्	अजंसिष्यत
जंसिष्यामि	जंसिष्यावः	जंसिष्यामः	अजंसिष्यम्	अजंसिष्याव	अजंसिष्याम

जंसिता	जंसितारौ	जंसितारः	जंस्यात् -द्	जंस्यास्ताम्	जंस्यासुः
जंसितासि	जंसितास्थः	जंसितास्थ	जंस्याः	जंस्यास्तम्	जंस्यास्त
जंसितास्मि	जंसितास्वः	जंसितास्मः	जंस्यासम्	जंस्यास्व	जंस्यास्म

जजंस	जजंसतुः	जजंसुः	अजंसीत् -द्	अजंसिष्टाम्	अजंसिषुः
जजंसिथ	जजंसथुः	जजंस	अजंसीः	अजंसिष्टम्	अजंसिष्ट
जजंस	जजंसिव	जजंसिम	अजंसिषम्	अजंसिष्व	अजंसिष्म

1667 ईड स्तुतौ । praise

10c 134 ईडँ । ईड् । ईडयति / ते । U । सेट् । स० । ईडि । ईडय । **Parasmaipadi Forms**

ईडयति	ईडयतः	ईडयन्ति[1]	ऐडयत् -द्	ऐडयताम्	ऐडयन्[1]
ईडयसि	ईडयथः	ईडयथ	ऐडयः	ऐडयतम्	ऐडयत
ईडयामि[2]	ईडयावः[2]	ईडयामः[2]	ऐडयम्[1]	ऐडयाव[2]	ऐडयाम[2]

ईडयतु ईडयतात् -द्	ईडयताम्	ईडयन्तु[1]	ईडयेत् -द्	ईडयेताम्	ईडयेयुः

ईडय	ईडयतात् -द्	ईडयतम्	ईडयत	ईडयेः	ईडयेतम्	ईडयेत
ईडयानि[3]	ईडयाव[3]	ईडयाम[3]	ईडयेयम्	ईडयेव	ईडयेम

ईडयिष्यति	ईडयिष्यतः	ईडयिष्यन्ति	ऐडयिष्यत् -द्	ऐडयिष्यताम्	ऐडयिष्यन्
ईडयिष्यसि	ईडयिष्यथः	ईडयिष्यथ	ऐडयिष्यः	ऐडयिष्यतम्	ऐडयिष्यत
ईडयिष्यामि	ईडयिष्यावः	ईडयिष्यामः	ऐडयिष्यम्	ऐडयिष्याव	ऐडयिष्याम

ईडयिता	ईडयितारौ	ईडयितारः	ईड्यात् -द्	ईड्यास्ताम्	ईड्यासुः
ईडयितासि	ईडयितास्थः	ईडयितास्थ	ईड्याः	ईड्यास्तम्	ईड्यास्त
ईडयितास्मि	ईडयितास्वः	ईडयितास्मः	ईड्यासम्	ईड्यास्व	ईड्यास्म

ईडयाम्बभूव	ईडयाम्बभूवतुः	ईडयाम्बभूवुः	ऐडिडत् -द्	ऐडिडताम्	ऐडिडन्
ईडयाञ्चकार	ईडयाञ्चक्रतुः	ईडयाञ्चक्रुः			
ईडयामास	ईडयामासतुः	ईडयामासुः			
ईडयाम्बभूविथ	ईडयाम्बभूवथुः	ईडयाम्बभूव	ऐडिडः	ऐडिडतम्	ऐडिडत
ईडयाञ्चकर्थ	ईडयाञ्चक्रथुः	ईडयाञ्चक्र			
ईडयामासिथ	ईडयामासथुः	ईडयामास			
ईडयाम्बभूव	ईडयाम्बभूविव	ईडयाम्बभूविम	ऐडिडम्	ऐडिडाव	ऐडिडाम
ईडयाञ्चकर -कार	ईडयाञ्चकृव	ईडयाञ्चकृम			
ईडयामास	ईडयामासिव	ईडयामासिम			

Atmanepadi Forms

ईडयते	ईडयेते[4]	ईडयन्ते[1]	ऐडयत	ऐडयेताम्[4]	ऐडयन्त[1]
ईडयसे	ईडयेथे[4]	ईडयध्वे	ऐडयथाः	ऐडयेथाम्[4]	ऐडयध्वम्
ईडये[1]	ईडयावहे[2]	ईडयामहे[2]	ऐडये[4]	ऐडयावहि[3]	ऐडयामहि[3]

ईडयताम्	ईडयेताम्[4]	ईडयन्ताम्[1]	ईडयेत	ईडयेयाताम्	ईडयेरन्
ईडयस्व	ईडयेथाम्[4]	ईडयध्वम्	ईडयेथाः	ईडयेयाथाम्	ईडयेध्वम्
ईडयै[5]	ईडयावहै[3]	ईडयामहै[3]	ईडयेय	ईडयेवहि	ईडयेमहि

ईडयिष्यते	ईडयिष्येते	ईडयिष्यन्ते	ऐडयिष्यत	ऐडयिष्येताम्	ऐडयिष्यन्त
ईडयिष्यसे	ईडयिष्येथे	ईडयिष्यध्वे	ऐडयिष्यथाः	ऐडयिष्येथाम्	ऐडयिष्यध्वम्
ईडयिष्ये	ईडयिष्यावहे	ईडयिष्यामहे	ऐडयिष्ये	ऐडयिष्यावहि	ऐडयिष्यामहि

ईडयिता	ईडयितारौ	ईडयितारः	ईडयिषीष्ट	ईडयिषीयास्ताम्	ईडयिषीरन्
ईडयितासे	ईडयितासाथे	ईडयिताध्वे	ईडयिषीष्ठाः	ईडयिषीयास्थाम्	ईडयिषीध्वम् -ढ्वम्
ईडयिताहे	ईडयितास्वहे	ईडयितास्महे	ईडयिषीय	ईडयिषीवहि	ईडयिषीमहि

ईडयाम्बभूव	ईडयाम्बभूवतुः	ईडयाम्बभूवुः	ऐडिडत	ऐडिडेताम्	ऐडिडन्त
ईडयाञ्चक्रे	ईडयाञ्चक्राते	ईडयाञ्चक्रिरे			
ईडयामास	ईडयामासतुः	ईडयामासुः			
ईडयाम्बभूविथ	ईडयाम्बभूवथुः	ईडयाम्बभूव	ऐडिडथाः	ऐडिडेथाम्	ऐडिडध्वम्
ईडयाञ्चकृषे	ईडयाञ्चक्राथे	ईडयाञ्चकृढ्वे			
ईडयामासिथ	ईडयामासथुः	ईडयामास			
ईडयाम्बभूव	ईडयाम्बभूविव	ईडयाम्बभूविम	ऐडिडे	ऐडिडावहि	ऐडिडामहि
ईडयाञ्चक्रे	ईडयाञ्चकृवहे	ईडयाञ्चकृमहे			
ईडयामास	ईडयामासिव	ईडयामासिम			

1668 जसु हिंसायाम् । उदित् वैकल्पिकः णिच् । hurt, injure, strike
10c 135 जसुँ । जस् । जासयति / ते, जसति । U । सेट् । स० । जासि । जासय ।
7.2.116 अत उपधायाः । **Parasmaipadi Forms**

जासयति	जासयतः	जासयन्ति[1]	अजासयत् -द्	अजासयताम्	अजासयन्[1]
जासयसि	जासयथः	जासयथ	अजासयः	अजासयतम्	अजासयत
जासयामि[2]	जासयावः[2]	जासयामः[2]	अजासयम्[1]	अजासयाव[2]	अजासयाम[2]
जासयतु जासयतात् -द्	जासयताम्	जासयन्तु[1]	जासयेत् -द्	जासयेताम्	जासयेयुः
जासय जासयतात् -द्	जासयतम्	जासयत	जासयेः	जासयेतम्	जासयेत
जासयानि[3]	जासयाव[3]	जासयाम[3]	जासयेयम्	जासयेव	जासयेम
जासयिष्यति	जासयिष्यतः	जासयिष्यन्ति	अजासयिष्यत् -द्	अजासयिष्यताम्	अजासयिष्यन्
जासयिष्यसि	जासयिष्यथः	जासयिष्यथ	अजासयिष्यः	अजासयिष्यतम्	अजासयिष्यत
जासयिष्यामि	जासयिष्यावः	जासयिष्यामः	अजासयिष्यम्	अजासयिष्याव	अजासयिष्याम
जासयिता	जासयितारौ	जासयितारः	जास्यात् -द्	जास्यास्ताम्	जास्यासुः
जासयितासि	जासयितास्थः	जासयितास्थ	जास्याः	जास्यास्तम्	जास्यास्त
जासयितास्मि	जासयितास्वः	जासयितास्मः	जास्यासम्	जास्यास्व	जास्यास्म
जासयाम्बभूव	जासयाम्बभूवतुः	जासयाम्बभूवुः	अजीजसत् -द्	अजीजसताम्	अजीजसन्
जासयाञ्चकार	जासयाञ्चक्रतुः	जासयाञ्चक्रुः			
जासयामास	जासयामासतुः	जासयामासुः			
जासयाम्बभूविथ	जासयाम्बभूवथुः	जासयाम्बभूव	अजीजसः	अजीजसतम्	अजीजसत
जासयाञ्चकर्थ	जासयाञ्चक्रथुः	जासयाञ्चक्र			
जासयामासिथ	जासयामासथुः	जासयामास			
जासयाम्बभूव	जासयाम्बभूविव	जासयाम्बभूविम	अजीजसम्	अजीजसाव	अजीजसाम
जासयाञ्चकर -कार जासयाञ्चकृव		जासयाञ्चकृम			

| जासयामास | जासयामासिव | जासयामासिम | |

Atmanepadi Forms

जासयते	जासयेते[4]	जासयन्ते[1]	अजासयत	अजासयेताम्[4]	अजासयन्त[1]
जासयसे	जासयेथे[4]	जासयध्वे	अजासयथाः	अजासयेथाम्[4]	अजासयध्वम्
जासये[1]	जासयावहे[2]	जासयामहे[2]	अजासये[4]	अजासयावहि[3]	अजासयामहि[3]

जासयताम्	जासयेताम्[4]	जासयन्ताम्[1]	जासयेत	जासयेयाताम्	जासयेरन्
जासयस्व	जासयेथाम्[4]	जासयध्वम्	जासयेथाः	जासयेयाथाम्	जासयेध्वम्
जासयै[5]	जासयावहै[3]	जासयामहै[3]	जासयेय	जासयेवहि	जासयेमहि

जासयिष्यते	जासयिष्येते	जासयिष्यन्ते	अजासयिष्यत	अजासयिष्येताम्	अजासयिष्यन्त
जासयिष्यसे	जासयिष्येथे	जासयिष्यध्वे	अजासयिष्यथाः	अजासयिष्येथाम्	अजासयिष्यध्वम्
जासयिष्ये	जासयिष्यावहे	जासयिष्यामहे	अजासयिष्ये	अजासयिष्यावहि	अजासयिष्यामहि

जासयिता	जासयितारौ	जासयितारः	जासयिषीष्ट	जासयिषीयास्ताम्	जासयिषीरन्
जासयितासे	जासयितासाथे	जासयिताध्वे	जासयिषीष्ठाः	जासयिषीयास्थाम्	जासयिषीध्वम् -ढ्वम्
जासयिताहे	जासयितास्वहे	जासयितास्महे	जासयिषीय	जासयिषीवहि	जासयिषीमहि

जासयाम्बभूव	जासयाम्बभूवतुः	जासयाम्बभूवुः	अजीजसत	अजीजसेताम्	अजीजसन्त
जासयाञ्चक्रे	जासयाञ्चक्राते	जासयाञ्चक्रिरे			
जासयामास	जासयामासतुः	जासयामासुः			
जासयाम्बभूविथ	जासयाम्बभूवथुः	जासयाम्बभूव	अजीजसथाः	अजीजसेथाम्	अजीजसध्वम्
जासयाञ्चकृषे	जासयाञ्चक्राथे	जासयाञ्चकृढ्वे			
जासयामासिथ	जासयामासथुः	जासयामास			
जासयाम्बभूव	जासयाम्बभूविव	जासयाम्बभूविम	अजीजसे	अजीजसावहि	अजीजसामहि
जासयाञ्चक्रे	जासयाञ्चकृवहे	जासयाञ्चकृमहे			
जासयामास	जासयामासिव	जासयामासिम			

णिजभावपक्षे 1.3.78 शेषात् कर्त्तरि परस्मैपदम् । इति पक्षे भ्वादिः इव जस् । P । सेट् । स० ।

जसति	जसतः	जसन्ति	अजसत् -द्	अजसताम्	अजसन्
जससि	जसथः	जसथ	अजसः	अजसतम्	अजसत
जसामि	जसावः	जसामः	अजसम्	अजसाव	अजसाम

जसतु जसतात् -द्	जसताम्	जसन्तु	जसेत् -द्	जसेताम्	जसेयुः
जस जसतात् -द्	जसतम्	जसत	जसेः	जसेतम्	जसेत
जसानि	जसाव	जसाम	जसेयम्	जसेव	जसेम

| जसिष्यति | जसिष्यतः | जसिष्यन्ति | अजसिष्यत् -द् | अजसिष्यताम् | अजसिष्यन् |
| जसिष्यसि | जसिष्यथः | जसिष्यथ | अजसिष्यः | अजसिष्यतम् | अजसिष्यत |

जसिष्यामि	जसिष्यावः	जसिष्यामः	अजसिष्यम्	अजसिष्याव	अजसिष्याम
जसिता	जसितारौ	जसितारः	जस्यात् -द्	जस्यास्ताम्	जस्यासुः
जसितासि	जसितास्थः	जसितास्थ	जस्याः	जस्यास्तम्	जस्यास्त
जसितास्मि	जसितास्वः	जसितास्मः	जस्यासम्	जस्यास्व	जस्यास्म
जजास	जेसतुः	जेसुः	अजसीत् -द्	अजसिष्टाम्	अजसिषुः
जेसिथ	जेसथुः	जेस	अजसीः	अजसिष्टम्	अजसिष्ट
जजास जजस	जेसिव	जेसिम	अजसिषम्	अजसिष्व	अजसिष्म

1669 पिडि सङ्घाते । इदित्करणं णिचः पाक्षिकत्वे लिङ्गम् । join, unite, accumulate, make heap
10c 136 पिडिँ । पिण्ड् । पिण्डयति / ते , पिण्डति । U । सेट् । अ० । पिण्डि । पिण्डय ।
7.1.58 इदितो नुम् धातोः । **Parasmaipadi Forms**

पिण्डयति	पिण्डयतः	पिण्डयन्ति[1]	अपिण्डयत् -द्	अपिण्डयताम्	अपिण्डयन्[1]
पिण्डयसि	पिण्डयथः	पिण्डयथ	अपिण्डयः	अपिण्डयतम्	अपिण्डयत
पिण्डयामि[2]	पिण्डयावः[2]	पिण्डयामः[2]	अपिण्डयम्[1]	अपिण्डयाव[2]	अपिण्डयाम[2]
पिण्डयतु पिण्डयतात् -द्	पिण्डयताम्	पिण्डयन्तु[1]	पिण्डयेत् -द्	पिण्डयेताम्	पिण्डयेयुः
पिण्डय पिण्डयतात् -द्	पिण्डयतम्	पिण्डयत	पिण्डयेः	पिण्डयेतम्	पिण्डयेत
पिण्डयानि[3]	पिण्डयाव[3]	पिण्डयाम[3]	पिण्डयेयम्	पिण्डयेव	पिण्डयेम
पिण्डयिष्यति	पिण्डयिष्यतः	पिण्डयिष्यन्ति	अपिण्डयिष्यत् -द्	अपिण्डयिष्यताम्	अपिण्डयिष्यन्
पिण्डयिष्यसि	पिण्डयिष्यथः	पिण्डयिष्यथ	अपिण्डयिष्यः	अपिण्डयिष्यतम्	अपिण्डयिष्यत
पिण्डयिष्यामि	पिण्डयिष्यावः	पिण्डयिष्यामः	अपिण्डयिष्यम्	अपिण्डयिष्याव	अपिण्डयिष्याम
पिण्डयिता	पिण्डयितारौ	पिण्डयितारः	पिण्ड्यात् -द्	पिण्ड्यास्ताम्	पिण्ड्यासुः
पिण्डयितासि	पिण्डयितास्थः	पिण्डयितास्थ	पिण्ड्याः	पिण्ड्यास्तम्	पिण्ड्यास्त
पिण्डयितास्मि	पिण्डयितास्वः	पिण्डयितास्मः	पिण्ड्यासम्	पिण्ड्यास्व	पिण्ड्यास्म
पिण्डयाम्बभूव	पिण्डयाम्बभूवतुः	पिण्डयाम्बभूवुः	अपिपिण्डत् -द्	अपिपिण्डताम्	अपिपिण्डन्
पिण्डयाञ्चकार	पिण्डयाञ्चक्रतुः	पिण्डयाञ्चक्रुः			
पिण्डयामास	पिण्डयामासतुः	पिण्डयामासुः			
पिण्डयाम्बभूविथ	पिण्डयाम्बभूवथुः	पिण्डयाम्बभूव	अपिपिण्डः	अपिपिण्डतम्	अपिपिण्डत
पिण्डयाञ्चकर्थ	पिण्डयाञ्चक्रथुः	पिण्डयाञ्चक्र			
पिण्डयामासिथ	पिण्डयामासथुः	पिण्डयामास			
पिण्डयाम्बभूव	पिण्डयाम्बभूविव	पिण्डयाम्बभूविम	अपिपिण्डम्	अपिपिण्डाव	अपिपिण्डाम
पिण्डयाञ्चकर -कार	पिण्डयाञ्चकृव	पिण्डयाञ्चकृम			
पिण्डयामास	पिण्डयामासिव	पिण्डयामासिम			

Atmanepadi Forms

पिण्डयते	पिण्डयेते[4]	पिण्डयन्ते[1]	अपिण्डयत	अपिण्डयेताम्[4]	अपिण्डयन्त[1]
पिण्डयसे	पिण्डयेथे[4]	पिण्डयध्वे	अपिण्डयथाः	अपिण्डयेथाम्[4]	अपिण्डयध्वम्
पिण्डये[1]	पिण्डयावहे[2]	पिण्डयामहे[2]	अपिण्डये[4]	अपिण्डयावहि[3]	अपिण्डयामहि[3]

पिण्डयताम्	पिण्डयेताम्[4]	पिण्डयन्ताम्[1]	पिण्डयेत	पिण्डयेयाताम्	पिण्डयेरन्
पिण्डयस्व	पिण्डयेथाम्[4]	पिण्डयध्वम्	पिण्डयेथाः	पिण्डयेयाथाम्	पिण्डयेध्वम्
पिण्डयै[5]	पिण्डयावहै[3]	पिण्डयामहै[3]	पिण्डयेय	पिण्डयेवहि	पिण्डयेमहि

पिण्डयिष्यते	पिण्डयिष्येते	पिण्डयिष्यन्ते	अपिण्डयिष्यत	अपिण्डयिष्येताम्	अपिण्डयिष्यन्त
पिण्डयिष्यसे	पिण्डयिष्येथे	पिण्डयिष्यध्वे	अपिण्डयिष्यथाः	अपिण्डयिष्येथाम्	अपिण्डयिष्यध्वम्
पिण्डयिष्ये	पिण्डयिष्यावहे	पिण्डयिष्यामहे	अपिण्डयिष्ये	अपिण्डयिष्यावहि	अपिण्डयिष्यामहि

पिण्डयिता	पिण्डयितारौ	पिण्डयितारः	पिण्डयिषीष्ट	पिण्डयिषीयास्ताम्	पिण्डयिषीरन्
पिण्डयितासे	पिण्डयितासाथे	पिण्डयिताध्वे	पिण्डयिषीष्ठाः	पिण्डयिषीयास्थाम्	पिण्डयिषीध्वम् -ढ्वम्
पिण्डयिताहे	पिण्डयितास्वहे	पिण्डयितास्महे	पिण्डयिषीय	पिण्डयिषीवहि	पिण्डयिषीमहि

पिण्डयाम्बभूव	पिण्डयाम्बभूवतुः	पिण्डयाम्बभूवुः	अपिपिण्डत	अपिपिण्डेताम्	अपिपिण्डन्त
पिण्डयाञ्चक्रे	पिण्डयाञ्चक्राते	पिण्डयाञ्चक्रिरे			
पिण्डयामास	पिण्डयामासतुः	पिण्डयामासुः			
पिण्डयाम्बभूविथ	पिण्डयाम्बभूवथुः	पिण्डयाम्बभूव	अपिपिण्डथाः	अपिपिण्डेथाम्	अपिपिण्डध्वम्
पिण्डयाञ्चकृषे	पिण्डयाञ्चक्राथे	पिण्डयाञ्चकृढ्वे			
पिण्डयामासिथ	पिण्डयामासथुः	पिण्डयामास			
पिण्डयाम्बभूव	पिण्डयाम्बभूविव	पिण्डयाम्बभूविम	अपिपिण्डे	अपिपिण्डावहि	अपिपिण्डामहि
पिण्डयाञ्चक्रे	पिण्डयाञ्चकृवहे	पिण्डयाञ्चकृमहे			
पिण्डयामास	पिण्डयामासिव	पिण्डयामासिम			

णिजभावपक्षे 1.3.78 शेषात् कर्त्तरि परस्मैपदम् । इति पक्षे भ्वादिः इव पिण्ड् । P । सेट् । स० ।

पिण्डति	पिण्डतः	पिण्डन्ति	अपिण्डत्	अपिण्डताम्	अपिण्डन्
पिण्डसि	पिण्डथः	पिण्डथ	अपिण्डः	अपिण्डतम्	अपिण्डत
पिण्डामि	पिण्डावः	पिण्डामः	अपिण्डम्	अपिण्डाव	अपिण्डाम

पिण्डतु पिण्डतात् -द्	पिण्डताम्	पिण्डन्तु	पिण्डेत्	पिण्डेताम्	पिण्डेयुः
पिण्ड पिण्डतात् -द्	पिण्डतम्	पिण्डत	पिण्डेः	पिण्डेतम्	पिण्डेत
पिण्डानि	पिण्डाव	पिण्डाम	पिण्डेयम्	पिण्डेव	पिण्डेम

पिण्डिष्यति	पिण्डिष्यतः	पिण्डिष्यन्ति	अपिण्डिष्यत्	अपिण्डिष्यताम्	अपिण्डिष्यन्
पिण्डिष्यसि	पिण्डिष्यथः	पिण्डिष्यथ	अपिण्डिष्यः	अपिण्डिष्यतम्	अपिण्डिष्यत
पिण्डिष्यामि	पिण्डिष्यावः	पिण्डिष्यामः	अपिण्डिष्यम्	अपिण्डिष्याव	अपिण्डिष्याम

पिण्डिता	पिण्डितारौ	पिण्डितारः	पिण्ड्यात्	पिण्ड्यास्ताम्	पिण्ड्यासुः
पिण्डितासि	पिण्डितास्थः	पिण्डितास्थ	पिण्ड्याः	पिण्ड्यास्तम्	पिण्ड्यास्त
पिण्डितास्मि	पिण्डितास्वः	पिण्डितास्मः	पिण्ड्यासम्	पिण्ड्यास्व	पिण्ड्यास्म

पिपिण्ड	पिपिण्डतुः	पिपिण्डुः	अपिण्डीत्	अपिण्डिष्टाम्	अपिण्डिषुः
पिपिण्डिथ	पिपिण्डथुः	पिपिण्ड	अपिण्डीः	अपिण्डिष्टम्	अपिण्डिष्ट
पिपिण्ड	पिपिण्डिव	पिपिण्डिम	अपिण्डिषम्	अपिण्डिष्व	अपिण्डिष्म

1670 **रुष रोषे । रुट इत्येके ।** be angry, be vexed, be offended

10c 137 **रुषँ । रुष् । रोषयति / ते । U । सेट् । अ० । रोषि । रोषय ।**

7.2.28 **रुष्यमत्वरसंघुषास्वनाम्। रुष् अम् त्वर् सम्–घुष् आङ्–स्वन् इत्येतेषां निष्ठायां वा अनिट् ।** 8.4.41 **ष्टुना ष्टुः।**

7.2.48 **तीषसहलुभरुषरिषः ।** By these 2 sutras for **निष्ठा** Anga is **रुष्** not **रोष्** i.e. **णिच्** doesn't apply.

Parasmaipadi Forms

रोषयति	रोषयतः	रोषयन्ति[1]	अरोषयत् -द्	अरोषयताम्	अरोषयन्[1]
रोषयसि	रोषयथः	रोषयथ	अरोषयः	अरोषयतम्	अरोषयत
रोषयामि[2]	रोषयावः[2]	रोषयामः[2]	अरोषयम्[1]	अरोषयाव[2]	अरोषयाम[2]

रोषयतु रोषयतात् -द्	रोषयताम्	रोषयन्तु[1]	रोषयेत् -द्	रोषयेताम्	रोषयेयुः
रोषय रोषयतात् -द्	रोषयतम्	रोषयत	रोषयेः	रोषयेतम्	रोषयेत
रोषयाणि[3]	रोषयाव[3]	रोषयाम[3]	रोषयेयम्	रोषयेव	रोषयेम

रोषयिष्यति	रोषयिष्यतः	रोषयिष्यन्ति	अरोषयिष्यत् -द्	अरोषयिष्यताम्	अरोषयिष्यन्
रोषयिष्यसि	रोषयिष्यथः	रोषयिष्यथ	अरोषयिष्यः	अरोषयिष्यतम्	अरोषयिष्यत
रोषयिष्यामि	रोषयिष्यावः	रोषयिष्यामः	अरोषयिष्यम्	अरोषयिष्याव	अरोषयिष्याम

रोषयिता	रोषयितारौ	रोषयितारः	रोष्यात् -द्	रोष्यास्ताम्	रोष्यासुः
रोषयितासि	रोषयितास्थः	रोषयितास्थ	रोष्याः	रोष्यास्तम्	रोष्यास्त
रोषयितास्मि	रोषयितास्वः	रोषयितास्मः	रोष्यासम्	रोष्यास्व	रोष्यास्म

रोषयाम्बभूव	रोषयाम्बभूवतुः	रोषयाम्बभूवुः	अरूरुषत् -द्	अरूरुषताम्	अरूरुषन्
रोषयाञ्चकार	रोषयाञ्चक्रतुः	रोषयाञ्चक्रुः			
रोषयामास	रोषयामासतुः	रोषयामासुः			
रोषयाम्बभूविथ	रोषयाम्बभूवथुः	रोषयाम्बभूव	अरूरुषः	अरूरुषतम्	अरूरुषत
रोषयाञ्चकर्थ	रोषयाञ्चक्रथुः	रोषयाञ्चक्र			
रोषयामासिथ	रोषयामासथुः	रोषयामास			
रोषयाम्बभूव	रोषयाम्बभूविव	रोषयाम्बभूविम	अरूरुषम्	अरूरुषाव	अरूरुषाम
रोषयाञ्चकर -कार	रोषयाञ्चकृव	रोषयाञ्चकृम			
रोषयामास	रोषयामासिव	रोषयामासिम			

Atmanepadi Forms

रोषयते	रोषयेते[4]	रोषयन्ते[1]	अरोषयत	अरोषयेताम्[4]	अरोषयन्त[1]
रोषयसे	रोषयेथे[4]	रोषयध्वे	अरोषयथाः	अरोषयेथाम्[4]	अरोषयध्वम्
रोषये[1]	रोषयावहे[2]	रोषयामहे[2]	अरोषये[4]	अरोषयावहि[3]	अरोषयामहि[3]

रोषयताम्	रोषयेताम्[4]	रोषयन्ताम्[1]	रोषयेत	रोषयेयाताम्	रोषयेरन्
रोषयस्व	रोषयेथाम्[4]	रोषयध्वम्	रोषयेथाः	रोषयेयाथाम्	रोषयेध्वम्
रोषयै[5]	रोषयावहै[3]	रोषयामहै[3]	रोषयेय	रोषयेवहि	रोषयेमहि

रोषयिष्यते	रोषयिष्येते	रोषयिष्यन्ते	अरोषयिष्यत	अरोषयिष्येताम्	अरोषयिष्यन्त
रोषयिष्यसे	रोषयिष्येथे	रोषयिष्यध्वे	अरोषयिष्यथाः	अरोषयिष्येथाम्	अरोषयिष्यध्वम्
रोषयिष्ये	रोषयिष्यावहे	रोषयिष्यामहे	अरोषयिष्ये	अरोषयिष्यावहि	अरोषयिष्यामहि

रोषयिता	रोषयितारौ	रोषयितारः	रोषयिषीष्ट	रोषयिषीयास्ताम्	रोषयिषीरन्
रोषयितासे	रोषयितासाथे	रोषयिताध्वे	रोषयिषीष्ठाः	रोषयिषीयास्थाम्	रोषयिषीध्वम् -ढ्वम्
रोषयिताहे	रोषयितास्वहे	रोषयितास्महे	रोषयिषीय	रोषयिषीवहि	रोषयिषीमहि

रोषयाम्बभूव	रोषयाम्बभूवतुः	रोषयाम्बभूवुः	अरूरुषत	अरूरुषेताम्	अरूरुषन्त
रोषयाञ्चक्रे	रोषयाञ्चक्राते	रोषयाञ्चक्रिरे			
रोषयामास	रोषयामासतुः	रोषयामासुः			
रोषयाम्बभूविथ	रोषयाम्बभूवथुः	रोषयाम्बभूव	अरूरुषथाः	अरूरुषेथाम्	अरूरुषध्वम्
रोषयाञ्चकृषे	रोषयाञ्चक्राथे	रोषयाञ्चकृढ्वे			
रोषयामासिथ	रोषयामासथुः	रोषयामास			
रोषयाम्बभूव	रोषयाम्बभूविव	रोषयाम्बभूविम	अरूरुषे	अरूरुषावहि	अरूरुषामहि
रोषयाञ्चक्रे	रोषयाञ्चकृवहे	रोषयाञ्चकृमहे			
रोषयामास	रोषयामासिव	रोषयामासिम			

1671 डिप क्षेपे । send, throw, fly, backbite

10c 138 डिपँ । डिप् । डेपयति / ते । U । सेट् । स० । डेपि । डेपय । **Parasmaipadi Forms**

डेपयति	डेपयतः	डेपयन्ति[1]	अडेपयत् -द्	अडेपयताम्	अडेपयन्[1]
डेपयसि	डेपयथः	डेपयथ	अडेपयः	अडेपयतम्	अडेपयत
डेपयामि[2]	डेपयावः[2]	डेपयामः[2]	अडेपयम्[1]	अडेपयाव[2]	अडेपयाम[2]

डेपयतु डेपयतात् -द्	डेपयताम्	डेपयन्तु[1]	डेपयेत् -द्	डेपयेताम्	डेपयेयुः
डेपय डेपयतात् -द्	डेपयतम्	डेपयत	डेपयेः	डेपयेतम्	डेपयेत
डेपयानि[3]	डेपयाव[3]	डेपयाम[3]	डेपयेयम्	डेपयेव	डेपयेम

डेपयिष्यति	डेपयिष्यतः	डेपयिष्यन्ति	अडेपयिष्यत् -द्	अडेपयिष्यताम्	अडेपयिष्यन्
डेपयिष्यसि	डेपयिष्यथः	डेपयिष्यथ	अडेपयिष्यः	अडेपयिष्यतम्	अडेपयिष्यत
डेपयिष्यामि	डेपयिष्यावः	डेपयिष्यामः	अडेपयिष्यम्	अडेपयिष्याव	अडेपयिष्याम

डेपयिता	डेपयितारौ	डेपयितारः	डेप्यात् -द्	डेप्यास्ताम्	डेप्यासुः
डेपयितासि	डेपयितास्थः	डेपयितास्थ	डेप्याः	डेप्यास्तम्	डेप्यास्त
डेपयितास्मि	डेपयितास्वः	डेपयितास्मः	डेप्यासम्	डेप्यास्व	डेप्यास्म

डेपयाम्बभूव	डेपयाम्बभूवतुः	डेपयाम्बभूवुः	अडीडिपत् -द्	अडीडिपताम्	अडीडिपन्
डेपयाञ्चकार	डेपयाञ्चक्रतुः	डेपयाञ्चक्रुः			
डेपयामास	डेपयामासतुः	डेपयामासुः			
डेपयाम्बभूविथ	डेपयाम्बभूवथुः	डेपयाम्बभूव	अडीडिपः	अडीडिपतम्	अडीडिपत
डेपयाञ्चकर्थ	डेपयाञ्चक्रथुः	डेपयाञ्चक्र			
डेपयामासिथ	डेपयामासथुः	डेपयामास			
डेपयाम्बभूव	डेपयाम्बभूविव	डेपयाम्बभूविम	अडीडिपम्	अडीडिपाव	अडीडिपाम
डेपयाञ्चकर -कार	डेपयाञ्चकृव	डेपयाञ्चकृम			
डेपयामास	डेपयामासिव	डेपयामासिम			

Atmanepadi Forms

डेपयते	डेपयेते[4]	डेपयन्ते[1]	अडेपयत	अडेपयेताम्[4]	अडेपयन्त[1]
डेपयसे	डेपयेथे[4]	डेपयध्वे	अडेपयथाः	अडेपयेथाम्[4]	अडेपयध्वम्
डेपये[1]	डेपयावहे[2]	डेपयामहे[2]	अडेपये[4]	अडेपयावहि[3]	अडेपयामहि[3]

डेपयताम्	डेपयेताम्[4]	डेपयन्ताम्[1]	डेपयेत	डेपयेयाताम्	डेपयेरन्
डेपयस्व	डेपयेथाम्[4]	डेपयध्वम्	डेपयेथाः	डेपयेयाथाम्	डेपयेध्वम्
डेपयै[5]	डेपयावहै[3]	डेपयामहै[3]	डेपयेय	डेपयेवहि	डेपयेमहि

डेपयिष्यते	डेपयिष्येते	डेपयिष्यन्ते	अडेपयिष्यत	अडेपयिष्येताम्	अडेपयिष्यन्त
डेपयिष्यसे	डेपयिष्येथे	डेपयिष्यध्वे	अडेपयिष्यथाः	अडेपयिष्येथाम्	अडेपयिष्यध्वम्
डेपयिष्ये	डेपयिष्यावहे	डेपयिष्यामहे	अडेपयिष्ये	अडेपयिष्यावहि	अडेपयिष्यामहि

डेपयिता	डेपयितारौ	डेपयितारः	डेपयिषीष्ट	डेपयिषीयास्ताम्	डेपयिषीरन्
डेपयितासे	डेपयितासाथे	डेपयिताध्वे	डेपयिषीष्ठाः	डेपयिषीयास्थाम्	डेपयिषीध्वम् -ढ्वम्
डेपयिताहे	डेपयितास्वहे	डेपयितास्महे	डेपयिषीय	डेपयिषीवहि	डेपयिषीमहि

डेपयाम्बभूव	डेपयाम्बभूवतुः	डेपयाम्बभूवुः	अडीडिपत	अडीडिपेताम्	अडीडिपन्त
डेपयाञ्चक्रे	डेपयाञ्चक्राते	डेपयाञ्चक्रिरे			

डेपयामास	डेपयामासतुः	डेपयामासुः			
डेपयाम्बभूविथ	डेपयाम्बभूवथुः	डेपयाम्बभूव	अडीडिपथाः	अडीडिपेथाम्	अडीडिपध्वम्
डेपयाञ्चकृषे	डेपयाञ्चक्राथे	डेपयाञ्चकृढ्वे			
डेपयामासिथ	डेपयामासथुः	डेपयामास			
डेपयाम्बभूव	डेपयाम्बभूविव	डेपयाम्बभूविम	अडीडिपे	अडीडिपावहि	अडीडिपामहि
डेपयाञ्चक्रे	डेपयाञ्चकृवहे	डेपयाञ्चकृमहे			
डेपयामास	डेपयामासिव	डेपयामासिम			

1672 ष्टुप समुच्छ्राये । ष्टूप इति माधवीय । heap, pile, erect, raise

10c 139 ष्टुपँ । स्तुप् । स्तोपयति / ते । U । सेट् । स० । स्तोपि । स्तोपय । **Parasmaipadi**

स्तोपयति	स्तोपयतः	स्तोपयन्ति[1]	अस्तोपयत् -द्	अस्तोपयताम्	अस्तोपयन्[1]
स्तोपयसि	स्तोपयथः	स्तोपयथ	अस्तोपयः	अस्तोपयतम्	अस्तोपयत
स्तोपयामि[2]	स्तोपयावः[2]	स्तोपयामः[2]	अस्तोपयम्[1]	अस्तोपयाव[2]	अस्तोपयाम[2]

स्तोपयतु स्तोपयतात् -द्	स्तोपयताम्	स्तोपयन्तु[1]	स्तोपयेत् -द्	स्तोपयेताम्	स्तोपयेयुः
स्तोपय स्तोपयतात् -द्	स्तोपयतम्	स्तोपयत	स्तोपयेः	स्तोपयेतम्	स्तोपयेत
स्तोपयानि[3]	स्तोपयाव[3]	स्तोपयाम[3]	स्तोपयेयम्	स्तोपयेव	स्तोपयेम

स्तोपयिष्यति	स्तोपयिष्यतः	स्तोपयिष्यन्ति	अस्तोपयिष्यत् -द्	अस्तोपयिष्यताम्	अस्तोपयिष्यन्
स्तोपयिष्यसि	स्तोपयिष्यथः	स्तोपयिष्यथ	अस्तोपयिष्यः	अस्तोपयिष्यतम्	अस्तोपयिष्यत
स्तोपयिष्यामि	स्तोपयिष्यावः	स्तोपयिष्यामः	अस्तोपयिष्यम्	अस्तोपयिष्याव	अस्तोपयिष्याम

स्तोपयिता	स्तोपयितारौ	स्तोपयितारः	स्तोप्यात् -द्	स्तोप्यास्ताम्	स्तोप्यासुः
स्तोपयितासि	स्तोपयितास्थः	स्तोपयितास्थ	स्तोप्याः	स्तोप्यास्तम्	स्तोप्यास्त
स्तोपयितास्मि	स्तोपयितास्वः	स्तोपयितास्मः	स्तोप्यासम्	स्तोप्यास्व	स्तोप्यास्म

स्तोपयाम्बभूव	स्तोपयाम्बभूवतुः	स्तोपयाम्बभूवुः	अतुष्टुपत् -द्	अतुष्टुपताम्	अतुष्टुपन्
स्तोपयाञ्चकार	स्तोपयाञ्चक्रतुः	स्तोपयाञ्चक्रुः			
स्तोपयामास	स्तोपयामासतुः	स्तोपयामासुः			
स्तोपयाम्बभूविथ	स्तोपयाम्बभूवथुः	स्तोपयाम्बभूव	अतुष्टुपः	अतुष्टुपतम्	अतुष्टुपत
स्तोपयाञ्चकर्थ	स्तोपयाञ्चक्रथुः	स्तोपयाञ्चक्र			
स्तोपयामासिथ	स्तोपयामासथुः	स्तोपयामास			
स्तोपयाम्बभूव	स्तोपयाम्बभूविव	स्तोपयाम्बभूविम	अतुष्टुपम्	अतुष्टुपाव	अतुष्टुपाम
स्तोपयाञ्चकर -कार	स्तोपयाञ्चकृव	स्तोपयाञ्चकृम			
स्तोपयामास	स्तोपयामासिव	स्तोपयामासिम			

Atmanepadi Forms

स्तोपयते	स्तोपयेते[4]	स्तोपयन्ते[1]	अस्तोपयत	अस्तोपयेताम्[4]	अस्तोपयन्त[1]
स्तोपयसे	स्तोपयेथे[4]	स्तोपयध्वे	अस्तोपयथाः	अस्तोपयेथाम्[4]	अस्तोपयध्वम्
स्तोपये[1]	स्तोपयावहे[2]	स्तोपयामहे[2]	अस्तोपये[4]	अस्तोपयावहि[3]	अस्तोपयामहि[3]

स्तोपयताम्	स्तोपयेताम्[4]	स्तोपयन्ताम्[1]	स्तोपयेत	स्तोपयेयाताम्	स्तोपयेरन्
स्तोपयस्व	स्तोपयेथाम्[4]	स्तोपयध्वम्	स्तोपयेथाः	स्तोपयेयाथाम्	स्तोपयेध्वम्
स्तोपयै[5]	स्तोपयावहै[3]	स्तोपयामहै[3]	स्तोपयेय	स्तोपयेवहि	स्तोपयेमहि

स्तोपयिष्यते	स्तोपयिष्येते	स्तोपयिष्यन्ते	अस्तोपयिष्यत	अस्तोपयिष्येताम्	अस्तोपयिष्यन्त
स्तोपयिष्यसे	स्तोपयिष्येथे	स्तोपयिष्यध्वे	अस्तोपयिष्यथाः	अस्तोपयिष्येथाम्	अस्तोपयिष्यध्वम्
स्तोपयिष्ये	स्तोपयिष्यावहे	स्तोपयिष्यामहे	अस्तोपयिष्ये	अस्तोपयिष्यावहि	अस्तोपयिष्यामहि

स्तोपयिता	स्तोपयितारौ	स्तोपयितारः	स्तोपयिषीष्ट	स्तोपयिषीयास्ताम्	स्तोपयिषीरन्
स्तोपयितासे	स्तोपयितासाथे	स्तोपयिताध्वे	स्तोपयिषीष्ठाः	स्तोपयिषीयास्थाम्	स्तोपयिषीध्वम् -ढ्वम्
स्तोपयिताहे	स्तोपयितास्वहे	स्तोपयितास्महे	स्तोपयिषीय	स्तोपयिषीवहि	स्तोपयिषीमहि

स्तोपयाम्बभूव	स्तोपयाम्बभूवतुः	स्तोपयाम्बभूवुः	अतुष्टुपत	अतुष्टुपेताम्	अतुष्टुपन्त
स्तोपयाञ्चक्रे	स्तोपयाञ्चक्राते	स्तोपयाञ्चक्रिरे			
स्तोपयामास	स्तोपयामासतुः	स्तोपयामासुः			
स्तोपयाम्बभूविथ	स्तोपयाम्बभूवथुः	स्तोपयाम्बभूव	अतुष्टुपथाः	अतुष्टुपेथाम्	अतुष्टुपध्वम्
स्तोपयाञ्चकृषे	स्तोपयाञ्चक्राथे	स्तोपयाञ्चकृढ्वे			
स्तोपयामासिथ	स्तोपयामासथुः	स्तोपयामास			
स्तोपयाम्बभूव	स्तोपयाम्बभूविव	स्तोपयाम्बभूविम	अतुष्टुपे	अतुष्टुपावहि	अतुष्टुपामहि
स्तोपयाञ्चक्रे	स्तोपयाञ्चकृवहे	स्तोपयाञ्चकृमहे			
स्तोपयामास	स्तोपयामासिव	स्तोपयामासिम			

गणसूत्रः = आकुस्मादात्मनेपदिनः ।

1673 अथ आकुस्मीय अन्तर्गणः नवत्रिंशत् आत्मनेपदिनः। Till Root 1711 कुस्म् ।

इति अकर्त्रभिप्रायक्रियाफले अपि आत्मनेपदिनः । 39 Roots with Atmanepada णिच् forms only.

1673 चित सञ्चेतने । आकुस्मीयः । perceive, see, notice, observe, know. *Famous word* चेतना ।

10c 140 चितँ । चित् । चेतयते । A । सेट् । स० । चेति । चेतय । **Atmanepadi Forms only**

चेतयते	चेतयेते[4]	चेतयन्ते[1]	अचेतयत	अचेतयेताम्[4]	अचेतयन्त[1]
चेतयसे	चेतयेथे[4]	चेतयध्वे	अचेतयथाः	अचेतयेथाम्[4]	अचेतयध्वम्
चेतये[1]	चेतयावहे[2]	चेतयामहे[2]	अचेतये[4]	अचेतयावहि[3]	अचेतयामहि[3]

चेतयताम्	चेतयेताम्[4]	चेतयन्ताम्[1]	चेतयेत	चेतयेयाताम्	चेतयेरन्

चेतयस्व	चेतयेथाम्[4]	चेतयध्वम्	चेतयेथाः	चेतयेयाथाम्	चेतयेध्वम्
चेतयै[5]	चेतयावहै[3]	चेतयामहै[3]	चेतयेय	चेतयेवहि	चेतयेमहि

चेतयिष्यते	चेतयिष्येते	चेतयिष्यन्ते	अचेतयिष्यत	अचेतयिष्येताम्	अचेतयिष्यन्त
चेतयिष्यसे	चेतयिष्येथे	चेतयिष्यध्वे	अचेतयिष्यथाः	अचेतयिष्येथाम्	अचेतयिष्यध्वम्
चेतयिष्ये	चेतयिष्यावहे	चेतयिष्यामहे	अचेतयिष्ये	अचेतयिष्यावहि	अचेतयिष्यामहि

चेतयिता	चेतयितारौ	चेतयितारः	चेतयिषीष्ट	चेतयिषीयास्ताम्	चेतयिषीरन्
चेतयितासे	चेतयितासाथे	चेतयिताध्वे	चेतयिषीष्ठाः	चेतयिषीयास्थाम्	चेतयिषीध्वम् -ढ्वम्
चेतयिताहे	चेतयितास्वहे	चेतयितास्महे	चेतयिषीय	चेतयिषीवहि	चेतयिषीमहि

चेतयाम्बभूव	चेतयाम्बभूवतुः	चेतयाम्बभूवुः	अचीचितत	अचीचितेताम्	अचीचितन्त
चेतयाञ्चक्रे	चेतयाञ्चक्राते	चेतयाञ्चक्रिरे			
चेतयामास	चेतयामासतुः	चेतयामासुः			
चेतयाम्बभूविथ	चेतयाम्बभूवथुः	चेतयाम्बभूव	अचीचितथाः	अचीचितेथाम्	अचीचितध्वम्
चेतयाञ्चकृषे	चेतयाञ्चक्राथे	चेतयाञ्चकृढ्वे			
चेतयामासिथ	चेतयामासथुः	चेतयामास			
चेतयाम्बभूव	चेतयाम्बभूविव	चेतयाम्बभूविम	अचीचिते	अचीचितावहि	अचीचितामहि
चेतयाञ्चक्रे	चेतयाञ्चकृवहे	चेतयाञ्चकृमहे			
चेतयामास	चेतयामासिव	चेतयामासिम			

1674 दशि दंशने । दंशनदर्शनयोः । आकुस्मीयः । इदित्करणं णिचः पाक्षिकत्वे लिङ्गम् । bite, sting, see 10c 141 दशिँ । दंश् । दंशयते , दंशति । A । सेट् । स० । दंशि । दंशय । 7.1.58

Note – 6.4.25 दंशसञ्जस्वञ्जां शपि , इति उपधा नकारस्य लोपः । Applies to Dhatu 989 दंश दशने by paribhasha सहचरितासहचरितयोः सहचरितस्यैव ग्रहणम् , not here. **Atmanepadi Forms only**

दंशयते	दंशयेते[4]	दंशयन्ते[1]	अदंशयत	अदंशयेताम्[4]	अदंशयन्त[1]
दंशयसे	दंशयेथे[4]	दंशयध्वे	अदंशयथाः	अदंशयेथाम्[4]	अदंशयध्वम्
दंशये[1]	दंशयावहे[2]	दंशयामहे[2]	अदंशये[4]	अदंशयावहि[3]	अदंशयामहि[3]

दंशयताम्	दंशयेताम्[4]	दंशयन्ताम्[1]	दंशयेत	दंशयेयाताम्	दंशयेरन्
दंशयस्व	दंशयेथाम्[4]	दंशयध्वम्	दंशयेथाः	दंशयेयाथाम्	दंशयेध्वम्
दंशयै[5]	दंशयावहै[3]	दंशयामहै[3]	दंशयेय	दंशयेवहि	दंशयेमहि

दंशयिष्यते	दंशयिष्येते	दंशयिष्यन्ते	अदंशयिष्यत	अदंशयिष्येताम्	अदंशयिष्यन्त
दंशयिष्यसे	दंशयिष्येथे	दंशयिष्यध्वे	अदंशयिष्यथाः	अदंशयिष्येथाम्	अदंशयिष्यध्वम्
दंशयिष्ये	दंशयिष्यावहे	दंशयिष्यामहे	अदंशयिष्ये	अदंशयिष्यावहि	अदंशयिष्यामहि

दंशयिता	**दंशयितारौ**	**दंशयितारः**	**दंशयिषीष्ट**	**दंशयिषीयास्ताम्**	**दंशयिषीरन्**
दंशयितासे	**दंशयितासाथे**	**दंशयिताध्वे**	**दंशयिषीष्ठाः**	**दंशयिषीयास्थाम्**	**दंशयिषीध्वम् -ढ्वम्**
दंशयिताहे	**दंशयितास्वहे**	**दंशयितास्महे**	**दंशयिषीय**	**दंशयिषीवहि**	**दंशयिषीमहि**

दंशयाम्बभूव	**दंशयाम्बभूवतुः**	**दंशयाम्बभूवुः**	**अददंशत**	**अददंशेताम्**	**अददंशन्त**
दंशयाञ्चक्रे	**दंशयाञ्चक्राते**	**दंशयाञ्चक्रिरे**			
दंशयामास	**दंशयामासतुः**	**दंशयामासुः**			
दंशयाम्बभूविथ	**दंशयाम्बभूवथुः**	**दंशयाम्बभूव**	**अददंशथाः**	**अददंशेथाम्**	**अददंशध्वम्**
दंशयाञ्चकृषे	**दंशयाञ्चक्राथे**	**दंशयाञ्चकृढ्वे**			
दंशयामासिथ	**दंशयामासथुः**	**दंशयामास**			
दंशयाम्बभूव	**दंशयाम्बभूविव**	**दंशयाम्बभूविम**	**अददंशे**	**अददंशावहि**	**अददंशामहि**
दंशयाञ्चक्रे	**दंशयाञ्चकृवहे**	**दंशयाञ्चकृमहे**			
दंशयामास	**दंशयामासिव**	**दंशयामासिम**			

णिजभावपक्षे 1.3.78 शेषात् कर्त्तरि परस्मैपदम् । इति पक्षे भ्वादिः इव दंश् । P । सेट् । स० ।

दंशति	दंशतः	दंशन्ति	अदंशत् -द्	अदंशताम्	अदंशन्
दंशसि	दंशथः	दंशथ	अदंशः	अदंशतम्	अदंशत
दंशामि	दंशावः	दंशामः	अदंशम्	अदंशाव	अदंशाम

दंशतु दंशतात् -द्	दंशताम्	दंशन्तु	दंशेत् -द्	दंशेताम्	दंशेयुः
दंश दंशतात् -द्	दंशतम्	दंशत	दंशेः	दंशेतम्	दंशेत
दंशानि	दंशाव	दंशाम	दंशेयम्	दंशेव	दंशेम

दंशिष्यति	दंशिष्यतः	दंशिष्यन्ति	अदंशिष्यत् -द्	अदंशिष्यताम्	अदंशिष्यन्
दंशिष्यसि	दंशिष्यथः	दंशिष्यथ	अदंशिष्यः	अदंशिष्यतम्	अदंशिष्यत
दंशिष्यामि	दंशिष्यावः	दंशिष्यामः	अदंशिष्यम्	अदंशिष्याव	अदंशिष्याम

दंशिता	दंशितारौ	दंशितारः	दंश्यात् -द्	दंश्यास्ताम्	दंश्यासुः
दंशितासि	दंशितास्थः	दंशितास्थ	दंश्याः	दंश्यास्तम्	दंश्यास्त
दंशितास्मि	दंशितास्वः	दंशितास्मः	दंश्यासम्	दंश्यास्व	दंश्यास्म

ददंश	ददंशतुः	ददंशुः	अदंशीत् -द्	अदंशिष्टाम्	अदंशिषुः
ददंशिथ	ददंशथुः	ददंश	अदंशीः	अदंशिष्टम्	अदंशिष्ट
ददंश	ददंशिव	ददंशिम	अदंशिषम्	अदंशिष्व	अदंशिष्म

1675 दसि दर्शनदंशनयोः । दस इत्यप्येके । आकुस्मीयः । इदित् वैकल्पिकः णिच् । bite, sting, see
10c 142 दसिँ । दंस् । दंसयते , दंसति । A । सेट् । स० । दंसि । दंसय ।
7.1.58 इदितो नुम् धातोः । **Atmanepadi Forms only**

दंसयते	**दंसयेते**[4]	**दंसयन्ते**[1]	**अदंसयत**	**अदंसयेताम्**[4]	**अदंसयन्त**[1]
दंसयसे	**दंसयेथे**[4]	**दंसयध्वे**	**अदंसयथाः**	**अदंसयेथाम्**[4]	**अदंसयध्वम्**
दंसये[1]	**दंसयावहे**[2]	**दंसयामहे**[2]	**अदंसये**[4]	**अदंसयावहि**[3]	**अदंसयामहि**[3]

दंसयताम्	दंसयेताम्[4]	दंसयन्ताम्[1]	दंसयेत	दंसयेयाताम्	दंसयेरन्
दंसयस्व	दंसयेथाम्[4]	दंसयध्वम्	दंसयेथाः	दंसयेयाथाम्	दंसयेध्वम्
दंसयै[5]	दंसयावहै[3]	दंसयामहै[3]	दंसयेय	दंसयेवहि	दंसयेमहि

दंसयिष्यते	दंसयिष्येते	दंसयिष्यन्ते	अदंसयिष्यत	अदंसयिष्येताम्	अदंसयिष्यन्त
दंसयिष्यसे	दंसयिष्येथे	दंसयिष्यध्वे	अदंसयिष्यथाः	अदंसयिष्येथाम्	अदंसयिष्यध्वम्
दंसयिष्ये	दंसयिष्यावहे	दंसयिष्यामहे	अदंसयिष्ये	अदंसयिष्यावहि	अदंसयिष्यामहि

दंसयिता	दंसयितारौ	दंसयितारः	दंसयिषीष्ट	दंसयिषीयास्ताम्	दंसयिषीरन्
दंसयितासे	दंसयितासाथे	दंसयिताध्वे	दंसयिषीष्ठाः	दंसयिषीयास्थाम्	दंसयिषीध्वम् -ढ्वम्
दंसयिताहे	दंसयितास्वहे	दंसयितास्महे	दंसयिषीय	दंसयिषीवहि	दंसयिषीमहि

दंसयाम्बभूव	दंसयाम्बभूवतुः	दंसयाम्बभूवुः	अददंसत	अददंसेताम्	अददंसन्त
दंसयाञ्चक्रे	दंसयाञ्चक्राते	दंसयाञ्चक्रिरे			
दंसयामास	दंसयामासतुः	दंसयामासुः			
दंसयाम्बभूविथ	दंसयाम्बभूवथुः	दंसयाम्बभूव	अददंसथाः	अददंसेथाम्	अददंसध्वम्
दंसयाञ्चकृषे	दंसयाञ्चक्राथे	दंसयाञ्चकृढ्वे			
दंसयामासिथ	दंसयामासथुः	दंसयामास			
दंसयाम्बभूव	दंसयाम्बभूविव	दंसयाम्बभूविम	अददंसे	अददंसावहि	अददंसामहि
दंसयाञ्चक्रे	दंसयाञ्चकृवहे	दंसयाञ्चकृमहे			
दंसयामास	दंसयामासिव	दंसयामासिम			

णिजभावपक्षे 1.3.78 शेषात् कर्त्तरि परस्मैपदम् । इति पक्षे भ्वादिः इव दंस् । P । सेट् । स० ।

दंसति	दंसतः	दंसन्ति	अदंसत् -द्	अदंसताम्	अदंसन्
दंससि	दंसथः	दंसथ	अदंसः	अदंसतम्	अदंसत
दंसामि	दंसावः	दंसामः	अदंसम्	अदंसाव	अदंसाम

दंसतु दंसतात् -द्	दंसताम्	दंसन्तु	दंसेत् -द्	दंसेताम्	दंसेयुः
दंस दंसतात् -द्	दंसतम्	दंसत	दंसेः	दंसेतम्	दंसेत
दंसानि	दंसाव	दंसाम	दंसेयम्	दंसेव	दंसेम

दंसिष्यति	दंसिष्यतः	दंसिष्यन्ति	अदंसिष्यत् -द्	अदंसिष्यताम्	अदंसिष्यन्
दंसिष्यसि	दंसिष्यथः	दंसिष्यथ	अदंसिष्यः	अदंसिष्यतम्	अदंसिष्यत
दंसिष्यामि	दंसिष्यावः	दंसिष्यामः	अदंसिष्यम्	अदंसिष्याव	अदंसिष्याम

दंसिता	दंसितारौ	दंसितारः	दंस्यात् -द्	दंस्यास्ताम्	दंस्यासुः
दंसितासि	दंसितास्थः	दंसितास्थ	दंस्याः	दंस्यास्तम्	दंस्यास्त
दंसितास्मि	दंसितास्वः	दंसितास्मः	दंस्यासम्	दंस्यास्व	दंस्यास्म

ददंस	ददंसतुः	ददंशुः	अदंसीत् -द्	अदंसिष्टाम्	अदंसिषुः

ददंसिथ	ददंसथुः	ददंस	अदंसीः	अदंसिष्टम्	अदंसिष्ट
ददंस	ददंसिव	ददंसिम	अदंसिषम्	अदंसिष्व	अदंसिष्म

1676 डप सङ्घाते । आकुस्मीयः । collect, accumulate, gather. 7.2.116 अत उपधायाः ।

10c 143 डपँ । डप् । डापयते । A । सेट् । स० । डापि । डापय । **Atmanepadi Forms only**

डापयते	डापयेते[4]	डापयन्ते[1]	अडापयत	अडापयेताम्[4]	अडापयन्त[1]
डापयसे	डापयेथे[4]	डापयध्वे	अडापयथाः	अडापयेथाम्[4]	अडापयध्वम्
डापये[1]	डापयावहे[2]	डापयामहे[2]	अडापये[4]	अडापयावहि[3]	अडापयामहि[3]

डापयताम्	डापयेताम्[4]	डापयन्ताम्[1]	डापयेत	डापयेयाताम्	डापयेरन्
डापयस्व	डापयेथाम्[4]	डापयध्वम्	डापयेथाः	डापयेयाथाम्	डापयेध्वम्
डापयै[5]	डापयावहै[3]	डापयामहै[3]	डापयेय	डापयेवहि	डापयेमहि

डापयिष्यते	डापयिष्येते	डापयिष्यन्ते	अडापयिष्यत	अडापयिष्येताम्	अडापयिष्यन्त
डापयिष्यसे	डापयिष्येथे	डापयिष्यध्वे	अडापयिष्यथाः	अडापयिष्येथाम्	अडापयिष्यध्वम्
डापयिष्ये	डापयिष्यावहे	डापयिष्यामहे	अडापयिष्ये	अडापयिष्यावहि	अडापयिष्यामहि

डापयिता	डापयितारौ	डापयितारः	डापयिषीष्ट	डापयिषीयास्ताम्	डापयिषीरन्
डापयितासे	डापयितासाथे	डापयिताध्वे	डापयिषीष्ठाः	डापयिषीयास्थाम्	डापयिषीध्वम् -ढ्वम्
डापयिताहे	डापयितास्वहे	डापयितास्महे	डापयिषीय	डापयिषीवहि	डापयिषीमहि

डापयाम्बभूव	डापयाम्बभूवतुः	डापयाम्बभूवुः	अडीडपत	अडीडपेताम्	अडीडपन्त
डापयाञ्चक्रे	डापयाञ्चक्राते	डापयाञ्चक्रिरे			
डापयामास	डापयामासतुः	डापयामासुः			
डापयाम्बभूविथ	डापयाम्बभूवथुः	डापयाम्बभूव	अडीडपथाः	अडीडपेथाम्	अडीडपध्वम्
डापयाञ्चकृषे	डापयाञ्चक्राथे	डापयाञ्चकृढ्वे			
डापयामासिथ	डापयामासथुः	डापयामास			
डापयाम्बभूव	डापयाम्बभूविव	डापयाम्बभूविम	अडीडपे	अडीडपावहि	अडीडपामहि
डापयाञ्चक्रे	डापयाञ्चकृवहे	डापयाञ्चकृमहे			
डापयामास	डापयामासिव	डापयामासिम			

1677 डिप सङ्घाते । आकुस्मीयः । collect, accumulate

10c 144 डिपँ । डिप् । डेपयते । A । सेट् । स० । डेपि । डेपय । **Atmanepadi Forms only**

डेपयते	डेपयेते[4]	डेपयन्ते[1]	अडेपयत	अडेपयेताम्[4]	अडेपयन्त[1]
डेपयसे	डेपयेथे[4]	डेपयध्वे	अडेपयथाः	अडेपयेथाम्[4]	अडेपयध्वम्
डेपये[1]	डेपयावहे[2]	डेपयामहे[2]	अडेपये[4]	अडेपयावहि[3]	अडेपयामहि[3]

डेपयताम्	डेपयेताम्[4]	डेपयन्ताम्[1]	डेपयेत	डेपयेयाताम्	डेपयेरन्
डेपयस्व	डेपयेथाम्[4]	डेपयध्वम्	डेपयेथाः	डेपयेयाथाम्	डेपयेध्वम्
डेपयै[5]	डेपयावहै[3]	डेपयामहै[3]	डेपयेय	डेपयेवहि	डेपयेमहि

डेपयिष्यते	डेपयिष्येते	डेपयिष्यन्ते	अडेपयिष्यत	अडेपयिष्येताम्	अडेपयिष्यन्त
डेपयिष्यसे	डेपयिष्येथे	डेपयिष्यध्वे	अडेपयिष्यथाः	अडेपयिष्येथाम्	अडेपयिष्यध्वम्
डेपयिष्ये	डेपयिष्यावहे	डेपयिष्यामहे	अडेपयिष्ये	अडेपयिष्यावहि	अडेपयिष्यामहि

डेपयिता	डेपयितारौ	डेपयितारः	डेपयिषीष्ट	डेपयिषीयास्ताम्	डेपयिषीरन्
डेपयितासे	डेपयितासाथे	डेपयिताध्वे	डेपयिषीष्ठाः	डेपयिषीयास्थाम्	डेपयिषीध्वम् -ढ्वम्
डेपयिताहे	डेपयितास्वहे	डेपयितास्महे	डेपयिषीय	डेपयिषीवहि	डेपयिषीमहि

डेपयाम्बभूव	डेपयाम्बभूवतुः	डेपयाम्बभूवुः	अडीडिपत	अडीडिपेताम्	अडीडिपन्त
डेपयाञ्चक्रे	डेपयाञ्चक्राते	डेपयाञ्चक्रिरे			
डेपयामास	डेपयामासतुः	डेपयामासुः			
डेपयाम्बभूविथ	डेपयाम्बभूवथुः	डेपयाम्बभूव	अडीडिपथाः	अडीडिपेथाम्	अडीडिपध्वम्
डेपयाञ्चकृषे	डेपयाञ्चक्राथे	डेपयाञ्चकृढ्वे			
डेपयामासिथ	डेपयामासथुः	डेपयामास			
डेपयाम्बभूव	डेपयाम्बभूविव	डेपयाम्बभूविम	अडीडिपे	अडीडिपावहि	अडीडिपामहि
डेपयाञ्चक्रे	डेपयाञ्चकृवहे	डेपयाञ्चकृमहे			
डेपयामास	डेपयामासिव	डेपयामासिम			

1678 तत्रि कुटुम्बधारणे । कुटुम्ब धात्वन्तरमिति चान्द्राः । आकुस्मीयः । अयं नित्यं णिच् । spread, support
10c 145 तत्रिँ । तन्त्र् । तन्त्रयते । A । सेट् । अ० । तन्त्रि । तन्त्रय । maintain, rule, govern
7.1.58 इदितो नुम् धातोः । इदित्करणं णिचः पाक्षिकत्वे लिङ्गम् । However in this Dhatu there is a **Conjunct** त्र , so वैकल्पिकत्वम् does not apply. **Atmanepadi Forms only**

तन्त्रयते	तन्त्रयेते[4]	तन्त्रयन्ते[1]	अतन्त्रयत	अतन्त्रयेताम्[4]	अतन्त्रयन्त[1]
तन्त्रयसे	तन्त्रयेथे[4]	तन्त्रयध्वे	अतन्त्रयथाः	अतन्त्रयेथाम्[4]	अतन्त्रयध्वम्
तन्त्रये[1]	तन्त्रयावहे[2]	तन्त्रयामहे[2]	अतन्त्रये[4]	अतन्त्रयावहि[3]	अतन्त्रयामहि[3]

तन्त्रयताम्	तन्त्रयेताम्[4]	तन्त्रयन्ताम्[1]	तन्त्रयेत	तन्त्रयेयाताम्	तन्त्रयेरन्
तन्त्रयस्व	तन्त्रयेथाम्[4]	तन्त्रयध्वम्	तन्त्रयेथाः	तन्त्रयेयाथाम्	तन्त्रयेध्वम्
तन्त्रयै[5]	तन्त्रयावहै[3]	तन्त्रयामहै[3]	तन्त्रयेय	तन्त्रयेवहि	तन्त्रयेमहि

तन्त्रयिष्यते	तन्त्रयिष्येते	तन्त्रयिष्यन्ते	अतन्त्रयिष्यत	अतन्त्रयिष्येताम्	अतन्त्रयिष्यन्त
तन्त्रयिष्यसे	तन्त्रयिष्येथे	तन्त्रयिष्यध्वे	अतन्त्रयिष्यथाः	अतन्त्रयिष्येथाम्	अतन्त्रयिष्यध्वम्
तन्त्रयिष्ये	तन्त्रयिष्यावहे	तन्त्रयिष्यामहे	अतन्त्रयिष्ये	अतन्त्रयिष्यावहि	अतन्त्रयिष्यामहि

तन्त्रयिता	तन्त्रयितारौ	तन्त्रयितारः	तन्त्रयिषीष्ट	तन्त्रयिषीयास्ताम्	तन्त्रयिषीरन्
तन्त्रयितासे	तन्त्रयितासाथे	तन्त्रयिताध्वे	तन्त्रयिषीष्ठाः	तन्त्रयिषीयास्थाम्	तन्त्रयिषीध्वम् -ढ्वम्
तन्त्रयिताहे	तन्त्रयितास्वहे	तन्त्रयितास्महे	तन्त्रयिषीय	तन्त्रयिषीवहि	तन्त्रयिषीमहि

तन्त्रयाम्बभूव	तन्त्रयाम्बभूवतुः	तन्त्रयाम्बभूवुः	अततन्त्रत	अततन्त्रेताम्	अततन्त्रन्त
तन्त्रयाञ्चक्रे	तन्त्रयाञ्चक्राते	तन्त्रयाञ्चक्रिरे			
तन्त्रयामास	तन्त्रयामासतुः	तन्त्रयामासुः			
तन्त्रयाम्बभूविथ	तन्त्रयाम्बभूवथुः	तन्त्रयाम्बभूव	अततन्त्रथाः	अततन्त्रेथाम्	अततन्त्रध्वम्
तन्त्रयाञ्चकृषे	तन्त्रयाञ्चक्राथे	तन्त्रयाञ्चकृढ्वे			
तन्त्रयामासिथ	तन्त्रयामासथुः	तन्त्रयामास			
तन्त्रयाम्बभूव	तन्त्रयाम्बभूविव	तन्त्रयाम्बभूविम	अततन्त्रे	अततन्त्रावहि	अततन्त्रामहि
तन्त्रयाञ्चक्रे	तन्त्रयाञ्चकृवहे	तन्त्रयाञ्चकृमहे			
तन्त्रयामास	तन्त्रयामासिव	तन्त्रयामासिम			

1679 मत्रि गुप्तपरिभाषणे । आकुस्मीयः । अयं नित्यं णिच् । consult, deliberate upon, counsel
10c 146 मत्रिँ । मन्त्र् । मन्त्रयते । A । सेट् । स० । मन्त्रि । मन्त्रय । *Famous words* मन्त्रः मन्त्री ।
7.1.58 इदितो नुम् धातोः । इदित्करणं णिचः पाक्षिकत्वे लिङ्गम् । However in this Dhatu there is a
Conjunct त्र , so वैकल्पिकत्वम् does not apply. **Atmanepadi Forms only**

मन्त्रयते	मन्त्रयेते[4]	मन्त्रयन्ते[1]	अमन्त्रयत	अमन्त्रयेताम्[4]	अमन्त्रयन्त[1]
मन्त्रयसे	मन्त्रयेथे[4]	मन्त्रयध्वे	अमन्त्रयथाः	अमन्त्रयेथाम्[4]	अमन्त्रयध्वम्
मन्त्रये[1]	मन्त्रयावहे[2]	मन्त्रयामहे[2]	अमन्त्रये[4]	अमन्त्रयावहि[3]	अमन्त्रयामहि[3]

मन्त्रयताम्	मन्त्रयेताम्[4]	मन्त्रयन्ताम्[1]	मन्त्रयेत	मन्त्रयेयाताम्	मन्त्रयेरन्
मन्त्रयस्व	मन्त्रयेथाम्[4]	मन्त्रयध्वम्	मन्त्रयेथाः	मन्त्रयेयाथाम्	मन्त्रयेध्वम्
मन्त्रयै[5]	मन्त्रयावहै[3]	मन्त्रयामहै[3]	मन्त्रयेय	मन्त्रयेवहि	मन्त्रयेमहि

मन्त्रयिष्यते	मन्त्रयिष्येते	मन्त्रयिष्यन्ते	अमन्त्रयिष्यत	अमन्त्रयिष्येताम्	अमन्त्रयिष्यन्त
मन्त्रयिष्यसे	मन्त्रयिष्येथे	मन्त्रयिष्यध्वे	अमन्त्रयिष्यथाः	अमन्त्रयिष्येथाम्	अमन्त्रयिष्यध्वम्
मन्त्रयिष्ये	मन्त्रयिष्यावहे	मन्त्रयिष्यामहे	अमन्त्रयिष्ये	अमन्त्रयिष्यावहि	अमन्त्रयिष्यामहि

मन्त्रयिता	मन्त्रयितारौ	मन्त्रयितारः	मन्त्रयिषीष्ट	मन्त्रयिषीयास्ताम्	मन्त्रयिषीरन्
मन्त्रयितासे	मन्त्रयितासाथे	मन्त्रयिताध्वे	मन्त्रयिषीष्ठाः	मन्त्रयिषीयास्थाम्	मन्त्रयिषीध्वम् -ढ्वम्
मन्त्रयिताहे	मन्त्रयितास्वहे	मन्त्रयितास्महे	मन्त्रयिषीय	मन्त्रयिषीवहि	मन्त्रयिषीमहि

मन्त्रयाम्बभूव	मन्त्रयाम्बभूवतुः	मन्त्रयाम्बभूवुः	अममन्त्रत	अममन्त्रेताम्	अममन्त्रन्त
मन्त्रयाञ्चक्रे	मन्त्रयाञ्चक्राते	मन्त्रयाञ्चक्रिरे			

मन्त्रयामास	मन्त्रयामासतुः	मन्त्रयामासुः			
मन्त्रयाम्बभूविथ	मन्त्रयाम्बभूवथुः	मन्त्रयाम्बभूव	अममन्त्रथाः	अममन्त्रेथाम्	अममन्त्रध्वम्
मन्त्रयाञ्चकृषे	मन्त्रयाञ्चक्राथे	मन्त्रयाञ्चकृढ्वे			
मन्त्रयामासिथ	मन्त्रयामासथुः	मन्त्रयामास			
मन्त्रयाम्बभूव	मन्त्रयाम्बभूविव	मन्त्रयाम्बभूविम	अममन्त्रे	अममन्त्रावहि	अममन्त्रामहि
मन्त्रयाञ्चक्रे	मन्त्रयाञ्चकृवहे	मन्त्रयाञ्चकृमहे			
मन्त्रयामास	मन्त्रयामासिव	मन्त्रयामासिम			

1680 स्पश ग्रहणसंश्लेषणयोः । आकुस्मीयः । take, hold, touch, unite, join

10c 147 स्पशँ । स्पश् । स्पाशयते । A । सेट् । स० । स्पाशि । स्पाशय ।

7.2.116 अत उपधायाः। 7.2.27 वा दान्तशान्तपूर्णदस्तस्पष्टच्छन्नज्ञप्ताः । दम् शम् पूरी दस् स्पश् छद् ज्ञप् इत्येतेषां ण्यन्तानां धातूनां वा अनिट् निपात्यते। स्पष्टः , स्पाशितः। इट् प्रतिषेधो णिलुक् च निपात्यते ।

8.2.36 व्रश्चभ्रस्जसृजमृजयजराजभ्राजच्छशां षः । 8.4.41 ष्टुना ष्टुः । **Atmanepadi Forms only**

स्पाशयते	स्पाशयेते[4]	स्पाशयन्ते[1]	अस्पाशयत	अस्पाशयेताम्[4]	अस्पाशयन्त[1]
स्पाशयसे	स्पाशयेथे[4]	स्पाशयध्वे	अस्पाशयथाः	अस्पाशयेथाम्[4]	अस्पाशयध्वम्
स्पाशये[1]	स्पाशयावहे[2]	स्पाशयामहे[2]	अस्पाशये[4]	अस्पाशयावहि[3]	अस्पाशयामहि[3]

स्पाशयताम्	स्पाशयेताम्[4]	स्पाशयन्ताम्[1]	स्पाशयेत	स्पाशयेयाताम्	स्पाशयेरन्
स्पाशयस्व	स्पाशयेथाम्[4]	स्पाशयध्वम्	स्पाशयेथाः	स्पाशयेयाथाम्	स्पाशयेध्वम्
स्पाशयै[5]	स्पाशयावहै[3]	स्पाशयामहै[3]	स्पाशयेय	स्पाशयेवहि	स्पाशयेमहि

स्पाशयिष्यते	स्पाशयिष्येते	स्पाशयिष्यन्ते	अस्पाशयिष्यत	अस्पाशयिष्येताम्	अस्पाशयिष्यन्त
स्पाशयिष्यसे	स्पाशयिष्येथे	स्पाशयिष्यध्वे	अस्पाशयिष्यथाः	अस्पाशयिष्येथाम्	अस्पाशयिष्यध्वम्
स्पाशयिष्ये	स्पाशयिष्यावहे	स्पाशयिष्यामहे	अस्पाशयिष्ये	अस्पाशयिष्यावहि	अस्पाशयिष्यामहि

स्पाशयिता	स्पाशयितारौ	स्पाशयितारः	स्पाशयिषीष्ट	स्पाशयिषीयास्ताम्	स्पाशयिषीरन्
स्पाशयितासे	स्पाशयितासाथे	स्पाशयिताध्वे	स्पाशयिषीष्ठाः	स्पाशयिषीयास्थाम्	स्पाशयिषीध्वम् -ढ्वम्
स्पाशयिताहे	स्पाशयितास्वहे	स्पाशयितास्महे	स्पाशयिषीय	स्पाशयिषीवहि	स्पाशयिषीमहि

स्पाशयाम्बभूव	स्पाशयाम्बभूवतुः	स्पाशयाम्बभूवुः	अपस्पशत	अपस्पशेताम्	अपस्पशन्त
स्पाशयाञ्चक्रे	स्पाशयाञ्चक्राते	स्पाशयाञ्चक्रिरे			
स्पाशयामास	स्पाशयामासतुः	स्पाशयामासुः			
स्पाशयाम्बभूविथ	स्पाशयाम्बभूवथुः	स्पाशयाम्बभूव	अपस्पशथाः	अपस्पशेथाम्	अपस्पशध्वम्
स्पाशयाञ्चकृषे	स्पाशयाञ्चक्राथे	स्पाशयाञ्चकृढ्वे			
स्पाशयामासिथ	स्पाशयामासथुः	स्पाशयामास			
स्पाशयाम्बभूव	स्पाशयाम्बभूविव	स्पाशयाम्बभूविम	अपस्पशे	अपस्पशावहि	अपस्पशामहि
स्पाशयाञ्चक्रे	स्पाशयाञ्चकृवहे	स्पाशयाञ्चकृमहे			

स्पाशयामास   स्पाशयामासिव   स्पाशयामासिम

1681 तर्ज तर्जने । आकुस्मीयः । blame, frighten, scold, warn
10c 148 तर्जँ । तर्ज् । तर्जयते । A । सेट् । स० । तर्जि । तर्जय । **Atmanepadi Forms only**

तर्जयते	तर्जयेते⁴	तर्जयन्ते¹	अतर्जयत	अतर्जयेताम्⁴	अतर्जयन्त¹
तर्जयसे	तर्जयेथे⁴	तर्जयध्वे	अतर्जयथाः	अतर्जयेथाम्⁴	अतर्जयध्वम्
तर्जये¹	तर्जयावहे²	तर्जयामहे²	अतर्जये⁴	अतर्जयावहि³	अतर्जयामहि³

तर्जयताम्	तर्जयेताम्⁴	तर्जयन्ताम्¹	तर्जयेत	तर्जयेयाताम्	तर्जयेरन्
तर्जयस्व	तर्जयेथाम्⁴	तर्जयध्वम्	तर्जयेथाः	तर्जयेयाथाम्	तर्जयेध्वम्
तर्जयै⁵	तर्जयावहै³	तर्जयामहै³	तर्जयेय	तर्जयेवहि	तर्जयेमहि

तर्जयिष्यते	तर्जयिष्येते	तर्जयिष्यन्ते	अतर्जयिष्यत	अतर्जयिष्येताम्	अतर्जयिष्यन्त
तर्जयिष्यसे	तर्जयिष्येथे	तर्जयिष्यध्वे	अतर्जयिष्यथाः	अतर्जयिष्येथाम्	अतर्जयिष्यध्वम्
तर्जयिष्ये	तर्जयिष्यावहे	तर्जयिष्यामहे	अतर्जयिष्ये	अतर्जयिष्यावहि	अतर्जयिष्यामहि

तर्जयिता	तर्जयितारौ	तर्जयितारः	तर्जयिषीष्ट	तर्जयिषीयास्ताम्	तर्जयिषीरन्
तर्जयितासे	तर्जयितासाथे	तर्जयिताध्वे	तर्जयिषीष्ठाः	तर्जयिषीयास्थाम्	तर्जयिषीध्वम् -ढ्वम्
तर्जयिताहे	तर्जयितास्वहे	तर्जयितास्महे	तर्जयिषीय	तर्जयिषीवहि	तर्जयिषीमहि

तर्जयाम्बभूव	तर्जयाम्बभूवतुः	तर्जयाम्बभूवुः	अततर्जत	अततर्जेताम्	अततर्जन्त
तर्जयाञ्चक्रे	तर्जयाञ्चक्राते	तर्जयाञ्चक्रिरे			
तर्जयामास	तर्जयामासतुः	तर्जयामासुः			
तर्जयाम्बभूविथ	तर्जयाम्बभूवथुः	तर्जयाम्बभूव	अततर्जथाः	अततर्जेथाम्	अततर्जध्वम्
तर्जयाञ्चकृषे	तर्जयाञ्चक्राथे	तर्जयाञ्चकृढ्वे			
तर्जयामासिथ	तर्जयामासथुः	तर्जयामास			
तर्जयाम्बभूव	तर्जयाम्बभूविव	तर्जयाम्बभूविम	अततर्जे	अततर्जावहि	अततर्जामहि
तर्जयाञ्चक्रे	तर्जयाञ्चकृवहे	तर्जयाञ्चकृमहे			
तर्जयामास	तर्जयामासिव	तर्जयामासिम			

1682 भर्त्स तर्जने । सन्तर्जने इति । आकुस्मीयः । revile, threaten, abuse
10c 149 भर्त्सँ । भर्त्स् । भर्त्सयते । A । सेट् । स० । भर्त्सि । भर्त्सय । **Atmanepadi Forms only**

भर्त्सयते	भर्त्सयेते⁴	भर्त्सयन्ते¹	अभर्त्सयत	अभर्त्सयेताम्⁴	अभर्त्सयन्त¹
भर्त्सयसे	भर्त्सयेथे⁴	भर्त्सयध्वे	अभर्त्सयथाः	अभर्त्सयेथाम्⁴	अभर्त्सयध्वम्
भर्त्सये¹	भर्त्सयावहे²	भर्त्सयामहे²	अभर्त्सये⁴	अभर्त्सयावहि³	अभर्त्सयामहि³

| भर्त्सयताम् | भर्त्सयेताम्⁴ | भर्त्सयन्ताम्¹ | भर्त्सयेत | भर्त्सयेयाताम् | भर्त्सयेरन् |

भर्त्सयस्व	भर्त्सयेथाम्[4]	भर्त्सयध्वम्	भर्त्सयेथाः	भर्त्सयेयाथाम्	भर्त्सयेध्वम्
भर्त्सयै[5]	भर्त्सयावहै[3]	भर्त्सयामहै[3]	भर्त्सयेय	भर्त्सयेवहि	भर्त्सयेमहि

भर्त्सयिष्यते	भर्त्सयिष्येते	भर्त्सयिष्यन्ते	अभर्त्सयिष्यत	अभर्त्सयिष्येताम्	अभर्त्सयिष्यन्त
भर्त्सयिष्यसे	भर्त्सयिष्येथे	भर्त्सयिष्यध्वे	अभर्त्सयिष्यथाः	अभर्त्सयिष्येथाम्	अभर्त्सयिष्यध्वम्
भर्त्सयिष्ये	भर्त्सयिष्यावहे	भर्त्सयिष्यामहे	अभर्त्सयिष्ये	अभर्त्सयिष्यावहि	अभर्त्सयिष्यामहि

भर्त्सयिता	भर्त्सयितारौ	भर्त्सयितारः	भर्त्सयिषीष्ट	भर्त्सयिषीयास्ताम्	भर्त्सयिषीरन्
भर्त्सयितासे	भर्त्सयितासाथे	भर्त्सयिताध्वे	भर्त्सयिषीष्ठाः	भर्त्सयिषीयास्थाम्	भर्त्सयिषीध्वम् -ढ्वम्
भर्त्सयिताहे	भर्त्सयितास्वहे	भर्त्सयितास्महे	भर्त्सयिषीय	भर्त्सयिषीवहि	भर्त्सयिषीमहि

भर्त्सयाम्बभूव	भर्त्सयाम्बभूवतुः	भर्त्सयाम्बभूवुः	अबभर्त्सत	अबभर्त्सेताम्	अबभर्त्सन्त
भर्त्सयाञ्चक्रे	भर्त्सयाञ्चक्राते	भर्त्सयाञ्चक्रिरे			
भर्त्सयामास	भर्त्सयामासतुः	भर्त्सयामासुः			
भर्त्सयाम्बभूविथ	भर्त्सयाम्बभूवथुः	भर्त्सयाम्बभूव	अबभर्त्सथाः	अबभर्त्सेथाम्	अबभर्त्सध्वम्
भर्त्सयाञ्चकृषे	भर्त्सयाञ्चक्राथे	भर्त्सयाञ्चकृढ्वे			
भर्त्सयामासिथ	भर्त्सयामासथुः	भर्त्सयामास			
भर्त्सयाम्बभूव	भर्त्सयाम्बभूविव	भर्त्सयाम्बभूविम	अबभर्त्से	अबभर्त्सावहि	अबभर्त्सामहि
भर्त्सयाञ्चक्रे	भर्त्सयाञ्चकृवहे	भर्त्सयाञ्चकृमहे			
भर्त्सयामास	भर्त्सयामासिव	भर्त्सयामासिम			

1683 बस्त अर्दने । बस्तु इति मैत्रेयः । वस्त केचित् । आकुस्मीयः । move, ask, hurt

10c 150 बस्तँ । बस्त् । बस्तयते । A । सेट् । स० । बस्ति । बस्तय । **Atmanepadi Forms only**

बस्तयते	बस्तयेते[4]	बस्तयन्ते[1]	अबस्तयत	अबस्तयेताम्[4]	अबस्तयन्त[1]
बस्तयसे	बस्तयेथे[4]	बस्तयध्वे	अबस्तयथाः	अबस्तयेथाम्[4]	अबस्तयध्वम्
बस्तये[1]	बस्तयावहे[2]	बस्तयामहे[2]	अबस्तये[4]	अबस्तयावहि[3]	अबस्तयामहि[3]

बस्तयताम्	बस्तयेताम्[4]	बस्तयन्ताम्[1]	बस्तयेत	बस्तयेयाताम्	बस्तयेरन्
बस्तयस्व	बस्तयेथाम्[4]	बस्तयध्वम्	बस्तयेथाः	बस्तयेयाथाम्	बस्तयेध्वम्
बस्तयै[5]	बस्तयावहै[3]	बस्तयामहै[3]	बस्तयेय	बस्तयेवहि	बस्तयेमहि

बस्तयिष्यते	बस्तयिष्येते	बस्तयिष्यन्ते	अबस्तयिष्यत	अबस्तयिष्येताम्	अबस्तयिष्यन्त
बस्तयिष्यसे	बस्तयिष्येथे	बस्तयिष्यध्वे	अबस्तयिष्यथाः	अबस्तयिष्येथाम्	अबस्तयिष्यध्वम्
बस्तयिष्ये	बस्तयिष्यावहे	बस्तयिष्यामहे	अबस्तयिष्ये	अबस्तयिष्यावहि	अबस्तयिष्यामहि

बस्तयिता	बस्तयितारौ	बस्तयितारः	बस्तयिषीष्ट	बस्तयिषीयास्ताम्	बस्तयिषीरन्
बस्तयितासे	बस्तयितासाथे	बस्तयिताध्वे	बस्तयिषीष्ठाः	बस्तयिषीयास्थाम्	बस्तयिषीध्वम् -ढ्वम्

बस्तयिताहे	बस्तयितास्वहे	बस्तयितास्महे	बस्तयिषीय	बस्तयिषीवहि	बस्तयिषीमहि

बस्तयाम्बभूव	बस्तयाम्बभूवतुः	बस्तयाम्बभूवुः	अबबस्तत	अबबस्तेताम्	अबबस्तन्त
बस्तयाञ्चक्रे	बस्तयाञ्चक्राते	बस्तयाञ्चक्रिरे			
बस्तयामास	बस्तयामासतुः	बस्तयामासुः			
बस्तयाम्बभूविथ	बस्तयाम्बभूवथुः	बस्तयाम्बभूव	अबबस्तथाः	अबबस्तेथाम्	अबबस्तध्वम्
बस्तयाञ्चकृषे	बस्तयाञ्चक्राथे	बस्तयाञ्चकृढ्वे			
बस्तयामासिथ	बस्तयामासथुः	बस्तयामास			
बस्तयाम्बभूव	बस्तयाम्बभूविव	बस्तयाम्बभूविम	अबबस्ते	अबबस्तावहि	अबबस्तामहि
बस्तयाञ्चक्रे	बस्तयाञ्चकृवहे	बस्तयाञ्चकृमहे			
बस्तयामास	बस्तयामासिव	बस्तयामासिम			

1684 गन्ध अर्दने । आकुस्मीयः । injure, ask, beg, move, feel ashamed, grace
10c 151 गन्धँ । गन्ध् । गन्धयते । A । सेट् । स० । गन्धि । गन्धय । **Atmanepadi Forms only**

गन्धयते	गन्धयेते[4]	गन्धयन्ते[1]	अगन्धयत	अगन्धयेताम्[4]	अगन्धयन्त[1]
गन्धयसे	गन्धयेथे[4]	गन्धयध्वे	अगन्धयथाः	अगन्धयेथाम्[4]	अगन्धयध्वम्
गन्धये[1]	गन्धयावहे[2]	गन्धयामहे[2]	अगन्धये[4]	अगन्धयावहि[3]	अगन्धयामहि[3]

गन्धयताम्	गन्धयेताम्[4]	गन्धयन्ताम्[1]	गन्धयेत	गन्धयेयाताम्	गन्धयेरन्
गन्धयस्व	गन्धयेथाम्[4]	गन्धयध्वम्	गन्धयेथाः	गन्धयेयाथाम्	गन्धयेध्वम्
गन्धयै[5]	गन्धयावहै[3]	गन्धयामहै[3]	गन्धयेय	गन्धयेवहि	गन्धयेमहि

गन्धयिष्यते	गन्धयिष्येते	गन्धयिष्यन्ते	अगन्धयिष्यत	अगन्धयिष्येताम्	अगन्धयिष्यन्त
गन्धयिष्यसे	गन्धयिष्येथे	गन्धयिष्यध्वे	अगन्धयिष्यथाः	अगन्धयिष्येथाम्	अगन्धयिष्यध्वम्
गन्धयिष्ये	गन्धयिष्यावहे	गन्धयिष्यामहे	अगन्धयिष्ये	अगन्धयिष्यावहि	अगन्धयिष्यामहि

गन्धयिता	गन्धयितारौ	गन्धयितारः	गन्धयिषीष्ट	गन्धयिषीयास्ताम्	गन्धयिषीरन्
गन्धयितासे	गन्धयितासाथे	गन्धयिताध्वे	गन्धयिषीष्ठाः	गन्धयिषीयास्थाम्	गन्धयिषीध्वम् -ढ्वम्
गन्धयिताहे	गन्धयितास्वहे	गन्धयितास्महे	गन्धयिषीय	गन्धयिषीवहि	गन्धयिषीमहि

गन्धयाम्बभूव	गन्धयाम्बभूवतुः	गन्धयाम्बभूवुः	अजगन्धत	अजगन्धेताम्	अजगन्धन्त
गन्धयाञ्चक्रे	गन्धयाञ्चक्राते	गन्धयाञ्चक्रिरे			
गन्धयामास	गन्धयामासतुः	गन्धयामासुः			
गन्धयाम्बभूविथ	गन्धयाम्बभूवथुः	गन्धयाम्बभूव	अजगन्धथाः	अजगन्धेथाम्	अजगन्धध्वम्
गन्धयाञ्चकृषे	गन्धयाञ्चक्राथे	गन्धयाञ्चकृढ्वे			
गन्धयामासिथ	गन्धयामासथुः	गन्धयामास			
गन्धयाम्बभूव	गन्धयाम्बभूविव	गन्धयाम्बभूविम	अजगन्धे	अजगन्धावहि	अजगन्धामहि

गन्धयाञ्चक्रे	गन्धयाञ्चकृवहे	गन्धयाञ्चकृमहे
गन्धयामास	गन्धयामासिव	गन्धयामासिम

1685 विष्क हिंसायाम् । हिष्क इत्येके । आकुस्मीयः । hurt, injure

10c 152 विष्कँ । विष्क् । विष्कयते । A । सेट् । स० । विष्कि । विष्कय ।

Atmanepadi Forms only

विष्कयते	विष्कयेते[4]	विष्कयन्ते[1]	अविष्कयत	अविष्कयेताम्[4]	अविष्कयन्त[1]
विष्कयसे	विष्कयेथे[4]	विष्कयध्वे	अविष्कयथाः	अविष्कयेथाम्[4]	अविष्कयध्वम्
विष्कये[1]	विष्कयावहे[2]	विष्कयामहे[2]	अविष्कये[4]	अविष्कयावहि[3]	अविष्कयामहि[3]

विष्कयताम्	विष्कयेताम्[4]	विष्कयन्ताम्[1]	विष्कयेत	विष्कयेयाताम्	विष्कयेरन्
विष्कयस्व	विष्कयेथाम्[4]	विष्कयध्वम्	विष्कयेथाः	विष्कयेयाथाम्	विष्कयेध्वम्
विष्कयै[5]	विष्कयावहै[3]	विष्कयामहै[3]	विष्कयेय	विष्कयेवहि	विष्कयेमहि

विष्कयिष्यते	विष्कयिष्येते	विष्कयिष्यन्ते	अविष्कयिष्यत	अविष्कयिष्येताम्	अविष्कयिष्यन्त
विष्कयिष्यसे	विष्कयिष्येथे	विष्कयिष्यध्वे	अविष्कयिष्यथाः	अविष्कयिष्येथाम्	अविष्कयिष्यध्वम्
विष्कयिष्ये	विष्कयिष्यावहे	विष्कयिष्यामहे	अविष्कयिष्ये	अविष्कयिष्यावहि	अविष्कयिष्यामहि

विष्कयिता	विष्कयितारौ	विष्कयितारः	विष्कयिषीष्ट	विष्कयिषीयास्ताम्	विष्कयिषीरन्
विष्कयितासे	विष्कयितासाथे	विष्कयिताध्वे	विष्कयिषीष्ठाः	विष्कयिषीयास्थाम्	विष्कयिषीध्वम् -ढ्वम्
विष्कयिताहे	विष्कयितास्वहे	विष्कयितास्महे	विष्कयिषीय	विष्कयिषीवहि	विष्कयिषीमहि

विष्कयाम्बभूव	विष्कयाम्बभूवतुः	विष्कयाम्बभूवुः	अविविष्कत	अविविष्केताम्	अविविष्कन्त
विष्कयाञ्चक्रे	विष्कयाञ्चक्राते	विष्कयाञ्चक्रिरे			
विष्कयामास	विष्कयामासतुः	विष्कयामासुः			
विष्कयाम्बभूविथ	विष्कयाम्बभूवथुः	विष्कयाम्बभूव	अविविष्कथाः	अविविष्केथाम्	अविविष्कध्वम्
विष्कयाञ्चकृषे	विष्कयाञ्चक्राथे	विष्कयाञ्चकृढ्वे			
विष्कयामासिथ	विष्कयामासथुः	विष्कयामास			
विष्कयाम्बभूव	विष्कयाम्बभूविव	विष्कयाम्बभूविम	अविविष्के	अविविष्कावहि	अविविष्कामहि
विष्कयाञ्चक्रे	विष्कयाञ्चकृवहे	विष्कयाञ्चकृमहे			
विष्कयामास	विष्कयामासिव	विष्कयामासिम			

1686 निष्क परिमाणे । आकुस्मीयः । measure, count

10c 153 निष्कँ । निष्क् । निष्कयते । A । सेट् । स० । निष्कि । निष्कय ।

Atmanepadi Forms only

निष्कयते	निष्कयेते[4]	निष्कयन्ते[1]	अनिष्कयत	अनिष्कयेताम्[4]	अनिष्कयन्त[1]
निष्कयसे	निष्कयेथे[4]	निष्कयध्वे	अनिष्कयथाः	अनिष्कयेथाम्[4]	अनिष्कयध्वम्

निष्कये[1]	निष्कयावहे[2]	निष्कयामहे[2]	अनिष्कये[4]	अनिष्कयावहि[3]	अनिष्कयामहि[3]

निष्कयताम्	निष्कयेताम्[4]	निष्कयन्ताम्[1]	निष्कयेत	निष्कयेयाताम्	निष्कयेरन्
निष्कयस्व	निष्कयेथाम्[4]	निष्कयध्वम्	निष्कयेथाः	निष्कयेयाथाम्	निष्कयेध्वम्
निष्कयै[5]	निष्कयावहै[3]	निष्कयामहै[3]	निष्कयेय	निष्कयेवहि	निष्कयेमहि

निष्कयिष्यते	निष्कयिष्येते	निष्कयिष्यन्ते	अनिष्कयिष्यत	अनिष्कयिष्येताम्	अनिष्कयिष्यन्त
निष्कयिष्यसे	निष्कयिष्येथे	निष्कयिष्यध्वे	अनिष्कयिष्यथाः	अनिष्कयिष्येथाम्	अनिष्कयिष्यध्वम्
निष्कयिष्ये	निष्कयिष्यावहे	निष्कयिष्यामहे	अनिष्कयिष्ये	अनिष्कयिष्यावहि	अनिष्कयिष्यामहि

निष्कयिता	निष्कयितारौ	निष्कयितारः	निष्कयिषीष्ट	निष्कयिषीयास्ताम्	निष्कयिषीरन्
निष्कयितासे	निष्कयितासाथे	निष्कयिताध्वे	निष्कयिषीष्ठाः	निष्कयिषीयास्थाम्	निष्कयिषीध्वम् -ढ्वम्
निष्कयिताहे	निष्कयितास्वहे	निष्कयितास्महे	निष्कयिषीय	निष्कयिषीवहि	निष्कयिषीमहि

निष्कयाम्बभूव	निष्कयाम्बभूवतुः	निष्कयाम्बभूवुः	अनिनिष्कत	अनिनिष्केताम्	अनिनिष्कन्त
निष्कयाञ्चक्रे	निष्कयाञ्चक्राते	निष्कयाञ्चक्रिरे			
निष्कयामास	निष्कयामासतुः	निष्कयामासुः			
निष्कयाम्बभूविथ	निष्कयाम्बभूवथुः	निष्कयाम्बभूव	अनिनिष्कथाः	अनिनिष्केथाम्	अनिनिष्कध्वम्
निष्कयाञ्चकृषे	निष्कयाञ्चक्राथे	निष्कयाञ्चकृढ्वे			
निष्कयामासिथ	निष्कयामासथुः	निष्कयामास			
निष्कयाम्बभूव	निष्कयाम्बभूविव	निष्कयाम्बभूविम	अनिनिष्के	अनिनिष्कावहि	अनिनिष्कामहि
निष्कयाञ्चक्रे	निष्कयाञ्चकृवहे	निष्कयाञ्चकृमहे			
निष्कयामास	निष्कयामासिव	निष्कयामासिम			

1687 लल ईप्सायाम् । आकुस्मीयः । desire, keep, caress, fondle, copulate
10c 154 ललँ । लल् । लालयते । A । सेट् । स० । लालि । लालय । *Famous word* लाला ।
7.2.116 अत उपधायाः । **Atmanepadi Forms only**

लालयते	लालयेते[4]	लालयन्ते[1]	अलालयत	अलालयेताम्[4]	अलालयन्त[1]
लालयसे	लालयेथे[4]	लालयध्वे	अलालयथाः	अलालयेथाम्[4]	अलालयध्वम्
लालये[1]	लालयावहे[2]	लालयामहे[2]	अलालये[4]	अलालयावहि[3]	अलालयामहि[3]

लालयताम्	लालयेताम्[4]	लालयन्ताम्[1]	लालयेत	लालयेयाताम्	लालयेरन्
लालयस्व	लालयेथाम्[4]	लालयध्वम्	लालयेथाः	लालयेयाथाम्	लालयेध्वम्
लालयै[5]	लालयावहै[3]	लालयामहै[3]	लालयेय	लालयेवहि	लालयेमहि

लालयिष्यते	लालयिष्येते	लालयिष्यन्ते	अलालयिष्यत	अलालयिष्येताम्	अलालयिष्यन्त
लालयिष्यसे	लालयिष्येथे	लालयिष्यध्वे	अलालयिष्यथाः	अलालयिष्येथाम्	अलालयिष्यध्वम्

लालयिष्ये	लालयिष्यावहे	लालयिष्यामहे	अलालयिष्ये	अलालयिष्यावहि	अलालयिष्यामहि

लालयिता	लालयितारौ	लालयितारः	लालयिषीष्ट	लालयिषीयास्ताम्	लालयिषीरन्
लालयितासे	लालयितासाथे	लालयिताध्वे	लालयिषीष्ठाः	लालयिषीयास्थाम्	लालयिषीध्वम् -ढ्वम्
लालयिताहे	लालयितास्वहे	लालयितास्महे	लालयिषीय	लालयिषीवहि	लालयिषीमहि

लालयाम्बभूव	लालयाम्बभूवतुः	लालयाम्बभूवुः	अलीललत	अलीललेताम्	अलीललन्त
लालयाञ्चक्रे	लालयाञ्चक्राते	लालयाञ्चक्रिरे			
लालयामास	लालयामासतुः	लालयामासुः			
लालयाम्बभूविथ	लालयाम्बभूवथुः	लालयाम्बभूव	अलीललथाः	अलीललेथाम्	अलीललध्वम्
लालयाञ्चकृषे	लालयाञ्चक्राथे	लालयाञ्चकृढ्वे			
लालयामासिथ	लालयामासथुः	लालयामास			
लालयाम्बभूव	लालयाम्बभूविव	लालयाम्बभूविम	अलीललले	अलीललावहि	अलीललामहि
लालयाञ्चक्रे	लालयाञ्चकृवहे	लालयाञ्चकृमहे			
लालयामास	लालयामासिव	लालयामासिम			

1688 कूण सङ्कोचे । आकुस्मीयः । contract, close, twist, be conceited

10c 155 कूणँ । कूण् । कूणयते । A । सेट् । स० । कूणि । कूणय । **Atmanepadi Forms only**

कूणयते	कूणयेते[4]	कूणयन्ते[1]	अकूणयत	अकूणयेताम्[4]	अकूणयन्त[1]
कूणयसे	कूणयेथे[4]	कूणयध्वे	अकूणयथाः	अकूणयेथाम्[4]	अकूणयध्वम्
कूणये[1]	कूणयावहे[2]	कूणयामहे[2]	अकूणये[4]	अकूणयावहि[3]	अकूणयामहि[3]

कूणयताम्	कूणयेताम्[4]	कूणयन्ताम्[1]	कूणयेत	कूणयेयाताम्	कूणयेरन्
कूणयस्व	कूणयेथाम्[4]	कूणयध्वम्	कूणयेथाः	कूणयेयाथाम्	कूणयेध्वम्
कूणयै[5]	कूणयावहै[3]	कूणयामहै[3]	कूणयेय	कूणयेवहि	कूणयेमहि

कूणयिष्यते	कूणयिष्येते	कूणयिष्यन्ते	अकूणयिष्यत	अकूणयिष्येताम्	अकूणयिष्यन्त
कूणयिष्यसे	कूणयिष्येथे	कूणयिष्यध्वे	अकूणयिष्यथाः	अकूणयिष्येथाम्	अकूणयिष्यध्वम्
कूणयिष्ये	कूणयिष्यावहे	कूणयिष्यामहे	अकूणयिष्ये	अकूणयिष्यावहि	अकूणयिष्यामहि

कूणयिता	कूणयितारौ	कूणयितारः	कूणयिषीष्ट	कूणयिषीयास्ताम्	कूणयिषीरन्
कूणयितासे	कूणयितासाथे	कूणयिताध्वे	कूणयिषीष्ठाः	कूणयिषीयास्थाम्	कूणयिषीध्वम् -ढ्वम्
कूणयिताहे	कूणयितास्वहे	कूणयितास्महे	कूणयिषीय	कूणयिषीवहि	कूणयिषीमहि

कूणयाम्बभूव	कूणयाम्बभूवतुः	कूणयाम्बभूवुः	अचूकुणत	अचूकुणेताम्	अचूकुणन्त
कूणयाञ्चक्रे	कूणयाञ्चक्राते	कूणयाञ्चक्रिरे			
कूणयामास	कूणयामासतुः	कूणयामासुः			

कूणयाम्बभूविथ	कूणयाम्बभूवथुः	कूणयाम्बभूव	अचूकुणथाः	अचूकुणेथाम्	अचूकुणध्वम्
कूणयाञ्चकृषे	कूणयाञ्चक्राथे	कूणयाञ्चकृढ्वे			
कूणयामासिथ	कूणयामासथुः	कूणयामास			
कूणयाम्बभूव	कूणयाम्बभूविव	कूणयाम्बभूविम	अचूकुणे	अचूकुणावहि	अचूकुणामहि
कूणयाञ्चक्रे	कूणयाञ्चकृवहे	कूणयाञ्चकृमहे			
कूणयामास	कूणयामासिव	कूणयामासिम			

1689 तूण पूरणे । आकुस्मीयः । fill, fill up

10c 156 तूणँ । तूण् । तूणयते । A । सेट् । स० । तूणि । तूणय । **Atmanepadi Forms only**

कूणयते	कूणयेते[4]	कूणयन्ते[1]	अकूणयत	अकूणयेताम्[4]	अकूणयन्त[1]
कूणयसे	कूणयेथे[4]	कूणयध्वे	अकूणयथाः	अकूणयेथाम्[4]	अकूणयध्वम्
कूणये[1]	कूणयावहे[2]	कूणयामहे[2]	अकूणये[4]	अकूणयावहि[3]	अकूणयामहि[3]

कूणयताम्	कूणयेताम्[4]	कूणयन्ताम्[1]	कूणयेत	कूणयेयाताम्	कूणयेरन्
कूणयस्व	कूणयेथाम्[4]	कूणयध्वम्	कूणयेथाः	कूणयेयाथाम्	कूणयेध्वम्
कूणयै[5]	कूणयावहै[3]	कूणयामहै[3]	कूणयेय	कूणयेवहि	कूणयेमहि

कूणयिष्यते	कूणयिष्येते	कूणयिष्यन्ते	अकूणयिष्यत	अकूणयिष्येताम्	अकूणयिष्यन्त
कूणयिष्यसे	कूणयिष्येथे	कूणयिष्यध्वे	अकूणयिष्यथाः	अकूणयिष्येथाम्	अकूणयिष्यध्वम्
कूणयिष्ये	कूणयिष्यावहे	कूणयिष्यामहे	अकूणयिष्ये	अकूणयिष्यावहि	अकूणयिष्यामहि

कूणयिता	कूणयितारौ	कूणयितारः	कूणयिषीष्ट	कूणयिषीयास्ताम्	कूणयिषीरन्
कूणयितासे	कूणयितासाथे	कूणयिताध्वे	कूणयिषीष्ठाः	कूणयिषीयास्थाम्	कूणयिषीध्वम् -ढ्वम्
कूणयिताहे	कूणयितास्वहे	कूणयितास्महे	कूणयिषीय	कूणयिषीवहि	कूणयिषीमहि

कूणयाम्बभूव	कूणयाम्बभूवतुः	कूणयाम्बभूवुः	अतूतुणत	अतूतुणेताम्	अतूतुणन्त
कूणयाञ्चक्रे	कूणयाञ्चक्राते	कूणयाञ्चक्रिरे			
कूणयामास	कूणयामासतुः	कूणयामासुः			
कूणयाम्बभूविथ	कूणयाम्बभूवथुः	कूणयाम्बभूव	अतूतुणथाः	अतूतुणेथाम्	अतूतुणध्वम्
कूणयाञ्चकृषे	कूणयाञ्चक्राथे	कूणयाञ्चकृढ्वे			
कूणयामासिथ	कूणयामासथुः	कूणयामास			
कूणयाम्बभूव	कूणयाम्बभूविव	कूणयाम्बभूविम	अतूतुणे	अतूतुणावहि	अतूतुणामहि
कूणयाञ्चक्रे	कूणयाञ्चकृवहे	कूणयाञ्चकृमहे			
कूणयामास	कूणयामासिव	कूणयामासिम			

1690 भ्रूण आशाविशङ्कयोः । आकुस्मीयः । hope, expect, doubt, be pregnant

10c 157 भ्रूणँ । भ्रूण् । भ्रूणयते । A । सेट् । स० । भ्रूणि । भ्रूणय । **Atmanepadi Forms only**

भ्रूणयते	भ्रूणयेते[4]	भ्रूणयन्ते[1]	अभ्रूणयत	अभ्रूणयेताम्[4]	अभ्रूणयन्त[1]
भ्रूणयसे	भ्रूणयेथे[4]	भ्रूणयध्वे	अभ्रूणयथाः	अभ्रूणयेथाम्[4]	अभ्रूणयध्वम्
भ्रूणये[1]	भ्रूणयावहे[2]	भ्रूणयामहे[2]	अभ्रूणये[4]	अभ्रूणयावहि[3]	अभ्रूणयामहि[3]
भ्रूणयताम्	भ्रूणयेताम्[4]	भ्रूणयन्ताम्[1]	भ्रूणयेत	भ्रूणयेयाताम्	भ्रूणयेरन्
भ्रूणयस्व	भ्रूणयेथाम्[4]	भ्रूणयध्वम्	भ्रूणयेथाः	भ्रूणयेयाथाम्	भ्रूणयेध्वम्
भ्रूणयै[5]	भ्रूणयावहै[3]	भ्रूणयामहै[3]	भ्रूणयेय	भ्रूणयेवहि	भ्रूणयेमहि
भ्रूणयिष्यते	भ्रूणयिष्येते	भ्रूणयिष्यन्ते	अभ्रूणयिष्यत	अभ्रूणयिष्येताम्	अभ्रूणयिष्यन्त
भ्रूणयिष्यसे	भ्रूणयिष्येथे	भ्रूणयिष्यध्वे	अभ्रूणयिष्यथाः	अभ्रूणयिष्येथाम्	अभ्रूणयिष्यध्वम्
भ्रूणयिष्ये	भ्रूणयिष्यावहे	भ्रूणयिष्यामहे	अभ्रूणयिष्ये	अभ्रूणयिष्यावहि	अभ्रूणयिष्यामहि
भ्रूणयिता	भ्रूणयितारौ	भ्रूणयितारः	भ्रूणयिषीष्ट	भ्रूणयिषीयास्ताम्	भ्रूणयिषीरन्
भ्रूणयितासे	भ्रूणयितासाथे	भ्रूणयिताध्वे	भ्रूणयिषीष्ठाः	भ्रूणयिषीयास्थाम्	भ्रूणयिषीध्वम् -ढ्वम्
भ्रूणयिताहे	भ्रूणयितास्वहे	भ्रूणयितास्महे	भ्रूणयिषीय	भ्रूणयिषीवहि	भ्रूणयिषीमहि
भ्रूणयाम्बभूव	भ्रूणयाम्बभूवतुः	भ्रूणयाम्बभूवुः	अबुभ्रुणत	अबुभ्रुणेताम्	अबुभ्रुणन्त
भ्रूणयाञ्चक्रे	भ्रूणयाञ्चक्राते	भ्रूणयाञ्चक्रिरे			
भ्रूणयामास	भ्रूणयामासतुः	भ्रूणयामासुः			
भ्रूणयाम्बभूविथ	भ्रूणयाम्बभूवथुः	भ्रूणयाम्बभूव	अबुभ्रुणथाः	अबुभ्रुणेथाम्	अबुभ्रुणध्वम्
भ्रूणयाञ्चकृषे	भ्रूणयाञ्चक्राथे	भ्रूणयाञ्चकृढ्वे			
भ्रूणयामासिथ	भ्रूणयामासथुः	भ्रूणयामास			
भ्रूणयाम्बभूव	भ्रूणयाम्बभूविव	भ्रूणयाम्बभूविम	अबुभ्रुणे	अबुभ्रुणावहि	अबुभ्रुणामहि
भ्रूणयाञ्चक्रे	भ्रूणयाञ्चकृवहे	भ्रूणयाञ्चकृमहे			
भ्रूणयामास	भ्रूणयामासिव	भ्रूणयामासिम			

1691 शठ श्लाघायाम् । आकुस्मीयः । praise, flatter
10c 158 शठँ । शठ् । शाठयते । A । सेट् । स० । शाठि । शाठय ।
7.2.116 अत उपधायाः । **Atmanepadi Forms only**

शाठयते	शाठयेते[4]	शाठयन्ते[1]	अशाठयत	अशाठयेताम्[4]	अशाठयन्त[1]
शाठयसे	शाठयेथे[4]	शाठयध्वे	अशाठयथाः	अशाठयेथाम्[4]	अशाठयध्वम्
शाठये[1]	शाठयावहे[2]	शाठयामहे[2]	अशाठये[4]	अशाठयावहि[3]	अशाठयामहि[3]
शाठयताम्	शाठयेताम्[4]	शाठयन्ताम्[1]	शाठयेत	शाठयेयाताम्	शाठयेरन्
शाठयस्व	शाठयेथाम्[4]	शाठयध्वम्	शाठयेथाः	शाठयेयाथाम्	शाठयेध्वम्
शाठयै[5]	शाठयावहै[3]	शाठयामहै[3]	शाठयेय	शाठयेवहि	शाठयेमहि

शाठयिष्यते	शाठयिष्येते	शाठयिष्यन्ते	अशाठयिष्यत	अशाठयिष्येताम्	अशाठयिष्यन्त
शाठयिष्यसे	शाठयिष्येथे	शाठयिष्यध्वे	अशाठयिष्यथाः	अशाठयिष्येथाम्	अशाठयिष्यध्वम्
शाठयिष्ये	शाठयिष्यावहे	शाठयिष्यामहे	अशाठयिष्ये	अशाठयिष्यावहि	अशाठयिष्यामहि

शाठयिता	शाठयितारौ	शाठयितारः	शाठयिषीष्ट	शाठयिषीयास्ताम्	शाठयिषीरन्
शाठयितासे	शाठयितासाथे	शाठयिताध्वे	शाठयिषीष्ठाः	शाठयिषीयास्थाम्	शाठयिषीध्वम् -ढ्वम्
शाठयिताहे	शाठयितास्वहे	शाठयितास्महे	शाठयिषीय	शाठयिषीवहि	शाठयिषीमहि

शाठयाम्बभूव	शाठयाम्बभूवतुः	शाठयाम्बभूवुः	अशीशठत	अशीशठेताम्	अशीशठन्त
शाठयाञ्चक्रे	शाठयाञ्चक्राते	शाठयाञ्चक्रिरे			
शाठयामास	शाठयामासतुः	शाठयामासुः			
शाठयाम्बभूविथ	शाठयाम्बभूवथुः	शाठयाम्बभूव	अशीशठथाः	अशीशठेथाम्	अशीशठध्वम्
शाठयाञ्चकृषे	शाठयाञ्चक्राथे	शाठयाञ्चकृढ्वे			
शाठयामासिथ	शाठयामासथुः	शाठयामास			
शाठयाम्बभूव	शाठयाम्बभूविव	शाठयाम्बभूविम	अशीशठे	अशीशठावहि	अशीशठामहि
शाठयाञ्चक्रे	शाठयाञ्चकृवहे	शाठयाञ्चकृमहे			
शाठयामास	शाठयामासिव	शाठयामासिम			

1692 यक्ष पूजायाम् । आकुस्मीयः । worship, honour, be quick

10c 159 यक्षँ । यक्ष् । यक्षयते । A । सेट् । स० । यक्षि । यक्षय । **Atmanepadi Forms only**

यक्षयते	यक्षयेते[4]	यक्षयन्ते[1]	अयक्षयत	अयक्षयेताम्[4]	अयक्षयन्त[1]
यक्षयसे	यक्षयेथे[4]	यक्षयध्वे	अयक्षयथाः	अयक्षयेथाम्[4]	अयक्षयध्वम्
यक्षये[1]	यक्षयावहे[2]	यक्षयामहे[2]	अयक्षये[4]	अयक्षयावहि[3]	अयक्षयामहि[3]

यक्षयताम्	यक्षयेताम्[4]	यक्षयन्ताम्[1]	यक्षयेत	यक्षयेयाताम्	यक्षयेरन्
यक्षयस्व	यक्षयेथाम्[4]	यक्षयध्वम्	यक्षयेथाः	यक्षयेयाथाम्	यक्षयेध्वम्
यक्षयै[5]	यक्षयावहै[3]	यक्षयामहै[3]	यक्षयेय	यक्षयेवहि	यक्षयेमहि

यक्षयिष्यते	यक्षयिष्येते	यक्षयिष्यन्ते	अयक्षयिष्यत	अयक्षयिष्येताम्	अयक्षयिष्यन्त
यक्षयिष्यसे	यक्षयिष्येथे	यक्षयिष्यध्वे	अयक्षयिष्यथाः	अयक्षयिष्येथाम्	अयक्षयिष्यध्वम्
यक्षयिष्ये	यक्षयिष्यावहे	यक्षयिष्यामहे	अयक्षयिष्ये	अयक्षयिष्यावहि	अयक्षयिष्यामहि

यक्षयिता	यक्षयितारौ	यक्षयितारः	यक्षयिषीष्ट	यक्षयिषीयास्ताम्	यक्षयिषीरन्
यक्षयितासे	यक्षयितासाथे	यक्षयिताध्वे	यक्षयिषीष्ठाः	यक्षयिषीयास्थाम्	यक्षयिषीध्वम् -ढ्वम्
यक्षयिताहे	यक्षयितास्वहे	यक्षयितास्महे	यक्षयिषीय	यक्षयिषीवहि	यक्षयिषीमहि

यक्षयाम्बभूव	यक्षयाम्बभूवतुः	यक्षयाम्बभूवुः	अययक्षत	अययक्षेताम्	अययक्षन्त

यक्षयाञ्चक्रे	यक्षयाञ्चक्राते	यक्षयाञ्चक्रिरे			
यक्षयामास	यक्षयामासतुः	यक्षयामासुः			
यक्षयाम्बभूविथ	यक्षयाम्बभूवथुः	यक्षयाम्बभूव	अययक्षथाः	अययक्षेथाम्	अययक्षध्वम्
यक्षयाञ्चकृषे	यक्षयाञ्चक्राथे	यक्षयाञ्चकृढ्वे			
यक्षयामासिथ	यक्षयामासथुः	यक्षयामास			
यक्षयाम्बभूव	यक्षयाम्बभूविव	यक्षयाम्बभूविम	अययक्षे	अययक्षावहि	अययक्षामहि
यक्षयाञ्चक्रे	यक्षयाञ्चकृवहे	यक्षयाञ्चकृमहे			
यक्षयामास	यक्षयामासिव	यक्षयामासिम			

1693 स्यम वितर्के । आकुस्मीयः । sound, go, consider, think. 7.2.116 अत उपधायाः।

10c 160 स्यमँ । स्यम् । स्यामयते । A । सेट् । स० । स्यामि । स्यामय । **Atmanepadi Forms only**

स्यामयते	स्यामयेते[4]	स्यामयन्ते[1]	अस्यामयत	अस्यामयेताम्[4]	अस्यामयन्त[1]
स्यामयसे	स्यामयेथे[4]	स्यामयध्वे	अस्यामयथाः	अस्यामयेथाम्[4]	अस्यामयध्वम्
स्यामये[1]	स्यामयावहे[2]	स्यामयामहे[2]	अस्यामये[4]	अस्यामयावहि[3]	अस्यामयामहि[3]

स्यामयताम्	स्यामयेताम्[4]	स्यामयन्ताम्[1]	स्यामयेत	स्यामयेयाताम्	स्यामयेरन्
स्यामयस्व	स्यामयेथाम्[4]	स्यामयध्वम्	स्यामयेथाः	स्यामयेयाथाम्	स्यामयेध्वम्
स्यामयै[5]	स्यामयावहै[3]	स्यामयामहै[3]	स्यामयेय	स्यामयेवहि	स्यामयेमहि

स्यामयिष्यते	स्यामयिष्येते	स्यामयिष्यन्ते	अस्यामयिष्यत	अस्यामयिष्येताम्	अस्यामयिष्यन्त
स्यामयिष्यसे	स्यामयिष्येथे	स्यामयिष्यध्वे	अस्यामयिष्यथाः	अस्यामयिष्येथाम्	अस्यामयिष्यध्वम्
स्यामयिष्ये	स्यामयिष्यावहे	स्यामयिष्यामहे	अस्यामयिष्ये	अस्यामयिष्यावहि	अस्यामयिष्यामहि

स्यामयिता	स्यामयितारौ	स्यामयितारः	स्यामयिषीष्ट	स्यामयिषीयास्ताम्	स्यामयिषीरन्
स्यामयितासे	स्यामयितासाथे	स्यामयिताध्वे	स्यामयिषीष्ठाः	स्यामयिषीयास्थाम्	स्यामयिषीध्वम् -ढ्वम्
स्यामयिताहे	स्यामयितास्वहे	स्यामयितास्महे	स्यामयिषीय	स्यामयिषीवहि	स्यामयिषीमहि

स्यामयाम्बभूव	स्यामयाम्बभूवतुः	स्यामयाम्बभूवुः	असिस्यमत	असिस्यमेताम्	असिस्यमन्त
स्यामयाञ्चक्रे	स्यामयाञ्चक्राते	स्यामयाञ्चक्रिरे			
स्यामयामास	स्यामयामासतुः	स्यामयामासुः			
स्यामयाम्बभूविथ	स्यामयाम्बभूवथुः	स्यामयाम्बभूव	असिस्यमथाः	असिस्यमेथाम्	असिस्यमध्वम्
स्यामयाञ्चकृषे	स्यामयाञ्चक्राथे	स्यामयाञ्चकृढ्वे			
स्यामयामासिथ	स्यामयामासथुः	स्यामयामास			
स्यामयाम्बभूव	स्यामयाम्बभूविव	स्यामयाम्बभूविम	असिस्यमे	असिस्यमावहि	असिस्यमामहि
स्यामयाञ्चक्रे	स्यामयाञ्चकृवहे	स्यामयाञ्चकृमहे			
स्यामयामास	स्यामयामासिव	स्यामयामासिम			

1694 गूर उद्यमने । आकुस्मीयः । make effort, work hard

10c 161 गूरँ । गूर् । गूरयते । A । सेट् । स० । गूरि । गूरय । **Atmanepadi Forms only**

गूरयते	गूरयेते[4]	गूरयन्ते[1]	अगूरयत	अगूरयेताम्[4]	अगूरयन्त[1]
गूरयसे	गूरयेथे[4]	गूरयध्वे	अगूरयथाः	अगूरयेथाम्[4]	अगूरयध्वम्
गूरये[1]	गूरयावहे[2]	गूरयामहे[2]	अगूरये[4]	अगूरयावहि[3]	अगूरयामहि[3]

गूरयताम्	गूरयेताम्[4]	गूरयन्ताम्[1]	गूरयेत	गूरयेयाताम्	गूरयेरन्
गूरयस्व	गूरयेथाम्[4]	गूरयध्वम्	गूरयेथाः	गूरयेयाथाम्	गूरयेध्वम्
गूरयै[5]	गूरयावहै[3]	गूरयामहै[3]	गूरयेय	गूरयेवहि	गूरयेमहि

गूरयिष्यते	गूरयिष्येते	गूरयिष्यन्ते	अगूरयिष्यत	अगूरयिष्येताम्	अगूरयिष्यन्त
गूरयिष्यसे	गूरयिष्येथे	गूरयिष्यध्वे	अगूरयिष्यथाः	अगूरयिष्येथाम्	अगूरयिष्यध्वम्
गूरयिष्ये	गूरयिष्यावहे	गूरयिष्यामहे	अगूरयिष्ये	अगूरयिष्यावहि	अगूरयिष्यामहि

गूरयिता	गूरयितारौ	गूरयितारः	गूरयिषीष्ट	गूरयिषीयास्ताम्	गूरयिषीरन्
गूरयितासे	गूरयितासाथे	गूरयिताध्वे	गूरयिषीष्ठाः	गूरयिषीयास्थाम्	गूरयिषीध्वम् -ढ्वम्
गूरयिताहे	गूरयितास्वहे	गूरयितास्महे	गूरयिषीय	गूरयिषीवहि	गूरयिषीमहि

गूरयाम्बभूव	गूरयाम्बभूवतुः	गूरयाम्बभूवुः	अजूगुरत	अजूगुरेताम्	अजूगुरन्त
गूरयाञ्चक्रे	गूरयाञ्चक्राते	गूरयाञ्चक्रिरे			
गूरयामास	गूरयामासतुः	गूरयामासुः			
गूरयाम्बभूविथ	गूरयाम्बभूवथुः	गूरयाम्बभूव	अजूगुरथाः	अजूगुरेथाम्	अजूगुरध्वम्
गूरयाञ्चकृषे	गूरयाञ्चक्राथे	गूरयाञ्चकृढ्वे			
गूरयामासिथ	गूरयामासथुः	गूरयामास			
गूरयाम्बभूव	गूरयाम्बभूविव	गूरयाम्बभूविम	अजूगुरे	अजूगुरावहि	अजूगुरामहि
गूरयाञ्चक्रे	गूरयाञ्चकृवहे	गूरयाञ्चकृमहे			
गूरयामास	गूरयामासिव	गूरयामासिम			

1695 शम आलोचने । आकुस्मीयः । declare, express, make popular

10c 162 शमँ । शम् । शामयते । A । सेट् । स० । शामि । शामय ।

गणसूत्र० जनीजृष्क्नसुरञ्जोऽमन्ताश्च । मितः इति अनुवर्तते । 6.4.92 मितां ह्रस्वः । इति उपधा ह्रस्वः । किन्तु गणसूत्र० नान्ये मितोऽहेतौ । इति मित्तवनिषेधः । मित् does not apply to this Root.

7.2.27 वा दान्तशान्तपूर्णदस्तस्पष्टच्छन्नज्ञप्ताः । णिजन्त दम् शम् पूरी दस् स्पश् छद् ज्ञप् इत्येतेषां धातूनां वा अनिट् निपात्यते। शान्तः, शमितः। इट् प्रतिषेधो णिलुक् च निपात्यते । 8.3.24 नश्चापदान्तस्य झलि । 8.4.58 अनुस्वारस्य ययि परसवर्णः । 6.4.15 अनुनासिकस्य क्विझलोः क्ङिति । **Atmanepadi Forms only**

शामयते	शामयेते[4]	शामयन्ते[1]	अशामयत	अशामयेताम्[4]	अशामयन्त[1]
शामयसे	शामयेथे[4]	शामयध्वे	अशामयथाः	अशामयेथाम्[4]	अशामयध्वम्

शामये[1]	शामयावहे[2]	शामयामहे[2]	अशामये[4]	अशामयावहि[3]	अशामयामहि[3]

शामयताम्	शामयेताम्[4]	शामयन्ताम्[1]	शामयेत	शामयेयाताम्	शामयेरन्
शामयस्व	शामयेथाम्[4]	शामयध्वम्	शामयेथाः	शामयेयाथाम्	शामयेध्वम्
शामयै[5]	शामयावहै[3]	शामयामहै[3]	शामयेय	शामयेवहि	शामयेमहि

शामयिष्यते	शामयिष्येते	शामयिष्यन्ते	अशामयिष्यत	अशामयिष्येताम्	अशामयिष्यन्त
शामयिष्यसे	शामयिष्येथे	शामयिष्यध्वे	अशामयिष्यथाः	अशामयिष्येथाम्	अशामयिष्यध्वम्
शामयिष्ये	शामयिष्यावहे	शामयिष्यामहे	अशामयिष्ये	अशामयिष्यावहि	अशामयिष्यामहि

शामयिता	शामयितारौ	शामयितारः	शामयिषीष्ट	शामयिषीयास्ताम्	शामयिषीरन्
शामयितासे	शामयितासाथे	शामयिताध्वे	शामयिषीष्ठाः	शामयिषीयास्थाम्	शामयिषीध्वम् -ढ्वम
शामयिताहे	शामयितास्वहे	शामयितास्महे	शामयिषीय	शामयिषीवहि	शामयिषीमहि

शामयाम्बभूव	शामयाम्बभूवतुः	शामयाम्बभूवुः	अशीशमत	अशीशमेताम्	अशीशमन्त
शामयाञ्चक्रे	शामयाञ्चक्राते	शामयाञ्चक्रिरे			
शामयामास	शामयामासतुः	शामयामासुः			
शामयाम्बभूविथ	शामयाम्बभूवथुः	शामयाम्बभूव	अशीशमथाः	अशीशमेथाम्	अशीशमध्वम्
शामयाञ्चकृषे	शामयाञ्चक्राथे	शामयाञ्चकृढ्वे			
शामयामासिथ	शामयामासथुः	शामयामास			
शामयाम्बभूव	शामयाम्बभूविव	शामयाम्बभूविम	अशीशमे	अशीशमावहि	अशीशमामहि
शामयाञ्चक्रे	शामयाञ्चकृवहे	शामयाञ्चकृमहे			
शामयामास	शामयामासिव	शामयामासिम			

1696 लक्ष आलोचने । आकुस्मीयः । mark, denote, characterize
10c 163 लक्षँ । लक्ष् । लक्षयते । A । सेट् । स० । लक्षि । लक्षय । **Atmanepadi Forms only**

लक्षयते	लक्षयेते[4]	लक्षयन्ते[1]	अलक्षयत	अलक्षयेताम्[4]	अलक्षयन्त[1]
लक्षयसे	लक्षयेथे[4]	लक्षयध्वे	अलक्षयथाः	अलक्षयेथाम्[4]	अलक्षयध्वम्
लक्षये[1]	लक्षयावहे[2]	लक्षयामहे[2]	अलक्षये[4]	अलक्षयावहि[3]	अलक्षयामहि[3]

लक्षयताम्	लक्षयेताम्[4]	लक्षयन्ताम्[1]	लक्षयेत	लक्षयेयाताम्	लक्षयेरन्
लक्षयस्व	लक्षयेथाम्[4]	लक्षयध्वम्	लक्षयेथाः	लक्षयेयाथाम्	लक्षयेध्वम्
लक्षयै[5]	लक्षयावहै[3]	लक्षयामहै[3]	लक्षयेय	लक्षयेवहि	लक्षयेमहि

लक्षयिष्यते	लक्षयिष्येते	लक्षयिष्यन्ते	अलक्षयिष्यत	अलक्षयिष्येताम्	अलक्षयिष्यन्त
लक्षयिष्यसे	लक्षयिष्येथे	लक्षयिष्यध्वे	अलक्षयिष्यथाः	अलक्षयिष्येथाम्	अलक्षयिष्यध्वम्
लक्षयिष्ये	लक्षयिष्यावहे	लक्षयिष्यामहे	अलक्षयिष्ये	अलक्षयिष्यावहि	अलक्षयिष्यामहि

लक्षयिता	लक्षयितारौ	लक्षयितारः	लक्षयिषीष्ट	लक्षयिषीयास्ताम्	लक्षयिषीरन्
लक्षयितासे	लक्षयितासाथे	लक्षयिताध्वे	लक्षयिषीष्ठाः	लक्षयिषीयास्थाम्	लक्षयिषीध्वम् -ढ्वम्
लक्षयिताहे	लक्षयितास्वहे	लक्षयितास्महे	लक्षयिषीय	लक्षयिषीवहि	लक्षयिषीमहि

लक्षयाम्बभूव	लक्षयाम्बभूवतुः	लक्षयाम्बभूवुः	अललक्षत	अललक्षेताम्	अललक्षन्त
लक्षयाञ्चक्रे	लक्षयाञ्चक्राते	लक्षयाञ्चक्रिरे			
लक्षयामास	लक्षयामासतुः	लक्षयामासुः			
लक्षयाम्बभूविथ	लक्षयाम्बभूवथुः	लक्षयाम्बभूव	अललक्षथाः	अललक्षेथाम्	अललक्षध्वम्
लक्षयाञ्चकृषे	लक्षयाञ्चक्राथे	लक्षयाञ्चकृढ्वे			
लक्षयामासिथ	लक्षयामासथुः	लक्षयामास			
लक्षयाम्बभूव	लक्षयाम्बभूविव	लक्षयाम्बभूविम	अललक्षे	अललक्षावहि	अललक्षामहि
लक्षयाञ्चक्रे	लक्षयाञ्चकृवहे	लक्षयाञ्चकृमहे			
लक्षयामास	लक्षयामासिव	लक्षयामासिम			

1697 कुत्स अवक्षेपणे । निन्दने । आकुस्मीयः । abuse, revile, condemn

10c 164 कुत्सँ । कुत्स् । कुत्सयते । A । सेट् । स० । कुत्सि । कुत्सय । **Atmanepadi Forms only**

कुत्सयते	कुत्सयेते[4]	कुत्सयन्ते[1]	अकुत्सयत	अकुत्सयेताम्[4]	अकुत्सयन्त[1]
कुत्सयसे	कुत्सयेथे[4]	कुत्सयध्वे	अकुत्सयथाः	अकुत्सयेथाम्[4]	अकुत्सयध्वम्
कुत्सये[1]	कुत्सयावहे[2]	कुत्सयामहे[2]	अकुत्सये[4]	अकुत्सयावहि[3]	अकुत्सयामहि[3]

कुत्सयताम्	कुत्सयेताम्[4]	कुत्सयन्ताम्[1]	कुत्सयेत	कुत्सयेयाताम्	कुत्सयेरन्
कुत्सयस्व	कुत्सयेथाम्[4]	कुत्सयध्वम्	कुत्सयेथाः	कुत्सयेयाथाम्	कुत्सयेध्वम्
कुत्सयै[5]	कुत्सयावहै[3]	कुत्सयामहै[3]	कुत्सयेय	कुत्सयेवहि	कुत्सयेमहि

कुत्सयिष्यते	कुत्सयिष्येते	कुत्सयिष्यन्ते	अकुत्सयिष्यत	अकुत्सयिष्येताम्	अकुत्सयिष्यन्त
कुत्सयिष्यसे	कुत्सयिष्येथे	कुत्सयिष्यध्वे	अकुत्सयिष्यथाः	अकुत्सयिष्येथाम्	अकुत्सयिष्यध्वम्
कुत्सयिष्ये	कुत्सयिष्यावहे	कुत्सयिष्यामहे	अकुत्सयिष्ये	अकुत्सयिष्यावहि	अकुत्सयिष्यामहि

कुत्सयिता	कुत्सयितारौ	कुत्सयितारः	कुत्सयिषीष्ट	कुत्सयिषीयास्ताम्	कुत्सयिषीरन्
कुत्सयितासे	कुत्सयितासाथे	कुत्सयिताध्वे	कुत्सयिषीष्ठाः	कुत्सयिषीयास्थाम्	कुत्सयिषीध्वम् -ढ्वम्
कुत्सयिताहे	कुत्सयितास्वहे	कुत्सयितास्महे	कुत्सयिषीय	कुत्सयिषीवहि	कुत्सयिषीमहि

कुत्सयाम्बभूव	कुत्सयाम्बभूवतुः	कुत्सयाम्बभूवुः	अचुकुत्सत	अचुकुत्सेताम्	अचुकुत्सन्त
कुत्सयाञ्चक्रे	कुत्सयाञ्चक्राते	कुत्सयाञ्चक्रिरे			
कुत्सयामास	कुत्सयामासतुः	कुत्सयामासुः			
कुत्सयाम्बभूविथ	कुत्सयाम्बभूवथुः	कुत्सयाम्बभूव	अचुकुत्सथाः	अचुकुत्सेथाम्	अचुकुत्सध्वम्

कुत्सयाञ्चकृषे	कुत्सयाञ्चक्राथे	कुत्सयाञ्चकृढ्वे			
कुत्सयामासिथ	कुत्सयामासथुः	कुत्सयामास			
कुत्सयाम्बभूव	कुत्सयाम्बभूविव	कुत्सयाम्बभूविम	अचुकुत्से	अचुकुत्सावहि	अचुकुत्सामहि
कुत्सयाञ्चक्रे	कुत्सयाञ्चकृवहे	कुत्सयाञ्चकृमहे			
कुत्सयामास	कुत्सयामासिव	कुत्सयामासिम			

1698 त्रुट छेदने । कुट इत्येके । आकुस्मीयः । break into pieces

10c 165 त्रुटँ । त्रुट् । त्रोटयते । A । सेट् । स० । त्रोटि । त्रोटय । **Atmanepadi Forms only**

त्रोटयते	त्रोटयेते[4]	त्रोटयन्ते[1]	अत्रोटयत	अत्रोटयेताम्[4]	अत्रोटयन्त[1]
त्रोटयसे	त्रोटयेथे[4]	त्रोटयध्वे	अत्रोटयथाः	अत्रोटयेथाम्[4]	अत्रोटयध्वम्
त्रोटये[1]	त्रोटयावहे[2]	त्रोटयामहे[2]	अत्रोटये[4]	अत्रोटयावहि[3]	अत्रोटयामहि[3]
त्रोटयताम्	त्रोटयेताम्[4]	त्रोटयन्ताम्[1]	त्रोटयेत	त्रोटयेयाताम्	त्रोटयेरन्
त्रोटयस्व	त्रोटयेथाम्[4]	त्रोटयध्वम्	त्रोटयेथाः	त्रोटयेयाथाम्	त्रोटयेध्वम्
त्रोटयै[5]	त्रोटयावहै[3]	त्रोटयामहै[3]	त्रोटयेय	त्रोटयेवहि	त्रोटयेमहि
त्रोटयिष्यते	त्रोटयिष्येते	त्रोटयिष्यन्ते	अत्रोटयिष्यत	अत्रोटयिष्येताम्	अत्रोटयिष्यन्त
त्रोटयिष्यसे	त्रोटयिष्येथे	त्रोटयिष्यध्वे	अत्रोटयिष्यथाः	अत्रोटयिष्येथाम्	अत्रोटयिष्यध्वम्
त्रोटयिष्ये	त्रोटयिष्यावहे	त्रोटयिष्यामहे	अत्रोटयिष्ये	अत्रोटयिष्यावहि	अत्रोटयिष्यामहि
त्रोटयिता	त्रोटयितारौ	त्रोटयितारः	त्रोटयिषीष्ट	त्रोटयिषीयास्ताम्	त्रोटयिषीरन्
त्रोटयितासे	त्रोटयितासाथे	त्रोटयिताध्वे	त्रोटयिषीष्ठाः	त्रोटयिषीयास्थाम्	त्रोटयिषीध्वम् -ढ्वम्
त्रोटयिताहे	त्रोटयितास्वहे	त्रोटयितास्महे	त्रोटयिषीय	त्रोटयिषीवहि	त्रोटयिषीमहि
त्रोटयाम्बभूव	त्रोटयाम्बभूवतुः	त्रोटयाम्बभूवुः	अतुत्रुटत	अतुत्रुटेताम्	अतुत्रुटन्त
त्रोटयाञ्चक्रे	त्रोटयाञ्चक्राते	त्रोटयाञ्चक्रिरे			
त्रोटयामास	त्रोटयामासतुः	त्रोटयामासुः			
त्रोटयाम्बभूविथ	त्रोटयाम्बभूवथुः	त्रोटयाम्बभूव	अतुत्रुटथाः	अतुत्रुटेथाम्	अतुत्रुटध्वम्
त्रोटयाञ्चकृषे	त्रोटयाञ्चक्राथे	त्रोटयाञ्चकृढ्वे			
त्रोटयामासिथ	त्रोटयामासथुः	त्रोटयामास			
त्रोटयाम्बभूव	त्रोटयाम्बभूविव	त्रोटयाम्बभूविम	अतुत्रुटे	अतुत्रुटावहि	अतुत्रुटामहि
त्रोटयाञ्चक्रे	त्रोटयाञ्चकृवहे	त्रोटयाञ्चकृमहे			
त्रोटयामास	त्रोटयामासिव	त्रोटयामासिम			

1699 गल स्रवणे । आकुस्मीयः । pour out, filter, drip, ooze. 7.2.116 अत उपधायाः ।

10c 166 गलँ । गल् । गालयते । A । सेट् । अ० । गालि । गालय । **Atmanepadi Forms only**

गालयते	गालयेते[4]	गालयन्ते[1]	अगालयत	अगालयेताम्[4]	अगालयन्त[1]

गालयसे	गालयेथे[4]	गालयध्वे	अगालयथाः	अगालयेथाम्[4]	अगालयध्वम्
गालये[1]	गालयावहे[2]	गालयामहे[2]	अगालये[4]	अगालयावहि[3]	अगालयामहि[3]

गालयताम्	गालयेताम्[4]	गालयन्ताम्[1]	गालयेत	गालयेयाताम्	गालयेरन्
गालयस्व	गालयेथाम्[4]	गालयध्वम्	गालयेथाः	गालयेयाथाम्	गालयेध्वम्
गालयै[5]	गालयावहै[3]	गालयामहै[3]	गालयेय	गालयेवहि	गालयेमहि

गालयिष्यते	गालयिष्येते	गालयिष्यन्ते	अगालयिष्यत	अगालयिष्येताम्	अगालयिष्यन्त
गालयिष्यसे	गालयिष्येथे	गालयिष्यध्वे	अगालयिष्यथाः	अगालयिष्येथाम्	अगालयिष्यध्वम्
गालयिष्ये	गालयिष्यावहे	गालयिष्यामहे	अगालयिष्ये	अगालयिष्यावहि	अगालयिष्यामहि

गालयिता	गालयितारौ	गालयितारः	गालयिषीष्ट	गालयिषीयास्ताम्	गालयिषीरन्
गालयितासे	गालयितासाथे	गालयिताध्वे	गालयिषीष्ठाः	गालयिषीयास्थाम्	गालयिषीध्वम् -ढ्वम्
गालयिताहे	गालयितास्वहे	गालयितास्महे	गालयिषीय	गालयिषीवहि	गालयिषीमहि

गालयाम्बभूव	गालयाम्बभूवतुः	गालयाम्बभूवुः	अजीगलत	अजीगलेताम्	अजीगलन्त
गालयाञ्चक्रे	गालयाञ्चक्राते	गालयाञ्चक्रिरे			
गालयामास	गालयामासतुः	गालयामासुः			
गालयाम्बभूविथ	गालयाम्बभूवथुः	गालयाम्बभूव	अजीगलथाः	अजीगलेथाम्	अजीगलध्वम्
गालयाञ्चकृषे	गालयाञ्चक्राथे	गालयाञ्चकृढ्वे			
गालयामासिथ	गालयामासथुः	गालयामास			
गालयाम्बभूव	गालयाम्बभूविव	गालयाम्बभूविम	अजीगले	अजीगलावहि	अजीगलामहि
गालयाञ्चक्रे	गालयाञ्चकृवहे	गालयाञ्चकृमहे			
गालयामास	गालयामासिव	गालयामासिम			

1700 भल आभण्डने । आकुस्मीयः । scrutinize, argue. 7.2.116 अत उपधायाः।

10c 167 भलँ । भल् । भालयते । A । सेट् । स० । भालि । भालय । **Atmanepadi Forms only**

भालयते	भालयेते[4]	भालयन्ते[1]	अभालयत	अभालयेताम्[4]	अभालयन्त[1]
भालयसे	भालयेथे[4]	भालयध्वे	अभालयथाः	अभालयेथाम्[4]	अभालयध्वम्
भालये[1]	भालयावहे[2]	भालयामहे[2]	अभालये[4]	अभालयावहि[3]	अभालयामहि[3]

भालयताम्	भालयेताम्[4]	भालयन्ताम्[1]	भालयेत	भालयेयाताम्	भालयेरन्
भालयस्व	भालयेथाम्[4]	भालयध्वम्	भालयेथाः	भालयेयाथाम्	भालयेध्वम्
भालयै[5]	भालयावहै[3]	भालयामहै[3]	भालयेय	भालयेवहि	भालयेमहि

भालयिष्यते	भालयिष्येते	भालयिष्यन्ते	अभालयिष्यत	अभालयिष्येताम्	अभालयिष्यन्त
भालयिष्यसे	भालयिष्येथे	भालयिष्यध्वे	अभालयिष्यथाः	अभालयिष्येथाम्	अभालयिष्यध्वम्

भालयिष्ये	भालयिष्यावहे	भालयिष्यामहे	अभालयिष्ये	अभालयिष्यावहि	अभालयिष्यामहि

भालयिता	भालयितारौ	भालयितारः	भालयिषीष्ट	भालयिषीयास्ताम्	भालयिषीरन्
भालयितासे	भालयितासाथे	भालयिताध्वे	भालयिषीष्ठाः	भालयिषीयास्थाम्	भालयिषीध्वम् -ढ्वम्
भालयिताहे	भालयितास्वहे	भालयितास्महे	भालयिषीय	भालयिषीवहि	भालयिषीमहि

भालयाम्बभूव	भालयाम्बभूवतुः	भालयाम्बभूवुः	अबीभलत	अबीभलेताम्	अबीभलन्त
भालयाञ्चक्रे	भालयाञ्चक्राते	भालयाञ्चक्रिरे			
भालयामास	भालयामासतुः	भालयामासुः			
भालयाम्बभूविथ	भालयाम्बभूवथुः	भालयाम्बभूव	अबीभलथाः	अबीभलेथाम्	अबीभलध्वम्
भालयाञ्चकृषे	भालयाञ्चक्राथे	भालयाञ्चकृढ्वे			
भालयामासिथ	भालयामासथुः	भालयामास			
भालयाम्बभूव	भालयाम्बभूविव	भालयाम्बभूविम	अबीभले	अबीभलावहि	अबीभलामहि
भालयाञ्चक्रे	भालयाञ्चकृवहे	भालयाञ्चकृमहे			
भालयामास	भालयामासिव	भालयामासिम			

1701 कूट आप्रदाने । अवसादने इत्येके । आकुस्मीयः । abstain from giving, be secretive

10c 168 कूटँ । कूट् । कूटयते । A । सेट् । स० । कूटि । कूटय । **Atmanepadi Forms only**

कूटयते	कूटयेते[4]	कूटयन्ते[1]	अकूटयत	अकूटयेताम्[4]	अकूटयन्त[1]
कूटयसे	कूटयेथे[4]	कूटयध्वे	अकूटयथाः	अकूटयेथाम्[4]	अकूटयध्वम्
कूटये[1]	कूटयावहे[2]	कूटयामहे[2]	अकूटये[4]	अकूटयावहि[3]	अकूटयामहि[3]

कूटयताम्	कूटयेताम्[4]	कूटयन्ताम्[1]	कूटयेत	कूटयेयाताम्	कूटयेरन्
कूटयस्व	कूटयेथाम्[4]	कूटयध्वम्	कूटयेथाः	कूटयेयाथाम्	कूटयेध्वम्
कूटयै[5]	कूटयावहै[3]	कूटयामहै[3]	कूटयेय	कूटयेवहि	कूटयेमहि

कूटयिष्यते	कूटयिष्येते	कूटयिष्यन्ते	अकूटयिष्यत	अकूटयिष्येताम्	अकूटयिष्यन्त
कूटयिष्यसे	कूटयिष्येथे	कूटयिष्यध्वे	अकूटयिष्यथाः	अकूटयिष्येथाम्	अकूटयिष्यध्वम्
कूटयिष्ये	कूटयिष्यावहे	कूटयिष्यामहे	अकूटयिष्ये	अकूटयिष्यावहि	अकूटयिष्यामहि

कूटयिता	कूटयितारौ	कूटयितारः	कूटयिषीष्ट	कूटयिषीयास्ताम्	कूटयिषीरन्
कूटयितासे	कूटयितासाथे	कूटयिताध्वे	कूटयिषीष्ठाः	कूटयिषीयास्थाम्	कूटयिषीध्वम् -ढ्वम्
कूटयिताहे	कूटयितास्वहे	कूटयितास्महे	कूटयिषीय	कूटयिषीवहि	कूटयिषीमहि

कूटयाम्बभूव	कूटयाम्बभूवतुः	कूटयाम्बभूवुः	अचूकुटत	अचूकुटेताम्	अचूकुटन्त
कूटयाञ्चक्रे	कूटयाञ्चक्राते	कूटयाञ्चक्रिरे			
कूटयामास	कूटयामासतुः	कूटयामासुः			

कूटयाम्बभूविथ	कूटयाम्बभूवथुः	कूटयाम्बभूव	अचूकुटथाः	अचूकुटेथाम्	अचूकुटध्वम्
कूटयाञ्चकृषे	कूटयाञ्चक्राथे	कूटयाञ्चकृढ्वे			
कूटयामासिथ	कूटयामासथुः	कूटयामास			
कूटयाम्बभूव	कूटयाम्बभूविव	कूटयाम्बभूविम	अचूकुटे	अचूकुटावहि	अचूकुटामहि
कूटयाञ्चक्रे	कूटयाञ्चकृवहे	कूटयाञ्चकृमहे			
कूटयामास	कूटयामासिव	कूटयामासिम			

1702 कुट्ट प्रतापने । आकुस्मीयः । heat

10c 169 कुट्टँ । कुट्ट् । कुट्टयते । A । सेट् । स० । कुट्टि । कुट्टय । **Atmanepadi Forms only**

कुट्टयते	कुट्टयेते[4]	कुट्टयन्ते[1]	अकुट्टयत	अकुट्टयेताम्[4]	अकुट्टयन्त[1]
कुट्टयसे	कुट्टयेथे[4]	कुट्टयध्वे	अकुट्टयथाः	अकुट्टयेथाम्[4]	अकुट्टयध्वम्
कुट्टये[1]	कुट्टयावहे[2]	कुट्टयामहे[2]	अकुट्टये[4]	अकुट्टयावहि[3]	अकुट्टयामहि[3]

कुट्टयताम्	कुट्टयेताम्[4]	कुट्टयन्ताम्[1]	कुट्टयेत	कुट्टयेयाताम्	कुट्टयेरन्
कुट्टयस्व	कुट्टयेथाम्[4]	कुट्टयध्वम्	कुट्टयेथाः	कुट्टयेयाथाम्	कुट्टयेध्वम्
कुट्टयै[5]	कुट्टयावहै[3]	कुट्टयामहै[3]	कुट्टयेय	कुट्टयेवहि	कुट्टयेमहि

कुट्टयिष्यते	कुट्टयिष्येते	कुट्टयिष्यन्ते	अकुट्टयिष्यत	अकुट्टयिष्येताम्	अकुट्टयिष्यन्त
कुट्टयिष्यसे	कुट्टयिष्येथे	कुट्टयिष्यध्वे	अकुट्टयिष्यथाः	अकुट्टयिष्येथाम्	अकुट्टयिष्यध्वम्
कुट्टयिष्ये	कुट्टयिष्यावहे	कुट्टयिष्यामहे	अकुट्टयिष्ये	अकुट्टयिष्यावहि	अकुट्टयिष्यामहि

कुट्टयिता	कुट्टयितारौ	कुट्टयितारः	कुट्टयिषीष्ट	कुट्टयिषीयास्ताम्	कुट्टयिषीरन्
कुट्टयितासे	कुट्टयितासाथे	कुट्टयिताध्वे	कुट्टयिषीष्ठाः	कुट्टयिषीयास्थाम्	कुट्टयिषीध्वम् -ढ्वम्
कुट्टयिताहे	कुट्टयितास्वहे	कुट्टयितास्महे	कुट्टयिषीय	कुट्टयिषीवहि	कुट्टयिषीमहि

कुट्टयाम्बभूव	कुट्टयाम्बभूवतुः	कुट्टयाम्बभूवुः	अचूकुट्टत	अचूकुट्टेताम्	अचूकुट्टन्त
कुट्टयाञ्चक्रे	कुट्टयाञ्चक्राते	कुट्टयाञ्चक्रिरे			
कुट्टयामास	कुट्टयामासतुः	कुट्टयामासुः			
कुट्टयाम्बभूविथ	कुट्टयाम्बभूवथुः	कुट्टयाम्बभूव	अचूकुट्टथाः	अचूकुट्टेथाम्	अचूकुट्टध्वम्
कुट्टयाञ्चकृषे	कुट्टयाञ्चक्राथे	कुट्टयाञ्चकृढ्वे			
कुट्टयामासिथ	कुट्टयामासथुः	कुट्टयामास			
कुट्टयाम्बभूव	कुट्टयाम्बभूविव	कुट्टयाम्बभूविम	अचूकुट्टे	अचूकुट्टावहि	अचूकुट्टामहि
कुट्टयाञ्चक्रे	कुट्टयाञ्चकृवहे	कुट्टयाञ्चकृमहे			
कुट्टयामास	कुट्टयामासिव	कुट्टयामासिम			

1703 वञ्चु प्रलम्भने । आकुस्मीयः । उदित् वैकल्पिकः णिच् । cheat, trap, deceive

10c 170 वञ्चुँ । वञ्च् । वञ्चयते , वञ्चति । A । सेट् । स० । वञ्चि । वञ्चय । **Atmanepadi Forms only**

वञ्चयते	वञ्चयेते[4]	वञ्चयन्ते[1]	अवञ्चयत	अवञ्चयेताम्[4]	अवञ्चयन्त[1]
वञ्चयसे	वञ्चयेथे[4]	वञ्चयध्वे	अवञ्चयथाः	अवञ्चयेथाम्[4]	अवञ्चयध्वम्
वञ्चये[1]	वञ्चयावहे[2]	वञ्चयामहे[2]	अवञ्चये[4]	अवञ्चयावहि[3]	अवञ्चयामहि[3]

वञ्चयताम्	वञ्चयेताम्[4]	वञ्चयन्ताम्[1]	वञ्चयेत	वञ्चयेयाताम्	वञ्चयेरन्
वञ्चयस्व	वञ्चयेथाम्[4]	वञ्चयध्वम्	वञ्चयेथाः	वञ्चयेयाथाम्	वञ्चयेध्वम्
वञ्चयै[5]	वञ्चयावहै[3]	वञ्चयामहै[3]	वञ्चयेय	वञ्चयेवहि	वञ्चयेमहि

वञ्चयिष्यते	वञ्चयिष्येते	वञ्चयिष्यन्ते	अवञ्चयिष्यत	अवञ्चयिष्येताम्	अवञ्चयिष्यन्त
वञ्चयिष्यसे	वञ्चयिष्येथे	वञ्चयिष्यध्वे	अवञ्चयिष्यथाः	अवञ्चयिष्येथाम्	अवञ्चयिष्यध्वम्
वञ्चयिष्ये	वञ्चयिष्यावहे	वञ्चयिष्यामहे	अवञ्चयिष्ये	अवञ्चयिष्यावहि	अवञ्चयिष्यामहि

वञ्चयिता	वञ्चयितारौ	वञ्चयितारः	वञ्चयिषीष्ट	वञ्चयिषीयास्ताम्	वञ्चयिषीरन्
वञ्चयितासे	वञ्चयितासाथे	वञ्चयिताध्वे	वञ्चयिषीष्ठाः	वञ्चयिषीयास्थाम्	वञ्चयिषीध्वम् -ढ्वम्
वञ्चयिताहे	वञ्चयितास्वहे	वञ्चयितास्महे	वञ्चयिषीय	वञ्चयिषीवहि	वञ्चयिषीमहि

वञ्चयाम्बभूव	वञ्चयाम्बभूवतुः	वञ्चयाम्बभूवुः	अववञ्चत	अववञ्चेताम्	अववञ्चन्त
वञ्चयाञ्चक्रे	वञ्चयाञ्चक्राते	वञ्चयाञ्चक्रिरे			
वञ्चयामास	वञ्चयामासतुः	वञ्चयामासुः			
वञ्चयाम्बभूविथ	वञ्चयाम्बभूवथुः	वञ्चयाम्बभूव	अववञ्चथाः	अववञ्चेथाम्	अववञ्चध्वम्
वञ्चयाञ्चकृषे	वञ्चयाञ्चक्राथे	वञ्चयाञ्चकृढ्वे			
वञ्चयामासिथ	वञ्चयामासथुः	वञ्चयामास			
वञ्चयाम्बभूव	वञ्चयाम्बभूविव	वञ्चयाम्बभूविम	अववञ्चे	अववञ्चावहि	अववञ्चामहि
वञ्चयाञ्चक्रे	वञ्चयाञ्चकृवहे	वञ्चयाञ्चकृमहे			
वञ्चयामास	वञ्चयामासिव	वञ्चयामासिम			

णिजभावपक्षे 1.3.78 शेषात् कर्त्तरि परस्मैपदम् । इति पक्षे भ्वादिः इव वञ्च् । P । सेट् । स० ।

वञ्चति	वञ्चतः	वञ्चन्ति	अवञ्चत् -द्	अवञ्चताम्	अवञ्चन्
वञ्चसि	वञ्चथः	वञ्चथ	अवञ्चः	अवञ्चतम्	अवञ्चत
वञ्चामि	वञ्चावः	वञ्चामः	अवञ्चम्	अवञ्चाव	अवञ्चाम

वञ्चतु वञ्चतात् -द्	वञ्चताम्	वञ्चन्तु	वञ्चेत् -द्	वञ्चेताम्	वञ्चेयुः
वञ्च वञ्चतात् -द्	वञ्चतम्	वञ्चत	वञ्चेः	वञ्चेतम्	वञ्चेत
वञ्चानि	वञ्चाव	वञ्चाम	वञ्चेयम्	वञ्चेव	वञ्चेम

वञ्चिष्यति	वञ्चिष्यतः	वञ्चिष्यन्ति	अवञ्चिष्यत् -द्	अवञ्चिष्यताम्	अवञ्चिष्यन्
वञ्चिष्यसि	वञ्चिष्यथः	वञ्चिष्यथ	अवञ्चिष्यः	अवञ्चिष्यतम्	अवञ्चिष्यत
वञ्चिष्यामि	वञ्चिष्यावः	वञ्चिष्यामः	अवञ्चिष्यम्	अवञ्चिष्याव	अवञ्चिष्याम

वञ्चिता	वञ्चितारौ	वञ्चितारः	वञ्च्यात् -द्	वञ्च्यास्ताम्	वञ्च्यासुः

वञ्चितासि	वञ्चितास्थः	वञ्चितास्थ	वञ्च्याः	वञ्च्यास्तम्	वञ्च्यास्त
वञ्चितास्मि	वञ्चितास्वः	वञ्चितास्मः	वञ्च्यासम्	वञ्च्यास्व	वञ्च्यास्म

ववञ्च	ववञ्चतुः	ववञ्चुः	अवञ्चीत् -द्	अवञ्चिष्टाम्	अवञ्चिषुः
ववञ्चिथ	ववञ्चथुः	ववञ्च	अवञ्चीः	अवञ्चिष्टम्	अवञ्चिष्ट
ववञ्च	ववञ्चिव	ववञ्चिम	अवञ्चिषम्	अवञ्चिष्व	अवञ्चिष्म

1704 वृष शक्तिबन्धने । आकुस्मीयः । be pregnant, be powerful

10c 171 वृषँ । वृष् । वर्षयते । A । सेट् । अ० । वर्षि । वर्षय । **Atmanepadi Forms only**

वर्षयते	वर्षयेते⁴	वर्षयन्ते¹	अवर्षयत	अवर्षयेताम्⁴	अवर्षयन्त¹
वर्षयसे	वर्षयेथे⁴	वर्षयध्वे	अवर्षयथाः	अवर्षयेथाम्⁴	अवर्षयध्वम्
वर्षये¹	वर्षयावहे²	वर्षयामहे²	अवर्षये⁴	अवर्षयावहि³	अवर्षयामहि³

वर्षयताम्	वर्षयेताम्⁴	वर्षयन्ताम्¹	वर्षयेत	वर्षयेयाताम्	वर्षयेरन्
वर्षयस्व	वर्षयेथाम्⁴	वर्षयध्वम्	वर्षयेथाः	वर्षयेयाथाम्	वर्षयेध्वम्
वर्षयै⁵	वर्षयावहै³	वर्षयामहै³	वर्षयेय	वर्षयेवहि	वर्षयेमहि

वर्षयिष्यते	वर्षयिष्येते	वर्षयिष्यन्ते	अवर्षयिष्यत	अवर्षयिष्येताम्	अवर्षयिष्यन्त
वर्षयिष्यसे	वर्षयिष्येथे	वर्षयिष्यध्वे	अवर्षयिष्यथाः	अवर्षयिष्येथाम्	अवर्षयिष्यध्वम्
वर्षयिष्ये	वर्षयिष्यावहे	वर्षयिष्यामहे	अवर्षयिष्ये	अवर्षयिष्यावहि	अवर्षयिष्यामहि

वर्षयिता	वर्षयितारौ	वर्षयितारः	वर्षयिषीष्ट	वर्षयिषीयास्ताम्	वर्षयिषीरन्
वर्षयितासे	वर्षयितासाथे	वर्षयिताध्वे	वर्षयिषीष्ठाः	वर्षयिषीयास्थाम्	वर्षयिषीध्वम् -ढ्वम्
वर्षयिताहे	वर्षयितास्वहे	वर्षयितास्महे	वर्षयिषीय	वर्षयिषीवहि	वर्षयिषीमहि

वर्षयाम्बभूव	वर्षयाम्बभूवतुः	वर्षयाम्बभूवुः	अववर्षत	अववर्षेताम्	अववर्षन्त
वर्षयाञ्चक्रे	वर्षयाञ्चक्राते	वर्षयाञ्चक्रिरे	अवीवृषत	अवीवृषेताम्	अवीवृषन्त
वर्षयामास	वर्षयामासतुः	वर्षयामासुः			
वर्षयाम्बभूविथ	वर्षयाम्बभूवथुः	वर्षयाम्बभूव	अववर्षथाः	अववर्षेथाम्	अववर्षध्वम्
वर्षयाञ्चकृषे	वर्षयाञ्चक्राथे	वर्षयाञ्चकृढ्वे	अवीवृषथाः	अवीवृषेथाम्	अवीवृषध्वम्
वर्षयामासिथ	वर्षयामासथुः	वर्षयामास			
वर्षयाम्बभूव	वर्षयाम्बभूविव	वर्षयाम्बभूविम	अववर्षे	अववर्षावहि	अववर्षामहि
वर्षयाञ्चक्रे	वर्षयाञ्चकृवहे	वर्षयाञ्चकृमहे	अवीवृषे	अवीवृषावहि	अवीवृषामहि
वर्षयामास	वर्षयामासिव	वर्षयामासिम			

1705 मद तृप्तियोगे । आकुस्मीयः । satisfy, solve, resolve. 7.2.116 अत उपधायाः ।

10c 172 मदँ । मद् । मादयते । A । सेट् । स० । मादि । मादय । **Atmanepadi Forms only**

मादयते	मादयेते⁴	मादयन्ते¹	अमादयत	अमादयेताम्⁴	अमादयन्त¹

मादयसे	मादयेथे[4]	मादयध्वे	अमादयथाः	अमादयेथाम्[4]	अमादयध्वम्
मादये[1]	मादयावहे[2]	मादयामहे[2]	अमादये[4]	अमादयावहि[3]	अमादयामहि[3]

मादयताम्	मादयेताम्[4]	मादयन्ताम्[1]	मादयेत	मादयेयाताम्	मादयेरन्
मादयस्व	मादयेथाम्[4]	मादयध्वम्	मादयेथाः	मादयेयाथाम्	मादयेध्वम्
मादयै[5]	मादयावहै[3]	मादयामहै[3]	मादयेय	मादयेवहि	मादयेमहि

मादयिष्यते	मादयिष्येते	मादयिष्यन्ते	अमादयिष्यत	अमादयिष्येताम्	अमादयिष्यन्त
मादयिष्यसे	मादयिष्येथे	मादयिष्यध्वे	अमादयिष्यथाः	अमादयिष्येथाम्	अमादयिष्यध्वम्
मादयिष्ये	मादयिष्यावहे	मादयिष्यामहे	अमादयिष्ये	अमादयिष्यावहि	अमादयिष्यामहि

मादयिता	मादयितारौ	मादयितारः	मादयिषीष्ट	मादयिषीयास्ताम्	मादयिषीरन्
मादयितासे	मादयितासाथे	मादयिताध्वे	मादयिषीष्ठाः	मादयिषीयास्थाम्	मादयिषीध्वम् -ढ्वम्
मादयिताहे	मादयितास्वहे	मादयितास्महे	मादयिषीय	मादयिषीवहि	मादयिषीमहि

मादयाम्बभूव	मादयाम्बभूवतुः	मादयाम्बभूवुः	अमीमदत	अमीमदेताम्	अमीमदन्त
मादयाञ्चक्रे	मादयाञ्चक्राते	मादयाञ्चक्रिरे			
मादयामास	मादयामासतुः	मादयामासुः			
मादयाम्बभूविथ	मादयाम्बभूवथुः	मादयाम्बभूव	अमीमदथाः	अमीमदेथाम्	अमीमदध्वम्
मादयाञ्चकृषे	मादयाञ्चक्राथे	मादयाञ्चकृढ्वे			
मादयामासिथ	मादयामासथुः	मादयामास			
मादयाम्बभूव	मादयाम्बभूविव	मादयाम्बभूविम	अमीमदे	अमीमदावहि	अमीमदामहि
मादयाञ्चक्रे	मादयाञ्चकृवहे	मादयाञ्चकृमहे			
मादयामास	मादयामासिव	मादयामासिम			

1706 दिवु परिकूजने । आकुस्मीयः । उदित् वैकल्पिकः णिच् । feel sad, lament, cry

10c 173 दिवुँ । दिव् । देवयते , देवति । A । सेट् । अ० । देवि । देवय । **Atmanepadi Forms only**

देवयते	देवयेते[4]	देवयन्ते[1]	अदेवयत	अदेवयेताम्[4]	अदेवयन्त[1]
देवयसे	देवयेथे[4]	देवयध्वे	अदेवयथाः	अदेवयेथाम्[4]	अदेवयध्वम्
देवये[1]	देवयावहे[2]	देवयामहे[2]	अदेवये[4]	अदेवयावहि[3]	अदेवयामहि[3]

देवयताम्	देवयेताम्[4]	देवयन्ताम्[1]	देवयेत	देवयेयाताम्	देवयेरन्
देवयस्व	देवयेथाम्[4]	देवयध्वम्	देवयेथाः	देवयेयाथाम्	देवयेध्वम्
देवयै[5]	देवयावहै[3]	देवयामहै[3]	देवयेय	देवयेवहि	देवयेमहि

देवयिष्यते	देवयिष्येते	देवयिष्यन्ते	अदेवयिष्यत	अदेवयिष्येताम्	अदेवयिष्यन्त
देवयिष्यसे	देवयिष्येथे	देवयिष्यध्वे	अदेवयिष्यथाः	अदेवयिष्येथाम्	अदेवयिष्यध्वम्

देवयिष्ये	देवयिष्यावहे	देवयिष्यामहे	अदेवयिष्ये	अदेवयिष्यावहि	अदेवयिष्यामहि

देवयिता	देवयितारौ	देवयितारः	देवयिषीष्ट	देवयिषीयास्ताम्	देवयिषीरन्
देवयितासे	देवयितासाथे	देवयिताध्वे	देवयिषीष्ठाः	देवयिषीयास्थाम्	देवयिषीध्वम् -ढ्वम्
देवयिताहे	देवयितास्वहे	देवयितास्महे	देवयिषीय	देवयिषीवहि	देवयिषीमहि

देवयाम्बभूव	देवयाम्बभूवतुः	देवयाम्बभूवुः	अदीदिवत	अदीदिवेताम्	अदीदिवन्त
देवयाञ्चक्रे	देवयाञ्चक्राते	देवयाञ्चक्रिरे			
देवयामास	देवयामासतुः	देवयामासुः			
देवयाम्बभूविथ	देवयाम्बभूवथुः	देवयाम्बभूव	अदीदिवथाः	अदीदिवेथाम्	अदीदिवध्वम्
देवयाञ्चकृषे	देवयाञ्चक्राथे	देवयाञ्चकृढ्वे			
देवयामासिथ	देवयामासथुः	देवयामास			
देवयाम्बभूव	देवयाम्बभूविव	देवयाम्बभूविम	अदीदिवे	अदीदिवावहि	अदीदिवामहि
देवयाञ्चक्रे	देवयाञ्चकृवहे	देवयाञ्चकृमहे			
देवयामास	देवयामासिव	देवयामासिम			

णिजभावपक्षे 1.3.78 शेषात् कर्त्तरि परस्मैपदम् । इति पक्षे भ्वादिः इव दिव् । P । सेट् । अ० ।

देवति	देवतः	देवन्ति	अदेवत् -द्	अदेवताम्	अदेवन्
देवसि	देवथः	देवथ	अदेवः	अदेवतम्	अदेवत
देवामि	देवावः	देवामः	अदेवम्	अदेवाव	अदेवाम

देवतु देवतात् -द्	देवताम्	देवन्तु	देवेत् -द्	देवेताम्	देवेयुः
देव देवतात् -द्	देवतम्	देवत	देवेः	देवेतम्	देवेत
देवानि	देवाव	देवाम	देवेयम्	देवेव	देवेम

देविष्यति	देविष्यतः	देविष्यन्ति	अदेविष्यत् -द्	अदेविष्यताम्	अदेविष्यन्
देविष्यसि	देविष्यथः	देविष्यथ	अदेविष्यः	अदेविष्यतम्	अदेविष्यत
देविष्यामि	देविष्यावः	देविष्यामः	अदेविष्यम्	अदेविष्याव	अदेविष्याम

देविता	देवितारौ	देवितारः	दीव्यात् -द्	दीव्यास्ताम्	दीव्यासुः
देवितासि	देवितास्थः	देवितास्थ	दीव्याः	दीव्यास्तम्	दीव्यास्त
देवितास्मि	देवितास्वः	देवितास्मः	दीव्यासम्	दीव्यास्व	दीव्यास्म

दिदेव	दिदिवतुः	दिदिवुः	अदेवीत् -द्	अदेविष्टाम्	अदेविषुः
दिदेविथ	दिदिवथुः	दिदिव	अदेवीः	अदेविष्टम्	अदेविष्ट
दिदेव	दिदिविव	दिदिविम	अदेविषम्	अदेविष्व	अदेविष्म

1707 गृ विज्ञाने । आकुस्मीयः । know, understand. 7.2.115 अचो ञ्णिति ।

10c 174 गृ । गृ । गारयते । A । सेट् । स० । गारि । गारय । **Atmanepadi Forms only**

गारयते	गारयेते[4]	गारयन्ते[1]	अगारयत	अगारयेताम्[4]	अगारयन्त[1]
गारयसे	गारयेथे[4]	गारयध्वे	अगारयथाः	अगारयेथाम्[4]	अगारयध्वम्

गारये[1]	गारयावहे[2]	गारयामहे[2]	अगारये[4]	अगारयावहि[3]	अगारयामहि[3]

गारयताम्	गारयेताम्[4]	गारयन्ताम्[1]	गारयेत	गारयेयाताम्	गारयेरन्
गारयस्व	गारयेथाम्[4]	गारयध्वम्	गारयेथाः	गारयेयाथाम्	गारयेध्वम्
गारयै[5]	गारयावहै[3]	गारयामहै[3]	गारयेय	गारयेवहि	गारयेमहि

गारयिष्यते	गारयिष्येते	गारयिष्यन्ते	अगारयिष्यत	अगारयिष्येताम्	अगारयिष्यन्त
गारयिष्यसे	गारयिष्येथे	गारयिष्यध्वे	अगारयिष्यथाः	अगारयिष्येथाम्	अगारयिष्यध्वम्
गारयिष्ये	गारयिष्यावहे	गारयिष्यामहे	अगारयिष्ये	अगारयिष्यावहि	अगारयिष्यामहि

गारयिता	गारयितारौ	गारयितारः	गारयिषीष्ट	गारयिषीयास्ताम्	गारयिषीरन्
गारयितासे	गारयितासाथे	गारयिताध्वे	गारयिषीष्ठाः	गारयिषीयास्थाम्	गारयिषीध्वम् -ढ्वम्
गारयिताहे	गारयितास्वहे	गारयितास्महे	गारयिषीय	गारयिषीवहि	गारयिषीमहि

गारयाम्बभूव	गारयाम्बभूवतुः	गारयाम्बभूवुः	अजीगरत	अजीगरेताम्	अजीगरन्त
गारयाञ्चक्रे	गारयाञ्चक्राते	गारयाञ्चक्रिरे			
गारयामास	गारयामासतुः	गारयामासुः			
गारयाम्बभूविथ	गारयाम्बभूवथुः	गारयाम्बभूव	अजीगरथाः	अजीगरेथाम्	अजीगरध्वम्
गारयाञ्चकृषे	गारयाञ्चक्राथे	गारयाञ्चकृढ्वे			
गारयामासिथ	गारयामासथुः	गारयामास			
गारयाम्बभूव	गारयाम्बभूविव	गारयाम्बभूविम	अजीगरे	अजीगरावहि	अजीगरामहि
गारयाञ्चक्रे	गारयाञ्चकृवहे	गारयाञ्चकृमहे			
गारयामास	गारयामासिव	गारयामासिम			

1708 विद् चेतनाख्याननिवासेषु । आकुस्मीयः । tell, declare, announce, feel, experience, reside
10c 175 विदँ । विद् । वेदयते । A । सेट् । स० । वेदि । वेदय । **Atmanepadi Forms only**

वेदयते	वेदयेते[4]	वेदयन्ते[1]	अवेदयत	अवेदयेताम्[4]	अवेदयन्त[1]
वेदयसे	वेदयेथे[4]	वेदयध्वे	अवेदयथाः	अवेदयेथाम्[4]	अवेदयध्वम्
वेदये[1]	वेदयावहे[2]	वेदयामहे[2]	अवेदये[4]	अवेदयावहि[3]	अवेदयामहि[3]

वेदयताम्	वेदयेताम्[4]	वेदयन्ताम्[1]	वेदयेत	वेदयेयाताम्	वेदयेरन्
वेदयस्व	वेदयेथाम्[4]	वेदयध्वम्	वेदयेथाः	वेदयेयाथाम्	वेदयेध्वम्
वेदयै[5]	वेदयावहै[3]	वेदयामहै[3]	वेदयेय	वेदयेवहि	वेदयेमहि

वेदयिष्यते	वेदयिष्येते	वेदयिष्यन्ते	अवेदयिष्यत	अवेदयिष्येताम्	अवेदयिष्यन्त
वेदयिष्यसे	वेदयिष्येथे	वेदयिष्यध्वे	अवेदयिष्यथाः	अवेदयिष्येथाम्	अवेदयिष्यध्वम्
वेदयिष्ये	वेदयिष्यावहे	वेदयिष्यामहे	अवेदयिष्ये	अवेदयिष्यावहि	अवेदयिष्यामहि

वेदयिता	वेदयितारौ	वेदयितारः	वेदयिषीष्ट	वेदयिषीयास्ताम्	वेदयिषीरन्
वेदयितासे	वेदयितासाथे	वेदयिताध्वे	वेदयिषीष्ठाः	वेदयिषीयास्थाम्	वेदयिषीध्वम् -ढ्वम्
वेदयिताहे	वेदयितास्वहे	वेदयितास्महे	वेदयिषीय	वेदयिषीवहि	वेदयिषीमहि

वेदयाम्बभूव	वेदयाम्बभूवतुः	वेदयाम्बभूवुः	अवीविदत	अवीविदेताम्	अवीविदन्त
वेदयाञ्चक्रे	वेदयाञ्चक्राते	वेदयाञ्चक्रिरे			
वेदयामास	वेदयामासतुः	वेदयामासुः			
वेदयाम्बभूविथ	वेदयाम्बभूवथुः	वेदयाम्बभूव	अवीविदथाः	अवीविदेथाम्	अवीविदध्वम्
वेदयाञ्चकृषे	वेदयाञ्चक्राथे	वेदयाञ्चकृढ्वे			
वेदयामासिथ	वेदयामासथुः	वेदयामास			
वेदयाम्बभूव	वेदयाम्बभूविव	वेदयाम्बभूविम	अवीविदे	अवीविदावहि	अवीविदामहि
वेदयाञ्चक्रे	वेदयाञ्चकृवहे	वेदयाञ्चकृमहे			
वेदयामास	वेदयामासिव	वेदयामासिम			

1709 मान स्तम्भे । मन इति माधवीय । आकुस्मीयः । be rigid, be stubborn, be arrogant

10c 176 मानँ । मान् । मानयते । A । सेट् । अ० । । मानि । मानय । **Atmanepadi Forms only**

मानयते	मानयेते[4]	मानयन्ते[1]	अमानयत	अमानयेताम्[4]	अमानयन्त[1]
मानयसे	मानयेथे[4]	मानयध्वे	अमानयथाः	अमानयेथाम्[4]	अमानयध्वम्
मानये[1]	मानयावहे[2]	मानयामहे[2]	अमानये[4]	अमानयावहि[3]	अमानयामहि[3]

मानयताम्	मानयेताम्[4]	मानयन्ताम्[1]	मानयेत	मानयेयाताम्	मानयेरन्
मानयस्व	मानयेथाम्[4]	मानयध्वम्	मानयेथाः	मानयेयाथाम्	मानयेध्वम्
मानयै[5]	मानयावहै[3]	मानयामहै[3]	मानयेय	मानयेवहि	मानयेमहि

मानयिष्यते	मानयिष्येते	मानयिष्यन्ते	अमानयिष्यत	अमानयिष्येताम्	अमानयिष्यन्त
मानयिष्यसे	मानयिष्येथे	मानयिष्यध्वे	अमानयिष्यथाः	अमानयिष्येथाम्	अमानयिष्यध्वम्
मानयिष्ये	मानयिष्यावहे	मानयिष्यामहे	अमानयिष्ये	अमानयिष्यावहि	अमानयिष्यामहि

मानयिता	मानयितारौ	मानयितारः	मानयिषीष्ट	मानयिषीयास्ताम्	मानयिषीरन्
मानयितासे	मानयितासाथे	मानयिताध्वे	मानयिषीष्ठाः	मानयिषीयास्थाम्	मानयिषीध्वम् -ढ्वम्
मानयिताहे	मानयितास्वहे	मानयितास्महे	मानयिषीय	मानयिषीवहि	मानयिषीमहि

मानयाम्बभूव	मानयाम्बभूवतुः	मानयाम्बभूवुः	अमीमनत	अमीमनेताम्	अमीमनन्त
मानयाञ्चक्रे	मानयाञ्चक्राते	मानयाञ्चक्रिरे			
मानयामास	मानयामासतुः	मानयामासुः			
मानयाम्बभूविथ	मानयाम्बभूवथुः	मानयाम्बभूव	अमीमनथाः	अमीमनेथाम्	अमीमनध्वम्

मानयाञ्चकृषे	मानयाञ्चक्राथे	मानयाञ्चकृढ्वे			
मानयामासिथ	मानयामासथुः	मानयामास			
मानयाम्बभूव	मानयाम्बभूविव	मानयाम्बभूविम	अमीमने	अमीमनावहि	अमीमनामहि
मानयाञ्चक्रे	मानयाञ्चकृवहे	मानयाञ्चकृमहे			
मानयामास	मानयामासिव	मानयामासिम			

1710 यु जुगुप्सायाम् । आकुस्मीयः । abuse, blame. 7.2.115 अचो ञ्णिति ।
10c 177 यु । यु । यावयते । A । सेट् । स० । यावि । यावय । **Atmanepadi Forms only**

यावयते	यावयेते[4]	यावयन्ते[1]	अयावयत	अयावयेताम्[4]	अयावयन्त[1]
यावयसे	यावयेथे[4]	यावयध्वे	अयावयथाः	अयावयेथाम्[4]	अयावयध्वम्
यावये[1]	यावयावहे[2]	यावयामहे[2]	अयावये[4]	अयावयावहि[3]	अयावयामहि[3]

यावयताम्	यावयेताम्[4]	यावयन्ताम्[1]	यावयेत	यावयेयाताम्	यावयेरन्
यावयस्व	यावयेथाम्[4]	यावयध्वम्	यावयेथाः	यावयेयाथाम्	यावयेध्वम्
यावयै[5]	यावयावहै[3]	यावयामहै[3]	यावयेय	यावयेवहि	यावयेमहि

यावयिष्यते	यावयिष्येते	यावयिष्यन्ते	अयावयिष्यत	अयावयिष्येताम्	अयावयिष्यन्त
यावयिष्यसे	यावयिष्येथे	यावयिष्यध्वे	अयावयिष्यथाः	अयावयिष्येथाम्	अयावयिष्यध्वम्
यावयिष्ये	यावयिष्यावहे	यावयिष्यामहे	अयावयिष्ये	अयावयिष्यावहि	अयावयिष्यामहि

यावयिता	यावयितारौ	यावयितारः	यावयिषीष्ट	यावयिषीयास्ताम्	यावयिषीरन्
यावयितासे	यावयितासाथे	यावयिताध्वे	यावयिषीष्ठाः	यावयिषीयास्थाम्	यावयिषीध्वम् -ढ्वम्
यावयिताहे	यावयितास्वहे	यावयितास्महे	यावयिषीय	यावयिषीवहि	यावयिषीमहि

यावयाम्बभूव	यावयाम्बभूवतुः	यावयाम्बभूवुः	अयीयवत	अयीयवेताम्	अयीयवन्त
यावयाञ्चक्रे	यावयाञ्चक्राते	यावयाञ्चक्रिरे			
यावयामास	यावयामासतुः	यावयामासुः			
यावयाम्बभूविथ	यावयाम्बभूवथुः	यावयाम्बभूव	अयीयवथाः	अयीयवेथाम्	अयीयवध्वम्
यावयाञ्चकृषे	यावयाञ्चक्राथे	यावयाञ्चकृढ्वे			
यावयामासिथ	यावयामासथुः	यावयामास			
यावयाम्बभूव	यावयाम्बभूविव	यावयाम्बभूविम	अयीयवे	अयीयवावहि	अयीयवामहि
यावयाञ्चक्रे	यावयाञ्चकृवहे	यावयाञ्चकृमहे			
यावयामास	यावयामासिव	यावयामासिम			

1711 गणसूत्रः = कुस्म नाम्नो वा ।

1711 **कुस्म नाम्नो वा कुत्सितस्मयने** । आकुस्मीयः । smile indecently, see thoughtfully
10c 178 कुस्मँ । कुस्म् । कुस्मयते । A । सेट् । अ० । कुस्मि । कुस्मय ।
गणसूत्र० कुस्म नाम्नो वा । कुस्म इति प्रातिपदिकात् धात्वर्थे णिच् इति व्याख्यायते । This is a Ganasutra and Dhatu Sutra is **कुस्म कुत्सितस्मयने** । 7.2.115 अचो ञ्णिति । **Atmanepadi Forms only**

कुस्मयते	कुस्मयेते[4]	कुस्मयन्ते[1]	अकुस्मयत	अकुस्मयेताम्[4]	अकुस्मयन्त[1]
कुस्मयसे	कुस्मयेथे[4]	कुस्मयध्वे	अकुस्मयथाः	अकुस्मयेथाम्[4]	अकुस्मयध्वम्
कुस्मये[1]	कुस्मयावहे[2]	कुस्मयामहे[2]	अकुस्मये[4]	अकुस्मयावहि[3]	अकुस्मयामहि[3]

कुस्मयताम्	कुस्मयेताम्[4]	कुस्मयन्ताम्[1]	कुस्मयेत	कुस्मयेयाताम्	कुस्मयेरन्
कुस्मयस्व	कुस्मयेथाम्[4]	कुस्मयध्वम्	कुस्मयेथाः	कुस्मयेयाथाम्	कुस्मयेध्वम्
कुस्मयै[5]	कुस्मयावहै[3]	कुस्मयामहै[3]	कुस्मयेय	कुस्मयेवहि	कुस्मयेमहि

कुस्मयिष्यते	कुस्मयिष्येते	कुस्मयिष्यन्ते	अकुस्मयिष्यत	अकुस्मयिष्येताम्	अकुस्मयिष्यन्त
कुस्मयिष्यसे	कुस्मयिष्येथे	कुस्मयिष्यध्वे	अकुस्मयिष्यथाः	अकुस्मयिष्येथाम्	अकुस्मयिष्यध्वम्
कुस्मयिष्ये	कुस्मयिष्यावहे	कुस्मयिष्यामहे	अकुस्मयिष्ये	अकुस्मयिष्यावहि	अकुस्मयिष्यामहि

कुस्मयिता	कुस्मयितारौ	कुस्मयितारः	कुस्मयिषीष्ट	कुस्मयिषीयास्ताम्	कुस्मयिषीरन्
कुस्मयितासे	कुस्मयितासाथे	कुस्मयिताध्वे	कुस्मयिषीष्ठाः	कुस्मयिषीयास्थाम्	कुस्मयिषीध्वम् -ढ्वम्
कुस्मयिताहे	कुस्मयितास्वहे	कुस्मयितास्महे	कुस्मयिषीय	कुस्मयिषीवहि	कुस्मयिषीमहि

कुस्मयाम्बभूव	कुस्मयाम्बभूवतुः	कुस्मयाम्बभूवुः	अचुकुस्मत	अचुकुस्मेताम्	अचुकुस्मन्त
कुस्मयाञ्चक्रे	कुस्मयाञ्चक्राते	कुस्मयाञ्चक्रिरे			
कुस्मयामास	कुस्मयामासतुः	कुस्मयामासुः			
कुस्मयाम्बभूविथ	कुस्मयाम्बभूवथुः	कुस्मयाम्बभूव	अचुकुस्मथाः	अचुकुस्मेथाम्	अचुकुस्मध्वम्
कुस्मयाञ्चकृषे	कुस्मयाञ्चक्राथे	कुस्मयाञ्चकृढ्वे			
कुस्मयामासिथ	कुस्मयामासथुः	कुस्मयामास			
कुस्मयाम्बभूव	कुस्मयाम्बभूविव	कुस्मयाम्बभूविम	अचुकुस्मे	अचुकुस्मावहि	अचुकुस्मामहि
कुस्मयाञ्चक्रे	कुस्मयाञ्चकृवहे	कुस्मयाञ्चकृमहे			
कुस्मयामास	कुस्मयामासिव	कुस्मयामासिम			

वृत् । आकुस्मीयाः गताः ।

1712 अथ उभयतो भाषाः । Now Ubhayapadi Roots.

1712 **चर्च अध्ययने** । study, read carefully, pause while reading. *Famous word* चर्चा ।
10c 179 चर्चँ । चर्च् । चर्चयति / ते । U । सेट् । स० । चर्चि । चर्चय । **Parasmaipadi Forms**

चर्चयति	चर्चयतः	चर्चयन्ति[1]	अचर्चयत् -द्	अचर्चयताम्	अचर्चयन्[1]

चर्चयसि	चर्चयथः	चर्चयथ	अचर्चयः	अचर्चयतम्	अचर्चयत
चर्चयामि[2]	चर्चयावः[2]	चर्चयामः[2]	अचर्चयम्[1]	अचर्चयाव[2]	अचर्चयाम[2]

चर्चयतु चर्चयतात् -द्	चर्चयताम्	चर्चयन्तु[1]	चर्चयेत् -द्	चर्चयेताम्	चर्चयेयुः
चर्चय चर्चयतात् -द्	चर्चयतम्	चर्चयत	चर्चयेः	चर्चयेतम्	चर्चयेत
चर्चयानि[3]	चर्चयाव[3]	चर्चयाम[3]	चर्चयेयम्	चर्चयेव	चर्चयेम

चर्चयिष्यति	चर्चयिष्यतः	चर्चयिष्यन्ति	अचर्चयिष्यत् -द्	अचर्चयिष्यताम्	अचर्चयिष्यन्
चर्चयिष्यसि	चर्चयिष्यथः	चर्चयिष्यथ	अचर्चयिष्यः	अचर्चयिष्यतम्	अचर्चयिष्यत
चर्चयिष्यामि	चर्चयिष्यावः	चर्चयिष्यामः	अचर्चयिष्यम्	अचर्चयिष्याव	अचर्चयिष्याम

चर्चयिता	चर्चयितारौ	चर्चयितारः	चर्च्यात् -द्	चर्च्यास्ताम्	चर्च्यासुः
चर्चयितासि	चर्चयितास्थः	चर्चयितास्थ	चर्च्याः	चर्च्यास्तम्	चर्च्यास्त
चर्चयितास्मि	चर्चयितास्वः	चर्चयितास्मः	चर्च्यासम्	चर्च्यास्व	चर्च्यास्म

चर्चयाम्बभूव	चर्चयाम्बभूवतुः	चर्चयाम्बभूवुः	अचचर्चत् -द्	अचचर्चताम्	अचचर्चन्
चर्चयाञ्चकार	चर्चयाञ्चक्रतुः	चर्चयाञ्चक्रुः			
चर्चयामास	चर्चयामासतुः	चर्चयामासुः			
चर्चयाम्बभूविथ	चर्चयाम्बभूवथुः	चर्चयाम्बभूव	अचचर्चः	अचचर्चतम्	अचचर्चत
चर्चयाञ्चकर्थ	चर्चयाञ्चक्रथुः	चर्चयाञ्चक्र			
चर्चयामासिथ	चर्चयामासथुः	चर्चयामास			
चर्चयाम्बभूव	चर्चयाम्बभूविव	चर्चयाम्बभूविम	अचचर्चम्	अचचर्चाव	अचचर्चाम
चर्चयाञ्चकर -कार	चर्चयाञ्चकृव	चर्चयाञ्चकृम			
चर्चयामास	चर्चयामासिव	चर्चयामासिम			

Atmanepadi Forms

चर्चयते	चर्चयेते[4]	चर्चयन्ते[1]	अचर्चयत	अचर्चयेताम्[4]	अचर्चयन्त[1]
चर्चयसे	चर्चयेथे[4]	चर्चयध्वे	अचर्चयथाः	अचर्चयेथाम्[4]	अचर्चयध्वम्
चर्चये[1]	चर्चयावहे[2]	चर्चयामहे[2]	अचर्चये[4]	अचर्चयावहि[3]	अचर्चयामहि[3]

चर्चयताम्	चर्चयेताम्[4]	चर्चयन्ताम्[1]	चर्चयेत	चर्चयेयाताम्	चर्चयेरन्
चर्चयस्व	चर्चयेथाम्[4]	चर्चयध्वम्	चर्चयेथाः	चर्चयेयाथाम्	चर्चयेध्वम्
चर्चयै[5]	चर्चयावहै[3]	चर्चयामहै[3]	चर्चयेय	चर्चयेवहि	चर्चयेमहि

चर्चयिष्यते	चर्चयिष्येते	चर्चयिष्यन्ते	अचर्चयिष्यत	अचर्चयिष्येताम्	अचर्चयिष्यन्त
चर्चयिष्यसे	चर्चयिष्येथे	चर्चयिष्यध्वे	अचर्चयिष्यथाः	अचर्चयिष्येथाम्	अचर्चयिष्यध्वम्
चर्चयिष्ये	चर्चयिष्यावहे	चर्चयिष्यामहे	अचर्चयिष्ये	अचर्चयिष्यावहि	अचर्चयिष्यामहि

चर्चयिता	चर्चयितारौ	चर्चयितारः	चर्चयिषीष्ट	चर्चयिषीयास्ताम्	चर्चयिषीरन्
चर्चयितासे	चर्चयितासाथे	चर्चयिताध्वे	चर्चयिषीष्ठाः	चर्चयिषीयास्थाम्	चर्चयिषीध्वम् -ढ्वम्
चर्चयिताहे	चर्चयितास्वहे	चर्चयितास्महे	चर्चयिषीय	चर्चयिषीवहि	चर्चयिषीमहि

चर्चयाम्बभूव	चर्चयाम्बभूवतुः	चर्चयाम्बभूवुः	अचचर्चत	अचचर्चेताम्	अचचर्चन्त
चर्चयाञ्चक्रे	चर्चयाञ्चक्राते	चर्चयाञ्चक्रिरे			
चर्चयामास	चर्चयामासतुः	चर्चयामासुः			
चर्चयाम्बभूविथ	चर्चयाम्बभूवथुः	चर्चयाम्बभूव	अचचर्चथाः	अचचर्चेथाम्	अचचर्चध्वम्
चर्चयाञ्चकृषे	चर्चयाञ्चक्राथे	चर्चयाञ्चकृढ्वे			
चर्चयामासिथ	चर्चयामासथुः	चर्चयामास			
चर्चयाम्बभूव	चर्चयाम्बभूविव	चर्चयाम्बभूविम	अचचर्चे	अचचर्चावहि	अचचर्चामहि
चर्चयाञ्चक्रे	चर्चयाञ्चकृवहे	चर्चयाञ्चकृमहे			
चर्चयामास	चर्चयामासिव	चर्चयामासिम			

1713 बुक्क भाषणे । bark, sound like a dog

10c 180 बुक्कँ । बुक्क् । बुक्कयति / ते । U । सेट् । अ० । बुक्कि । बुक्कय । **Parasmaipadi Forms**

बुक्कयति	बुक्कयतः	बुक्कयन्ति[1]	अबुक्कयत् -द्	अबुक्कयताम्	अबुक्कयन्[1]
बुक्कयसि	बुक्कयथः	बुक्कयथ	अबुक्कयः	अबुक्कयतम्	अबुक्कयत
बुक्कयामि[2]	बुक्कयावः[2]	बुक्कयामः[2]	अबुक्कयम्[1]	अबुक्कयाव[2]	अबुक्कयाम[2]

बुक्कयतु बुक्कयतात् -द्	बुक्कयताम्	बुक्कयन्तु[1]	बुक्कयेत् -द्	बुक्कयेताम्	बुक्कयेयुः
बुक्कय बुक्कयतात् -द्	बुक्कयतम्	बुक्कयत	बुक्कयेः	बुक्कयेतम्	बुक्कयेत
बुक्कयानि[3]	बुक्कयाव[3]	बुक्कयाम[3]	बुक्कयेयम्	बुक्कयेव	बुक्कयेम

बुक्कयिष्यति	बुक्कयिष्यतः	बुक्कयिष्यन्ति	अबुक्कयिष्यत् -द्	अबुक्कयिष्यताम्	अबुक्कयिष्यन्
बुक्कयिष्यसि	बुक्कयिष्यथः	बुक्कयिष्यथ	अबुक्कयिष्यः	अबुक्कयिष्यतम्	अबुक्कयिष्यत
बुक्कयिष्यामि	बुक्कयिष्यावः	बुक्कयिष्यामः	अबुक्कयिष्यम्	अबुक्कयिष्याव	अबुक्कयिष्याम

बुक्कयिता	बुक्कयितारौ	बुक्कयितारः	बुक्क्यात् -द्	बुक्क्यास्ताम्	बुक्क्यासुः
बुक्कयितासि	बुक्कयितास्थः	बुक्कयितास्थ	बुक्क्याः	बुक्क्यास्तम्	बुक्क्यास्त
बुक्कयितास्मि	बुक्कयितास्वः	बुक्कयितास्मः	बुक्क्यासम्	बुक्क्यास्व	बुक्क्यास्म

बुक्कयाम्बभूव	बुक्कयाम्बभूवतुः	बुक्कयाम्बभूवुः	अबुबुक्कत् -द्	अबुबुक्कताम्	अबुबुक्कन्
बुक्कयाञ्चकार	बुक्कयाञ्चक्रतुः	बुक्कयाञ्चक्रुः			
बुक्कयामास	बुक्कयामासतुः	बुक्कयामासुः			
बुक्कयाम्बभूविथ	बुक्कयाम्बभूवथुः	बुक्कयाम्बभूव	अबुबुक्कः	अबुबुक्कतम्	अबुबुक्कत
बुक्कयाञ्चकर्थ	बुक्कयाञ्चक्रथुः	बुक्कयाञ्चक्र			

बुक्कयामासिथ	बुक्कयामासथुः	बुक्कयामास			
बुक्कयाम्बभूव	बुक्कयाम्बभूविव	बुक्कयाम्बभूविम	अबुबुक्कम्	अबुबुक्काव	अबुबुक्काम
बुक्कयाञ्चकर -कार	बुक्कयाञ्चकृव	बुक्कयाञ्चकृम			
बुक्कयामास	बुक्कयामासिव	बुक्कयामासिम			

Atmanepadi Forms

बुक्कयते	बुक्कयेते[4]	बुक्कयन्ते[1]	अबुक्कयत	अबुक्कयेताम्[4]	अबुक्कयन्त[1]
बुक्कयसे	बुक्कयेथे[4]	बुक्कयध्वे	अबुक्कयथाः	अबुक्कयेथाम्[4]	अबुक्कयध्वम्
बुक्कये[1]	बुक्कयावहे[2]	बुक्कयामहे[2]	अबुक्कये[4]	अबुक्कयावहि[3]	अबुक्कयामहि[3]

बुक्कयताम्	बुक्कयेताम्[4]	बुक्कयन्ताम्[1]	बुक्कयेत	बुक्कयेयाताम्	बुक्कयेरन्
बुक्कयस्व	बुक्कयेथाम्[4]	बुक्कयध्वम्	बुक्कयेथाः	बुक्कयेयाथाम्	बुक्कयेध्वम्
बुक्कयै[5]	बुक्कयावहै[3]	बुक्कयामहै[3]	बुक्कयेय	बुक्कयेवहि	बुक्कयेमहि

बुक्कयिष्यते	बुक्कयिष्येते	बुक्कयिष्यन्ते	अबुक्कयिष्यत	अबुक्कयिष्येताम्	अबुक्कयिष्यन्त
बुक्कयिष्यसे	बुक्कयिष्येथे	बुक्कयिष्यध्वे	अबुक्कयिष्यथाः	अबुक्कयिष्येथाम्	अबुक्कयिष्यध्वम्
बुक्कयिष्ये	बुक्कयिष्यावहे	बुक्कयिष्यामहे	अबुक्कयिष्ये	अबुक्कयिष्यावहि	अबुक्कयिष्यामहि

बुक्कयिता	बुक्कयितारौ	बुक्कयितारः	बुक्कयिषीष्ट	बुक्कयिषीयास्ताम्	बुक्कयिषीरन्
बुक्कयितासे	बुक्कयितासाथे	बुक्कयिताध्वे	बुक्कयिषीष्ठाः	बुक्कयिषीयास्थाम्	बुक्कयिषीध्वम् -ढ्वम्
बुक्कयिताहे	बुक्कयितास्वहे	बुक्कयितास्महे	बुक्कयिषीय	बुक्कयिषीवहि	बुक्कयिषीमहि

बुक्कयाम्बभूव	बुक्कयाम्बभूवतुः	बुक्कयाम्बभूवुः	अबुबुक्कत	अबुबुक्केताम्	अबुबुक्कन्त
बुक्कयाञ्चक्रे	बुक्कयाञ्चक्राते	बुक्कयाञ्चक्रिरे			
बुक्कयामास	बुक्कयामासतुः	बुक्कयामासुः			
बुक्कयाम्बभूविथ	बुक्कयाम्बभूवथुः	बुक्कयाम्बभूव	अबुबुक्कथाः	अबुबुक्केथाम्	अबुबुक्कध्वम्
बुक्कयाञ्चकृषे	बुक्कयाञ्चक्राथे	बुक्कयाञ्चकृढ्वे			
बुक्कयामासिथ	बुक्कयामासथुः	बुक्कयामास			
बुक्कयाम्बभूव	बुक्कयाम्बभूविव	बुक्कयाम्बभूविम	अबुबुक्के	अबुबुक्कावहि	अबुबुक्कामहि
बुक्कयाञ्चक्रे	बुक्कयाञ्चकृवहे	बुक्कयाञ्चकृमहे			
बुक्कयामास	बुक्कयामासिव	बुक्कयामासिम			

1714 शब्द उपसर्गादाविष्कारे च । चाद्भाषणे । lecture, express, scream. *Famous word* शब्दः ।
10c 181 शब्दँ । शब्द् । शब्दयति / ते । U । सेट् । स० । शब्दि । शब्दय । **Parasmaipadi Forms**

शब्दयति	शब्दयतः	शब्दयन्ति[1]	अशब्दयत् -द्	अशब्दयताम्	अशब्दयन्[1]
शब्दयसि	शब्दयथः	शब्दयथ	अशब्दयः	अशब्दयतम्	अशब्दयत
शब्दयामि[2]	शब्दयावः[2]	शब्दयामः[2]	अशब्दयम्[1]	अशब्दयाव[2]	अशब्दयाम[2]

शब्दयतु शब्दयतात् -द्	शब्दयताम्	शब्दयन्तु[1]	शब्दयेत् -द्	शब्दयेताम्	शब्दयेयुः
शब्दय शब्दयतात् -द्	शब्दयतम्	शब्दयत	शब्दयेः	शब्दयेतम्	शब्दयेत
शब्दयानि[3]	शब्दयाव[3]	शब्दयाम[3]	शब्दयेयम्	शब्दयेव	शब्दयेम

शब्दयिष्यति	शब्दयिष्यतः	शब्दयिष्यन्ति	अशब्दयिष्यत् -द्	अशब्दयिष्यताम्	अशब्दयिष्यन्
शब्दयिष्यसि	शब्दयिष्यथः	शब्दयिष्यथ	अशब्दयिष्यः	अशब्दयिष्यतम्	अशब्दयिष्यत
शब्दयिष्यामि	शब्दयिष्यावः	शब्दयिष्यामः	अशब्दयिष्यम्	अशब्दयिष्याव	अशब्दयिष्याम

शब्दयिता	शब्दयितारौ	शब्दयितारः	शब्द्यात् -द्	शब्द्यास्ताम्	शब्द्यासुः
शब्दयितासि	शब्दयितास्थः	शब्दयितास्थ	शब्द्याः	शब्द्यास्तम्	शब्द्यास्त
शब्दयितास्मि	शब्दयितास्वः	शब्दयितास्मः	शब्द्यासम्	शब्द्यास्व	शब्द्यास्म

शब्दयाम्बभूव	शब्दयाम्बभूवतुः	शब्दयाम्बभूवुः	अशशब्दत् -द्	अशशब्दताम्	अशशब्दन्
शब्दयाञ्चकार	शब्दयाञ्चक्रतुः	शब्दयाञ्चक्रुः			
शब्दयामास	शब्दयामासतुः	शब्दयामासुः			
शब्दयाम्बभूविथ	शब्दयाम्बभूवथुः	शब्दयाम्बभूव	अशशब्दः	अशशब्दतम्	अशशब्दत
शब्दयाञ्चकर्थ	शब्दयाञ्चक्रथुः	शब्दयाञ्चक्र			
शब्दयामासिथ	शब्दयामासथुः	शब्दयामास			
शब्दयाम्बभूव	शब्दयाम्बभूविव	शब्दयाम्बभूविम	अशशब्दम्	अशशब्दाव	अशशब्दाम
शब्दयाञ्चकर -कार	शब्दयाञ्चकृव	शब्दयाञ्चकृम			
शब्दयामास	शब्दयामासिव	शब्दयामासिम			

Atmanepadi Forms

शब्दयते	शब्दयेते[4]	शब्दयन्ते[1]	अशब्दयत	अशब्दयेताम्[4]	अशब्दयन्त[1]
शब्दयसे	शब्दयेथे[4]	शब्दयध्वे	अशब्दयथाः	अशब्दयेथाम्[4]	अशब्दयध्वम्
शब्दये[1]	शब्दयावहे[2]	शब्दयामहे[2]	अशब्दये[4]	अशब्दयावहि[3]	अशब्दयामहि[3]

शब्दयताम्	शब्दयेताम्[4]	शब्दयन्ताम्[1]	शब्दयेत	शब्दयेयाताम्	शब्दयेरन्
शब्दयस्व	शब्दयेथाम्[4]	शब्दयध्वम्	शब्दयेथाः	शब्दयेयाथाम्	शब्दयेध्वम्
शब्दयै[5]	शब्दयावहै[3]	शब्दयामहै[3]	शब्दयेय	शब्दयेवहि	शब्दयेमहि

शब्दयिष्यते	शब्दयिष्येते	शब्दयिष्यन्ते	अशब्दयिष्यत	अशब्दयिष्येताम्	अशब्दयिष्यन्त
शब्दयिष्यसे	शब्दयिष्येथे	शब्दयिष्यध्वे	अशब्दयिष्यथाः	अशब्दयिष्येथाम्	अशब्दयिष्यध्वम्
शब्दयिष्ये	शब्दयिष्यावहे	शब्दयिष्यामहे	अशब्दयिष्ये	अशब्दयिष्यावहि	अशब्दयिष्यामहि

शब्दयिता	शब्दयितारौ	शब्दयितारः	शब्दयिषीष्ट	शब्दयिषीयास्ताम्	शब्दयिषीरन्
शब्दयितासे	शब्दयितासाथे	शब्दयिताध्वे	शब्दयिषीष्ठाः	शब्दयिषीयास्थाम्	शब्दयिषीध्वम् -ढ्वम्

शब्दयिताहे	शब्दयितास्वहे	शब्दयितास्महे	शब्दयिषीय	शब्दयिषीवहि	शब्दयिषीमहि

शब्दयाम्बभूव	शब्दयाम्बभूवतुः	शब्दयाम्बभूवुः	अशशब्दत	अशशब्देताम्	अशशब्दन्त
शब्दयाञ्चक्रे	शब्दयाञ्चक्राते	शब्दयाञ्चक्रिरे			
शब्दयामास	शब्दयामासतुः	शब्दयामासुः			
शब्दयाम्बभूविथ	शब्दयाम्बभूवथुः	शब्दयाम्बभूव	अशशब्दथाः	अशशब्देथाम्	अशशब्दध्वम्
शब्दयाञ्चकृषे	शब्दयाञ्चक्राथे	शब्दयाञ्चकृढ्वे			
शब्दयामासिथ	शब्दयामासथुः	शब्दयामास			
शब्दयाम्बभूव	शब्दयाम्बभूविव	शब्दयाम्बभूविम	अशशब्दे	अशशब्दावहि	अशशब्दामहि
शब्दयाञ्चक्रे	शब्दयाञ्चकृवहे	शब्दयाञ्चकृमहे			
शब्दयामास	शब्दयामासिव	शब्दयामासिम			

1715 कण निमीलने । wink 7.4.93 सन्वल्लघुनि चङ्परेऽनग्लोपे । 7.4.79 सन्यतः । इति लुङि सन्वत् ।
10c 182 कणँ । कण् । काणयति / ते । U । सेट् । अ० । काणि । काणय ।
Q. Option Sutra? A. Mahabhashya says 7.4.3 भ्राजभासभाषदीपजीवमीलपीडामन्यतरस्याम् ।
काण्यादीनां वेति वक्तव्यम् ॥ काणिराणिश्राणिभाणिहेठिलोपयः । अचकाणत् अचीकणत् । अरराणत् अरीरणत् ।
अशश्राणत् । अशिश्रणत् । अबभाणत् अबीभणत् । अजिहेठत् अजीहिठत् । अलुलोपत् अलूलुपत् ॥
7.2.116 अत उपधायाः । **Parasmaipadi Forms**

काणयति	काणयतः	काणयन्ति[1]	अकाणयत् -द्	अकाणयताम्	अकाणयन्[1]
काणयसि	काणयथः	काणयथ	अकाणयः	अकाणयतम्	अकाणयत
काणयामि[2]	काणयावः[2]	काणयामः[2]	अकाणयम्[1]	अकाणयाव[2]	अकाणयाम[2]

काणयतु काणयतात् -द्	काणयताम्	काणयन्तु[1]	काणयेत् -द्	काणयेताम्	काणयेयुः
काणय काणयतात् -द्	काणयतम्	काणयत	काणयेः	काणयेतम्	काणयेत
काणयानि[3]	काणयाव[3]	काणयाम[3]	काणयेयम्	काणयेव	काणयेम

काणयिष्यति	काणयिष्यतः	काणयिष्यन्ति	अकाणयिष्यत् -द्	अकाणयिष्यताम्	अकाणयिष्यन्
काणयिष्यसि	काणयिष्यथः	काणयिष्यथ	अकाणयिष्यः	अकाणयिष्यतम्	अकाणयिष्यत
काणयिष्यामि	काणयिष्यावः	काणयिष्यामः	अकाणयिष्यम्	अकाणयिष्याव	अकाणयिष्याम

काणयिता	काणयितारौ	काणयितारः	काण्यात् -द्	काण्यास्ताम्	काण्यासुः
काणयितासि	काणयितास्थः	काणयितास्थ	काण्याः	काण्यास्तम्	काण्यास्त
काणयितास्मि	काणयितास्वः	काणयितास्मः	काण्यासम्	काण्यास्व	काण्यास्म

काणयाम्बभूव	काणयाम्बभूवतुः	काणयाम्बभूवुः	अचकाणत् -द्	अचकाणताम्	अचकाणन्
काणयाञ्चकार	काणयाञ्चक्रतुः	काणयाञ्चक्रुः	अचीकणत् -द्	अचीकणताम्	अचीकणन्
काणयामास	काणयामासतुः	काणयामासुः			

काणयाम्बभूविथ	काणयाम्बभूवथुः	काणयाम्बभूव	अचकाणः	अचकाणतम्	अचकाणत
काणयाञ्चकर्थ	काणयाञ्चक्रथुः	काणयाञ्चक्र	अचीकणः	अचीकणतम्	अचीकणत
काणयामासिथ	काणयामासथुः	काणयामास			
काणयाम्बभूव	काणयाम्बभूविव	काणयाम्बभूविम	अचकाणम्	अचकाणाव	अचकाणाम
काणयाञ्चकर -कार	काणयाञ्चकृव	काणयाञ्चकृम	अचीकणम्	अचीकणाव	अचीकणाम
काणयामास	काणयामासिव	काणयामासिम			

Atmanepadi Forms

काणयते	काणयेते[4]	काणयन्ते[1]	अकाणयत	अकाणयेताम्[4]	अकाणयन्त[1]
काणयसे	काणयेथे[4]	काणयध्वे	अकाणयथाः	अकाणयेथाम्[4]	अकाणयध्वम्
काणये[1]	काणयावहे[2]	काणयामहे[2]	अकाणये[4]	अकाणयावहि[3]	अकाणयामहि[3]

काणयताम्	काणयेताम्[4]	काणयन्ताम्[1]	काणयेत	काणयेयाताम्	काणयेरन्
काणयस्व	काणयेथाम्[4]	काणयध्वम्	काणयेथाः	काणयेयाथाम्	काणयेध्वम्
काणयै[5]	काणयावहै[3]	काणयामहै[3]	काणयेय	काणयेवहि	काणयेमहि

काणयिष्यते	काणयिष्येते	काणयिष्यन्ते	अकाणयिष्यत	अकाणयिष्येताम्	अकाणयिष्यन्त
काणयिष्यसे	काणयिष्येथे	काणयिष्यध्वे	अकाणयिष्यथाः	अकाणयिष्येथाम्	अकाणयिष्यध्वम्
काणयिष्ये	काणयिष्यावहे	काणयिष्यामहे	अकाणयिष्ये	अकाणयिष्यावहि	अकाणयिष्यामहि

काणयिता	काणयितारौ	काणयितारः	काणयिषीष्ट	काणयिषीयास्ताम्	काणयिषीरन्
काणयितासे	काणयितासाथे	काणयिताध्वे	काणयिषीष्ठाः	काणयिषीयास्थाम्	काणयिषीध्वम् -ढ्वम्
काणयिताहे	काणयितास्वहे	काणयितास्महे	काणयिषीय	काणयिषीवहि	काणयिषीमहि

काणयाम्बभूव	काणयाम्बभूवतुः	काणयाम्बभूवुः	अचकाणत	अचकाणेताम्	अचकाणन्त
काणयाञ्चक्रे	काणयाञ्चक्राते	काणयाञ्चक्रिरे	अचीकणत	अचीकणेताम्	अचीकणन्त
काणयामास	काणयामासतुः	काणयामासुः			
काणयाम्बभूविथ	काणयाम्बभूवथुः	काणयाम्बभूव	अचकाणथाः	अचकाणेथाम्	अचकाणध्वम्
काणयाञ्चकृषे	काणयाञ्चक्राथे	काणयाञ्चकृढ्वे	अचीकणथाः	अचीकणेथाम्	अचीकणध्वम्
काणयामासिथ	काणयामासथुः	काणयामास			
काणयाम्बभूव	काणयाम्बभूविव	काणयाम्बभूविम	अचकाणे	अचकाणावहि	अचकाणामहि
काणयाञ्चक्रे	काणयाञ्चकृवहे	काणयाञ्चकृमहे	अचीकणे	अचीकणावहि	अचीकणामहि
काणयामास	काणयामासिव	काणयामासिम			

1716 जभि नाशने । इदित्करणं णिचः पाक्षिकत्वे लिङ्गम् । destroy
10c 183 जभिँ । जम्भ् । जम्भयति / ते , जम्भति । U । सेट् । स० । जम्भि । जम्भय ।
7.1.58 इदितो नुम् धातोः । **Parasmaipadi Forms**

जम्भयति	जम्भयतः	जम्भयन्ति[1]	अजम्भयत् -द्	अजम्भयताम्	अजम्भयन्[1]
जम्भयसि	जम्भयथः	जम्भयथ	अजम्भयः	अजम्भयतम्	अजम्भयत
जम्भयामि[2]	जम्भयावः[2]	जम्भयामः[2]	अजम्भयम्[1]	अजम्भयाव[2]	अजम्भयाम[2]

जम्भयतु जम्भयतात् -द्	जम्भयताम्	जम्भयन्तु[1]	जम्भयेत् -द्	जम्भयेताम्	जम्भयेयुः
जम्भय जम्भयतात् -द्	जम्भयतम्	जम्भयत	जम्भयेः	जम्भयेतम्	जम्भयेत
जम्भयानि[3]	जम्भयाव[3]	जम्भयाम[3]	जम्भयेयम्	जम्भयेव	जम्भयेम

जम्भयिष्यति	जम्भयिष्यतः	जम्भयिष्यन्ति	अजम्भयिष्यत् -द्	अजम्भयिष्यताम्	अजम्भयिष्यन्
जम्भयिष्यसि	जम्भयिष्यथः	जम्भयिष्यथ	अजम्भयिष्यः	अजम्भयिष्यतम्	अजम्भयिष्यत
जम्भयिष्यामि	जम्भयिष्यावः	जम्भयिष्यामः	अजम्भयिष्यम्	अजम्भयिष्याव	अजम्भयिष्याम

जम्भयिता	जम्भयितारौ	जम्भयितारः	जम्भ्यात् -द्	जम्भ्यास्ताम्	जम्भ्यासुः
जम्भयितासि	जम्भयितास्थः	जम्भयितास्थ	जम्भ्याः	जम्भ्यास्तम्	जम्भ्यास्त
जम्भयितास्मि	जम्भयितास्वः	जम्भयितास्मः	जम्भ्यासम्	जम्भ्यास्व	जम्भ्यास्म

जम्भयाम्बभूव	जम्भयाम्बभूवतुः	जम्भयाम्बभूवुः	अजजम्भत् -द्	अजजम्भताम्	अजजम्भन्
जम्भयाञ्चकार	जम्भयाञ्चक्रतुः	जम्भयाञ्चक्रुः			
जम्भयामास	जम्भयामासतुः	जम्भयामासुः			
जम्भयाम्बभूविथ	जम्भयाम्बभूवथुः	जम्भयाम्बभूव	अजजम्भः	अजजम्भतम्	अजजम्भत
जम्भयाञ्चकर्थ	जम्भयाञ्चक्रथुः	जम्भयाञ्चक्र			
जम्भयामासिथ	जम्भयामासथुः	जम्भयामास			
जम्भयाम्बभूव	जम्भयाम्बभूविव	जम्भयाम्बभूविम	अजजम्भम्	अजजम्भाव	अजजम्भाम
जम्भयाञ्चकर -कार	जम्भयाञ्चकृव	जम्भयाञ्चकृम			
जम्भयामास	जम्भयामासिव	जम्भयामासिम			

Atmanepadi Forms

जम्भयते	जम्भयेते[4]	जम्भयन्ते[1]	अजम्भयत	अजम्भयेताम्[4]	अजम्भयन्त[1]
जम्भयसे	जम्भयेथे[4]	जम्भयध्वे	अजम्भयथाः	अजम्भयेथाम्[4]	अजम्भयध्वम्
जम्भये[1]	जम्भयावहे[2]	जम्भयामहे[2]	अजम्भये[4]	अजम्भयावहि[3]	अजम्भयामहि[3]

जम्भयताम्	जम्भयेताम्[4]	जम्भयन्ताम्[1]	जम्भयेत	जम्भयेयाताम्	जम्भयेरन्
जम्भयस्व	जम्भयेथाम्[4]	जम्भयध्वम्	जम्भयेथाः	जम्भयेयाथाम्	जम्भयेध्वम्
जम्भयै[5]	जम्भयावहै[3]	जम्भयामहै[3]	जम्भयेय	जम्भयेवहि	जम्भयेमहि

जम्भयिष्यते	जम्भयिष्येते	जम्भयिष्यन्ते	अजम्भयिष्यत	अजम्भयिष्येताम्	अजम्भयिष्यन्त
जम्भयिष्यसे	जम्भयिष्येथे	जम्भयिष्यध्वे	अजम्भयिष्यथाः	अजम्भयिष्येथाम्	अजम्भयिष्यध्वम्

जम्भयिष्ये	जम्भयिष्यावहे	जम्भयिष्यामहे	अजम्भयिष्ये	अजम्भयिष्यावहि	अजम्भयिष्यामहि

जम्भयिता	जम्भयितारौ	जम्भयितारः	जम्भयिषीष्ट	जम्भयिषीयास्ताम्	जम्भयिषीरन्
जम्भयितासे	जम्भयितासाथे	जम्भयिताध्वे	जम्भयिषीष्ठाः	जम्भयिषीयास्थाम्	जम्भयिषीध्वम् -ढ्वम्
जम्भयिताहे	जम्भयितास्वहे	जम्भयितास्महे	जम्भयिषीय	जम्भयिषीवहि	जम्भयिषीमहि

जम्भयाम्बभूव	जम्भयाम्बभूवतुः	जम्भयाम्बभूवुः	अजजम्भत	अजजम्भेताम्	अजजम्भन्त
जम्भयाञ्चक्रे	जम्भयाञ्चक्राते	जम्भयाञ्चक्रिरे			
जम्भयामास	जम्भयामासतुः	जम्भयामासुः			
जम्भयाम्बभूविथ	जम्भयाम्बभूवथुः	जम्भयाम्बभूव	अजजम्भथाः	अजजम्भेथाम्	अजजम्भध्वम्
जम्भयाञ्चकृषे	जम्भयाञ्चक्राथे	जम्भयाञ्चकृढ्वे			
जम्भयामासिथ	जम्भयामासथुः	जम्भयामास			
जम्भयाम्बभूव	जम्भयाम्बभूविव	जम्भयाम्बभूविम	अजजम्भे	अजजम्भावहि	अजजम्भामहि
जम्भयाञ्चक्रे	जम्भयाञ्चकृवहे	जम्भयाञ्चकृमहे			
जम्भयामास	जम्भयामासिव	जम्भयामासिम			

णिजभावपक्षे 1.3.78 शेषात् कर्त्तरि परस्मैपदम् । इति पक्षे भ्वादिः इव जम्भ् । P । सेट् । स० ।

जम्भति	जम्भतः	जम्भन्ति	अजम्भत् -द्	अजम्भताम्	अजम्भन्
जम्भसि	जम्भथः	जम्भथ	अजम्भः	अजम्भतम्	अजम्भत
जम्भामि	जम्भावः	जम्भामः	अजम्भम्	अजम्भाव	अजम्भाम

जम्भतु जम्भतात् -द्	जम्भताम्	जम्भन्तु	जम्भेत् -द्	जम्भेताम्	जम्भेयुः
जम्भ जम्भतात् -द्	जम्भतम्	जम्भत	जम्भेः	जम्भेतम्	जम्भेत
जम्भानि	जम्भाव	जम्भाम	जम्भेयम्	जम्भेव	जम्भेम

जम्भिष्यति	जम्भिष्यतः	जम्भिष्यन्ति	अजम्भिष्यत् -द्	अजम्भिष्यताम्	अजम्भिष्यन्
जम्भिष्यसि	जम्भिष्यथः	जम्भिष्यथ	अजम्भिष्यः	अजम्भिष्यतम्	अजम्भिष्यत
जम्भिष्यामि	जम्भिष्यावः	जम्भिष्यामः	अजम्भिष्यम्	अजम्भिष्याव	अजम्भिष्याम

जम्भिता	जम्भितारौ	जम्भितारः	जम्भ्यात् -द्	जम्भ्यास्ताम्	जम्भ्यासुः
जम्भितासि	जम्भितास्थः	जम्भितास्थ	जम्भ्याः	जम्भ्यास्तम्	जम्भ्यास्त
जम्भितास्मि	जम्भितास्वः	जम्भितास्मः	जम्भ्यासम्	जम्भ्यास्व	जम्भ्यास्म

जजम्भ	जजम्भतुः	जजम्भुः	अजम्भीत् -द्	अजम्भिष्टाम्	अजम्भिषुः
जजम्भिथ	जजम्भथुः	जजम्भ	अजम्भीः	अजम्भिष्टम्	अजम्भिष्ट
जजम्भ	जजम्भिव	जजम्भिम	अजम्भिषम्	अजम्भिष्व	अजम्भिष्म

1717 षूद क्षरणे । flow, trickle, splash

10c 184 षूदँ । सूद् । सूदयति / ते । U । सेट् । अ० । सूदि । सूदय । **Parasmaipadi Forms**

सूदयति	सूदयतः	सूदयन्ति[1]	असूदयत् -द्	असूदयताम्	असूदयन्[1]
सूदयसि	सूदयथः	सूदयथ	असूदयः	असूदयतम्	असूदयत

| सूदयामि[2] | सूदयावः[2] | सूदयामः[2] | असूदयम्[1] | असूदयाव[2] | असूदयाम[2] |

सूदयतु सूदयतात् -द्	सूदयताम्	सूदयन्तु[1]	सूदयेत् -द्	सूदयेताम्	सूदयेयुः
सूदय सूदयतात् -द्	सूदयतम्	सूदयत	सूदयेः	सूदयेतम्	सूदयेत
सूदयानि[3]	सूदयाव[3]	सूदयाम[3]	सूदयेयम्	सूदयेव	सूदयेम

सूदयिष्यति	सूदयिष्यतः	सूदयिष्यन्ति	असूदयिष्यत् -द्	असूदयिष्यताम्	असूदयिष्यन्
सूदयिष्यसि	सूदयिष्यथः	सूदयिष्यथ	असूदयिष्यः	असूदयिष्यतम्	असूदयिष्यत
सूदयिष्यामि	सूदयिष्यावः	सूदयिष्यामः	असूदयिष्यम्	असूदयिष्याव	असूदयिष्याम

सूदयिता	सूदयितारौ	सूदयितारः	सूद्यात् -द्	सूद्यास्ताम्	सूद्यासुः
सूदयितासि	सूदयितास्थः	सूदयितास्थ	सूद्याः	सूद्यास्तम्	सूद्यास्त
सूदयितास्मि	सूदयितास्वः	सूदयितास्मः	सूद्यासम्	सूद्यास्व	सूद्यास्म

सूदयाम्बभूव	सूदयाम्बभूवतुः	सूदयाम्बभूवुः	असूषुदत् -द्	असूषुदताम्	असूषुदन्
सूदयाञ्चकार	सूदयाञ्चक्रतुः	सूदयाञ्चक्रुः			
सूदयामास	सूदयामासतुः	सूदयामासुः			
सूदयाम्बभूविथ	सूदयाम्बभूवथुः	सूदयाम्बभूव	असूषुदः	असूषुदतम्	असूषुदत
सूदयाञ्चकर्थ	सूदयाञ्चक्रथुः	सूदयाञ्चक्र			
सूदयामासिथ	सूदयामासथुः	सूदयामास			
सूदयाम्बभूव	सूदयाम्बभूविव	सूदयाम्बभूविम	असूषुदम्	असूषुदाव	असूषुदाम
सूदयाञ्चकर -कार	सूदयाञ्चकृव	सूदयाञ्चकृम			
सूदयामास	सूदयामासिव	सूदयामासिम			

Atmanepadi Forms

सूदयते	सूदयेते[4]	सूदयन्ते[1]	असूदयत	असूदयेताम्[4]	असूदयन्त[1]
सूदयसे	सूदयेथे[4]	सूदयध्वे	असूदयथाः	असूदयेथाम्[4]	असूदयध्वम्
सूदये[1]	सूदयावहे[2]	सूदयामहे[2]	असूदये[4]	असूदयावहि[3]	असूदयामहि[3]

सूदयताम्	सूदयेताम्[4]	सूदयन्ताम्[1]	सूदयेत	सूदयेयाताम्	सूदयेरन्
सूदयस्व	सूदयेथाम्[4]	सूदयध्वम्	सूदयेथाः	सूदयेयाथाम्	सूदयेध्वम्
सूदयै[5]	सूदयावहै[3]	सूदयामहै[3]	सूदयेय	सूदयेवहि	सूदयेमहि

सूदयिष्यते	सूदयिष्येते	सूदयिष्यन्ते	असूदयिष्यत	असूदयिष्येताम्	असूदयिष्यन्त
सूदयिष्यसे	सूदयिष्येथे	सूदयिष्यध्वे	असूदयिष्यथाः	असूदयिष्येथाम्	असूदयिष्यध्वम्
सूदयिष्ये	सूदयिष्यावहे	सूदयिष्यामहे	असूदयिष्ये	असूदयिष्यावहि	असूदयिष्यामहि

| सूदयिता | सूदयितारौ | सूदयितारः | सूदयिषीष्ट | सूदयिषीयास्ताम् | सूदयिषीरन् |

सूदयितासे	सूदयितासाथे	सूदयिताध्वे	सूदयिषीष्ठाः	सूदयिषीयास्थाम्	सूदयिषीध्वम् -ढ्वम्
सूदयिताहे	सूदयितास्वहे	सूदयितास्महे	सूदयिषीय	सूदयिषीवहि	सूदयिषीमहि

सूदयाम्बभूव	सूदयाम्बभूवतुः	सूदयाम्बभूवुः	असूषुदत	असूषुदेताम्	असूषुदन्त
सूदयाञ्चक्रे	सूदयाञ्चक्राते	सूदयाञ्चक्रिरे			
सूदयामास	सूदयामासतुः	सूदयामासुः			
सूदयाम्बभूविथ	सूदयाम्बभूवथुः	सूदयाम्बभूव	असूषुदथाः	असूषुदेथाम्	असूषुदध्वम्
सूदयाञ्चकृषे	सूदयाञ्चक्राथे	सूदयाञ्चकृढ्वे			
सूदयामासिथ	सूदयामासथुः	सूदयामास			
सूदयाम्बभूव	सूदयाम्बभूविव	सूदयाम्बभूविम	असूषुदे	असूषुदावहि	असूषुदामहि
सूदयाञ्चक्रे	सूदयाञ्चकृवहे	सूदयाञ्चकृमहे			
सूदयामास	सूदयामासिव	सूदयामासिम			

1718 जसु ताडने । उदित् वैकल्पिकः णिच् । hurt, injure, strike
10c 185 जसुँ । जस् । जासयति / ते , जसति । U । सेट् । स० । जासि । जासय ।
7.2.116 अत उपधायाः । **Parasmaipadi Forms**

जासयति	जासयतः	जासयन्ति[1]	अजासयत् -द्	अजासयताम्	अजासयन्[1]
जासयसि	जासयथः	जासयथ	अजासयः	अजासयतम्	अजासयत
जासयामि[2]	जासयावः[2]	जासयामः[2]	अजासयम्[1]	अजासयाव[2]	अजासयाम[2]

जासयतु जासयतात् -द्	जासयताम्	जासयन्तु[1]	जासयेत् -द्	जासयेताम्	जासयेयुः
जासय जासयतात् -द्	जासयतम्	जासयत	जासयेः	जासयेतम्	जासयेत
जासयानि[3]	जासयाव[3]	जासयाम[3]	जासयेयम्	जासयेव	जासयेम

जासयिष्यति	जासयिष्यतः	जासयिष्यन्ति	अजासयिष्यत् -द्	अजासयिष्यताम्	अजासयिष्यन्
जासयिष्यसि	जासयिष्यथः	जासयिष्यथ	अजासयिष्यः	अजासयिष्यतम्	अजासयिष्यत
जासयिष्यामि	जासयिष्यावः	जासयिष्यामः	अजासयिष्यम्	अजासयिष्याव	अजासयिष्याम

जासयिता	जासयितारौ	जासयितारः	जास्यात् -द्	जास्यास्ताम्	जास्यासुः
जासयितासि	जासयितास्थः	जासयितास्थ	जास्याः	जास्यास्तम्	जास्यास्त
जासयितास्मि	जासयितास्वः	जासयितास्मः	जास्यासम्	जास्यास्व	जास्यास्म

जासयाम्बभूव	जासयाम्बभूवतुः	जासयाम्बभूवुः	अजीजसत् -द्	अजीजसताम्	अजीजसन्
जासयाञ्चकार	जासयाञ्चक्रतुः	जासयाञ्चक्रुः			
जासयामास	जासयामासतुः	जासयामासुः			
जासयाम्बभूविथ	जासयाम्बभूवथुः	जासयाम्बभूव	अजीजसः	अजीजसतम्	अजीजसत
जासयाञ्चकर्थ	जासयाञ्चक्रथुः	जासयाञ्चक्र			

जासयामासिथ	जासयामासथुः	जासयामास			
जासयाम्बभूव	जासयाम्बभूविव	जासयाम्बभूविम	अजीजसम्	अजीजसाव	अजीजसाम
जासयाञ्चकर -कार	जासयाञ्चकृव	जासयाञ्चकृम			
जासयामास	जासयामासिव	जासयामासिम			

Atmanepadi Forms

जासयते	जासयेते[4]	जासयन्ते[1]	अजासयत	अजासयेताम्[4]	अजासयन्त[1]
जासयसे	जासयेथे[4]	जासयध्वे	अजासयथाः	अजासयेथाम्[4]	अजासयध्वम्
जासये[1]	जासयावहे[2]	जासयामहे[2]	अजासये[4]	अजासयावहि[3]	अजासयामहि[3]

जासयताम्	जासयेताम्[4]	जासयन्ताम्[1]	जासयेत	जासयेयाताम्	जासयेरन्
जासयस्व	जासयेथाम्[4]	जासयध्वम्	जासयेथाः	जासयेयाथाम्	जासयेध्वम्
जासयै[5]	जासयावहै[3]	जासयामहै[3]	जासयेय	जासयेवहि	जासयेमहि

जासयिष्यते	जासयिष्येते	जासयिष्यन्ते	अजासयिष्यत	अजासयिष्येताम्	अजासयिष्यन्त
जासयिष्यसे	जासयिष्येथे	जासयिष्यध्वे	अजासयिष्यथाः	अजासयिष्येथाम्	अजासयिष्यध्वम्
जासयिष्ये	जासयिष्यावहे	जासयिष्यामहे	अजासयिष्ये	अजासयिष्यावहि	अजासयिष्यामहि

जासयिता	जासयितारौ	जासयितारः	जासयिषीष्ट	जासयिषीयास्ताम्	जासयिषीरन्
जासयितासे	जासयितासाथे	जासयिताध्वे	जासयिषीष्ठाः	जासयिषीयास्थाम्	जासयिषीध्वम् -ढ्वम्
जासयिताहे	जासयितास्वहे	जासयितास्महे	जासयिषीय	जासयिषीवहि	जासयिषीमहि

जासयाम्बभूव	जासयाम्बभूवतुः	जासयाम्बभूवुः	अजीजसत	अजीजसेताम्	अजीजसन्त
जासयाञ्चक्रे	जासयाञ्चक्राते	जासयाञ्चक्रिरे			
जासयामास	जासयामासतुः	जासयामासुः			
जासयाम्बभूविथ	जासयाम्बभूवथुः	जासयाम्बभूव	अजीजसथाः	अजीजसेथाम्	अजीजसध्वम्
जासयाञ्चकृषे	जासयाञ्चक्राथे	जासयाञ्चकृढ्वे			
जासयामासिथ	जासयामासथुः	जासयामास			
जासयाम्बभूव	जासयाम्बभूविव	जासयाम्बभूविम	अजीजसे	अजीजसावहि	अजीजसामहि
जासयाञ्चक्रे	जासयाञ्चकृवहे	जासयाञ्चकृमहे			
जासयामास	जासयामासिव	जासयामासिम			

णिजभावपक्षे 1.3.78 शेषात् कर्त्तरि परस्मैपदम् । इति पक्षे भ्वादिः इव जस् । P । सेट् । स० ।

जसति	जसतः	जसन्ति	अजसत् -द्	अजसताम्	अजसन्
जससि	जसथः	जसथ	अजसः	अजसतम्	अजसत
जसामि	जसावः	जसामः	अजसम्	अजसाव	अजसाम

जसतु जसतात् -द्	जसताम्	जसन्तु	जसेत् -द्	जसेताम्	जसेयुः
जस जसतात् -द्	जसतम्	जसत	जसेः	जसेतम्	जसेत

| जसानि | जसाव | जसाम | जसेयम् | जसेव | जसेम |

जसिष्यति	जसिष्यतः	जसिष्यन्ति	अजसिष्यत् -द्	अजसिष्यताम्	अजसिष्यन्
जसिष्यसि	जसिष्यथः	जसिष्यथ	अजसिष्यः	अजसिष्यतम्	अजसिष्यत
जसिष्यामि	जसिष्यावः	जसिष्यामः	अजसिष्यम्	अजसिष्याव	अजसिष्याम

जसिता	जसितारौ	जसितारः	जस्यात् -द्	जस्यास्ताम्	जस्यासुः
जसितासि	जसितास्थः	जसितास्थ	जस्याः	जस्यास्तम्	जस्यास्त
जसितास्मि	जसितास्वः	जसितास्मः	जस्यासम्	जस्यास्व	जस्यास्म

जजास	जेसतुः	जेसुः	अजसीत् -द्	अजसिष्टाम्	अजसिषुः
जेसिथ	जेसथुः	जेस	अजसीः	अजसिष्टम्	अजसिष्ट
जजास जजस	जेसिव	जेसिम	अजसिषम्	अजसिष्व	अजसिष्म

1719 पश बन्धने । bind, tie a knot, strangle with noose. *Famous word* पाश ।
10c 186 पशँ । पश् । पाशयति / ते । U । सेट् । स० । पाशि । पाशय ।
7.2.116 अत उपधायाः । **Parasmaipadi Forms**

पाशयति	पाशयतः	पाशयन्ति¹	अपाशयत् -द्	अपाशयताम्	अपाशयन्¹
पाशयसि	पाशयथः	पाशयथ	अपाशयः	अपाशयतम्	अपाशयत
पाशयामि²	पाशयावः²	पाशयामः²	अपाशयम्¹	अपाशयाव²	अपाशयाम²

पाशयतु पाशयतात् -द्	पाशयताम्	पाशयन्तु¹	पाशयेत् -द्	पाशयेताम्	पाशयेयुः
पाशय पाशयतात् -द्	पाशयतम्	पाशयत	पाशयेः	पाशयेतम्	पाशयेत
पाशयानि³	पाशयाव³	पाशयाम³	पाशयेयम्	पाशयेव	पाशयेम

पाशयिष्यति	पाशयिष्यतः	पाशयिष्यन्ति	अपाशयिष्यत् -द्	अपाशयिष्यताम्	अपाशयिष्यन्
पाशयिष्यसि	पाशयिष्यथः	पाशयिष्यथ	अपाशयिष्यः	अपाशयिष्यतम्	अपाशयिष्यत
पाशयिष्यामि	पाशयिष्यावः	पाशयिष्यामः	अपाशयिष्यम्	अपाशयिष्याव	अपाशयिष्याम

पाशयिता	पाशयितारौ	पाशयितारः	पाश्यात् -द्	पाश्यास्ताम्	पाश्यासुः
पाशयितासि	पाशयितास्थः	पाशयितास्थ	पाश्याः	पाश्यास्तम्	पाश्यास्त
पाशयितास्मि	पाशयितास्वः	पाशयितास्मः	पाश्यासम्	पाश्यास्व	पाश्यास्म

पाशयाम्बभूव	पाशयाम्बभूवतुः	पाशयाम्बभूवुः	अपीपशत् -द्	अपीपशताम्	अपीपशन्
पाशयाञ्चकार	पाशयाञ्चक्रतुः	पाशयाञ्चक्रुः			
पाशयामास	पाशयामासतुः	पाशयामासुः			
पाशयाम्बभूविथ	पाशयाम्बभूवथुः	पाशयाम्बभूव	अपीपशः	अपीपशतम्	अपीपशत
पाशयाञ्चकर्थ	पाशयाञ्चक्रथुः	पाशयाञ्चक्र			
पाशयामासिथ	पाशयामासथुः	पाशयामास			
पाशयाम्बभूव	पाशयाम्बभूविव	पाशयाम्बभूविम	अपीपशम्	अपीपशाव	अपीपशाम

पाशयाञ्चकर -कार	पाशयाञ्चकृव	पाशयाञ्चकृम			
पाशयामास	पाशयामासिव	पाशयामासिम			

Atmanepadi Forms

पाशयते	पाशयेते[4]	पाशयन्ते[1]	अपाशयत	अपाशयेताम्[4]	अपाशयन्त[1]
पाशयसे	पाशयेथे[4]	पाशयध्वे	अपाशयथाः	अपाशयेथाम्[4]	अपाशयध्वम्
पाशये[1]	पाशयावहे[2]	पाशयामहे[2]	अपाशये[4]	अपाशयावहि[3]	अपाशयामहि[3]

पाशयताम्	पाशयेताम्[4]	पाशयन्ताम्[1]	पाशयेत	पाशयेयाताम्	पाशयेरन्
पाशयस्व	पाशयेथाम्[4]	पाशयध्वम्	पाशयेथाः	पाशयेयाथाम्	पाशयेध्वम्
पाशयै[5]	पाशयावहै[3]	पाशयामहै[3]	पाशयेय	पाशयेवहि	पाशयेमहि

पाशयिष्यते	पाशयिष्येते	पाशयिष्यन्ते	अपाशयिष्यत	अपाशयिष्येताम्	अपाशयिष्यन्त
पाशयिष्यसे	पाशयिष्येथे	पाशयिष्यध्वे	अपाशयिष्यथाः	अपाशयिष्येथाम्	अपाशयिष्यध्वम्
पाशयिष्ये	पाशयिष्यावहे	पाशयिष्यामहे	अपाशयिष्ये	अपाशयिष्यावहि	अपाशयिष्यामहि

पाशयिता	पाशयितारौ	पाशयितारः	पाशयिषीष्ट	पाशयिषीयास्ताम्	पाशयिषीरन्
पाशयितासे	पाशयितासाथे	पाशयिताध्वे	पाशयिषीष्ठाः	पाशयिषीयास्थाम्	पाशयिषीध्वम् -ढ्वम्
पाशयिताहे	पाशयितास्वहे	पाशयितास्महे	पाशयिषीय	पाशयिषीवहि	पाशयिषीमहि

पाशयाम्बभूव	पाशयाम्बभूवतुः	पाशयाम्बभूवुः	अपीपशत	अपीपशेताम्	अपीपशन्त
पाशयाञ्चक्रे	पाशयाञ्चक्राते	पाशयाञ्चक्रिरे			
पाशयामास	पाशयामासतुः	पाशयामासुः			
पाशयाम्बभूविथ	पाशयाम्बभूवथुः	पाशयाम्बभूव	अपीपशथाः	अपीपशेथाम्	अपीपशध्वम्
पाशयाञ्चकृषे	पाशयाञ्चक्राथे	पाशयाञ्चकृढ्वे			
पाशयामासिथ	पाशयामासथुः	पाशयामास			
पाशयाम्बभूव	पाशयाम्बभूविव	पाशयाम्बभूविम	अपीपशे	अपीपशावहि	अपीपशामहि
पाशयाञ्चक्रे	पाशयाञ्चकृवहे	पाशयाञ्चकृमहे			
पाशयामास	पाशयामासिव	पाशयामासिम			

1720 अम रोगे । be ill. *Famous word* आमः ।

10c 187 अमँ । अम् । आमयति / ते । U । सेट् । अ० । आमि । आमय ।

गणसूत्र० जनीजृष्क्नसुरञ्जोऽमन्ताश्च । मितः इति अनुवर्तते । 6.4.92 मितां ह्रस्वः । इति उपधा ह्रस्वः । किन्तु गणसूत्र० नान्ये मितोऽहेतौ । इति मित्त्वनिषेधः । 7.2.116 अत उपधायाः । 7.2.28 रुष्यमत्वरसंघुषास्वनाम् । तत्त्वबोधिनी० अम गत्यादिषु । अम रोगे इति चौरादिकस्तु न गृह्यते, `एकाचः` इत्यधिकारादित्ययाहुः ।

Parasmaipadi Forms

आमयति	आमयतः	आमयन्ति[1]	आमयत् -द्	आमयताम्	आमयन्[1]

| आमयसि | आमयथः | आमयथ | आमयः | आमयतम् | आमयत |
| आमयामि² | आमयावः² | आमयामः² | आमयम्¹ | आमयाव² | आमयाम² |

आमयतु आमयतात् -द्	आमयताम्	आमयन्तु¹	आमयेत् -द्	आमयेताम्	आमयेयुः
आमय आमयतात् -द्	आमयतम्	आमयत	आमयेः	आमयेतम्	आमयेत
आमयानि³	आमयाव³	आमयाम³	आमयेयम्	आमयेव	आमयेम

आमयिष्यति	आमयिष्यतः	आमयिष्यन्ति	आमयिष्यत् -द्	आमयिष्यताम्	आमयिष्यन्
आमयिष्यसि	आमयिष्यथः	आमयिष्यथ	आमयिष्यः	आमयिष्यतम्	आमयिष्यत
आमयिष्यामि	आमयिष्यावः	आमयिष्यामः	आमयिष्यम्	आमयिष्याव	आमयिष्याम

आमयिता	आमयितारौ	आमयितारः	आम्यात् -द्	आम्यास्ताम्	आम्यासुः
आमयितासि	आमयितास्थः	आमयितास्थ	आम्याः	आम्यास्तम्	आम्यास्त
आमयितास्मि	आमयितास्वः	आमयितास्मः	आम्यासम्	आम्यास्व	आम्यास्म

आमयाम्बभूव	आमयाम्बभूवतुः	आमयाम्बभूवुः	आमिमत् -द्	आमिमताम्	आमिमन्
आमयाञ्चकार	आमयाञ्चक्रतुः	आमयाञ्चक्रुः			
आमयामास	आमयामासतुः	आमयामासुः			
आमयाम्बभूविथ	आमयाम्बभूवथुः	आमयाम्बभूव	आमिमः	आमिमतम्	आमिमत
आमयाञ्चकर्थ	आमयाञ्चक्रथुः	आमयाञ्चक्र			
आमयामासिथ	आमयामासथुः	आमयामास			
आमयाम्बभूव	आमयाम्बभूविव	आमयाम्बभूविम	आमिमम्	आमिमाव	आमिमाम
आमयाञ्चकर -कार आमयाञ्चकृव	आमयाञ्चकृम				
आमयामास	आमयामासिव	आमयामासिम			

Atmanepadi Forms

आमयते	आमयेते⁴	आमयन्ते¹	आमयत	आमयेताम्⁴	आमयन्त¹
आमयसे	आमयेथे⁴	आमयध्वे	आमयथाः	आमयेथाम्⁴	आमयध्वम्
आमये¹	आमयावहे²	आमयामहे²	आमये⁴	आमयावहि³	आमयामहि³

आमयताम्	आमयेताम्⁴	आमयन्ताम्¹	आमयेत	आमयेयाताम्	आमयेरन्
आमयस्व	आमयेथाम्⁴	आमयध्वम्	आमयेथाः	आमयेयाथाम्	आमयेध्वम्
आमयै⁵	आमयावहै³	आमयामहै³	आमयेय	आमयेवहि	आमयेमहि

आमयिष्यते	आमयिष्येते	आमयिष्यन्ते	आमयिष्यत	आमयिष्येताम्	आमयिष्यन्त
आमयिष्यसे	आमयिष्येथे	आमयिष्यध्वे	आमयिष्यथाः	आमयिष्येथाम्	आमयिष्यध्वम्
आमयिष्ये	आमयिष्यावहे	आमयिष्यामहे	आमयिष्ये	आमयिष्यावहि	आमयिष्यामहि

आमयिता	आमयितारौ	आमयितारः	आमयिषीष्ट	आमयिषीयास्ताम्	आमयिषीरन्
आमयितासे	आमयितासाथे	आमयिताध्वे	आमयिषीष्ठाः	आमयिषीयास्थाम्	आमयिषीध्वम् -ढ्वम्
आमयिताहे	आमयितास्वहे	आमयितास्महे	आमयिषीय	आमयिषीवहि	आमयिषीमहि

आमयाम्बभूव	आमयाम्बभूवतुः	आमयाम्बभूवुः	आमिमत	आमिमेताम्	आमिमन्त
आमयाञ्चक्रे	आमयाञ्चक्राते	आमयाञ्चक्रिरे			
आमयामास	आमयामासतुः	आमयामासुः			
आमयाम्बभूविथ	आमयाम्बभूवथुः	आमयाम्बभूव	आमिमथाः	आमिमेथाम्	आमिमध्वम्
आमयाञ्चकृषे	आमयाञ्चक्राथे	आमयाञ्चकृढ्वे			
आमयामासिथ	आमयामासथुः	आमयामास			
आमयाम्बभूव	आमयाम्बभूविव	आमयाम्बभूविम	आमिमे	आमिमावहि	आमिमामहि
आमयाञ्चक्रे	आमयाञ्चकृवहे	आमयाञ्चकृमहे			
आमयामास	आमयामासिव	आमयामासिम			

1721 चट भेदने । kill, cut to pieces, break. 7.2.116 अत उपधायाः।

10c 188 चटँ । चट् । चाटयति / ते । U । सेट् । स० । चाटि । चाटय । **Parasmaipadi Forms**

चाटयति	चाटयतः	चाटयन्ति[1]	अचाटयत् -द्	अचाटयताम्	अचाटयन्[1]
चाटयसि	चाटयथः	चाटयथ	अचाटयः	अचाटयतम्	अचाटयत
चाटयामि[2]	चाटयावः[2]	चाटयामः[2]	अचाटयम्[1]	अचाटयाव[2]	अचाटयाम[2]

चाटयतु चाटयतात् -द्	चाटयताम्	चाटयन्तु[1]	चाटयेत् -द्	चाटयेताम्	चाटयेयुः
चाटय चाटयतात् -द्	चाटयतम्	चाटयत	चाटयेः	चाटयेतम्	चाटयेत
चाटयानि[3]	चाटयाव[3]	चाटयाम[3]	चाटयेयम्	चाटयेव	चाटयेम

चाटयिष्यति	चाटयिष्यतः	चाटयिष्यन्ति	अचाटयिष्यत् -द्	अचाटयिष्यताम्	अचाटयिष्यन्
चाटयिष्यसि	चाटयिष्यथः	चाटयिष्यथ	अचाटयिष्यः	अचाटयिष्यतम्	अचाटयिष्यत
चाटयिष्यामि	चाटयिष्यावः	चाटयिष्यामः	अचाटयिष्यम्	अचाटयिष्याव	अचाटयिष्याम

चाटयिता	चाटयितारौ	चाटयितारः	चाट्यात् -द्	चाट्यास्ताम्	चाट्यासुः
चाटयितासि	चाटयितास्थः	चाटयितास्थ	चाट्याः	चाट्यास्तम्	चाट्यास्त
चाटयितास्मि	चाटयितास्वः	चाटयितास्मः	चाट्यासम्	चाट्यास्व	चाट्यास्म

चाटयाम्बभूव	चाटयाम्बभूवतुः	चाटयाम्बभूवुः	अचीचटत् -द्	अचीचटताम्	अचीचटन्
चाटयाञ्चकार	चाटयाञ्चक्रतुः	चाटयाञ्चक्रुः			
चाटयामास	चाटयामासतुः	चाटयामासुः			
चाटयाम्बभूविथ	चाटयाम्बभूवथुः	चाटयाम्बभूव	अचीचटः	अचीचटतम्	अचीचटत
चाटयाञ्चकर्थ	चाटयाञ्चक्रथुः	चाटयाञ्चक्र			

चाटयामासिथ	चाटयामासथुः	चाटयामास			
चाटयाम्बभूव	चाटयाम्बभूविव	चाटयाम्बभूविम	अचीचटम्	अचीचटाव	अचीचटाम
चाटयाञ्चकर -कार	चाटयाञ्चकृव	चाटयाञ्चकृम			
चाटयामास	चाटयामासिव	चाटयामासिम			

Atmanepadi Forms

चाटयते	चाटयेते[4]	चाटयन्ते[1]	अचाटयत	अचाटयेताम्[4]	अचाटयन्त[1]
चाटयसे	चाटयेथे[4]	चाटयध्वे	अचाटयथाः	अचाटयेथाम्[4]	अचाटयध्वम्
चाटये[1]	चाटयावहे[2]	चाटयामहे[2]	अचाटये[4]	अचाटयावहि[3]	अचाटयामहि[3]

चाटयताम्	चाटयेताम्[4]	चाटयन्ताम्[1]	चाटयेत	चाटयेयाताम्	चाटयेरन्
चाटयस्व	चाटयेथाम्[4]	चाटयध्वम्	चाटयेथाः	चाटयेयाथाम्	चाटयेध्वम्
चाटयै[5]	चाटयावहै[3]	चाटयामहै[3]	चाटयेय	चाटयेवहि	चाटयेमहि

चाटयिष्यते	चाटयिष्येते	चाटयिष्यन्ते	अचाटयिष्यत	अचाटयिष्येताम्	अचाटयिष्यन्त
चाटयिष्यसे	चाटयिष्येथे	चाटयिष्यध्वे	अचाटयिष्यथाः	अचाटयिष्येथाम्	अचाटयिष्यध्वम्
चाटयिष्ये	चाटयिष्यावहे	चाटयिष्यामहे	अचाटयिष्ये	अचाटयिष्यावहि	अचाटयिष्यामहि

चाटयिता	चाटयितारौ	चाटयितारः	चाटयिषीष्ट	चाटयिषीयास्ताम्	चाटयिषीरन्
चाटयितासे	चाटयितासाथे	चाटयिताध्वे	चाटयिषीष्ठाः	चाटयिषीयास्थाम्	चाटयिषीध्वम् -ढ्वम्
चाटयिताहे	चाटयितास्वहे	चाटयितास्महे	चाटयिषीय	चाटयिषीवहि	चाटयिषीमहि

चाटयाम्बभूव	चाटयाम्बभूवतुः	चाटयाम्बभूवुः	अचीचटत	अचीचटेताम्	अचीचटन्त
चाटयाञ्चक्रे	चाटयाञ्चक्राते	चाटयाञ्चक्रिरे			
चाटयामास	चाटयामासतुः	चाटयामासुः			
चाटयाम्बभूविथ	चाटयाम्बभूवथुः	चाटयाम्बभूव	अचीचटथाः	अचीचटेथाम्	अचीचटध्वम्
चाटयाञ्चकृषे	चाटयाञ्चक्राथे	चाटयाञ्चकृढ्वे			
चाटयामासिथ	चाटयामासथुः	चाटयामास			
चाटयाम्बभूव	चाटयाम्बभूविव	चाटयाम्बभूविम	अचीचटे	अचीचटावहि	अचीचटामहि
चाटयाञ्चक्रे	चाटयाञ्चकृवहे	चाटयाञ्चकृमहे			
चाटयामास	चाटयामासिव	चाटयामासिम			

1722 स्फुट भेदने । burst open, come in view
10c 189 स्फुटँ । स्फुट् । स्फोटयति / ते । U । सेट् । अ० । स्फोटि । स्फोटय ।

Parasmaipadi Forms

स्फोटयति	स्फोटयतः	स्फोटयन्ति[1]	अस्फोटयत् -द्	अस्फोटयताम्	अस्फोटयन्[1]
स्फोटयसि	स्फोटयथः	स्फोटयथ	अस्फोटयः	अस्फोटयतम्	अस्फोटयत

स्फोटयामि²	स्फोटयावः²	स्फोटयामः²	अस्फोटयम्¹	अस्फोटयाव²	अस्फोटयाम²	

स्फोटयतु	स्फोटयतात् -द्	स्फोटयताम्	स्फोटयन्तु¹	स्फोटयेत् -द्	स्फोटयेताम्	स्फोटयेयुः
स्फोटय	स्फोटयतात् -द्	स्फोटयतम्	स्फोटयत	स्फोटयेः	स्फोटयेतम्	स्फोटयेत
स्फोटयानि³		स्फोटयाव³	स्फोटयाम³	स्फोटयेयम्	स्फोटयेव	स्फोटयेम

स्फोटयिष्यति	स्फोटयिष्यतः	स्फोटयिष्यन्ति	अस्फोटयिष्यत् -द	अस्फोटयिष्यताम्	अस्फोटयिष्यन्
स्फोटयिष्यसि	स्फोटयिष्यथः	स्फोटयिष्यथ	अस्फोटयिष्यः	अस्फोटयिष्यतम्	अस्फोटयिष्यत
स्फोटयिष्यामि	स्फोटयिष्यावः	स्फोटयिष्यामः	अस्फोटयिष्यम्	अस्फोटयिष्याव	अस्फोटयिष्याम

स्फोटयिता	स्फोटयितारौ	स्फोटयितारः	स्फोट्यात् -द्	स्फोट्यास्ताम्	स्फोट्यासुः
स्फोटयितासि	स्फोटयितास्थः	स्फोटयितास्थ	स्फोट्याः	स्फोट्यास्तम्	स्फोट्यास्त
स्फोटयितास्मि	स्फोटयितास्वः	स्फोटयितास्मः	स्फोट्यासम्	स्फोट्यास्व	स्फोट्यास्म

स्फोटयाम्बभूव	स्फोटयाम्बभूवतुः	स्फोटयाम्बभूवुः	अपुस्फुटत् -द्	अपुस्फुटताम्	अपुस्फुटन्
स्फोटयाञ्चकार	स्फोटयाञ्चक्रतुः	स्फोटयाञ्चक्रुः			
स्फोटयामास	स्फोटयामासतुः	स्फोटयामासुः			
स्फोटयाम्बभूविथ	स्फोटयाम्बभूवथुः	स्फोटयाम्बभूव	अपुस्फुटः	अपुस्फुटतम्	अपुस्फुटत
स्फोटयाञ्चकर्थ	स्फोटयाञ्चक्रथुः	स्फोटयाञ्चक्र			
स्फोटयामासिथ	स्फोटयामासथुः	स्फोटयामास			
स्फोटयाम्बभूव	स्फोटयाम्बभूविव	स्फोटयाम्बभूविम	अपुस्फुटम्	अपुस्फुटाव	अपुस्फुटाम
स्फोटयाञ्चकर -कार	स्फोटयाञ्चकृव	स्फोटयाञ्चकृम			
स्फोटयामास	स्फोटयामासिव	स्फोटयामासिम			

Atmanepadi Forms

स्फोटयते	स्फोटयेते⁴	स्फोटयन्ते¹	अस्फोटयत	अस्फोटयेताम्⁴	अस्फोटयन्त¹
स्फोटयसे	स्फोटयेथे⁴	स्फोटयध्वे	अस्फोटयथाः	अस्फोटयेथाम्⁴	अस्फोटयध्वम्
स्फोटये¹	स्फोटयावहे²	स्फोटयामहे²	अस्फोटये⁴	अस्फोटयावहि³	अस्फोटयामहि³

स्फोटयताम्	स्फोटयेताम्⁴	स्फोटयन्ताम्¹	स्फोटयेत	स्फोटयेयाताम्	स्फोटयेरन्
स्फोटयस्व	स्फोटयेथाम्⁴	स्फोटयध्वम्	स्फोटयेथाः	स्फोटयेयाथाम्	स्फोटयेध्वम्
स्फोटयै⁵	स्फोटयावहै³	स्फोटयामहै³	स्फोटयेय	स्फोटयेवहि	स्फोटयेमहि

स्फोटयिष्यते	स्फोटयिष्येते	स्फोटयिष्यन्ते	अस्फोटयिष्यत	अस्फोटयिष्येताम्	अस्फोटयिष्यन्त
स्फोटयिष्यसे	स्फोटयिष्येथे	स्फोटयिष्यध्वे	अस्फोटयिष्यथाः	अस्फोटयिष्येथाम्	अस्फोटयिष्यध्वम्
स्फोटयिष्ये	स्फोटयिष्यावहे	स्फोटयिष्यामहे	अस्फोटयिष्ये	अस्फोटयिष्यावहि	अस्फोटयिष्यामहि

स्फोटयिता	स्फोटयितारौ	स्फोटयितारः	स्फोटयिषीष्ट	स्फोटयिषीयास्ताम्	स्फोटयिषीरन्

स्फोटयितासे	स्फोटयितासाथे	स्फोटयिताध्वे	स्फोटयिषीष्ठाः	स्फोटयिषीयास्थाम्	स्फोटयिषीध्वम् -ढ्वम्
स्फोटयिताहे	स्फोटयितास्वहे	स्फोटयितास्महे	स्फोटयिषीय	स्फोटयिषीवहि	स्फोटयिषीमहि

स्फोटयाम्बभूव	स्फोटयाम्बभूवतुः	स्फोटयाम्बभूवुः	अपुस्फुटत	अपुस्फुटेताम्	अपुस्फुटन्त
स्फोटयाञ्चक्रे	स्फोटयाञ्चक्राते	स्फोटयाञ्चक्रिरे			
स्फोटयामास	स्फोटयामासतुः	स्फोटयामासुः			
स्फोटयाम्बभूविथ	स्फोटयाम्बभूवथुः	स्फोटयाम्बभूव	अपुस्फुटथाः	अपुस्फुटेथाम्	अपुस्फुटध्वम्
स्फोटयाञ्चकृषे	स्फोटयाञ्चक्राथे	स्फोटयाञ्चकृढ्वे			
स्फोटयामासिथ	स्फोटयामासथुः	स्फोटयामास			
स्फोटयाम्बभूव	स्फोटयाम्बभूविव	स्फोटयाम्बभूविम	अपुस्फुटे	अपुस्फुटावहि	अपुस्फुटामहि
स्फोटयाञ्चक्रे	स्फोटयाञ्चकृवहे	स्फोटयाञ्चकृमहे			
स्फोटयामास	स्फोटयामासिव	स्फोटयामासिम			

1723 घट सङ्घाते । accumulate, unite, join, bring together. 7.2.116 अत उपधायाः ।
10c 190 घटँ । घट् । घाटयति / ते । U । सेट् । स० । घाटि । घाटय । **Parasmaipadi Forms**

घाटयति	घाटयतः	घाटयन्ति[1]	अघाटयत् -द्	अघाटयताम्	अघाटयन्[1]
घाटयसि	घाटयथः	घाटयथ	अघाटयः	अघाटयतम्	अघाटयत
घाटयामि[2]	घाटयावः[2]	घाटयामः[2]	अघाटयम्[1]	अघाटयाव[2]	अघाटयाम[2]

घाटयतु घाटयतात् -द्	घाटयताम्	घाटयन्तु[1]	घाटयेत् -द्	घाटयेताम्	घाटयेयुः
घाटय घाटयतात् -द्	घाटयतम्	घाटयत	घाटयेः	घाटयेतम्	घाटयेत
घाटयानि[3]	घाटयाव[3]	घाटयाम[3]	घाटयेयम्	घाटयेव	घाटयेम

घाटयिष्यति	घाटयिष्यतः	घाटयिष्यन्ति	अघाटयिष्यत् -द्	अघाटयिष्यताम्	अघाटयिष्यन्
घाटयिष्यसि	घाटयिष्यथः	घाटयिष्यथ	अघाटयिष्यः	अघाटयिष्यतम्	अघाटयिष्यत
घाटयिष्यामि	घाटयिष्यावः	घाटयिष्यामः	अघाटयिष्यम्	अघाटयिष्याव	अघाटयिष्याम

घाटयिता	घाटयितारौ	घाटयितारः	घाट्यात् -द्	घाट्यास्ताम्	घाट्यासुः
घाटयितासि	घाटयितास्थः	घाटयितास्थ	घाट्याः	घाट्यास्तम्	घाट्यास्त
घाटयितास्मि	घाटयितास्वः	घाटयितास्मः	घाट्यासम्	घाट्यास्व	घाट्यास्म

घाटयाम्बभूव	घाटयाम्बभूवतुः	घाटयाम्बभूवुः	अजीघटत् -द्	अजीघटताम्	अजीघटन्
घाटयाञ्चकार	घाटयाञ्चक्रतुः	घाटयाञ्चक्रुः			
घाटयामास	घाटयामासतुः	घाटयामासुः			
घाटयाम्बभूविथ	घाटयाम्बभूवथुः	घाटयाम्बभूव	अजीघटः	अजीघटतम्	अजीघटत
घाटयाञ्चकर्थ	घाटयाञ्चक्रथुः	घाटयाञ्चक्र			
घाटयामासिथ	घाटयामासथुः	घाटयामास			

घाटयाम्बभूव	घाटयाम्बभूविव	घाटयाम्बभूविम	अजीघटम्	अजीघटाव	अजीघटाम
घाटयाञ्चकर -कार	घाटयाञ्चकृव	घाटयाञ्चकृम			
घाटयामास	घाटयामासिव	घाटयामासिम			

Atmanepadi Forms

घाटयते	घाटयेते[4]	घाटयन्ते[1]	अघाटयत	अघाटयेताम्[4]	अघाटयन्त[1]
घाटयसे	घाटयेथे[4]	घाटयध्वे	अघाटयथाः	अघाटयेथाम्[4]	अघाटयध्वम्
घाटये[1]	घाटयावहे[2]	घाटयामहे[2]	अघाटये[4]	अघाटयावहि[3]	अघाटयामहि[3]

घाटयताम्	घाटयेताम्[4]	घाटयन्ताम्[1]	घाटयेत	घाटयेयाताम्	घाटयेरन्
घाटयस्व	घाटयेथाम्[4]	घाटयध्वम्	घाटयेथाः	घाटयेयाथाम्	घाटयेध्वम्
घाटयै[5]	घाटयावहै[3]	घाटयामहै[3]	घाटयेय	घाटयेवहि	घाटयेमहि

घाटयिष्यते	घाटयिष्येते	घाटयिष्यन्ते	अघाटयिष्यत	अघाटयिष्येताम्	अघाटयिष्यन्त
घाटयिष्यसे	घाटयिष्येथे	घाटयिष्यध्वे	अघाटयिष्यथाः	अघाटयिष्येथाम्	अघाटयिष्यध्वम्
घाटयिष्ये	घाटयिष्यावहे	घाटयिष्यामहे	अघाटयिष्ये	अघाटयिष्यावहि	अघाटयिष्यामहि

घाटयिता	घाटयितारौ	घाटयितारः	घाटयिषीष्ट	घाटयिषीयास्ताम्	घाटयिषीरन्
घाटयितासे	घाटयितासाथे	घाटयिताध्वे	घाटयिषीष्ठाः	घाटयिषीयास्थाम्	घाटयिषीध्वम् -ढ्वम्
घाटयिताहे	घाटयितास्वहे	घाटयितास्महे	घाटयिषीय	घाटयिषीवहि	घाटयिषीमहि

घाटयाम्बभूव	घाटयाम्बभूवतुः	घाटयाम्बभूवुः	अजीघटत	अजीघटेताम्	अजीघटन्त
घाटयाञ्चक्रे	घाटयाञ्चक्राते	घाटयाञ्चक्रिरे			
घाटयामास	घाटयामासतुः	घाटयामासुः			
घाटयाम्बभूविथ	घाटयाम्बभूवथुः	घाटयाम्बभूव	अजीघटथाः	अजीघटेथाम्	अजीघटध्वम्
घाटयाञ्चकृषे	घाटयाञ्चक्राथे	घाटयाञ्चकृढ्वे			
घाटयामासिथ	घाटयामासथुः	घाटयामास			
घाटयाम्बभूव	घाटयाम्बभूविव	घाटयाम्बभूविम	अजीघटे	अजीघटावहि	अजीघटामहि
घाटयाञ्चक्रे	घाटयाञ्चकृवहे	घाटयाञ्चकृमहे			
घाटयामास	घाटयामासिव	घाटयामासिम			

1724 गणसूत्रः = हन्त्यर्थाश्च ।

Roots having हन्ति अर्थः in 1c - 9c take स्वार्थे णिच् in 10c. Check and give the list of such Roots.

1724 दिवु मर्दने । उदित् वैकल्पिकः णिच् । rub, moan, crush

10c 191 दिवुँ । दिव् । देवयति / ते , देवति । U । सेट् । स० । देवि । देवय । **Parasmaipadi Forms**

देवयति	देवयतः	देवयन्ति[1]	अदेवयत् -द्	अदेवयताम्	अदेवयन्[1]

देवयसि	देवयथः	देवयथ	अदेवयः	अदेवयतम्	अदेवयत
देवयामि²	देवयावः²	देवयामः²	अदेवयम्¹	अदेवयाव²	अदेवयाम²

देवयतु देवयतात् -द्	देवयताम्	देवयन्तु¹	देवयेत् -द्	देवयेताम्	देवयेयुः
देवय देवयतात् -द्	देवयतम्	देवयत	देवयेः	देवयेतम्	देवयेत
देवयानि³	देवयाव³	देवयाम³	देवयेयम्	देवयेव	देवयेम

देवयिष्यति	देवयिष्यतः	देवयिष्यन्ति	अदेवयिष्यत् -द्	अदेवयिष्यताम्	अदेवयिष्यन्
देवयिष्यसि	देवयिष्यथः	देवयिष्यथ	अदेवयिष्यः	अदेवयिष्यतम्	अदेवयिष्यत
देवयिष्यामि	देवयिष्यावः	देवयिष्यामः	अदेवयिष्यम्	अदेवयिष्याव	अदेवयिष्याम

देवयिता	देवयितारौ	देवयितारः	दीव्यात् -द्	दीव्यास्ताम्	दीव्यासुः
देवयितासि	देवयितास्थः	देवयितास्थ	दीव्याः	दीव्यास्तम्	दीव्यास्त
देवयितास्मि	देवयितास्वः	देवयितास्मः	दीव्यासम्	दीव्यास्व	दीव्यास्म

देवयाम्बभूव	देवयाम्बभूवतुः	देवयाम्बभूवुः	अदीदिवत् -द्	अदीदिवताम्	अदीदिवन्
देवयाञ्चकार	देवयाञ्चक्रतुः	देवयाञ्चक्रुः			
देवयामास	देवयामासतुः	देवयामासुः			
देवयाम्बभूविथ	देवयाम्बभूवथुः	देवयाम्बभूव	अदीदिवः	अदीदिवतम्	अदीदिवत
देवयाञ्चकर्थ	देवयाञ्चक्रथुः	देवयाञ्चक्र			
देवयामासिथ	देवयामासथुः	देवयामास			
देवयाम्बभूव	देवयाम्बभूविव	देवयाम्बभूविम	अदीदिवम्	अदीदिवाव	अदीदिवाम
देवयाञ्चकर -कार	देवयाञ्चकृव	देवयाञ्चकृम			
देवयामास	देवयामासिव	देवयामासिम			

Atmanepadi Forms

देवयते	देवयेते⁴	देवयन्ते¹	अदेवयत	अदेवयेताम्⁴	अदेवयन्त¹
देवयसे	देवयेथे⁴	देवयध्वे	अदेवयथाः	अदेवयेथाम्⁴	अदेवयध्वम्
देवये¹	देवयावहे²	देवयामहे²	अदेवये⁴	अदेवयावहि³	अदेवयामहि³

देवयताम्	देवयेताम्⁴	देवयन्ताम्¹	देवयेत	देवयेयाताम्	देवयेरन्
देवयस्व	देवयेथाम्⁴	देवयध्वम्	देवयेथाः	देवयेयाथाम्	देवयेध्वम्
देवयै⁵	देवयावहै³	देवयामहै³	देवयेय	देवयेवहि	देवयेमहि

देवयिष्यते	देवयिष्येते	देवयिष्यन्ते	अदेवयिष्यत	अदेवयिष्येताम्	अदेवयिष्यन्त
देवयिष्यसे	देवयिष्येथे	देवयिष्यध्वे	अदेवयिष्यथाः	अदेवयिष्येथाम्	अदेवयिष्यध्वम्
देवयिष्ये	देवयिष्यावहे	देवयिष्यामहे	अदेवयिष्ये	अदेवयिष्यावहि	अदेवयिष्यामहि

देवयिता	देवयितारौ	देवयितारः	देवयिषीष्ट	देवयिषीयास्ताम्	देवयिषीरन्
देवयितासे	देवयितासाथे	देवयिताध्वे	देवयिषीष्ठाः	देवयिषीयास्थाम्	देवयिषीध्वम् -ढ्वम्
देवयिताहे	देवयितास्वहे	देवयितास्महे	देवयिषीय	देवयिषीवहि	देवयिषीमहि

देवयाम्बभूव	देवयाम्बभूवतुः	देवयाम्बभूवुः	अदीदिवत	अदीदिवेताम्	अदीदिवन्त
देवयाञ्चक्रे	देवयाञ्चक्राते	देवयाञ्चक्रिरे			
देवयामास	देवयामासतुः	देवयामासुः			
देवयाम्बभूविथ	देवयाम्बभूवथुः	देवयाम्बभूव	अदीदिवथाः	अदीदिवेथाम्	अदीदिवध्वम्
देवयाञ्चकृषे	देवयाञ्चक्राथे	देवयाञ्चकृढ्वे			
देवयामासिथ	देवयामासथुः	देवयामास			
देवयाम्बभूव	देवयाम्बभूविव	देवयाम्बभूविम	अदीदिवे	अदीदिवावहि	अदीदिवामहि
देवयाञ्चक्रे	देवयाञ्चकृवहे	देवयाञ्चकृमहे			
देवयामास	देवयामासिव	देवयामासिम			

णिजभावपक्षे 1.3.78 शेषात् कर्त्तरि परस्मैपदम् । इति पक्षे भ्वादिः इव दिव् । P । सेट् । अ० ।

देवति	देवतः	देवन्ति	अदेवत् -द्	अदेवताम्	अदेवन्
देवसि	देवथः	देवथ	अदेवः	अदेवतम्	अदेवत
देवामि	देवावः	देवामः	अदेवम्	अदेवाव	अदेवाम

देवतु देवतात् -द्	देवताम्	देवन्तु	देवेत् -द्	देवेताम्	देवेयुः
देव देवतात् -द्	देवतम्	देवत	देवेः	देवेतम्	देवेत
देवानि	देवाव	देवाम	देवेयम्	देवेव	देवेम

देविष्यति	देविष्यतः	देविष्यन्ति	अदेविष्यत् -द्	अदेविष्यताम्	अदेविष्यन्
देविष्यसि	देविष्यथः	देविष्यथ	अदेविष्यः	अदेविष्यतम्	अदेविष्यत
देविष्यामि	देविष्यावः	देविष्यामः	अदेविष्यम्	अदेविष्याव	अदेविष्याम

देविता	देवितारौ	देवितारः	दीव्यात् -द्	दीव्यास्ताम्	दीव्यासुः
देवितासि	देवितास्थः	देवितास्थ	दीव्याः	दीव्यास्तम्	दीव्यास्त
देवितास्मि	देवितास्वः	देवितास्मः	दीव्यासम्	दीव्यास्व	दीव्यास्म

दिदेव	दिदिवतुः	दिदिवुः	अदेवीत् -द्	अदेविष्टाम्	अदेविषुः
दिदेविथ	दिदिवथुः	दिदिव	अदेवीः	अदेविष्टम्	अदेविष्ट
दिदेव	दिदिविव	दिदिविम	अदेविषम्	अदेविष्व	अदेविष्म

1725 अर्ज प्रतियत्ने । procure, edit

10c 192 अर्जँ । अर्ज् । अर्जयति / ते । U । सेट् । स० । अर्जि । अर्जय । **Parasmaipadi Forms**

अर्जयति	अर्जयतः	अर्जयन्ति[1]	आर्जयत् -द्	आर्जयताम्	आर्जयन्[1]
अर्जयसि	अर्जयथः	अर्जयथ	आर्जयः	आर्जयतम्	आर्जयत
अर्जयामि[2]	अर्जयावः[2]	अर्जयामः[2]	आर्जयम्[1]	आर्जयाव[2]	आर्जयाम[2]

अर्जयतु अर्जयतात् -द्	अर्जयताम्	अर्जयन्तु[1]	अर्जयेत् -द्	अर्जयेताम्	अर्जयेयुः
अर्जय अर्जयतात् -द्	अर्जयतम्	अर्जयत	अर्जयेः	अर्जयेतम्	अर्जयेत
अर्जयानि[3]	अर्जयाव[3]	अर्जयाम[3]	अर्जयेयम्	अर्जयेव	अर्जयेम

अर्जयिष्यति	अर्जयिष्यतः	अर्जयिष्यन्ति	आर्जयिष्यत् -द्	आर्जयिष्यताम्	आर्जयिष्यन्
अर्जयिष्यसि	अर्जयिष्यथः	अर्जयिष्यथ	आर्जयिष्यः	आर्जयिष्यतम्	आर्जयिष्यत
अर्जयिष्यामि	अर्जयिष्यावः	अर्जयिष्यामः	आर्जयिष्यम्	आर्जयिष्याव	आर्जयिष्याम

अर्जयिता	अर्जयितारौ	अर्जयितारः	अर्ज्यात् -द्	अर्ज्यास्ताम्	अर्ज्यासुः
अर्जयितासि	अर्जयितास्थः	अर्जयितास्थ	अर्ज्याः	अर्ज्यास्तम्	अर्ज्यास्त
अर्जयितास्मि	अर्जयितास्वः	अर्जयितास्मः	अर्ज्यासम्	अर्ज्यास्व	अर्ज्यास्म

अर्जयाम्बभूव	अर्जयाम्बभूवतुः	अर्जयाम्बभूवुः	आर्जिजत् -द्	आर्जिजताम्	आर्जिजन्
अर्जयाञ्चकार	अर्जयाञ्चक्रतुः	अर्जयाञ्चक्रुः			
अर्जयामास	अर्जयामासतुः	अर्जयामासुः			
अर्जयाम्बभूविथ	अर्जयाम्बभूवथुः	अर्जयाम्बभूव	आर्जिजः	आर्जिजतम्	आर्जिजत
अर्जयाञ्चकर्थ	अर्जयाञ्चक्रथुः	अर्जयाञ्चक्र			
अर्जयामासिथ	अर्जयामासथुः	अर्जयामास			
अर्जयाम्बभूव	अर्जयाम्बभूविव	अर्जयाम्बभूविम	आर्जिजम्	आर्जिजाव	आर्जिजाम
अर्जयाञ्चकर -कार	अर्जयाञ्चकृव	अर्जयाञ्चकृम			
अर्जयामास	अर्जयामासिव	अर्जयामासिम			

Atmanepadi Forms

अर्जयते	अर्जयेते[4]	अर्जयन्ते[1]	आर्जयत	आर्जयेताम्[4]	आर्जयन्त[1]
अर्जयसे	अर्जयेथे[4]	अर्जयध्वे	आर्जयथाः	आर्जयेथाम्[4]	आर्जयध्वम्
अर्जये[1]	अर्जयावहे[2]	अर्जयामहे[2]	आर्जये[4]	आर्जयावहि[3]	आर्जयामहि[3]

अर्जयताम्	अर्जयेताम्[4]	अर्जयन्ताम्[1]	अर्जयेत	अर्जयेयाताम्	अर्जयेरन्
अर्जयस्व	अर्जयेथाम्[4]	अर्जयध्वम्	अर्जयेथाः	अर्जयेयाथाम्	अर्जयेध्वम्
अर्जयै[5]	अर्जयावहै[3]	अर्जयामहै[3]	अर्जयेय	अर्जयेवहि	अर्जयेमहि

अर्जयिष्यते	अर्जयिष्येते	अर्जयिष्यन्ते	आर्जयिष्यत	आर्जयिष्येताम्	आर्जयिष्यन्त
अर्जयिष्यसे	अर्जयिष्येथे	अर्जयिष्यध्वे	आर्जयिष्यथाः	आर्जयिष्येथाम्	आर्जयिष्यध्वम्
अर्जयिष्ये	अर्जयिष्यावहे	अर्जयिष्यामहे	आर्जयिष्ये	आर्जयिष्यावहि	आर्जयिष्यामहि

अर्जयिता	अर्जयितारौ	अर्जयितारः	अर्जयिषीष्ट	अर्जयिषीयास्ताम्	अर्जयिषीरन्
अर्जयितासे	अर्जयितासाथे	अर्जयिताध्वे	अर्जयिषीष्ठाः	अर्जयिषीयास्थाम्	अर्जयिषीध्वम् -ढ्वम्

अर्जयिताहे	अर्जयितास्वहे	अर्जयितास्महे	अर्जयिषीय	अर्जयिषीवहि	अर्जयिषीमहि

अर्जयाम्बभूव	अर्जयाम्बभूवतुः	अर्जयाम्बभूवुः	आर्जिजत् -द्	आर्जिजताम्	आर्जिजन्
अर्जयाञ्चक्रे	अर्जयाञ्चक्राते	अर्जयाञ्चक्रिरे			
अर्जयामास	अर्जयामासतुः	अर्जयामासुः			
अर्जयाम्बभूविथ	अर्जयाम्बभूवथुः	अर्जयाम्बभूव	आर्जिजः	आर्जिजतम्	आर्जिजत
अर्जयाञ्चकृषे	अर्जयाञ्चक्राथे	अर्जयाञ्चकृढ्वे			
अर्जयामासिथ	अर्जयामासथुः	अर्जयामास			
अर्जयाम्बभूव	अर्जयाम्बभूविव	अर्जयाम्बभूविम	आर्जिजम्	आर्जिजाव	आर्जिजाम
अर्जयाञ्चक्रे	अर्जयाञ्चकृवहे	अर्जयाञ्चकृमहे			
अर्जयामास	अर्जयामासिव	अर्जयामासिम			

1726 घुषिर् विशब्दने । अयं वैकल्पिकः णिच् । proclaim aloud, praise, declare
10c 193 घुषिँर् । घुष् । घोषयति / ते , घोषति । U । सेट् । स० । घोषि । घोषय ।
7.2.4 नेटि । वा० इर इत्संज्ञा वाच्या । 3.1.57 इरितो वा । 7.1.101 उपधायाश्च । 7.2.23 घुषिरविशब्दने इति सूत्रेऽविशब्देन इति निषेधाल्लिङ्गादनित्योऽस्य णिच् । घोषति । Siddhanta Kaumudi clarifies that since इ (इट्) is prohibited for this Root in sutra 7.2.23, hence it means that इ of णिच् is Optional.

Parasmaipadi Forms

घोषयति	घोषयतः	घोषयन्ति[1]	अघोषयत् -द्	अघोषयताम्	अघोषयन्[1]
घोषयसि	घोषयथः	घोषयथ	अघोषयः	अघोषयतम्	अघोषयत
घोषयामि[2]	घोषयावः[2]	घोषयामः[2]	अघोषयम्[1]	अघोषयाव[2]	अघोषयाम[2]

घोषयतु घोषयतात् -द्	घोषयताम्	घोषयन्तु[1]	घोषयेत् -द्	घोषयेताम्	घोषयेयुः
घोषय घोषयतात् -द्	घोषयतम्	घोषयत	घोषयेः	घोषयेतम्	घोषयेत
घोषयाणि[3]	घोषयाव[3]	घोषयाम[3]	घोषयेयम्	घोषयेव	घोषयेम

घोषयिष्यति	घोषयिष्यतः	घोषयिष्यन्ति	अघोषयिष्यत् -द्	अघोषयिष्यताम्	अघोषयिष्यन्
घोषयिष्यसि	घोषयिष्यथः	घोषयिष्यथ	अघोषयिष्यः	अघोषयिष्यतम्	अघोषयिष्यत
घोषयिष्यामि	घोषयिष्यावः	घोषयिष्यामः	अघोषयिष्यम्	अघोषयिष्याव	अघोषयिष्याम

घोषयिता	घोषयितारौ	घोषयितारः	घोष्यात् -द्	घोष्यास्ताम्	घोष्यासुः
घोषयितासि	घोषयितास्थः	घोषयितास्थ	घोष्याः	घोष्यास्तम्	घोष्यास्त
घोषयितास्मि	घोषयितास्वः	घोषयितास्मः	घोष्यासम्	घोष्यास्व	घोष्यास्म

घोषयाम्बभूव	घोषयाम्बभूवतुः	घोषयाम्बभूवुः	अजूघुषत् -द्	अजूघुषताम्	अजूघुषन्
घोषयाञ्चकार	घोषयाञ्चक्रतुः	घोषयाञ्चक्रुः			
घोषयामास	घोषयामासतुः	घोषयामासुः			

घोषयाम्बभूविथ	घोषयाम्बभूवथुः	घोषयाम्बभूव	अजूघुषः	अजूघुषतम्	अजूघुषत
घोषयाञ्चकर्थ	घोषयाञ्चक्रथुः	घोषयाञ्चक्र			
घोषयामासिथ	घोषयामासथुः	घोषयामास			
घोषयाम्बभूव	घोषयाम्बभूविव	घोषयाम्बभूविम	अजूघुषम्	अजूघुषाव	अजूघुषाम
घोषयाञ्चकर -कार	घोषयाञ्चकृव	घोषयाञ्चकृम			
घोषयामास	घोषयामासिव	घोषयामासिम			

Atmanepadi Forms

घोषयते	घोषयेते⁴	घोषयन्ते¹	अघोषयत	अघोषयेताम्⁴	अघोषयन्त¹
घोषयसे	घोषयेथे⁴	घोषयध्वे	अघोषयथाः	अघोषयेथाम्⁴	अघोषयध्वम्
घोषये¹	घोषयावहे²	घोषयामहे²	अघोषये⁴	अघोषयावहि³	अघोषयामहि³

घोषयताम्	घोषयेताम्⁴	घोषयन्ताम्¹	घोषयेत	घोषयेयाताम्	घोषयेरन्
घोषयस्व	घोषयेथाम्⁴	घोषयध्वम्	घोषयेथाः	घोषयेयाथाम्	घोषयेध्वम्
घोषयै⁵	घोषयावहै³	घोषयामहै³	घोषयेय	घोषयेवहि	घोषयेमहि

घोषयिष्यते	घोषयिष्येते	घोषयिष्यन्ते	अघोषयिष्यत	अघोषयिष्येताम्	अघोषयिष्यन्त
घोषयिष्यसे	घोषयिष्येथे	घोषयिष्यध्वे	अघोषयिष्यथाः	अघोषयिष्येथाम्	अघोषयिष्यध्वम्
घोषयिष्ये	घोषयिष्यावहे	घोषयिष्यामहे	अघोषयिष्ये	अघोषयिष्यावहि	अघोषयिष्यामहि

घोषयिता	घोषयितारौ	घोषयितारः	घोषयिषीष्ट	घोषयिषीयास्ताम्	घोषयिषीरन्
घोषयितासे	घोषयितासाथे	घोषयिताध्वे	घोषयिषीष्ठाः	घोषयिषीयास्थाम्	घोषयिषीध्वम् -ढ्वम्
घोषयिताहे	घोषयितास्वहे	घोषयितास्महे	घोषयिषीय	घोषयिषीवहि	घोषयिषीमहि

घोषयाम्बभूव	घोषयाम्बभूवतुः	घोषयाम्बभूवुः	अजूघुषत	अजूघुषेताम्	अजूघुषन्त
घोषयाञ्चक्रे	घोषयाञ्चक्राते	घोषयाञ्चक्रिरे			
घोषयामास	घोषयामासतुः	घोषयामासुः			
घोषयाम्बभूविथ	घोषयाम्बभूवथुः	घोषयाम्बभूव	अजूघुषथाः	अजूघुषेथाम्	अजूघुषध्वम्
घोषयाञ्चकृषे	घोषयाञ्चक्राथे	घोषयाञ्चकृढ्वे			
घोषयामासिथ	घोषयामासथुः	घोषयामास			
घोषयाम्बभूव	घोषयाम्बभूविव	घोषयाम्बभूविम	अजूघुषे	अजूघुषावहि	अजूघुषामहि
घोषयाञ्चक्रे	घोषयाञ्चकृवहे	घोषयाञ्चकृमहे			
घोषयामास	घोषयामासिव	घोषयामासिम			

णिजभावपक्षे 1.3.78 शेषात् कर्त्तरि परस्मैपदम् । इति पक्षे भ्वादिः इव घुष् । P । सेट् । स० । 3.1.57 इरितो वा ।

लट् 1 Present Tense   लङ् 2 Imperfect Past Tense

| घोषति | घोषतः | घोषन्ति | अघोषत् -द् | अघोषताम् | अघोषन् |

घोषसि	घोषथः	घोषथ	अघोषः	अघोषतम्	अघोषत
घोषामि	घोषावः	घोषामः	अघोषम्	अघोषाव	अघोषाम

लोट् 3 Imperative Mood			विधिलिङ् 4 Potential Mood		
घोषतु घोषतात् -द्	घोषताम्	घोषन्तु	घोषेत् -द्	घोषेताम्	घोषेयुः
घोष घोषतात् -द्	घोषतम्	घोषत	घोषेः	घोषेतम्	घोषेत
घोषाणि	घोषाव	घोषाम	घोषेयम्	घोषेव	घोषेम

लृट् 5 Simple Future Tense			लृङ् 6 Conditional Mood		
घोषिष्यति	घोषिष्यतः	घोषिष्यन्ति	अघोषिष्यत् -द्	अघोषिष्यताम्	अघोषिष्यन्
घोषिष्यसि	घोषिष्यथः	घोषिष्यथ	अघोषिष्यः	अघोषिष्यतम्	अघोषिष्यत
घोषिष्यामि	घोषिष्यावः	घोषिष्यामः	अघोषिष्यम्	अघोषिष्याव	अघोषिष्याम

लुट् 7 Periphrastic Future Tense			आशीर्लिङ् 8 Benedictive Mood		
घोषिता	घोषितारौ	घोषितारः	घुष्यात् -द्	घुष्यास्ताम्	घुष्यासुः
घोषितासि	घोषितास्थः	घोषितास्थ	घुष्याः	घुष्यास्तम्	घुष्यास्त
घोषितास्मि	घोषितास्वः	घोषितास्मः	घुष्यासम्	घुष्यास्व	घुष्यास्म

लिट् 9 Perfect Past Tense			लुङ् 10 Aorist Past Tense 3.1.57 इरितो वा ।		
जुघोष	जुघुषतुः	जुघुषुः	अघोषीत् -द्	अघोषिष्टाम्	अघोषिषुः
			अघुषत् -द्	अघुषताम्	अघुषन्
जुघोषिथ	जुघुषथुः	जुघुष	अघोषीः	अघोषिष्टम्	अघोषिष्ट
			अघुषः	अघुषतम्	अघुषत
जुघोष	जुघुषिव	जुघुषिम	अघोषिषम्	अघोषिष्व	अघोषिष्म
			अघुषम्	अघुषाव	अघुषाम

1727 आङः क्रन्द सातत्ये । cry, call continually

10c 194 आङः क्रन्दँ । आक्रन्द् । आक्रन्दयति / ते । U । सेट् । अ० । आक्रन्दि । आक्रन्दय ।
आङः क्रन्दः सातत्ये इति पाठे, आङः परः क्रन्दतिः सतत् आह्वाने सतत् रोदने च अर्थे गम्यमाने णिचं लभते इत्यर्थः। आङः क्रन्दसातत्ये इति पाठे तु, धातुपाठे चुरादौ पूर्वं पठितस्य घुषेः अत्र अनुवृत्त्या आङ्पूर्वकात् तस्मात् सतत् क्रन्दने णिच् उत्पत्तिः ज्ञेया इति । एवं द्वेधा व्याख्या । **Parasmaipadi Forms**

आक्रन्दयति	आक्रन्दयतः	आक्रन्दयन्ति[1]	आक्रन्दयत् -द्	आक्रन्दयताम्	आक्रन्दयन्[1]
आक्रन्दयसि	आक्रन्दयथः	आक्रन्दयथ	आक्रन्दयः	आक्रन्दयतम्	आक्रन्दयत
आक्रन्दयामि[2]	आक्रन्दयावः[2]	आक्रन्दयामः[2]	आक्रन्दयम्[1]	आक्रन्दयाव[2]	आक्रन्दयाम[2]

आक्रन्दयतु आक्रन्दयतात् -द्	आक्रन्दयताम्	आक्रन्दयन्तु[1]	आक्रन्दयेत् -द्	आक्रन्दयेताम्	आक्रन्दयेयुः
आक्रन्दय आक्रन्दयतात् -द्	आक्रन्दयतम्	आक्रन्दयत	आक्रन्दयेः	आक्रन्दयेतम्	आक्रन्दयेत
आक्रन्दयानि[3]	आक्रन्दयाव[3]	आक्रन्दयाम[3]	आक्रन्दयेयम्	आक्रन्दयेव	आक्रन्दयेम

आक्रन्दयिष्यति	आक्रन्दयिष्यतः	आक्रन्दयिष्यन्ति	आक्रन्दयिष्यत् -द्	आक्रन्दयिष्यताम्	आक्रन्दयिष्यन्

आक्रन्दयिष्यसि	आक्रन्दयिष्यथः	आक्रन्दयिष्यथ	आक्रन्दयिष्यः	आक्रन्दयिष्यतम्	आक्रन्दयिष्यत
आक्रन्दयिष्यामि	आक्रन्दयिष्यावः	आक्रन्दयिष्यामः	आक्रन्दयिष्यम्	आक्रन्दयिष्याव	आक्रन्दयिष्याम

आक्रन्दयिता	आक्रन्दयितारौ	आक्रन्दयितारः	आक्रन्द्यात् -द्	आक्रन्द्यास्ताम्	आक्रन्द्यासुः
आक्रन्दयितासि	आक्रन्दयितास्थः	आक्रन्दयितास्थ	आक्रन्द्याः	आक्रन्द्यास्तम्	आक्रन्द्यास्त
आक्रन्दयितास्मि	आक्रन्दयितास्वः	आक्रन्दयितास्मः	आक्रन्द्यासम्	आक्रन्द्यास्व	आक्रन्द्यास्म

आक्रन्दयाम्बभूव	आक्रन्दयाम्बभूवतुः	आक्रन्दयाम्बभूवुः	आचक्रन्दत् -द्	आचक्रन्दताम्	आचक्रन्दन्
आक्रन्दयाञ्चकार	आक्रन्दयाञ्चक्रतुः	आक्रन्दयाञ्चक्रुः			
आक्रन्दयामास	आक्रन्दयामासतुः	आक्रन्दयामासुः			
आक्रन्दयाम्बभूविथ	आक्रन्दयाम्बभूवथुः	आक्रन्दयाम्बभूव	आचक्रन्दः	आचक्रन्दतम्	आचक्रन्दत
आक्रन्दयाञ्चकर्थ	आक्रन्दयाञ्चक्रथुः	आक्रन्दयाञ्चक्र			
आक्रन्दयामासिथ	आक्रन्दयामासथुः	आक्रन्दयामास			
आक्रन्दयाम्बभूव	आक्रन्दयाम्बभूविव	आक्रन्दयाम्बभूविम	आचक्रन्दम्	आचक्रन्दाव	आचक्रन्दाम
आक्रन्दयाञ्चकर -	आक्रन्दयाञ्चकृव	आक्रन्दयाञ्चकृम			
कार	आक्रन्दयामासिव	आक्रन्दयामासिम			
आक्रन्दयामास					

Atmanepadi Forms

आक्रन्दयते	आक्रन्दयेते[4]	आक्रन्दयन्ते[1]	आक्रन्दयत	आक्रन्दयेताम्[4]	आक्रन्दयन्त[1]
आक्रन्दयसे	आक्रन्दयेथे[4]	आक्रन्दयध्वे	आक्रन्दयथाः	आक्रन्दयेथाम्[4]	आक्रन्दयध्वम्
आक्रन्दये[1]	आक्रन्दयावहे[2]	आक्रन्दयामहे[2]	आक्रन्दये[4]	आक्रन्दयावहि[3]	आक्रन्दयामहि[3]

आक्रन्दयताम्	आक्रन्दयेताम्[4]	आक्रन्दयन्ताम्[1]	आक्रन्दयेत	आक्रन्दयेयाताम्	आक्रन्दयेरन्
आक्रन्दयस्व	आक्रन्दयेथाम्[4]	आक्रन्दयध्वम्	आक्रन्दयेथाः	आक्रन्दयेयाथाम्	आक्रन्दयेध्वम्
आक्रन्दयै[5]	आक्रन्दयावहै[3]	आक्रन्दयामहै[3]	आक्रन्दयेय	आक्रन्दयेवहि	आक्रन्दयेमहि

आक्रन्दयिष्यते	आक्रन्दयिष्येते	आक्रन्दयिष्यन्ते	आक्रन्दयिष्यत	आक्रन्दयिष्येताम्	आक्रन्दयिष्यन्त
आक्रन्दयिष्यसे	आक्रन्दयिष्येथे	आक्रन्दयिष्यध्वे	आक्रन्दयिष्यथाः	आक्रन्दयिष्येथाम्	आक्रन्दयिष्यध्वम्
आक्रन्दयिष्ये	आक्रन्दयिष्यावहे	आक्रन्दयिष्यामहे	आक्रन्दयिष्ये	आक्रन्दयिष्यावहि	आक्रन्दयिष्यामहि

आक्रन्दयिता	आक्रन्दयितारौ	आक्रन्दयितारः	आक्रन्दयिषीष्ट	आक्रन्दयिषीयास्ताम्	आक्रन्दयिषीरन्
आक्रन्दयितासे	आक्रन्दयितासाथे	आक्रन्दयिताध्वे	आक्रन्दयिषीष्ठाः	आक्रन्दयिषीयास्थाम्	आक्रन्दयिषीध्वम् -ढ्वम्
आक्रन्दयिताहे	आक्रन्दयितास्वहे	आक्रन्दयितास्महे	आक्रन्दयिषीय	आक्रन्दयिषीवहि	आक्रन्दयिषीमहि

आक्रन्दयाम्बभूव	आक्रन्दयाम्बभूवतुः	आक्रन्दयाम्बभूवुः	आचक्रन्दत	आचक्रन्देताम्	आचक्रन्दन्त
आक्रन्दयाञ्चक्रे	आक्रन्दयाञ्चक्राते	आक्रन्दयाञ्चक्रिरे			

आक्रन्दयामास	आक्रन्दयामासतुः	आक्रन्दयामासुः			
आक्रन्दयाम्बभूविथ	आक्रन्दयाम्बभूवथुः	आक्रन्दयाम्बभूव	आचक्रन्दथाः	आचक्रन्देथाम्	आचक्रन्दध्वम्
आक्रन्दयाञ्चकृषे	आक्रन्दयाञ्चक्राथे	आक्रन्दयाञ्चकृढ्वे			
आक्रन्दयामासिथ	आक्रन्दयामासथुः	आक्रन्दयामास			
आक्रन्दयाम्बभूव	आक्रन्दयाम्बभूविव	आक्रन्दयाम्बभूविम	आचक्रन्दे	आचक्रन्दावहि	आचक्रन्दामहि
आक्रन्दयाञ्चक्रे	आक्रन्दयाञ्चकृवहे	आक्रन्दयाञ्चकृमहे			
आक्रन्दयामास	आक्रन्दयामासिव	आक्रन्दयामासिम			

1728 लस शिल्पयोगे । be intelligent, appreciate art, be artist. 7.2.116 अत उपधायाः ।
10c 195 लसँ । लस् । लासयति / ते । U । सेट् । अ० । लासि । लासय । **Parasmaipadi Forms**

लासयति	लासयतः	लासयन्ति[1]	अलासयत् -द्	अलासयताम्	अलासयन्[1]
लासयसि	लासयथः	लासयथ	अलासयः	अलासयतम्	अलासयत
लासयामि[2]	लासयावः[2]	लासयामः[2]	अलासयम्[1]	अलासयाव[2]	अलासयाम[2]

लासयतु लासयतात् -द्	लासयताम्	लासयन्तु[1]	लासयेत् -द्	लासयेताम्	लासयेयुः
लासय लासयतात् -द्	लासयतम्	लासयत	लासयेः	लासयेतम्	लासयेत
लासयानि[3]	लासयाव[3]	लासयाम[3]	लासयेयम्	लासयेव	लासयेम

लासयिष्यति	लासयिष्यतः	लासयिष्यन्ति	अलासयिष्यत् -द्	अलासयिष्यताम्	अलासयिष्यन्
लासयिष्यसि	लासयिष्यथः	लासयिष्यथ	अलासयिष्यः	अलासयिष्यतम्	अलासयिष्यत
लासयिष्यामि	लासयिष्यावः	लासयिष्यामः	अलासयिष्यम्	अलासयिष्याव	अलासयिष्याम

लासयिता	लासयितारौ	लासयितारः	लास्यात् -द्	लास्यास्ताम्	लास्यासुः
लासयितासि	लासयितास्थः	लासयितास्थ	लास्याः	लास्यास्तम्	लास्यास्त
लासयितास्मि	लासयितास्वः	लासयितास्मः	लास्यासम्	लास्यास्व	लास्यास्म

लासयाम्बभूव	लासयाम्बभूवतुः	लासयाम्बभूवुः	अलीलसत् -द्	अलीलसताम्	अलीलसन्
लासयाञ्चकार	लासयाञ्चक्रतुः	लासयाञ्चक्रुः			
लासयामास	लासयामासतुः	लासयामासुः			
लासयाम्बभूविथ	लासयाम्बभूवथुः	लासयाम्बभूव	अलीलसः	अलीलसतम्	अलीलसत
लासयाञ्चकर्थ	लासयाञ्चक्रथुः	लासयाञ्चक्र			
लासयामासिथ	लासयामासथुः	लासयामास			
लासयाम्बभूव	लासयाम्बभूविव	लासयाम्बभूविम	अलीलसम्	अलीलसाव	अलीलसाम
लासयाञ्चकर -कार	लासयाञ्चकृव	लासयाञ्चकृम			
लासयामास	लासयामासिव	लासयामासिम			

Atmanepadi Forms

लासयते	लासयेते[4]	लासयन्ते[1]	अलासयत	अलासयेताम्[4]	अलासयन्त[1]
लासयसे	लासयेथे[4]	लासयध्वे	अलासयथाः	अलासयेथाम्[4]	अलासयध्वम्
लासये[1]	लासयावहे[2]	लासयामहे[2]	अलासये[4]	अलासयावहि[3]	अलासयामहि[3]

लासयताम्	लासयेताम्[4]	लासयन्ताम्[1]	लासयेत	लासयेयाताम्	लासयेरन्
लासयस्व	लासयेथाम्[4]	लासयध्वम्	लासयेथाः	लासयेयाथाम्	लासयेध्वम्
लासयै[5]	लासयावहै[3]	लासयामहै[3]	लासयेय	लासयेवहि	लासयेमहि

लासयिष्यते	लासयिष्येते	लासयिष्यन्ते	अलासयिष्यत	अलासयिष्येताम्	अलासयिष्यन्त
लासयिष्यसे	लासयिष्येथे	लासयिष्यध्वे	अलासयिष्यथाः	अलासयिष्येथाम्	अलासयिष्यध्वम्
लासयिष्ये	लासयिष्यावहे	लासयिष्यामहे	अलासयिष्ये	अलासयिष्यावहि	अलासयिष्यामहि

लासयिता	लासयितारौ	लासयितारः	लासयिषीष्ट	लासयिषीयास्ताम्	लासयिषीरन्
लासयितासे	लासयितासाथे	लासयिताध्वे	लासयिषीष्ठाः	लासयिषीयास्थाम्	लासयिषीध्वम् -ढ्वम्
लासयिताहे	लासयितास्वहे	लासयितास्महे	लासयिषीय	लासयिषीवहि	लासयिषीमहि

लासयाम्बभूव	लासयाम्बभूवतुः	लासयाम्बभूवुः	अलीलसत	अलीलसेताम्	अलीलसन्त
लासयाञ्चक्रे	लासयाञ्चक्राते	लासयाञ्चक्रिरे			
लासयामास	लासयामासतुः	लासयामासुः			
लासयाम्बभूविथ	लासयाम्बभूवथुः	लासयाम्बभूव	अलीलसथाः	अलीलसेथाम्	अलीलसध्वम्
लासयाञ्चकृषे	लासयाञ्चक्राथे	लासयाञ्चकृढ्वे			
लासयामासिथ	लासयामासथुः	लासयामास			
लासयाम्बभूव	लासयाम्बभूविव	लासयाम्बभूविम	अलीलसे	अलीलसावहि	अलीलसामहि
लासयाञ्चक्रे	लासयाञ्चकृवहे	लासयाञ्चकृमहे			
लासयामास	लासयामासिव	लासयामासिम			

1729 तसि अलङ्करणे । इदित् वैकल्पिकः णिच् । प्रायेण अव पूर्वकः । decorate. 7.1.58 इदितो नुम् धातोः ।
10c 196 तसिँ । तंस् । तंसयति / ते , तंसति । U । सेट् । स० । तंसि । तंसय । **Parasmaipadi**

तंसयति	तंसयतः	तंसयन्ति[1]	अतंसयत् -द्	अतंसयताम्	अतंसयन्[1]
तंसयसि	तंसयथः	तंसयथ	अतंसयः	अतंसयतम्	अतंसयत
तंसयामि[2]	तंसयावः[2]	तंसयामः[2]	अतंसयम्[1]	अतंसयाव[2]	अतंसयाम[2]

तंसयतु तंसयतात् -द्	तंसयताम्	तंसयन्तु[1]	तंसयेत् -द्	तंसयेताम्	तंसयेयुः
तंसय तंसयतात् -द्	तंसयतम्	तंसयत	तंसयेः	तंसयेतम्	तंसयेत
तंसयानि[3]	तंसयाव[3]	तंसयाम[3]	तंसयेयम्	तंसयेव	तंसयेम

तंसयिष्यति	तंसयिष्यतः	तंसयिष्यन्ति	अतंसयिष्यत् -द्	अतंसयिष्यताम्	अतंसयिष्यन्

तंसयिष्यसि	तंसयिष्यथः	तंसयिष्यथ	अतंसयिष्यः	अतंसयिष्यतम्	अतंसयिष्यत
तंसयिष्यामि	तंसयिष्यावः	तंसयिष्यामः	अतंसयिष्यम्	अतंसयिष्याव	अतंसयिष्याम
तंसयिता	तंसयितारौ	तंसयितारः	तंस्यात् -द्	तंस्यास्ताम्	तंस्यासुः
तंसयितासे	तंसयितासाथे	तंसयिताध्वे	तंस्याः	तंस्यास्तम्	तंस्यास्त
तंसयिताहे	तंसयितास्वहे	तंसयितास्महे	तंस्यासम्	तंस्यास्व	तंस्यास्म
तंसयाम्बभूव	तंसयाम्बभूवतुः	तंसयाम्बभूवुः	अततंसत् -द्	अततंसताम्	अततंसन्
तंसयाञ्चकार	तंसयाञ्चक्रतुः	तंसयाञ्चक्रुः			
तंसयामास	तंसयामासतुः	तंसयामासुः			
तंसयाम्बभूविथ	तंसयाम्बभूवथुः	तंसयाम्बभूव	अततंसः	अततंसतम्	अततंसत
तंसयाञ्चकर्थ	तंसयाञ्चक्रथुः	तंसयाञ्चक्र			
तंसयामासिथ	तंसयामासथुः	तंसयामास			
तंसयाम्बभूव	तंसयाम्बभूविव	तंसयाम्बभूविम	अततंसम्	अततंसाव	अततंसाम
तंसयाञ्चकर -कार	तंसयाञ्चकृव	तंसयाञ्चकृम			
तंसयामास	तंसयामासिव	तंसयामासिम			

Atmanepadi Forms

तंसयते	तंसयेते[4]	तंसयन्ते[1]	अतंसयत	अतंसयेताम्[4]	अतंसयन्त[1]
तंसयसे	तंसयेथे[4]	तंसयध्वे	अतंसयथाः	अतंसयेथाम्[4]	अतंसयध्वम्
तंसये[1]	तंसयावहे[2]	तंसयामहे[2]	अतंसये[4]	अतंसयावहि[3]	अतंसयामहि[3]
तंसयताम्	तंसयेताम्[4]	तंसयन्ताम्[1]	तंसयेत	तंसयेयाताम्	तंसयेरन्
तंसयस्व	तंसयेथाम्[4]	तंसयध्वम्	तंसयेथाः	तंसयेयाथाम्	तंसयेध्वम्
तंसयै[5]	तंसयावहै[3]	तंसयामहै[3]	तंसयेय	तंसयेवहि	तंसयेमहि
तंसयिष्यते	तंसयिष्येते	तंसयिष्यन्ते	अतंसयिष्यत	अतंसयिष्येताम्	अतंसयिष्यन्त
तंसयिष्यसे	तंसयिष्येथे	तंसयिष्यध्वे	अतंसयिष्यथाः	अतंसयिष्येथाम्	अतंसयिष्यध्वम्
तंसयिष्ये	तंसयिष्यावहे	तंसयिष्यामहे	अतंसयिष्ये	अतंसयिष्यावहि	अतंसयिष्यामहि
तंसयिता	तंसयितारौ	तंसयितारः	तंसयिषीष्ट	तंसयिषीयास्ताम्	तंसयिषीरन्
तंसयितासे	तंसयितासाथे	तंसयिताध्वे	तंसयिषीष्ठाः	तंसयिषीयास्थाम्	तंसयिषीध्वम् -ढ्वम्
तंसयिताहे	तंसयितास्वहे	तंसयितास्महे	तंसयिषीय	तंसयिषीवहि	तंसयिषीमहि
तंसयाम्बभूव	तंसयाम्बभूवतुः	तंसयाम्बभूवुः	अततंसत	अततंसेताम्	अततंसन्त
तंसयाञ्चक्रे	तंसयाञ्चक्राते	तंसयाञ्चक्रिरे			
तंसयामास	तंसयामासतुः	तंसयामासुः			

तंसयाम्बभूविथ	तंसयाम्बभूवथुः	तंसयाम्बभूव	अततंसथाः	अततंसेथाम्	अततंसध्वम्
तंसयाञ्चकृषे	तंसयाञ्चक्राथे	तंसयाञ्चकृढ्वे			
तंसयामासिथ	तंसयामासथुः	तंसयामास			
तंसयाम्बभूव	तंसयाम्बभूविव	तंसयाम्बभूविम	अततंसे	अततंसावहि	अततंसामहि
तंसयाञ्चक्रे	तंसयाञ्चकृवहे	तंसयाञ्चकृमहे			
तंसयामास	तंसयामासिव	तंसयामासिम			

णिजभावपक्षे 1.3.78 शेषात् कर्त्तरि परस्मैपदम् । इति पक्षे भ्वादिः इव तंस् । P । सेट् । स० ।

तंसति	तंसतः	तंसन्ति	अतंसत् -द्	अतंसताम्	अतंसन्
तंससि	तंसथः	तंसथ	अतंसः	अतंसतम्	अतंसत
तंसामि	तंसावः	तंसामः	अतंसम्	अतंसाव	अतंसाम

तंसतु तंसतात् -द्	तंसताम्	तंसन्तु	तंसेत् -द्	तंसेताम्	तंसेयुः
तंस तंसतात् -द्	तंसतम्	तंसत	तंसेः	तंसेतम्	तंसेत
तंसानि	तंसाव	तंसाम	तंसेयम्	तंसेव	तंसेम

तंसिष्यति	तंसिष्यतः	तंसिष्यन्ति	अतंसिष्यत् -द्	अतंसिष्यताम्	अतंसिष्यन्
तंसिष्यसि	तंसिष्यथः	तंसिष्यथ	अतंसिष्यः	अतंसिष्यतम्	अतंसिष्यत
तंसिष्यामि	तंसिष्यावः	तंसिष्यामः	अतंसिष्यम्	अतंसिष्याव	अतंसिष्याम

तंसिता	तंसितारौ	तंसितारः	तंस्यात् -द्	तंस्यास्ताम्	तंस्यासुः
तंसितासि	तंसितास्थः	तंसितास्थ	तंस्याः	तंस्यास्तम्	तंस्यास्त
तंसितास्मि	तंसितास्वः	तंसितास्मः	तंस्यासम्	तंस्यास्व	तंस्यास्म

ततंस	ततंसतुः	ततंसुः	अतंसीत् -द्	अतंसिष्टाम्	अतंसिषुः
ततंसिथ	ततंसथुः	ततंस	अतंसीः	अतंसिष्टम्	अतंसिष्ट
ततंस	ततंसिव	ततंसिम	अतंसिषम्	अतंसिष्व	अतंसिष्म

1730 भूष अलङ्करणे । घोष असने , मोक्ष असने माधवीयः। adorn, decorate

10c 197 भूषँ । भूष् । भूषयति / ते । U । सेट् । स० । भूषि । भूषय । **Parasmaipadi Forms**

भूषयति	भूषयतः	भूषयन्ति[1]	अभूषयत् -द्	अभूषयताम्	अभूषयन्[1]
भूषयसि	भूषयथः	भूषयथ	अभूषयः	अभूषयतम्	अभूषयत
भूषयामि[2]	भूषयावः[2]	भूषयामः[2]	अभूषयम्[1]	अभूषयाव[2]	अभूषयाम[2]

भूषयतु भूषयतात् -द्	भूषयताम्	भूषयन्तु[1]	भूषयेत् -द्	भूषयेताम्	भूषयेयुः
भूषय भूषयतात् -द्	भूषयतम्	भूषयत	भूषयेः	भूषयेतम्	भूषयेत
भूषयाणि[3]	भूषयाव[3]	भूषयाम[3]	भूषयेयम्	भूषयेव	भूषयेम

भूषयिष्यति	भूषयिष्यतः	भूषयिष्यन्ति	अभूषयिष्यत् -द्	अभूषयिष्यताम्	अभूषयिष्यन्
भूषयिष्यसि	भूषयिष्यथः	भूषयिष्यथ	अभूषयिष्यः	अभूषयिष्यतम्	अभूषयिष्यत
भूषयिष्यामि	भूषयिष्यावः	भूषयिष्यामः	अभूषयिष्यम्	अभूषयिष्याव	अभूषयिष्याम

भूषयिता	भूषयितारौ	भूषयितारः	भूष्यात् -द्	भूष्यास्ताम्	भूष्यासुः
भूषयितासि	भूषयितास्थः	भूषयितास्थ	भूष्याः	भूष्यास्तम्	भूष्यास्त
भूषयितास्मि	भूषयितास्वः	भूषयितास्मः	भूष्यासम्	भूष्यास्व	भूष्यास्म

भूषयाम्बभूव	भूषयाम्बभूवतुः	भूषयाम्बभूवुः	अबूभुषत् -द्	अबूभुषताम्	अबूभुषन्
भूषयाञ्चकार	भूषयाञ्चक्रतुः	भूषयाञ्चक्रुः			
भूषयामास	भूषयामासतुः	भूषयामासुः			
भूषयाम्बभूविथ	भूषयाम्बभूवथुः	भूषयाम्बभूव	अबूभुषः	अबूभुषतम्	अबूभुषत
भूषयाञ्चकर्थ	भूषयाञ्चक्रथुः	भूषयाञ्चक्र			
भूषयामासिथ	भूषयामासथुः	भूषयामास			
भूषयाम्बभूव	भूषयाम्बभूविव	भूषयाम्बभूविम	अबूभुषम्	अबूभुषाव	अबूभुषाम
भूषयाञ्चकर -कार	भूषयाञ्चकृव	भूषयाञ्चकृम			
भूषयामास	भूषयामासिव	भूषयामासिम			

Atmanepadi Forms

भूषयते	भूषयेते[4]	भूषयन्ते[1]	अभूषयत	अभूषयेताम्[4]	अभूषयन्त[1]
भूषयसे	भूषयेथे[4]	भूषयध्वे	अभूषयथाः	अभूषयेथाम्[4]	अभूषयध्वम्
भूषये[1]	भूषयावहे[2]	भूषयामहे[2]	अभूषये[4]	अभूषयावहि[3]	अभूषयामहि[3]

भूषयताम्	भूषयेताम्[4]	भूषयन्ताम्[1]	भूषयेत	भूषयेयाताम्	भूषयेरन्
भूषयस्व	भूषयेथाम्[4]	भूषयध्वम्	भूषयेथाः	भूषयेयाथाम्	भूषयेध्वम्
भूषयै[5]	भूषयावहै[3]	भूषयामहै[3]	भूषयेय	भूषयेवहि	भूषयेमहि

भूषयिष्यते	भूषयिष्येते	भूषयिष्यन्ते	अभूषयिष्यत	अभूषयिष्येताम्	अभूषयिष्यन्त
भूषयिष्यसे	भूषयिष्येथे	भूषयिष्यध्वे	अभूषयिष्यथाः	अभूषयिष्येथाम्	अभूषयिष्यध्वम्
भूषयिष्ये	भूषयिष्यावहे	भूषयिष्यामहे	अभूषयिष्ये	अभूषयिष्यावहि	अभूषयिष्यामहि

भूषयिता	भूषयितारौ	भूषयितारः	भूषयिषीष्ट	भूषयिषीयास्ताम्	भूषयिषीरन्
भूषयितासे	भूषयितासाथे	भूषयिताध्वे	भूषयिषीष्ठाः	भूषयिषीयास्थाम्	भूषयिषीध्वम् -ढ्वम्
भूषयिताहे	भूषयितास्वहे	भूषयितास्महे	भूषयिषीय	भूषयिषीवहि	भूषयिषीमहि

भूषयाम्बभूव	भूषयाम्बभूवतुः	भूषयाम्बभूवुः	अबूभुषत	अबूभुषेताम्	अबूभुषन्त
भूषयाञ्चक्रे	भूषयाञ्चक्राते	भूषयाञ्चक्रिरे			
भूषयामास	भूषयामासतुः	भूषयामासुः			
भूषयाम्बभूविथ	भूषयाम्बभूवथुः	भूषयाम्बभूव	अबूभुषथाः	अबूभुषेथाम्	अबूभुषध्वम्
भूषयाञ्चकृषे	भूषयाञ्चक्राथे	भूषयाञ्चकृढ्वे			

भूषयामासिथ	भूषयामासथुः	भूषयामास			
भूषयाम्बभूव	भूषयाम्बभूविव	भूषयाम्बभूविम	अबूभुषे	अबूभुषावहि	अबूभुषामहि
भूषयाञ्चक्रे	भूषयाञ्चकृवहे	भूषयाञ्चकृमहे			
भूषयामास	भूषयामासिव	भूषयामासिम			

1731 अर्ह पूजायाम् । deserve, honour

10c 198 अर्हँ । अर्ह् । अर्हयति / ते । U । सेट् । स० । अर्हि । अर्हय । **Parasmaipadi Forms**

अर्हयति	अर्हयतः	अर्हयन्ति[1]	आर्हयत् -द्	आर्हयताम्	आर्हयन्[1]
अर्हयसि	अर्हयथः	अर्हयथ	आर्हयः	आर्हयतम्	आर्हयत
अर्हयामि[2]	अर्हयावः[2]	अर्हयामः[2]	आर्हयम्[1]	आर्हयाव[2]	आर्हयाम[2]

अर्हयतु अर्हयतात् -द्	अर्हयताम्	अर्हयन्तु[1]	अर्हयेत् -द्	अर्हयेताम्	अर्हयेयुः
अर्हय अर्हयतात् -द्	अर्हयतम्	अर्हयत	अर्हयेः	अर्हयेतम्	अर्हयेत
अर्हयाणि[3]	अर्हयाव[3]	अर्हयाम[3]	अर्हयेयम्	अर्हयेव	अर्हयेम

अर्हयिष्यति	अर्हयिष्यतः	अर्हयिष्यन्ति	आर्हयिष्यत् -द्	आर्हयिष्यताम्	आर्हयिष्यन्
अर्हयिष्यसि	अर्हयिष्यथः	अर्हयिष्यथ	आर्हयिष्यः	आर्हयिष्यतम्	आर्हयिष्यत
अर्हयिष्यामि	अर्हयिष्यावः	अर्हयिष्यामः	आर्हयिष्यम्	आर्हयिष्याव	आर्हयिष्याम

अर्हयिता	अर्हयितारौ	अर्हयितारः	अर्ह्यात् -द्	अर्ह्यास्ताम्	अर्ह्यासुः
अर्हयितासि	अर्हयितास्थः	अर्हयितास्थ	अर्ह्याः	अर्ह्यास्तम्	अर्ह्यास्त
अर्हयितास्मि	अर्हयितास्वः	अर्हयितास्मः	अर्ह्यासम्	अर्ह्यास्व	अर्ह्यास्म

अर्हयाम्बभूव	अर्हयाम्बभूवतुः	अर्हयाम्बभूवुः	आर्जिहत् -द्	आर्जिहताम्	आर्जिहन्
अर्हयाञ्चकार	अर्हयाञ्चक्रतुः	अर्हयाञ्चक्रुः			
अर्हयामास	अर्हयामासतुः	अर्हयामासुः			
अर्हयाम्बभूविथ	अर्हयाम्बभूवथुः	अर्हयाम्बभूव	आर्जिहः	आर्जिहतम्	आर्जिहत
अर्हयाञ्चकर्थ	अर्हयाञ्चक्रथुः	अर्हयाञ्चक्र			
अर्हयामासिथ	अर्हयामासथुः	अर्हयामास			
अर्हयाम्बभूव	अर्हयाम्बभूविव	अर्हयाम्बभूविम	आर्जिहम्	आर्जिहाव	आर्जिहाम
अर्हयाञ्चकर -कार	अर्हयाञ्चकृव	अर्हयाञ्चकृम			
अर्हयामास	अर्हयामासिव	अर्हयामासिम			

Atmanepadi Forms

अर्हयते	अर्हयेते[4]	अर्हयन्ते[1]	आर्हयत	आर्हयेताम्[4]	आर्हयन्त[1]
अर्हयसे	अर्हयेथे[4]	अर्हयध्वे	आर्हयथाः	आर्हयेथाम्[4]	आर्हयध्वम्
अर्हये[1]	अर्हयावहे[2]	अर्हयामहे[2]	आर्हये[4]	आर्हयावहि[3]	आर्हयामहि[3]

अर्हयताम्	अर्हयेताम्[4]	अर्हयन्ताम्[1]	अर्हयेत	अर्हयेयाताम्	अर्हयेरन्
अर्हयस्व	अर्हयेथाम्[4]	अर्हयध्वम्	अर्हयेथाः	अर्हयेयाथाम्	अर्हयेध्वम्
अर्हयै[5]	अर्हयावहै[3]	अर्हयामहै[3]	अर्हयेय	अर्हयेवहि	अर्हयेमहि

अर्हयिष्यते	अर्हयिष्येते	अर्हयिष्यन्ते	आर्हयिष्यत	आर्हयिष्येताम्	आर्हयिष्यन्त
अर्हयिष्यसे	अर्हयिष्येथे	अर्हयिष्यध्वे	आर्हयिष्यथाः	आर्हयिष्येथाम्	आर्हयिष्यध्वम्
अर्हयिष्ये	अर्हयिष्यावहे	अर्हयिष्यामहे	आर्हयिष्ये	आर्हयिष्यावहि	आर्हयिष्यामहि

अर्हयिता	अर्हयितारौ	अर्हयितारः	अर्हयिषीष्ट	अर्हयिषीयास्ताम्	अर्हयिषीरन्
अर्हयितासे	अर्हयितासाथे	अर्हयिताध्वे	अर्हयिषीष्ठाः	अर्हयिषीयास्थाम्	अर्हयिषीध्वम् -ढ्वम्
अर्हयिताहे	अर्हयितास्वहे	अर्हयितास्महे	अर्हयिषीय	अर्हयिषीवहि	अर्हयिषीमहि

अर्हयाम्बभूव	अर्हयाम्बभूवतुः	अर्हयाम्बभूवुः	आर्जिहत	आर्जिहेताम्	आर्जिहन्त
अर्हयाञ्चक्रे	अर्हयाञ्चक्राते	अर्हयाञ्चक्रिरे			
अर्हयामास	अर्हयामासतुः	अर्हयामासुः			
अर्हयाम्बभूविथ	अर्हयाम्बभूवथुः	अर्हयाम्बभूव	आर्जिहथाः	आर्जिहेथाम्	आर्जिहध्वम्
अर्हयाञ्चकृषे	अर्हयाञ्चक्राथे	अर्हयाञ्चकृढ्वे			
अर्हयामासिथ	अर्हयामासथुः	अर्हयामास			
अर्हयाम्बभूव	अर्हयाम्बभूविव	अर्हयाम्बभूविम	आर्जिहे	आर्जिहावहि	आर्जिहामहि
अर्हयाञ्चक्रे	अर्हयाञ्चकृवहे	अर्हयाञ्चकृमहे			
अर्हयामास	अर्हयामासिव	अर्हयामासिम			

1732 ज्ञा नियोगे । स्वभावात् अयम् आङ् पूर्वः । मारणादौ अस्य मित् ज्ञपयति । order, appoint
10c 199 ज्ञा । ज्ञा । आज्ञापयति / ते । U । सेट् । स० । आज्ञापि । आज्ञापय ।
7.3.36 अर्त्तिह्रीब्लीरीक्नूयीक्ष्माय्यातां पुङ्णौ । इति पुक् आगमः । **Parasmaipadi Forms**

आज्ञापयति	आज्ञापयतः	आज्ञापयन्ति[1]	आज्ञापयत् -द्	आज्ञापयताम्	आज्ञापयन्[1]
आज्ञापयसि	आज्ञापयथः	आज्ञापयथ	आज्ञापयः	आज्ञापयतम्	आज्ञापयत
आज्ञापयामि[2]	आज्ञापयावः[2]	आज्ञापयामः[2]	आज्ञापयम्[1]	आज्ञापयाव[2]	आज्ञापयाम[2]

आज्ञापयतु आज्ञापयतात् -द्	आज्ञापयताम्	आज्ञापयन्तु[1]	आज्ञापयेत् -द्	आज्ञापयेताम्	आज्ञापयेयुः
आज्ञापय आज्ञापयतात् -द्	आज्ञापयतम्	आज्ञापयत	आज्ञापयेः	आज्ञापयेतम्	आज्ञापयेत
आज्ञापयानि[3]	आज्ञापयाव[3]	आज्ञापयाम[3]	आज्ञापयेयम्	आज्ञापयेव	आज्ञापयेम

आज्ञापयिष्यति	आज्ञापयिष्यतः	आज्ञापयिष्यन्ति	आज्ञापयिष्यत् -द्	आज्ञापयिष्यताम्	आज्ञापयिष्यन्
आज्ञापयिष्यसि	आज्ञापयिष्यथः	आज्ञापयिष्यथ	आज्ञापयिष्यः	आज्ञापयिष्यतम्	आज्ञापयिष्यत
आज्ञापयिष्यामि	आज्ञापयिष्यावः	आज्ञापयिष्यामः	आज्ञापयिष्यम्	आज्ञापयिष्याव	आज्ञापयिष्याम

आज्ञापयिता	आज्ञापयितारौ	आज्ञापयितारः	ज्ञाप्यात् -द्	ज्ञाप्यास्ताम्	ज्ञाप्यासुः
आज्ञापयितासि	आज्ञापयितास्थः	आज्ञापयितास्थ	ज्ञाप्याः	ज्ञाप्यास्तम्	ज्ञाप्यास्त
आज्ञापयितास्मि	आज्ञापयितास्वः	आज्ञापयितास्मः	ज्ञाप्यासम्	ज्ञाप्यास्व	ज्ञाप्यास्म

आज्ञापयाम्बभूव	आज्ञापयाम्बभूवतुः	आज्ञापयाम्बभूवुः	अजिज्ञपत् -द्	अजिज्ञपताम्	अजिज्ञपन्
आज्ञापयाञ्चकार	आज्ञापयाञ्चक्रतुः	आज्ञापयाञ्चक्रुः			
आज्ञापयामास	आज्ञापयामासतुः	आज्ञापयामासुः			
आज्ञापयाम्बभूविथ	आज्ञापयाम्बभूवथुः	आज्ञापयाम्बभूव	अजिज्ञपः	अजिज्ञपतम्	अजिज्ञपत
आज्ञापयाञ्चकर्थ	आज्ञापयाञ्चक्रथुः	आज्ञापयाञ्चक्र			
आज्ञापयामासिथ	आज्ञापयामासथुः	आज्ञापयामास			
आज्ञापयाम्बभूव	आज्ञापयाम्बभूविव	आज्ञापयाम्बभूविम	अजिज्ञपम्	अजिज्ञपाव	अजिज्ञपाम
आज्ञापयाञ्चकर -कार	आज्ञापयाञ्चकृव	आज्ञापयाञ्चकृम			
आज्ञापयामास	आज्ञापयामासिव	आज्ञापयामासिम			

Atmanepadi Forms

आज्ञापयते	आज्ञापयेते[4]	आज्ञापयन्ते[1]	आज्ञापयत	आज्ञापयेताम्[4]	आज्ञापयन्त[1]
आज्ञापयसे	आज्ञापयेथे[4]	आज्ञापयध्वे	आज्ञापयथाः	आज्ञापयेथाम्[4]	आज्ञापयध्वम्
आज्ञापये[1]	आज्ञापयावहे[2]	आज्ञापयामहे[2]	आज्ञापये[4]	आज्ञापयावहि[3]	आज्ञापयामहि[3]

आज्ञापयताम्	आज्ञापयेताम्[4]	आज्ञापयन्ताम्[1]	आज्ञापयेत	आज्ञापयेयाताम्	आज्ञापयेरन्
आज्ञापयस्व	आज्ञापयेथाम्[4]	आज्ञापयध्वम्	आज्ञापयेथाः	आज्ञापयेयाथाम्	आज्ञापयेध्वम्
आज्ञापयै[5]	आज्ञापयावहै[3]	आज्ञापयामहै[3]	आज्ञापयेय	आज्ञापयेवहि	आज्ञापयेमहि

आज्ञापयिष्यते	आज्ञापयिष्येते	आज्ञापयिष्यन्ते	आज्ञापयिष्यत	आज्ञापयिष्येताम्	आज्ञापयिष्यन्त
आज्ञापयिष्यसे	आज्ञापयिष्येथे	आज्ञापयिष्यध्वे	आज्ञापयिष्यथाः	आज्ञापयिष्येथाम्	आज्ञापयिष्यध्वम्
आज्ञापयिष्ये	आज्ञापयिष्यावहे	आज्ञापयिष्यामहे	आज्ञापयिष्ये	आज्ञापयिष्यावहि	आज्ञापयिष्यामहि

आज्ञापयिता	आज्ञापयितारौ	आज्ञापयितारः	आज्ञापयिषीष्ट	आज्ञापयिषीयास्ताम्	आज्ञापयिषीरन्
आज्ञापयितासे	आज्ञापयितासाथे	आज्ञापयिताध्वे	आज्ञापयिषीष्ठाः	आज्ञापयिषीयास्थाम्	आज्ञापयिषीध्वम् -ढ्वम्
आज्ञापयिताहे	आज्ञापयितास्वहे	आज्ञापयितास्महे	आज्ञापयिषीय	आज्ञापयिषीवहि	आज्ञापयिषीमहि

आज्ञापयाम्बभूव	आज्ञापयाम्बभूवतुः	आज्ञापयाम्बभूवुः	अजिज्ञपत	अजिज्ञपेताम्	अजिज्ञपन्त
आज्ञापयाञ्चक्रे	आज्ञापयाञ्चक्राते	आज्ञापयाञ्चक्रिरे			
आज्ञापयामास	आज्ञापयामासतुः	आज्ञापयामासुः			
आज्ञापयाम्बभूविथ	आज्ञापयाम्बभूवथुः	आज्ञापयाम्बभूव	अजिज्ञपथाः	अजिज्ञपेथाम्	अजिज्ञपध्वम्
आज्ञापयाञ्चकृषे	आज्ञापयाञ्चक्राथे	आज्ञापयाञ्चकृढ्वे			

आज्ञापयामासिथ	आज्ञापयामासथुः	आज्ञापयामास			
आज्ञापयाम्बभूव	आज्ञापयाम्बभूविव	आज्ञापयाम्बभूविम	अजिज्ञपे	अजिज्ञपावहि	अजिज्ञपामहि
आज्ञापयाञ्चक्रे	आज्ञापयाञ्चकृवहे	आज्ञापयाञ्चकृमहे			
आज्ञापयामास	आज्ञापयामासिव	आज्ञापयामासिम			

1733 भज विश्राणने । grant, cook, complete, divide. 7.2.116 अत उपधायाः ।

10c 200 भजँ । भज् । भाजयति / ते । U । सेट् । स० । भाजि । भाजय । **Parasmaipadi Forms**

भाजयति	भाजयतः	भाजयन्ति[1]	अभाजयत् -द्	अभाजयताम्	अभाजयन्[1]
भाजयसि	भाजयथः	भाजयथ	अभाजयः	अभाजयतम्	अभाजयत
भाजयामि[2]	भाजयावः[2]	भाजयामः[2]	अभाजयम्[1]	अभाजयाव[2]	अभाजयाम[2]

भाजयतु भाजयतात् -द्	भाजयताम्	भाजयन्तु[1]	भाजयेत् -द्	भाजयेताम्	भाजयेयुः
भाजय भाजयतात् -द्	भाजयतम्	भाजयत	भाजयेः	भाजयेतम्	भाजयेत
भाजयानि[3]	भाजयाव[3]	भाजयाम[3]	भाजयेयम्	भाजयेव	भाजयेम

भाजयिष्यति	भाजयिष्यतः	भाजयिष्यन्ति	अभाजयिष्यत् -द्	अभाजयिष्यताम्	अभाजयिष्यन्
भाजयिष्यसि	भाजयिष्यथः	भाजयिष्यथ	अभाजयिष्यः	अभाजयिष्यतम्	अभाजयिष्यत
भाजयिष्यामि	भाजयिष्यावः	भाजयिष्यामः	अभाजयिष्यम्	अभाजयिष्याव	अभाजयिष्याम

भाजयिता	भाजयितारौ	भाजयितारः	भाज्यात् -द्	भाज्यास्ताम्	भाज्यासुः
भाजयितासि	भाजयितास्थः	भाजयितास्थ	भाज्याः	भाज्यास्तम्	भाज्यास्त
भाजयितास्मि	भाजयितास्वः	भाजयितास्मः	भाज्यासम्	भाज्यास्व	भाज्यास्म

भाजयाम्बभूव	भाजयाम्बभूवतुः	भाजयाम्बभूवुः	अबीभजत् -द्	अबीभजताम्	अबीभजन्
भाजयाञ्चकार	भाजयाञ्चक्रतुः	भाजयाञ्चक्रुः			
भाजयामास	भाजयामासतुः	भाजयामासुः			
भाजयाम्बभूविथ	भाजयाम्बभूवथुः	भाजयाम्बभूव	अबीभजः	अबीभजतम्	अबीभजत
भाजयाञ्चकर्थ	भाजयाञ्चक्रथुः	भाजयाञ्चक्र			
भाजयामासिथ	भाजयामासथुः	भाजयामास			
भाजयाम्बभूव	भाजयाम्बभूविव	भाजयाम्बभूविम	अबीभजम्	अबीभजाव	अबीभजाम
भाजयाञ्चकर -कार	भाजयाञ्चकृव	भाजयाञ्चकृम			
भाजयामास	भाजयामासिव	भाजयामासिम			

Atmanepadi Forms

भाजयते	भाजयेते[4]	भाजयन्ते[1]	अभाजयत	अभाजयेताम्[4]	अभाजयन्त[1]
भाजयसे	भाजयेथे[4]	भाजयध्वे	अभाजयथाः	अभाजयेथाम्[4]	अभाजयध्वम्
भाजये[1]	भाजयावहे[2]	भाजयामहे[2]	अभाजये[4]	अभाजयावहि[3]	अभाजयामहि[3]

भाजयताम्	भाजयेताम्[4]	भाजयन्ताम्[1]	भाजयेत	भाजयेयाताम्	भाजयेरन्
भाजयस्व	भाजयेथाम्[4]	भाजयध्वम्	भाजयेथाः	भाजयेयाथाम्	भाजयेध्वम्
भाजयै[5]	भाजयावहै[3]	भाजयामहै[3]	भाजयेय	भाजयेवहि	भाजयेमहि

भाजयिष्यते	भाजयिष्येते	भाजयिष्यन्ते	अभाजयिष्यत	अभाजयिष्येताम्	अभाजयिष्यन्त
भाजयिष्यसे	भाजयिष्येथे	भाजयिष्यध्वे	अभाजयिष्यथाः	अभाजयिष्येथाम्	अभाजयिष्यध्वम्
भाजयिष्ये	भाजयिष्यावहे	भाजयिष्यामहे	अभाजयिष्ये	अभाजयिष्यावहि	अभाजयिष्यामहि

भाजयिता	भाजयितारौ	भाजयितारः	भाजयिषीष्ट	भाजयिषीयास्ताम्	भाजयिषीरन्
भाजयितासे	भाजयितासाथे	भाजयिताध्वे	भाजयिषीष्ठाः	भाजयिषीयास्थाम्	भाजयिषीध्वम् -ढ्वम्
भाजयिताहे	भाजयितास्वहे	भाजयितास्महे	भाजयिषीय	भाजयिषीवहि	भाजयिषीमहि

भाजयाम्बभूव	भाजयाम्बभूवतुः	भाजयाम्बभूवुः	अबीभजत	अबीभजेताम्	अबीभजन्त
भाजयाञ्चक्रे	भाजयाञ्चक्राते	भाजयाञ्चक्रिरे			
भाजयामास	भाजयामासतुः	भाजयामासुः			
भाजयाम्बभूविथ	भाजयाम्बभूवथुः	भाजयाम्बभूव	अबीभजथाः	अबीभजेथाम्	अबीभजध्वम्
भाजयाञ्चकृषे	भाजयाञ्चक्राथे	भाजयाञ्चकृढ्वे			
भाजयामासिथ	भाजयामासथुः	भाजयामास			
भाजयाम्बभूव	भाजयाम्बभूविव	भाजयाम्बभूविम	अबीभजे	अबीभजावहि	अबीभजामहि
भाजयाञ्चक्रे	भाजयाञ्चकृवहे	भाजयाञ्चकृमहे			
भाजयामास	भाजयामासिव	भाजयामासिम			

1734 शृधु प्रसहने । प्रहसने इत्येके । उदित् वैकल्पिकः णिच् । strive, ridicule, tolerate, defeat
10c 201 शृधुँ । शृध् । शर्धयति / ते , शर्धति । U । सेट् । स० । शर्धि । शर्धय । 7.4.7 उर्ऋत् ।

Parasmaipadi Forms

शर्धयति	शर्धयतः	शर्धयन्ति[1]	अशर्धयत् -द्	अशर्धयताम्	अशर्धयन्[1]
शर्धयसि	शर्धयथः	शर्धयथ	अशर्धयः	अशर्धयतम्	अशर्धयत
शर्धयामि[2]	शर्धयावः[2]	शर्धयामः[2]	अशर्धयम्[1]	अशर्धयाव[2]	अशर्धयाम[2]

शर्धयतु शर्धयतात् -द्	शर्धयताम्	शर्धयन्तु[1]	शर्धयेत् -द्	शर्धयेताम्	शर्धयेयुः
शर्धय शर्धयतात् -द्	शर्धयतम्	शर्धयत	शर्धयेः	शर्धयेतम्	शर्धयेत
शर्धयानि[3]	शर्धयाव[3]	शर्धयाम[3]	शर्धयेयम्	शर्धयेव	शर्धयेम

शर्धयिष्यति	शर्धयिष्यतः	शर्धयिष्यन्ति	अशर्धयिष्यत् -द्	अशर्धयिष्यताम्	अशर्धयिष्यन्
शर्धयिष्यसि	शर्धयिष्यथः	शर्धयिष्यथ	अशर्धयिष्यः	अशर्धयिष्यतम्	अशर्धयिष्यत
शर्धयिष्यामि	शर्धयिष्यावः	शर्धयिष्यामः	अशर्धयिष्यम्	अशर्धयिष्याव	अशर्धयिष्याम

शर्धयिता	शर्धयितारौ	शर्धयितारः	शर्ध्यात् -द्	शर्ध्यास्ताम्	शर्ध्यासुः
शर्धयितासि	शर्धयितास्थः	शर्धयितास्थ	शर्ध्याः	शर्ध्यास्तम्	शर्ध्यास्त
शर्धयितास्मि	शर्धयितास्वः	शर्धयितास्मः	शर्ध्यासम्	शर्ध्यास्व	शर्ध्यास्म

शर्धयाम्बभूव	शर्धयाम्बभूवतुः	शर्धयाम्बभूवुः	अशशर्धत् -द्	अशशर्धताम्	अशशर्धन्
शर्धयाञ्चकार	शर्धयाञ्चक्रतुः	शर्धयाञ्चक्रुः	अशीशृधत् -द्	अशीशृधताम्	अशीशृधन्
शर्धयामास	शर्धयामासतुः	शर्धयामासुः			
शर्धयाम्बभूविथ	शर्धयाम्बभूवथुः	शर्धयाम्बभूव	अशशर्धः	अशशर्धतम्	अशशर्धत
शर्धयाञ्चकर्थ	शर्धयाञ्चक्रथुः	शर्धयाञ्चक्र	अशीशृधः	अशीशृधतम्	अशीशृधत
शर्धयामासिथ	शर्धयामासथुः	शर्धयामास			
शर्धयाम्बभूव	शर्धयाम्बभूविव	शर्धयाम्बभूविम	अशशर्धम्	अशशर्धाव	अशशर्धाम
शर्धयाञ्चकर -कार	शर्धयाञ्चकृव	शर्धयाञ्चकृम	अशीशृधम्	अशीशृधाव	अशीशृधाम
शर्धयामास	शर्धयामासिव	शर्धयामासिम			

Atmanepadi Forms

शर्धयते	शर्धयेते[4]	शर्धयन्ते[1]	अशर्धयत	अशर्धयेताम्[4]	अशर्धयन्त[1]
शर्धयसे	शर्धयेथे[4]	शर्धयध्वे	अशर्धयथाः	अशर्धयेथाम्[4]	अशर्धयध्वम्
शर्धये[1]	शर्धयावहे[2]	शर्धयामहे[2]	अशर्धये[4]	अशर्धयावहि[3]	अशर्धयामहि[3]

शर्धयताम्	शर्धयेताम्[4]	शर्धयन्ताम्[1]	शर्धयेत	शर्धयेयाताम्	शर्धयेरन्
शर्धयस्व	शर्धयेथाम्[4]	शर्धयध्वम्	शर्धयेथाः	शर्धयेयाथाम्	शर्धयेध्वम्
शर्धयै[5]	शर्धयावहै[3]	शर्धयामहै[3]	शर्धयेय	शर्धयेवहि	शर्धयेमहि

शर्धयिष्यते	शर्धयिष्येते	शर्धयिष्यन्ते	अशर्धयिष्यत	अशर्धयिष्येताम्	अशर्धयिष्यन्त
शर्धयिष्यसे	शर्धयिष्येथे	शर्धयिष्यध्वे	अशर्धयिष्यथाः	अशर्धयिष्येथाम्	अशर्धयिष्यध्वम्
शर्धयिष्ये	शर्धयिष्यावहे	शर्धयिष्यामहे	अशर्धयिष्ये	अशर्धयिष्यावहि	अशर्धयिष्यामहि

शर्धयिता	शर्धयितारौ	शर्धयितारः	शर्धयिषीष्ट	शर्धयिषीयास्ताम्	शर्धयिषीरन्
शर्धयितासे	शर्धयितासाथे	शर्धयिताध्वे	शर्धयिषीष्ठाः	शर्धयिषीयास्थाम्	शर्धयिषीध्वम् -ढ्वम्
शर्धयिताहे	शर्धयितास्वहे	शर्धयितास्महे	शर्धयिषीय	शर्धयिषीवहि	शर्धयिषीमहि

शर्धयाम्बभूव	शर्धयाम्बभूवतुः	शर्धयाम्बभूवुः	अशशर्धत	अशशर्धेताम्	अशशर्धन्त
शर्धयाञ्चक्रे	शर्धयाञ्चक्राते	शर्धयाञ्चक्रिरे	अशीशृधत	अशीशृधेताम्	अशीशृन्त
शर्धयामास	शर्धयामासतुः	शर्धयामासुः			
शर्धयाम्बभूविथ	शर्धयाम्बभूवथुः	शर्धयाम्बभूव	अशशर्धथाः	अशशर्धेथाम्	अशशर्धध्वम्
शर्धयाञ्चकृषे	शर्धयाञ्चक्राथे	शर्धयाञ्चकृढ्वे	अशीशृधथाः	अशीशृधेथाम्	अशीशृधध्वम्

शार्धयामासिथ	शार्धयामासथुः	शार्धयामास			
शार्धयाम्बभूव	शार्धयाम्बभूविव	शार्धयाम्बभूविम	अशशार्धे	अशशार्धावहि	अशशार्धामहि
शार्धयाञ्चक्रे	शार्धयाञ्चकृवहे	शार्धयाञ्चकृमहे	अशीशृधे	अशीशृधावहि	अशीशृधामहि
शार्धयामास	शार्धयामासिव	शार्धयामासिम			

णिजभावपक्षे 1.3.78 शेषात् कर्त्तरि परस्मैपदम् । इति पक्षे भ्वादिः इव शृध् । P । सेट् । स० ।

शर्धति	शर्धतः	शर्धन्ति[1]	अशर्धत् -द्	अशर्धताम्	अशर्धन्[1]
शर्धसि	शर्धथः	शर्धथ	अशर्धः	अशर्धतम्	अशर्धत
शर्धामि[2]	शर्धावः[2]	शर्धामः[2]	अशर्धम्[1]	अशर्धाव[2]	अशर्धाम[2]

शर्धतु शर्धतात् -द्	शर्धताम्	शर्धन्तु[1]	शर्धेत् -द्	शर्धेताम्	शर्धेयुः
शर्ध शर्धतात् -द्	शर्धतम्	शर्धत	शर्धेः	शर्धेतम्	शर्धेत
शर्धानि[3]	शर्धाव[3]	शर्धाम[3]	शर्धेयम्	शर्धेव	शर्धेम

शर्धयिष्यति	शर्धयिष्यतः	शर्धयिष्यन्ति	अशर्धयिष्यत् -द्	अशर्धयिष्यताम्	अशर्धयिष्यन्
शर्धयिष्यसि	शर्धयिष्यथः	शर्धयिष्यथ	अशर्धयिष्यः	अशर्धयिष्यतम्	अशर्धयिष्यत
शर्धयिष्यामि	शर्धयिष्यावः	शर्धयिष्यामः	अशर्धयिष्यम्	अशर्धयिष्याव	अशर्धयिष्याम

शर्धयिता	शर्धयितारौ	शर्धयितारः	शृध्यात् -द्	शृध्यास्ताम्	शृध्यासुः
शर्धयितासि	शर्धयितास्थः	शर्धयितास्थ	शृध्याः	शृध्यास्तम्	शृध्यास्त
शर्धयितास्मि	शर्धयितास्वः	शर्धयितास्मः	शृध्यासम्	शृध्यास्व	शृध्यास्म

शशर्ध	शशृधतुः	शशृधुः	अशर्धीत् -द्	अशर्धिष्टाम्	अशर्धिषुः
शशर्धिथ	शशृधथुः	शशृध	अशर्धीः	अशर्धिष्टम्	अशर्धिष्ट
शशर्ध	शशृधिव	शशृधिम	अशर्धिषम्	अशर्धिष्व	अशर्धिष्म

1735 यत निकारोपस्कारयोः । attempt, endeavour, strive, hurt, slap, order, collect, prevent
10c 202 यतँ । यत् । यातयति / ते । U । सेट् । स० । याति । यातय ।
7.2.116 अत उपधायाः। **Parasmaipadi Forms**

यातयति	यातयतः	यातयन्ति[1]	अयातयत् -द्	अयातयताम्	अयातयन्[1]
यातयसि	यातयथः	यातयथ	अयातयः	अयातयतम्	अयातयत
यातयामि[2]	यातयावः[2]	यातयामः[2]	अयातयम्[1]	अयातयाव[2]	अयातयाम[2]

यातयतु यातयतात् -द्	यातयताम्	यातयन्तु[1]	यातयेत् -द्	यातयेताम्	यातयेयुः
यातय यातयतात् -द्	यातयतम्	यातयत	यातयेः	यातयेतम्	यातयेत
यातयानि[3]	यातयाव[3]	यातयाम[3]	यातयेयम्	यातयेव	यातयेम

यातयिष्यति	यातयिष्यतः	यातयिष्यन्ति	अयातयिष्यत् -द्	अयातयिष्यताम्	अयातयिष्यन्
यातयिष्यसि	यातयिष्यथः	यातयिष्यथ	अयातयिष्यः	अयातयिष्यतम्	अयातयिष्यत
यातयिष्यामि	यातयिष्यावः	यातयिष्यामः	अयातयिष्यम्	अयातयिष्याव	अयातयिष्याम

यातयिता	यातयितारौ	यातयितारः	यात्यात् -द्	यात्यास्ताम्	यात्यासुः
यातयितासि	यातयितास्थः	यातयितास्थ	यात्याः	यात्यास्तम्	यात्यास्त
यातयितास्मि	यातयितास्वः	यातयितास्मः	यात्यासम्	यात्यास्व	यात्यास्म
यातयाम्बभूव	यातयाम्बभूवतुः	यातयाम्बभूवुः	अयीयतत् -द्	अयीयतताम्	अयीयतन्
यातयाञ्चकार	यातयाञ्चक्रतुः	यातयाञ्चक्रुः			
यातयामास	यातयामासतुः	यातयामासुः			
यातयाम्बभूविथ	यातयाम्बभूवथुः	यातयाम्बभूव	अयीयतः	अयीयततम्	अयीयतत
यातयाञ्चकर्थ	यातयाञ्चक्रथुः	यातयाञ्चक्र			
यातयामासिथ	यातयामासथुः	यातयामास			
यातयाम्बभूव	यातयाम्बभूविव	यातयाम्बभूविम	अयीयतम्	अयीयताव	अयीयताम
यातयाञ्चकर -कार	यातयाञ्चकृव	यातयाञ्चकृम			
यातयामास	यातयामासिव	यातयामासिम			

Atmanepadi Forms

यातयते	यातयेते[4]	यातयन्ते[1]	अयातयत	अयातयेताम्[4]	अयातयन्त[1]
यातयसे	यातयेथे[4]	यातयध्वे	अयातयथाः	अयातयेथाम्[4]	अयातयध्वम्
यातये[1]	यातयावहे[2]	यातयामहे[2]	अयातये[4]	अयातयावहि[3]	अयातयामहि[3]
यातयताम्	यातयेताम्[4]	यातयन्ताम्[1]	यातयेत	यातयेयाताम्	यातयेरन्
यातयस्व	यातयेथाम्[4]	यातयध्वम्	यातयेथाः	यातयेयाथाम्	यातयेध्वम्
यातयै[5]	यातयावहै[3]	यातयामहै[3]	यातयेय	यातयेवहि	यातयेमहि
यातयिष्यते	यातयिष्येते	यातयिष्यन्ते	अयातयिष्यत	अयातयिष्येताम्	अयातयिष्यन्त
यातयिष्यसे	यातयिष्येथे	यातयिष्यध्वे	अयातयिष्यथाः	अयातयिष्येथाम्	अयातयिष्यध्वम्
यातयिष्ये	यातयिष्यावहे	यातयिष्यामहे	अयातयिष्ये	अयातयिष्यावहि	अयातयिष्यामहि
यातयिता	यातयितारौ	यातयितारः	यातयिषीष्ट	यातयिषीयास्ताम्	यातयिषीरन्
यातयितासे	यातयितासाथे	यातयिताध्वे	यातयिषीष्ठाः	यातयिषीयास्थाम्	यातयिषीध्वम् -ढ्वम्
यातयिताहे	यातयितास्वहे	यातयितास्महे	यातयिषीय	यातयिषीवहि	यातयिषीमहि
यातयाम्बभूव	यातयाम्बभूवतुः	यातयाम्बभूवुः	अयीयतत	अयीयतेताम्	अयीयतन्त
यातयाञ्चक्रे	यातयाञ्चक्राते	यातयाञ्चक्रिरे			
यातयामास	यातयामासतुः	यातयामासुः			
यातयाम्बभूविथ	यातयाम्बभूवथुः	यातयाम्बभूव	अयीयतथाः	अयीयतेथाम्	अयीयतध्वम्
यातयाञ्चकृषे	यातयाञ्चक्राथे	यातयाञ्चकृढ्वे			

यातयामासिथ	यातयामासथुः	यातयामास			
यातयाम्बभूव	यातयाम्बभूविव	यातयाम्बभूविम	अयीयते	अयीयतावहि	अयीयतामहि
यातयाञ्चक्रे	यातयाञ्चकृवहे	यातयाञ्चकृमहे			
यातयामास	यातयामासिव	यातयामासिम			

1736 रक आस्वादने । relish. 7.2.116 अत उपधायाः ।

10c 203 रकँ । रक् । राकयति / ते । U । सेट् । स० । राकि । राकय । **Parasmaipadi Forms**

राकयति	राकयतः	राकयन्ति[1]	अराकयत् -द्	अराकयताम्	अराकयन्[1]
राकयसि	राकयथः	राकयथ	अराकयः	अराकयतम्	अराकयत
राकयामि[2]	राकयावः[2]	राकयामः[2]	अराकयम्[1]	अराकयाव[2]	अराकयाम[2]

राकयतु राकयतात् -द्	राकयताम्	राकयन्तु[1]	राकयेत् -द्	राकयेताम्	राकयेयुः
राकय राकयतात् -द्	राकयतम्	राकयत	राकयेः	राकयेतम्	राकयेत
राकयानि[3]	राकयाव[3]	राकयाम[3]	राकयेयम्	राकयेव	राकयेम

राकयिष्यति	राकयिष्यतः	राकयिष्यन्ति	अराकयिष्यत् -द्	अराकयिष्यताम्	अराकयिष्यन्
राकयिष्यसि	राकयिष्यथः	राकयिष्यथ	अराकयिष्यः	अराकयिष्यतम्	अराकयिष्यत
राकयिष्यामि	राकयिष्यावः	राकयिष्यामः	अराकयिष्यम्	अराकयिष्याव	अराकयिष्याम

राकयिता	राकयितारौ	राकयितारः	राक्यात् -द्	राक्यास्ताम्	राक्यासुः
राकयितासि	राकयितास्थः	राकयितास्थ	राक्याः	राक्यास्तम्	राक्यास्त
राकयितास्मि	राकयितास्वः	राकयितास्मः	राक्यासम्	राक्यास्व	राक्यास्म

राकयाम्बभूव	राकयाम्बभूवतुः	राकयाम्बभूवुः	अरीरकत् -द्	अरीरकताम्	अरीरकन्
राकयाञ्चकार	राकयाञ्चक्रतुः	राकयाञ्चक्रुः			
राकयामास	राकयामासतुः	राकयामासुः			
राकयाम्बभूविथ	राकयाम्बभूवथुः	राकयाम्बभूव	अरीरकः	अरीरकतम्	अरीरकत
राकयाञ्चकर्थ	राकयाञ्चक्रथुः	राकयाञ्चक्र			
राकयामासिथ	राकयामासथुः	राकयामास			
राकयाम्बभूव	राकयाम्बभूविव	राकयाम्बभूविम	अरीरकम्	अरीरकाव	अरीरकाम
राकयाञ्चकर -कार	राकयाञ्चकृव	राकयाञ्चकृम			
राकयामास	राकयामासिव	राकयामासिम			

Atmanepadi Forms

राकयते	राकयेते[4]	राकयन्ते[1]	अराकयत	अराकयेताम्[4]	अराकयन्त[1]
राकयसे	राकयेथे[4]	राकयध्वे	अराकयथाः	अराकयेथाम्[4]	अराकयध्वम्
राकये[1]	राकयावहे[2]	राकयामहे[2]	अराकये[4]	अराकयावहि[3]	अराकयामहि[3]

राकयताम्	राकयेताम्[4]	राकयन्ताम्[1]	राकयेत	राकयेयाताम्	राकयेरन्
राकयस्व	राकयेथाम्[4]	राकयध्वम्	राकयेथाः	राकयेयाथाम्	राकयेध्वम्
राकयै[5]	राकयावहै[3]	राकयामहै[3]	राकयेय	राकयेवहि	राकयेमहि

राकयिष्यते	राकयिष्येते	राकयिष्यन्ते	अराकयिष्यत	अराकयिष्येताम्	अराकयिष्यन्त
राकयिष्यसे	राकयिष्येथे	राकयिष्यध्वे	अराकयिष्यथाः	अराकयिष्येथाम्	अराकयिष्यध्वम्
राकयिष्ये	राकयिष्यावहे	राकयिष्यामहे	अराकयिष्ये	अराकयिष्यावहि	अराकयिष्यामहि

राकयिता	राकयितारौ	राकयितारः	राकयिषीष्ट	राकयिषीयास्ताम्	राकयिषीरन्
राकयितासे	राकयितासाथे	राकयिताध्वे	राकयिषीष्ठाः	राकयिषीयास्थाम्	राकयिषीध्वम् -ढ्वम्
राकयिताहे	राकयितास्वहे	राकयितास्महे	राकयिषीय	राकयिषीवहि	राकयिषीमहि

राकयाम्बभूव	राकयाम्बभूवतुः	राकयाम्बभूवुः	अरीरकत	अरीरकेताम्	अरीरकन्त
राकयाञ्चक्रे	राकयाञ्चक्राते	राकयाञ्चक्रिरे			
राकयामास	राकयामासतुः	राकयामासुः			
राकयाम्बभूविथ	राकयाम्बभूवथुः	राकयाम्बभूव	अरीरकथाः	अरीरकेथाम्	अरीरकध्वम्
राकयाञ्चकृषे	राकयाञ्चक्राथे	राकयाञ्चकृढ्वे			
राकयामासिथ	राकयामासथुः	राकयामास			
राकयाम्बभूव	राकयाम्बभूविव	राकयाम्बभूविम	अरीरके	अरीरकावहि	अरीरकामहि
राकयाञ्चक्रे	राकयाञ्चकृवहे	राकयाञ्चकृमहे			
राकयामास	राकयामासिव	राकयामासिम			

1737 लग आस्वादने । रघ इत्येके । रग इत्यन्ये । taste, savour. 7.2.116 अत उपधायाः।

10c 204 लगँ । लग् । लागयति / ते । U । सेट् । स० । लागि । लागय । **Parasmaipadi Forms**

लागयति	लागयतः	लागयन्ति[1]	अलागयत् -द्	अलागयताम्	अलागयन्[1]
लागयसि	लागयथः	लागयथ	अलागयः	अलागयतम्	अलागयत
लागयामि[2]	लागयावः[2]	लागयामः[2]	अलागयम्[1]	अलागयाव[2]	अलागयाम[2]

लागयतु लागयतात् -द्	लागयताम्	लागयन्तु[1]	लागयेत् -द्	लागयेताम्	लागयेयुः
लागय लागयतात् -द्	लागयतम्	लागयत	लागयेः	लागयेतम्	लागयेत
लागयानि[3]	लागयाव[3]	लागयाम[3]	लागयेयम्	लागयेव	लागयेम

लागयिष्यति	लागयिष्यतः	लागयिष्यन्ति	अलागयिष्यत् -द्	अलागयिष्यताम्	अलागयिष्यन्
लागयिष्यसि	लागयिष्यथः	लागयिष्यथ	अलागयिष्यः	अलागयिष्यतम्	अलागयिष्यत
लागयिष्यामि	लागयिष्यावः	लागयिष्यामः	अलागयिष्यम्	अलागयिष्याव	अलागयिष्याम

लागयिता	लागयितारौ	लागयितारः	लाग्यात् -द्	लाग्यास्ताम्	लाग्यासुः
लागयितासि	लागयितास्थः	लागयितास्थ	लाग्याः	लाग्यास्तम्	लाग्यास्त
लागयितास्मि	लागयितास्वः	लागयितास्मः	लाग्यासम्	लाग्यास्व	लाग्यास्म

लागयाम्बभूव	लागयाम्बभूवतुः	लागयाम्बभूवुः	अलीलगत् -द्	अलीलगताम्	अलीलगन्
लागयाञ्चकार	लागयाञ्चक्रतुः	लागयाञ्चक्रुः			
लागयामास	लागयामासतुः	लागयामासुः			
लागयाम्बभूविथ	लागयाम्बभूवथुः	लागयाम्बभूव	अलीलगः	अलीलगतम्	अलीलगत
लागयाञ्चकर्थ	लागयाञ्चक्रथुः	लागयाञ्चक्र			
लागयामासिथ	लागयामासथुः	लागयामास			
लागयाम्बभूव	लागयाम्बभूविव	लागयाम्बभूविम	अलीलगम्	अलीलगाव	अलीलगाम
लागयाञ्चकर -कार	लागयाञ्चकृव	लागयाञ्चकृम			
लागयामास	लागयामासिव	लागयामासिम			

Atmanepadi Forms

लागयते	लागयेते[4]	लागयन्ते[1]	अलागयत	अलागयेताम्[4]	अलागयन्त[1]
लागयसे	लागयेथे[4]	लागयध्वे	अलागयथाः	अलागयेथाम्[4]	अलागयध्वम्
लागये[1]	लागयावहे[2]	लागयामहे[2]	अलागये[4]	अलागयावहि[3]	अलागयामहि[3]

लागयताम्	लागयेताम्[4]	लागयन्ताम्[1]	लागयेत	लागयेयाताम्	लागयेरन्
लागयस्व	लागयेथाम्[4]	लागयध्वम्	लागयेथाः	लागयेयाथाम्	लागयेध्वम्
लागयै[5]	लागयावहै[3]	लागयामहै[3]	लागयेय	लागयेवहि	लागयेमहि

लागयिष्यते	लागयिष्येते	लागयिष्यन्ते	अलागयिष्यत	अलागयिष्येताम्	अलागयिष्यन्त
लागयिष्यसे	लागयिष्येथे	लागयिष्यध्वे	अलागयिष्यथाः	अलागयिष्येथाम्	अलागयिष्यध्वम्
लागयिष्ये	लागयिष्यावहे	लागयिष्यामहे	अलागयिष्ये	अलागयिष्यावहि	अलागयिष्यामहि

लागयिता	लागयितारौ	लागयितारः	लागयिषीष्ट	लागयिषीयास्ताम्	लागयिषीरन्
लागयितासे	लागयितासाथे	लागयिताध्वे	लागयिषीष्ठाः	लागयिषीयास्थाम्	लागयिषीध्वम् -ढ्वम्
लागयिताहे	लागयितास्वहे	लागयितास्महे	लागयिषीय	लागयिषीवहि	लागयिषीमहि

लागयाम्बभूव	लागयाम्बभूवतुः	लागयाम्बभूवुः	अलीलगत	अलीलगेताम्	अलीलगन्त
लागयाञ्चक्रे	लागयाञ्चक्राते	लागयाञ्चक्रिरे			
लागयामास	लागयामासतुः	लागयामासुः			
लागयाम्बभूविथ	लागयाम्बभूवथुः	लागयाम्बभूव	अलीलगथाः	अलीलगेथाम्	अलीलगध्वम्
लागयाञ्चकृषे	लागयाञ्चक्राथे	लागयाञ्चकृढ्वे			
लागयामासिथ	लागयामासथुः	लागयामास			

लागयाम्बभूव	लागयाम्बभूविव	लागयाम्बभूविम	अलीलगे	अलीलगावहि	अलीलगामहि
लागयाञ्चक्रे	लागयाञ्चकृवहे	लागयाञ्चकृमहे			
लागयामास	लागयामासिव	लागयामासिम			

1738 अञ्चु विशेषणे । उदित् वैकल्पिकः णिच् । individualise, honour

10c 205 अञ्चुँ । अञ्च् । अञ्चयति / ते , अञ्चति । U । सेट् । स० । अञ्चि । अञ्चय ।

Siddhanta Kaumudi उदित्त्वमिड्विकल्पार्थम् । अत एव विभाषितो णिच् । अञ्चति। एवं शृधुजसुप्रभृतीनामपि बोध्यम्।

Parasmaipadi Forms

अञ्चयति	अञ्चयतः	अञ्चयन्ति[1]	आञ्चयत् -द्	आञ्चयताम्	आञ्चयन्[1]
अञ्चयसि	अञ्चयथः	अञ्चयथ	आञ्चयः	आञ्चयतम्	आञ्चयत
अञ्चयामि[2]	अञ्चयावः[2]	अञ्चयामः[2]	आञ्चयम्[1]	आञ्चयाव[2]	आञ्चयाम[2]

अञ्चयतु अञ्चयतात् -द्	अञ्चयताम्	अञ्चयन्तु[1]	अञ्चयेत् -द्	अञ्चयेताम्	अञ्चयेयुः
अञ्चय अञ्चयतात् -द्	अञ्चयतम्	अञ्चयत	अञ्चयेः	अञ्चयेतम्	अञ्चयेत
अञ्चयानि[3]	अञ्चयाव[3]	अञ्चयाम[3]	अञ्चयेयम्	अञ्चयेव	अञ्चयेम

अञ्चयिष्यति	अञ्चयिष्यतः	अञ्चयिष्यन्ति	आञ्चयिष्यत् -द्	आञ्चयिष्यताम्	आञ्चयिष्यन्
अञ्चयिष्यसि	अञ्चयिष्यथः	अञ्चयिष्यथ	आञ्चयिष्यः	आञ्चयिष्यतम्	आञ्चयिष्यत
अञ्चयिष्यामि	अञ्चयिष्यावः	अञ्चयिष्यामः	आञ्चयिष्यम्	आञ्चयिष्याव	आञ्चयिष्याम

अञ्चयिता	अञ्चयितारौ	अञ्चयितारः	अञ्च्यात् -द्	अञ्च्यास्ताम्	अञ्च्यासुः
अञ्चयितासि	अञ्चयितास्थः	अञ्चयितास्थ	अञ्च्याः	अञ्च्यास्तम्	अञ्च्यास्त
अञ्चयितास्मि	अञ्चयितास्वः	अञ्चयितास्मः	अञ्च्यासम्	अञ्च्यास्व	अञ्च्यास्म

अञ्चयाम्बभूव	अञ्चयाम्बभूवतुः	अञ्चयाम्बभूवुः	आञ्चिचत् -द्	आञ्चिचताम्	आञ्चिचन्
अञ्चयाञ्चकार	अञ्चयाञ्चक्रतुः	अञ्चयाञ्चक्रुः			
अञ्चयामास	अञ्चयामासतुः	अञ्चयामासुः			
अञ्चयाम्बभूविथ	अञ्चयाम्बभूवथुः	अञ्चयाम्बभूव	आञ्चिचः	आञ्चिचतम्	आञ्चिचत
अञ्चयाञ्चकर्थ	अञ्चयाञ्चक्रथुः	अञ्चयाञ्चक्र			
अञ्चयामासिथ	अञ्चयामासथुः	अञ्चयामास			
अञ्चयाम्बभूव	अञ्चयाम्बभूविव	अञ्चयाम्बभूविम	आञ्चिचम्	आञ्चिचाव	आञ्चिचाम
अञ्चयाञ्चकर -कार	अञ्चयाञ्चकृव	अञ्चयाञ्चकृम			
अञ्चयामास	अञ्चयामासिव	अञ्चयामासिम			

Atmanepadi Forms

अञ्चयते	अञ्चयेते[4]	अञ्चयन्ते[1]	आञ्चयत	आञ्चयेताम्[4]	आञ्चयन्त[1]
अञ्चयसे	अञ्चयेथे[4]	अञ्चयध्वे	आञ्चयथाः	आञ्चयेथाम्[4]	आञ्चयध्वम्

अञ्चये[1]	अञ्चयावहे[2]	अञ्चयामहे[2]	आञ्चये[4]	आञ्चयावहि[3]	आञ्चयामहि[3]

अञ्चयताम्	अञ्चयेताम्[4]	अञ्चयन्ताम्[1]	अञ्चयेत	अञ्चयेयाताम्	अञ्चयेरन्
अञ्चयस्व	अञ्चयेथाम्[4]	अञ्चयध्वम्	अञ्चयेथाः	अञ्चयेयाथाम्	अञ्चयेध्वम्
अञ्चयै[5]	अञ्चयावहै[3]	अञ्चयामहै[3]	अञ्चयेय	अञ्चयेवहि	अञ्चयेमहि

अञ्चयिष्यते	अञ्चयिष्येते	अञ्चयिष्यन्ते	आञ्चयिष्यत	आञ्चयिष्येताम्	आञ्चयिष्यन्त
अञ्चयिष्यसे	अञ्चयिष्येथे	अञ्चयिष्यध्वे	आञ्चयिष्यथाः	आञ्चयिष्येथाम्	आञ्चयिष्यध्वम्
अञ्चयिष्ये	अञ्चयिष्यावहे	अञ्चयिष्यामहे	आञ्चयिष्ये	आञ्चयिष्यावहि	आञ्चयिष्यामहि

अञ्चयिता	अञ्चयितारौ	अञ्चयितारः	अञ्चयिषीष्ट	अञ्चयिषीयास्ताम्	अञ्चयिषीरन्
अञ्चयितासे	अञ्चयितासाथे	अञ्चयिताध्वे	अञ्चयिषीष्ठाः	अञ्चयिषीयास्थाम्	अञ्चयिषीध्वम् -ढ्वम्
अञ्चयिताहे	अञ्चयितास्वहे	अञ्चयितास्महे	अञ्चयिषीय	अञ्चयिषीवहि	अञ्चयिषीमहि

अञ्चयाम्बभूव	अञ्चयाम्बभूवतुः	अञ्चयाम्बभूवुः	आञ्चिचत	आञ्चिचेताम्	आञ्चिचन्त
अञ्चयाञ्चक्रे	अञ्चयाञ्चक्राते	अञ्चयाञ्चक्रिरे			
अञ्चयामास	अञ्चयामासतुः	अञ्चयामासुः			
अञ्चयाम्बभूविथ	अञ्चयाम्बभूवथुः	अञ्चयाम्बभूव	आञ्चिचथाः	आञ्चिचेथाम्	आञ्चिचध्वम्
अञ्चयाञ्चकृषे	अञ्चयाञ्चक्राथे	अञ्चयाञ्चकृढ्वे			
अञ्चयामासिथ	अञ्चयामासथुः	अञ्चयामास			
अञ्चयाम्बभूव	अञ्चयाम्बभूविव	अञ्चयाम्बभूविम	आञ्चिचे	आञ्चिचावहि	आञ्चिचामहि
अञ्चयाञ्चक्रे	अञ्चयाञ्चकृवहे	अञ्चयाञ्चकृमहे			
अञ्चयामास	अञ्चयामासिव	अञ्चयामासिम			

णिजभावपक्षे 1.3.78 शेषात् कर्त्तरि परस्मैपदम् । इति पक्षे भ्वादिः इव अञ्च् । P । सेट् । स० ।

अञ्चति	अञ्चतः	अञ्चन्ति	आञ्चत् -द्	आञ्चताम्	आञ्चन्
अञ्चसि	अञ्चथः	अञ्चथ	आञ्चः	आञ्चतम्	आञ्चत
अञ्चामि	अञ्चावः	अञ्चामः	आञ्चम्	आञ्चाव	आञ्चाम

अञ्चतु अञ्चतात् -द्	अञ्चताम्	अञ्चन्तु	अञ्चेत् -द्	अञ्चेताम्	अञ्चेयुः
अञ्च अञ्चतात् -द्	अञ्चतम्	अञ्चत	अञ्चेः	अञ्चेतम्	अञ्चेत
अञ्चानि	अञ्चाव	अञ्चाम	अञ्चेयम्	अञ्चेव	अञ्चेम

अञ्चिष्यति	अञ्चिष्यतः	अञ्चिष्यन्ति	आञ्चिष्यत् -द्	आञ्चिष्यताम्	आञ्चिष्यन्
अञ्चिष्यसि	अञ्चिष्यथः	अञ्चिष्यथ	आञ्चिष्यः	आञ्चिष्यतम्	आञ्चिष्यत
अञ्चिष्यामि	अञ्चिष्यावः	अञ्चिष्यामः	आञ्चिष्यम्	आञ्चिष्याव	आञ्चिष्याम

अञ्चिता	अञ्चितारौ	अञ्चितारः	अञ्च्यात् -द्	अञ्च्यास्ताम्	अञ्च्यासुः
अञ्चितासि	अञ्चितास्थः	अञ्चितास्थ	अञ्च्याः	अञ्च्यास्तम्	अञ्च्यास्त
अञ्चितास्मि	अञ्चितास्वः	अञ्चितास्मः	अञ्च्यासम्	अञ्च्यास्व	अञ्च्यास्म

आनञ्च	आनञ्चतुः	आनञ्चुः	आञ्चीत् -द्	आञ्चिष्टाम्	आञ्चिषुः
आनञ्चिथ	आनञ्चथुः	आनञ्च	आञ्चीः	आञ्चिष्टम्	आञ्चिष्ट
आनञ्च	आनञ्चिव	आनञ्चिम	आञ्चिषम्	आञ्चिष्व	आञ्चिष्म

1739 लिगि चित्रीकरणे । इदित् वैकल्पिकः णिच् । paint, depict a noun by gender

10c 206 लिगिँ । लिङ्ग् । लिङ्गयति / ते , लिङ्गति । U । सेट् । स० । लिङ्गि । लिङ्गय ।

7.1.58 इदितो नुम् धातोः । **Parasmaipadi Forms**

लिङ्गयति	लिङ्गयतः	लिङ्गयन्ति[1]	अलिङ्गयत् -द्	अलिङ्गयताम्	अलिङ्गयन्[1]
लिङ्गयसि	लिङ्गयथः	लिङ्गयथ	अलिङ्गयः	अलिङ्गयतम्	अलिङ्गयत
लिङ्गयामि[2]	लिङ्गयावः[2]	लिङ्गयामः[2]	अलिङ्गयम्[1]	अलिङ्गयाव[2]	अलिङ्गयाम[2]

लिङ्गयतु लिङ्गयतात् -द्	लिङ्गयताम्	लिङ्गयन्तु[1]	लिङ्गयेत् -द्	लिङ्गयेताम्	लिङ्गयेयुः
लिङ्गय लिङ्गयतात् -द्	लिङ्गयतम्	लिङ्गयत	लिङ्गयेः	लिङ्गयेतम्	लिङ्गयेत
लिङ्गयानि[3]	लिङ्गयाव[3]	लिङ्गयाम[3]	लिङ्गयेयम्	लिङ्गयेव	लिङ्गयेम

लिङ्गयिष्यति	लिङ्गयिष्यतः	लिङ्गयिष्यन्ति	अलिङ्गयिष्यत् -द्	अलिङ्गयिष्यताम्	अलिङ्गयिष्यन्
लिङ्गयिष्यसि	लिङ्गयिष्यथः	लिङ्गयिष्यथ	अलिङ्गयिष्यः	अलिङ्गयिष्यतम्	अलिङ्गयिष्यत
लिङ्गयिष्यामि	लिङ्गयिष्यावः	लिङ्गयिष्यामः	अलिङ्गयिष्यम्	अलिङ्गयिष्याव	अलिङ्गयिष्याम

लिङ्गयिता	लिङ्गयितारौ	लिङ्गयितारः	लिङ्ग्यात् -द्	लिङ्ग्यास्ताम्	लिङ्ग्यासुः
लिङ्गयितासि	लिङ्गयितास्थः	लिङ्गयितास्थ	लिङ्ग्याः	लिङ्ग्यास्तम्	लिङ्ग्यास्त
लिङ्गयितास्मि	लिङ्गयितास्वः	लिङ्गयितास्मः	लिङ्ग्यासम्	लिङ्ग्यास्व	लिङ्ग्यास्म

लिङ्गयाम्बभूव	लिङ्गयाम्बभूवतुः	लिङ्गयाम्बभूवुः	अलिलिङ्गत् -द्	अलिलिङ्गताम्	अलिलिङ्गन्
लिङ्गयाञ्चकार	लिङ्गयाञ्चक्रतुः	लिङ्गयाञ्चक्रुः			
लिङ्गयामास	लिङ्गयामासतुः	लिङ्गयामासुः			
लिङ्गयाम्बभूविथ	लिङ्गयाम्बभूवथुः	लिङ्गयाम्बभूव	अलिलिङ्गः	अलिलिङ्गतम्	अलिलिङ्गत
लिङ्गयाञ्चकर्थ	लिङ्गयाञ्चक्रथुः	लिङ्गयाञ्चक्र			
लिङ्गयामासिथ	लिङ्गयामासथुः	लिङ्गयामास			
लिङ्गयाम्बभूव	लिङ्गयाम्बभूविव	लिङ्गयाम्बभूविम	अलिलिङ्गम्	अलिलिङ्गाव	अलिलिङ्गाम
लिङ्गयाञ्चकर -कार	लिङ्गयाञ्चकृव	लिङ्गयाञ्चकृम			
लिङ्गयामास	लिङ्गयामासिव	लिङ्गयामासिम			

Atmanepadi Forms

लिङ्गयते	लिङ्गयेते[4]	लिङ्गयन्ते[1]	अलिङ्गयत	अलिङ्गयेताम्[4]	अलिङ्गयन्त[1]
लिङ्गयसे	लिङ्गयेथे[4]	लिङ्गयध्वे	अलिङ्गयथाः	अलिङ्गयेथाम्[4]	अलिङ्गयध्वम्
लिङ्गये[1]	लिङ्गयावहे[2]	लिङ्गयामहे[2]	अलिङ्गये[4]	अलिङ्गयावहि[3]	अलिङ्गयामहि[3]

लिङ्गयताम्	लिङ्गयेताम्[4]	लिङ्गयन्ताम्[1]	लिङ्गयेत	लिङ्गयेयाताम्	लिङ्गयेरन्
लिङ्गयस्व	लिङ्गयेथाम्[4]	लिङ्गयध्वम्	लिङ्गयेथाः	लिङ्गयेयाथाम्	लिङ्गयेध्वम्
लिङ्गयै[5]	लिङ्गयावहै[3]	लिङ्गयामहै[3]	लिङ्गयेय	लिङ्गयेवहि	लिङ्गयेमहि

लिङ्गयिष्यते	लिङ्गयिष्येते	लिङ्गयिष्यन्ते	अलिङ्गयिष्यत	अलिङ्गयिष्येताम्	अलिङ्गयिष्यन्त
लिङ्गयिष्यसे	लिङ्गयिष्येथे	लिङ्गयिष्यध्वे	अलिङ्गयिष्यथाः	अलिङ्गयिष्येथाम्	अलिङ्गयिष्यध्वम्
लिङ्गयिष्ये	लिङ्गयिष्यावहे	लिङ्गयिष्यामहे	अलिङ्गयिष्ये	अलिङ्गयिष्यावहि	अलिङ्गयिष्यामहि

लिङ्गयिता	लिङ्गयितारौ	लिङ्गयितारः	लिङ्गयिषीष्ट	लिङ्गयिषीयास्ताम्	लिङ्गयिषीरन्
लिङ्गयितासे	लिङ्गयितासाथे	लिङ्गयिताध्वे	लिङ्गयिषीष्ठाः	लिङ्गयिषीयास्थाम्	लिङ्गयिषीध्वम् -ढ्वम्
लिङ्गयिताहे	लिङ्गयितास्वहे	लिङ्गयितास्महे	लिङ्गयिषीय	लिङ्गयिषीवहि	लिङ्गयिषीमहि

लिङ्गयाम्बभूव	लिङ्गयाम्बभूवतुः	लिङ्गयाम्बभूवुः	अलिलिङ्गत	अलिलिङ्गेताम्	अलिलिङ्गन्त
लिङ्गयाञ्चक्रे	लिङ्गयाञ्चक्राते	लिङ्गयाञ्चक्रिरे			
लिङ्गयामास	लिङ्गयामासतुः	लिङ्गयामासुः			
लिङ्गयाम्बभूविथ	लिङ्गयाम्बभूवथुः	लिङ्गयाम्बभूव	अलिलिङ्गथाः	अलिलिङ्गेथाम्	अलिलिङ्गध्वम्
लिङ्गयाञ्चकृषे	लिङ्गयाञ्चक्राथे	लिङ्गयाञ्चकृढ्वे			
लिङ्गयामासिथ	लिङ्गयामासथुः	लिङ्गयामास			
लिङ्गयाम्बभूव	लिङ्गयाम्बभूविव	लिङ्गयाम्बभूविम	अलिलिङ्गे	अलिलिङ्गावहि	अलिलिङ्गामहि
लिङ्गयाञ्चक्रे	लिङ्गयाञ्चकृवहे	लिङ्गयाञ्चकृमहे			
लिङ्गयामास	लिङ्गयामासिव	लिङ्गयामासिम			

णिजभावपक्षे 1.3.78 शेषात् कर्त्तरि परस्मैपदम् । इति पक्षे भ्वादिः इव लिङ्ग् । P । सेट् । स० ।

लिङ्गति	लिङ्गतः	लिङ्गन्ति	अलिङ्गत् -द्	अलिङ्गताम्	अलिङ्गन्
लिङ्गसि	लिङ्गथः	लिङ्गथ	अलिङ्गः	अलिङ्गतम्	अलिङ्गत
लिङ्गामि	लिङ्गावः	लिङ्गामः	अलिङ्गम्	अलिङ्गाव	अलिङ्गाम

लिङ्गतु लिङ्गतात् -द्	लिङ्गताम्	लिङ्गन्तु	लिङ्गेत् -द्	लिङ्गेताम्	लिङ्गेयुः
लिङ्ग लिङ्गतात् -द्	लिङ्गतम्	लिङ्गत	लिङ्गेः	लिङ्गेतम्	लिङ्गेत
लिङ्गानि	लिङ्गाव	लिङ्गाम	लिङ्गेयम्	लिङ्गेव	लिङ्गेम

लिङ्गिष्यति	लिङ्गिष्यतः	लिङ्गिष्यन्ति	अलिङ्गिष्यत् -द्	अलिङ्गिष्यताम्	अलिङ्गिष्यन्
लिङ्गिष्यसि	लिङ्गिष्यथः	लिङ्गिष्यथ	अलिङ्गिष्यः	अलिङ्गिष्यतम्	अलिङ्गिष्यत
लिङ्गिष्यामि	लिङ्गिष्यावः	लिङ्गिष्यामः	अलिङ्गिष्यम्	अलिङ्गिष्याव	अलिङ्गिष्याम

लिङ्गिता	लिङ्गितारौ	लिङ्गितारः	लिङ्ग्यात् -द्	लिङ्ग्यास्ताम्	लिङ्ग्यासुः
लिङ्गितासि	लिङ्गितास्थः	लिङ्गितास्थ	लिङ्ग्याः	लिङ्ग्यास्तम्	लिङ्ग्यास्त
लिङ्गितास्मि	लिङ्गितास्वः	लिङ्गितास्मः	लिङ्ग्यासम्	लिङ्ग्यास्व	लिङ्ग्यास्म

लिलिङ्ग	लिलिङ्गतुः	लिलिङ्गुः	अलिङ्गीत् -द्	अलिङ्गिष्टाम्	अलिङ्गिषुः
लिलिङ्गिथ	लिलिङ्गथुः	लिलिङ्ग	अलिङ्गीः	अलिङ्गिष्टम्	अलिङ्गिष्ट
लिलिङ्ग	लिलिङ्गिव	लिलिङ्गिम	अलिङ्गिषम्	अलिङ्गिष्व	अलिङ्गिष्म

1740 मुद संसर्गे । collect, mix, cleanse

10c 207 मुदँ । मुद् । मोदयति / ते । U । सेट् । स० । मोदि । मोदय । **Parasmaipadi Forms**

मोदयति	मोदयतः	मोदयन्ति[1]	अमोदयत् -द्	अमोदयताम्	अमोदयन्[1]
मोदयसि	मोदयथः	मोदयथ	अमोदयः	अमोदयतम्	अमोदयत
मोदयामि[2]	मोदयावः[2]	मोदयामः[2]	अमोदयम्[1]	अमोदयाव[2]	अमोदयाम[2]

मोदयतु मोदयतात् -द्	मोदयताम्	मोदयन्तु[1]	मोदयेत् -द्	मोदयेताम्	मोदयेयुः
मोदय मोदयतात् -द्	मोदयतम्	मोदयत	मोदयेः	मोदयेतम्	मोदयेत
मोदयानि[3]	मोदयाव[3]	मोदयाम[3]	मोदयेयम्	मोदयेव	मोदयेम

मोदयिष्यति	मोदयिष्यतः	मोदयिष्यन्ति	अमोदयिष्यत् -द्	अमोदयिष्यताम्	अमोदयिष्यन्
मोदयिष्यसि	मोदयिष्यथः	मोदयिष्यथ	अमोदयिष्यः	अमोदयिष्यतम्	अमोदयिष्यत
मोदयिष्यामि	मोदयिष्यावः	मोदयिष्यामः	अमोदयिष्यम्	अमोदयिष्याव	अमोदयिष्याम

मोदयिता	मोदयितारौ	मोदयितारः	मोद्यात् -द्	मोद्यास्ताम्	मोद्यासुः
मोदयितासि	मोदयितास्थः	मोदयितास्थ	मोद्याः	मोद्यास्तम्	मोद्यास्त
मोदयितास्मि	मोदयितास्वः	मोदयितास्मः	मोद्यासम्	मोद्यास्व	मोद्यास्म

मोदयाम्बभूव	मोदयाम्बभूवतुः	मोदयाम्बभूवुः	अमूमुदत् -द्	अमूमुदताम्	अमूमुदन्
मोदयाञ्चकार	मोदयाञ्चक्रतुः	मोदयाञ्चक्रुः			
मोदयामास	मोदयामासतुः	मोदयामासुः			
मोदयाम्बभूविथ	मोदयाम्बभूवथुः	मोदयाम्बभूव	अमूमुदः	अमूमुदतम्	अमूमुदत
मोदयाञ्चकर्थ	मोदयाञ्चक्रथुः	मोदयाञ्चक्र			
मोदयामासिथ	मोदयामासथुः	मोदयामास			
मोदयाम्बभूव	मोदयाम्बभूविव	मोदयाम्बभूविम	अमूमुदम्	अमूमुदाव	अमूमुदाम
मोदयाञ्चकर -कार	मोदयाञ्चकृव	मोदयाञ्चकृम			
मोदयामास	मोदयामासिव	मोदयामासिम			

Atmanepadi Forms

मोदयते	मोदयेते[4]	मोदयन्ते[1]	अमोदयत	अमोदयेताम्[4]	अमोदयन्त[1]
मोदयसे	मोदयेथे[4]	मोदयध्वे	अमोदयथाः	अमोदयेथाम्[4]	अमोदयध्वम्
मोदये[1]	मोदयावहे[2]	मोदयामहे[2]	अमोदये[4]	अमोदयावहि[3]	अमोदयामहि[3]

मोदयताम्	मोदयेताम्[4]	मोदयन्ताम्[1]	मोदयेत	मोदयेयाताम्	मोदयेरन्

| मोदयस्व | मोदयेथाम्[4] | मोदयध्वम् | मोदयेथाः | मोदयेयाथाम् | मोदयेध्वम् |
| मोदयै[5] | मोदयावहै[3] | मोदयामहै[3] | मोदयेय | मोदयेवहि | मोदयेमहि |

मोदयिष्यते	मोदयिष्येते	मोदयिष्यन्ते	अमोदयिष्यत	अमोदयिष्येताम्	अमोदयिष्यन्त
मोदयिष्यसे	मोदयिष्येथे	मोदयिष्यध्वे	अमोदयिष्यथाः	अमोदयिष्येथाम्	अमोदयिष्यध्वम्
मोदयिष्ये	मोदयिष्यावहे	मोदयिष्यामहे	अमोदयिष्ये	अमोदयिष्यावहि	अमोदयिष्यामहि

मोदयिता	मोदयितारौ	मोदयितारः	मोदयिषीष्ट	मोदयिषीयास्ताम्	मोदयिषीरन्
मोदयितासे	मोदयितासाथे	मोदयिताध्वे	मोदयिषीष्ठाः	मोदयिषीयास्थाम्	मोदयिषीध्वम् -ढ्वम्
मोदयिताहे	मोदयितास्वहे	मोदयितास्महे	मोदयिषीय	मोदयिषीवहि	मोदयिषीमहि

मोदयाम्बभूव	मोदयाम्बभूवतुः	मोदयाम्बभूवुः	अमूमुदत	अमूमुदेताम्	अमूमुदन्त
मोदयाञ्चक्रे	मोदयाञ्चक्राते	मोदयाञ्चक्रिरे			
मोदयामास	मोदयामासतुः	मोदयामासुः			
मोदयाम्बभूविथ	मोदयाम्बभूवथुः	मोदयाम्बभूव	अमूमुदथाः	अमूमुदेथाम्	अमूमुदध्वम्
मोदयाञ्चकृषे	मोदयाञ्चक्राथे	मोदयाञ्चकृढ्वे			
मोदयामासिथ	मोदयामासथुः	मोदयामास			
मोदयाम्बभूव	मोदयाम्बभूविव	मोदयाम्बभूविम	अमूमुदे	अमूमुदावहि	अमूमुदामहि
मोदयाञ्चक्रे	मोदयाञ्चकृवहे	मोदयाञ्चकृमहे			
मोदयामास	मोदयामासिव	मोदयामासिम			

1741 त्रस धारणे । ग्रहणे इत्येके । वारणे इत्यन्ये । go, move, take, seize, oppose, prevent
10c 208 त्रसँ । त्रस् । त्रासयति / ते । U । सेट् । स० । त्रासि । त्रासय ।
7.2.116 अत उपधायाः । **Parasmaipadi Forms**

त्रासयति	त्रासयतः	त्रासयन्ति[1]	अत्रासयत् -द्	अत्रासयताम्	अत्रासयन्[1]
त्रासयसि	त्रासयथः	त्रासयथ	अत्रासयः	अत्रासयतम्	अत्रासयत
त्रासयामि[2]	त्रासयावः[2]	त्रासयामः[2]	अत्रासयम्[1]	अत्रासयाव[2]	अत्रासयाम[2]

त्रासयतु त्रासयतात् -द्	त्रासयताम्	त्रासयन्तु[1]	त्रासयेत् -द्	त्रासयेताम्	त्रासयेयुः
त्रासय त्रासयतात् -द्	त्रासयतम्	त्रासयत	त्रासयेः	त्रासयेतम्	त्रासयेत
त्रासयानि[3]	त्रासयाव[3]	त्रासयाम[3]	त्रासयेयम्	त्रासयेव	त्रासयेम

त्रासयिष्यति	त्रासयिष्यतः	त्रासयिष्यन्ति	अत्रासयिष्यत् -द्	अत्रासयिष्यताम्	अत्रासयिष्यन्
त्रासयिष्यसि	त्रासयिष्यथः	त्रासयिष्यथ	अत्रासयिष्यः	अत्रासयिष्यतम्	अत्रासयिष्यत
त्रासयिष्यामि	त्रासयिष्यावः	त्रासयिष्यामः	अत्रासयिष्यम्	अत्रासयिष्याव	अत्रासयिष्याम

| त्रासयिता | त्रासयितारौ | त्रासयितारः | त्रास्यात् -द् | त्रास्यास्ताम् | त्रास्यासुः |

त्रासयितासि	त्रासयितास्थः	त्रासयितास्थ	त्रास्याः	त्रास्यास्तम्	त्रास्यास्त
त्रासयितास्मि	त्रासयितास्वः	त्रासयितास्मः	त्रास्यासम्	त्रास्यास्व	त्रास्यास्म

त्रासयाम्बभूव	त्रासयाम्बभूवतुः	त्रासयाम्बभूवुः	अतित्रसत् -द्	अतित्रसताम्	अतित्रसन्
त्रासयाञ्चकार	त्रासयाञ्चक्रतुः	त्रासयाञ्चक्रुः			
त्रासयामास	त्रासयामासतुः	त्रासयामासुः			
त्रासयाम्बभूविथ	त्रासयाम्बभूवथुः	त्रासयाम्बभूव	अतित्रसः	अतित्रसतम्	अतित्रसत
त्रासयाञ्चकर्थ	त्रासयाञ्चक्रथुः	त्रासयाञ्चक्र			
त्रासयामासिथ	त्रासयामासथुः	त्रासयामास			
त्रासयाम्बभूव	त्रासयाम्बभूविव	त्रासयाम्बभूविम	अतित्रसम्	अतित्रसाव	अतित्रसाम
त्रासयाञ्चकर -कार	त्रासयाञ्चकृव	त्रासयाञ्चकृम			
त्रासयामास	त्रासयामासिव	त्रासयामासिम			

Atmanepadi Forms

त्रासयते	त्रासयेते[4]	त्रासयन्ते[1]	अत्रासयत	अत्रासयेताम्[4]	अत्रासयन्त[1]
त्रासयसे	त्रासयेथे[4]	त्रासयध्वे	अत्रासयथाः	अत्रासयेथाम्[4]	अत्रासयध्वम्
त्रासये[1]	त्रासयावहे[2]	त्रासयामहे[2]	अत्रासये[4]	अत्रासयावहि[3]	अत्रासयामहि[3]

त्रासयताम्	त्रासयेताम्[4]	त्रासयन्ताम्[1]	त्रासयेत	त्रासयेयाताम्	त्रासयेरन्
त्रासयस्व	त्रासयेथाम्[4]	त्रासयध्वम्	त्रासयेथाः	त्रासयेयाथाम्	त्रासयेध्वम्
त्रासयै[5]	त्रासयावहै[3]	त्रासयामहै[3]	त्रासयेय	त्रासयेवहि	त्रासयेमहि

त्रासयिष्यते	त्रासयिष्येते	त्रासयिष्यन्ते	अत्रासयिष्यत	अत्रासयिष्येताम्	अत्रासयिष्यन्त
त्रासयिष्यसे	त्रासयिष्येथे	त्रासयिष्यध्वे	अत्रासयिष्यथाः	अत्रासयिष्येथाम्	अत्रासयिष्यध्वम्
त्रासयिष्ये	त्रासयिष्यावहे	त्रासयिष्यामहे	अत्रासयिष्ये	अत्रासयिष्यावहि	अत्रासयिष्यामहि

त्रासयिता	त्रासयितारौ	त्रासयितारः	त्रासयिषीष्ट	त्रासयिषीयास्ताम्	त्रासयिषीरन्
त्रासयितासे	त्रासयितासाथे	त्रासयिताध्वे	त्रासयिषीष्ठाः	त्रासयिषीयास्थाम्	त्रासयिषीध्वम् -ढ्वम्
त्रासयिताहे	त्रासयितास्वहे	त्रासयितास्महे	त्रासयिषीय	त्रासयिषीवहि	त्रासयिषीमहि

त्रासयाम्बभूव	त्रासयाम्बभूवतुः	त्रासयाम्बभूवुः	अतित्रसत	अतित्रसेताम्	अतित्रसन्त
त्रासयाञ्चक्रे	त्रासयाञ्चक्राते	त्रासयाञ्चक्रिरे			
त्रासयामास	त्रासयामासतुः	त्रासयामासुः			
त्रासयाम्बभूविथ	त्रासयाम्बभूवथुः	त्रासयाम्बभूव	अतित्रसथाः	अतित्रसेथाम्	अतित्रसध्वम्
त्रासयाञ्चकृषे	त्रासयाञ्चक्राथे	त्रासयाञ्चकृढ्वे			
त्रासयामासिथ	त्रासयामासथुः	त्रासयामास			
त्रासयाम्बभूव	त्रासयाम्बभूविव	त्रासयाम्बभूविम	अतित्रसे	अतित्रसावहि	अतित्रसामहि

त्रासयाञ्चक्रे	त्रासयाञ्चकृवहे	त्रासयाञ्चकृमहे			
त्रासयामास	त्रासयामासिव	त्रासयामासिम			

1742 उध्रस उञ्छे । उकारो धात्ववयव इत्येके । नेत्यन्ये । उदित् वैकल्पिकः णिच् । glean
10c 209 उँध्रसँ । ध्रस् । ध्रासयति/ते , ध्रसति । उध्रसँ उध्रासयति/ते । U । सेट् । स० । ध्रासि । ध्रासय ।
7.2.116 अत उपधायाः । **Parasmaipadi Forms**

ध्रासयति	ध्रासयतः	ध्रासयन्ति[1]	अध्रासयत् -द्	अध्रासयताम्	अध्रासयन्[1]
ध्रासयसि	ध्रासयथः	ध्रासयथ	अध्रासयः	अध्रासयतम्	अध्रासयत
ध्रासयामि[2]	ध्रासयावः[2]	ध्रासयामः[2]	अध्रासयम्[1]	अध्रासयाव[2]	अध्रासयाम[2]

ध्रासयतु ध्रासयतात् -द्	ध्रासयताम्	ध्रासयन्तु[1]	ध्रासयेत् -द्	ध्रासयेताम्	ध्रासयेयुः
ध्रासय ध्रासयतात् -द्	ध्रासयतम्	ध्रासयत	ध्रासयेः	ध्रासयेतम्	ध्रासयेत
ध्रासयानि[3]	ध्रासयाव[3]	ध्रासयाम[3]	ध्रासयेयम्	ध्रासयेव	ध्रासयेम

ध्रासयिष्यति	ध्रासयिष्यतः	ध्रासयिष्यन्ति	अध्रासयिष्यत् -द्	अध्रासयिष्यताम्	अध्रासयिष्यन्
ध्रासयिष्यसि	ध्रासयिष्यथः	ध्रासयिष्यथ	अध्रासयिष्यः	अध्रासयिष्यतम्	अध्रासयिष्यत
ध्रासयिष्यामि	ध्रासयिष्यावः	ध्रासयिष्यामः	अध्रासयिष्यम्	अध्रासयिष्याव	अध्रासयिष्याम

ध्रासयिता	ध्रासयितारौ	ध्रासयितारः	ध्रास्यात् -द्	ध्रास्यास्ताम्	ध्रास्यासुः
ध्रासयितासि	ध्रासयितास्थः	ध्रासयितास्थ	ध्रास्याः	ध्रास्यास्तम्	ध्रास्यास्त
ध्रासयितास्मि	ध्रासयितास्वः	ध्रासयितास्मः	ध्रास्यासम्	ध्रास्यास्व	ध्रास्यास्म

ध्रासयाम्बभूव	ध्रासयाम्बभूवतुः	ध्रासयाम्बभूवुः	अदिध्रसत् -द्	अदिध्रसताम्	अदिध्रसन्
ध्रासयाञ्चकार	ध्रासयाञ्चक्रतुः	ध्रासयाञ्चक्रुः			
ध्रासयामास	ध्रासयामासतुः	ध्रासयामासुः			
ध्रासयाम्बभूविथ	ध्रासयाम्बभूवथुः	ध्रासयाम्बभूव	अदिध्रसः	अदिध्रसतम्	अदिध्रसत
ध्रासयाञ्चकर्थ	ध्रासयाञ्चक्रथुः	ध्रासयाञ्चक्र			
ध्रासयामासिथ	ध्रासयामासथुः	ध्रासयामास			
ध्रासयाम्बभूव	ध्रासयाम्बभूविव	ध्रासयाम्बभूविम	अदिध्रसम्	अदिध्रसाव	अदिध्रसाम
ध्रासयाञ्चकर -कार	ध्रासयाञ्चकृव	ध्रासयाञ्चकृम			
ध्रासयामास	ध्रासयामासिव	ध्रासयामासिम			

Atmanepadi Forms

ध्रासयते	ध्रासयेते[4]	ध्रासयन्ते[1]	अध्रासयत	अध्रासयेताम्[4]	अध्रासयन्त[1]
ध्रासयसे	ध्रासयेथे[4]	ध्रासयध्वे	अध्रासयथाः	अध्रासयेथाम्[4]	अध्रासयध्वम्
ध्रासये[1]	ध्रासयावहे[2]	ध्रासयामहे[2]	अध्रासये[4]	अध्रासयावहि[3]	अध्रासयामहि[3]

ध्रासयताम्	ध्रासयेताम्[4]	ध्रासयन्ताम्[1]	ध्रासयेत	ध्रासयेयाताम्	ध्रासयेरन्
ध्रासयस्व	ध्रासयेथाम्[4]	ध्रासयध्वम्	ध्रासयेथाः	ध्रासयेयाथाम्	ध्रासयेध्वम्
ध्रासयै[5]	ध्रासयावहै[3]	ध्रासयामहै[3]	ध्रासयेय	ध्रासयेवहि	ध्रासयेमहि

ध्रासयिष्यते	ध्रासयिष्येते	ध्रासयिष्यन्ते	अध्रासयिष्यत	अध्रासयिष्येताम्	अध्रासयिष्यन्त
ध्रासयिष्यसे	ध्रासयिष्येथे	ध्रासयिष्यध्वे	अध्रासयिष्यथाः	अध्रासयिष्येथाम्	अध्रासयिष्यध्वम्
ध्रासयिष्ये	ध्रासयिष्यावहे	ध्रासयिष्यामहे	अध्रासयिष्ये	अध्रासयिष्यावहि	अध्रासयिष्यामहि

ध्रासयिता	ध्रासयितारौ	ध्रासयितारः	ध्रासयिषीष्ट	ध्रासयिषीयास्ताम्	ध्रासयिषीरन्
ध्रासयितासे	ध्रासयितासाथे	ध्रासयिताध्वे	ध्रासयिषीष्ठाः	ध्रासयिषीयास्थाम्	ध्रासयिषीध्वम् -ढ्वम्
ध्रासयिताहे	ध्रासयितास्वहे	ध्रासयितास्महे	ध्रासयिषीय	ध्रासयिषीवहि	ध्रासयिषीमहि

ध्रासयाम्बभूव	ध्रासयाम्बभूवतुः	ध्रासयाम्बभूवुः	अदिध्रसत	अदिध्रसेताम्	अदिध्रसन्त
ध्रासयाञ्चक्रे	ध्रासयाञ्चक्राते	ध्रासयाञ्चक्रिरे			
ध्रासयामास	ध्रासयामासतुः	ध्रासयामासुः			
ध्रासयाम्बभूविथ	ध्रासयाम्बभूवथुः	ध्रासयाम्बभूव	अदिध्रसथाः	अदिध्रसेथाम्	अदिध्रसध्वम्
ध्रासयाञ्चकृषे	ध्रासयाञ्चक्राथे	ध्रासयाञ्चकृढ्वे			
ध्रासयामासिथ	ध्रासयामासथुः	ध्रासयामास			
ध्रासयाम्बभूव	ध्रासयाम्बभूविव	ध्रासयाम्बभूविम	अदिध्रसे	अदिध्रसावहि	अदिध्रसामहि
ध्रासयाञ्चक्रे	ध्रासयाञ्चकृवहे	ध्रासयाञ्चकृमहे			
ध्रासयामास	ध्रासयामासिव	ध्रासयामासिम			

णिजभावपक्षे 1.3.78 शेषात् कर्त्तरि परस्मैपदम् । इति पक्षे भ्वादिः इव ध्रस् । P । सेट् । स० । 7.2.7 अतो हलादेर्लघोः ।

ध्रसति	ध्रसतः	ध्रसन्ति	अध्रसत्	अध्रसताम्	अध्रसन्
ध्रससि	ध्रसथः	ध्रसथ	अध्रसः	अध्रसतम्	अध्रसत
ध्रसामि	ध्रसावः	ध्रसामः	अध्रसम्	अध्रसाव	अध्रसाम

ध्रसतु ध्रसतात् -द्	ध्रसताम्	ध्रसन्तु	ध्रसेत्	ध्रसेताम्	ध्रसेयुः
ध्रस ध्रसतात् -द्	ध्रसतम्	ध्रसत	ध्रसेः	ध्रसेतम्	ध्रसेत
ध्रसानि	ध्रसाव	ध्रसाम	ध्रसेयम्	ध्रसेव	ध्रसेम

ध्रसिष्यति	ध्रसिष्यतः	ध्रसिष्यन्ति	अध्रसिष्यत् -द्	अध्रसिष्यताम्	अध्रसिष्यन्
ध्रसिष्यसि	ध्रसिष्यथः	ध्रसिष्यथ	अध्रसिष्यः	अध्रसिष्यतम्	अध्रसिष्यत
ध्रसिष्यामि	ध्रसिष्यावः	ध्रसिष्यामः	अध्रसिष्यम्	अध्रसिष्याव	अध्रसिष्याम

ध्रसिता	ध्रसितारौ	ध्रसितारः	ध्रस्यात् -द्	ध्रस्यास्ताम्	ध्रस्यासुः
ध्रसितासि	ध्रसितास्थः	ध्रसितास्थ	ध्रस्याः	ध्रस्यास्तम्	ध्रस्यास्त
ध्रसितास्मि	ध्रसितास्वः	ध्रसितास्मः	ध्रस्यासम्	ध्रस्यास्व	ध्रस्यास्म

दध्रास	दध्रसतुः	दध्रसुः	अध्रसीत् -द्	अध्रसिष्टाम्	अध्रसिषुः
			अध्रासीत् -द्	अध्रासीष्टाम्	अध्रासीषुः

दध्रसिथ	दध्रसथुः	दध्रस	अध्रसीः	अध्रसिष्टम्	अध्रसिष्ट
			अध्रासीः	अध्रासीष्टम्	अध्रासीष्ट
दध्रास दध्रस	दध्रसिव	दध्रसिम	अध्रसिषम्	अध्रसिष्व	अध्रसिष्म
			अध्रासीषम्	अध्रासीष्व	अध्रासीष्म

1743 **मुच प्रमोचने मोदने च ।** leave, deliver, be happy

10c 210 मुचँ । मुच् । मोचयति / ते । U । सेट् । स० । मोचि । मोचय । **Parasmaipadi Forms**

मोचयति	मोचयतः	मोचयन्ति[1]	अमोचयत् -द्	अमोचयताम्	अमोचयन्[1]
मोचयसि	मोचयथः	मोचयथ	अमोचयः	अमोचयतम्	अमोचयत
मोचयामि[2]	मोचयावः[2]	मोचयामः[2]	अमोचयम्[1]	अमोचयाव[2]	अमोचयाम[2]

मोचयतु मोचयतात् -द्	मोचयताम्	मोचयन्तु[1]	मोचयेत् -द्	मोचयेताम्	मोचयेयुः
मोचय मोचयतात् -द्	मोचयतम्	मोचयत	मोचयेः	मोचयेतम्	मोचयेत
मोचयानि[3]	मोचयाव[3]	मोचयाम[3]	मोचयेयम्	मोचयेव	मोचयेम

मोचयिष्यति	मोचयिष्यतः	मोचयिष्यन्ति	अमोचयिष्यत् -द्	अमोचयिष्यताम्	अमोचयिष्यन्
मोचयिष्यसि	मोचयिष्यथः	मोचयिष्यथ	अमोचयिष्यः	अमोचयिष्यतम्	अमोचयिष्यत
मोचयिष्यामि	मोचयिष्यावः	मोचयिष्यामः	अमोचयिष्यम्	अमोचयिष्याव	अमोचयिष्याम

मोचयिता	मोचयितारौ	मोचयितारः	मोच्यात् -द्	मोच्यास्ताम्	मोच्यासुः
मोचयितासि	मोचयितास्थः	मोचयितास्थ	मोच्याः	मोच्यास्तम्	मोच्यास्त
मोचयितास्मि	मोचयितास्वः	मोचयितास्मः	मोच्यासम्	मोच्यास्व	मोच्यास्म

मोचयाम्बभूव	मोचयाम्बभूवतुः	मोचयाम्बभूवुः	अमूमुचत् -द्	अमूमुचताम्	अमूमुचन्
मोचयाञ्चकार	मोचयाञ्चक्रतुः	मोचयाञ्चक्रुः			
मोचयामास	मोचयामासतुः	मोचयामासुः			
मोचयाम्बभूविथ	मोचयाम्बभूवथुः	मोचयाम्बभूव	अमूमुचः	अमूमुचतम्	अमूमुचत
मोचयाञ्चकर्थ	मोचयाञ्चक्रथुः	मोचयाञ्चक्र			
मोचयामासिथ	मोचयामासथुः	मोचयामास			
मोचयाम्बभूव	मोचयाम्बभूविव	मोचयाम्बभूविम	अमूमुचम्	अमूमुचाव	अमूमुचाम
मोचयाञ्चकर -कार	मोचयाञ्चकृव	मोचयाञ्चकृम			
मोचयामास	मोचयामासिव	मोचयामासिम			

Atmanepadi Forms

मोचयते	मोचयेते[4]	मोचयन्ते[1]	अमोचयत	अमोचयेताम्[4]	अमोचयन्त[1]
मोचयसे	मोचयेथे[4]	मोचयध्वे	अमोचयथाः	अमोचयेथाम्[4]	अमोचयध्वम्
मोचये[1]	मोचयावहे[2]	मोचयामहे[2]	अमोचये[4]	अमोचयावहि[3]	अमोचयामहि[3]

मोचयताम्	मोचयेताम्[4]	मोचयन्ताम्[1]	मोचयेत	मोचयेयाताम्	मोचयेरन्
मोचयस्व	मोचयेथाम्[4]	मोचयध्वम्	मोचयेथाः	मोचयेयाथाम्	मोचयेध्वम्
मोचयै[5]	मोचयावहै[3]	मोचयामहै[3]	मोचयेय	मोचयेवहि	मोचयेमहि

मोचयिष्यते	मोचयिष्येते	मोचयिष्यन्ते	अमोचयिष्यत	अमोचयिष्येताम्	अमोचयिष्यन्त
मोचयिष्यसे	मोचयिष्येथे	मोचयिष्यध्वे	अमोचयिष्यथाः	अमोचयिष्येथाम्	अमोचयिष्यध्वम्
मोचयिष्ये	मोचयिष्यावहे	मोचयिष्यामहे	अमोचयिष्ये	अमोचयिष्यावहि	अमोचयिष्यामहि

मोचयिता	मोचयितारौ	मोचयितारः	मोचयिषीष्ट	मोचयिषीयास्ताम्	मोचयिषीरन्
मोचयितासे	मोचयितासाथे	मोचयिताध्वे	मोचयिषीष्ठाः	मोचयिषीयास्थाम्	मोचयिषीध्वम् -ढ्वम्
मोचयिताहे	मोचयितास्वहे	मोचयितास्महे	मोचयिषीय	मोचयिषीवहि	मोचयिषीमहि

मोचयाम्बभूव	मोचयाम्बभूवतुः	मोचयाम्बभूवुः	अमूमुचत	अमूमुचेताम्	अमूमुचन्त
मोचयाञ्चक्रे	मोचयाञ्चक्राते	मोचयाञ्चक्रिरे			
मोचयामास	मोचयामासतुः	मोचयामासुः			
मोचयाम्बभूविथ	मोचयाम्बभूवथुः	मोचयाम्बभूव	अमूमुचथाः	अमूमुचेथाम्	अमूमुचध्वम्
मोचयाञ्चकृषे	मोचयाञ्चक्राथे	मोचयाञ्चकृढ्वे			
मोचयामासिथ	मोचयामासथुः	मोचयामास			
मोचयाम्बभूव	मोचयाम्बभूविव	मोचयाम्बभूविम	अमूमुचे	अमूमुचावहि	अमूमुचामहि
मोचयाञ्चक्रे	मोचयाञ्चकृवहे	मोचयाञ्चकृमहे			
मोचयामास	मोचयामासिव	मोचयामासिम			

1744 वस स्नेहच्छेदापहरणेषु । love, pity, sympathize, hurt, cut, take. 7.2.116 अत उपधायाः ।
10c 211 वसँ । वस् । वासयति / ते । U । सेट् । स० । वासि । वासय । **Parasmaipadi Forms**

वासयति	वासयतः	वासयन्ति[1]	अवासयत् -द्	अवासयताम्	अवासयन्[1]
वासयसि	वासयथः	वासयथ	अवासयः	अवासयतम्	अवासयत
वासयामि[2]	वासयावः[2]	वासयामः[2]	अवासयम्[1]	अवासयाव[2]	अवासयाम[2]

वासयतु वासयतात् -द्	वासयताम्	वासयन्तु[1]	वासयेत् -द्	वासयेताम्	वासयेयुः
वासय वासयतात् -द्	वासयतम्	वासयत	वासयेः	वासयेतम्	वासयेत
वासयानि[3]	वासयाव[3]	वासयाम[3]	वासयेयम्	वासयेव	वासयेम

वासयिष्यति	वासयिष्यतः	वासयिष्यन्ति	अवासयिष्यत् -द्	अवासयिष्यताम्	अवासयिष्यन्
वासयिष्यसि	वासयिष्यथः	वासयिष्यथ	अवासयिष्यः	अवासयिष्यतम्	अवासयिष्यत
वासयिष्यामि	वासयिष्यावः	वासयिष्यामः	अवासयिष्यम्	अवासयिष्याव	अवासयिष्याम

वासयिता	वासयितारौ	वासयितारः	वास्यात् -द्	वास्यास्ताम्	वास्यासुः

वासयितासि	वासयितास्थः	वासयितास्थ	वास्याः	वास्यास्तम्	वास्यास्त
वासयितास्मि	वासयितास्वः	वासयितास्मः	वास्यासम्	वास्यास्व	वास्यास्म

वासयाम्बभूव	वासयाम्बभूवतुः	वासयाम्बभूवुः	अवीवसत् -द्	अवीवसताम्	अवीवसन्
वासयाञ्चकार	वासयाञ्चक्रतुः	वासयाञ्चक्रुः			
वासयामास	वासयामासतुः	वासयामासुः			
वासयाम्बभूविथ	वासयाम्बभूवथुः	वासयाम्बभूव	अवीवसः	अवीवसतम्	अवीवसत
वासयाञ्चकर्थ	वासयाञ्चक्रथुः	वासयाञ्चक्र			
वासयामासिथ	वासयामासथुः	वासयामास			
वासयाम्बभूव	वासयाम्बभूविव	वासयाम्बभूविम	अवीवसम्	अवीवसाव	अवीवसाम
वासयाञ्चकर -कार	वासयाञ्चकृव	वासयाञ्चकृम			
वासयामास	वासयामासिव	वासयामासिम			

Atmanepadi Forms

वासयते	वासयेते[4]	वासयन्ते[1]	अवासयत	अवासयेताम्[4]	अवासयन्त[1]
वासयसे	वासयेथे[4]	वासयध्वे	अवासयथाः	अवासयेथाम्[4]	अवासयध्वम्
वासये[1]	वासयावहे[2]	वासयामहे[2]	अवासये[4]	अवासयावहि[3]	अवासयामहि[3]

वासयताम्	वासयेताम्[4]	वासयन्ताम्[1]	वासयेत	वासयेयाताम्	वासयेरन्
वासयस्व	वासयेथाम्[4]	वासयध्वम्	वासयेथाः	वासयेयाथाम्	वासयेध्वम्
वासयै[5]	वासयावहै[3]	वासयामहै[3]	वासयेय	वासयेवहि	वासयेमहि

वासयिष्यते	वासयिष्येते	वासयिष्यन्ते	अवासयिष्यत	अवासयिष्येताम्	अवासयिष्यन्त
वासयिष्यसे	वासयिष्येथे	वासयिष्यध्वे	अवासयिष्यथाः	अवासयिष्येथाम्	अवासयिष्यध्वम्
वासयिष्ये	वासयिष्यावहे	वासयिष्यामहे	अवासयिष्ये	अवासयिष्यावहि	अवासयिष्यामहि

वासयिता	वासयितारौ	वासयितारः	वासयिषीष्ट	वासयिषीयास्ताम्	वासयिषीरन्
वासयितासे	वासयितासाथे	वासयिताध्वे	वासयिषीष्ठाः	वासयिषीयास्थाम्	वासयिषीध्वम् -ढ्वम्
वासयिताहे	वासयितास्वहे	वासयितास्महे	वासयिषीय	वासयिषीवहि	वासयिषीमहि

वासयाम्बभूव	वासयाम्बभूवतुः	वासयाम्बभूवुः	अवीवसत	अवीवसेताम्	अवीवसन्त
वासयाञ्चक्रे	वासयाञ्चक्राते	वासयाञ्चक्रिरे			
वासयामास	वासयामासतुः	वासयामासुः			
वासयाम्बभूविथ	वासयाम्बभूवथुः	वासयाम्बभूव	अवीवसथाः	अवीवसेथाम्	अवीवसध्वम्
वासयाञ्चकृषे	वासयाञ्चक्राथे	वासयाञ्चकृढ्वे			
वासयामासिथ	वासयामासथुः	वासयामास			
वासयाम्बभूव	वासयाम्बभूविव	वासयाम्बभूविम	अवीवसे	अवीवसावहि	अवीवसामहि

| वासयाञ्चक्रे | वासयाञ्चकृवहे | वासयाञ्चकृमहे |
| वासयामास | वासयामासिव | वासयामासिम |

1745 चर संशये । doubt, suspect. 7.2.116 अत उपधायाः ।
10c 212 चरँ । चर् । चारयति / ते । U । सेट् । स० । चारि । चारय । **Parasmaipadi Forms**

चारयति	चारयतः	चारयन्ति[1]	अचारयत् -द्	अचारयताम्	अचारयन्[1]
चारयसि	चारयथः	चारयथ	अचारयः	अचारयतम्	अचारयत
चारयामि[2]	चारयावः[2]	चारयामः[2]	अचारयम्[1]	अचारयाव[2]	अचारयाम[2]

चारयतु चारयतात् -द्	चारयताम्	चारयन्तु[1]	चारयेत् -द्	चारयेताम्	चारयेयुः
चारय चारयतात् -द्	चारयतम्	चारयत	चारयेः	चारयेतम्	चारयेत
चारयाणि[3]	चारयाव[3]	चारयाम[3]	चारयेयम्	चारयेव	चारयेम

चारयिष्यति	चारयिष्यतः	चारयिष्यन्ति	अचारयिष्यत् -द्	अचारयिष्यताम्	अचारयिष्यन्
चारयिष्यसि	चारयिष्यथः	चारयिष्यथ	अचारयिष्यः	अचारयिष्यतम्	अचारयिष्यत
चारयिष्यामि	चारयिष्यावः	चारयिष्यामः	अचारयिष्यम्	अचारयिष्याव	अचारयिष्याम

चारयिता	चारयितारौ	चारयितारः	चार्यात् -द्	चार्यास्ताम्	चार्यासुः
चारयितासि	चारयितास्थः	चारयितास्थ	चार्याः	चार्यास्तम्	चार्यास्त
चारयितास्मि	चारयितास्वः	चारयितास्मः	चार्यासम्	चार्यास्व	चार्यास्म

चारयाम्बभूव	चारयाम्बभूवतुः	चारयाम्बभूवुः	अचीचरत् -द्	अचीचरताम्	अचीचरन्
चारयाञ्चकार	चारयाञ्चक्रतुः	चारयाञ्चक्रुः			
चारयामास	चारयामासतुः	चारयामासुः			
चारयाम्बभूविथ	चारयाम्बभूवथुः	चारयाम्बभूव	अचीचरः	अचीचरतम्	अचीचरत
चारयाञ्चकर्थ	चारयाञ्चक्रथुः	चारयाञ्चक्र			
चारयामासिथ	चारयामासथुः	चारयामास			
चारयाम्बभूव	चारयाम्बभूविव	चारयाम्बभूविम	अचीचरम्	अचीचराव	अचीचराम
चारयाञ्चकर -कार	चारयाञ्चकृव	चारयाञ्चकृम			
चारयामास	चारयामासिव	चारयामासिम			

Atmanepadi Forms

चारयते	चारयेते[4]	चारयन्ते[1]	अचारयत	अचारयेताम्[4]	अचारयन्त[1]
चारयसे	चारयेथे[4]	चारयध्वे	अचारयथाः	अचारयेथाम्[4]	अचारयध्वम्
चारये[1]	चारयावहे[2]	चारयामहे[2]	अचारये[4]	अचारयावहि[3]	अचारयामहि[3]

| चारयताम् | चारयेताम्[4] | चारयन्ताम्[1] | चारयेत | चारयेयाताम् | चारयेरन् |

चारयस्व	चारयेथाम्[4]	चारयध्वम्	चारयेथाः	चारयेयाथाम्	चारयेध्वम्
चारयै[5]	चारयावहै[3]	चारयामहै[3]	चारयेय	चारयेवहि	चारयेमहि

चारयिष्यते	चारयिष्येते	चारयिष्यन्ते	अचारयिष्यत	अचारयिष्येताम्	अचारयिष्यन्त
चारयिष्यसे	चारयिष्येथे	चारयिष्यध्वे	अचारयिष्यथाः	अचारयिष्येथाम्	अचारयिष्यध्वम्
चारयिष्ये	चारयिष्यावहे	चारयिष्यामहे	अचारयिष्ये	अचारयिष्यावहि	अचारयिष्यामहि

चारयिता	चारयितारौ	चारयितारः	चारयिषीष्ट	चारयिषीयास्ताम्	चारयिषीरन्
चारयितासे	चारयितासाथे	चारयिताध्वे	चारयिषीष्ठाः	चारयिषीयास्थाम्	चारयिषीध्वम् -ढ्वम्
चारयिताहे	चारयितास्वहे	चारयितास्महे	चारयिषीय	चारयिषीवहि	चारयिषीमहि

चारयाम्बभूव	चारयाम्बभूवतुः	चारयाम्बभूवुः	अचीचरत	अचीचरेताम्	अचीचरन्त
चारयाञ्चक्रे	चारयाञ्चक्राते	चारयाञ्चक्रिरे			
चारयामास	चारयामासतुः	चारयामासुः			
चारयाम्बभूविथ	चारयाम्बभूवथुः	चारयाम्बभूव	अचीचरथाः	अचीचरेथाम्	अचीचरध्वम्
चारयाञ्चकृषे	चारयाञ्चक्राथे	चारयाञ्चकृढ्वे			
चारयामासिथ	चारयामासथुः	चारयामास			
चारयाम्बभूव	चारयाम्बभूविव	चारयाम्बभूविम	अचीचरे	अचीचरावहि	अचीचरामहि
चारयाञ्चक्रे	चारयाञ्चकृवहे	चारयाञ्चकृमहे			
चारयामास	चारयामासिव	चारयामासिम			

1746 च्यु सहने । हसने च इत्येके । च्युस इत्येके । laugh, endure. 7.2.115 अचो ञ्णिति ।
10c 213 च्यु । च्यु । च्यावयति / ते । U । सेट् । स० । च्यावि । च्याव । **Parasmaipadi Forms**

च्यावयति	च्यावयतः	च्यावयन्ति[1]	अच्यावयत् -द्	अच्यावयताम्	अच्यावयन्[1]
च्यावयसि	च्यावयथः	च्यावयथ	अच्यावयः	अच्यावयतम्	अच्यावयत
च्यावयामि[2]	च्यावयावः[2]	च्यावयामः[2]	अच्यावयम्[1]	अच्यावयाव[2]	अच्यावयाम[2]

च्यावयतु च्यावयतात् -द्	च्यावयताम्	च्यावयन्तु[1]	च्यावयेत् -द्	च्यावयेताम्	च्यावयेयुः
च्यावय च्यावयतात् -द्	च्यावयतम्	च्यावयत	च्यावयेः	च्यावयेतम्	च्यावयेत
च्यावयानि[3]	च्यावयाव[3]	च्यावयाम[3]	च्यावयेयम्	च्यावयेव	च्यावयेम

च्यावयिष्यति	च्यावयिष्यतः	च्यावयिष्यन्ति	अच्यावयिष्यत् -द्	अच्यावयिष्यताम्	अच्यावयिष्यन्
च्यावयिष्यसि	च्यावयिष्यथः	च्यावयिष्यथ	अच्यावयिष्यः	अच्यावयिष्यतम्	अच्यावयिष्यत
च्यावयिष्यामि	च्यावयिष्यावः	च्यावयिष्यामः	अच्यावयिष्यम्	अच्यावयिष्याव	अच्यावयिष्याम

च्यावयिता	च्यावयितारौ	च्यावयितारः	च्याव्यात् -द्	च्याव्यास्ताम्	च्याव्यासुः
च्यावयितासि	च्यावयितास्थः	च्यावयितास्थ	च्याव्याः	च्याव्यास्तम्	च्याव्यास्त

च्यावयितास्मि	च्यावयितास्वः	च्यावयितास्मः	च्याव्यासम्	च्याव्यास्व	च्याव्यास्म

च्यावयाम्बभूव	च्यावयाम्बभूवतुः	च्यावयाम्बभूवुः	अचुच्यवत् -द्	अचुच्यवताम्	अचुच्यवन्
च्यावयाञ्चकार	च्यावयाञ्चक्रतुः	च्यावयाञ्चक्रुः			
च्यावयामास	च्यावयामासतुः	च्यावयामासुः			
च्यावयाम्बभूविथ	च्यावयाम्बभूवथुः	च्यावयाम्बभूव	अचुच्यवः	अचुच्यवतम्	अचुच्यवत
च्यावयाञ्चकर्थ	च्यावयाञ्चक्रथुः	च्यावयाञ्चक्र			
च्यावयामासिथ	च्यावयामासथुः	च्यावयामास			
च्यावयाम्बभूव	च्यावयाम्बभूविव	च्यावयाम्बभूविम	अचुच्यवम्	अचुच्यवाव	अचुच्यवाम
च्यावयाञ्चकर -कार	च्यावयाञ्चकृव	च्यावयाञ्चकृम			
च्यावयामास	च्यावयामासिव	च्यावयामासिम			

Atmanepadi Forms

च्यावयते	च्यावयेते[4]	च्यावयन्ते[1]	अच्यावयत	अच्यावयेताम्[4]	अच्यावयन्त[1]
च्यावयसे	च्यावयेथे[4]	च्यावयध्वे	अच्यावयथाः	अच्यावयेथाम्[4]	अच्यावयध्वम्
च्यावये[1]	च्यावयावहे[2]	च्यावयामहे[2]	अच्यावये[4]	अच्यावयावहि[3]	अच्यावयामहि[3]

च्यावयताम्	च्यावयेताम्[4]	च्यावयन्ताम्[1]	च्यावयेत	च्यावयेयाताम्	च्यावयेरन्
च्यावयस्व	च्यावयेथाम्[4]	च्यावयध्वम्	च्यावयेथाः	च्यावयेयाथाम्	च्यावयेध्वम्
च्यावयै[5]	च्यावयावहै[3]	च्यावयामहै[3]	च्यावयेय	च्यावयेवहि	च्यावयेमहि

च्यावयिष्यते	च्यावयिष्येते	च्यावयिष्यन्ते	अच्यावयिष्यत	अच्यावयिष्येताम्	अच्यावयिष्यन्त
च्यावयिष्यसे	च्यावयिष्येथे	च्यावयिष्यध्वे	अच्यावयिष्यथाः	अच्यावयिष्येथाम्	अच्यावयिष्यध्वम्
च्यावयिष्ये	च्यावयिष्यावहे	च्यावयिष्यामहे	अच्यावयिष्ये	अच्यावयिष्यावहि	अच्यावयिष्यामहि

च्यावयिता	च्यावयितारौ	च्यावयितारः	च्यावयिषीष्ट	च्यावयिषीयास्ताम्	च्यावयिषीरन्
च्यावयितासे	च्यावयितासाथे	च्यावयिताध्वे	च्यावयिषीष्ठाः	च्यावयिषीयास्थाम्	च्यावयिषीध्वम् -ढ्वम्
च्यावयिताहे	च्यावयितास्वहे	च्यावयितास्महे	च्यावयिषीय	च्यावयिषीवहि	च्यावयिषीमहि

च्यावयाम्बभूव	च्यावयाम्बभूवतुः	च्यावयाम्बभूवुः	अचुच्यवत	अचुच्यवेताम्	अचुच्यवन्त
च्यावयाञ्चक्रे	च्यावयाञ्चक्राते	च्यावयाञ्चक्रिरे			
च्यावयामास	च्यावयामासतुः	च्यावयामासुः			
च्यावयाम्बभूविथ	च्यावयाम्बभूवथुः	च्यावयाम्बभूव	अचुच्यवथाः	अचुच्यवेथाम्	अचुच्यवध्वम्
च्यावयाञ्चकृषे	च्यावयाञ्चक्राथे	च्यावयाञ्चकृढ्वे			
च्यावयामासिथ	च्यावयामासथुः	च्यावयामास			
च्यावयाम्बभूव	च्यावयाम्बभूविव	च्यावयाम्बभूविम	अचुच्यवे	अचुच्यवावहि	अचुच्यवामहि
च्यावयाञ्चक्रे	च्यावयाञ्चकृवहे	च्यावयाञ्चकृमहे			

च्यावयामास	च्यावयामासिव	च्यावयामासिम			

1747 भुवोऽवकल्कने । अवकल्कनं मिश्रीकरणम् इत्येके । चिन्तनम् इत्यन्ये । imagine, contemplate, mix
10c 214 भू । भू । भावयति / ते । U । सेट् । स० । भावि । भावय ।
Kridanta Rupa Mala Vol IV भुवोऽवकल्कने इति पाठः अनित्यण्यन्तत्वार्थं पञ्चमी ।
Siddhanta Kaumudi - The 1c Root 1 भू सत्तायाम् takes णिच् in the sense of अवकल्कने ।
7.2.115 अचो ञ्णिति । **Parasmaipadi Forms**

भावयति	भावयतः	भावयन्ति[1]	अभावयत् -द्	अभावयताम्	अभावयन्[1]
भावयसि	भावयथः	भावयथ	अभावयः	अभावयतम्	अभावयत
भावयामि[2]	भावयावः[2]	भावयामः[2]	अभावयम्[1]	अभावयाव[2]	अभावयाम[2]

भावयतु भावयतात् -द्	भावयताम्	भावयन्तु[1]	भावयेत् -द्	भावयेताम्	भावयेयुः
भावय भावयतात् -द्	भावयतम्	भावयत	भावयेः	भावयेतम्	भावयेत
भावयानि[3]	भावयाव[3]	भावयाम[3]	भावयेयम्	भावयेव	भावयेम

भावयिष्यति	भावयिष्यतः	भावयिष्यन्ति	अभावयिष्यत् -द्	अभावयिष्यताम्	अभावयिष्यन्
भावयिष्यसि	भावयिष्यथः	भावयिष्यथ	अभावयिष्यः	अभावयिष्यतम्	अभावयिष्यत
भावयिष्यामि	भावयिष्यावः	भावयिष्यामः	अभावयिष्यम्	अभावयिष्याव	अभावयिष्याम

भावयिता	भावयितारौ	भावयितारः	भाव्यात् -द्	भाव्यास्ताम्	भाव्यासुः
भावयितासि	भावयितास्थः	भावयितास्थ	भाव्याः	भाव्यास्तम्	भाव्यास्त
भावयितास्मि	भावयितास्वः	भावयितास्मः	भाव्यासम्	भाव्यास्व	भाव्यास्म

भावयाम्बभूव	भावयाम्बभूवतुः	भावयाम्बभूवुः	अबीभवत् -द्	अबीभवताम्	अबीभवन्
भावयाञ्चकार	भावयाञ्चक्रतुः	भावयाञ्चक्रुः			
भावयामास	भावयामासतुः	भावयामासुः			
भावयाम्बभूविथ	भावयाम्बभूवथुः	भावयाम्बभूव	अबीभवः	अबीभवतम्	अबीभवत
भावयाञ्चकर्थ	भावयाञ्चक्रथुः	भावयाञ्चक्र			
भावयामासिथ	भावयामासथुः	भावयामास			
भावयाम्बभूव	भावयाम्बभूविव	भावयाम्बभूविम	अबीभवम्	अबीभवाव	अबीभवाम
भावयाञ्चकर -कार	भावयाञ्चकृव	भावयाञ्चकृम			
भावयामास	भावयामासिव	भावयामासिम			

Atmanepadi Forms

भावयते	भावयेते[4]	भावयन्ते[1]	अभावयत	अभावयेताम्[4]	अभावयन्त[1]
भावयसे	भावयेथे[4]	भावयध्वे	अभावयथाः	अभावयेथाम्[4]	अभावयध्वम्
भावये[1]	भावयावहे[2]	भावयामहे[2]	अभावये[4]	अभावयावहि[3]	अभावयामहि[3]

भावयताम्	भावयेताम्[4]	भावयन्ताम्[1]	भावयेत	भावयेयाताम्	भावयेरन्
भावयस्व	भावयेथाम्[4]	भावयध्वम्	भावयेथाः	भावयेयाथाम्	भावयेध्वम्
भावयै[5]	भावयावहै[3]	भावयामहै[3]	भावयेय	भावयेवहि	भावयेमहि

भावयिष्यते	भावयिष्येते	भावयिष्यन्ते	अभावयिष्यत	अभावयिष्येताम्	अभावयिष्यन्त
भावयिष्यसे	भावयिष्येथे	भावयिष्यध्वे	अभावयिष्यथाः	अभावयिष्येथाम्	अभावयिष्यध्वम्
भावयिष्ये	भावयिष्यावहे	भावयिष्यामहे	अभावयिष्ये	अभावयिष्यावहि	अभावयिष्यामहि

भावयिता	भावयितारौ	भावयितारः	भावयिषीष्ट	भावयिषीयास्ताम्	भावयिषीरन्
भावयितासे	भावयितासाथे	भावयिताध्वे	भावयिषीष्ठाः	भावयिषीयास्थाम्	भावयिषीध्वम् -ढ्वम्
भावयिताहे	भावयितास्वहे	भावयितास्महे	भावयिषीय	भावयिषीवहि	भावयिषीमहि

भावयाम्बभूव	भावयाम्बभूवतुः	भावयाम्बभूवुः	अबीभवत	अबीभवेताम्	अबीभवन्त
भावयाञ्चक्रे	भावयाञ्चक्राते	भावयाञ्चक्रिरे			
भावयामास	भावयामासतुः	भावयामासुः			
भावयाम्बभूविथ	भावयाम्बभूवथुः	भावयाम्बभूव	अबीभवथाः	अबीभवेथाम्	अबीभवध्वम्
भावयाञ्चकृषे	भावयाञ्चक्राथे	भावयाञ्चकृढ्वे			
भावयामासिथ	भावयामासथुः	भावयामास			
भावयाम्बभूव	भावयाम्बभूविव	भावयाम्बभूविम	अबीभवे	अबीभवावहि	अबीभवामहि
भावयाञ्चक्रे	भावयाञ्चकृवहे	भावयाञ्चकृमहे			
भावयामास	भावयामासिव	भावयामासिम			

1748 कृपेश्च । अवकल्कने । क्रुपेश्च इति माधवीयः । imagine, contemplate, mix, draw, knead
10c 215 कृपँ । कृप् । कल्पयति / ते । U । सेट् । अ० । कल्पि । कल्पय ।
8.2.18 कृपो रो लः । **Parasmaipadi Forms**

कल्पयति	कल्पयतः	कल्पयन्ति[1]	अकल्पयत् -द्	अकल्पयताम्	अकल्पयन्[1]
कल्पयसि	कल्पयथः	कल्पयथ	अकल्पयः	अकल्पयतम्	अकल्पयत
कल्पयामि[2]	कल्पयावः[2]	कल्पयामः[2]	अकल्पयम्[1]	अकल्पयाव[2]	अकल्पयाम[2]

कल्पयतु कल्पयतात् -द्	कल्पयताम्	कल्पयन्तु[1]	कल्पयेत् -द्	कल्पयेताम्	कल्पयेयुः
कल्पय कल्पयतात् -द्	कल्पयतम्	कल्पयत	कल्पयेः	कल्पयेतम्	कल्पयेत
कल्पयानि[3]	कल्पयाव[3]	कल्पयाम[3]	कल्पयेयम्	कल्पयेव	कल्पयेम

कल्पयिष्यति	कल्पयिष्यतः	कल्पयिष्यन्ति	अकल्पयिष्यत् -द्	अकल्पयिष्यताम्	अकल्पयिष्यन्
कल्पयिष्यसि	कल्पयिष्यथः	कल्पयिष्यथ	अकल्पयिष्यः	अकल्पयिष्यतम्	अकल्पयिष्यत
कल्पयिष्यामि	कल्पयिष्यावः	कल्पयिष्यामः	अकल्पयिष्यम्	अकल्पयिष्याव	अकल्पयिष्याम

कल्पयिता	कल्पयितारौ	कल्पयितारः	कल्प्यात् -द्	कल्प्यास्ताम्	कल्प्यासुः
कल्पयितासि	कल्पयितास्थः	कल्पयितास्थ	कल्प्याः	कल्प्यास्तम्	कल्प्यास्त
कल्पयितास्मि	कल्पयितास्वः	कल्पयितास्मः	कल्प्यासम्	कल्प्यास्व	कल्प्यास्म

कल्पयाम्बभूव	कल्पयाम्बभूवतुः	कल्पयाम्बभूवुः	अचकल्पत् -द्	अचकल्पताम्	अचकल्पन्
कल्पयाञ्चकार	कल्पयाञ्चक्रतुः	कल्पयाञ्चक्रुः	अचीक्लृपत् -द्	अचीक्लृपताम्	अचीक्लृपन्
कल्पयामास	कल्पयामासतुः	कल्पयामासुः			
कल्पयाम्बभूविथ	कल्पयाम्बभूवथुः	कल्पयाम्बभूव	अचकल्पः	अचकल्पतम्	अचकल्पत
कल्पयाञ्चकर्थ	कल्पयाञ्चक्रथुः	कल्पयाञ्चक्र	अचीक्लृपः	अचीक्लृपतम्	अचीक्लृपत
कल्पयामासिथ	कल्पयामासथुः	कल्पयामास			
कल्पयाम्बभूव	कल्पयाम्बभूविव	कल्पयाम्बभूविम	अचकल्पम्	अचकल्पाव	अचकल्पाम
कल्पयाञ्चकर -कार	कल्पयाञ्चकृव	कल्पयाञ्चकृम	अचीक्लृपम्	अचीक्लृपाव	अचीक्लृपाम
कल्पयामास	कल्पयामासिव	कल्पयामासिम			

Atmanepadi Forms

कल्पयते	कल्पयेते[4]	कल्पयन्ते[1]	अकल्पयत	अकल्पयेताम्[4]	अकल्पयन्त[1]
कल्पयसे	कल्पयेथे[4]	कल्पयध्वे	अकल्पयथाः	अकल्पयेथाम्[4]	अकल्पयध्वम्
कल्पये[1]	कल्पयावहे[2]	कल्पयामहे[2]	अकल्पये[4]	अकल्पयावहि[3]	अकल्पयामहि[3]

कल्पयताम्	कल्पयेताम्[4]	कल्पयन्ताम्[1]	कल्पयेत	कल्पयेयाताम्	कल्पयेरन्
कल्पयस्व	कल्पयेथाम्[4]	कल्पयध्वम्	कल्पयेथाः	कल्पयेयाथाम्	कल्पयेध्वम्
कल्पयै[5]	कल्पयावहै[3]	कल्पयामहै[3]	कल्पयेय	कल्पयेवहि	कल्पयेमहि

कल्पयिष्यते	कल्पयिष्येते	कल्पयिष्यन्ते	अकल्पयिष्यत	अकल्पयिष्येताम्	अकल्पयिष्यन्त
कल्पयिष्यसे	कल्पयिष्येथे	कल्पयिष्यध्वे	अकल्पयिष्यथाः	अकल्पयिष्येथाम्	अकल्पयिष्यध्वम्
कल्पयिष्ये	कल्पयिष्यावहे	कल्पयिष्यामहे	अकल्पयिष्ये	अकल्पयिष्यावहि	अकल्पयिष्यामहि

कल्पयिता	कल्पयितारौ	कल्पयितारः	कल्पयिषीष्ट	कल्पयिषीयास्ताम्	कल्पयिषीरन्
कल्पयितासे	कल्पयितासाथे	कल्पयिताध्वे	कल्पयिषीष्ठाः	कल्पयिषीयास्थाम्	कल्पयिषीध्वम् -ढ्वम्
कल्पयिताहे	कल्पयितास्वहे	कल्पयितास्महे	कल्पयिषीय	कल्पयिषीवहि	कल्पयिषीमहि

कल्पयाम्बभूव	कल्पयाम्बभूवतुः	कल्पयाम्बभूवुः	अचकल्पत	अचकल्पेताम्	अचकल्पन्त
कल्पयाञ्चक्रे	कल्पयाञ्चक्राते	कल्पयाञ्चक्रिरे	अचीक्लृपत	अचीक्लृपताम्	अचीक्लृपन्त
कल्पयामास	कल्पयामासतुः	कल्पयामासुः			
कल्पयाम्बभूविथ	कल्पयाम्बभूवथुः	कल्पयाम्बभूव	अचकल्पथाः	अचकल्पेथाम्	अचकल्पध्वम्
कल्पयाञ्चकृषे	कल्पयाञ्चक्राथे	कल्पयाञ्चकृढ्वे	अचीक्लृपथाः	अचीक्लृपथाम्	अचीक्लृपध्वम्

कल्पयामासिथ	कल्पयामासथुः	कल्पयामास			
कल्पयाम्बभूव	कल्पयाम्बभूविव	कल्पयाम्बभूविम	अचकल्पे	अचकल्पावहि	अचकल्पामहि
कल्पयाञ्चक्रे	कल्पयाञ्चकृवहे	कल्पयाञ्चकृमहे	अचीक्लृपे	अचीक्लृपावहि	अचीक्लृपामहि
कल्पयामास	कल्पयामासिव	कल्पयामासिम			

1749 गणसूत्रः = आ स्वदः सकर्मकात् । अथ आस्वदीयः अन्तर्गणः । With Object.

Siddhanta Kaumudi अतः परं स्वदिमभिव्याप्य सम्भवत् कर्मकेभ्य एव णिच् ।

णिच् is affixed to transitive roots in this internal group. Here all Roots except ष्वद् are transitive. ष्वद् prefixed with आङ् i.e. आस्वद् also becomes transitive. Purpose of this internal group is to indicate that these Roots are already there in 1c – 9c, and such Roots will take णिच् only when सकर्मकः । Hence here in 10c we have नित्यं णिच् forms.

1749 ग्रस ग्रहणे । आस्वदीयः । Root 630 ग्रसु । take, seize, eclipse. 7.2.116 अत उपधायाः ।
10c 216 ग्रसँ । ग्रस् । ग्रासयति / ते । U । सेट् । स० । ग्रासि । ग्रासय । **Parasmaipadi Forms**

ग्रासयति	ग्रासयतः	ग्रासयन्ति[1]	अग्रासयत् -द्	अग्रासयताम्	अग्रासयन्[1]
ग्रासयसि	ग्रासयथः	ग्रासयथ	अग्रासयः	अग्रासयतम्	अग्रासयत
ग्रासयामि[2]	ग्रासयावः[2]	ग्रासयामः[2]	अग्रासयम्[1]	अग्रासयाव[2]	अग्रासयाम[2]
ग्रासयतु ग्रासयतात् -द्	ग्रासयताम्	ग्रासयन्तु[1]	ग्रासयेत् -द्	ग्रासयेताम्	ग्रासयेयुः
ग्रासय ग्रासयतात् -द्	ग्रासयतम्	ग्रासयत	ग्रासयेः	ग्रासयेतम्	ग्रासयेत
ग्रासयानि[3]	ग्रासयाव[3]	ग्रासयाम[3]	ग्रासयेयम्	ग्रासयेव	ग्रासयेम
ग्रासयिष्यति	ग्रासयिष्यतः	ग्रासयिष्यन्ति	अग्रासयिष्यत् -द्	अग्रासयिष्यताम्	अग्रासयिष्यन्
ग्रासयिष्यसि	ग्रासयिष्यथः	ग्रासयिष्यथ	अग्रासयिष्यः	अग्रासयिष्यतम्	अग्रासयिष्यत
ग्रासयिष्यामि	ग्रासयिष्यावः	ग्रासयिष्यामः	अग्रासयिष्यम्	अग्रासयिष्याव	अग्रासयिष्याम
ग्रासयिता	ग्रासयितारौ	ग्रासयितारः	ग्रास्यात् -द्	ग्रास्यास्ताम्	ग्रास्यासुः
ग्रासयितासि	ग्रासयितास्थः	ग्रासयितास्थ	ग्रास्याः	ग्रास्यास्तम्	ग्रास्यास्त
ग्रासयितास्मि	ग्रासयितास्वः	ग्रासयितास्मः	ग्रास्यासम्	ग्रास्यास्व	ग्रास्यास्म
ग्रासयाम्बभूव	ग्रासयाम्बभूवतुः	ग्रासयाम्बभूवुः	अजिग्रसत् -द्	अजिग्रसताम्	अजिग्रसन्
ग्रासयाञ्चकार	ग्रासयाञ्चक्रतुः	ग्रासयाञ्चक्रुः			
ग्रासयामास	ग्रासयामासतुः	ग्रासयामासुः			
ग्रासयाम्बभूविथ	ग्रासयाम्बभूवथुः	ग्रासयाम्बभूव	अजिग्रसः	अजिग्रसतम्	अजिग्रसत
ग्रासयाञ्चकर्थ	ग्रासयाञ्चक्रथुः	ग्रासयाञ्चक्र			
ग्रासयामासिथ	ग्रासयामासथुः	ग्रासयामास			
ग्रासयाम्बभूव	ग्रासयाम्बभूविव	ग्रासयाम्बभूविम	अजिग्रसम्	अजिग्रसाव	अजिग्रसाम

| ग्रासयाञ्चकर -कार | ग्रासयाञ्चकृव | ग्रासयाञ्चकृम |
| ग्रासयामास | ग्रासयामासिव | ग्रासयामासिम |

Atmanepadi Forms

ग्रासयते	ग्रासयेते[4]	ग्रासयन्ते[1]	अग्रासयत	अग्रासयेताम्[4]	अग्रासयन्त[1]
ग्रासयसे	ग्रासयेथे[4]	ग्रासयध्वे	अग्रासयथाः	अग्रासयेथाम्[4]	अग्रासयध्वम्
ग्रासये[1]	ग्रासयावहे[2]	ग्रासयामहे[2]	अग्रासये[4]	अग्रासयावहि[3]	अग्रासयामहि[3]

ग्रासयताम्	ग्रासयेताम्[4]	ग्रासयन्ताम्[1]	ग्रासयेत	ग्रासयेयाताम्	ग्रासयेरन्
ग्रासयस्व	ग्रासयेथाम्[4]	ग्रासयध्वम्	ग्रासयेथाः	ग्रासयेयाथाम्	ग्रासयेध्वम्
ग्रासयै[5]	ग्रासयावहै[3]	ग्रासयामहै[3]	ग्रासयेय	ग्रासयेवहि	ग्रासयेमहि

ग्रासयिष्यते	ग्रासयिष्येते	ग्रासयिष्यन्ते	अग्रासयिष्यत	अग्रासयिष्येताम्	अग्रासयिष्यन्त
ग्रासयिष्यसे	ग्रासयिष्येथे	ग्रासयिष्यध्वे	अग्रासयिष्यथाः	अग्रासयिष्येथाम्	अग्रासयिष्यध्वम्
ग्रासयिष्ये	ग्रासयिष्यावहे	ग्रासयिष्यामहे	अग्रासयिष्ये	अग्रासयिष्यावहि	अग्रासयिष्यामहि

ग्रासयिता	ग्रासयितारौ	ग्रासयितारः	ग्रासयिषीष्ट	ग्रासयिषीयास्ताम्	ग्रासयिषीरन्
ग्रासयितासे	ग्रासयितासाथे	ग्रासयिताध्वे	ग्रासयिषीष्ठाः	ग्रासयिषीयास्थाम्	ग्रासयिषीध्वम् -ढ्वम्
ग्रासयिताहे	ग्रासयितास्वहे	ग्रासयितास्महे	ग्रासयिषीय	ग्रासयिषीवहि	ग्रासयिषीमहि

ग्रासयाम्बभूव	ग्रासयाम्बभूवतुः	ग्रासयाम्बभूवुः	अजिग्रसत	अजिग्रसेताम्	अजिग्रसन्त
ग्रासयाञ्चक्रे	ग्रासयाञ्चक्राते	ग्रासयाञ्चक्रिरे			
ग्रासयामास	ग्रासयामासतुः	ग्रासयामासुः			
ग्रासयाम्बभूविथ	ग्रासयाम्बभूवथुः	ग्रासयाम्बभूव	अजिग्रसथाः	अजिग्रसेथाम्	अजिग्रसध्वम्
ग्रासयाञ्चकृषे	ग्रासयाञ्चक्राथे	ग्रासयाञ्चकृढ्वे			
ग्रासयामासिथ	ग्रासयामासथुः	ग्रासयामास			
ग्रासयाम्बभूव	ग्रासयाम्बभूविव	ग्रासयाम्बभूविम	अजिग्रसे	अजिग्रसावहि	अजिग्रसामहि
ग्रासयाञ्चक्रे	ग्रासयाञ्चकृवहे	ग्रासयाञ्चकृमहे			
ग्रासयामास	ग्रासयामासिव	ग्रासयामासिम			

1750 पुष धारणे । आस्वदीयः । Root 700 पुष , Root 1182 पुष । bear
10c 217 पुषँ । पुष् । पोषयति / ते । U । सेट् । स० । पोषि । पोषय । **Parasmaipadi Forms**

पोषयति	पोषयतः	पोषयन्ति[1]	अपोषयत् -द्	अपोषयताम्	अपोषयन्[1]
पोषयसि	पोषयथः	पोषयथ	अपोषयः	अपोषयतम्	अपोषयत
पोषयामि[2]	पोषयावः[2]	पोषयामः[2]	अपोषयम्[1]	अपोषयाव[2]	अपोषयाम[2]

| पोषयतु पोषयतात् -द् | पोषयताम् | पोषयन्तु[1] | पोषयेत् -द् | पोषयेताम् | पोषयेयुः |

335

पोषय पोषयतात्-द्	पोषयतम्	पोषयत	पोषयेः	पोषयेतम्	पोषयेत
पोषयाणि[3]	पोषयाव[3]	पोषयाम[3]	पोषयेयम्	पोषयेव	पोषयेम
पोषयिष्यति	पोषयिष्यतः	पोषयिष्यन्ति	अपोषयिष्यत्-द्	अपोषयिष्यताम्	अपोषयिष्यन्
पोषयिष्यसि	पोषयिष्यथः	पोषयिष्यथ	अपोषयिष्यः	अपोषयिष्यतम्	अपोषयिष्यत
पोषयिष्यामि	पोषयिष्यावः	पोषयिष्यामः	अपोषयिष्यम्	अपोषयिष्याव	अपोषयिष्याम
पोषयिता	पोषयितारौ	पोषयितारः	पोष्यात्-द्	पोष्यास्ताम्	पोष्यासुः
पोषयितासि	पोषयितास्थः	पोषयितास्थ	पोष्याः	पोष्यास्तम्	पोष्यास्त
पोषयितास्मि	पोषयितास्वः	पोषयितास्मः	पोष्यासम्	पोष्यास्व	पोष्यास्म
पोषयाम्बभूव	पोषयाम्बभूवतुः	पोषयाम्बभूवुः	अपूपुषत्-द्	अपूपुषताम्	अपूपुषन्
पोषयाञ्चकार	पोषयाञ्चक्रतुः	पोषयाञ्चक्रुः			
पोषयामास	पोषयामासतुः	पोषयामासुः			
पोषयाम्बभूविथ	पोषयाम्बभूवथुः	पोषयाम्बभूव	अपूपुषः	अपूपुषतम्	अपूपुषत
पोषयाञ्चकर्थ	पोषयाञ्चक्रथुः	पोषयाञ्चक्र			
पोषयामासिथ	पोषयामासथुः	पोषयामास			
पोषयाम्बभूव	पोषयाम्बभूविव	पोषयाम्बभूविम	अपूपुषम्	अपूपुषाव	अपूपुषाम
पोषयाञ्चकर -कार	पोषयाञ्चकृव	पोषयाञ्चकृम			
पोषयामास	पोषयामासिव	पोषयामासिम			

Atmanepadi Forms

पोषयते	पोषयेते[4]	पोषयन्ते[1]	अपोषयत	अपोषयेताम्[4]	अपोषयन्त[1]
पोषयसे	पोषयेथे[4]	पोषयध्वे	अपोषयथाः	अपोषयेथाम्[4]	अपोषयध्वम्
पोषये[1]	पोषयावहे[2]	पोषयामहे[2]	अपोषये[4]	अपोषयावहि[3]	अपोषयामहि[3]
पोषयताम्	पोषयेताम्[4]	पोषयन्ताम्[1]	पोषयेत	पोषयेयाताम्	पोषयेरन्
पोषयस्व	पोषयेथाम्[4]	पोषयध्वम्	पोषयेथाः	पोषयेयाथाम्	पोषयेध्वम्
पोषयै[5]	पोषयावहै[3]	पोषयामहै[3]	पोषयेय	पोषयेवहि	पोषयेमहि
पोषयिष्यते	पोषयिष्येते	पोषयिष्यन्ते	अपोषयिष्यत	अपोषयिष्येताम्	अपोषयिष्यन्त
पोषयिष्यसे	पोषयिष्येथे	पोषयिष्यध्वे	अपोषयिष्यथाः	अपोषयिष्येथाम्	अपोषयिष्यध्वम्
पोषयिष्ये	पोषयिष्यावहे	पोषयिष्यामहे	अपोषयिष्ये	अपोषयिष्यावहि	अपोषयिष्यामहि
पोषयिता	पोषयितारौ	पोषयितारः	पोषयिषीष्ट	पोषयिषीयास्ताम्	पोषयिषीरन्
पोषयितासे	पोषयितासाथे	पोषयिताध्वे	पोषयिषीष्ठाः	पोषयिषीयास्थाम्	पोषयिषीध्वम् -ढ्वम्
पोषयिताहे	पोषयितास्वहे	पोषयितास्महे	पोषयिषीय	पोषयिषीवहि	पोषयिषीमहि

पोषयाम्बभूव	पोषयाम्बभूवतुः	पोषयाम्बभूवुः	अपूपुषत	अपूपुषेताम्	अपूपुषन्त
पोषयाञ्चक्रे	पोषयाञ्चक्राते	पोषयाञ्चक्रिरे			
पोषयामास	पोषयामासतुः	पोषयामासुः			
पोषयाम्बभूविथ	पोषयाम्बभूवथुः	पोषयाम्बभूव	अपूपुषथाः	अपूपुषेथाम्	अपूपुषध्वम्
पोषयाञ्चकृषे	पोषयाञ्चक्राथे	पोषयाञ्चकृढ्वे			
पोषयामासिथ	पोषयामासथुः	पोषयामास			
पोषयाम्बभूव	पोषयाम्बभूविव	पोषयाम्बभूविम	अपूपुषे	अपूपुषावहि	अपूपुषामहि
पोषयाञ्चक्रे	पोषयाञ्चकृवहे	पोषयाञ्चकृमहे			
पोषयामास	पोषयामासिव	पोषयामासिम			

1751 दल विदारणे । आस्वदीयः । Root 548 दल । burst open, crack, cleave. 7.2.116
10c 218 दलँ । दल् । दालयति / ते । U । सेट् । स० । दालि । दालय । **Parasmaipadi Forms**

दालयति	दालयतः	दालयन्ति[1]	अदालयत् -द्	अदालयताम्	अदालयन्[1]
दालयसि	दालयथः	दालयथ	अदालयः	अदालयतम्	अदालयत
दालयामि[2]	दालयावः[2]	दालयामः[2]	अदालयम्[1]	अदालयाव[2]	अदालयाम[2]

दालयतु दालयतात् -द्	दालयताम्	दालयन्तु[1]	दालयेत् -द्	दालयेताम्	दालयेयुः
दालय दालयतात् -द्	दालयतम्	दालयत	दालयेः	दालयेतम्	दालयेत
दालयानि[3]	दालयाव[3]	दालयाम[3]	दालयेयम्	दालयेव	दालयेम

दालयिष्यति	दालयिष्यतः	दालयिष्यन्ति	अदालयिष्यत् -द्	अदालयिष्यताम्	अदालयिष्यन्
दालयिष्यसि	दालयिष्यथः	दालयिष्यथ	अदालयिष्यः	अदालयिष्यतम्	अदालयिष्यत
दालयिष्यामि	दालयिष्यावः	दालयिष्यामः	अदालयिष्यम्	अदालयिष्याव	अदालयिष्याम

दालयिता	दालयितारौ	दालयितारः	दाल्यात् -द्	दाल्यास्ताम्	दाल्यासुः
दालयितासि	दालयितास्थः	दालयितास्त	दाल्याः	दाल्यास्तम्	दाल्यास्त
दालयितास्मि	दालयितास्वः	दालयितास्मः	दाल्यासम्	दाल्यास्व	दाल्यास्म

दालयाम्बभूव	दालयाम्बभूवतुः	दालयाम्बभूवुः	अदीदलत् -द्	अदीदलताम्	अदीदलन्
दालयाञ्चकार	दालयाञ्चक्रतुः	दालयाञ्चक्रुः			
दालयामास	दालयामासतुः	दालयामासुः			
दालयाम्बभूविथ	दालयाम्बभूवथुः	दालयाम्बभूव	अदीदलः	अदीदलतम्	अदीदलत
दालयाञ्चकर्थ	दालयाञ्चक्रथुः	दालयाञ्चक्र			
दालयामासिथ	दालयामासथुः	दालयामास			
दालयाम्बभूव	दालयाम्बभूविव	दालयाम्बभूविम	अदीदलम्	अदीदलाव	अदीदलाम
दालयाञ्चकर -कार	दालयाञ्चकृव	दालयाञ्चकृम			
दालयामास	दालयामासिव	दालयामासिम			

Atmanepadi Forms

दालयते	दालयेते[4]	दालयन्ते[1]	अदालयत	अदालयेताम्[4]	अदालयन्त[1]
दालयसे	दालयेथे[4]	दालयध्वे	अदालयथाः	अदालयेथाम्[4]	अदालयध्वम्
दालये[1]	दालयावहे[2]	दालयामहे[2]	अदालये[4]	अदालयावहि[3]	अदालयामहि[3]

दालयताम्	दालयेताम्[4]	दालयन्ताम्[1]	दालयेत	दालयेयाताम्	दालयेरन्
दालयस्व	दालयेथाम्[4]	दालयध्वम्	दालयेथाः	दालयेयाथाम्	दालयेध्वम्
दालयै[5]	दालयावहै[3]	दालयामहै[3]	दालयेय	दालयेवहि	दालयेमहि

दालयिष्यते	दालयिष्येते	दालयिष्यन्ते	अदालयिष्यत	अदालयिष्येताम्	अदालयिष्यन्त
दालयिष्यसे	दालयिष्येथे	दालयिष्यध्वे	अदालयिष्यथाः	अदालयिष्येथाम्	अदालयिष्यध्वम्
दालयिष्ये	दालयिष्यावहे	दालयिष्यामहे	अदालयिष्ये	अदालयिष्यावहि	अदालयिष्यामहि

दालयिता	दालयितारौ	दालयितारः	दालयिषीष्ट	दालयिषीयास्ताम्	दालयिषीरन्
दालयितासे	दालयितासाथे	दालयिताध्वे	दालयिषीष्ठाः	दालयिषीयास्थाम्	दालयिषीध्वम् -ढ्वम्
दालयिताहे	दालयितास्वहे	दालयितास्महे	दालयिषीय	दालयिषीवहि	दालयिषीमहि

दालयाम्बभूव	दालयाम्बभूवतुः	दालयाम्बभूवुः	अदीदलत	अदीदलेताम्	अदीदलन्त
दालयाञ्चक्रे	दालयाञ्चक्राते	दालयाञ्चक्रिरे			
दालयामास	दालयामासतुः	दालयामासुः			
दालयाम्बभूविथ	दालयाम्बभूवथुः	दालयाम्बभूव	अदीदलथाः	अदीदलेथाम्	अदीदलध्वम्
दालयाञ्चकृषे	दालयाञ्चक्राथे	दालयाञ्चकृढ्वे			
दालयामासिथ	दालयामासथुः	दालयामास			
दालयाम्बभूव	दालयाम्बभूविव	दालयाम्बभूविम	अदीदले	अदीदलावहि	अदीदलामहि
दालयाञ्चक्रे	दालयाञ्चकृवहे	दालयाञ्चकृमहे			
दालयामास	दालयामासिव	दालयामासिम			

1752 पट भाषार्थः । ग्रन्थे । आस्वदीयः । Root 296 पट । separate, tear, shine, speak
10c 219 पटँ । पट् । पाटयति / ते । U । सेट् । स० । पाटि । पाटय । Also see 1856 पट ग्रन्थे ।
7.2.116 अत उपधायाः । **Parasmaipadi Forms**

पाटयति	पाटयतः	पाटयन्ति[1]	अपाटयत् -द्	अपाटयताम्	अपाटयन्[1]
पाटयसि	पाटयथः	पाटयथ	अपाटयः	अपाटयतम्	अपाटयत
पाटयामि[2]	पाटयावः[2]	पाटयामः[2]	अपाटयम्[1]	अपाटयाव[2]	अपाटयाम[2]

पाटयतु पाटयतात् -द्	पाटयताम्	पाटयन्तु[1]	पाटयेत् -द्	पाटयेताम्	पाटयेयुः
पाटय पाटयतात् -द्	पाटयतम्	पाटयत	पाटयेः	पाटयेतम्	पाटयेत

| पाटयानि[3] | पाटयाव[3] | पाटयाम[3] | पाटयेयम् | पाटयेव | पाटयेम |

पाटयिष्यति	पाटयिष्यतः	पाटयिष्यन्ति	अपाटयिष्यत् -द्	अपाटयिष्यताम्	अपाटयिष्यन्
पाटयिष्यसि	पाटयिष्यथः	पाटयिष्यथ	अपाटयिष्यः	अपाटयिष्यतम्	अपाटयिष्यत
पाटयिष्यामि	पाटयिष्यावः	पाटयिष्यामः	अपाटयिष्यम्	अपाटयिष्याव	अपाटयिष्याम

पाटयिता	पाटयितारौ	पाटयितारः	पाट्यात् -द्	पाट्यास्ताम्	पाट्यासुः
पाटयितासि	पाटयितास्थः	पाटयितास्थ	पाट्याः	पाट्यास्तम्	पाट्यास्त
पाटयितास्मि	पाटयितास्वः	पाटयितास्मः	पाट्यासम्	पाट्यास्व	पाट्यास्म

पाटयाम्बभूव	पाटयाम्बभूवतुः	पाटयाम्बभूवुः	अपीपटत् -द्	अपीपटताम्	अपीपटन्
पाटयाञ्चकार	पाटयाञ्चक्रतुः	पाटयाञ्चक्रुः			
पाटयामास	पाटयामासतुः	पाटयामासुः			
पाटयाम्बभूविथ	पाटयाम्बभूवथुः	पाटयाम्बभूव	अपीपटः	अपीपटतम्	अपीपटत
पाटयाञ्चकर्थ	पाटयाञ्चक्रथुः	पाटयाञ्चक्र			
पाटयामासिथ	पाटयामासथुः	पाटयामास			
पाटयाम्बभूव	पाटयाम्बभूविव	पाटयाम्बभूविम	अपीपटम्	अपीपटाव	अपीपटाम
पाटयाञ्चकर -कार	पाटयाञ्चकृव	पाटयाञ्चकृम			
पाटयामास	पाटयामासिव	पाटयामासिम			

Atmanepadi Forms

पाटयते	पाटयेते[4]	पाटयन्ते[1]	अपाटयत	अपाटयेताम्[4]	अपाटयन्त[1]
पाटयसे	पाटयेथे[4]	पाटयध्वे	अपाटयथाः	अपाटयेथाम्[4]	अपाटयध्वम्
पाटये[1]	पाटयावहे[2]	पाटयामहे[2]	अपाटये[4]	अपाटयावहि[3]	अपाटयामहि[3]

पाटयताम्	पाटयेताम्[4]	पाटयन्ताम्[1]	पाटयेत	पाटयेयाताम्	पाटयेरन्
पाटयस्व	पाटयेथाम्[4]	पाटयध्वम्	पाटयेथाः	पाटयेयाथाम्	पाटयेध्वम्
पाटयै[5]	पाटयावहै[3]	पाटयामहै[3]	पाटयेय	पाटयेवहि	पाटयेमहि

पाटयिष्यते	पाटयिष्येते	पाटयिष्यन्ते	अपाटयिष्यत	अपाटयिष्येताम्	अपाटयिष्यन्त
पाटयिष्यसे	पाटयिष्येथे	पाटयिष्यध्वे	अपाटयिष्यथाः	अपाटयिष्येथाम्	अपाटयिष्यध्वम्
पाटयिष्ये	पाटयिष्यावहे	पाटयिष्यामहे	अपाटयिष्ये	अपाटयिष्यावहि	अपाटयिष्यामहि

पाटयिता	पाटयितारौ	पाटयितारः	पाटयिषीष्ट	पाटयिषीयास्ताम्	पाटयिषीरन्
पाटयितासे	पाटयितासाथे	पाटयिताध्वे	पाटयिषीष्ठाः	पाटयिषीयास्थाम्	पाटयिषीध्वम् -ढ्वम्
पाटयिताहे	पाटयितास्वहे	पाटयितास्महे	पाटयिषीय	पाटयिषीवहि	पाटयिषीमहि

| पाटयाम्बभूव | पाटयाम्बभूवतुः | पाटयाम्बभूवुः | अपीपटत | अपीपटेताम् | अपीपटन्त |

पाटयाञ्चक्रे	पाटयाञ्चक्राते	पाटयाञ्चक्रिरे			
पाटयामास	पाटयामासतुः	पाटयामासुः			
पाटयाम्बभूविथ	पाटयाम्बभूवथुः	पाटयाम्बभूव	अपीपटथाः	अपीपटेथाम्	अपीपटध्वम्
पाटयाञ्चकृषे	पाटयाञ्चक्राथे	पाटयाञ्चकृढ्वे			
पाटयामासिथ	पाटयामासथुः	पाटयामास			
पाटयाम्बभूव	पाटयाम्बभूविव	पाटयाम्बभूविम	अपीपटे	अपीपटावहि	अपीपटामहि
पाटयाञ्चक्रे	पाटयाञ्चकृवहे	पाटयाञ्चकृमहे			
पाटयामास	पाटयामासिव	पाटयामासिम			

1753 पुट भाषार्थः । आस्वदीयः । Root 1367 पुट । shine, speak, grind

10c 220 पुटँ । पुट् । पोटयति / ते । U । सेट् । स० । पोटि । पोटय । **Parasmaipadi Forms**

पोटयति	पोटयतः	पोटयन्ति[1]	अपोटयत् -द्	अपोटयताम्	अपोटयन्[1]
पोटयसि	पोटयथः	पोटयथ	अपोटयः	अपोटयतम्	अपोटयत
पोटयामि[2]	पोटयावः[2]	पोटयामः[2]	अपोटयम्[1]	अपोटयाव[2]	अपोटयाम[2]

पोटयतु पोटयतात् -द्	पोटयताम्	पोटयन्तु[1]	पोटयेत् -द्	पोटयेताम्	पोटयेयुः
पोटय पोटयतात् -द्	पोटयतम्	पोटयत	पोटयेः	पोटयेतम्	पोटयेत
पोटयानि[3]	पोटयाव[3]	पोटयाम[3]	पोटयेयम्	पोटयेव	पोटयेम

पोटयिष्यति	पोटयिष्यतः	पोटयिष्यन्ति	अपोटयिष्यत् -द्	अपोटयिष्यताम्	अपोटयिष्यन्
पोटयिष्यसि	पोटयिष्यथः	पोटयिष्यथ	अपोटयिष्यः	अपोटयिष्यतम्	अपोटयिष्यत
पोटयिष्यामि	पोटयिष्यावः	पोटयिष्यामः	अपोटयिष्यम्	अपोटयिष्याव	अपोटयिष्याम

पोटयिता	पोटयितारौ	पोटयितारः	पोट्यात् -द्	पोट्यास्ताम्	पोट्यासुः
पोटयितासि	पोटयितास्थः	पोटयितास्थ	पोट्याः	पोट्यास्तम्	पोट्यास्त
पोटयितास्मि	पोटयितास्वः	पोटयितास्मः	पोट्यासम्	पोट्यास्व	पोट्यास्म

पोटयाम्बभूव	पोटयाम्बभूवतुः	पोटयाम्बभूवुः	अपूपुटत् -द्	अपूपुटताम्	अपूपुटन्
पोटयाञ्चकार	पोटयाञ्चक्रतुः	पोटयाञ्चक्रुः			
पोटयामास	पोटयामासतुः	पोटयामासुः			
पोटयाम्बभूविथ	पोटयाम्बभूवथुः	पोटयाम्बभूव	अपूपुटः	अपूपुटतम्	अपूपुटत
पोटयाञ्चकर्थ	पोटयाञ्चक्रथुः	पोटयाञ्चक्र			
पोटयामासिथ	पोटयामासथुः	पोटयामास			
पोटयाम्बभूव	पोटयाम्बभूविव	पोटयाम्बभूविम	अपूपुटम्	अपूपुटाव	अपूपुटाम
पोटयाञ्चकर -कार	पोटयाञ्चकृव	पोटयाञ्चकृम			
पोटयामास	पोटयामासिव	पोटयामासिम			

Atmanepadi Forms

पोटयते	पोटयेते[4]	पोटयन्ते[1]	अपोटयत	अपोटयेताम्[4]	अपोटयन्त[1]
पोटयसे	पोटयेथे[4]	पोटयध्वे	अपोटयथाः	अपोटयेथाम्[4]	अपोटयध्वम्
पोटये[1]	पोटयावहे[2]	पोटयामहे[2]	अपोटये[4]	अपोटयावहि[3]	अपोटयामहि[3]

पोटयताम्	पोटयेताम्[4]	पोटयन्ताम्[1]	पोटयेत	पोटयेयाताम्	पोटयेरन्
पोटयस्व	पोटयेथाम्[4]	पोटयध्वम्	पोटयेथाः	पोटयेयाथाम्	पोटयेध्वम्
पोटयै[5]	पोटयावहै[3]	पोटयामहै[3]	पोटयेय	पोटयेवहि	पोटयेमहि

पोटयिष्यते	पोटयिष्येते	पोटयिष्यन्ते	अपोटयिष्यत	अपोटयिष्येताम्	अपोटयिष्यन्त
पोटयिष्यसे	पोटयिष्येथे	पोटयिष्यध्वे	अपोटयिष्यथाः	अपोटयिष्येथाम्	अपोटयिष्यध्वम्
पोटयिष्ये	पोटयिष्यावहे	पोटयिष्यामहे	अपोटयिष्ये	अपोटयिष्यावहि	अपोटयिष्यामहि

पोटयिता	पोटयितारौ	पोटयितारः	पोटयिषीष्ट	पोटयिषीयास्ताम्	पोटयिषीरन्
पोटयितासे	पोटयितासाथे	पोटयिताध्वे	पोटयिषीष्ठाः	पोटयिषीयास्थाम्	पोटयिषीध्वम् -ढ्वम्
पोटयिताहे	पोटयितास्वहे	पोटयितास्महे	पोटयिषीय	पोटयिषीवहि	पोटयिषीमहि

पोटयाम्बभूव	पोटयाम्बभूवतुः	पोटयाम्बभूवुः	अपूपुटत	अपूपुटेताम्	अपूपुटन्त
पोटयाञ्चक्रे	पोटयाञ्चक्राते	पोटयाञ्चक्रिरे			
पोटयामास	पोटयामासतुः	पोटयामासुः			
पोटयाम्बभूविथ	पोटयाम्बभूवथुः	पोटयाम्बभूव	अपूपुटथाः	अपूपुटेथाम्	अपूपुटध्वम्
पोटयाञ्चकृषे	पोटयाञ्चक्राथे	पोटयाञ्चकृढ्वे			
पोटयामासिथ	पोटयामासथुः	पोटयामास			
पोटयाम्बभूव	पोटयाम्बभूविव	पोटयाम्बभूविम	अपूपुटे	अपूपुटावहि	अपूपुटामहि
पोटयाञ्चक्रे	पोटयाञ्चकृवहे	पोटयाञ्चकृमहे			
पोटयामास	पोटयामासिव	पोटयामासिम			

1754 लुट भाषार्थः । आस्वदीयः । Roots 314, 748, 1222, 1381 लुट । shine, speak, deliver oratory

10c 221 लुटँ । लुट् । लोटयति / ते । U । सेट् । स० । पोटि । पोटय । **Parasmaipadi Forms**

लोटयति	लोटयतः	लोटयन्ति[1]	अलोटयत् -द्	अलोटयताम्	अलोटयन्[1]
लोटयसि	लोटयथः	लोटयथ	अलोटयः	अलोटयतम्	अलोटयत
लोटयामि[2]	लोटयावः[2]	लोटयामः[2]	अलोटयम्[1]	अलोटयाव[2]	अलोटयाम[2]

लोटयतु लोटयतात् -द्	लोटयताम्	लोटयन्तु[1]	लोटयेत् -द्	लोटयेताम्	लोटयेयुः
लोटय लोटयतात् -द्	लोटयतम्	लोटयत	लोटयेः	लोटयेतम्	लोटयेत
लोटयानि[3]	लोटयाव[3]	लोटयाम[3]	लोटयेयम्	लोटयेव	लोटयेम

लोटयिष्यति	लोटयिष्यतः	लोटयिष्यन्ति	अलोटयिष्यत्-द्	अलोटयिष्यताम्	अलोटयिष्यन्
लोटयिष्यसि	लोटयिष्यथः	लोटयिष्यथ	अलोटयिष्यः	अलोटयिष्यतम्	अलोटयिष्यत
लोटयिष्यामि	लोटयिष्यावः	लोटयिष्यामः	अलोटयिष्यम्	अलोटयिष्याव	अलोटयिष्याम
लोटयिता	लोटयितारौ	लोटयितारः	लोट्यात्-द्	लोट्यास्ताम्	लोट्यासुः
लोटयितासि	लोटयितास्थः	लोटयितास्थ	लोट्याः	लोट्यास्तम्	लोट्यास्त
लोटयितास्मि	लोटयितास्वः	लोटयितास्मः	लोट्यासम्	लोट्यास्व	लोट्यास्म
लोटयाम्बभूव	लोटयाम्बभूवतुः	लोटयाम्बभूवुः	अलूलुटत्-द्	अलूलुटताम्	अलूलुटन्
लोटयाञ्चकार	लोटयाञ्चक्रतुः	लोटयाञ्चक्रुः			
लोटयामास	लोटयामासतुः	लोटयामासुः			
लोटयाम्बभूविथ	लोटयाम्बभूवथुः	लोटयाम्बभूव	अलूलुटः	अलूलुटतम्	अलूलुटत
लोटयाञ्चकर्थ	लोटयाञ्चक्रथुः	लोटयाञ्चक्र			
लोटयामासिथ	लोटयामासथुः	लोटयामास			
लोटयाम्बभूव	लोटयाम्बभूविव	लोटयाम्बभूविम	अलूलुटम्	अलूलुटाव	अलूलुटाम
लोटयाञ्चकर -कार	लोटयाञ्चकृव	लोटयाञ्चकृम			
लोटयामास	लोटयामासिव	लोटयामासिम			

Atmanepadi Forms

लोटयते	लोटयेते[4]	लोटयन्ते[1]	अलोटयत	अलोटयेताम्[4]	अलोटयन्त[1]
लोटयसे	लोटयेथे[4]	लोटयध्वे	अलोटयथाः	अलोटयेथाम्[4]	अलोटयध्वम्
लोटये[1]	लोटयावहे[2]	लोटयामहे[2]	अलोटये[4]	अलोटयावहि[3]	अलोटयामहि[3]
लोटयताम्	लोटयेताम्[4]	लोटयन्ताम्[1]	लोटयेत	लोटयेयाताम्	लोटयेरन्
लोटयस्व	लोटयेथाम्[4]	लोटयध्वम्	लोटयेथाः	लोटयेयाथाम्	लोटयेध्वम्
लोटयै[5]	लोटयावहै[3]	लोटयामहै[3]	लोटयेय	लोटयेवहि	लोटयेमहि
लोटयिष्यते	लोटयिष्येते	लोटयिष्यन्ते	अलोटयिष्यत	अलोटयिष्येताम्	अलोटयिष्यन्त
लोटयिष्यसे	लोटयिष्येथे	लोटयिष्यध्वे	अलोटयिष्यथाः	अलोटयिष्येथाम्	अलोटयिष्यध्वम्
लोटयिष्ये	लोटयिष्यावहे	लोटयिष्यामहे	अलोटयिष्ये	अलोटयिष्यावहि	अलोटयिष्यामहि
लोटयिता	लोटयितारौ	लोटयितारः	लोटयिषीष्ट	लोटयिषीयास्ताम्	लोटयिषीरन्
लोटयितासे	लोटयितासाथे	लोटयिताध्वे	लोटयिषीष्ठाः	लोटयिषीयास्थाम्	लोटयिषीध्वम्-ढ्वम्
लोटयिताहे	लोटयितास्वहे	लोटयितास्महे	लोटयिषीय	लोटयिषीवहि	लोटयिषीमहि
लोटयाम्बभूव	लोटयाम्बभूवतुः	लोटयाम्बभूवुः	अलूलुटत	अलूलुटेताम्	अलूलुटन्त
लोटयाञ्चक्रे	लोटयाञ्चक्राते	लोटयाञ्चक्रिरे			

लोटयामास	लोटयामासतुः	लोटयामासुः			
लोटयाम्बभूविथ	लोटयाम्बभूवथुः	लोटयाम्बभूव	अलूलुटथाः	अलूलुटेथाम्	अलूलुटध्वम्
लोटयाञ्चकृषे	लोटयाञ्चक्राथे	लोटयाञ्चकृढ्वे			
लोटयामासिथ	लोटयामासथुः	लोटयामास			
लोटयाम्बभूव	लोटयाम्बभूविव	लोटयाम्बभूविम	अलूलुटे	अलूलुटावहि	अलूलुटामहि
लोटयाञ्चक्रे	लोटयाञ्चकृवहे	लोटयाञ्चकृमहे			
लोटयामास	लोटयामासिव	लोटयामासिम			

1755 तुजि भाषायां हिंसाबलादाननिकेतनेषु च । आस्वदीयः , Root 245 तुजि । इदित् वैकल्पिकः णिच् ।
10c 222 तुजिँ । तुञ्ज् । तुञ्जयति/ते , तुञ्जति । U । सेट् । स० । तुञ्जि । तुञ्जय ।
7.1.58 इदितो नुम् धातोः । reside, be strong, take, shine, hurt, tell. **Parasmaipadi Forms**

तुञ्जयति	तुञ्जयतः	तुञ्जयन्ति[1]	अतुञ्जयत् -द्	अतुञ्जयताम्	अतुञ्जयन्[1]
तुञ्जयसि	तुञ्जयथः	तुञ्जयथ	अतुञ्जयः	अतुञ्जयतम्	अतुञ्जयत
तुञ्जयामि[2]	तुञ्जयावः[2]	तुञ्जयामः[2]	अतुञ्जयम्[1]	अतुञ्जयाव[2]	अतुञ्जयाम[2]

तुञ्जयतु तुञ्जयतात् -द्	तुञ्जयताम्	तुञ्जयन्तु[1]	तुञ्जयेत् -द्	तुञ्जयेताम्	तुञ्जयेयुः
तुञ्जय तुञ्जयतात् -द्	तुञ्जयतम्	तुञ्जयत	तुञ्जयेः	तुञ्जयेतम्	तुञ्जयेत
तुञ्जयानि[3]	तुञ्जयाव[3]	तुञ्जयाम[3]	तुञ्जयेयम्	तुञ्जयेव	तुञ्जयेम

तुञ्जयिष्यति	तुञ्जयिष्यतः	तुञ्जयिष्यन्ति	अतुञ्जयिष्यत् -द्	अतुञ्जयिष्यताम्	अतुञ्जयिष्यन्
तुञ्जयिष्यसि	तुञ्जयिष्यथः	तुञ्जयिष्यथ	अतुञ्जयिष्यः	अतुञ्जयिष्यतम्	अतुञ्जयिष्यत
तुञ्जयिष्यामि	तुञ्जयिष्यावः	तुञ्जयिष्यामः	अतुञ्जयिष्यम्	अतुञ्जयिष्याव	अतुञ्जयिष्याम

तुञ्जयिता	तुञ्जयितारौ	तुञ्जयितारः	तुञ्ज्यात् -द्	तुञ्ज्यास्ताम्	तुञ्ज्यासुः
तुञ्जयितासि	तुञ्जयितास्थः	तुञ्जयितास्थ	तुञ्ज्याः	तुञ्ज्यास्तम्	तुञ्ज्यास्त
तुञ्जयितास्मि	तुञ्जयितास्वः	तुञ्जयितास्मः	तुञ्ज्यासम्	तुञ्ज्यास्व	तुञ्ज्यास्म

तुञ्जयाम्बभूव	तुञ्जयाम्बभूवतुः	तुञ्जयाम्बभूवुः	अतुतुञ्जत् -द्	अतुतुञ्जताम्	अतुतुञ्जन्
तुञ्जयाञ्चकार	तुञ्जयाञ्चक्रतुः	तुञ्जयाञ्चक्रुः			
तुञ्जयामास	तुञ्जयामासतुः	तुञ्जयामासुः			
तुञ्जयाम्बभूविथ	तुञ्जयाम्बभूवथुः	तुञ्जयाम्बभूव	अतुतुञ्जः	अतुतुञ्जतम्	अतुतुञ्जत
तुञ्जयाञ्चकर्थ	तुञ्जयाञ्चक्रथुः	तुञ्जयाञ्चक्र			
तुञ्जयामासिथ	तुञ्जयामासथुः	तुञ्जयामास			
तुञ्जयाम्बभूव	तुञ्जयाम्बभूविव	तुञ्जयाम्बभूविम	अतुतुञ्जम्	अतुतुञ्जाव	अतुतुञ्जाम
तुञ्जयाञ्चकर -कार	तुञ्जयाञ्चकृव	तुञ्जयाञ्चकृम			
तुञ्जयामास	तुञ्जयामासिव	तुञ्जयामासिम			

Atmanepadi Forms

तुञ्जयते	तुञ्जयेते[4]	तुञ्जयन्ते[1]	अतुञ्जयत	अतुञ्जयेताम्[4]	अतुञ्जयन्त[1]
तुञ्जयसे	तुञ्जयेथे[4]	तुञ्जयध्वे	अतुञ्जयथाः	अतुञ्जयेथाम्[4]	अतुञ्जयध्वम्
तुञ्जये[1]	तुञ्जयावहे[2]	तुञ्जयामहे[2]	अतुञ्जये[4]	अतुञ्जयावहि[3]	अतुञ्जयामहि[3]

तुञ्जयताम्	तुञ्जयेताम्[4]	तुञ्जयन्ताम्[1]	तुञ्जयेत	तुञ्जयेयाताम्	तुञ्जयेरन्
तुञ्जयस्व	तुञ्जयेथाम्[4]	तुञ्जयध्वम्	तुञ्जयेथाः	तुञ्जयेयाथाम्	तुञ्जयेध्वम्
तुञ्जयै[5]	तुञ्जयावहै[3]	तुञ्जयामहै[3]	तुञ्जयेय	तुञ्जयेवहि	तुञ्जयेमहि

तुञ्जयिष्यते	तुञ्जयिष्येते	तुञ्जयिष्यन्ते	अतुञ्जयिष्यत	अतुञ्जयिष्येताम्	अतुञ्जयिष्यन्त
तुञ्जयिष्यसे	तुञ्जयिष्येथे	तुञ्जयिष्यध्वे	अतुञ्जयिष्यथाः	अतुञ्जयिष्येथाम्	अतुञ्जयिष्यध्वम्
तुञ्जयिष्ये	तुञ्जयिष्यावहे	तुञ्जयिष्यामहे	अतुञ्जयिष्ये	अतुञ्जयिष्यावहि	अतुञ्जयिष्यामहि

तुञ्जयिता	तुञ्जयितारौ	तुञ्जयितारः	तुञ्जयिषीष्ट	तुञ्जयिषीयास्ताम्	तुञ्जयिषीरन्
तुञ्जयितासे	तुञ्जयितासाथे	तुञ्जयिताध्वे	तुञ्जयिषीष्ठाः	तुञ्जयिषीयास्थाम्	तुञ्जयिषीध्वम् -ढ्वम्
तुञ्जयिताहे	तुञ्जयितास्वहे	तुञ्जयितास्महे	तुञ्जयिषीय	तुञ्जयिषीवहि	तुञ्जयिषीमहि

तुञ्जयाम्बभूव	तुञ्जयाम्बभूवतुः	तुञ्जयाम्बभूवुः	अतुतुञ्जत	अतुतुञ्जेताम्	अतुतुञ्जन्त
तुञ्जयाञ्चक्रे	तुञ्जयाञ्चक्राते	तुञ्जयाञ्चक्रिरे			
तुञ्जयामास	तुञ्जयामासतुः	तुञ्जयामासुः			
तुञ्जयाम्बभूविथ	तुञ्जयाम्बभूवथुः	तुञ्जयाम्बभूव	अतुतुञ्जथाः	अतुतुञ्जेथाम्	अतुतुञ्जध्वम्
तुञ्जयाञ्चकृषे	तुञ्जयाञ्चक्राथे	तुञ्जयाञ्चकृढ्वे			
तुञ्जयामासिथ	तुञ्जयामासथुः	तुञ्जयामास			
तुञ्जयाम्बभूव	तुञ्जयाम्बभूविव	तुञ्जयाम्बभूविम	अतुतुञ्जे	अतुतुञ्जावहि	अतुतुञ्जामहि
तुञ्जयाञ्चक्रे	तुञ्जयाञ्चकृवहे	तुञ्जयाञ्चकृमहे			
तुञ्जयामास	तुञ्जयामासिव	तुञ्जयामासिम			

णिजभावपक्षे 1.3.78 शेषात् कर्त्तरि परस्मैपदम् । इति पक्षे भ्वादिः इव तुञ्ज् । P । सेट् । स० ।

तुञ्जति	तुञ्जतः	तुञ्जन्ति	अतुञ्जत् -द्	अतुञ्जताम्	अतुञ्जन्
तुञ्जसि	तुञ्जथः	तुञ्जथ	अतुञ्जः	अतुञ्जतम्	अतुञ्जत
तुञ्जामि	तुञ्जावः	तुञ्जामः	अतुञ्जम्	अतुञ्जाव	अतुञ्जाम

तुञ्जतु तुञ्जतात् -द्	तुञ्जताम्	तुञ्जन्तु	तुञ्जेत् -द्	तुञ्जेताम्	तुञ्जेयुः
तुञ्ज तुञ्जतात् -द्	तुञ्जतम्	तुञ्जत	तुञ्जेः	तुञ्जेतम्	तुञ्जेत
तुञ्जानि	तुञ्जाव	तुञ्जाम	तुञ्जेयम्	तुञ्जेव	तुञ्जेम

तुञ्जिष्यति	तुञ्जिष्यतः	तुञ्जिष्यन्ति	अतुञ्जिष्यत् -द्	अतुञ्जिष्यताम्	अतुञ्जिष्यन्
तुञ्जिष्यसि	तुञ्जिष्यथः	तुञ्जिष्यथ	अतुञ्जिष्यः	अतुञ्जिष्यतम्	अतुञ्जिष्यत
तुञ्जिष्यामि	तुञ्जिष्यावः	तुञ्जिष्यामः	अतुञ्जिष्यम्	अतुञ्जिष्याव	अतुञ्जिष्याम

तुञ्जिता	तुञ्जितारौ	तुञ्जितारः	तुञ्ज्यात् -द्	तुञ्ज्यास्ताम्	तुञ्ज्यासुः
तुञ्जितासि	तुञ्जितास्थः	तुञ्जितास्थ	तुञ्ज्याः	तुञ्ज्यास्तम्	तुञ्ज्यास्त
तुञ्जितास्मि	तुञ्जितास्वः	तुञ्जितास्मः	तुञ्ज्यासम्	तुञ्ज्यास्व	तुञ्ज्यास्म

तुतुञ्ज	तुतुञ्जतुः	तुतुञ्जुः	अतुञ्जीत् -द्	अतुञ्जिष्टाम्	अतुञ्जिषुः
तुतुञ्जिथ	तुतुञ्जथुः	तुतुञ्ज	अतुञ्जीः	अतुञ्जिष्टम्	अतुञ्जिष्ट
तुतुञ्ज	तुतुञ्जिव	तुतुञ्जिम	अतुञ्जिषम्	अतुञ्जिष्व	अतुञ्जिष्म

1756 मिजि भाषायाम् । आस्वदीयः , पूर्वः पठितः अपि । इदित् वैकल्पिकः णिच् । shine, speak
10c 223 मिजिँ । मिञ्ज् । मिञ्जयति / ते , मिञ्जति । U । सेट् । स० । मिञ्जि । मिञ्जय ।
7.1.58 इदितो नुम् धातोः । **Parasmaipadi Forms**

मिञ्जयति	मिञ्जयतः	मिञ्जयन्ति[1]	अमिञ्जयत् -द्	अमिञ्जयताम्	अमिञ्जयन्[1]
मिञ्जयसि	मिञ्जयथः	मिञ्जयथ	अमिञ्जयः	अमिञ्जयतम्	अमिञ्जयत
मिञ्जयामि[2]	मिञ्जयावः[2]	मिञ्जयामः[2]	अमिञ्जयम्[1]	अमिञ्जयाव[2]	अमिञ्जयाम[2]

मिञ्जयतु मिञ्जयतात् -द्	मिञ्जयताम्	मिञ्जयन्तु[1]	मिञ्जयेत् -द्	मिञ्जयेताम्	मिञ्जयेयुः
मिञ्जय मिञ्जयतात् -द्	मिञ्जयतम्	मिञ्जयत	मिञ्जयेः	मिञ्जयेतम्	मिञ्जयेत
मिञ्जयानि[3]	मिञ्जयाव[3]	मिञ्जयाम[3]	मिञ्जयेयम्	मिञ्जयेव	मिञ्जयेम

मिञ्जयिष्यति	मिञ्जयिष्यतः	मिञ्जयिष्यन्ति	अमिञ्जयिष्यत् -द्	अमिञ्जयिष्यताम्	अमिञ्जयिष्यन्
मिञ्जयिष्यसि	मिञ्जयिष्यथः	मिञ्जयिष्यथ	अमिञ्जयिष्यः	अमिञ्जयिष्यतम्	अमिञ्जयिष्यत
मिञ्जयिष्यामि	मिञ्जयिष्यावः	मिञ्जयिष्यामः	अमिञ्जयिष्यम्	अमिञ्जयिष्याव	अमिञ्जयिष्याम

मिञ्जयिता	मिञ्जयितारौ	मिञ्जयितारः	मिञ्ज्यात् -द्	मिञ्ज्यास्ताम्	मिञ्ज्यासुः
मिञ्जयितासि	मिञ्जयितास्थः	मिञ्जयितास्थ	मिञ्ज्याः	मिञ्ज्यास्तम्	मिञ्ज्यास्त
मिञ्जयितास्मि	मिञ्जयितास्वः	मिञ्जयितास्मः	मिञ्ज्यासम्	मिञ्ज्यास्व	मिञ्ज्यास्म

मिञ्जयाम्बभूव	मिञ्जयाम्बभूवतुः	मिञ्जयाम्बभूवुः	अमिमिञ्जत् -द्	अमिमिञ्जताम्	अमिमिञ्जन्
मिञ्जयाञ्चकार	मिञ्जयाञ्चक्रतुः	मिञ्जयाञ्चक्रुः			
मिञ्जयामास	मिञ्जयामासतुः	मिञ्जयामासुः			
मिञ्जयाम्बभूविथ	मिञ्जयाम्बभूवथुः	मिञ्जयाम्बभूव	अमिमिञ्जः	अमिमिञ्जतम्	अमिमिञ्जत
मिञ्जयाञ्चकर्थ	मिञ्जयाञ्चक्रथुः	मिञ्जयाञ्चक्र			
मिञ्जयामासिथ	मिञ्जयामासथुः	मिञ्जयामास			
मिञ्जयाम्बभूव	मिञ्जयाम्बभूविव	मिञ्जयाम्बभूविम	अमिमिञ्जम्	अमिमिञ्जाव	अमिमिञ्जाम
मिञ्जयाञ्चकर -कार	मिञ्जयाञ्चकृव	मिञ्जयाञ्चकृम			
मिञ्जयामास	मिञ्जयामासिव	मिञ्जयामासिम			

Atmanepadi Forms

मिञ्जयते	मिञ्जयेते[4]	मिञ्जयन्ते[1]	अमिञ्जयत	अमिञ्जयेताम्[4]	अमिञ्जयन्त[1]

मिञ्जयसे	मिञ्जयेथे[4]	मिञ्जयध्वे	अमिञ्जयथाः	अमिञ्जयेथाम्[4]	अमिञ्जयध्वम्
मिञ्जये[1]	मिञ्जयावहे[2]	मिञ्जयामहे[2]	अमिञ्जये[4]	अमिञ्जयावहि[3]	अमिञ्जयामहि[3]

मिञ्जयताम्	मिञ्जयेताम्[4]	मिञ्जयन्ताम्[1]	मिञ्जयेत	मिञ्जयेयाताम्	मिञ्जयेरन्
मिञ्जयस्व	मिञ्जयेथाम्[4]	मिञ्जयध्वम्	मिञ्जयेथाः	मिञ्जयेयाथाम्	मिञ्जयेध्वम्
मिञ्जयै[5]	मिञ्जयावहै[3]	मिञ्जयामहै[3]	मिञ्जयेय	मिञ्जयेवहि	मिञ्जयेमहि

मिञ्जयिष्यते	मिञ्जयिष्येते	मिञ्जयिष्यन्ते	अमिञ्जयिष्यत	अमिञ्जयिष्येताम्	अमिञ्जयिष्यन्त
मिञ्जयिष्यसे	मिञ्जयिष्येथे	मिञ्जयिष्यध्वे	अमिञ्जयिष्यथाः	अमिञ्जयिष्येथाम्	अमिञ्जयिष्यध्वम्
मिञ्जयिष्ये	मिञ्जयिष्यावहे	मिञ्जयिष्यामहे	अमिञ्जयिष्ये	अमिञ्जयिष्यावहि	अमिञ्जयिष्यामहि

मिञ्जयिता	मिञ्जयितारौ	मिञ्जयितारः	मिञ्जयिषीष्ट	मिञ्जयिषीयास्ताम्	मिञ्जयिषीरन्
मिञ्जयितासे	मिञ्जयितासाथे	मिञ्जयिताध्वे	मिञ्जयिषीष्ठाः	मिञ्जयिषीयास्थाम्	मिञ्जयिषीध्वम् -ढ्वम्
मिञ्जयिताहे	मिञ्जयितास्वहे	मिञ्जयितास्महे	मिञ्जयिषीय	मिञ्जयिषीवहि	मिञ्जयिषीमहि

मिञ्जयाम्बभूव	मिञ्जयाम्बभूवतुः	मिञ्जयाम्बभूवुः	अललजत	अललजेताम्	अललजन्त
मिञ्जयाञ्चक्रे	मिञ्जयाञ्चक्राते	मिञ्जयाञ्चक्रिरे			
मिञ्जयामास	मिञ्जयामासतुः	मिञ्जयामासुः			
मिञ्जयाम्बभूविथ	मिञ्जयाम्बभूवथुः	मिञ्जयाम्बभूव	अललजथाः	अललजेथाम्	अललजध्वम्
मिञ्जयाञ्चकृषे	मिञ्जयाञ्चक्राथे	मिञ्जयाञ्चकृढ्वे			
मिञ्जयामासिथ	मिञ्जयामासथुः	मिञ्जयामास			
मिञ्जयाम्बभूव	मिञ्जयाम्बभूविव	मिञ्जयाम्बभूविम	अललजे	अललजावहि	अललजामहि
मिञ्जयाञ्चक्रे	मिञ्जयाञ्चकृवहे	मिञ्जयाञ्चकृमहे			
मिञ्जयामास	मिञ्जयामासिव	मिञ्जयामासिम			

णिजभावपक्षे 1.3.78 शेषात् कर्त्तरि परस्मैपदम् । इति पक्षे भ्वादिः इव मिञ्ज् । P । सेट् । स० ।

मिञ्जति	मिञ्जतः	मिञ्जन्ति	अमिञ्जत् -द्	अमिञ्जताम्	अमिञ्जन्
मिञ्जसि	मिञ्जथः	मिञ्जथ	अमिञ्जः	अमिञ्जतम्	अमिञ्जत
मिञ्जामि	मिञ्जावः	मिञ्जामः	अमिञ्जम्	अमिञ्जाव	अमिञ्जाम

मिञ्जतु मिञ्जतात् -द्	मिञ्जताम्	मिञ्जन्तु	मिञ्जेत् -द्	मिञ्जेताम्	मिञ्जेयुः
मिञ्ज मिञ्जतात् -द्	मिञ्जतम्	मिञ्जत	मिञ्जेः	मिञ्जेतम्	मिञ्जेत
मिञ्जानि	मिञ्जाव	मिञ्जाम	मिञ्जेयम्	मिञ्जेव	मिञ्जेम

मिञ्जिष्यति	मिञ्जिष्यतः	मिञ्जिष्यन्ति	अमिञ्जिष्यत् -द्	अमिञ्जिष्यताम्	अमिञ्जिष्यन्
मिञ्जिष्यसि	मिञ्जिष्यथः	मिञ्जिष्यथ	अमिञ्जिष्यः	अमिञ्जिष्यतम्	अमिञ्जिष्यत
मिञ्जिष्यामि	मिञ्जिष्यावः	मिञ्जिष्यामः	अमिञ्जिष्यम्	अमिञ्जिष्याव	अमिञ्जिष्याम

मिञ्जिता	मिञ्जितारौ	मिञ्जितारः	मिञ्ज्यात् -द्	मिञ्ज्यास्ताम्	मिञ्ज्यासुः
मिञ्जितासि	मिञ्जितास्थः	मिञ्जितास्थ	मिञ्ज्याः	मिञ्ज्यास्तम्	मिञ्ज्यास्त

मिञ्जितास्मि	मिञ्जितास्वः	मिञ्जितास्मः	मिञ्ज्यासम्	मिञ्ज्यास्व	मिञ्ज्यास्म

मिमिञ्ज	मिमिञ्जतुः	मिमिञ्जुः	अमिञ्जीत् -द्	अमिञ्जिष्टाम्	अमिञ्जिषुः
मिमिञ्जिथ	मिमिञ्जथुः	मिमिञ्ज	अमिञ्जीः	अमिञ्जिष्टम्	अमिञ्जिष्ट
मिमिञ्ज	मिमिञ्जिव	मिमिञ्जिम	अमिञ्जिषम्	अमिञ्जिष्व	अमिञ्जिष्म

1757 पिजि भाषायाम् । आस्वदीयः , Root 1028 पिजि । इदित् वैकल्पिकः णिच् । shine, speak
10c 224 पिँजि । पिञ्ज् । पिञ्जयति / ते , पिञ्जति । U । सेट् । स० । पिञ्जि । पिञ्जय ।
7.1.58 इदितो नुम् धातोः । **Parasmaipadi Forms**

पिञ्जयति	पिञ्जयतः	पिञ्जयन्ति[1]	अपिञ्जयत् -द्	अपिञ्जयताम्	अपिञ्जयन्[1]
पिञ्जयसि	पिञ्जयथः	पिञ्जयथ	अपिञ्जयः	अपिञ्जयतम्	अपिञ्जयत
पिञ्जयामि[2]	पिञ्जयावः[2]	पिञ्जयामः[2]	अपिञ्जयम्[1]	अपिञ्जयाव[2]	अपिञ्जयाम[2]

पिञ्जयतु पिञ्जयतात् -द्	पिञ्जयताम्	पिञ्जयन्तु[1]	पिञ्जयेत् -द्	पिञ्जयेताम्	पिञ्जयेयुः
पिञ्जय पिञ्जयतात् -द्	पिञ्जयतम्	पिञ्जयत	पिञ्जयेः	पिञ्जयेतम्	पिञ्जयेत
पिञ्जयानि[3]	पिञ्जयाव[3]	पिञ्जयाम[3]	पिञ्जयेयम्	पिञ्जयेव	पिञ्जयेम

पिञ्जयिष्यति	पिञ्जयिष्यतः	पिञ्जयिष्यन्ति	अपिञ्जयिष्यत् -द्	अपिञ्जयिष्यताम्	अपिञ्जयिष्यन्
पिञ्जयिष्यसि	पिञ्जयिष्यथः	पिञ्जयिष्यथ	अपिञ्जयिष्यः	अपिञ्जयिष्यतम्	अपिञ्जयिष्यत
पिञ्जयिष्यामि	पिञ्जयिष्यावः	पिञ्जयिष्यामः	अपिञ्जयिष्यम्	अपिञ्जयिष्याव	अपिञ्जयिष्याम

पिञ्जयिता	पिञ्जयितारौ	पिञ्जयितारः	पिञ्ज्यात् -द्	पिञ्ज्यास्ताम्	पिञ्ज्यासुः
पिञ्जयितासि	पिञ्जयितास्थः	पिञ्जयितास्थ	पिञ्ज्याः	पिञ्ज्यास्तम्	पिञ्ज्यास्त
पिञ्जयितास्मि	पिञ्जयितास्वः	पिञ्जयितास्मः	पिञ्ज्यासम्	पिञ्ज्यास्व	पिञ्ज्यास्म

पिञ्जयाम्बभूव	पिञ्जयाम्बभूवतुः	पिञ्जयाम्बभूवुः	अपिपिञ्जत् -द्	अपिपिञ्जताम्	अपिपिञ्जन्
पिञ्जयाञ्चकार	पिञ्जयाञ्चक्रतुः	पिञ्जयाञ्चक्रुः			
पिञ्जयामास	पिञ्जयामासतुः	पिञ्जयामासुः			
पिञ्जयाम्बभूविथ	पिञ्जयाम्बभूवथुः	पिञ्जयाम्बभूव	अपिपिञ्जः	अपिपिञ्जतम्	अपिपिञ्जत
पिञ्जयाञ्चकर्थ	पिञ्जयाञ्चक्रथुः	पिञ्जयाञ्चक्र			
पिञ्जयामासिथ	पिञ्जयामासथुः	पिञ्जयामास			
पिञ्जयाम्बभूव	पिञ्जयाम्बभूविव	पिञ्जयाम्बभूविम	अपिपिञ्जम्	अपिपिञ्जाव	अपिपिञ्जाम
पिञ्जयाञ्चकर -कार	पिञ्जयाञ्चकृव	पिञ्जयाञ्चकृम			
पिञ्जयामास	पिञ्जयामासिव	पिञ्जयामासिम			

Atmanepadi Forms

पिञ्जयते	पिञ्जयेते[4]	पिञ्जयन्ते[1]	अपिञ्जयत	अपिञ्जयेताम्[4]	अपिञ्जयन्त[1]
पिञ्जयसे	पिञ्जयेथे[4]	पिञ्जयध्वे	अपिञ्जयथाः	अपिञ्जयेथाम्[4]	अपिञ्जयध्वम्

पिञ्जये[1]	पिञ्जयावहे[2]	पिञ्जयामहे[2]	अपिञ्जये[4]	अपिञ्जयावहि[3]	अपिञ्जयामहि[3]
पिञ्जयताम्	पिञ्जयेताम्[4]	पिञ्जयन्ताम्[1]	पिञ्जयेत	पिञ्जयेयाताम्	पिञ्जयेरन्
पिञ्जयस्व	पिञ्जयेथाम्[4]	पिञ्जयध्वम्	पिञ्जयेथाः	पिञ्जयेयाथाम्	पिञ्जयेध्वम्
पिञ्जयै[5]	पिञ्जयावहै[3]	पिञ्जयामहै[3]	पिञ्जयेय	पिञ्जयेवहि	पिञ्जयेमहि
पिञ्जयिष्यते	पिञ्जयिष्येते	पिञ्जयिष्यन्ते	अपिञ्जयिष्यत	अपिञ्जयिष्येताम्	अपिञ्जयिष्यन्त
पिञ्जयिष्यसे	पिञ्जयिष्येथे	पिञ्जयिष्यध्वे	अपिञ्जयिष्यथाः	अपिञ्जयिष्येथाम्	अपिञ्जयिष्यध्वम्
पिञ्जयिष्ये	पिञ्जयिष्यावहे	पिञ्जयिष्यामहे	अपिञ्जयिष्ये	अपिञ्जयिष्यावहि	अपिञ्जयिष्यामहि
पिञ्जयिता	पिञ्जयितारौ	पिञ्जयितारः	पिञ्जयिषीष्ट	पिञ्जयिषीयास्ताम्	पिञ्जयिषीरन्
पिञ्जयितासे	पिञ्जयितासाथे	पिञ्जयिताध्वे	पिञ्जयिषीष्ठाः	पिञ्जयिषीयास्थाम्	पिञ्जयिषीध्वम् -ढ्वम्
पिञ्जयिताहे	पिञ्जयितास्वहे	पिञ्जयितास्महे	पिञ्जयिषीय	पिञ्जयिषीवहि	पिञ्जयिषीमहि
पिञ्जयाम्बभूव	पिञ्जयाम्बभूवतुः	पिञ्जयाम्बभूवुः	अपिपिञ्जत	अपिपिञ्जेताम्	अपिपिञ्जन्त
पिञ्जयाञ्चक्रे	पिञ्जयाञ्चक्राते	पिञ्जयाञ्चक्रिरे			
पिञ्जयामास	पिञ्जयामासतुः	पिञ्जयामासुः			
पिञ्जयाम्बभूविथ	पिञ्जयाम्बभूवथुः	पिञ्जयाम्बभूव	अपिपिञ्जथाः	अपिपिञ्जेथाम्	अपिपिञ्जध्वम्
पिञ्जयाञ्चकृषे	पिञ्जयाञ्चक्राथे	पिञ्जयाञ्चकृढ्वे			
पिञ्जयामासिथ	पिञ्जयामासथुः	पिञ्जयामास			
पिञ्जयाम्बभूव	पिञ्जयाम्बभूविव	पिञ्जयाम्बभूविम	अपिपिञ्जे	अपिपिञ्जावहि	अपिपिञ्जामहि
पिञ्जयाञ्चक्रे	पिञ्जयाञ्चकृवहे	पिञ्जयाञ्चकृमहे			
पिञ्जयामास	पिञ्जयामासिव	पिञ्जयामासिम			

णिजभावपक्षे 1.3.78 शेषात् कर्त्तरि परस्मैपदम् । इति पक्षे भ्वादिः इव पिञ्ज् । P । सेट् । स० ।

पिञ्जति	पिञ्जतः	पिञ्जन्ति	अपिञ्जत् -द्	अपिञ्जताम्	अपिञ्जन्
पिञ्जसि	पिञ्जथः	पिञ्जथ	अपिञ्जः	अपिञ्जतम्	अपिञ्जत
पिञ्जामि	पिञ्जावः	पिञ्जामः	अपिञ्जम्	अपिञ्जाव	अपिञ्जाम
पिञ्जतु पिञ्जतात् -द्	पिञ्जताम्	पिञ्जन्तु	पिञ्जेत् -द्	पिञ्जेताम्	पिञ्जेयुः
पिञ्ज पिञ्जतात् -द्	पिञ्जतम्	पिञ्जत	पिञ्जेः	पिञ्जेतम्	पिञ्जेत
पिञ्जानि	पिञ्जाव	पिञ्जाम	पिञ्जेयम्	पिञ्जेव	पिञ्जेम
पिञ्जिष्यति	पिञ्जिष्यतः	पिञ्जिष्यन्ति	अपिञ्जिष्यत् -द्	अपिञ्जिष्यताम्	अपिञ्जिष्यन्
पिञ्जिष्यसि	पिञ्जिष्यथः	पिञ्जिष्यथ	अपिञ्जिष्यः	अपिञ्जिष्यतम्	अपिञ्जिष्यत
पिञ्जिष्यामि	पिञ्जिष्यावः	पिञ्जिष्यामः	अपिञ्जिष्यम्	अपिञ्जिष्याव	अपिञ्जिष्याम
पिञ्जिता	पिञ्जितारौ	पिञ्जितारः	पिञ्ज्यात् -द्	पिञ्ज्यास्ताम्	पिञ्ज्यासुः
पिञ्जितासि	पिञ्जितास्थः	पिञ्जितास्थ	पिञ्ज्याः	पिञ्ज्यास्तम्	पिञ्ज्यास्त
पिञ्जितास्मि	पिञ्जितास्वः	पिञ्जितास्मः	पिञ्ज्यासम्	पिञ्ज्यास्व	पिञ्ज्यास्म

पिपिञ्ज	पिपिञ्जतुः	पिपिञ्जुः	अपिञ्जीत् -द्	अपिञ्जिष्टाम्	अपिञ्जिषुः
पिपिञ्जिथ	पिपिञ्जथुः	पिपिञ्ज	अपिञ्जीः	अपिञ्जिष्टम्	अपिञ्जिष्ट
पिपिञ्ज	पिपिञ्जिव	पिपिञ्जिम	अपिञ्जिषम्	अपिञ्जिष्व	अपिञ्जिष्म

1758 लुजि भाषायाम् । आस्वदीयः , पूर्वः पठितः अपि । इदित् वैकल्पिकः णिच् । shine, speak
10c 225 लुजिँ । लुञ्ज् । लुञ्जयति / ते , लुञ्जति । U । सेट् । स० । लुञ्जि । लुञ्जय ।
7.1.58 इदितो नुम् धातोः । **Parasmaipadi Forms**

लुञ्जयति	लुञ्जयतः	लुञ्जयन्ति[1]	अलुञ्जयत् -द्	अलुञ्जयताम्	अलुञ्जयन्[1]
लुञ्जयसि	लुञ्जयथः	लुञ्जयथ	अलुञ्जयः	अलुञ्जयतम्	अलुञ्जयत
लुञ्जयामि[2]	लुञ्जयावः[2]	लुञ्जयामः[2]	अलुञ्जयम्[1]	अलुञ्जयाव[2]	अलुञ्जयाम[2]

लुञ्जयतु लुञ्जयतात् -द्	लुञ्जयताम्	लुञ्जयन्तु[1]	लुञ्जयेत् -द्	लुञ्जयेताम्	लुञ्जयेयुः
लुञ्जय लुञ्जयतात् -द्	लुञ्जयतम्	लुञ्जयत	लुञ्जयेः	लुञ्जयेतम्	लुञ्जयेत
लुञ्जयानि[3]	लुञ्जयाव[3]	लुञ्जयाम[3]	लुञ्जयेयम्	लुञ्जयेव	लुञ्जयेम

लुञ्जयिष्यति	लुञ्जयिष्यतः	लुञ्जयिष्यन्ति	अलुञ्जयिष्यत् -द्	अलुञ्जयिष्यताम्	अलुञ्जयिष्यन्
लुञ्जयिष्यसि	लुञ्जयिष्यथः	लुञ्जयिष्यथ	अलुञ्जयिष्यः	अलुञ्जयिष्यतम्	अलुञ्जयिष्यत
लुञ्जयिष्यामि	लुञ्जयिष्यावः	लुञ्जयिष्यामः	अलुञ्जयिष्यम्	अलुञ्जयिष्याव	अलुञ्जयिष्याम

लुञ्जयिता	लुञ्जयितारौ	लुञ्जयितारः	लुञ्ज्यात् -द्	लुञ्ज्यास्ताम्	लुञ्ज्यासुः
लुञ्जयितासि	लुञ्जयितास्थः	लुञ्जयितास्थ	लुञ्ज्याः	लुञ्ज्यास्तम्	लुञ्ज्यास्त
लुञ्जयितास्मि	लुञ्जयितास्वः	लुञ्जयितास्मः	लुञ्ज्यासम्	लुञ्ज्यास्व	लुञ्ज्यास्म

लुञ्जयाम्बभूव	लुञ्जयाम्बभूवतुः	लुञ्जयाम्बभूवुः	अलुलुञ्जत् -द्	अलुलुञ्जताम्	अलुलुञ्जन्
लुञ्जयाञ्चकार	लुञ्जयाञ्चक्रतुः	लुञ्जयाञ्चक्रुः			
लुञ्जयामास	लुञ्जयामासतुः	लुञ्जयामासुः			
लुञ्जयाम्बभूविथ	लुञ्जयाम्बभूवथुः	लुञ्जयाम्बभूव	अलुलुञ्जः	अलुलुञ्जतम्	अलुलुञ्जत
लुञ्जयाञ्चकर्थ	लुञ्जयाञ्चक्रथुः	लुञ्जयाञ्चक्र			
लुञ्जयामासिथ	लुञ्जयामासथुः	लुञ्जयामास			
लुञ्जयाम्बभूव	लुञ्जयाम्बभूविव	लुञ्जयाम्बभूविम	अलुलुञ्जम्	अलुलुञ्जाव	अलुलुञ्जाम
लुञ्जयाञ्चकर -कार	लुञ्जयाञ्चकृव	लुञ्जयाञ्चकृम			
लुञ्जयामास	लुञ्जयामासिव	लुञ्जयामासिम			

Atmanepadi Forms

लुञ्जयते	लुञ्जयेते[4]	लुञ्जयन्ते[1]	अलुञ्जयत	अलुञ्जयेताम्[4]	अलुञ्जयन्त[1]
लुञ्जयसे	लुञ्जयेथे[4]	लुञ्जयध्वे	अलुञ्जयथाः	अलुञ्जयेथाम्[4]	अलुञ्जयध्वम्
लुञ्जये[1]	लुञ्जयावहे[2]	लुञ्जयामहे[2]	अलुञ्जये[4]	अलुञ्जयावहि[3]	अलुञ्जयामहि[3]

लुञ्जयताम्	लुञ्जयेताम्[4]	लुञ्जयन्ताम्[1]	लुञ्जयेत	लुञ्जयेयाताम्	लुञ्जयेरन्
लुञ्जयस्व	लुञ्जयेथाम्[4]	लुञ्जयध्वम्	लुञ्जयेथाः	लुञ्जयेयाथाम्	लुञ्जयेध्वम्
लुञ्जयै[5]	लुञ्जयावहै[3]	लुञ्जयामहै[3]	लुञ्जयेय	लुञ्जयेवहि	लुञ्जयेमहि

लुञ्जयिष्यते	लुञ्जयिष्येते	लुञ्जयिष्यन्ते	अलुञ्जयिष्यत	अलुञ्जयिष्येताम्	अलुञ्जयिष्यन्त
लुञ्जयिष्यसे	लुञ्जयिष्येथे	लुञ्जयिष्यध्वे	अलुञ्जयिष्यथाः	अलुञ्जयिष्येथाम्	अलुञ्जयिष्यध्वम्
लुञ्जयिष्ये	लुञ्जयिष्यावहे	लुञ्जयिष्यामहे	अलुञ्जयिष्ये	अलुञ्जयिष्यावहि	अलुञ्जयिष्यामहि

लुञ्जयिता	लुञ्जयितारौ	लुञ्जयितारः	लुञ्जयिषीष्ट	लुञ्जयिषीयास्ताम्	लुञ्जयिषीरन्
लुञ्जयितासे	लुञ्जयितासाथे	लुञ्जयिताध्वे	लुञ्जयिषीष्ठाः	लुञ्जयिषीयास्थाम्	लुञ्जयिषीध्वम् -ढ्वम्
लुञ्जयिताहे	लुञ्जयितास्वहे	लुञ्जयितास्महे	लुञ्जयिषीय	लुञ्जयिषीवहि	लुञ्जयिषीमहि

लुञ्जयाम्बभूव	लुञ्जयाम्बभूवतुः	लुञ्जयाम्बभूवुः	अलुलुञ्जत	अलुलुञ्जेताम्	अलुलुञ्जन्त
लुञ्जयाञ्चक्रे	लुञ्जयाञ्चक्राते	लुञ्जयाञ्चक्रिरे			
लुञ्जयामास	लुञ्जयामासतुः	लुञ्जयामासुः			
लुञ्जयाम्बभूविथ	लुञ्जयाम्बभूवथुः	लुञ्जयाम्बभूव	अलुलुञ्जथाः	अलुलुञ्जेथाम्	अलुलुञ्जध्वम्
लुञ्जयाञ्चकृषे	लुञ्जयाञ्चक्राथे	लुञ्जयाञ्चकृढ्वे			
लुञ्जयामासिथ	लुञ्जयामासथुः	लुञ्जयामास			
लुञ्जयाम्बभूव	लुञ्जयाम्बभूविव	लुञ्जयाम्बभूविम	अलुलुञ्जे	अलुलुञ्जावहि	अलुलुञ्जामहि
लुञ्जयाञ्चक्रे	लुञ्जयाञ्चकृवहे	लुञ्जयाञ्चकृमहे			
लुञ्जयामास	लुञ्जयामासिव	लुञ्जयामासिम			

णिजभावपक्षे 1.3.78 शेषात् कर्त्तरि परस्मैपदम् । इति पक्षे भ्वादिः इव लुञ्ज् । P । सेट् । स० ।

लुञ्जति	लुञ्जतः	लुञ्जन्ति	अलुञ्जत् -द्	अलुञ्जताम्	अलुञ्जन्
लुञ्जसि	लुञ्जथः	लुञ्जथ	अलुञ्जः	अलुञ्जतम्	अलुञ्जत
लुञ्जामि	लुञ्जावः	लुञ्जामः	अलुञ्जम्	अलुञ्जाव	अलुञ्जाम

लुञ्जतु लुञ्जतात् -द्	लुञ्जताम्	लुञ्जन्तु	लुञ्जेत् -द्	लुञ्जेताम्	लुञ्जेयुः
लुञ्ज लुञ्जतात् -द्	लुञ्जतम्	लुञ्जत	लुञ्जेः	लुञ्जेतम्	लुञ्जेत
लुञ्जानि	लुञ्जाव	लुञ्जाम	लुञ्जेयम्	लुञ्जेव	लुञ्जेम

लुञ्जिष्यति	लुञ्जिष्यतः	लुञ्जिष्यन्ति	अलुञ्जिष्यत् -द्	अलुञ्जिष्यताम्	अलुञ्जिष्यन्
लुञ्जिष्यसि	लुञ्जिष्यथः	लुञ्जिष्यथ	अलुञ्जिष्यः	अलुञ्जिष्यतम्	अलुञ्जिष्यत
लुञ्जिष्यामि	लुञ्जिष्यावः	लुञ्जिष्यामः	अलुञ्जिष्यम्	अलुञ्जिष्याव	अलुञ्जिष्याम

लुञ्जिता	लुञ्जितारौ	लुञ्जितारः	लुञ्ज्यात् -द्	लुञ्ज्यास्ताम्	लुञ्ज्यासुः
लुञ्जितासि	लुञ्जितास्थः	लुञ्जितास्थ	लुञ्ज्याः	लुञ्ज्यास्तम्	लुञ्ज्यास्त
लुञ्जितास्मि	लुञ्जितास्वः	लुञ्जितास्मः	लुञ्ज्यासम्	लुञ्ज्यास्व	लुञ्ज्यास्म

लुलुञ्ज	लुलुञ्जतुः	लुलुञ्जुः	अलुञ्जीत् -द्	अलुञ्जिष्टाम्	अलुञ्जिषुः
लुलुञ्जिथ	लुलुञ्जथुः	लुलुञ्ज	अलुञ्जीः	अलुञ्जिष्टम्	अलुञ्जिष्ट

| लुलुञ्ज | लुलुञ्जिव | लुलुञ्जिम | अलुञ्जिषम् | अलुञ्जिष्व | अलुञ्जिष्म |

1759 भजि भाषायाम्। आस्वदीयः, पूर्वः पठितः अपि। इदित् वैकल्पिकः णिच्। shine, speak
10c 226 भजिँ। भञ्ज्। भञ्जयति / ते, भञ्जति। U। सेट्। स०। भञ्जि। भञ्जय।
7.1.58 इदितो नुम् धातोः। **Parasmaipadi Forms**

भञ्जयति	भञ्जयतः	भञ्जयन्ति[1]	अभञ्जयत् -द्	अभञ्जयताम्	अभञ्जयन्[1]
भञ्जयसि	भञ्जयथः	भञ्जयथ	अभञ्जयः	अभञ्जयतम्	अभञ्जयत
भञ्जयामि[2]	भञ्जयावः[2]	भञ्जयामः[2]	अभञ्जयम्[1]	अभञ्जयाव[2]	अभञ्जयाम[2]

भञ्जयतु भञ्जयतात् -द्	भञ्जयताम्	भञ्जयन्तु[1]	भञ्जयेत् -द्	भञ्जयेताम्	भञ्जयेयुः
भञ्जय भञ्जयतात् -द्	भञ्जयतम्	भञ्जयत	भञ्जयेः	भञ्जयेतम्	भञ्जयेत
भञ्जयानि[3]	भञ्जयाव[3]	भञ्जयाम[3]	भञ्जयेयम्	भञ्जयेव	भञ्जयेम

भञ्जयिष्यति	भञ्जयिष्यतः	भञ्जयिष्यन्ति	अभञ्जयिष्यत् -द्	अभञ्जयिष्यताम्	अभञ्जयिष्यन्
भञ्जयिष्यसि	भञ्जयिष्यथः	भञ्जयिष्यथ	अभञ्जयिष्यः	अभञ्जयिष्यतम्	अभञ्जयिष्यत
भञ्जयिष्यामि	भञ्जयिष्यावः	भञ्जयिष्यामः	अभञ्जयिष्यम्	अभञ्जयिष्याव	अभञ्जयिष्याम

भञ्जयिता	भञ्जयितारौ	भञ्जयितारः	भञ्ज्यात् -द्	भञ्ज्यास्ताम्	भञ्ज्यासुः
भञ्जयितासि	भञ्जयितास्थः	भञ्जयितास्थ	भञ्ज्याः	भञ्ज्यास्तम्	भञ्ज्यास्त
भञ्जयितास्मि	भञ्जयितास्वः	भञ्जयितास्मः	भञ्ज्यासम्	भञ्ज्यास्व	भञ्ज्यास्म

भञ्जयाम्बभूव	भञ्जयाम्बभूवतुः	भञ्जयाम्बभूवुः	अबभञ्जत् -द्	अबभञ्जताम्	अबभञ्जन्
भञ्जयाञ्चकार	भञ्जयाञ्चक्रतुः	भञ्जयाञ्चक्रुः			
भञ्जयामास	भञ्जयामासतुः	भञ्जयामासुः			
भञ्जयाम्बभूविथ	भञ्जयाम्बभूवथुः	भञ्जयाम्बभूव	अबभञ्जः	अबभञ्जतम्	अबभञ्जत
भञ्जयाञ्चकर्थ	भञ्जयाञ्चक्रथुः	भञ्जयाञ्चक्र			
भञ्जयामासिथ	भञ्जयामासथुः	भञ्जयामास			
भञ्जयाम्बभूव	भञ्जयाम्बभूविव	भञ्जयाम्बभूविम	अबभञ्जम्	अबभञ्जाव	अबभञ्जाम
भञ्जयाञ्चकर -कार	भञ्जयाञ्चकृव	भञ्जयाञ्चकृम			
भञ्जयामास	भञ्जयामासिव	भञ्जयामासिम			

Atmanepadi Forms

भञ्जयते	भञ्जयेते[4]	भञ्जयन्ते[1]	अभञ्जयत	अभञ्जयेताम्[4]	अभञ्जयन्त[1]
भञ्जयसे	भञ्जयेथे[4]	भञ्जयध्वे	अभञ्जयथाः	अभञ्जयेथाम्[4]	अभञ्जयध्वम्
भञ्जये[1]	भञ्जयावहे[2]	भञ्जयामहे[2]	अभञ्जये[4]	अभञ्जयावहि[3]	अभञ्जयामहि[3]

| भञ्जयताम् | भञ्जयेताम्[4] | भञ्जयन्ताम्[1] | भञ्जयेत | भञ्जयेयाताम् | भञ्जयेरन् |
| भञ्जयस्व | भञ्जयेथाम्[4] | भञ्जयध्वम् | भञ्जयेथाः | भञ्जयेयाथाम् | भञ्जयेध्वम् |

भञ्जयै[5]	भञ्जयावहै[3]	भञ्जयामहै[3]	भञ्जयेय	भञ्जयेवहि	भञ्जयेमहि

भञ्जयिष्यते	भञ्जयिष्येते	भञ्जयिष्यन्ते	अभञ्जयिष्यत	अभञ्जयिष्येताम्	अभञ्जयिष्यन्त
भञ्जयिष्यसे	भञ्जयिष्येथे	भञ्जयिष्यध्वे	अभञ्जयिष्यथाः	अभञ्जयिष्येथाम्	अभञ्जयिष्यध्वम्
भञ्जयिष्ये	भञ्जयिष्यावहे	भञ्जयिष्यामहे	अभञ्जयिष्ये	अभञ्जयिष्यावहि	अभञ्जयिष्यामहि

भञ्जयिता	भञ्जयितारौ	भञ्जयितारः	भञ्जयिषीष्ट	भञ्जयिषीयास्ताम्	भञ्जयिषीरन्
भञ्जयितासे	भञ्जयितासाथे	भञ्जयिताध्वे	भञ्जयिषीष्ठाः	भञ्जयिषीयास्थाम्	भञ्जयिषीध्वम् -ढ्वम्
भञ्जयिताहे	भञ्जयितास्वहे	भञ्जयितास्महे	भञ्जयिषीय	भञ्जयिषीवहि	भञ्जयिषीमहि

भञ्जयाम्बभूव	भञ्जयाम्बभूवतुः	भञ्जयाम्बभूवुः	अबभञ्जत	अबभञ्जेताम्	अबभञ्जन्त
भञ्जयाञ्चक्रे	भञ्जयाञ्चक्राते	भञ्जयाञ्चक्रिरे			
भञ्जयामास	भञ्जयामासतुः	भञ्जयामासुः			
भञ्जयाम्बभूविथ	भञ्जयाम्बभूवथुः	भञ्जयाम्बभूव	अबभञ्जथाः	अबभञ्जेथाम्	अबभञ्जध्वम्
भञ्जयाञ्चकृषे	भञ्जयाञ्चक्राथे	भञ्जयाञ्चकृढ्वे			
भञ्जयामासिथ	भञ्जयामासथुः	भञ्जयामास			
भञ्जयाम्बभूव	भञ्जयाम्बभूविव	भञ्जयाम्बभूविम	अबभञ्जे	अबभञ्जावहि	अबभञ्जामहि
भञ्जयाञ्चक्रे	भञ्जयाञ्चकृवहे	भञ्जयाञ्चकृमहे			
भञ्जयामास	भञ्जयामासिव	भञ्जयामासिम			

णिजभावपक्षे 1.3.78 शेषात् कर्त्तरि परस्मैपदम् । इति पक्षे भ्वादिः इव भञ्ज् । P । सेट् । स० ।

भञ्जति	भञ्जतः	भञ्जन्ति	अभञ्जत् -द्	अभञ्जताम्	अभञ्जन्
भञ्जसि	भञ्जथः	भञ्जथ	अभञ्जः	अभञ्जतम्	अभञ्जत
भञ्जामि	भञ्जावः	भञ्जामः	अभञ्जम्	अभञ्जाव	अभञ्जाम

भञ्जतु भञ्जतात् -द्	भञ्जताम्	भञ्जन्तु	भञ्जेत् -द्	भञ्जेताम्	भञ्जेयुः
भञ्ज भञ्जतात् -द्	भञ्जतम्	भञ्जत	भञ्जेः	भञ्जेतम्	भञ्जेत
भञ्जानि	भञ्जाव	भञ्जाम	भञ्जेयम्	भञ्जेव	भञ्जेम

भञ्जिष्यति	भञ्जिष्यतः	भञ्जिष्यन्ति	अभञ्जिष्यत् -द्	अभञ्जिष्यताम्	अभञ्जिष्यन्
भञ्जिष्यसि	भञ्जिष्यथः	भञ्जिष्यथ	अभञ्जिष्यः	अभञ्जिष्यतम्	अभञ्जिष्यत
भञ्जिष्यामि	भञ्जिष्यावः	भञ्जिष्यामः	अभञ्जिष्यम्	अभञ्जिष्याव	अभञ्जिष्याम

भञ्जिता	भञ्जितारौ	भञ्जितारः	भञ्ज्यात् -द्	भञ्ज्यास्ताम्	भञ्ज्यासुः
भञ्जितासि	भञ्जितास्थः	भञ्जितास्थ	भञ्ज्याः	भञ्ज्यास्तम्	भञ्ज्यास्त
भञ्जितास्मि	भञ्जितास्वः	भञ्जितास्मः	भञ्ज्यासम्	भञ्ज्यास्व	भञ्ज्यास्म

बभञ्ज	बभञ्जतुः	बभञ्जुः	अभञ्जीत् -द्	अभञ्जिष्टाम्	अभञ्जिषुः
बभञ्जिथ	बभञ्जथुः	बभञ्ज	अभञ्जीः	अभञ्जिष्टम्	अभञ्जिष्ट
बभञ्ज	बभञ्जिव	बभञ्जिम	अभञ्जिषम्	अभञ्जिष्व	अभञ्जिष्म

1760 लघि भाषायाम् । आस्वदीयः , Root 108 लघि । shine, speak, go beyond

10c 227 लघिँ । लङ्घ् । लङ्घयति / ते , लङ्घति । U । सेट् । स० । लङ्घि । लङ्घय ।
7.1.58 इदितो नुम् धातोः । Siddhanta Kaumudi इदित्करणं णिचः पाक्षिकत्वे लिङ्गम् ।

Parasmaipadi Forms

लङ्घयति	लङ्घयतः	लङ्घयन्ति[1]	अलङ्घयत् -द्	अलङ्घयताम्	अलङ्घयन्[1]
लङ्घयसि	लङ्घयथः	लङ्घयथ	अलङ्घयः	अलङ्घयतम्	अलङ्घयत
लङ्घयामि[2]	लङ्घयावः[2]	लङ्घयामः[2]	अलङ्घयम्[1]	अलङ्घयाव[2]	अलङ्घयाम[2]

लङ्घयतु लङ्घयतात् -द्	लङ्घयताम्	लङ्घयन्तु[1]	लङ्घयेत् -द्	लङ्घयेताम्	लङ्घयेयुः
लङ्घय लङ्घयतात् -द्	लङ्घयतम्	लङ्घयत	लङ्घयेः	लङ्घयेतम्	लङ्घयेत
लङ्घयानि[3]	लङ्घयाव[3]	लङ्घयाम[3]	लङ्घयेयम्	लङ्घयेव	लङ्घयेम

लङ्घयिष्यति	लङ्घयिष्यतः	लङ्घयिष्यन्ति	अलङ्घयिष्यत् -द्	अलङ्घयिष्यताम्	अलङ्घयिष्यन्
लङ्घयिष्यसि	लङ्घयिष्यथः	लङ्घयिष्यथ	अलङ्घयिष्यः	अलङ्घयिष्यतम्	अलङ्घयिष्यत
लङ्घयिष्यामि	लङ्घयिष्यावः	लङ्घयिष्यामः	अलङ्घयिष्यम्	अलङ्घयिष्याव	अलङ्घयिष्याम

लङ्घयिता	लङ्घयितारौ	लङ्घयितारः	लङ्घ्यात् -द्	लङ्घ्यास्ताम्	लङ्घ्यासुः
लङ्घयितासि	लङ्घयितास्थः	लङ्घयितास्थ	लङ्घ्याः	लङ्घ्यास्तम्	लङ्घ्यास्त
लङ्घयितास्मि	लङ्घयितास्वः	लङ्घयितास्मः	लङ्घ्यासम्	लङ्घ्यास्व	लङ्घ्यास्म

लङ्घयाम्बभूव	लङ्घयाम्बभूवतुः	लङ्घयाम्बभूवुः	अललङ्घत् -द्	अललङ्घताम्	अललङ्घन्
लङ्घयाञ्चकार	लङ्घयाञ्चक्रतुः	लङ्घयाञ्चक्रुः			
लङ्घयामास	लङ्घयामासतुः	लङ्घयामासुः			
लङ्घयाम्बभूविथ	लङ्घयाम्बभूवथुः	लङ्घयाम्बभूव	अललङ्घः	अललङ्घतम्	अललङ्घत
लङ्घयाञ्चकर्थ	लङ्घयाञ्चक्रथुः	लङ्घयाञ्चक्र			
लङ्घयामासिथ	लङ्घयामासथुः	लङ्घयामास			
लङ्घयाम्बभूव	लङ्घयाम्बभूविव	लङ्घयाम्बभूविम	अललङ्घम्	अललङ्घाव	अललङ्घाम
लङ्घयाञ्चकर -कार	लङ्घयाञ्चकृव	लङ्घयाञ्चकृम			
लङ्घयामास	लङ्घयामासिव	लङ्घयामासिम			

Atmanepadi Forms

लङ्घयते	लङ्घयेते[4]	लङ्घयन्ते[1]	अलङ्घयत	अलङ्घयेताम्[4]	अलङ्घयन्त[1]
लङ्घयसे	लङ्घयेथे[4]	लङ्घयध्वे	अलङ्घयथाः	अलङ्घयेथाम्[4]	अलङ्घयध्वम्
लङ्घये[1]	लङ्घयावहे[2]	लङ्घयामहे[2]	अलङ्घये[4]	अलङ्घयावहि[3]	अलङ्घयामहि[3]

लङ्घयताम्	लङ्घयेताम्[4]	लङ्घयन्ताम्[1]	लङ्घयेत	लङ्घयेयाताम्	लङ्घयेरन्
लङ्घयस्व	लङ्घयेथाम्[4]	लङ्घयध्वम्	लङ्घयेथाः	लङ्घयेयाथाम्	लङ्घयेध्वम्
लङ्घयै[5]	लङ्घयावहै[3]	लङ्घयामहै[3]	लङ्घयेय	लङ्घयेवहि	लङ्घयेमहि

लङ्घयिष्यते	लङ्घयिष्येते	लङ्घयिष्यन्ते	अलङ्घयिष्यत	अलङ्घयिष्येताम्	अलङ्घयिष्यन्त
लङ्घयिष्यसे	लङ्घयिष्येथे	लङ्घयिष्यध्वे	अलङ्घयिष्यथाः	अलङ्घयिष्येथाम्	अलङ्घयिष्यध्वम्
लङ्घयिष्ये	लङ्घयिष्यावहे	लङ्घयिष्यामहे	अलङ्घयिष्ये	अलङ्घयिष्यावहि	अलङ्घयिष्यामहि

लङ्घयिता	लङ्घयितारौ	लङ्घयितारः	लङ्घयिषीष्ट	लङ्घयिषीयास्ताम्	लङ्घयिषीरन्
लङ्घयितासे	लङ्घयितासाथे	लङ्घयिताध्वे	लङ्घयिषीष्ठाः	लङ्घयिषीयास्थाम्	लङ्घयिषीध्वम्-ढ्वम्
लङ्घयिताहे	लङ्घयितास्वहे	लङ्घयितास्महे	लङ्घयिषीय	लङ्घयिषीवहि	लङ्घयिषीमहि

लङ्घयाम्बभूव	लङ्घयाम्बभूवतुः	लङ्घयाम्बभूवुः	अललङ्घत	अललङ्घेताम्	अललङ्घन्त
लङ्घयाञ्चक्रे	लङ्घयाञ्चक्राते	लङ्घयाञ्चक्रिरे			
लङ्घयामास	लङ्घयामासतुः	लङ्घयामासुः			
लङ्घयाम्बभूविथ	लङ्घयाम्बभूवथुः	लङ्घयाम्बभूव	अललङ्घथाः	अललङ्घेथाम्	अललङ्घध्वम्
लङ्घयाञ्चकृषे	लङ्घयाञ्चक्राथे	लङ्घयाञ्चकृढ्वे			
लङ्घयामासिथ	लङ्घयामासथुः	लङ्घयामास			
लङ्घयाम्बभूव	लङ्घयाम्बभूविव	लङ्घयाम्बभूविम	अललङ्घे	अललङ्घावहि	अललङ्घामहि
लङ्घयाञ्चक्रे	लङ्घयाञ्चकृवहे	लङ्घयाञ्चकृमहे			
लङ्घयामास	लङ्घयामासिव	लङ्घयामासिम			

णिजभावपक्षे 1.3.78 शेषात् कर्त्तरि परस्मैपदम् । इति पक्षे भ्वादिः इव लङ्घ् । P । सेट् । स० ।

लङ्घति	लङ्घतः	लङ्घन्ति	अलङ्घत् -द्	अलङ्घताम्	अलङ्घन्
लङ्घसि	लङ्घथः	लङ्घथ	अलङ्घः	अलङ्घतम्	अलङ्घत
लङ्घामि	लङ्घावः	लङ्घामः	अलङ्घम्	अलङ्घाव	अलङ्घाम

लङ्घतु लङ्घतात् -द्	लङ्घताम्	लङ्घन्तु	लङ्घेत् -द्	लङ्घेताम्	लङ्घेयुः
लङ्घ लङ्घतात् -द्	लङ्घतम्	लङ्घत	लङ्घेः	लङ्घेतम्	लङ्घेत
लङ्घानि	लङ्घाव	लङ्घाम	लङ्घेयम्	लङ्घेव	लङ्घेम

लङ्घिष्यति	लङ्घिष्यतः	लङ्घिष्यन्ति	अलङ्घिष्यत् -द्	अलङ्घिष्यताम्	अलङ्घिष्यन्
लङ्घिष्यसि	लङ्घिष्यथः	लङ्घिष्यथ	अलङ्घिष्यः	अलङ्घिष्यतम्	अलङ्घिष्यत
लङ्घिष्यामि	लङ्घिष्यावः	लङ्घिष्यामः	अलङ्घिष्यम्	अलङ्घिष्याव	अलङ्घिष्याम

लङ्घिता	लङ्घितारौ	लङ्घितारः	लङ्घ्यात् -द्	लङ्घ्यास्ताम्	लङ्घ्यासुः
लङ्घितासि	लङ्घितास्थः	लङ्घितास्थ	लङ्‌घ्याः	लङ्घ्यास्तम्	लङ्घ्यास्त
लङ्घितास्मि	लङ्घितास्वः	लङ्घितास्मः	लङ्घ्यासम्	लङ्घ्यास्व	लङ्घ्यास्म

ललङ्घ	ललङ्घतुः	ललङ्घुः	अलङ्घीत् -द्	अलङ्घिष्टाम्	अलङ्घिषुः
ललङ्घिथ	ललङ्घथुः	ललङ्घ	अलङ्घीः	अलङ्घिष्टम्	अलङ्घिष्ट
ललङ्घ	ललङ्घिव	ललङ्घिम	अलङ्घिषम्	अलङ्घिष्व	अलङ्घिष्म

1761 त्रसि भाषायाम् । आस्वदीयः , पूर्वः पठितः अपि । go, catch, obstruct, oppose
10c 228 त्रसिँ । त्रंस् । त्रंसयति / ते , त्रंसति । U । सेट् । स० । त्रंसि । त्रंसय ।
7.1.58 इदितो नुम् धातोः । Siddhanta Kaumudi इदित्करणं णिचः पाक्षिकत्वे लिङ्गम् ।

Parasmaipadi Forms

त्रंसयति	त्रंसयतः	त्रंसयन्ति[1]	अत्रंसयत् -द्	अत्रंसयताम्	अत्रंसयन्[1]
त्रंसयसि	त्रंसयथः	त्रंसयथ	अत्रंसयः	अत्रंसयतम्	अत्रंसयत
त्रंसयामि[2]	त्रंसयावः[2]	त्रंसयामः[2]	अत्रंसयम्[1]	अत्रंसयाव[2]	अत्रंसयाम[2]

त्रंसयतु त्रंसयतात् -द्	त्रंसयताम्	त्रंसयन्तु[1]	त्रंसयेत् -द्	त्रंसयेताम्	त्रंसयेयुः
त्रंसय त्रंसयतात् -द्	त्रंसयतम्	त्रंसयत	त्रंसयेः	त्रंसयेतम्	त्रंसयेत
त्रंसयानि[3]	त्रंसयाव[3]	त्रंसयाम[3]	त्रंसयेयम्	त्रंसयेव	त्रंसयेम

त्रंसयिष्यति	त्रंसयिष्यतः	त्रंसयिष्यन्ति	अत्रंसयिष्यत् -द्	अत्रंसयिष्यताम्	अत्रंसयिष्यन्
त्रंसयिष्यसि	त्रंसयिष्यथः	त्रंसयिष्यथ	अत्रंसयिष्यः	अत्रंसयिष्यतम्	अत्रंसयिष्यत
त्रंसयिष्यामि	त्रंसयिष्यावः	त्रंसयिष्यामः	अत्रंसयिष्यम्	अत्रंसयिष्याव	अत्रंसयिष्याम

त्रंसयिता	त्रंसयितारौ	त्रंसयितारः	त्रंस्यात् -द्	त्रंस्यास्ताम्	त्रंस्यासुः
त्रंसयितासि	त्रंसयितास्थः	त्रंसयितास्थ	त्रंस्याः	त्रंस्यास्तम्	त्रंस्यास्त
त्रंसयितास्मि	त्रंसयितास्वः	त्रंसयितास्मः	त्रंस्यासम्	त्रंस्यास्व	त्रंस्यास्म

त्रंसयाम्बभूव	त्रंसयाम्बभूवतुः	त्रंसयाम्बभूवुः	अतत्रंसत् -द्	अतत्रंसताम्	अतत्रंसन्
त्रंसयाञ्चकार	त्रंसयाञ्चक्रतुः	त्रंसयाञ्चक्रुः			
त्रंसयामास	त्रंसयामासतुः	त्रंसयामासुः			
त्रंसयाम्बभूविथ	त्रंसयाम्बभूवथुः	त्रंसयाम्बभूव	अतत्रंसः	अतत्रंसतम्	अतत्रंसत
त्रंसयाञ्चकर्थ	त्रंसयाञ्चक्रथुः	त्रंसयाञ्चक्र			
त्रंसयामासिथ	त्रंसयामासथुः	त्रंसयामास			
त्रंसयाम्बभूव	त्रंसयाम्बभूविव	त्रंसयाम्बभूविम	अतत्रंसम्	अतत्रंसाव	अतत्रंसाम
त्रंसयाञ्चकर -कार	त्रंसयाञ्चकृव	त्रंसयाञ्चकृम			
त्रंसयामास	त्रंसयामासिव	त्रंसयामासिम			

Atmanepadi Forms

त्रंसयते	त्रंसयेते[4]	त्रंसयन्ते[1]	अत्रंसयत	अत्रंसयेताम्[4]	अत्रंसयन्त[1]
त्रंसयसे	त्रंसयेथे[4]	त्रंसयध्वे	अत्रंसयथाः	अत्रंसयेथाम्[4]	अत्रंसयध्वम्
त्रंसये[1]	त्रंसयावहे[2]	त्रंसयामहे[2]	अत्रंसये[4]	अत्रंसयावहि[3]	अत्रंसयामहि[3]

त्रंसयताम्	त्रंसयेताम्[4]	त्रंसयन्ताम्[1]	त्रंसयेत	त्रंसयेयाताम्	त्रंसयेरन्
त्रंसयस्व	त्रंसयेथाम्[4]	त्रंसयध्वम्	त्रंसयेथाः	त्रंसयेयाथाम्	त्रंसयेध्वम्

| त्रंसयै[5] | त्रंसयावहै[3] | त्रंसयामहै[3] | त्रंसयेय | त्रंसयेवहि | त्रंसयेमहि |

त्रंसयिष्यते	त्रंसयिष्येते	त्रंसयिष्यन्ते	अत्रंसयिष्यत	अत्रंसयिष्येताम्	अत्रंसयिष्यन्त
त्रंसयिष्यसे	त्रंसयिष्येथे	त्रंसयिष्यध्वे	अत्रंसयिष्यथाः	अत्रंसयिष्येथाम्	अत्रंसयिष्यध्वम्
त्रंसयिष्ये	त्रंसयिष्यावहे	त्रंसयिष्यामहे	अत्रंसयिष्ये	अत्रंसयिष्यावहि	अत्रंसयिष्यामहि

त्रंसयिता	त्रंसयितारौ	त्रंसयितारः	त्रंसयिषीष्ट	त्रंसयिषीयास्ताम्	त्रंसयिषीरन्
त्रंसयितासे	त्रंसयितासाथे	त्रंसयिताध्वे	त्रंसयिषीष्ठाः	त्रंसयिषीयास्थाम्	त्रंसयिषीध्वम् -ढ्वम्
त्रंसयिताहे	त्रंसयितास्वहे	त्रंसयितास्महे	त्रंसयिषीय	त्रंसयिषीवहि	त्रंसयिषीमहि

त्रंसयाम्बभूव	त्रंसयाम्बभूवतुः	त्रंसयाम्बभूवुः	अतत्रंसत	अतत्रंसेताम्	अतत्रंसन्त
त्रंसयाञ्चक्रे	त्रंसयाञ्चक्राते	त्रंसयाञ्चक्रिरे			
त्रंसयामास	त्रंसयामासतुः	त्रंसयामासुः			
त्रंसयाम्बभूविथ	त्रंसयाम्बभूवथुः	त्रंसयाम्बभूव	अतत्रंसथाः	अतत्रंसेथाम्	अतत्रंसध्वम्
त्रंसयाञ्चकृषे	त्रंसयाञ्चक्राथे	त्रंसयाञ्चकृढ्वे			
त्रंसयामासिथ	त्रंसयामासथुः	त्रंसयामास			
त्रंसयाम्बभूव	त्रंसयाम्बभूविव	त्रंसयाम्बभूविम	अतत्रंसे	अतत्रंसावहि	अतत्रंसामहि
त्रंसयाञ्चक्रे	त्रंसयाञ्चकृवहे	त्रंसयाञ्चकृमहे			
त्रंसयामास	त्रंसयामासिव	त्रंसयामासिम			

णिजभावपक्षे 1.3.78 शेषात् कर्त्तरि परस्मैपदम् । इति पक्षे भ्वादिः इव त्रंस् । P । सेट् । स० ।

त्रंसति	त्रंसतः	त्रंसन्ति	अत्रंसत् -द्	अत्रंसताम्	अत्रंसन्
त्रंससि	त्रंसथः	त्रंसथ	अत्रंसः	अत्रंसतम्	अत्रंसत
त्रंसामि	त्रंसावः	त्रंसामः	अत्रंसम्	अत्रंसाव	अत्रंसाम

त्रंसतु त्रंसतात् -द्	त्रंसताम्	त्रंसन्तु	त्रंसेत् -द्	त्रंसेताम्	त्रंसेयुः
त्रंस त्रंसतात् -द्	त्रंसतम्	त्रंसत	त्रंसेः	त्रंसेतम्	त्रंसेत
त्रंसानि	त्रंसाव	त्रंसाम	त्रंसेयम्	त्रंसेव	त्रंसेम

त्रंसिष्यति	त्रंसिष्यतः	त्रंसिष्यन्ति	अत्रंसिष्यत् -द्	अत्रंसिष्यताम्	अत्रंसिष्यन्
त्रंसिष्यसि	त्रंसिष्यथः	त्रंसिष्यथ	अत्रंसिष्यः	अत्रंसिष्यतम्	अत्रंसिष्यत
त्रंसिष्यामि	त्रंसिष्यावः	त्रंसिष्यामः	अत्रंसिष्यम्	अत्रंसिष्याव	अत्रंसिष्याम

त्रंसिता	त्रंसितारौ	त्रंसितारः	त्रंस्यात् -द्	त्रंस्यास्ताम्	त्रंस्यासुः
त्रंसितासि	त्रंसितास्थः	त्रंसितास्थ	त्रंस्याः	त्रंस्यास्तम्	त्रंस्यास्त
त्रंसितास्मि	त्रंसितास्वः	त्रंसितास्मः	त्रंस्यासम्	त्रंस्यास्व	त्रंस्यास्म

तत्रंस	तत्रंसतुः	तत्रंसुः	अत्रंसीत् -द्	अत्रंसिष्टाम्	अत्रंसिषुः
तत्रंसिथ	तत्रंसथुः	तत्रंस	अत्रंसीः	अत्रंसिष्टम्	अत्रंसिष्ट
तत्रंस	तत्रंसिव	तत्रंसिम	अत्रंसिषम्	अत्रंसिष्व	अत्रंसिष्म

1762 पिसि भाषायाम् । आस्वदीयः , पूर्वः पठितः अपि । इदित् वैकल्पिकः णिच् । shine, speak
10c 229 पिसिँ । पिंस् । पिंसयति / ते , पिंसति । U । सेट् । स० । पिंसि । पिंसय ।
7.1.58 इदितो नुम् धातोः । **Parasmaipadi Forms**

पिंसयति	पिंसयतः	पिंसयन्ति[1]	अपिंसयत् -द्	अपिंसयताम्	अपिंसयन्[1]
पिंसयसि	पिंसयथः	पिंसयथ	अपिंसयः	अपिंसयतम्	अपिंसयत
पिंसयामि[2]	पिंसयावः[2]	पिंसयामः[2]	अपिंसयम्[1]	अपिंसयाव[2]	अपिंसयाम[2]
पिंसयतु पिंसयतात् -द्	पिंसयताम्	पिंसयन्तु[1]	पिंसयेत् -द्	पिंसयेताम्	पिंसयेयुः
पिंसय पिंसयतात् -द्	पिंसयतम्	पिंसयत	पिंसयेः	पिंसयेतम्	पिंसयेत
पिंसयानि[3]	पिंसयाव[3]	पिंसयाम[3]	पिंसयेयम्	पिंसयेव	पिंसयेम
पिंसयिष्यति	पिंसयिष्यतः	पिंसयिष्यन्ति	अपिंसयिष्यत् -द्	अपिंसयिष्यताम्	अपिंसयिष्यन्
पिंसयिष्यसि	पिंसयिष्यथः	पिंसयिष्यथ	अपिंसयिष्यः	अपिंसयिष्यतम्	अपिंसयिष्यत
पिंसयिष्यामि	पिंसयिष्यावः	पिंसयिष्यामः	अपिंसयिष्यम्	अपिंसयिष्याव	अपिंसयिष्याम
पिंसयिता	पिंसयितारौ	पिंसयितारः	पिंस्यात् -द्	पिंस्यास्ताम्	पिंस्यासुः
पिंसयितासि	पिंसयितास्थः	पिंसयितास्थ	पिंस्याः	पिंस्यास्तम्	पिंस्यास्त
पिंसयितास्मि	पिंसयितास्वः	पिंसयितास्मः	पिंस्यासम्	पिंस्यास्व	पिंस्यास्म
पिंसयाम्बभूव	पिंसयाम्बभूवतुः	पिंसयाम्बभूवुः	अपिपिंसत् -द्	अपिपिंसताम्	अपिपिंसन्
पिंसयाञ्चकार	पिंसयाञ्चक्रतुः	पिंसयाञ्चक्रुः			
पिंसयामास	पिंसयामासतुः	पिंसयामासुः			
पिंसयाम्बभूविथ	पिंसयाम्बभूवथुः	पिंसयाम्बभूव	अपिपिंसः	अपिपिंसतम्	अपिपिंसत
पिंसयाञ्चकर्थ	पिंसयाञ्चक्रथुः	पिंसयाञ्चक्र			
पिंसयामासिथ	पिंसयामासथुः	पिंसयामास			
पिंसयाम्बभूव	पिंसयाम्बभूविव	पिंसयाम्बभूविम	अपिपिंसम्	अपिपिंसाव	अपिपिंसाम
पिंसयाञ्चकर -कार	पिंसयाञ्चकृव	पिंसयाञ्चकृम			
पिंसयामास	पिंसयामासिव	पिंसयामासिम			

Atmanepadi Forms

पिंसयते	पिंसयेते[4]	पिंसयन्ते[1]	अपिंसयत	अपिंसयेताम्[4]	अपिंसयन्त[1]
पिंसयसे	पिंसयेथे[4]	पिंसयध्वे	अपिंसयथाः	अपिंसयेथाम्[4]	अपिंसयध्वम्
पिंसये[1]	पिंसयावहे[2]	पिंसयामहे[2]	अपिंसये[4]	अपिंसयावहि[3]	अपिंसयामहि[3]
पिंसयताम्	पिंसयेताम्[4]	पिंसयन्ताम्[1]	पिंसयेत	पिंसयेयाताम्	पिंसयेरन्
पिंसयस्व	पिंसयेथाम्[4]	पिंसयध्वम्	पिंसयेथाः	पिंसयेयाथाम्	पिंसयेध्वम्
पिंसयै[5]	पिंसयावहै[3]	पिंसयामहै[3]	पिंसयेय	पिंसयेवहि	पिंसयेमहि

पिंसयिष्यते	**पिंसयिष्येते**	**पिंसयिष्यन्ते**	**अपिंसयिष्यत**	**अपिंसयिष्येताम्**	**अपिंसयिष्यन्त**
पिंसयिष्यसे	**पिंसयिष्येथे**	**पिंसयिष्यध्वे**	**अपिंसयिष्यथाः**	**अपिंसयिष्येथाम्**	**अपिंसयिष्यध्वम्**
पिंसयिष्ये	**पिंसयिष्यावहे**	**पिंसयिष्यामहे**	**अपिंसयिष्ये**	**अपिंसयिष्यावहि**	**अपिंसयिष्यामहि**

पिंसयिता	**पिंसयितारौ**	**पिंसयितारः**	**पिंसयिषीष्ट**	**पिंसयिषीयास्ताम्**	**पिंसयिषीरन्**
पिंसयितासे	**पिंसयितासाथे**	**पिंसयिताध्वे**	**पिंसयिषीष्ठाः**	**पिंसयिषीयास्थाम्**	**पिंसयिषीध्वम् -ढ्वम्**
पिंसयिताहे	**पिंसयितास्वहे**	**पिंसयितास्महे**	**पिंसयिषीय**	**पिंसयिषीवहि**	**पिंसयिषीमहि**

पिंसयाम्बभूव	**पिंसयाम्बभूवतुः**	**पिंसयाम्बभूवुः**	**अपिपिंसत**	**अपिपिंसेताम्**	**अपिपिंसन्त**
पिंसयाञ्चक्रे	**पिंसयाञ्चक्राते**	**पिंसयाञ्चक्रिरे**			
पिंसयामास	**पिंसयामासतुः**	**पिंसयामासुः**			
पिंसयाम्बभूविथ	**पिंसयाम्बभूवथुः**	**पिंसयाम्बभूव**	**अपिपिंसथाः**	**अपिपिंसेथाम्**	**अपिपिंसध्वम्**
पिंसयाञ्चकृषे	**पिंसयाञ्चक्राथे**	**पिंसयाञ्चकृढ्वे**			
पिंसयामासिथ	**पिंसयामासथुः**	**पिंसयामास**			
पिंसयाम्बभूव	**पिंसयाम्बभूविव**	**पिंसयाम्बभूविम**	**अपिपिंसे**	**अपिपिंसावहि**	**अपिपिंसामहि**
पिंसयाञ्चक्रे	**पिंसयाञ्चकृवहे**	**पिंसयाञ्चकृमहे**			
पिंसयामास	**पिंसयामासिव**	**पिंसयामासिम**			

णिजभावपक्षे 1.3.78 शेषात् कर्त्तरि परस्मैपदम् । इति पक्षे भ्वादिः इव पिंस् । P । सेट् । स० ।

पिंसति	पिंसतः	पिंसन्ति	अपिंसत् -द्	अपिंसताम्	अपिंसन्
पिंससि	पिंसथः	पिंसथ	अपिंसः	अपिंसतम्	अपिंसत
पिंसामि	पिंसावः	पिंसामः	अपिंसम्	अपिंसाव	अपिंसाम

पिंसतु पिंसतात् -द्	पिंसताम्	पिंसन्तु	पिंसेत् -द्	पिंसेताम्	पिंसेयुः
पिंस पिंसतात् -द्	पिंसतम्	पिंसत	पिंसेः	पिंसेतम्	पिंसेत
पिंसानि	पिंसाव	पिंसाम	पिंसेयम्	पिंसेव	पिंसेम

पिंसिष्यति	पिंसिष्यतः	पिंसिष्यन्ति	अपिंसिष्यत् -द्	अपिंसिष्यताम्	अपिंसिष्यन्
पिंसिष्यसि	पिंसिष्यथः	पिंसिष्यथ	अपिंसिष्यः	अपिंसिष्यतम्	अपिंसिष्यत
पिंसिष्यामि	पिंसिष्यावः	पिंसिष्यामः	अपिंसिष्यम्	अपिंसिष्याव	अपिंसिष्याम

पिंसिता	पिंसितारौ	पिंसितारः	पिंस्यात् -द्	पिंस्यास्ताम्	पिंस्यासुः
पिंसितासि	पिंसितास्थः	पिंसितास्थ	पिंस्याः	पिंस्यास्तम्	पिंस्यास्त
पिंसितास्मि	पिंसितास्वः	पिंसितास्मः	पिंस्यासम्	पिंस्यास्व	पिंस्यास्म

पिपिंस	पिपिंसतुः	पिपिंसुः	अपिंसीत् -द्	अपिंसिष्टाम्	अपिंसिषुः
पिपिंसिथ	पिपिंसथुः	पिपिंस	अपिंसीः	अपिंसिष्टम्	अपिंसिष्ट
पिपिंस	पिपिंसिव	पिपिंसिम	अपिंसिषम्	अपिंसिष्व	अपिंसिष्म

1763 कुसि भाषायाम् । आस्वदीयः , पूर्वः पठितः अपि । इदित् वैकल्पिकः णिच् । speak, shine

10c 230 कुसिँ । कुंस् । कुंसयति / ते , कुंसति । U । सेट् । स० । कुंसि । कुंसय ।

7.1.58 इदितो नुम् धातोः । **Parasmaipadi Forms**

कुंसयति	कुंसयतः	कुंसयन्ति[1]	अकुंसयत् -द्	अकुंसयताम्	अकुंसयन्[1]
कुंसयसि	कुंसयथः	कुंसयथ	अकुंसयः	अकुंसयतम्	अकुंसयत
कुंसयामि[2]	कुंसयावः[2]	कुंसयामः[2]	अकुंसयम्[1]	अकुंसयाव[2]	अकुंसयाम[2]

कुंसयतु कुंसयतात् -द्	कुंसयताम्	कुंसयन्तु[1]	कुंसयेत् -द्	कुंसयेताम्	कुंसयेयुः
कुंसय कुंसयतात् -द्	कुंसयतम्	कुंसयत	कुंसयेः	कुंसयेतम्	कुंसयेत
कुंसयानि[3]	कुंसयाव[3]	कुंसयाम[3]	कुंसयेयम्	कुंसयेव	कुंसयेम

कुंसयिष्यति	कुंसयिष्यतः	कुंसयिष्यन्ति	अकुंसयिष्यत् -द्	अकुंसयिष्यताम्	अकुंसयिष्यन्
कुंसयिष्यसि	कुंसयिष्यथः	कुंसयिष्यथ	अकुंसयिष्यः	अकुंसयिष्यतम्	अकुंसयिष्यत
कुंसयिष्यामि	कुंसयिष्यावः	कुंसयिष्यामः	अकुंसयिष्यम्	अकुंसयिष्याव	अकुंसयिष्याम

कुंसयिता	कुंसयितारौ	कुंसयितारः	कुंस्यात् -द्	कुंस्यास्ताम्	कुंस्यासुः
कुंसयितासि	कुंसयितास्थः	कुंसयितास्थ	कुंस्याः	कुंस्यास्तम्	कुंस्यास्त
कुंसयितास्मि	कुंसयितास्वः	कुंसयितास्मः	कुंस्यासम्	कुंस्यास्व	कुंस्यास्म

कुंसयाम्बभूव	कुंसयाम्बभूवतुः	कुंसयाम्बभूवुः	अचुकुंसत् -द्	अचुकुंसताम्	अचुकुंसन्
कुंसयाञ्चकार	कुंसयाञ्चक्रतुः	कुंसयाञ्चक्रुः			
कुंसयामास	कुंसयामासतुः	कुंसयामासुः			
कुंसयाम्बभूविथ	कुंसयाम्बभूवथुः	कुंसयाम्बभूव	अचुकुंसः	अचुकुंसतम्	अचुकुंसत
कुंसयाञ्चकर्थ	कुंसयाञ्चक्रथुः	कुंसयाञ्चक्र			
कुंसयामासिथ	कुंसयामासथुः	कुंसयामास			
कुंसयाम्बभूव	कुंसयाम्बभूविव	कुंसयाम्बभूविम	अचुकुंसम्	अचुकुंसाव	अचुकुंसाम
कुंसयाञ्चकर -कार	कुंसयाञ्चकृव	कुंसयाञ्चकृम			
कुंसयामास	कुंसयामासिव	कुंसयामासिम			

Atmanepadi Forms

कुंसयते	कुंसयेते[4]	कुंसयन्ते[1]	अकुंसयत	अकुंसयेताम्[4]	अकुंसयन्त[1]
कुंसयसे	कुंसयेथे[4]	कुंसयध्वे	अकुंसयथाः	अकुंसयेथाम्[4]	अकुंसयध्वम्
कुंसये[1]	कुंसयावहे[2]	कुंसयामहे[2]	अकुंसये[4]	अकुंसयावहि[3]	अकुंसयामहि[3]

कुंसयताम्	कुंसयेताम्[4]	कुंसयन्ताम्[1]	कुंसयेत	कुंसयेयाताम्	कुंसयेरन्
कुंसयस्व	कुंसयेथाम्[4]	कुंसयध्वम्	कुंसयेथाः	कुंसयेयाथाम्	कुंसयेध्वम्
कुंसयै[5]	कुंसयावहै[3]	कुंसयामहै[3]	कुंसयेय	कुंसयेवहि	कुंसयेमहि

कुंसयिष्यते	कुंसयिष्येते	कुंसयिष्यन्ते	अकुंसयिष्यत	अकुंसयिष्येताम्	अकुंसयिष्यन्त
कुंसयिष्यसे	कुंसयिष्येथे	कुंसयिष्यध्वे	अकुंसयिष्यथाः	अकुंसयिष्येथाम्	अकुंसयिष्यध्वम्
कुंसयिष्ये	कुंसयिष्यावहे	कुंसयिष्यामहे	अकुंसयिष्ये	अकुंसयिष्यावहि	अकुंसयिष्यामहि

कुंसयिता	कुंसयितारौ	कुंसयितारः	कुंसयिषीष्ट	कुंसयिषीयास्ताम्	कुंसयिषीरन्
कुंसयितासे	कुंसयितासाथे	कुंसयिताध्वे	कुंसयिषीष्ठाः	कुंसयिषीयास्थाम्	कुंसयिषीध्वम् -ढ्वम्
कुंसयिताहे	कुंसयितास्वहे	कुंसयितास्महे	कुंसयिषीय	कुंसयिषीवहि	कुंसयिषीमहि

कुंसयाम्बभूव	कुंसयाम्बभूवतुः	कुंसयाम्बभूवुः	अचुकुंसत	अचुकुंसेताम्	अचुकुंसन्त
कुंसयाञ्चक्रे	कुंसयाञ्चक्राते	कुंसयाञ्चक्रिरे			
कुंसयामास	कुंसयामासतुः	कुंसयामासुः			
कुंसयाम्बभूविथ	कुंसयाम्बभूवथुः	कुंसयाम्बभूव	अचुकुंसथाः	अचुकुंसेथाम्	अचुकुंसध्वम्
कुंसयाञ्चकृषे	कुंसयाञ्चक्राथे	कुंसयाञ्चकृढ्वे			
कुंसयामासिथ	कुंसयामासथुः	कुंसयामास			
कुंसयाम्बभूव	कुंसयाम्बभूविव	कुंसयाम्बभूविम	अचुकुंसे	अचुकुंसावहि	अचुकुंसामहि
कुंसयाञ्चक्रे	कुंसयाञ्चकृवहे	कुंसयाञ्चकृमहे			
कुंसयामास	कुंसयामासिव	कुंसयामासिम			

णिजभावपक्षे 1.3.78 शेषात् कर्त्तरि परस्मैपदम् । इति पक्षे भ्वादिः इव कुंस् । P । सेट् । स० ।

कुंसति	कुंसतः	कुंसन्ति	अकुंसत् -द्	अकुंसताम्	अकुंसन्
कुंससि	कुंसथः	कुंसथ	अकुंसः	अकुंसतम्	अकुंसत
कुंसामि	कुंसावः	कुंसामः	अकुंसम्	अकुंसाव	अकुंसाम

कुंसतु कुंसतात् -द्	कुंसताम्	कुंसन्तु	कुंसेत् -द्	कुंसेताम्	कुंसेयुः
कुंस कुंसतात् -द्	कुंसतम्	कुंसत	कुंसेः	कुंसेतम्	कुंसेत
कुंसानि	कुंसाव	कुंसाम	कुंसेयम्	कुंसेव	कुंसेम

कुंसिष्यति	कुंसिष्यतः	कुंसिष्यन्ति	अकुंसिष्यत् -द्	अकुंसिष्यताम्	अकुंसिष्यन्
कुंसिष्यसि	कुंसिष्यथः	कुंसिष्यथ	अकुंसिष्यः	अकुंसिष्यतम्	अकुंसिष्यत
कुंसिष्यामि	कुंसिष्यावः	कुंसिष्यामः	अकुंसिष्यम्	अकुंसिष्याव	अकुंसिष्याम

कुंसिता	कुंसितारौ	कुंसितारः	कुंस्यात् -द्	कुंस्यास्ताम्	कुंस्यासुः
कुंसितासि	कुंसितास्थः	कुंसितास्थ	कुंस्याः	कुंस्यास्तम्	कुंस्यास्त
कुंसितास्मि	कुंसितास्वः	कुंसितास्मः	कुंस्यासम्	कुंस्यास्व	कुंस्यास्म

चुकुंस	चुकुंसतुः	चुकुंसुः	अकुंसीत् -द्	अकुंसिष्टाम्	अकुंसिषुः
चुकुंसिथ	चुकुंसथुः	चुकुंस	अकुंसीः	अकुंसिष्टम्	अकुंसिष्ट
चुकुंस	चुकुंसिव	चुकुंसिम	अकुंसिषम्	अकुंसिष्व	अकुंसिष्म

1764 दशि भाषायाम् । आस्वदीयः , पूर्वः पठितः अपि । इदित् वैकल्पिकः णिच् । shine, speak harshly
10c 231 दशिँ । दंश् । दंशयति / ते , दंशति । U । सेट् । स० । दंशि । दंशय ।

7.1.58 इदितो नुम् धातोः । **Parasmaipadi Forms**

दंशयति	दंशयतः	दंशयन्ति[1]	अदंशयत् -द्	अदंशयताम्	अदंशयन्[1]
दंशयसि	दंशयथः	दंशयथ	अदंशयः	अदंशयतम्	अदंशयत
दंशयामि[2]	दंशयावः[2]	दंशयामः[2]	अदंशयम्[1]	अदंशयाव[2]	अदंशयाम[2]

दंशयतु दंशयतात् -द्	दंशयताम्	दंशयन्तु[1]	दंशयेत् -द्	दंशयेताम्	दंशयेयुः
दंशय दंशयतात् -द्	दंशयतम्	दंशयत	दंशयेः	दंशयेतम्	दंशयेत
दंशयानि[3]	दंशयाव[3]	दंशयाम[3]	दंशयेयम्	दंशयेव	दंशयेम

दंशयिष्यति	दंशयिष्यतः	दंशयिष्यन्ति	अदंशयिष्यत् -द्	अदंशयिष्यताम्	अदंशयिष्यन्
दंशयिष्यसि	दंशयिष्यथः	दंशयिष्यथ	अदंशयिष्यः	अदंशयिष्यतम्	अदंशयिष्यत
दंशयिष्यामि	दंशयिष्यावः	दंशयिष्यामः	अदंशयिष्यम्	अदंशयिष्याव	अदंशयिष्याम

दंशयिता	दंशयितारौ	दंशयितारः	दंश्यात् -द्	दंश्यास्ताम्	दंश्यासुः
दंशयितासि	दंशयितास्थः	दंशयितास्थ	दंश्याः	दंश्यास्तम्	दंश्यास्त
दंशयितास्मि	दंशयितास्वः	दंशयितास्मः	दंश्यासम्	दंश्यास्व	दंश्यास्म

दंशयाम्बभूव	दंशयाम्बभूवतुः	दंशयाम्बभूवुः	अददंशत् -द्	अददंशताम्	अददंशन्
दंशयाञ्चकार	दंशयाञ्चक्रतुः	दंशयाञ्चक्रुः			
दंशयामास	दंशयामासतुः	दंशयामासुः			
दंशयाम्बभूविथ	दंशयाम्बभूवथुः	दंशयाम्बभूव	अददंशः	अददंशतम्	अददंशत
दंशयाञ्चकर्थ	दंशयाञ्चक्रथुः	दंशयाञ्चक्र			
दंशयामासिथ	दंशयामासथुः	दंशयामास			
दंशयाम्बभूव	दंशयाम्बभूविव	दंशयाम्बभूविम	अददंशम्	अददंशाव	अददंशाम
दंशयाञ्चकर -कार	दंशयाञ्चकृव	दंशयाञ्चकृम			
दंशयामास	दंशयामासिव	दंशयामासिम			

Atmanepadi Forms

दंशयते	दंशयेते[4]	दंशयन्ते[1]	अदंशयत	अदंशयेताम्[4]	अदंशयन्त[1]
दंशयसे	दंशयेथे[4]	दंशयध्वे	अदंशयथाः	अदंशयेथाम्[4]	अदंशयध्वम्
दंशये[1]	दंशयावहे[2]	दंशयामहे[2]	अदंशये[4]	अदंशयावहि[3]	अदंशयामहि[3]

दंशयताम्	दंशयेताम्[4]	दंशयन्ताम्[1]	दंशयेत	दंशयेयाताम्	दंशयेरन्
दंशयस्व	दंशयेथाम्[4]	दंशयध्वम्	दंशयेथाः	दंशयेयाथाम्	दंशयेध्वम्
दंशयै[5]	दंशयावहै[3]	दंशयामहै[3]	दंशयेय	दंशयेवहि	दंशयेमहि

दंशयिष्यते	दंशयिष्येते	दंशयिष्यन्ते	अदंशयिष्यत	अदंशयिष्येताम्	अदंशयिष्यन्त

दंशयिष्यसे	दंशयिष्येथे	दंशयिष्यध्वे	अदंशयिष्यथाः	अदंशयिष्येथाम्	अदंशयिष्यध्वम्
दंशयिष्ये	दंशयिष्यावहे	दंशयिष्यामहे	अदंशयिष्ये	अदंशयिष्यावहि	अदंशयिष्यामहि

दंशयिता	दंशयितारौ	दंशयितारः	दंशयिषीष्ट	दंशयिषीयास्ताम्	दंशयिषीरन्
दंशयितासे	दंशयितासाथे	दंशयिताध्वे	दंशयिषीष्ठाः	दंशयिषीयास्थाम्	दंशयिषीध्वम् -ढ्वम्
दंशयिताहे	दंशयितास्वहे	दंशयितास्महे	दंशयिषीय	दंशयिषीवहि	दंशयिषीमहि

दंशयाम्बभूव	दंशयाम्बभूवतुः	दंशयाम्बभूवुः	अददंशत	अददंशेताम्	अददंशन्त
दंशयाञ्चक्रे	दंशयाञ्चक्राते	दंशयाञ्चक्रिरे			
दंशयामास	दंशयामासतुः	दंशयामासुः			
दंशयाम्बभूविथ	दंशयाम्बभूवथुः	दंशयाम्बभूव	अददंशथाः	अददंशेथाम्	अददंशध्वम्
दंशयाञ्चकृषे	दंशयाञ्चक्राथे	दंशयाञ्चकृढ्वे			
दंशयामासिथ	दंशयामासथुः	दंशयामास			
दंशयाम्बभूव	दंशयाम्बभूविव	दंशयाम्बभूविम	अददंशे	अददंशावहि	अददंशामहि
दंशयाञ्चक्रे	दंशयाञ्चकृवहे	दंशयाञ्चकृमहे			
दंशयामास	दंशयामासिव	दंशयामासिम			

णिजभावपक्षे 1.3.78 शेषात् कर्त्तरि परस्मैपदम् । इति पक्षे भ्वादिः इव दंश् । P । सेट् । स० ।

दंशति	दंशतः	दंशन्ति	अदंशत् -द्	अदंशताम्	अदंशन्
दंशसि	दंशथः	दंशथ	अदंशः	अदंशतम्	अदंशत
दंशामि	दंशावः	दंशामः	अदंशम्	अदंशाव	अदंशाम

दंशतु दंशतात् -द्	दंशताम्	दंशन्तु	दंशेत् -द्	दंशेताम्	दंशेयुः
दंश दंशतात् -द्	दंशतम्	दंशत	दंशेः	दंशेतम्	दंशेत
दंशानि	दंशाव	दंशाम	दंशेयम्	दंशेव	दंशेम

दंशिष्यति	दंशिष्यतः	दंशिष्यन्ति	अदंशिष्यत् -द्	अदंशिष्यताम्	अदंशिष्यन्
दंशिष्यसि	दंशिष्यथः	दंशिष्यथ	अदंशिष्यः	अदंशिष्यतम्	अदंशिष्यत
दंशिष्यामि	दंशिष्यावः	दंशिष्यामः	अदंशिष्यम्	अदंशिष्याव	अदंशिष्याम

दंशिता	दंशितारौ	दंशितारः	दंश्यात् -द्	दंश्यास्ताम्	दंश्यासुः
दंशितासि	दंशितास्थः	दंशितास्थ	दंश्याः	दंश्यास्तम्	दंश्यास्त
दंशितास्मि	दंशितास्वः	दंशितास्मः	दंश्यासम्	दंश्यास्व	दंश्यास्म

ददंश	ददंशतुः	ददंशुः	अदंशीत् -द्	अदंशिष्टाम्	अदंशिषुः
ददंशिथ	ददंशथुः	ददंश	अदंशीः	अदंशिष्टम्	अदंशिष्ट
ददंश	ददंशिव	ददंशिम	अदंशिषम्	अदंशिष्व	अदंशिष्म

1765 कुशि भाषायाम् । आस्वदीयः , पूर्वः पठितः अपि । इदित् वैकल्पिकह णिच् । speak, shine
10c 232 कुशिँ । कुंश् । कुंशयति / ते , कुंशति । U । सेट् । स० । कुंशि । कुंशय ।
7.1.58 इदितो नुम् धातोः । **Parasmaipadi Forms**

कुंशयति	कुंशयतः	कुंशयन्ति[1]	अकुंशयत् -द्	अकुंशयताम्	अकुंशयन्[1]
कुंशयसि	कुंशयथः	कुंशयथ	अकुंशयः	अकुंशयतम्	अकुंशयत
कुंशयामि[2]	कुंशयावः[2]	कुंशयामः[2]	अकुंशयम्[1]	अकुंशयाव[2]	अकुंशयाम[2]

कुंशयतु कुंशयतात् -द्	कुंशयताम्	कुंशयन्तु[1]	कुंशयेत् -द्	कुंशयेताम्	कुंशयेयुः
कुंशय कुंशयतात् -द्	कुंशयतम्	कुंशयत	कुंशयेः	कुंशयेतम्	कुंशयेत
कुंशयानि[3]	कुंशयाव[3]	कुंशयाम[3]	कुंशयेयम्	कुंशयेव	कुंशयेम

कुंशयिष्यति	कुंशयिष्यतः	कुंशयिष्यन्ति	अकुंशयिष्यत् -द्	अकुंशयिष्यताम्	अकुंशयिष्यन्
कुंशयिष्यसि	कुंशयिष्यथः	कुंशयिष्यथ	अकुंशयिष्यः	अकुंशयिष्यतम्	अकुंशयिष्यत
कुंशयिष्यामि	कुंशयिष्यावः	कुंशयिष्यामः	अकुंशयिष्यम्	अकुंशयिष्याव	अकुंशयिष्याम

कुंशयिता	कुंशयितारौ	कुंशयितारः	कुंश्यात् -द्	कुंश्यास्ताम्	कुंश्यासुः
कुंशयितासि	कुंशयितास्थः	कुंशयितास्थ	कुंश्याः	कुंश्यास्तम्	कुंश्यास्त
कुंशयितास्मि	कुंशयितास्वः	कुंशयितास्मः	कुंश्यासम्	कुंश्यास्व	कुंश्यास्म

कुंशयाम्बभूव	कुंशयाम्बभूवतुः	कुंशयाम्बभूवुः	अचुकुंशत् -द्	अचुकुंशताम्	अचुकुंशन्
कुंशयाञ्चकार	कुंशयाञ्चक्रतुः	कुंशयाञ्चक्रुः			
कुंशयामास	कुंशयामासतुः	कुंशयामासुः			
कुंशयाम्बभूविथ	कुंशयाम्बभूवथुः	कुंशयाम्बभूव	अचुकुंशः	अचुकुंशतम्	अचुकुंशत
कुंशयाञ्चकर्थ	कुंशयाञ्चक्रथुः	कुंशयाञ्चक्र			
कुंशयामासिथ	कुंशयामासथुः	कुंशयामास			
कुंशयाम्बभूव	कुंशयाम्बभूविव	कुंशयाम्बभूविम	अचुकुंशम्	अचुकुंशाव	अचुकुंशाम
कुंशयाञ्चकर -कार	कुंशयाञ्चकृव	कुंशयाञ्चकृम			
कुंशयामास	कुंशयामासिव	कुंशयामासिम			

Atmanepadi Forms

कुंशयते	कुंशयेते[4]	कुंशयन्ते[1]	अकुंशयत	अकुंशयेताम्[4]	अकुंशयन्त[1]
कुंशयसे	कुंशयेथे[4]	कुंशयध्वे	अकुंशयथाः	अकुंशयेथाम्[4]	अकुंशयध्वम्
कुंशये[1]	कुंशयावहे[2]	कुंशयामहे[2]	अकुंशये[4]	अकुंशयावहि[3]	अकुंशयामहि[3]

कुंशयताम्	कुंशयेताम्[4]	कुंशयन्ताम्[1]	कुंशयेत	कुंशयेयाताम्	कुंशयेरन्
कुंशयस्व	कुंशयेथाम्[4]	कुंशयध्वम्	कुंशयेथाः	कुंशयेयाथाम्	कुंशयेध्वम्
कुंशयै[5]	कुंशयावहै[3]	कुंशयामहै[3]	कुंशयेय	कुंशयेवहि	कुंशयेमहि

कुंशयिष्यते	कुंशयिष्येते	कुंशयिष्यन्ते	अकुंशयिष्यत	अकुंशयिष्येताम्	अकुंशयिष्यन्त
कुंशयिष्यसे	कुंशयिष्येथे	कुंशयिष्यध्वे	अकुंशयिष्यथाः	अकुंशयिष्येथाम्	अकुंशयिष्यध्वम्

कुंशयिष्ये	कुंशयिष्यावहे	कुंशयिष्यामहे	अकुंशयिष्ये	अकुंशयिष्यावहि	अकुंशयिष्यामहि

कुंशयिता	कुंशयितारौ	कुंशयितारः	कुंशयिषीष्ट	कुंशयिषीयास्ताम्	कुंशयिषीरन्
कुंशयितासे	कुंशयितासाथे	कुंशयिताध्वे	कुंशयिषीष्ठाः	कुंशयिषीयास्थाम्	कुंशयिषीध्वम् -ढ्वम्
कुंशयिताहे	कुंशयितास्वहे	कुंशयितास्महे	कुंशयिषीय	कुंशयिषीवहि	कुंशयिषीमहि

कुंशयाम्बभूव	कुंशयाम्बभूवतुः	कुंशयाम्बभूवुः	अचुकुंशत	अचुकुंशेताम्	अचुकुंशन्त
कुंशयाञ्चक्रे	कुंशयाञ्चक्राते	कुंशयाञ्चक्रिरे			
कुंशयामास	कुंशयामासतुः	कुंशयामासुः			
कुंशयाम्बभूविथ	कुंशयाम्बभूवथुः	कुंशयाम्बभूव	अचुकुंशथाः	अचुकुंशेथाम्	अचुकुंशध्वम्
कुंशयाञ्चकृषे	कुंशयाञ्चक्राथे	कुंशयाञ्चकृढ्वे			
कुंशयामासिथ	कुंशयामासथुः	कुंशयामास			
कुंशयाम्बभूव	कुंशयाम्बभूविव	कुंशयाम्बभूविम	अचुकुंशे	अचुकुंशावहि	अचुकुंशामहि
कुंशयाञ्चक्रे	कुंशयाञ्चकृवहे	कुंशयाञ्चकृमहे			
कुंशयामास	कुंशयामासिव	कुंशयामासिम			

णिजभावपक्षे 1.3.78 शेषात् कर्त्तरि परस्मैपदम् । इति पक्षे भ्वादिः इव कुंश् । P । सेट् । स० ।

कुंशति	कुंशतः	कुंशन्ति	अकुंशत् -द्	अकुंशताम्	अकुंशन्
कुंशसि	कुंशथः	कुंशथ	अकुंशः	अकुंशतम्	अकुंशत
कुंशामि	कुंशावः	कुंशामः	अकुंशम्	अकुंशाव	अकुंशाम

कुंशतु कुंशतात् -द्	कुंशताम्	कुंशन्तु	कुंशेत् -द्	कुंशेताम्	कुंशेयुः
कुंश कुंशतात् -द्	कुंशतम्	कुंशत	कुंशेः	कुंशेतम्	कुंशेत
कुंशानि	कुंशाव	कुंशाम	कुंशेयम्	कुंशेव	कुंशेम

कुंशिष्यति	कुंशिष्यतः	कुंशिष्यन्ति	अकुंशिष्यत् -द्	अकुंशिष्यताम्	अकुंशिष्यन्
कुंशिष्यसि	कुंशिष्यथः	कुंशिष्यथ	अकुंशिष्यः	अकुंशिष्यतम्	अकुंशिष्यत
कुंशिष्यामि	कुंशिष्यावः	कुंशिष्यामः	अकुंशिष्यम्	अकुंशिष्याव	अकुंशिष्याम

कुंशिता	कुंशितारौ	कुंशितारः	कुंश्यात् -द्	कुंश्यास्ताम्	कुंश्यासुः
कुंशितासि	कुंशितास्थः	कुंशितास्थ	कुंश्याः	कुंश्यास्तम्	कुंश्यास्त
कुंशितास्मि	कुंशितास्वः	कुंशितास्मः	कुंश्यासम्	कुंश्यास्व	कुंश्यास्म

चुकुंश	चुकुंशतुः	चुकुंशुः	अकुंशीत् -द्	अकुंशिष्टाम्	अकुंशिषुः
चुकुंशिथ	चुकुंशथुः	चुकुंश	अकुंशीः	अकुंशिष्टम्	अकुंशिष्ट
चुकुंश	चुकुंशिव	चुकुंशिम	अकुंशिषम्	अकुंशिष्व	अकुंशिष्म

1766 **घट भाषायाम्** । **आस्वदीयः** , Root 763 **घट** । speak, shine, be published 7.2.116
10c 233 **घटँ** । **घट्** । **घाटयति / ते** । U । **सेट्** । **स०** । **घाटि** । **घाटय** । **Parasmaipadi Forms**

घाटयति	घाटयतः	घाटयन्ति[1]	अघाटयत् -द्	अघाटयताम्	अघाटयन्[1]
घाटयसि	घाटयथः	घाटयथ	अघाटयः	अघाटयतम्	अघाटयत

| घाटयामि[2] | घाटयावः[2] | घाटयामः[2] | अघाटयम्[1] | अघाटयाव[2] | अघाटयाम[2] |

घाटयतु घाटयतात्-द्	घाटयताम्	घाटयन्तु[1]	घाटयेत्-द्	घाटयेताम्	घाटयेयुः
घाटय घाटयतात्-द्	घाटयतम्	घाटयत	घाटयेः	घाटयेतम्	घाटयेत
घाटयानि[3]	घाटयाव[3]	घाटयाम[3]	घाटयेयम्	घाटयेव	घाटयेम

घाटयिष्यति	घाटयिष्यतः	घाटयिष्यन्ति	अघाटयिष्यत्-द्	अघाटयिष्यताम्	अघाटयिष्यन्
घाटयिष्यसि	घाटयिष्यथः	घाटयिष्यथ	अघाटयिष्यः	अघाटयिष्यतम्	अघाटयिष्यत
घाटयिष्यामि	घाटयिष्यावः	घाटयिष्यामः	अघाटयिष्यम्	अघाटयिष्याव	अघाटयिष्याम

घाटयिता	घाटयितारौ	घाटयितारः	घाट्यात्-द्	घाट्यास्ताम्	घाट्यासुः
घाटयितासि	घाटयितास्थः	घाटयितास्थ	घाट्याः	घाट्यास्तम्	घाट्यास्त
घाटयितास्मि	घाटयितास्वः	घाटयितास्मः	घाट्यासम्	घाट्यास्व	घाट्यास्म

घाटयाम्बभूव	घाटयाम्बभूवतुः	घाटयाम्बभूवुः	अजीघटत्-द्	अजीघटताम्	अजीघटन्
घाटयाञ्चकार	घाटयाञ्चक्रतुः	घाटयाञ्चक्रुः			
घाटयामास	घाटयामासतुः	घाटयामासुः			
घाटयाम्बभूविथ	घाटयाम्बभूवथुः	घाटयाम्बभूव	अजीघटः	अजीघटतम्	अजीघटत
घाटयाञ्चकर्थ	घाटयाञ्चक्रथुः	घाटयाञ्चक्र			
घाटयामासिथ	घाटयामासथुः	घाटयामास			
घाटयाम्बभूव	घाटयाम्बभूविव	घाटयाम्बभूविम	अजीघटम्	अजीघटाव	अजीघटाम
घाटयाञ्चकर -कार	घाटयाञ्चकृव	घाटयाञ्चकृम			
घाटयामास	घाटयामासिव	घाटयामासिम			

Atmanepadi Forms

घाटयते	घाटयेते[4]	घाटयन्ते[1]	अघाटयत	अघाटयेताम्[4]	अघाटयन्त[1]
घाटयसे	घाटयेथे[4]	घाटयध्वे	अघाटयथाः	अघाटयेथाम्[4]	अघाटयध्वम्
घाटये[1]	घाटयावहे[2]	घाटयामहे[2]	अघाटये[4]	अघाटयावहि[3]	अघाटयामहि[3]

घाटयताम्	घाटयेताम्[4]	घाटयन्ताम्[1]	घाटयेत	घाटयेयाताम्	घाटयेरन्
घाटयस्व	घाटयेथाम्[4]	घाटयध्वम्	घाटयेथाः	घाटयेयाथाम्	घाटयेध्वम्
घाटयै[5]	घाटयावहै[3]	घाटयामहै[3]	घाटयेय	घाटयेवहि	घाटयेमहि

घाटयिष्यते	घाटयिष्येते	घाटयिष्यन्ते	अघाटयिष्यत	अघाटयिष्येताम्	अघाटयिष्यन्त
घाटयिष्यसे	घाटयिष्येथे	घाटयिष्यध्वे	अघाटयिष्यथाः	अघाटयिष्येथाम्	अघाटयिष्यध्वम्
घाटयिष्ये	घाटयिष्यावहे	घाटयिष्यामहे	अघाटयिष्ये	अघाटयिष्यावहि	अघाटयिष्यामहि

| घाटयिता | घाटयितारौ | घाटयितारः | घाटयिषीष्ट | घाटयिषीयास्ताम् | घाटयिषीरन् |

घाटयितासे	घाटयितासाथे	घाटयिताध्वे	घाटयिषीष्ठाः	घाटयिषीयास्थाम्	घाटयिषीध्वम् -ढ्वम्
घाटयिताहे	घाटयितास्वहे	घाटयितास्महे	घाटयिषीय	घाटयिषीवहि	घाटयिषीमहि

घाटयाम्बभूव	घाटयाम्बभूवतुः	घाटयाम्बभूवुः	अजीघटत	अजीघटेताम्	अजीघटन्त
घाटयाञ्चक्रे	घाटयाञ्चक्राते	घाटयाञ्चक्रिरे			
घाटयामास	घाटयामासतुः	घाटयामासुः			
घाटयाम्बभूविथ	घाटयाम्बभूवथुः	घाटयाम्बभूव	अजीघटथाः	अजीघटेथाम्	अजीघटध्वम्
घाटयाञ्चकृषे	घाटयाञ्चक्राथे	घाटयाञ्चकृढ्वे			
घाटयामासिथ	घाटयामासथुः	घाटयामास			
घाटयाम्बभूव	घाटयाम्बभूविव	घाटयाम्बभूविम	अजीघटे	अजीघटावहि	अजीघटामहि
घाटयाञ्चक्रे	घाटयाञ्चकृवहे	घाटयाञ्चकृमहे			
घाटयामास	घाटयामासिव	घाटयामासिम			

1767 घटि भाषायां भासार्थो वा । आस्वदीयः , पूर्वः पठितः अपि । speak, shine, be published
10c 234 घटिँ । घण्ट् । घण्टयति / ते , घण्टति । U । सेट् । स० । घण्टि । घण्टय ।
7.1.58 इदितो नुम् धातोः । Siddhanta Kaumudi इदित्करणं णिचः पाक्षिकत्वे लिङ्गम् ।

Parasmaipadi Forms

घण्टयति	घण्टयतः	घण्टयन्ति[1]	अघण्टयत् -द्	अघण्टयताम्	अघण्टयन्[1]
घण्टयसि	घण्टयथः	घण्टयथ	अघण्टयः	अघण्टयतम्	अघण्टयत
घण्टयामि[2]	घण्टयावः[2]	घण्टयामः[2]	अघण्टयम्[1]	अघण्टयाव[2]	अघण्टयाम[2]

घण्टयतु घण्टयतात् -द्	घण्टयताम्	घण्टयन्तु[1]	घण्टयेत् -द्	घण्टयेताम्	घण्टयेयुः
घण्टय घण्टयतात् -द्	घण्टयतम्	घण्टयत	घण्टयेः	घण्टयेतम्	घण्टयेत
घण्टयानि[3]	घण्टयाव[3]	घण्टयाम[3]	घण्टयेयम्	घण्टयेव	घण्टयेम

घण्टयिष्यति	घण्टयिष्यतः	घण्टयिष्यन्ति	अघण्टयिष्यत् -द्	अघण्टयिष्यताम्	अघण्टयिष्यन्
घण्टयिष्यसि	घण्टयिष्यथः	घण्टयिष्यथ	अघण्टयिष्यः	अघण्टयिष्यतम्	अघण्टयिष्यत
घण्टयिष्यामि	घण्टयिष्यावः	घण्टयिष्यामः	अघण्टयिष्यम्	अघण्टयिष्याव	अघण्टयिष्याम

घण्टयिता	घण्टयितारौ	घण्टयितारः	घण्ट्यात् -द्	घण्ट्यास्ताम्	घण्ट्यासुः
घण्टयितासि	घण्टयितास्थः	घण्टयितास्थ	घण्ट्याः	घण्ट्यास्तम्	घण्ट्यास्त
घण्टयितास्मि	घण्टयितास्वः	घण्टयितास्मः	घण्ट्यासम्	घण्ट्यास्व	घण्ट्यास्म

घण्टयाम्बभूव	घण्टयाम्बभूवतुः	घण्टयाम्बभूवुः	अजघण्टत् -द्	अजघण्टताम्	अजघण्टन्
घण्टयाञ्चकार	घण्टयाञ्चक्रतुः	घण्टयाञ्चक्रुः			
घण्टयामास	घण्टयामासतुः	घण्टयामासुः			
घण्टयाम्बभूविथ	घण्टयाम्बभूवथुः	घण्टयाम्बभूव	अजघण्टः	अजघण्टतम्	अजघण्टत

घण्टयाञ्चकर्थ	घण्टयाञ्चक्रथुः	घण्टयाञ्चक्र			
घण्टयामासिथ	घण्टयामासथुः	घण्टयामास			
घण्टयाम्बभूव	घण्टयाम्बभूविव	घण्टयाम्बभूविम	अजघण्टम्	अजघण्टाव	अजघण्टाम
घण्टयाञ्चकर -कार	घण्टयाञ्चकृव	घण्टयाञ्चकृम			
घण्टयामास	घण्टयामासिव	घण्टयामासिम			

Atmanepadi Forms

घण्टयते	घण्टयेते[4]	घण्टयन्ते[1]	अघण्टयत	अघण्टयेताम्[4]	अघण्टयन्त[1]
घण्टयसे	घण्टयेथे[4]	घण्टयध्वे	अघण्टयथाः	अघण्टयेथाम्[4]	अघण्टयध्वम्
घण्टये[1]	घण्टयावहे[2]	घण्टयामहे[2]	अघण्टये[4]	अघण्टयावहि[3]	अघण्टयामहि[3]

घण्टयताम्	घण्टयेताम्[4]	घण्टयन्ताम्[1]	घण्टयेत	घण्टयेयाताम्	घण्टयेरन्
घण्टयस्व	घण्टयेथाम्[4]	घण्टयध्वम्	घण्टयेथाः	घण्टयेयाथाम्	घण्टयेध्वम्
घण्टयै[5]	घण्टयावहै[3]	घण्टयामहै[3]	घण्टयेय	घण्टयेवहि	घण्टयेमहि

घण्टयिष्यते	घण्टयिष्येते	घण्टयिष्यन्ते	अघण्टयिष्यत	अघण्टयिष्येताम्	अघण्टयिष्यन्त
घण्टयिष्यसे	घण्टयिष्येथे	घण्टयिष्यध्वे	अघण्टयिष्यथाः	अघण्टयिष्येथाम्	अघण्टयिष्यध्वम्
घण्टयिष्ये	घण्टयिष्यावहे	घण्टयिष्यामहे	अघण्टयिष्ये	अघण्टयिष्यावहि	अघण्टयिष्यामहि

घण्टयिता	घण्टयितारौ	घण्टयितारः	घण्टयिषीष्ट	घण्टयिषीयास्ताम्	घण्टयिषीरन्
घण्टयितासे	घण्टयितासाथे	घण्टयिताध्वे	घण्टयिषीष्ठाः	घण्टयिषीयास्थाम्	घण्टयिषीध्वम् -ढ्वम्
घण्टयिताहे	घण्टयितास्वहे	घण्टयितास्महे	घण्टयिषीय	घण्टयिषीवहि	घण्टयिषीमहि

घण्टयाम्बभूव	घण्टयाम्बभूवतुः	घण्टयाम्बभूवुः	अजघण्टत	अजघण्टेताम्	अजघण्टन्त
घण्टयाञ्चक्रे	घण्टयाञ्चक्राते	घण्टयाञ्चक्रिरे			
घण्टयामास	घण्टयामासतुः	घण्टयामासुः			
घण्टयाम्बभूविथ	घण्टयाम्बभूवथुः	घण्टयाम्बभूव	अजघण्टथाः	अजघण्टेथाम्	अजघण्टध्वम्
घण्टयाञ्चकृषे	घण्टयाञ्चक्राथे	घण्टयाञ्चकृढ्वे			
घण्टयामासिथ	घण्टयामासथुः	घण्टयामास			
घण्टयाम्बभूव	घण्टयाम्बभूविव	घण्टयाम्बभूविम	अजघण्टे	अजघण्टावहि	अजघण्टामहि
घण्टयाञ्चक्रे	घण्टयाञ्चकृवहे	घण्टयाञ्चकृमहे			
घण्टयामास	घण्टयामासिव	घण्टयामासिम			

णिजभावपक्षे 1.3.78 शेषात् कर्त्तरि परस्मैपदम् । इति पक्षे भ्वादिः इव घण्ट् । P । सेट् । स० ।

घण्टति	घण्टतः	घण्टन्ति	अघण्टत् -द्	अघण्टताम्	अघण्टन्
घण्टसि	घण्टथः	घण्टथ	अघण्टः	अघण्टतम्	अघण्टत
घण्टामि	घण्टावः	घण्टामः	अघण्टम्	अघण्टाव	अघण्टाम

घण्टतु घण्टतात् -द्	घण्टताम्	घण्टन्तु	घण्टेत् -द्	घण्टेताम्	घण्टेयुः

घण्ट घण्टतात् -द्	घण्टतम्	घण्टत	घण्टेः	घण्टेतम्	घण्टेत
घण्टानि	घण्टाव	घण्टाम	घण्टेयम्	घण्टेव	घण्टेम

घण्टिष्यति	घण्टिष्यतः	घण्टिष्यन्ति	अघण्टिष्यत् -द्	अघण्टिष्यताम्	अघण्टिष्यन्
घण्टिष्यसि	घण्टिष्यथः	घण्टिष्यथ	अघण्टिष्यः	अघण्टिष्यतम्	अघण्टिष्यत
घण्टिष्यामि	घण्टिष्यावः	घण्टिष्यामः	अघण्टिष्यम्	अघण्टिष्याव	अघण्टिष्याम

घण्टिता	घण्टितारौ	घण्टितारः	घण्ट्यात् -द्	घण्ट्यास्ताम्	घण्ट्यासुः
घण्टितासि	घण्टितास्थः	घण्टितास्थ	घण्ट्याः	घण्ट्यास्तम्	घण्ट्यास्त
घण्टितास्मि	घण्टितास्वः	घण्टितास्मः	घण्ट्यासम्	घण्ट्यास्व	घण्ट्यास्म

जघण्ट	जघण्टतुः	जघण्टुः	अघण्टीत् -द्	अघण्टिष्टाम्	अघण्टिषुः
जघण्टिथ	जघण्टथुः	जघण्ट	अघण्टीः	अघण्टिष्टम्	अघण्टिष्ट
जघण्ट	जघण्टिव	जघण्टिम	अघण्टिषम्	अघण्टिष्व	अघण्टिष्म

1768 बृहि भाषायाम् । आस्वदीयः , see Root 736 बृहि । इदित् वैकल्पिकः णिच् । shine, speak
10c 235 बृहिँ । बृंह् । बृंहयति / ते , बृंहति । U । सेट् । स० । बृंहि । बृंहय ।
7.1.58 इदितो नुम् धातोः । **Parasmaipadi Forms**

बृंहयति	बृंहयतः	बृंहयन्ति[1]	अबृंहयत् -द्	अबृंहयताम्	अबृंहयन्[1]
बृंहयसि	बृंहयथः	बृंहयथ	अबृंहयः	अबृंहयतम्	अबृंहयत
बृंहयामि[2]	बृंहयावः[2]	बृंहयामः[2]	अबृंहयम्[1]	अबृंहयाव[2]	अबृंहयाम[2]

बृंहयतु बृंहयतात् -द्	बृंहयताम्	बृंहयन्तु[1]	बृंहयेत् -द्	बृंहयेताम्	बृंहयेयुः
बृंहय बृंहयतात् -द्	बृंहयतम्	बृंहयत	बृंहयेः	बृंहयेतम्	बृंहयेत
बृंहयाणि[3]	बृंहयाव[3]	बृंहयाम[3]	बृंहयेयम्	बृंहयेव	बृंहयेम

बृंहयिष्यति	बृंहयिष्यतः	बृंहयिष्यन्ति	अबृंहयिष्यत् -द्	अबृंहयिष्यताम्	अबृंहयिष्यन्
बृंहयिष्यसि	बृंहयिष्यथः	बृंहयिष्यथ	अबृंहयिष्यः	अबृंहयिष्यतम्	अबृंहयिष्यत
बृंहयिष्यामि	बृंहयिष्यावः	बृंहयिष्यामः	अबृंहयिष्यम्	अबृंहयिष्याव	अबृंहयिष्याम

बृंहयिता	बृंहयितारौ	बृंहयितारः	बृंह्यात् -द्	बृंह्यास्ताम्	बृंह्यासुः
बृंहयितासि	बृंहयितास्थः	बृंहयितास्थ	बृंह्याः	बृंह्यास्तम्	बृंह्यास्त
बृंहयितास्मि	बृंहयितास्वः	बृंहयितास्मः	बृंह्यासम्	बृंह्यास्व	बृंह्यास्म

बृंहयाम्बभूव	बृंहयाम्बभूवतुः	बृंहयाम्बभूवुः	अबबृंहत् -द्	अबबृंहताम्	अबबृंहन्
बृंहयाञ्चकार	बृंहयाञ्चक्रतुः	बृंहयाञ्चक्रुः			
बृंहयामास	बृंहयामासतुः	बृंहयामासुः			
बृंहयाम्बभूविथ	बृंहयाम्बभूवथुः	बृंहयाम्बभूव	अबबृंहः	अबबृंहतम्	अबबृंहत
बृंहयाञ्चकर्थ	बृंहयाञ्चक्रथुः	बृंहयाञ्चक्र			
बृंहयामासिथ	बृंहयामासथुः	बृंहयामास			

बृंहयाम्बभूव	बृंहयाम्बभूविव	बृंहयाम्बभूविम	अबबृंहम्	अबबृंहाव	अबबृंहाम
बृंहयाञ्चकर -कार	बृंहयाञ्चकृव	बृंहयाञ्चकृम			
बृंहयामास	बृंहयामासिव	बृंहयामासिम			

Atmanepadi Forms

बृंहयते	बृंहयेते[4]	बृंहयन्ते[1]	अबृंहयत	अबृंहयेताम्[4]	अबृंहयन्त[1]
बृंहयसे	बृंहयेथे[4]	बृंहयध्वे	अबृंहयथाः	अबृंहयेथाम्[4]	अबृंहयध्वम्
बृंहये[1]	बृंहयावहे[2]	बृंहयामहे[2]	अबृंहये[4]	अबृंहयावहि[3]	अबृंहयामहि[3]
बृंहयताम्	बृंहयेताम्[4]	बृंहयन्ताम्[1]	बृंहयेत	बृंहयेयाताम्	बृंहयेरन्
बृंहयस्व	बृंहयेथाम्[4]	बृंहयध्वम्	बृंहयेथाः	बृंहयेयाथाम्	बृंहयेध्वम्
बृंहयै[5]	बृंहयावहै[3]	बृंहयामहै[3]	बृंहयेय	बृंहयेवहि	बृंहयेमहि
बृंहयिष्यते	बृंहयिष्येते	बृंहयिष्यन्ते	अबृंहयिष्यत	अबृंहयिष्येताम्	अबृंहयिष्यन्त
बृंहयिष्यसे	बृंहयिष्येथे	बृंहयिष्यध्वे	अबृंहयिष्यथाः	अबृंहयिष्येथाम्	अबृंहयिष्यध्वम्
बृंहयिष्ये	बृंहयिष्यावहे	बृंहयिष्यामहे	अबृंहयिष्ये	अबृंहयिष्यावहि	अबृंहयिष्यामहि
बृंहयिता	बृंहयितारौ	बृंहयितारः	बृंहयिषीष्ट	बृंहयिषीयास्ताम्	बृंहयिषीरन्
बृंहयितासे	बृंहयितासाथे	बृंहयिताध्वे	बृंहयिषीष्ठाः	बृंहयिषीयास्थाम्	बृंहयिषीध्वम् -ढ्वम्
बृंहयिताहे	बृंहयितास्वहे	बृंहयितास्महे	बृंहयिषीय	बृंहयिषीवहि	बृंहयिषीमहि
बृंहयाम्बभूव	बृंहयाम्बभूवतुः	बृंहयाम्बभूवुः	अबबृंहत	अबबृंहेताम्	अबबृंहन्त
बृंहयाञ्चक्रे	बृंहयाञ्चक्राते	बृंहयाञ्चक्रिरे			
बृंहयामास	बृंहयामासतुः	बृंहयामासुः			
बृंहयाम्बभूविथ	बृंहयाम्बभूवथुः	बृंहयाम्बभूव	अबबृंहथाः	अबबृंहेथाम्	अबबृंहध्वम्
बृंहयाञ्चकृषे	बृंहयाञ्चक्राथे	बृंहयाञ्चकृढ्वे			
बृंहयामासिथ	बृंहयामासथुः	बृंहयामास			
बृंहयाम्बभूव	बृंहयाम्बभूविव	बृंहयाम्बभूविम	अबबृंहे	अबबृंहावहि	अबबृंहामहि
बृंहयाञ्चक्रे	बृंहयाञ्चकृवहे	बृंहयाञ्चकृमहे			
बृंहयामास	बृंहयामासिव	बृंहयामासिम			

णिजभावपक्षे 1.3.78 शेषात् कर्त्तरि परस्मैपदम् । इति पक्षे भ्वादिः इव बृंह् । P । सेट् । स० ।

बृंहति	बृंहतः	बृंहन्ति	अबृंहत् -द्	अबृंहताम्	अबृंहन्
बृंहसि	बृंहथः	बृंहथ	अबृंहः	अबृंहतम्	अबृंहत
बृंहामि	बृंहावः	बृंहामः	अबृंहम्	अबृंहाव	अबृंहाम
बृंहतु बृंहतात् -द्	बृंहताम्	बृंहन्तु	बृंहेत् -द्	बृंहेताम्	बृंहेयुः
बृंह बृंहतात् -द्	बृंहतम्	बृंहत	बृंहेः	बृंहेतम्	बृंहेत
बृंहाणि	बृंहाव	बृंहाम	बृंहेयम्	बृंहेव	बृंहेम

बृंहिष्यति	बृंहिष्यतः	बृंहिष्यन्ति	अबृंहिष्यत् -द्	अबृंहिष्यताम्	अबृंहिष्यन्
बृंहिष्यसि	बृंहिष्यथः	बृंहिष्यथ	अबृंहिष्यः	अबृंहिष्यतम्	अबृंहिष्यत
बृंहिष्यामि	बृंहिष्यावः	बृंहिष्यामः	अबृंहिष्यम्	अबृंहिष्याव	अबृंहिष्याम

बृंहिता	बृंहितारौ	बृंहितारः	बृंह्यात् -द्	बृंह्यास्ताम्	बृंह्यासुः
बृंहितासि	बृंहितास्थः	बृंहितास्थ	बृंह्याः	बृंह्यास्तम्	बृंह्यास्त
बृंहितास्मि	बृंहितास्वः	बृंहितास्मः	बृंह्यासम्	बृंह्यास्व	बृंह्यास्म

बबृंह	बबृंहतुः	बबृंहुः	अबृंहीत् -द्	अबृंहिष्टाम्	अबृंहिषुः
बबृंहिथ	बबृंहथुः	बबृंह	अबृंहीः	अबृंहिष्टम्	अबृंहिष्ट
बबृंह	बबृंहिव	बबृंहिम	अबृंहिषम्	अबृंहिष्व	अबृंहिष्म

1769 **बर्ह भाषायाम्** । **आस्वदीयः**, Root 638 **बर्ह** । shine, speak

10c 236 **बर्हँ** । **बर्ह्** । **बर्हयति / ते** । U । **सेट्** । **स०** । **बर्हि** । **बर्हय** । **Parasmaipadi Forms**

बर्हयति	बर्हयतः	बर्हयन्ति[1]	अबर्हयत् -द्	अबर्हयताम्	अबर्हयन्[1]
बर्हयसि	बर्हयथः	बर्हयथ	अबर्हयः	अबर्हयतम्	अबर्हयत
बर्हयामि[2]	बर्हयावः[2]	बर्हयामः[2]	अबर्हयम्[1]	अबर्हयाव[2]	अबर्हयाम[2]

बर्हयतु बर्हयतात् -द्	बर्हयताम्	बर्हयन्तु[1]	बर्हयेत् -द्	बर्हयेताम्	बर्हयेयुः
बर्हय बर्हयतात् -द्	बर्हयतम्	बर्हयत	बर्हयेः	बर्हयेतम्	बर्हयेत
बर्हयाणि[3]	बर्हयाव[3]	बर्हयाम[3]	बर्हयेयम्	बर्हयेव	बर्हयेम

बर्हयिष्यति	बर्हयिष्यतः	बर्हयिष्यन्ति	अबर्हयिष्यत् -द्	अबर्हयिष्यताम्	अबर्हयिष्यन्
बर्हयिष्यसि	बर्हयिष्यथः	बर्हयिष्यथ	अबर्हयिष्यः	अबर्हयिष्यतम्	अबर्हयिष्यत
बर्हयिष्यामि	बर्हयिष्यावः	बर्हयिष्यामः	अबर्हयिष्यम्	अबर्हयिष्याव	अबर्हयिष्याम

बर्हयिता	बर्हयितारौ	बर्हयितारः	बर्ह्यात् -द्	बर्ह्यास्ताम्	बर्ह्यासुः
बर्हयितासि	बर्हयितास्थः	बर्हयितास्थ	बर्ह्याः	बर्ह्यास्तम्	बर्ह्यास्त
बर्हयितास्मि	बर्हयितास्वः	बर्हयितास्मः	बर्ह्यासम्	बर्ह्यास्व	बर्ह्यास्म

बर्हयाम्बभूव	बर्हयाम्बभूवतुः	बर्हयाम्बभूवुः	अबबर्हत् -द्	अबबर्हताम्	अबबर्हन्
बर्हयाञ्चकार	बर्हयाञ्चक्रतुः	बर्हयाञ्चक्रुः			
बर्हयामास	बर्हयामासतुः	बर्हयामासुः			
बर्हयाम्बभूविथ	बर्हयाम्बभूवथुः	बर्हयाम्बभूव	अबबर्हः	अबबर्हतम्	अबबर्हत
बर्हयाञ्चकर्थ	बर्हयाञ्चक्रथुः	बर्हयाञ्चक्र			
बर्हयामासिथ	बर्हयामासथुः	बर्हयामास			
बर्हयाम्बभूव	बर्हयाम्बभूविव	बर्हयाम्बभूविम	अबबर्हम्	अबबर्हाव	अबबर्हाम
बर्हयाञ्चकर -कार	बर्हयाञ्चकृव	बर्हयाञ्चकृम			
बर्हयामास	बर्हयामासिव	बर्हयामासिम			

Atmanepadi Forms

बर्हयते	बर्हयेते[4]	बर्हयन्ते[1]	अबर्हयत	अबर्हयेताम्[4]	अबर्हयन्त[1]
बर्हयसे	बर्हयेथे[4]	बर्हयध्वे	अबर्हयथाः	अबर्हयेथाम्[4]	अबर्हयध्वम्
बर्हये[1]	बर्हयावहे[2]	बर्हयामहे[2]	अबर्हये[4]	अबर्हयावहि[3]	अबर्हयामहि[3]

बर्हयताम्	बर्हयेताम्[4]	बर्हयन्ताम्[1]	बर्हयेत	बर्हयेयाताम्	बर्हयेरन्
बर्हयस्व	बर्हयेथाम्[4]	बर्हयध्वम्	बर्हयेथाः	बर्हयेयाथाम्	बर्हयेध्वम्
बर्हयै[5]	बर्हयावहै[3]	बर्हयामहै[3]	बर्हयेय	बर्हयेवहि	बर्हयेमहि

बर्हयिष्यते	बर्हयिष्येते	बर्हयिष्यन्ते	अबर्हयिष्यत	अबर्हयिष्येताम्	अबर्हयिष्यन्त
बर्हयिष्यसे	बर्हयिष्येथे	बर्हयिष्यध्वे	अबर्हयिष्यथाः	अबर्हयिष्येथाम्	अबर्हयिष्यध्वम्
बर्हयिष्ये	बर्हयिष्यावहे	बर्हयिष्यामहे	अबर्हयिष्ये	अबर्हयिष्यावहि	अबर्हयिष्यामहि

बर्हयिता	बर्हयितारौ	बर्हयितारः	बर्हयिषीष्ट	बर्हयिषीयास्ताम्	बर्हयिषीरन्
बर्हयितासे	बर्हयितासाथे	बर्हयिताध्वे	बर्हयिषीष्ठाः	बर्हयिषीयास्थाम्	बर्हयिषीध्वम् -ढ्वम्
बर्हयिताहे	बर्हयितास्वहे	बर्हयितास्महे	बर्हयिषीय	बर्हयिषीवहि	बर्हयिषीमहि

बर्हयाम्बभूव	बर्हयाम्बभूवतुः	बर्हयाम्बभूवुः	अबबर्हत	अबबर्हेताम्	अबबर्हन्त
बर्हयाञ्चक्रे	बर्हयाञ्चक्राते	बर्हयाञ्चक्रिरे			
बर्हयामास	बर्हयामासतुः	बर्हयामासुः			
बर्हयाम्बभूविथ	बर्हयाम्बभूवथुः	बर्हयाम्बभूव	अबबर्हथाः	अबबर्हेथाम्	अबबर्हध्वम्
बर्हयाञ्चकृषे	बर्हयाञ्चक्राथे	बर्हयाञ्चकृढ्वे			
बर्हयामासिथ	बर्हयामासथुः	बर्हयामास			
बर्हयाम्बभूव	बर्हयाम्बभूविव	बर्हयाम्बभूविम	अबबर्हे	अबबर्हावहि	अबबर्हामहि
बर्हयाञ्चक्रे	बर्हयाञ्चकृवहे	बर्हयाञ्चकृमहे			
बर्हयामास	बर्हयामासिव	बर्हयामासिम			

1770 बल्ह भाषायाम्। आस्वदीयः, पूर्वः पठितः अपि Root 639 बल्ह प्राधान्ये । shine, speak
10c 237 बल्हँ । बल्ह् । बल्हयति / ते । U । सेट् । स० । बल्हि । बल्हय । **Parasmaipadi Forms**

बल्हयति	बल्हयतः	बल्हयन्ति[1]	अबल्हयत् -द्	अबल्हयताम्	अबल्हयन्[1]
बल्हयसि	बल्हयथः	बल्हयथ	अबल्हयः	अबल्हयतम्	अबल्हयत
बल्हयामि[2]	बल्हयावः[2]	बल्हयामः[2]	अबल्हयम्[1]	अबल्हयाव[2]	अबल्हयाम[2]

बल्हयतु बल्हयतात् -द्	बल्हयताम्	बल्हयन्तु[1]	बल्हयेत् -द्	बल्हयेताम्	बल्हयेयुः
बल्हय बल्हयतात् -द्	बल्हयतम्	बल्हयत	बल्हयेः	बल्हयेतम्	बल्हयेत
बल्हयानि[3]	बल्हयाव[3]	बल्हयाम[3]	बल्हयेयम्	बल्हयेव	बल्हयेम

बल्हयिष्यति	बल्हयिष्यतः	बल्हयिष्यन्ति	अबल्हयिष्यत् -द्	अबल्हयिष्यताम्	अबल्हयिष्यन्
बल्हयिष्यसि	बल्हयिष्यथः	बल्हयिष्यथ	अबल्हयिष्यः	अबल्हयिष्यतम्	अबल्हयिष्यत
बल्हयिष्यामि	बल्हयिष्यावः	बल्हयिष्यामः	अबल्हयिष्यम्	अबल्हयिष्याव	अबल्हयिष्याम
बल्हयिता	बल्हयितारौ	बल्हयितारः	बल्ह्यात् -द्	बल्ह्यास्ताम्	बल्ह्यासुः
बल्हयितासि	बल्हयितास्थः	बल्हयितास्थ	बल्ह्याः	बल्ह्यास्तम्	बल्ह्यास्त
बल्हयितास्मि	बल्हयितास्वः	बल्हयितास्मः	बल्ह्यासम्	बल्ह्यास्व	बल्ह्यास्म
बल्हयाम्बभूव	बल्हयाम्बभूवतुः	बल्हयाम्बभूवुः	अबबल्हत् -द्	अबबल्हताम्	अबबल्हन्
बल्हयाञ्चकार	बल्हयाञ्चक्रतुः	बल्हयाञ्चक्रुः			
बल्हयामास	बल्हयामासतुः	बल्हयामासुः			
बल्हयाम्बभूविथ	बल्हयाम्बभूवथुः	बल्हयाम्बभूव	अबबल्हः	अबबल्हतम्	अबबल्हत
बल्हयाञ्चकर्थ	बल्हयाञ्चक्रथुः	बल्हयाञ्चक्र			
बल्हयामासिथ	बल्हयामासथुः	बल्हयामास			
बल्हयाम्बभूव	बल्हयाम्बभूविव	बल्हयाम्बभूविम	अबबल्हम्	अबबल्हाव	अबबल्हाम
बल्हयाञ्चकर -कार	बल्हयाञ्चकृव	बल्हयाञ्चकृम			
बल्हयामास	बल्हयामासिव	बल्हयामासिम			

Atmanepadi Forms

बल्हयते	बल्हयेते[4]	बल्हयन्ते[1]	अबल्हयत	अबल्हयेताम्[4]	अबल्हयन्त[1]
बल्हयसे	बल्हयेथे[4]	बल्हयध्वे	अबल्हयथाः	अबल्हयेथाम्[4]	अबल्हयध्वम्
बल्हये[1]	बल्हयावहे[2]	बल्हयामहे[2]	अबल्हये[4]	अबल्हयावहि[3]	अबल्हयामहि[3]
बल्हयताम्	बल्हयेताम्[4]	बल्हयन्ताम्[1]	बल्हयेत	बल्हयेयाताम्	बल्हयेरन्
बल्हयस्व	बल्हयेथाम्[4]	बल्हयध्वम्	बल्हयेथाः	बल्हयेयाथाम्	बल्हयेध्वम्
बल्हयै[5]	बल्हयावहै[3]	बल्हयामहै[3]	बल्हयेय	बल्हयेवहि	बल्हयेमहि
बल्हयिष्यते	बल्हयिष्येते	बल्हयिष्यन्ते	अबल्हयिष्यत	अबल्हयिष्येताम्	अबल्हयिष्यन्त
बल्हयिष्यसे	बल्हयिष्येथे	बल्हयिष्यध्वे	अबल्हयिष्यथाः	अबल्हयिष्येथाम्	अबल्हयिष्यध्वम्
बल्हयिष्ये	बल्हयिष्यावहे	बल्हयिष्यामहे	अबल्हयिष्ये	अबल्हयिष्यावहि	अबल्हयिष्यामहि
बल्हयिता	बल्हयितारौ	बल्हयितारः	बल्हयिषीष्ट	बल्हयिषीयास्ताम्	बल्हयिषीरन्
बल्हयितासे	बल्हयितासाथे	बल्हयिताध्वे	बल्हयिषीष्ठाः	बल्हयिषीयास्थाम्	बल्हयिषीध्वम् -ढ्वम्
बल्हयिताहे	बल्हयितास्वहे	बल्हयितास्महे	बल्हयिषीय	बल्हयिषीवहि	बल्हयिषीमहि
बल्हयाम्बभूव	बल्हयाम्बभूवतुः	बल्हयाम्बभूवुः	अबबल्हत	अबबल्हेताम्	अबबल्हन्त
बल्हयाञ्चक्रे	बल्हयाञ्चक्राते	बल्हयाञ्चक्रिरे			

बल्हयामास	बल्हयामासतुः	बल्हयामासुः			
बल्हयाम्बभूविथ	बल्हयाम्बभूवथुः	बल्हयाम्बभूव	अबबल्हथाः	अबबल्हेथाम्	अबबल्हध्वम्
बल्हयाञ्चकृषे	बल्हयाञ्चक्राथे	बल्हयाञ्चकृढ्वे			
बल्हयामासिथ	बल्हयामासथुः	बल्हयामास			
बल्हयाम्बभूव	बल्हयाम्बभूविव	बल्हयाम्बभूविम	अबबल्हे	अबबल्हावहि	अबबल्हामहि
बल्हयाञ्चक्रे	बल्हयाञ्चकृवहे	बल्हयाञ्चकृमहे			
बल्हयामास	बल्हयामासिव	बल्हयामासिम			

1771 गुप भाषायाम् । आस्वदीयः, पूर्वः पठितः अपि Root 395 गुपू रक्षणे । speak, shine, conceal
10c 238 गुपँ । गुप् । गोपयति / ते । U । सेट् । स० । गोपि । गोपय । Note 3.1.28
गुपूधूपविच्छिपणिपनिभ्य आयः । 3.1.31 आयादय आर्धद्धातुके वा । Applies to 1c – 9c Roots, not here.

Parasmaipadi Forms

गोपयति	गोपयतः	गोपयन्ति[1]	अगोपयत् -द्	अगोपयताम्	अगोपयन्[1]
गोपयसि	गोपयथः	गोपयथ	अगोपयः	अगोपयतम्	अगोपयत
गोपयामि[2]	गोपयावः[2]	गोपयामः[2]	अगोपयम्[1]	अगोपयाव[2]	अगोपयाम[2]

गोपयतु गोपयतात् -द्	गोपयताम्	गोपयन्तु[1]	गोपयेत् -द्	गोपयेताम्	गोपयेयुः
गोपय गोपयतात् -द्	गोपयतम्	गोपयत	गोपयेः	गोपयेतम्	गोपयेत
गोपयानि[3]	गोपयाव[3]	गोपयाम[3]	गोपयेयम्	गोपयेव	गोपयेम

गोपयिष्यति	गोपयिष्यतः	गोपयिष्यन्ति	अगोपयिष्यत् -द्	अगोपयिष्यताम्	अगोपयिष्यन्
गोपयिष्यसि	गोपयिष्यथः	गोपयिष्यथ	अगोपयिष्यः	अगोपयिष्यतम्	अगोपयिष्यत
गोपयिष्यामि	गोपयिष्यावः	गोपयिष्यामः	अगोपयिष्यम्	अगोपयिष्याव	अगोपयिष्याम

गोपयिता	गोपयितारौ	गोपयितारः	गोप्यात् -द्	गोप्यास्ताम्	गोप्यासुः
गोपयितासि	गोपयितास्थः	गोपयितास्थ	गोप्याः	गोप्यास्तम्	गोप्यास्त
गोपयितास्मि	गोपयितास्वः	गोपयितास्मः	गोप्यासम्	गोप्यास्व	गोप्यास्म

गोपयाम्बभूव	गोपयाम्बभूवतुः	गोपयाम्बभूवुः	अजूगुपत् -द्	अजूगुपताम्	अजूगुपन्
गोपयाञ्चकार	गोपयाञ्चक्रतुः	गोपयाञ्चक्रुः			
गोपयामास	गोपयामासतुः	गोपयामासुः			
गोपयाम्बभूविथ	गोपयाम्बभूवथुः	गोपयाम्बभूव	अजूगुपः	अजूगुपतम्	अजूगुपत
गोपयाञ्चकर्थ	गोपयाञ्चक्रथुः	गोपयाञ्चक्र			
गोपयामासिथ	गोपयामासथुः	गोपयामास			
गोपयाम्बभूव	गोपयाम्बभूविव	गोपयाम्बभूविम	अजूगुपम्	अजूगुपाव	अजूगुपाम
गोपयाञ्चकर -कार	गोपयाञ्चकृव	गोपयाञ्चकृम			
गोपयामास	गोपयामासिव	गोपयामासिम			

Atmanepadi Forms

गोपयते	गोपयेते[4]	गोपयन्ते[1]	अगोपयत	अगोपयेताम्[4]	अगोपयन्त[1]
गोपयसे	गोपयेथे[4]	गोपयध्वे	अगोपयथाः	अगोपयेथाम्[4]	अगोपयध्वम्
गोपये[1]	गोपयावहे[2]	गोपयामहे[2]	अगोपये[4]	अगोपयावहि[3]	अगोपयामहि[3]
गोपयताम्	गोपयेताम्[4]	गोपयन्ताम्[1]	गोपयेत	गोपयेयाताम्	गोपयेरन्
गोपयस्व	गोपयेथाम्[4]	गोपयध्वम्	गोपयेथाः	गोपयेयाथाम्	गोपयेध्वम्
गोपयै[5]	गोपयावहै[3]	गोपयामहै[3]	गोपयेय	गोपयेवहि	गोपयेमहि
गोपयिष्यते	गोपयिष्येते	गोपयिष्यन्ते	अगोपयिष्यत	अगोपयिष्येताम्	अगोपयिष्यन्त
गोपयिष्यसे	गोपयिष्येथे	गोपयिष्यध्वे	अगोपयिष्यथाः	अगोपयिष्येथाम्	अगोपयिष्यध्वम्
गोपयिष्ये	गोपयिष्यावहे	गोपयिष्यामहे	अगोपयिष्ये	अगोपयिष्यावहि	अगोपयिष्यामहि
गोपयिता	गोपयितारौ	गोपयितारः	गोपयिषीष्ट	गोपयिषीयास्ताम्	गोपयिषीरन्
गोपयितासे	गोपयितासाथे	गोपयिताध्वे	गोपयिषीष्ठाः	गोपयिषीयास्थाम्	गोपयिषीध्वम् -ढ्वम्
गोपयिताहे	गोपयितास्वहे	गोपयितास्महे	गोपयिषीय	गोपयिषीवहि	गोपयिषीमहि
गोपयाम्बभूव	गोपयाम्बभूवतुः	गोपयाम्बभूवुः	अजूगुपत	अजूगुपेताम्	अजूगुपन्त
गोपयाञ्चक्रे	गोपयाञ्चक्राते	गोपयाञ्चक्रिरे			
गोपयामास	गोपयामासतुः	गोपयामासुः			
गोपयाम्बभूविथ	गोपयाम्बभूवथुः	गोपयाम्बभूव	अजूगुपथाः	अजूगुपेथाम्	अजूगुपध्वम्
गोपयाञ्चकृषे	गोपयाञ्चक्राथे	गोपयाञ्चकृढ्वे			
गोपयामासिथ	गोपयामासथुः	गोपयामास			
गोपयाम्बभूव	गोपयाम्बभूविव	गोपयाम्बभूविम	अजूगुपे	अजूगुपावहि	अजूगुपामहि
गोपयाञ्चक्रे	गोपयाञ्चकृवहे	गोपयाञ्चकृमहे			
गोपयामास	गोपयामासिव	गोपयामासिम			

1772 धूप भाषायाम् । आस्वदीयः, पूर्वः पठितः अपि Root 396 धूप सन्तापे । shine, speak
10c 239 धूपँ । धूप् । धूपयति / ते । U । सेट् । स० । धूपि । धूपय । Note 3.1.28
गुपूधूपविच्छिपणिपनिभ्य आयः । 3.1.31 आयादय आर्धद्धातुके वा । Applies to 1c – 9c Roots, not here.

Parasmaipadi Forms

धूपयति	धूपयतः	धूपयन्ति[1]	अधूपयत् -द्	अधूपयताम्	अधूपयन्[1]
धूपयसि	धूपयथः	धूपयथ	अधूपयः	अधूपयतम्	अधूपयत
धूपयामि[2]	धूपयावः[2]	धूपयामः[2]	अधूपयम्[1]	अधूपयाव[2]	अधूपयाम[2]
धूपयतु धूपयतात् -द्	धूपयताम्	धूपयन्तु[1]	धूपयेत् -द्	धूपयेताम्	धूपयेयुः

धूपय धूपयतात् -द्	धूपयतम्	धूपयत	धूपयेः	धूपयेतम्	धूपयेत
धूपयानि[3]	धूपयाव[3]	धूपयाम[3]	धूपयेयम्	धूपयेव	धूपयेम

धूपयिष्यति	धूपयिष्यतः	धूपयिष्यन्ति	अधूपयिष्यत् -द्	अधूपयिष्यताम्	अधूपयिष्यन्
धूपयिष्यसि	धूपयिष्यथः	धूपयिष्यथ	अधूपयिष्यः	अधूपयिष्यतम्	अधूपयिष्यत
धूपयिष्यामि	धूपयिष्यावः	धूपयिष्यामः	अधूपयिष्यम्	अधूपयिष्याव	अधूपयिष्याम

धूपयिता	धूपयितारौ	धूपयितारः	धूप्यात् -द्	धूप्यास्ताम्	धूप्यासुः
धूपयितासि	धूपयितास्थः	धूपयितास्थ	धूप्याः	धूप्यास्तम्	धूप्यास्त
धूपयितास्मि	धूपयितास्वः	धूपयितास्मः	धूप्यासम्	धूप्यास्व	धूप्यास्म

धूपयाम्बभूव	धूपयाम्बभूवतुः	धूपयाम्बभूवुः	अदूधुपत् -द्	अदूधुपताम्	अदूधुपन्
धूपयाञ्चकार	धूपयाञ्चक्रतुः	धूपयाञ्चक्रुः			
धूपयामास	धूपयामासतुः	धूपयामासुः			
धूपयाम्बभूविथ	धूपयाम्बभूवथुः	धूपयाम्बभूव	अदूधुपः	अदूधुपतम्	अदूधुपत
धूपयाञ्चकर्थ	धूपयाञ्चक्रथुः	धूपयाञ्चक्र			
धूपयामासिथ	धूपयामासथुः	धूपयामास			
धूपयाम्बभूव	धूपयाम्बभूविव	धूपयाम्बभूविम	अदूधुपम्	अदूधुपाव	अदूधुपाम
धूपयाञ्चकर -कार	धूपयाञ्चकृव	धूपयाञ्चकृम			
धूपयामास	धूपयामासिव	धूपयामासिम			

Atmanepadi Forms

धूपयते	धूपयेते[4]	धूपयन्ते[1]	अधूपयत	अधूपयेताम्[4]	अधूपयन्त[1]
धूपयसे	धूपयेथे[4]	धूपयध्वे	अधूपयथाः	अधूपयेथाम्[4]	अधूपयध्वम्
धूपये[1]	धूपयावहे[2]	धूपयामहे[2]	अधूपये[4]	अधूपयावहि[3]	अधूपयामहि[3]

धूपयताम्	धूपयेताम्[4]	धूपयन्ताम्[1]	धूपयेत	धूपयेयाताम्	धूपयेरन्
धूपयस्व	धूपयेथाम्[4]	धूपयध्वम्	धूपयेथाः	धूपयेयाथाम्	धूपयेध्वम्
धूपयै[5]	धूपयावहै[3]	धूपयामहै[3]	धूपयेय	धूपयेवहि	धूपयेमहि

धूपयिष्यते	धूपयिष्येते	धूपयिष्यन्ते	अधूपयिष्यत	अधूपयिष्येताम्	अधूपयिष्यन्त
धूपयिष्यसे	धूपयिष्येथे	धूपयिष्यध्वे	अधूपयिष्यथाः	अधूपयिष्येथाम्	अधूपयिष्यध्वम्
धूपयिष्ये	धूपयिष्यावहे	धूपयिष्यामहे	अधूपयिष्ये	अधूपयिष्यावहि	अधूपयिष्यामहि

धूपयिता	धूपयितारौ	धूपयितारः	धूपयिषीष्ट	धूपयिषीयास्ताम्	धूपयिषीरन्
धूपयितासे	धूपयितासाथे	धूपयिताध्वे	धूपयिषीष्ठाः	धूपयिषीयास्थाम्	धूपयिषीध्वम् -ढ्वम्
धूपयिताहे	धूपयितास्वहे	धूपयितास्महे	धूपयिषीय	धूपयिषीवहि	धूपयिषीमहि

धूपयाम्बभूव	धूपयाम्बभूवतुः	धूपयाम्बभूवुः	अदूधुपत	अदूधुपेताम्	अदूधुपन्त
धूपयाञ्चक्रे	धूपयाञ्चक्राते	धूपयाञ्चक्रिरे			
धूपयामास	धूपयामासतुः	धूपयामासुः			
धूपयाम्बभूविथ	धूपयाम्बभूवथुः	धूपयाम्बभूव	अदूधुपथाः	अदूधुपेथाम्	अदूधुपध्वम्
धूपयाञ्चकृषे	धूपयाञ्चक्राथे	धूपयाञ्चकृढ्वे			
धूपयामासिथ	धूपयामासथुः	धूपयामास			
धूपयाम्बभूव	धूपयाम्बभूविव	धूपयाम्बभूविम	अदूधुपे	अदूधुपावहि	अदूधुपामहि
धूपयाञ्चक्रे	धूपयाञ्चकृवहे	धूपयाञ्चकृमहे			
धूपयामास	धूपयामासिव	धूपयामासिम			

1773 विच्छ भाषायाम् । आस्वदीयः, पूर्वः पठितः अपि Root 1423 विच्छ गतौ । shine, speak
10c 240 विच्छँ । विच्छ् । विच्छयति / ते । U । सेट् । स० । विच्छि । विच्छय । Note 3.1.28 गुपूधूपविच्छिपणिपनिभ्य आयः । 3.1.31 आयादय आर्धधातुके वा । Applies to 1c – 9c Roots, not here.

Parasmaipadi Forms

विच्छयति	विच्छयतः	विच्छयन्ति[1]	अविच्छयत् -द्	अविच्छयताम्	अविच्छयन्[1]
विच्छयसि	विच्छयथः	विच्छयथ	अविच्छयः	अविच्छयतम्	अविच्छयत
विच्छयामि[2]	विच्छयावः[2]	विच्छयामः[2]	अविच्छयम्[1]	अविच्छयाव[2]	अविच्छयाम[2]

विच्छयतु विच्छयतात् -द्	विच्छयताम्	विच्छयन्तु[1]	विच्छयेत् -द्	विच्छयेताम्	विच्छयेयुः
विच्छय विच्छयतात् -द्	विच्छयतम्	विच्छयत	विच्छयेः	विच्छयेतम्	विच्छयेत
विच्छयानि[3]	विच्छयाव[3]	विच्छयाम[3]	विच्छयेयम्	विच्छयेव	विच्छयेम

विच्छयिष्यति	विच्छयिष्यतः	विच्छयिष्यन्ति	अविच्छयिष्यत् -द्	अविच्छयिष्यताम्	अविच्छयिष्यन्
विच्छयिष्यसि	विच्छयिष्यथः	विच्छयिष्यथ	अविच्छयिष्यः	अविच्छयिष्यतम्	अविच्छयिष्यत
विच्छयिष्यामि	विच्छयिष्यावः	विच्छयिष्यामः	अविच्छयिष्यम्	अविच्छयिष्याव	अविच्छयिष्याम

विच्छयिता	विच्छयितारौ	विच्छयितारः	विच्छ्यात् -द्	विच्छ्यास्ताम्	विच्छ्यासुः
विच्छयितासि	विच्छयितास्थः	विच्छयितास्थ	विच्छ्याः	विच्छ्यास्तम्	विच्छ्यास्त
विच्छयितास्मि	विच्छयितास्वः	विच्छयितास्मः	विच्छ्यासम्	विच्छ्यास्व	विच्छ्यास्म

विच्छयाम्बभूव	विच्छयाम्बभूवतुः	विच्छयाम्बभूवुः	अविविच्छत् -द्	अविविच्छताम्	अविविच्छन्
विच्छयाञ्चकार	विच्छयाञ्चक्रतुः	विच्छयाञ्चक्रुः			
विच्छयामास	विच्छयामासतुः	विच्छयामासुः			
विच्छयाम्बभूविथ	विच्छयाम्बभूवथुः	विच्छयाम्बभूव	अविविच्छः	अविविच्छतम्	अविविच्छत
विच्छयाञ्चकर्थ	विच्छयाञ्चक्रथुः	विच्छयाञ्चक्र			
विच्छयामासिथ	विच्छयामासथुः	विच्छयामास			
विच्छयाम्बभूव	विच्छयाम्बभूविव	विच्छयाम्बभूविम	अविविच्छम्	अविविच्छाव	अविविच्छाम

विच्छयाञ्चकर -कारविच्छयाञ्चकृव	विच्छयाञ्चकृम
विच्छयामास विच्छयामासिव	विच्छयामासिम

Atmanepadi Forms

विच्छयते	विच्छयेते[4]	विच्छयन्ते[1]	अविच्छयत	अविच्छयेताम्[4]	अविच्छयन्त[1]
विच्छयसे	विच्छयेथे[4]	विच्छयध्वे	अविच्छयथाः	अविच्छयेथाम्[4]	अविच्छयध्वम्
विच्छये[1]	विच्छयावहे[2]	विच्छयामहे[2]	अविच्छये[4]	अविच्छयावहि[3]	अविच्छयामहि[3]

विच्छयताम्	विच्छयेताम्[4]	विच्छयन्ताम्[1]	विच्छयेत	विच्छयेयाताम्	विच्छयेरन्
विच्छयस्व	विच्छयेथाम्[4]	विच्छयध्वम्	विच्छयेथाः	विच्छयेयाथाम्	विच्छयेध्वम्
विच्छयै[5]	विच्छयावहै[3]	विच्छयामहै[3]	विच्छयेय	विच्छयेवहि	विच्छयेमहि

विच्छयिष्यते	विच्छयिष्येते	विच्छयिष्यन्ते	अविच्छयिष्यत	अविच्छयिष्येताम्	अविच्छयिष्यन्त
विच्छयिष्यसे	विच्छयिष्येथे	विच्छयिष्यध्वे	अविच्छयिष्यथाः	अविच्छयिष्येथाम्	अविच्छयिष्यध्वम्
विच्छयिष्ये	विच्छयिष्यावहे	विच्छयिष्यामहे	अविच्छयिष्ये	अविच्छयिष्यावहि	अविच्छयिष्यामहि

विच्छयिता	विच्छयितारौ	विच्छयितारः	विच्छयिषीष्ट	विच्छयिषीयास्ताम्	विच्छयिषीरन्
विच्छयितासे	विच्छयितासाथे	विच्छयिताध्वे	विच्छयिषीष्ठाः	विच्छयिषीयास्थाम्	विच्छयिषीध्वम् -ढ्वम्
विच्छयिताहे	विच्छयितास्वहे	विच्छयितास्महे	विच्छयिषीय	विच्छयिषीवहि	विच्छयिषीमहि

विच्छयाम्बभूव	विच्छयाम्बभूवतुः	विच्छयाम्बभूवुः	अविविच्छत	अविविच्छेताम्	अविविच्छन्त
विच्छयाञ्चक्रे	विच्छयाञ्चक्राते	विच्छयाञ्चक्रिरे			
विच्छयामास	विच्छयामासतुः	विच्छयामासुः			
विच्छयाम्बभूविथ	विच्छयाम्बभूवथुः	विच्छयाम्बभूव	अविविच्छथाः	अविविच्छेथाम्	अविविच्छध्वम्
विच्छयाञ्चकृषे	विच्छयाञ्चक्राथे	विच्छयाञ्चकृढ्वे			
विच्छयामासिथ	विच्छयामासथुः	विच्छयामास			
विच्छयाम्बभूव	विच्छयाम्बभूविव	विच्छयाम्बभूविम	अविविच्छे	अविविच्छावहि	अविविच्छामहि
विच्छयाञ्चक्रे	विच्छयाञ्चकृवहे	विच्छयाञ्चकृमहे			
विच्छयामास	विच्छयामासिव	विच्छयामासिम			

1774 चीव भाषायाम् । भासार्थः । आस्वदीयः, पूर्वः पठितः अपि Root 879 चीवृ आदानसंवरणयोः । speak, shine 10c 241 चीवँ । चीव् । चीवयति / ते । U । सेट् । स० । चीवि । चीवय । **Parasmaipadi Forms**

चीवयति	चीवयतः	चीवयन्ति[1]	अचीवयत् -द्	अचीवयताम्	अचीवयन्[1]
चीवयसि	चीवयथः	चीवयथ	अचीवयः	अचीवयतम्	अचीवयत
चीवयामि[2]	चीवयावः[2]	चीवयामः[2]	अचीवयम्[1]	अचीवयाव[2]	अचीवयाम[2]

चीवयतु चीवयतात् -द्	चीवयताम्	चीवयन्तु[1]	चीवयेत् -द्	चीवयेताम्	चीवयेयुः

| चीवय चीवयतात्-द् | चीवयतम् | चीवयत | चीवयेः | चीवयेतम् | चीवयेत |
| चीवयानि³ | चीवयाव³ | चीवयाम³ | चीवयेयम् | चीवयेव | चीवयेम |

चीवयिष्यति	चीवयिष्यतः	चीवयिष्यन्ति	अचीवयिष्यत्-द्	अचीवयिष्यताम्	अचीवयिष्यन्
चीवयिष्यसि	चीवयिष्यथः	चीवयिष्यथ	अचीवयिष्यः	अचीवयिष्यतम्	अचीवयिष्यत
चीवयिष्यामि	चीवयिष्यावः	चीवयिष्यामः	अचीवयिष्यम्	अचीवयिष्याव	अचीवयिष्याम

चीवयिता	चीवयितारौ	चीवयितारः	चीव्यात्-द्	चीव्यास्ताम्	चीव्यासुः
चीवयितासि	चीवयितास्थः	चीवयितास्थ	चीव्याः	चीव्यास्तम्	चीव्यास्त
चीवयितास्मि	चीवयितास्वः	चीवयितास्मः	चीव्यासम्	चीव्यास्व	चीव्यास्म

चीवयाम्बभूव	चीवयाम्बभूवतुः	चीवयाम्बभूवुः	अचीचिवत्-द्	अचीचिवताम्	अचीचिवन्
चीवयाञ्चकार	चीवयाञ्चक्रतुः	चीवयाञ्चक्रुः			
चीवयामास	चीवयामासतुः	चीवयामासुः			
चीवयाम्बभूविथ	चीवयाम्बभूवथुः	चीवयाम्बभूव	अचीचिवः	अचीचिवतम्	अचीचिवत
चीवयाञ्चकर्थ	चीवयाञ्चक्रथुः	चीवयाञ्चक्र			
चीवयामासिथ	चीवयामासथुः	चीवयामास			
चीवयाम्बभूव	चीवयाम्बभूविव	चीवयाम्बभूविम	अचीचिवम्	अचीचिवाव	अचीचिवाम
चीवयाञ्चकर -कार	चीवयाञ्चकृव	चीवयाञ्चकृम			
चीवयामास	चीवयामासिव	चीवयामासिम			

Atmanepadi Forms

चीवयते	चीवयेते⁴	चीवयन्ते¹	अचीवयत	अचीवयेताम्⁴	अचीवयन्त¹
चीवयसे	चीवयेथे⁴	चीवयध्वे	अचीवयथाः	अचीवयेथाम्⁴	अचीवयध्वम्
चीवये¹	चीवयावहे²	चीवयामहे²	अचीवये⁴	अचीवयावहि³	अचीवयामहि³

चीवयताम्	चीवयेताम्⁴	चीवयन्ताम्¹	चीवयेत	चीवयेयाताम्	चीवयेरन्
चीवयस्व	चीवयेथाम्⁴	चीवयध्वम्	चीवयेथाः	चीवयेयाथाम्	चीवयेध्वम्
चीवयै⁵	चीवयावहै³	चीवयामहै³	चीवयेय	चीवयेवहि	चीवयेमहि

चीवयिष्यते	चीवयिष्येते	चीवयिष्यन्ते	अचीवयिष्यत	अचीवयिष्येताम्	अचीवयिष्यन्त
चीवयिष्यसे	चीवयिष्येथे	चीवयिष्यध्वे	अचीवयिष्यथाः	अचीवयिष्येथाम्	अचीवयिष्यध्वम्
चीवयिष्ये	चीवयिष्यावहे	चीवयिष्यामहे	अचीवयिष्ये	अचीवयिष्यावहि	अचीवयिष्यामहि

चीवयिता	चीवयितारौ	चीवयितारः	चीवयिषीष्ट	चीवयिषीयास्ताम्	चीवयिषीरन्
चीवयितासे	चीवयितासाथे	चीवयिताध्वे	चीवयिषीष्ठाः	चीवयिषीयास्थाम्	चीवयिषीध्वम् -ढ्वम्
चीवयिताहे	चीवयितास्वहे	चीवयितास्महे	चीवयिषीय	चीवयिषीवहि	चीवयिषीमहि

चीवयाम्बभूव	चीवयाम्बभूवतुः	चीवयाम्बभूवुः	अचीचिवत	अचीचिवेताम्	अचीचिवन्त
चीवयाञ्चक्रे	चीवयाञ्चक्राते	चीवयाञ्चक्रिरे			
चीवयामास	चीवयामासतुः	चीवयामासुः			
चीवयाम्बभूविथ	चीवयाम्बभूवथुः	चीवयाम्बभूव	अचीचिवथाः	अचीचिवेथाम्	अचीचिवध्वम्
चीवयाञ्चकृषे	चीवयाञ्चक्राथे	चीवयाञ्चकृढ्वे			
चीवयामासिथ	चीवयामासथुः	चीवयामास			
चीवयाम्बभूव	चीवयाम्बभूविव	चीवयाम्बभूविम	अचीचिवे	अचीचिवावहि	अचीचिवामहि
चीवयाञ्चक्रे	चीवयाञ्चकृवहे	चीवयाञ्चकृमहे			
चीवयामास	चीवयामासिव	चीवयामासिम			

1775 पुथ भाषायाम् । आस्वदीयः, पूर्वः पठितः अपि Root 1119 पुथ हिंसायाम् । shine, speak, grind

10c 242 पुथँ । पुथ् । पोथयति / ते । U । सेट् । स० । पोथि । पोथय । **Parasmaipadi Forms**

पोथयति	पोथयतः	पोथयन्ति[1]	अपोथयत् -द्	अपोथयताम्	अपोथयन्[1]
पोथयसि	पोथयथः	पोथयथ	अपोथयः	अपोथयतम्	अपोथयत
पोथयामि[2]	पोथयावः[2]	पोथयामः[2]	अपोथयम्[1]	अपोथयाव[2]	अपोथयाम[2]

पोथयतु पोथयतात् -द्	पोथयताम्	पोथयन्तु[1]	पोथयेत् -द्	पोथयेताम्	पोथयेयुः
पोथय पोथयतात् -द्	पोथयतम्	पोथयत	पोथयेः	पोथयेतम्	पोथयेत
पोथयानि[3]	पोथयाव[3]	पोथयाम[3]	पोथयेयम्	पोथयेव	पोथयेम

पोथयिष्यति	पोथयिष्यतः	पोथयिष्यन्ति	अपोथयिष्यत् -द्	अपोथयिष्यताम्	अपोथयिष्यन्
पोथयिष्यसि	पोथयिष्यथः	पोथयिष्यथ	अपोथयिष्यः	अपोथयिष्यतम्	अपोथयिष्यत
पोथयिष्यामि	पोथयिष्यावः	पोथयिष्यामः	अपोथयिष्यम्	अपोथयिष्याव	अपोथयिष्याम

पोथयिता	पोथयितारौ	पोथयितारः	पोथ्यात् -द्	पोथ्यास्ताम्	पोथ्यासुः
पोथयितासि	पोथयितास्थः	पोथयितास्थ	पोथ्याः	पोथ्यास्तम्	पोथ्यास्त
पोथयितास्मि	पोथयितास्वः	पोथयितास्मः	पोथ्यासम्	पोथ्यास्व	पोथ्यास्म

पोथयाम्बभूव	पोथयाम्बभूवतुः	पोथयाम्बभूवुः	अपूपुथत् -द्	अपूपुथताम्	अपूपुथन्
पोथयाञ्चकार	पोथयाञ्चक्रतुः	पोथयाञ्चक्रुः			
पोथयामास	पोथयामासतुः	पोथयामासुः			
पोथयाम्बभूविथ	पोथयाम्बभूवथुः	पोथयाम्बभूव	अपूपुथः	अपूपुथतम्	अपूपुथत
पोथयाञ्चकर्थ	पोथयाञ्चक्रथुः	पोथयाञ्चक्र			
पोथयामासिथ	पोथयामासथुः	पोथयामास			
पोथयाम्बभूव	पोथयाम्बभूविव	पोथयाम्बभूविम	अपूपुथम्	अपूपुथाव	अपूपुथाम
पोथयाञ्चकर -कार	पोथयाञ्चकृव	पोथयाञ्चकृम			
पोथयामास	पोथयामासिव	पोथयामासिम			

Atmanepadi Forms

पोथयते	पोथयेते[4]	पोथयन्ते[1]	अपोथयत	अपोथयेताम्[4]	अपोथयन्त[1]
पोथयसे	पोथयेथे[4]	पोथयध्वे	अपोथयथाः	अपोथयेथाम्[4]	अपोथयध्वम्
पोथये[1]	पोथयावहे[2]	पोथयामहे[2]	अपोथये[4]	अपोथयावहि[3]	अपोथयामहि[3]

पोथयताम्	पोथयेताम्[4]	पोथयन्ताम्[1]	पोथयेत	पोथयेयाताम्	पोथयेरन्
पोथयस्व	पोथयेथाम्[4]	पोथयध्वम्	पोथयेथाः	पोथयेयाथाम्	पोथयेध्वम्
पोथयै[5]	पोथयावहै[3]	पोथयामहै[3]	पोथयेय	पोथयेवहि	पोथयेमहि

पोथयिष्यते	पोथयिष्येते	पोथयिष्यन्ते	अपोथयिष्यत	अपोथयिष्येताम्	अपोथयिष्यन्त
पोथयिष्यसे	पोथयिष्येथे	पोथयिष्यध्वे	अपोथयिष्यथाः	अपोथयिष्येथाम्	अपोथयिष्यध्वम्
पोथयिष्ये	पोथयिष्यावहे	पोथयिष्यामहे	अपोथयिष्ये	अपोथयिष्यावहि	अपोथयिष्यामहि

पोथयिता	पोथयितारौ	पोथयितारः	पोथयिषीष्ट	पोथयिषीयास्ताम्	पोथयिषीरन्
पोथयितासे	पोथयितासाथे	पोथयिताध्वे	पोथयिषीष्ठाः	पोथयिषीयास्थाम्	पोथयिषीध्वम् -ढ्वम्
पोथयिताहे	पोथयितास्वहे	पोथयितास्महे	पोथयिषीय	पोथयिषीवहि	पोथयिषीमहि

पोथयाम्बभूव	पोथयाम्बभूवतुः	पोथयाम्बभूवुः	अपूपुथत	अपूपुथेताम्	अपूपुथन्त
पोथयाञ्चक्रे	पोथयाञ्चक्राते	पोथयाञ्चक्रिरे			
पोथयामास	पोथयामासतुः	पोथयामासुः			
पोथयाम्बभूविथ	पोथयाम्बभूवथुः	पोथयाम्बभूव	अपूपुथथाः	अपूपुथेथाम्	अपूपुथध्वम्
पोथयाञ्चकृषे	पोथयाञ्चक्राथे	पोथयाञ्चकृढ्वे			
पोथयामासिथ	पोथयामासथुः	पोथयामास			
पोथयाम्बभूव	पोथयाम्बभूविव	पोथयाम्बभूविम	अपूपुथे	अपूपुथावहि	अपूपुथामहि
पोथयाञ्चक्रे	पोथयाञ्चकृवहे	पोथयाञ्चकृमहे			
पोथयामास	पोथयामासिव	पोथयामासिम			

1776 लोकृ भाषायाम् । आस्वदीयः, पूर्वः पठितः अपि Root 76 लोकृ दर्शने । observe, shine, speak, 10c 243 लोकृँ । लोक् । लोकयति / ते । U । सेट् । स० । लोकि । लोकय । be enlightened

Parasmaipadi Forms

लोकयति	लोकयतः	लोकयन्ति[1]	अलोकयत् -द्	अलोकयताम्	अलोकयन्[1]
लोकयसि	लोकयथः	लोकयथ	अलोकयः	अलोकयतम्	अलोकयत
लोकयामि[2]	लोकयावः[2]	लोकयामः[2]	अलोकयम्[1]	अलोकयाव[2]	अलोकयाम[2]

लोकयतु लोकयतात् -द्	लोकयताम्	लोकयन्तु[1]	लोकयेत् -द्	लोकयेताम्	लोकयेयुः
लोकय लोकयतात् -द्	लोकयतम्	लोकयत	लोकयेः	लोकयेतम्	लोकयेत

लोकयानि[3]	लोकयाव[3]	लोकयाम[3]	लोकयेयम्	लोकयेव	लोकयेम
लोकयिष्यति	लोकयिष्यतः	लोकयिष्यन्ति	अलोकयिष्यत् -द्	अलोकयिष्यताम्	अलोकयिष्यन्
लोकयिष्यसि	लोकयिष्यथः	लोकयिष्यथ	अलोकयिष्यः	अलोकयिष्यतम्	अलोकयिष्यत
लोकयिष्यामि	लोकयिष्यावः	लोकयिष्यामः	अलोकयिष्यम्	अलोकयिष्याव	अलोकयिष्याम
लोकयिता	लोकयितारौ	लोकयितारः	लोक्यात् -द्	लोक्यास्ताम्	लोक्यासुः
लोकयितासि	लोकयितास्थः	लोकयितास्थ	लोक्याः	लोक्यास्तम्	लोक्यास्त
लोकयितास्मि	लोकयितास्वः	लोकयितास्मः	लोक्यासम्	लोक्यास्व	लोक्यास्म
लोकयाम्बभूव	लोकयाम्बभूवतुः	लोकयाम्बभूवुः	अलुलोकत् -द्	अलुलोकताम्	अलुलोकन्
लोकयाञ्चकार	लोकयाञ्चक्रतुः	लोकयाञ्चक्रुः			
लोकयामास	लोकयामासतुः	लोकयामासुः			
लोकयाम्बभूविथ	लोकयाम्बभूवथुः	लोकयाम्बभूव	अलुलोकः	अलुलोकतम्	अलुलोकत
लोकयाञ्चकर्थ	लोकयाञ्चक्रथुः	लोकयाञ्चक्र			
लोकयामासिथ	लोकयामासथुः	लोकयामास			
लोकयाम्बभूव	लोकयाम्बभूविव	लोकयाम्बभूविम	अलुलोकम्	अलुलोकाव	अलुलोकाम
लोकयाञ्चकर -कार	लोकयाञ्चकृव	लोकयाञ्चकृम			
लोकयामास	लोकयामासिव	लोकयामासिम			

Atmanepadi Forms

लोकयते	लोकयेते[4]	लोकयन्ते[1]	अलोकयत	अलोकयेताम्[4]	अलोकयन्त[1]
लोकयसे	लोकयेथे[4]	लोकयध्वे	अलोकयथाः	अलोकयेथाम्[4]	अलोकयध्वम्
लोकये[1]	लोकयावहे[2]	लोकयामहे[2]	अलोकये[4]	अलोकयावहि[3]	अलोकयामहि[3]
लोकयताम्	लोकयेताम्[4]	लोकयन्ताम्[1]	लोकयेत	लोकयेयाताम्	लोकयेरन्
लोकयस्व	लोकयेथाम्[4]	लोकयध्वम्	लोकयेथाः	लोकयेयाथाम्	लोकयेध्वम्
लोकयै[5]	लोकयावहै[3]	लोकयामहै[3]	लोकयेय	लोकयेवहि	लोकयेमहि
लोकयिष्यते	लोकयिष्येते	लोकयिष्यन्ते	अलोकयिष्यत	अलोकयिष्येताम्	अलोकयिष्यन्त
लोकयिष्यसे	लोकयिष्येथे	लोकयिष्यध्वे	अलोकयिष्यथाः	अलोकयिष्येथाम्	अलोकयिष्यध्वम्
लोकयिष्ये	लोकयिष्यावहे	लोकयिष्यामहे	अलोकयिष्ये	अलोकयिष्यावहि	अलोकयिष्यामहि
लोकयिता	लोकयितारौ	लोकयितारः	लोकयिषीष्ट	लोकयिषीयास्ताम्	लोकयिषीरन्
लोकयितासे	लोकयितासाथे	लोकयिताध्वे	लोकयिषीष्ठाः	लोकयिषीयास्थाम्	लोकयिषीध्वम् -ढ्वम्
लोकयिताहे	लोकयितास्वहे	लोकयितास्महे	लोकयिषीय	लोकयिषीवहि	लोकयिषीमहि
लोकयाम्बभूव	लोकयाम्बभूवतुः	लोकयाम्बभूवुः	अलुलोकत	अलुलोकेताम्	अलुलोकन्त

लोकयाञ्चक्रे	लोकयाञ्चक्राते	लोकयाञ्चक्रिरे			
लोकयामास	लोकयामासतुः	लोकयामासुः			
लोकयाम्बभूविथ	लोकयाम्बभूवथुः	लोकयाम्बभूव	अलुलोकथाः	अलुलोकेथाम्	अलुलोकध्वम्
लोकयाञ्चकृषे	लोकयाञ्चक्राथे	लोकयाञ्चकृढ्वे			
लोकयामासिथ	लोकयामासथुः	लोकयामास			
लोकयाम्बभूव	लोकयाम्बभूविव	लोकयाम्बभूविम	अलुलोके	अलुलोकावहि	अलुलोकामहि
लोकयाञ्चक्रे	लोकयाञ्चकृवहे	लोकयाञ्चकृमहे			
लोकयामास	लोकयामासिव	लोकयामासिम			

1777 लोचृ भाषायाम् । आस्वदीयः, पूर्वः पठितः अपि Root 164 लोचृ दर्शने । shine, speak
10c 244 लोचृँ । लोच् । लोचयति / ते । U । सेट् । स० । लोचि । लोचय । **Parasmaipadi**

Forms

लोचयति	लोचयतः	लोचयन्ति[1]	अलोचयत् -द्	अलोचयताम्	अलोचयन्[1]
लोचयसि	लोचयथः	लोचयथ	अलोचयः	अलोचयतम्	अलोचयत
लोचयामि[2]	लोचयावः[2]	लोचयामः[2]	अलोचयम्[1]	अलोचयाव[2]	अलोचयाम[2]

लोचयतु लोचयतात् -द्	लोचयताम्	लोचयन्तु[1]	लोचयेत् -द्	लोचयेताम्	लोचयेयुः
लोचय लोचयतात् -द्	लोचयतम्	लोचयत	लोचयेः	लोचयेतम्	लोचयेत
लोचयानि[3]	लोचयाव[3]	लोचयाम[3]	लोचयेयम्	लोचयेव	लोचयेम

लोचयिष्यति	लोचयिष्यतः	लोचयिष्यन्ति	अलोचयिष्यत् -द्	अलोचयिष्यताम्	अलोचयिष्यन्
लोचयिष्यसि	लोचयिष्यथः	लोचयिष्यथ	अलोचयिष्यः	अलोचयिष्यतम्	अलोचयिष्यत
लोचयिष्यामि	लोचयिष्यावः	लोचयिष्यामः	अलोचयिष्यम्	अलोचयिष्याव	अलोचयिष्याम

लोचयिता	लोचयितारौ	लोचयितारः	लोच्यात् -द्	लोच्यास्ताम्	लोच्यासुः
लोचयितासि	लोचयितास्थः	लोचयितास्थ	लोच्याः	लोच्यास्तम्	लोच्यास्त
लोचयितास्मि	लोचयितास्वः	लोचयितास्मः	लोच्यासम्	लोच्यास्व	लोच्यास्म

लोचयाम्बभूव	लोचयाम्बभूवतुः	लोचयाम्बभूवुः	अलुलोचत् -द्	अलुलोचताम्	अलुलोचन्
लोचयाञ्चकार	लोचयाञ्चक्रतुः	लोचयाञ्चक्रुः			
लोचयामास	लोचयामासतुः	लोचयामासुः			
लोचयाम्बभूविथ	लोचयाम्बभूवथुः	लोचयाम्बभूव	अलुलोचः	अलुलोचतम्	अलुलोचत
लोचयाञ्चकर्थ	लोचयाञ्चक्रथुः	लोचयाञ्चक्र			
लोचयामासिथ	लोचयामासथुः	लोचयामास			
लोचयाम्बभूव	लोचयाम्बभूविव	लोचयाम्बभूविम	अलुलोचम्	अलुलोचाव	अलुलोचाम
लोचयाञ्चकर -कार	लोचयाञ्चकृव	लोचयाञ्चकृम			
लोचयामास	लोचयामासिव	लोचयामासिम			

Atmanepadi Forms

लोचयते	लोचयेते[4]	लोचयन्ते[1]	अलोचयत	अलोचयेताम्[4]	अलोचयन्त[1]
लोचयसे	लोचयेथे[4]	लोचयध्वे	अलोचयथाः	अलोचयेथाम्[4]	अलोचयध्वम्
लोचये[1]	लोचयावहे[2]	लोचयामहे[2]	अलोचये[4]	अलोचयावहि[3]	अलोचयामहि[3]

लोचयताम्	लोचयेताम्[4]	लोचयन्ताम्[1]	लोचयेत	लोचयेयाताम्	लोचयेरन्
लोचयस्व	लोचयेथाम्[4]	लोचयध्वम्	लोचयेथाः	लोचयेयाथाम्	लोचयेध्वम्
लोचयै[5]	लोचयावहै[3]	लोचयामहै[3]	लोचयेय	लोचयेवहि	लोचयेमहि

लोचयिष्यते	लोचयिष्येते	लोचयिष्यन्ते	अलोचयिष्यत	अलोचयिष्येताम्	अलोचयिष्यन्त
लोचयिष्यसे	लोचयिष्येथे	लोचयिष्यध्वे	अलोचयिष्यथाः	अलोचयिष्येथाम्	अलोचयिष्यध्वम्
लोचयिष्ये	लोचयिष्यावहे	लोचयिष्यामहे	अलोचयिष्ये	अलोचयिष्यावहि	अलोचयिष्यामहि

लोचयिता	लोचयितारौ	लोचयितारः	लोचयिषीष्ट	लोचयिषीयास्ताम्	लोचयिषीरन्
लोचयितासे	लोचयितासाथे	लोचयिताध्वे	लोचयिषीष्ठाः	लोचयिषीयास्थाम्	लोचयिषीध्वम् -ढ्वम्
लोचयिताहे	लोचयितास्वहे	लोचयितास्महे	लोचयिषीय	लोचयिषीवहि	लोचयिषीमहि

लोचयाम्बभूव	लोचयाम्बभूवतुः	लोचयाम्बभूवुः	अलुलोचत	अलुलोचेताम्	अलुलोचन्त
लोचयाञ्चक्रे	लोचयाञ्चक्राते	लोचयाञ्चक्रिरे			
लोचयामास	लोचयामासतुः	लोचयामासुः			
लोचयाम्बभूविथ	लोचयाम्बभूवथुः	लोचयाम्बभूव	अलुलोचथाः	अलुलोचेथाम्	अलुलोचध्वम्
लोचयाञ्चकृषे	लोचयाञ्चक्राथे	लोचयाञ्चकृढ्वे			
लोचयामासिथ	लोचयामासथुः	लोचयामास			
लोचयाम्बभूव	लोचयाम्बभूविव	लोचयाम्बभूविम	अलुलोचे	अलुलोचावहि	अलुलोचामहि
लोचयाञ्चक्रे	लोचयाञ्चकृवहे	लोचयाञ्चकृमहे			
लोचयामास	लोचयामासिव	लोचयामासिम			

1778 णद भाषायाम् । णोपदेशः । आस्वदीयः, पूर्वः पठितः अपि Root 54 णद अव्यक्ते शब्दे । sound
10c 245 णदँ । नद् । नादयति / ते । U । सेट् । स० । नादि । नादय ।
7.2.116 अत उपधायाः । **Parasmaipadi Forms**

नादयति	नादयतः	नादयन्ति[1]	अनादयत् -द्	अनादयताम्	अनादयन्[1]
नादयसि	नादयथः	नादयथ	अनादयः	अनादयतम्	अनादयत
नादयामि[2]	नादयावः[2]	नादयामः[2]	अनादयम्[1]	अनादयाव[2]	अनादयाम[2]

नादयतु नादयतात् -द्	नादयताम्	नादयन्तु[1]	नादयेत् -द्	नादयेताम्	नादयेयुः
नादय नादयतात् -द्	नादयतम्	नादयत	नादयेः	नादयेतम्	नादयेत

| नादयानि[3] | नादयाव[3] | नादयाम[3] | नादयेयम् | नादयेव | नादयेम |

नादयिष्यति	नादयिष्यतः	नादयिष्यन्ति	अनादयिष्यत् -द्	अनादयिष्यताम्	अनादयिष्यन्
नादयिष्यसि	नादयिष्यथः	नादयिष्यथ	अनादयिष्यः	अनादयिष्यतम्	अनादयिष्यत
नादयिष्यामि	नादयिष्यावः	नादयिष्यामः	अनादयिष्यम्	अनादयिष्याव	अनादयिष्याम

नादयिता	नादयितारौ	नादयितारः	नाद्यात् -द्	नाद्यास्ताम्	नाद्यासुः
नादयितासि	नादयितास्थः	नादयितास्थ	नाद्याः	नाद्यास्तम्	नाद्यास्त
नादयितास्मि	नादयितास्वः	नादयितास्मः	नाद्यासम्	नाद्यास्व	नाद्यास्म

नादयाम्बभूव	नादयाम्बभूवतुः	नादयाम्बभूवुः	अनीनदत् -द्	अनीनदताम्	अनीनदन्
नादयाञ्चकार	नादयाञ्चक्रतुः	नादयाञ्चक्रुः			
नादयामास	नादयामासतुः	नादयामासुः			
नादयाम्बभूविथ	नादयाम्बभूवथुः	नादयाम्बभूव	अनीनदः	अनीनदतम्	अनीनदत
नादयाञ्चकर्थ	नादयाञ्चक्रथुः	नादयाञ्चक्र			
नादयामासिथ	नादयामासथुः	नादयामास			
नादयाम्बभूव	नादयाम्बभूविव	नादयाम्बभूविम	अनीनदम्	अनीनदाव	अनीनदाम
नादयाञ्चकर -कार	नादयाञ्चकृव	नादयाञ्चकृम			
नादयामास	नादयामासिव	नादयामासिम			

Atmanepadi Forms

नादयते	नादयेते[4]	नादयन्ते[1]	अनादयत	अनादयेताम्[4]	अनादयन्त[1]
नादयसे	नादयेथे[4]	नादयध्वे	अनादयथाः	अनादयेथाम्[4]	अनादयध्वम्
नादये[1]	नादयावहे[2]	नादयामहे[2]	अनादये[4]	अनादयावहि[3]	अनादयामहि[3]

नादयताम्	नादयेताम्[4]	नादयन्ताम्[1]	नादयेत	नादयेयाताम्	नादयेरन्
नादयस्व	नादयेथाम्[4]	नादयध्वम्	नादयेथाः	नादयेयाथाम्	नादयेध्वम्
नादयै[5]	नादयावहै[3]	नादयामहै[3]	नादयेय	नादयेवहि	नादयेमहि

नादयिष्यते	नादयिष्येते	नादयिष्यन्ते	अनादयिष्यत	अनादयिष्येताम्	अनादयिष्यन्त
नादयिष्यसे	नादयिष्येथे	नादयिष्यध्वे	अनादयिष्यथाः	अनादयिष्येथाम्	अनादयिष्यध्वम्
नादयिष्ये	नादयिष्यावहे	नादयिष्यामहे	अनादयिष्ये	अनादयिष्यावहि	अनादयिष्यामहि

नादयिता	नादयितारौ	नादयितारः	नादयिषीष्ट	नादयिषीयास्ताम्	नादयिषीरन्
नादयितासे	नादयितासाथे	नादयिताध्वे	नादयिषीष्ठाः	नादयिषीयास्थाम्	नादयिषीध्वम् -ढ्वम्
नादयिताहे	नादयितास्वहे	नादयितास्महे	नादयिषीय	नादयिषीवहि	नादयिषीमहि

| नादयाम्बभूव | नादयाम्बभूवतुः | नादयाम्बभूवुः | अनीनदत | अनीनदेताम् | अनीनदन्त |

नादयाञ्चक्रे	नादयाञ्चक्राते	नादयाञ्चक्रिरे			
नादयामास	नादयामासतुः	नादयामासुः			
नादयाम्बभूविथ	नादयाम्बभूवथुः	नादयाम्बभूव	अनीनदथाः	अनीनदेथाम्	अनीनदध्वम्
नादयाञ्चकृषे	नादयाञ्चक्राथे	नादयाञ्चकृढ्वे			
नादयामासिथ	नादयामासथुः	नादयामास			
नादयाम्बभूव	नादयाम्बभूविव	नादयाम्बभूविम	अनीनदे	अनीनदावहि	अनीनदामहि
नादयाञ्चक्रे	नादयाञ्चकृवहे	नादयाञ्चकृमहे			
नादयामास	नादयामासिव	नादयामासिम			

1779 कुप भाषायाम् । आस्वदीयः, पूर्वः पठितः अपि । scold, speak, shine

10c 246 कुपँ । कुप् । कोपयति / ते । U । सेट् । स० । कोपि । कोपय । **Parasmaipadi Forms**

कोपयति	कोपयतः	कोपयन्ति[1]	अकोपयत् -द्	अकोपयताम्	अकोपयन्[1]
कोपयसि	कोपयथः	कोपयथ	अकोपयः	अकोपयतम्	अकोपयत
कोपयामि[2]	कोपयावः[2]	कोपयामः[2]	अकोपयम्[1]	अकोपयाव[2]	अकोपयाम[2]

कोपयतु कोपयतात् -द्	कोपयताम्	कोपयन्तु[1]	कोपयेत् -द्	कोपयेताम्	कोपयेयुः
कोपय कोपयतात् -द्	कोपयतम्	कोपयत	कोपयेः	कोपयेतम्	कोपयेत
कोपयानि[3]	कोपयाव[3]	कोपयाम[3]	कोपयेयम्	कोपयेव	कोपयेम

कोपयिष्यति	कोपयिष्यतः	कोपयिष्यन्ति	अकोपयिष्यत् -द्	अकोपयिष्यताम्	अकोपयिष्यन्
कोपयिष्यसि	कोपयिष्यथः	कोपयिष्यथ	अकोपयिष्यः	अकोपयिष्यतम्	अकोपयिष्यत
कोपयिष्यामि	कोपयिष्यावः	कोपयिष्यामः	अकोपयिष्यम्	अकोपयिष्याव	अकोपयिष्याम

कोपयिता	कोपयितारौ	कोपयितारः	कोप्यात् -द्	कोप्यास्ताम्	कोप्यासुः
कोपयितासि	कोपयितास्थः	कोपयितास्थ	कोप्याः	कोप्यास्तम्	कोप्यास्त
कोपयितास्मि	कोपयितास्वः	कोपयितास्मः	कोप्यासम्	कोप्यास्व	कोप्यास्म

कोपयाम्बभूव	कोपयाम्बभूवतुः	कोपयाम्बभूवुः	अचूकुपत् -द्	अचूकुपताम्	अचूकुपन्
कोपयाञ्चकार	कोपयाञ्चक्रतुः	कोपयाञ्चक्रुः			
कोपयामास	कोपयामासतुः	कोपयामासुः			
कोपयाम्बभूविथ	कोपयाम्बभूवथुः	कोपयाम्बभूव	अचूकुपः	अचूकुपतम्	अचूकुपत
कोपयाञ्चकर्थ	कोपयाञ्चक्रथुः	कोपयाञ्चक्र			
कोपयामासिथ	कोपयामासथुः	कोपयामास			
कोपयाम्बभूव	कोपयाम्बभूविव	कोपयाम्बभूविम	अचूकुपम्	अचूकुपाव	अचूकुपाम
कोपयाञ्चकर -कार	कोपयाञ्चकृव	कोपयाञ्चकृम			
कोपयामास	कोपयामासिव	कोपयामासिम			

Atmanepadi Forms

कोपयते	कोपयेते[4]	कोपयन्ते[1]	अकोपयत	अकोपयेताम्[4]	अकोपयन्त[1]
कोपयसे	कोपयेथे[4]	कोपयध्वे	अकोपयथाः	अकोपयेथाम्[4]	अकोपयध्वम्
कोपये[1]	कोपयावहे[2]	कोपयामहे[2]	अकोपये[4]	अकोपयावहि[3]	अकोपयामहि[3]
कोपयताम्	कोपयेताम्[4]	कोपयन्ताम्[1]	कोपयेत	कोपयेयाताम्	कोपयेरन्
कोपयस्व	कोपयेथाम्[4]	कोपयध्वम्	कोपयेथाः	कोपयेयाथाम्	कोपयेध्वम्
कोपयै[5]	कोपयावहै[3]	कोपयामहै[3]	कोपयेय	कोपयेवहि	कोपयेमहि
कोपयिष्यते	कोपयिष्येते	कोपयिष्यन्ते	अकोपयिष्यत	अकोपयिष्येताम्	अकोपयिष्यन्त
कोपयिष्यसे	कोपयिष्येथे	कोपयिष्यध्वे	अकोपयिष्यथाः	अकोपयिष्येथाम्	अकोपयिष्यध्वम्
कोपयिष्ये	कोपयिष्यावहे	कोपयिष्यामहे	अकोपयिष्ये	अकोपयिष्यावहि	अकोपयिष्यामहि
कोपयिता	कोपयितारौ	कोपयितारः	कोपयिषीष्ट	कोपयिषीयास्ताम्	कोपयिषीरन्
कोपयितासे	कोपयितासाथे	कोपयिताध्वे	कोपयिषीष्ठाः	कोपयिषीयास्थाम्	कोपयिषीध्वम् -ढ्वम्
कोपयिताहे	कोपयितास्वहे	कोपयितास्महे	कोपयिषीय	कोपयिषीवहि	कोपयिषीमहि
कोपयाम्बभूव	कोपयाम्बभूवतुः	कोपयाम्बभूवुः	अचूकुपत	अचूकुपेताम्	अचूकुपन्त
कोपयाञ्चक्रे	कोपयाञ्चक्राते	कोपयाञ्चक्रिरे			
कोपयामास	कोपयामासतुः	कोपयामासुः			
कोपयाम्बभूविथ	कोपयाम्बभूवथुः	कोपयाम्बभूव	अचूकुपथाः	अचूकुपेथाम्	अचूकुपध्वम्
कोपयाञ्चकृषे	कोपयाञ्चक्राथे	कोपयाञ्चकृढ्वे			
कोपयामासिथ	कोपयामासथुः	कोपयामास			
कोपयाम्बभूव	कोपयाम्बभूविव	कोपयाम्बभूविम	अचूकुपे	अचूकुपावहि	अचूकुपामहि
कोपयाञ्चक्रे	कोपयाञ्चकृवहे	कोपयाञ्चकृमहे			
कोपयामास	कोपयामासिव	कोपयामासिम			

1780 तर्क भाषायाम् । आस्वदीयः, पूर्वः पठितः अपि । guess, debate, speak

10c 247 तर्कँ । तर्क् । तर्कयति / ते । U । सेट् । स० । तर्कि । तर्कय । **Parasmaipadi Forms**

तर्कयति	तर्कयतः	तर्कयन्ति[1]	अतर्कयत् -द्	अतर्कयताम्	अतर्कयन्[1]
तर्कयसि	तर्कयथः	तर्कयथ	अतर्कयः	अतर्कयतम्	अतर्कयत
तर्कयामि[2]	तर्कयावः[2]	तर्कयामः[2]	अतर्कयम्[1]	अतर्कयाव[2]	अतर्कयाम[2]
तर्कयतु तर्कयतात् -द्	तर्कयताम्	तर्कयन्तु[1]	तर्कयेत् -द्	तर्कयेताम्	तर्कयेयुः
तर्कय तर्कयतात् -द्	तर्कयतम्	तर्कयत	तर्कयेः	तर्कयेतम्	तर्कयेत
तर्कयाणि[3]	तर्कयाव[3]	तर्कयाम[3]	तर्कयेयम्	तर्कयेव	तर्कयेम

तर्कयिष्यति	तर्कयिष्यतः	तर्कयिष्यन्ति	अतर्कयिष्यत् -द्	अतर्कयिष्यताम्	अतर्कयिष्यन्
तर्कयिष्यसि	तर्कयिष्यथः	तर्कयिष्यथ	अतर्कयिष्यः	अतर्कयिष्यतम्	अतर्कयिष्यत
तर्कयिष्यामि	तर्कयिष्यावः	तर्कयिष्यामः	अतर्कयिष्यम्	अतर्कयिष्याव	अतर्कयिष्याम
तर्कयिता	तर्कयितारौ	तर्कयितारः	तर्क्यात् -द्	तर्क्यास्ताम्	तर्क्यासुः
तर्कयितासि	तर्कयितास्थः	तर्कयितास्थ	तर्क्याः	तर्क्यास्तम्	तर्क्यास्त
तर्कयितास्मि	तर्कयितास्वः	तर्कयितास्मः	तर्क्यासम्	तर्क्यास्व	तर्क्यास्म
तर्कयाम्बभूव	तर्कयाम्बभूवतुः	तर्कयाम्बभूवुः	अततर्कत् -द्	अततर्कताम्	अततर्कन्
तर्कयाञ्चकार	तर्कयाञ्चक्रतुः	तर्कयाञ्चक्रुः			
तर्कयामास	तर्कयामासतुः	तर्कयामासुः			
तर्कयाम्बभूविथ	तर्कयाम्बभूवथुः	तर्कयाम्बभूव	अततर्कः	अततर्कतम्	अततर्कत
तर्कयाञ्चकर्थ	तर्कयाञ्चक्रथुः	तर्कयाञ्चक्र			
तर्कयामासिथ	तर्कयामासथुः	तर्कयामास			
तर्कयाम्बभूव	तर्कयाम्बभूविव	तर्कयाम्बभूविम	अततर्कम्	अततर्काव	अततर्काम
तर्कयाञ्चकर -कार	तर्कयाञ्चकृव	तर्कयाञ्चकृम			
तर्कयामास	तर्कयामासिव	तर्कयामासिम			

Atmanepadi Forms

तर्कयते	तर्कयेते[4]	तर्कयन्ते[1]	अतर्कयत	अतर्कयेताम्[4]	अतर्कयन्त[1]
तर्कयसे	तर्कयेथे[4]	तर्कयध्वे	अतर्कयथाः	अतर्कयेथाम्[4]	अतर्कयध्वम्
तर्कये[1]	तर्कयावहे[2]	तर्कयामहे[2]	अतर्कये[4]	अतर्कयावहि[3]	अतर्कयामहि[3]
तर्कयताम्	तर्कयेताम्[4]	तर्कयन्ताम्[1]	तर्कयेत	तर्कयेयाताम्	तर्कयेरन्
तर्कयस्व	तर्कयेथाम्[4]	तर्कयध्वम्	तर्कयेथाः	तर्कयेयाथाम्	तर्कयेध्वम्
तर्कयै[5]	तर्कयावहै[3]	तर्कयामहै[3]	तर्कयेय	तर्कयेवहि	तर्कयेमहि
तर्कयिष्यते	तर्कयिष्येते	तर्कयिष्यन्ते	अतर्कयिष्यत	अतर्कयिष्येताम्	अतर्कयिष्यन्त
तर्कयिष्यसे	तर्कयिष्येथे	तर्कयिष्यध्वे	अतर्कयिष्यथाः	अतर्कयिष्येथाम्	अतर्कयिष्यध्वम्
तर्कयिष्ये	तर्कयिष्यावहे	तर्कयिष्यामहे	अतर्कयिष्ये	अतर्कयिष्यावहि	अतर्कयिष्यामहि
तर्कयिता	तर्कयितारौ	तर्कयितारः	तर्कयिषीष्ट	तर्कयिषीयास्ताम्	तर्कयिषीरन्
तर्कयितासे	तर्कयितासाथे	तर्कयिताध्वे	तर्कयिषीष्ठाः	तर्कयिषीयास्थाम्	तर्कयिषीध्वम् -ढ्वम्
तर्कयिताहे	तर्कयितास्वहे	तर्कयितास्महे	तर्कयिषीय	तर्कयिषीवहि	तर्कयिषीमहि
तर्कयाम्बभूव	तर्कयाम्बभूवतुः	तर्कयाम्बभूवुः	अततर्कत	अततर्केताम्	अततर्कन्त
तर्कयाञ्चक्रे	तर्कयाञ्चक्राते	तर्कयाञ्चक्रिरे			

तर्कयामास	तर्कयामासतुः	तर्कयामासुः			
तर्कयाम्बभूविथ	तर्कयाम्बभूवथुः	तर्कयाम्बभूव	अततर्कथाः	अततर्केथाम्	अततर्कध्वम्
तर्कयाञ्चकृषे	तर्कयाञ्चक्राथे	तर्कयाञ्चकृढ्वे			
तर्कयामासिथ	तर्कयामासथुः	तर्कयामास			
तर्कयाम्बभूव	तर्कयाम्बभूविव	तर्कयाम्बभूविम	अततर्के	अततर्कावहि	अततर्कामहि
तर्कयाञ्चक्रे	तर्कयाञ्चकृवहे	तर्कयाञ्चकृमहे			
तर्कयामास	तर्कयामासिव	तर्कयामासिम			

1781 वृतु भाषायाम् । आस्वदीयः, पूर्वः पठितः अपि । उदित् वैकल्पिकः णिच् । shine, speak

10c 248 वृतुँ । वृत् । वर्तयति / ते , वर्तति । U । सेट् । स० । वर्ति । वर्तय ।

7.2.26 णेरध्ययने वृत्तम् । Q. Option Sutra in लुङ् ? A. 7.4.7 उर्ऋत् । **Parasmaipadi Forms**

वर्तयति	वर्तयतः	वर्तयन्ति[1]	अवर्तयत् -द्	अवर्तयताम्	अवर्तयन्[1]
वर्तयसि	वर्तयथः	वर्तयथ	अवर्तयः	अवर्तयतम्	अवर्तयत
वर्तयामि[2]	वर्तयावः[2]	वर्तयामः[2]	अवर्तयम्[1]	अवर्तयाव[2]	अवर्तयाम[2]

वर्तयतु वर्तयतात् -द्	वर्तयताम्	वर्तयन्तु[1]	वर्तयेत् -द्	वर्तयेताम्	वर्तयेयुः
वर्तय वर्तयतात् -द्	वर्तयतम्	वर्तयत	वर्तयेः	वर्तयेतम्	वर्तयेत
वर्तयानि[3]	वर्तयाव[3]	वर्तयाम[3]	वर्तयेयम्	वर्तयेव	वर्तयेम

वर्तयिष्यति	वर्तयिष्यतः	वर्तयिष्यन्ति	अवर्तयिष्यत् -द्	अवर्तयिष्यताम्	अवर्तयिष्यन्
वर्तयिष्यसि	वर्तयिष्यथः	वर्तयिष्यथ	अवर्तयिष्यः	अवर्तयिष्यतम्	अवर्तयिष्यत
वर्तयिष्यामि	वर्तयिष्यावः	वर्तयिष्यामः	अवर्तयिष्यम्	अवर्तयिष्याव	अवर्तयिष्याम

वर्तयिता	वर्तयितारौ	वर्तयितारः	वर्त्यात् -द्	वर्त्यास्ताम्	वर्त्यासुः
वर्तयितासि	वर्तयितास्थः	वर्तयितास्थ	वर्त्याः	वर्त्यास्तम्	वर्त्यास्त
वर्तयितास्मि	वर्तयितास्वः	वर्तयितास्मः	वर्त्यासम्	वर्त्यास्व	वर्त्यास्म

वर्तयाम्बभूव	वर्तयाम्बभूवतुः	वर्तयाम्बभूवुः	अववर्तत् -द्	अववर्तताम्	अववर्तन्
वर्तयाञ्चकार	वर्तयाञ्चक्रतुः	वर्तयाञ्चक्रुः	अवीवृतत् -द्	अवीवृतताम्	अवीवृतन्
वर्तयामास	वर्तयामासतुः	वर्तयामासुः			
वर्तयाम्बभूविथ	वर्तयाम्बभूवथुः	वर्तयाम्बभूव	अववर्तः	अववर्ततम्	अववर्तत
वर्तयाञ्चकर्थ	वर्तयाञ्चक्रथुः	वर्तयाञ्चक्र	अवीवृतः	अवीवृततम्	अवीवृतत
वर्तयामासिथ	वर्तयामासथुः	वर्तयामास			
वर्तयाम्बभूव	वर्तयाम्बभूविव	वर्तयाम्बभूविम	अववर्तम्	अववर्ताव	अववर्ताम
वर्तयाञ्चकर -कार	वर्तयाञ्चकृव	वर्तयाञ्चकृम	अवीवृतम्	अवीवृताव	अवीवृताम
वर्तयामास	वर्तयामासिव	वर्तयामासिम			

Atmanepadi Forms

वर्तयते	वर्तयेते[4]	वर्तयन्ते[1]	अवर्तयत	अवर्तयेताम्[4]	अवर्तयन्त[1]
वर्तयसे	वर्तयेथे[4]	वर्तयध्वे	अवर्तयथाः	अवर्तयेथाम्[4]	अवर्तयध्वम्
वर्तये[1]	वर्तयावहे[2]	वर्तयामहे[2]	अवर्तये[4]	अवर्तयावहि[3]	अवर्तयामहि[3]

वर्तयताम्	वर्तयेताम्[4]	वर्तयन्ताम्[1]	वर्तयेत	वर्तयेयाताम्	वर्तयेरन्
वर्तयस्व	वर्तयेथाम्[4]	वर्तयध्वम्	वर्तयेथाः	वर्तयेयाथाम्	वर्तयेध्वम्
वर्तयै[5]	वर्तयावहै[3]	वर्तयामहै[3]	वर्तयेय	वर्तयेवहि	वर्तयेमहि

वर्तयिष्यते	वर्तयिष्येते	वर्तयिष्यन्ते	अवर्तयिष्यत	अवर्तयिष्येताम्	अवर्तयिष्यन्त
वर्तयिष्यसे	वर्तयिष्येथे	वर्तयिष्यध्वे	अवर्तयिष्यथाः	अवर्तयिष्येथाम्	अवर्तयिष्यध्वम्
वर्तयिष्ये	वर्तयिष्यावहे	वर्तयिष्यामहे	अवर्तयिष्ये	अवर्तयिष्यावहि	अवर्तयिष्यामहि

वर्तयिता	वर्तयितारौ	वर्तयितारः	वर्तयिषीष्ट	वर्तयिषीयास्ताम्	वर्तयिषीरन्
वर्तयितासे	वर्तयितासाथे	वर्तयिताध्वे	वर्तयिषीष्ठाः	वर्तयिषीयास्थाम्	वर्तयिषीध्वम् -ढ्वम्
वर्तयिताहे	वर्तयितास्वहे	वर्तयितास्महे	वर्तयिषीय	वर्तयिषीवहि	वर्तयिषीमहि

वर्तयाम्बभूव	वर्तयाम्बभूवतुः	वर्तयाम्बभूवुः	अववर्तत	अववर्तेताम्	अववर्तन्त
वर्तयाञ्चक्रे	वर्तयाञ्चक्राते	वर्तयाञ्चक्रिरे	अवीवृतत	अवीवृतेताम्	अवीवृतन्त
वर्तयामास	वर्तयामासतुः	वर्तयामासुः			
वर्तयाम्बभूविथ	वर्तयाम्बभूवथुः	वर्तयाम्बभूव	अववर्तथाः	अववर्तेथाम्	अववर्तध्वम्
वर्तयाञ्चकृषे	वर्तयाञ्चक्राथे	वर्तयाञ्चकृढ्वे	अवीवृतथाः	अवीवृतेथाम्	अवीवृतध्वम्
वर्तयामासिथ	वर्तयामासथुः	वर्तयामास			
वर्तयाम्बभूव	वर्तयाम्बभूविव	वर्तयाम्बभूविम	अववर्ते	अववर्तावहि	अववर्तामहि
वर्तयाञ्चक्रे	वर्तयाञ्चकृवहे	वर्तयाञ्चकृमहे	अवीवृते	अवीवृतावहि	अवीवृतामहि
वर्तयामास	वर्तयामासिव	वर्तयामासिम			

णिजभावपक्षे 1.3.78 शेषात् कर्त्तरि परस्मैपदम् । इति पक्षे भ्वादिः इव वृत् । P । सेट् । स० ।

वर्तति	वर्ततः	वर्तन्ति	अवर्तत् -द्	अवर्तताम्	अवर्तन्
वर्तसि	वर्तथः	वर्तथ	अवर्तः	अवर्ततम्	अवर्तत
वर्तामि	वर्तावः	वर्तामः	अवर्तम्	अवर्ताव	अवर्ताम

वर्ततु वर्ततात् -द्	वर्तताम्	वर्तन्तु	वर्तेत् -द्	वर्तेताम्	वर्तेयुः
वर्त वर्ततात् -द्	वर्ततम्	वर्तत	वर्तेः	वर्तेतम्	वर्तेत
वर्तानि	वर्ताव	वर्ताम	वर्तेयम्	वर्तेव	वर्तेम

वर्तिष्यति	वर्तिष्यतः	वर्तिष्यन्ति	अवर्तिष्यत् -द्	अवर्तिष्यताम्	अवर्तिष्यन्
वर्तिष्यसि	वर्तिष्यथः	वर्तिष्यथ	अवर्तिष्यः	अवर्तिष्यतम्	अवर्तिष्यत
वर्तिष्यामि	वर्तिष्यावः	वर्तिष्यामः	अवर्तिष्यम्	अवर्तिष्याव	अवर्तिष्याम

वर्तिता	वर्तितारौ	वर्तितारः	वृत्यात्	वृत्यास्ताम्	वृत्यासुः
वर्तितासि	वर्तितास्थः	वर्तितास्थ	वृत्याः	वृत्यास्तम्	वृत्यास्त
वर्तितास्मि	वर्तितास्वः	वर्तितास्मः	वृत्यासम्	वृत्यास्व	वृत्यास्म

ववर्त	ववृततुः	ववृतुः	अवर्तीत् -द्	अवर्तिष्टाम्	अवर्तिषुः
ववर्तिथ	ववृतथुः	ववृत	अवर्तीः	अवर्तिष्टम्	अवर्तिष्ट
ववर्त	ववृतिव	ववृतिम	अवर्तिषम्	अवर्तिष्व	अवर्तिष्म

1782 वृधु भाषार्थाः । आस्वदीयः, पूर्वः पठितः अपि । उदित् वैकल्पिकः णिच् । shine, speak
10c 249 वृधुँ । वृध् । वर्धयति / ते , वर्धति । U । सेट् । स० । वर्धि । वर्धय । 7.4.7 उर्ऋत् ।

Parasmaipadi Forms

वर्धयति	वर्धयतः	वर्धयन्ति[1]	अवर्धयत् -द्	अवर्धयताम्	अवर्धयन्[1]
वर्धयसि	वर्धयथः	वर्धयथ	अवर्धयः	अवर्धयतम्	अवर्धयत
वर्धयामि[2]	वर्धयावः[2]	वर्धयामः[2]	अवर्धयम्[1]	अवर्धयाव[2]	अवर्धयाम[2]

वर्धयतु वर्धयतात् -द्	वर्धयताम्	वर्धयन्तु[1]	वर्धयेत् -द्	वर्धयेताम्	वर्धयेयुः
वर्धय वर्धयतात् -द्	वर्धयतम्	वर्धयत	वर्धयेः	वर्धयेतम्	वर्धयेत
वर्धयानि[3]	वर्धयाव[3]	वर्धयाम[3]	वर्धयेयम्	वर्धयेव	वर्धयेम

वर्धयिष्यति	वर्धयिष्यतः	वर्धयिष्यन्ति	अवर्धयिष्यत् -द्	अवर्धयिष्यताम्	अवर्धयिष्यन्
वर्धयिष्यसि	वर्धयिष्यथः	वर्धयिष्यथ	अवर्धयिष्यः	अवर्धयिष्यतम्	अवर्धयिष्यत
वर्धयिष्यामि	वर्धयिष्यावः	वर्धयिष्यामः	अवर्धयिष्यम्	अवर्धयिष्याव	अवर्धयिष्याम

वर्धयिता	वर्धयितारौ	वर्धयितारः	वर्ध्यात् -द्	वर्ध्यास्ताम्	वर्ध्यासुः
वर्धयितासि	वर्धयितास्थः	वर्धयितास्थ	वर्ध्याः	वर्ध्यास्तम्	वर्ध्यास्त
वर्धयितास्मि	वर्धयितास्वः	वर्धयितास्मः	वर्ध्यासम्	वर्ध्यास्व	वर्ध्यास्म

वर्धयाम्बभूव	वर्धयाम्बभूवतुः	वर्धयाम्बभूवुः	अववर्धत् -द्	अववर्धताम्	अववर्धन्
वर्धयाञ्चकार	वर्धयाञ्चक्रतुः	वर्धयाञ्चक्रुः	अवीवृधत्	अवीवृधताम्	अवीवृधन्
वर्धयामास	वर्धयामासतुः	वर्धयामासुः			
वर्धयाम्बभूविथ	वर्धयाम्बभूवथुः	वर्धयाम्बभूव	अववर्धः	अववर्धतम्	अववर्धत
वर्धयाञ्चकर्थ	वर्धयाञ्चक्रथुः	वर्धयाञ्चक्र	अवीवृधः	अवीवृधतम्	अवीवृधत
वर्धयामासिथ	वर्धयामासथुः	वर्धयामास			
वर्धयाम्बभूव	वर्धयाम्बभूविव	वर्धयाम्बभूविम	अववर्धम्	अववर्धाव	अववर्धाम
वर्धयाञ्चकर -कार	वर्धयाञ्चकृव	वर्धयाञ्चकृम	अवीवृधम्	अवीवृधाव	अवीवृधाम
वर्धयामास	वर्धयामासिव	वर्धयामासिम			

Atmanepadi Forms

वर्धयते	वर्धयेते[4]	वर्धयन्ते[1]	अवर्धयत	अवर्धयेताम्[4]	अवर्धयन्त[1]

वर्धयसे	वर्धयेथे[4]	वर्धयध्वे	अवर्धयथाः	अवर्धयेथाम्[4]	अवर्धयध्वम्
वर्धये[1]	वर्धयावहे[2]	वर्धयामहे[2]	अवर्धये[4]	अवर्धयावहि[3]	अवर्धयामहि[3]

वर्धयताम्	वर्धयेताम्[4]	वर्धयन्ताम्[1]	वर्धयेत	वर्धयेयाताम्	वर्धयेरन्
वर्धयस्व	वर्धयेथाम्[4]	वर्धयध्वम्	वर्धयेथाः	वर्धयेयाथाम्	वर्धयेध्वम्
वर्धयै[5]	वर्धयावहै[3]	वर्धयामहै[3]	वर्धयेय	वर्धयेवहि	वर्धयेमहि

वर्धयिष्यते	वर्धयिष्येते	वर्धयिष्यन्ते	अवर्धयिष्यत	अवर्धयिष्येताम्	अवर्धयिष्यन्त
वर्धयिष्यसे	वर्धयिष्येथे	वर्धयिष्यध्वे	अवर्धयिष्यथाः	अवर्धयिष्येथाम्	अवर्धयिष्यध्वम्
वर्धयिष्ये	वर्धयिष्यावहे	वर्धयिष्यामहे	अवर्धयिष्ये	अवर्धयिष्यावहि	अवर्धयिष्यामहि

वर्धयिता	वर्धयितारौ	वर्धयितारः	वर्धयिषीष्ट	वर्धयिषीयास्ताम्	वर्धयिषीरन्
वर्धयितासे	वर्धयितासाथे	वर्धयिताध्वे	वर्धयिषीष्ठाः	वर्धयिषीयास्थाम्	वर्धयिषीध्वम् -ढ्वम्
वर्धयिताहे	वर्धयितास्वहे	वर्धयितास्महे	वर्धयिषीय	वर्धयिषीवहि	वर्धयिषीमहि

वर्धयाम्बभूव	वर्धयाम्बभूवतुः	वर्धयाम्बभूवुः	अववर्धत	अववर्धेताम्	अववर्धन्त
वर्धयाञ्चक्रे	वर्धयाञ्चक्राते	वर्धयाञ्चक्रिरे	अवीवृधत	अवीवृधेताम्	अवीवृधन्त
वर्धयामास	वर्धयामासतुः	वर्धयामासुः			
वर्धयाम्बभूविथ	वर्धयाम्बभूवथुः	वर्धयाम्बभूव	अववर्धथाः	अववर्धेथाम्	अववर्धध्वम्
वर्धयाञ्चकृषे	वर्धयाञ्चक्राथे	वर्धयाञ्चकृढ्वे	अवीवृधथाः	अवीवृधेथाम्	अवीवृधध्वम्
वर्धयामासिथ	वर्धयामासथुः	वर्धयामास			
वर्धयाम्बभूव	वर्धयाम्बभूविव	वर्धयाम्बभूविम	अववर्धे	अववर्धावहि	अववर्धामहि
वर्धयाञ्चक्रे	वर्धयाञ्चकृवहे	वर्धयाञ्चकृमहे	अवीवृधे	अवीवृधावहि	अवीवृधामहि
वर्धयामास	वर्धयामासिव	वर्धयामासिम			

णिजभावपक्षे 1.3.78 शेषात् कर्त्तरि परस्मैपदम् । इति पक्षे भ्वादिः इव शृध् । P । सेट् । स० ।

वर्धति	वर्धतः	वर्धन्ति	अवर्धत् -द्	अवर्धताम्	अवर्धन्
वर्धसि	वर्धथः	वर्धथ	अवर्धः	अवर्धतम्	अवर्धत
वर्धामि	वर्धावः	वर्धामः	अवर्धम्	अवर्धाव	अवर्धाम

वर्धतु वर्धतात् -द्	वर्धताम्	वर्धन्तु	वर्धेत् -द्	वर्धेताम्	वर्धेयुः
वर्ध वर्धतात् -द्	वर्धतम्	वर्धत	वर्धेः	वर्धेतम्	वर्धेत
वर्धानि	वर्धाव	वर्धाम	वर्धेयम्	वर्धेव	वर्धेम

वर्धिष्यति	वर्धिष्यतः	वर्धिष्यन्ति	अवर्धिष्यत् -द्	अवर्धिष्यताम्	अवर्धिष्यन्
वर्धिष्यसि	वर्धिष्यथः	वर्धिष्यथ	अवर्धिष्यः	अवर्धिष्यतम्	अवर्धिष्यत
वर्धिष्यामि	वर्धिष्यावः	वर्धिष्यामः	अवर्धिष्यम्	अवर्धिष्याव	अवर्धिष्याम

वर्धिता	वर्धितारौ	वर्धितारः	वृध्यात्	वृध्यास्ताम्	वृध्यासुः
वर्धितासि	वर्धितास्थः	वर्धितास्थ	वृध्याः	वृध्यास्तम्	वृध्यास्त
वर्धितास्मि	वर्धितास्वः	वर्धितास्मः	वृध्यासम्	वृध्यास्व	वृध्यास्म

ववर्ध	ववृधतुः	ववृतुः	अवर्धीत् -द्	अवर्धिष्टाम्	अवर्धिषुः
ववर्धिथ	ववृधथुः	ववृध	अवर्धीः	अवर्धिष्टम्	अवर्धिष्ट
ववर्ध	ववृधिव	ववृधिम	अवर्धिषम्	अवर्धिष्व	अवर्धिष्म

1783 **रुट** **भाषायाम्** । आस्वदीयः , पूर्वः पठितः अपि । shine, speak

10c 250 **रुटँ** । **रुट्** । **रोटयति / ते** । U । **सेट्** । स० । **रोटि** । **रोटय** । **Parasmaipadi Forms**

रोटयति	रोटयतः	रोटयन्ति[1]	अरोटयत् -द्	अरोटयताम्	अरोटयन्[1]
रोटयसि	रोटयथः	रोटयथ	अरोटयः	अरोटयतम्	अरोटयत
रोटयामि[2]	रोटयावः[2]	रोटयामः[2]	अरोटयम्[1]	अरोटयाव[2]	अरोटयाम[2]

रोटयतु रोटयतात् -द्	रोटयताम्	रोटयन्तु[1]	रोटयेत् -द्	रोटयेताम्	रोटयेयुः
रोटय रोटयतात् -द्	रोटयतम्	रोटयत	रोटयेः	रोटयेतम्	रोटयेत
रोटयानि[3]	रोटयाव[3]	रोटयाम[3]	रोटयेयम्	रोटयेव	रोटयेम

रोटयिष्यति	रोटयिष्यतः	रोटयिष्यन्ति	अरोटयिष्यत् -द्	अरोटयिष्यताम्	अरोटयिष्यन्
रोटयिष्यसि	रोटयिष्यथः	रोटयिष्यथ	अरोटयिष्यः	अरोटयिष्यतम्	अरोटयिष्यत
रोटयिष्यामि	रोटयिष्यावः	रोटयिष्यामः	अरोटयिष्यम्	अरोटयिष्याव	अरोटयिष्याम

रोटयिता	रोटयितारौ	रोटयितारः	रोट्यात् -द्	रोट्यास्ताम्	रोट्यासुः
रोटयितासि	रोटयितास्थः	रोटयितास्थ	रोट्याः	रोट्यास्तम्	रोट्यास्त
रोटयितास्मि	रोटयितास्वः	रोटयितास्मः	रोट्यासम्	रोट्यास्व	रोट्यास्म

रोटयाम्बभूव	रोटयाम्बभूवतुः	रोटयाम्बभूवुः	अरूरुटत् -द्	अरूरुटताम्	अरूरुटन्
रोटयाञ्चकार	रोटयाञ्चक्रतुः	रोटयाञ्चक्रुः			
रोटयामास	रोटयामासतुः	रोटयामासुः			
रोटयाम्बभूविथ	रोटयाम्बभूवथुः	रोटयाम्बभूव	अरूरुटः	अरूरुटतम्	अरूरुटत
रोटयाञ्चकर्थ	रोटयाञ्चक्रथुः	रोटयाञ्चक्र			
रोटयामासिथ	रोटयामासथुः	रोटयामास			
रोटयाम्बभूव	रोटयाम्बभूविव	रोटयाम्बभूविम	अरूरुटम्	अरूरुटाव	अरूरुटाम
रोटयाञ्चकर -कार	रोटयाञ्चकृव	रोटयाञ्चकृम			
रोटयामास	रोटयामासिव	रोटयामासिम			

Atmanepadi Forms

रोटयते	रोटयेते[4]	रोटयन्ते[1]	अरोटयत	अरोटयेताम्[4]	अरोटयन्त[1]
रोटयसे	रोटयेथे[4]	रोटयध्वे	अरोटयथाः	अरोटयेथाम्[4]	अरोटयध्वम्
रोटये[1]	रोटयावहे[2]	रोटयामहे[2]	अरोटये[4]	अरोटयावहि[3]	अरोटयामहि[3]

रोटयताम्	रोटयेताम्[4]	रोटयन्ताम्[1]	रोटयेत	रोटयेयाताम्	रोटयेरन्
रोटयस्व	रोटयेथाम्[4]	रोटयध्वम्	रोटयेथाः	रोटयेयाथाम्	रोटयेध्वम्
रोटयै[5]	रोटयावहै[3]	रोटयामहै[3]	रोटयेय	रोटयेवहि	रोटयेमहि

रोटयिष्यते	रोटयिष्येते	रोटयिष्यन्ते	अरोटयिष्यत	अरोटयिष्येताम्	अरोटयिष्यन्त
रोटयिष्यसे	रोटयिष्येथे	रोटयिष्यध्वे	अरोटयिष्यथाः	अरोटयिष्येथाम्	अरोटयिष्यध्वम्
रोटयिष्ये	रोटयिष्यावहे	रोटयिष्यामहे	अरोटयिष्ये	अरोटयिष्यावहि	अरोटयिष्यामहि

रोटयिता	रोटयितारौ	रोटयितारः	रोटयिषीष्ट	रोटयिषीयास्ताम्	रोटयिषीरन्
रोटयितासे	रोटयितासाथे	रोटयिताध्वे	रोटयिषीष्ठाः	रोटयिषीयास्थाम्	रोटयिषीध्वम् -ढ्वम्
रोटयिताहे	रोटयितास्वहे	रोटयितास्महे	रोटयिषीय	रोटयिषीवहि	रोटयिषीमहि

रोटयाम्बभूव	रोटयाम्बभूवतुः	रोटयाम्बभूवुः	अरूरुटत	अरूरुटेताम्	अरूरुटन्त
रोटयाञ्चक्रे	रोटयाञ्चक्राते	रोटयाञ्चक्रिरे			
रोटयामास	रोटयामासतुः	रोटयामासुः			
रोटयाम्बभूविथ	रोटयाम्बभूवथुः	रोटयाम्बभूव	अरूरुटथाः	अरूरुटेथाम्	अरूरुटध्वम्
रोटयाञ्चकृषे	रोटयाञ्चक्राथे	रोटयाञ्चकृढ्वे			
रोटयामासिथ	रोटयामासथुः	रोटयामास			
रोटयाम्बभूव	रोटयाम्बभूविव	रोटयाम्बभूविम	अरूरुटे	अरूरुटावहि	अरूरुटामहि
रोटयाञ्चक्रे	रोटयाञ्चकृवहे	रोटयाञ्चकृमहे			
रोटयामास	रोटयामासिव	रोटयामासिम			

1784 लजि भाषायाम् । आस्वदीयः , पूर्वः पठितः अपि । इदित् वैकल्पिकः णिच् । shine, speak
10c 251 लजिँ । लञ्ज् । लञ्जयति / ते , लञ्जति । U । सेट् । स० । लञ्जि । लञ्जय ।
7.1.58 इदितो नुम् धातोः । **Parasmaipadi Forms**

लञ्जयति	लञ्जयतः	लञ्जयन्ति[1]	अलञ्जयत् -द्	अलञ्जयताम्	अलञ्जयन्[1]
लञ्जयसि	लञ्जयथः	लञ्जयथ	अलञ्जयः	अलञ्जयतम्	अलञ्जयत
लञ्जयामि[2]	लञ्जयावः[2]	लञ्जयामः[2]	अलञ्जयम्[1]	अलञ्जयाव[2]	अलञ्जयाम[2]

लञ्जयतु लञ्जयतात् -द्	लञ्जयताम्	लञ्जयन्तु[1]	लञ्जयेत् -द्	लञ्जयेताम्	लञ्जयेयुः
लञ्जय लञ्जयतात् -द्	लञ्जयतम्	लञ्जयत	लञ्जयेः	लञ्जयेतम्	लञ्जयेत
लञ्जयानि[3]	लञ्जयाव[3]	लञ्जयाम[3]	लञ्जयेयम्	लञ्जयेव	लञ्जयेम

लञ्जयिष्यति	लञ्जयिष्यतः	लञ्जयिष्यन्ति	अलञ्जयिष्यत् -द्	अलञ्जयिष्यताम्	अलञ्जयिष्यन्
लञ्जयिष्यसि	लञ्जयिष्यथः	लञ्जयिष्यथ	अलञ्जयिष्यः	अलञ्जयिष्यतम्	अलञ्जयिष्यत
लञ्जयिष्यामि	लञ्जयिष्यावः	लञ्जयिष्यामः	अलञ्जयिष्यम्	अलञ्जयिष्याव	अलञ्जयिष्याम

लङ्घयिता	लङ्घयितारौ	लङ्घयितारः	लङ्घ्यात् -द्	लङ्घ्यास्ताम्	लङ्घ्यासुः
लङ्घयितासि	लङ्घयितास्थः	लङ्घयितास्थ	लङ्घ्याः	लङ्घ्यास्तम्	लङ्घ्यास्त
लङ्घयितास्मि	लङ्घयितास्वः	लङ्घयितास्मः	लङ्घ्यासम्	लङ्घ्यास्व	लङ्घ्यास्म
लङ्घयाम्बभूव	लङ्घयाम्बभूवतुः	लङ्घयाम्बभूवुः	अललङ्घत् -द्	अललङ्घताम्	अललङ्घन्
लङ्घयाञ्चकार	लङ्घयाञ्चक्रतुः	लङ्घयाञ्चक्रुः			
लङ्घयामास	लङ्घयामासतुः	लङ्घयामासुः			
लङ्घयाम्बभूविथ	लङ्घयाम्बभूवथुः	लङ्घयाम्बभूव	अललङ्घः	अललङ्घतम्	अललङ्घत
लङ्घयाञ्चकर्थ	लङ्घयाञ्चक्रथुः	लङ्घयाञ्चक्र			
लङ्घयामासिथ	लङ्घयामासथुः	लङ्घयामास			
लङ्घयाम्बभूव	लङ्घयाम्बभूविव	लङ्घयाम्बभूविम	अललङ्घम्	अललङ्घाव	अललङ्घाम
लङ्घयाञ्चकर -कार	लङ्घयाञ्चकृव	लङ्घयाञ्चकृम			
लङ्घयामास	लङ्घयामासिव	लङ्घयामासिम			

Atmanepadi Forms

लङ्घयते	लङ्घयेते[4]	लङ्घयन्ते[1]	अलङ्घयत	अलङ्घयेताम्[4]	अलङ्घयन्त[1]
लङ्घयसे	लङ्घयेथे[4]	लङ्घयध्वे	अलङ्घयथाः	अलङ्घयेथाम्[4]	अलङ्घयध्वम्
लङ्घये[1]	लङ्घयावहे[2]	लङ्घयामहे[2]	अलङ्घये[4]	अलङ्घयावहि[3]	अलङ्घयामहि[3]
लङ्घयताम्	लङ्घयेताम्[4]	लङ्घयन्ताम्[1]	लङ्घयेत	लङ्घयेयाताम्	लङ्घयेरन्
लङ्घयस्व	लङ्घयेथाम्[4]	लङ्घयध्वम्	लङ्घयेथाः	लङ्घयेयाथाम्	लङ्घयेध्वम्
लङ्घयै[5]	लङ्घयावहै[3]	लङ्घयामहै[3]	लङ्घयेय	लङ्घयेवहि	लङ्घयेमहि
लङ्घयिष्यते	लङ्घयिष्येते	लङ्घयिष्यन्ते	अलङ्घयिष्यत	अलङ्घयिष्येताम्	अलङ्घयिष्यन्त
लङ्घयिष्यसे	लङ्घयिष्येथे	लङ्घयिष्यध्वे	अलङ्घयिष्यथाः	अलङ्घयिष्येथाम्	अलङ्घयिष्यध्वम्
लङ्घयिष्ये	लङ्घयिष्यावहे	लङ्घयिष्यामहे	अलङ्घयिष्ये	अलङ्घयिष्यावहि	अलङ्घयिष्यामहि
लङ्घयिता	लङ्घयितारौ	लङ्घयितारः	लङ्घयिषीष्ट	लङ्घयिषीयास्ताम्	लङ्घयिषीरन्
लङ्घयितासे	लङ्घयितासाथे	लङ्घयिताध्वे	लङ्घयिषीष्ठाः	लङ्घयिषीयास्थाम्	लङ्घयिषीध्वम् -ढ्वम्
लङ्घयिताहे	लङ्घयितास्वहे	लङ्घयितास्महे	लङ्घयिषीय	लङ्घयिषीवहि	लङ्घयिषीमहि
लङ्घयाम्बभूव	लङ्घयाम्बभूवतुः	लङ्घयाम्बभूवुः	अललङ्घत	अललङ्घेताम्	अललङ्घन्त
लङ्घयाञ्चके	लङ्घयाञ्चक्राते	लङ्घयाञ्चक्रिरे			
लङ्घयामास	लङ्घयामासतुः	लङ्घयामासुः			
लङ्घयाम्बभूविथ	लङ्घयाम्बभूवथुः	लङ्घयाम्बभूव	अललङ्घथाः	अललङ्घेथाम्	अललङ्घध्वम्
लङ्घयाञ्चकृषे	लङ्घयाञ्चक्राथे	लङ्घयाञ्चक्रृढ्वे			
लङ्घयामासिथ	लङ्घयामासथुः	लङ्घयामास			

लञ्जयाम्बभूव	लञ्जयाम्बभूविव	लञ्जयाम्बभूविम	अललञ्जे	अललञ्जावहि	अललञ्जामहि
लञ्जयाञ्चक्रे	लञ्जयाञ्चकृवहे	लञ्जयाञ्चकृमहे			
लञ्जयामास	लञ्जयामासिव	लञ्जयामासिम			

णिजभावपक्षे 1.3.78 शेषात् कर्त्तरि परस्मैपदम् । इति पक्षे भ्वादिः इव लञ्ज् । P । सेट् । स० ।

लञ्जति	लञ्जतः	लञ्जन्ति	अलञ्जत् -द्	अलञ्जताम्	अलञ्जन्
लञ्जसि	लञ्जथः	लञ्जथ	अलञ्जः	अलञ्जतम्	अलञ्जत
लञ्जामि	लञ्जावः	लञ्जामः	अलञ्जम्	अलञ्जाव	अलञ्जाम

लञ्जतु लञ्जतात् -द्	लञ्जताम्	लञ्जन्तु	लञ्जेत् -द्	लञ्जेताम्	लञ्जेयुः
लञ्ज लञ्जतात् -द्	लञ्जतम्	लञ्जत	लञ्जेः	लञ्जेतम्	लञ्जेत
लञ्जानि	लञ्जाव	लञ्जाम	लञ्जेयम्	लञ्जेव	लञ्जेम

लञ्जिष्यति	लञ्जिष्यतः	लञ्जिष्यन्ति	अलञ्जिष्यत् -द्	अलञ्जिष्यताम्	अलञ्जिष्यन्
लञ्जिष्यसि	लञ्जिष्यथः	लञ्जिष्यथ	अलञ्जिष्यः	अलञ्जिष्यतम्	अलञ्जिष्यत
लञ्जिष्यामि	लञ्जिष्यावः	लञ्जिष्यामः	अलञ्जिष्यम्	अलञ्जिष्याव	अलञ्जिष्याम

लञ्जिता	लञ्जितारौ	लञ्जितारः	लञ्ज्यात् -द्	लञ्ज्यास्ताम्	लञ्ज्यासुः
लञ्जितासि	लञ्जितास्थः	लञ्जितास्थ	लञ्ज्याः	लञ्ज्यास्तम्	लञ्ज्यास्त
लञ्जितास्मि	लञ्जितास्वः	लञ्जितास्मः	लञ्ज्यासम्	लञ्ज्यास्व	लञ्ज्यास्म

ललञ्ज	ललञ्जतुः	ललञ्जुः	अलञ्जीत् -द्	अलञ्जिष्टाम्	अलञ्जिषुः
ललञ्जिथ	ललञ्जथुः	ललञ्ज	अलञ्जीः	अलञ्जिष्टम्	अलञ्जिष्ट
ललञ्ज	ललञ्जिव	ललञ्जिम	अलञ्जिषम्	अलञ्जिष्व	अलञ्जिष्म

1785 अजि भाषायाम् । आस्वदीयः , पूर्वः पठितः अपि । इदित् वैकल्पिकः णिच् । speak, make clear
10c 252 अजिँ । अञ्ज् । अञ्जयति / ते , अञ्जति । U । सेट् । स० । अञ्जि । अञ्जय ।
7.1.58 इदितो नुम् धातोः । **Parasmaipadi Forms**

अञ्जयति	अञ्जयतः	अञ्जयन्ति[1]	आञ्जयत् -द्	आञ्जयताम्	आञ्जयन्[1]
अञ्जयसि	अञ्जयथः	अञ्जयथ	आञ्जयः	आञ्जयतम्	आञ्जयत
अञ्जयामि[2]	अञ्जयावः[2]	अञ्जयामः[2]	आञ्जयम्[1]	आञ्जयाव[2]	आञ्जयाम[2]

अञ्जयतु अञ्जयतात् -द्	अञ्जयताम्	अञ्जयन्तु[1]	अञ्जयेत् -द्	अञ्जयेताम्	अञ्जयेयुः
अञ्जय अञ्जयतात् -द्	अञ्जयतम्	अञ्जयत	अञ्जयेः	अञ्जयेतम्	अञ्जयेत
अञ्जयानि[3]	अञ्जयाव[3]	अञ्जयाम[3]	अञ्जयेयम्	अञ्जयेव	अञ्जयेम

अञ्जयिष्यति	अञ्जयिष्यतः	अञ्जयिष्यन्ति	आञ्जयिष्यत् -द्	आञ्जयिष्यताम्	आञ्जयिष्यन्
अञ्जयिष्यसि	अञ्जयिष्यथः	अञ्जयिष्यथ	आञ्जयिष्यः	आञ्जयिष्यतम्	आञ्जयिष्यत

अञ्जयिष्यामि	अञ्जयिष्यावः	अञ्जयिष्यामः	आञ्जयिष्यम्	आञ्जयिष्याव	आञ्जयिष्याम

अञ्जयिता	अञ्जयितारौ	अञ्जयितारः	अञ्ज्यात् -द्	अञ्ज्यास्ताम्	अञ्ज्यासुः
अञ्जयितासि	अञ्जयितास्थः	अञ्जयितास्थ	अञ्ज्याः	अञ्ज्यास्तम्	अञ्ज्यास्त
अञ्जयितास्मि	अञ्जयितास्वः	अञ्जयितास्मः	अञ्ज्यासम्	अञ्ज्यास्व	अञ्ज्यास्म

अञ्जयाम्बभूव	अञ्जयाम्बभूवतुः	अञ्जयाम्बभूवुः	आञ्जिजत् -द्	आञ्जिजताम्	आञ्जिजन्
अञ्जयाञ्चकार	अञ्जयाञ्चक्रतुः	अञ्जयाञ्चक्रुः			
अञ्जयामास	अञ्जयामासतुः	अञ्जयामासुः			
अञ्जयाम्बभूविथ	अञ्जयाम्बभूवथुः	अञ्जयाम्बभूव	आञ्जिजः	आञ्जिजतम्	आञ्जिजत
अञ्जयाञ्चकर्थ	अञ्जयाञ्चक्रथुः	अञ्जयाञ्चक्र			
अञ्जयामासिथ	अञ्जयामासथुः	अञ्जयामास			
अञ्जयाम्बभूव	अञ्जयाम्बभूविव	अञ्जयाम्बभूविम	आञ्जिजम्	आञ्जिजाव	आञ्जिजाम
अञ्जयाञ्चकर -कार	अञ्जयाञ्चकृव	अञ्जयाञ्चकृम			
अञ्जयामास	अञ्जयामासिव	अञ्जयामासिम			

Atmanepadi Forms

अञ्जयते	अञ्जयेते[4]	अञ्जयन्ते[1]	आञ्जयत	आञ्जयेताम्[4]	आञ्जयन्त[1]
अञ्जयसे	अञ्जयेथे[4]	अञ्जयध्वे	आञ्जयथाः	आञ्जयेथाम्[4]	आञ्जयध्वम्
अञ्जये[1]	अञ्जयावहे[2]	अञ्जयामहे[2]	आञ्जये[4]	आञ्जयावहि[3]	आञ्जयामहि[3]

अञ्जयताम्	अञ्जयेताम्[4]	अञ्जयन्ताम्[1]	अञ्जयेत	अञ्जयेयाताम्	अञ्जयेरन्
अञ्जयस्व	अञ्जयेथाम्[4]	अञ्जयध्वम्	अञ्जयेथाः	अञ्जयेयाथाम्	अञ्जयेध्वम्
अञ्जयै[5]	अञ्जयावहै[3]	अञ्जयामहै[3]	अञ्जयेय	अञ्जयेवहि	अञ्जयेमहि

अञ्जयिष्यते	अञ्जयिष्येते	अञ्जयिष्यन्ते	आञ्जयिष्यत	आञ्जयिष्येताम्	आञ्जयिष्यन्त
अञ्जयिष्यसे	अञ्जयिष्येथे	अञ्जयिष्यध्वे	आञ्जयिष्यथाः	आञ्जयिष्येथाम्	आञ्जयिष्यध्वम्
अञ्जयिष्ये	अञ्जयिष्यावहे	अञ्जयिष्यामहे	आञ्जयिष्ये	आञ्जयिष्यावहि	आञ्जयिष्यामहि

अञ्जयिता	अञ्जयितारौ	अञ्जयितारः	अञ्जयिषीष्ट	अञ्जयिषीयास्ताम्	अञ्जयिषीरन्
अञ्जयितासे	अञ्जयितासाथे	अञ्जयिताध्वे	अञ्जयिषीष्ठाः	अञ्जयिषीयास्थाम्	अञ्जयिषीध्वम् -ढ्वम्
अञ्जयिताहे	अञ्जयितास्वहे	अञ्जयितास्महे	अञ्जयिषीय	अञ्जयिषीवहि	अञ्जयिषीमहि

अञ्जयाम्बभूव	अञ्जयाम्बभूवतुः	अञ्जयाम्बभूवुः	आञ्जिजत	आञ्जिजेताम्	आञ्जिजन्त
अञ्जयाञ्चक्रे	अञ्जयाञ्चक्राते	अञ्जयाञ्चक्रिरे			
अञ्जयामास	अञ्जयामासतुः	अञ्जयामासुः			
अञ्जयाम्बभूविथ	अञ्जयाम्बभूवथुः	अञ्जयाम्बभूव	आञ्जिजथाः	आञ्जिजेथाम्	आञ्जिजध्वम्

अञ्जयाञ्चकृषे	अञ्जयाञ्चक्राथे	अञ्जयाञ्चकृढ्वे			
अञ्जयामासिथ	अञ्जयामासथुः	अञ्जयामास			
अञ्जयाम्बभूव	अञ्जयाम्बभूविव	अञ्जयाम्बभूविम	आञ्जिजे	आञ्जिजावहि	आञ्जिजामहि
अञ्जयाञ्चक्रे	अञ्जयाञ्चकृवहे	अञ्जयाञ्चकृमहे			
अञ्जयामास	अञ्जयामासिव	अञ्जयामासिम			

णिजभावपक्षे 1.3.78 शेषात् कर्त्तरि परस्मैपदम् । इति पक्षे भ्वादिः इव अञ्ज् । P । सेट् । स० ।

अञ्जति	अञ्जतः	अञ्जन्ति	आञ्जत् -द्	आञ्जताम्	आञ्जन्
अञ्जसि	अञ्जथः	अञ्जथ	आञ्जः	आञ्जतम्	आञ्जत
अञ्जामि	अञ्जावः	अञ्जामः	आञ्जम्	आञ्जाव	आञ्जाम
अञ्जतु अञ्जतात् -द्	अञ्जताम्	अञ्जन्तु	अञ्जेत् -द्	अञ्जेताम्	अञ्जेयुः
अञ्ज अञ्जतात् -द्	अञ्जतम्	अञ्जत	अञ्जेः	अञ्जेतम्	अञ्जेत
अञ्जानि	अञ्जाव	अञ्जाम	अञ्जेयम्	अञ्जेव	अञ्जेम
अञ्जिष्यति	अञ्जिष्यतः	अञ्जिष्यन्ति	आञ्जिष्यत् -द्	आञ्जिष्यताम्	आञ्जिष्यन्
अञ्जिष्यसि	अञ्जिष्यथः	अञ्जिष्यथ	आञ्जिष्यः	आञ्जिष्यतम्	आञ्जिष्यत
अञ्जिष्यामि	अञ्जिष्यावः	अञ्जिष्यामः	आञ्जिष्यम्	आञ्जिष्याव	आञ्जिष्याम
अञ्जिता	अञ्जितारौ	अञ्जितारः	अज्ञ्यात् -द्	अज्ञ्यास्ताम्	अज्ञ्यासुः
अञ्जितासि	अञ्जितास्थः	अञ्जितास्थ	अज्ञ्याः	अज्ञ्यास्तम्	अज्ञ्यास्त
अञ्जितास्मि	अञ्जितास्वः	अञ्जितास्मः	अज्ञ्यासम्	अज्ञ्यास्व	अज्ञ्यास्म
आनञ्ज	आनञ्जतुः	आनञ्जुः	आञ्जीत् -द्	आञ्जिष्टाम्	आञ्जिषुः
आनञ्जिथ	आनञ्जथुः	आनञ्ज	आञ्जीः	आञ्जिष्टम्	आञ्जिष्ट
आनञ्ज	आनञ्जिव	आनञ्जिम	आञ्जिषम्	आञ्जिष्व	आञ्जिष्म

1786 दसि भाषायाम् । आस्वदीयः , पूर्वः पठितः अपि । इदित् वैकल्पिकः णिच् । shine, speak harshly

10c 253 दसिँ । दंस् । दंसयति / ते , दंसति । U । सेट् । स० । दंसि । दंसय ।

7.1.58 इदितो नुम् धातोः । **Parasmaipadi Forms**

दंसयति	दंसयतः	दंसयन्ति[1]	अदंसयत् -द्	अदंसयताम्	अदंसयन्[1]
दंसयसि	दंसयथः	दंसयथ	अदंसयः	अदंसयतम्	अदंसयत
दंसयामि[2]	दंसयावः[2]	दंसयामः[2]	अदंसयम्[1]	अदंसयाव[2]	अदंसयाम[2]
दंसयतु दंसयतात् -द्	दंसयताम्	दंसयन्तु[1]	दंसयेत् -द्	दंसयेताम्	दंसयेयुः
दंसय दंसयतात् -द्	दंसयतम्	दंसयत	दंसयेः	दंसयेतम्	दंसयेत
दंसयानि[3]	दंसयाव[3]	दंसयाम[3]	दंसयेयम्	दंसयेव	दंसयेम

दंसयिष्यति	दंसयिष्यतः	दंसयिष्यन्ति	अदंसयिष्यत् -द्	अदंसयिष्यताम्	अदंसयिष्यन्
दंसयिष्यसि	दंसयिष्यथः	दंसयिष्यथ	अदंसयिष्यः	अदंसयिष्यतम्	अदंसयिष्यत
दंसयिष्यामि	दंसयिष्यावः	दंसयिष्यामः	अदंसयिष्यम्	अदंसयिष्याव	अदंसयिष्याम
दंसयिता	दंसयितारौ	दंसयितारः	दंस्यात् -द्	दंस्यास्ताम्	दंस्यासुः
दंसयितासि	दंसयितास्थः	दंसयितास्थ	दंस्याः	दंस्यास्तम्	दंस्यास्त
दंसयितास्मि	दंसयितास्वः	दंसयितास्मः	दंस्यासम्	दंस्यास्व	दंस्यास्म
दंसयाम्बभूव	दंसयाम्बभूवतुः	दंसयाम्बभूवुः	अददंसत् -द्	अददंसताम्	अददंसन्
दंसयाञ्चकार	दंसयाञ्चक्रतुः	दंसयाञ्चक्रुः			
दंसयामास	दंसयामासतुः	दंसयामासुः			
दंसयाम्बभूविथ	दंसयाम्बभूवथुः	दंसयाम्बभूव	अददंसः	अददंसतम्	अददंसत
दंसयाञ्चकर्थ	दंसयाञ्चक्रथुः	दंसयाञ्चक्र			
दंसयामासिथ	दंसयामासथुः	दंसयामास			
दंसयाम्बभूव	दंसयाम्बभूविव	दंसयाम्बभूविम	अददंसम्	अददंसाव	अददंसाम
दंसयाञ्चकर -कार	दंसयाञ्चकृव	दंसयाञ्चकृम			
दंसयामास	दंसयामासिव	दंसयामासिम			

Atmanepadi Forms

दंसयते	दंसयेते[4]	दंसयन्ते[1]	अदंसयत	अदंसयेताम्[4]	अदंसयन्त[1]
दंसयसे	दंसयेथे[4]	दंसयध्वे	अदंसयथाः	अदंसयेथाम्[4]	अदंसयध्वम्
दंसये[1]	दंसयावहे[2]	दंसयामहे[2]	अदंसये[4]	अदंसयावहि[3]	अदंसयामहि[3]
दंसयताम्	दंसयेताम्[4]	दंसयन्ताम्[1]	दंसयेत	दंसयेयाताम्	दंसयेरन्
दंसयस्व	दंसयेथाम्[4]	दंसयध्वम्	दंसयेथाः	दंसयेयाथाम्	दंसयेध्वम्
दंसयै[5]	दंसयावहै[3]	दंसयामहै[3]	दंसयेय	दंसयेवहि	दंसयेमहि
दंसयिष्यते	दंसयिष्येते	दंसयिष्यन्ते	अदंसयिष्यत	अदंसयिष्येताम्	अदंसयिष्यन्त
दंसयिष्यसे	दंसयिष्येथे	दंसयिष्यध्वे	अदंसयिष्यथाः	अदंसयिष्येथाम्	अदंसयिष्यध्वम्
दंसयिष्ये	दंसयिष्यावहे	दंसयिष्यामहे	अदंसयिष्ये	अदंसयिष्यावहि	अदंसयिष्यामहि
दंसयिता	दंसयितारौ	दंसयितारः	दंसयिषीष्ट	दंसयिषीयास्ताम्	दंसयिषीरन्
दंसयितासे	दंसयितासाथे	दंसयिताध्वे	दंसयिषीष्ठाः	दंसयिषीयास्थाम्	दंसयिषीध्वम् -ढ्वम्
दंसयिताहे	दंसयितास्वहे	दंसयितास्महे	दंसयिषीय	दंसयिषीवहि	दंसयिषीमहि
दंसयाम्बभूव	दंसयाम्बभूवतुः	दंसयाम्बभूवुः	अददंसत	अददंसेताम्	अददंसन्त
दंसयाञ्चक्रे	दंसयाञ्चक्राते	दंसयाञ्चक्रिरे			

दंसयामास	दंसयामासतुः	दंसयामासुः			
दंसयाम्बभूविथ	दंसयाम्बभूवथुः	दंसयाम्बभूव	अददंसथाः	अददंसेथाम्	अददंसध्वम्
दंसयाञ्चकृषे	दंसयाञ्चक्राथे	दंसयाञ्चकृढ्वे			
दंसयामासिथ	दंसयामासथुः	दंसयामास			
दंसयाम्बभूव	दंसयाम्बभूविव	दंसयाम्बभूविम	अददंसे	अददंसावहि	अददंसामहि
दंसयाञ्चक्रे	दंसयाञ्चकृवहे	दंसयाञ्चकृमहे			
दंसयामास	दंसयामासिव	दंसयामासिम			

णिजभावपक्षे 1.3.78 शेषात् कर्त्तरि परस्मैपदम् । इति पक्षे भ्वादिः इव दंस् । P । सेट् । स० ।

दंसति	दंसतः	दंसन्ति	अदंसत् -द्	अदंसताम्	अदंसन्
दंससि	दंसथः	दंसथ	अदंसः	अदंसतम्	अदंसत
दंसामि	दंसावः	दंसामः	अदंसम्	अदंसाव	अदंसाम

दंसतु दंसतात् -द्	दंसताम्	दंसन्तु	दंसेत् -द्	दंसेताम्	दंसेयुः
दंस दंसतात् -द्	दंसतम्	दंसत	दंसेः	दंसेतम्	दंसेत
दंसानि	दंसाव	दंसाम	दंसेयम्	दंसेव	दंसेम

दंसिष्यति	दंसिष्यतः	दंसिष्यन्ति	अदंसिष्यत् -द्	अदंसिष्यताम्	अदंसिष्यन्
दंसिष्यसि	दंसिष्यथः	दंसिष्यथ	अदंसिष्यः	अदंसिष्यतम्	अदंसिष्यत
दंसिष्यामि	दंसिष्यावः	दंसिष्यामः	अदंसिष्यम्	अदंसिष्याव	अदंसिष्याम

दंसिता	दंसितारौ	दंसितारः	दंस्यात् -द्	दंस्यास्ताम्	दंस्यासुः
दंसितासि	दंसितास्थः	दंसितास्थ	दंस्याः	दंस्यास्तम्	दंस्यास्त
दंसितास्मि	दंसितास्वः	दंसितास्मः	दंस्यासम्	दंस्यास्व	दंस्यास्म

ददंस	ददंसतुः	ददंसुः	अदंसीत् -द्	अदंसिष्टाम्	अदंसिषुः
ददंसिथ	ददंसथुः	ददंस	अदंसीः	अदंसिष्टम्	अदंसिष्ट
ददंस	ददंसिव	ददंसिम	अदंसिषम्	अदंसिष्व	अदंसिष्म

1787 भृशि भाषायाम् । आस्वदीयः , पूर्वः पठितः अपि । इदित् वैकल्पिकः णिच् । shine, speak
10c 254 भृशिँ । भृंश् । भृंशयति / ते , भृंशति । U । सेट् । स० । भृंशि । भृंशय ।
7.1.58 इदितो नुम् धातोः । **Parasmaipadi Forms**

भृंशयति	भृंशयतः	भृंशयन्ति[1]	अभृंशयत् -द्	अभृंशयताम्	अभृंशयन्[1]
भृंशयसि	भृंशयथः	भृंशयथ	अभृंशयः	अभृंशयतम्	अभृंशयत
भृंशयामि[2]	भृंशयावः[2]	भृंशयामः[2]	अभृंशयम्[1]	अभृंशयाव[2]	अभृंशयाम[2]

भृंशयतु भृंशयतात् -द्	भृंशयताम्	भृंशयन्तु[1]	भृंशयेत् -द्	भृंशयेताम्	भृंशयेयुः
भृंशय भृंशयतात् -द्	भृंशयतम्	भृंशयत	भृंशयेः	भृंशयेतम्	भृंशयेत
भृंशयानि[3]	भृंशयाव[3]	भृंशयाम[3]	भृंशयेयम्	भृंशयेव	भृंशयेम

भृंशयिष्यति	भृंशयिष्यतः	भृंशयिष्यन्ति	अभृंशयिष्यत् -द्	अभृंशयिष्यताम्	अभृंशयिष्यन्

भृंशयिष्यसि	भृंशयिष्यथः	भृंशयिष्यथ	अभृंशयिष्यः	अभृंशयिष्यतम्	अभृंशयिष्यत
भृंशयिष्यामि	भृंशयिष्यावः	भृंशयिष्यामः	अभृंशयिष्यम्	अभृंशयिष्याव	अभृंशयिष्याम

भृंशयिता	भृंशयितारौ	भृंशयितारः	भृंश्यात् -द्	भृंश्यास्ताम्	भृंश्यासुः
भृंशयितासि	भृंशयितास्थः	भृंशयितास्थ	भृंश्याः	भृंश्यास्तम्	भृंश्यास्त
भृंशयितास्मि	भृंशयितास्वः	भृंशयितास्मः	भृंश्यासम्	भृंश्यास्व	भृंश्यास्म

भृंशयाम्बभूव	भृंशयाम्बभूवतुः	भृंशयाम्बभूवुः	अबभृंशत् -द्	अबभृंशताम्	अबभृंशन्
भृंशयाञ्चकार	भृंशयाञ्चक्रतुः	भृंशयाञ्चक्रुः			
भृंशयामास	भृंशयामासतुः	भृंशयामासुः			
भृंशयाम्बभूविथ	भृंशयाम्बभूवथुः	भृंशयाम्बभूव	अबभृंशः	अबभृंशतम्	अबभृंशत
भृंशयाञ्चकर्थ	भृंशयाञ्चक्रथुः	भृंशयाञ्चक्र			
भृंशयामासिथ	भृंशयामासथुः	भृंशयामास			
भृंशयाम्बभूव	भृंशयाम्बभूविव	भृंशयाम्बभूविम	अबभृंशम्	अबभृंशाव	अबभृंशाम
भृंशयाञ्चकर -कार	भृंशयाञ्चकृव	भृंशयाञ्चकृम			
भृंशयामास	भृंशयामासिव	भृंशयामासिम			

Atmanepadi Forms

भृंशयते	भृंशयेते[4]	भृंशयन्ते[1]	अभृंशयत	अभृंशयेताम्[4]	अभृंशयन्त[1]
भृंशयसे	भृंशयेथे[4]	भृंशयध्वे	अभृंशयथाः	अभृंशयेथाम्[4]	अभृंशयध्वम्
भृंशये[1]	भृंशयावहे[2]	भृंशयामहे[2]	अभृंशये[4]	अभृंशयावहि[3]	अभृंशयामहि[3]

भृंशयताम्	भृंशयेताम्[4]	भृंशयन्ताम्[1]	भृंशयेत	भृंशयेयाताम्	भृंशयेरन्
भृंशयस्व	भृंशयेथाम्[4]	भृंशयध्वम्	भृंशयेथाः	भृंशयेयाथाम्	भृंशयेध्वम्
भृंशयै[5]	भृंशयावहै[3]	भृंशयामहै[3]	भृंशयेय	भृंशयेवहि	भृंशयेमहि

भृंशयिष्यते	भृंशयिष्येते	भृंशयिष्यन्ते	अभृंशयिष्यत	अभृंशयिष्येताम्	अभृंशयिष्यन्त
भृंशयिष्यसे	भृंशयिष्येथे	भृंशयिष्यध्वे	अभृंशयिष्यथाः	अभृंशयिष्येथाम्	अभृंशयिष्यध्वम्
भृंशयिष्ये	भृंशयिष्यावहे	भृंशयिष्यामहे	अभृंशयिष्ये	अभृंशयिष्यावहि	अभृंशयिष्यामहि

भृंशयिता	भृंशयितारौ	भृंशयितारः	भृंशयिषीष्ट	भृंशयिषीयास्ताम्	भृंशयिषीरन्
भृंशयितासे	भृंशयितासाथे	भृंशयिताध्वे	भृंशयिषीष्ठाः	भृंशयिषीयास्थाम्	भृंशयिषीध्वम् -ढ्वम्
भृंशयिताहे	भृंशयितास्वहे	भृंशयितास्महे	भृंशयिषीय	भृंशयिषीवहि	भृंशयिषीमहि

भृंशयाम्बभूव	भृंशयाम्बभूवतुः	भृंशयाम्बभूवुः	अबभृंशत	अबभृंशेताम्	अबभृंशन्त
भृंशयाञ्चक्रे	भृंशयाञ्चक्राते	भृंशयाञ्चक्रिरे			
भृंशयामास	भृंशयामासतुः	भृंशयामासुः			

भृंशयाम्बभूविथ	भृंशयाम्बभूवथुः	भृंशयाम्बभूव	अबभृंशथाः	अबभृंशेथाम्	अबभृंशध्वम्
भृंशयाञ्चकृषे	भृंशयाञ्चक्राथे	भृंशयाञ्चकृढ्वे			
भृंशयामासिथ	भृंशयामासथुः	भृंशयामास			
भृंशयाम्बभूव	भृंशयाम्बभूविव	भृंशयाम्बभूविम	अबभृंशे	अबभृंशावहि	अबभृंशामहि
भृंशयाञ्चक्रे	भृंशयाञ्चकृवहे	भृंशयाञ्चकृमहे			
भृंशयामास	भृंशयामासिव	भृंशयामासिम			

णिजभावपक्षे 1.3.78 शेषात् कर्त्तरि परस्मैपदम् । इति पक्षे भ्वादिः इव भृंश् । P । सेट् । स० ।

भृंशति	भृंशतः	भृंशन्ति	अभृंशत् -द्	अभृंशताम्	अभृंशन्
भृंशसि	भृंशथः	भृंशथ	अभृंशः	अभृंशतम्	अभृंशत
भृंशामि	भृंशावः	भृंशामः	अभृंशम्	अभृंशाव	अभृंशाम
भृंशतु भृंशतात् -द्	भृंशताम्	भृंशन्तु	भृंशेत् -द्	भृंशेताम्	भृंशेयुः
भृंश भृंशतात् -द्	भृंशतम्	भृंशत	भृंशेः	भृंशेतम्	भृंशेत
भृंशानि	भृंशाव	भृंशाम	भृंशेयम्	भृंशेव	भृंशेम
भृंशिष्यति	भृंशिष्यतः	भृंशिष्यन्ति	अभृंशिष्यत् -द्	अभृंशिष्यताम्	अभृंशिष्यन्
भृंशिष्यसि	भृंशिष्यथः	भृंशिष्यथ	अभृंशिष्यः	अभृंशिष्यतम्	अभृंशिष्यत
भृंशिष्यामि	भृंशिष्यावः	भृंशिष्यामः	अभृंशिष्यम्	अभृंशिष्याव	अभृंशिष्याम
भृंशिता	भृंशितारौ	भृंशितारः	भृंश्यात् -द्	भृंश्यास्ताम्	भृंश्यासुः
भृंशितासि	भृंशितास्थः	भृंशितास्थ	भृंश्याः	भृंश्यास्तम्	भृंश्यास्त
भृंशितास्मि	भृंशितास्वः	भृंशितास्मः	भृंश्यासम्	भृंश्यास्व	भृंश्यास्म
बभृंश	बभृंशतुः	बभृंशुः	अभृंशीत् -द्	अभृंशिष्टाम्	अभृंशिषुः
बभृंशिथ	बभृंशथुः	बभृंश	अभृंशीः	अभृंशिष्टम्	अभृंशिष्ट
बभृंश	बभृंशिव	बभृंशिम	अभृंशिषम्	अभृंशिष्व	अभृंशिष्म

1788 **रुशि** भाषायाम् । आस्वदीयः , पूर्वः पठितः अपि । इदित् वैकल्पिकः णिच् । shine, speak
10c 255 **रुशिँ** । **रुंश्** । **रुंशयति** / ते , **रुंशति** । U । **सेट्** । स० । **रुंशि** । **रुंशय** ।
7.1.58 **इदितो नुम् धातोः** । **Parasmaipadi Forms**

रुंशयति	**रुंशयतः**	**रुंशयन्ति**[1]	**अरुंशयत् -द्**	**अरुंशयताम्**	**अरुंशयन्**[1]
रुंशयसि	**रुंशयथः**	**रुंशयथ**	**अरुंशयः**	**अरुंशयतम्**	**अरुंशयत**
रुंशयामि[2]	**रुंशयावः**[2]	**रुंशयामः**[2]	**अरुंशयम्**[1]	**अरुंशयाव**[2]	**अरुंशयाम**[2]
रुंशयतु रुंशयतात् -द्	**रुंशयताम्**	**रुंशयन्तु**[1]	**रुंशयेत् -द्**	**रुंशयेताम्**	**रुंशयेयुः**
रुंशय रुंशयतात् -द्	**रुंशयतम्**	**रुंशयत**	**रुंशयेः**	**रुंशयेतम्**	**रुंशयेत**
रुंशयानि[3]	**रुंशयाव**[3]	**रुंशयाम**[3]	**रुंशयेयम्**	**रुंशयेव**	**रुंशयेम**
रुंशयिष्यति	**रुंशयिष्यतः**	**रुंशयिष्यन्ति**	**अरुंशयिष्यत् -द्**	**अरुंशयिष्यताम्**	**अरुंशयिष्यन्**
रुंशयिष्यसि	**रुंशयिष्यथः**	**रुंशयिष्यथ**	**अरुंशयिष्यः**	**अरुंशयिष्यतम्**	**अरुंशयिष्यत**

रुंशयिष्यामि	रुंशयिष्यावः	रुंशयिष्यामः	अरुंशयिष्यम्	अरुंशयिष्याव	अरुंशयिष्याम

रुंशयिता	रुंशयितारौ	रुंशयितारः	रुंश्यात् -द्	रुंश्यास्ताम्	रुंश्यासुः
रुंशयितासि	रुंशयितास्थः	रुंशयितास्थ	रुंश्याः	रुंश्यास्तम्	रुंश्यास्त
रुंशयितास्मि	रुंशयितास्वः	रुंशयितास्मः	रुंश्यासम्	रुंश्यास्व	रुंश्यास्म

रुंशयाम्बभूव	रुंशयाम्बभूवतुः	रुंशयाम्बभूवुः	अरुरुंशत् -द्	अरुरुंशताम्	अरुरुंशन्
रुंशयाञ्चकार	रुंशयाञ्चक्रतुः	रुंशयाञ्चक्रुः			
रुंशयामास	रुंशयामासतुः	रुंशयामासुः			
रुंशयाम्बभूविथ	रुंशयाम्बभूवथुः	रुंशयाम्बभूव	अरुरुंशः	अरुरुंशतम्	अरुरुंशत
रुंशयाञ्चकर्थ	रुंशयाञ्चक्रथुः	रुंशयाञ्चक्र			
रुंशयामासिथ	रुंशयामासथुः	रुंशयामास			
रुंशयाम्बभूव	रुंशयाम्बभूविव	रुंशयाम्बभूविम	अरुरुंशम्	अरुरुंशाव	अरुरुंशाम
रुंशयाञ्चकर -कार	रुंशयाञ्चकृव	रुंशयाञ्चकृम			
रुंशयामास	रुंशयामासिव	रुंशयामासिम			

Atmanepadi Forms

रुंशयते	रुंशयेते[4]	रुंशयन्ते[1]	अरुंशयत	अरुंशयेताम्[4]	अरुंशयन्त[1]
रुंशयसे	रुंशयेथे[4]	रुंशयध्वे	अरुंशयथाः	अरुंशयेथाम्[4]	अरुंशयध्वम्
रुंशये[1]	रुंशयावहे[2]	रुंशयामहे[2]	अरुंशये[4]	अरुंशयावहि[3]	अरुंशयामहि[3]

रुंशयताम्	रुंशयेताम्[4]	रुंशयन्ताम्[1]	रुंशयेत	रुंशयेयाताम्	रुंशयेरन्
रुंशयस्व	रुंशयेथाम्[4]	रुंशयध्वम्	रुंशयेथाः	रुंशयेयाथाम्	रुंशयेध्वम्
रुंशयै[5]	रुंशयावहै[3]	रुंशयामहै[3]	रुंशयेय	रुंशयेवहि	रुंशयेमहि

रुंशयिष्यते	रुंशयिष्येते	रुंशयिष्यन्ते	अरुंशयिष्यत	अरुंशयिष्येताम्	अरुंशयिष्यन्त
रुंशयिष्यसे	रुंशयिष्येथे	रुंशयिष्यध्वे	अरुंशयिष्यथाः	अरुंशयिष्येथाम्	अरुंशयिष्यध्वम्
रुंशयिष्ये	रुंशयिष्यावहे	रुंशयिष्यामहे	अरुंशयिष्ये	अरुंशयिष्यावहि	अरुंशयिष्यामहि

रुंशयिता	रुंशयितारौ	रुंशयितारः	रुंशयिषीष्ट	रुंशयिषीयास्ताम्	रुंशयिषीरन्
रुंशयितासे	रुंशयितासाथे	रुंशयिताध्वे	रुंशयिषीष्ठाः	रुंशयिषीयास्थाम्	रुंशयिषीध्वम् -ढ्वम्
रुंशयिताहे	रुंशयितास्वहे	रुंशयितास्महे	रुंशयिषीय	रुंशयिषीवहि	रुंशयिषीमहि

रुंशयाम्बभूव	रुंशयाम्बभूवतुः	रुंशयाम्बभूवुः	अरुरुंशत	अरुरुंशेताम्	अरुरुंशन्त
रुंशयाञ्चक्रे	रुंशयाञ्चक्राते	रुंशयाञ्चक्रिरे			
रुंशयामास	रुंशयामासतुः	रुंशयामासुः			
रुंशयाम्बभूविथ	रुंशयाम्बभूवथुः	रुंशयाम्बभूव	अरुरुंशथाः	अरुरुंशेथाम्	अरुरुंशध्वम्

रुंशयाञ्चकृषे	**रुंशयाञ्चक्राथे**	**रुंशयाञ्चकृढ्वे**			
रुंशयामासिथ	**रुंशयामासथुः**	**रुंशयामास**			
रुंशयाम्बभूव	**रुंशयाम्बभूविव**	**रुंशयाम्बभूविम**	**अरुरुंशे**	**अरुरुंशावहि**	**अरुरुंशामहि**
रुंशयाञ्चक्रे	**रुंशयाञ्चकृवहे**	**रुंशयाञ्चकृमहे**			
रुंशयामास	**रुंशयामासिव**	**रुंशयामासिम**			

णिजभावपक्षे 1.3.78 **शेषात् कर्त्तरि परस्मैपदम् । इति पक्षे भ्वादिः इव रुंश् ।** P । **सेट् । स० ।**

रुंशति	रुंशतः	रुंशन्ति	अरुंशत् -द्	अरुंशताम्	अरुंशन्
रुंशसि	रुंशथः	रुंशथ	अरुंशः	अरुंशतम्	अरुंशत
रुंशामि	रुंशावः	रुंशामः	अरुंशम्	अरुंशाव	अरुंशाम
रुंशतु रुंशतात् -द्	रुंशताम्	रुंशन्तु	रुंशेत् -द्	रुंशेताम्	रुंशेयुः
रुंश रुंशतात् -द्	रुंशतम्	रुंशत	रुंशेः	रुंशेतम्	रुंशेत
रुंशानि	रुंशाव	रुंशाम	रुंशेयम्	रुंशेव	रुंशेम
रुंशिष्यति	रुंशिष्यतः	रुंशिष्यन्ति	अरुंशिष्यत् -द्	अरुंशिष्यताम्	अरुंशिष्यन्
रुंशिष्यसि	रुंशिष्यथः	रुंशिष्यथ	अरुंशिष्यः	अरुंशिष्यतम्	अरुंशिष्यत
रुंशिष्यामि	रुंशिष्यावः	रुंशिष्यामः	अरुंशिष्यम्	अरुंशिष्याव	अरुंशिष्याम
रुंशिता	रुंशितारौ	रुंशितारः	रुंश्यात् -द्	रुंश्यास्ताम्	रुंश्यासुः
रुंशितासि	रुंशितास्थः	रुंशितास्थ	रुंश्याः	रुंश्यास्तम्	रुंश्यास्त
रुंशितास्मि	रुंशितास्वः	रुंशितास्मः	रुंश्यासम्	रुंश्यास्व	रुंश्यास्म
रुरुंश	रुरुंशतुः	रुरुंशुः	अरुंशीत् -द्	अरुंशिष्टाम्	अरुंशिषुः
रुरुंशिथ	रुरुंशथुः	रुरुंश	अरुंशीः	अरुंशिष्टम्	अरुंशिष्ट
रुरुंश	रुरुंशिव	रुरुंशिम	अरुंशिषम्	अरुंशिष्व	अरुंशिष्म

1789 **शीक भाषायाम्** । आस्वदीयः, पूर्वः पठितः अपि । shine, speak

10c 256 **शीकँ । शीक् । शीकयति / ते ।** U । **सेट् । स० । शीकि । शीकय । Parasmaipadi Forms**

शीकयति	**शीकयतः**	**शीकयन्ति**[1]	**अशीकयत् -द्**	**अशीकयताम्**	**अशीकयन्**[1]
शीकयसि	**शीकयथः**	**शीकयथ**	**अशीकयः**	**अशीकयतम्**	**अशीकयत**
शीकयामि[2]	**शीकयावः**[2]	**शीकयामः**[2]	**अशीकयम्**[1]	**अशीकयाव**[2]	**अशीकयाम**[2]
शीकयतु शीकयतात् -द्	**शीकयताम्**	**शीकयन्तु**[1]	**शीकयेत् -द्**	**शीकयेताम्**	**शीकयेयुः**
शीकय शीकयतात् -द्	**शीकयतम्**	**शीकयत**	**शीकयेः**	**शीकयेतम्**	**शीकयेत**
शीकयानि[3]	**शीकयाव**[3]	**शीकयाम**[3]	**शीकयेयम्**	**शीकयेव**	**शीकयेम**
शीकयिष्यति	**शीकयिष्यतः**	**शीकयिष्यन्ति**	**अशीकयिष्यत् -द्**	**अशीकयिष्यताम्**	**अशीकयिष्यन्**
शीकयिष्यसि	**शीकयिष्यथः**	**शीकयिष्यथ**	**अशीकयिष्यः**	**अशीकयिष्यतम्**	**अशीकयिष्यत**
शीकयिष्यामि	**शीकयिष्यावः**	**शीकयिष्यामः**	**अशीकयिष्यम्**	**अशीकयिष्याव**	**अशीकयिष्याम**

शीकयिता	शीकयितारौ	शीकयितारः	शीक्यात् -द्	शीक्यास्ताम्	शीक्यासुः
शीकयितासि	शीकयितास्थः	शीकयितास्थ	शीक्याः	शीक्यास्तम्	शीक्यास्त
शीकयितास्मि	शीकयितास्वः	शीकयितास्मः	शीक्यासम्	शीक्यास्व	शीक्यास्म

शीकयाम्बभूव	शीकयाम्बभूवतुः	शीकयाम्बभूवुः	अशीशिकत् -द्	अशीशिकताम्	अशीशिकन्
शीकयाञ्चकार	शीकयाञ्चक्रतुः	शीकयाञ्चक्रुः			
शीकयामास	शीकयामासतुः	शीकयामासुः			
शीकयाम्बभूविथ	शीकयाम्बभूवथुः	शीकयाम्बभूव	अशीशिकः	अशीशिकतम्	अशीशिकत
शीकयाञ्चकर्थ	शीकयाञ्चक्रथुः	शीकयाञ्चक्र			
शीकयामासिथ	शीकयामासथुः	शीकयामास			
शीकयाम्बभूव	शीकयाम्बभूविव	शीकयाम्बभूविम	अशीशिकम्	अशीशिकाव	अशीशिकाम
शीकयाञ्चकर -कार	शीकयाञ्चकृव	शीकयाञ्चकृम			
शीकयामास	शीकयामासिव	शीकयामासिम			

Atmanepadi Forms

शीकयते	शीकयेते[4]	शीकयन्ते[1]	अशीकयत	अशीकयेताम्[4]	अशीकयन्त[1]
शीकयसे	शीकयेथे[4]	शीकयध्वे	अशीकयथाः	अशीकयेथाम्[4]	अशीकयध्वम्
शीकये[1]	शीकयावहे[2]	शीकयामहे[2]	अशीकये[4]	अशीकयावहि[3]	अशीकयामहि[3]

शीकयताम्	शीकयेताम्[4]	शीकयन्ताम्[1]	शीकयेत	शीकयेयाताम्	शीकयेरन्
शीकयस्व	शीकयेथाम्[4]	शीकयध्वम्	शीकयेथाः	शीकयेयाथाम्	शीकयेध्वम्
शीकयै[5]	शीकयावहै[3]	शीकयामहै[3]	शीकयेय	शीकयेवहि	शीकयेमहि

शीकयिष्यते	शीकयिष्येते	शीकयिष्यन्ते	अशीकयिष्यत	अशीकयिष्येताम्	अशीकयिष्यन्त
शीकयिष्यसे	शीकयिष्येथे	शीकयिष्यध्वे	अशीकयिष्यथाः	अशीकयिष्येथाम्	अशीकयिष्यध्वम्
शीकयिष्ये	शीकयिष्यावहे	शीकयिष्यामहे	अशीकयिष्ये	अशीकयिष्यावहि	अशीकयिष्यामहि

शीकयिता	शीकयितारौ	शीकयितारः	शीकयिषीष्ट	शीकयिषीयास्ताम्	शीकयिषीरन्
शीकयितासे	शीकयितासाथे	शीकयिताध्वे	शीकयिषीष्ठाः	शीकयिषीयास्थाम्	शीकयिषीध्वम् -ढ्वम्
शीकयिताहे	शीकयितास्वहे	शीकयितास्महे	शीकयिषीय	शीकयिषीवहि	शीकयिषीमहि

शीकयाम्बभूव	शीकयाम्बभूवतुः	शीकयाम्बभूवुः	अशीशिकत	अशीशिकेताम्	अशीशिकन्त
शीकयाञ्चक्रे	शीकयाञ्चक्राते	शीकयाञ्चक्रिरे			
शीकयामास	शीकयामासतुः	शीकयामासुः			
शीकयाम्बभूविथ	शीकयाम्बभूवथुः	शीकयाम्बभूव	अशीशिकथाः	अशीशिकेथाम्	अशीशिकध्वम्
शीकयाञ्चकृषे	शीकयाञ्चक्राथे	शीकयाञ्चकृढ्वे			

शीकयामासिथ	शीकयामासथुः	शीकयामास			
शीकयाम्बभूव	शीकयाम्बभूविव	शीकयाम्बभूविम	अशीशिके	अशीशिकावहि	अशीशिकामहि
शीकयाञ्चक्रे	शीकयाञ्चकृवहे	शीकयाञ्चकृमहे			
शीकयामास	शीकयामासिव	शीकयामासिम			

1790 रुसि भाषायाम् । आस्वदीयः, पूर्वः पठितः अपि । इदित् वैकल्पिकः णिच् । shine, speak
10c 257 रुसिँ । रुंस् । रुंसयति / ते, रुंसति । U । सेट् । स० । रुंसि । रुंसय ।
7.1.58 इदितो नुम् धातोः । **Parasmaipadi Forms**

रुंसयति	रुंसयतः	रुंसयन्ति[1]	अरुंसयत् -द्	अरुंसयताम्	अरुंसयन्[1]
रुंसयसि	रुंसयथः	रुंसयथ	अरुंसयः	अरुंसयतम्	अरुंसयत
रुंसयामि[2]	रुंसयावः[2]	रुंसयामः[2]	अरुंसयम्[1]	अरुंसयाव[2]	अरुंसयाम[2]

रुंसयतु रुंसयतात् -द्	रुंसयताम्	रुंसयन्तु[1]	रुंसयेत् -द्	रुंसयेताम्	रुंसयेयुः
रुंसय रुंसयतात् -द्	रुंसयतम्	रुंसयत	रुंसयेः	रुंसयेतम्	रुंसयेत
रुंसयानि[3]	रुंसयाव[3]	रुंसयाम[3]	रुंसयेयम्	रुंसयेव	रुंसयेम

रुंसयिष्यति	रुंसयिष्यतः	रुंसयिष्यन्ति	अरुंसयिष्यत् -द्	अरुंसयिष्यताम्	अरुंसयिष्यन्
रुंसयिष्यसि	रुंसयिष्यथः	रुंसयिष्यथ	अरुंसयिष्यः	अरुंसयिष्यतम्	अरुंसयिष्यत
रुंसयिष्यामि	रुंसयिष्यावः	रुंसयिष्यामः	अरुंसयिष्यम्	अरुंसयिष्याव	अरुंसयिष्याम

रुंसयिता	रुंसयितारौ	रुंसयितारः	रुंस्यात् -द्	रुंस्यास्ताम्	रुंस्यासुः
रुंसयितासि	रुंसयितास्थः	रुंसयितास्थ	रुंस्याः	रुंस्यास्तम्	रुंस्यास्त
रुंसयितास्मि	रुंसयितास्वः	रुंसयितास्मः	रुंस्यासम्	रुंस्यास्व	रुंस्यास्म

रुंसयाम्बभूव	रुंसयाम्बभूवतुः	रुंसयाम्बभूवुः	अरुरुंसत् -द्	अरुरुंसताम्	अरुरुंसन्
रुंसयाञ्चकार	रुंसयाञ्चक्रतुः	रुंसयाञ्चक्रुः			
रुंसयामास	रुंसयामासतुः	रुंसयामासुः			
रुंसयाम्बभूविथ	रुंसयाम्बभूवथुः	रुंसयाम्बभूव	अरुरुंसः	अरुरुंसतम्	अरुरुंसत
रुंसयाञ्चकर्थ	रुंसयाञ्चक्रथुः	रुंसयाञ्चक्र			
रुंसयामासिथ	रुंसयामासथुः	रुंसयामास			
रुंसयाम्बभूव	रुंसयाम्बभूविव	रुंसयाम्बभूविम	अरुरुंसम्	अरुरुंसाव	अरुरुंसाम
रुंसयाञ्चकर -कार	रुंसयाञ्चकृव	रुंसयाञ्चकृम			
रुंसयामास	रुंसयामासिव	रुंसयामासिम			

Atmanepadi Forms

रुंसयते	रुंसयेते[4]	रुंसयन्ते[1]	अरुंसयत	अरुंसयेताम्[4]	अरुंसयन्त[1]
रुंसयसे	रुंसयेथे[4]	रुंसयध्वे	अरुंसयथाः	अरुंसयेथाम्[4]	अरुंसयध्वम्

रुंसये[1]	रुंसयावहे[2]	रुंसयामहे[2]	अरुंसये[4]	अरुंसयावहि[3]	अरुंसयामहि[3]

रुंसयताम्	रुंसयेताम्[4]	रुंसयन्ताम्[1]	रुंसयेत	रुंसयेयाताम्	रुंसयेरन्
रुंसयस्व	रुंसयेथाम्[4]	रुंसयध्वम्	रुंसयेथाः	रुंसयेयाथाम्	रुंसयेध्वम्
रुंसयै[5]	रुंसयावहै[3]	रुंसयामहै[3]	रुंसयेय	रुंसयेवहि	रुंसयेमहि

रुंसयिष्यते	रुंसयिष्येते	रुंसयिष्यन्ते	अरुंसयिष्यत	अरुंसयिष्येताम्	अरुंसयिष्यन्त
रुंसयिष्यसे	रुंसयिष्येथे	रुंसयिष्यध्वे	अरुंसयिष्यथाः	अरुंसयिष्येथाम्	अरुंसयिष्यध्वम्
रुंसयिष्ये	रुंसयिष्यावहे	रुंसयिष्यामहे	अरुंसयिष्ये	अरुंसयिष्यावहि	अरुंसयिष्यामहि

रुंसयिता	रुंसयितारौ	रुंसयितारः	रुंसयिषीष्ट	रुंसयिषीयास्ताम्	रुंसयिषीरन्
रुंसयितासे	रुंसयितासाथे	रुंसयिताध्वे	रुंसयिषीष्ठाः	रुंसयिषीयास्थाम्	रुंसयिषीध्वम् -ढ्वम्
रुंसयिताहे	रुंसयितास्वहे	रुंसयितास्महे	रुंसयिषीय	रुंसयिषीवहि	रुंसयिषीमहि

रुंसयाम्बभूव	रुंसयाम्बभूवतुः	रुंसयाम्बभूवुः	अरुरुंसत	अरुरुंसेताम्	अरुरुंसन्त
रुंसयाञ्चक्रे	रुंसयाञ्चक्राते	रुंसयाञ्चक्रिरे			
रुंसयामास	रुंसयामासतुः	रुंसयामासुः			
रुंसयाम्बभूविथ	रुंसयाम्बभूवथुः	रुंसयाम्बभूव	अरुरुंसथाः	अरुरुंसेथाम्	अरुरुंसध्वम्
रुंसयाञ्चकृषे	रुंसयाञ्चक्राथे	रुंसयाञ्चकृढ्वे			
रुंसयामासिथ	रुंसयामासथुः	रुंसयामास			
रुंसयाम्बभूव	रुंसयाम्बभूविव	रुंसयाम्बभूविम	अरुरुंसे	अरुरुंसावहि	अरुरुंसामहि
रुंसयाञ्चक्रे	रुंसयाञ्चकृवहे	रुंसयाञ्चकृमहे			
रुंसयामास	रुंसयामासिव	रुंसयामासिम			

णिजभावपक्षे 1.3.78 शेषात् कर्त्तरि परस्मैपदम् । इति पक्षे भ्वादिः इव रुंस् । P । सेट् । स० ।

रुंसति	रुंसतः	रुंसन्ति	अरुंसत् -द्	अरुंसताम्	अरुंसन्
रुंससि	रुंसथः	रुंसथ	अरुंसः	अरुंसतम्	अरुंसत
रुंसामि	रुंसावः	रुंसामः	अरुंसम्	अरुंसाव	अरुंसाम

रुंसतु रुंसतात् -द्	रुंसताम्	रुंसन्तु	रुंसेत् -द्	रुंसेताम्	रुंसेयुः
रुंस रुंसतात् -द्	रुंसतम्	रुंसत	रुंसेः	रुंसेतम्	रुंसेत
रुंसानि	रुंसाव	रुंसाम	रुंसेयम्	रुंसेव	रुंसेम

रुंसिष्यति	रुंसिष्यतः	रुंसिष्यन्ति	अरुंसिष्यत् -द्	अरुंसिष्यताम्	अरुंसिष्यन्
रुंसिष्यसि	रुंसिष्यथः	रुंसिष्यथ	अरुंसिष्यः	अरुंसिष्यतम्	अरुंसिष्यत
रुंसिष्यामि	रुंसिष्यावः	रुंसिष्यामः	अरुंसिष्यम्	अरुंसिष्याव	अरुंसिष्याम

रुंसिता	रुंसितारौ	रुंसितारः	रुंस्यात् -द्	रुंस्यास्ताम्	रुंस्यासुः
रुंसितासि	रुंसितास्थः	रुंसितास्थ	रुंस्याः	रुंस्यास्तम्	रुंस्यास्त
रुंसितास्मि	रुंसितास्वः	रुंसितास्मः	रुंस्यासम्	रुंस्यास्व	रुंस्यास्म

रुरुंस	रुरुंसतुः	रुरुंसुः	अरुंसीत् -द्	अरुंसिष्टाम्	अरुंसिषुः
रुरुंसिथ	रुरुंसथुः	रुरुंस	अरुंसीः	अरुंसिष्टम्	अरुंसिष्ट
रुरुंस	रुरुंसिव	रुरुंसिम	अरुंसिषम्	अरुंसिष्व	अरुंसिष्म

1791 **नट** भाषायाम् । नण्टयेत् इति देवः । अयं णोपदेशः न । आस्वदीयः , Roots 310, 781 णट । shine, act
10c 258 **नटँ** । नट् । नाटयति / ते । U । सेट् । स० । नाटि । नाटय ।
7.2.116 अत उपधायाः। **Parasmaipadi Forms**

नाटयति	नाटयतः	नाटयन्ति[1]	अनाटयत् -द्	अनाटयताम्	अनाटयन्[1]
नाटयसि	नाटयथः	नाटयथ	अनाटयः	अनाटयतम्	अनाटयत
नाटयामि[2]	नाटयावः[2]	नाटयामः[2]	अनाटयम्[1]	अनाटयाव[2]	अनाटयाम[2]

नाटयतु नाटयतात् -द्	नाटयताम्	नाटयन्तु[1]	नाटयेत् -द्	नाटयेताम्	नाटयेयुः
नाटय नाटयतात् -द्	नाटयतम्	नाटयत	नाटयेः	नाटयेतम्	नाटयेत
नाटयानि[3]	नाटयाव[3]	नाटयाम[3]	नाटयेयम्	नाटयेव	नाटयेम

नाटयिष्यति	नाटयिष्यतः	नाटयिष्यन्ति	अनाटयिष्यत् -द्	अनाटयिष्यताम्	अनाटयिष्यन्
नाटयिष्यसि	नाटयिष्यथः	नाटयिष्यथ	अनाटयिष्यः	अनाटयिष्यतम्	अनाटयिष्यत
नाटयिष्यामि	नाटयिष्यावः	नाटयिष्यामः	अनाटयिष्यम्	अनाटयिष्याव	अनाटयिष्याम

नाटयिता	नाटयितारौ	नाटयितारः	नट्यात् -द्	नट्यास्ताम्	नट्यासुः
नाटयितासि	नाटयितास्थः	नाटयितास्थ	नट्याः	नट्यास्तम्	नट्यास्त
नाटयितास्मि	नाटयितास्वः	नाटयितास्मः	नट्यासम्	नट्यास्व	नट्यास्म

नाटयाम्बभूव	नाटयाम्बभूवतुः	नाटयाम्बभूवुः	अननटत् -द्	अननटताम्	अननटन्
नाटयाञ्चकार	नाटयाञ्चक्रतुः	नाटयाञ्चक्रुः			
नाटयामास	नाटयामासतुः	नाटयामासुः			
नाटयाम्बभूविथ	नाटयाम्बभूवथुः	नाटयाम्बभूव	अननटः	अननटतम्	अननटत
नाटयाञ्चकर्थ	नाटयाञ्चक्रथुः	नाटयाञ्चक्र			
नाटयामासिथ	नाटयामासथुः	नाटयामास			
नाटयाम्बभूव	नाटयाम्बभूविव	नाटयाम्बभूविम	अननटम्	अननटाव	अननटाम
नाटयाञ्चकर -कार	नाटयाञ्चकृव	नाटयाञ्चकृम			
नाटयामास	नाटयामासिव	नाटयामासिम			

Atmanepadi Forms

नाटयते	नाटयेते[4]	नाटयन्ते[1]	अनाटयत	अनाटयेताम्[4]	अनाटयन्त[1]
नाटयसे	नाटयेथे[4]	नाटयध्वे	अनाटयथाः	अनाटयेथाम्[4]	अनाटयध्वम्
नाटये[1]	नाटयावहे[2]	नाटयामहे[2]	अनाटये[4]	अनाटयावहि[3]	अनाटयामहि[3]

नाटयताम्	नाटयेताम्[4]	नाटयन्ताम्[1]	नाटयेत	नाटयेयाताम्	नाटयेरन्
नाटयस्व	नाटयेथाम्[4]	नाटयध्वम्	नाटयेथाः	नाटयेयाथाम्	नाटयेध्वम्
नाटयै[5]	नाटयावहै[3]	नाटयामहै[3]	नाटयेय	नाटयेवहि	नाटयेमहि

नाटयिष्यते	नाटयिष्येते	नाटयिष्यन्ते	अनाटयिष्यत	अनाटयिष्येताम्	अनाटयिष्यन्त
नाटयिष्यसे	नाटयिष्येथे	नाटयिष्यध्वे	अनाटयिष्यथाः	अनाटयिष्येथाम्	अनाटयिष्यध्वम्
नाटयिष्ये	नाटयिष्यावहे	नाटयिष्यामहे	अनाटयिष्ये	अनाटयिष्यावहि	अनाटयिष्यामहि

नाटयिता	नाटयितारौ	नाटयितारः	नाटयिषीष्ट	नाटयिषीयास्ताम्	नाटयिषीरन्
नाटयितासे	नाटयितासाथे	नाटयिताध्वे	नाटयिषीष्ठाः	नाटयिषीयास्थाम्	नाटयिषीध्वम् -ढ्वम्
नाटयिताहे	नाटयितास्वहे	नाटयितास्महे	नाटयिषीय	नाटयिषीवहि	नाटयिषीमहि

नाटयाम्बभूव	नाटयाम्बभूवतुः	नाटयाम्बभूवुः	अननटत	अननटेताम्	अननटन्त
नाटयाञ्चक्रे	नाटयाञ्चक्राते	नाटयाञ्चक्रिरे			
नाटयामास	नाटयामासतुः	नाटयामासुः			
नाटयाम्बभूविथ	नाटयाम्बभूवथुः	नाटयाम्बभूव	अननटथाः	अननटेथाम्	अननटध्वम्
नाटयाञ्चकृषे	नाटयाञ्चक्राथे	नाटयाञ्चकृढ्वे			
नाटयामासिथ	नाटयामासथुः	नाटयामास			
नाटयाम्बभूव	नाटयाम्बभूविव	नाटयाम्बभूविम	अननटे	अननटावहि	अननटामहि
नाटयाञ्चक्रे	नाटयाञ्चकृवहे	नाटयाञ्चकृमहे			
नाटयामास	नाटयामासिव	नाटयामासिम			

1792 पुटि भाषायाम् । आस्वदीयः , पूर्वः पठितः अपि । इदित् वैकल्पिकः णिच् । shine, speak, grind
10c 259 पुटिँ । पुण्ट् । पुण्टयति / ते , पुण्टति । U । सेट् । स० । पुण्टि । पुण्टय ।
7.1.58 इदितो नुम् धातोः । **Parasmaipadi Forms**

पुण्टयति	पुण्टयतः	पुण्टयन्ति[1]	अपुण्टयत् -द्	अपुण्टयताम्	अपुण्टयन्[1]
पुण्टयसि	पुण्टयथः	पुण्टयथ	अपुण्टयः	अपुण्टयतम्	अपुण्टयत
पुण्टयामि[2]	पुण्टयावः[2]	पुण्टयामः[2]	अपुण्टयम्[1]	अपुण्टयाव[2]	अपुण्टयाम[2]

पुण्टयतु पुण्टयतात् -द्	पुण्टयताम्	पुण्टयन्तु[1]	पुण्टयेत् -द्	पुण्टयेताम्	पुण्टयेयुः
पुण्टय पुण्टयतात् -द्	पुण्टयतम्	पुण्टयत	पुण्टयेः	पुण्टयेतम्	पुण्टयेत
पुण्टयानि[3]	पुण्टयाव[3]	पुण्टयाम[3]	पुण्टयेयम्	पुण्टयेव	पुण्टयेम

पुण्टयिष्यति	पुण्टयिष्यतः	पुण्टयिष्यन्ति	अपुण्टयिष्यत् -द्	अपुण्टयिष्यताम्	अपुण्टयिष्यन्
पुण्टयिष्यसि	पुण्टयिष्यथः	पुण्टयिष्यथ	अपुण्टयिष्यः	अपुण्टयिष्यतम्	अपुण्टयिष्यत
पुण्टयिष्यामि	पुण्टयिष्यावः	पुण्टयिष्यामः	अपुण्टयिष्यम्	अपुण्टयिष्याव	अपुण्टयिष्याम

पुण्टयिता	पुण्टयितारौ	पुण्टयितारः	पुण्ट्यात् -द्	पुण्ट्यास्ताम्	पुण्ट्यासुः
पुण्टयितासि	पुण्टयितास्थः	पुण्टयितास्थ	पुण्ट्याः	पुण्ट्यास्तम्	पुण्ट्यास्त
पुण्टयितास्मि	पुण्टयितास्वः	पुण्टयितास्मः	पुण्ट्यासम्	पुण्ट्यास्व	पुण्ट्यास्म

पुण्टयाम्बभूव	पुण्टयाम्बभूवतुः	पुण्टयाम्बभूवुः	अपुपुण्टत् -द्	अपुपुण्टताम्	अपुपुण्टन्
पुण्टयाञ्चकार	पुण्टयाञ्चक्रतुः	पुण्टयाञ्चक्रुः			
पुण्टयामास	पुण्टयामासतुः	पुण्टयामासुः			
पुण्टयाम्बभूविथ	पुण्टयाम्बभूवथुः	पुण्टयाम्बभूव	अपुपुण्टः	अपुपुण्टतम्	अपुपुण्टत
पुण्टयाञ्चकर्थ	पुण्टयाञ्चक्रथुः	पुण्टयाञ्चक्र			
पुण्टयामासिथ	पुण्टयामासथुः	पुण्टयामास			
पुण्टयाम्बभूव	पुण्टयाम्बभूविव	पुण्टयाम्बभूविम	अपुपुण्टम्	अपुपुण्टाव	अपुपुण्टाम
पुण्टयाञ्चकर -कार	पुण्टयाञ्चकृव	पुण्टयाञ्चकृम			
पुण्टयामास	पुण्टयामासिव	पुण्टयामासिम			

Atmanepadi Forms

पुण्टयते	पुण्टयेते[4]	पुण्टयन्ते[1]	अपुण्टयत	अपुण्टयेताम्[4]	अपुण्टयन्त[1]
पुण्टयसे	पुण्टयेथे[4]	पुण्टयध्वे	अपुण्टयथाः	अपुण्टयेथाम्[4]	अपुण्टयध्वम्
पुण्टये[1]	पुण्टयावहे[2]	पुण्टयामहे[2]	अपुण्टये[4]	अपुण्टयावहि[3]	अपुण्टयामहि[3]

पुण्टयताम्	पुण्टयेताम्[4]	पुण्टयन्ताम्[1]	पुण्टयेत	पुण्टयेयाताम्	पुण्टयेरन्
पुण्टयस्व	पुण्टयेथाम्[4]	पुण्टयध्वम्	पुण्टयेथाः	पुण्टयेयाथाम्	पुण्टयेध्वम्
पुण्टयै[5]	पुण्टयावहै[3]	पुण्टयामहै[3]	पुण्टयेय	पुण्टयेवहि	पुण्टयेमहि

पुण्टयिष्यते	पुण्टयिष्येते	पुण्टयिष्यन्ते	अपुण्टयिष्यत	अपुण्टयिष्येताम्	अपुण्टयिष्यन्त
पुण्टयिष्यसे	पुण्टयिष्येथे	पुण्टयिष्यध्वे	अपुण्टयिष्यथाः	अपुण्टयिष्येथाम्	अपुण्टयिष्यध्वम्
पुण्टयिष्ये	पुण्टयिष्यावहे	पुण्टयिष्यामहे	अपुण्टयिष्ये	अपुण्टयिष्यावहि	अपुण्टयिष्यामहि

पुण्टयिता	पुण्टयितारौ	पुण्टयितारः	पुण्टयिषीष्ट	पुण्टयिषीयास्ताम्	पुण्टयिषीरन्
पुण्टयितासे	पुण्टयितासाथे	पुण्टयिताध्वे	पुण्टयिषीष्ठाः	पुण्टयिषीयास्थाम्	पुण्टयिषीध्वम् -ढ्वम्
पुण्टयिताहे	पुण्टयितास्वहे	पुण्टयितास्महे	पुण्टयिषीय	पुण्टयिषीवहि	पुण्टयिषीमहि

पुण्टयाम्बभूव	पुण्टयाम्बभूवतुः	पुण्टयाम्बभूवुः	अपुपुण्टत	अपुपुण्टेताम्	अपुपुण्टन्त
पुण्टयाञ्चक्रे	पुण्टयाञ्चक्राते	पुण्टयाञ्चक्रिरे			
पुण्टयामास	पुण्टयामासतुः	पुण्टयामासुः			
पुण्टयाम्बभूविथ	पुण्टयाम्बभूवथुः	पुण्टयाम्बभूव	अपुपुण्टथाः	अपुपुण्टेथाम्	अपुपुण्टध्वम्
पुण्टयाञ्चकृषे	पुण्टयाञ्चक्राथे	पुण्टयाञ्चकृढ्वे			
पुण्टयामासिथ	पुण्टयामासथुः	पुण्टयामास			

पुण्टयाम्बभूव	**पुण्टयाम्बभूविव**	**पुण्टयाम्बभूविम**	**अपुपुण्टे**	**अपुपुण्टावहि**	**अपुपुण्टामहि**
पुण्टयाञ्चक्रे	**पुण्टयाञ्चकृवहे**	**पुण्टयाञ्चकृमहे**			
पुण्टयामास	**पुण्टयामासिव**	**पुण्टयामासिम**			

णिजभावपक्षे 1.3.78 **शेषात् कर्त्तरि परस्मैपदम् । इति पक्षे भ्वादिः इव पुण्ट्** । P । **सेट्** । **स०** ।

पुण्टति	पुण्टतः	पुण्टन्ति	अपुण्टत् -द्	अपुण्टताम्	अपुण्टन्
पुण्टसि	पुण्टथः	पुण्टथ	अपुण्टः	अपुण्टतम्	अपुण्टत
पुण्टामि	पुण्टावः	पुण्टामः	अपुण्टम्	अपुण्टाव	अपुण्टाम

पुण्टतु पुण्टतात् -द्	पुण्टताम्	पुण्टन्तु	पुण्टेत् -द्	पुण्टेताम्	पुण्टेयुः
पुण्ट पुण्टतात् -द्	पुण्टतम्	पुण्टत	पुण्टेः	पुण्टेतम्	पुण्टेत
पुण्टानि	पुण्टाव	पुण्टाम	पुण्टेयम्	पुण्टेव	पुण्टेम

पुण्टिष्यति	पुण्टिष्यतः	पुण्टिष्यन्ति	अपुण्टिष्यत् -द्	अपुण्टिष्यताम्	अपुण्टिष्यन्
पुण्टिष्यसि	पुण्टिष्यथः	पुण्टिष्यथ	अपुण्टिष्यः	अपुण्टिष्यतम्	अपुण्टिष्यत
पुण्टिष्यामि	पुण्टिष्यावः	पुण्टिष्यामः	अपुण्टिष्यम्	अपुण्टिष्यापु	अपुण्टिष्याम

पुण्टिता	पुण्टितारौ	पुण्टितारः	पुण्ट्यात् -द्	पुण्ट्यास्ताम्	पुण्ट्यासुः
पुण्टितासि	पुण्टितास्थः	पुण्टितास्थ	पुण्ट्याः	पुण्ट्यास्तम्	पुण्ट्यास्त
पुण्टितास्मि	पुण्टितास्वः	पुण्टितास्मः	पुण्ट्यासम्	पुण्ट्यास्व	पुण्ट्यास्म

पुपुण्ट	पुपुण्टतुः	पुपुण्टुः	अपुण्टीत् -द्	अपुण्टिष्टाम्	अपुण्टिषुः
पुपुण्टिथ	पुपुण्टथुः	पुपुण्ट	अपुण्टीः	अपुण्टिष्टम्	अपुण्टिष्ट
पुपुण्ट	पुपुण्टिव	पुपुण्टिम	अपुण्टिषम्	अपुण्टिष्व	अपुण्टिष्म

1793 जि भाषार्थः । भासार्थः । आस्वदीयः , Roots 561, 946 जि । speak, shine 7.2.115

10c 260 जि । जि । जाययति / ते । U । सेट् । स० । जायि । जायय । **Parasmaipadi Forms**

जाययति	**जाययतः**	**जाययन्ति**[1]	**अजाययत् -द्**	**अजाययताम्**	**अजाययन्**[1]
जाययसि	**जाययथः**	**जाययथ**	**अजाययः**	**अजाययतम्**	**अजाययत**
जाययामि[2]	**जाययावः**[2]	**जाययामः**[2]	**अजाययम्**[1]	**अजाययाव**[2]	**अजाययाम**[2]

जाययतु जाययतात् -द्	**जाययताम्**	**जाययन्तु**[1]	**जाययेत् -द्**	**जाययेताम्**	**जाययेयुः**
जायय जाययतात् -द्	**जाययतम्**	**जाययत**	**जाययेः**	**जाययेतम्**	**जाययेत**
जाययानि[3]	**जाययाव**[3]	**जाययाम**[3]	**जाययेयम्**	**जाययेव**	**जाययेम**

जाययिष्यति	**जाययिष्यतः**	**जाययिष्यन्ति**	**अजाययिष्यत् -द्**	**अजाययिष्यताम्**	**अजाययिष्यन्**
जाययिष्यसि	**जाययिष्यथः**	**जाययिष्यथ**	**अजाययिष्यः**	**अजाययिष्यतम्**	**अजाययिष्यत**
जाययिष्यामि	**जाययिष्यावः**	**जाययिष्यामः**	**अजाययिष्यम्**	**अजाययिष्याव**	**अजाययिष्याम**

जाययिता	**जाययितारौ**	**जाययितारः**	**जाय्यात् -द्**	**जाय्यास्ताम्**	**जाय्यासुः**
जाययितासि	**जाययितास्थः**	**जाययितास्थ**	**जाय्याः**	**जाय्यास्तम्**	**जाय्यास्त**

जाययितास्मि	जाययितास्वः	जाययितास्मः	जाय्यासम्	जाय्यास्व	जाय्यास्म

जाययाम्बभूव	जाययाम्बभूवतुः	जाययाम्बभूवुः	अजीजयत् -द्	अजीजयताम्	अजीजयन्
जाययाञ्चकार	जाययाञ्चक्रतुः	जाययाञ्चक्रुः			
जाययामास	जाययामासतुः	जाययामासुः			
जाययाम्बभूविथ	जाययाम्बभूवथुः	जाययाम्बभूव	अजीजयः	अजीजयतम्	अजीजयत
जाययाञ्चकर्थ	जाययाञ्चक्रथुः	जाययाञ्चक्र			
जाययामासिथ	जाययामासथुः	जाययामास			
जाययाम्बभूव	जाययाम्बभूविव	जाययाम्बभूविम	अजीजयम्	अजीजयाव	अजीजयाम
जाययाञ्चकर -कार	जाययाञ्चकृव	जाययाञ्चकृम			
जाययामास	जाययामासिव	जाययामासिम			

Atmanepadi Forms

जाययते	जाययेते[4]	जाययन्ते[1]	अजाययत	अजाययेताम्[4]	अजाययन्त[1]
जाययसे	जाययेथे[4]	जाययध्वे	अजाययथाः	अजाययेथाम्[4]	अजाययध्वम्
जायये[1]	जाययावहे[2]	जाययामहे[2]	अजायये[4]	अजाययावहि[3]	अजाययामहि[3]

जाययताम्	जाययेताम्[4]	जाययन्ताम्[1]	जाययेत	जाययेयाताम्	जाययेरन्
जाययस्व	जाययेथाम्[4]	जाययध्वम्	जाययेथाः	जाययेयाथाम्	जाययेध्वम्
जाययै[5]	जाययावहै[3]	जाययामहै[3]	जाययेय	जाययेवहि	जाययेमहि

जाययिष्यते	जाययिष्येते	जाययिष्यन्ते	अजाययिष्यत	अजाययिष्येताम्	अजाययिष्यन्त
जाययिष्यसे	जाययिष्येथे	जाययिष्यध्वे	अजाययिष्यथाः	अजाययिष्येथाम्	अजाययिष्यध्वम्
जाययिष्ये	जाययिष्यावहे	जाययिष्यामहे	अजाययिष्ये	अजाययिष्यावहि	अजाययिष्यामहि

जाययिता	जाययितारौ	जाययितारः	जाययिषीष्ट	जाययिषीयास्ताम्	जाययिषीरन्
जाययितासे	जाययितासाथे	जाययिताध्वे	जाययिषीष्ठाः	जाययिषीयास्थाम्	जाययिषीध्वम् -ढ्वम्
जाययिताहे	जाययितास्वहे	जाययितास्महे	जाययिषीय	जाययिषीवहि	जाययिषीमहि

जाययाम्बभूव	जाययाम्बभूवतुः	जाययाम्बभूवुः	अजीजयत	अजीजयेताम्	अजीजयन्त
जाययाञ्चक्रे	जाययाञ्चक्राते	जाययाञ्चक्रिरे			
जाययामास	जाययामासतुः	जाययामासुः			
जाययाम्बभूविथ	जाययाम्बभूवथुः	जाययाम्बभूव	अजीजयथाः	अजीजयेथाम्	अजीजयध्वम्
जाययाञ्चकृषे	जाययाञ्चक्राथे	जाययाञ्चकृढ्वे			
जाययामासिथ	जाययामासथुः	जाययामास			
जाययाम्बभूव	जाययाम्बभूविव	जाययाम्बभूविम	अजीजये	अजीजयावहि	अजीजयामहि
जाययाञ्चक्रे	जाययाञ्चकृवहे	जाययाञ्चकृमहे			

जाययामास	जाययामासिव	जाययामासिम			

1794 चि भाषार्थः । भासार्थः । जि चि – जुचि इत्येके । आस्वदीयः , Root 1251 चिञ् । illumine
10c 261 चि । चि । चाययति / ते , चापयति / ते । U । सेट् । स० । चायि । चायय ।
6.1.54 चिस्फुरोर्णौ । चि स्फुर इत्येतयोः धात्वोः णौ परतः एचः स्थाने विभाषा आकारादेशः ।
7.3.36 अर्त्तिह्रीब्लीरीक्नूयीक्ष्माय्यातां पुङ्णौ । 7.2.115 अचो ञ्णिति । **Parasmaipadi Forms**

चाययति	चाययतः	चाययन्ति[1]	अचाययत् -द्	अचाययताम्	अचाययन्[1]
चाययसि	चाययथः	चाययथ	अचाययः	अचाययतम्	अचाययत
चाययामि[2]	चाययावः[2]	चाययामः[2]	अचाययम्[1]	अचाययाव[2]	अचाययाम[2]

चाययतु चाययतात् -द्	चाययताम्	चाययन्तु[1]	चाययेत् -द्	चाययेताम्	चाययेयुः
चायय चाययतात् -द्	चाययतम्	चाययत	चाययेः	चाययेतम्	चाययेत
चाययानि[3]	चाययाव[3]	चाययाम[3]	चाययेयम्	चाययेव	चाययेम

चाययिष्यति	चाययिष्यतः	चाययिष्यन्ति	अचाययिष्यत् -द्	अचाययिष्यताम्	अचाययिष्यन्
चाययिष्यसि	चाययिष्यथः	चाययिष्यथ	अचाययिष्यः	अचाययिष्यतम्	अचाययिष्यत
चाययिष्यामि	चाययिष्यावः	चाययिष्यामः	अचाययिष्यम्	अचाययिष्याव	अचाययिष्याम

चाययिता	चाययितारौ	चाययितारः	चाय्यात् -द्	चाय्यास्ताम्	चाय्यासुः
चाययितासि	चाययितास्थः	चाययितास्थ	चाय्याः	चाय्यास्तम्	चाय्यास्त
चाययितास्मि	चाययितास्वः	चाययितास्मः	चाय्यासम्	चाय्यास्व	चाय्यास्म

चाययाम्बभूव	चाययाम्बभूवतुः	चाययाम्बभूवुः	अचीचयत् -द्	अचीचयताम्	अचीचयन्
चाययाञ्चकार	चाययाञ्चक्रतुः	चाययाञ्चक्रुः			
चाययामास	चाययामासतुः	चाययामासुः			
चाययाम्बभूविथ	चाययाम्बभूवथुः	चाययाम्बभूव	अचीचयः	अचीचयतम्	अचीचयत
चाययाञ्चकर्थ	चाययाञ्चक्रथुः	चाययाञ्चक्र			
चाययामासिथ	चाययामासथुः	चाययामास			
चाययाम्बभूव	चाययाम्बभूविव	चाययाम्बभूविम	अचीचयम्	अचीचयाव	अचीचयाम
चाययाञ्चकर -कार	चाययाञ्चकृव	चाययाञ्चकृम			
चाययामास	चाययामासिव	चाययामासिम			

Atmanepadi Forms

चाययते	चाययेते[4]	चाययन्ते[1]	अचाययत	अचाययेताम्[4]	अचाययन्त[1]
चाययसे	चाययेथे[4]	चाययध्वे	अचाययथाः	अचाययेथाम्[4]	अचाययध्वम्
चायये[1]	चाययावहे[2]	चाययामहे[2]	अचायये[4]	अचाययावहि[3]	अचाययामहि[3]

चाययताम्	चाययेताम्[4]	चाययन्ताम्[1]	चाययेत	चाययेयाताम्	चाययेरन्
चाययस्व	चाययेथाम्[4]	चाययध्वम्	चाययेथाः	चाययेयाथाम्	चाययेध्वम्
चाययै[5]	चाययावहै[3]	चाययामहै[3]	चाययेय	चाययेवहि	चाययेमहि

चाययिष्यते	चाययिष्येते	चाययिष्यन्ते	अचाययिष्यत	अचाययिष्येताम्	अचाययिष्यन्त
चाययिष्यसे	चाययिष्येथे	चाययिष्यध्वे	अचाययिष्यथाः	अचाययिष्येथाम्	अचाययिष्यध्वम्
चाययिष्ये	चाययिष्यावहे	चाययिष्यामहे	अचाययिष्ये	अचाययिष्यावहि	अचाययिष्यामहि

चाययिता	चाययितारौ	चाययितारः	चाययिषीष्ट	चाययिषीयास्ताम्	चाययिषीरन्
चाययितासे	चाययितासाथे	चाययिताध्वे	चाययिषीष्ठाः	चाययिषीयास्थाम्	चाययिषीध्वम् -ढ्वम्
चाययिताहे	चाययितास्वहे	चाययितास्महे	चाययिषीय	चाययिषीवहि	चाययिषीमहि

चाययाम्बभूव	चाययाम्बभूवतुः	चाययाम्बभूवुः	अचीचयत	अचीचयेताम्	अचीचयन्त
चाययाञ्चक्रे	चाययाञ्चक्राते	चाययाञ्चक्रिरे			
चाययामास	चाययामासतुः	चाययामासुः			
चाययाम्बभूविथ	चाययाम्बभूवथुः	चाययाम्बभूव	अचीचयथाः	अचीचयेथाम्	अचीचयध्वम्
चाययाञ्चकृषे	चाययाञ्चक्राथे	चाययाञ्चकृढ्वे			
चाययामासिथ	चाययामासथुः	चाययामास			
चाययाम्बभूव	चाययाम्बभूविव	चाययाम्बभूविम	अचीचये	अचीचयावहि	अचीचयामहि
चाययाञ्चक्रे	चाययाञ्चकृवहे	चाययाञ्चकृमहे			
चाययामास	चाययामासिव	चाययामासिम			

1794 चि भाषार्थः । 6.1.54 चिस्फुरोर्णौ । चि स्फुर् धातूनां णौ परतः एचः स्थाने विभाषा आकारादेशः । 7.3.36 अर्त्तिह्रीब्लीरीक्नूयीक्ष्माय्यातां पुङ्णौ । इति पुक् आगमः । U । सेट् । स० । चापि । चापय ।

Parasmaipadi Forms

चापयति	चापयतः	चापयन्ति[1]	अचापयत् -द्	अचापयताम्	अचापयन्[1]
चापयसि	चापयथः	चापयथ	अचापयः	अचापयतम्	अचापयत
चापयामि[2]	चापयावः[2]	चापयामः[2]	अचापयम्[1]	अचापयाव[2]	अचापयाम[2]

चापयतु चापयतात् -द्	चापयताम्	चापयन्तु[1]	चापयेत् -द्	चापयेताम्	चापयेयुः
चापय चापयतात् -द्	चापयतम्	चापयत	चापयेः	चापयेतम्	चापयेत
चापयानि[3]	चापयाव[3]	चापयाम[3]	चापयेयम्	चापयेव	चापयेम

चापयिष्यति	चापयिष्यतः	चापयिष्यन्ति	अचापयिष्यत् -द्	अचापयिष्यताम्	अचापयिष्यन्
चापयिष्यसि	चापयिष्यथः	चापयिष्यथ	अचापयिष्यः	अचापयिष्यतम्	अचापयिष्यत
चापयिष्यामि	चापयिष्यावः	चापयिष्यामः	अचापयिष्यम्	अचापयिष्याव	अचापयिष्याम

चापयिता	चापयितारौ	चापयितारः	चाप्यात् -द्	चाप्यास्ताम्	चाप्यासुः
चापयितासि	चापयितास्थः	चापयितास्थ	चाप्याः	चाप्यास्तम्	चाप्यास्त
चापयितास्मि	चापयितास्वः	चापयितास्मः	चाप्यासम्	चाप्यास्व	चाप्यास्म

चापयाम्बभूव	चापयाम्बभूवतुः	चापयाम्बभूवुः	अचीचपत् -द्	अचीचपताम्	अचीचपन्
चापयाञ्चकार	चापयाञ्चक्रतुः	चापयाञ्चक्रुः			
चापयामास	चापयामासतुः	चापयामासुः			
चापयाम्बभूविथ	चापयाम्बभूवथुः	चापयाम्बभूव	अचीचपः	अचीचपतम्	अचीचपत
चापयाञ्चकर्थ	चापयाञ्चक्रथुः	चापयाञ्चक्र			
चापयामासिथ	चापयामासथुः	चापयामास			
चापयाम्बभूव	चापयाम्बभूविव	चापयाम्बभूविम	अचीचपम्	अचीचपाव	अचीचपाम
चापयाञ्चकर -कार	चापयाञ्चकृव	चापयाञ्चकृम			
चापयामास	चापयामासिव	चापयामासिम			

Atmanepadi Forms

चापयते	चापयेते[4]	चापयन्ते[1]	अचापयत	अचापयेताम्[4]	अचापयन्त[1]
चापयसे	चापयेथे[4]	चापयध्वे	अचापयथाः	अचापयेथाम्[4]	अचापयध्वम्
चापये[1]	चापयावहे[2]	चापयामहे[2]	अचापये[4]	अचापयावहि[3]	अचापयामहि[3]

चापयताम्	चापयेताम्[4]	चापयन्ताम्[1]	चापयेत	चापयेयाताम्	चापयेरन्
चापयस्व	चापयेथाम्[4]	चापयध्वम्	चापयेथाः	चापयेयाथाम्	चापयेध्वम्
चापयै[5]	चापयावहै[3]	चापयामहै[3]	चापयेय	चापयेवहि	चापयेमहि

चापयिष्यते	चापयिष्येते	चापयिष्यन्ते	अचापयिष्यत	अचापयिष्येताम्	अचापयिष्यन्त
चापयिष्यसे	चापयिष्येथे	चापयिष्यध्वे	अचापयिष्यथाः	अचापयिष्येथाम्	अचापयिष्यध्वम्
चापयिष्ये	चापयिष्यावहे	चापयिष्यामहे	अचापयिष्ये	अचापयिष्यावहि	अचापयिष्यामहि

चापयिता	चापयितारौ	चापयितारः	चापयिषीष्ट	चापयिषीयास्ताम्	चापयिषीरन्
चापयितासे	चापयितासाथे	चापयिताध्वे	चापयिषीष्ठाः	चापयिषीयास्थाम्	चापयिषीध्वम् -ढ्वम्
चापयिताहे	चापयितास्वहे	चापयितास्महे	चापयिषीय	चापयिषीवहि	चापयिषीमहि

चापयाम्बभूव	चापयाम्बभूवतुः	चापयाम्बभूवुः	अचीचपत	अचीचपेताम्	अचीचपन्त
चापयाञ्चक्रे	चापयाञ्चक्राते	चापयाञ्चक्रिरे			
चापयामास	चापयामासतुः	चापयामासुः			
चापयाम्बभूविथ	चापयाम्बभूवथुः	चापयाम्बभूव	अचीचपथाः	अचीचपेथाम्	अचीचपध्वम्
चापयाञ्चकृषे	चापयाञ्चक्राथे	चापयाञ्चकृढ्वे			
चापयामासिथ	चापयामासथुः	चापयामास			

चापयाम्बभूव	चापयाम्बभूविव	चापयाम्बभूविम	अचीचपे	अचीचपावहि	अचीचपामहि
चापयाञ्चक्रे	चापयाञ्चकृवहे	चापयाञ्चकृमहे			
चापयामास	चापयामासिव	चापयामासिम			

1795 रघि भाषायाम् । आस्वदीयः , Root 107 रघि । इदित् वैकल्पिकः णिच् । shine, speak
10c 262 रघिँ । रङ्घ् । रङ्घयति / ते , रङ्घति । U । सेट् । स० । रङ्घि । रङ्घय ।
7.1.58 इदितो नुम् धातोः । **Parasmaipadi Forms**

रङ्घयति	रङ्घयतः	रङ्घयन्ति[1]	अरङ्घयत् -द्	अरङ्घयताम्	अरङ्घयन्[1]
रङ्घयसि	रङ्घयथः	रङ्घयथ	अरङ्घयः	अरङ्घयतम्	अरङ्घयत
रङ्घयामि[2]	रङ्घयावः[2]	रङ्घयामः[2]	अरङ्घयम्[1]	अरङ्घयाव[2]	अरङ्घयाम[2]

रङ्घयतु रङ्घयतात् -द्	रङ्घयताम्	रङ्घयन्तु[1]	रङ्घयेत् -द्	रङ्घयेताम्	रङ्घयेयुः
रङ्घय रङ्घयतात् -द्	रङ्घयतम्	रङ्घयत	रङ्घयेः	रङ्घयेतम्	रङ्घयेत
रङ्घयाणि[3]	रङ्घयाव[3]	रङ्घयाम[3]	रङ्घयेयम्	रङ्घयेव	रङ्घयेम

रङ्घयिष्यति	रङ्घयिष्यतः	रङ्घयिष्यन्ति	अरङ्घयिष्यत् -द्	अरङ्घयिष्यताम्	अरङ्घयिष्यन्
रङ्घयिष्यसि	रङ्घयिष्यथः	रङ्घयिष्यथ	अरङ्घयिष्यः	अरङ्घयिष्यतम्	अरङ्घयिष्यत
रङ्घयिष्यामि	रङ्घयिष्यावः	रङ्घयिष्यामः	अरङ्घयिष्यम्	अरङ्घयिष्याव	अरङ्घयिष्याम

रङ्घयिता	रङ्घयितारौ	रङ्घयितारः	रङ्घ्यात् -द्	रङ्घ्यास्ताम्	रङ्घ्यासुः
रङ्घयितासि	रङ्घयितास्थः	रङ्घयितास्थ	रङ्घ्याः	रङ्घ्यास्तम्	रङ्घ्यास्त
रङ्घयितास्मि	रङ्घयितास्वः	रङ्घयितास्मः	रङ्घ्यासम्	रङ्घ्यास्व	रङ्घ्यास्म

रङ्घयाम्बभूव	रङ्घयाम्बभूवतुः	रङ्घयाम्बभूवुः	अररङ्घत् -द्	अररङ्घताम्	अररङ्घन्
रङ्घयाञ्चकार	रङ्घयाञ्चक्रतुः	रङ्घयाञ्चक्रुः			
रङ्घयामास	रङ्घयामासतुः	रङ्घयामासुः			
रङ्घयाम्बभूविथ	रङ्घयाम्बभूवथुः	रङ्घयाम्बभूव	अररङ्घः	अररङ्घतम्	अररङ्घत
रङ्घयाञ्चकर्थ	रङ्घयाञ्चक्रथुः	रङ्घयाञ्चक्र			
रङ्घयामासिथ	रङ्घयामासथुः	रङ्घयामास			
रङ्घयाम्बभूव	रङ्घयाम्बभूविव	रङ्घयाम्बभूविम	अररङ्घम्	अररङ्घाव	अररङ्घाम
रङ्घयाञ्चकर -कार	रङ्घयाञ्चकृव	रङ्घयाञ्चकृम			
रङ्घयामास	रङ्घयामासिव	रङ्घयामासिम			

Atmanepadi Forms

रङ्घयते	रङ्घयेते[4]	रङ्घयन्ते[1]	अरङ्घयत	अरङ्घयेताम्[4]	अरङ्घयन्त[1]
रङ्घयसे	रङ्घयेथे[4]	रङ्घयध्वे	अरङ्घयथाः	अरङ्घयेथाम्[4]	अरङ्घयध्वम्
रङ्घये[1]	रङ्घयावहे[2]	रङ्घयामहे[2]	अरङ्घये[4]	अरङ्घयावहि[3]	अरङ्घयामहि[3]

रङ्घयताम्	रङ्घयेताम्[4]	रङ्घयन्ताम्[1]	रङ्घयेत	रङ्घयेयाताम्	रङ्घयेरन्
रङ्घयस्व	रङ्घयेथाम्[4]	रङ्घयध्वम्	रङ्घयेथाः	रङ्घयेयाथाम्	रङ्घयेध्वम्
रङ्घयै[5]	रङ्घयावहै[3]	रङ्घयामहै[3]	रङ्घयेय	रङ्घयेवहि	रङ्घयेमहि

रङ्घयिष्यते	रङ्घयिष्येते	रङ्घयिष्यन्ते	अरङ्घयिष्यत	अरङ्घयिष्येताम्	अरङ्घयिष्यन्त
रङ्घयिष्यसे	रङ्घयिष्येथे	रङ्घयिष्यध्वे	अरङ्घयिष्यथाः	अरङ्घयिष्येथाम्	अरङ्घयिष्यध्वम्
रङ्घयिष्ये	रङ्घयिष्यावहे	रङ्घयिष्यामहे	अरङ्घयिष्ये	अरङ्घयिष्यावहि	अरङ्घयिष्यामहि

रङ्घयिता	रङ्घयितारौ	रङ्घयितारः	रङ्घयिषीष्ट	रङ्घयिषीयास्ताम्	रङ्घयिषीरन्
रङ्घयितासे	रङ्घयितासाथे	रङ्घयिताध्वे	रङ्घयिषीष्ठाः	रङ्घयिषीयास्थाम्	रङ्घयिषीध्वम् -ढ्वम्
रङ्घयिताहे	रङ्घयितास्वहे	रङ्घयितास्महे	रङ्घयिषीय	रङ्घयिषीवहि	रङ्घयिषीमहि

रङ्घयाम्बभूव	रङ्घयाम्बभूवतुः	रङ्घयाम्बभूवुः	अररङ्घत	अररङ्घेताम्	अररङ्घन्त
रङ्घयाञ्चक्रे	रङ्घयाञ्चक्राते	रङ्घयाञ्चक्रिरे			
रङ्घयामास	रङ्घयामासतुः	रङ्घयामासुः			
रङ्घयाम्बभूविथ	रङ्घयाम्बभूवथुः	रङ्घयाम्बभूव	अररङ्घथाः	अररङ्घेथाम्	अररङ्घध्वम्
रङ्घयाञ्चकृषे	रङ्घयाञ्चक्राथे	रङ्घयाञ्चकृढ्वे			
रङ्घयामासिथ	रङ्घयामासथुः	रङ्घयामास			
रङ्घयाम्बभूव	रङ्घयाम्बभूविव	रङ्घयाम्बभूविम	अररङ्घे	अररङ्घावहि	अररङ्घामहि
रङ्घयाञ्चक्रे	रङ्घयाञ्चकृवहे	रङ्घयाञ्चकृमहे			
रङ्घयामास	रङ्घयामासिव	रङ्घयामासिम			

णिजभावपक्षे 1.3.78 शेषात् कर्त्तरि परस्मैपदम् । इति पक्षे भ्वादिः इव रङ्घ् । P । सेट् । स० ।

रङ्घति	रङ्घतः	रङ्घन्ति	अरङ्घत् -द्	अरङ्घताम्	अरङ्घन्
रङ्घसि	रङ्घथः	रङ्घथ	अरङ्घः	अरङ्घतम्	अरङ्घत
रङ्घामि	रङ्घावः	रङ्घामः	अरङ्घम्	अरङ्घाव	अरङ्घाम

रङ्घतु रङ्घतात् -द्	रङ्घताम्	रङ्घन्तु	रङ्घेत् -द्	रङ्घेताम्	रङ्घेयुः
रङ्घ रङ्घतात् -द्	रङ्घतम्	रङ्घत	रङ्घेः	रङ्घेतम्	रङ्घेत
रङ्घाणि	रङ्घाव	रङ्घाम	रङ्घेयम्	रङ्घेव	रङ्घेम

रङ्घिष्यति	रङ्घिष्यतः	रङ्घिष्यन्ति	अरङ्घिष्यत् -द्	अरङ्घिष्यताम्	अरङ्घिष्यन्
रङ्घिष्यसि	रङ्घिष्यथः	रङ्घिष्यथ	अरङ्घिष्यः	अरङ्घिष्यतम्	अरङ्घिष्यत
रङ्घिष्यामि	रङ्घिष्यावः	रङ्घिष्यामः	अरङ्घिष्यम्	अरङ्घिष्याव	अरङ्घिष्याम

रङ्घिता	रङ्घितारौ	रङ्घितारः	रङ्घ्यात् -द्	रङ्घ्यास्ताम्	रङ्घ्यासुः
रङ्घितासि	रङ्घितास्थः	रङ्घितास्थ	रङ्घ्याः	रङ्घ्यास्तम्	रङ्घ्यास्त
रङ्घितास्मि	रङ्घितास्वः	रङ्घितास्मः	रङ्घ्यासम्	रङ्घ्यास्व	रङ्घ्यास्म

ररङ्घ	ररङ्घतुः	ररङ्घुः	अरङ्घीत् -द्	अरङ्घिष्टाम्	अरङ्घिषुः
ररङ्घिथ	ररङ्घथुः	ररङ्घ	अरङ्घीः	अरङ्घिष्टम्	अरङ्घिष्ट
ररङ्घ	ररङ्घिव	ररङ्घिम	अरङ्घिषम्	अरङ्घिष्व	अरङ्घिष्म

1796 लघि भाषायाम् । आस्वदीयः , Root 108 लघि । इदित् वैकल्पिकः णिच् । shine, speak, go beyond
10c 263 लघिँ । लङ्घ् । लङ्घयति / ते, लङ्घति । U । सेट् । स० । लङ्घि । लङ्घय ।
Repetition - Identical to Root 1760 लघि भाषायाम् । आस्वदीयः । Not in Madhaviya Dhatu Vritti
7.1.58 इदितो नुम् धातोः । **Parasmaipadi Forms**

लङ्घयति	लङ्घयतः	लङ्घयन्ति[1]	अलङ्घयत् -द्	अलङ्घयताम्	अलङ्घयन्[1]
लङ्घयसि	लङ्घयथः	लङ्घयथ	अलङ्घयः	अलङ्घयतम्	अलङ्घयत
लङ्घयामि[2]	लङ्घयावः[2]	लङ्घयामः[2]	अलङ्घयम्[1]	अलङ्घयाव[2]	अलङ्घयाम[2]

लङ्घयतु लङ्घयतात् -द्	लङ्घयताम्	लङ्घयन्तु[1]	लङ्घयेत् -द्	लङ्घयेताम्	लङ्घयेयुः
लङ्घय लङ्घयतात् -द्	लङ्घयतम्	लङ्घयत	लङ्घयेः	लङ्घयेतम्	लङ्घयेत
लङ्घयानि[3]	लङ्घयाव[3]	लङ्घयाम[3]	लङ्घयेयम्	लङ्घयेव	लङ्घयेम

लङ्घयिष्यति	लङ्घयिष्यतः	लङ्घयिष्यन्ति	अलङ्घयिष्यत् -द्	अलङ्घयिष्यताम्	अलङ्घयिष्यन्
लङ्घयिष्यसि	लङ्घयिष्यथः	लङ्घयिष्यथ	अलङ्घयिष्यः	अलङ्घयिष्यतम्	अलङ्घयिष्यत
लङ्घयिष्यामि	लङ्घयिष्यावः	लङ्घयिष्यामः	अलङ्घयिष्यम्	अलङ्घयिष्याव	अलङ्घयिष्याम

लङ्घयिता	लङ्घयितारौ	लङ्घयितारः	लङ्घ्यात् -द्	लङ्घ्यास्ताम्	लङ्घ्यासुः
लङ्घयितासि	लङ्घयितास्थः	लङ्घयितास्थ	लङ्घ्याः	लङ्घ्यास्तम्	लङ्घ्यास्त
लङ्घयितास्मि	लङ्घयितास्वः	लङ्घयितास्मः	लङ्घ्यासम्	लङ्घ्यास्व	लङ्घ्यास्म

लङ्घयाम्बभूव	लङ्घयाम्बभूवतुः	लङ्घयाम्बभूवुः	अललङ्घत् -द्	अललङ्घताम्	अललङ्घन्
लङ्घयाञ्चकार	लङ्घयाञ्चक्रतुः	लङ्घयाञ्चक्रुः			
लङ्घयामास	लङ्घयामासतुः	लङ्घयामासुः			
लङ्घयाम्बभूविथ	लङ्घयाम्बभूवथुः	लङ्घयाम्बभूव	अललङ्घः	अललङ्घतम्	अललङ्घत
लङ्घयाञ्चकर्थ	लङ्घयाञ्चक्रथुः	लङ्घयाञ्चक्र			
लङ्घयामासिथ	लङ्घयामासथुः	लङ्घयामास			
लङ्घयाम्बभूव	लङ्घयाम्बभूविव	लङ्घयाम्बभूविम	अललङ्घम्	अललङ्घाव	अललङ्घाम
लङ्घयाञ्चकर -कार	लङ्घयाञ्चकृव	लङ्घयाञ्चकृम			
लङ्घयामास	लङ्घयामासिव	लङ्घयामासिम			

Atmanepadi Forms

लङ्घयते	लङ्घयेते[4]	लङ्घयन्ते[1]	अलङ्घयत	अलङ्घयेताम्[4]	अलङ्घयन्त[1]
लङ्घयसे	लङ्घयेथे[4]	लङ्घयध्वे	अलङ्घयथाः	अलङ्घयेथाम्[4]	अलङ्घयध्वम्

लङ्घये[1]	लङ्घयावहे[2]	लङ्घयामहे[2]	अलङ्घये[4]	अलङ्घयावहि[3]	अलङ्घयामहि[3]

लङ्घयताम्	लङ्घयेताम्[4]	लङ्घयन्ताम्[1]	लङ्घयेत	लङ्घयेयाताम्	लङ्घयेरन्
लङ्घयस्व	लङ्घयेथाम्[4]	लङ्घयध्वम्	लङ्घयेथाः	लङ्घयेयाथाम्	लङ्घयेध्वम्
लङ्घयै[5]	लङ्घयावहै[3]	लङ्घयामहै[3]	लङ्घयेय	लङ्घयेवहि	लङ्घयेमहि

लङ्घयिष्यते	लङ्घयिष्येते	लङ्घयिष्यन्ते	अलङ्घयिष्यत	अलङ्घयिष्येताम्	अलङ्घयिष्यन्त
लङ्घयिष्यसे	लङ्घयिष्येथे	लङ्घयिष्यध्वे	अलङ्घयिष्यथाः	अलङ्घयिष्येथाम्	अलङ्घयिष्यध्वम्
लङ्घयिष्ये	लङ्घयिष्यावहे	लङ्घयिष्यामहे	अलङ्घयिष्ये	अलङ्घयिष्यावहि	अलङ्घयिष्यामहि

लङ्घयिता	लङ्घयितारौ	लङ्घयितारः	लङ्घयिषीष्ट	लङ्घयिषीयास्ताम्	लङ्घयिषीरन्
लङ्घयितासे	लङ्घयितासाथे	लङ्घयिताध्वे	लङ्घयिषीष्ठाः	लङ्घयिषीयास्थाम्	लङ्घयिषीध्वम् -ढ्वम्
लङ्घयिताहे	लङ्घयितास्वहे	लङ्घयितास्महे	लङ्घयिषीय	लङ्घयिषीवहि	लङ्घयिषीमहि

लङ्घयाम्बभूव	लङ्घयाम्बभूवतुः	लङ्घयाम्बभूवुः	अललङ्घत	अललङ्घेताम्	अललङ्घन्त
लङ्घयाञ्चक्रे	लङ्घयाञ्चक्राते	लङ्घयाञ्चक्रिरे			
लङ्घयामास	लङ्घयामासतुः	लङ्घयामासुः			
लङ्घयाम्बभूविथ	लङ्घयाम्बभूवथुः	लङ्घयाम्बभूव	अललङ्घथाः	अललङ्घेथाम्	अललङ्घध्वम्
लङ्घयाञ्चकृषे	लङ्घयाञ्चक्राथे	लङ्घयाञ्चकृढ्वे			
लङ्घयामासिथ	लङ्घयामासथुः	लङ्घयामास			
लङ्घयाम्बभूव	लङ्घयाम्बभूविव	लङ्घयाम्बभूविम	अललङ्घे	अललङ्घावहि	अललङ्घामहि
लङ्घयाञ्चक्रे	लङ्घयाञ्चकृवहे	लङ्घयाञ्चकृमहे			
लङ्घयामास	लङ्घयामासिव	लङ्घयामासिम			

णिजभावपक्षे 1.3.78 शेषात् कर्त्तरि परस्मैपदम् । इति पक्षे भ्वादिः इव लङ्घ् । P । सेट् । स० ।

लङ्घति	लङ्घतः	लङ्घन्ति	अलङ्घत् -द्	अलङ्घताम्	अलङ्घन्
लङ्घसि	लङ्घथः	लङ्घथ	अलङ्घः	अलङ्घतम्	अलङ्घत
लङ्घामि	लङ्घावः	लङ्घामः	अलङ्घम्	अलङ्घाव	अलङ्घाम

लङ्घतु लङ्घतात् -द्	लङ्घताम्	लङ्घन्तु	लङ्घेत् -द्	लङ्घेताम्	लङ्घेयुः
लङ्घ लङ्घतात् -द्	लङ्घतम्	लङ्घत	लङ्घेः	लङ्घेतम्	लङ्घेत
लङ्घानि	लङ्घाव	लङ्घाम	लङ्घेयम्	लङ्घेव	लङ्घेम

लङ्घिष्यति	लङ्घिष्यतः	लङ्घिष्यन्ति	अलङ्घिष्यत् -द्	अलङ्घिष्यताम्	अलङ्घिष्यन्
लङ्घिष्यसि	लङ्घिष्यथः	लङ्घिष्यथ	अलङ्घिष्यः	अलङ्घिष्यतम्	अलङ्घिष्यत
लङ्घिष्यामि	लङ्घिष्यावः	लङ्घिष्यामः	अलङ्घिष्यम्	अलङ्घिष्याव	अलङ्घिष्याम

लङ्घिता	लङ्घितारौ	लङ्घितारः	लङ्घ्यात् -द्	लङ्घ्यास्ताम्	लङ्घ्यासुः
लङ्घितासि	लङ्घितास्थः	लङ्घितास्थ	लङ्घ्याः	लङ्घ्यास्तम्	लङ्घ्यास्त

लङ्घितास्मि	लङ्घितास्वः	लङ्घितास्मः	लङ्घ्यासम्	लङ्घ्यास्व	लङ्घ्यास्म

ललङ्घ	ललङ्घतुः	ललङ्घुः	अलङ्घीत् -द्	अलङ्घिष्टाम्	अलङ्घिषुः
ललङ्घिथ	ललङ्घथुः	ललङ्घ	अलङ्घीः	अलङ्घिष्टम्	अलङ्घिष्ट
ललङ्घ	ललङ्घिव	ललङ्घिम	अलङ्घिषम्	अलङ्घिष्व	अलङ्घिष्म

1797 अहि भाषायाम् । आस्वदीयः , Root 635 अहि । इदित् वैकल्पिकः णिच् । speak, shine
10c 264 अहिँ । अंह् । अंहयति / ते , अंहति । U । सेट् । स० । अंहि । अंहय ।
7.1.58 इदितो नुम् धातोः । **Parasmaipadi Forms**

अंहयति	अंहयतः	अंहयन्ति[1]	आंहयत् -द्	आंहयताम्	आंहयन्[1]
अंहयसि	अंहयथः	अंहयथ	आंहयः	आंहयतम्	आंहयत
अंहयामि[2]	अंहयावः[2]	अंहयामः[2]	आंहयम्[1]	आंहयाव[2]	आंहयाम[2]

अंहयतु अंहयतात् -द्	अंहयताम्	अंहयन्तु[1]	अंहयेत् -द्	अंहयेताम्	अंहयेयुः
अंहय अंहयतात् -द्	अंहयतम्	अंहयत	अंहयेः	अंहयेतम्	अंहयेत
अंहयानि[3]	अंहयाव[3]	अंहयाम[3]	अंहयेयम्	अंहयेव	अंहयेम

अंहयिष्यति	अंहयिष्यतः	अंहयिष्यन्ति	आंहयिष्यत् -द्	आंहयिष्यताम्	आंहयिष्यन्
अंहयिष्यसि	अंहयिष्यथः	अंहयिष्यथ	आंहयिष्यः	आंहयिष्यतम्	आंहयिष्यत
अंहयिष्यामि	अंहयिष्यावः	अंहयिष्यामः	आंहयिष्यम्	आंहयिष्याव	आंहयिष्याम

अंहयिता	अंहयितारौ	अंहयितारः	अंह्यात् -द्	अंह्यास्ताम्	अंह्यासुः
अंहयितासि	अंहयितास्थः	अंहयितास्थ	अंह्याः	अंह्यास्तम्	अंह्यास्त
अंहयितास्मि	अंहयितास्वः	अंहयितास्मह	अंह्यासम्	अंह्यास्व	अंह्यास्म

अंहयाम्बभूव	अंहयाम्बभूवतुः	अंहयाम्बभूवुः	आञ्जिहत् -द्	आञ्जिहताम्	आञ्जिहन्
अंहयाञ्चकार	अंहयाञ्चक्रतुः	अंहयाञ्चक्रुः			
अंहयामास	अंहयामासतुः	अंहयामासुः			
अंहयाम्बभूविथ	अंहयाम्बभूवथुः	अंहयाम्बभूव	आञ्जिहः	आञ्जिहतम्	आञ्जिहत
अंहयाञ्चकर्थ	अंहयाञ्चक्रथुः	अंहयाञ्चक्र			
अंहयामासिथ	अंहयामासथुः	अंहयामास			
अंहयाम्बभूव	अंहयाम्बभूविव	अंहयाम्बभूविम	आञ्जिहम्	आञ्जिहाव	आञ्जिहाम
अंहयाञ्चकर -कार	अंहयाञ्चकृव	अंहयाञ्चकृम			
अंहयामास	अंहयामासिव	अंहयामासिम			

Atmanepadi Forms

अंहयते	अंहयेते[4]	अंहयन्ते[1]	आंहयत	आंहयेताम्[4]	आंहयन्त[1]
अंहयसे	अंहयेथे[4]	अंहयध्वे	आंहयथाः	आंहयेथाम्[4]	आंहयध्वम्

अंहये[1]	अंहयावहे[2]	अंहयामहे[2]	आंहये[4]	आंहयावहि[3]	आंहयामहि[3]

अंहयताम्	अंहयेताम्[4]	अंहयन्ताम्[1]	अंहयेत	अंहयेयाताम्	अंहयेरन्
अंहयस्व	अंहयेथाम्[4]	अंहयध्वम्	अंहयेथाः	अंहयेयाथाम्	अंहयेध्वम्
अंहयै[5]	अंहयावहै[3]	अंहयामहै[3]	अंहयेय	अंहयेवहि	अंहयेमहि

अंहयिष्यते	अंहयिष्येते	अंहयिष्यन्ते	आंहयिष्यत	आंहयिष्येताम्	आंहयिष्यन्त
अंहयिष्यसे	अंहयिष्येथे	अंहयिष्यध्वे	आंहयिष्यथाः	आंहयिष्येथाम्	आंहयिष्यध्वम्
अंहयिष्ये	अंहयिष्यावहे	अंहयिष्यामहे	आंहयिष्ये	आंहयिष्यावहि	आंहयिष्यामहि

अंहयिता	अंहयितारौ	अंहयितारः	अंहयिषीष्ट	अंहयिषीयास्ताम्	अंहयिषीरन्
अंहयितासे	अंहयितासाथे	अंहयिताध्वे	अंहयिषीष्ठाः	अंहयिषीयास्थाम्	अंहयिषीध्वम् -ढ्वम्
अंहयिताहे	अंहयितास्वहे	अंहयितास्महे	अंहयिषीय	अंहयिषीवहि	अंहयिषीमहि

अंहयाम्बभूव	अंहयाम्बभूवतुः	अंहयाम्बभूवुः	आञ्जिहत	आञ्जिहेताम्	आञ्जिहन्त
अंहयाञ्चक्रे	अंहयाञ्चक्राते	अंहयाञ्चक्रिरे			
अंहयामास	अंहयामासतुः	अंहयामासुः			
अंहयाम्बभूविथ	अंहयाम्बभूवथुः	अंहयाम्बभूव	आञ्जिहथाः	आञ्जिहेथाम्	आञ्जिहध्वम्
अंहयाञ्चकृषे	अंहयाञ्चक्राथे	अंहयाञ्चकृढ्वे			
अंहयामासिथ	अंहयामासथुः	अंहयामास			
अंहयाम्बभूव	अंहयाम्बभूविव	अंहयाम्बभूविम	आञ्जिहे	आञ्जिहावहि	आञ्जिहामहि
अंहयाञ्चक्रे	अंहयाञ्चकृवहे	अंहयाञ्चकृमहे			
अंहयामास	अंहयामासिव	अंहयामासिम			

णिजभावपक्षे 1.3.78 शेषात् कर्त्तरि परस्मैपदम् । इति पक्षे भ्वादिः इव अंह् । P । सेट् । स० ।

अंहति	अंहतः	अंहन्ति	आंहत् -द्	आंहताम्	आंहन्
अंहसि	अंहथः	अंहथ	आंहः	आंहतम्	आंहत
अंहामि	अंहावः	अंहामः	आंहम्	आंहाव	आंहाम

अंहतु अंहतात् -द्	अंहताम्	अंहन्तु[1]	अंहेत् -द्	अंहेताम्	अंहेयुः
अंह अंहतात् -द्	अंहतम्	अंहत	अंहेः	अंहेतम्	अंहेत
अंहानि	अंहाव	अंहाम	अंहेयम्	अंहेव	अंहेम

अंहिष्यति	अंहिष्यतः	अंहिष्यन्ति	आंहिष्यत् -द्	आंहिष्यताम्	आंहिष्यन्
अंहिष्यसि	अंहिष्यथः	अंहिष्यथ	आंहिष्यः	आंहिष्यतम्	आंहिष्यत
अंहिष्यामि	अंहिष्यावः	अंहिष्यामः	आंहिष्यम्	आंहिष्याव	आंहिष्याम

अंहिता	अंहितारौ	अंहितारः	अंह्यात् -द्	अंह्यास्ताम्	अंह्यासुः
अंहितासि	अंहितास्थः	अंहितास्थ	अंह्याः	अंह्यास्तम्	अंह्यास्त
अंहितास्मि	अंहितास्वः	अंहितास्मह	अंह्यासम्	अंह्यास्व	अंह्यास्म

आनंह	आनंहतुः	आनंहुः	आंहीत् -द्	आंहिष्टाम्	आंहिषुः
आनंहिथ	आनंहथुः	आनंह	आंहीः	आंहिष्टम्	आंहिष्ट
आनंह	आनंहिव	आनंहिम	आंहिषम्	आंहिष्व	आंहिष्म

1798 रहि भाषायाम् । आस्वदीयः , Root 732 रहि । इदित् वैकल्पिकः णिच् । shine, speak
10c 265 रहिँ । रंह् । रंहयति / ते , रंहति । U । सेट् । स० । रंहि । रंहय ।
7.1.58 इदितो नुम् धातोः । **Parasmaipadi Forms**

रंहयति	रंहयतः	रंहयन्ति[1]	अरंहयत् -द्	अरंहयताम्	अरंहयन्[1]
रंहयसि	रंहयथः	रंहयथ	अरंहयः	अरंहयतम्	अरंहयत
रंहयामि[2]	रंहयावः[2]	रंहयामः[2]	अरंहयम्[1]	अरंहयाव[2]	अरंहयाम[2]

रंहयतु रंहयतात् -द्	रंहयताम्	रंहयन्तु[1]	रंहयेत् -द्	रंहयेताम्	रंहयेयुः
रंहय रंहयतात् -द्	रंहयतम्	रंहयत	रंहयेः	रंहयेतम्	रंहयेत
रंहयाणि[3]	रंहयाव[3]	रंहयाम[3]	रंहयेयम्	रंहयेव	रंहयेम

रंहयिष्यति	रंहयिष्यतः	रंहयिष्यन्ति	अरंहयिष्यत् -द्	अरंहयिष्यताम्	अरंहयिष्यन्
रंहयिष्यसि	रंहयिष्यथः	रंहयिष्यथ	अरंहयिष्यः	अरंहयिष्यतम्	अरंहयिष्यत
रंहयिष्यामि	रंहयिष्यावः	रंहयिष्यामः	अरंहयिष्यम्	अरंहयिष्याव	अरंहयिष्याम

रंहयिता	रंहयितारौ	रंहयितारः	रंह्यात् -द्	रंह्यास्ताम्	रंह्यासुः
रंहयितासि	रंहयितास्थः	रंहयितास्थ	रंह्याः	रंह्यास्तम्	रंह्यास्त
रंहयितास्मि	रंहयितास्वः	रंहयितास्मः	रंह्यासम्	रंह्यास्व	रंह्यास्म

रंहयाम्बभूव	रंहयाम्बभूवतुः	रंहयाम्बभूवुः	अररंहत् -द्	अररंहताम्	अररंहन्
रंहयाञ्चकार	रंहयाञ्चक्रतुः	रंहयाञ्चक्रुः			
रंहयामास	रंहयामासतुः	रंहयामासुः			
रंहयाम्बभूविथ	रंहयाम्बभूवथुः	रंहयाम्बभूव	अररंहः	अररंहतम्	अररंहत
रंहयाञ्चकर्थ	रंहयाञ्चक्रथुः	रंहयाञ्चक्र			
रंहयामासिथ	रंहयामासथुः	रंहयामास			
रंहयाम्बभूव	रंहयाम्बभूविव	रंहयाम्बभूविम	अररंहम्	अररंहाव	अररंहाम
रंहयाञ्चकर -कार	रंहयाञ्चकृव	रंहयाञ्चकृम			
रंहयामास	रंहयामासिव	रंहयामासिम			

Atmanepadi Forms

रंहयते	रंहयेते[4]	रंहयन्ते[1]	अरंहयत	अरंहयेताम्[4]	अरंहयन्त[1]
रंहयसे	रंहयेथे[4]	रंहयध्वे	अरंहयथाः	अरंहयेथाम्[4]	अरंहयध्वम्
रंहये[1]	रंहयावहे[2]	रंहयामहे[2]	अरंहये[4]	अरंहयावहि[3]	अरंहयामहि[3]

रंहयताम्	रंहयेताम्[4]	रंहयन्ताम्[1]	रंहयेत	रंहयेयाताम्	रंहयेरन्
रंहयस्व	रंहयेथाम्[4]	रंहयध्वम्	रंहयेथाः	रंहयेयाथाम्	रंहयेध्वम्
रंहयै[5]	रंहयावहै[3]	रंहयामहै[3]	रंहयेय	रंहयेवहि	रंहयेमहि

रंहयिष्यते	रंहयिष्येते	रंहयिष्यन्ते	अरंहयिष्यत	अरंहयिष्येताम्	अरंहयिष्यन्त
रंहयिष्यसे	रंहयिष्येथे	रंहयिष्यध्वे	अरंहयिष्यथाः	अरंहयिष्येथाम्	अरंहयिष्यध्वम्
रंहयिष्ये	रंहयिष्यावहे	रंहयिष्यामहे	अरंहयिष्ये	अरंहयिष्यावहि	अरंहयिष्यामहि

रंहयिता	रंहयितारौ	रंहयितारः	रंहयिषीष्ट	रंहयिषीयास्ताम्	रंहयिषीरन्
रंहयितासे	रंहयितासाथे	रंहयिताध्वे	रंहयिषीष्ठाः	रंहयिषीयास्थाम्	रंहयिषीध्वम् -ढ्वम्
रंहयिताहे	रंहयितास्वहे	रंहयितास्महे	रंहयिषीय	रंहयिषीवहि	रंहयिषीमहि

रंहयाम्बभूव	रंहयाम्बभूवतुः	रंहयाम्बभूवुः	अररंहत	अररंहेताम्	अररंहन्त
रंहयाञ्चक्रे	रंहयाञ्चक्राते	रंहयाञ्चक्रिरे			
रंहयामास	रंहयामासतुः	रंहयामासुः			
रंहयाम्बभूविथ	रंहयाम्बभूवथुः	रंहयाम्बभूव	अररंहथाः	अररंहेथाम्	अररंहध्वम्
रंहयाञ्चकृषे	रंहयाञ्चक्राथे	रंहयाञ्चकृढ्वे			
रंहयामासिथ	रंहयामासथुः	रंहयामास			
रंहयाम्बभूव	रंहयाम्बभूविव	रंहयाम्बभूविम	अररंहे	अररंहावहि	अररंहामहि
रंहयाञ्चक्रे	रंहयाञ्चकृवहे	रंहयाञ्चकृमहे			
रंहयामास	रंहयामासिव	रंहयामासिम			

णिजभावपक्षे 1.3.78 शेषात् कर्त्तरि परस्मैपदम् । इति पक्षे भ्वादिः इव रंह् । P । सेट् । स० ।

रंहति	रंहतः	रंहन्ति	अरंहत् -द्	अरंहताम्	अरंहन्
रंहसि	रंहथः	रंहथ	अरंहः	अरंहतम्	अरंहत
रंहामि	रंहावः	रंहामः	अरंहम्	अरंहाव	अरंहाम

रंहतु रंहतात् -द्	रंहताम्	रंहन्तु	रंहेत् -द्	रंहेताम्	रंहेयुः
रंह रंहतात् -द्	रंहतम्	रंहत	रंहेः	रंहेतम्	रंहेत
रंहाणि	रंहाव	रंहाम	रंहेयम्	रंहेव	रंहेम

रंहिष्यति	रंहिष्यतः	रंहिष्यन्ति	अरंहिष्यत् -द्	अरंहिष्यताम्	अरंहिष्यन्
रंहिष्यसि	रंहिष्यथः	रंहिष्यथ	अरंहिष्यः	अरंहिष्यतम्	अरंहिष्यत
रंहिष्यामि	रंहिष्यावः	रंहिष्यामः	अरंहिष्यम्	अरंहिष्याव	अरंहिष्याम

रंहिता	रंहितारौ	रंहितारः	रंह्यात् -द्	रंह्यास्ताम्	रंह्यासुः
रंहितासि	रंहितास्थः	रंहितास्थ	रंह्याः	रंह्यास्तम्	रंह्यास्त
रंहितास्मि	रंहितास्वः	रंहितास्मह	रंह्यासम्	रंह्यास्व	रंह्यास्म

ररंह	ररंहतुः	ररंहुः	अरंहीत् -द्	अरंहिष्टाम्	अरंहिषुः

ररंहिथ	ररंहथुः	ररंह	अरंहीः	अरंहिष्टम्	अरंहिष्ट
ररंह	ररंहिव	ररंहिम	अरंहिषम्	अरंहिष्व	अरंहिष्म

1799 महि च । भाषार्थाः । आस्वदीयः, Root 634 महि । इदित् वैकल्पिकः णिच् । shine, speak
10c 266 महिँ । मंह् । मंहयति / ते, मंहति । U । सेट् । स० । मंहि । मंहय ।
7.1.58 इदितो नुम् धातोः । **Parasmaipadi Forms**

मंहयति	मंहयतः	मंहयन्ति[1]	अमंहयत् -द्	अमंहयताम्	अमंहयन्[1]
मंहयसि	मंहयथः	मंहयथ	अमंहयः	अमंहयतम्	अमंहयत
मंहयामि[2]	मंहयावः[2]	मंहयामः[2]	अमंहयम्[1]	अमंहयाव[2]	अमंहयाम[2]

मंहयतु मंहयतात् -द्	मंहयताम्	मंहयन्तु[1]	मंहयेत् -द्	मंहयेताम्	मंहयेयुः
मंहय मंहयतात् -द्	मंहयतम्	मंहयत	मंहयेः	मंहयेतम्	मंहयेत
मंहयानि[3]	मंहयाव[3]	मंहयाम[3]	मंहयेयम्	मंहयेव	मंहयेम

मंहयिष्यति	मंहयिष्यतः	मंहयिष्यन्ति	अमंहयिष्यत् -द्	अमंहयिष्यताम्	अमंहयिष्यन्
मंहयिष्यसि	मंहयिष्यथः	मंहयिष्यथ	अमंहयिष्यः	अमंहयिष्यतम्	अमंहयिष्यत
मंहयिष्यामि	मंहयिष्यावः	मंहयिष्यामः	अमंहयिष्यम्	अमंहयिष्याव	अमंहयिष्याम

मंहयिता	मंहयितारौ	मंहयितारः	मंह्यात् -द्	मंह्यास्ताम्	मंह्यासुः
मंहयितासि	मंहयितास्थः	मंहयितास्थ	मंह्याः	मंह्यास्तम्	मंह्यास्त
मंहयितास्मि	मंहयितास्वः	मंहयितास्मः	मंह्यासम्	मंह्यास्व	मंह्यास्म

मंहयाम्बभूव	मंहयाम्बभूवतुः	मंहयाम्बभूवुः	अममंहत् -द्	अममंहताम्	अममंहन्
मंहयाञ्चकार	मंहयाञ्चक्रतुः	मंहयाञ्चक्रुः			
मंहयामास	मंहयामासतुः	मंहयामासुः			
मंहयाम्बभूविथ	मंहयाम्बभूवथुः	मंहयाम्बभूव	अममंहः	अममंहतम्	अममंहत
मंहयाञ्चकर्थ	मंहयाञ्चक्रथुः	मंहयाञ्चक्र			
मंहयामासिथ	मंहयामासथुः	मंहयामास			
मंहयाम्बभूव	मंहयाम्बभूविव	मंहयाम्बभूविम	अममंहम्	अममंहाव	अममंहाम
मंहयाञ्चकर -कार	मंहयाञ्चकृव	मंहयाञ्चकृम			
मंहयामास	मंहयामासिव	मंहयामासिम			

Atmanepadi Forms

मंहयते	मंहयेते[4]	मंहयन्ते[1]	अमंहयत	अमंहयेताम्[4]	अमंहयन्त[1]
मंहयसे	मंहयेथे[4]	मंहयध्वे	अमंहयथाः	अमंहयेथाम्[4]	अमंहयध्वम्
मंहये[1]	मंहयावहे[2]	मंहयामहे[2]	अमंहये[4]	अमंहयावहि[3]	अमंहयामहि[3]

मंहयताम्	मंहयेताम्[4]	मंहयन्ताम्[1]	मंहयेत	मंहयेयाताम्	मंहयेरन्

मंहयस्व	मंहयेथाम्[4]	मंहयध्वम्	मंहयेथाः	मंहयेयाथाम्	मंहयेध्वम्
मंहयै[5]	मंहयावहै[3]	मंहयामहै[3]	मंहयेय	मंहयेवहि	मंहयेमहि
मंहयिष्यते	मंहयिष्येते	मंहयिष्यन्ते	अमंहयिष्यत	अमंहयिष्येताम्	अमंहयिष्यन्त
मंहयिष्यसे	मंहयिष्येथे	मंहयिष्यध्वे	अमंहयिष्यथाः	अमंहयिष्येथाम्	अमंहयिष्यध्वम्
मंहयिष्ये	मंहयिष्यावहे	मंहयिष्यामहे	अमंहयिष्ये	अमंहयिष्यावहि	अमंहयिष्यामहि
मंहयिता	मंहयितारौ	मंहयितारः	मंहयिषीष्ट	मंहयिषीयास्ताम्	मंहयिषीरन्
मंहयितासे	मंहयितासाथे	मंहयिताध्वे	मंहयिषीष्ठाः	मंहयिषीयास्थाम्	मंहयिषीध्वम्-ढ्वम्
मंहयिताहे	मंहयितास्वहे	मंहयितास्महे	मंहयिषीय	मंहयिषीवहि	मंहयिषीमहि
मंहयाम्बभूव	मंहयाम्बभूवतुः	मंहयाम्बभूवुः	अममंहत	अममंहेताम्	अममंहन्त
मंहयाञ्चक्रे	मंहयाञ्चक्राते	मंहयाञ्चक्रिरे			
मंहयामास	मंहयामासतुः	मंहयामासुः			
मंहयाम्बभूविथ	मंहयाम्बभूवथुः	मंहयाम्बभूव	अममंहथाः	अममंहेथाम्	अममंहध्वम्
मंहयाञ्चकृषे	मंहयाञ्चक्राथे	मंहयाञ्चकृढ्वे			
मंहयामासिथ	मंहयामासथुः	मंहयामास			
मंहयाम्बभूव	मंहयाम्बभूविव	मंहयाम्बभूविम	अममंहे	अममंहावहि	अममंहामहि
मंहयाञ्चक्रे	मंहयाञ्चकृवहे	मंहयाञ्चकृमहे			
मंहयामास	मंहयामासिव	मंहयामासिम			

णिजभावपक्षे 1.3.78 शेषात् कर्त्तरि परस्मैपदम् । इति पक्षे भ्वादिः इव मंह् । P । सेट् । स० ।

मंहति	मंहतः	मंहन्ति	अमंहत्-द्	अमंहताम्	अमंहन्
मंहसि	मंहथः	मंहथ	अमंहः	अमंहतम्	अमंहत
मंहामि	मंहावः	मंहामः	अमंहम्	अमंहाव	अमंहाम
मंहतु मंहतात्-द्	मंहताम्	मंहन्तु	मंहेत्-द्	मंहेताम्	मंहेयुः
मंह मंहतात्-द्	मंहतम्	मंहत	मंहेः	मंहेतम्	मंहेत
मंहानि	मंहाव	मंहाम	मंहेयम्	मंहेव	मंहेम
मंहिष्यति	मंहिष्यतः	मंहिष्यन्ति	अमंहिष्यत्-द्	अमंहिष्यताम्	अमंहिष्यन्
मंहिष्यसि	मंहिष्यथः	मंहिष्यथ	अमंहिष्यः	अमंहिष्यतम्	अमंहिष्यत
मंहिष्यामि	मंहिष्यावः	मंहिष्यामः	अमंहिष्यम्	अमंहिष्याव	अमंहिष्याम
मंहिता	मंहितारौ	मंहितारः	मंह्यात्-द्	मंह्यास्ताम्	मंह्यासुः
मंहितासि	मंहितास्थः	मंहितास्थ	मंह्याः	मंह्यास्तम्	मंह्यास्त
मंहितास्मि	मंहितास्वः	मंहितास्मह	मंह्यासम्	मंह्यास्व	मंह्यास्म
ममंह	ममंहतुः	ममंहुः	अमंहीत्-द्	अमंहिष्टाम्	अमंहिषुः
ममंहिथ	ममंहथुः	ममंह	अमंहीः	अमंहिष्टम्	अमंहिष्ट
ममंह	ममंहिव	ममंहिम	अमंहिषम्	अमंहिष्व	अमंहिष्म

1800 लडि भाषायाम् । आस्वदीयः,पूर्वः पठितः अपि । इदित् वैकल्पिकः णिच् । shine,speak,deliver discourse
10c 267 लडिँ । लण्ड् । लण्डयति / ते , लण्डति । U । सेट् । स० । लण्डि । लण्डय ।
7.1.58 इदितो नुम् धातोः । **Parasmaipadi Forms**

लण्डयति	लण्डयतः	लण्डयन्ति[1]	अलण्डयत् -द्	अलण्डयताम्	अलण्डयन्[1]
लण्डयसि	लण्डयथः	लण्डयथ	अलण्डयः	अलण्डयतम्	अलण्डयत
लण्डयामि[2]	लण्डयावः[2]	लण्डयामः[2]	अलण्डयम्[1]	अलण्डयाव[2]	अलण्डयाम[2]

लण्डयतु लण्डयतात् -द्	लण्डयताम्	लण्डयन्तु[1]	लण्डयेत् -द्	लण्डयेताम्	लण्डयेयुः
लण्डय लण्डयतात् -द्	लण्डयतम्	लण्डयत	लण्डयेः	लण्डयेतम्	लण्डयेत
लण्डयानि[3]	लण्डयाव[3]	लण्डयाम[3]	लण्डयेयम्	लण्डयेव	लण्डयेम

लण्डयिष्यति	लण्डयिष्यतः	लण्डयिष्यन्ति	अलण्डयिष्यत् -द्	अलण्डयिष्यताम्	अलण्डयिष्यन्
लण्डयिष्यसि	लण्डयिष्यथः	लण्डयिष्यथ	अलण्डयिष्यः	अलण्डयिष्यतम्	अलण्डयिष्यत
लण्डयिष्यामि	लण्डयिष्यावः	लण्डयिष्यामः	अलण्डयिष्यम्	अलण्डयिष्याव	अलण्डयिष्याम

लण्डयिता	लण्डयितारौ	लण्डयितारः	लण्ड्यात् -द्	लण्ड्यास्ताम्	लण्ड्यासुः
लण्डयितासि	लण्डयितास्थः	लण्डयितास्थ	लण्ड्याः	लण्ड्यास्तम्	लण्ड्यास्त
लण्डयितास्मि	लण्डयितास्वः	लण्डयितास्मः	लण्ड्यासम्	लण्ड्यास्व	लण्ड्यास्म

लण्डयाम्बभूव	लण्डयाम्बभूवतुः	लण्डयाम्बभूवुः	अललण्डत् -द्	अललण्डताम्	अललण्डन्
लण्डयाञ्चकार	लण्डयाञ्चक्रतुः	लण्डयाञ्चक्रुः			
लण्डयामास	लण्डयामासतुः	लण्डयामासुः			
लण्डयाम्बभूविथ	लण्डयाम्बभूवथुः	लण्डयाम्बभूव	अललण्डः	अललण्डतम्	अललण्डत
लण्डयाञ्चकर्थ	लण्डयाञ्चक्रथुः	लण्डयाञ्चक्र			
लण्डयामासिथ	लण्डयामासथुः	लण्डयामास			
लण्डयाम्बभूव	लण्डयाम्बभूविव	लण्डयाम्बभूविम	अललण्डम्	अललण्डाव	अललण्डाम
लण्डयाञ्चकर -कार	लण्डयाञ्चकृव	लण्डयाञ्चकृम			
लण्डयामास	लण्डयामासिव	लण्डयामासिम			

Atmanepadi Forms

लण्डयते	लण्डयेते[4]	लण्डयन्ते[1]	अलण्डयत	अलण्डयेताम्[4]	अलण्डयन्त[1]
लण्डयसे	लण्डयेथे[4]	लण्डयध्वे	अलण्डयथाः	अलण्डयेथाम्[4]	अलण्डयध्वम्
लण्डये[1]	लण्डयावहे[2]	लण्डयामहे[2]	अलण्डये[4]	अलण्डयावहि[3]	अलण्डयामहि[3]

लण्डयताम्	लण्डयेताम्[4]	लण्डयन्ताम्[1]	लण्डयेत	लण्डयेयाताम्	लण्डयेरन्
लण्डयस्व	लण्डयेथाम्[4]	लण्डयध्वम्	लण्डयेथाः	लण्डयेयाथाम्	लण्डयेध्वम्

लण्डयै[5]	लण्डयावहै[3]	लण्डयामहै[3]	लण्डयेय	लण्डयेवहि	लण्डयेमहि

लण्डयिष्यते	लण्डयिष्येते	लण्डयिष्यन्ते	अलण्डयिष्यत	अलण्डयिष्येताम्	अलण्डयिष्यन्त
लण्डयिष्यसे	लण्डयिष्येथे	लण्डयिष्यध्वे	अलण्डयिष्यथाः	अलण्डयिष्येथाम्	अलण्डयिष्यध्वम्
लण्डयिष्ये	लण्डयिष्यावहे	लण्डयिष्यामहे	अलण्डयिष्ये	अलण्डयिष्यावहि	अलण्डयिष्यामहि

लण्डयिता	लण्डयितारौ	लण्डयितारः	लण्डयिषीष्ट	लण्डयिषीयास्ताम्	लण्डयिषीरन्
लण्डयितासे	लण्डयितासाथे	लण्डयिताध्वे	लण्डयिषीष्ठाः	लण्डयिषीयास्थाम्	लण्डयिषीध्वम् -ढ्वम्
लण्डयिताहे	लण्डयितास्वहे	लण्डयितास्महे	लण्डयिषीय	लण्डयिषीवहि	लण्डयिषीमहि

लण्डयाम्बभूव	लण्डयाम्बभूवतुः	लण्डयाम्बभूवुः	अललण्डत	अललण्डेताम्	अललण्डन्त
लण्डयाञ्चक्रे	लण्डयाञ्चक्राते	लण्डयाञ्चक्रिरे			
लण्डयामास	लण्डयामासतुः	लण्डयामासुः			
लण्डयाम्बभूविथ	लण्डयाम्बभूवथुः	लण्डयाम्बभूव	अललण्डथाः	अललण्डेथाम्	अललण्डध्वम्
लण्डयाञ्चकृषे	लण्डयाञ्चक्राथे	लण्डयाञ्चकृढ्वे			
लण्डयामासिथ	लण्डयामासथुः	लण्डयामास			
लण्डयाम्बभूव	लण्डयाम्बभूविव	लण्डयाम्बभूविम	अललण्डे	अललण्डावहि	अललण्डामहि
लण्डयाञ्चक्रे	लण्डयाञ्चकृवहे	लण्डयाञ्चकृमहे			
लण्डयामास	लण्डयामासिव	लण्डयामासिम			

णिजभावपक्षे 1.3.78 शेषात् कर्त्तरि परस्मैपदम् । इति पक्षे भ्वादिः इव लण्ड् । P । सेट् । स० ।

लण्डति	लण्डतः	लण्डन्ति	अलण्डत् -द्	अलण्डताम्	अलण्डन्
लण्डसि	लण्डथः	लण्डथ	अलण्डः	अलण्डतम्	अलण्डत
लण्डामि	लण्डावः	लण्डामः	अलण्डम्	अलण्डाव	अलण्डाम

लण्डतु लण्डतात् -द्	लण्डताम्	लण्डन्तु	लण्डेत् -द्	लण्डेताम्	लण्डेयुः
लण्ड लण्डतात् -द्	लण्डतम्	लण्डत	लण्डेः	लण्डेतम्	लण्डेत
लण्डानि	लण्डाव	लण्डाम	लण्डेयम्	लण्डेव	लण्डेम

लण्डिष्यति	लण्डिष्यतः	लण्डिष्यन्ति	अलण्डिष्यत् -द्	अलण्डिष्यताम्	अलण्डिष्यन्
लण्डिष्यसि	लण्डिष्यथः	लण्डिष्यथ	अलण्डिष्यः	अलण्डिष्यतम्	अलण्डिष्यत
लण्डिष्यामि	लण्डिष्यावः	लण्डिष्यामः	अलण्डिष्यम्	अलण्डिष्याव	अलण्डिष्याम

लण्डिता	लण्डितारौ	लण्डितारः	लण्ड्यात् -द्	लण्ड्यास्ताम्	लण्ड्यासुः
लण्डितासि	लण्डितास्थः	लण्डितास्थ	लण्ड्याः	लण्ड्यास्तम्	लण्ड्यास्त
लण्डितास्मि	लण्डितास्वः	लण्डितास्मः	लण्ड्यासम्	लण्ड्यास्व	लण्ड्यास्म

ललण्ड	ललण्डतुः	ललण्डुः	अलण्डीत् -द्	अलण्डिष्टाम्	अलण्डिषुः
ललण्डिथ	ललण्डथुः	ललण्ड	अलण्डीः	अलण्डिष्टम्	अलण्डिष्ट
ललण्ड	ललण्डिव	ललण्डिम	अलण्डिषम्	अलण्डिष्व	अलण्डिष्म

1801 तड भाषायाम् । तुड । आस्वदीय , पूर्वः पठितः अपि । strike, beat

10c 268 तडँ । तड् । ताडयति / ते । U । सेट् । स० । तडि । तडय ।

7.2.116 अत उपधायाः । **Parasmaipadi Forms**

ताडयति	ताडयतः	ताडयन्ति[1]	अताडयत् -द्	अताडयताम्	अताडयन्[1]
ताडयसि	ताडयथः	ताडयथ	अताडयः	अताडयतम्	अताडयत
ताडयामि[2]	ताडयावः[2]	ताडयामः[2]	अताडयम्[1]	अताडयाव[2]	अताडयाम[2]

ताडयतु ताडयतात् -द्	ताडयताम्	ताडयन्तु[1]	ताडयेत् -द्	ताडयेताम्	ताडयेयुः
ताडय ताडयतात् -द्	ताडयतम्	ताडयत	ताडयेः	ताडयेतम्	ताडयेत
ताडयानि[3]	ताडयाव[3]	ताडयाम[3]	ताडयेयम्	ताडयेव	ताडयेम

ताडयिष्यति	ताडयिष्यतः	ताडयिष्यन्ति	अताडयिष्यत् -द्	अताडयिष्यताम्	अताडयिष्यन्
ताडयिष्यसि	ताडयिष्यथः	ताडयिष्यथ	अताडयिष्यः	अताडयिष्यतम्	अताडयिष्यत
ताडयिष्यामि	ताडयिष्यावः	ताडयिष्यामः	अताडयिष्यम्	अताडयिष्याव	अताडयिष्याम

ताडयिता	ताडयितारौ	ताडयितारः	ताड्यात् -द्	ताड्यास्ताम्	ताड्यासुः
ताडयितासि	ताडयितास्थः	ताडयितास्थ	ताड्याः	ताड्यास्तम्	ताड्यास्त
ताडयितास्मि	ताडयितास्वः	ताडयितास्मः	ताड्यासम्	ताड्यास्व	ताड्यास्म

ताडयाम्बभूव	ताडयाम्बभूवतुः	ताडयाम्बभूवुः	अतीतडत् -द्	अतीतडताम्	अतीतडन्
ताडयाञ्चकार	ताडयाञ्चक्रतुः	ताडयाञ्चक्रुः			
ताडयामास	ताडयामासतुः	ताडयामासुः			
ताडयाम्बभूविथ	ताडयाम्बभूवथुः	ताडयाम्बभूव	अतीतडः	अतीतडतम्	अतीतडत
ताडयाञ्चकर्थ	ताडयाञ्चक्रथुः	ताडयाञ्चक्र			
ताडयामासिथ	ताडयामासथुः	ताडयामास			
ताडयाम्बभूव	ताडयाम्बभूविव	ताडयाम्बभूविम	अतीतडम्	अतीतडाव	अतीतडाम
ताडयाञ्चकर -कार	ताडयाञ्चकृव	ताडयाञ्चकृम			
ताडयामास	ताडयामासिव	ताडयामासिम			

Atmanepadi Forms

ताडयते	ताडयेते[4]	ताडयन्ते[1]	अताडयत	अताडयेताम्[4]	अताडयन्त[1]
ताडयसे	ताडयेथे[4]	ताडयध्वे	अताडयथाः	अताडयेथाम्[4]	अताडयध्वम्
ताडये[1]	ताडयावहे[2]	ताडयामहे[2]	अताडये[4]	अताडयावहि[3]	अताडयामहि[3]

ताडयताम्	ताडयेताम्[4]	ताडयन्ताम्[1]	ताडयेत	ताडयेयाताम्	ताडयेरन्
ताडयस्व	ताडयेथाम्[4]	ताडयध्वम्	ताडयेथाः	ताडयेयाथाम्	ताडयेध्वम्
ताडयै[5]	ताडयावहै[3]	ताडयामहै[3]	ताडयेय	ताडयेवहि	ताडयेमहि

ताडयिष्यते	ताडयिष्येते	ताडयिष्यन्ते	अताडयिष्यत	अताडयिष्येताम्	अताडयिष्यन्त
ताडयिष्यसे	ताडयिष्येथे	ताडयिष्यध्वे	अताडयिष्यथाः	अताडयिष्येथाम्	अताडयिष्यध्वम्
ताडयिष्ये	ताडयिष्यावहे	ताडयिष्यामहे	अताडयिष्ये	अताडयिष्यावहि	अताडयिष्यामहि

ताडयिता	ताडयितारौ	ताडयितारः	ताडयिषीष्ट	ताडयिषीयास्ताम्	ताडयिषीरन्
ताडयितासे	ताडयितासाथे	ताडयिताध्वे	ताडयिषीष्ठाः	ताडयिषीयास्थाम्	ताडयिषीध्वम् -ढ्वम्
ताडयिताहे	ताडयितास्वहे	ताडयितास्महे	ताडयिषीय	ताडयिषीवहि	ताडयिषीमहि

ताडयाम्बभूव	ताडयाम्बभूवतुः	ताडयाम्बभूवुः	अतीतडत	अतीतडेताम्	अतीतडन्त
ताडयाञ्चक्रे	ताडयाञ्चक्राते	ताडयाञ्चक्रिरे			
ताडयामास	ताडयामासतुः	ताडयामासुः			
ताडयाम्बभूविथ	ताडयाम्बभूवथुः	ताडयाम्बभूव	अतीतडथाः	अतीतडेथाम्	अतीतडध्वम्
ताडयाञ्चकृषे	ताडयाञ्चक्राथे	ताडयाञ्चकृढ्वे			
ताडयामासिथ	ताडयामासथुः	ताडयामास			
ताडयाम्बभूव	ताडयाम्बभूविव	ताडयाम्बभूविम	अतीतडे	अतीतडावहि	अतीतडामहि
ताडयाञ्चक्रे	ताडयाञ्चकृवहे	ताडयाञ्चकृमहे			
ताडयामास	ताडयामासिव	ताडयामासिम			

1802 नल च । भाषार्थाः । आस्वदीय , Root 838 णल । shine, speak
10c 269 नलँ । नल् । नालयति / ते । U । सेट् । स० । नालि । नालय ।
7.2.116 अत उपधायाः। **Parasmaipadi Forms**

नालयति	नालयतः	नालयन्ति[1]	अनालयत् -द्	अनालयताम्	अनालयन्[1]
नालयसि	नालयथः	नालयथ	अनालयः	अनालयतम्	अनालयत
नालयामि[2]	नालयावः[2]	नालयामः[2]	अनालयम्[1]	अनालयाव[2]	अनालयाम[2]

नालयतु नालयतात् -द्	नालयताम्	नालयन्तु[1]	नालयेत् -द्	नालयेताम्	नालयेयुः
नालय नालयतात् -द्	नालयतम्	नालयत	नालयेः	नालयेतम्	नालयेत
नालयानि[3]	नालयाव[3]	नालयाम[3]	नालयेयम्	नालयेव	नालयेम

नालयिष्यति	नालयिष्यतः	नालयिष्यन्ति	अनालयिष्यत् -द्	अनालयिष्यताम्	अनालयिष्यन्
नालयिष्यसि	नालयिष्यथः	नालयिष्यथ	अनालयिष्यः	अनालयिष्यतम्	अनालयिष्यत
नालयिष्यामि	नालयिष्यावः	नालयिष्यामः	अनालयिष्यम्	अनालयिष्याव	अनालयिष्याम

नालयिता	नालयितारौ	नालयितारः	नाल्यात् -द्	नाल्यास्ताम्	नाल्यासुः
नालयितासि	नालयितास्थः	नालयितास्थ	नाल्याः	नाल्यास्तम्	नाल्यास्त
नालयितास्मि	नालयितास्वः	नालयितास्मः	नाल्यासम्	नाल्यास्व	नाल्यास्म

नालयाम्बभूव	नालयाम्बभूवतुः	नालयाम्बभूवुः	अनीनलत् -द्	अनीनलताम्	अनीनलन्
नालयाञ्चकार	नालयाञ्चक्रतुः	नालयाञ्चक्रुः			
नालयामास	नालयामासतुः	नालयामासुः			
नालयाम्बभूविथ	नालयाम्बभूवथुः	नालयाम्बभूव	अनीनलः	अनीनलतम्	अनीनलत
नालयाञ्चकर्थ	नालयाञ्चक्रथुः	नालयाञ्चक्र			
नालयामासिथ	नालयामासथुः	नालयामास			
नालयाम्बभूव	नालयाम्बभूविव	नालयाम्बभूविम	अनीनलम्	अनीनलाव	अनीनलाम
नालयाञ्चकर -कार	नालयाञ्चकृव	नालयाञ्चकृम			
नालयामास	नालयामासिव	नालयामासिम			

Atmanepadi Forms

नालयते	नालयेते[4]	नालयन्ते[1]	अनालयत	अनालयेताम्[4]	अनालयन्त[1]
नालयसे	नालयेथे[4]	नालयध्वे	अनालयथाः	अनालयेथाम्[4]	अनालयध्वम्
नालये[1]	नालयावहे[2]	नालयामहे[2]	अनालये[4]	अनालयावहि[3]	अनालयामहि[3]

नालयताम्	नालयेताम्[4]	नालयन्ताम्[1]	नालयेत	नालयेयाताम्	नालयेरन्
नालयस्व	नालयेथाम्[4]	नालयध्वम्	नालयेथाः	नालयेयाथाम्	नालयेध्वम्
नालयै[5]	नालयावहै[3]	नालयामहै[3]	नालयेय	नालयेवहि	नालयेमहि

नालयिष्यते	नालयिष्येते	नालयिष्यन्ते	अनालयिष्यत	अनालयिष्येताम्	अनालयिष्यन्त
नालयिष्यसे	नालयिष्येथे	नालयिष्यध्वे	अनालयिष्यथाः	अनालयिष्येथाम्	अनालयिष्यध्वम्
नालयिष्ये	नालयिष्यावहे	नालयिष्यामहे	अनालयिष्ये	अनालयिष्यावहि	अनालयिष्यामहि

नालयिता	नालयितारौ	नालयितारः	नालयिषीष्ट	नालयिषीयास्ताम्	नालयिषीरन्
नालयितासे	नालयितासाथे	नालयिताध्वे	नालयिषीष्ठाः	नालयिषीयास्थाम्	नालयिषीध्वम् -ढ्वम्
नालयिताहे	नालयितास्वहे	नालयितास्महे	नालयिषीय	नालयिषीवहि	नालयिषीमहि

नालयाम्बभूव	नालयाम्बभूवतुः	नालयाम्बभूवुः	अनीनलत	अनीनलेताम्	अनीनलन्त
नालयाञ्चक्रे	नालयाञ्चक्राते	नालयाञ्चक्रिरे			
नालयामास	नालयामासतुः	नालयामासुः			
नालयाम्बभूविथ	नालयाम्बभूवथुः	नालयाम्बभूव	अनीनलथाः	अनीनलेथाम्	अनीनलध्वम्
नालयाञ्चकृषे	नालयाञ्चक्राथे	नालयाञ्चकृढ्वे			
नालयामासिथ	नालयामासथुः	नालयामास			
नालयाम्बभूव	नालयाम्बभूविव	नालयाम्बभूविम	अनीनले	अनीनलावहि	अनीनलामहि
नालयाञ्चक्रे	नालयाञ्चकृवहे	नालयाञ्चकृमहे			
नालयामास	नालयामासिव	नालयामासिम			

1803 पूरी आप्यायने । आस्वदीयः , Root 1151 पूरी , ईदित् वैकल्पिकः णिच् । satisfy, fill, be filled
10c 270 पूरीँ । पूर् । पूरयति / ते , पूरति । U । सेट् । स० । पूरि । पूरय ।
7.4.2 नाग्लोपिशास्वृदिताम् Siddhanta Kaumudi – ईदित्त्वं निष्ठायाम् इण्निषेधाय । अत एव णिज्वा ।
7.2.27 वा दान्तशान्तपूर्णदस्तस्पष्टच्छन्नज्ञप्ताः । 8.2.42 रदाभ्यां निष्ठातो नः पूर्वस्य च दः ।

Parasmaipadi Forms

पूरयति	पूरयतः	पूरयन्ति[1]	अपूरयत् -द्	अपूरयताम्	अपूरयन्[1]
पूरयसि	पूरयथः	पूरयथ	अपूरयः	अपूरयतम्	अपूरयत
पूरयामि[2]	पूरयावः[2]	पूरयामः[2]	अपूरयम्[1]	अपूरयाव[2]	अपूरयाम[2]

पूरयतु पूरयतात् -द्	पूरयताम्	पूरयन्तु[1]	पूरयेत् -द्	पूरयेताम्	पूरयेयुः
पूरय पूरयतात् -द्	पूरयतम्	पूरयत	पूरयेः	पूरयेतम्	पूरयेत
पूरयाणि[3]	पूरयाव[3]	पूरयाम[3]	पूरयेयम्	पूरयेव	पूरयेम

पूरयिष्यति	पूरयिष्यतः	पूरयिष्यन्ति	अपूरयिष्यत् -द्	अपूरयिष्यताम्	अपूरयिष्यन्
पूरयिष्यसि	पूरयिष्यथः	पूरयिष्यथ	अपूरयिष्यः	अपूरयिष्यतम्	अपूरयिष्यत
पूरयिष्यामि	पूरयिष्यावः	पूरयिष्यामः	अपूरयिष्यम्	अपूरयिष्याव	अपूरयिष्याम

पूरयिता	पूरयितारौ	पूरयितारः	पूर्यात् -द्	पूर्यास्ताम्	पूर्यासुः
पूरयितासि	पूरयितास्थः	पूरयितास्थ	पूर्याः	पूर्यास्तम्	पूर्यास्त
पूरयितास्मि	पूरयितास्वः	पूरयितास्मः	पूर्यासम्	पूर्यास्व	पूर्यास्म

पूरयाम्बभूव	पूरयाम्बभूवतुः	पूरयाम्बभूवुः	अपूपुरत् -द्	अपूपुरताम्	अपूपुरन्
पूरयाञ्चकार	पूरयाञ्चक्रतुः	पूरयाञ्चक्रुः			
पूरयामास	पूरयामासतुः	पूरयामासुः			
पूरयाम्बभूविथ	पूरयाम्बभूवथुः	पूरयाम्बभूव	अपूपुरः	अपूपुरतम्	अपूपुरत
पूरयाञ्चकर्थ	पूरयाञ्चक्रथुः	पूरयाञ्चक्र			
पूरयामासिथ	पूरयामासथुः	पूरयामास			
पूरयाम्बभूव	पूरयाम्बभूविव	पूरयाम्बभूविम	अपूपुरम्	अपूपुराव	अपूपुराम
पूरयाञ्चकर -कार	पूरयाञ्चकृव	पूरयाञ्चकृम			
पूरयामास	पूरयामासिव	पूरयामासिम			

Atmanepadi Forms

पूरयते	पूरयेते[4]	पूरयन्ते[1]	अपूरयत	अपूरयेताम्[4]	अपूरयन्त[1]
पूरयसे	पूरयेथे[4]	पूरयध्वे	अपूरयथाः	अपूरयेथाम्[4]	अपूरयध्वम्
पूरये[1]	पूरयावहे[2]	पूरयामहे[2]	अपूरये[4]	अपूरयावहि[3]	अपूरयामहि[3]

पूरयताम्	पूरयेताम्[4]	पूरयन्ताम्[1]	पूरयेत	पूरयेयाताम्	पूरयेरन्

पूरयस्व	पूरयेथाम्[4]	पूरयध्वम्	पूरयेथाः	पूरयेयाथाम्	पूरयेध्वम्
पूरयै[5]	पूरयावहै[3]	पूरयामहै[3]	पूरयेय	पूरयेवहि	पूरयेमहि
पूरयिष्यते	पूरयिष्येते	पूरयिष्यन्ते	अपूरयिष्यत	अपूरयिष्येताम्	अपूरयिष्यन्त
पूरयिष्यसे	पूरयिष्येथे	पूरयिष्यध्वे	अपूरयिष्यथाः	अपूरयिष्येथाम्	अपूरयिष्यध्वम्
पूरयिष्ये	पूरयिष्यावहे	पूरयिष्यामहे	अपूरयिष्ये	अपूरयिष्यावहि	अपूरयिष्यामहि
पूरयिता	पूरयितारौ	पूरयितारः	पूरयिषीष्ट	पूरयिषीयास्ताम्	पूरयिषीरन्
पूरयितासे	पूरयितासाथे	पूरयिताध्वे	पूरयिषीष्ठाः	पूरयिषीयास्थाम्	पूरयिषीध्वम् -ढ्वम्
पूरयिताहे	पूरयितास्वहे	पूरयितास्महे	पूरयिषीय	पूरयिषीवहि	पूरयिषीमहि
पूरयाम्बभूव	पूरयाम्बभूवतुः	पूरयाम्बभूवुः	अपूपुरत	अपूपुरेताम्	अपूपुरन्त
पूरयाञ्चक्रे	पूरयाञ्चक्राते	पूरयाञ्चक्रिरे			
पूरयामास	पूरयामासतुः	पूरयामासुः			
पूरयाम्बभूविथ	पूरयाम्बभूवथुः	पूरयाम्बभूव	अपूपुरथाः	अपूपुरेथाम्	अपूपुरध्वम्
पूरयाञ्चकृषे	पूरयाञ्चक्राथे	पूरयाञ्चकृढ्वे			
पूरयामासिथ	पूरयामासथुः	पूरयामास			
पूरयाम्बभूव	पूरयाम्बभूविव	पूरयाम्बभूविम	अपूपुरे	अपूपुरावहि	अपूपुरामहि
पूरयाञ्चक्रे	पूरयाञ्चकृवहे	पूरयाञ्चकृमहे			
पूरयामास	पूरयामासिव	पूरयामासिम			

णिजभावपक्षे 1.3.78 शेषात् कर्त्तरि परस्मैपदम् । इति पक्षे भ्वादिः इव पूर् । P । सेट् । स० ।

पूरति	पूरतः	पूरन्ति	अपूरत् -द्	अपूरताम्	अपूरन्
पूरसि	पूरथः	पूरथ	अपूरः	अपूरतम्	अपूरत
पूरामि	पूरावः	पूरामः	अपूरम्	अपूराव	अपूराम
पूरतु पूरतात् -द्	पूरताम्	पूरन्तु	पूरेत् -द्	पूरेताम्	पूरेयुः
पूर पूरतात् -द्	पूरतम्	पूरत	पूरेः	पूरेतम्	पूरेत
पूराणि	पूराव	पूराम	पूरेयम्	पूरेव	पूरेम
पूरिष्यति	पूरिष्यतः	पूरिष्यन्ति	अपूरिष्यत् -द्	अपूरिष्यताम्	अपूरिष्यन्
पूरिष्यसि	पूरिष्यथः	पूरिष्यथ	अपूरिष्यः	अपूरिष्यतम्	अपूरिष्यत
पूरिष्यामि	पूरिष्यावः	पूरिष्यामः	अपूरिष्यम्	अपूरिष्याव	अपूरिष्याम
पूरिता	पूरितारौ	पूरितारः	पूर्यात् -द्	पूर्यास्ताम्	पूर्यासुः
पूरितासि	पूरितास्थः	पूरितास्थ	पूर्याः	पूर्यास्तम्	पूर्यास्त
पूरितास्मि	पूरितास्वः	पूरितास्मः	पूर्यासम्	पूर्यास्व	पूर्यास्म
पुपूर	पुपूरतुः	पुपूरुः	अपूरीत् -द्	अपूरिष्टाम्	अपूरिषुः
पुपूरिथ	पुपूरथुः	पुपूर	अपूरीः	अपूरिष्टम्	अपूरिष्ट
पुपूर	पुपूरिव	पुपूरिम	अपूरिषम्	अपूरिष्व	अपूरिष्म

431

1804 रुज हिंसायाम् । आस्वदीयः , Root 1416 रुजो । hurt, harm
10c 271 रुजँ । रुज् । रोजयति / ते । U । सेट् । स० । रोजि । रोजय । **Parasmaipadi Forms**

रोजयति	रोजयतः	रोजयन्ति[1]	अरोजयत् -द्	अरोजयताम्	अरोजयन्[1]
रोजयसि	रोजयथः	रोजयथ	अरोजयः	अरोजयतम्	अरोजयत
रोजयामि[2]	रोजयावः[2]	रोजयामः[2]	अरोजयम्[1]	अरोजयाव[2]	अरोजयाम[2]

रोजयतु रोजयतात् -द्	रोजयताम्	रोजयन्तु[1]	रोजयेत् -द्	रोजयेताम्	रोजयेयुः
रोजय रोजयतात् -द्	रोजयतम्	रोजयत	रोजयेः	रोजयेतम्	रोजयेत
रोजयानि[3]	रोजयाव[3]	रोजयाम[3]	रोजयेयम्	रोजयेव	रोजयेम

रोजयिष्यति	रोजयिष्यतः	रोजयिष्यन्ति	अरोजयिष्यत् -द्	अरोजयिष्यताम्	अरोजयिष्यन्
रोजयिष्यसि	रोजयिष्यथः	रोजयिष्यथ	अरोजयिष्यः	अरोजयिष्यतम्	अरोजयिष्यत
रोजयिष्यामि	रोजयिष्यावः	रोजयिष्यामः	अरोजयिष्यम्	अरोजयिष्याव	अरोजयिष्याम

रोजयिता	रोजयितारौ	रोजयितारः	रोज्यात् -द्	रोज्यास्ताम्	रोज्यासुः
रोजयितासि	रोजयितास्थः	रोजयितास्थ	रोज्याः	रोज्यास्तम्	रोज्यास्त
रोजयितास्मि	रोजयितास्वः	रोजयितास्मः	रोज्यासम्	रोज्यास्व	रोज्यास्म

रोजयाम्बभूव	रोजयाम्बभूवतुः	रोजयाम्बभूवुः	अरूरुजत् -द्	अरूरुजताम्	अरूरुजन्
रोजयाञ्चकार	रोजयाञ्चक्रतुः	रोजयाञ्चक्रुः			
रोजयामास	रोजयामासतुः	रोजयामासुः			
रोजयाम्बभूविथ	रोजयाम्बभूवथुः	रोजयाम्बभूव	अरूरुजः	अरूरुजतम्	अरूरुजत
रोजयाञ्चकर्थ	रोजयाञ्चक्रथुः	रोजयाञ्चक्र			
रोजयामासिथ	रोजयामासथुः	रोजयामास			
रोजयाम्बभूव	रोजयाम्बभूविव	रोजयाम्बभूविम	अरूरुजम्	अरूरुजाव	अरूरुजाम
रोजयाञ्चकर -कार	रोजयाञ्चकृव	रोजयाञ्चकृम			
रोजयामास	रोजयामासिव	रोजयामासिम			

Atmanepadi Forms

रोजयते	रोजयेते[4]	रोजयन्ते[1]	अरोजयत	अरोजयेताम्[4]	अरोजयन्त[1]
रोजयसे	रोजयेथे[4]	रोजयध्वे	अरोजयथाः	अरोजयेथाम्[4]	अरोजयध्वम्
रोजये[1]	रोजयावहे[2]	रोजयामहे[2]	अरोजये[4]	अरोजयावहि[3]	अरोजयामहि[3]

रोजयताम्	रोजयेताम्[4]	रोजयन्ताम्[1]	रोजयेत	रोजयेयाताम्	रोजयेरन्
रोजयस्व	रोजयेथाम्[4]	रोजयध्वम्	रोजयेथाः	रोजयेयाथाम्	रोजयेध्वम्
रोजयै[5]	रोजयावहै[3]	रोजयामहै[3]	रोजयेय	रोजयेवहि	रोजयेमहि

रोजयिष्यते	रोजयिष्येते	रोजयिष्यन्ते	अरोजयिष्यत	अरोजयिष्येताम्	अरोजयिष्यन्त
रोजयिष्यसे	रोजयिष्येथे	रोजयिष्यध्वे	अरोजयिष्यथाः	अरोजयिष्येथाम्	अरोजयिष्यध्वम्
रोजयिष्ये	रोजयिष्यावहे	रोजयिष्यामहे	अरोजयिष्ये	अरोजयिष्यावहि	अरोजयिष्यामहि

रोजयिता	रोजयितारौ	रोजयितारः	रोजयिषीष्ट	रोजयिषीयास्ताम्	रोजयिषीरन्
रोजयितासे	रोजयितासाथे	रोजयिताध्वे	रोजयिषीष्ठाः	रोजयिषीयास्थाम्	रोजयिषीध्वम् -ढ्वम्
रोजयिताहे	रोजयितास्वहे	रोजयितास्महे	रोजयिषीय	रोजयिषीवहि	रोजयिषीमहि

रोजयाम्बभूव	रोजयाम्बभूवतुः	रोजयाम्बभूवुः	अरूरुजत	अरूरुजेताम्	अरूरुजन्त
रोजयाञ्चक्रे	रोजयाञ्चक्राते	रोजयाञ्चक्रिरे			
रोजयामास	रोजयामासतुः	रोजयामासुः			
रोजयाम्बभूविथ	रोजयाम्बभूवथुः	रोजयाम्बभूव	अरूरुजथाः	अरूरुजेथाम्	अरूरुजध्वम्
रोजयाञ्चकृषे	रोजयाञ्चक्राथे	रोजयाञ्चकृढ्वे			
रोजयामासिथ	रोजयामासथुः	रोजयामास			
रोजयाम्बभूव	रोजयाम्बभूविव	रोजयाम्बभूविम	अरूरुजे	अरूरुजावहि	अरूरुजामहि
रोजयाञ्चक्रे	रोजयाञ्चकृवहे	रोजयाञ्चकृमहे			
रोजयामास	रोजयामासिव	रोजयामासिम			

1805 ष्वद आस्वादने । स्वाद इत्येके । आस्वदीयः , Root 18 ष्वद । savour, sweeten, enjoy
10c 272 ष्वदँ । स्वद् । आस्वादयति / ते । U । सेट् । स० । स्वादि । स्वादय ।
Siddhanta Kaumudi स्वादिमभिव्याप्य संभवत्कर्मभ्य एव णिच् । इति आङ् उपसर्गः योगेन सकर्मकः ।
7.2.116 अत उपधायाः। **Parasmaipadi Forms**

स्वादयति	स्वादयतः	स्वादयन्ति[1]	अस्वादयत् -द्	अस्वादयताम्	अस्वादयन्[1]
स्वादयसि	स्वादयथः	स्वादयथ	अस्वादयः	अस्वादयतम्	अस्वादयत
स्वादयामि[2]	स्वादयावः[2]	स्वादयामः[2]	अस्वादयम्[1]	अस्वादयाव[2]	अस्वादयाम[2]

स्वादयतु स्वादयतात् -द्	स्वादयताम्	स्वादयन्तु[1]	स्वादयेत् -द्	स्वादयेताम्	स्वादयेयुः
स्वादय स्वादयतात् -द्	स्वादयतम्	स्वादयत	स्वादयेः	स्वादयेतम्	स्वादयेत
स्वादयानि[3]	स्वादयाव[3]	स्वादयाम[3]	स्वादयेयम्	स्वादयेव	स्वादयेम

स्वादयिष्यति	स्वादयिष्यतः	स्वादयिष्यन्ति	अस्वादयिष्यत् -द्	अस्वादयिष्यताम्	अस्वादयिष्यन्
स्वादयिष्यसि	स्वादयिष्यथः	स्वादयिष्यथ	अस्वादयिष्यः	अस्वादयिष्यतम्	अस्वादयिष्यत
स्वादयिष्यामि	स्वादयिष्यावः	स्वादयिष्यामः	अस्वादयिष्यम्	अस्वादयिष्याव	अस्वादयिष्याम

स्वादयिता	स्वादयितारौ	स्वादयितारः	स्वाद्यात् -द्	स्वाद्यास्ताम्	स्वाद्यासुः
स्वादयितासि	स्वादयितास्थः	स्वादयितास्थ	स्वाद्याः	स्वाद्यास्तम्	स्वाद्यास्त

स्वादयितास्मि	स्वादयितास्वः	स्वादयितास्मः	स्वाद्यासम्	स्वाद्यास्व	स्वाद्यास्म
स्वादयाम्बभूव	स्वादयाम्बभूवतुः	स्वादयाम्बभूवुः	असिष्वदत् -द्	असिष्वदताम्	असिष्वदन्
स्वादयाञ्चकार	स्वादयाञ्चक्रतुः	स्वादयाञ्चक्रुः			
स्वादयामास	स्वादयामासतुः	स्वादयामासुः			
स्वादयाम्बभूविथ	स्वादयाम्बभूवथुः	स्वादयाम्बभूव	असिष्वदः	असिष्वदतम्	असिष्वदत
स्वादयाञ्चकर्थ	स्वादयाञ्चक्रथुः	स्वादयाञ्चक्र			
स्वादयामासिथ	स्वादयामासथुः	स्वादयामास			
स्वादयाम्बभूव	स्वादयाम्बभूविव	स्वादयाम्बभूविम	असिष्वदम्	असिष्वदाव	असिष्वदाम
स्वादयाञ्चकर -कार स्वादयाञ्चकृव		स्वादयाञ्चकृम			
स्वादयामास	स्वादयामासिव	स्वादयामासिम			

Atmanepadi Forms

स्वादयते	स्वादयेते[4]	स्वादयन्ते[1]	अस्वादयत	अस्वादयेताम्[4]	अस्वादयन्त[1]
स्वादयसे	स्वादयेथे[4]	स्वादयध्वे	अस्वादयथाः	अस्वादयेथाम्[4]	अस्वादयध्वम्
स्वादये[1]	स्वादयावहे[2]	स्वादयामहे[2]	अस्वादये[4]	अस्वादयावहि[3]	अस्वादयामहि[3]
स्वादयताम्	स्वादयेताम्[4]	स्वादयन्ताम्[1]	स्वादयेत	स्वादयेयाताम्	स्वादयेरन्
स्वादयस्व	स्वादयेथाम्[4]	स्वादयध्वम्	स्वादयेथाः	स्वादयेयाथाम्	स्वादयेध्वम्
स्वादयै[5]	स्वादयावहै[3]	स्वादयामहै[3]	स्वादयेय	स्वादयेवहि	स्वादयेमहि
स्वादयिष्यते	स्वादयिष्येते	स्वादयिष्यन्ते	अस्वादयिष्यत	अस्वादयिष्येताम्	अस्वादयिष्यन्त
स्वादयिष्यसे	स्वादयिष्येथे	स्वादयिष्यध्वे	अस्वादयिष्यथाः	अस्वादयिष्येथाम्	अस्वादयिष्यध्वम्
स्वादयिष्ये	स्वादयिष्यावहे	स्वादयिष्यामहे	अस्वादयिष्ये	अस्वादयिष्यावहि	अस्वादयिष्यामहि
स्वादयिता	स्वादयितारौ	स्वादयितारः	स्वादयिषीष्ट	स्वादयिषीयास्ताम्	स्वादयिषीरन्
स्वादयितासे	स्वादयितासाथे	स्वादयिताध्वे	स्वादयिषीष्ठाः	स्वादयिषीयास्थाम्	स्वादयिषीध्वम् -ढ्वम्
स्वादयिताहे	स्वादयितास्वहे	स्वादयितास्महे	स्वादयिषीय	स्वादयिषीवहि	स्वादयिषीमहि
स्वादयाम्बभूव	स्वादयाम्बभूवतुः	स्वादयाम्बभूवुः	असिष्वदत	असिष्वदेताम्	असिष्वदन्त
स्वादयाञ्चक्रे	स्वादयाञ्चक्राते	स्वादयाञ्चक्रिरे			
स्वादयामास	स्वादयामासतुः	स्वादयामासुः			
स्वादयाम्बभूविथ	स्वादयाम्बभूवथुः	स्वादयाम्बभूव	असिष्वदथाः	असिष्वदेथाम्	असिष्वदध्वम्
स्वादयाञ्चकृषे	स्वादयाञ्चक्राथे	स्वादयाञ्चकृढ्वे			
स्वादयामासिथ	स्वादयामासथुः	स्वादयामास			
स्वादयाम्बभूव	स्वादयाम्बभूविव	स्वादयाम्बभूविम	असिष्वदे	असिष्वदावहि	असिष्वदामहि
स्वादयाञ्चक्रे	स्वादयाञ्चकृवहे	स्वादयाञ्चकृमहे			

स्वादयामास	स्वादयामासिव	स्वादयामासिम			

वृत् । आस्वदीयाः गताः ।

1806 गणसूत्रः = आ धृषाद्वा । अथ आधृषीयः अन्तर्गणः । वैकल्पिकः णिचः ।

Siddhanta Kaumudi इत ऊर्ध्वं विभाषितणिचो धृषधातुमभिव्याप्य । पक्षे शप् ।

युजादिः अन्तर्गणः तु । Also known as युजादिः since it begins with युज संयमने ।

1806 **युज संयमने** । आधृषीयः , वैकल्पिकः णिचः । restrain, check, discipline, concentrate

10c 273 युजँ । युज् । योजयति / ते , योजति । U । सेट् । स० । योजि । योजय ।

Parasmaipadi Forms

योजयति	योजयतः	योजयन्ति[1]	अयोजयत् -द्	अयोजयताम्	अयोजयन्[1]
योजयसि	योजयथः	योजयथ	अयोजयः	अयोजयतम्	अयोजयत
योजयामि[2]	योजयावः[2]	योजयामः[2]	अयोजयम्[1]	अयोजयाव[2]	अयोजयाम[2]

योजयतु योजयतात् -द्	योजयताम्	योजयन्तु[1]	योजयेत् -द्	योजयेताम्	योजयेयुः
योजय योजयतात् -द्	योजयतम्	योजयत	योजयेः	योजयेतम्	योजयेत
योजयानि[3]	योजयाव[3]	योजयाम[3]	योजयेयम्	योजयेव	योजयेम

योजयिष्यति	योजयिष्यतः	योजयिष्यन्ति	अयोजयिष्यत् -द्	अयोजयिष्यताम्	अयोजयिष्यन्
योजयिष्यसि	योजयिष्यथः	योजयिष्यथ	अयोजयिष्यः	अयोजयिष्यतम्	अयोजयिष्यत
योजयिष्यामि	योजयिष्यावः	योजयिष्यामः	अयोजयिष्यम्	अयोजयिष्याव	अयोजयिष्याम

योजयिता	योजयितारौ	योजयितारः	योज्यात् -द्	योज्यास्ताम्	योज्यासुः
योजयितासि	योजयितास्थः	योजयितास्थ	योज्याः	योज्यास्तम्	योज्यास्त
योजयितास्मि	योजयितास्वः	योजयितास्मः	योज्यासम्	योज्यास्व	योज्यास्म

योजयाम्बभूव	योजयाम्बभूवतुः	योजयाम्बभूवुः	अयूयुजत् -द्	अयूयुजताम्	अयूयुजन्
योजयाञ्चकार	योजयाञ्चक्रतुः	योजयाञ्चक्रुः			
योजयामास	योजयामासतुः	योजयामासुः			
योजयाम्बभूविथ	योजयाम्बभूवथुः	योजयाम्बभूव	अयूयुजः	अयूयुजतम्	अयूयुजत
योजयाञ्चकर्थ	योजयाञ्चक्रथुः	योजयाञ्चक्र			
योजयामासिथ	योजयामासथुः	योजयामास			
योजयाम्बभूव	योजयाम्बभूविव	योजयाम्बभूविम	अयूयुजम्	अयूयुजाव	अयूयुजाम
योजयाञ्चकर -कार	योजयाञ्चकृव	योजयाञ्चकृम			
योजयामास	योजयामासिव	योजयामासिम			

Atmanepadi Forms

योजयते	योजयेते[4]	योजयन्ते[1]	अयोजयत	अयोजयेताम्[4]	अयोजयन्त[1]
योजयसे	योजयेथे[4]	योजयध्वे	अयोजयथाः	अयोजयेथाम्[4]	अयोजयध्वम्
योजये[1]	योजयावहे[2]	योजयामहे[2]	अयोजये[4]	अयोजयावहि[3]	अयोजयामहि[3]

योजयताम्	योजयेताम्[4]	योजयन्ताम्[1]	योजयेत	योजयेयाताम्	योजयेरन्
योजयस्व	योजयेथाम्[4]	योजयध्वम्	योजयेथाः	योजयेयाथाम्	योजयेध्वम्
योजयै[5]	योजयावहै[3]	योजयामहै[3]	योजयेय	योजयेवहि	योजयेमहि

योजयिष्यते	योजयिष्येते	योजयिष्यन्ते	अयोजयिष्यत	अयोजयिष्येताम्	अयोजयिष्यन्त
योजयिष्यसे	योजयिष्येथे	योजयिष्यध्वे	अयोजयिष्यथाः	अयोजयिष्येथाम्	अयोजयिष्यध्वम्
योजयिष्ये	योजयिष्यावहे	योजयिष्यामहे	अयोजयिष्ये	अयोजयिष्यावहि	अयोजयिष्यामहि

योजयिता	योजयितारौ	योजयितारः	योजयिषीष्ट	योजयिषीयास्ताम्	योजयिषीरन्
योजयितासे	योजयितासाथे	योजयिताध्वे	योजयिषीष्ठाः	योजयिषीयास्थाम्	योजयिषीध्वम् -ढ्वम्
योजयिताहे	योजयितास्वहे	योजयितास्महे	योजयिषीय	योजयिषीवहि	योजयिषीमहि

योजयाम्बभूव	योजयाम्बभूवतुः	योजयाम्बभूवुः	अयूयुजत	अयूयुजेताम्	अयूयुजन्त
योजयाञ्चक्रे	योजयाञ्चक्राते	योजयाञ्चक्रिरे			
योजयामास	योजयामासतुः	योजयामासुः			
योजयाम्बभूविथ	योजयाम्बभूवथुः	योजयाम्बभूव	अयूयुजथाः	अयूयुजेथाम्	अयूयुजध्वम्
योजयाञ्चकृषे	योजयाञ्चक्राथे	योजयाञ्चकृढ्वे			
योजयामासिथ	योजयामासथुः	योजयामास			
योजयाम्बभूव	योजयाम्बभूविव	योजयाम्बभूविम	अयूयुजे	अयूयुजावहि	अयूयुजामहि
योजयाञ्चक्रे	योजयाञ्चकृवहे	योजयाञ्चकृमहे			
योजयामास	योजयामासिव	योजयामासिम			

णिजभावपक्षे 1.3.78 शेषात् कर्त्तरि परस्मैपदम् । इति पक्षे भ्वादिः इव युज् । P । सेट् । स० ।

योजति	योजतः	योजन्ति	अयोजत् -द्	अयोजताम्	अयोजन्
योजसि	योजथः	योजथ	अयोजः	अयोजतम्	अयोजत
योजामि	योजावः	योजामः	अयोजम्	अयोजाव	अयोजाम

योजतु योजतात् -द्	योजताम्	योजन्तु	योजेत् -द्	योजेताम्	योजेयुः
योज योजतात् -द्	योजतम्	योजत	योजेः	योजेतम्	योजेत
योजानि	योजाव	योजाम	योजेयम्	योजेव	योजेम

योजिष्यति	योजिष्यतः	योजिष्यन्ति	अयोजिष्यत् -द्	अयोजिष्यताम्	अयोजिष्यन्
योजिष्यसि	योजिष्यथः	योजिष्यथ	अयोजिष्यः	अयोजिष्यतम्	अयोजिष्यत
योजिष्यामि	योजिष्यावः	योजिष्यामः	अयोजिष्यम्	अयोजिष्याव	अयोजिष्याम

योजिता	योजितारौ	योजितारः	योज्यात् -द्	योज्यास्ताम्	योज्यासुः

योजितासि	योजितास्थः	योजितास्थ	योज्याः	योज्यास्तम्	योज्यास्त
योजितास्मि	योजितास्वः	योजितास्मः	योज्यासम्	योज्यास्व	योज्यास्म

युयोज	युयुजतुः	युयुजुः	अयौक्षीत् -द्	अयौक्ताम्	अयौक्षुः
युयोजिथ	युयुजथुः	युयुज	अयौक्षीः	अयौक्तम्	अयौक्त
युयोज	युयुजिव	युयुजिम	अयौक्षम्	अयौक्ष्व	अयौक्ष्म

1807 **पृच संयमने** । आधृषीयः , वैकल्पिकः णिचः । restrain, check, discipline, concentrate
10c 274 **पृचँ** । **पृच्** । **पर्चयति / ते , पर्चति** । U । **सेट्** । **स०** । **पर्चि** । **पर्चय** । 7.4.7 **उर्ऋत्** ।

Parasmaipadi Forms

पर्चयति	पर्चयतः	पर्चयन्ति[1]	अपर्चयत् -द्	अपर्चयताम्	अपर्चयन्[1]
पर्चयसि	पर्चयथः	पर्चयथ	अपर्चयः	अपर्चयतम्	अपर्चयत
पर्चयामि[2]	पर्चयावः[2]	पर्चयामः[2]	अपर्चयम्[1]	अपर्चयाव[2]	अपर्चयाम[2]

पर्चयतु पर्चयतात् -द्	पर्चयताम्	पर्चयन्तु[1]	पर्चयेत् -द्	पर्चयेताम्	पर्चयेयुः
पर्चय पर्चयतात् -द्	पर्चयतम्	पर्चयत	पर्चयेः	पर्चयेतम्	पर्चयेत
पर्चयानि[3]	पर्चयाव[3]	पर्चयाम[3]	पर्चयेयम्	पर्चयेव	पर्चयेम

पर्चयिष्यति	पर्चयिष्यतः	पर्चयिष्यन्ति	अपर्चयिष्यत् -द्	अपर्चयिष्यताम्	अपर्चयिष्यन्
पर्चयिष्यसि	पर्चयिष्यथः	पर्चयिष्यथ	अपर्चयिष्यः	अपर्चयिष्यतम्	अपर्चयिष्यत
पर्चयिष्यामि	पर्चयिष्यावः	पर्चयिष्यामः	अपर्चयिष्यम्	अपर्चयिष्याव	अपर्चयिष्याम

पर्चयिता	पर्चयितारौ	पर्चयितारः	पर्च्यात् -द्	पर्च्यास्ताम्	पर्च्यासुः
पर्चयितासि	पर्चयितास्थः	पर्चयितास्थ	पर्च्याः	पर्च्यास्तम्	पर्च्यास्त
पर्चयितास्मि	पर्चयितास्वः	पर्चयितास्मः	पर्च्यासम्	पर्च्यास्व	पर्च्यास्म

पर्चयाम्बभूव	पर्चयाम्बभूवतुः	पर्चयाम्बभूवुः	अपपर्चत् -द्	अपपर्चताम्	अपपर्चन्
पर्चयाञ्चकार	पर्चयाञ्चक्रतुः	पर्चयाञ्चक्रुः	अपीपृचत् -द्	अपीपृचताम्	अपीपृचन्
पर्चयामास	पर्चयामासतुः	पर्चयामासुः			
पर्चयाम्बभूविथ	पर्चयाम्बभूवथुः	पर्चयाम्बभूव	अपपर्चः	अपपर्चतम्	अपपर्चत
पर्चयाञ्चकर्थ	पर्चयाञ्चक्रथुः	पर्चयाञ्चक्र	अपीपृचः	अपीपृचतम्	अपीपृचत
पर्चयामासिथ	पर्चयामासथुः	पर्चयामास			
पर्चयाम्बभूव	पर्चयाम्बभूविव	पर्चयाम्बभूविम	अपपर्चम्	अपपर्चाव	अपपर्चाम
पर्चयाञ्चकर -कार	पर्चयाञ्चकृव	पर्चयाञ्चकृम	अपीपृचम्	अपीपृचाव	अपीपृचाम
पर्चयामास	पर्चयामासिव	पर्चयामासिम			

Atmanepadi Forms

पर्चयते	पर्चयेते[4]	पर्चयन्ते[1]	अपर्चयत	अपर्चयेताम्[4]	अपर्चयन्त[1]
पर्चयसे	पर्चयेथे[4]	पर्चयध्वे	अपर्चयथाः	अपर्चयेथाम्[4]	अपर्चयध्वम्

पर्चये[1]	पर्चयावहे[2]	पर्चयामहे[2]	अपर्चये[4]	अपर्चयावहि[3]	अपर्चयामहि[3]

पर्चयताम्	पर्चयेताम्[4]	पर्चयन्ताम्[1]	पर्चयेत	पर्चयेयाताम्	पर्चयेरन्
पर्चयस्व	पर्चयेथाम्[4]	पर्चयध्वम्	पर्चयेथाः	पर्चयेयाथाम्	पर्चयेध्वम्
पर्चयै[5]	पर्चयावहै[3]	पर्चयामहै[3]	पर्चयेय	पर्चयेवहि	पर्चयेमहि

पर्चयिष्यते	पर्चयिष्येते	पर्चयिष्यन्ते	अपर्चयिष्यत	अपर्चयिष्येताम्	अपर्चयिष्यन्त
पर्चयिष्यसे	पर्चयिष्येथे	पर्चयिष्यध्वे	अपर्चयिष्यथाः	अपर्चयिष्येथाम्	अपर्चयिष्यध्वम्
पर्चयिष्ये	पर्चयिष्यावहे	पर्चयिष्यामहे	अपर्चयिष्ये	अपर्चयिष्यावहि	अपर्चयिष्यामहि

पर्चयिता	पर्चयितारौ	पर्चयितारः	पर्चयिषीष्ट	पर्चयिषीयास्ताम्	पर्चयिषीरन्
पर्चयितासे	पर्चयितासाथे	पर्चयिताध्वे	पर्चयिषीष्ठाः	पर्चयिषीयास्थाम्	पर्चयिषीध्वम् -ढ्वम्
पर्चयिताहे	पर्चयितास्वहे	पर्चयितास्महे	पर्चयिषीय	पर्चयिषीवहि	पर्चयिषीमहि

पर्चयाम्बभूव	पर्चयाम्बभूवतुः	पर्चयाम्बभूवुः	अपपर्चत	अपपर्चेताम्	अपपर्चन्त
पर्चयाञ्चक्रे	पर्चयाञ्चक्राते	पर्चयाञ्चक्रिरे	अपीपृचत	अपीपृचेताम्	अपीपृचन्त
पर्चयामास	पर्चयामासतुः	पर्चयामासुः			
पर्चयाम्बभूविथ	पर्चयाम्बभूवथुः	पर्चयाम्बभूव	अपपर्चथाः	अपपर्चेथाम्	अपपर्चध्वम्
पर्चयाञ्चकृषे	पर्चयाञ्चक्राथे	पर्चयाञ्चकृढ्वे	अपीपृचथाः	अपीपृचेथाम्	अपीपृचध्वम्
पर्चयामासिथ	पर्चयामासथुः	पर्चयामास			
पर्चयाम्बभूव	पर्चयाम्बभूविव	पर्चयाम्बभूविम	अपपर्चे	अपपर्चावहि	अपपर्चामहि
पर्चयाञ्चक्रे	पर्चयाञ्चकृवहे	पर्चयाञ्चकृमहे	अपीपृचे	अपीपृचावहि	अपीपृचामहि
पर्चयामास	पर्चयामासिव	पर्चयामासिम			

णिजभावपक्षे 1.3.78 शेषात् कर्त्तरि परस्मैपदम् । इति पक्षे भ्वादिः इव पृच् । P । सेट् । स० ।

पर्चति	पर्चतः	पर्चन्ति	अपर्चत् -द्	अपर्चताम्	अपर्चन्
पर्चसि	पर्चथः	पर्चथ	अपर्चः	अपर्चतम्	अपर्चत
पर्चामि	पर्चावः	पर्चामः	अपर्चम्	अपर्चाव	अपर्चाम

पर्चतु पर्चतात् -द्	पर्चताम्	पर्चन्तु	पर्चेत् -द्	पर्चेताम्	पर्चेयुः
पर्च पर्चतात् -द्	पर्चतम्	पर्चत	पर्चेः	पर्चेतम्	पर्चेत
पर्चानि	पर्चाव	पर्चाम	पर्चेयम्	पर्चेव	पर्चेम

पर्चिष्यति	पर्चिष्यतः	पर्चिष्यन्ति	अपर्चिष्यत् -द्	अपर्चिष्यताम्	अपर्चिष्यन्
पर्चिष्यसि	पर्चिष्यथः	पर्चिष्यथ	अपर्चिष्यः	अपर्चिष्यतम्	अपर्चिष्यत
पर्चिष्यामि	पर्चिष्यावः	पर्चिष्यामः	अपर्चिष्यम्	अपर्चिष्याव	अपर्चिष्याम

पर्चिता	पर्चितारौ	पर्चितारः	पृच्यात् -द्	पृच्यास्ताम्	पृच्यासुः
पर्चितासि	पर्चितास्थः	पर्चितास्थ	पृच्याः	पृच्यास्तम्	पृच्यास्त
पर्चितास्मि	पर्चितास्वः	पर्चितास्मः	पृच्यासम्	पृच्यास्व	पृच्यास्म

पपर्च	पपृचतुः	पपृचुः	अपर्चीत् -द्	अपर्चिष्टाम्	अपर्चिषुः
पपर्चिथ	पपृचथुः	पपृच	अपर्चीः	अपर्चिष्टम्	अपर्चिष्ट
पपर्च	पपृचिव	पपृचिम	अपर्चिषम्	अपर्चिष्व	अपर्चिष्म

1808 **अर्च पूजायाम्** । आधृषीयः , वैकल्पिकः णिचः । worship

10c 275 अर्चँ । अर्च् । अर्चयति / ते , अर्चति । U । सेट् । स० । अर्चि । अर्चय ।

शाकाटायनः अस्य धातोः अनुदात्तेत्त्वम् अङ्गीकृत्य आत्मनेपदित्वं प्रतिपादयति । अर्चते । **Parasmaipadi Forms**

अर्चयति	अर्चयतः	अर्चयन्ति[1]	आर्चयत् -द्	आर्चयताम्	आर्चयन्[1]
अर्चयसि	अर्चयथः	अर्चयथ	आर्चयः	आर्चयतम्	आर्चयत
अर्चयामि[2]	अर्चयावः[2]	अर्चयामः[2]	आर्चयम्[1]	आर्चयाव[2]	आर्चयाम[2]

अर्चयतु अर्चयतात् -द्	अर्चयताम्	अर्चयन्तु[1]	अर्चयेत् -द्	अर्चयेताम्	अर्चयेयुः
अर्चय अर्चयतात् -द्	अर्चयतम्	अर्चयत	अर्चयेः	अर्चयेतम्	अर्चयेत
अर्चयानि[3]	अर्चयाव[3]	अर्चयाम[3]	अर्चयेयम्	अर्चयेव	अर्चयेम

अर्चयिष्यति	अर्चयिष्यतः	अर्चयिष्यन्ति	आर्चयिष्यत् -द्	आर्चयिष्यताम्	आर्चयिष्यन्
अर्चयिष्यसि	अर्चयिष्यथः	अर्चयिष्यथ	आर्चयिष्यः	आर्चयिष्यतम्	आर्चयिष्यत
अर्चयिष्यामि	अर्चयिष्यावः	अर्चयिष्यामः	आर्चयिष्यम्	आर्चयिष्याव	आर्चयिष्याम

अर्चयिता	अर्चयितारौ	अर्चयितारः	अर्च्यात् -द्	अर्च्यास्ताम्	अर्च्यासुः
अर्चयितासि	अर्चयितास्थः	अर्चयितास्थ	अर्च्याः	अर्च्यास्तम्	अर्च्यास्त
अर्चयितास्मि	अर्चयितास्वः	अर्चयितास्मः	अर्च्यासम्	अर्च्यास्व	अर्च्यास्म

अर्चयाम्बभूव	अर्चयाम्बभूवतुः	अर्चयाम्बभूवुः	आर्चिचत् -द्	आर्चिचताम्	आर्चिचन्
अर्चयाञ्चकार	अर्चयाञ्चक्रतुः	अर्चयाञ्चक्रुः			
अर्चयामास	अर्चयामासतुः	अर्चयामासुः			
अर्चयाम्बभूविथ	अर्चयाम्बभूवथुः	अर्चयाम्बभूव	आर्चिचः	आर्चिचतम्	आर्चिचत
अर्चयाञ्चकर्थ	अर्चयाञ्चक्रथुः	अर्चयाञ्चक्र			
अर्चयामासिथ	अर्चयामासथुः	अर्चयामास			
अर्चयाम्बभूव	अर्चयाम्बभूविव	अर्चयाम्बभूविम	आर्चिचम्	आर्चिचाव	आर्चिचाम
अर्चयाञ्चकर -कार	अर्चयाञ्चकृव	अर्चयाञ्चकृम			
अर्चयामास	अर्चयामासिव	अर्चयामासिम			

Atmanepadi Forms

अर्चयते	अर्चयेते[4]	अर्चयन्ते[1]	आर्चयत	आर्चयेताम्[4]	आर्चयन्त[1]
अर्चयसे	अर्चयेथे[4]	अर्चयध्वे	आर्चयथाः	आर्चयेथाम्[4]	आर्चयध्वम्
अर्चये[1]	अर्चयावहे[2]	अर्चयामहे[2]	आर्चये[4]	आर्चयावहि[3]	आर्चयामहि[3]

अर्चयताम्	अर्चयेताम्⁴	अर्चयन्ताम्¹	अर्चयेत	अर्चयेयाताम्	अर्चयेरन्
अर्चयस्व	अर्चयेथाम्⁴	अर्चयध्वम्	अर्चयेथाः	अर्चयेयाथाम्	अर्चयेध्वम्
अर्चयै⁵	अर्चयावहै³	अर्चयामहै³	अर्चयेय	अर्चयेवहि	अर्चयेमहि
अर्चयिष्यते	अर्चयिष्येते	अर्चयिष्यन्ते	आर्चयिष्यत	आर्चयिष्येताम्	आर्चयिष्यन्त
अर्चयिष्यसे	अर्चयिष्येथे	अर्चयिष्यध्वे	आर्चयिष्यथाः	आर्चयिष्येथाम्	आर्चयिष्यध्वम्
अर्चयिष्ये	अर्चयिष्यावहे	अर्चयिष्यामहे	आर्चयिष्ये	आर्चयिष्यावहि	आर्चयिष्यामहि
अर्चयिता	अर्चयितारौ	अर्चयितारः	अर्चयिषीष्ट	अर्चयिषीयास्ताम्	अर्चयिषीरन्
अर्चयितासे	अर्चयितासाथे	अर्चयिताध्वे	अर्चयिषीष्ठाः	अर्चयिषीयास्थाम्	अर्चयिषीध्वम् -ढ्वम्
अर्चयिताहे	अर्चयितास्वहे	अर्चयितास्महे	अर्चयिषीय	अर्चयिषीवहि	अर्चयिषीमहि
अर्चयाम्बभूव	अर्चयाम्बभूवतुः	अर्चयाम्बभूवुः	आर्चिचत	आर्चिचेताम्	आर्चिचन्त
अर्चयाञ्चक्रे	अर्चयाञ्चक्राते	अर्चयाञ्चक्रिरे			
अर्चयामास	अर्चयामासतुः	अर्चयामासुः			
अर्चयाम्बभूविथ	अर्चयाम्बभूवथुः	अर्चयाम्बभूव	आर्चिचथाः	आर्चिचेथाम्	आर्चिचध्वम्
अर्चयाञ्चकृषे	अर्चयाञ्चक्राथे	अर्चयाञ्चकृढ्वे			
अर्चयामासिथ	अर्चयामासथुः	अर्चयामास			
अर्चयाम्बभूव	अर्चयाम्बभूविव	अर्चयाम्बभूविम	आर्चिचे	आर्चिचावहि	आर्चिचामहि
अर्चयाञ्चक्रे	अर्चयाञ्चकृवहे	अर्चयाञ्चकृमहे			
अर्चयामास	अर्चयामासिव	अर्चयामासिम			

णिजभावपक्षे 1.3.78 शेषात् कर्त्तरि परस्मैपदम् । इति पक्षे भ्वादिः इव अर्च् । P । सेट् । स० ।

अर्चति	अर्चतः	अर्चन्ति	आर्चत् -द्	आर्चताम्	आर्चन्
अर्चसि	अर्चथः	अर्चथ	आर्चः	आर्चतम्	आर्चत
अर्चामि	अर्चावः	अर्चामः	आर्चम्	आर्चाव	आर्चाम
अर्चतु अर्चतात् -द्	अर्चताम्	अर्चन्तु	अर्चेत् -द्	अर्चेताम्	अर्चेयुः
अर्च अर्चतात् -द्	अर्चतम्	अर्चत	अर्चेः	अर्चेतम्	अर्चेत
अर्चानि	अर्चाव	अर्चाम	अर्चेयम्	अर्चेव	अर्चेम
अर्चिष्यति	अर्चिष्यतः	अर्चिष्यन्ति	आर्चिष्यत् -द्	आर्चिष्यताम्	आर्चिष्यन्
अर्चिष्यसि	अर्चिष्यथः	अर्चिष्यथ	आर्चिष्यः	आर्चिष्यतम्	आर्चिष्यत
अर्चिष्यामि	अर्चिष्यावः	अर्चिष्यामः	आर्चिष्यम्	आर्चिष्याव	आर्चिष्याम
अर्चिता	अर्चितारौ	अर्चितारः	अर्च्यात् -द्	अर्च्यास्ताम्	अर्च्यासुः
अर्चितासि	अर्चितास्थः	अर्चितास्थ	अर्च्याः	अर्च्यास्तम्	अर्च्यास्त
अर्चितास्मि	अर्चितास्वः	अर्चितास्मः	अर्च्यासम्	अर्च्यास्व	अर्च्यास्म
आनर्च	आनर्चतुः	आनर्चुः	आर्चीत् -द्	आर्चिष्टाम्	आर्चिषुः
आनर्चिथ	आनर्चथुः	आनर्च	आर्चीः	आर्चिष्टम्	आर्चिष्ट

आनर्च	आनर्चिव	आनर्चिम	आर्चिषम्	आर्चिष्व	आर्चिष्म

शाकाटायनः अस्य धातोः अनुदात्तेत्त्वम् अङ्गीकृत्य आत्मनेपदित्वं प्रतिपादयति । अर्च् । A । सेट् । स० ।

अर्चते	अर्चेते[4]	अर्चन्ते[1]	आर्चत	आर्चेताम्[4]	आर्चन्त[1]
अर्चसे	अर्चेथे[4]	अर्चध्वे	आर्चथाः	आर्चेथाम्[4]	आर्चध्वम्
अर्चे[1]	अर्चावहे[2]	अर्चामहे[2]	आर्चे[4]	आर्चावहि[3]	आर्चामहि[3]

अर्चताम्	अर्चेताम्[4]	अर्चन्ताम्[1]	अर्चेत	अर्चेयाताम्	अर्चेरन्
अर्चस्व	अर्चेथाम्[4]	अर्चध्वम्	अर्चेथाः	अर्चेयाथाम्	अर्चेध्वम्
अर्चयै[5]	अर्चावहै[3]	अर्चामहै[3]	अर्चेय	अर्चेवहि	अर्चेमहि

अर्चिष्यते	अर्चिष्येते	अर्चिष्यन्ते	आर्चिष्यत	आर्चिष्येताम्	आर्चिष्यन्त
अर्चिष्यसे	अर्चिष्येथे	अर्चिष्यध्वे	आर्चिष्यथाः	आर्चिष्येथाम्	आर्चिष्यध्वम्
अर्चिष्ये	अर्चिष्यावहे	अर्चिष्यामहे	आर्चिष्ये	आर्चिष्यावहि	आर्चिष्यामहि

अर्चिता	अर्चितारौ	अर्चितारः	अर्चिषीष्ट	अर्चिषीयास्ताम्	अर्चिषीरन्
अर्चितासे	अर्चितासाथे	अर्चिताध्वे	अर्चिषीष्ठाः	अर्चिषीयास्थाम्	अर्चिषीध्वम् -ढ्वम्
अर्चिताहे	अर्चितास्वहे	अर्चितास्महे	अर्चिषीय	अर्चिषीवहि	अर्चिषीमहि

आनर्चे	आनर्चाते	आनर्चिरे	आर्चिष्ट	आर्चिषाताम्	आर्चिषत
आनर्चिषे	आनर्चाथे	आनर्चिध्वे	आर्चिष्ठाः	आर्चिषाथाम्	आर्चिध्वम्
आनर्चे	आनर्चिवहे	आनर्चिमहे	आर्चिषि	आर्चिष्वहि	आर्चिष्महि

1809 षह मर्षणे । आधृषीयः , वैकल्पिकः णिचः । tolerate, conquer

10c 276 षहँ । सह् । साहयति / ते , सहति । U । सेट् । स० । साहि । साहय ।

7.2.116 अत उपधायाः। **Parasmaipadi Forms**

साहयति	साहयतः	साहयन्ति[1]	असाहयत् -द्	असाहयताम्	असाहयन्[1]
साहयसि	साहयथः	साहयथ	असाहयः	असाहयतम्	असाहयत
साहयामि[2]	साहयावः[2]	साहयामः[2]	असाहयम्[1]	असाहयाव[2]	असाहयाम[2]

साहयतु साहयतात् -द्	साहयताम्	साहयन्तु[1]	साहयेत् -द्	साहयेताम्	साहयेयुः
साहय साहयतात् -द्	साहयतम्	साहयत	साहयेः	साहयेतम्	साहयेत
साहयानि[3]	साहयाव[3]	साहयाम[3]	साहयेयम्	साहयेव	साहयेम

साहयिष्यति	साहयिष्यतः	साहयिष्यन्ति	असाहयिष्यत् -द्	असाहयिष्यताम्	असाहयिष्यन्
साहयिष्यसि	साहयिष्यथः	साहयिष्यथ	असाहयिष्यः	असाहयिष्यतम्	असाहयिष्यत
साहयिष्यामि	साहयिष्यावः	साहयिष्यामः	असाहयिष्यम्	असाहयिष्याव	असाहयिष्याम

साहयिता	साहयितारौ	साहयितारः	सह्यात् -द्	सह्यास्ताम्	सह्यासुः
साहयितासि	साहयितास्थः	साहयितास्थ	सह्याः	सह्यास्तम्	सह्यास्त
साहयितास्मि	साहयितास्वः	साहयितास्मः	सह्यासम्	सह्यास्व	सह्यास्म

साहयाम्बभूव	साहयाम्बभूवतुः	साहयाम्बभूवुः	असीषहत् -द्	असीषहताम्	असीषहन्
साहयाञ्चकार	साहयाञ्चक्रतुः	साहयाञ्चक्रुः			
साहयामास	साहयामासतुः	साहयामासुः			
साहयाम्बभूविथ	साहयाम्बभूवथुः	साहयाम्बभूव	असीषहः	असीषहतम्	असीषहत
साहयाञ्चकर्थ	साहयाञ्चक्रथुः	साहयाञ्चक्र			
साहयामासिथ	साहयामासथुः	साहयामास			
साहयाम्बभूव	साहयाम्बभूविव	साहयाम्बभूविम	असीषहम्	असीषहाव	असीषहाम
साहयाञ्चकर -कार	साहयाञ्चकृव	साहयाञ्चकृम			
साहयामास	साहयामासिव	साहयामासिम			

Atmanepadi Forms

साहयते	साहयेते[4]	साहयन्ते[1]	असाहयत	असाहयेताम्[4]	असाहयन्त[1]
साहयसे	साहयेथे[4]	साहयध्वे	असाहयथाः	असाहयेथाम्[4]	असाहयध्वम्
साहये[1]	साहयावहे[2]	साहयामहे[2]	असाहये[4]	असाहयावहि[3]	असाहयामहि[3]

साहयताम्	साहयेताम्[4]	साहयन्ताम्[1]	साहयेत	साहयेयाताम्	साहयेरन्
साहयस्व	साहयेथाम्[4]	साहयध्वम्	साहयेथाः	साहयेयाथाम्	साहयेध्वम्
साहयै[5]	साहयावहै[3]	साहयामहै[3]	साहयेय	साहयेवहि	साहयेमहि

साहयिष्यते	साहयिष्येते	साहयिष्यन्ते	असाहयिष्यत	असाहयिष्येताम्	असाहयिष्यन्त
साहयिष्यसे	साहयिष्येथे	साहयिष्यध्वे	असाहयिष्यथाः	असाहयिष्येथाम्	असाहयिष्यध्वम्
साहयिष्ये	साहयिष्यावहे	साहयिष्यामहे	असाहयिष्ये	असाहयिष्यावहि	असाहयिष्यामहि

साहयिता	साहयितारौ	साहयितारः	साहयिषीष्ट	साहयिषीयास्ताम्	साहयिषीरन्
साहयितासे	साहयितासाथे	साहयिताध्वे	साहयिषीष्ठाः	साहयिषीयास्थाम्	साहयिषीध्वम् -ढ्वम्
साहयिताहे	साहयितास्वहे	साहयितास्महे	साहयिषीय	साहयिषीवहि	साहयिषीमहि

साहयाम्बभूव	साहयाम्बभूवतुः	साहयाम्बभूवुः	असीषहत	असीषहेताम्	असीषहन्त
साहयाञ्चक्रे	साहयाञ्चक्राते	साहयाञ्चक्रिरे			
साहयामास	साहयामासतुः	साहयामासुः			
साहयाम्बभूविथ	साहयाम्बभूवथुः	साहयाम्बभूव	असीषहथाः	असीषहेथाम्	असीषहध्वम्
साहयाञ्चकृषे	साहयाञ्चक्राथे	साहयाञ्चकृढ्वे			
साहयामासिथ	साहयामासथुः	साहयामास			

साहयाम्बभूव	साहयाम्बभूविव	साहयाम्बभूविम	असीषहे	असीषहावहि	असीषहामहि
साहयाञ्चक्रे	साहयाञ्चकृवहे	साहयाञ्चकृमहे			
साहयामास	साहयामासिव	साहयामासिम			

णिजभावपक्षे 1.3.78 शेषात् कर्त्तरि परस्मैपदम् । इति पक्षे भ्वादिः इव सह् । P । सेट् । स० ।

सहति	सहतः	सहन्ति	असहत् -द्	असहताम्	असहन्
सहसि	सहथः	सहथ	असहः	असहतम्	असहत
सहामि	सहावः	सहामः	असहम्	असहाव	असहाम

सहतु सहतात् -द्	सहताम्	सहन्तु	सहेत् -द्	सहेताम्	सहेयुः
सह सहतात् -द्	सहतम्	सहत	सहेः	सहेतम्	सहेत
सहानि	सहाव	सहाम	सहेयम्	सहेव	सहेम

सहिष्यति	सहिष्यतः	सहिष्यन्ति	असहिष्यत् -द्	असहिष्यताम्	असहिष्यन्
सहिष्यसि	सहिष्यथः	सहिष्यथ	असहिष्यः	असहिष्यतम्	असहिष्यत
सहिष्यामि	सहिष्यावः	सहिष्यामः	असहिष्यम्	असहिष्याव	असहिष्याम

सहिता	सहितारौ	सहितारः	सह्यात् -द्	सह्यास्ताम्	सह्यासुः
सहितासि	सहितास्थः	सहितास्थ	सह्याः	सह्यास्तम्	सह्यास्त
सहितास्मि	सहितास्वः	सहितास्मह	सह्यासम्	सह्यास्व	सह्यास्म

ससाह	सेहतुः	सेहुः	असहीत् -द्	असहिष्टाम्	असहिषुः
सेहिथ	सेहथुः	सेह	असहीः	असहिष्टम्	असहिष्ट
ससाह ससह	सेहिव	सेहिम	असहिषम्	असहिष्व	असहिष्म

1810 **ईर क्षेपे** । आधृषीयः , वैकल्पिकः णिचः । inspire, impel, throw, move

10c 277 **ईरँ** । **ईर्** । **ईरयति / ते , ईरति** । U । सेट् । स० । **ईरि** । **ईरय** । **Parasmaipadi Forms**

ईरयति	**ईरयतः**	**ईरयन्ति**[1]	ऐरयत् -द्	ऐरयताम्	ऐरयन्[1]
ईरयसि	**ईरयथः**	**ईरयथ**	ऐरयः	ऐरयतम्	ऐरयत
ईरयामि[2]	**ईरयावः**[2]	**ईरयामः**[2]	ऐरयम्[1]	ऐरयाव[2]	ऐरयाम[2]

ईरयतु ईरयतात् -द्	**ईरयताम्**	**ईरयन्तु**[1]	**ईरयेत् -द्**	**ईरयेताम्**	**ईरयेयुः**
ईरय ईरयतात् -द्	**ईरयतम्**	**ईरयत**	**ईरयेः**	**ईरयेतम्**	**ईरयेत**
ईरयाणि[3]	**ईरयाव**[3]	**ईरयाम**[3]	**ईरयेयम्**	**ईरयेव**	**ईरयेम**

ईरयिष्यति	**ईरयिष्यतः**	**ईरयिष्यन्ति**	ऐरयिष्यत् -द्	ऐरयिष्यताम्	ऐरयिष्यन्
ईरयिष्यसि	**ईरयिष्यथः**	**ईरयिष्यथ**	ऐरयिष्यः	ऐरयिष्यतम्	ऐरयिष्यत
ईरयिष्यामि	**ईरयिष्यावः**	**ईरयिष्यामः**	ऐरयिष्यम्	ऐरयिष्याव	ऐरयिष्याम

ईरयिता	**ईरयितारौ**	**ईरयितारः**	**ईर्यात् -द्**	**ईर्यास्ताम्**	**ईर्यासुः**
ईरयितासि	**ईरयितास्थः**	**ईरयितास्थ**	**ईर्याः**	**ईर्यास्तम्**	**ईर्यास्त**
ईरयितास्मि	**ईरयितास्वः**	**ईरयितास्मः**	**ईर्यासम्**	**ईर्यास्व**	**ईर्यास्म**

ईरयाम्बभूव	ईरयाम्बभूवतुः	ईरयाम्बभूवुः	ऐरिरत् -द्	ऐरिरताम्	ऐरिरन्
ईरयाञ्चकार	ईरयाञ्चक्रतुः	ईरयाञ्चक्रुः			
ईरयामास	ईरयामासतुः	ईरयामासुः			
ईरयाम्बभूविथ	ईरयाम्बभूवथुः	ईरयाम्बभूव	ऐरिरः	ऐरिरतम्	ऐरिरत
ईरयाञ्चकर्थ	ईरयाञ्चक्रथुः	ईरयाञ्चक्र			
ईरयामासिथ	ईरयामासथुः	ईरयामास			
ईरयाम्बभूव	ईरयाम्बभूविव	ईरयाम्बभूविम	ऐरिरम्	ऐरिराव	ऐरिराम
ईरयाञ्चकर -कार	ईरयाञ्चकृव	ईरयाञ्चकृम			
ईरयामास	ईरयामासिव	ईरयामासिम			

Atmanepadi Forms

ईरयते	ईरयेते[4]	ईरयन्ते[1]	ऐरयत	ऐरयेताम्[4]	ऐरयन्त[1]
ईरयसे	ईरयेथे[4]	ईरयध्वे	ऐरयथाः	ऐरयेथाम्[4]	ऐरयध्वम्
ईरये[1]	ईरयावहे[2]	ईरयामहे[2]	ऐरये[4]	ऐरयावहि[3]	ऐरयामहि[3]

ईरयताम्	ईरयेताम्[4]	ईरयन्ताम्[1]	ईरयेत	ईरयेयाताम्	ईरयेरन्
ईरयस्व	ईरयेथाम्[4]	ईरयध्वम्	ईरयेथाः	ईरयेयाथाम्	ईरयेध्वम्
ईरयै[5]	ईरयावहै[3]	ईरयामहै[3]	ईरयेय	ईरयेवहि	ईरयेमहि

ईरयिष्यते	ईरयिष्येते	ईरयिष्यन्ते	ऐरयिष्यत	ऐरयिष्येताम्	ऐरयिष्यन्त
ईरयिष्यसे	ईरयिष्येथे	ईरयिष्यध्वे	ऐरयिष्यथाः	ऐरयिष्येथाम्	ऐरयिष्यध्वम्
ईरयिष्ये	ईरयिष्यावहे	ईरयिष्यामहे	ऐरयिष्ये	ऐरयिष्यावहि	ऐरयिष्यामहि

ईरयिता	ईरयितारौ	ईरयितारः	ईरयिषीष्ट	ईरयिषीयास्ताम्	ईरयिषीरन्
ईरयितासे	ईरयितासाथे	ईरयिताध्वे	ईरयिषीष्ठाः	ईरयिषीयास्थाम्	ईरयिषीध्वम् -ढ्वम्
ईरयिताहे	ईरयितास्वहे	ईरयितास्महे	ईरयिषीय	ईरयिषीवहि	ईरयिषीमहि

ईरयाम्बभूव	ईरयाम्बभूवतुः	ईरयाम्बभूवुः	ऐरिरत	ऐरिरेताम्	ऐरिरन्त
ईरयाञ्चक्रे	ईरयाञ्चक्राते	ईरयाञ्चक्रिरे			
ईरयामास	ईरयामासतुः	ईरयामासुः			
ईरयाम्बभूविथ	ईरयाम्बभूवथुः	ईरयाम्बभूव	ऐरिरथाः	ऐरिरेथाम्	ऐरिरध्वम्
ईरयाञ्चकृषे	ईरयाञ्चक्राथे	ईरयाञ्चकृढ्वे			
ईरयामासिथ	ईरयामासथुः	ईरयामास			
ईरयाम्बभूव	ईरयाम्बभूविव	ईरयाम्बभूविम	ऐरिरे	ऐरिरावहि	ऐरिरामहि
ईरयाञ्चक्रे	ईरयाञ्चकृवहे	ईरयाञ्चकृमहे			
ईरयामास	ईरयामासिव	ईरयामासिम			

णिजभावपक्षे 1.3.78 शेषात् कर्त्तरि परस्मैपदम् । इति पक्षे भ्वादिः इव ईर् । P । सेट् । स० ।

ईरति	ईरतः	ईरन्ति	ऐरत् -द्	ऐरताम्	ऐरन्
ईरसि	ईरथः	ईरथ	ऐरः	ऐरतम्	ऐरत
ईरामि	ईरावः	ईरामः	ऐरम्	ऐराव	ऐराम

ईरतु ईरतात् -द्	ईरताम्	ईरन्तु	ईरेत् -द्	ईरेताम्	ईरेयुः
ईर ईरतात् -द्	ईरतम्	ईरत	ईरेः	ईरेतम्	ईरेत
ईराणि	ईराव	ईराम	ईरेयम्	ईरेव	ईरेम

ईरिष्यति	ईरिष्यतः	ईरिष्यन्ति	ऐरिष्यत् -द्	ऐरिष्यताम्	ऐरिष्यन्
ईरिष्यसि	ईरिष्यथः	ईरिष्यथ	ऐरिष्यः	ऐरिष्यतम्	ऐरिष्यत
ईरिष्यामि	ईरिष्यावः	ईरिष्यामः	ऐरिष्यम्	ऐरिष्याव	ऐरिष्याम

ईरिता	ईरितारौ	ईरितारः	ईर्यात् -द्	ईर्यास्ताम्	ईर्यासुः
ईरितासि	ईरितास्थः	ईरितास्थ	ईर्याः	ईर्यास्तम्	ईर्यास्त
ईरितास्मि	ईरितास्वः	ईरितास्मः	ईर्यासम्	ईर्यास्व	ईर्यास्म

ईराम्बभूव	ईराम्बभूवतुः	ईराम्बभूवुः	ऐरीत् -द्	ऐरिष्टाम्	ऐरिषुः
ईराञ्चकार	ईराञ्चक्रतुः	ईराञ्चक्रुः			
ईरामास	ईरामासतुः	ईरामासुः			
ईराम्बभूविथ	ईराम्बभूवथुः	ईराम्बभूव	ऐरीः	ऐरिष्टम्	ऐरिष्ट
ईराञ्चकर्थ	ईराञ्चक्रथुः	ईराञ्चक्र			
ईरामासिथ	ईरामासथुः	ईरामास			
ईराम्बभूव	ईराम्बभूविव	ईराम्बभूविम	ऐरिषम्	ऐरिष्व	ऐरिष्म
ईराञ्चकर -कार	ईराञ्चकृव	ईराञ्चकृम			
ईरामास	ईरामासिव	ईरामासिम			

1811 **ली द्रवीकरणे** । आधृषीयः , वैकल्पिकः णिचः । melt, dissolve, be one with, stick
10c 278 ली । ली । लाययति / ते , लयति । U । सेट् । स० । लायि । लायय । Also See
सिद्धान्तकौमुदी बालमनोरमा उत्तर-२: लीलोरिति नुक् तु न । लासाहचर्यात् हेतुमण्णावेवास्य प्रवृत्तेः । लेतेति ॥
MahaBhashya – Sutras 6.1.51 **विभाषा लीयतेः** , 7.3.39 **लीलोर्नुग्लुकावन्यतरस्यां स्नेहविपातने** । apply to 4c Root 1139 **लीङ् श्लेषणे** , 9c Root 1501 **लीङ् श्लेषणे** and not to this, since 7.3.39 applies to **णिच्** by 3.1.26 **हेतुमति च** । Hence not to 10c Root. 7.2.115 **अचो ञ्णिति** । **Parasmaipadi Forms**

लाययति	**लाययतः**	**लाययन्ति**[1]	**अलाययत् -द्**	**अलाययताम्**	**अलाययन्**[1]
लाययसि	**लाययथः**	**लाययथ**	**अलाययः**	**अलाययतम्**	**अलाययत**
लाययामि[2]	**लाययावः**[2]	**लाययामः**[2]	**अलाययम्**[1]	**अलाययाव**[2]	**अलाययाम**[2]

लाययतु लाययतात् -द्	**लाययताम्**	**लाययन्तु**[1]	**लाययेत् -द्**	**लाययेताम्**	**लाययेयुः**
लायय लाययतात् -द्	**लाययतम्**	**लाययत**	**लाययेः**	**लाययेतम्**	**लाययेत**
लाययानि[3]	**लाययाव**[3]	**लाययाम**[3]	**लाययेयम्**	**लाययेव**	**लाययेम**

लाययिष्यति	लाययिष्यतः	लाययिष्यन्ति	अलाययिष्यत् -द्	अलाययिष्यताम्	अलाययिष्यन्
लाययिष्यसि	लाययिष्यथः	लाययिष्यथ	अलाययिष्यः	अलाययिष्यतम्	अलाययिष्यत
लाययिष्यामि	लाययिष्यावः	लाययिष्यामः	अलाययिष्यम्	अलाययिष्याव	अलाययिष्याम

लाययिता	लाययितारौ	लाययितारः	लाय्यात् -द्	लाय्यास्ताम्	लाय्यासुः
लाययितासि	लाययितास्थः	लाययितास्थ	लाय्याः	लाय्यास्तम्	लाय्यास्त
लाययितास्मि	लाययितास्वः	लाययितास्मः	लाय्यासम्	लाय्यास्व	लाय्यास्म

लाययाम्बभूव	लाययाम्बभूवतुः	लाययाम्बभूवुः	अलीलयत् -द्	अलीलयताम्	अलीलयन्
लाययाञ्चकार	लाययाञ्चक्रतुः	लाययाञ्चक्रुः			
लाययामास	लाययामासतुः	लाययामासुः			
लाययाम्बभूविथ	लाययाम्बभूवथुः	लाययाम्बभूव	अलीलयः	अलीलयतम्	अलीलयत
लाययाञ्चकर्थ	लाययाञ्चक्रथुः	लाययाञ्चक्र			
लाययामासिथ	लाययामासथुः	लाययामास			
लाययाम्बभूव	लाययाम्बभूविव	लाययाम्बभूविम	अलीलयम्	अलीलयाव	अलीलयाम
लाययाञ्चकर -कार	लाययाञ्चकृव	लाययाञ्चकृम			
लाययामास	लाययामासिव	लाययामासिम			

Atmanepadi Forms

लाययते	लाययेते[4]	लाययन्ते[1]	अलाययत	अलाययेताम्[4]	अलाययन्त[1]
लाययसे	लाययेथे[4]	लाययध्वे	अलाययथाः	अलाययेथाम्[4]	अलाययध्वम्
लायये[1]	लाययावहे[2]	लाययामहे[2]	अलायये[4]	अलाययावहि[3]	अलाययामहि[3]

लाययताम्	लाययेताम्[4]	लाययन्ताम्[1]	लाययेत	लाययेयाताम्	लाययेरन्
लाययस्व	लाययेथाम्[4]	लाययध्वम्	लाययेथाः	लाययेयाथाम्	लाययेध्वम्
लाययै[5]	लाययावहै[3]	लाययामहै[3]	लाययेय	लाययेवहि	लाययेमहि

लाययिष्यते	लाययिष्येते	लाययिष्यन्ते	अलाययिष्यत	अलाययिष्येताम्	अलाययिष्यन्त
लाययिष्यसे	लाययिष्येथे	लाययिष्यध्वे	अलाययिष्यथाः	अलाययिष्येथाम्	अलाययिष्यध्वम्
लाययिष्ये	लाययिष्यावहे	लाययिष्यामहे	अलाययिष्ये	अलाययिष्यावहि	अलाययिष्यामहि

लाययिता	लाययितारौ	लाययितारः	लाययिषीष्ट	लाययिषीयास्ताम्	लाययिषीरन्
लाययितासे	लाययितासाथे	लाययिताध्वे	लाययिषीष्ठाः	लाययिषीयास्थाम्	लाययिषीध्वम् -ढ्वम्
लाययिताहे	लाययितास्वहे	लाययितास्महे	लाययिषीय	लाययिषीवहि	लाययिषीमहि

लाययाम्बभूव	लाययाम्बभूवतुः	लाययाम्बभूवुः	अलीलयत	अलीलयेताम्	अलीलयन्त
लाययाञ्चक्रे	लाययाञ्चक्राते	लाययाञ्चक्रिरे			

लाययामास	लाययामासतुः	लाययामासुः			
लाययाम्बभूविथ	लाययाम्बभूवथुः	लाययाम्बभूव	अलीलयथाः	अलीलयेथाम्	अलीलयध्वम्
लाययाञ्चकृषे	लाययाञ्चक्राथे	लाययाञ्चकृढ्वे			
लाययामासिथ	लाययामासथुः	लाययामास			
लाययाम्बभूव	लाययाम्बभूविव	लाययाम्बभूविम	अलीलये	अलीलयावहि	अलीलयामहि
लाययाञ्चक्रे	लाययाञ्चकृवहे	लाययाञ्चकृमहे			
लाययामास	लाययामासिव	लाययामासिम			

णिजभावपक्षे 1.3.78 शेषात् कर्त्तरि परस्मैपदम् । इति पक्षे भ्वादिः इव ली । P । सेट् । स० ।

लयति	लयतः	लयन्ति	अलयत् -द्	अलयताम्	अलयन्
लयसि	लयथः	लयथ	अलयः	अलयतम्	अलयत
लयामि	लयावः	लयामः	अलयम्	अलयाव	अलयाम

लयतु लयतात् -द्	लयताम्	लयन्तु	लयेत् -द्	लयेताम्	लयेयुः
लय लयतात् -द्	लयतम्	लयत	लयेः	लयेतम्	लयेत
लयानि	लयाव	लयाम	लयेयम्	लयेव	लयेम

लयिष्यति	लयिष्यतः	लयिष्यन्ति	अलयिष्यत् -द्	अलयिष्यताम्	अलयिष्यन्
लयिष्यसि	लयिष्यथः	लयिष्यथ	अलयिष्यः	अलयिष्यतम्	अलयिष्यत
लयिष्यामि	लयिष्यावः	लयिष्यामः	अलयिष्यम्	अलयिष्याव	अलयिष्याम

लयिता	लयितारौ	लयितारः	लीयात् -द्	लीयास्ताम्	लीयासुः
लयितासि	लयितास्थः	लयितास्थ	लीयाः	लीयास्तम्	लीयास्त
लयितास्मि	लयितास्वः	लयितास्मः	लीयासम्	लीयास्व	लीयास्म

लिलाय	लिल्यतुः	लिल्युः	अलायीत् -द्	अलायिष्टाम्	अलायिषुः
लिलायिथ	लिल्यथुः	लिल्य	अलायीः	अलायिष्टम्	अलायिष्ट
लिलाय लिलय	लिल्यिव	लिल्यिम	अलायिषम्	अलायष्व	अलायिष्म

1812 वृजी वर्जने । आधृषीयः , वैकल्पिकः णिचः । (ईदित् तु वैकल्पिकः णिच्) । let go, avoid, prevent
10c 279 वृजीँ । वृज् । वर्जयति / ते , वर्जति । U । सेट् । स० । वर्जि । वर्जय । 7.4.7 उर्ऋत् ।

Parasmaipadi Forms

वर्जयति	वर्जयतः	वर्जयन्ति[1]	अवर्जयत् -द्	अवर्जयताम्	अवर्जयन्[1]
वर्जयसि	वर्जयथः	वर्जयथ	अवर्जयः	अवर्जयतम्	अवर्जयत
वर्जयामि[2]	वर्जयावः[2]	वर्जयामः[2]	अवर्जयम्[1]	अवर्जयाव[2]	अवर्जयाम[2]

वर्जयतु वर्जयतात् -द्	वर्जयताम्	वर्जयन्तु[1]	वर्जयेत् -द्	वर्जयेताम्	वर्जयेयुः
वर्जय वर्जयतात् -द्	वर्जयतम्	वर्जयत	वर्जयेः	वर्जयेतम्	वर्जयेत
वर्जयानि[3]	वर्जयाव[3]	वर्जयाम[3]	वर्जयेयम्	वर्जयेव	वर्जयेम

वर्जयिष्यति	वर्जयिष्यतः	वर्जयिष्यन्ति	अवर्जयिष्यत् -द्	अवर्जयिष्यताम्	अवर्जयिष्यन्

वर्जयिष्यसि	वर्जयिष्यथः	वर्जयिष्यथ	अवर्जयिष्यः	अवर्जयिष्यतम्	अवर्जयिष्यत
वर्जयिष्यामि	वर्जयिष्यावः	वर्जयिष्यामः	अवर्जयिष्यम्	अवर्जयिष्याव	अवर्जयिष्याम
वर्जयिता	वर्जयितारौ	वर्जयितारः	वर्ज्यात् -द्	वर्ज्यास्ताम्	वर्ज्यासुः
वर्जयितासि	वर्जयितास्थः	वर्जयितास्थ	वर्ज्याः	वर्ज्यास्तम्	वर्ज्यास्त
वर्जयितास्मि	वर्जयितास्वः	वर्जयितास्मः	वर्ज्यासम्	वर्ज्यास्व	वर्ज्यास्म
वर्जयाम्बभूव	वर्जयाम्बभूवतुः	वर्जयाम्बभूवुः	अववर्जत् -द्	अववर्जताम्	अववर्जन्
वर्जयाञ्चकार	वर्जयाञ्चक्रतुः	वर्जयाञ्चक्रुः	अवीवृजत्	अवीवृजताम्	अवीवृजन्
वर्जयामास	वर्जयामासतुः	वर्जयामासुः			
वर्जयाम्बभूविथ	वर्जयाम्बभूवथुः	वर्जयाम्बभूव	अववर्जः	अववर्जतम्	अववर्जत
वर्जयाञ्चकर्थ	वर्जयाञ्चक्रथुः	वर्जयाञ्चक्र	अवीवृजः	अवीवृजतम्	अवीवृजत
वर्जयामासिथ	वर्जयामासथुः	वर्जयामास			
वर्जयाम्बभूव	वर्जयाम्बभूविव	वर्जयाम्बभूविम	अववर्जम्	अववर्जाव	अववर्जाम
वर्जयाञ्चकर -कार	वर्जयाञ्चकृव	वर्जयाञ्चकृम	अवीवृजम्	अवीवृजाव	अवीवृजाम
वर्जयामास	वर्जयामासिव	वर्जयामासिम			

Atmanepadi Forms

वर्जयते	वर्जयेते[4]	वर्जयन्ते[1]	अवर्जयत	अवर्जयेताम्[4]	अवर्जयन्त[1]
वर्जयसे	वर्जयेथे[4]	वर्जयध्वे	अवर्जयथाः	अवर्जयेथाम्[4]	अवर्जयध्वम्
वर्जये[1]	वर्जयावहे[2]	वर्जयामहे[2]	अवर्जये[4]	अवर्जयावहि[3]	अवर्जयामहि[3]
वर्जयताम्	वर्जयेताम्[4]	वर्जयन्ताम्[1]	वर्जयेत	वर्जयेयाताम्	वर्जयेरन्
वर्जयस्व	वर्जयेथाम्[4]	वर्जयध्वम्	वर्जयेथाः	वर्जयेयाथाम्	वर्जयेध्वम्
वर्जयै[5]	वर्जयावहै[3]	वर्जयामहै[3]	वर्जयेय	वर्जयेवहि	वर्जयेमहि
वर्जयिष्यते	वर्जयिष्येते	वर्जयिष्यन्ते	अवर्जयिष्यत	अवर्जयिष्येताम्	अवर्जयिष्यन्त
वर्जयिष्यसे	वर्जयिष्येथे	वर्जयिष्यध्वे	अवर्जयिष्यथाः	अवर्जयिष्येथाम्	अवर्जयिष्यध्वम्
वर्जयिष्ये	वर्जयिष्यावहे	वर्जयिष्यामहे	अवर्जयिष्ये	अवर्जयिष्यावहि	अवर्जयिष्यामहि
वर्जयिता	वर्जयितारौ	वर्जयितारः	वर्जयिषीष्ट	वर्जयिषीयास्ताम्	वर्जयिषीरन्
वर्जयितासे	वर्जयितासाथे	वर्जयिताध्वे	वर्जयिषीष्ठाः	वर्जयिषीयास्थाम्	वर्जयिषीध्वम् -ढ्वम्
वर्जयिताहे	वर्जयितास्वहे	वर्जयितास्महे	वर्जयिषीय	वर्जयिषीवहि	वर्जयिषीमहि
वर्जयाम्बभूव	वर्जयाम्बभूवतुः	वर्जयाम्बभूवुः	अववर्जत	अववर्जेताम्	अववर्जन्त
वर्जयाञ्चक्रे	वर्जयाञ्चक्राते	वर्जयाञ्चक्रिरे	अवीवृजत	अवीवृजेताम्	अवीवृजन्त
वर्जयामास	वर्जयामासतुः	वर्जयामासुः			

वर्जयाम्बभूविथ	वर्जयाम्बभूवथुः	वर्जयाम्बभूव	अववर्जथाः	अववर्जेथाम्	अववर्जध्वम्
वर्जयाञ्चकृषे	वर्जयाञ्चक्राथे	वर्जयाञ्चकृढ्वे	अवीवृजथाः	अवीवृजेथाम्	अवीवृजध्वम्
वर्जयामासिथ	वर्जयामासथुः	वर्जयामास			
वर्जयाम्बभूव	वर्जयाम्बभूविव	वर्जयाम्बभूविम	अववर्जे	अववर्जावहि	अववर्जामहि
वर्जयाञ्चक्रे	वर्जयाञ्चकृवहे	वर्जयाञ्चकृमहे	अवीवृजे	अवीवृजावहि	अवीवृजामहि
वर्जयामास	वर्जयामासिव	वर्जयामासिम			

णिजभावपक्षे 1.3.78 शेषात् कर्त्तरि परस्मैपदम् । इति पक्षे भ्वादिः इव वृज् । P । सेट् । स० ।

वर्जति	वर्जतः	वर्जन्ति	अवर्जत् -द्	अवर्जताम्	अवर्जन्
वर्जसि	वर्जथः	वर्जथ	अवर्जः	अवर्जतम्	अवर्जत
वर्जामि	वर्जावः	वर्जामः	अवर्जम्	अवर्जाव	अवर्जाम

वर्जतु वर्जतात् -द्	वर्जताम्	वर्जन्तु	वर्जेत् -द्	वर्जेताम्	वर्जेयुः
वर्ज वर्जतात् -द्	वर्जतम्	वर्जत	वर्जेः	वर्जेतम्	वर्जेत
वर्जानि	वर्जाव	वर्जाम	वर्जेयम्	वर्जेव	वर्जेम

वर्जिष्यति	वर्जिष्यतः	वर्जिष्यन्ति	अवर्जिष्यत् -द्	अवर्जिष्यताम्	अवर्जिष्यन्
वर्जिष्यसि	वर्जिष्यथः	वर्जिष्यथ	अवर्जिष्यः	अवर्जिष्यतम्	अवर्जिष्यत
वर्जिष्यामि	वर्जिष्यावः	वर्जिष्यामः	अवर्जिष्यम्	अवर्जिष्याव	अवर्जिष्याम

वर्जिता	वर्जितारौ	वर्जितारः	वृज्यात् -द्	वृज्यास्ताम्	वृज्यासुः
वर्जितासि	वर्जितास्थः	वर्जितास्थ	वृज्याः	वृज्यास्तम्	वृज्यास्त
वर्जितास्मि	वर्जितास्वः	वर्जितास्मः	वृज्यासम्	वृज्यास्व	वृज्यास्म

ववर्ज	ववृजतुः	ववृजुः	अवर्जीत् -द्	अवर्जिष्टाम्	अवर्जिषुः
ववर्जिथ	ववृजथुः	ववृज	अवर्जीः	अवर्जिष्टम्	अवर्जिष्ट
ववर्ज	ववृजिव	ववृजिम	अवर्जिषम्	अवर्जिष्व	अवर्जिष्म

1813 वृञ् आवरणे । आधृषीयः , वैकल्पिकः णिचः । 7.2.42 लिङि० । like, choose, cover, prevent
10c 280 वृञ् । वृ । वारयति / ते , वरति / ते । U । सेट् । स० । वारि । वारय ।
7.2.115 अचो ञ्णिति । **Parasmaipadi Forms**

वारयति	वारयतः	वारयन्ति[1]	अवारयत् -द्	अवारयताम्	अवारयन्[1]
वारयसि	वारयथः	वारयथ	अवारयः	अवारयतम्	अवारयत
वारयामि[2]	वारयावः[2]	वारयामः[2]	अवारयम्[1]	अवारयाव[2]	अवारयाम[2]

वारयतु वारयतात् -द्	वारयताम्	वारयन्तु[1]	वारयेत् -द्	वारयेताम्	वारयेयुः
वारय वारयतात् -द्	वारयतम्	वारयत	वारयेः	वारयेतम्	वारयेत
वारयाणि[3]	वारयाव[3]	वारयाम[3]	वारयेयम्	वारयेव	वारयेम

वारयिष्यति	वारयिष्यतः	वारयिष्यन्ति	अवारयिष्यत् -द्	अवारयिष्यताम्	अवारयिष्यन्
वारयिष्यसि	वारयिष्यथः	वारयिष्यथ	अवारयिष्यः	अवारयिष्यतम्	अवारयिष्यत

वारयिष्यामि	वारयिष्यावः	वारयिष्यामः	अवारयिष्यम्	अवारयिष्याव	अवारयिष्याम
वारयिता	वारयितारौ	वारयितारः	वार्यात् -द्	वार्यास्ताम्	वार्यासुः
वारयितासि	वारयितास्थः	वारयितास्थ	वार्याः	वार्यास्तम्	वार्यास्त
वारयितास्मि	वारयितास्वः	वारयितास्मः	वार्यासम्	वार्यास्व	वार्यास्म
वारयाम्बभूव	वारयाम्बभूवतुः	वारयाम्बभूवुः	अवीवरत् -द्	अवीवरताम्	अवीवरन्
वारयाञ्चकार	वारयाञ्चक्रतुः	वारयाञ्चक्रुः			
वारयामास	वारयामासतुः	वारयामासुः			
वारयाम्बभूविथ	वारयाम्बभूवथुः	वारयाम्बभूव	अवीवरः	अवीवरतम्	अवीवरत
वारयाञ्चकर्थ	वारयाञ्चक्रथुः	वारयाञ्चक्र			
वारयामासिथ	वारयामासथुः	वारयामास			
वारयाम्बभूव	वारयाम्बभूविव	वारयाम्बभूविम	अवीवरम्	अवीवराव	अवीवराम
वारयाञ्चकर -कार	वारयाञ्चकृव	वारयाञ्चकृम			
वारयामास	वारयामासिव	वारयामासिम			

Atmanepadi Forms

वारयते	वारयेते[4]	वारयन्ते[1]	अवारयत	अवारयेताम्[4]	अवारयन्त[1]
वारयसे	वारयेथे[4]	वारयध्वे	अवारयथाः	अवारयेथाम्[4]	अवारयध्वम्
वारये[1]	वारयावहे[2]	वारयामहे[2]	अवारये[4]	अवारयावहि[3]	अवारयामहि[3]
वारयताम्	वारयेताम्[4]	वारयन्ताम्[1]	वारयेत	वारयेयाताम्	वारयेरन्
वारयस्व	वारयेथाम्[4]	वारयध्वम्	वारयेथाः	वारयेयाथाम्	वारयेध्वम्
वारयै[5]	वारयावहै[3]	वारयामहै[3]	वारयेय	वारयेवहि	वारयेमहि
वारयिष्यते	वारयिष्येते	वारयिष्यन्ते	अवारयिष्यत	अवारयिष्येताम्	अवारयिष्यन्त
वारयिष्यसे	वारयिष्येथे	वारयिष्यध्वे	अवारयिष्यथाः	अवारयिष्येथाम्	अवारयिष्यध्वम्
वारयिष्ये	वारयिष्यावहे	वारयिष्यामहे	अवारयिष्ये	अवारयिष्यावहि	अवारयिष्यामहि
वारयिता	वारयितारौ	वारयितारः	वारयिषीष्ट	वारयिषीयास्ताम्	वारयिषीरन्
वारयितासे	वारयितासाथे	वारयिताध्वे	वारयिषीष्ठाः	वारयिषीयास्थाम्	वारयिषीध्वम् -ढ्वम्
वारयिताहे	वारयितास्वहे	वारयितास्महे	वारयिषीय	वारयिषीवहि	वारयिषीमहि
वारयाम्बभूव	वारयाम्बभूवतुः	वारयाम्बभूवुः	अवीवरत	अवीवरेताम्	अवीवरन्त
वारयाञ्चक्रे	वारयाञ्चक्राते	वारयाञ्चक्रिरे			
वारयामास	वारयामासतुः	वारयामासुः			
वारयाम्बभूविथ	वारयाम्बभूवथुः	वारयाम्बभूव	अवीवरथाः	अवीवरेथाम्	अवीवरध्वम्

वारयाञ्चकृषे	वारयाञ्चक्राथे	वारयाञ्चकृढ्वे			
वारयामासिथ	वारयामासथुः	वारयामास			
वारयाम्बभूव	वारयाम्बभूविव	वारयाम्बभूविम	अवीवरे	अवीवरावहि	अवीवरामहि
वारयाञ्चक्रे	वारयाञ्चकृवहे	वारयाञ्चकृमहे			
वारयामास	वारयामासिव	वारयामासिम			

णिजभावपक्षे 1.3.72 स्वरितञितः कर्त्रभिप्राये क्रियाफले । इति पक्षे भ्वादिः इव वृ । U । सेट् । स० ।
7.2.38 वृतो वा । 7.2.15 यस्य विभाषा । 7.4.28 रिङ् शयग्लिङ्क्षु । 8.2.27 ह्रस्वादङ्गात् । **Parasmaipadi Forms**

वरति	वरतः	वरन्ति	अवरत् -द्	अवरताम्	अवरन्
वरसि	वरथः	वरथ	अवारः	अवरतम्	अवरत
वरामि	वरावः	वरामः	अवरम्	अवराव	अवराम

वरतु वरतात् -द्	वरताम्	वरन्तु	वरेत् -द्	वरेताम्	वरेयुः
वर वरतात् -द्	वरतम्	वरत	वारेः	वरेतम्	वरेत
वराणि	वराव	वराम	वरेयम्	वरेव	वरेम

वरिष्यति	वरिष्यतः	वरिष्यन्ति	अवरिष्यत् -द्	अवरिष्यताम्	अवरिष्यन्
वरीष्यति	वरीष्यतः	वरीष्यन्ति	अवरीष्यत् -द्	अवरीष्यताम्	अवरीष्यन्
वरिष्यसि	वरिष्यथः	वरिष्यथ	अवरिष्यः	अवरिष्यतम्	अवरिष्यत
वरीष्यसि	वरीष्यथः	वरीष्यथ	अवरीष्यः	अवरीष्यतम्	अवरीष्यत
वरिष्यामि	वरिष्यावः	वरिष्यामः	अवरिष्यम्	अवरिष्याव	अवरिष्याम
वरीष्यामि	वरीष्यावः	वरीष्यामः	अवरीष्यम्	अवरीष्याव	अवरीष्याम

वरिता	वरितारौ	वरितारः	व्रियात् -द्	व्रियास्ताम्	व्रियासुः
वरीता	वरीतारौ	वरीतारः			
वरितासि	वरितास्थः	वरितास्थ	व्रियाः	व्रियास्तम्	व्रियास्त
वरीतासि	वरीतास्थः	वरीतास्थ			
वरितास्मि	वरितास्वः	वरितास्मः	व्रियासम्	व्रियास्व	व्रियास्म
वरीतास्मि	वरीतास्वः	वरीतास्मः			

ववार	वव्रतुः	वव्रुः	अवारीत् -द्	अवारिष्टाम्	अवारिषुः
ववरिथ	वव्रथुः	वव्र	अवारीः	अवारिष्टम्	अवारिष्ट
ववार ववर	ववृव	ववृम	अवारीषम्	अवारिष्व	अवारिष्म

Atmanepadi Forms

वरते	वरेते[4]	वरन्ते[1]	अवरत	अवरेताम्[4]	अवरन्त[1]
वरसे	वरेथे[4]	वरध्वे	अवरथाः	अवरेथाम्[4]	अवरध्वम्
वरे[1]	वरावहे[2]	वरामहे[2]	अवरे[4]	अवरावहि[3]	अवरामहि[3]

वरताम्	वरेताम्[4]	वरन्ताम्[1]	वरेत	वरेयाताम्	वरेरन्
वरस्व	वरेथाम्[4]	वरध्वम्	वरेथाः	वरेयाथाम्	वरेध्वम्
वरै[5]	वरावहै[3]	वरामहै[3]	वरेय	वरेवहि	वरेमहि

वरिष्यते	वरिष्येते	वरिष्यन्ते	अवरिष्यत	अवरिष्येताम्	अवरिष्यन्त
वरीष्यते	वरीष्येते	वरीष्यन्ते	अवरीष्यत	अवरीष्येताम्	अवरीष्यन्त
वरिष्यसे	वरिष्येथे	वरिष्यध्वे	अवरिष्यथाः	अवरिष्येथाम्	अवरिष्यध्वम्
वरीष्यसे	वरीष्येथे	वरीष्यध्वे	अवरीष्यथाः	अवरीष्येथाम्	अवरीष्यध्वम्
वरिष्ये	वरिष्यावहे	वरिष्यामहे	अवरिष्ये	अवरिष्यावहि	अवरिष्यामहि
वरीष्ये	वरीष्यावहे	वरीष्यामहे	अवरीष्ये	अवरीष्यावहि	अवरीष्यामहि

वरिता	वरितारौ	वरितारः	वरिषीष्ट	वरिषीयास्ताम्	वरिषीरन्
वरीता	वरीतारौ	वरीतारः	वृषीष्ट	वृषीयास्ताम्	वृषीरन्
वरितासे	वरितासाथे	वरिताध्वे	वरिषीष्ठाः	वरिषीयास्थाम्	वरिषीध्वम् -ढ्वम्
वरीतासे	वरीतासाथे	वरीताध्वे	वृषीष्ठाः	वृषीयास्थाम्	वृषीढ्वम्
वरिताहे	वरितास्वहे	वरितास्महे	वरिषीय	वरिषीवहि	वरिषीमहि
वरीताहे	वरीतास्वहे	वरीतास्महे	वृषीय	वृषीवहि	वृषीमहि

वव्रे	वव्राते	वव्रिरे	अवरिष्ट	अवरिषाताम्	अवरिषत
			अवरीष्ट	अवरीषाताम्	अवरीषत
			अवृत	अवृषाताम्	अवृषत
ववृषे	वव्राथे	ववृढ्वे	अवरिष्ठाः	अवरिषाथाम्	अवरिध्वम् -ढ्वम्
			अवरीष्ठाः	अवरीषाथाम्	अवरीध्वम् -ढ्वम्
			अवृथाः	अवरषाथाम्	अवृढ्वम्
वव्रे	ववृवहे	ववृमहे	अवरिषि	अवरिष्वहि	अवरिष्महि
			अवरीषि	अवरीष्वहि	अवरीष्महि
			अवृषि	अवृष्वहि	अवृष्महि

1814 जॄ वयोहानौ । आधृषीयः , वैकल्पिकः णिचः । grow old, decay

10c 281 जॄ । जॄ । जारयति / ते , जरति । U । सेट् । अ० । जारि । जारय ।

7.2.115 अचो ञ्णिति । **Parasmaipadi Forms**

जारयति	जारयतः	जारयन्ति[1]	अजारयत् -द्	अजारयताम्	अजारयन्[1]
जारयसि	जारयथः	जारयथ	अजारयः	अजारयतम्	अजारयत
जारयामि[2]	जारयावः[2]	जारयामः[2]	अजारयम्[1]	अजारयाव[2]	अजारयाम[2]

जारयतु जारयतात् -द्	जारयताम्	जारयन्तु[1]	जारयेत् -द्	जारयेताम्	जारयेयुः
जारय जारयतात् -द्	जारयतम्	जारयत	जारयेः	जारयेतम्	जारयेत
जारयाणि[3]	जारयाव[3]	जारयाम[3]	जारयेयम्	जारयेव	जारयेम

जारयिष्यति	जारयिष्यतः	जारयिष्यन्ति	अजारयिष्यत् -द्	अजारयिष्यताम्	अजारयिष्यन्
जारयिष्यसि	जारयिष्यथः	जारयिष्यथ	अजारयिष्यः	अजारयिष्यतम्	अजारयिष्यत
जारयिष्यामि	जारयिष्यावः	जारयिष्यामः	अजारयिष्यम्	अजारयिष्याव	अजारयिष्याम

जारयिता	जारयितारौ	जारयितारः	जार्यात् -द्	जार्यास्ताम्	जार्यासुः
जारयितासि	जारयितास्थः	जारयितास्थ	जार्याः	जार्यास्तम्	जार्यास्त
जारयितास्मि	जारयितास्वः	जारयितास्मः	जार्यासम्	जार्यास्व	जार्यास्म

जारयाम्बभूव	जारयाम्बभूवतुः	जारयाम्बभूवुः	अजीजरत् -द्	अजीजरताम्	अजीजरन्
जारयाञ्चकार	जारयाञ्चक्रतुः	जारयाञ्चक्रुः			
जारयामास	जारयामासतुः	जारयामासुः			
जारयाम्बभूविथ	जारयाम्बभूवथुः	जारयाम्बभूव	अजीजरः	अजीजरतम्	अजीजरत
जारयाञ्चकर्थ	जारयाञ्चक्रथुः	जारयाञ्चक्र			
जारयामासिथ	जारयामासथुः	जारयामास			
जारयाम्बभूव	जारयाम्बभूविव	जारयाम्बभूविम	अजीजरम्	अजीजराव	अजीजराम
जारयाञ्चकर -कार	जारयाञ्चकृव	जारयाञ्चकृम			
जारयामास	जारयामासिव	जारयामासिम			

Atmanepadi Forms

जारयते	जारयेते[4]	जारयन्ते[1]	अजारयत	अजारयेताम्[4]	अजारयन्त[1]
जारयसे	जारयेथे[4]	जारयध्वे	अजारयथाः	अजारयेथाम्[4]	अजारयध्वम्
जारये[1]	जारयावहे[2]	जारयामहे[2]	अजारये[4]	अजारयावहि[3]	अजारयामहि[3]

जारयताम्	जारयेताम्[4]	जारयन्ताम्[1]	जारयेत	जारयेयाताम्	जारयेरन्
जारयस्व	जारयेथाम्[4]	जारयध्वम्	जारयेथाः	जारयेयाथाम्	जारयेध्वम्
जारयै[5]	जारयावहै[3]	जारयामहै[3]	जारयेय	जारयेवहि	जारयेमहि

जारयिष्यते	जारयिष्येते	जारयिष्यन्ते	अजारयिष्यत	अजारयिष्येताम्	अजारयिष्यन्त
जारयिष्यसे	जारयिष्येथे	जारयिष्यध्वे	अजारयिष्यथाः	अजारयिष्येथाम्	अजारयिष्यध्वम्
जारयिष्ये	जारयिष्यावहे	जारयिष्यामहे	अजारयिष्ये	अजारयिष्यावहि	अजारयिष्यामहि

जारयिता	जारयितारौ	जारयितारः	जारयिषीष्ट	जारयिषीयास्ताम्	जारयिषीरन्
जारयितासे	जारयितासाथे	जारयिताध्वे	जारयिषीष्ठाः	जारयिषीयास्थाम्	जारयिषीध्वम् -ढ्वम्
जारयिताहे	जारयितास्वहे	जारयितास्महे	जारयिषीय	जारयिषीवहि	जारयिषीमहि

जारयाम्बभूव	जारयाम्बभूवतुः	जारयाम्बभूवुः	अजीजरत	अजीजरेताम्	अजीजरन्त
जारयाञ्चक्रे	जारयाञ्चक्राते	जारयाञ्चक्रिरे			
जारयामास	जारयामासतुः	जारयामासुः			
जारयाम्बभूविथ	जारयाम्बभूवथुः	जारयाम्बभूव	अजीजरथाः	अजीजरेथाम्	अजीजरध्वम्
जारयाञ्चकृषे	जारयाञ्चक्राथे	जारयाञ्चकृढ्वे			
जारयामासिथ	जारयामासथुः	जारयामास			
जारयाम्बभूव	जारयाम्बभूविव	जारयाम्बभूविम	अजीजरे	अजीजरावहि	अजीजरामहि
जारयाञ्चक्रे	जारयाञ्चकृवहे	जारयाञ्चकृमहे			
जारयामास	जारयामासिव	जारयामासिम			

णिजभावपक्षे 1.3.78 शेषात् कर्त्तरि परस्मैपदम् । इति पक्षे भ्वादिः इव जॄ । P । सेट् । अ० । 7.1.100 ॠत इद्धातोः । वा० इत्त्वोत्त्वाभ्यां गुणवृद्धी विप्रतिषेधेन । 1.1.51 उरण् रपरः । 8.2.77 हलि च । 7.2.38 वॄतो वा । 8.2.42

जरति	जरतः	जरन्ति	अजरत् -द्	अजरताम्	अजरन्
जरसि	जरथः	जरथ	अजरः	अजरतम्	अजरत
जरामि	जरावः	जरामः	अजरम्	अजराव[2]	अजराम

जरतु जरतात् -द्	जरताम्	जरन्तु	जरेत् -द्	जरेताम्	जरेयुः
जर जरतात् -द्	जरतम्	जरत	जरेः	जरेतम्	जरेत
जराणि	जराव	जराम	जरेयम्	जरेव	जरेम

जरिष्यति	जरिष्यतः	जरिष्यन्ति	अजरिष्यत् -द्	अजरिष्यताम्	अजरिष्यन्
जरीष्यति	जरीष्यतः	जरीष्यन्ति	अजरीष्यत् -द्	अजरीष्यताम्	अजरीष्यन्
जरिष्यसि	जरिष्यथः	जरिष्यथ	अजरिष्यः	अजरिष्यतम्	अजरिष्यत
जरीष्यसि	जरीष्यथः	जरीष्यथ	अजरीष्यः	अजरीष्यतम्	अजरीष्यत
जरिष्यामि	जरिष्यावः	जरिष्यामः	अजरिष्यम्	अजरिष्याव	अजरिष्याम
जरीष्यामि	जरीष्यावः	जरीष्यामः	अजरीष्यम्	अजरीष्याव	अजरीष्याम

जरिता	जरितारौ	जरितारः	जीर्यात् -द्	जीर्यास्ताम्	जीर्यासुः
जरीता	जरीतारौ	जरीतारः			
जरितासि	जरितास्थः	जरितास्थ	जीर्याः	जीर्यास्तम्	जीर्यास्त
जरीतासि	जरीतास्थः	जरीतास्थ			
जरितास्मि	जरितास्वः	जरितास्मः	जीर्यासम्	जीर्यास्व	जीर्यास्म
जरीतास्मि	जरीतास्वः	जरीतास्मः			

जजार	जजरतुः	जजरुः	अजारीत् -द्	अजारिष्टाम्	अजारिषुः
			अजरत् -द्	अजरताम्	अजरन्
जजरिथ	जजरथुः	जजर	अजारिः	अजारिष्टम्	अजारिष्ट
			अजरः	अजरतम्	अजरत
जजार जजर	जजरिव	जजरिम	अजारिषम्	अजारिष्व	अजारिष्म
			अजरम्	अजराव	अजराम

1815 ज्रि च । वयोहानौ । आधृषीयः , वैकल्पिकः णिचः See 947 ज्रि । be old, decay

10c 282 ज्रि । ज्रि । ज्राययति / ते , ज्रयति । U । सेट् । अ० । ज्रायि । ज्रायय ।

7.2.115 अचो ञ्णिति । **Parasmaipadi Forms**

ज्राययति	ज्राययतः	ज्राययन्ति[1]	अज्राययत् -द्	अज्राययताम्	अज्राययन्[1]
ज्राययसि	ज्राययथः	ज्राययथ	अज्राययः	अज्राययतम्	अज्राययत
ज्राययामि[2]	ज्राययावः[2]	ज्राययामः[2]	अज्राययम्[1]	अज्राययाव[2]	अज्राययाम[2]

ज्राययतु ज्राययतात् -द्	ज्राययताम्	ज्राययन्तु[1]	ज्राययेत् -द्	ज्राययेताम्	ज्राययेयुः
ज्रायय ज्राययतात् -द्	ज्राययतम्	ज्राययत	ज्राययेः	ज्राययेतम्	ज्राययेत
ज्राययाणि[3]	ज्राययाव[3]	ज्राययाम[3]	ज्राययेयम्	ज्राययेव	ज्राययेम

ज्ञाययिष्यति	ज्ञाययिष्यतः	ज्ञाययिष्यन्ति	अज्ञाययिष्यत् -द्	अज्ञाययिष्यताम्	अज्ञाययिष्यन्
ज्ञाययिष्यसि	ज्ञाययिष्यथः	ज्ञाययिष्यथ	अज्ञाययिष्यः	अज्ञाययिष्यतम्	अज्ञाययिष्यत
ज्ञाययिष्यामि	ज्ञाययिष्यावः	ज्ञाययिष्यामः	अज्ञाययिष्यम्	अज्ञाययिष्याव	अज्ञाययिष्याम

ज्ञाययिता	ज्ञाययितारौ	ज्ञाययितारः	ज्ञाय्यात् -द्	ज्ञाय्यास्ताम्	ज्ञाय्यासुः
ज्ञाययितासि	ज्ञाययितास्थः	ज्ञाययितास्थ	ज्ञाय्याः	ज्ञाय्यास्तम्	ज्ञाय्यास्त
ज्ञाययितास्मि	ज्ञाययितास्वः	ज्ञाययितास्मह	ज्ञाय्यासम्	ज्ञाय्यास्व	ज्ञाय्यास्म

ज्ञाययाम्बभूव	ज्ञाययाम्बभूवतुः	ज्ञाययाम्बभूवुः	अजिज्ञयत् -द्	अजिज्ञयताम्	अजिज्ञयन्
ज्ञाययाञ्चकार	ज्ञाययाञ्चक्रतुः	ज्ञाययाञ्चक्रुः			
ज्ञाययामास	ज्ञाययामासतुः	ज्ञाययामासुः			
ज्ञाययाम्बभूविथ	ज्ञाययाम्बभूवथुः	ज्ञाययाम्बभूव	अजिज्ञयः	अजिज्ञयतम्	अजिज्ञयत
ज्ञाययाञ्चकर्थ	ज्ञाययाञ्चक्रथुः	ज्ञाययाञ्चक्र			
ज्ञाययामासिथ	ज्ञाययामासथुः	ज्ञाययामास			
ज्ञाययाम्बभूव	ज्ञाययाम्बभूविव	ज्ञाययाम्बभूविम	अजिज्ञयम्	अजिज्ञयाव	अजिज्ञयाम
ज्ञाययाञ्चकर -कार	ज्ञाययाञ्चकृव	ज्ञाययाञ्चकृम			
ज्ञाययामास	ज्ञाययामासिव	ज्ञाययामासिम			

Atmanepadi Forms

ज्ञाययते	ज्ञाययेते[4]	ज्ञाययन्ते[1]	अज्ञाययत	अज्ञाययेताम्[4]	अज्ञाययन्त[1]
ज्ञाययसे	ज्ञाययेथे[4]	ज्ञाययध्वे	अज्ञाययथाः	अज्ञाययेथाम्[4]	अज्ञाययध्वम्
ज्ञायये[1]	ज्ञाययावहे[2]	ज्ञाययामहे[2]	अज्ञायये[4]	अज्ञाययावहि[3]	अज्ञाययामहि[3]

ज्ञाययताम्	ज्ञाययेताम्[4]	ज्ञाययन्ताम्[1]	ज्ञाययेत	ज्ञाययेयाताम्	ज्ञाययेरन्
ज्ञाययस्व	ज्ञाययेथाम्[4]	ज्ञाययध्वम्	ज्ञाययेथाः	ज्ञाययेयाथाम्	ज्ञाययेध्वम्
ज्ञाययै[5]	ज्ञाययावहै[3]	ज्ञाययामहै[3]	ज्ञाययेय	ज्ञाययेवहि	ज्ञाययेमहि

ज्ञाययिष्यते	ज्ञाययिष्येते	ज्ञाययिष्यन्ते	अज्ञाययिष्यत	अज्ञाययिष्येताम्	अज्ञाययिष्यन्त
ज्ञाययिष्यसे	ज्ञाययिष्येथे	ज्ञाययिष्यध्वे	अज्ञाययिष्यथाः	अज्ञाययिष्येथाम्	अज्ञाययिष्यध्वम्
ज्ञाययिष्ये	ज्ञाययिष्यावहे	ज्ञाययिष्यामहे	अज्ञाययिष्ये	अज्ञाययिष्यावहि	अज्ञाययिष्यामहि

ज्ञाययिता	ज्ञाययितारौ	ज्ञाययितारः	ज्ञाययिषीष्ट	ज्ञाययिषीयास्ताम्	ज्ञाययिषीरन्
ज्ञाययितासे	ज्ञाययितासाथे	ज्ञाययिताध्वे	ज्ञाययिषीष्ठाः	ज्ञाययिषीयास्थाम्	ज्ञाययिषीध्वम् -ढ्वम्
ज्ञाययिताहे	ज्ञाययितास्वहे	ज्ञाययितास्महे	ज्ञाययिषीय	ज्ञाययिषीवहि	ज्ञाययिषीमहि

ज्ञाययाम्बभूव	ज्ञाययाम्बभूवतुः	ज्ञाययाम्बभूवुः	अजिज्ञयत	अजिज्ञयेताम्	अजिज्ञयन्त
ज्ञाययाञ्चक्रे	ज्ञाययाञ्चक्राते	ज्ञाययाञ्चक्रिरे			

ज्राययामास	ज्राययामासतुः	ज्राययामासुः			
ज्राययाम्बभूविथ	ज्राययाम्बभूवथुः	ज्राययाम्बभूव	अजिज्रयथाः	अजिज्रयेथाम्	अजिज्रयध्वम्
ज्राययाञ्चकृषे	ज्राययाञ्चक्राथे	ज्राययाञ्चकृढ्वे			
ज्राययामासिथ	ज्राययामासथुः	ज्राययामास			
ज्राययाम्बभूव	ज्राययाम्बभूविव	ज्राययाम्बभूविम	अजिज्रये	अजिज्रयावहि	अजिज्रयामहि
ज्राययाञ्चक्रे	ज्राययाञ्चकृवहे	ज्राययाञ्चकृमहे			
ज्राययामास	ज्राययामासिव	ज्राययामासिम			

णिजभावपक्षे 1.3.78 शेषात् कर्त्तरि परस्मैपदम् । पक्षे अनिट् , भ्वादिः इव ज्रि । P। अनिट् । अ० ।
7.4.25 अकृत्सार्वधातुकयोर्दीर्घः । See Root 947 ज्रि ।

ज्रयति	ज्रयतः	ज्रयन्ति	अज्रयत् -द्	अज्रयताम्	अज्रयन्
ज्रयसि	ज्रयथः	ज्रयथ	अज्रयः	अज्रयतम्	अज्रयत
ज्रयामि	ज्रयावः	ज्रयामः	अज्रयम्	अज्रयाव	अज्रयाम

ज्रयतु ज्रयतात् -द्	ज्रयताम्	ज्रयन्तु	ज्रयेत् -द्	ज्रयेताम्	ज्रयेयुः
ज्रय ज्रयतात् -द्	ज्रयतम्	ज्रयत	ज्रयेः	ज्रयेतम्	ज्रयेत
ज्रयाणि	ज्रयाव	ज्रयाम	ज्रयेयम्	ज्रयेव	ज्रयेम

ज्रेष्यति	ज्रेष्यतः	ज्रेष्यन्ति	अज्रेष्यत् -द्	अज्रेष्यताम्	अज्रेष्यन्
ज्रेष्यसि	ज्रेष्यथः	ज्रेष्यथ	अज्रेष्यः	अज्रेष्यतम्	अज्रेष्यत
ज्रेष्यामि	ज्रेष्यावः	ज्रेष्यामः	अज्रेष्यम्	अज्रेष्याव	अज्रेष्याम

ज्रेता	ज्रेतारौ	ज्रेतारः	ज्रीयात् -द्	ज्रीयास्ताम्	ज्रीयासुः
ज्रेतासि	ज्रेतास्थः	ज्रेतास्थ	ज्रीयाः	ज्रीयास्तम्	ज्रीयास्त
ज्रेतास्मि	ज्रेतास्वः	ज्रेतास्मः	ज्रीयासम्	ज्रीयास्व	ज्रीयास्म

लिट् → 3.4.82 6.1.8 ज्रि+ज्रि+अ 7.2.115 ज्रि+ज्रै+अ 7.4.60 जि+ज्रै+अ 6.1.78 जि+ज्राय्+अ →जिज्राय iii/1

जिज्राय	जिज्रियतुः	जिज्रियुः
जिज्रयिथ जिज्रेथ	जिज्रियथुः	जिज्रिय
जिज्राय जिज्रय	जिज्रियिव	जिज्रियिम

लुङ् → 3.1.43 3.1.44 3.4.100 ज्रि+स+त् 7.3.96 ज्रि + स् + ई + त् 6.4.71 अ+ज्रि+स्+ई+त् 7.2.1 अ+ज्रै+स्+ई+त् 8.3.59 अज्रै ष्+ई+त् →अज्रैषीत् iii/1

अज्रैषीत् -द्	अज्रैष्टाम्	अज्रैषुः
अज्रैषीः	अज्रैष्टम्	अज्रैष्ट
अज्रैषम्	अज्रैष्व	अज्रैष्म

Note: Given form for लुङ् is based on अनिट् । If सेट् then conjugation will be
ज्रि 3.1.43 3.1.44 3.4.100 ज्रि+स्+त् 7.2.35 7.3.96 ज्रि+इ+स्+ई+त् 6.4.71 अ+ज्रि+इ+स्+ई+त् 7.2.1 अ+ज्रै+इ+स्+ई+त् 6.1.78 अ+ज्राय्+इ+स्+ई+त् 8.2.28 अ+ज्राय्+इ+ई+त् → अज्रायीत् iii/1.

अज्रायीत् -द्	अज्रायिष्टाम्	अज्रायिषुः
अज्रायीः	अज्रायिष्टम्	अज्रायिष्ट
अज्रायिषम्	अज्रायिष्व	अज्रायिष्म

1816 रिच वियोजनसम्पर्चनयोः । आधृषीयः , वैकल्पिकः णिचः । divide, discharge

10c 283 रिचँ । रिच् । रेचयति / ते , रेचति । U । सेट् । स० । रेचि । रेचय । **Parasmaipadi Forms**

रेचयति	रेचयतः	रेचयन्ति[1]	अरेचयत् -द्	अरेचयताम्	अरेचयन्[1]
रेचयसि	रेचयथः	रेचयथ	अरेचयः	अरेचयतम्	अरेचयत
रेचयामि[2]	रेचयावः[2]	रेचयामः[2]	अरेचयम्[1]	अरेचयाव[2]	अरेचयाम[2]

रेचयतु रेचयतात् -द्	रेचयताम्	रेचयन्तु[1]	रेचयेत् -द्	रेचयेताम्	रेचयेयुः
रेचय रेचयतात् -द्	रेचयतम्	रेचयत	रेचयेः	रेचयेतम्	रेचयेत
रेचयानि[3]	रेचयाव[3]	रेचयाम[3]	रेचयेयम्	रेचयेव	रेचयेम

रेचयिष्यति	रेचयिष्यतः	रेचयिष्यन्ति	अरेचयिष्यत् -द्	अरेचयिष्यताम्	अरेचयिष्यन्
रेचयिष्यसि	रेचयिष्यथः	रेचयिष्यथ	अरेचयिष्यः	अरेचयिष्यतम्	अरेचयिष्यत
रेचयिष्यामि	रेचयिष्यावः	रेचयिष्यामः	अरेचयिष्यम्	अरेचयिष्याव	अरेचयिष्याम

रेचयिता	रेचयितारौ	रेचयितारः	रेच्यात् -द्	रेच्यास्ताम्	रेच्यासुः
रेचयितासि	रेचयितास्थः	रेचयितास्थ	रेच्याः	रेच्यास्तम्	रेच्यास्त
रेचयितास्मि	रेचयितास्वः	रेचयितास्मः	रेच्यासम्	रेच्यास्व	रेच्यास्म

रेचयाम्बभूव	रेचयाम्बभूवतुः	रेचयाम्बभूवुः	अरीरिचत् -द्	अरीरिचताम्	अरीरिचन्
रेचयाञ्चकार	रेचयाञ्चक्रतुः	रेचयाञ्चक्रुः			
रेचयामास	रेचयामासतुः	रेचयामासुः			
रेचयाम्बभूविथ	रेचयाम्बभूवथुः	रेचयाम्बभूव	अरीरिचः	अरीरिचतम्	अरीरिचत
रेचयाञ्चकर्थ	रेचयाञ्चक्रथुः	रेचयाञ्चक्र			
रेचयामासिथ	रेचयामासथुः	रेचयामास			
रेचयाम्बभूव	रेचयाम्बभूविव	रेचयाम्बभूविम	अरीरिचम्	अरीरिचाव	अरीरिचाम
रेचयाञ्चकर -कार	रेचयाञ्चकृव	रेचयाञ्चकृम			
रेचयामास	रेचयामासिव	रेचयामासिम			

Atmanepadi Forms

रेचयते	रेचयेते[4]	रेचयन्ते[1]	अरेचयत	अरेचयेताम्[4]	अरेचयन्त[1]
रेचयसे	रेचयेथे[4]	रेचयध्वे	अरेचयथाः	अरेचयेथाम्[4]	अरेचयध्वम्
रेचये[1]	रेचयावहे[2]	रेचयामहे[2]	अरेचये[4]	अरेचयावहि[3]	अरेचयामहि[3]

रेचयताम्	रेचयेताम्[4]	रेचयन्ताम्[1]	रेचयेत	रेचयेयाताम्	रेचयेरन्
रेचयस्व	रेचयेथाम्[4]	रेचयध्वम्	रेचयेथाः	रेचयेयाथाम्	रेचयेध्वम्
रेचयै[5]	रेचयावहै[3]	रेचयामहै[3]	रेचयेय	रेचयेवहि	रेचयेमहि

रेचयिष्यते	रेचयिष्येते	रेचयिष्यन्ते	अरेचयिष्यत	अरेचयिष्येताम्	अरेचयिष्यन्त
रेचयिष्यसे	रेचयिष्येथे	रेचयिष्यध्वे	अरेचयिष्यथाः	अरेचयिष्येथाम्	अरेचयिष्यध्वम्
रेचयिष्ये	रेचयिष्यावहे	रेचयिष्यामहे	अरेचयिष्ये	अरेचयिष्यावहि	अरेचयिष्यामहि

रेचयिता	रेचयितारौ	रेचयितारः	रेचयिषीष्ट	रेचयिषीयास्ताम्	रेचयिषीरन्
रेचयितासे	रेचयितासाथे	रेचयिताध्वे	रेचयिषीष्ठाः	रेचयिषीयास्थाम्	रेचयिषीध्वम् -ढ्वम्
रेचयिताहे	रेचयितास्वहे	रेचयितास्महे	रेचयिषीय	रेचयिषीवहि	रेचयिषीमहि

रेचयाम्बभूव	रेचयाम्बभूवतुः	रेचयाम्बभूवुः	अरीरिचत	अरीरिचेताम्	अरीरिचन्त
रेचयाञ्चक्रे	रेचयाञ्चक्राते	रेचयाञ्चक्रिरे			
रेचयामास	रेचयामासतुः	रेचयामासुः			
रेचयाम्बभूविथ	रेचयाम्बभूवथुः	रेचयाम्बभूव	अरीरिचथाः	अरीरिचेथाम्	अरीरिचध्वम्
रेचयाञ्चकृषे	रेचयाञ्चक्राथे	रेचयाञ्चकृढ्वे			
रेचयामासिथ	रेचयामासथुः	रेचयामास			
रेचयाम्बभूव	रेचयाम्बभूविव	रेचयाम्बभूविम	अरीरिचे	अरीरिचावहि	अरीरिचामहि
रेचयाञ्चक्रे	रेचयाञ्चकृवहे	रेचयाञ्चकृमहे			
रेचयामास	रेचयामासिव	रेचयामासिम			

णिजभावपक्षे 1.3.78 शेषात् कर्त्तरि परस्मैपदम् । पक्षे अनिट् , भ्वादिः इव रिच् । P । अनिट् । स० ।
See Root 1441 रिच् । 8.2.30 चोः कुः । 3.1.57 इरितो वा । 7.2.3 वदव्रजहलन्तस्याचः ।

रेचति	रेचतः	रेचन्ति	अरेचत् -द्	अरेचताम्	अरेचन्
रेचसि	रेचथः	रेचथ	अरेचः	अरेचतम्	अरेचत
रेचामि	रेचावः	रेचामः	अरेचम्	अरेचाव	अरेचाम

रेचतु रेचतात् -द्	रेचताम्	रेचन्तु	रेचेत् -द्	रेचेताम्	रेचेयुः
रेच रेचतात् -द्	रेचतम्	रेचत	रेचेः	रेचेतम्	रेचेत
रेचानि	रेचाव	रेचाम	रेचेयम्	रेचेव	रेचेम

रेक्ष्यति	रेक्ष्यतः	रेक्ष्यन्ति	अरेक्ष्यत् -द्	अरेक्ष्यताम्	अरेक्ष्यन्
रेक्ष्यसि	रेक्ष्यथः	रेक्ष्यथ	अरेक्ष्यः	अरेक्ष्यतम्	अरेक्ष्यत
रेक्ष्यामि	रेक्ष्यावः	रेक्ष्यामः	अरेक्ष्यम्	अरेक्ष्याव	अरेक्ष्याम

रेक्ता	रेक्तारौ	रेक्तारः	रिच्यात् -द्	रिच्यास्ताम्	रिच्यासुः
रेक्तासि	रेक्तास्थः	रेक्तास्थ	रिच्याः	रिच्यास्तम्	रिच्यास्त
रेक्तास्मि	रेक्तास्वः	रेक्तास्मः	रिच्यासम्	रिच्यास्व	रिच्यास्म

रिरेच	रिरिचतुः	रिरिचुः	अरिचत् -द्	अरिचताम्	अरिचन्
			अरैक्षी	अरैक्ताम्	अरैक्षुः
रिरेचिथ	रिरिचथुः	रिरिच	अरिचः	अरिचतम्	अरिचत
			अरैक्षीः	अरैक्तम्	अरैक्त
रिरेच	रिरिचिव	रिरिचिम	अरिचम्	अरिचाव	अरिचाम
			अरैक्षम्	अरैक्ष्व	अरैक्ष्म

1817 शिष असर्वोपयोगे । आधृषीयः , वैकल्पिकः णिचः । spare, leave remainder, save some
10c 284 शिषँ । शिष् । शेषयति / ते , शेषति । U । सेट् । स० । शेषि । शेषय ।

Parasmaipadi Forms

शेषयति	शेषयतः	शेषयन्ति[1]	अशेषयत् -द्	अशेषयताम्	अशेषयन्[1]
शेषयसि	शेषयथः	शेषयथ	अशेषयः	अशेषयतम्	अशेषयत
शेषयामि[2]	शेषयावः[2]	शेषयामः[2]	अशेषयम्[1]	अशेषयाव[2]	अशेषयाम[2]

शेषयतु शेषयतात् -द्	शेषयताम्	शेषयन्तु[1]	शेषयेत् -द्	शेषयेताम्	शेषयेयुः
शेषय शेषयतात् -द्	शेषयतम्	शेषयत	शेषयेः	शेषयेतम्	शेषयेत
शेषयाणि[3]	शेषयाव[3]	शेषयाम[3]	शेषयेयम्	शेषयेव	शेषयेम

शेषयिष्यति	शेषयिष्यतः	शेषयिष्यन्ति	अशेषयिष्यत् -द्	अशेषयिष्यताम्	अशेषयिष्यन्
शेषयिष्यसि	शेषयिष्यथः	शेषयिष्यथ	अशेषयिष्यः	अशेषयिष्यतम्	अशेषयिष्यत
शेषयिष्यामि	शेषयिष्यावः	शेषयिष्यामः	अशेषयिष्यम्	अशेषयिष्याव	अशेषयिष्याम

शेषयिता	शेषयितारौ	शेषयितारः	शिष्यात्	शिष्यास्ताम्	शिष्यासुः
शेषयितासि	शेषयितास्थः	शेषयितास्थ	शिष्याः	शिष्यास्तम्	शिष्यास्त
शेषयितास्मि	शेषयितास्वः	शेषयितास्मः	शिष्यासम्	शिष्यास्व	शिष्यास्म

शेषयाम्बभूव	शेषयाम्बभूवतुः	शेषयाम्बभूवुः	अशीशिषत् -द्	अशीशिषताम्	अशीशिषन्
शेषयाञ्चकार	शेषयाञ्चक्रतुः	शेषयाञ्चक्रुः			
शेषयामास	शेषयामासतुः	शेषयामासुः			
शेषयाम्बभूविथ	शेषयाम्बभूवथुः	शेषयाम्बभूव	अशीशिषः	अशीशिषतम्	अशीशिषत
शेषयाञ्चकर्थ	शेषयाञ्चक्रथुः	शेषयाञ्चक्र			
शेषयामासिथ	शेषयामासथुः	शेषयामास			
शेषयाम्बभूव	शेषयाम्बभूविव	शेषयाम्बभूविम	अशीशिषम्	अशीशिषाव	अशीशिषाम
शेषयाञ्चकर -कार	शेषयाञ्चकृव	शेषयाञ्चकृम			
शेषयामास	शेषयामासिव	शेषयामासिम			

Atmanepadi Forms

शेषयते	शेषयेते[4]	शेषयन्ते[1]	अशेषयत	अशेषयेताम्[4]	अशेषयन्त[1]
शेषयसे	शेषयेथे[4]	शेषयध्वे	अशेषयथाः	अशेषयेथाम्[4]	अशेषयध्वम्
शेषये[1]	शेषयावहे[2]	शेषयामहे[2]	अशेषये[4]	अशेषयावहि[3]	अशेषयामहि[3]

शेषयताम्	शेषयेताम्[4]	शेषयन्ताम्[1]	शेषयेत	शेषयेयाताम्	शेषयेरन्
शेषयस्व	शेषयेथाम्[4]	शेषयध्वम्	शेषयेथाः	शेषयेयाथाम्	शेषयेध्वम्

शेषयै[5]	शेषयावहै[3]	शेषयामहै[3]	शेषयेय	शेषयेवहि	शेषयेमहि

शेषयिष्यते	शेषयिष्येते	शेषयिष्यन्ते	अशेषयिष्यत	अशेषयिष्येताम्	अशेषयिष्यन्त
शेषयिष्यसे	शेषयिष्येथे	शेषयिष्यध्वे	अशेषयिष्यथाः	अशेषयिष्येथाम्	अशेषयिष्यध्वम्
शेषयिष्ये	शेषयिष्यावहे	शेषयिष्यामहे	अशेषयिष्ये	अशेषयिष्यावहि	अशेषयिष्यामहि

शेषयिता	शेषयितारौ	शेषयितारः	शेषयिषीष्ट	शेषयिषीयास्ताम्	शेषयिषीरन्
शेषयितासे	शेषयितासाथे	शेषयिताध्वे	शेषयिषीष्ठाः	शेषयिषीयास्थाम्	शेषयिषीध्वम् -ढ्वम्
शेषयिताहे	शेषयितास्वहे	शेषयितास्महे	शेषयिषीय	शेषयिषीवहि	शेषयिषीमहि

शेषयाम्बभूव	शेषयाम्बभूवतुः	शेषयाम्बभूवुः	अशीशिषत	अशीशिषेताम्	अशीशिषन्त
शेषयाञ्चक्रे	शेषयाञ्चक्राते	शेषयाञ्चक्रिरे			
शेषयामास	शेषयामासतुः	शेषयामासुः			
शेषयाम्बभूविथ	शेषयाम्बभूवथुः	शेषयाम्बभूव	अशीशिषथाः	अशीशिषेथाम्	अशीशिषध्वम्
शेषयाञ्चकृषे	शेषयाञ्चक्राथे	शेषयाञ्चकृढ्वे			
शेषयामासिथ	शेषयामासथुः	शेषयामास			
शेषयाम्बभूव	शेषयाम्बभूविव	शेषयाम्बभूविम	अशीशिषे	अशीशिषावहि	अशीशिषामहि
शेषयाञ्चक्रे	शेषयाञ्चकृवहे	शेषयाञ्चकृमहे			
शेषयामास	शेषयामासिव	शेषयामासिम			

णिजभावपक्षे 1.3.78 शेषात् कर्त्तरि परस्मैपदम् । पक्षे अनिट् , भ्वादिः इव शिष् । P। अनिट् । स०। Root 687 शिष

शेषति	शेषतः	शेषन्ति	अशेषत् -द्	अशेषताम्	अशेषन्
शेषसि	शेषथः	शेषथ	अशेषः	अशेषतम्	अशेषत
शेषामि	शेषावः	शेषामः	अशेषम्	अशेषाव	अशेषाम

शेषतु शेषतात् -द्	शेषताम्	शेषन्तु	शेषेत् -द्	शेषेताम्	शेषेयुः
शेष शेषतात् -द्	शेषतम्	शेषत	शेषेः	शेषेतम्	शेषेत
शेषाणि	शेषाव	शेषाम	शेषेयम्	शेषेव	शेषेम

शेक्ष्यति	शेक्ष्यतः	शेक्ष्यन्ति	अशेक्ष्यत् -द्	अशेक्ष्यताम्	अशेक्ष्यन्
शेक्ष्यसि	शेक्ष्यथः	शेक्ष्यथ	अशेक्ष्यः	अशेक्ष्यतम्	अशेक्ष्यत
शेक्ष्यामि	शेक्ष्यावः	शेक्ष्यामः	अशेक्ष्यम्	अशेक्ष्याव	अशेक्ष्याम

शेष्टा	शेष्टारौ	शेष्टारः	शिष्यात्	शिष्यास्ताम्	शिष्यासुः
शेष्टासि	शेष्टास्थः	शेष्टास्थ	शिष्याः	शिष्यास्तम्	शिष्यास्त
शेष्टास्मि	शेष्टास्वः	शेष्टास्मः	शिष्यासम्	शिष्यास्व	शिष्यास्म

शिशेष	शिशिषतुः	शिशिषुः	अशिक्षत् -द्	अशिक्षताम्	अशिक्षन्
शिशेषिथ	शिशिषथुः	शिशिष	अशिक्षः	अशिक्षतम्	अशिक्षत
शिशेष	शिशिषिव	शिशिषिम	अशिक्षम्	अशिक्षाव	अशिक्षाम

1818 तप दाहे । आधृषीयः , वैकल्पिकः णिचः । heat, burn. 7.2.116 अत उपधायाः।

10c 285 तपँ । तप् । तापयति / ते , तपति । U । सेट् । स० । तापि । तापय । **Parasmaipadi Forms**

तापयति	तापयतः	तापयन्ति[1]	अतापयत् -द्	अतापयताम्	अतापयन्[1]
तापयसि	तापयथः	तापयथ	अतापयः	अतापयतम्	अतापयत
तापयामि[2]	तापयावः[2]	तापयामः[2]	अतापयम्[1]	अतापयाव[2]	अतापयाम[2]

तापयतु तापयतात् -द्	तापयताम्	तापयन्तु[1]	तापयेत् -द्	तापयेताम्	तापयेयुः
तापय तापयतात् -द्	तापयतम्	तापयत	तापयेः	तापयेतम्	तापयेत
तापयानि[3]	तापयाव[3]	तापयाम[3]	तापयेयम्	तापयेव	तापयेम

तापयिष्यति	तापयिष्यतः	तापयिष्यन्ति	अतापयिष्यत् -द्	अतापयिष्यताम्	अतापयिष्यन्
तापयिष्यसि	तापयिष्यथः	तापयिष्यथ	अतापयिष्यः	अतापयिष्यतम्	अतापयिष्यत
तापयिष्यामि	तापयिष्यावः	तापयिष्यामः	अतापयिष्यम्	अतापयिष्याव	अतापयिष्याम

तापयिता	तापयितारौ	तापयितारः	ताप्यात् -द्	ताप्यास्ताम्	ताप्यासुः
तापयितासि	तापयितास्थः	तापयितास्थ	ताप्याः	ताप्यास्तम्	ताप्यास्त
तापयितास्मि	तापयितास्वः	तापयितास्मः	ताप्यासम्	ताप्यास्व	ताप्यास्म

तापयाम्बभूव	तापयाम्बभूवतुः	तापयाम्बभूवुः	अतीतपत् -द्	अतीतपताम्	अतीतपन्
तापयाञ्चकार	तापयाञ्चक्रतुः	तापयाञ्चक्रुः			
तापयामास	तापयामासतुः	तापयामासुः			
तापयाम्बभूविथ	तापयाम्बभूवथुः	तापयाम्बभूव	अतीतपः	अतीतपतम्	अतीतपत
तापयाञ्चकर्थ	तापयाञ्चक्रथुः	तापयाञ्चक्र			
तापयामासिथ	तापयामासथुः	तापयामास			
तापयाम्बभूव	तापयाम्बभूविव	तापयाम्बभूविम	अतीतपम्	अतीतपाव	अतीतपाम
तापयाञ्चकर -कार	तापयाञ्चकृव	तापयाञ्चकृम			
तापयामास	तापयामासिव	तापयामासिम			

Atmanepadi Forms

तापयते	तापयेते[4]	तापयन्ते[1]	अतापयत	अतापयेताम्[4]	अतापयन्त[1]
तापयसे	तापयेथे[4]	तापयध्वे	अतापयथाः	अतापयेथाम्[4]	अतापयध्वम्
तापये[1]	तापयावहे[2]	तापयामहे[2]	अतापये[4]	अतापयावहि[3]	अतापयामहि[3]

तापयताम्	तापयेताम्[4]	तापयन्ताम्[1]	तापयेत	तापयेयाताम्	तापयेरन्
तापयस्व	तापयेथाम्[4]	तापयध्वम्	तापयेथाः	तापयेयाथाम्	तापयेध्वम्
तापयै[5]	तापयावहै[3]	तापयामहै[3]	तापयेय	तापयेवहि	तापयेमहि

तापयिष्यते	तापयिष्येते	तापयिष्यन्ते	अतापयिष्यत	अतापयिष्येताम्	अतापयिष्यन्त
तापयिष्यसे	तापयिष्येथे	तापयिष्यध्वे	अतापयिष्यथाः	अतापयिष्येथाम्	अतापयिष्यध्वम्
तापयिष्ये	तापयिष्यावहे	तापयिष्यामहे	अतापयिष्ये	अतापयिष्यावहि	अतापयिष्यामहि

तापयिता	तापयितारौ	तापयितारः	तापयिषीष्ट	तापयिषीयास्ताम्	तापयिषीरन्
तापयितासे	तापयितासाथे	तापयिताध्वे	तापयिषीष्ठाः	तापयिषीयास्थाम्	तापयिषीध्वम् -ढ्वम्
तापयिताहे	तापयितास्वहे	तापयितास्महे	तापयिषीय	तापयिषीवहि	तापयिषीमहि

तापयाम्बभूव	तापयाम्बभूवतुः	तापयाम्बभूवुः	अतीतपत	अतीतपेताम्	अतीतपन्त
तापयाञ्चक्रे	तापयाञ्चक्राते	तापयाञ्चक्रिरे			
तापयामास	तापयामासतुः	तापयामासुः			
तापयाम्बभूविथ	तापयाम्बभूवथुः	तापयाम्बभूव	अतीतपथाः	अतीतपेथाम्	अतीतपध्वम्
तापयाञ्चकृषे	तापयाञ्चक्राथे	तापयाञ्चकृढ्वे			
तापयामासिथ	तापयामासथुः	तापयामास			
तापयाम्बभूव	तापयाम्बभूविव	तापयाम्बभूविम	अतीतपे	अतीतपावहि	अतीतपामहि
तापयाञ्चक्रे	तापयाञ्चकृवहे	तापयाञ्चकृमहे			
तापयामास	तापयामासिव	तापयामासिम			

णिजभावपक्षे 1.3.78 शेषात् कर्त्तरि परस्मैपदम् । पक्षे अनिट् , भ्वादिः इव तप् । P। अनिट् । स० । Root 985 तप ।
7.2.62 उपदेशेऽत्वतः । Does not apply here as it specifically says in the Original Dhatupatha.
Here the पक्षे form is भ्वादिः इव = similar to 1c. This Sutra applies to Root 985 तप सन्तापे ।
Q. Why ii/1, i/2, i/3 लिट् affixes get इट् augment when Root is अनिट् ?
A. By extrapolation of 7.2.13 कृसृभृवृस्तुद्रुस्रुश्रुवो लिटि all Roots of Dhatupatha are सेट् for लिट्
except these कृ-सृ-भृ-वृ-स्तु-द्रु-स्रु-श्रु ।

तपति	तपतः	तपन्ति	अतपत् -द्	अतपताम्	अतपन्
तपसि	तपथः	तपथ	अतपः	अतपतम्	अतपत
तपामि	तपावः	तपामः	अतपम्	अतपाव	अतपाम

तपतु तपतात् -द्	तपताम्	तपन्तु	तपेत् -द्	तपेताम्	तपेयुः
तप तपतात् -द्	तपतम्	तपत	तपेः	तपेतम्	तपेत
तपानि	तपाव	तपाम	तपेयम्	तपेव	तपेम

तप्स्यति	तप्स्यतः	तप्स्यन्ति	अतप्स्यत् -द्	अतप्स्यताम्	अतप्स्यन्
तप्स्यसि	तप्स्यथः	तप्स्यथ	अतप्स्यः	अतप्स्यतम्	अतप्स्यत
तप्स्यामि	तप्स्यावः	तप्स्यामः	अतप्स्यम्	अतप्स्याव	अतप्स्याम

तप्ता	तप्तारौ	तप्तारः	तप्यात् -द्	तप्यास्ताम्	तप्यासुः
तप्तासि	तप्तास्थः	तप्तास्थ	तप्याः	तप्यास्तम्	तप्यास्त
तप्तास्मि	तप्तास्वः	तप्तास्मः	तप्यासम्	तप्यास्व	तप्यास्म

ततापा	तेपतुः	तेपुः	अताप्सीत् -द्	अताप्ताम्	अताप्सुः
तेपिथ ~~ततप्थ~~	तेपथुः	तेप	अताप्सीः	अताप्तम्	अताप्त
ततापा ततप	तेपिव	तेपिम	अताप्सम्	अताप्स्व	अताप्स्म

1819 तृप **तृप्तौ । सन्दीपने इत्येके ।** आधृषीयः , वैकल्पिकः णिचः । please, be pleased

10c 286 तृपँ । तृप् । तर्पयति / ते , तर्पति । U । सेट् । स०* । तर्पि । तर्पय । **Parasmaipadi Forms**

तर्पयति	तर्पयतः	तर्पयन्ति[1]	अतर्पयत् -द्	अतर्पयताम्	अतर्पयन्[1]
तर्पयसि	तर्पयथः	तर्पयथ	अतर्पयः	अतर्पयतम्	अतर्पयत
तर्पयामि[2]	तर्पयावः[2]	तर्पयामः[2]	अतर्पयम्[1]	अतर्पयाव[2]	अतर्पयाम[2]

तर्पयतु तर्पयतात् -द्	तर्पयताम्	तर्पयन्तु[1]	तर्पयेत् -द्	तर्पयेताम्	तर्पयेयुः
तर्पय तर्पयतात् -द्	तर्पयतम्	तर्पयत	तर्पयेः	तर्पयेतम्	तर्पयेत
तर्पयाणि[3]	तर्पयाव[3]	तर्पयाम[3]	तर्पयेयम्	तर्पयेव	तर्पयेम

तर्पयिष्यति	तर्पयिष्यतः	तर्पयिष्यन्ति	अतर्पयिष्यत् -द्	अतर्पयिष्यताम्	अतर्पयिष्यन्
तर्पयिष्यसि	तर्पयिष्यथः	तर्पयिष्यथ	अतर्पयिष्यः	अतर्पयिष्यतम्	अतर्पयिष्यत
तर्पयिष्यामि	तर्पयिष्यावः	तर्पयिष्यामः	अतर्पयिष्यम्	अतर्पयिष्याव	अतर्पयिष्याम

तर्पयिता	तर्पयितारौ	तर्पयितारः	तर्प्यात् -द्	तर्प्यास्ताम्	तर्प्यासुः
तर्पयितासि	तर्पयितास्थः	तर्पयितास्थ	तर्प्याः	तर्प्यास्तम्	तर्प्यास्त
तर्पयितास्मि	तर्पयितास्वः	तर्पयितास्मः	तर्प्यासम्	तर्प्यास्व	तर्प्यास्म

तर्पयाम्बभूव	तर्पयाम्बभूवतुः	तर्पयाम्बभूवुः	अततर्पत् -द्	अततर्पताम्	अततर्पन्
तर्पयाञ्चकार	तर्पयाञ्चक्रतुः	तर्पयाञ्चक्रुः	अतीतृपत् -द्	अतीतृपताम्	अतीतृपन्
तर्पयामास	तर्पयामासतुः	तर्पयामासुः			
तर्पयाम्बभूविथ	तर्पयाम्बभूवथुः	तर्पयाम्बभूव	अततर्पः	अततर्पतम्	अततर्पत
तर्पयाञ्चकर्थ	तर्पयाञ्चक्रथुः	तर्पयाञ्चक्र	अतीतृपः	अतीतृपतम्	अतीतृपत
तर्पयामासिथ	तर्पयामासथुः	तर्पयामास			
तर्पयाम्बभूव	तर्पयाम्बभूविव	तर्पयाम्बभूविम	अततर्पम्	अततर्पाव	अततर्पाम
तर्पयाञ्चकर -कार	तर्पयाञ्चकृव	तर्पयाञ्चकृम	अतीतृपम्	अतीतृपाव	अतीतृपाम
तर्पयामास	तर्पयामासिव	तर्पयामासिम			

Atmanepadi Forms

तर्पयते	तर्पयेते[4]	तर्पयन्ते[1]	अतर्पयत	अतर्पयेताम्[4]	अतर्पयन्त[1]
तर्पयसे	तर्पयेथे[4]	तर्पयध्वे	अतर्पयथाः	अतर्पयेथाम्[4]	अतर्पयध्वम्
तर्पये[1]	तर्पयावहे[2]	तर्पयामहे[2]	अतर्पये[4]	अतर्पयावहि[3]	अतर्पयामहि[3]

तर्पयताम्	तर्पयेताम्[4]	तर्पयन्ताम्[1]	तर्पयेत	तर्पयेयाताम्	तर्पयेरन्
तर्पयस्व	तर्पयेथाम्[4]	तर्पयध्वम्	तर्पयेथाः	तर्पयेयाथाम्	तर्पयेध्वम्
तर्पयै[5]	तर्पयावहै[3]	तर्पयामहै[3]	तर्पयेय	तर्पयेवहि	तर्पयेमहि

तर्पयिष्यते	तर्पयिष्येते	तर्पयिष्यन्ते	अतर्पयिष्यत	अतर्पयिष्येताम्	अतर्पयिष्यन्त
तर्पयिष्यसे	तर्पयिष्येथे	तर्पयिष्यध्वे	अतर्पयिष्यथाः	अतर्पयिष्येथाम्	अतर्पयिष्यध्वम्
तर्पयिष्ये	तर्पयिष्यावहे	तर्पयिष्यामहे	अतर्पयिष्ये	अतर्पयिष्यावहि	अतर्पयिष्यामहि

तर्पयिता	तर्पयितारौ	तर्पयितारः	तर्पयिषीष्ट	तर्पयिषीयास्ताम्	तर्पयिषीरन्
तर्पयितासे	तर्पयितासाथे	तर्पयिताध्वे	तर्पयिषीष्ठाः	तर्पयिषीयास्थाम्	तर्पयिषीध्वम् -ढ्वम्
तर्पयिताहे	तर्पयितास्वहे	तर्पयितास्महे	तर्पयिषीय	तर्पयिषीवहि	तर्पयिषीमहि

तर्पयाम्बभूव	तर्पयाम्बभूवतुः	तर्पयाम्बभूवुः	अततर्पत	अततर्पेताम्	अततर्पन्त
तर्पयाञ्चक्रे	तर्पयाञ्चक्राते	तर्पयाञ्चक्रिरे	अतीतृपत	अतीतृपेताम्	अतीतृपन्त
तर्पयामास	तर्पयामासतुः	तर्पयामासुः			
तर्पयाम्बभूविथ	तर्पयाम्बभूवथुः	तर्पयाम्बभूव	अततर्पथाः	अततर्पेथाम्	अततर्पध्वम्
तर्पयाञ्चकृषे	तर्पयाञ्चक्राथे	तर्पयाञ्चकृढ्वे	अतीतृपथाः	अतीतृपेथाम्	अतीतृपध्वम्
तर्पयामासिथ	तर्पयामासथुः	तर्पयामास			
तर्पयाम्बभूव	तर्पयाम्बभूविव	तर्पयाम्बभूविम	अततर्पे	अततर्पावहि	अततर्पामहि
तर्पयाञ्चक्रे	तर्पयाञ्चकृवहे	तर्पयाञ्चकृमहे	अतीतृपे	अतीतृपावहि	अतीतृपामहि
तर्पयामास	तर्पयामासिव	तर्पयामासिम			

णिजभावपक्षे 1.3.78 शेषात् कर्त्तरि परस्मैपदम् । पक्षे भ्वादिः इव तृप् । P। सेट् । स०* ।

तर्पति	तर्पतः	तर्पन्ति	अतर्पत् -द्	अतर्पताम्	अतर्पन्
तर्पसि	तर्पथः	तर्पथ	अतर्पः	अतर्पतम्	अतर्पत
तर्पामि	तर्पावः	तर्पामः	अतर्पम्	अतर्पाव	अतर्पाम

तर्पतु तर्पतात् -द्	तर्पताम्	तर्पन्तु	तर्पेत् -द्	तर्पेताम्	तर्पेयुः
तर्प तर्पतात् -द्	तर्पतम्	तर्पत	तर्पेः	तर्पेतम्	तर्पेत
तर्पाणि	तर्पाव	तर्पाम	तर्पेयम्	तर्पेव	तर्पेम

तर्पिष्यति	तर्पिष्यतः	तर्पिष्यन्ति	अतर्पिष्यत् -द्	अतर्पिष्यताम्	अतर्पिष्यन्
तर्पिष्यसि	तर्पिष्यथः	तर्पिष्यथ	अतर्पिष्यः	अतर्पिष्यतम्	अतर्पिष्यत
तर्पिष्यामि	तर्पिष्यावः	तर्पिष्यामः	अतर्पिष्यम्	अतर्पिष्याव	अतर्पिष्याम

तर्पिता	तर्पितारौ	तर्पितारः	तृप्यात् -द्	तृप्यास्ताम्	तृप्यासुः
तर्पितासि	तर्पितास्थः	तर्पितास्थ	तृप्याः	तृप्यास्तम्	तृप्यास्त
तर्पितास्मि	तर्पितास्वः	तर्पितास्मः	तृप्यासम्	तृप्यास्व	तृप्यास्म

ततर्प	ततृपतुः	ततृपुः	अतर्पीत् -द्	अतर्पिष्टाम्	अतर्पिषुः
ततर्पिथ	ततृपथुः	ततृप	अतर्पीः	अतर्पिष्टम्	अतर्पिष्ट

ततर्प	ततृपिव	ततृपिम	अतर्पिषम्	अतर्पिष्व	अतर्पिष्म

1820 छृदी सन्दीपने । चृप छृप तृप दृप सन्दीपने इत्येके । आधृषीयः , वैकल्पिकः णिचः । burn, kindle, play,
10c 287 छृदीँ । छृद् । छर्दयति / ते , छर्दति । U । सेट् । स० । छर्दि । छर्दय । shine, vomit
7.2.57 सेऽसिचि कृतचृतच्छृदतृदनृतः । Applies to Root 1445 उँछृदिँर् दीप्तिदेवनयोः । Not here.
7.4.7 उर्ऋत् । इति लुङ् विकल्पः । **Parasmaipadi Forms**

छर्दयति	छर्दयतः	छर्दयन्ति[1]	अच्छर्दयत् -द्	अच्छर्दयताम्	अच्छर्दयन्[1]
छर्दयसि	छर्दयथः	छर्दयथ	अच्छर्दयः	अच्छर्दयतम्	अच्छर्दयत
छर्दयामि[2]	छर्दयावः[2]	छर्दयामः[2]	अच्छर्दयम्[1]	अच्छर्दयाव[2]	अच्छर्दयाम[2]

छर्दयतु छर्दयतात् -द्	छर्दयताम्	छर्दयन्तु[1]	छर्दयेत् -द्	छर्दयेताम्	छर्दयेयुः
छर्दय छर्दयतात् -द्	छर्दयतम्	छर्दयत	छर्दयेः	छर्दयेतम्	छर्दयेत
छर्दयानि[3]	छर्दयाव[3]	छर्दयाम[3]	छर्दयेयम्	छर्दयेव	छर्दयेम

छर्दयिष्यति	छर्दयिष्यतः	छर्दयिष्यन्ति	अच्छर्दयिष्यत् -द्	अच्छर्दयिष्यताम्	अच्छर्दयिष्यन्
छर्दयिष्यसि	छर्दयिष्यथः	छर्दयिष्यथ	अच्छर्दयिष्यः	अच्छर्दयिष्यतम्	अच्छर्दयिष्यत
छर्दयिष्यामि	छर्दयिष्यावः	छर्दयिष्यामः	अच्छर्दयिष्यम्	अच्छर्दयिष्याव	अच्छर्दयिष्याम

छर्दयिता	छर्दयितारौ	छर्दयितारः	छर्द्यात् -द्	छर्द्यास्ताम्	छर्द्यासुः
छर्दयितासि	छर्दयितास्थः	छर्दयितास्थ	छर्द्याः	छर्द्यास्तम्	छर्द्यास्त
छर्दयितास्मि	छर्दयितास्वः	छर्दयितास्मः	छर्द्यासम्	छर्द्यास्व	छर्द्यास्म

छर्दयाम्बभूव	छर्दयाम्बभूवतुः	छर्दयाम्बभूवुः	अचच्छर्दत् -द्	अचच्छर्दताम्	अचच्छर्दन्
छर्दयाञ्चकार	छर्दयाञ्चक्रतुः	छर्दयाञ्चक्रुः	अचिच्छृदत् -द्	अचिच्छृदताम्	अचिच्छृदन्
छर्दयामास	छर्दयामासतुः	छर्दयामासुः			
छर्दयाम्बभूविथ	छर्दयाम्बभूवथुः	छर्दयाम्बभूव	अचच्छर्दः	अचच्छर्दतम्	अचच्छर्दत
छर्दयाञ्चकर्थ	छर्दयाञ्चक्रथुः	छर्दयाञ्चक्र	अचिच्छृदः	अचिच्छृदतम्	अचिच्छृदत
छर्दयामासिथ	छर्दयामासथुः	छर्दयामास			
छर्दयाम्बभूव	छर्दयाम्बभूविव	छर्दयाम्बभूविम	अचच्छर्दम्	अचच्छर्दाव	अचच्छर्दाम
छर्दयाञ्चकर -कार	छर्दयाञ्चकृव	छर्दयाञ्चकृम	अचिच्छृदम्	अचिच्छृदाव	अचिच्छृदाम
छर्दयामास	छर्दयामासिव	छर्दयामासिम			

Atmanepadi Forms

छर्दयते	छर्दयेते[4]	छर्दयन्ते[1]	अच्छर्दयत	अच्छर्दयेताम्[4]	अच्छर्दयन्त[1]
छर्दयसे	छर्दयेथे[4]	छर्दयध्वे	अच्छर्दयथाः	अच्छर्दयेथाम्[4]	अच्छर्दयध्वम्
छर्दये[1]	छर्दयावहे[2]	छर्दयामहे[2]	अच्छर्दये[4]	अच्छर्दयावहि[3]	अच्छर्दयामहि[3]

छर्दयताम्	छर्दयेताम्[4]	छर्दयन्ताम्[1]	छर्दयेत	छर्दयेयाताम्	छर्दयेरन्

छर्दयस्व	छर्दयेथाम्[4]	छर्दयध्वम्	छर्दयेथाः	छर्दयेयाथाम्	छर्दयेध्वम्
छर्दयै[5]	छर्दयावहै[3]	छर्दयामहै[3]	छर्दयेय	छर्दयेवहि	छर्दयेमहि

छर्दयिष्यते	छर्दयिष्येते	छर्दयिष्यन्ते	अच्छर्दयिष्यत	अच्छर्दयिष्येताम्	अच्छर्दयिष्यन्त
छर्दयिष्यसे	छर्दयिष्येथे	छर्दयिष्यध्वे	अच्छर्दयिष्यथाः	अच्छर्दयिष्येथाम्	अच्छर्दयिष्यध्वम्
छर्दयिष्ये	छर्दयिष्यावहे	छर्दयिष्यामहे	अच्छर्दयिष्ये	अच्छर्दयिष्यावहि	अच्छर्दयिष्यामहि

छर्दयिता	छर्दयितारौ	छर्दयितारः	छर्दयिषीष्ट	छर्दयिषीयास्ताम्	छर्दयिषीरन्
छर्दयितासे	छर्दयितासाथे	छर्दयिताध्वे	छर्दयिषीष्ठाः	छर्दयिषीयास्थाम्	छर्दयिषीध्वम् -ढ्वम्
छर्दयिताहे	छर्दयितास्वहे	छर्दयितास्महे	छर्दयिषीय	छर्दयिषीवहि	छर्दयिषीमहि

छर्दयाम्बभूव	छर्दयाम्बभूवतुः	छर्दयाम्बभूवुः	अचच्छर्दत	अचच्छर्देताम्	अचच्छर्दन्त
छर्दयाञ्चक्रे	छर्दयाञ्चक्राते	छर्दयाञ्चक्रिरे	अचिच्छृदत	अचिच्छृदेताम्	अचिच्छृदन्त
छर्दयामास	छर्दयामासतुः	छर्दयामासुः			
छर्दयाम्बभूविथ	छर्दयाम्बभूवथुः	छर्दयाम्बभूव	अचच्छर्दथाः	अचच्छर्देथाम्	अचच्छर्दध्वम्
छर्दयाञ्चकृषे	छर्दयाञ्चक्राथे	छर्दयाञ्चकृढ्वे	अचिच्छृदथाः	अचिच्छृदेथाम्	अचिच्छृदध्वम्
छर्दयामासिथ	छर्दयामासथुः	छर्दयामास			
छर्दयाम्बभूव	छर्दयाम्बभूविव	छर्दयाम्बभूविम	अचच्छर्दे	अचच्छर्दावहि	अचच्छर्दामहि
छर्दयाञ्चक्रे	छर्दयाञ्चकृवहे	छर्दयाञ्चकृमहे	अचिच्छृदे	अचिच्छृदावहि	अचिच्छृदामहि
छर्दयामास	छर्दयामासिव	छर्दयामासिम			

णिजभावपक्षे 1.3.78 शेषात् कर्त्तरि परस्मैपदम् । पक्षे भ्वादिः इव छृद् । P। सेट् । स० । See Root 1445 छृद् ।

छर्दति	छर्दतः	छर्दन्ति	अच्छर्दत् -द्	अच्छर्दताम्	अच्छर्दन्
छर्दसि	छर्दथः	छर्दथ	अच्छर्दः	अच्छर्दतम्	अच्छर्दत
छर्दामि	छर्दावः	छर्दामः	अच्छर्दम्	अच्छर्दाव	अच्छर्दाम

छर्दतु छर्दतात् -द्	छर्दताम्	छर्दन्तु	छर्देत् -द्	छर्देताम्	छर्देयुः
छर्द छर्दतात् -द्	छर्दतम्	छर्दत	छर्देः	छर्देतम्	छर्देत
छर्दानि	छर्दाव	छर्दाम	छर्देयम्	छर्देव	छर्देम

छर्दिष्यति	छर्दिष्यतः	छर्दिष्यन्ति	अच्छर्दिष्यत् -द्	अच्छर्दिष्यताम्	अच्छर्दिष्यन्
छर्दिष्यसि	छर्दिष्यथः	छर्दिष्यथ	अच्छर्दिष्यः	अच्छर्दिष्यतम्	अच्छर्दिष्यत
छर्दिष्यामि	छर्दिष्यावः	छर्दिष्यामः	अच्छर्दिष्यम्	अच्छर्दिष्याव	अच्छर्दिष्याम

छर्दिता	छर्दितारौ	छर्दितारः	छृद्यात् -द्	छृद्यास्ताम्	छृद्यासुः
छर्दितासि	छर्दितास्थः	छर्दितास्थ	छृद्याः	छृद्यास्तम्	छृद्यास्त
छर्दितास्मि	छर्दितास्वः	छर्दितास्मः	छृद्यासम्	छृद्यास्व	छृद्यास्म

चच्छर्द	चच्छृदतुः	चच्छृदुः	अच्छर्दीत् -द्	अच्छर्दिष्टाम्	अच्छर्दिषुः
चच्छर्दिथ	चच्छृदथुः	चच्छृद	अच्छर्दीः	अच्छर्दिष्टम्	अच्छर्दिष्ट
चच्छर्द	चच्छृदिव	चच्छृदिम	अच्छर्दिषम्	अच्छर्दिष्व	अच्छर्दिष्म

1821 दृभीँ भये । आधृषीयः, वैकल्पिकः णिचः । fear
10c 288 दृभीँ । दृभ् । दर्भयति / ते, दर्भति । U । सेट् । अ० । दर्भि । दर्भय ।
ईदित्करणं निष्ठायाम् इण्णिषेधः, किन्तु णिचि धातुः दर्भि । शपि इण्णिषेधः ।
Forms identical to 1822 दृभ सन्दर्भे । 7.4.7 उर्ऋत् । इति लुङ् विकल्पः । **Parasmaipadi Forms**

दर्भयति	दर्भयतः	दर्भयन्ति¹	अदर्भयत् -द्	अदर्भयताम्	अदर्भयन्¹
दर्भयसि	दर्भयथः	दर्भयथ	अदर्भयः	अदर्भयतम्	अदर्भयत
दर्भयामि²	दर्भयावः²	दर्भयामः²	अदर्भयम्¹	अदर्भयाव²	अदर्भयाम²

दर्भयतु दर्भयतात् -द्	दर्भयताम्	दर्भयन्तु¹	दर्भयेत् -द्	दर्भयेताम्	दर्भयेयुः
दर्भय दर्भयतात् -द्	दर्भयतम्	दर्भयत	दर्भयेः	दर्भयेतम्	दर्भयेत
दर्भयाणि³	दर्भयाव³	दर्भयाम³	दर्भयेयम्	दर्भयेव	दर्भयेम

दर्भयिष्यति	दर्भयिष्यतः	दर्भयिष्यन्ति	अदर्भयिष्यत् -द्	अदर्भयिष्यताम्	अदर्भयिष्यन्
दर्भयिष्यसि	दर्भयिष्यथः	दर्भयिष्यथ	अदर्भयिष्यः	अदर्भयिष्यतम्	अदर्भयिष्यत
दर्भयिष्यामि	दर्भयिष्यावः	दर्भयिष्यामः	अदर्भयिष्यम्	अदर्भयिष्याव	अदर्भयिष्याम

दर्भयिता	दर्भयितारौ	दर्भयितारः	दर्भ्यात् -द्	दर्भ्यास्ताम्	दर्भ्यासुः
दर्भयितासि	दर्भयितास्थः	दर्भयितास्थ	दर्भ्याः	दर्भ्यास्तम्	दर्भ्यास्त
दर्भयितास्मि	दर्भयितास्वः	दर्भयितास्मः	दर्भ्यासम्	दर्भ्यास्व	दर्भ्यास्म

दर्भयाम्बभूव	दर्भयाम्बभूवतुः	दर्भयाम्बभूवुः	अददर्भत् -द्	अददर्भताम्	अददर्भन्
दर्भयाञ्चकार	दर्भयाञ्चक्रतुः	दर्भयाञ्चक्रुः	अदीदृभत् -द्	अदीदृभताम्	अदीदृभन्
दर्भयामास	दर्भयामासतुः	दर्भयामासुः			
दर्भयाम्बभूविथ	दर्भयाम्बभूवथुः	दर्भयाम्बभूव	अददर्भः	अददर्भतम्	अददर्भत
दर्भयाञ्चकर्थ	दर्भयाञ्चक्रथुः	दर्भयाञ्चक्र	अदीदृभः	अदीदृभतम्	अदीदृभत
दर्भयामासिथ	दर्भयामासथुः	दर्भयामास			
दर्भयाम्बभूव	दर्भयाम्बभूविव	दर्भयाम्बभूविम	अददर्भम्	अददर्भाव	अददर्भाम
दर्भयाञ्चकर -कार	दर्भयाञ्चकृव	दर्भयाञ्चकृम	अदीदृभम्	अदीदृभाव	अदीदृभाम
दर्भयामास	दर्भयामासिव	दर्भयामासिम			

Atmanepadi Forms

दर्भयते	दर्भयेते⁴	दर्भयन्ते¹	अदर्भयत	अदर्भयेताम्⁴	अदर्भयन्त¹
दर्भयसे	दर्भयेथे⁴	दर्भयध्वे	अदर्भयथाः	अदर्भयेथाम्⁴	अदर्भयध्वम्
दर्भये¹	दर्भयावहे²	दर्भयामहे²	अदर्भये⁴	अदर्भयावहि³	अदर्भयामहि³

| दर्भयताम् | दर्भयेताम्⁴ | दर्भयन्ताम्¹ | दर्भयेत | दर्भयेयाताम् | दर्भयेरन् |

दर्भयस्व	दर्भयेथाम्[4]	दर्भयध्वम्	दर्भयेथाः	दर्भयेयाथाम्	दर्भयेध्वम्
दर्भयै[5]	दर्भयावहै[3]	दर्भयामहै[3]	दर्भयेय	दर्भयेवहि	दर्भयेमहि

दर्भयिष्यते	दर्भयिष्येते	दर्भयिष्यन्ते	अदर्भयिष्यत	अदर्भयिष्येताम्	अदर्भयिष्यन्त
दर्भयिष्यसे	दर्भयिष्येथे	दर्भयिष्यध्वे	अदर्भयिष्यथाः	अदर्भयिष्येथाम्	अदर्भयिष्यध्वम्
दर्भयिष्ये	दर्भयिष्यावहे	दर्भयिष्यामहे	अदर्भयिष्ये	अदर्भयिष्यावहि	अदर्भयिष्यामहि

दर्भयिता	दर्भयितारौ	दर्भयितारः	दर्भयिषीष्ट	दर्भयिषीयास्ताम्	दर्भयिषीरन्
दर्भयितासे	दर्भयितासाथे	दर्भयिताध्वे	दर्भयिषीष्ठाः	दर्भयिषीयास्थाम्	दर्भयिषीध्वम् -ढ्वम्
दर्भयिताहे	दर्भयितास्वहे	दर्भयितास्महे	दर्भयिषीय	दर्भयिषीवहि	दर्भयिषीमहि

दर्भयाम्बभूव	दर्भयाम्बभूवतुः	दर्भयाम्बभूवुः	अददर्भत	अददर्भेताम्	अददर्भन्त
दर्भयाञ्चक्रे	दर्भयाञ्चक्राते	दर्भयाञ्चक्रिरे	अदीदृभत	अदीदृभेताम्	अदीदृभन्त
दर्भयामास	दर्भयामासतुः	दर्भयामासुः			
दर्भयाम्बभूविथ	दर्भयाम्बभूवथुः	दर्भयाम्बभूव	अददर्भथाः	अददर्भेथाम्	अददर्भध्वम्
दर्भयाञ्चकृषे	दर्भयाञ्चक्राथे	दर्भयाञ्चकृढ्वे	अदीदृभथाः	अदीदृभेथाम्	अदीदृभध्वम्
दर्भयामासिथ	दर्भयामासथुः	दर्भयामास			
दर्भयाम्बभूव	दर्भयाम्बभूविव	दर्भयाम्बभूविम	अददर्भे	अददर्भावहि	अददर्भामहि
दर्भयाञ्चक्रे	दर्भयाञ्चकृवहे	दर्भयाञ्चकृमहे	अदीदृभे	अदीदृभावहि	अदीदृभामहि
दर्भयामास	दर्भयामासिव	दर्भयामासिम			

णिजभावपक्षे 1.3.78 शेषात् कर्त्तरि परस्मैपदम् । पक्षे भ्वादिः इव दृभ् । P। सेट् । अ० । 7.2.14 8.2.40 8.4.53

दर्भति	दर्भतः	दर्भन्ति	अदर्भत् -द्	अदर्भताम्	अदर्भन्
दर्भसि	दर्भथः	दर्भथ	अदर्भः	अदर्भतम्	अदर्भत
दर्भामि	दर्भावः	दर्भामः	अदर्भम्	अदर्भाव	अदर्भाम

दर्भतु दर्भतात् -द्	दर्भताम्	दर्भन्तु	दर्भेत् -द्	दर्भेताम्	दर्भेयुः
दर्भ दर्भतात् -द्	दर्भतम्	दर्भत	दर्भेः	दर्भेतम्	दर्भेत
दर्भाणि	दर्भाव	दर्भाम	दर्भेयम्	दर्भेव	दर्भेम

दर्भिष्यति	दर्भिष्यतः	दर्भिष्यन्ति	अदर्भिष्यत् -द्	अदर्भिष्यताम्	अदर्भिष्यन्
दर्भिष्यसि	दर्भिष्यथः	दर्भिष्यथ	अदर्भिष्यः	अदर्भिष्यतम्	अदर्भिष्यत
दर्भिष्यामि	दर्भिष्यावः	दर्भिष्यामः	अदर्भिष्यम्	अदर्भिष्याव	अदर्भिष्याम

दर्भिता	दर्भितारौ	दर्भितारः	दृभ्यात् -द्	दृभ्यास्ताम्	दृभ्यासुः
दर्भितासि	दर्भितास्थः	दर्भितास्थ	दृभ्याः	दृभ्यास्तम्	दृभ्यास्त
दर्भितास्मि	दर्भितास्वः	दर्भितास्मः	दृभ्यासम्	दृभ्यास्व	दृभ्यास्म

ददर्भ	ददृभतुः	ददृभुः	अदर्भीत् -द्	अदर्भिष्टाम्	अदर्भिषुः
ददर्भिथ	ददृभथुः	ददृभ	अदर्भीः	अदर्भिष्टम्	अदर्भिष्ट
ददर्भ	ददृभिव	ददृभिम	अदर्भिषम्	अदर्भिष्व	अदर्भिष्म

1822 दृभ सन्दर्भे । आधृषीयः , वैकल्पिकः णिचः । collect, mix, unite

10c 289 दृभँ । दृभ् । दर्भयति / ते , दर्भति । U । सेट् । स० । दर्भि । दर्भय ।

Forms identical to 1821 दृभी भये , however there ईदित्करणं निष्ठायाम् इण्णिषेधः शपि ।

Parasmaipadi Forms

दर्भयति	दर्भयतः	दर्भयन्ति[1]	अदर्भयत् -द्	अदर्भयताम्	अदर्भयन्[1]
दर्भयसि	दर्भयथः	दर्भयथ	अदर्भयः	अदर्भयतम्	अदर्भयत
दर्भयामि[2]	दर्भयावः[2]	दर्भयामः[2]	अदर्भयम्[1]	अदर्भयाव[2]	अदर्भयाम[2]

दर्भयतु दर्भयतात् -द्	दर्भयताम्	दर्भयन्तु[1]	दर्भयेत् -द्	दर्भयेताम्	दर्भयेयुः
दर्भय दर्भयतात् -द्	दर्भयतम्	दर्भयत	दर्भयेः	दर्भयेतम्	दर्भयेत
दर्भयाणि[3]	दर्भयाव[3]	दर्भयाम[3]	दर्भयेयम्	दर्भयेव	दर्भयेम

दर्भयिष्यति	दर्भयिष्यतः	दर्भयिष्यन्ति	अदर्भयिष्यत् -द्	अदर्भयिष्यताम्	अदर्भयिष्यन्
दर्भयिष्यसि	दर्भयिष्यथः	दर्भयिष्यथ	अदर्भयिष्यः	अदर्भयिष्यतम्	अदर्भयिष्यत
दर्भयिष्यामि	दर्भयिष्यावः	दर्भयिष्यामः	अदर्भयिष्यम्	अदर्भयिष्याव	अदर्भयिष्याम

दर्भयिता	दर्भयितारौ	दर्भयितारः	दर्भ्यात् -द्	दर्भ्यास्ताम्	दर्भ्यासुः
दर्भयितासि	दर्भयितास्थः	दर्भयितास्थ	दर्भ्याः	दर्भ्यास्तम्	दर्भ्यास्त
दर्भयितास्मि	दर्भयितास्वः	दर्भयितास्मः	दर्भ्यासम्	दर्भ्यास्व	दर्भ्यास्म

दर्भयाम्बभूव	दर्भयाम्बभूवतुः	दर्भयाम्बभूवुः	अददर्भत् -द्	अददर्भताम्	अददर्भन्
दर्भयाञ्चकार	दर्भयाञ्चक्रतुः	दर्भयाञ्चक्रुः	अदीदृभत् -द्	अदीदृभताम्	अदीदृभन्
दर्भयामास	दर्भयामासतुः	दर्भयामासुः			
दर्भयाम्बभूविथ	दर्भयाम्बभूवथुः	दर्भयाम्बभूव	अददर्भः	अददर्भतम्	अददर्भत
दर्भयाञ्चकर्थ	दर्भयाञ्चक्रथुः	दर्भयाञ्चक्र	अदीदृभः	अदीदृभतम्	अदीदृभत
दर्भयामासिथ	दर्भयामासथुः	दर्भयामास			
दर्भयाम्बभूव	दर्भयाम्बभूविव	दर्भयाम्बभूविम	अददर्भम्	अददर्भाव	अददर्भाम
दर्भयाञ्चकर -कार	दर्भयाञ्चकृव	दर्भयाञ्चकृम	अदीदृभम्	अदीदृभाव	अदीदृभाम
दर्भयामास	दर्भयामासिव	दर्भयामासिम			

Atmanepadi Forms

दर्भयते	दर्भयेते[4]	दर्भयन्ते[1]	अदर्भयत	अदर्भयेताम्[4]	अदर्भयन्त[1]
दर्भयसे	दर्भयेथे[4]	दर्भयध्वे	अदर्भयथाः	अदर्भयेथाम्[4]	अदर्भयध्वम्
दर्भये[1]	दर्भयावहे[2]	दर्भयामहे[2]	अदर्भये[4]	अदर्भयावहि[3]	अदर्भयामहि[3]

दर्भयताम्	दर्भयेताम्[4]	दर्भयन्ताम्[1]	दर्भयेत	दर्भयेयाताम्	दर्भयेरन्

दर्भयस्व	दर्भयेथाम्[4]	दर्भयध्वम्	दर्भयेथाः	दर्भयेयाथाम्	दर्भयेध्वम्
दर्भयै[5]	दर्भयावहै[3]	दर्भयामहै[3]	दर्भयेय	दर्भयेवहि	दर्भयेमहि

दर्भयिष्यते	दर्भयिष्येते	दर्भयिष्यन्ते	अदर्भयिष्यत	अदर्भयिष्येताम्	अदर्भयिष्यन्त
दर्भयिष्यसे	दर्भयिष्येथे	दर्भयिष्यध्वे	अदर्भयिष्यथाः	अदर्भयिष्येथाम्	अदर्भयिष्यध्वम्
दर्भयिष्ये	दर्भयिष्यावहे	दर्भयिष्यामहे	अदर्भयिष्ये	अदर्भयिष्यावहि	अदर्भयिष्यामहि

दर्भयिता	दर्भयितारौ	दर्भयितारः	दर्भयिषीष्ट	दर्भयिषीयास्ताम्	दर्भयिषीरन्
दर्भयितासे	दर्भयितासाथे	दर्भयिताध्वे	दर्भयिषीष्ठाः	दर्भयिषीयास्थाम्	दर्भयिषीध्वम् -ढ्वम्
दर्भयिताहे	दर्भयितास्वहे	दर्भयितास्महे	दर्भयिषीय	दर्भयिषीवहि	दर्भयिषीमहि

दर्भयाम्बभूव	दर्भयाम्बभूवतुः	दर्भयाम्बभूवुः	अददर्भत	अददर्भेताम्	अददर्भन्त
दर्भयाञ्चक्रे	दर्भयाञ्चक्राते	दर्भयाञ्चक्रिरे	अदीदृभत	अदीदृभेताम्	अदीदृभन्त
दर्भयामास	दर्भयामासतुः	दर्भयामासुः			
दर्भयाम्बभूविथ	दर्भयाम्बभूवथुः	दर्भयाम्बभूव	अददर्भथाः	अददर्भेथाम्	अददर्भध्वम्
दर्भयाञ्चकृषे	दर्भयाञ्चक्राथे	दर्भयाञ्चकृढ्वे	अदीदृभथाः	अदीदृभेथाम्	अदीदृभध्वम्
दर्भयामासिथ	दर्भयामासथुः	दर्भयामास			
दर्भयाम्बभूव	दर्भयाम्बभूविव	दर्भयाम्बभूविम	अददर्भे	अददर्भावहि	अददर्भामहि
दर्भयाञ्चक्रे	दर्भयाञ्चकृवहे	दर्भयाञ्चकृमहे	अदीदृभे	अदीदृभावहि	अदीदृभामहि
दर्भयामास	दर्भयामासिव	दर्भयामासिम			

णिजभावपक्षे 1.3.78 शेषात् कर्त्तरि परस्मैपदम् । पक्षे भ्वादिः इव दृभ् । P। सेट् । स० ।

दर्भति	दर्भतः	दर्भन्ति	अदर्भत् -द्	अदर्भताम्	अदर्भन्
दर्भसि	दर्भथः	दर्भथ	अदर्भः	अदर्भतम्	अदर्भत
दर्भामि	दर्भावः	दर्भामः	अदर्भम्	अदर्भाव	अदर्भाम

दर्भतु दर्भतात् -द्	दर्भताम्	दर्भन्तु	दर्भेत् -द्	दर्भेताम्	दर्भेयुः
दर्भ दर्भतात् -द्	दर्भतम्	दर्भत	दर्भेः	दर्भेतम्	दर्भेत
दर्भाणि	दर्भाव	दर्भाम	दर्भेयम्	दर्भेव	दर्भेम

दर्भिष्यति	दर्भिष्यतः	दर्भिष्यन्ति	अदर्भिष्यत् -द्	अदर्भिष्यताम्	अदर्भिष्यन्
दर्भिष्यसि	दर्भिष्यथः	दर्भिष्यथ	अदर्भिष्यः	अदर्भिष्यतम्	अदर्भिष्यत
दर्भिष्यामि	दर्भिष्यावः	दर्भिष्यामः	अदर्भिष्यम्	अदर्भिष्याव	अदर्भिष्याम

दर्भिता	दर्भितारौ	दर्भितारः	दृभ्यात् -द्	दृभ्यास्ताम्	दृभ्यासुः
दर्भितासि	दर्भितास्थः	दर्भितास्थ	दृभ्याः	दृभ्यास्तम्	दृभ्यास्त
दर्भितास्मि	दर्भितास्वः	दर्भितास्मः	दृभ्यासम्	दृभ्यास्व	दृभ्यास्म

ददर्भ	ददृभतुः	ददृभुः	अदर्भीत् -द्	अदर्भिष्टाम्	अदर्भिषुः
ददर्भिथ	ददृभथुः	ददृभ	अदर्भीः	अदर्भिष्टम्	अदर्भिष्ट
ददर्भ	ददृभिव	ददृभिम	अदर्भिषम्	अदर्भिष्व	अदर्भिष्म

1823 श्रथ मोक्षणे । हिंसायाम् इत्यन्ये । आधृषीयः , वैकल्पिकः णिचः । liberate, release, kill

10c 290 श्रथँ । श्रथ् । श्राथयति / ते , श्रथति । U । सेट् । स० । श्राथि । श्राथय ।

7.2.116 अत उपधायाः । **Parasmaipadi Forms**

श्राथयति	श्राथयतः	श्राथयन्ति[1]	अश्राथयत् -द्	अश्राथयताम्	अश्राथयन्[1]
श्राथयसि	श्राथयथः	श्राथयथ	अश्राथयः	अश्राथयतम्	अश्राथयत
श्राथयामि[2]	श्राथयावः[2]	श्राथयामः[2]	अश्राथयम्[1]	अश्राथयाव[2]	अश्राथयाम[2]

श्राथयतु श्राथयतात् -द्	श्राथयताम्	श्राथयन्तु[1]	श्राथयेत् -द्	श्राथयेताम्	श्राथयेयुः
श्राथय श्राथयतात् -द्	श्राथयतम्	श्राथयत	श्राथयेः	श्राथयेतम्	श्राथयेत
श्राथयानि[3]	श्राथयाव[3]	श्राथयाम[3]	श्राथयेयम्	श्राथयेव	श्राथयेम

श्राथयिष्यति	श्राथयिष्यतः	श्राथयिष्यन्ति	अश्राथयिष्यत् -द्	अश्राथयिष्यताम्	अश्राथयिष्यन्
श्राथयिष्यसि	श्राथयिष्यथः	श्राथयिष्यथ	अश्राथयिष्यः	अश्राथयिष्यतम्	अश्राथयिष्यत
श्राथयिष्यामि	श्राथयिष्यावः	श्राथयिष्यामः	अश्राथयिष्यम्	अश्राथयिष्याव	अश्राथयिष्याम

श्राथयिता	श्राथयितारौ	श्राथयितारः	श्राथ्यात् -द्	श्राथ्यास्ताम्	श्राथ्यासुः
श्राथयितासि	श्राथयितास्थः	श्राथयितास्थ	श्राथ्याः	श्राथ्यास्तम्	श्राथ्यास्त
श्राथयितास्मि	श्राथयितास्वः	श्राथयितास्मः	श्राथ्यासम्	श्राथ्यास्व	श्राथ्यास्म

श्राथयाम्बभूव	श्राथयाम्बभूवतुः	श्राथयाम्बभूवुः	अशिश्रथत् -द्	अशिश्रथताम्	अशिश्रथन्
श्राथयाञ्चकार	श्राथयाञ्चक्रतुः	श्राथयाञ्चक्रुः			
श्राथयामास	श्राथयामासतुः	श्राथयामासुः			
श्राथयाम्बभूविथ	श्राथयाम्बभूवथुः	श्राथयाम्बभूव	अशिश्रथः	अशिश्रथतम्	अशिश्रथत
श्राथयाञ्चकर्थ	श्राथयाञ्चक्रथुः	श्राथयाञ्चक्र			
श्राथयामासिथ	श्राथयामासथुः	श्राथयामास			
श्राथयाम्बभूव	श्राथयाम्बभूविव	श्राथयाम्बभूविम	अशिश्रथम्	अशिश्रथाव	अशिश्रथाम
श्राथयाञ्चकर -कार	श्राथयाञ्चकृव	श्राथयाञ्चकृम			
श्राथयामास	श्राथयामासिव	श्राथयामासिम			

Atmanepadi Forms

श्राथयते	श्राथयेते[4]	श्राथयन्ते[1]	अश्राथयत	अश्राथयेताम्[4]	अश्राथयन्त[1]
श्राथयसे	श्राथयेथे[4]	श्राथयध्वे	अश्राथयथाः	अश्राथयेथाम्[4]	अश्राथयध्वम्
श्राथये[1]	श्राथयावहे[2]	श्राथयामहे[2]	अश्राथये[4]	अश्राथयावहि[3]	अश्राथयामहि[3]

श्राथयताम्	श्राथयेताम्[4]	श्राथयन्ताम्[1]	श्राथयेत	श्राथयेयाताम्	श्राथयेरन्
श्राथयस्व	श्राथयेथाम्[4]	श्राथयध्वम्	श्राथयेथाः	श्राथयेयाथाम्	श्राथयेध्वम्

श्राथयै[5]	श्राथयावहै[3]	श्राथयामहै[3]	श्राथयेय	श्राथयेवहि	श्राथयेमहि

श्राथयिष्यते	श्राथयिष्येते	श्राथयिष्यन्ते	अश्राथयिष्यत	अश्राथयिष्येताम्	अश्राथयिष्यन्त
श्राथयिष्यसे	श्राथयिष्येथे	श्राथयिष्यध्वे	अश्राथयिष्यथाः	अश्राथयिष्येथाम्	अश्राथयिष्यध्वम्
श्राथयिष्ये	श्राथयिष्यावहे	श्राथयिष्यामहे	अश्राथयिष्ये	अश्राथयिष्यावहि	अश्राथयिष्यामहि

श्राथयिता	श्राथयितारौ	श्राथयितारः	श्राथयिषीष्ट	श्राथयिषीयास्ताम्	श्राथयिषीरन्
श्राथयितासे	श्राथयितासाथे	श्राथयिताध्वे	श्राथयिषीष्ठाः	श्राथयिषीयास्थाम्	श्राथयिषीध्वम् -ढ्वम्
श्राथयिताहे	श्राथयितास्वहे	श्राथयितास्महे	श्राथयिषीय	श्राथयिषीवहि	श्राथयिषीमहि

श्राथयाम्बभूव	श्राथयाम्बभूवतुः	श्राथयाम्बभूवुः	अशिश्रथत	अशिश्रथेताम्	अशिश्रथन्त
श्राथयाञ्चक्रे	श्राथयाञ्चक्राते	श्राथयाञ्चक्रिरे			
श्राथयामास	श्राथयामासतुः	श्राथयामासुः			
श्राथयाम्बभूविथ	श्राथयाम्बभूवथुः	श्राथयाम्बभूव	अशिश्रथथाः	अशिश्रथेथाम्	अशिश्रथध्वम्
श्राथयाञ्चकृषे	श्राथयाञ्चक्राथे	श्राथयाञ्चकृढ्वे			
श्राथयामासिथ	श्राथयामासथुः	श्राथयामास			
श्राथयाम्बभूव	श्राथयाम्बभूविव	श्राथयाम्बभूविम	अशिश्रथे	अशिश्रथावहि	अशिश्रथामहि
श्राथयाञ्चक्रे	श्राथयाञ्चकृवहे	श्राथयाञ्चकृमहे			
श्राथयामास	श्राथयामासिव	श्राथयामासिम			

णिजभावपक्षे 1.3.78 शेषात् कर्त्तरि परस्मैपदम् । पक्षे भ्वादिः इव श्रथ् । P। सेट् । स० । 7.2.7 अतो हलादेर्लघोः ।

श्रथति	श्रथतः	श्रथन्ति	अश्रथत् -द्	अश्रथताम्	अश्रथन्
श्रथसि	श्रथथः	श्रथथ	अश्रथः	अश्रथतम्	अश्रथत
श्रथामि	श्रथावः	श्रथामः	अश्रथम्	अश्रथाव	अश्रथाम

श्रथतु श्रथतात् -द्	श्रथताम्	श्रथन्तु	श्रथेत् -द्	श्रथेताम्	श्रथेयुः
श्रथ श्रथतात् -द्	श्रथतम्	श्रथत	श्रथेः	श्रथेतम्	श्रथेत
श्रथानि	श्रथाव	श्रथाम	श्रथेयम्	श्रथेव	श्रथेम

श्रथिष्यति	श्रथिष्यतः	श्रथिष्यन्ति	अश्रथिष्यत् -द्	अश्रथिष्यताम्	अश्रथिष्यन्
श्रथिष्यसि	श्रथिष्यथः	श्रथिष्यथ	अश्रथिष्यः	अश्रथिष्यतम्	अश्रथिष्यत
श्रथिष्यामि	श्रथिष्यावः	श्रथिष्यामः	अश्रथिष्यम्	अश्रथिष्याव	अश्रथिष्याम

श्रथिता	श्रथितारौ	श्रथितारः	श्रथ्यात् -द्	श्रथ्यास्ताम्	श्रथ्यासुः
श्रथितासि	श्रथितास्थः	श्रथितास्थ	श्रथ्याः	श्रथ्यास्तम्	श्रथ्यास्त
श्रथितास्मि	श्रथितास्वः	श्रथितास्मः	श्रथ्यासम्	श्रथ्यास्व	श्रथ्यास्म

शश्राथ	शश्रथतुः	शश्रथुः	अश्रथीत् -द्	अश्रथिष्टाम्	अश्रथिषुः
			अश्राथीत् -द्	अश्राथिष्टाम्	अश्राथिषुः
शश्रथिथ	शश्रथथुः	शश्रथ	अश्रथीः	अश्रथिष्टम्	अश्रथिष्ट
			अश्राथीः	अश्राथिष्टम्	अश्राथिष्ट
शश्राथ शश्रथ	शश्रथिव	शश्रथिम	अश्रथिषम्	अश्रथिष्व	अश्रथिष्म

			अश्राथिषम्	अश्राथिष्व	अश्राथिष्म

1824 मी गतौ । आधृषीयः , वैकल्पिकः णिचः । go, understand
10c 291 मी । मी । माययति / ते , मयति । U । सेट् । स० । मायि । मायय ।
7.2.115 अचो ञ्णिति । **Parasmaipadi Forms**

माययति	माययतः	माययन्ति[1]	अमाययत् -द्	अमाययताम्	अमाययन्[1]
माययसि	माययथः	माययथ	अमाययः	अमाययतम्	अमाययत
माययामि[2]	माययावः[2]	माययामः[2]	अमाययम्[1]	अमाययाव[2]	अमाययाम[2]

माययतु माययतात् -द्	माययताम्	माययन्तु[1]	माययेत् -द्	माययेताम्	माययेयुः
मायय माययतात् -द्	माययतम्	माययत	माययेः	माययेतम्	माययेत
माययानि[3]	माययाव[3]	माययाम[3]	माययेयम्	माययेव	माययेम

माययिष्यति	माययिष्यतः	माययिष्यन्ति	अमाययिष्यत् -द्	अमाययिष्यताम्	अमाययिष्यन्
माययिष्यसि	माययिष्यथः	माययिष्यथ	अमाययिष्यः	अमाययिष्यतम्	अमाययिष्यत
माययिष्यामि	माययिष्यावः	माययिष्यामः	अमाययिष्यम्	अमाययिष्याव	अमाययिष्याम

माययिता	माययितारौ	माययितारः	माय्यात् -द्	माय्यास्ताम्	माय्यासुः
माययितासि	माययितास्थः	माययितास्थ	माय्याः	माय्यास्तम्	माय्यास्त
माययितास्मि	माययितास्वः	माययितास्मः	माय्यासम्	माय्यास्व	माय्यास्म

माययाम्बभूव	माययाम्बभूवतुः	माययाम्बभूवुः	अमीमयत् -द्	अमीमयताम्	अमीमयन्
माययाञ्चकार	माययाञ्चक्रतुः	माययाञ्चक्रुः			
माययामास	माययामासतुः	माययामासुः			
माययाम्बभूविथ	माययाम्बभूवथुः	माययाम्बभूव	अमीमयः	अमीमयतम्	अमीमयत
माययाञ्चकर्थ	माययाञ्चक्रथुः	माययाञ्चक्र			
माययामासिथ	माययामासथुः	माययामास			
माययाम्बभूव	माययाम्बभूविव	माययाम्बभूविम	अमीमयम्	अमीमयाव	अमीमयाम
माययाञ्चकर -कार	माययाञ्चकृव	माययाञ्चकृम			
माययामास	माययामासिव	माययामासिम			

Atmanepadi Forms

माययते	माययेते[4]	माययन्ते[1]	अमाययत	अमाययेताम्[4]	अमाययन्त[1]
माययसे	माययेथे[4]	माययध्वे	अमाययथाः	अमाययेथाम्[4]	अमाययध्वम्
मायये[1]	माययावहे[2]	माययामहे[2]	अमायये[4]	अमाययावहि[3]	अमाययामहि[3]

माययताम्	माययेताम्[4]	माययन्ताम्[1]	माययेत	माययेयाताम्	माययेरन्
माययस्व	माययेथाम्[4]	माययध्वम्	माययेथाः	माययेयाथाम्	माययेध्वम्

मायये[5]	माययावहै[3]	माययामहै[3]	माययेय	माययेवहि	माययेमहि

माययिष्यते	माययिष्येते	माययिष्यन्ते	अमाययिष्यत	अमाययिष्येताम्	अमाययिष्यन्त
माययिष्यसे	माययिष्येथे	माययिष्यध्वे	अमाययिष्यथाः	अमाययिष्येथाम्	अमाययिष्यध्वम्
माययिष्ये	माययिष्यावहे	माययिष्यामहे	अमाययिष्ये	अमाययिष्यावहि	अमाययिष्यामहि

माययिता	माययितारौ	माययितारः	माययिषीष्ट	माययिषीयास्ताम्	माययिषीरन्
माययितासे	माययितासाथे	माययिताध्वे	माययिषीष्ठाः	माययिषीयास्थाम्	माययिषीध्वम् -ढ्वम्
माययिताहे	माययितास्वहे	माययितास्महे	माययिषीय	माययिषीवहि	माययिषीमहि

माययाम्बभूव	माययाम्बभूवतुः	माययाम्बभूवुः	अमीमयत	अमीमयेताम्	अमीमयन्त
माययाञ्चक्रे	माययाञ्चक्राते	माययाञ्चक्रिरे			
माययामास	माययामासतुः	माययामासुः			
माययाम्बभूविथ	माययाम्बभूवथुः	माययाम्बभूव	अमीमयथाः	अमीमयेथाम्	अमीमयध्वम्
माययाञ्चकृषे	माययाञ्चक्राथे	माययाञ्चकृढ्वे			
माययामासिथ	माययामासथुः	माययामास			
माययाम्बभूव	माययाम्बभूविव	माययाम्बभूविम	अमीमये	अमीमयावहि	अमीमयामहि
माययाञ्चक्रे	माययाञ्चकृवहे	माययाञ्चकृमहे			
माययामास	माययामासिव	माययामासिम			

णिजभावपक्षे 1.3.78 शेषात् कर्त्तरि परस्मैपदम् । पक्षे अनिट् , भ्वादिः इव मी । P। अनिट् । स० ।

मयति	मयतः	मयन्ति	अमयत् -द्	अमयताम्	अमयन्
मयसि	मयथः	मयथ	अमयः	अमयतम्	अमयत
मयामि	मयावः	मयामः	अमयम्	अमयाव	अमयाम

मयतु मयतात् -द्	मयताम्	मयन्तु	मयेत् -द्	मयेताम्	मयेयुः
मय मयतात् -द्	मयतम्	मयत	मयेः	मयेतम्	मयेत
मयानि	मयाव	मयाम	मयेयम्	मयेव	मयेम

मयिष्यति	मयिष्यतः	मयिष्यन्ति	अमयिष्यत् -द्	अमयिष्यताम्	अमयिष्यन्
मयिष्यसि	मयिष्यथः	मयिष्यथ	अमयिष्यः	अमयिष्यतम्	अमयिष्यत
मयिष्यामि	मयिष्यावः	मयिष्यामः	अमयिष्यम्	अमयिष्याव	अमयिष्याम

मयिता	मयितारौ	मयितारः	मीयात् -द्	मीयास्ताम्	मीयासुः
मयितासि	मयितास्थः	मयितास्थ	मीयाः	मीयास्तम्	मीयास्त
मयितास्मि	मयितास्वः	मयितास्मः	मीयासम्	मीयास्व	मीयास्म

मिमाय	मिम्यतुः	मिम्युः	अमायीत् -द्	अमायिष्टाम्	अमायिषुः
मिमयिथ	मिम्यथुः	मिम्य	अमायीः	अमायिष्टम्	अमायिष्ट
मिमाय मिमय	मिम्यिव	मिम्यिम	अमायिषम्	अमायिष्व	अमायिष्म

1825 **ग्रन्थ बन्धने** । आधृषीयः , वैकल्पिकः णिच् । fasten, string together, tie

10c 292 **ग्रन्थँ** । **ग्रन्थ्** । **ग्रन्थयति / ते , ग्रन्थति** । U । सेट् । स० । **ग्रन्थि** । **ग्रन्थय** ।

Parasmaipadi Forms

ग्रन्थयति	ग्रन्थयतः	ग्रन्थयन्ति[1]	अग्रन्थयत् -द्	अग्रन्थयताम्	अग्रन्थयन्[1]
ग्रन्थयसि	ग्रन्थयथः	ग्रन्थयथ	अग्रन्थयः	अग्रन्थयतम्	अग्रन्थयत
ग्रन्थयामि[2]	ग्रन्थयावः[2]	ग्रन्थयामः[2]	अग्रन्थयम्[1]	अग्रन्थयाव[2]	अग्रन्थयाम[2]

ग्रन्थयतु ग्रन्थयतात् -द्	ग्रन्थयताम्	ग्रन्थयन्तु[1]	ग्रन्थयेत् -द्	ग्रन्थयेताम्	ग्रन्थयेयुः
ग्रन्थय ग्रन्थयतात् -द्	ग्रन्थयतम्	ग्रन्थयत	ग्रन्थयेः	ग्रन्थयेतम्	ग्रन्थयेत
ग्रन्थयानि[3]	ग्रन्थयाव[3]	ग्रन्थयाम[3]	ग्रन्थयेयम्	ग्रन्थयेव	ग्रन्थयेम

ग्रन्थयिष्यति	ग्रन्थयिष्यतः	ग्रन्थयिष्यन्ति	अग्रन्थयिष्यत् -द्	अग्रन्थयिष्यताम्	अग्रन्थयिष्यन्
ग्रन्थयिष्यसि	ग्रन्थयिष्यथः	ग्रन्थयिष्यथ	अग्रन्थयिष्यः	अग्रन्थयिष्यतम्	अग्रन्थयिष्यत
ग्रन्थयिष्यामि	ग्रन्थयिष्यावः	ग्रन्थयिष्यामः	अग्रन्थयिष्यम्	अग्रन्थयिष्याव	अग्रन्थयिष्याम

ग्रन्थयिता	ग्रन्थयितारौ	ग्रन्थयितारः	ग्रन्थ्यात् -द्	ग्रन्थ्यास्ताम्	ग्रन्थ्यासुः
ग्रन्थयितासि	ग्रन्थयितासथः	ग्रन्थयितास्थ	ग्रन्थ्याः	ग्रन्थ्यास्तम्	ग्रन्थ्यास्त
ग्रन्थयितास्मि	ग्रन्थयितास्वः	ग्रन्थयितास्मः	ग्रन्थ्यासम्	ग्रन्थ्यास्व	ग्रन्थ्यास्म

ग्रन्थयाम्बभूव	ग्रन्थयाम्बभूवतुः	ग्रन्थयाम्बभूवुः	अजग्रन्थत् -द्	अजग्रन्थताम्	अजग्रन्थन्
ग्रन्थयाञ्चकार	ग्रन्थयाञ्चक्रतुः	ग्रन्थयाञ्चक्रुः			
ग्रन्थयामास	ग्रन्थयामासतुः	ग्रन्थयामासुः			
ग्रन्थयाम्बभूविथ	ग्रन्थयाम्बभूवथुः	ग्रन्थयाम्बभूव	अजग्रन्थः	अजग्रन्थतम्	अजग्रन्थत
ग्रन्थयाञ्चकर्थ	ग्रन्थयाञ्चक्रथुः	ग्रन्थयाञ्चक्र			
ग्रन्थयामासिथ	ग्रन्थयामासथुः	ग्रन्थयामास			
ग्रन्थयाम्बभूव	ग्रन्थयाम्बभूविव	ग्रन्थयाम्बभूविम	अजग्रन्थम्	अजग्रन्थाव	अजग्रन्थाम
ग्रन्थयाञ्चकर -कार	ग्रन्थयाञ्चकृव	ग्रन्थयाञ्चकृम			
ग्रन्थयामास	ग्रन्थयामासिव	ग्रन्थयामासिम			

Atmanepadi Forms

ग्रन्थयते	ग्रन्थयेते[4]	ग्रन्थयन्ते[1]	अग्रन्थयत	अग्रन्थयेताम्[4]	अग्रन्थयन्त[1]
ग्रन्थयसे	ग्रन्थयेथे[4]	ग्रन्थयध्वे	अग्रन्थयथाः	अग्रन्थयेथाम्[4]	अग्रन्थयध्वम्
ग्रन्थये[1]	ग्रन्थयावहे[2]	ग्रन्थयामहे[2]	अग्रन्थये[4]	अग्रन्थयावहि[3]	अग्रन्थयामहि[3]

ग्रन्थयताम्	ग्रन्थयेताम्[4]	ग्रन्थयन्ताम्[1]	ग्रन्थयेत	ग्रन्थयेयाताम्	ग्रन्थयेरन्
ग्रन्थयस्व	ग्रन्थयेथाम्[4]	ग्रन्थयध्वम्	ग्रन्थयेथाः	ग्रन्थयेयाथाम्	ग्रन्थयेध्वम्
ग्रन्थयै[5]	ग्रन्थयावहै[3]	ग्रन्थयामहै[3]	ग्रन्थयेय	ग्रन्थयेवहि	ग्रन्थयेमहि

ग्रन्थयिष्यते	ग्रन्थयिष्येते	ग्रन्थयिष्यन्ते	अग्रन्थयिष्यत	अग्रन्थयिष्येताम्	अग्रन्थयिष्यन्त	
ग्रन्थयिष्यसे	ग्रन्थयिष्येथे	ग्रन्थयिष्यध्वे	अग्रन्थयिष्यथाः	अग्रन्थयिष्येथाम्	अग्रन्थयिष्यध्वम्	
ग्रन्थयिष्ये	ग्रन्थयिष्यावहे	ग्रन्थयिष्यामहे	अग्रन्थयिष्ये	अग्रन्थयिष्यावहि	अग्रन्थयिष्यामहि	
ग्रन्थयिता	ग्रन्थयितारौ	ग्रन्थयितारः	ग्रन्थयिषीष्ट	ग्रन्थयिषीयास्ताम्	ग्रन्थयिषीरन्	
ग्रन्थयितासे	ग्रन्थयितासाथे	ग्रन्थयिताध्वे	ग्रन्थयिषीष्ठाः	ग्रन्थयिषीयास्थाम्	ग्रन्थयिषीध्वम् -ढ्वम्	
ग्रन्थयिताहे	ग्रन्थयितास्वहे	ग्रन्थयितास्महे	ग्रन्थयिषीय	ग्रन्थयिषीवहि	ग्रन्थयिषीमहि	
ग्रन्थयाम्बभूव	ग्रन्थयाम्बभूवतुः	ग्रन्थयाम्बभूवुः	अजग्रन्थत	अजग्रन्थेताम्	अजग्रन्थन्त	
ग्रन्थयाञ्चक्रे	ग्रन्थयाञ्चक्राते	ग्रन्थयाञ्चक्रिरे				
ग्रन्थयामास	ग्रन्थयामासतुः	ग्रन्थयामासुः				
ग्रन्थयाम्बभूविथ	ग्रन्थयाम्बभूवथुः	ग्रन्थयाम्बभूव	अजग्रन्थथाः	अजग्रन्थेथाम्	अजग्रन्थध्वम्	
ग्रन्थयाञ्चकृषे	ग्रन्थयाञ्चक्राथे	ग्रन्थयाञ्चकृढ्वे				
ग्रन्थयामासिथ	ग्रन्थयामासथुः	ग्रन्थयामास				
ग्रन्थयाम्बभूव	ग्रन्थयाम्बभूविव	ग्रन्थयाम्बभूविम	अजग्रन्थे	अजग्रन्थावहि	अजग्रन्थामहि	
ग्रन्थयाञ्चक्रे	ग्रन्थयाञ्चकृवहे	ग्रन्थयाञ्चकृमहे				
ग्रन्थयामास	ग्रन्थयामासिव	ग्रन्थयामासिम				

णिजभावपक्षे 1.3.78 शेषात् कर्त्तरि परस्मैपदम् । पक्षे भ्वादिः इव ग्रन्थ् । P । सेट् । स० ।
1.2.6 इन्धिभवतिभ्यां च । वा० श्रन्थिग्रन्थिदम्भिस्वञ्जीनामिति वक्तव्यम् । 6.4.24 अनिदितां हल उपधायाः क्ङिति ।

ग्रन्थति	ग्रन्थतः	ग्रन्थन्ति	अग्रन्थत् -द्	अग्रन्थताम्	अग्रन्थन्
ग्रन्थसि	ग्रन्थथः	ग्रन्थथ	अग्रन्थः	अग्रन्थतम्	अग्रन्थत
ग्रन्थामि	ग्रन्थावः	ग्रन्थामः	अग्रन्थम्	अग्रन्थाव	अग्रन्थाम
ग्रन्थतु ग्रन्थतात् -द्	ग्रन्थताम्	ग्रन्थन्तु	ग्रन्थेत् -द्	ग्रन्थेताम्	ग्रन्थेयुः
ग्रन्थ ग्रन्थतात् -द्	ग्रन्थतम्	ग्रन्थत	ग्रन्थेः	ग्रन्थेतम्	ग्रन्थेत
ग्रन्थानि	ग्रन्थाव	ग्रन्थाम	ग्रन्थेयम्	ग्रन्थेव	ग्रन्थेम
ग्रन्थयिष्यति	ग्रन्थयिष्यतः	ग्रन्थयिष्यन्ति	अग्रन्थयिष्यत् -द्	अग्रन्थयिष्यताम्	अग्रन्थयिष्यन्
ग्रन्थयिष्यसि	ग्रन्थयिष्यथः	ग्रन्थयिष्यथ	अग्रन्थयिष्यः	अग्रन्थयिष्यतम्	अग्रन्थयिष्यत
ग्रन्थयिष्यामि	ग्रन्थयिष्यावः	ग्रन्थयिष्यामः	अग्रन्थयिष्यम्	अग्रन्थयिष्याव	अग्रन्थयिष्याम
ग्रन्थयिता	ग्रन्थयितारौ	ग्रन्थयितारः	ग्रथ्यात् -द्	ग्रथ्यास्ताम्	ग्रथ्यासुः
ग्रन्थयितासि	ग्रन्थयितासथः	ग्रन्थयितास्थ	ग्रथ्याः	ग्रथ्यास्तम्	ग्रथ्यास्त
ग्रन्थयितास्मि	ग्रन्थयितास्वः	ग्रन्थयितास्मः	ग्रथ्यासम्	ग्रथ्यास्व	ग्रथ्यास्म
जग्रन्थ	जग्रन्थतुः ग्रेथतुः	जग्रन्थुः ग्रेथुः	अजग्रन्थत् -द्	अजग्रन्थताम्	अजग्रन्थन्
जग्रन्थिथ	जग्रन्थथुः ग्रेथथुः	जग्रन्थ ग्रेथ	अजग्रन्थः	अजग्रन्थतम्	अजग्रन्थत
जग्रन्थ	जग्रन्थिव ग्रेथिव	जग्रन्थिम ग्रेथिम	अजग्रन्थम्	अजग्रन्थाव	अजग्रन्थाम

1826 शीक आमर्षणे । आधृषीयः, वैकल्पिकः णिचः । scold, touch, be calm, endure

10c 293 शीकँ । शीक् । शीकयति / ते, शीकति । U । सेट् । अ० । शीकि । शीकय ।

Parasmaipadi Forms

शीकयति	शीकयतः	शीकयन्ति¹	अशीकयत् -द्	अशीकयताम्	अशीकयन्¹
शीकयसि	शीकयथः	शीकयथ	अशीकयः	अशीकयतम्	अशीकयत
शीकयामि²	शीकयावः²	शीकयामः²	अशीकयम्¹	अशीकयाव²	अशीकयाम²

शीकयतु शीकयतात् -द्	शीकयताम्	शीकयन्तु¹	शीकयेत् -द्	शीकयेताम्	शीकयेयुः
शीकय शीकयतात् -द्	शीकयतम्	शीकयत	शीकयेः	शीकयेतम्	शीकयेत
शीकयानि³	शीकयाव³	शीकयाम³	शीकयेयम्	शीकयेव	शीकयेम

शीकयिष्यति	शीकयिष्यतः	शीकयिष्यन्ति	अशीकयिष्यत् -द्	अशीकयिष्यताम्	अशीकयिष्यन्
शीकयिष्यसि	शीकयिष्यथः	शीकयिष्यथ	अशीकयिष्यः	अशीकयिष्यतम्	अशीकयिष्यत
शीकयिष्यामि	शीकयिष्यावः	शीकयिष्यामः	अशीकयिष्यम्	अशीकयिष्याव	अशीकयिष्याम

शीकयिता	शीकयितारौ	शीकयितारः	शीक्यात् -द्	शीक्यास्ताम्	शीक्यासुः
शीकयितासि	शीकयितास्थः	शीकयितास्थ	शीक्याः	शीक्यास्तम्	शीक्यास्त
शीकयितास्मि	शीकयितास्वः	शीकयितास्मः	शीक्यासम्	शीक्यास्व	शीक्यास्म

शीकयाम्बभूव	शीकयाम्बभूवतुः	शीकयाम्बभूवुः	अशीशिकत् -द्	अशीशिकताम्	अशीशिकन्
शीकयाञ्चकार	शीकयाञ्चक्रतुः	शीकयाञ्चक्रुः			
शीकयामास	शीकयामासतुः	शीकयामासुः			
शीकयाम्बभूविथ	शीकयाम्बभूवथुः	शीकयाम्बभूव	अशीशिकः	अशीशिकतम्	अशीशिकत
शीकयाञ्चकर्थ	शीकयाञ्चक्रथुः	शीकयाञ्चक्र			
शीकयामासिथ	शीकयामासथुः	शीकयामास			
शीकयाम्बभूव	शीकयाम्बभूविव	शीकयाम्बभूविम	अशीशिकम्	अशीशिकाव	अशीशिकाम
शीकयाञ्चकर -कार	शीकयाञ्चकृव	शीकयाञ्चकृम			
शीकयामास	शीकयामासिव	शीकयामासिम			

Atmanepadi Forms

शीकयते	शीकयेते⁴	शीकयन्ते¹	अशीकयत	अशीकयेताम्⁴	अशीकयन्त¹
शीकयसे	शीकयेथे⁴	शीकयध्वे	अशीकयथाः	अशीकयेथाम्⁴	अशीकयध्वम्
शीकये¹	शीकयावहे²	शीकयामहे²	अशीकये⁴	अशीकयावहि³	अशीकयामहि³

शीकयताम्	शीकयेताम्⁴	शीकयन्ताम्¹	शीकयेत .	शीकयेयाताम्	शीकयेरन्
शीकयस्व	शीकयेथाम्⁴	शीकयध्वम्	शीकयेथाः	शीकयेयाथाम्	शीकयेध्वम्
शीकयै⁵	शीकयावहै³	शीकयामहै³	शीकयेय	शीकयेवहि	शीकयेमहि

| शीकयिष्यते | शीकयिष्येते | शीकयिष्यन्ते | अशीकयिष्यत | अशीकयिष्येताम् | अशीकयिष्यन्त |

शीकयिष्यसे	शीकयिष्येथे	शीकयिष्यध्वे	अशीकयिष्यथाः	अशीकयिष्येथाम्	अशीकयिष्यध्वम्
शीकयिष्ये	शीकयिष्यावहे	शीकयिष्यामहे	अशीकयिष्ये	अशीकयिष्यावहि	अशीकयिष्यामहि

शीकयिता	शीकयितारौ	शीकयितारः	शीकयिषीष्ट	शीकयिषीयास्ताम्	शीकयिषीरन्
शीकयितासे	शीकयितासाथे	शीकयिताध्वे	शीकयिषीष्ठाः	शीकयिषीयास्थाम्	शीकयिषीध्वम् -ढ्वम्
शीकयिताहे	शीकयितास्वहे	शीकयितास्महे	शीकयिषीय	शीकयिषीवहि	शीकयिषीमहि

शीकयाम्बभूव	शीकयाम्बभूवतुः	शीकयाम्बभूवुः	अशीशिकत	अशीशिकेताम्	अशीशिकन्त
शीकयाञ्चक्रे	शीकयाञ्चक्राते	शीकयाञ्चक्रिरे			
शीकयामास	शीकयामासतुः	शीकयामासुः			
शीकयाम्बभूविथ	शीकयाम्बभूवथुः	शीकयाम्बभूव	अशीशिकथाः	अशीशिकेथाम्	अशीशिकध्वम्
शीकयाञ्चकृषे	शीकयाञ्चक्राथे	शीकयाञ्चकृढ्वे			
शीकयामासिथ	शीकयामासथुः	शीकयामास			
शीकयाम्बभूव	शीकयाम्बभूविव	शीकयाम्बभूविम	अशीशिके	अशीशिकावहि	अशीशिकामहि
शीकयाञ्चक्रे	शीकयाञ्चकृवहे	शीकयाञ्चकृमहे			
शीकयामास	शीकयामासिव	शीकयामासिम			

णिजभावपक्षे 1.3.78 शेषात् कर्त्तरि परस्मैपदम् । पक्षे भ्वादिः इव शीक् । P। सेट् । अ० ।

शीकति	शीकतः	शीकन्ति	अशीकत् -द्	अशीकताम्	अशीकन्
शीकसि	शीकथः	शीकथ	अशीकः	अशीकतम्	अशीकत
शीकामि	शीकावः	शीकामः	अशीकम्	अशीकाव	अशीकाम

शीकतु शीकतात् -द्	शीकताम्	शीकन्तु	शीकेत् -द्	शीकेताम्	शीकेयुः
शीक शीकतात् -द्	शीकतम्	शीकत	शीकेः	शीकेतम्	शीकेत
शीकानि	शीकाव	शीकाम	शीकेयम्	शीकेव	शीकेम

शीकिष्यति	शीकिष्यतः	शीकिष्यन्ति	अशीकिष्यत् -द्	अशीकिष्यताम्	अशीकिष्यन्
शीकिष्यसि	शीकिष्यथः	शीकिष्यथ	अशीकिष्यः	अशीकिष्यतम्	अशीकिष्यत
शीकिष्यामि	शीकिष्यावः	शीकिष्यामः	अशीकिष्यम्	अशीकिष्याव	अशीकिष्याम

शीकिता	शीकितारौ	शीकितारः	शीक्यात् -द्	शीक्यास्ताम्	शीक्यासुः
शीकितासि	शीकितास्थः	शीकितास्थ	शीक्याः	शीक्यास्तम्	शीक्यास्त
शीकितास्मि	शीकितास्वः	शीकितास्मः	शीक्यासम्	शीक्यास्व	शीक्यास्म

शिशीक	शिशीकतुः	शिशीकुः	अशीकीत् -द्	अशीकिष्टाम्	अशीकिषुः
शिशीकिथ	शिशीकथुः	शिशीक	अशीकीः	अशीकिष्टम्	अशीकिष्ट
शिशीक	शिशीकिव	शिशीकिम	अशीकिषम्	अशीकिष्व	अशीकिष्म

1827 चीक च । आमर्षणे । आधृषीयः , वैकल्पिकः णिच्ः । bear, tolerate, be impatient, be intolerant

10c 294 चीकँ । चीक् । चीकयति / ते , चीकति । U । सेट् । अ० । चीकि । चीकय ।

Parasmaipadi Forms

चीकयति	चीकयतः	चीकयन्ति[1]	अचीकयत् -द्	अचीकयताम्	अचीकयन्[1]
चीकयसि	चीकयथः	चीकयथ	अचीकयः	अचीकयतम्	अचीकयत
चीकयामि[2]	चीकयावः[2]	चीकयामः[2]	अचीकयम्[1]	अचीकयाव[2]	अचीकयाम[2]

चीकयतु चीकयतात् -द्	चीकयताम्	चीकयन्तु[1]	चीकयेत् -द्	चीकयेताम्	चीकयेयुः
चीकय चीकयतात् -द्	चीकयतम्	चीकयत	चीकयेः	चीकयेतम्	चीकयेत
चीकयानि[3]	चीकयाव[3]	चीकयाम[3]	चीकयेयम्	चीकयेव	चीकयेम

चीकयिष्यति	चीकयिष्यतः	चीकयिष्यन्ति	अचीकयिष्यत् -द्	अचीकयिष्यताम्	अचीकयिष्यन्
चीकयिष्यसि	चीकयिष्यथः	चीकयिष्यथ	अचीकयिष्यः	अचीकयिष्यतम्	अचीकयिष्यत
चीकयिष्यामि	चीकयिष्यावः	चीकयिष्यामः	अचीकयिष्यम्	अचीकयिष्याव	अचीकयिष्याम

चीकयिता	चीकयितारौ	चीकयितारः	चीक्यात् -द्	चीक्यास्ताम्	चीक्यासुः
चीकयितासि	चीकयितास्थः	चीकयितास्थ	चीक्याः	चीक्यास्तम्	चीक्यास्त
चीकयितास्मि	चीकयितास्वः	चीकयितास्मः	चीक्यासम्	चीक्यास्व	चीक्यास्म

चीकयाम्बभूव	चीकयाम्बभूवतुः	चीकयाम्बभूवुः	अचीचिकत् -द्	अचीचिकताम्	अचीचिकन्
चीकयाञ्चकार	चीकयाञ्चक्रतुः	चीकयाञ्चक्रुः			
चीकयामास	चीकयामासतुः	चीकयामासुः			
चीकयाम्बभूविथ	चीकयाम्बभूवथुः	चीकयाम्बभूव	अचीचिकः	अचीचिकतम्	अचीचिकत
चीकयाञ्चकर्थ	चीकयाञ्चक्रथुः	चीकयाञ्चक्र			
चीकयामासिथ	चीकयामासथुः	चीकयामास			
चीकयाम्बभूव	चीकयाम्बभूविव	चीकयाम्बभूविम	अचीचिकम्	अचीचिकाव	अचीचिकाम
चीकयाञ्चकर -कार	चीकयाञ्चकृव	चीकयाञ्चकृम			
चीकयामास	चीकयामासिव	चीकयामासिम			

Atmanepadi Forms

चीकयते	चीकयेते[4]	चीकयन्ते[1]	अचीकयत	अचीकयेताम्[4]	अचीकयन्त[1]
चीकयसे	चीकयेथे[4]	चीकयध्वे	अचीकयथाः	अचीकयेथाम्[4]	अचीकयध्वम्
चीकये[1]	चीकयावहे[2]	चीकयामहे[2]	अचीकये[4]	अचीकयावहि[3]	अचीकयामहि[3]

चीकयताम्	चीकयेताम्[4]	चीकयन्ताम्[1]	चीकयेत	चीकयेयाताम्	चीकयेरन्
चीकयस्व	चीकयेथाम्[4]	चीकयध्वम्	चीकयेथाः	चीकयेयाथाम्	चीकयेध्वम्
चीकयै[5]	चीकयावहै[3]	चीकयामहै[3]	चीकयेय	चीकयेवहि	चीकयेमहि

चीकयिष्यते	चीकयिष्येते	चीकयिष्यन्ते	अचीकयिष्यत	अचीकयिष्येताम्	अचीकयिष्यन्त
चीकयिष्यसे	चीकयिष्येथे	चीकयिष्यध्वे	अचीकयिष्यथाः	अचीकयिष्येथाम्	अचीकयिष्यध्वम्

चीकयिष्ये	चीकयिष्यावहे	चीकयिष्यामहे	अचीकयिष्ये	अचीकयिष्यावहि	अचीकयिष्यामहि

चीकयिता	चीकयितारौ	चीकयितारः	चीकयिषीष्ट	चीकयिषीयास्ताम्	चीकयिषीरन्
चीकयितासे	चीकयितासाथे	चीकयिताध्वे	चीकयिषीष्ठाः	चीकयिषीयास्थाम्	चीकयिषीध्वम् -ढ्वम्
चीकयिताहे	चीकयितास्वहे	चीकयितास्महे	चीकयिषीय	चीकयिषीवहि	चीकयिषीमहि

चीकयाम्बभूव	चीकयाम्बभूवतुः	चीकयाम्बभूवुः	अचीचिकत	अचीचिकेताम्	अचीचिकन्त
चीकयाञ्चक्रे	चीकयाञ्चक्राते	चीकयाञ्चक्रिरे			
चीकयामास	चीकयामासतुः	चीकयामासुः			
चीकयाम्बभूविथ	चीकयाम्बभूवथुः	चीकयाम्बभूव	अचीचिकथाः	अचीचिकेथाम्	अचीचिकध्वम्
चीकयाञ्चकृषे	चीकयाञ्चक्राथे	चीकयाञ्चकृढ्वे			
चीकयामासिथ	चीकयामासथुः	चीकयामास			
चीकयाम्बभूव	चीकयाम्बभूविव	चीकयाम्बभूविम	अचीचिके	अचीचिकावहि	अचीचिकामहि
चीकयाञ्चक्रे	चीकयाञ्चकृवहे	चीकयाञ्चकृमहे			
चीकयामास	चीकयामासिव	चीकयामासिम			

णिजभावपक्षे 1.3.78 शेषात् कर्त्तरि परस्मैपदम् । पक्षे भ्वादिः इव चीक् । P। सेट् । अ० ।

चीकति	चीकतः	चीकन्ति	अचीकत् -द्	अचीकताम्	अचीकन्
चीकसि	चीकथः	चीकथ	अचीकः	अचीकतम्	अचीकत
चीकामि	चीकावः	चीकामः	अचीकम्	अचीकाव	अचीकाम

चीकतु चीकतात् -द्	चीकताम्	चीकन्तु	चीकेत् -द्	चीकेताम्	चीकेयुः
चीक चीकतात् -द्	चीकतम्	चीकत	चीकेः	चीकेतम्	चीकेत
चीकानि	चीकाव	चीकाम	चीकेयम्	चीकेव	चीकेम

चीकिष्यति	चीकिष्यतः	चीकिष्यन्ति	अचीकिष्यत् -द्	अचीकिष्यताम्	अचीकिष्यन्
चीकिष्यसि	चीकिष्यथः	चीकिष्यथ	अचीकिष्यः	अचीकिष्यतम्	अचीकिष्यत
चीकिष्यामि	चीकिष्यावः	चीकिष्यामः	अचीकिष्यम्	अचीकिष्याव	अचीकिष्याम

चीकिता	चीकितारौ	चीकितारः	चीक्यात् -द्	चीक्यास्ताम्	चीक्यासुः
चीकितासि	चीकितास्थः	चीकितास्थ	चीक्याः	चीक्यास्तम्	चीक्यास्त
चीकितास्मि	चीकितास्वः	चीकितास्मः	चीक्यासम्	चीक्यास्व	चीक्यास्म

चिचीक	चिचीकतुः	चिचीकुः	अचीकीत् -द्	अचीकिष्टाम्	अचीकिषुः
चिचीकिथ	चिचीकथुः	चिचीक	अचीकीः	अचीकिष्टम्	अचीकिष्ट
चिचीक	चिचीकिव	चिचीकिम	अचीकिषम्	अचीकिष्व	अचीकिष्म

1828 अर्द हिंसायाम् । स्वरितेत् । आधृषीयः , वैकल्पिकः णिचः । hurt, torment

10c 295 अर्दँ[1] । अर्द् । अर्दयति / ते , अर्दति / ते । U । सेट् । स० । अर्दि । अर्दय ।

Parasmaipadi Forms

अर्दयति	अर्दयतः	अर्दयन्ति[1]	आर्दयत् -द्	आर्दयताम्	आर्दयन्[1]

अर्दयसि	अर्दयथः	अर्दयथ	आर्दयः	आर्दयतम्	आर्दयत
अर्दयामि[2]	अर्दयावः[2]	अर्दयामः[2]	आर्दयम्[1]	आर्दयाव[2]	आर्दयाम[2]

अर्दयतु अर्दयतात् -द्	अर्दयताम्	अर्दयन्तु[1]	अर्दयेत् -द्	अर्दयेताम्	अर्दयेयुः
अर्दय अर्दयतात् -द्	अर्दयतम्	अर्दयत	अर्दयेः	अर्दयेतम्	अर्दयेत
अर्दयानि[3]	अर्दयाव[3]	अर्दयाम[3]	अर्दयेयम्	अर्दयेव	अर्दयेम

अर्दयिष्यति	अर्दयिष्यतः	अर्दयिष्यन्ति	आर्दयिष्यत् -द्	आर्दयिष्यताम्	आर्दयिष्यन्
अर्दयिष्यसि	अर्दयिष्यथः	अर्दयिष्यथ	आर्दयिष्यः	आर्दयिष्यतम्	आर्दयिष्यत
अर्दयिष्यामि	अर्दयिष्यावः	अर्दयिष्यामः	आर्दयिष्यम्	आर्दयिष्याव	आर्दयिष्याम

अर्दयिता	अर्दयितारौ	अर्दयितारः	अर्द्यात् -द्	अर्द्यास्ताम्	अर्द्यासुः
अर्दयितासि	अर्दयितास्थः	अर्दयितास्थ	अर्द्याः	अर्द्यास्तम्	अर्द्यास्त
अर्दयितास्मि	अर्दयितास्वः	अर्दयितास्मः	अर्द्यासम्	अर्द्यास्व	अर्द्यास्म

अर्दयाम्बभूव	अर्दयाम्बभूवतुः	अर्दयाम्बभूवुः	आर्दिदत् -द्	आर्दिदताम्	आर्दिदन्
अर्दयाञ्चकार	अर्दयाञ्चक्रतुः	अर्दयाञ्चक्रुः			
अर्दयामास	अर्दयामासतुः	अर्दयामासुः			
अर्दयाम्बभूविथ	अर्दयाम्बभूवथुः	अर्दयाम्बभूव	आर्दिदः	आर्दिदतम्	आर्दिदत
अर्दयाञ्चकर्थ	अर्दयाञ्चक्रथुः	अर्दयाञ्चक्र			
अर्दयामासिथ	अर्दयामासथुः	अर्दयामास			
अर्दयाम्बभूव	अर्दयाम्बभूविव	अर्दयाम्बभूविम	आर्दिदम्	आर्दिदाव	आर्दिदाम
अर्दयाञ्चकर -कार	अर्दयाञ्चकृव	अर्दयाञ्चकृम			
अर्दयामास	अर्दयामासिव	अर्दयामासिम			

Atmanepadi Forms

अर्दयते	अर्दयेते[4]	अर्दयन्ते[1]	आर्दयत	आर्दयेताम्[4]	आर्दयन्त[1]
अर्दयसे	अर्दयेथे[4]	अर्दयध्वे	आर्दयथाः	आर्दयेथाम्[4]	आर्दयध्वम्
अर्दये[1]	अर्दयावहे[2]	अर्दयामहे[2]	आर्दये[4]	आर्दयावहि[3]	आर्दयामहि[3]

अर्दयताम्	अर्दयेताम्[4]	अर्दयन्ताम्[1]	अर्दयेत	अर्दयेयाताम्	अर्दयेरन्
अर्दयस्व	अर्दयेथाम्[4]	अर्दयध्वम्	अर्दयेथाः	अर्दयेयाथाम्	अर्दयेध्वम्
अर्दयै[5]	अर्दयावहै[3]	अर्दयामहै[3]	अर्दयेय	अर्दयेवहि	अर्दयेमहि

अर्दयिष्यते	अर्दयिष्येते	अर्दयिष्यन्ते	आर्दयिष्यत	आर्दयिष्येताम्	आर्दयिष्यन्त
अर्दयिष्यसे	अर्दयिष्येथे	अर्दयिष्यध्वे	आर्दयिष्यथाः	आर्दयिष्येथाम्	आर्दयिष्यध्वम्
अर्दयिष्ये	अर्दयिष्यावहे	अर्दयिष्यामहे	आर्दयिष्ये	आर्दयिष्यावहि	आर्दयिष्यामहि

अर्दयिता	अर्दयितारौ	अर्दयितारः	अर्दयिषीष्ट	अर्दयिषीयास्ताम्	अर्दयिषीरन्
अर्दयितासे	अर्दयितासाथे	अर्दयिताध्वे	अर्दयिषीष्ठाः	अर्दयिषीयास्थाम्	अर्दयिषीध्वम् -ढ्वम्
अर्दयिताहे	अर्दयितास्वहे	अर्दयितास्महे	अर्दयिषीय	अर्दयिषीवहि	अर्दयिषीमहि

अर्दयाम्बभूव	अर्दयाम्बभूवतुः	अर्दयाम्बभूवुः	आर्दिदत	आर्दिदेताम्	आर्दिदन्त
अर्दयाञ्चक्रे	अर्दयाञ्चक्राते	अर्दयाञ्चक्रिरे			
अर्दयामास	अर्दयामासतुः	अर्दयामासुः			
अर्दयाम्बभूविथ	अर्दयाम्बभूवथुः	अर्दयाम्बभूव	आर्दिदथाः	आर्दिदेथाम्	आर्दिदध्वम्
अर्दयाञ्चकृषे	अर्दयाञ्चक्राथे	अर्दयाञ्चकृढ्वे			
अर्दयामासिथ	अर्दयामासथुः	अर्दयामास			
अर्दयाम्बभूव	अर्दयाम्बभूविव	अर्दयाम्बभूविम	आर्दिदे	आर्दिदावहि	आर्दिदामहि
अर्दयाञ्चक्रे	अर्दयाञ्चकृवहे	अर्दयाञ्चकृमहे			
अर्दयामास	अर्दयामासिव	अर्दयामासिम			

णिजभावपक्षे 1.3.72 स्वरितञितः कर्त्रभिप्राये क्रियाफले । पक्षे भ्वादिः इव अर्द् । U । सेट् । स० ।

अर्दति	अर्दतः	अर्दन्ति	आर्दत् -द्	आर्दताम्	आर्दन्
अर्दसि	अर्दथः	अर्दथ	आर्दः	आर्दतम्	आर्दत
अर्दामि	अर्दावः	अर्दामः	आर्दम्	आर्दाव	आर्दाम

अर्दतु अर्दतात् -द्	अर्दताम्	अर्दन्तु	अर्देत् -द्	अर्देताम्	अर्देयुः
अर्द अर्दतात् -द्	अर्दतम्	अर्दत	अर्देः	अर्देतम्	अर्देत
अर्दानि	अर्दाव	अर्दाम	अर्देयम्	अर्देव	अर्देम

अर्दिष्यति	अर्दिष्यतः	अर्दिष्यन्ति	आर्दिष्यत् -द्	आर्दिष्यताम्	आर्दिष्यन्
अर्दिष्यसि	अर्दिष्यथः	अर्दिष्यथ	आर्दिष्यः	आर्दिष्यतम्	आर्दिष्यत
अर्दिष्यामि	अर्दिष्यावः	अर्दिष्यामः	आर्दिष्यम्	आर्दिष्याव	आर्दिष्याम

अर्दिता	अर्दितारौ	अर्दितारः	अर्द्यात् -द्	अर्द्यास्ताम्	अर्द्यासुः
अर्दितासि	अर्दितास्थः	अर्दितास्थ	अर्द्याः	अर्द्यास्तम्	अर्द्यास्त
अर्दितास्मि	अर्दितास्वः	अर्दितास्मः	अर्द्यासम्	अर्द्यास्व	अर्द्यास्म

आनर्द	आनर्दतुः	आनर्दुः	आर्दीत् -द्	आर्दिष्टाम्	आर्दिषुः
आनर्दिथ	आनर्दथुः	आनर्द	आर्दीः	आर्दिष्टम्	आर्दिष्ट
आनर्द	आनर्दिव	आनर्दिम	आर्दिषम्	आर्दिष्व	आर्दिष्म

1829 हिसि हिंसायाम् । आधृषीयः , वैकल्पिकः णिचः । strike, give pain

10c 296 हिसिँ । हिंस् । हिंसयति / ते , हिंसति । U । सेट् । स० । हिंसि । हिंसय ।

7.1.58 इदितो नुम् धातोः । **Parasmaipadi Forms**

हिंसयति	हिंसयतः	हिंसयन्ति[1]	अहिंसयत् -द्	अहिंसयताम्	अहिंसयन्[1]
हिंसयसि	हिंसयथः	हिंसयथ	अहिंसयः	अहिंसयतम्	अहिंसयत
हिंसयामि[2]	हिंसयावः[2]	हिंसयामः[2]	अहिंसयम्[1]	अहिंसयाव[2]	अहिंसयाम[2]

हिंसयतु हिंसयतात् -द्	हिंसयताम्	हिंसयन्तु[1]	हिंसयेत् -द्	हिंसयेताम्	हिंसयेयुः
हिंसय हिंसयतात् -द्	हिंसयतम्	हिंसयत	हिंसयेः	हिंसयेतम्	हिंसयेत
हिंसयानि[3]	हिंसयाव[3]	हिंसयाम[3]	हिंसयेयम्	हिंसयेव	हिंसयेम

हिंसयिष्यति	हिंसयिष्यतः	हिंसयिष्यन्ति	अहिंसयिष्यत् -द्	अहिंसयिष्यताम्	अहिंसयिष्यन्
हिंसयिष्यसि	हिंसयिष्यथः	हिंसयिष्यथ	अहिंसयिष्यः	अहिंसयिष्यतम्	अहिंसयिष्यत
हिंसयिष्यामि	हिंसयिष्यावः	हिंसयिष्यामः	अहिंसयिष्यम्	अहिंसयिष्याव	अहिंसयिष्याम

हिंसयिता	हिंसयितारौ	हिंसयितारः	हिंस्यात् -द्	हिंस्यास्ताम्	हिंस्यासुः
हिंसयितासि	हिंसयितास्थः	हिंसयितास्थ	हिंस्याः	हिंस्यास्तम्	हिंस्यास्त
हिंसयितास्मि	हिंसयितास्वः	हिंसयितास्मः	हिंस्यासम्	हिंस्यास्व	हिंस्यास्म

हिंसयाम्बभूव	हिंसयाम्बभूवतुः	हिंसयाम्बभूवुः	अजिहिंसत् -द्	अजिहिंसताम्	अजिहिंसन्
हिंसयाञ्चकार	हिंसयाञ्चक्रतुः	हिंसयाञ्चक्रुः			
हिंसयामास	हिंसयामासतुः	हिंसयामासुः			
हिंसयाम्बभूविथ	हिंसयाम्बभूवथुः	हिंसयाम्बभूव	अजिहिंसः	अजिहिंसतम्	अजिहिंसत
हिंसयाञ्चकर्थ	हिंसयाञ्चक्रथुः	हिंसयाञ्चक्र			
हिंसयामासिथ	हिंसयामासथुः	हिंसयामास			
हिंसयाम्बभूव	हिंसयाम्बभूविव	हिंसयाम्बभूविम	अजिहिंसम्	अजिहिंसाव	अजिहिंसाम
हिंसयाञ्चकर -कार	हिंसयाञ्चकृव	हिंसयाञ्चकृम			
हिंसयामास	हिंसयामासिव	हिंसयामासिम			

Atmanepadi Forms

हिंसयते	हिंसयेते[4]	हिंसयन्ते[1]	अहिंसयत	अहिंसयेताम्[4]	अहिंसयन्त[1]
हिंसयसे	हिंसयेथे[4]	हिंसयध्वे	अहिंसयथाः	अहिंसयेथाम्[4]	अहिंसयध्वम्
हिंसये[1]	हिंसयावहे[2]	हिंसयामहे[2]	अहिंसये[4]	अहिंसयावहि[3]	अहिंसयामहि[3]

हिंसयताम्	हिंसयेताम्[4]	हिंसयन्ताम्[1]	हिंसयेत	हिंसयेयाताम्	हिंसयेरन्
हिंसयस्व	हिंसयेथाम्[4]	हिंसयध्वम्	हिंसयेथाः	हिंसयेयाथाम्	हिंसयेध्वम्
हिंसयै[5]	हिंसयावहै[3]	हिंसयामहै[3]	हिंसयेय	हिंसयेवहि	हिंसयेमहि

हिंसयिष्यते	हिंसयिष्येते	हिंसयिष्यन्ते	अहिंसयिष्यत	अहिंसयिष्येताम्	अहिंसयिष्यन्त
हिंसयिष्यसे	हिंसयिष्येथे	हिंसयिष्यध्वे	अहिंसयिष्यथाः	अहिंसयिष्येथाम्	अहिंसयिष्यध्वम्
हिंसयिष्ये	हिंसयिष्यावहे	हिंसयिष्यामहे	अहिंसयिष्ये	अहिंसयिष्यावहि	अहिंसयिष्यामहि

हिंसयिता	हिंसयितारौ	हिंसयितारः	हिंसयिषीष्ट	हिंसयिषीयास्ताम्	हिंसयिषीरन्
हिंसयितासे	हिंसयितासाथे	हिंसयिताध्वे	हिंसयिषीष्ठाः	हिंसयिषीयास्थाम्	हिंसयिषीध्वम् -ढ्वम्

हिंसयिताहे	हिंसयितास्वहे	हिंसयितास्महे	हिंसयिषीय	हिंसयिषीवहि	हिंसयिषीमहि
हिंसयाम्बभूव	हिंसयाम्बभूवतुः	हिंसयाम्बभूवुः	अजिहिंसत	अजिहिंसेताम्	अजिहिंसन्त
हिंसयाञ्चक्रे	हिंसयाञ्चक्राते	हिंसयाञ्चक्रिरे			
हिंसयामास	हिंसयामासतुः	हिंसयामासुः			
हिंसयाम्बभूविथ	हिंसयाम्बभूवथुः	हिंसयाम्बभूव	अजिहिंसथाः	अजिहिंसेथाम्	अजिहिंसध्वम्
हिंसयाञ्चकृषे	हिंसयाञ्चक्राथे	हिंसयाञ्चकृढ्वे			
हिंसयामासिथ	हिंसयामासथुः	हिंसयामास			
हिंसयाम्बभूव	हिंसयाम्बभूविव	हिंसयाम्बभूविम	अजिहिंसे	अजिहिंसावहि	अजिहिंसामहि
हिंसयाञ्चक्रे	हिंसयाञ्चकृवहे	हिंसयाञ्चकृमहे			
हिंसयामास	हिंसयामासिव	हिंसयामासिम			

णिजभावपक्षे 1.3.78 शेषात् कर्त्तरि परस्मैपदम् । इति पक्षे भ्वादिः इव हिंस् । P **। सेट् । स० ।**

हिंसति	हिंसतः	हिंसन्ति[1]	अहिंसत् -द्	अहिंसताम्	अहिंसन्
हिंससि	हिंसथः	हिंसथ	अहिंसः	अहिंसतम्	अहिंसत
हिंसामि	हिंसावः	हिंसामः	अहिंसम्	अहिंसाव	अहिंसाम
हिंसतु हिंसतात् -द्	हिंसताम्	हिंसन्तु	हिंसेत् -द्	हिंसेताम्	हिंसेयुः
हिंस हिंसतात् -द्	हिंसतम्	हिंसत	हिंसेः	हिंसेतम्	हिंसेत
हिंसानि	हिंसाव	हिंसाम	हिंसेयम्	हिंसेव	हिंसेम
हिंसिष्यति	हिंसिष्यतः	हिंसिष्यन्ति	अहिंसिष्यत् -द्	अहिंसिष्यताम्	अहिंसिष्यन्
हिंसिष्यसि	हिंसिष्यथः	हिंसिष्यथ	अहिंसिष्यः	अहिंसिष्यतम्	अहिंसिष्यत
हिंसिष्यामि	हिंसिष्यावः	हिंसिष्यामः	अहिंसिष्यम्	अहिंसिष्याव	अहिंसिष्याम
हिंसिता	हिंसितारौ	हिंसितारः	हिंस्यात् -द्	हिंस्यास्ताम्	हिंस्यासुः
हिंसितासि	हिंसितास्थः	हिंसितास्थ	हिंस्याः	हिंस्यास्तम्	हिंस्यास्त
हिंसितास्मि	हिंसितास्वः	हिंसितास्मः	हिंस्यासम्	हिंस्यास्व	हिंस्यास्म
जिहिंस	जिहिंसतुः	जिहिंसुः	अहिंसीत् -द्	अहिंसिष्टाम्	अहिंसिषुः
जिहिंसिथ	जिहिंसथुः	जिहिंस	अहिंसीः	अहिंसिष्टम्	अहिंसिष्ट
जिहिंस	जिहिंसिव	जिहिंसिम	अहिंसिषम्	अहिंसिष्व	अहिंसिष्म

1830 **अर्ह पूजायाम्** । आधृषीयः , वैकल्पिकः णिचः । worship, deserve

10c 297 अर्हँ । अर्ह् । अर्हयति / ते , अर्हति । U । सेट् । स० । अर्हि । अर्हय ।

Identical to Root 1731 अर्ह पूजायाम् । However that has नित्यं णिच् । **Parasmaipadi Forms**

अर्हयति	अर्हयतः	अर्हयन्ति[1]	आर्हयत् -द्	आर्हयताम्	आर्हयन्[1]
अर्हयसि	अर्हयथः	अर्हयथ	आर्हयः	आर्हयतम्	आर्हयत
अर्हयामि[2]	अर्हयावः[2]	अर्हयामः[2]	आर्हयम्[1]	आर्हयाव[2]	आर्हयाम[2]
अर्हयतु अर्हयतात् -द्	अर्हयताम्	अर्हयन्तु[1]	अर्हयेत् -द्	अर्हयेताम्	अर्हयेयुः

अर्हय अर्हयतात् -द्	अर्हयतम्	अर्हयत	अर्हयेः	अर्हयेतम्	अर्हयेत
अर्हयाणि[3]	अर्हयाव[3]	अर्हयाम[3]	अर्हयेयम्	अर्हयेव	अर्हयेम

अर्हयिष्यति	अर्हयिष्यतः	अर्हयिष्यन्ति	आर्हयिष्यत् -द्	आर्हयिष्यताम्	आर्हयिष्यन्
अर्हयिष्यसि	अर्हयिष्यथः	अर्हयिष्यथ	आर्हयिष्यः	आर्हयिष्यतम्	आर्हयिष्यत
अर्हयिष्यामि	अर्हयिष्यावः	अर्हयिष्यामः	आर्हयिष्यम्	आर्हयिष्याव	आर्हयिष्याम

अर्हयिता	अर्हयितारौ	अर्हयितारः	अर्ह्यात् -द्	अर्ह्यास्ताम्	अर्ह्यासुः
अर्हयितासि	अर्हयितास्थः	अर्हयितास्थ	अर्ह्याः	अर्ह्यास्तम्	अर्ह्यास्त
अर्हयितास्मि	अर्हयितास्वः	अर्हयितास्मः	अर्ह्यासम्	अर्ह्यास्व	अर्ह्यास्म

अर्हयाम्बभूव	अर्हयाम्बभूवतुः	अर्हयाम्बभूवुः	आर्जिहत् -द्	आर्जिहताम्	आर्जिहन्
अर्हयाञ्चकार	अर्हयाञ्चक्रतुः	अर्हयाञ्चक्रुः			
अर्हयामास	अर्हयामासतुः	अर्हयामासुः			
अर्हयाम्बभूविथ	अर्हयाम्बभूवथुः	अर्हयाम्बभूव	आर्जिहः	आर्जिहतम्	आर्जिहत
अर्हयाञ्चकर्थ	अर्हयाञ्चक्रथुः	अर्हयाञ्चक्र			
अर्हयामासिथ	अर्हयामासथुः	अर्हयामास			
अर्हयाम्बभूव	अर्हयाम्बभूविव	अर्हयाम्बभूविम	आर्जिहम्	आर्जिहाव	आर्जिहाम
अर्हयाञ्चकर -कार	अर्हयाञ्चकृव	अर्हयाञ्चकृम			
अर्हयामास	अर्हयामासिव	अर्हयामासिम			

Atmanepadi Forms

अर्हयते	अर्हयेते[4]	अर्हयन्ते[1]	आर्हयत	आर्हयेताम्[4]	आर्हयन्त[1]
अर्हयसे	अर्हयेथे[4]	अर्हयध्वे	आर्हयथाः	आर्हयेथाम्[4]	आर्हयध्वम्
अर्हये[1]	अर्हयावहे[2]	अर्हयामहे[2]	आर्हये[4]	आर्हयावहि[3]	आर्हयामहि[3]

अर्हयताम्	अर्हयेताम्[4]	अर्हयन्ताम्[1]	अर्हयेत	अर्हयेयाताम्	अर्हयेरन्
अर्हयस्व	अर्हयेथाम्[4]	अर्हयध्वम्	अर्हयेथाः	अर्हयेयाथाम्	अर्हयेध्वम्
अर्हयै[5]	अर्हयावहै[3]	अर्हयामहै[3]	अर्हयेय	अर्हयेवहि	अर्हयेमहि

अर्हयिष्यते	अर्हयिष्येते	अर्हयिष्यन्ते	आर्हयिष्यत	आर्हयिष्येताम्	आर्हयिष्यन्त
अर्हयिष्यसे	अर्हयिष्येथे	अर्हयिष्यध्वे	आर्हयिष्यथाः	आर्हयिष्येथाम्	आर्हयिष्यध्वम्
अर्हयिष्ये	अर्हयिष्यावहे	अर्हयिष्यामहे	आर्हयिष्ये	आर्हयिष्यावहि	आर्हयिष्यामहि

अर्हयिता	अर्हयितारौ	अर्हयितारः	अर्हयिषीष्ट	अर्हयिषीयास्ताम्	अर्हयिषीरन्
अर्हयितासे	अर्हयितासाथे	अर्हयिताध्वे	अर्हयिषीष्ठाः	अर्हयिषीयास्थाम्	अर्हयिषीध्वम् -ढ्वम्
अर्हयिताहे	अर्हयितास्वहे	अर्हयितास्महे	अर्हयिषीय	अर्हयिषीवहि	अर्हयिषीमहि

अर्हयाम्बभूव	अर्हयाम्बभूवतुः	अर्हयाम्बभूवुः	आर्जिहत	आर्जिहेताम्	आर्जिहन्त
अर्हयाञ्चक्रे	अर्हयाञ्चक्राते	अर्हयाञ्चक्रिरे			
अर्हयामास	अर्हयामासतुः	अर्हयामासुः			
अर्हयाम्बभूविथ	अर्हयाम्बभूवथुः	अर्हयाम्बभूव	आर्जिहथाः	आर्जिहेथाम्	आर्जिहध्वम्
अर्हयाञ्चकृषे	अर्हयाञ्चक्राथे	अर्हयाञ्चकृढ्वे			
अर्हयामासिथ	अर्हयामासथुः	अर्हयामास			
अर्हयाम्बभूव	अर्हयाम्बभूविव	अर्हयाम्बभूविम	आर्जिहे	आर्जिहावहि	आर्जिहामहि
अर्हयाञ्चक्रे	अर्हयाञ्चकृवहे	अर्हयाञ्चकृमहे			
अर्हयामास	अर्हयामासिव	अर्हयामासिम			

णिजभावपक्षे 1.3.78 शेषात् कर्त्तरि परस्मैपदम् । इति पक्षे भ्वादिः इव अर्ह् । P । सेट् । स० ।

अर्हति	अर्हतः	अर्हन्ति	आर्हत् -द्	आर्हताम्	आर्हन्
अर्हसि	अर्हथः	अर्हथ	आर्हः	आर्हतम्	आर्हत
अर्हामि	अर्हावः	अर्हामः	आर्हम्	आर्हाव	आर्हाम
अर्हतु अर्हतात् -द्	अर्हताम्	अर्हन्तु	अर्हेत् -द्	अर्हेताम्	अर्हेयुः
अर्ह अर्हतात् -द्	अर्हतम्	अर्हत	अर्हेः	अर्हेतम्	अर्हेत
अर्हाणि	अर्हाव	अर्हाम	अर्हेयम्	अर्हेव	अर्हेम
अर्हिष्यति	अर्हिष्यतः	अर्हिष्यन्ति	आर्हिष्यत् -द्	आर्हिष्यताम्	आर्हिष्यन्
अर्हिष्यसि	अर्हिष्यथः	अर्हिष्यथ	आर्हिष्यः	आर्हिष्यतम्	आर्हिष्यत
अर्हिष्यामि	अर्हिष्यावः	अर्हिष्यामः	आर्हिष्यम्	आर्हिष्याव	आर्हिष्याम
अर्हिता	अर्हितारौ	अर्हितारः	अर्ह्यात् -द्	अर्ह्यास्ताम्	अर्ह्यासुः
अर्हितासि	अर्हितास्थः	अर्हितास्थ	अर्ह्याः	अर्ह्यास्तम्	अर्ह्यास्त
अर्हितास्मि	अर्हितास्वः	अर्हितास्मः	अर्ह्यासम्	अर्ह्यास्व	अर्ह्यास्म
आनर्ह	आनर्हतुः	आनर्हुः	आर्हीत् -द्	आर्हिष्टाम्	आर्हिषुः
आनर्हिथ	आनर्हथुः	आनर्ह	आर्हीः	आर्हिष्टम्	आर्हिष्ट
आनर्ह	आनर्हिव	आनर्हिम	आर्हिषम्	आर्हिष्व	आर्हिष्म

1831 आङः षद पद्यर्थे । गतौ । आधृषीयः , वैकल्पिकः णिचः । attack, go

10c 298 आङः षदँ । आसद् । आसादयति / ते , आसदति । U । सेट्* । स० । आसादि । आसादय ।

Note 7.3.78 पाघ्रा० इति सीद् आदेशः शपि परतः । Applies to Roots 854 षद्लृ , 1427 षद्लृ , not here.

7.2.116 अत उपधायाः । **Parasmaipadi Forms**

आसादयति	आसादयतः	आसादयन्ति[1]	आसादयत् -द्	आसादयताम्	आसादयन्[1]
आसादयसि	आसादयथः	आसादयथ	आसादयः	आसादयतम्	आसादयत
आसादयामि[2]	आसादयावः[2]	आसादयामः[2]	आसादयम्[1]	आसादयाव[2]	आसादयाम[2]
आसादयतु आसादयतात् -द्	आसादयताम्	आसादयन्तु[1]	आसादयेत् -द्	आसादयेताम्	आसादयेयुः
आसादय आसादयतात् -द्	आसादयतम्	आसादयत	आसादयेः	आसादयेतम्	आसादयेत

आसादयानि³		आसादयाव³ आसादयाम³	आसादयेयम्	आसादयेव	आसादयेम
आसादयिष्यति	आसादयिष्यतः	आसादयिष्यन्ति	आसादयिष्यत् -द्	आसादयिष्यताम्	आसादयिष्यन्
आसादयिष्यसि	आसादयिष्यथः	आसादयिष्यथ	आसादयिष्यः	आसादयिष्यतम्	आसादयिष्यत
आसादयिष्यामि	आसादयिष्यावः	आसादयिष्यामः	आसादयिष्यम्	आसादयिष्याव	आसादयिष्याम
आसादयिता	आसादयितारौ	आसादयितारः	आसाद्यात् -द्	आसाद्यास्ताम्	आसाद्यासुः
आसादयितासि	आसादयितास्थः	आसादयितास्थ	आसाद्याः	आसाद्यास्तम्	आसाद्यास्त
आसादयितास्मि	आसादयितास्वः	आसादयितास्मः	आसाद्यासम्	आसाद्यास्व	आसाद्यास्म
आसादयाम्बभूव	आसादयाम्बभूवतुः	आसादयाम्बभूवुः	आसीषदत् -द्	आसीषदताम्	आसीषदन्
आसादयाञ्चकार	आसादयाञ्चक्रतुः	आसादयाञ्चक्रुः			
आसादयामास	आसादयामासतुः	आसादयामासुः			
आसादयाम्बभूविथ	आसादयाम्बभूवथुः	आसादयाम्बभूव	आसीषदः	आसीषदतम्	आसीषदत
आसादयाञ्चकर्थ	आसादयाञ्चक्रथुः	आसादयाञ्चक्र			
आसादयामासिथ	आसादयामासथुः	आसादयामास			
आसादयाम्बभूव	आसादयाम्बभूविव	आसादयाम्बभूविम	आसीषदम्	आसीषदाव	आसीषदाम
आसादयाञ्चकर -कार	आसादयाञ्चकृव	आसादयाञ्चकृम			
आसादयामास	आसादयामासिव	आसादयामासिम			

Atmanepadi Forms (shown without upasarga)

सादयते	सादयेते⁴	सादयन्ते¹	असादयत	असादयेताम्⁴	असादयन्त¹
सादयसे	सादयेथे⁴	सादयध्वे	असादयथाः	असादयेथाम्⁴	असादयध्वम्
सादये¹	सादयावहे²	सादयामहे²	असादये⁴	असादयावहि³	असादयामहि³
सादयताम्	सादयेताम्⁴	सादयन्ताम्¹	सादयेत	सादयेयाताम्	सादयेरन्
सादयस्व	सादयेथाम्⁴	सादयध्वम्	सादयेथाः	सादयेयाथाम्	सादयेध्वम्
सादयै⁵	सादयावहै³	सादयामहै³	सादयेय	सादयेवहि	सादयेमहि
सादयिष्यते	सादयिष्येते	सादयिष्यन्ते	असादयिष्यत	असादयिष्येताम्	असादयिष्यन्त
सादयिष्यसे	सादयिष्येथे	सादयिष्यध्वे	असादयिष्यथाः	असादयिष्येथाम्	असादयिष्यध्वम्
सादयिष्ये	सादयिष्यावहे	सादयिष्यामहे	असादयिष्ये	असादयिष्यावहि	असादयिष्यामहि
सादयिता	सादयितारौ	सादयितारः	सादयिषीष्ट	सादयिषीयास्ताम्	सादयिषीरन्
सादयितासे	सादयितासाथे	सादयिताध्वे	सादयिषीष्ठाः	सादयिषीयास्थाम्	सादयिषीध्वम् -ढ्वम्
सादयिताहे	सादयितास्वहे	सादयितास्महे	सादयिषीय	सादयिषीवहि	सादयिषीमहि
सादयाम्बभूव	सादयाम्बभूवतुः	सादयाम्बभूवुः	असीषदत	असीषदेताम्	असीषदन्त

सादयाञ्चक्रे	**सादयाञ्चक्राते**	**सादयाञ्चक्रिरे**			
सादयामास	**सादयामासतुः**	**सादयामासुः**			
सादयाम्बभूविथ	**सादयाम्बभूवथुः**	**सादयाम्बभूव**	**असीषदथाः**	**असीषदेथाम्**	**असीषदध्वम्**
सादयाञ्चकृषे	**सादयाञ्चक्राथे**	**सादयाञ्चकृढ्वे**			
सादयामासिथ	**सादयामासथुः**	**सादयामास**			
सादयाम्बभूव	**सादयाम्बभूविव**	**सादयाम्बभूविम**	**असीषदे**	**असीषदावहि**	**असीषदामहि**
सादयाञ्चक्रे	**सादयाञ्चकृवहे**	**सादयाञ्चकृमहे**			
सादयामास	**सादयामासिव**	**सादयामासिम**			

णिजभावपक्षे 1.3.78 **शेषात् कर्त्तरि परस्मैपदम् । इति पक्षे भ्वादिः इव आसद् ।** P **। सेट् । स० ।**
7.2.3 **वदव्रजहलन्तस्याचः ।** 7.2.7 **अतो हलादेर्लघोः ।**

आसदति	आसदतः	आसदन्ति	आसदत् -द्	आसदताम्	आसदन्
आसदसि	आसदथः	आसदथ	आसादः	आसदतम्	आसदत
आसदामि	आसदावः	आसदामः	आसदम्	आसदाव	आसदाम

आसदतु आसदतात् -द्	आसदताम्	आसदन्तु	आसदेत् -द्	आसदेताम्	आसदेयुः
आसद आसदतात् -द्	आसदतम्	आसदत	आसादेः	आसदेतम्	आसदेत
आसदानि	आसदाव	आसदाम	आसदेयम्	आसदेव	आसदेम

आसदिष्यति	आसदिष्यतः	आसदिष्यन्ति	आसदिष्यत् -द्	आसदिष्यताम्	आसदिष्यन्
आसदिष्यसि	आसदिष्यथः	आसदिष्यथ	आसदिष्यः	आसदिष्यतम्	आसदिष्यत
आसदिष्यामि	आसदिष्यावः	आसदिष्यामः	आसदिष्यम्	आसदिष्याव	आसदिष्याम

आसदिता	आसदितारौ	आसदितारः	आसद्यात् -द्	आसद्यास्ताम्	आसद्यासुः
आसदितासि	आसदितास्थः	आसदितास्थ	आसद्याः	आसद्यास्तम्	आसद्यास्त
आसदितास्मि	आसदितास्वः	आसदितास्मः	आसद्यासम्	आसद्यास्व	आसद्यास्म

आससाद	आसेदतुः	आसेदुः	आसदीत् -द्	आसदिष्टाम्	आसदिषुः
			आसादीत् -द्	आसादिष्टाम्	आसादिषुः
आसेदिथ	आसेदथुः	आसेद	आसदीः	आसदिष्टम्	आसदिष्ट
			आसादीः	आसादिष्टम्	आसादिष्ट
आससाद ससद	आसेदिव	आसेदिम	आसदिषम्	आसदिष्व	आसदिष्म
			आसादिषम्	आसादिष्व	आसादिष्म

1832 **शुन्ध शौचकर्मणि ।** आधृषीयः , वैकल्पिकः णिचः । purify, cleanse
10c 299 **शुन्धँ । शुन्ध् । शुन्धयति / ते , शुन्धति ।** U **। सेट् । अ०* । शुन्धि । शुन्धय ।**

Parasmaipadi Forms

शुन्धयति	**शुन्धयतः**	**शुन्धयन्ति**[1]	**अशुन्धयत् -द्**	**अशुन्धयताम्**	**अशुन्धयन्**[1]
शुन्धयसि	**शुन्धयथः**	**शुन्धयथ**	**अशुन्धयः**	**अशुन्धयतम्**	**अशुन्धयत**
शुन्धयामि[2]	**शुन्धयावः**[2]	**शुन्धयामः**[2]	**अशुन्धयम्**[1]	**अशुन्धयाव**[2]	**अशुन्धयाम**[2]

शुन्धयतु शुन्धयतात् -द्	**शुन्धयताम्**	**शुन्धयन्तु**[1]	**शुन्धयेत् -द्**	**शुन्धयेताम्**	**शुन्धयेयुः**

शुन्धय	शुन्धयतात् -द्	शुन्धयतम्	शुन्धयत	शुन्धयेः	शुन्धयेतम्	शुन्धयेत
	शुन्धयानि³	शुन्धयाव³	शुन्धयाम³	शुन्धयेयम्	शुन्धयेव	शुन्धयेम
शुन्धयिष्यति	शुन्धयिष्यतः	शुन्धयिष्यन्ति	अशुन्धयिष्यत् -द्	अशुन्धयिष्यताम्	अशुन्धयिष्यन्
शुन्धयिष्यसि	शुन्धयिष्यथः	शुन्धयिष्यथ	अशुन्धयिष्यः	अशुन्धयिष्यतम्	अशुन्धयिष्यत
शुन्धयिष्यामि	शुन्धयिष्यावः	शुन्धयिष्यामः	अशुन्धयिष्यम्	अशुन्धयिष्याव	अशुन्धयिष्याम
शुन्धयिता	शुन्धयितारौ	शुन्धयितारः	शुन्ध्यात् -द्	शुन्ध्यास्ताम्	शुन्ध्यासुः
शुन्धयितासि	शुन्धयितास्थः	शुन्धयितास्थ	शुन्ध्याः	शुन्ध्यास्तम्	शुन्ध्यास्त
शुन्धयितास्मि	शुन्धयितास्वः	शुन्धयितास्मः	शुन्ध्यासम्	शुन्ध्यास्व	शुन्ध्यास्म
शुन्धयाम्बभूव	शुन्धयाम्बभूवतुः	शुन्धयाम्बभूवुः	अशुशुन्धत् -द्	अशुशुन्धताम्	अशुशुन्धन्
शुन्धयाञ्चकार	शुन्धयाञ्चक्रतुः	शुन्धयाञ्चक्रुः			
शुन्धयामास	शुन्धयामासतुः	शुन्धयामासुः			
शुन्धयाम्बभूविथ	शुन्धयाम्बभूवथुः	शुन्धयाम्बभूव	अशुशुन्धः	अशुशुन्धतम्	अशुशुन्धत
शुन्धयाञ्चकर्थ	शुन्धयाञ्चक्रथुः	शुन्धयाञ्चक्र			
शुन्धयामासिथ	शुन्धयामासथुः	शुन्धयामास			
शुन्धयाम्बभूव	शुन्धयाम्बभूविव	शुन्धयाम्बभूविम	अशुशुन्धम्	अशुशुन्धाव	अशुशुन्धाम
शुन्धयाञ्चकर -कार	शुन्धयाञ्चकृव	शुन्धयाञ्चकृम			
शुन्धयामास	शुन्धयामासिव	शुन्धयामासिम			

Atmanepadi Forms

शुन्धयते	शुन्धयेते⁴	शुन्धयन्ते¹	अशुन्धयत	अशुन्धयेताम्⁴	अशुन्धयन्त¹
शुन्धयसे	शुन्धयेथे⁴	शुन्धयध्वे	अशुन्धयथाः	अशुन्धयेथाम्⁴	अशुन्धयध्वम्
शुन्धये¹	शुन्धयावहे²	शुन्धयामहे²	अशुन्धये⁴	अशुन्धयावहि³	अशुन्धयामहि³
शुन्धयताम्	शुन्धयेताम्⁴	शुन्धयन्ताम्¹	शुन्धयेत	शुन्धयेयाताम्	शुन्धयेरन्
शुन्धयस्व	शुन्धयेथाम्⁴	शुन्धयध्वम्	शुन्धयेथाः	शुन्धयेयाथाम्	शुन्धयेध्वम्
शुन्धयै⁵	शुन्धयावहै³	शुन्धयामहै³	शुन्धयेय	शुन्धयेवहि	शुन्धयेमहि
शुन्धयिष्यते	शुन्धयिष्येते	शुन्धयिष्यन्ते	अशुन्धयिष्यत	अशुन्धयिष्येताम्	अशुन्धयिष्यन्त
शुन्धयिष्यसे	शुन्धयिष्येथे	शुन्धयिष्यध्वे	अशुन्धयिष्यथाः	अशुन्धयिष्येथाम्	अशुन्धयिष्यध्वम्
शुन्धयिष्ये	शुन्धयिष्यावहे	शुन्धयिष्यामहे	अशुन्धयिष्ये	अशुन्धयिष्यावहि	अशुन्धयिष्यामहि
शुन्धयिता	शुन्धयितारौ	शुन्धयितारः	शुन्धयिषीष्ट	शुन्धयिषीयास्ताम्	शुन्धयिषीरन्
शुन्धयितासे	शुन्धयितासाथे	शुन्धयिताध्वे	शुन्धयिषीष्ठाः	शुन्धयिषीयास्थाम्	शुन्धयिषीध्वम् -ढ्वम्
शुन्धयिताहे	शुन्धयितास्वहे	शुन्धयितास्महे	शुन्धयिषीय	शुन्धयिषीवहि	शुन्धयिषीमहि

शुन्धयाम्बभूव	शुन्धयाम्बभूवतुः	शुन्धयाम्बभूवुः	अशुशुन्धत	अशुशुन्धेताम्	अशुशुन्धन्त
शुन्धयाञ्चक्रे	शुन्धयाञ्चक्राते	शुन्धयाञ्चक्रिरे			
शुन्धयामास	शुन्धयामासतुः	शुन्धयामासुः			
शुन्धयाम्बभूविथ	शुन्धयाम्बभूवथुः	शुन्धयाम्बभूव	अशुशुन्धथाः	अशुशुन्धेथाम्	अशुशुन्धध्वम्
शुन्धयाञ्चकृषे	शुन्धयाञ्चक्राथे	शुन्धयाञ्चकृढ्वे			
शुन्धयामासिथ	शुन्धयामासथुः	शुन्धयामास			
शुन्धयाम्बभूव	शुन्धयाम्बभूविव	शुन्धयाम्बभूविम	अशुशुन्धे	अशुशुन्धावहि	अशुशुन्धामहि
शुन्धयाञ्चक्रे	शुन्धयाञ्चकृवहे	शुन्धयाञ्चकृमहे			
शुन्धयामास	शुन्धयामासिव	शुन्धयामासिम			

णिजभावपक्षे 1.3.78 शेषात् कर्त्तरि परस्मैपदम् । पक्षे भ्वादिः इव शुन्ध् । P। सेट् । स० । 6.4.24 अनिदितां०

शुन्धति	शुन्धतः	शुन्धन्ति	अशुन्धत् -द्	अशुन्धताम्	अशुन्धन्
शुन्धसि	शुन्धथः	शुन्धथ	अशुन्धः	अशुन्धतम्	अशुन्धत
शुन्धामि	शुन्धावः	शुन्धामः	अशुन्धम्	अशुन्धाव	अशुन्धाम

शुन्धतु शुन्धतात् -द्	शुन्धताम्	शुन्धन्तु	शुन्धेत् -द्	शुन्धेताम्	शुन्धेयुः
शुन्ध शुन्धतात् -द्	शुन्धतम्	शुन्धत	शुन्धेः	शुन्धेतम्	शुन्धेत
शुन्धानि	शुन्धाव	शुन्धाम	शुन्धेयम्	शुन्धेव	शुन्धेम

शुन्धिष्यति	शुन्धिष्यतः	शुन्धिष्यन्ति	अशुन्धिष्यत् -द्	अशुन्धिष्यताम्	अशुन्धिष्यन्
शुन्धिष्यसि	शुन्धिष्यथः	शुन्धिष्यथ	अशुन्धिष्यः	अशुन्धिष्यतम्	अशुन्धिष्यत
शुन्धिष्यामि	शुन्धिष्यावः	शुन्धिष्यामः	अशुन्धिष्यम्	अशुन्धिष्याव	अशुन्धिष्याम

शुन्धिता	शुन्धितारौ	शुन्धितारः	शुध्यात् -द्	शुध्यास्ताम्	शुध्यासुः
शुन्धितासि	शुन्धितास्थः	शुन्धितास्थ	शुध्याः	शुध्यास्तम्	शुध्यास्त
शुन्धितास्मि	शुन्धितास्वः	शुन्धितास्मः	शुध्यासम्	शुध्यास्व	शुध्यास्म

शुशुन्ध	शुशुन्धतुः	शुशुन्धुः	अशुन्धीत् -द्	अशुन्धिष्टाम्	अशुन्धिषुः
शुशुन्धिथ	शुशुन्धथुः	शुशुन्ध	अशुन्धीः	अशुन्धिष्टम्	अशुन्धिष्ट
शुशुन्ध	शुशुन्धिव	शुशुन्धिम	अशुन्धिषम्	अशुन्धिष्व	अशुन्धिष्म

1833 छद अपवारणे । स्वरितेत् । आधृषीयः , वैकल्पिकः णिचः । cover , keep secret, conceal
10c 300 छदँ । छद् । छादयति / ते , छदति / ते । U । सेट् । स० । छादि । छादय ।
Also see 1935 छद अपवारणे । 7.2.116 अत उपधायाः। 7.2.27 वा दान्तशान्तपूर्णदस्तस्पष्टच्छन्नज्ञप्ताः ।
8.2.42 रदाभ्यां निष्ठातो नः पूर्वस्य च दः । **Parasmaipadi Forms**

छादयति	छादयतः	छादयन्ति[1]	अच्छादयत् -द्	अच्छादयताम्	अच्छादयन्[1]
छादयसि	छादयथः	छादयथ	अच्छादयः	अच्छादयतम्	अच्छादयत
छादयामि[2]	छादयावः[2]	छादयामः[2]	अच्छादयम्[1]	अच्छादयाव[2]	अच्छादयाम[2]

छादयतु छादयतात् -द्	छादयताम्	छादयन्तु[1]	छादयेत् -द्	छादयेताम्	छादयेयुः
छादय छादयतात् -द्	छादयतम्	छादयत	छादयेः	छादयेतम्	छादयेत

| छादयानि[3] | छादयाव[3] | छादयाम[3] | छादयेयम् | छादयेव | छादयेम |

छादयिष्यति	छादयिष्यतः	छादयिष्यन्ति	अच्छादयिष्यत् -द्	अच्छादयिष्यताम्	अच्छादयिष्यन्
छादयिष्यसि	छादयिष्यथः	छादयिष्यथ	अच्छादयिष्यः	अच्छादयिष्यतम्	अच्छादयिष्यत
छादयिष्यामि	छादयिष्यावः	छादयिष्यामः	अच्छादयिष्यम्	अच्छादयिष्याव	अच्छादयिष्याम

छादयिता	छादयितारौ	छादयितारः	छाद्यात् -द्	छाद्यास्ताम्	छाद्यासुः
छादयितासि	छादयितास्थः	छादयितास्थ	छाद्याः	छाद्यास्तम्	छाद्यास्त
छादयितास्मि	छादयितास्वः	छादयितास्मः	छाद्यासम्	छाद्यास्व	छाद्यास्म

छादयाम्बभूव	छादयाम्बभूवतुः	छादयाम्बभूवुः	अचिच्छदत् -द्	अचिच्छदताम्	अचिच्छदन्
छादयाञ्चकार	छादयाञ्चक्रतुः	छादयाञ्चक्रुः			
छादयामास	छादयामासतुः	छादयामासुः			
छादयाम्बभूविथ	छादयाम्बभूवथुः	छादयाम्बभूव	अचिच्छदः	अचिच्छदतम्	अचिच्छदत
छादयाञ्चकर्थ	छादयाञ्चक्रथुः	छादयाञ्चक्र			
छादयामासिथ	छादयामासथुः	छादयामास			
छादयाम्बभूव	छादयाम्बभूविव	छादयाम्बभूविम	अचिच्छदम्	अचिच्छदाव	अचिच्छदाम
छादयाञ्चकर -कार	छादयाञ्चकृव	छादयाञ्चकृम			
छादयामास	छादयामासिव	छादयामासिम			

Atmanepadi Forms

छादयते	छादयेते[4]	छादयन्ते[1]	अच्छादयत	अच्छादयेताम्[4]	अच्छादयन्त[1]
छादयसे	छादयेथे[4]	छादयध्वे	अच्छादयथाः	अच्छादयेथाम्[4]	अच्छादयध्वम्
छादये[1]	छादयावहे[2]	छादयामहे[2]	अच्छादये[4]	अच्छादयावहि[3]	अच्छादयामहि[3]

छादयताम्	छादयेताम्[4]	छादयन्ताम्[1]	छादयेत	छादयेयाताम्	छादयेरन्
छादयस्व	छादयेथाम्[4]	छादयध्वम्	छादयेथाः	छादयेयाथाम्	छादयेध्वम्
छादयै[5]	छादयावहै[3]	छादयामहै[3]	छादयेय	छादयेवहि	छादयेमहि

छादयिष्यते	छादयिष्येते	छादयिष्यन्ते	अच्छादयिष्यत	अच्छादयिष्येताम्	अच्छादयिष्यन्त
छादयिष्यसे	छादयिष्येथे	छादयिष्यध्वे	अच्छादयिष्यथाः	अच्छादयिष्येथाम्	अच्छादयिष्यध्वम्
छादयिष्ये	छादयिष्यावहे	छादयिष्यामहे	अच्छादयिष्ये	अच्छादयिष्यावहि	अच्छादयिष्यामहि

छादयिता	छादयितारौ	छादयितारः	छादयिषीष्ट	छादयिषीयास्ताम्	छादयिषीरन्
छादयितासे	छादयितासाथे	छादयिताध्वे	छादयिषीष्ठाः	छादयिषीयास्थाम्	छादयिषीध्वम् -ढ्वम्
छादयिताहे	छादयितास्वहे	छादयितास्महे	छादयिषीय	छादयिषीवहि	छादयिषीमहि

| छादयाम्बभूव | छादयाम्बभूवतुः | छादयाम्बभूवुः | अचिच्छदत | अचिच्छदेताम् | अचिच्छदन्त |

छादयाञ्चक्रे	छादयाञ्चक्राते	छादयाञ्चक्रिरे			
छादयामास	छादयामासतुः	छादयामासुः			
छादयाम्बभूविथ	छादयाम्बभूवथुः	छादयाम्बभूव	अचिच्छदथाः	अचिच्छदेथाम्	अचिच्छदध्वम्
छादयाञ्चकृषे	छादयाञ्चक्राथे	छादयाञ्चकृढ्वे			
छादयामासिथ	छादयामासथुः	छादयामास			
छादयाम्बभूव	छादयाम्बभूविव	छादयाम्बभूविम	अचिच्छदे	अचिच्छदावहि	अचिच्छदामहि
छादयाञ्चक्रे	छादयाञ्चकृवहे	छादयाञ्चकृमहे			
छादयामास	छादयामासिव	छादयामासिम			

णिजभावपक्षे 1.3.72 स्वरितञितः कर्त्रभिप्राये क्रियाफले । पक्षे भ्वादिः इव छद् । U । सेट् । स० ।
7.2.27 वा दान्तशान्तपूर्णदस्तस्पष्टच्छन्नज्ञप्ताः । 7.2.15 8.2.42 **Parasmaipadi Forms**

छदति	छदतः	छदन्ति	अच्छदत् -द्	अच्छदताम्	अच्छदन्
छदसि	छदथः	छदथ	अच्छदः	अच्छदतम्	अच्छदत
छदामि	छदावः	छदामः	अच्छदम्	अच्छदाव	अच्छदाम

छदतु छदतात् -द्	छदताम्	छदन्तु	छदेत् -द्	छदेताम्	छदेयुः
छद छदतात् -द्	छदतम्	छदत	छदेः	छदेतम्	छदेत
छदानि	छदाव	छदाम	छदेयम्	छदेव	छदेम

छदिष्यति	छदिष्यतः	छदिष्यन्ति	अच्छदिष्यत् -द्	अच्छदिष्यताम्	अच्छदिष्यन्
छदिष्यसि	छदिष्यथः	छदिष्यथ	अच्छदिष्यः	अच्छदिष्यतम्	अच्छदिष्यत
छदिष्यामि	छदिष्यावः	छदिष्यामः	अच्छदिष्यम्	अच्छदिष्याव	अच्छदिष्याम

छदिता	छदितारौ	छदितारः	छद्यात् -द्	छद्यास्ताम्	छद्यासुः
छदितासि	छदितास्थः	छदितास्थ	छद्याः	छद्यास्तम्	छद्यास्त
छदितास्मि	छदितास्वः	छदितास्मः	छद्यासम्	छद्यास्व	छद्यास्म

चच्छाद	चच्छदतुः	चच्छदुः	अच्छदीत् -द्	अच्छदिष्टाम्	अच्छदिषुः
चच्छदिथ	चच्छदथुः	चच्छद	अच्छदीः	अच्छदिष्टम्	अच्छदिष्ट
चच्छाद चच्छद	चच्छदिव	चच्छदिम	अच्छदिषम्	अच्छदिष्व	अच्छदिष्म

Atmanepadi Forms

छदते	छदेते[4]	छदन्ते[1]	अच्छदत	अच्छदेताम्[4]	अच्छदन्त[1]
छदसे	छदेथे[4]	छदध्वे	अच्छदथाः	अच्छदेथाम्[4]	अच्छदध्वम्
छदे[1]	छदावहे[2]	छदामहे[2]	अच्छदे[4]	अच्छदावहि[3]	अच्छदामहि[3]

छदताम्	छदेताम्[4]	छदन्ताम्[1]	छदेत	छदेयाताम्	छदेरन्
छदस्व	छदेथाम्[4]	छदध्वम्	छदेथाः	छदेयाथाम्	छदेध्वम्
छदै[5]	छदावहै[3]	छदामहै[3]	छदेय	छदेवहि	छदेमहि

छदिष्यते	छदिष्येते	छदिष्यन्ते	अच्छदिष्यत	अच्छदिष्येताम्	अच्छदिष्यन्त
छदिष्यसे	छदिष्येथे	छदिष्यध्वे	अच्छदिष्यथाः	अच्छदिष्येथाम्	अच्छदिष्यध्वम्

छदिष्ये	छदिष्यावहे	छदिष्यामहे	अच्छदिष्ये	अच्छदिष्यावहि	अच्छदिष्यामहि

छदिता	छदितारौ	छदितारः	छदिषीष्ट	छदिषीयास्ताम्	छदिषीरन्
छदितासे	छदितासाथे	छदिताध्वे	छदिषीष्ठाः	छदिषीयास्थाम्	छदिषीध्वम् -ढ्वम्
छदिताहे	छदितास्वहे	छदितास्महे	छदिषीय	छदिषीवहि	छदिषीमहि

चच्छदे	चच्छदाते	चच्छदिरे	अच्छदिष्ट	अच्छदिषाताम्	अच्छदिषत
चच्छदिषे	चच्छदाथे	चच्छदिध्वे	अच्छदिष्ठाः	अच्छदिषाथाम्	अच्छदिध्वम्
चच्छदे	चच्छदिवहे	चच्छदिमहे	अच्छदिषि	अच्छदिष्वहि	अच्छदिष्महि

1834 **जुष परितर्कणे । परितर्पणे इत्यन्ये ।** आधृषीयः , वैकल्पिकः णिचः। reason, investigate, cause pain,
10c 301 जुषँ । जुष् । जोषयति / ते , जोषति । U । सेट् । स० । जोषि । जोषय । like, fondle

Parasmaipadi Forms

जोषयति	जोषयतः	जोषयन्ति[1]	अजोषयत् -द्	अजोषयताम्	अजोषयन्[1]
जोषयसि	जोषयथः	जोषयथ	अजोषयः	अजोषयतम्	अजोषयत
जोषयामि[2]	जोषयावः[2]	जोषयामः[2]	अजोषयम्[1]	अजोषयाव[2]	अजोषयाम[2]

जोषयतु जोषयतात् -द्	जोषयताम्	जोषयन्तु[1]	जोषयेत् -द्	जोषयेताम्	जोषयेयुः
जोषय जोषयतात् -द्	जोषयतम्	जोषयत	जोषयेः	जोषयेतम्	जोषयेत
जोषयाणि[3]	जोषयाव[3]	जोषयाम[3]	जोषयेयम्	जोषयेव	जोषयेम

जोषयिष्यति	जोषयिष्यतः	जोषयिष्यन्ति	अजोषयिष्यत् -द्	अजोषयिष्यताम्	अजोषयिष्यन्
जोषयिष्यसि	जोषयिष्यथः	जोषयिष्यथ	अजोषयिष्यः	अजोषयिष्यतम्	अजोषयिष्यत
जोषयिष्यामि	जोषयिष्यावः	जोषयिष्यामः	अजोषयिष्यम्	अजोषयिष्याव	अजोषयिष्याम

जोषयिता	जोषयितारौ	जोषयितारः	जोष्यात्	जोष्यास्ताम्	जोष्यासुः
जोषयितासि	जोषयितास्थः	जोषयितास्थ	जोष्याः	जोष्यास्तम्	जोष्यास्त
जोषयितास्मि	जोषयितास्वः	जोषयितास्मः	जोष्यासम्	जोष्यास्व	जोष्यास्म

जोषयाम्बभूव	जोषयाम्बभूवतुः	जोषयाम्बभूवुः	अजूजुषत् -द्	अजूजुषताम्	अजूजुषन्
जोषयाञ्चकार	जोषयाञ्चक्रतुः	जोषयाञ्चक्रुः			
जोषयामास	जोषयामासतुः	जोषयामासुः			
जोषयाम्बभूविथ	जोषयाम्बभूवथुः	जोषयाम्बभूव	अजूजुषः	अजूजुषतम्	अजूजुषत
जोषयाञ्चकर्थ	जोषयाञ्चक्रथुः	जोषयाञ्चक्र			
जोषयामासिथ	जोषयामासथुः	जोषयामास			
जोषयाम्बभूव	जोषयाम्बभूविव	जोषयाम्बभूविम	अजूजुषम्	अजूजुषाव	अजूजुषाम
जोषयाञ्चकर -कार	जोषयाञ्चकृव	जोषयाञ्चकृम			
जोषयामास	जोषयामासिव	जोषयामासिम			

Atmanepadi Forms

जोषयते	जोषयेते[4]	जोषयन्ते[1]	अजोषयत	अजोषयेताम्[4]	अजोषयन्त[1]
जोषयसे	जोषयेथे[4]	जोषयध्वे	अजोषयथाः	अजोषयेथाम्[4]	अजोषयध्वम्
जोषये[1]	जोषयावहे[2]	जोषयामहे[2]	अजोषये[4]	अजोषयावहि[3]	अजोषयामहि[3]

जोषयताम्	जोषयेताम्[4]	जोषयन्ताम्[1]	जोषयेत	जोषयेयाताम्	जोषयेरन्
जोषयस्व	जोषयेथाम्[4]	जोषयध्वम्	जोषयेथाः	जोषयेयाथाम्	जोषयेध्वम्
जोषयै[5]	जोषयावहै[3]	जोषयामहै[3]	जोषयेय	जोषयेवहि	जोषयेमहि

जोषयिष्यते	जोषयिष्येते	जोषयिष्यन्ते	अजोषयिष्यत	अजोषयिष्येताम्	अजोषयिष्यन्त
जोषयिष्यसे	जोषयिष्येथे	जोषयिष्यध्वे	अजोषयिष्यथाः	अजोषयिष्येथाम्	अजोषयिष्यध्वम्
जोषयिष्ये	जोषयिष्यावहे	जोषयिष्यामहे	अजोषयिष्ये	अजोषयिष्यावहि	अजोषयिष्यामहि

जोषयिता	जोषयितारौ	जोषयितारः	जोषयिषीष्ट	जोषयिषीयास्ताम्	जोषयिषीरन्
जोषयितासे	जोषयितासाथे	जोषयिताध्वे	जोषयिषीष्ठाः	जोषयिषीयास्थाम्	जोषयिषीध्वम् -ढ्वम्
जोषयिताहे	जोषयितास्वहे	जोषयितास्महे	जोषयिषीय	जोषयिषीवहि	जोषयिषीमहि

जोषयाम्बभूव	जोषयाम्बभूवतुः	जोषयाम्बभूवुः	अजूजुषत	अजूजुषेताम्	अजूजुषन्त
जोषयाञ्चक्रे	जोषयाञ्चक्राते	जोषयाञ्चक्रिरे			
जोषयामास	जोषयामासतुः	जोषयामासुः			
जोषयाम्बभूविथ	जोषयाम्बभूवथुः	जोषयाम्बभूव	अजूजुषथाः	अजूजुषेथाम्	अजूजुषध्वम्
जोषयाञ्चकृषे	जोषयाञ्चक्राथे	जोषयाञ्चकृढ्वे			
जोषयामासिथ	जोषयामासथुः	जोषयामास			
जोषयाम्बभूव	जोषयाम्बभूविव	जोषयाम्बभूविम	अजूजुषे	अजूजुषावहि	अजूजुषामहि
जोषयाञ्चक्रे	जोषयाञ्चकृवहे	जोषयाञ्चकृमहे			
जोषयामास	जोषयामासिव	जोषयामासिम			

णिजभावपक्षे 1.3.78 शेषात् कर्त्तरि परस्मैपदम् । पक्षे भ्वादिः इव जुष् । P । सेट् । स० ।

जोषति	जोषतः	जोषन्ति	अजोषत् -द्	अजोषताम्	अजोषन्
जोषसि	जोषथः	जोषथ	अजोषः	अजोषतम्	अजोषत
जोषामि	जोषावः	जोषामः	अजोषम्	अजोषाव	अजोषाम

जोषतु जोषतात् -द्	जोषताम्	जोषन्तु	जोषेत् -द्	जोषेताम्	जोषेयुः
जोष जोषतात् -द्	जोषतम्	जोषत	जोषेः	जोषेतम्	जोषेत
जोषाणि	जोषाव	जोषाम	जोषेयम्	जोषेव	जोषेम

जोषिष्यति	जोषिष्यतः	जोषिष्यन्ति	अजोषिष्यत् -द्	अजोषिष्यताम्	अजोषिष्यन्
जोषिष्यसि	जोषिष्यथः	जोषिष्यथ	अजोषिष्यः	अजोषिष्यतम्	अजोषिष्यत
जोषिष्यामि	जोषिष्यावः	जोषिष्यामः	अजोषिष्यम्	अजोषिष्याव	अजोषिष्याम

जोषिता	जोषितारौ	जोषितारः	जुष्यात्	जुष्यास्ताम्	जुष्यासुः
जोषितासि	जोषितास्थः	जोषितास्थ	जुष्याः	जुष्यास्तम्	जुष्यास्त
जोषितास्मि	जोषितास्वः	जोषितास्मः	जुष्यासम्	जुष्यास्व	जुष्यास्म

जुजोष	जुजुषतुः	जुजुषुः	अजोषीत् -द्	अजोषिष्टाम्	अजोषिषुः
जुजोषिथ	जुजुषथुः	जुजुष	अजोषीः	अजोषिष्टम्	अजोषिष्ट
जुजोष	जुजुषिव	जुजुषिम	अजोषिषम्	अजोषिष्व	अजोषिष्म

1835 धूञ् **कम्पने** । आधृषीयः , वैकल्पिकः णिचः । tremble, shake, be shaken

10c 302 धूञ् । धू । धूनयति / ते, धावयति/ते, धवति / ते । U । सेट् । स० । धूनि । धूनय ।

7.3.37 शाच्छासाह्वाव्यावेपां युक् । वा० धूञ्प्रीञोः नुग्वक्तव्यः इति नुक् ।

पक्षे हेतुमण्ण्यन्तादेव नुग्वक्तव्यः न तु स्वार्थण्यन्तात् इति पर्यवसानात् अस्य धातोः स्वार्थण्यन्तात् नुगभावे एवं रूपम् ।

Parasmaipadi Forms

धूनयति	धूनयतः	धूनयन्ति[1]	अधूनयत् -द्	अधूनयताम्	अधूनयन्[1]
धूनयसि	धूनयथः	धूनयथ	अधूनयः	अधूनयतम्	अधूनयत
धूनयामि[2]	धूनयावः[2]	धूनयामः[2]	अधूनयम्[1]	अधूनयाव[2]	अधूनयाम[2]

धूनयतु धूनयतात् -द्	धूनयताम्	धूनयन्तु[1]	धूनयेत् -द्	धूनयेताम्	धूनयेयुः
धूनय धूनयतात् -द्	धूनयतम्	धूनयत	धूनयेः	धूनयेतम्	धूनयेत
धूनयानि[3]	धूनयाव[3]	धूनयाम[3]	धूनयेयम्	धूनयेव	धूनयेम

धूनयिष्यति	धूनयिष्यतः	धूनयिष्यन्ति	अधूनयिष्यत् -द्	अधूनयिष्यताम्	अधूनयिष्यन्
धूनयिष्यसि	धूनयिष्यथः	धूनयिष्यथ	अधूनयिष्यः	अधूनयिष्यतम्	अधूनयिष्यत
धूनयिष्यामि	धूनयिष्यावः	धूनयिष्यामः	अधूनयिष्यम्	अधूनयिष्याव	अधूनयिष्याम

धूनयिता	धूनयितारौ	धूनयितारः	धून्यात् -द्	धून्यास्ताम्	धून्यासुः
धूनयितासि	धूनयितास्थः	धूनयितास्थ	धून्याः	धून्यास्तम्	धून्यास्त
धूनयितास्मि	धूनयितास्वः	धूनयितास्मः	धून्यासम्	धून्यास्व	धून्यास्म

धूनयाम्बभूव	धूनयाम्बभूवतुः	धूनयाम्बभूवुः	अदूधुनत् -द्	अदूधुनताम्	अदूधुनन्
धूनयाञ्चकार	धूनयाञ्चक्रतुः	धूनयाञ्चक्रुः			
धूनयामास	धूनयामासतुः	धूनयामासुः			
धूनयाम्बभूविथ	धूनयाम्बभूवथुः	धूनयाम्बभूव	अदूधुनः	अदूधुनतम्	अदूधुनत
धूनयाञ्चकर्थ	धूनयाञ्चक्रथुः	धूनयाञ्चक्र			
धूनयामासिथ	धूनयामासथुः	धूनयामास			
धूनयाम्बभूव	धूनयाम्बभूविव	धूनयाम्बभूविम	अदूधुनम्	अदूधुनाव	अदूधुनाम
धूनयाञ्चकर -कार	धूनयाञ्चकृव	धूनयाञ्चकृम			
धूनयामास	धूनयामासिव	धूनयामासिम			

Atmanepadi Forms

धूनयते	धूनयेते[4]	धूनयन्ते[1]	अधूनयत	अधूनयेताम्[4]	अधूनयन्त[1]
धूनयसे	धूनयेथे[4]	धूनयध्वे	अधूनयथाः	अधूनयेथाम्[4]	अधूनयध्वम्
धूनये[1]	धूनयावहे[2]	धूनयामहे[2]	अधूनये[4]	अधूनयावहि[3]	अधूनयामहि[3]

धूनयताम्	धूनयेताम्[4]	धूनयन्ताम्[1]	धूनयेत	धूनयेयाताम्	धूनयेरन्
धूनयस्व	धूनयेथाम्[4]	धूनयध्वम्	धूनयेथाः	धूनयेयाथाम्	धूनयेध्वम्
धूनयै[5]	धूनयावहै[3]	धूनयामहै[3]	धूनयेय	धूनयेवहि	धूनयेमहि

धूनयिष्यते	धूनयिष्येते	धूनयिष्यन्ते	अधूनयिष्यत	अधूनयिष्येताम्	अधूनयिष्यन्त
धूनयिष्यसे	धूनयिष्येथे	धूनयिष्यध्वे	अधूनयिष्यथाः	अधूनयिष्येथाम्	अधूनयिष्यध्वम्
धूनयिष्ये	धूनयिष्यावहे	धूनयिष्यामहे	अधूनयिष्ये	अधूनयिष्यावहि	अधूनयिष्यामहि

धूनयिता	धूनयितारौ	धूनयितारः	धूनयिषीष्ट	धूनयिषीयास्ताम्	धूनयिषीरन्
धूनयितासे	धूनयितासाथे	धूनयिताध्वे	धूनयिषीष्ठाः	धूनयिषीयास्थाम्	धूनयिषीध्वम् -ढ्वम्
धूनयिताहे	धूनयितास्वहे	धूनयितास्महे	धूनयिषीय	धूनयिषीवहि	धूनयिषीमहि

धूनयाम्बभूव	धूनयाम्बभूवतुः	धूनयाम्बभूवुः	अदूधुनत	अदूधुनेताम्	अदूधुनन्त
धूनयाञ्चक्रे	धूनयाञ्चक्राते	धूनयाञ्चक्रिरे			
धूनयामास	धूनयामासतुः	धूनयामासुः			
धूनयाम्बभूविथ	धूनयाम्बभूवथुः	धूनयाम्बभूव	अदूधुनथाः	अदूधुनेथाम्	अदूधुनध्वम्
धूनयाञ्चकृषे	धूनयाञ्चक्राथे	धूनयाञ्चकृढ्वे			
धूनयामासिथ	धूनयामासथुः	धूनयामास			
धूनयाम्बभूव	धूनयाम्बभूविव	धूनयाम्बभूविम	अदूधुने	अदूधुनावहि	अदूधुनामहि
धूनयाञ्चक्रे	धूनयाञ्चकृवहे	धूनयाञ्चकृमहे			
धूनयामास	धूनयामासिव	धूनयामासिम			

पक्षे हेतुमण्ण्यन्तादेव नुग्वक्तव्यः न तु स्वार्थण्यन्तात् इति पर्यवसानात् अस्य धातोः स्वार्थण्यन्तात् नुगभावे एवं रूपम्।

7.2.115 अचो ञ्णिति । धावि। धावय । **Parasmaipadi Forms**

धावयति	धावयतः	धावयन्ति[1]	अधावयत् -द्	अधावयताम्	अधावयन्[1]
धावयसि	धावयथः	धावयथ	अधावयः	अधावयतम्	अधावयत
धावयामि[2]	धावयावः[2]	धावयामः[2]	अधावयम्[1]	अधावयाव[2]	अधावयाम[2]

धावयतु धावयतात् -द्	धावयताम्	धावयन्तु[1]	धावयेत् -द्	धावयेताम्	धावयेयुः
धावय धावयतात् -द्	धावयतम्	धावयत	धावयेः	धावयेतम्	धावयेत
धावयानि[3]	धावयाव[3]	धावयाम[3]	धावयेयम्	धावयेव	धावयेम

धावयिष्यति	धावयिष्यतः	धावयिष्यन्ति	अधावयिष्यत् -द्	अधावयिष्यताम्	अधावयिष्यन्
धावयिष्यसि	धावयिष्यथः	धावयिष्यथ	अधावयिष्यः	अधावयिष्यतम्	अधावयिष्यत
धावयिष्यामि	धावयिष्यावः	धावयिष्यामः	अधावयिष्यम्	अधावयिष्याव	अधावयिष्याम
धावयिता	धावयितारौ	धावयितारः	धाव्यात् -द्	धाव्यास्ताम्	धाव्यासुः
धावयितासि	धावयितास्थः	धावयितास्थ	धाव्याः	धाव्यास्तम्	धाव्यास्त
धावयितास्मि	धावयितास्वः	धावयितास्मः	धाव्यासम्	धाव्यास्व	धाव्यास्म
धावयाम्बभूव	धावयाम्बभूवतुः	धावयाम्बभूवुः	अदूधवत् -द्	अदूधवताम्	अदूधवन्
धावयाञ्चकार	धावयाञ्चक्रतुः	धावयाञ्चक्रुः			
धावयामास	धावयामासतुः	धावयामासुः			
धावयाम्बभूविथ	धावयाम्बभूवथुः	धावयाम्बभूव	अदूधवः	अदूधवतम्	अदूधवत
धावयाञ्चकर्थ	धावयाञ्चक्रथुः	धावयाञ्चक्र			
धावयामासिथ	धावयामासथुः	धावयामास			
धावयाम्बभूव	धावयाम्बभूविव	धावयाम्बभूविम	अदूधवम्	अदूधवाव	अदूधवाम
धावयाञ्चकर -कार	धावयाञ्चकृव	धावयाञ्चकृम			
धावयामास	धावयामासिव	धावयामासिम			

Atmanepadi Forms

धावयते	धावयेते[4]	धावयन्ते[1]	अधावयत	अधावयेताम्[4]	अधावयन्त[1]
धावयसे	धावयेथे[4]	धावयध्वे	अधावयथाः	अधावयेथाम्[4]	अधावयध्वम्
धावये[1]	धावयावहे[2]	धावयामहे[2]	अधावये[4]	अधावयावहि[3]	अधावयामहि[3]
धावयताम्	धावयेताम्[4]	धावयन्ताम्[1]	धावयेत	धावयेयाताम्	धावयेरन्
धावयस्व	धावयेथाम्[4]	धावयध्वम्	धावयेथाः	धावयेयाथाम्	धावयेध्वम्
धावयै[5]	धावयावहै[3]	धावयामहै[3]	धावयेय	धावयेवहि	धावयेमहि
धावयिष्यते	धावयिष्येते	धावयिष्यन्ते	अधावयिष्यत	अधावयिष्येताम्	अधावयिष्यन्त
धावयिष्यसे	धावयिष्येथे	धावयिष्यध्वे	अधावयिष्यथाः	अधावयिष्येथाम्	अधावयिष्यध्वम्
धावयिष्ये	धावयिष्यावहे	धावयिष्यामहे	अधावयिष्ये	अधावयिष्यावहि	अधावयिष्यामहि
धावयिता	धावयितारौ	धावयितारः	धावयिषीष्ट	धावयिषीयास्ताम्	धावयिषीरन्
धावयितासे	धावयितासाथे	धावयिताध्वे	धावयिषीष्ठाः	धावयिषीयास्थाम्	धावयिषीध्वम् -ढ्वम्
धावयिताहे	धावयितास्वहे	धावयितास्महे	धावयिषीय	धावयिषीवहि	धावयिषीमहि
धावयाम्बभूव	धावयाम्बभूवतुः	धावयाम्बभूवुः	अदूधवत	अदूधवेताम्	अदूधवन्त
धावयाञ्चक्रे	धावयाञ्चक्राते	धावयाञ्चक्रिरे			

धावयामास	**धावयामासतुः**	**धावयामासुः**			
धावयाम्बभूविथ	**धावयाम्बभूवथुः**	**धावयाम्बभूव**	**अदूधवथाः**	**अदूधवेथाम्**	**अदूधवध्वम्**
धावयाञ्चकृषे	**धावयाञ्चक्राथे**	**धावयाञ्चकृढ्वे**			
धावयामासिथ	**धावयामासथुः**	**धावयामास**			
धावयाम्बभूव	**धावयाम्बभूविव**	**धावयाम्बभूविम**	**अदूधवे**	**अदूधवावहि**	**अदूधवामहि**
धावयाञ्चक्रे	**धावयाञ्चकृवहे**	**धावयाञ्चकृमहे**			
धावयामास	**धावयामासिव**	**धावयामासिम**			

णिजभावपक्षे 1.3.72 स्वरितञितः कर्त्रभिप्राये क्रियाफले । पक्षे वेट् , भ्वादिः इव धू । U । वेट् । स० ।
7.2.44 स्वरतिसूतिसूयतिधूञूदितो वा । 7.2.15 यस्य विभाषा । **Parasmaipadi Forms**

धवति	धवतः	धवन्ति	अधवत् -द्	अधवताम्	अधवन्
धवसि	धवथः	धवथ	अधवः	अधवतम्	अधवत
धवामि	धवावः	धवामः	अधवम्	अधवाव	अधवाम

धवतु धवतात् -द्	धवताम्	धवन्तु	धवेत् -द्	धवेताम्	धवेयुः
धव धवतात् -द्	धवतम्	धवत	धवेः	धवेतम्	धवेत
धवानि	धवाव	धवाम	धवेयम्	धवेव	धवेम

धविष्यति	धविष्यतः	धविष्यन्ति	अधविष्यत् -द्	अधविष्यताम्	अधविष्यन्
धोष्यति	धोष्यतः	धोष्यन्ति	अधोष्यत् -द्	अधोष्यताम्	अधोष्यन्
धविष्यसि	धविष्यथः	धविष्यथ	अधविष्यः	अधविष्यतम्	अधविष्यत
धोष्यसि	धोष्यथः	धोष्यथ	अधोष्यः	अधोष्यतम्	अधोष्यत
धविष्यामि	धविष्यावः	धविष्यामः	अधविष्यम्	अधविष्याव	अधविष्याम
धोष्यामि	धोष्यावः	धोष्यामः	अधोष्यम्	अधोष्याव	अधोष्याम

धविता	धवितारौ	धवितारः	धूयात् -द्	धूयास्ताम्	धूयासुः
धोता	धोतारौ	धोतारः			
धवितासि	धवितास्थः	धवितास्थ	धूयाः	धूयास्तम्	धूयास्त
धोतासि	धोतास्थः	धोतास्थ			
धवितास्मि	धवितास्वः	धवितास्मः	धूयासम्	धूयास्व	धूयास्म
धोतास्मि	धोतास्वः	धोतास्मः			

दुधाव	दुधुवतुः	दुधुवुः	अधावीत् -द्	अधाविष्टाम्	अधाविषुः
दुधाविथ	दुधुवथुः	दुधुव	अधावीः	अधाविष्टम्	अधाविष्ट
दुधाव दुधव	दुधुविव	दुधुविम	अधाविषम्	अधाविष्व	अधाविष्म

Atmanepadi Forms

धवते	धवेते[4]	धवन्ते[1]	अधवत	अधवेताम्[4]	अधवन्त[1]
धवसे	धवेथे[4]	धवध्वे	अधवथाः	अधवेथाम्[4]	अधवध्वम्
धवे[1]	धवावहे[2]	धवामहे[2]	अधवे[4]	अधवावहि[3]	अधवामहि[3]

धवताम्	धवेताम्[4]	धवन्ताम्[1]	धवेत	धवेयाताम्	धवेरन्
धवस्व	धवेथाम्[4]	धवध्वम्	धवेथाः	धवेयाथाम्	धवेध्वम्

धवै[5]	धवावहै[3]	धवामहै[3]	धवेय	धवेवहि	धवेमहि

धविष्यते	धविष्येते	धविष्यन्ते	अधविष्यत	अधविष्येताम्	अधविष्यन्त
धोष्यते	धोष्येते	धोष्यन्ते	अधोष्यत	अधोष्येताम्	अधोष्यन्त
धविष्यसे	धविष्येथे	धविष्यध्वे	अधविष्यथाः	अधविष्येथाम्	अधविष्यध्वम्
धोष्यसे	धोष्येथे	धोष्यध्वे	अधोष्यथाः	अधोष्येथाम्	अधोष्यध्वम्
धविष्ये	धविष्यावहे	धविष्यामहे	अधविष्ये	अधविष्यावहि	अधविष्यामहि
धोष्ये	धोष्यावहे	धोष्यामहे	अधोष्ये	अधोष्यावहि	अधोष्यामहि

धविता	धवितारौ	धवितारः	धविषीष्ट	धविषीयास्ताम्	धविषीरन्
धोता	धोतारौ	धोतारः	धोषीष्ट	धोषीयास्ताम्	धोषीरन्
धवितासे	धवितासाथे	धविताध्वे	धविषीष्ठाः	धविषीयास्थाम्	धविषीध्वम् -ढ्वम्
धोतासे	धोतासाथे	धोताध्वे	धोषीष्ठाः	धोषीयास्थाम्	धोषीढ्वम्
धविताहे	धवितास्वहे	धवितास्महे	धविषीय	धविषीवहि	धविषीमहि
धोताहे	धोतास्वहे	धोतास्महे	धोषीय	धोषीवहि	धोषीमहि

दुधुवे	दुधुवाते	दुधुविरे	अधविष्ट	अधविषाताम्	अधविषत
			अधोष्ट	अधोषाताम्	अधोषत
दुधुविषे	दुधुवाथे	दुधुविध्वे -ढ्वे	अधविष्ठाः	अधविषाथाम्	अधविध्वम् -ढ्वम्
			अधोष्ठाः	अधोषाथाम्	अधोढ्वम्
दुधुवे	दुधुविवहे	दुधुविमहे	अधविषि	अधविष्वहि	अधविष्महि
			अधोषि	अधोष्वहि	अधोष्महि

1836 प्रीञ् तर्पणे । आधृषीयः , वैकल्पिकः णिचः । please.
10c 303 प्रीञ् । प्री । प्रीणयति / ते , प्राययति / ते , प्रयति / ते । U । सेट् । स० । प्रीणि । प्रीणय ।
Q. Why is it सेट् when it is एकाच् ? A. In 10c due to णिच् all Roots will become अनेकाच् ।
7.3.37 शाच्छासाह्वाव्यावेपां युक् । वा० धूञ्प्रीञोः नुग्वक्तव्यः इति नुक् । पक्षे हेतुमण्ण्यन्तादेव नुग्वक्तव्यः न तु स्वार्थण्यन्तात् इति पर्यवसानात् अस्य धातोः स्वार्थण्यन्तात् नुगभावे एवं रूपम् । **Parasmaipadi Forms**

प्रीणयति	प्रीणयतः	प्रीणयन्ति[1]	अप्रीणयत् -द्	अप्रीणयताम्	अप्रीणयन्[1]
प्रीणयसि	प्रीणयथः	प्रीणयथ	अप्रीणयः	अप्रीणयतम्	अप्रीणयत
प्रीणयामि[2]	प्रीणयावः[2]	प्रीणयामः[2]	अप्रीणयम्[1]	अप्रीणयाव[2]	अप्रीणयाम[2]

प्रीणयतु प्रीणयतात् -द्	प्रीणयताम्	प्रीणयन्तु[1]	प्रीणयेत् -द्	प्रीणयेताम्	प्रीणयेयुः
प्रीणय प्रीणयतात् -द्	प्रीणयतम्	प्रीणयत	प्रीणयेः	प्रीणयेतम्	प्रीणयेत
प्रीणयानि[3]	प्रीणयाव[3]	प्रीणयाम[3]	प्रीणयेयम्	प्रीणयेव	प्रीणयेम

प्रीणयिष्यति	प्रीणयिष्यतः	प्रीणयिष्यन्ति	अप्रीणयिष्यत् -द्	अप्रीणयिष्यताम्	अप्रीणयिष्यन्
प्रीणयिष्यसि	प्रीणयिष्यथः	प्रीणयिष्यथ	अप्रीणयिष्यः	अप्रीणयिष्यतम्	अप्रीणयिष्यत
प्रीणयिष्यामि	प्रीणयिष्यावः	प्रीणयिष्यामः	अप्रीणयिष्यम्	अप्रीणयिष्याव	अप्रीणयिष्याम

प्रीणयिता	प्रीणयितारौ	प्रीणयितारः	प्रीण्यात् -द्	प्रीण्यास्ताम्	प्रीण्यासुः

प्रीणयितासि	प्रीणयितास्थः	प्रीणयितास्थ	प्रीण्याः	प्रीण्यास्तम्	प्रीण्यास्त
प्रीणयितास्मि	प्रीणयितास्वः	प्रीणयितास्मः	प्रीण्यासम्	प्रीण्यास्व	प्रीण्यास्म

प्रीणयाम्बभूव	प्रीणयाम्बभूवतुः	प्रीणयाम्बभूवुः	अप्रिप्रिणत् -द्	अप्रिप्रिणताम्	अप्रिप्रिणन्
प्रीणयाञ्चकार	प्रीणयाञ्चक्रतुः	प्रीणयाञ्चक्रुः			
प्रीणयामास	प्रीणयामासतुः	प्रीणयामासुः			
प्रीणयाम्बभूविथ	प्रीणयाम्बभूवथुः	प्रीणयाम्बभूव	अप्रिप्रिणः	अप्रिप्रिणतम्	अप्रिप्रिणत
प्रीणयाञ्चकर्थ	प्रीणयाञ्चक्रथुः	प्रीणयाञ्चक्र			
प्रीणयामासिथ	प्रीणयामासथुः	प्रीणयामास			
प्रीणयाम्बभूव	प्रीणयाम्बभूविव	प्रीणयाम्बभूविम	अप्रिप्रिणम्	अप्रिप्रिणाव	अप्रिप्रिणाम
प्रीणयाञ्चकर -कार	प्रीणयाञ्चकृव	प्रीणयाञ्चकृम			
प्रीणयामास	प्रीणयामासिव	प्रीणयामासिम			

Atmanepadi Forms

प्रीणयते	प्रीणयेते[4]	प्रीणयन्ते[1]	अप्रीणयत	अप्रीणयेताम्[4]	अप्रीणयन्त[1]
प्रीणयसे	प्रीणयेथे[4]	प्रीणयध्वे	अप्रीणयथाः	अप्रीणयेथाम्[4]	अप्रीणयध्वम्
प्रीणये[1]	प्रीणयावहे[2]	प्रीणयामहे[2]	अप्रीणये[4]	अप्रीणयावहि[3]	अप्रीणयामहि[3]

प्रीणयताम्	प्रीणयेताम्[4]	प्रीणयन्ताम्[1]	प्रीणयेत	प्रीणयेयाताम्	प्रीणयेरन्
प्रीणयस्व	प्रीणयेथाम्[4]	प्रीणयध्वम्	प्रीणयेथाः	प्रीणयेयाथाम्	प्रीणयेध्वम्
प्रीणयै[5]	प्रीणयावहै[3]	प्रीणयामहै[3]	प्रीणयेय	प्रीणयेवहि	प्रीणयेमहि

प्रीणयिष्यते	प्रीणयिष्येते	प्रीणयिष्यन्ते	अप्रीणयिष्यत	अप्रीणयिष्येताम्	अप्रीणयिष्यन्त
प्रीणयिष्यसे	प्रीणयिष्येथे	प्रीणयिष्यध्वे	अप्रीणयिष्यथाः	अप्रीणयिष्येथाम्	अप्रीणयिष्यध्वम्
प्रीणयिष्ये	प्रीणयिष्यावहे	प्रीणयिष्यामहे	अप्रीणयिष्ये	अप्रीणयिष्यावहि	अप्रीणयिष्यामहि

प्रीणयिता	प्रीणयितारौ	प्रीणयितारः	प्रीणयिषीष्ट	प्रीणयिषीयास्ताम्	प्रीणयिषीरन्
प्रीणयितासे	प्रीणयितासाथे	प्रीणयिताध्वे	प्रीणयिषीष्ठाः	प्रीणयिषीयास्थाम्	प्रीणयिषीध्वम् -ढ्वम्
प्रीणयिताहे	प्रीणयितास्वहे	प्रीणयितास्महे	प्रीणयिषीय	प्रीणयिषीवहि	प्रीणयिषीमहि

प्रीणयाम्बभूव	प्रीणयाम्बभूवतुः	प्रीणयाम्बभूवुः	अपिप्रिणत	अपिप्रिणेताम्	अपिप्रिणन्त
प्रीणयाञ्चक्रे	प्रीणयाञ्चक्राते	प्रीणयाञ्चक्रिरे			
प्रीणयामास	प्रीणयामासतुः	प्रीणयामासुः			
प्रीणयाम्बभूविथ	प्रीणयाम्बभूवथुः	प्रीणयाम्बभूव	अपिप्रिणथाः	अपिप्रिणेथाम्	अपिप्रिणध्वम्
प्रीणयाञ्चकृषे	प्रीणयाञ्चक्राथे	प्रीणयाञ्चकृढ्वे			
प्रीणयामासिथ	प्रीणयामासथुः	प्रीणयामास			
प्रीणयाम्बभूव	प्रीणयाम्बभूविव	प्रीणयाम्बभूविम	अपिप्रिणे	अपिप्रिणावहि	अपिप्रिणामहि

प्रीणयाञ्चक्रे	प्रीणयाञ्चकृवहे	प्रीणयाञ्चकृमहे			
प्रीणयामास	प्रीणयामासिव	प्रीणयामासिम			

पक्षे हेतुमण्ण्यन्तादेव नुग्वक्तव्यः न तु स्वार्थण्यन्तात् इति पर्यवसानात् अस्य धातोः स्वार्थण्यन्तात् नुगभावे एवं रूपम्।
7.2.115 अचो ञ्णिति । प्रायि । प्रायय ।

प्राययति	प्राययतः	प्राययन्ति[1]	अप्राययत् -द्	अप्राययताम्	अप्राययन्[1]
प्राययसि	प्राययथः	प्राययथ	अप्राययः	अप्राययतम्	अप्राययत
प्राययामि[2]	प्राययावः[2]	प्राययामः[2]	अप्राययम्[1]	अप्राययाव[2]	अप्राययाम[2]

प्राययतु प्राययतात् -द्	प्राययताम्	प्राययन्तु[1]	प्राययेत् -द्	प्राययेताम्	प्राययेयुः
प्रायय प्राययतात् -द्	प्राययतम्	प्राययत	प्राययेः	प्राययेतम्	प्राययेत
प्राययाणि[3]	प्राययाव[3]	प्राययाम[3]	प्राययेयम्	प्राययेव	प्राययेम

प्राययिष्यति	प्राययिष्यतः	प्राययिष्यन्ति	अप्राययिष्यत् -द्	अप्राययिष्यताम्	अप्राययिष्यन्
प्राययिष्यसि	प्राययिष्यथः	प्राययिष्यथ	अप्राययिष्यः	अप्राययिष्यतम्	अप्राययिष्यत
प्राययिष्यामि	प्राययिष्यावः	प्राययिष्यामः	अप्राययिष्यम्	अप्राययिष्याव	अप्राययिष्याम

प्राययिता	प्राययितारौ	प्राययितारः	प्राय्यात् -द्	प्राय्यास्ताम्	प्राय्यासुः
प्राययितासि	प्राययितासथः	प्राययितास्थ	प्राय्याः	प्राय्यास्तम्	प्राय्यास्त
प्राययितास्मि	प्राययितास्वः	प्राययितास्मः	प्राय्यासम्	प्राय्यास्व	प्राय्यास्म

प्राययाम्बभूव	प्राययाम्बभूवतुः	प्राययाम्बभूवुः	अपिप्रयत् -द्	अपिप्रयताम्	अपिप्रयन्
प्राययाञ्चकार	प्राययाञ्चक्रतुः	प्राययाञ्चक्रुः			
प्राययामास	प्राययामासतुः	प्राययामासुः			
प्राययाम्बभूविथ	प्राययाम्बभूवथुः	प्राययाम्बभूव	अपिप्रयः	अपिप्रयतम्	अपिप्रयत
प्राययाञ्चकर्थ	प्राययाञ्चक्रथुः	प्राययाञ्चक्र			
प्राययामासिथ	प्राययामासथुः	प्राययामास			
प्राययाम्बभूव	प्राययाम्बभूविव	प्राययाम्बभूविम	अपिप्रयम्	अपिप्रयाव	अपिप्रयाम
प्राययाञ्चकर -कार	प्राययाञ्चकृव	प्राययाञ्चकृम			
प्राययामास	प्राययामासिव	प्राययामासिम			

Atmanepadi Forms

प्राययते	प्राययेते[4]	प्राययन्ते[1]	अप्राययत	अप्राययेताम्[4]	अप्राययन्त[1]
प्राययसे	प्राययेथे[4]	प्राययध्वे	अप्राययथाः	अप्राययेथाम्[4]	अप्राययध्वम्
प्रायये[1]	प्राययावहे[2]	प्राययामहे[2]	अप्रायये[4]	अप्राययावहि[3]	अप्राययामहि[3]

प्राययताम्	प्राययेताम्[4]	प्राययन्ताम्[1]	प्राययेत	प्राययेयाताम्	प्राययेरन्

प्रायस्व	प्रायेथाम्[4]	प्राययध्वम्	प्राययेथाः	प्राययेयाथाम्	प्राययेध्वम्
प्राययै[5]	प्राययावहै[3]	प्राययामहै[3]	प्राययेय	प्राययेवहि	प्राययेमहि

प्राययिष्यते	प्राययिष्येते	प्राययिष्यन्ते	अप्राययिष्यत	अप्राययिष्येताम्	अप्राययिष्यन्त
प्राययिष्यसे	प्राययिष्येथे	प्राययिष्यध्वे	अप्राययिष्यथाः	अप्राययिष्येथाम्	अप्राययिष्यध्वम्
प्राययिष्ये	प्राययिष्यावहे	प्राययिष्यामहे	अप्राययिष्ये	अप्राययिष्यावहि	अप्राययिष्यामहि

प्राययिता	प्राययितारौ	प्राययितारः	प्राययिषीष्ट	प्राययिषीयास्ताम्	प्राययिषीरन्
प्राययितासे	प्राययितासाथे	प्राययिताध्वे	प्राययिषीष्ठाः	प्राययिषीयास्थाम्	प्राययिषीध्वम् -ढ्वम्
प्राययिताहे	प्राययितास्वहे	प्राययितास्महे	प्राययिषीय	प्राययिषीवहि	प्राययिषीमहि

प्राययाम्बभूव	प्राययाम्बभूवतुः	प्राययाम्बभूवुः	अपिप्रयत	अपिप्रयेताम्	अपिप्रयन्त
प्राययाञ्चक्रे	प्राययाञ्चक्राते	प्राययाञ्चक्रिरे			
प्राययामास	प्राययामासतुः	प्राययामासुः			
प्राययाम्बभूविथ	प्राययाम्बभूवथुः	प्राययाम्बभूव	अपिप्रयथाः	अपिप्रयेथाम्	अपिप्रयध्वम्
प्राययाञ्चकृषे	प्राययाञ्चक्राथे	प्राययाञ्चकृढ्वे			
प्राययामासिथ	प्राययामासथुः	प्राययामास			
प्राययाम्बभूव	प्राययाम्बभूविव	प्राययाम्बभूविम	अपिप्रये	अपिप्रयावहि	अपिप्रयामहि
प्राययाञ्चक्रे	प्राययाञ्चकृवहे	प्राययाञ्चकृमहे			
प्राययामास	प्राययामासिव	प्राययामासिम			

णिजभावपक्षे 1.3.72 स्वरितञितः कर्त्रभिप्राये क्रियाफले। पक्षे अनिट् एकाच् , भ्वादिः सार्वधातुके इव प्री । U।अनिट्। स० । क्र्यादिः आर्धधातुके इव प्री । See Root 1474 प्रीञ् । **Parasmaipadi Forms**

प्रयति	प्रयतः	प्रयन्ति	अप्रयत् -द्	अप्रयताम्	अप्रयन्
प्रयसि	प्रयथः	प्रयथ	अप्रयः	अप्रयतम्	अप्रयत
प्रयामि	प्रयावः	प्रयामः	अप्रयम्	अप्रयाव	अप्रयाम

प्रयतु प्रयतात् -द्	प्रयताम्	प्रयन्तु	प्रयेत् -द्	प्रयेताम्	प्रयेयुः
प्रय प्रयतात् -द्	प्रयतम्	प्रयत	प्रयेः	प्रयेतम्	प्रयेत
प्रयाणि	प्रयाव	प्रयाम	प्रयेयम्	प्रयेव	प्रयेम

प्रेष्यति	प्रेष्यतः	प्रेष्यन्ति	अप्रेष्यत् -द्	अप्रेष्यताम्	अप्रेष्यन्
प्रेष्यसि	प्रेष्यथः	प्रेष्यथ	अप्रेष्यः	अप्रेष्यतम्	अप्रेष्यत
प्रेष्यामि	प्रेष्यावः	प्रेष्यामः	अप्रेष्यम्	अप्रेष्याव	अप्रेष्याम

प्रेता	प्रेतारौ	प्रेतारः	प्रीयात् -द्	प्रीयास्ताम्	प्रीयासुः
प्रेतासि	प्रेतास्थः	प्रेतास्थ	प्रीयाः	प्रीयास्तम्	प्रीयास्त
प्रेतास्मि	प्रेतास्वः	प्रेतास्मः	प्रीयासम्	प्रीयास्व	प्रीयास्म

लिट् → 3.4.82 6.1.8 प्री+प्री+अ 7.2.115 प्री+प्रै+अ	लुङ् → 3.1.43 3.1.44 3.4.100 प्री+स्+त् 7.3.96

7.4.60 पी+प्रै+अ 7.4.59 पि+प्रै+अ 6.1.78 पि+प्राय्+अ → पिप्राय iii/1

प्री+स्+ई+त् 6.4.71 अ+प्री+स्+ई+त् 7.2.1 अ+प्रै+स्+ई+त् 8.3.59 अप्रै ष्+ई+त् →अप्रैषीत् iii/1

पिप्राय	पिप्रियतुः	पिप्रियुः	अप्रैषीत् -द्	अप्रैष्टाम्	अप्रैषुः
पिप्रयिथ पिप्रेथ	पिप्रियथुः	पिप्रिय	अप्रैषीः	अप्रैष्टम्	अप्रैष्ट
पिप्राय पिप्रय	पिप्रियिव	पिप्रियिम	अप्रैषम्	अप्रैष्व	अप्रैष्म

Atmanepadi Forms

प्रयते	प्रयेते[4]	प्रयन्ते[1]	अप्रयत	अप्रयेताम्[4]	अप्रयन्त[1]
प्रयसे	प्रयेथे[4]	प्रयध्वे	अप्रयथाः	अप्रयेथाम्[4]	अप्रयध्वम्
प्रये[1]	प्रयावहे[2]	प्रयामहे[2]	अप्रये[4]	अप्रयावहि[3]	अप्रयामहि[3]

प्रयताम्	प्रयेताम्[4]	प्रयन्ताम्[1]	प्रयेत	प्रयेयाताम्	प्रयेरन्
प्रयस्व	प्रयेथाम्[4]	प्रयध्वम्	प्रयेथाः	प्रयेयाथाम्	प्रयेध्वम्
प्रयै[5]	प्रयावहै[3]	प्रयामहै[3]	प्रयेय	प्रयेवहि	प्रयेमहि

प्रेष्यते	प्रेष्येते	प्रेष्यन्ते	अप्रेष्यत	अप्रेष्येताम्	अप्रेष्यन्त
प्रेष्यसे	प्रेष्येथे	प्रेष्यध्वे	अप्रेष्यथाः	अप्रेष्येथाम्	अप्रेष्यध्वम्
प्रेष्ये	प्रेष्यावहे	प्रेष्यामहे	अप्रेष्ये	अप्रेष्यावहि	अप्रेष्यामहि

प्रेता	प्रेतारौ	प्रेतारः	प्रेषीष्ट	प्रेषीयास्ताम्	प्रेषीरन्
प्रेतासे	प्रेतासाथे	प्रेताध्वे	प्रेषीष्ठाः	प्रेषीयास्थाम्	प्रेषीढ्वम्
प्रेताहे	प्रेतास्वहे	प्रेतास्महे	प्रेषीय	प्रेषीवहि	प्रेषीमहि

पिप्रिये	पिप्रियाते	पिप्रियिरे	अप्रेष्ट	अप्रेषाताम्	अप्रेषत
पिप्रियिषे	पिप्रियाथे	पिप्रियिध्वे -ढ्वे	अप्रेष्ठाः	अप्रेषाथाम्	अप्रेढ्वम्
पिप्रिये	पिप्रियिवहे	पिप्रियिमहे	अप्रेषि	अप्रेष्वहि	अप्रेष्महि

1837 **श्रन्थ सन्दर्भे ।** आधृषीयः , वैकल्पिकः णिचः । put together, compose, set in order

10c 304 **श्रन्थँ । श्रन्थ् । श्रन्थयति / ते , श्रन्थति । U । सेट् । स० । श्रन्थि । श्रन्थय ।**

Parasmaipadi Forms

श्रन्थयति	श्रन्थयतः	श्रन्थयन्ति[1]	अश्रन्थयत् -द्	अश्रन्थयताम्	अश्रन्थयन्[1]
श्रन्थयसि	श्रन्थयथः	श्रन्थयथ	अश्रन्थयः	अश्रन्थयतम्	अश्रन्थयत
श्रन्थयामि[2]	श्रन्थयावः[2]	श्रन्थयामः[2]	अश्रन्थयम्[1]	अश्रन्थयाव[2]	अश्रन्थयाम[2]

श्रन्थयतु श्रन्थयतात् -द्	श्रन्थयताम्	श्रन्थयन्तु[1]	श्रन्थयेत् -द्	श्रन्थयेताम्	श्रन्थयेयुः
श्रन्थय श्रन्थयतात् -द्	श्रन्थयतम्	श्रन्थयत	श्रन्थयेः	श्रन्थयेतम्	श्रन्थयेत
श्रन्थयानि[3]	श्रन्थयाव[3]	श्रन्थयाम[3]	श्रन्थयेयम्	श्रन्थयेव	श्रन्थयेम

श्रन्थयिष्यति	श्रन्थयिष्यतः	श्रन्थयिष्यन्ति	अश्रन्थयिष्यत् -द्	अश्रन्थयिष्यताम्	अश्रन्थयिष्यन्

श्रन्थयिष्यसि	श्रन्थयिष्यथः	श्रन्थयिष्यथ	अश्रन्थयिष्यः	अश्रन्थयिष्यतम्	अश्रन्थयिष्यत
श्रन्थयिष्यामि	श्रन्थयिष्यावः	श्रन्थयिष्यामः	अश्रन्थयिष्यम्	अश्रन्थयिष्याव	अश्रन्थयिष्याम
श्रन्थयिता	श्रन्थयितारौ	श्रन्थयितारः	श्रन्थ्यात् -द्	श्रन्थ्यास्ताम्	श्रन्थ्यासुः
श्रन्थयितासि	श्रन्थयितास्थः	श्रन्थयितास्थ	श्रन्थ्याः	श्रन्थ्यास्तम्	श्रन्थ्यास्त
श्रन्थयितास्मि	श्रन्थयितास्वः	श्रन्थयितास्मः	श्रन्थ्यासम्	श्रन्थ्यास्व	श्रन्थ्यास्म
श्रन्थयाम्बभूव	श्रन्थयाम्बभूवतुः	श्रन्थयाम्बभूवुः	अशश्रन्थत् -द्	अशश्रन्थताम्	अशश्रन्थन्
श्रन्थयाञ्चकार	श्रन्थयाञ्चक्रतुः	श्रन्थयाञ्चक्रुः			
श्रन्थयामास	श्रन्थयामासतुः	श्रन्थयामासुः			
श्रन्थयाम्बभूविथ	श्रन्थयाम्बभूवथुः	श्रन्थयाम्बभूव	अशश्रन्थः	अशश्रन्थतम्	अशश्रन्थत
श्रन्थयाञ्चकर्थ	श्रन्थयाञ्चक्रथुः	श्रन्थयाञ्चक्र			
श्रन्थयामासिथ	श्रन्थयामासथुः	श्रन्थयामास			
श्रन्थयाम्बभूव	श्रन्थयाम्बभूविव	श्रन्थयाम्बभूविम	अशश्रन्थम्	अशश्रन्थाव	अशश्रन्थाम
श्रन्थयाञ्चकर -कार	श्रन्थयाञ्चकृव	श्रन्थयाञ्चकृम			
श्रन्थयामास	श्रन्थयामासिव	श्रन्थयामासिम			

Atmanepadi Forms

श्रन्थयते	श्रन्थयेते[4]	श्रन्थयन्ते[1]	अश्रन्थयत	अश्रन्थयेताम्[4]	अश्रन्थयन्त[1]
श्रन्थयसे	श्रन्थयेथे[4]	श्रन्थयध्वे	अश्रन्थयथाः	अश्रन्थयेथाम्[4]	अश्रन्थयध्वम्
श्रन्थये[1]	श्रन्थयावहे[2]	श्रन्थयामहे[2]	अश्रन्थये[4]	अश्रन्थयावहि[3]	अश्रन्थयामहि[3]
श्रन्थयताम्	श्रन्थयेताम्[4]	श्रन्थयन्ताम्[1]	श्रन्थयेत	श्रन्थयेयाताम्	श्रन्थयेरन्
श्रन्थयस्व	श्रन्थयेथाम्[4]	श्रन्थयध्वम्	श्रन्थयेथाः	श्रन्थयेयाथाम्	श्रन्थयेध्वम्
श्रन्थयै[5]	श्रन्थयावहै[3]	श्रन्थयामहै[3]	श्रन्थयेय	श्रन्थयेवहि	श्रन्थयेमहि
श्रन्थयिष्यते	श्रन्थयिष्येते	श्रन्थयिष्यन्ते	अश्रन्थयिष्यत	अश्रन्थयिष्येताम्	अश्रन्थयिष्यन्त
श्रन्थयिष्यसे	श्रन्थयिष्येथे	श्रन्थयिष्यध्वे	अश्रन्थयिष्यथाः	अश्रन्थयिष्येथाम्	अश्रन्थयिष्यध्वम्
श्रन्थयिष्ये	श्रन्थयिष्यावहे	श्रन्थयिष्यामहे	अश्रन्थयिष्ये	अश्रन्थयिष्यावहि	अश्रन्थयिष्यामहि
श्रन्थयिता	श्रन्थयितारौ	श्रन्थयितारः	श्रन्थयिषीष्ट	श्रन्थयिषीयास्ताम्	श्रन्थयिषीरन्
श्रन्थयितासे	श्रन्थयितासाथे	श्रन्थयिताध्वे	श्रन्थयिषीष्ठाः	श्रन्थयिषीयास्थाम्	श्रन्थयिषीध्वम् -ढ्वम्
श्रन्थयिताहे	श्रन्थयितास्वहे	श्रन्थयितास्महे	श्रन्थयिषीय	श्रन्थयिषीवहि	श्रन्थयिषीमहि
श्रन्थयाम्बभूव	श्रन्थयाम्बभूवतुः	श्रन्थयाम्बभूवुः	अशश्रन्थत	अशश्रन्थेताम्	अशश्रन्थन्त
श्रन्थयाञ्चक्रे	श्रन्थयाञ्चक्राते	श्रन्थयाञ्चक्रिरे			
श्रन्थयामास	श्रन्थयामासतुः	श्रन्थयामासुः			

श्रन्थयाम्बभूविथ	श्रन्थयाम्बभूवथुः	श्रन्थयाम्बभूव	अशश्रन्थथाः	अशश्रन्थेथाम्	अशश्रन्थध्वम्
श्रन्थयाञ्चकृषे	श्रन्थयाञ्चक्राथे	श्रन्थयाञ्चकृढ्वे			
श्रन्थयामासिथ	श्रन्थयामासथुः	श्रन्थयामास			
श्रन्थयाम्बभूव	श्रन्थयाम्बभूविव	श्रन्थयाम्बभूविम	अशश्रन्थे	अशश्रन्थावहि	अशश्रन्थामहि
श्रन्थयाञ्चक्रे	श्रन्थयाञ्चकृवहे	श्रन्थयाञ्चकृमहे			
श्रन्थयामास	श्रन्थयामासिव	श्रन्थयामासिम			

णिजभावपक्षे 1.3.78 शेषात् कर्त्तरि परस्मैपदम् । पक्षे भ्वादिः इव श्रन्थ् । P। सेट् । स० ।
1.2.6 इन्धिभवतिभ्यां च । वा० श्रन्थिग्रन्थिदम्भिस्वञ्जीनामिति वक्तव्यम् । 6.4.24 अनिदितां हल उपधायाः क्ङिति ।

श्रन्थति	श्रन्थतः	श्रन्थन्ति	अश्रन्थत् -द्	अश्रन्थताम्	अश्रन्थन्
श्रन्थसि	श्रन्थथः	श्रन्थथ	अश्रन्थयः	अश्रन्थतम्	अश्रन्थत
श्रन्थाम	श्रन्थावः	श्रन्थामः	अश्रन्थम्	अश्रन्थाव	अश्रन्थाम

श्रन्थतु श्रन्थतात् -द्	श्रन्थताम्	श्रन्थन्तु	श्रन्थेत् -द्	श्रन्थेताम्	श्रन्थेयुः
श्रन्थ श्रन्थतात् -द्	श्रन्थतम्	श्रन्थत	श्रन्थयेः	श्रन्थेतम्	श्रन्थेत
श्रन्थानि	श्रन्थाव	श्रन्थाम	श्रन्थेयम्	श्रन्थेव	श्रन्थेम

श्रन्थिष्यति	श्रन्थिष्यतः	श्रन्थिष्यन्ति	अश्रन्थिष्यत् -द्	अश्रन्थिष्यताम्	अश्रन्थिष्यन्
श्रन्थिष्यसि	श्रन्थिष्यथः	श्रन्थिष्यथ	अश्रन्थिष्यः	अश्रन्थिष्यतम्	अश्रन्थिष्यत
श्रन्थिष्यामि	श्रन्थिष्यावः	श्रन्थिष्यामः	अश्रन्थिष्यम्	अश्रन्थिष्याव	अश्रन्थिष्याम

श्रन्थिता	श्रन्थितारौ	श्रन्थितारः	श्रथ्यात् -द्	श्रथ्यास्ताम्	श्रथ्यासुः
श्रन्थितासि	श्रन्थितास्थः	श्रन्थितास्थ	श्रथ्याः	श्रथ्यास्तम्	श्रथ्यास्त
श्रन्थितास्मि	श्रन्थितास्वः	श्रन्थितास्मः	श्रथ्यासम्	श्रथ्यास्व	श्रथ्यास्म

शश्रन्थ	शश्रन्थतुः श्रेथतुः	शश्रन्थुः श्रेथुः	अश्रन्थीत् -द्	अश्रन्थिष्टाम्	अश्रन्थिषुः
शश्रन्थिथ	शश्रन्थथुः श्रेथथुः	शश्रन्थ श्रेथ	अश्रन्थीः	अश्रन्थिष्टम्	अश्रन्थिष्ट
शश्रन्थ	शश्रन्थिव श्रेथिव	शश्रन्थिम श्रेथिम	अश्रन्थिषम्	अश्रन्थिष्व	अश्रन्थिष्म

1838 ग्रन्थ सन्दर्भे । आधृषीयः , वैकल्पिकः णिचः । put together, compose
10c 305 ग्रन्थँ । ग्रन्थ् । ग्रन्थयति / ते , ग्रन्थति । U । सेट् । स० । ग्रन्थि । ग्रन्थय ।

Parasmaipadi Forms

ग्रन्थयति	ग्रन्थयतः	ग्रन्थयन्ति[1]	अग्रन्थयत् -द्	अग्रन्थयताम्	अग्रन्थयन्[1]
ग्रन्थयसि	ग्रन्थयथः	ग्रन्थयथ	अग्रन्थयः	अग्रन्थयतम्	अग्रन्थयत
ग्रन्थयामि[2]	ग्रन्थयावः[2]	ग्रन्थयामः[2]	अग्रन्थयम्[1]	अग्रन्थयाव[2]	अग्रन्थयाम[2]

ग्रन्थयतु ग्रन्थयतात् -द्	ग्रन्थयताम्	ग्रन्थयन्तु[1]	ग्रन्थयेत् -द्	ग्रन्थयेताम्	ग्रन्थयेयुः
ग्रन्थय ग्रन्थयतात् -द्	ग्रन्थयतम्	ग्रन्थयत	ग्रन्थयेः	ग्रन्थयेतम्	ग्रन्थयेत
ग्रन्थयानि[3]	ग्रन्थयाव[3]	ग्रन्थयाम[3]	ग्रन्थयेयम्	ग्रन्थयेव	ग्रन्थयेम

ग्रन्थयिष्यति	ग्रन्थयिष्यतः	ग्रन्थयिष्यन्ति	अग्रन्थयिष्यत् -द्	अग्रन्थयिष्यताम्	अग्रन्थयिष्यन्

ग्रन्थयिष्यसि	ग्रन्थयिष्यथः	ग्रन्थयिष्यथ	अग्रन्थयिष्यः	अग्रन्थयिष्यतम्	अग्रन्थयिष्यत
ग्रन्थयिष्यामि	ग्रन्थयिष्यावः	ग्रन्थयिष्यामः	अग्रन्थयिष्यम्	अग्रन्थयिष्याव	अग्रन्थयिष्याम

ग्रन्थयिता	ग्रन्थयितारौ	ग्रन्थयितारः	ग्रथ्यात् -द्	ग्रथ्यास्ताम्	ग्रथ्यासुः
ग्रन्थयितासि	ग्रन्थयितास्थः	ग्रन्थयितास्थ	ग्रथ्याः	ग्रथ्यास्तम्	ग्रथ्यास्त
ग्रन्थयितास्मि	ग्रन्थयितास्वः	ग्रन्थयितास्मः	ग्रथ्यासम्	ग्रथ्यास्व	ग्रथ्यास्म

ग्रन्थयाम्बभूव	ग्रन्थयाम्बभूवतुः	ग्रन्थयाम्बभूवुः	अजग्रन्थत् -द्	अजग्रन्थताम्	अजग्रन्थन्
ग्रन्थयाञ्चकार	ग्रन्थयाञ्चक्रतुः	ग्रन्थयाञ्चक्रुः			
ग्रन्थयामास	ग्रन्थयामासतुः	ग्रन्थयामासुः			
ग्रन्थयाम्बभूविथ	ग्रन्थयाम्बभूवथुः	ग्रन्थयाम्बभूव	अजग्रन्थः	अजग्रन्थतम्	अजग्रन्थत
ग्रन्थयाञ्चकर्थ	ग्रन्थयाञ्चक्रथुः	ग्रन्थयाञ्चक्र			
ग्रन्थयामासिथ	ग्रन्थयामासथुः	ग्रन्थयामास			
ग्रन्थयाम्बभूव	ग्रन्थयाम्बभूविव	ग्रन्थयाम्बभूविम	अजग्रन्थम्	अजग्रन्थाव	अजग्रन्थाम
ग्रन्थयाञ्चकर -कार	ग्रन्थयाञ्चकृव	ग्रन्थयाञ्चकृम			
ग्रन्थयामास	ग्रन्थयामासिव	ग्रन्थयामासिम			

Atmanepadi Forms

ग्रन्थयते	ग्रन्थयेते[4]	ग्रन्थयन्ते[1]	अग्रन्थयत	अग्रन्थयेताम्[4]	अग्रन्थयन्त[1]
ग्रन्थयसे	ग्रन्थयेथे[4]	ग्रन्थयध्वे	अग्रन्थयथाः	अग्रन्थयेथाम्[4]	अग्रन्थयध्वम्
ग्रन्थये[1]	ग्रन्थयावहे[2]	ग्रन्थयामहे[2]	अग्रन्थये[4]	अग्रन्थयावहि[3]	अग्रन्थयामहि[3]

ग्रन्थयताम्	ग्रन्थयेताम्[4]	ग्रन्थयन्ताम्[1]	ग्रन्थयेत	ग्रन्थयेयाताम्	ग्रन्थयेरन्
ग्रन्थयस्व	ग्रन्थयेथाम्[4]	ग्रन्थयध्वम्	ग्रन्थयेथाः	ग्रन्थयेयाथाम्	ग्रन्थयेध्वम्
ग्रन्थयै[5]	ग्रन्थयावहै[3]	ग्रन्थयामहै[3]	ग्रन्थयेय	ग्रन्थयेवहि	ग्रन्थयेमहि

ग्रन्थयिष्यते	ग्रन्थयिष्येते	ग्रन्थयिष्यन्ते	अग्रन्थयिष्यत	अग्रन्थयिष्येताम्	अग्रन्थयिष्यन्त
ग्रन्थयिष्यसे	ग्रन्थयिष्येथे	ग्रन्थयिष्यध्वे	अग्रन्थयिष्यथाः	अग्रन्थयिष्येथाम्	अग्रन्थयिष्यध्वम्
ग्रन्थयिष्ये	ग्रन्थयिष्यावहे	ग्रन्थयिष्यामहे	अग्रन्थयिष्ये	अग्रन्थयिष्यावहि	अग्रन्थयिष्यामहि

ग्रन्थयिता	ग्रन्थयितारौ	ग्रन्थयितारः	ग्रन्थयिषीष्ट	ग्रन्थयिषीयास्ताम्	ग्रन्थयिषीरन्
ग्रन्थयितासे	ग्रन्थयितासाथे	ग्रन्थयिताध्वे	ग्रन्थयिषीष्ठाः	ग्रन्थयिषीयास्थाम्	ग्रन्थयिषीध्वम् -ढ्वम्
ग्रन्थयिताहे	ग्रन्थयितास्वहे	ग्रन्थयितास्महे	ग्रन्थयिषीय	ग्रन्थयिषीवहि	ग्रन्थयिषीमहि

ग्रन्थयाम्बभूव	ग्रन्थयाम्बभूवतुः	ग्रन्थयाम्बभूवुः	अजग्रन्थत	अजग्रन्थेताम्	अजग्रन्थन्त
ग्रन्थयाञ्चक्रे	ग्रन्थयाञ्चक्राते	ग्रन्थयाञ्चक्रिरे			
ग्रन्थयामास	ग्रन्थयामासतुः	ग्रन्थयामासुः			

ग्रन्थयाम्बभूविथ	ग्रन्थयाम्बभूवथुः	ग्रन्थयाम्बभूव	अजग्रन्थथाः	अजग्रन्थेथाम्	अजग्रन्थध्वम्
ग्रन्थयाञ्चकृषे	ग्रन्थयाञ्चक्राथे	ग्रन्थयाञ्चकृढ्वे			
ग्रन्थयामासिथ	ग्रन्थयामासथुः	ग्रन्थयामास			
ग्रन्थयाम्बभूव	ग्रन्थयाम्बभूविव	ग्रन्थयाम्बभूविम	अजग्रन्थे	अजग्रन्थावहि	अजग्रन्थामहि
ग्रन्थयाञ्चक्रे	ग्रन्थयाञ्चकृवहे	ग्रन्थयाञ्चकृमहे			
ग्रन्थयामास	ग्रन्थयामासिव	ग्रन्थयामासिम			

णिजभावपक्षे 1.3.78 शेषात् कर्त्तरि परस्मैपदम् । पक्षे भ्वादिः इव ग्रन्थ् । P। सेट् । स० ।
1.2.6 इन्धिभवतिभ्यां च । वा० श्रन्थिग्रन्थिदम्भिस्वञ्जीनामिति वक्तव्यम् । 6.4.24 अनिदितां हल उपधायाः क्ङिति ।

ग्रन्थति	ग्रन्थतः	ग्रन्थन्ति	अग्रन्थत् -द्	अग्रन्थताम्	अग्रन्थन्
ग्रन्थसि	ग्रन्थथः	ग्रन्थथ	अग्रन्थयः	अग्रन्थतम्	अग्रन्थत
ग्रन्थामि	ग्रन्थावः	ग्रन्थामः	अग्रन्थम्	अग्रन्थाव	अग्रन्थाम

ग्रन्थतु ग्रन्थतात् -द्	ग्रन्थताम्	ग्रन्थन्तु	ग्रन्थेत् -द्	ग्रन्थेताम्	ग्रन्थेयुः
ग्रन्थ ग्रन्थतात् -द्	ग्रन्थतम्	ग्रन्थत	ग्रन्थयेः	ग्रन्थेतम्	ग्रन्थेत
ग्रन्थानि	ग्रन्थाव	ग्रन्थाम	ग्रन्थेयम्	ग्रन्थेव	ग्रन्थेम

ग्रन्थिष्यति	ग्रन्थिष्यतः	ग्रन्थिष्यन्ति	अग्रन्थिष्यत् -द्	अग्रन्थिष्यताम्	अग्रन्थिष्यन्
ग्रन्थिष्यसि	ग्रन्थिष्यथः	ग्रन्थिष्यथ	अग्रन्थिष्यः	अग्रन्थिष्यतम्	अग्रन्थिष्यत
ग्रन्थिष्यामि	ग्रन्थिष्यावः	ग्रन्थिष्यामः	अग्रन्थिष्यम्	अग्रन्थिष्याव	अग्रन्थिष्याम

ग्रन्थिता	ग्रन्थितारौ	ग्रन्थितारः	ग्रथ्यात् -द्	ग्रथ्यास्ताम्	ग्रथ्यासुः
ग्रन्थितासि	ग्रन्थितास्थः	ग्रन्थितास्थ	ग्रथ्याः	ग्रथ्यास्तम्	ग्रथ्यास्त
ग्रन्थितास्मि	ग्रन्थितास्वः	ग्रन्थितास्मः	ग्रथ्यासम्	ग्रथ्यास्व	ग्रथ्यास्म

जग्रन्थ	जग्रन्थतुः ग्रेथतुः	जग्रन्थुः ग्रेथुः	अग्रन्थीत् -द्	अग्रन्थिष्टाम्	अग्रन्थिषुः
जग्रन्थिथ	जग्रन्थथुः ग्रेथथुः	जग्रन्थ ग्रेथ	अग्रन्थीः	अग्रन्थिष्टम्	अग्रन्थिष्ट
जग्रन्थ	जग्रन्थिव ग्रेथिव	जग्रन्थिम ग्रेथिम	अग्रन्थिषम्	अग्रन्थिष्व	अग्रन्थिष्म

1839 आपॢ लम्भने । स्वरितेदयमित्येके । आधृषीयः , वैकल्पिकः णिचः । get, procure
10c 306 आपॄँ । आप् । आपयति / ते , आपति / ते । U । सेट् । स० । आपि । आपय ।

Parasmaipadi Forms

आपयति	आपयतः	आपयन्ति[1]	आपयत् -द्	आपयताम्	आपयन्[1]
आपयसि	आपयथः	आपयथ	आपयः	आपयतम्	आपयत
आपयामि[2]	आपयावः[2]	आपयामः[2]	आपयम्[1]	आपयाव[2]	आपयाम[2]

आपयतु आपयतात् -द्	आपयताम्	आपयन्तु[1]	आपयेत् -द्	आपयेताम्	आपयेयुः
आपय आपयतात् -द्	आपयतम्	आपयत	आपयेः	आपयेतम्	आपयेत
आपयानि[3]	आपयाव[3]	आपयाम[3]	आपयेयम्	आपयेव	आपयेम

आपयिष्यति	आपयिष्यतः	आपयिष्यन्ति	आपयिष्यत् -द्	आपयिष्यताम्	आपयिष्यन्

आपयिष्यसि	आपयिष्यथः	आपयिष्यथ	आपयिष्यः	आपयिष्यतम्	आपयिष्यत
आपयिष्यामि	आपयिष्यावः	आपयिष्यामः	आपयिष्यम्	आपयिष्याव	आपयिष्याम
आपयिता	आपयितारौ	आपयितारः	आप्यात् -द्	आप्यास्ताम्	आप्यासुः
आपयितासि	आपयितास्थः	आपयितास्थ	आप्याः	आप्यास्तम्	आप्यास्त
आपयितास्मि	आपयितास्वः	आपयितास्मः	आप्यासम्	आप्यास्व	आप्यास्म
आपयाम्बभूव	आपयाम्बभूवतुः	आपयाम्बभूवुः	आपिपत् -द्	आपिपताम्	आपिपन्
आपयाञ्चकार	आपयाञ्चक्रतुः	आपयाञ्चक्रुः			
आपयामास	आपयामासतुः	आपयामासुः			
आपयाम्बभूविथ	आपयाम्बभूवथुः	आपयाम्बभूव	आपिपः	आपिपतम्	आपिपत
आपयाञ्चकर्थ	आपयाञ्चक्रथुः	आपयाञ्चक्र			
आपयामासिथ	आपयामासथुः	आपयामास			
आपयाम्बभूव	आपयाम्बभूविव	आपयाम्बभूविम	आपिपम्	आपिपाव	आपिपाम
आपयाञ्चकर -कार	आपयाञ्चकृव	आपयाञ्चकृम			
आपयामास	आपयामासिव	आपयामासिम			

Atmanepadi Forms

आपयते	आपयेते[4]	आपयन्ते[1]	आपयत	आपयेताम्[4]	आपयन्त[1]
आपयसे	आपयेथे[4]	आपयध्वे	आपयथाः	आपयेथाम्[4]	आपयध्वम्
आपये[1]	आपयावहे[2]	आपयामहे[2]	आपये[4]	आपयावहि[3]	आपयामहि[3]
आपयताम्	आपयेताम्[4]	आपयन्ताम्[1]	आपयेत	आपयेयाताम्	आपयेरन्
आपयस्व	आपयेथाम्[4]	आपयध्वम्	आपयेथाः	आपयेयाथाम्	आपयेध्वम्
आपयै[5]	आपयावहै[3]	आपयामहै[3]	आपयेय	आपयेवहि	आपयेमहि
आपयिष्यते	आपयिष्येते	आपयिष्यन्ते	आपयिष्यत	आपयिष्येताम्	आपयिष्यन्त
आपयिष्यसे	आपयिष्येथे	आपयिष्यध्वे	आपयिष्यथाः	आपयिष्येथाम्	आपयिष्यध्वम्
आपयिष्ये	आपयिष्यावहे	आपयिष्यामहे	आपयिष्ये	आपयिष्यावहि	आपयिष्यामहि
आपयिता	आपयितारौ	आपयितारः	आपयिषीष्ट	आपयिषीयास्ताम्	आपयिषीरन्
आपयितासे	आपयितासाथे	आपयिताध्वे	आपयिषीष्ठाः	आपयिषीयास्थाम्	आपयिषीध्वम् -ढ्वम्
आपयिताहे	आपयितास्वहे	आपयितास्महे	आपयिषीय	आपयिषीवहि	आपयिषीमहि
आपयाम्बभूव	आपयाम्बभूवतुः	आपयाम्बभूवुः	आपिपत	आपिपेताम्	आपिपन्त
आपयाञ्चक्रे	आपयाञ्चक्राते	आपयाञ्चक्रिरे			
आपयामास	आपयामासतुः	आपयामासुः			

आपयाम्बभूविथ	आपयाम्बभूवथुः	आपयाम्बभूव	आपिपथाः	आपिपेथाम्	आपिपध्वम्
आपयाञ्चकृषे	आपयाञ्चक्राथे	आपयाञ्चकृढ्वे			
आपयामासिथ	आपयामासथुः	आपयामास			
आपयाम्बभूव	आपयाम्बभूविव	आपयाम्बभूविम	आपिपे	आपिपावहि	आपिपामहि
आपयाञ्चक्रे	आपयाञ्चकृवहे	आपयाञ्चकृमहे			
आपयामास	आपयामासिव	आपयामासिम			

णिजभावपक्षे 1.3.72 स्वरितञितः कर्त्रभिप्राये क्रियाफले । इति पक्षे अनिट् , भ्वादिः सार्वधातुके इव आप् । U । अनिट् । स० । स्वादिः आर्धधातुके इव आप् । See Root 1260 आपॢ । **Parasmaipadi Forms**

आपति	आपतः	आपन्ति	आपत् -द्	आपताम्	आपन्
आपसि	आपथः	आपथ	आपः	आपतम्	आपत
आपामि	आपावः	आपामः	आपम्	आपाव	आपाम

आपतु आपतात् -द्	आपताम्	आपन्तु	आपेत् -द्	आपेताम्	आपेयुः
आप आपतात् -द्	आपतम्	आपत	आपेः	आपेतम्	आपेत
आपानि	आपाव	आपाम	आपेयम्	आपेव	आपेम

आप्स्यति	आप्स्यतः	आप्स्यन्ति	आप्स्यत् -द्	आप्स्यताम्	आप्स्यन्
आप्स्यसि	आप्स्यथः	आप्स्यथ	आप्स्यः	आप्स्यतम्	आप्स्यत
आप्स्यामि	आप्स्यावः	आप्स्यामः	आप्स्यम्	आप्स्याव	आप्स्याम

आप्ता	आप्तारौ	आप्तारः	आप्यात् -द्	आप्यास्ताम्	आप्यासुः
आप्तासि	आप्तास्थः	आप्तास्थ	आप्याः	आप्यास्तम्	आप्यास्त
आप्तास्मि	आप्तास्वः	आप्तास्मः	आप्यासम्	आप्यास्व	आप्यास्म

लिट् → 3.4.82 6.1.8 आप्+आप्+अ 7.4.60
आ+आप्+अ 7.4.59 अ+आप्+अ 6.1.101→आप iii/1

लुङ् → 3.1.55 3.4.100 आप्+अ+त् 6.4.72 6.1.90
आआप्+अ+त् → आपत् iii/1

आप	आपतुः	आपुः	आपत् -द्	आपताम्	आपन्
आपिथ	आपथुः	आप	आपः	आपतम्	आपत
आप	आपिव	आपिम	आपम्	आपाव	आपाम

Atmanepadi Forms

आपते	आपेते	आपन्ते	आपत	आपेताम्	आपन्त
आपसे	आपेथे	आपध्वे	आपथाः	आपेथाम्	आपध्वम्
आपे	आपावहे	आपामहे	आपे	अआपावहि	अआपामहि

आपताम्	आपेताम्	आपन्ताम्	आपेत	आपेयाताम्	आपेरन्
आपस्व	आपेथाम्	आपध्वम्	आपेथाः	आपेयाथाम्	आपेध्वम्
आपै	आपावहै	आपामहै	आपेय	आपेवहि	आपेमहि

आप्स्यते	आप्स्येते	आप्स्यन्ते	आप्स्यत	आप्स्येताम्	आप्स्यन्त
आप्स्यसे	आप्स्येथे	आप्स्यध्वे	आप्स्यथाः	आप्स्येथाम्	आप्स्यध्वम्

आप्स्ये	आप्स्यावहे	आप्स्यामहे	आप्स्ये	आप्स्यावहि	आप्स्यामहि

आप्ता	आप्तारौ	आप्तारः	आप्सीष्ट	आप्सीयास्ताम्	आप्सीरन्
आप्तासे	आप्तासाथे	आप्ताध्वे	आप्सीष्ठाः	आप्सीयास्थाम्	आप्सीध्वम् -ढ्वम्
आप्ताहे	आप्तास्वहे	आप्तास्महे	आप्सीय	आप्सीवहि	आप्सीमहि

लिट् → 3.4.81 6.1.8 आप्+आप्+ए 7.4.60
आ+आप्+ए 7.4.59 अ+आप्+ए 6.1.101 आपे iii/1

लुङ् → 3.1.43 3.1.44 आप्+स्+त 6.4.72
आ+आप्+स्+त 8.2.26 आ+आप्+त 6.1.101 →
आप्त iii/1

आपे	आपाते	आपिरे	आप्त	आप्साताम्	आप्सत
आपिषे	आपाथे	आपिध्वे	आप्थाः	आप्साथाम्	आप्ध्वम्
आपे	आपिवहे	आपिमहे	आप्सि	आप्स्वहि	आप्स्महि

1840 तनु श्रद्धोपकरणयोः । उपसर्गाच्च दैर्घ्ये । चन श्रद्धोपहननयोरित्येके । आधृषीयः, वैकल्पिकः णिचः ।
गणसूत्र० उपसर्गाच्च दैर्घ्ये । With Upasarga the meaning becomes – to spread, increase, lengthen.
10c 307 तनुँ । तन् । तानयति / ते , तनति । U । सेट् । स० । तानि । तानय । confide, trust, help, assist
7.2.116 अत उपधायाः । **Parasmaipadi Forms**

तानयति	तानयतः	तानयन्ति[1]	अतानयत् -द्	अतानयताम्	अतानयन्[1]
तानयसि	तानयथः	तानयथ	अतानयः	अतानयतम्	अतानयत
तानयामि[2]	तानयावः[2]	तानयामः[2]	अतानयम्[1]	अतानयाव[2]	अतानयाम[2]

तानयतु तानयतात् -द्	तानयताम्	तानयन्तु[1]	तानयेत् -द्	तानयेताम्	तानयेयुः
तानय तानयतात् -द्	तानयतम्	तानयत	तानयेः	तानयेतम्	तानयेत
तानयानि[3]	तानयाव[3]	तानयाम[3]	तानयेयम्	तानयेव	तानयेम

तानयिष्यति	तानयिष्यतः	तानयिष्यन्ति	अतानयिष्यत् -द्	अतानयिष्यताम्	अतानयिष्यन्
तानयिष्यसि	तानयिष्यथः	तानयिष्यथ	अतानयिष्यः	अतानयिष्यतम्	अतानयिष्यत
तानयिष्यामि	तानयिष्यावः	तानयिष्यामः	अतानयिष्यम्	अतानयिष्याव	अतानयिष्याम

तानयिता	तानयितारौ	तानयितारः	तन्यात् -द्	तन्यास्ताम्	तन्यासुः
तानयितासि	तानयितास्थः	तानयितास्थ	तन्याः	तन्यास्तम्	तन्यास्त
तानयितास्मि	तानयितास्वः	तानयितास्मः	तन्यासम्	तन्यास्व	तन्यास्म

तानयाम्बभूव	तानयाम्बभूवतुः	तानयाम्बभूवुः	अतीतनत् -द्	अतीतनताम्	अतीतनन्
तानयाञ्चकार	तानयाञ्चक्रतुः	तानयाञ्चक्रुः			
तानयामास	तानयामासतुः	तानयामासुः			
तानयाम्बभूविथ	तानयाम्बभूवथुः	तानयाम्बभूव	अतीतनः	अतीतनतम्	अतीतनत

तानयाञ्चकर्थ	तानयाञ्चक्रथुः	तानयाञ्चक्र			
तानयामासिथ	तानयामासथुः	तानयामास			
तानयाम्बभूव	तानयाम्बभूविव	तानयाम्बभूविम	अतीतनम्	अतीतनाव	अतीतनाम
तानयाञ्चकर -कार	तानयाञ्चकृव	तानयाञ्चकृम			
तानयामास	तानयामासिव	तानयामासिम			

Atmanepadi Forms

तानयते	तानयेते[4]	तानयन्ते[1]	अतानयत	अतानयेताम्[4]	अतानयन्त[1]
तानयसे	तानयेथे[4]	तानयध्वे	अतानयथाः	अतानयेथाम्[4]	अतानयध्वम्
तानये[1]	तानयावहे[2]	तानयामहे[2]	अतानये[4]	अतानयावहि[3]	अतानयामहि[3]

तानयताम्	तानयेताम्[4]	तानयन्ताम्[1]	तानयेत	तानयेयाताम्	तानयेरन्
तानयस्व	तानयेथाम्[4]	तानयध्वम्	तानयेथाः	तानयेयाथाम्	तानयेध्वम्
तानयै[5]	तानयावहै[3]	तानयामहै[3]	तानयेय	तानयेवहि	तानयेमहि

तानयिष्यते	तानयिष्येते	तानयिष्यन्ते	अतानयिष्यत	अतानयिष्येताम्	अतानयिष्यन्त
तानयिष्यसे	तानयिष्येथे	तानयिष्यध्वे	अतानयिष्यथाः	अतानयिष्येथाम्	अतानयिष्यध्वम्
तानयिष्ये	तानयिष्यावहे	तानयिष्यामहे	अतानयिष्ये	अतानयिष्यावहि	अतानयिष्यामहि

तानयिता	तानयितारौ	तानयितारः	तानयिषीष्ट	तानयिषीयास्ताम्	तानयिषीरन्
तानयितासे	तानयितासाथे	तानयिताध्वे	तानयिषीष्ठाः	तानयिषीयास्थाम्	तानयिषीध्वम् -ढ्वम्
तानयिताहे	तानयितास्वहे	तानयितास्महे	तानयिषीय	तानयिषीवहि	तानयिषीमहि

तानयाम्बभूव	तानयाम्बभूवतुः	तानयाम्बभूवुः	अतीतनत	अतीतनेताम्	अतीतनन्त
तानयाञ्चक्रे	तानयाञ्चक्राते	तानयाञ्चक्रिरे			
तानयामास	तानयामासतुः	तानयामासुः			
तानयाम्बभूविथ	तानयाम्बभूवथुः	तानयाम्बभूव	अतीतनथाः	अतीतनेथाम्	अतीतनध्वम्
तानयाञ्चकृषे	तानयाञ्चक्राथे	तानयाञ्चकृढ्वे			
तानयामासिथ	तानयामासथुः	तानयामास			
तानयाम्बभूव	तानयाम्बभूविव	तानयाम्बभूविम	अतीतने	अतीतनावहि	अतीतनामहि
तानयाञ्चक्रे	तानयाञ्चकृवहे	तानयाञ्चकृमहे			
तानयामास	तानयामासिव	तानयामासिम			

णिजभावपक्षे 1.3.78 शेषात् कर्त्तरि परस्मैपदम् । पक्षे भ्वादिः इव तन् । P। सेट् । स० ।
7.2.56 उदितो वा। 7.2.15 यस्य विभाषा। 6.4.37 अनुदात्तोपदेशवनतितनोत्यादीनामनुनासिक लोपो झलि क्ङिति।

तनति	तनतः	तनन्ति	तनत् -द्	तनताम्	तनन्
तनसि	तनथः	तनथ	तनः	तनतम्	तनत
तनामि	तनावः	तनामः	तनम्	तनाव	तनाम

तनतु तनतात् -द्	तनताम्	तनन्तु	तनेत् -द्	तनेताम्	तनेयुः
तन तनतात् -द्	तनतम्	तनत	तनेः	तनेतम्	तनेत
तनानि	तनाव	तनाम	तनेयम्	तनेव	तनेम

तनिष्यति	तनिष्यतः	तनिष्यन्ति	अतनिष्यत् -द्	अतनिष्यताम्	अतनिष्यन्
तनिष्यसि	तनिष्यथः	तनिष्यथ	अतनिष्यः	अतनिष्यतम्	अतनिष्यत
तनिष्यामि	तनिष्यावः	तनिष्यामः	अतनिष्यम्	अतनिष्याव	अतनिष्याम

तनिता	तनितारौ	तनितारः	तन्यात् -द्	तन्यास्ताम्	तन्यासुः
तनितासि	तनितास्थः	तनितास्थ	तन्याः	तन्यास्तम्	तन्यास्त
तनितास्मि	तनितास्वः	तनितास्मः	तन्यासम्	तन्यास्व	तन्यास्म

ततान	तेनतुः	तेनुः	अतनीत् -द्	अतनिष्टाम्	अतनिषुः
			अतानीत्	अतानिष्टाम्	अतानिषुः
तेनिथ	तेनतुः	तेन	अतनीः	अतनिष्टम्	अतनिष्ट
			अतानीः	अतानिष्टम्	अतानिष्ट
ततान ततन	तनिव	तनिम	अतनिषम्	अतनिष्व	अतनिष्म
			अतानिषम्	अतानिष्व	अतानिष्म

1841 वद सन्देशवचने । स्वरितेत् । अनुदात्तेदित्येके वदँ॑ । शाकटायनस्य तु आत्मनेपदी । आधृषीयः , वैकल्पिकः णिचः । address, discourse, play music 7.2.116

10c 308 वदँ॑ । वद् । वादयति / ते, वदति / ते । U । सेट् । स० । वादि । वादय ।

Parasmaipadi Forms

वादयति	वादयतः	वादयन्ति[1]	अवादयत् -द्	अवादयताम्	अवादयन्[1]
वादयसि	वादयथः	वादयथ	अवादयः	अवादयतम्	अवादयत
वादयामि[2]	वादयावः[2]	वादयामः[2]	अवादयम्[1]	अवादयाव[2]	अवादयाम[2]

वादयतु वादयतात् -द्	वादयताम्	वादयन्तु[1]	वादयेत् -द्	वादयेताम्	वादयेयुः
वादय वादयतात् -द्	वादयतम्	वादयत	वादयेः	वादयेतम्	वादयेत
वादयानि[3]	वादयाव[3]	वादयाम[3]	वादयेयम्	वादयेव	वादयेम

वादयिष्यति	वादयिष्यतः	वादयिष्यन्ति	अवादयिष्यत् -द्	अवादयिष्यताम्	अवादयिष्यन्
वादयिष्यसि	वादयिष्यथः	वादयिष्यथ	अवादयिष्यः	अवादयिष्यतम्	अवादयिष्यत
वादयिष्यामि	वादयिष्यावः	वादयिष्यामः	अवादयिष्यम्	अवादयिष्याव	अवादयिष्याम

वादयिता	वादयितारौ	वादयितारः	वाद्यात् -द्	वाद्यास्ताम्	वाद्यासुः
वादयितासि	वादयितास्थः	वादयितास्थ	वाद्याः	वाद्यास्तम्	वाद्यास्त
वादयितास्मि	वादयितास्वः	वादयितास्मः	वाद्यासम्	वाद्यास्व	वाद्यास्म

वादयाम्बभूव	वादयाम्बभूवतुः	वादयाम्बभूवुः	अवीवदत् -द्	अवीवदताम्	अवीवदन्

वादयाञ्चकार	वादयाञ्चक्रतुः	वादयाञ्चक्रुः			
वादयामास	वादयामासतुः	वादयामासुः			
वादयाम्बभूविथ	वादयाम्बभूवथुः	वादयाम्बभूव	अवीवदः	अवीवदतम्	अवीवदत
वादयाञ्चकर्थ	वादयाञ्चक्रथुः	वादयाञ्चक्र			
वादयामासिथ	वादयामासथुः	वादयामास			
वादयाम्बभूव	वादयाम्बभूविव	वादयाम्बभूविम	अवीवदम्	अवीवदाव	अवीवदाम
वादयाञ्चकर -कार	वादयाञ्चकृव	वादयाञ्चकृम			
वादयामास	वादयामासिव	वादयामासिम			

Atmanepadi Forms

वादयते	वादयेते[4]	वादयन्ते[1]	अवादयत	अवादयेताम्[4]	अवादयन्त[1]
वादयसे	वादयेथे[4]	वादयध्वे	अवादयथाः	अवादयेथाम्[4]	अवादयध्वम्
वादये[1]	वादयावहे[2]	वादयामहे[2]	अवादये[4]	अवादयावहि[3]	अवादयामहि[3]
वादयताम्	वादयेताम्[4]	वादयन्ताम्[1]	वादयेत	वादयेयाताम्	वादयेरन्
वादयस्व	वादयेथाम्[4]	वादयध्वम्	वादयेथाः	वादयेयाथाम्	वादयेध्वम्
वादयै[5]	वादयावहै[3]	वादयामहै[3]	वादयेय	वादयेवहि	वादयेमहि
वादयिष्यते	वादयिष्येते	वादयिष्यन्ते	अवादयिष्यत	अवादयिष्येताम्	अवादयिष्यन्त
वादयिष्यसे	वादयिष्येथे	वादयिष्यध्वे	अवादयिष्यथाः	अवादयिष्येथाम्	अवादयिष्यध्वम्
वादयिष्ये	वादयिष्यावहे	वादयिष्यामहे	अवादयिष्ये	अवादयिष्यावहि	अवादयिष्यामहि
वादयिता	वादयितारौ	वादयितारः	वादयिषीष्ट	वादयिषीयास्ताम्	वादयिषीरन्
वादयितासे	वादयितासाथे	वादयिताध्वे	वादयिषीष्ठाः	वादयिषीयास्थाम्	वादयिषीध्वम् -ढ्वम्
वादयिताहे	वादयितास्वहे	वादयितास्महे	वादयिषीय	वादयिषीवहि	वादयिषीमहि
वादयाम्बभूव	वादयाम्बभूवतुः	वादयाम्बभूवुः	अवीवदत	अवीवदेताम्	अवीवदन्त
वादयाञ्चक्रे	वादयाञ्चक्राते	वादयाञ्चक्रिरे			
वादयामास	वादयामासतुः	वादयामासुः			
वादयाम्बभूविथ	वादयाम्बभूवथुः	वादयाम्बभूव	अवीवदथाः	अवीवदेथाम्	अवीवदध्वम्
वादयाञ्चकृषे	वादयाञ्चक्राथे	वादयाञ्चकृढ्वे			
वादयामासिथ	वादयामासथुः	वादयामास			
वादयाम्बभूव	वादयाम्बभूविव	वादयाम्बभूविम	अवीवदे	अवीवदावहि	अवीवदामहि
वादयाञ्चक्रे	वादयाञ्चकृवहे	वादयाञ्चकृमहे			
वादयामास	वादयामासिव	वादयामासिम			

णिजभावपक्षे 1.3.72 स्वरितञितः कर्त्रभिप्राये क्रियाफले । इति पक्षे भ्वादिः इव वद् । U । सेट् । स०।

513

6.1.15 वचिस्वपियजादीनां किति । यजादीनाम् इति Root 1002 यज etc. सम्प्रसारणम् । **Parasmaipadi Forms**

वदति	वदतः	वदन्ति	अवदत् -द्	अवदताम्	अवदन्
वदसि	वदथः	वदथ	अवदः	अवदतम्	अवदत
वदामि	वदावः	वदामः	अवदम्	अवदाव	अवदाम
वदतु वदतात् -द्	वदताम्	वदन्तु	वदेत् -द्	वदेताम्	वदेयुः
वद वदतात् -द्	वदतम्	वदत	वदेः	वदेतम्	वदेत
वदानि	वदाव	वदाम	वदेयम्	वदेव	वदेम
वदिष्यति	वदिष्यतः	वदिष्यन्ति	अवदिष्यत् -द्	अवदिष्यताम्	अवदिष्यन्
वदिष्यसि	वदिष्यथः	वदिष्यथ	अवदिष्यः	अवदिष्यतम्	अवदिष्यत
वदिष्यामि	वदिष्यावः	वदिष्यामः	अवदिष्यम्	अवदिष्याव	अवदिष्याम
वदिता	वदितारौ	वदितारः	वद्यात् -द्	वद्यास्ताम्	वद्यासुः
वदितासि	वदितास्थः	वदितास्थ	वद्याः	वद्यास्तम्	वद्यास्त
वदितास्मि	वदितास्वः	वदितास्मः	वद्यासम्	वद्यास्व	वद्यास्म
ववाद	ववदतुः	ववदुः	अवदीत् -द्	अवदिष्टाम्	अवदिषुः
			अवादीत् -द्	अवादिष्टाम्	अवादिषुः
ववदिथ	ववदथुः	ववद	अवदीः	अवदिष्टम्	अवदिष्ट
			अवादीः	अवादिष्टम्	अवादिष्ट
ववाद ववद	ववदिव	ववदिम	अवदिषम्	अवदिष्व	अवदिष्म
			अवादिषम्	अवादिष्व	अवादिष्म

Atmanepadi Forms

वदते	वदेते[4]	वदन्ते[1]	अवदत	अवदेताम्[4]	अवदन्त[1]
वदसे	वदेथे[4]	वदध्वे	अवदथाः	अवदेथाम्[4]	अवदध्वम्
वदे[1]	वदावहे[2]	वदामहे[2]	अवदे[4]	अवदावहि[3]	अवदामहि[3]
वदताम्	वदेताम्[4]	वदन्ताम्[1]	वदेत	वदेयाताम्	वदेरन्
वदस्व	वदेथाम्[4]	वदध्वम्	वदेथाः	वदेयाथाम्	वदेध्वम्
वदै[5]	वदावहै[3]	वदामहै[3]	वदेय	वदेवहि	वदेमहि
वदिष्यते	वदिष्येते	वदिष्यन्ते	अवदिष्यत	अवदिष्येताम्	अवदिष्यन्त
वदिष्यसे	वदिष्येथे	वदिष्यध्वे	अवदिष्यथाः	अवदिष्येथाम्	अवदिष्यध्वम्
वदिष्ये	वदिष्यावहे	वदिष्यामहे	अवदिष्ये	अवदिष्यावहि	अवदिष्यामहि
वदिता	वदितारौ	वदितारः	वदिषीष्ट	वदिषीयास्ताम्	वदिषीरन्
वदितासे	वदितासाथे	वदिताध्वे	वदिषीष्ठाः	वदिषीयास्थाम्	वदिषीध्वम् -ढ्वम्
वदिताहे	वदितास्वहे	वदितास्महे	वदिषीय	वदिषीवहि	वदिषीमहि
ववदे	ववदाते	ववदिरे	अवदिष्ट	अवदिषाताम्	अवदिषत
ववदिषे	ववदाथे	ववदिध्वे	अवदिष्ठाः	अवदिषाथाम्	अवदिढ्वम्
ववदे	ववदिवहे	ववदिमहे	अवदिषि	अवदिष्वहि	अवदिष्महि

1842 वच परिभाषणे । आधृषीयः , वैकल्पिकः णिचः । speak, describe, talk, declare

10c 309 वचँ । वच् । वाचयति / ते , वचति । U । सेट् । स० । वाचि । वाचय ।

7.2.116 अत उपधायाः । **Parasmaipadi Forms**

वाचयति	वाचयतः	वाचयन्ति[1]	अवाचयत् -द्	अवाचयताम्	अवाचयन्[1]
वाचयसि	वाचयथः	वाचयथ	अवाचयः	अवाचयतम्	अवाचयत
वाचयामि[2]	वाचयावः[2]	वाचयामः[2]	अवाचयम्[1]	अवाचयाव[2]	अवाचयाम[2]

वाचयतु वाचयतात् -द्	वाचयताम्	वाचयन्तु[1]	वाचयेत् -द्	वाचयेताम्	वाचयेयुः
वाचय वाचयतात् -द्	वाचयतम्	वाचयत	वाचयेः	वाचयेतम्	वाचयेत
वाचयानि[3]	वाचयाव[3]	वाचयाम[3]	वाचयेयम्	वाचयेव	वाचयेम

वाचयिष्यति	वाचयिष्यतः	वाचयिष्यन्ति	अवाचयिष्यत् -द्	अवाचयिष्यताम्	अवाचयिष्यन्
वाचयिष्यसि	वाचयिष्यथः	वाचयिष्यथ	अवाचयिष्यः	अवाचयिष्यतम्	अवाचयिष्यत
वाचयिष्यामि	वाचयिष्यावः	वाचयिष्यामः	अवाचयिष्यम्	अवाचयिष्याव	अवाचयिष्याम

वाचयिता	वाचयितारौ	वाचयितारः	वच्यात् -द्	वच्यास्ताम्	वच्यासुः
वाचयितासि	वाचयितास्थः	वाचयितास्थ	वच्याः	वच्यास्तम्	वच्यास्त
वाचयितास्मि	वाचयितास्वः	वाचयितास्मः	वच्यासम्	वच्यास्व	वच्यास्म

वाचयाम्बभूव	वाचयाम्बभूवतुः	वाचयाम्बभूवुः	अवीवचत् -द्	अवीवचताम्	अवीवचन्
वाचयाञ्चकार	वाचयाञ्चक्रतुः	वाचयाञ्चक्रुः			
वाचयामास	वाचयामासतुः	वाचयामासुः			
वाचयाम्बभूविथ	वाचयाम्बभूवथुः	वाचयाम्बभूव	अवीवचः	अवीवचतम्	अवीवचत
वाचयाञ्चकर्थ	वाचयाञ्चक्रथुः	वाचयाञ्चक्र			
वाचयामासिथ	वाचयामासथुः	वाचयामास			
वाचयाम्बभूव	वाचयाम्बभूविव	वाचयाम्बभूविम	अवीवचम्	अवीवचाव	अवीवचाम
वाचयाञ्चकर -कार	वाचयाञ्चकृव	वाचयाञ्चकृम			
वाचयामास	वाचयामासिव	वाचयामासिम			

Atmanepadi Forms

वाचयते	वाचयेते[4]	वाचयन्ते[1]	अवाचयत	अवाचयेताम्[4]	अवाचयन्त[1]
वाचयसे	वाचयेथे[4]	वाचयध्वे	अवाचयथाः	अवाचयेथाम्[4]	अवाचयध्वम्
वाचये[1]	वाचयावहे[2]	वाचयामहे[2]	अवाचये[4]	अवाचयावहि[3]	अवाचयामहि[3]

वाचयताम्	वाचयेताम्[4]	वाचयन्ताम्[1]	वाचयेत	वाचयेयाताम्	वाचयेरन्
वाचयस्व	वाचयेथाम्[4]	वाचयध्वम्	वाचयेथाः	वाचयेयाथाम्	वाचयेध्वम्
वाचयै[5]	वाचयावहै[3]	वाचयामहै[3]	वाचयेय	वाचयेवहि	वाचयेमहि

वाचयिष्यते	वाचयिष्येते	वाचयिष्यन्ते	अवाचयिष्यत	अवाचयिष्येताम्	अवाचयिष्यन्त
वाचयिष्यसे	वाचयिष्येथे	वाचयिष्यध्वे	अवाचयिष्यथाः	अवाचयिष्येथाम्	अवाचयिष्यध्वम्
वाचयिष्ये	वाचयिष्यावहे	वाचयिष्यामहे	अवाचयिष्ये	अवाचयिष्यावहि	अवाचयिष्यामहि

वाचयिता	वाचयितारौ	वाचयितारः	वाचयिषीष्ट	वाचयिषीयास्ताम्	वाचयिषीरन्
वाचयितासे	वाचयितासाथे	वाचयिताध्वे	वाचयिषीष्ठाः	वाचयिषीयास्थाम्	वाचयिषीध्वम् -ढ्वम्
वाचयिताहे	वाचयितास्वहे	वाचयितास्महे	वाचयिषीय	वाचयिषीवहि	वाचयिषीमहि

वाचयाम्बभूव	वाचयाम्बभूवतुः	वाचयाम्बभूवुः	अवीवचत	अवीवचेताम्	अवीवचन्त
वाचयाञ्चक्रे	वाचयाञ्चक्राते	वाचयाञ्चक्रिरे			
वाचयामास	वाचयामासतुः	वाचयामासुः			
वाचयाम्बभूविथ	वाचयाम्बभूवथुः	वाचयाम्बभूव	अवीवचथाः	अवीवचेथाम्	अवीवचध्वम्
वाचयाञ्चकृषे	वाचयाञ्चक्राथे	वाचयाञ्चकृढ्वे			
वाचयामासिथ	वाचयामासथुः	वाचयामास			
वाचयाम्बभूव	वाचयाम्बभूविव	वाचयाम्बभूविम	अवीवचे	अवीवचावहि	अवीवचामहि
वाचयाञ्चक्रे	वाचयाञ्चकृवहे	वाचयाञ्चकृमहे			
वाचयामास	वाचयामासिव	वाचयामासिम			

णिजभावपक्षे 1.3.78 शेषात् कर्त्तरि परस्मैपदम् । पक्षे अनिट् , भ्वादिः सार्वधातुके इव वच् । P। अनिट् । स० । अदादिः आर्धधातुके इव वच् । See Root 1063 वच । 6.1.15 वचिस्वपियजादीनां किति । इति सम्प्रसारणम् । 8.2.30 चोः कुः ।

Parasmaipadi Forms

वचति	वचतः	वचन्ति	अवचत् -द्	अवचताम्	अवचन्
वचसि	वचथः	वचथ	अवचः	अवचतम्	अवचत
वचामि	वचावः	वचामः	अवचम्	अवचाव	अवचाम

वचतु वचतात् -द्	वचताम्	वचन्तु	वचेत् -द्	वचेताम्	वचेयुः
वच वचतात् -द्	वचतम्	वचत	वचेः	वचेतम्	वचेत
वचानि	वचाव	वचाम	वचेयम्	वचेव	वचेम

वक्ष्यति	वक्ष्यतः	वक्ष्यन्ति	अवक्ष्यत् -द्	अवक्ष्यताम्	अवक्ष्यन्
वक्ष्यसि	वक्ष्यथः	वक्ष्यथ	अवक्ष्यः	अवक्ष्यतम्	अवक्ष्यत
वक्ष्यामि	वक्ष्यावः	वक्ष्यामः	अवक्ष्यम्	अवक्ष्याव	अवक्ष्याम

वक्ता	वक्तारौ	वक्तारः	उच्यात् -द्	उच्यास्ताम्	उच्यासुः
वक्तासि	वक्तास्थः	वक्तास्थ	उच्याः	उच्यास्तम्	उच्यास्त
वक्तास्मि	वक्तास्वः	वक्तास्मः	उच्यासम्	उच्यास्व	उच्यास्म

उवाच	ऊचतुः	ऊचुः	अवोचत् -द्	अवोचताम्	अवोचन्
उवचिथ उवक्थ	ऊचथुः	ऊच	अवोचः	अवोचतम्	अवोचत
उवाच उवच	ऊचिव	ऊचिम	अवोचम्	अवोचाव	अवोचाम

1843 मान पूजायाम् । आधृषीयः , वैकल्पिकः णिचः । respect

10c 310 मानँ । मान् । मानयति / ते, मानति । U । सेट् । स० । मानि । मानय ।

Parasmaipadi Forms

मानयति	मानयतः	मानयन्ति[1]	अमानयत् -द्	अमानयताम्	अमानयन्[1]
मानयसि	मानयथः	मानयथ	अमानयः	अमानयतम्	अमानयत
मानयामि[2]	मानयावः[2]	मानयामः[2]	अमानयम्[1]	अमानयाव[2]	अमानयाम[2]

मानयतु मानयतात् -द्	मानयताम्	मानयन्तु[1]	मानयेत् -द्	मानयेताम्	मानयेयुः
मानय मानयतात् -द्	मानयतम्	मानयत	मानयेः	मानयेतम्	मानयेत
मानयानि[3]	मानयाव[3]	मानयाम[3]	मानयेयम्	मानयेव	मानयेम

मानयिष्यति	मानयिष्यतः	मानयिष्यन्ति	अमानयिष्यत् -द्	अमानयिष्यताम्	अमानयिष्यन्
मानयिष्यसि	मानयिष्यथः	मानयिष्यथ	अमानयिष्यः	अमानयिष्यतम्	अमानयिष्यत
मानयिष्यामि	मानयिष्यावः	मानयिष्यामः	अमानयिष्यम्	अमानयिष्याव	अमानयिष्याम

मानयिता	मानयितारौ	मानयितारः	मान्यात् -द्	मान्यास्ताम्	मान्यासुः
मानयितासि	मानयितास्थः	मानयितास्थ	मान्याः	मान्यास्तम्	मान्यास्त
मानयितास्मि	मानयितास्वः	मानयितास्मः	मान्यासम्	मान्यास्व	मान्यास्म

मानयाम्बभूव	मानयाम्बभूवतुः	मानयाम्बभूवुः	अमीमनत् -द्	अमीमनताम्	अमीमनन्
मानयाञ्चकार	मानयाञ्चक्रतुः	मानयाञ्चक्रुः			
मानयामास	मानयामासतुः	मानयामासुः			
मानयाम्बभूविथ	मानयाम्बभूवथुः	मानयाम्बभूव	अमीमनः	अमीमनतम्	अमीमनत
मानयाञ्चकर्थ	मानयाञ्चक्रथुः	मानयाञ्चक्र			
मानयामासिथ	मानयामासथुः	मानयामास			
मानयाम्बभूव	मानयाम्बभूविव	मानयाम्बभूविम	अमीमनम्	अमीमनाव	अमीमनाम
मानयाञ्चकर -कार	मानयाञ्चकृव	मानयाञ्चकृम			
मानयामास	मानयामासिव	मानयामासिम			

Atmanepadi Forms

मानयते	मानयेते[4]	मानयन्ते[1]	अमानयत	अमानयेताम्[4]	अमानयन्त[1]
मानयसे	मानयेथे[4]	मानयध्वे	अमानयथाः	अमानयेथाम्[4]	अमानयध्वम्
मानये[1]	मानयावहे[2]	मानयामहे[2]	अमानये[4]	अमानयावहि[3]	अमानयामहि[3]

मानयताम्	मानयेताम्[4]	मानयन्ताम्[1]	मानयेत	मानयेयाताम्	मानयेरन्
मानयस्व	मानयेथाम्[4]	मानयध्वम्	मानयेथाः	मानयेयाथाम्	मानयेध्वम्
मानयै[5]	मानयावहै[3]	मानयामहै[3]	मानयेय	मानयेवहि	मानयेमहि

मानयिष्यते	मानयिष्येते	मानयिष्यन्ते	अमानयिष्यत	अमानयिष्येताम्	अमानयिष्यन्त
मानयिष्यसे	मानयिष्येथे	मानयिष्यध्वे	अमानयिष्यथाः	अमानयिष्येथाम्	अमानयिष्यध्वम्
मानयिष्ये	मानयिष्यावहे	मानयिष्यामहे	अमानयिष्ये	अमानयिष्यावहि	अमानयिष्यामहि

मानयिता	मानयितारौ	मानयितारः	मानयिषीष्ट	मानयिषीयास्ताम्	मानयिषीरन्
मानयितासे	मानयितासाथे	मानयिताध्वे	मानयिषीष्ठाः	मानयिषीयास्थाम्	मानयिषीध्वम् -ढ्वम्
मानयिताहे	मानयितास्वहे	मानयितास्महे	मानयिषीय	मानयिषीवहि	मानयिषीमहि

मानयाम्बभूव	मानयाम्बभूवतुः	मानयाम्बभूवुः	अमीमनत	अमीमनेताम्	अमीमनन्त
मानयाञ्चक्रे	मानयाञ्चक्राते	मानयाञ्चक्रिरे			
मानयामास	मानयामासतुः	मानयामासुः			
मानयाम्बभूविथ	मानयाम्बभूवथुः	मानयाम्बभूव	अमीमनथाः	अमीमनेथाम्	अमीमनध्वम्
मानयाञ्चकृषे	मानयाञ्चक्राथे	मानयाञ्चकृढ्वे			
मानयामासिथ	मानयामासथुः	मानयामास			
मानयाम्बभूव	मानयाम्बभूविव	मानयाम्बभूविम	अमीमने	अमीमनावहि	अमीमनामहि
मानयाञ्चक्रे	मानयाञ्चकृवहे	मानयाञ्चकृमहे			
मानयामास	मानयामासिव	मानयामासिम			

णिजभावपक्षे 1.3.78 शेषात् कर्त्तरि परस्मैपदम् । पक्षे भ्वादिः इव मान् । P । सेट् । स० ।

मानति	मानतः	मानन्ति	अमानत् -द्	अमानताम्	अमानन्
मानसि	मानथः	मानथ	अमानः	अमानतम्	अमानत
मानामि	मानावः	मानामः	अमानम्	अमानाव	अमानाम

मानतु मानतात् -द्	मानताम्	मानन्तु	मानेत् -द्	मानेताम्	मानेयुः
मान मानतात् -द्	मानतम्	मानत	मानेः	मानेतम्	मानेत
मानानि	मानाव	मानाम	मानेयम्	मानेव	मानेम

मानिष्यति	मानिष्यतः	मानिष्यन्ति	अमानिष्यत् -द्	अमानिष्यताम्	अमानिष्यन्
मानिष्यसि	मानिष्यथः	मानिष्यथ	अमानिष्यः	अमानिष्यतम्	अमानिष्यत
मानिष्यामि	मानिष्यावः	मानिष्यामः	अमानिष्यम्	अमानिष्याव	अमानिष्याम

मानिता	मानितारौ	मानितारः	मान्यात् -द्	मान्यास्ताम्	मान्यासुः
मानितासि	मानितास्थः	मानितास्थ	मान्याः	मान्यास्तम्	मान्यास्त
मानितास्मि	मानितास्वः	मानितास्मः	मान्यासम्	मान्यास्व	मान्यास्म

ममान	ममानतुः	ममानुः	अमानीत् -द्	अमानिष्टाम्	अमानिषुः
ममानिथ	ममानथुः	ममान	अमानीः	अमानिष्टम्	अमानिष्ट
ममान	ममानिव	ममानिम	अमानिषम्	अमानिष्व	अमानिष्म

1844 भू प्राप्तौ । आत्मनेपदी । णिच् सन्नियोगेनैव आत्मनेपदम् इत्येके । आधृषीयः , वैकल्पिकः णिचः ।

10c 311 भू । भू । भावयते , भवते । A । सेट् । स० । भावि । भावय । obtain, gain, think

Note – There is not any tag letter for anudata accent to be given for Atmanepadi.

7.2.115 अचो ञ्णिति । **Atmanepadi Forms Only**

भावयते	भावयेते[4]	भावयन्ते[1]	अभावयत	अभावयेताम्[4]	अभावयन्त[1]
भावयसे	भावयेथे[4]	भावयध्वे	अभावयथाः	अभावयेथाम्[4]	अभावयध्वम्
भावये[1]	भावयावहे[2]	भावयामहे[2]	अभावये[4]	अभावयावहि[3]	अभावयामहि[3]

भावयताम्	भावयेताम्[4]	भावयन्ताम्[1]	भावयेत	भावयेयाताम्	भावयेरन्
भावयस्व	भावयेथाम्[4]	भावयध्वम्	भावयेथाः	भावयेयाथाम्	भावयेध्वम्
भावयै[5]	भावयावहै[3]	भावयामहै[3]	भावयेय	भावयेवहि	भावयेमहि

भावयिष्यते	भावयिष्येते	भावयिष्यन्ते	अभावयिष्यत	अभावयिष्येताम्	अभावयिष्यन्त
भावयिष्यसे	भावयिष्येथे	भावयिष्यध्वे	अभावयिष्यथाः	अभावयिष्येथाम्	अभावयिष्यध्वम्
भावयिष्ये	भावयिष्यावहे	भावयिष्यामहे	अभावयिष्ये	अभावयिष्यावहि	अभावयिष्यामहि

भावयिता	भावयितारौ	भावयितारः	भावयिषीष्ट	भावयिषीयास्ताम्	भावयिषीरन्
भावयितासे	भावयितासाथे	भावयिताध्वे	भावयिषीष्ठाः	भावयिषीयास्थाम्	भावयिषीध्वम् -ढ्वम्
भावयिताहे	भावयितास्वहे	भावयितास्महे	भावयिषीय	भावयिषीवहि	भावयिषीमहि

भावयाम्बभूव	भावयाम्बभूवतुः	भावयाम्बभूवुः	अबीभवत	अबीभवेताम्	अबीभवन्त
भावयाञ्चक्रे	भावयाञ्चक्राते	भावयाञ्चक्रिरे			
भावयामास	भावयामासतुः	भावयामासुः			
भावयाम्बभूविथ	भावयाम्बभूवथुः	भावयाम्बभूव	अबीभवथाः	अबीभवेथाम्	अबीभवध्वम्
भावयाञ्चकृषे	भावयाञ्चक्राथे	भावयाञ्चकृढ्वे			
भावयामासिथ	भावयामासथुः	भावयामास			
भावयाम्बभूव	भावयाम्बभूविव	भावयाम्बभूविम	अबीभवे	अबीभवावहि	अबीभवामहि
भावयाञ्चक्रे	भावयाञ्चकृवहे	भावयाञ्चकृमहे			
भावयामास	भावयामासिव	भावयामासिम			

णिजभावपक्षे अनिट् , भ्वादिः इव भू । A । सेट् । स० । 7.2.11 श्र्युकः किति । श्रि इत्येतस्य उगन्तानां च किति प्रत्यये परतः इडागमो न भवति । उक् प्रत्याहारः । Some grammarians consider this Root to be Atmanepadi in this प्राप्तौ meaning. Others say it is Atmanepadi only in context of णिच्, else it is Parasmaipadi. Hence both forms listed. **Atmanepadi Forms**

भवते	भवेते	भवन्ते	अभवत	अभवेताम्	अभवन्त
भवसे	भवेथे	भवध्वे	अभवथाः	अभवेथाम्	अभवध्वम्
भवे	भवावहे	भवामहे	अभवे	अभवावहि	अभवामहि

भवताम्	भवेताम्	भवन्ताम्	भवेत	भवेयाताम्	भवेरन्
भवस्व	भवेथाम्	भवध्वम्	भवेथाः	भवेयाथाम्	भवेध्वम्
भवै	भवावहै	भवामहै	भवेय	भवेवहि	भवेमहि

भविष्यते	भविष्येते	भविष्यन्ते	अभविष्यत	अभविष्येताम्	अभविष्यन्त
भविष्यसे	भविष्येथे	भविष्यध्वे	अभविष्यथाः	अभविष्येथाम्	अभविष्यध्वम्
भविष्ये	भविष्यावहे	भविष्यामहे	अभविष्ये	अभविष्यावहि	अभविष्यामहि

भविता	भवितारौ	भवितारः	भविषीष्ट	भविषीयास्ताम्	भविषीरन्
भवितासे	भवितासाथे	भविताध्वे	भविषीष्ठाः	भविषीयास्थाम्	भविषीध्वम् -ढ्वम्
भविताहे	भवितास्वहे	भवितास्महे	भविषीय	भविषीवहि	भविषीमहि

बभूवे	बभूवाते	बभूविरे	अभविष्ट	अभविषाताम्	अभविषत
बभूविषे	बभूवाथे	बभूविध्वे बभूविढ्वे	अभविष्ठाः	अभविषाथाम्	अभविध्वम्
बभूवे	बभूविवहे	बभूविमहे	अभविषि	अभविष्वहि	अभविष्महि

णिजभावपक्षे अनिट् , भ्वादिः इव भू । P । सेट् । स० । **Parasmaipadi Forms**

भवति	भवतः	भवन्ति	अभवत् -द्	अभवताम्	अभवन्
भवसि	भवथः	भवथ	अभवः	अभवतम्	अभवत
भवामि	भवावः	भवामः	अभवम्	अभवाव	अभवाम

भवतु भवतात् -द्	भवताम्	भवन्तु	भवेत् -द्	भवेताम्	भवेयुः
भव भवतात् -द्	भवतम्	भवत	भवेः	भवेतम्	भवेत
भवानि	भवाव	भवाम	भवेयम्	भवेव	भवेम

भविष्यति	भविष्यतः	भविष्यन्ति	अभविष्यत् -द्	अभविष्यताम्	अभविष्यन्
भविष्यसि	भविष्यथः	भविष्यथ	अभविष्यः	अभविष्यतम्	अभविष्यत
भविष्यामि	भविष्यावः	भविष्यामः	अभविष्यम्	अभविष्याव	अभविष्याम

भविता	भवितारौ	भवितारः	भूयात् -द्	भूयास्ताम्	भूयासुः
भवितासि	भवितास्थः	भवितास्थ	भूयाः	भूयास्तम्	भूयास्त
भवितास्मि	भवितास्वः	भवितास्मः	भूयासम्	भूयास्व	भूयास्म

बभूव	बभूवतुः	बभूवुः	अभूत् -द्	अभूताम्	अभूवन्
बभूविथ	बभूवथुः	बभूव	अभूः	अभूतम्	अभूत
बभूव	बभूविव	बभूविम	अभूवम्	अभूव	अभूम

1845 **गर्ह विनिन्दने** । आधृषीयः , वैकल्पिकः णिचः । blame, criticize, accuse, reproach

10c 312 **गर्हँ** । **गर्ह्** । **गर्हयति / ते, गर्हति** । U । **सेट्** । **स०** । **गर्हि** । **गर्हय** ।

Parasmaipadi Forms

गर्हयति	गर्हयतः	गर्हयन्ति[1]	अगर्हयत् -द्	अगर्हयताम्	अगर्हयन्[1]
गर्हयसि	गर्हयथः	गर्हयथ	अगर्हयः	अगर्हयतम्	अगर्हयत
गर्हयामि[2]	गर्हयावः[2]	गर्हयामः[2]	अगर्हयम्[1]	अगर्हयाव[2]	अगर्हयाम[2]

गर्हयतु गर्हयतात् -द्	गर्हयताम्	गर्हयन्तु[1]	गर्हयेत् -द्	गर्हयेताम्	गर्हयेयुः
गर्हय गर्हयतात् -द्	गर्हयतम्	गर्हयत	गर्हयेः	गर्हयेतम्	गर्हयेत
गर्हयानि[3]	गर्हयाव[3]	गर्हयाम[3]	गर्हयेयम्	गर्हयेव	गर्हयेम

गर्हयिष्यति	गर्हयिष्यतः	गर्हयिष्यन्ति	अगर्हयिष्यत् -द्	अगर्हयिष्यताम्	अगर्हयिष्यन्
गर्हयिष्यसि	गर्हयिष्यथः	गर्हयिष्यथ	अगर्हयिष्यः	अगर्हयिष्यतम्	अगर्हयिष्यत
गर्हयिष्यामि	गर्हयिष्यावः	गर्हयिष्यामः	अगर्हयिष्यम्	अगर्हयिष्याव	अगर्हयिष्याम
गर्हयिता	गर्हयितारौ	गर्हयितारः	गर्ह्यात् -द्	गर्ह्यास्ताम्	गर्ह्यासुः
गर्हयितासि	गर्हयितास्थः	गर्हयितास्थ	गर्ह्याः	गर्ह्यास्तम्	गर्ह्यास्त
गर्हयितास्मि	गर्हयितास्वः	गर्हयितास्मः	गर्ह्यासम्	गर्ह्यास्व	गर्ह्यास्म
गर्हयाम्बभूव	गर्हयाम्बभूवतुः	गर्हयाम्बभूवुः	अजगर्हत् -द्	अजगर्हताम्	अजगर्हन्
गर्हयाञ्चकार	गर्हयाञ्चक्रतुः	गर्हयाञ्चक्रुः			
गर्हयामास	गर्हयामासतुः	गर्हयामासुः			
गर्हयाम्बभूविथ	गर्हयाम्बभूवथुः	गर्हयाम्बभूव	अजगर्हः	अजगर्हतम्	अजगर्हत
गर्हयाञ्चकर्थ	गर्हयाञ्चक्रथुः	गर्हयाञ्चक्र			
गर्हयामासिथ	गर्हयामासथुः	गर्हयामास			
गर्हयाम्बभूव	गर्हयाम्बभूविव	गर्हयाम्बभूविम	अजगर्हम्	अजगर्हाव	अजगर्हाम
गर्हयाञ्चकर -कार	गर्हयाञ्चकृव	गर्हयाञ्चकृम			
गर्हयामास	गर्हयामासिव	गर्हयामासिम			

Atmanepadi Forms

गर्हयते	गर्हयेते[4]	गर्हयन्ते[1]	अगर्हयत	अगर्हयेताम्[4]	अगर्हयन्त[1]
गर्हयसे	गर्हयेथे[4]	गर्हयध्वे	अगर्हयथाः	अगर्हयेथाम्[4]	अगर्हयध्वम्
गर्हये[1]	गर्हयावहे[2]	गर्हयामहे[2]	अगर्हये[4]	अगर्हयावहि[3]	अगर्हयामहि[3]
गर्हयताम्	गर्हयेताम्[4]	गर्हयन्ताम्[1]	गर्हयेत	गर्हयेयाताम्	गर्हयेरन्
गर्हयस्व	गर्हयेथाम्[4]	गर्हयध्वम्	गर्हयेथाः	गर्हयेयाथाम्	गर्हयेध्वम्
गर्हयै[5]	गर्हयावहै[3]	गर्हयामहै[3]	गर्हयेय	गर्हयेवहि	गर्हयेमहि
गर्हयिष्यते	गर्हयिष्येते	गर्हयिष्यन्ते	अगर्हयिष्यत	अगर्हयिष्येताम्	अगर्हयिष्यन्त
गर्हयिष्यसे	गर्हयिष्येथे	गर्हयिष्यध्वे	अगर्हयिष्यथाः	अगर्हयिष्येथाम्	अगर्हयिष्यध्वम्
गर्हयिष्ये	गर्हयिष्यावहे	गर्हयिष्यामहे	अगर्हयिष्ये	अगर्हयिष्यावहि	अगर्हयिष्यामहि
गर्हयिता	गर्हयितारौ	गर्हयितारः	गर्हयिषीष्ट	गर्हयिषीयास्ताम्	गर्हयिषीरन्
गर्हयितासे	गर्हयितासाथे	गर्हयिताध्वे	गर्हयिषीष्ठाः	गर्हयिषीयास्थाम्	गर्हयिषीध्वम् -ढ्वम्
गर्हयिताहे	गर्हयितास्वहे	गर्हयितास्महे	गर्हयिषीय	गर्हयिषीवहि	गर्हयिषीमहि
गर्हयाम्बभूव	गर्हयाम्बभूवतुः	गर्हयाम्बभूवुः	अजगर्हत	अजगर्हेताम्	अजगर्हन्त
गर्हयाञ्चक्रे	गर्हयाञ्चक्राते	गर्हयाञ्चक्रिरे			

गर्हयामास	**गर्हयामासतुः**	**गर्हयामासुः**			
गर्हयाम्बभूविथ	**गर्हयाम्बभूवथुः**	**गर्हयाम्बभूव**	**अजगर्हथाः**	**अजगर्हेथाम्**	**अजगर्हध्वम्**
गर्हयाञ्चकृषे	**गर्हयाञ्चक्राथे**	**गर्हयाञ्चकृढ्वे**			
गर्हयामासिथ	**गर्हयामासथुः**	**गर्हयामास**			
गर्हयाम्बभूव	**गर्हयाम्बभूविव**	**गर्हयाम्बभूविम**	**अजगर्हे**	**अजगर्हावहि**	**अजगर्हामहि**
गर्हयाञ्चक्रे	**गर्हयाञ्चकृवहे**	**गर्हयाञ्चकृमहे**			
गर्हयामास	**गर्हयामासिव**	**गर्हयामासिम**			

णिजभावपक्षे 1.3.78 **शेषात् कर्त्तरि परस्मैपदम् । इति पक्षे भ्वादिः इव गर्ह् ।** P । **सेट् । स० ।**

गर्हति	गर्हतः	गर्हन्ति	अगर्हत् -द्	अगर्हताम्	अगर्हन्
गर्हसि	गर्हथः	गर्हथ	अगर्हः	अगर्हतम्	अगर्हत
गर्हामि	गर्हावः	गर्हामः	अगर्हम्	अगर्हाव	अगर्हाम

गर्हतु गर्हतात् -द्	गर्हताम्	गर्हन्तु	गर्हेत् -द्	गर्हेताम्	गर्हेयुः
गर्ह गर्हतात् -द्	गर्हतम्	गर्हत	गर्हेः	गर्हेतम्	गर्हेत
गर्हाणि	गर्हाव	गर्हाम	गर्हेयम्	गर्हेव	गर्हेम

गर्हिष्यति	गर्हिष्यतः	गर्हिष्यन्ति	अगर्हिष्यत् -द्	अगर्हिष्यताम्	अगर्हिष्यन्
गर्हिष्यसि	गर्हिष्यथः	गर्हिष्यथ	अगर्हिष्यः	अगर्हिष्यतम्	अगर्हिष्यत
गर्हिष्यामि	गर्हिष्यावः	गर्हिष्यामः	अगर्हिष्यम्	अगर्हिष्याव	अगर्हिष्याम

गर्हिता	गर्हितारौ	गर्हितारः	गर्ह्यात् -द्	गर्ह्यास्ताम्	गर्ह्यासुः
गर्हितासि	गर्हितास्थः	गर्हितास्थ	गर्ह्याः	गर्ह्यास्तम्	गर्ह्यास्त
गर्हितास्मि	गर्हितास्वः	गर्हितास्मः	गर्ह्यासम्	गर्ह्यास्व	गर्ह्यास्म

जगर्ह	जगर्हतुः	जगर्हुः	अगर्हीत् -द्	अगर्हिष्टाम्	अगर्हिषुः
जगर्हिथ	जगर्हथुः	जगर्ह	अगर्हीः	अगर्हिष्टम्	अगर्हिष्ट
जगर्ह	जगर्हिव	जगर्हिम	अगर्हिषम्	अगर्हिष्व	अगर्हिष्म

1846 **मार्ग अन्वेषणे ।** आधृषीयः , वैकल्पिकः णिचः । seek, search

10c 313 **मार्गँ** । **मार्ग्** । **मार्गयति / ते, मार्गति** । U । **सेट्** । **स०** । **मार्गि** । **मार्गय** ।

Parasmaipadi Forms

मार्गयति	**मार्गयतः**	**मार्गयन्ति**[1]	**अमार्गयत् -द्**	**अमार्गयताम्**	**अमार्गयन्**[1]
मार्गयसि	**मार्गयथः**	**मार्गयथ**	**अमार्गयः**	**अमार्गयतम्**	**अमार्गयत**
मार्गयामि[2]	**मार्गयावः**[2]	**मार्गयामः**[2]	**अमार्गयम्**[1]	**अमार्गयाव**[2]	**अमार्गयाम**[2]

मार्गयतु मार्गयतात् -द्	**मार्गयताम्**	**मार्गयन्तु**[1]	**मार्गयेत् -द्**	**मार्गयेताम्**	**मार्गयेयुः**
मार्गय मार्गयतात् -द्	**मार्गयतम्**	**मार्गयत**	**मार्गयेः**	**मार्गयेतम्**	**मार्गयेत**
मार्गयानि[3]	**मार्गयाव**[3]	**मार्गयाम**[3]	**मार्गयेयम्**	**मार्गयेव**	**मार्गयेम**

मार्गयिष्यति	**मार्गयिष्यतः**	**मार्गयिष्यन्ति**	**अमार्गयिष्यत् -द्**	**अमार्गयिष्यताम्**	**अमार्गयिष्यन्**

मार्गयिष्यसि	मार्गयिष्यथः	मार्गयिष्यथ	अमार्गयिष्यः	अमार्गयिष्यतम्	अमार्गयिष्यत
मार्गयिष्यामि	मार्गयिष्यावः	मार्गयिष्यामः	अमार्गयिष्यम्	अमार्गयिष्याव	अमार्गयिष्याम

मार्गयिता	मार्गयितारौ	मार्गयितारः	मार्ग्यात् -द्	मार्ग्यास्ताम्	मार्ग्यासुः
मार्गयितासि	मार्गयितास्थः	मार्गयितास्थ	मार्ग्याः	मार्ग्यास्तम्	मार्ग्यास्त
मार्गयितास्मि	मार्गयितास्वः	मार्गयितास्मः	मार्ग्यासम्	मार्ग्यास्व	मार्ग्यास्म

मार्गयाम्बभूव	मार्गयाम्बभूवतुः	मार्गयाम्बभूवुः	अममार्गत् -द्	अममार्गताम्	अममार्गन्
मार्गयाञ्चकार	मार्गयाञ्चक्रतुः	मार्गयाञ्चक्रुः			
मार्गयामास	मार्गयामासतुः	मार्गयामासुः			
मार्गयाम्बभूविथ	मार्गयाम्बभूवथुः	मार्गयाम्बभूव	अममार्गः	अममार्गतम्	अममार्गत
मार्गयाञ्चकर्थ	मार्गयाञ्चक्रथुः	मार्गयाञ्चक्र			
मार्गयामासिथ	मार्गयामासथुः	मार्गयामास			
मार्गयाम्बभूव	मार्गयाम्बभूविव	मार्गयाम्बभूविम	अममार्गम्	अममार्गाव	अममार्गाम
मार्गयाञ्चकर -कार	मार्गयाञ्चकृव	मार्गयाञ्चकृम			
मार्गयामास	मार्गयामासिव	मार्गयामासिम			

Atmanepadi Forms

मार्गयते	मार्गयेते[4]	मार्गयन्ते[1]	अमार्गयत	अमार्गयेताम्[4]	अमार्गयन्त[1]
मार्गयसे	मार्गयेथे[4]	मार्गयध्वे	अमार्गयथाः	अमार्गयेथाम्[4]	अमार्गयध्वम्
मार्गये[1]	मार्गयावहे[2]	मार्गयामहे[2]	अमार्गये[4]	अमार्गयावहि[3]	अमार्गयामहि[3]

मार्गयताम्	मार्गयेताम्[4]	मार्गयन्ताम्[1]	मार्गयेत	मार्गयेयाताम्	मार्गयेरन्
मार्गयस्व	मार्गयेथाम्[4]	मार्गयध्वम्	मार्गयेथाः	मार्गयेयाथाम्	मार्गयेध्वम्
मार्गयै[5]	मार्गयावहै[3]	मार्गयामहै[3]	मार्गयेय	मार्गयेवहि	मार्गयेमहि

मार्गयिष्यते	मार्गयिष्येते	मार्गयिष्यन्ते	अमार्गयिष्यत	अमार्गयिष्येताम्	अमार्गयिष्यन्त
मार्गयिष्यसे	मार्गयिष्येथे	मार्गयिष्यध्वे	अमार्गयिष्यथाः	अमार्गयिष्येथाम्	अमार्गयिष्यध्वम्
मार्गयिष्ये	मार्गयिष्यावहे	मार्गयिष्यामहे	अमार्गयिष्ये	अमार्गयिष्यावहि	अमार्गयिष्यामहि

मार्गयिता	मार्गयितारौ	मार्गयितारः	मार्गयिषीष्ट	मार्गयिषीयास्ताम्	मार्गयिषीरन्
मार्गयितासे	मार्गयितासाथे	मार्गयिताध्वे	मार्गयिषीष्ठाः	मार्गयिषीयास्थाम्	मार्गयिषीध्वम् -ढ्वम्
मार्गयिताहे	मार्गयितास्वहे	मार्गयितास्महे	मार्गयिषीय	मार्गयिषीवहि	मार्गयिषीमहि

मार्गयाम्बभूव	मार्गयाम्बभूवतुः	मार्गयाम्बभूवुः	अममार्गत	अममार्गेताम्	अममार्गन्त
मार्गयाञ्चक्रे	मार्गयाञ्चक्राते	मार्गयाञ्चक्रिरे			
मार्गयामास	मार्गयामासतुः	मार्गयामासुः			

मार्गयाम्बभूविथ	मार्गयाम्बभूवथुः	मार्गयाम्बभूव	अममार्गथाः	अममार्गेथाम्	अममार्गध्वम्
मार्गयाञ्चकृषे	मार्गयाञ्चक्राथे	मार्गयाञ्चकृढ्वे			
मार्गयामासिथ	मार्गयामासथुः	मार्गयामास			
मार्गयाम्बभूव	मार्गयाम्बभूविव	मार्गयाम्बभूविम	अममार्गे	अममार्गावहि	अममार्गामहि
मार्गयाञ्चक्रे	मार्गयाञ्चकृवहे	मार्गयाञ्चकृमहे			
मार्गयामास	मार्गयामासिव	मार्गयामासिम			

णिजभावपक्षे 1.3.78 शेषात् कर्त्तरि परस्मैपदम् । इति पक्षे भ्वादिः इव मार्ग् । P । सेट् । स० ।

मार्गति	मार्गतः	मार्गन्ति¹	अमार्गत् -द्	अमार्गताम्	अमार्गन्
मार्गसि	मार्गथः	मार्गथ	अमार्गः	अमार्गतम्	अमार्गत
मार्गामि	मार्गावः	मार्गामः	अमार्गम्	अमार्गाव	अमार्गाम

मार्गतु मार्गतात् -द्	मार्गताम्	मार्गन्तु	मार्गेत् -द्	मार्गेताम्	मार्गेयुः
मार्ग मार्गतात् -द्	मार्गतम्	मार्गत	मार्गेः	मार्गेतम्	मार्गेत
मार्गाणि	मार्गाव	मार्गाम	मार्गेयम्	मार्गेव	मार्गेम

मार्गिष्यति	मार्गिष्यतः	मार्गिष्यन्ति	अमार्गिष्यत् -द्	अमार्गिष्यताम्	अमार्गिष्यन्
मार्गिष्यसि	मार्गिष्यथः	मार्गिष्यथ	अमार्गिष्यः	अमार्गिष्यतम्	अमार्गिष्यत
मार्गिष्यामि	मार्गिष्यावः	मार्गिष्यामः	अमार्गिष्यम्	अमार्गिष्याव	अमार्गिष्याम

मार्गिता	मार्गितारौ	मार्गितारः	मार्ग्यात् -द्	मार्ग्यास्ताम्	मार्ग्यासुः
मार्गितासि	मार्गितास्थः	मार्गितास्थ	मार्ग्याः	मार्ग्यास्तम्	मार्ग्यास्त
मार्गितास्मि	मार्गितास्वः	मार्गितास्मः	मार्ग्यासम्	मार्ग्यास्व	मार्ग्यास्म

ममार्ग	ममार्गतुः	ममार्गुः	अमार्गीत् -द्	अमार्गिष्टाम्	अमार्गिषुः
ममार्गिथ	ममार्गथुः	ममार्ग	अमार्गीः	अमार्गिष्टम्	अमार्गिष्ट
ममार्ग	ममार्गिव	ममार्गिम	अमार्गिषम्	अमार्गिष्व	अमार्गिष्म

1847 कठि शोके । प्रायेण उत् पूर्वः उत्कण्ठावचनः । आधृषीयः, वैकल्पिकः णिचः । mourn, miss 10c 314 कठिँ । कण्ठ् । कण्ठयति / ते, कण्ठति । U । सेट् । अ० । कण्ठि । कण्ठय । 7.1.58 इदितो नुम् धातोः । (Redundant – Siddhanta Kaumudi धातोः इदित्त्वात् णिचः वैकल्पिकः ।)

Parasmaipadi Forms

कण्ठयति	कण्ठयतः	कण्ठयन्ति¹	अकण्ठयत् -द्	अकण्ठयताम्	अकण्ठयन्¹
कण्ठयसि	कण्ठयथः	कण्ठयथ	अकण्ठयः	अकण्ठयतम्	अकण्ठयत
कण्ठयामि²	कण्ठयावः²	कण्ठयामः²	अकण्ठयम्¹	अकण्ठयाव²	अकण्ठयाम²

कण्ठयतु कण्ठयतात् -द्	कण्ठयताम्	कण्ठयन्तु¹	कण्ठयेत् -द्	कण्ठयेताम्	कण्ठयेयुः
कण्ठय कण्ठयतात् -द्	कण्ठयतम्	कण्ठयत	कण्ठयेः	कण्ठयेतम्	कण्ठयेत
कण्ठयानि³	कण्ठयाव³	कण्ठयाम³	कण्ठयेयम्	कण्ठयेव	कण्ठयेम

कण्ठयिष्यति	कण्ठयिष्यतः	कण्ठयिष्यन्ति	अकण्ठयिष्यत् -द्	अकण्ठयिष्यताम्	अकण्ठयिष्यन्

कण्ठयिष्यसि	कण्ठयिष्यथः	कण्ठयिष्यथ	अकण्ठयिष्यः	अकण्ठयिष्यतम्	अकण्ठयिष्यत
कण्ठयिष्यामि	कण्ठयिष्यावः	कण्ठयिष्यामः	अकण्ठयिष्यम्	अकण्ठयिष्याव	अकण्ठयिष्याम
कण्ठयिता	कण्ठयितारौ	कण्ठयितारः	कण्ठ्यात् -द्	कण्ठ्यास्ताम्	कण्ठ्यासुः
कण्ठयितासि	कण्ठयितास्थः	कण्ठयितास्थ	कण्ठ्याः	कण्ठ्यास्तम्	कण्ठ्यास्त
कण्ठयितास्मि	कण्ठयितास्वः	कण्ठयितास्मः	कण्ठ्यासम्	कण्ठ्यास्व	कण्ठ्यास्म
कण्ठयाम्बभूव	कण्ठयाम्बभूवतुः	कण्ठयाम्बभूवुः	अचकण्ठत् -द्	अचकण्ठताम्	अचकण्ठन्
कण्ठयाञ्चकार	कण्ठयाञ्चक्रतुः	कण्ठयाञ्चक्रुः			
कण्ठयामास	कण्ठयामासतुः	कण्ठयामासुः			
कण्ठयाम्बभूविथ	कण्ठयाम्बभूवथुः	कण्ठयाम्बभूव	अचकण्ठः	अचकण्ठतम्	अचकण्ठत
कण्ठयाञ्चकर्थ	कण्ठयाञ्चक्रथुः	कण्ठयाञ्चक्र			
कण्ठयामासिथ	कण्ठयामासथुः	कण्ठयामास			
कण्ठयाम्बभूव	कण्ठयाम्बभूविव	कण्ठयाम्बभूविम	अचकण्ठम्	अचकण्ठाव	अचकण्ठाम
कण्ठयाञ्चकर -कार	कण्ठयाञ्चकृव	कण्ठयाञ्चकृम			
कण्ठयामास	कण्ठयामासिव	कण्ठयामासिम			

Atmanepadi Forms

कण्ठयते	कण्ठयेते[4]	कण्ठयन्ते[1]	अकण्ठयत	अकण्ठयेताम्[4]	अकण्ठयन्त[1]
कण्ठयसे	कण्ठयेथे[4]	कण्ठयध्वे	अकण्ठयथाः	अकण्ठयेथाम्[4]	अकण्ठयध्वम्
कण्ठये[1]	कण्ठयावहे[2]	कण्ठयामहे[2]	अकण्ठये[4]	अकण्ठयावहि[3]	अकण्ठयामहि[3]
कण्ठयताम्	कण्ठयेताम्[4]	कण्ठयन्ताम्[1]	कण्ठयेत	कण्ठयेयाताम्	कण्ठयेरन्
कण्ठयस्व	कण्ठयेथाम्[4]	कण्ठयध्वम्	कण्ठयेथाः	कण्ठयेयाथाम्	कण्ठयेध्वम्
कण्ठयै[5]	कण्ठयावहै[3]	कण्ठयामहै[3]	कण्ठयेय	कण्ठयेवहि	कण्ठयेमहि
कण्ठयिष्यते	कण्ठयिष्येते	कण्ठयिष्यन्ते	अकण्ठयिष्यत	अकण्ठयिष्येताम्	अकण्ठयिष्यन्त
कण्ठयिष्यसे	कण्ठयिष्येथे	कण्ठयिष्यध्वे	अकण्ठयिष्यथाः	अकण्ठयिष्येथाम्	अकण्ठयिष्यध्वम्
कण्ठयिष्ये	कण्ठयिष्यावहे	कण्ठयिष्यामहे	अकण्ठयिष्ये	अकण्ठयिष्यावहि	अकण्ठयिष्यामहि
कण्ठयिता	कण्ठयितारौ	कण्ठयितारः	कण्ठयिषीष्ट	कण्ठयिषीयास्ताम्	कण्ठयिषीरन्
कण्ठयितासे	कण्ठयितासाथे	कण्ठयिताध्वे	कण्ठयिषीष्ठाः	कण्ठयिषीयास्थाम्	कण्ठयिषीध्वम् -ढ्वम्
कण्ठयिताहे	कण्ठयितास्वहे	कण्ठयितास्महे	कण्ठयिषीय	कण्ठयिषीवहि	कण्ठयिषीमहि
कण्ठयाम्बभूव	कण्ठयाम्बभूवतुः	कण्ठयाम्बभूवुः	अचकण्ठत	अचकण्ठेताम्	अचकण्ठन्त
कण्ठयाञ्चक्रे	कण्ठयाञ्चक्राते	कण्ठयाञ्चक्रिरे			
कण्ठयामास	कण्ठयामासतुः	कण्ठयामासुः			

कण्ठयाम्बभूविथ	**कण्ठयाम्बभूवथुः**	**कण्ठयाम्बभूव**	**अचकण्ठथाः**	**अचकण्ठेथाम्**	**अचकण्ठध्वम्**
कण्ठयाञ्चकृषे	**कण्ठयाञ्चक्राथे**	**कण्ठयाञ्चकृढ्वे**			
कण्ठयामासिथ	**कण्ठयामासथुः**	**कण्ठयामास**			
कण्ठयाम्बभूव	**कण्ठयाम्बभूविव**	**कण्ठयाम्बभूविम**	**अचकण्ठे**	**अचकण्ठावहि**	**अचकण्ठामहि**
कण्ठयाञ्चक्रे	**कण्ठयाञ्चकृवहे**	**कण्ठयाञ्चकृमहे**			
कण्ठयामास	**कण्ठयामासिव**	**कण्ठयामासिम**			

णिजभावपक्षे 1.3.78 शेषात् कर्त्तरि परस्मैपदम् । इति पक्षे भ्वादिः इव कण्ठ् । P । सेट् । अ० ।

कण्ठति	कण्ठतः	कण्ठन्ति	अकण्ठत् -द्	अकण्ठताम्	अकण्ठन्
कण्ठसि	कण्ठथः	कण्ठथ	अकण्ठः	अकण्ठतम्	अकण्ठत
कण्ठामि	कण्ठावः	कण्ठामः	अकण्ठम्	अकण्ठाव	अकण्ठाम

कण्ठतु कण्ठतात् -द्	कण्ठताम्	कण्ठन्तु	कण्ठेत् -द्	कण्ठेताम्	कण्ठेयुः
कण्ठ कण्ठतात् -द्	कण्ठतम्	कण्ठत	कण्ठेः	कण्ठेतम्	कण्ठेत
कण्ठानि	कण्ठाव	कण्ठाम	कण्ठेयम्	कण्ठेव	कण्ठेम

कण्ठिष्यति	कण्ठिष्यतः	कण्ठिष्यन्ति	अकण्ठिष्यत् -द्	अकण्ठिष्यताम्	अकण्ठिष्यन्
कण्ठिष्यसि	कण्ठिष्यथः	कण्ठिष्यथ	अकण्ठिष्यः	अकण्ठिष्यतम्	अकण्ठिष्यत
कण्ठिष्यामि	कण्ठिष्यावः	कण्ठिष्यामः	अकण्ठिष्यम्	अकण्ठिष्याव	अकण्ठिष्याम

कण्ठिता	कण्ठितारौ	कण्ठितारः	कण्ठ्यात् -द्	कण्ठ्यास्ताम्	कण्ठ्यासुः
कण्ठितासि	कण्ठितास्थः	कण्ठितास्थ	कण्ठ्याः	कण्ठ्यास्तम्	कण्ठ्यास्त
कण्ठितास्मि	कण्ठितास्वः	कण्ठितास्मः	कण्ठ्यासम्	कण्ठ्यास्व	कण्ठ्यास्म

चकण्ठ	चकण्ठतुः	चकण्ठुः	अकण्ठीत् -द्	अकण्ठिष्टाम्	अकण्ठिषुः
चकण्ठिथ	चकण्ठथुः	चकण्ठ	अकण्ठीः	अकण्ठिष्टम्	अकण्ठिष्ट
चकण्ठ	चकण्ठिव	चकण्ठिम	अकण्ठिषम्	अकण्ठिष्व	अकण्ठिष्म

1848 मृजू शौचालङ्करणयोः । मृजूष् इति क्षीरस्वामी। आधृषीयः, वैकल्पिकः णिचः। purify, cleanse, adorn
10c 315 मृजूँ । मृज् । मार्जयति / ते , मार्जति । U । सेट् । स० । मार्जि । मार्जय ।
7.2.114 मृजेर्वृद्धिः । 7.4.7 उर्ऋत् । **Parasmaipadi Forms**

मार्जयति	**मार्जयतः**	**मार्जयन्ति**[1]	**अमार्जयत् -द्**	**अमार्जयताम्**	**अमार्जयन्**[1]
मार्जयसि	**मार्जयथः**	**मार्जयथ**	**अमार्जयः**	**अमार्जयतम्**	**अमार्जयत**
मार्जयामि[2]	**मार्जयावः**[2]	**मार्जयामः**[2]	**अमार्जयम्**[1]	**अमार्जयाव**[2]	**अमार्जयाम**[2]

मार्जयतु मार्जयतात् -द्	**मार्जयताम्**	**मार्जयन्तु**[1]	**मार्जयेत् -द्**	**मार्जयेताम्**	**मार्जयेयुः**
मार्जय मार्जयतात् -द्	**मार्जयतम्**	**मार्जयत**	**मार्जयेः**	**मार्जयेतम्**	**मार्जयेत**
मार्जयानि[3]	**मार्जयाव**[3]	**मार्जयाम**[3]	**मार्जयेयम्**	**मार्जयेव**	**मार्जयेम**

मार्जयिष्यति	**मार्जयिष्यतः**	**मार्जयिष्यन्ति**	**अमार्जयिष्यत् -द्**	**अमार्जयिष्यताम्**	**अमार्जयिष्यन्**
मार्जयिष्यसि	**मार्जयिष्यथः**	**मार्जयिष्यथ**	**अमार्जयिष्यः**	**अमार्जयिष्यतम्**	**अमार्जयिष्यत**

मार्जयिष्यामि	मार्जयिष्यावः	मार्जयिष्यामः	अमार्जयिष्यम्	अमार्जयिष्याव	अमार्जयिष्याम
मार्जयिता	मार्जयितारौ	मार्जयितारः	मार्ज्यात् -द्	मार्ज्यास्ताम्	मार्ज्यासुः
मार्जयितासि	मार्जयितास्थः	मार्जयितास्थ	मार्ज्याः	मार्ज्यास्तम्	मार्ज्यास्त
मार्जयितास्मि	मार्जयितास्वः	मार्जयितास्मः	मार्ज्यासम्	मार्ज्यास्व	मार्ज्यास्म

मार्जयाम्बभूव	मार्जयाम्बभूवतुः	मार्जयाम्बभूवुः	अममार्जत् -द्	अममार्जताम्	अममार्जन्
मार्जयाञ्चकार	मार्जयाञ्चक्रतुः	मार्जयाञ्चक्रुः	अमीमृजत् -द्	अमीमृजताम्	अमीमृजन्
मार्जयामास	मार्जयामासतुः	मार्जयामासुः			
मार्जयाम्बभूविथ	मार्जयाम्बभूवथुः	मार्जयाम्बभूव	अममार्जः	अममार्जतम्	अममार्जत
मार्जयाञ्चकर्थ	मार्जयाञ्चक्रथुः	मार्जयाञ्चक्र	अमीमृजः	अमीमृजतम्	अमीमृजत
मार्जयामासिथ	मार्जयामासथुः	मार्जयामास			
मार्जयाम्बभूव	मार्जयाम्बभूविव	मार्जयाम्बभूविम	अममार्जम्	अममार्जाव	अममार्जाम
मार्जयाञ्चकर -कार	मार्जयाञ्चकृव	मार्जयाञ्चकृम	अमीमृजम्	अमीमृजाव	अमीमृजाम
मार्जयामास	मार्जयामासिव	मार्जयामासिम			

Atmanepadi Forms

मार्जयते	मार्जयेते[4]	मार्जयन्ते[1]	अमार्जयत	अमार्जयेताम्[4]	अमार्जयन्त[1]
मार्जयसे	मार्जयेथे[4]	मार्जयध्वे	अमार्जयथाः	अमार्जयेथाम्[4]	अमार्जयध्वम्
मार्जये[1]	मार्जयावहे[2]	मार्जयामहे[2]	अमार्जये[4]	अमार्जयावहि[3]	अमार्जयामहि[3]

मार्जयताम्	मार्जयेताम्[4]	मार्जयन्ताम्[1]	मार्जयेत	मार्जयेयाताम्	मार्जयेरन्
मार्जयस्व	मार्जयेथाम्[4]	मार्जयध्वम्	मार्जयेथाः	मार्जयेयाथाम्	मार्जयेध्वम्
मार्जयै[5]	मार्जयावहै[3]	मार्जयामहै[3]	मार्जयेय	मार्जयेवहि	मार्जयेमहि

मार्जयिष्यते	मार्जयिष्येते	मार्जयिष्यन्ते	अमार्जयिष्यत	अमार्जयिष्येताम्	अमार्जयिष्यन्त
मार्जयिष्यसे	मार्जयिष्येथे	मार्जयिष्यध्वे	अमार्जयिष्यथाः	अमार्जयिष्येथाम्	अमार्जयिष्यध्वम्
मार्जयिष्ये	मार्जयिष्यावहे	मार्जयिष्यामहे	अमार्जयिष्ये	अमार्जयिष्यावहि	अमार्जयिष्यामहि

मार्जयिता	मार्जयितारौ	मार्जयितारः	मार्जयिषीष्ट	मार्जयिषीयास्ताम्	मार्जयिषीरन्
मार्जयितासे	मार्जयितासाथे	मार्जयिताध्वे	मार्जयिषीष्ठाः	मार्जयिषीयास्थाम्	मार्जयिषीध्वम् -ढ्वम्
मार्जयिताहे	मार्जयितास्वहे	मार्जयितास्महे	मार्जयिषीय	मार्जयिषीवहि	मार्जयिषीमहि

मार्जयाम्बभूव	मार्जयाम्बभूवतुः	मार्जयाम्बभूवुः	अममार्जत	अममार्जेताम्	अममार्जन्त
मार्जयाञ्चक्रे	मार्जयाञ्चक्राते	मार्जयाञ्चक्रिरे	अमीमृजत	अमीमृजेताम्	अमीमृजन्त
मार्जयामास	मार्जयामासतुः	मार्जयामासुः			
मार्जयाम्बभूविथ	मार्जयाम्बभूवथुः	मार्जयाम्बभूव	अममार्जथाः	अममार्जेथाम्	अममार्जध्वम्

मार्जयाञ्चकृषे	मार्जयाञ्चक्राथे	मार्जयाञ्चकृढ्वे	अमीमृजथाः	अमीमृजेथाम्	अमीमृजध्वम्
मार्जयामासिथ	मार्जयामासथुः	मार्जयामास			
मार्जयाम्बभूव	मार्जयाम्बभूविव	मार्जयाम्बभूविम	अममार्जे	अममार्जावहि	अममार्जामहि
मार्जयाञ्चक्रे	मार्जयाञ्चकृवहे	मार्जयाञ्चकृमहे	अमीमृजे	अमीमृजावहि	अमीमृजामहि
मार्जयामास	मार्जयामासिव	मार्जयामासिम			

णिजभावपक्षे 1.3.78 शेषात् कर्त्तरि परस्मैपदम् । इति पक्षे भ्वादिः इव मृज् । P । वेट् । स० ।
7.2.114 मृजेर्वृद्धिः । 7.2.44 स्वरतिसूतिसूयतिधूञूदितो वा । खरि च । 7.2.15 यस्य विभाषा ।
8.2.36 व्रश्चभ्रस्जसृजमृजयजराजभ्राजच्छशां षः । 8.4.41 ष्टुना ष्टुः । 7.2.44 स्वरतिसूतिसूयतिधूञूदितो वा ।

मार्जति	मार्जतः	मार्जन्ति	अमार्जत् -द्	अमार्जताम्	अमार्जन्
मार्जसि	मार्जथः	मार्जथ	अमार्जः	अमार्जतम्	अमार्जत
मार्जामि	मार्जावः	मार्जामः	अमार्जम्	अमार्जाव	अमार्जाम

मार्जतु मार्जतात् -द्	मार्जताम्	मार्जन्तु	मार्जेत् -द्	मार्जेताम्	मार्जेयुः
मार्ज मार्जतात् -द्	मार्जतम्	मार्जत	मार्जेः	मार्जेतम्	मार्जेत
मार्जानि	मार्जाव	मार्जाम	मार्जेयम्	मार्जेव	मार्जेम

मार्जिष्यति	मार्जिष्यतः	मार्जिष्यन्ति	अमार्जिष्यत् -द्	अमार्जिष्यताम्	अमार्जिष्यन्
मार्क्ष्यति	मार्क्ष्यतः	मार्क्ष्यन्ति	अमार्क्ष्यत् -द्	अमार्क्ष्यताम्	अमार्क्ष्यन्
मार्जिष्यसि	मार्जिष्यथः	मार्जिष्यथ	अमार्जिष्यः	अमार्जिष्यतम्	अमार्जिष्यत
मार्क्ष्यसि	मार्क्ष्यथः	मार्क्ष्यथ	अमार्क्ष्यः	अमार्क्ष्यतम्	अमार्क्ष्यत
मार्जिष्यामि	मार्जिष्यावः	मार्जिष्यामः	अमार्जिष्यम्	अमार्जिष्याव	अमार्जिष्याम
मार्क्ष्यामि	मार्क्ष्यावः	मार्क्ष्यामः	अमार्क्ष्यम्	अमार्क्ष्याव	अमार्क्ष्याम

मार्जिता	मार्जितारौ	मार्जितारः	मृज्यात् -द्	मृज्यास्ताम्	मृज्यासुः
मार्ष्टा	मार्ष्टारौ	मार्ष्टारः			
मार्जितासि	मार्जितास्थः	मार्जितास्थ	मृज्याः	मृज्यास्तम्	मृज्यास्त
मार्ष्टासि	मार्ष्टास्थः	मार्ष्टास्थ			
मार्जितास्मि	मार्जितास्वः	मार्जितास्मः	मृज्यासम्	मृज्यास्व	मृज्यास्म
मार्ष्टास्मि	मार्ष्टास्वः	मार्ष्टास्मः			

ममार्ज	ममार्जतुः ममृजतुः	ममार्जुः ममृजुः	अमार्जीत् -द्	अमार्जिष्टाम्	अमार्जिषुः
			अमार्क्षीत् -द्	अमार्ष्टाम्	अमार्क्षुः
ममार्जिथ ममार्ष्ठ	ममार्जथुः ममृजथुः	ममार्ज ममृज	अमार्जीः	अमार्जिष्टम्	अमार्जिष्ट
			अमार्क्षीः	अमार्ष्टम्	अमार्ष्ट
ममार्ज	ममार्जिव	ममार्जिम	अमार्जिषम्	अमार्जिष्व	अमार्जिष्म
	ममृजिव ममृज्व	ममृजिम ममृज्म	अमार्क्षम्	अमार्क्ष्व	अमार्क्ष्म

1849 मृष तितिक्षायाम् । स्वरितेत् । आधृषीयः , वैकल्पिकः णिचः । forbear, endure, reflect
10c 316 मृषँ । मृष् । मर्षयति / ते , मर्षति / ते । U । सेट् । स० । मर्षि । मर्षय । 8.4.2

Parasmaipadi Forms

मर्षयति	मर्षयतः	मर्षयन्ति[1]	अमर्षयत् -द्	अमर्षयताम्	अमर्षयन्[1]
मर्षयसि	मर्षयथः	मर्षयथ	अमर्षयः	अमर्षयतम्	अमर्षयत
मर्षयामि[2]	मर्षयावः[2]	मर्षयामः[2]	अमर्षयम्[1]	अमर्षयाव[2]	अमर्षयाम[2]

मर्षयतु मर्षयतात् -द्	मर्षयताम्	मर्षयन्तु[1]	मर्षयेत् -द्	मर्षयेताम्	मर्षयेयुः
मर्षय मर्षयतात् -द्	मर्षयतम्	मर्षयत	मर्षयेः	मर्षयेतम्	मर्षयेत
मर्षयाणि	मर्षयाव[3]	मर्षयाम[3]	मर्षयेयम्	मर्षयेव	मर्षयेम

मर्षयिष्यति	मर्षयिष्यतः	मर्षयिष्यन्ति	अमर्षयिष्यत् -द्	अमर्षयिष्यताम्	अमर्षयिष्यन्
मर्षयिष्यसि	मर्षयिष्यथः	मर्षयिष्यथ	अमर्षयिष्यः	अमर्षयिष्यतम्	अमर्षयिष्यत
मर्षयिष्यामि	मर्षयिष्यावः	मर्षयिष्यामः	अमर्षयिष्यम्	अमर्षयिष्याव	अमर्षयिष्याम

मर्षयिता	मर्षयितारौ	मर्षयितारः	मर्ष्यात् -द्	मर्ष्यास्ताम्	मर्ष्यासुः
मर्षयितासि	मर्षयितास्थः	मर्षयितास्थ	मर्ष्याः	मर्ष्यास्तम्	मर्ष्यास्त
मर्षयितास्मि	मर्षयितास्वः	मर्षयितास्मः	मर्ष्यासम्	मर्ष्यास्व	मर्ष्यास्म

मर्षयाम्बभूव	मर्षयाम्बभूवतुः	मर्षयाम्बभूवुः	अममर्षत् -द्	अममर्षताम्	अममर्षन्
मर्षयाञ्चकार	मर्षयाञ्चक्रतुः	मर्षयाञ्चक्रुः	अमीमृषत् -द्	अमीमृषताम्	अमीमृषन्
मर्षयामास	मर्षयामासतुः	मर्षयामासुः			
मर्षयाम्बभूविथ	मर्षयाम्बभूवथुः	मर्षयाम्बभूव	अममर्षः	अममर्षतम्	अममर्षत
मर्षयाञ्चकर्थ	मर्षयाञ्चक्रथुः	मर्षयाञ्चक्र	अमीमृषः	अमीमृषतम्	अमीमृषत
मर्षयामासिथ	मर्षयामासथुः	मर्षयामास			
मर्षयाम्बभूव	मर्षयाम्बभूविव	मर्षयाम्बभूविम	अममर्षम्	अममर्षाव	अममर्षाम
मर्षयाञ्चकर -कार	मर्षयाञ्चकृव	मर्षयाञ्चकृम	अमीमृषम्	अमीमृषाव	अमीमृषाम
मर्षयामास	मर्षयामासिव	मर्षयामासिम			

Atmanepadi Forms

मर्षयते	मर्षयेते[4]	मर्षयन्ते[1]	अमर्षयत	अमर्षयेताम्[4]	अमर्षयन्त[1]
मर्षयसे	मर्षयेथे[4]	मर्षयध्वे	अमर्षयथाः	अमर्षयेथाम्[4]	अमर्षयध्वम्
मर्षये[1]	मर्षयावहे[2]	मर्षयामहे[2]	अमर्षये[4]	अमर्षयावहि[3]	अमर्षयामहि[3]

मर्षयताम्	मर्षयेताम्[4]	मर्षयन्ताम्[1]	मर्षयेत	मर्षयेयाताम्	मर्षयेरन्
मर्षयस्व	मर्षयेथाम्[4]	मर्षयध्वम्	मर्षयेथाः	मर्षयेयाथाम्	मर्षयेध्वम्
मर्षयै[5]	मर्षयावहै[3]	मर्षयामहै[3]	मर्षयेय	मर्षयेवहि	मर्षयेमहि

मर्षयिष्यते	मर्षयिष्येते	मर्षयिष्यन्ते	अमर्षयिष्यत	अमर्षयिष्येताम्	अमर्षयिष्यन्त
मर्षयिष्यसे	मर्षयिष्येथे	मर्षयिष्यध्वे	अमर्षयिष्यथाः	अमर्षयिष्येथाम्	अमर्षयिष्यध्वम्

मर्षयिष्ये	मर्षयिष्यावहे	मर्षयिष्यामहे	अमर्षयिष्ये	अमर्षयिष्यावहि	अमर्षयिष्यामहि

मर्षयिता	मर्षयितारौ	मर्षयितारः	मर्षयिषीष्ट	मर्षयिषीयास्ताम्	मर्षयिषीरन्
मर्षयितासे	मर्षयितासाथे	मर्षयिताध्वे	मर्षयिषीष्ठाः	मर्षयिषीयास्थाम्	मर्षयिषीध्वम् -ढ्वम्
मर्षयिताहे	मर्षयितास्वहे	मर्षयितास्महे	मर्षयिषीय	मर्षयिषीवहि	मर्षयिषीमहि

मर्षयाम्बभूव	मर्षयाम्बभूवतुः	मर्षयाम्बभूवुः	अममर्षत	अममर्षेताम्	अममर्षन्त
मर्षयाञ्चक्रे	मर्षयाञ्चक्राते	मर्षयाञ्चक्रिरे	अमीमृषत	अमीमृषेताम्	अमीमृषन्त
मर्षयामास	मर्षयामासतुः	मर्षयामासुः			
मर्षयाम्बभूविथ	मर्षयाम्बभूवथुः	मर्षयाम्बभूव	अममर्षथाः	अममर्षेथाम्	अममर्षध्वम्
मर्षयाञ्चकृषे	मर्षयाञ्चक्राथे	मर्षयाञ्चकृढ्वे	अमीमृषथाः	अमीमृषेथाम्	अमीमृषध्वम्
मर्षयामासिथ	मर्षयामासथुः	मर्षयामास			
मर्षयाम्बभूव	मर्षयाम्बभूविव	मर्षयाम्बभूविम	अममर्षे	अममर्षावहि	अममर्षामहि
मर्षयाञ्चक्रे	मर्षयाञ्चकृवहे	मर्षयाञ्चकृमहे	अमीमृषे	अमीमृषावहि	अमीमृषामहि
मर्षयामास	मर्षयामासिव	मर्षयामासिम			

णिजभावपक्षे 1.3.72 स्वरितञितः कर्त्रभिप्राये क्रियाफले । पक्षे भ्वादिः इव मृष् । U । सेट् । स० ।
1.2.20 मृषस्तितिक्षायाम् । इति निष्ठायाः कित्त्वनिषेधात् गुणे रूपम् । काशिका – अपमृषितं वाक्यम् आह ।

Parasmaipadi Forms

मर्षति	मर्षतः	मर्षन्ति	अमर्षत् -द्	अमर्षताम्	अमर्षन्
मर्षसि	मर्षथः	मर्षथ	अमर्षः	अमर्षतम्	अमर्षत
मर्षामि	मर्षावः	मर्षामः	अमर्षम्	अमर्षाव	अमर्षाम

मर्षतु मर्षतात् -द्	मर्षताम्	मर्षन्तु	मर्षेत् -द्	मर्षेताम्	मर्षेयुः
मर्ष मर्षतात् -द्	मर्षतम्	मर्षत	मर्षेः	मर्षेतम्	मर्षेत
मर्षाणि	मर्षाव	मर्षाम	मर्षेयम्	मर्षेव	मर्षेम

मर्षिष्यति	मर्षिष्यतः	मर्षिष्यन्ति	अमर्षिष्यत् -द्	अमर्षिष्यताम्	अमर्षिष्यन्
मर्षिष्यसि	मर्षिष्यथः	मर्षिष्यथ	अमर्षिष्यः	अमर्षिष्यतम्	अमर्षिष्यत
मर्षिष्यामि	मर्षिष्यावः	मर्षिष्यामः	अमर्षिष्यम्	अमर्षिष्याव	अमर्षिष्याम

मर्षिता	मर्षितारौ	मर्षितारः	मृष्यात् -द्	मृष्यास्ताम्	मृष्यासुः
मर्षितासि	मर्षितास्थः	मर्षितास्थ	मृष्याः	मृष्यास्तम्	मृष्यास्त
मर्षितास्मि	मर्षितास्वः	मर्षितास्मः	मृष्यासम्	मृष्यास्व	मृष्यास्म

ममर्ष	ममृषतुः	ममृषुः	अमर्षीत् -द्	अमर्षिष्टाम्	अमर्षिषुः
ममर्षिथ	ममृषथुः	ममृष	अमर्षीः	अमर्षिष्टम्	अमर्षिष्ट
ममर्ष	ममृषिव	ममृषिम	अमर्षिषम्	अमर्षिष्व	अमर्षिष्म

Atmanepadi Forms

मर्षते	मर्षेते	मर्षन्ते	अमर्षत	अमर्षेताम्	अमर्षन्त
मर्षसे	मर्षेथे	मर्षध्वे	अमर्षथाः	अमर्षेथाम्	अमर्षध्वम्
मर्षे	मर्षावहे	मर्षामहे	अमर्षे	अमर्षावहि	अमर्षामहि

मर्षताम्	मर्षेताम्	मर्षन्ताम्	मर्षेत	मर्षेयाताम्	मर्षेरन्
मर्षस्व	मर्षेथाम्	मर्षध्वम्	मर्षेथाः	मर्षेयाथाम्	मर्षेध्वम्
मर्षै	मर्षावहै	मर्षामहै	मर्षेय	मर्षेवहि	मर्षेमहि

मर्षिष्यते	मर्षिष्येते	मर्षिष्यन्ते	अमर्षिष्यत	अमर्षिष्येताम्	अमर्षिष्यन्त
मर्षिष्यसे	मर्षिष्येथे	मर्षिष्यध्वे	अमर्षिष्यथाः	अमर्षिष्येथाम्	अमर्षिष्यध्वम्
मर्षिष्ये	मर्षिष्यावहे	मर्षिष्यामहे	अमर्षिष्ये	अमर्षिष्यावहि	अमर्षिष्यामहि

मर्षिता	मर्षितारौ	मर्षितारः	मर्षिषीष्ट	मर्षिषीयास्ताम्	मर्षिषीरन्
मर्षितासे	मर्षितासाथे	मर्षिताध्वे	मर्षिषीष्ठाः	मर्षिषीयास्थाम्	मर्षिषीध्वम् -ढ्वम्
मर्षिताहे	मर्षितास्वहे	मर्षितास्महे	मर्षिषीय	मर्षिषीवहि	मर्षिषीमहि

ममृषे	ममृषाते	ममृषिरे	अमर्षिष्ट	अमर्षिषाताम्	अमर्षिषत
ममृषिषे	ममृषाथे	ममृषिध्वे	अमर्षिष्ठाः	अमर्षिषाथाम्	अमर्षिध्वम्
ममृषे	ममृषिवहे	ममृषिमहे	अमर्षिषि	अमर्षिष्वहि	अमर्षिष्महि

1850 धृष प्रसहने । आधृषीयः , वैकल्पिकः णिचः । defeat, treat with indignity

10c 317 धृषँ । धृष् । धर्षयति / ते , धर्षति । U । सेट् । स० । धर्षि । धर्षय । **Parasmaipadi Forms**

धर्षयति	धर्षयतः	धर्षयन्ति[1]	अधर्षयत् -द्	अधर्षयताम्	अधर्षयन्[1]
धर्षयसि	धर्षयथः	धर्षयथ	अधर्षयः	अधर्षयतम्	अधर्षयत
धर्षयामि[2]	धर्षयावः[2]	धर्षयामः[2]	अधर्षयम्[1]	अधर्षयाव[2]	अधर्षयाम[2]

धर्षयतु धर्षयतात् -द्	धर्षयताम्	धर्षयन्तु[1]	धर्षयेत् -द्	धर्षयेताम्	धर्षयेयुः
धर्षय धर्षयतात् -द्	धर्षयतम्	धर्षयत	धर्षयेः	धर्षयेतम्	धर्षयेत
धर्षयानि[3]	धर्षयाव[3]	धर्षयाम[3]	धर्षयेयम्	धर्षयेव	धर्षयेम

धर्षयिष्यति	धर्षयिष्यतः	धर्षयिष्यन्ति	अधर्षयिष्यत् -द्	अधर्षयिष्यताम्	अधर्षयिष्यन्
धर्षयिष्यसि	धर्षयिष्यथः	धर्षयिष्यथ	अधर्षयिष्यः	अधर्षयिष्यतम्	अधर्षयिष्यत
धर्षयिष्यामि	धर्षयिष्यावः	धर्षयिष्यामः	अधर्षयिष्यम्	अधर्षयिष्याव	अधर्षयिष्याम

धर्षयिता	धर्षयितारौ	धर्षयितारः	धर्ष्यात् -द्	धर्ष्यास्ताम्	धर्ष्यासुः
धर्षयितासि	धर्षयितास्थः	धर्षयितास्थ	धर्ष्याः	धर्ष्यास्तम्	धर्ष्यास्त
धर्षयितास्मि	धर्षयितास्वः	धर्षयितास्मः	धर्ष्यासम्	धर्ष्यास्व	धर्ष्यास्म

धर्षयाम्बभूव	धर्षयाम्बभूवतुः	धर्षयाम्बभूवुः	अदधर्षत् -द्	अदधर्षताम्	अदधर्षन्
धर्षयाञ्चकार	धर्षयाञ्चक्रतुः	धर्षयाञ्चक्रुः	अदीधृषत् -द्	अदीधृषताम्	अदीधृषन्

घर्षयामास	घर्षयामासतुः	घर्षयामासुः			
घर्षयाम्बभूविथ	घर्षयाम्बभूवथुः	घर्षयाम्बभूव	अदधर्षः	अदधर्षतम्	अदधर्षत
घर्षयाञ्चकर्थ	घर्षयाञ्चक्रथुः	घर्षयाञ्चक्र	अदीधृषः	अदीधृषतम्	अदीधृषत
घर्षयामासिथ	घर्षयामासथुः	घर्षयामास			
घर्षयाम्बभूव	घर्षयाम्बभूविव	घर्षयाम्बभूविम	अदधर्षम्	अदधर्षाव	अदधर्षाम
घर्षयाञ्चकर -कार	घर्षयाञ्चकृव	घर्षयाञ्चकृम	अदीधृषम्	अदीधृषाव	अदीधृषाम
घर्षयामास	घर्षयामासिव	घर्षयामासिम			

Atmanepadi Forms

घर्षयते	घर्षयेते[4]	घर्षयन्ते[1]	अघर्षयत	अघर्षयेताम्[4]	अघर्षयन्त[1]
घर्षयसे	घर्षयेथे[4]	घर्षयध्वे	अघर्षयथाः	अघर्षयेथाम्[4]	अघर्षयध्वम्
घर्षये[1]	घर्षयावहे[2]	घर्षयामहे[2]	अघर्षये[4]	अघर्षयावहि[3]	अघर्षयामहि[3]
घर्षयताम्	घर्षयेताम्[4]	घर्षयन्ताम्[1]	घर्षयेत	घर्षयेयाताम्	घर्षयेरन्
घर्षयस्व	घर्षयेथाम्[4]	घर्षयध्वम्	घर्षयेथाः	घर्षयेयाथाम्	घर्षयेध्वम्
घर्षयै[5]	घर्षयावहै[3]	घर्षयामहै[3]	घर्षयेय	घर्षयेवहि	घर्षयेमहि
घर्षयिष्यते	घर्षयिष्येते	घर्षयिष्यन्ते	अघर्षयिष्यत	अघर्षयिष्येताम्	अघर्षयिष्यन्त
घर्षयिष्यसे	घर्षयिष्येथे	घर्षयिष्यध्वे	अघर्षयिष्यथाः	अघर्षयिष्येथाम्	अघर्षयिष्यध्वम्
घर्षयिष्ये	घर्षयिष्यावहे	घर्षयिष्यामहे	अघर्षयिष्ये	अघर्षयिष्यावहि	अघर्षयिष्यामहि
घर्षयिता	घर्षयितारौ	घर्षयितारः	घर्षयिषीष्ट	घर्षयिषीयास्ताम्	घर्षयिषीरन्
घर्षयितासे	घर्षयितासाथे	घर्षयिताध्वे	घर्षयिषीष्ठाः	घर्षयिषीयास्थाम्	घर्षयिषीध्वम् -ढ्वम्
घर्षयिताहे	घर्षयितास्वहे	घर्षयितास्महे	घर्षयिषीय	घर्षयिषीवहि	घर्षयिषीमहि
घर्षयाम्बभूव	घर्षयाम्बभूवतुः	घर्षयाम्बभूवुः	अदधर्षत	अदधर्षेताम्	अदधर्षन्त
घर्षयाञ्चक्रे	घर्षयाञ्चक्राते	घर्षयाञ्चक्रिरे			
घर्षयामास	घर्षयामासतुः	घर्षयामासुः			
घर्षयाम्बभूविथ	घर्षयाम्बभूवथुः	घर्षयाम्बभूव	अदधर्षथाः	अदधर्षेथाम्	अदधर्षध्वम्
घर्षयाञ्चकृषे	घर्षयाञ्चक्राथे	घर्षयाञ्चकृढ्वे			
घर्षयामासिथ	घर्षयामासथुः	घर्षयामास			
घर्षयाम्बभूव	घर्षयाम्बभूविव	घर्षयाम्बभूविम	अदधर्षे	अदधर्षावहि	अदधर्षामहि
घर्षयाञ्चक्रे	घर्षयाञ्चकृवहे	घर्षयाञ्चकृमहे			
घर्षयामास	घर्षयामासिव	घर्षयामासिम			

णिजभावपक्षे 1.3.78 शेषात् कर्त्तरि परस्मैपदम् । इति पक्षे भ्वादिः इव धृष् । P । सेट् । स० ।

धर्षति	धर्षतः	धर्षन्ति	अधर्षत् -द्	अधर्षताम्	अधर्षन्
धर्षसि	धर्षथः	धर्षथ	अधर्षः	अधर्षतम्	अधर्षत

धर्षामि[2]	धर्षावः	धर्षामः	अधर्षम्	अधर्षाव	अधर्षाम

धर्षतु धर्षतात् -द्	धर्षताम्	धर्षन्तु	धर्षेत् -द्	धर्षेताम्	धर्षेयुः
धर्ष धर्षतात् -द्	धर्षतम्	धर्षत	धर्षेः	धर्षेतम्	धर्षेत
धर्षाणि	धर्षाव	धर्षाम	धर्षेयम्	धर्षेव	धर्षेम

धर्षिष्यति	धर्षिष्यतः	धर्षिष्यन्ति	अधर्षिष्यत् -द्	अधर्षिष्यताम्	अधर्षिष्यन्
धर्षिष्यसि	धर्षिष्यथः	धर्षिष्यथ	अधर्षिष्यः	अधर्षिष्यतम्	अधर्षिष्यत
धर्षिष्यामि	धर्षिष्यावः	धर्षिष्यामः	अधर्षिष्यम्	अधर्षिष्याव	अधर्षिष्याम

धर्षिता	धर्षितारौ	धर्षितारः	धृष्यात् -द्	धृष्यास्ताम्	धृष्यासुः
धर्षितासि	धर्षितास्थः	धर्षितास्थ	धृष्याः	धृष्यास्तम्	धृष्यास्त
धर्षितास्मि	धर्षितास्वः	धर्षितास्मः	धृष्यासम्	धृष्यास्व	धृष्यास्म

दधर्ष	दधृषतुः	दधृषुः	अधर्षीत् -द्	अधर्षिष्टाम्	अधर्षिषुः
दधर्षिथ	दधृषथुः	दधृष	अधर्षीः	अधर्षिष्टम्	अधर्षिष्ट
दधर्ष	दधृषिव	दधृषिम	अधर्षिषम्	अधर्षिष्व	अधर्षिष्म

वृत् । आधृषीयाः गताः ।

1851 अथ कथादयः अदन्ताः । 6.4.48 अतो लोपः । Roots with नित्यं णिच् ।

णिच् drops the अकार। 1.1.57 अचः परस्मिन् पूर्वविधौ । णिच् doesn't cause Guna/Vriddhi. अदन्तः इति अनुनासिकत्वम् (अँ) न । अक् प्रत्याहारः इति अग्लोपी । No lengthening of penultimate Vowel by 7.2.116 अत उपधायाः and No सन्वद्भाव (changes in first syllable for reduplication) in Aorist by 7.4.79 सन्यतः । 7.4.93 सन्वल्लघुनि चङ्परेऽनग्लोपे । 7.4.94 दीर्घो लघोः ।

This Sutra 6.4.48 अतो लोपः applies till the end of the Dhatupatha.

1851 कथ वाक्यप्रबन्धे । कथादयः , अग्लोपी नित्यं णिच् । narrate, describe

10c 318 कथ । कथ् । कथयति / ते । U । सेट् । स० । कथि । कथय । **Parasmaipadi Forms**

कथयति	कथयतः	कथयन्ति[1]	अकथयत् -द्	अकथयताम्	अकथयन्[1]
कथयसि	कथयथः	कथयथ	अकथयः	अकथयतम्	अकथयत
कथयामि[2]	कथयावः[2]	कथयामः[2]	अकथयम्[1]	अकथयाव[2]	अकथयाम[2]

कथयतु कथयतात् -द्	कथयताम्	कथयन्तु[1]	कथयेत् -द्	कथयेताम्	कथयेयुः
कथय कथयतात् -द्	कथयतम्	कथयत	कथयेः	कथयेतम्	कथयेत
कथयानि[3]	कथयाव[3]	कथयाम[3]	कथयेयम्	कथयेव	कथयेम

कथयिष्यति	कथयिष्यतः	कथयिष्यन्ति	अकथयिष्यत् -द्	अकथयिष्यताम्	अकथयिष्यन्
कथयिष्यसि	कथयिष्यथः	कथयिष्यथ	अकथयिष्यः	अकथयिष्यतम्	अकथयिष्यत
कथयिष्यामि	कथयिष्यावः	कथयिष्यामः	अकथयिष्यम्	अकथयिष्याव	अकथयिष्याम

कथयिता	कथयितारौ	कथयितारः	कथ्यात् -द्	कथ्यास्ताम्	कथ्यासुः
कथयितासि	कथयितास्थः	कथयितास्थ	कथ्याः	कथ्यास्तम्	कथ्यास्त
कथयितास्मि	कथयितास्वः	कथयितास्मः	कथ्यासम्	कथ्यास्व	कथ्यास्म

कथयाम्बभूव	कथयाम्बभूवतुः	कथयाम्बभूवुः	अचकथत् -द्	अचकथताम्	अचकथन्
कथयाञ्चकार	कथयाञ्चक्रतुः	कथयाञ्चक्रुः			
कथयामास	कथयामासतुः	कथयामासुः			
कथयाम्बभूविथ	कथयाम्बभूवथुः	कथयाम्बभूव	अचकथः	अचकथतम्	अचकथत
कथयाञ्चकर्थ	कथयाञ्चक्रथुः	कथयाञ्चक्र			
कथयामासिथ	कथयामासथुः	कथयामास			
कथयाम्बभूव	कथयाम्बभूविव	कथयाम्बभूविम	अचकथम्	अचकथाव	अचकथाम
कथयाञ्चकर -कार	कथयाञ्चकृव	कथयाञ्चकृम			
कथयामास	कथयामासिव	कथयामासिम			

Atmanepadi Forms

कथयते	कथयेते[4]	कथयन्ते[1]	अकथयत	अकथयेताम्[4]	अकथयन्त[1]
कथयसे	कथयेथे[4]	कथयध्वे	अकथयथाः	अकथयेथाम्[4]	अकथयध्वम्
कथये[1]	कथयावहे[2]	कथयामहे[2]	अकथये[4]	अकथयावहि[3]	अकथयामहि[3]

कथयताम्	कथयेताम्[4]	कथयन्ताम्[1]	कथयेत	कथयेयाताम्	कथयेरन्
कथयस्व	कथयेथाम्[4]	कथयध्वम्	कथयेथाः	कथयेयाथाम्	कथयेध्वम्
कथयै[5]	कथयावहै[3]	कथयामहै[3]	कथयेय	कथयेवहि	कथयेमहि

कथयिष्यते	कथयिष्येते	कथयिष्यन्ते	अकथयिष्यत	अकथयिष्येताम्	अकथयिष्यन्त
कथयिष्यसे	कथयिष्येथे	कथयिष्यध्वे	अकथयिष्यथाः	अकथयिष्येथाम्	अकथयिष्यध्वम्
कथयिष्ये	कथयिष्यावहे	कथयिष्यामहे	अकथयिष्ये	अकथयिष्यावहि	अकथयिष्यामहि

कथयिता	कथयितारौ	कथयितारः	कथयिषीष्ट	कथयिषीयास्ताम्	कथयिषीरन्
कथयितासे	कथयितासाथे	कथयिताध्वे	कथयिषीष्ठाः	कथयिषीयास्थाम्	कथयिषीध्वम् -ढ्वम्
कथयिताहे	कथयितास्वहे	कथयितास्महे	कथयिषीय	कथयिषीवहि	कथयिषीमहि

कथयाम्बभूव	कथयाम्बभूवतुः	कथयाम्बभूवुः	अचकथत	अचकथेताम्	अचकथन्त
कथयाञ्चक्रे	कथयाञ्चक्राते	कथयाञ्चक्रिरे			
कथयामास	कथयामासतुः	कथयामासुः			
कथयाम्बभूविथ	कथयाम्बभूवथुः	कथयाम्बभूव	अचकथथाः	अचकथेथाम्	अचकथध्वम्
कथयाञ्चकृषे	कथयाञ्चक्राथे	कथयाञ्चकृढ्वे			

कथयामासिथ	कथयामासथुः	कथयामास			
कथयाम्बभूव	कथयाम्बभूविव	कथयाम्बभूविम	अचकथे	अचकथावहि	अचकथामहि
कथयाञ्चक्रे	कथयाञ्चकृवहे	कथयाञ्चकृमहे			
कथयामास	कथयामासिव	कथयामासिम			

1852 वर ईप्सायाम् । कथादयः , अग्लोपी । wish, seek, choose, ask

10c 319 वर । वर् । वरयति / ते । U । सेट् । स० । वरि । वरय । **Parasmaipadi Forms**

वरयति	वरयतः	वरयन्ति[1]	अवरयत् -द्	अवरयताम्	अवरयन्[1]
वरयसि	वरयथः	वरयथ	अवरयः	अवरयतम्	अवरयत
वरयामि[2]	वरयावः[2]	वरयामः[2]	अवरयम्[1]	अवरयाव[2]	अवरयाम[2]

वरयतु वरयतात् -द्	वरयताम्	वरयन्तु[1]	वरयेत् -द्	वरयेताम्	वरयेयुः
वरय वरयतात् -द्	वरयतम्	वरयत	वरयेः	वरयेतम्	वरयेत
वरयानि[3]	वरयाव[3]	वरयाम[3]	वरयेयम्	वरयेव	वरयेम

वरयिष्यति	वरयिष्यतः	वरयिष्यन्ति	अवरयिष्यत् -द्	अवरयिष्यताम्	अवरयिष्यन्
वरयिष्यसि	वरयिष्यथः	वरयिष्यथ	अवरयिष्यः	अवरयिष्यतम्	अवरयिष्यत
वरयिष्यामि	वरयिष्यावः	वरयिष्यामः	अवरयिष्यम्	अवरयिष्याव	अवरयिष्याम

वरयिता	वरयितारौ	वरयितारः	वर्यात् -द्	वर्यास्ताम्	वर्यासुः
वरयितासि	वरयितास्थः	वरयितास्थ	वर्याः	वर्यास्तम्	वर्यास्त
वरयितास्मि	वरयितास्वः	वरयितास्मः	वर्यासम्	वर्यास्व	वर्यास्म

वरयाम्बभूव	वरयाम्बभूवतुः	वरयाम्बभूवुः	अववरत् -द्	अववरताम्	अववरन्
वरयाञ्चकार	वरयाञ्चक्रतुः	वरयाञ्चक्रुः			
वरयामास	वरयामासतुः	वरयामासुः			
वरयाम्बभूविथ	वरयाम्बभूवथुः	वरयाम्बभूव	अववरः	अववरतम्	अववरत
वरयाञ्चकर्थ	वरयाञ्चक्रथुः	वरयाञ्चक्र			
वरयामासिथ	वरयामासथुः	वरयामास			
वरयाम्बभूव	वरयाम्बभूविव	वरयाम्बभूविम	अववरम्	अववराव	अववराम
वरयाञ्चकर -कार	वरयाञ्चकृव	वरयाञ्चकृम			
वरयामास	वरयामासिव	वरयामासिम			

Atmanepadi Forms

वरयते	वरयेते[4]	वरयन्ते[1]	अवरयत	अवरयेताम्[4]	अवरयन्त[1]
वरयसे	वरयेथे[4]	वरयध्वे	अवरयथाः	अवरयेथाम्[4]	अवरयध्वम्
वरये[1]	वरयावहे[2]	वरयामहे[2]	अवरये[4]	अवरयावहि[3]	अवरयामहि[3]

वरयताम्	वरयेताम्[4]	वरयन्ताम्[1]	वरयेत	वरयेयाताम्	वरयेरन्
वरयस्व	वरयेथाम्[4]	वरयध्वम्	वरयेथाः	वरयेयाथाम्	वरयेध्वम्
वरयै[5]	वरयावहै[3]	वरयामहै[3]	वरयेय	वरयेवहि	वरयेमहि

वरयिष्यते	वरयिष्येते	वरयिष्यन्ते	अवरयिष्यत	अवरयिष्येताम्	अवरयिष्यन्त
वरयिष्यसे	वरयिष्येथे	वरयिष्यध्वे	अवरयिष्यथाः	अवरयिष्येथाम्	अवरयिष्यध्वम्
वरयिष्ये	वरयिष्यावहे	वरयिष्यामहे	अवरयिष्ये	अवरयिष्यावहि	अवरयिष्यामहि

वरयिता	वरयितारौ	वरयितारः	वरयिषीष्ट	वरयिषीयास्ताम्	वरयिषीरन्
वरयितासे	वरयितासाथे	वरयिताध्वे	वरयिषीष्ठाः	वरयिषीयास्थाम्	वरयिषीध्वम् -ढ्वम्
वरयिताहे	वरयितास्वहे	वरयितास्महे	वरयिषीय	वरयिषीवहि	वरयिषीमहि

वरयाम्बभूव	वरयाम्बभूवतुः	वरयाम्बभूवुः	अववरत	अववरेताम्	अववरन्त
वरयाञ्चक्रे	वरयाञ्चक्राते	वरयाञ्चक्रिरे			
वरयामास	वरयामासतुः	वरयामासुः			
वरयाम्बभूविथ	वरयाम्बभूवथुः	वरयाम्बभूव	अववरथाः	अववरेथाम्	अववरध्वम्
वरयाञ्चकृषे	वरयाञ्चक्राथे	वरयाञ्चकृढ्वे			
वरयामासिथ	वरयामासथुः	वरयामास			
वरयाम्बभूव	वरयाम्बभूविव	वरयाम्बभूविम	अववरे	अववरावहि	अववरामहि
वरयाञ्चक्रे	वरयाञ्चकृवहे	वरयाञ्चकृमहे			
वरयामास	वरयामासिव	वरयामासिम			

1853 गण सङ्ख्याने । कथादयः , अग्लोपी । count, enumerate, compute. *Famous word* गणितः । 10c 320 गण । गण् । गणयति / ते । U । सेट् । स० । गणि । गणय । 7.4.93 7.4.79 Mahabhashya says 7.4.3 भ्राजभासभाषदीपजीवमीलपीडामन्यतरस्याम् । काण्यादीनां वेति वक्तव्यम् ॥ काणिराणिश्राणिभाणिहेठिलोपयः । अचकाणत् अचीकणत् । अरराणत् अरीरणत् । अशश्राणत् । अशिश्रणत् । अबभाणत् अबीभणत् । अजिहेठत् अजीहिठत् । अलुलोपत् अलूलुपत् ॥ However this Root गणि is not mentioned. Q. Why Optional forms in लुङ् ? A. By 7.4.97 ई च गणः ।

Parasmaipadi Forms

गणयति	गणयतः	गणयन्ति[1]	अगणयत् -द्	अगणयताम्	अगणयन्[1]
गणयसि	गणयथः	गणयथ	अगणयः	अगणयतम्	अगणयत
गणयामि[2]	गणयावः[2]	गणयामः[2]	अगणयम्[1]	अगणयाव[2]	अगणयाम[2]

गणयतु गणयतात् -द्	गणयताम्	गणयन्तु[1]	गणयेत् -द्	गणयेताम्	गणयेयुः
गणय गणयतात् -द्	गणयतम्	गणयत	गणयेः	गणयेतम्	गणयेत
गणयानि[3]	गणयाव[3]	गणयाम[3]	गणयेयम्	गणयेव	गणयेम

गणयिष्यति	गणयिष्यतः	गणयिष्यन्ति	अगणयिष्यत् -द्	अगणयिष्यताम्	अगणयिष्यन्
गणयिष्यसि	गणयिष्यथः	गणयिष्यथ	अगणयिष्यः	अगणयिष्यतम्	अगणयिष्यत
गणयिष्यामि	गणयिष्यावः	गणयिष्यामः	अगणयिष्यम्	अगणयिष्याव	अगणयिष्याम

गणयिता	गणयितारौ	गणयितारः	गण्यात् -द्	गण्यास्ताम्	गण्यासुः
गणयितासि	गणयितास्थः	गणयितास्थ	गण्याः	गण्यास्तम्	गण्यास्त
गणयितास्मि	गणयितास्वः	गणयितास्मः	गण्यासम्	गण्यास्व	गण्यास्म

गणयाम्बभूव	गणयाम्बभूवतुः	गणयाम्बभूवुः	अजीगणत् -द्	अजीगणताम्	अजीगणन्
गणयाञ्चकार	गणयाञ्चक्रतुः	गणयाञ्चक्रुः	अजगणत् -द्	अजगणताम्	अजगणन्
गणयामास	गणयामासतुः	गणयामासुः			
गणयाम्बभूविथ	गणयाम्बभूवथुः	गणयाम्बभूव	अजीगणः	अजीगणतम्	अजीगणत
गणयाञ्चकर्थ	गणयाञ्चक्रथुः	गणयाञ्चक्र	अजगणः	अजगणतम्	अजगणत
गणयामासिथ	गणयामासथुः	गणयामास			
गणयाम्बभूव	गणयाम्बभूविव	गणयाम्बभूविम	अजीगणम्	अजीगणाव	अजीगणाम
गणयाञ्चकर -कार	गणयाञ्चकृव	गणयाञ्चकृम	अजगणम्	अजगणाव	अजगणाम
गणयामास	गणयामासिव	गणयामासिम			

Atmanepadi Forms

गणयते	गणयेते[4]	गणयन्ते[1]	अगणयत	अगणयेताम्[4]	अगणयन्त[1]
गणयसे	गणयेथे[4]	गणयध्वे	अगणयथाः	अगणयेथाम्[4]	अगणयध्वम्
गणये[1]	गणयावहे[2]	गणयामहे[2]	अगणये[4]	अगणयावहि[3]	अगणयामहि[3]

गणयताम्	गणयेताम्[4]	गणयन्ताम्[1]	गणयेत	गणयेयाताम्	गणयेरन्
गणयस्व	गणयेथाम्[4]	गणयध्वम्	गणयेथाः	गणयेयाथाम्	गणयेध्वम्
गणयै[5]	गणयावहै[3]	गणयामहै[3]	गणयेय	गणयेवहि	गणयेमहि

गणयिष्यते	गणयिष्येते	गणयिष्यन्ते	अगणयिष्यत	अगणयिष्येताम्	अगणयिष्यन्त
गणयिष्यसे	गणयिष्येथे	गणयिष्यध्वे	अगणयिष्यथाः	अगणयिष्येथाम्	अगणयिष्यध्वम्
गणयिष्ये	गणयिष्यावहे	गणयिष्यामहे	अगणयिष्ये	अगणयिष्यावहि	अगणयिष्यामहि

गणयिता	गणयितारौ	गणयितारः	गणयिषीष्ट	गणयिषीयास्ताम्	गणयिषीरन्
गणयितासे	गणयितासाथे	गणयिताध्वे	गणयिषीष्ठाः	गणयिषीयास्थाम्	गणयिषीध्वम् -ढ्वम्
गणयिताहे	गणयितास्वहे	गणयितास्महे	गणयिषीय	गणयिषीवहि	गणयिषीमहि

गणयाम्बभूव	गणयाम्बभूवतुः	गणयाम्बभूवुः	अजगणत	अजगणेताम्	अजगणन्त
गणयाञ्चक्रे	गणयाञ्चक्राते	गणयाञ्चक्रिरे	अजीगणत	अजीगणेताम्	अजीगणन्त

गणयामास	गणयामासतुः	गणयामासुः			
गणयाम्बभूविथ	गणयाम्बभूवथुः	गणयाम्बभूव	अजगणथाः	अजगणेथाम्	अजगणध्वम्
गणयाञ्चकृषे	गणयाञ्चक्राथे	गणयाञ्चकृढ्वे	अजीगणथाः	अजीगणेथाम्	अजीगणध्वम्
गणयामासिथ	गणयामासथुः	गणयामास			
गणयाम्बभूव	गणयाम्बभूविव	गणयाम्बभूविम	अजगणे	अजगणावहि	अजगणामहि
गणयाञ्चक्रे	गणयाञ्चकृवहे	गणयाञ्चकृमहे	अजीगणे	अजीगणावहि	अजीगणामहि
गणयामास	गणयामासिव	गणयामासिम			

1854 शठ सम्यगवभाषणे । कथादयः , अग्लोपी । speak ill, abuse elegantly, be quiet
10c 321 शठ । शठ् । शठयति / ते । U । सेट् । स० । शठि । शठय । **Parasmaipadi Forms**

शठयति	शठयतः	शठयन्ति[1]	अशठयत् -द्	अशठयताम्	अशठयन्[1]
शठयसि	शठयथः	शठयथ	अशठयः	अशठयतम्	अशठयत
शठयामि[2]	शठयावः[2]	शठयामः[2]	अशठयम्[1]	अशठयाव[2]	अशठयाम[2]

शठयतु शठयतात् -द्	शठयताम्	शठयन्तु[1]	शठयेत् -द्	शठयेताम्	शठयेयुः
शठय शठयतात् -द्	शठयतम्	शठयत	शठयेः	शठयेतम्	शठयेत
शठयानि[3]	शठयाव[3]	शठयाम[3]	शठयेयम्	शठयेव	शठयेम

शठयिष्यति	शठयिष्यतः	शठयिष्यन्ति	अशठयिष्यत् -द्	अशठयिष्यताम्	अशठयिष्यन्
शठयिष्यसि	शठयिष्यथः	शठयिष्यथ	अशठयिष्यः	अशठयिष्यतम्	अशठयिष्यत
शठयिष्यामि	शठयिष्यावः	शठयिष्यामः	अशठयिष्यम्	अशठयिष्याव	अशठयिष्याम

शठयिता	शठयितारौ	शठयितारः	शठ्यात् -द्	शठ्यास्ताम्	शठ्यासुः
शठयितासि	शठयितास्थः	शठयितास्थ	शठ्याः	शठ्यास्तम्	शठ्यास्त
शठयितास्मि	शठयितास्वः	शठयितास्मः	शठ्यासम्	शठ्यास्व	शठ्यास्म

शठयाम्बभूव	शठयाम्बभूवतुः	शठयाम्बभूवुः	अशशठत् -द्	अशशठताम्	अशशठन्
शठयाञ्चकार	शठयाञ्चक्रतुः	शठयाञ्चक्रुः			
शठयामास	शठयामासतुः	शठयामासुः			
शठयाम्बभूविथ	शठयाम्बभूवथुः	शठयाम्बभूव	अशशठः	अशशठतम्	अशशठत
शठयाञ्चकर्थ	शठयाञ्चक्रथुः	शठयाञ्चक्र			
शठयामासिथ	शठयामासथुः	शठयामास			
शठयाम्बभूव	शठयाम्बभूविव	शठयाम्बभूविम	अशशठम्	अशशठाव	अशशठाम
शठयाञ्चकर -कार	शठयाञ्चकृव	शठयाञ्चकृम			
शठयामास	शठयामासिव	शठयामासिम			

Atmanepadi Forms

शठयते	शठयेते[4]	शठयन्ते[1]	अशठयत	अशठयेताम्[4]	अशठयन्त[1]
शठयसे	शठयेथे[4]	शठयध्वे	अशठयथाः	अशठयेथाम्[4]	अशठयध्वम्
शठये[1]	शठयावहे[2]	शठयामहे[2]	अशठये[4]	अशठयावहि[3]	अशठयामहि[3]

शठयताम्	शठयेताम्[4]	शठयन्ताम्[1]	शठयेत	शठयेयाताम्	शठयेरन्
शठयस्व	शठयेथाम्[4]	शठयध्वम्	शठयेथाः	शठयेयाथाम्	शठयेध्वम्
शठयै[5]	शठयावहै[3]	शठयामहै[3]	शठयेय	शठयेवहि	शठयेमहि

शठयिष्यते	शठयिष्येते	शठयिष्यन्ते	अशठयिष्यत	अशठयिष्येताम्	अशठयिष्यन्त
शठयिष्यसे	शठयिष्येथे	शठयिष्यध्वे	अशठयिष्यथाः	अशठयिष्येथाम्	अशठयिष्यध्वम्
शठयिष्ये	शठयिष्यावहे	शठयिष्यामहे	अशठयिष्ये	अशठयिष्यावहि	अशठयिष्यामहि

शठयिता	शठयितारौ	शठयितारः	शठयिषीष्ट	शठयिषीयास्ताम्	शठयिषीरन्
शठयितासे	शठयितासाथे	शठयिताध्वे	शठयिषीष्ठाः	शठयिषीयास्थाम्	शठयिषीध्वम् -ढ्वम्
शठयिताहे	शठयितास्वहे	शठयितास्महे	शठयिषीय	शठयिषीवहि	शठयिषीमहि

शठयाम्बभूव	शठयाम्बभूवतुः	शठयाम्बभूवुः	अशशठत	अशशठेताम्	अशशठन्त
शठयाञ्चक्रे	शठयाञ्चक्राते	शठयाञ्चक्रिरे			
शठयामास	शठयामासतुः	शठयामासुः			
शठयाम्बभूविथ	शठयाम्बभूवथुः	शठयाम्बभूव	अशशठथाः	अशशठेथाम्	अशशठध्वम्
शठयाञ्चकृषे	शठयाञ्चक्राथे	शठयाञ्चकृढ्वे			
शठयामासिथ	शठयामासथुः	शठयामास			
शठयाम्बभूव	शठयाम्बभूविव	शठयाम्बभूविम	अशशठे	अशशठावहि	अशशठामहि
शठयाञ्चक्रे	शठयाञ्चकृवहे	शठयाञ्चकृमहे			
शठयामास	शठयामासिव	शठयामासिम			

1855 श्वठ सम्यगवभाषणे । कथादयः , अग्लोपी । speak ill, abuse elegantly, be quiet

10c 322 श्वठ । श्वठ् । श्वठयति / ते । U । सेट् । स० । श्वठि । श्वठय । **Parasmaipadi Forms**

श्वठयति	श्वठयतः	श्वठयन्ति[1]	अश्वठयत् -द्	अश्वठयताम्	अश्वठयन्[1]
श्वठयसि	श्वठयथः	श्वठयथ	अश्वठयः	अश्वठयतम्	अश्वठयत
श्वठयामि[2]	श्वठयावः[2]	श्वठयामः[2]	अश्वठयम्[1]	अश्वठयाव[2]	अश्वठयाम[2]

श्वठयतु श्वठयतात् -द्	श्वठयताम्	श्वठयन्तु[1]	श्वठयेत् -द्	श्वठयेताम्	श्वठयेयुः
श्वठय श्वठयतात् -द्	श्वठयतम्	श्वठयत	श्वठयेः	श्वठयेतम्	श्वठयेत
श्वठयानि[3]	श्वठयाव[3]	श्वठयाम[3]	श्वठयेयम्	श्वठयेव	श्वठयेम

श्वठयिष्यति	श्वठयिष्यतः	श्वठयिष्यन्ति	अश्वठयिष्यत् -द्	अश्वठयिष्यताम्	अश्वठयिष्यन्

श्वठयिष्यसि	श्वठयिष्यथः	श्वठयिष्यथ	अश्वठयिष्यः	अश्वठयिष्यतम्	अश्वठयिष्यत
श्वठयिष्यामि	श्वठयिष्यावः	श्वठयिष्यामः	अश्वठयिष्यम्	अश्वठयिष्याव	अश्वठयिष्याम

श्वठयिता	श्वठयितारौ	श्वठयितारः	श्वठ्यात् -द्	श्वठ्यास्ताम्	श्वठ्यासुः
श्वठयितासि	श्वठयितास्थः	श्वठयितास्थ	श्वठ्याः	श्वठ्यास्तम्	श्वठ्यास्त
श्वठयितास्मि	श्वठयितास्वः	श्वठयितास्मः	श्वठ्यासम्	श्वठ्यास्व	श्वठ्यास्म

श्वठयाम्बभूव	श्वठयाम्बभूवतुः	श्वठयाम्बभूवुः	अशश्वठत् -द्	अशश्वठताम्	अशश्वठन्
श्वठयाञ्चकार	श्वठयाञ्चक्रतुः	श्वठयाञ्चक्रुः			
श्वठयामास	श्वठयामासतुः	श्वठयामासुः			
श्वठयाम्बभूविथ	श्वठयाम्बभूवथुः	श्वठयाम्बभूव	अशश्वठः	अशश्वठतम्	अशश्वठत
श्वठयाञ्चकर्थ	श्वठयाञ्चक्रथुः	श्वठयाञ्चक्र			
श्वठयामासिथ	श्वठयामासथुः	श्वठयामास			
श्वठयाम्बभूव	श्वठयाम्बभूविव	श्वठयाम्बभूविम	अशश्वठम्	अशश्वठाव	अशश्वठाम
श्वठयाञ्चकर -कार	श्वठयाञ्चकृव	श्वठयाञ्चकृम			
श्वठयामास	श्वठयामासिव	श्वठयामासिम			

Atmanepadi Forms

श्वठयते	श्वठयेते[4]	श्वठयन्ते[1]	अश्वठयत	अश्वठयेताम्[4]	अश्वठयन्त[1]
श्वठयसे	श्वठयेथे[4]	श्वठयध्वे	अश्वठयथाः	अश्वठयेथाम्[4]	अश्वठयध्वम्
श्वठये[1]	श्वठयावहे[2]	श्वठयामहे[2]	अश्वठये[4]	अश्वठयावहि[3]	अश्वठयामहि[3]

श्वठयताम्	श्वठयेताम्[4]	श्वठयन्ताम्[1]	श्वठयेत	श्वठयेयाताम्	श्वठयेरन्
श्वठयस्व	श्वठयेथाम्[4]	श्वठयध्वम्	श्वठयेथाः	श्वठयेयाथाम्	श्वठयेध्वम्
श्वठयै[5]	श्वठयावहै[3]	श्वठयामहै[3]	श्वठयेय	श्वठयेवहि	श्वठयेमहि

श्वठयिष्यते	श्वठयिष्येते	श्वठयिष्यन्ते	अश्वठयिष्यत	अश्वठयिष्येताम्	अश्वठयिष्यन्त
श्वठयिष्यसे	श्वठयिष्येथे	श्वठयिष्यध्वे	अश्वठयिष्यथाः	अश्वठयिष्येथाम्	अश्वठयिष्यध्वम्
श्वठयिष्ये	श्वठयिष्यावहे	श्वठयिष्यामहे	अश्वठयिष्ये	अश्वठयिष्यावहि	अश्वठयिष्यामहि

श्वठयिता	श्वठयितारौ	श्वठयितारः	श्वठयिषीष्ट	श्वठयिषीयास्ताम्	श्वठयिषीरन्
श्वठयितासे	श्वठयितासाथे	श्वठयिताध्वे	श्वठयिषीष्ठाः	श्वठयिषीयास्थाम्	श्वठयिषीध्वम् -ढ्वम्
श्वठयिताहे	श्वठयितास्वहे	श्वठयितास्महे	श्वठयिषीय	श्वठयिषीवहि	श्वठयिषीमहि

श्वठयाम्बभूव	श्वठयाम्बभूवतुः	श्वठयाम्बभूवुः	अशश्वठत	अशश्वठेताम्	अशश्वठन्त
श्वठयाञ्चक्रे	श्वठयाञ्चक्राते	श्वठयाञ्चक्रिरे			
श्वठयामास	श्वठयामासतुः	श्वठयामासुः			

श्वठयाम्बभूविथ	श्वठयाम्बभूवथुः	श्वठयाम्बभूव	अशश्वठथाः	अशश्वठेथाम्	अशश्वठध्वम्
श्वठयाञ्चकृषे	श्वठयाञ्चक्राथे	श्वठयाञ्चकृढ्वे			
श्वठयामासिथ	श्वठयामासथुः	श्वठयामास			
श्वठयाम्बभूव	श्वठयाम्बभूविव	श्वठयाम्बभूविम	अशश्वठे	अशश्वठावहि	अशश्वठामहि
श्वठयाञ्चक्रे	श्वठयाञ्चकृवहे	श्वठयाञ्चकृमहे			
श्वठयामास	श्वठयामासिव	श्वठयामासिम			

1856 पट ग्रन्थे । कथादयः , अग्लोपी । string together, weave, split
10c 323 पट । पट् । पटयति / ते । U । सेट् । स० । पटि । पटय । Also see 1752 पट भाषार्थः ।

Parasmaipadi Forms

पटयति	पटयतः	पटयन्ति[1]	अपटयत् -द्	अपटयताम्	अपटयन्[1]
पटयसि	पटयथः	पटयथ	अपटयः	अपटयतम्	अपटयत
पटयामि[2]	पटयावः[2]	पटयामः[2]	अपटयम्[1]	अपटयाव[2]	अपटयाम[2]

पटयतु पटयतात् -द्	पटयताम्	पटयन्तु[1]	पटयेत् -द्	पटयेताम्	पटयेयुः
पटय पटयतात् -द्	पटयतम्	पटयत	पटयेः	पटयेतम्	पटयेत
पटयानि[3]	पटयाव[3]	पटयाम[3]	पटयेयम्	पटयेव	पटयेम

पटयिष्यति	पटयिष्यतः	पटयिष्यन्ति	अपटयिष्यत् -द्	अपटयिष्यताम्	अपटयिष्यन्
पटयिष्यसि	पटयिष्यथः	पटयिष्यथ	अपटयिष्यः	अपटयिष्यतम्	अपटयिष्यत
पटयिष्यामि	पटयिष्यावः	पटयिष्यामः	अपटयिष्यम्	अपटयिष्याव	अपटयिष्याम

पटयिता	पटयितारौ	पटयितारः	पट्यात् -द्	पट्यास्ताम्	पट्यासुः
पटयितासि	पटयितास्थः	पटयितास्थ	पट्याः	पट्यास्तम्	पट्यास्त
पटयितास्मि	पटयितास्वः	पटयितास्मः	पट्यासम्	पट्यास्व	पट्यास्म

पटयाम्बभूव	पटयाम्बभूवतुः	पटयाम्बभूवुः	अपपटत् -द्	अपपटताम्	अपपटन्
पटयाञ्चकार	पटयाञ्चक्रतुः	पटयाञ्चक्रुः			
पटयामास	पटयामासतुः	पटयामासुः			
पटयाम्बभूविथ	पटयाम्बभूवथुः	पटयाम्बभूव	अपपटः	अपपटतम्	अपपटत
पटयाञ्चकर्थ	पटयाञ्चक्रथुः	पटयाञ्चक्र			
पटयामासिथ	पटयामासथुः	पटयामास			
पटयाम्बभूव	पटयाम्बभूविव	पटयाम्बभूविम	अपपटम्	अपपटाव	अपपटाम
पटयाञ्चकर -कार	पटयाञ्चकृव	पटयाञ्चकृम			
पटयामास	पटयामासिव	पटयामासिम			

Atmanepadi Forms

पटयते	पटयेते⁴	पटयन्ते¹	अपटयत	अपटयेताम्⁴	अपटयन्त¹
पटयसे	पटयेथे⁴	पटयध्वे	अपटयथाः	अपटयेथाम्⁴	अपटयध्वम्
पटये¹	पटयावहे²	पटयामहे²	अपटये⁴	अपटयावहि³	अपटयामहि³
पटयताम्	पटयेताम्⁴	पटयन्ताम्¹	पटयेत	पटयेयाताम्	पटयेरन्
पटयस्व	पटयेथाम्⁴	पटयध्वम्	पटयेथाः	पटयेयाथाम्	पटयेध्वम्
पटयै⁵	पटयावहै³	पटयामहै³	पटयेय	पटयेवहि	पटयेमहि
पटयिष्यते	पटयिष्येते	पटयिष्यन्ते	अपटयिष्यत	अपटयिष्येताम्	अपटयिष्यन्त
पटयिष्यसे	पटयिष्येथे	पटयिष्यध्वे	अपटयिष्यथाः	अपटयिष्येथाम्	अपटयिष्यध्वम्
पटयिष्ये	पटयिष्यावहे	पटयिष्यामहे	अपटयिष्ये	अपटयिष्यावहि	अपटयिष्यामहि
पटयिता	पटयितारौ	पटयितारः	पटयिषीष्ट	पटयिषीयास्ताम्	पटयिषीरन्
पटयितासे	पटयितासाथे	पटयिताध्वे	पटयिषीष्ठाः	पटयिषीयास्थाम्	पटयिषीध्वम् -ढ्वम्
पटयिताहे	पटयितास्वहे	पटयितास्महे	पटयिषीय	पटयिषीवहि	पटयिषीमहि
पटयाम्बभूव	पटयाम्बभूवतुः	पटयाम्बभूवुः	अपपटत	अपपटेताम्	अपपटन्त
पटयाञ्चक्रे	पटयाञ्चक्राते	पटयाञ्चक्रिरे			
पटयामास	पटयामासतुः	पटयामासुः			
पटयाम्बभूविथ	पटयाम्बभूवथुः	पटयाम्बभूव	अपपटथाः	अपपटेथाम्	अपपटध्वम्
पटयाञ्चकृषे	पटयाञ्चक्राथे	पटयाञ्चकृढ्वे			
पटयामासिथ	पटयामासथुः	पटयामास			
पटयाम्बभूव	पटयाम्बभूविव	पटयाम्बभूविम	अपपटे	अपपटावहि	अपपटामहि
पटयाञ्चक्रे	पटयाञ्चकृवहे	पटयाञ्चकृमहे			
पटयामास	पटयामासिव	पटयामासिम			

1857 वट ग्रन्थे । वट वेष्टने इति क्षीरस्वामी । कथादयः , अग्लोपी । twist as a rope, make a wreath
10c 324 वट । वट् । वटयति / ते । U । सेट् । स० । वटि । वटय । **Parasmaipadi Forms**

वटयति	वटयतः	वटयन्ति¹	अवटयत् -द्	अवटयताम्	अवटयन्¹
वटयसि	वटयथः	वटयथ	अवटयः	अवटयतम्	अवटयत
वटयामि²	वटयावः²	वटयामः²	अवटयम्¹	अवटयाव²	अवटयाम²
वटयतु वटयतात् -द्	वटयताम्	वटयन्तु¹	वटयेत् -द्	वटयेताम्	वटयेयुः
वटय वटयतात् -द्	वटयतम्	वटयत	वटयेः	वटयेतम्	वटयेत
वटयानि³	वटयाव³	वटयाम³	वटयेयम्	वटयेव	वटयेम
वटयिष्यति	वटयिष्यतः	वटयिष्यन्ति	अवटयिष्यत् -द्	अवटयिष्यताम्	अवटयिष्यन्

वटयिष्यसि	वटयिष्यथः	वटयिष्यथ	अवटयिष्यः	अवटयिष्यतम्	अवटयिष्यत
वटयिष्यामि	वटयिष्यावः	वटयिष्यामः	अवटयिष्यम्	अवटयिष्याव	अवटयिष्याम
वटयिता	वटयितारौ	वटयितारः	वट्यात् -द्	वट्यास्ताम्	वट्यासुः
वटयितासि	वटयितास्थः	वटयितास्थ	वट्याः	वट्यास्तम्	वट्यास्त
वटयितास्मि	वटयितास्वः	वटयितास्मः	वट्यासम्	वट्यास्व	वट्यास्म
वटयाम्बभूव	वटयाम्बभूवतुः	वटयाम्बभूवुः	अववटत् -द्	अववटताम्	अववटन्
वटयाञ्चकार	वटयाञ्चक्रतुः	वटयाञ्चक्रुः			
वटयामास	वटयामासतुः	वटयामासुः			
वटयाम्बभूविथ	वटयाम्बभूवथुः	वटयाम्बभूव	अववटः	अववटतम्	अववटत
वटयाञ्चकर्थ	वटयाञ्चक्रथुः	वटयाञ्चक्र			
वटयामासिथ	वटयामासथुः	वटयामास			
वटयाम्बभूव	वटयाम्बभूविव	वटयाम्बभूविम	अववटम्	अववटाव	अववटाम
वटयाञ्चकर -कार	वटयाञ्चकृव	वटयाञ्चकृम			
वटयामास	वटयामासिव	वटयामासिम			

Atmanepadi Forms

वटयते	वटयेते[4]	वटयन्ते[1]	अवटयत	अवटयेताम्[4]	अवटयन्त[1]
वटयसे	वटयेथे[4]	वटयध्वे	अवटयथाः	अवटयेथाम्[4]	अवटयध्वम्
वटये[1]	वटयावहे[2]	वटयामहे[2]	अवटये[4]	अवटयावहि[3]	अवटयामहि[3]
वटयताम्	वटयेताम्[4]	वटयन्ताम्[1]	वटयेत	वटयेयाताम्	वटयेरन्
वटयस्व	वटयेथाम्[4]	वटयध्वम्	वटयेथाः	वटयेयाथाम्	वटयेध्वम्
वटयै[5]	वटयावहै[3]	वटयामहै[3]	वटयेय	वटयेवहि	वटयेमहि
वटयिष्यते	वटयिष्येते	वटयिष्यन्ते	अवटयिष्यत	अवटयिष्येताम्	अवटयिष्यन्त
वटयिष्यसे	वटयिष्येथे	वटयिष्यध्वे	अवटयिष्यथाः	अवटयिष्येथाम्	अवटयिष्यध्वम्
वटयिष्ये	वटयिष्यावहे	वटयिष्यामहे	अवटयिष्ये	अवटयिष्यावहि	अवटयिष्यामहि
वटयिता	वटयितारौ	वटयितारः	वटयिषीष्ट	वटयिषीयास्ताम्	वटयिषीरन्
वटयितासे	वटयितासाथे	वटयिताध्वे	वटयिषीष्ठाः	वटयिषीयास्थाम्	वटयिषीध्वम् -ढ्वम्
वटयिताहे	वटयितास्वहे	वटयितास्महे	वटयिषीय	वटयिषीवहि	वटयिषीमहि
वटयाम्बभूव	वटयाम्बभूवतुः	वटयाम्बभूवुः	अववटत	अववटेताम्	अववटन्त
वटयाञ्चक्रे	वटयाञ्चक्राते	वटयाञ्चक्रिरे			
वटयामास	वटयामासतुः	वटयामासुः			

वटयाम्बभूविथ	वटयाम्बभूवथुः	वटयाम्बभूव	अववटथाः	अववटेथाम्	अववटध्वम्
वटयाञ्चकृषे	वटयाञ्चक्राथे	वटयाञ्चकृढ्वे			
वटयामासिथ	वटयामासथुः	वटयामास			
वटयाम्बभूव	वटयाम्बभूविव	वटयाम्बभूविम	अववटे	अववटावहि	अववटामहि
वटयाञ्चक्रे	वटयाञ्चकृवहे	वटयाञ्चकृमहे			
वटयामास	वटयामासिव	वटयामासिम			

1858 रह त्यागे । कथादयः , अग्लोपी । give up, split, leave, delegate, refuse

10c 325 रह । रह् । रहयति / ते । U । सेट् । स० । रहि । रहय । **Parasmaipadi Forms**

रहयति	रहयतः	रहयन्ति[1]	अरहयत् -द्	अरहयताम्	अरहयन्[1]
रहयसि	रहयथः	रहयथ	अरहयः	अरहयतम्	अरहयत
रहयामि[2]	रहयावः[2]	रहयामः[2]	अरहयम्[1]	अरहयाव[2]	अरहयाम[2]

रहयतु रहयतात् -द्	रहयताम्	रहयन्तु[1]	रहयेत् -द्	रहयेताम्	रहयेयुः
रहय रहयतात् -द्	रहयतम्	रहयत	रहयेः	रहयेतम्	रहयेत
रहयानि[3]	रहयाव[3]	रहयाम[3]	रहयेयम्	रहयेव	रहयेम

रहयिष्यति	रहयिष्यतः	रहयिष्यन्ति	अरहयिष्यत् -द्	अरहयिष्यताम्	अरहयिष्यन्
रहयिष्यसि	रहयिष्यथः	रहयिष्यथ	अरहयिष्यः	अरहयिष्यतम्	अरहयिष्यत
रहयिष्यामि	रहयिष्यावः	रहयिष्यामः	अरहयिष्यम्	अरहयिष्याव	अरहयिष्याम

रहयिता	रहयितारौ	रहयितारः	रह्यात् -द्	रह्यास्ताम्	रह्यासुः
रहयितासि	रहयितास्थः	रहयितास्थ	रह्याः	रह्यास्तम्	रह्यास्त
रहयितास्मि	रहयितास्वः	रहयितास्मः	रह्यासम्	रह्यास्व	रह्यास्म

रहयाम्बभूव	रहयाम्बभूवतुः	रहयाम्बभूवुः	अररहत् -द्	अररहताम्	अररहन्
रहयाञ्चकार	रहयाञ्चक्रतुः	रहयाञ्चक्रुः			
रहयामास	रहयामासतुः	रहयामासुः			
रहयाम्बभूविथ	रहयाम्बभूवथुः	रहयाम्बभूव	अररहः	अररहतम्	अररहत
रहयाञ्चकर्थ	रहयाञ्चक्रथुः	रहयाञ्चक्र			
रहयामासिथ	रहयामासथुः	रहयामास			
रहयाम्बभूव	रहयाम्बभूविव	रहयाम्बभूविम	अररहम्	अररहाव	अररहाम
रहयाञ्चकर -कार	रहयाञ्चकृव	रहयाञ्चकृम			
रहयामास	रहयामासिव	रहयामासिम			

Atmanepadi Forms

रहयते	रहयेते[4]	रहयन्ते[1]	अरहयत	अरहयेताम्[4]	अरहयन्त[1]

रहयसे	रहयेथे[4]	रहयध्वे	अरहयथाः	अरहयेथाम्[4]	अरहयध्वम्
रहये[1]	रहयावहे[2]	रहयामहे[2]	अरहये[4]	अरहयावहि[3]	अरहयामहि[3]

रहयताम्	रहयेताम्[4]	रहयन्ताम्[1]	रहयेत	रहयेयाताम्	रहयेरन्
रहयस्व	रहयेथाम्[4]	रहयध्वम्	रहयेथाः	रहयेयाथाम्	रहयेध्वम्
रहयै[5]	रहयावहै[3]	रहयामहै[3]	रहयेय	रहयेवहि	रहयेमहि

रहयिष्यते	रहयिष्येते	रहयिष्यन्ते	अरहयिष्यत	अरहयिष्येताम्	अरहयिष्यन्त
रहयिष्यसे	रहयिष्येथे	रहयिष्यध्वे	अरहयिष्यथाः	अरहयिष्येथाम्	अरहयिष्यध्वम्
रहयिष्ये	रहयिष्यावहे	रहयिष्यामहे	अरहयिष्ये	अरहयिष्यावहि	अरहयिष्यामहि

रहयिता	रहयितारौ	रहयितारः	रहयिषीष्ट	रहयिषीयास्ताम्	रहयिषीरन्
रहयितासे	रहयितासाथे	रहयिताध्वे	रहयिषीष्ठाः	रहयिषीयास्थाम्	रहयिषीध्वम् -ढ्वम्
रहयिताहे	रहयितास्वहे	रहयितास्महे	रहयिषीय	रहयिषीवहि	रहयिषीमहि

रहयाम्बभूव	रहयाम्बभूवतुः	रहयाम्बभूवुः	अररहत	अररहेताम्	अररहन्त
रहयाञ्चक्रे	रहयाञ्चक्राते	रहयाञ्चक्रिरे			
रहयामास	रहयामासतुः	रहयामासुः			
रहयाम्बभूविथ	रहयाम्बभूवथुः	रहयाम्बभूव	अररहथाः	अररहेथाम्	अररहध्वम्
रहयाञ्चकृषे	रहयाञ्चक्राथे	रहयाञ्चकृढ्वे			
रहयामासिथ	रहयामासथुः	रहयामास			
रहयाम्बभूव	रहयाम्बभूविव	रहयाम्बभूविम	अररहे	अररहावहि	अररहामहि
रहयाञ्चक्रे	रहयाञ्चकृवहे	रहयाञ्चकृमहे			
रहयामास	रहयामासिव	रहयामासिम			

1859 **स्तन देवशब्दे ।** कथादयः , अग्लोपी । thunder, roar (of clouds)

10c 326 **स्तन । स्तन् । स्तनयति / ते । U । सेट् । स० । स्तनि । स्तनय । Parasmaipadi Forms**

स्तनयति	स्तनयतः	स्तनयन्ति[1]	अस्तनयत् -द्	अस्तनयताम्	अस्तनयन्[1]
स्तनयसि	स्तनयथः	स्तनयथ	अस्तनयः	अस्तनयतम्	अस्तनयत
स्तनयामि[2]	स्तनयावः[2]	स्तनयामः[2]	अस्तनयम्[1]	अस्तनयाव[2]	अस्तनयाम[2]

स्तनयतु स्तनयतात् -द्	स्तनयताम्	स्तनयन्तु[1]	स्तनयेत् -द्	स्तनयेताम्	स्तनयेयुः
स्तनय स्तनयतात् -द्	स्तनयतम्	स्तनयत	स्तनयेः	स्तनयेतम्	स्तनयेत
स्तनयानि[3]	स्तनयाव[3]	स्तनयाम[3]	स्तनयेयम्	स्तनयेव	स्तनयेम

स्तनयिष्यति	स्तनयिष्यतः	स्तनयिष्यन्ति	अस्तनयिष्यत् -द्	अस्तनयिष्यताम्	अस्तनयिष्यन्
स्तनयिष्यसि	स्तनयिष्यथः	स्तनयिष्यथ	अस्तनयिष्यः	अस्तनयिष्यतम्	अस्तनयिष्यत

स्तनयिष्यामि	स्तनयिष्यावः	स्तनयिष्यामः	अस्तनयिष्यम्	अस्तनयिष्याव	अस्तनयिष्याम

स्तनयिता	स्तनयितारौ	स्तनयितारः	स्तन्यात् -द्	स्तन्यास्ताम्	स्तन्यासुः
स्तनयितासि	स्तनयितास्थः	स्तनयितास्थ	स्तन्याः	स्तन्यास्तम्	स्तन्यास्त
स्तनयितास्मि	स्तनयितास्वः	स्तनयितास्मः	स्तन्यासम्	स्तन्यास्व	स्तन्यास्म

स्तनयाम्बभूव	स्तनयाम्बभूवतुः	स्तनयाम्बभूवुः	अतस्तनत् -द्	अतस्तनताम्	अतस्तनन्
स्तनयाञ्चकार	स्तनयाञ्चक्रतुः	स्तनयाञ्चक्रुः			
स्तनयामास	स्तनयामासतुः	स्तनयामासुः			
स्तनयाम्बभूविथ	स्तनयाम्बभूवथुः	स्तनयाम्बभूव	अतस्तनः	अतस्तनतम्	अतस्तनत
स्तनयाञ्चकर्थ	स्तनयाञ्चक्रथुः	स्तनयाञ्चक्र			
स्तनयामासिथ	स्तनयामासथुः	स्तनयामास			
स्तनयाम्बभूव	स्तनयाम्बभूविव	स्तनयाम्बभूविम	अतस्तनम्	अतस्तनाव	अतस्तनाम
स्तनयाञ्चकर -कार	स्तनयाञ्चकृव	स्तनयाञ्चकृम			
स्तनयामास	स्तनयामासिव	स्तनयामासिम			

Atmanepadi Forms

स्तनयते	स्तनयेते[4]	स्तनयन्ते[1]	अस्तनयत	अस्तनयेताम्[4]	अस्तनयन्त[1]
स्तनयसे	स्तनयेथे[4]	स्तनयध्वे	अस्तनयथाः	अस्तनयेथाम्[4]	अस्तनयध्वम्
स्तनये[1]	स्तनयावहे[2]	स्तनयामहे[2]	अस्तनये[4]	अस्तनयावहि[3]	अस्तनयामहि[3]

स्तनयताम्	स्तनयेताम्[4]	स्तनयन्ताम्[1]	स्तनयेत	स्तनयेयाताम्	स्तनयेरन्
स्तनयस्व	स्तनयेथाम्[4]	स्तनयध्वम्	स्तनयेथाः	स्तनयेयाथाम्	स्तनयेध्वम्
स्तनयै[5]	स्तनयावहै[3]	स्तनयामहै[3]	स्तनयेय	स्तनयेवहि	स्तनयेमहि

स्तनयिष्यते	स्तनयिष्येते	स्तनयिष्यन्ते	अस्तनयिष्यत	अस्तनयिष्येताम्	अस्तनयिष्यन्त
स्तनयिष्यसे	स्तनयिष्येथे	स्तनयिष्यध्वे	अस्तनयिष्यथाः	अस्तनयिष्येथाम्	अस्तनयिष्यध्वम्
स्तनयिष्ये	स्तनयिष्यावहे	स्तनयिष्यामहे	अस्तनयिष्ये	अस्तनयिष्यावहि	अस्तनयिष्यामहि

स्तनयिता	स्तनयितारौ	स्तनयितारः	स्तनयिषीष्ट	स्तनयिषीयास्ताम्	स्तनयिषीरन्
स्तनयितासे	स्तनयितासाथे	स्तनयिताध्वे	स्तनयिषीष्ठाः	स्तनयिषीयास्थाम्	स्तनयिषीध्वम् -ढ्वम्
स्तनयिताहे	स्तनयितास्वहे	स्तनयितास्महे	स्तनयिषीय	स्तनयिषीवहि	स्तनयिषीमहि

स्तनयाम्बभूव	स्तनयाम्बभूवतुः	स्तनयाम्बभूवुः	अतस्तनत	अतस्तनेताम्	अतस्तनन्त
स्तनयाञ्चक्रे	स्तनयाञ्चक्राते	स्तनयाञ्चक्रिरे			
स्तनयामास	स्तनयामासतुः	स्तनयामासुः			
स्तनयाम्बभूविथ	स्तनयाम्बभूवथुः	स्तनयाम्बभूव	अतस्तनथाः	अतस्तनेथाम्	अतस्तनध्वम्

स्तनयाञ्चकृषे	स्तनयाञ्चक्राथे	स्तनयाञ्चकृढ्वे			
स्तनयामासिथ	स्तनयामासथुः	स्तनयामास			
स्तनयाम्बभूव	स्तनयाम्बभूविव	स्तनयाम्बभूविम	अतस्तने	अतस्तनावहि	अतस्तनामहि
स्तनयाञ्चक्रे	स्तनयाञ्चकृवहे	स्तनयाञ्चकृमहे			
स्तनयामास	स्तनयामासिव	स्तनयामासिम			

1860 गदी देवशब्दे । कथादयः , अग्लोपी । इक्श्तिपौ धातुनिर्देशे । thunder (of clouds)

10c 327 गद । गद् । गदयति / ते । U । सेट् । स० । गदि । गदय ।

Kumudranjan Ray Siddhanta Kaumudi Vol 5 – Root is not ईकारान्तः but it is अकारान्तः । ईत्वम् is due to the dvandva compound स्तनय गदिय – स्तनगदी । **Parasmaipadi Forms**

गदयति	गदयतः	गदयन्ति[1]	अगदयत् -द्	अगदयताम्	अगदयन्[1]
गदयसि	गदयथः	गदयथ	अगदयः	अगदयतम्	अगदयत
गदयामि[2]	गदयावः[2]	गदयामः[2]	अगदयम्[1]	अगदयाव[2]	अगदयाम[2]

गदयतु गदयतात् -द्	गदयताम्	गदयन्तु[1]	गदयेत् -द्	गदयेताम्	गदयेयुः
गदय गदयतात् -द्	गदयतम्	गदयत	गदयेः	गदयेतम्	गदयेत
गदयानि[3]	गदयाव[3]	गदयाम[3]	गदयेयम्	गदयेव	गदयेम

गदयिष्यति	गदयिष्यतः	गदयिष्यन्ति	अगदयिष्यत् -द्	अगदयिष्यताम्	अगदयिष्यन्
गदयिष्यसि	गदयिष्यथः	गदयिष्यथ	अगदयिष्यः	अगदयिष्यतम्	अगदयिष्यत
गदयिष्यामि	गदयिष्यावः	गदयिष्यामः	अगदयिष्यम्	अगदयिष्याव	अगदयिष्याम

गदयिता	गदयितारौ	गदयितारः	गद्यात् -द्	गद्यास्ताम्	गद्यासुः
गदयितासि	गदयितास्थः	गदयितास्थ	गद्याः	गद्यास्तम्	गद्यास्त
गदयितास्मि	गदयितास्वः	गदयितास्मः	गद्यासम्	गद्यास्व	गद्यास्म

गदयाम्बभूव	गदयाम्बभूवतुः	गदयाम्बभूवुः	अजगदत् -द्	अजगदताम्	अजगदन्
गदयाञ्चकार	गदयाञ्चक्रतुः	गदयाञ्चक्रुः			
गदयामास	गदयामासतुः	गदयामासुः			
गदयाम्बभूविथ	गदयाम्बभूवथुः	गदयाम्बभूव	अजगदः	अजगदतम्	अजगदत
गदयाञ्चकर्थ	गदयाञ्चक्रथुः	गदयाञ्चक्र			
गदयामासिथ	गदयामासथुः	गदयामास			
गदयाम्बभूव	गदयाम्बभूविव	गदयाम्बभूविम	अजगदम्	अजगदाव	अजगदाम
गदयाञ्चकर -कार	गदयाञ्चकृव	गदयाञ्चकृम			
गदयामास	गदयामासिव	गदयामासिम			

Atmanepadi Forms

गदयते	गदयेते[4]	गदयन्ते[1]	अगदयत	अगदयेताम्[4]	अगदयन्त[1]
गदयसे	गदयेथे[4]	गदयध्वे	अगदयथाः	अगदयेथाम्[4]	अगदयध्वम्
गदये[1]	गदयावहे[2]	गदयामहे[2]	अगदये[4]	अगदयावहि[3]	अगदयामहि[3]

गदयताम्	गदयेताम्[4]	गदयन्ताम्[1]	गदयेत	गदयेयाताम्	गदयेरन्
गदयस्व	गदयेथाम्[4]	गदयध्वम्	गदयेथाः	गदयेयाथाम्	गदयेध्वम्
गदयै[5]	गदयावहै[3]	गदयामहै[3]	गदयेय	गदयेवहि	गदयेमहि

गदयिष्यते	गदयिष्येते	गदयिष्यन्ते	अगदयिष्यत	अगदयिष्येताम्	अगदयिष्यन्त
गदयिष्यसे	गदयिष्येथे	गदयिष्यध्वे	अगदयिष्यथाः	अगदयिष्येथाम्	अगदयिष्यध्वम्
गदयिष्ये	गदयिष्यावहे	गदयिष्यामहे	अगदयिष्ये	अगदयिष्यावहि	अगदयिष्यामहि

गदयिता	गदयितारौ	गदयितारः	गदयिषीष्ट	गदयिषीयास्ताम्	गदयिषीरन्
गदयितासे	गदयितासाथे	गदयिताध्वे	गदयिषीष्ठाः	गदयिषीयास्थाम्	गदयिषीध्वम् -ढ्वम्
गदयिताहे	गदयितास्वहे	गदयितास्महे	गदयिषीय	गदयिषीवहि	गदयिषीमहि

गदयाम्बभूव	गदयाम्बभूवतुः	गदयाम्बभूवुः	अजगदत	अजगदेताम्	अजगदन्त
गदयाञ्चक्रे	गदयाञ्चक्राते	गदयाञ्चक्रिरे			
गदयामास	गदयामासतुः	गदयामासुः			
गदयाम्बभूविथ	गदयाम्बभूवथुः	गदयाम्बभूव	अजगदथाः	अजगदेथाम्	अजगदध्वम्
गदयाञ्चकृषे	गदयाञ्चक्राथे	गदयाञ्चकृढ्वे			
गदयामासिथ	गदयामासथुः	गदयामास			
गदयाम्बभूव	गदयाम्बभूविव	गदयाम्बभूविम	अजगदे	अजगदावहि	अजगदामहि
गदयाञ्चक्रे	गदयाञ्चकृवहे	गदयाञ्चकृमहे			
गदयामास	गदयामासिव	गदयामासिम			

1861 पत गतौ वा । वा णिजन्तः । वा अदन्ते इत्येके । कथादयः , अग्लोपी । fall, go down
10c 328 पत । पत् । पतयति / ते , पातयति / ते , पतति । U । सेट् । स० । पति । पतय ।
Siddhanta Kaumudi - वा णिजन्तः i.e. optional णिच् । वा अदन्ते इति अदित् – पतँ ।

Parasmaipadi Forms

पतयति	पतयतः	पतयन्ति[1]	अपतयत् -द्	अपतयताम्	अपतयन्[1]
पतयसि	पतयथः	पतयथ	अपतयः	अपतयतम्	अपतयत
पतयामि[2]	पतयावः[2]	पतयामः[2]	अपतयम्[1]	अपतयाव[2]	अपतयाम[2]

पतयतु पतयतात् -द्	पतयताम्	पतयन्तु[1]	पतयेत् -द्	पतयेताम्	पतयेयुः
पतय पतयतात् -द्	पतयतम्	पतयत	पतयेः	पतयेतम्	पतयेत
पतयानि[3]	पतयाव[3]	पतयाम[3]	पतयेयम्	पतयेव	पतयेम

पतयिष्यति	पतयिष्यतः	पतयिष्यन्ति	अपतयिष्यत् -द्	अपतयिष्यताम्	अपतयिष्यन्
पतयिष्यसि	पतयिष्यथः	पतयिष्यथ	अपतयिष्यः	अपतयिष्यतम्	अपतयिष्यत
पतयिष्यामि	पतयिष्यावः	पतयिष्यामः	अपतयिष्यम्	अपतयिष्याव	अपतयिष्याम

पतयिता	पतयितारौ	पतयितारः	पत्यात् -द्	पत्यास्ताम्	पत्यासुः
पतयितासि	पतयितास्थः	पतयितास्थ	पत्याः	पत्यास्तम्	पत्यास्त
पतयितास्मि	पतयितास्वः	पतयितास्मः	पत्यासम्	पत्यास्व	पत्यास्म

पतयाम्बभूव	पतयाम्बभूवतुः	पतयाम्बभूवुः	अपपतत् -द्	अपपतताम्	अपपतन्
पतयाञ्चकार	पतयाञ्चक्रतुः	पतयाञ्चक्रुः			
पतयामास	पतयामासतुः	पतयामासुः			
पतयाम्बभूविथ	पतयाम्बभूवथुः	पतयाम्बभूव	अपपतः	अपपततम्	अपपतत
पतयाञ्चकर्थ	पतयाञ्चक्रथुः	पतयाञ्चक्र			
पतयामासिथ	पतयामासथुः	पतयामास			
पतयाम्बभूव	पतयाम्बभूविव	पतयाम्बभूविम	अपपतम्	अपपताव	अपपताम
पतयाञ्चकर -कार	पतयाञ्चकृव	पतयाञ्चकृम			
पतयामास	पतयामासिव	पतयामासिम			

Atmanepadi Forms

पतयते	पतयेते[4]	पतयन्ते[1]	अपतयत	अपतयेताम्[4]	अपतयन्त[1]
पतयसे	पतयेथे[4]	पतयध्वे	अपतयथाः	अपतयेथाम्[4]	अपतयध्वम्
पतये[1]	पतयावहे[2]	पतयामहे[2]	अपतये[4]	अपतयावहि[3]	अपतयामहि[3]

पतयताम्	पतयेताम्[4]	पतयन्ताम्[1]	पतयेत	पतयेयाताम्	पतयेरन्
पतयस्व	पतयेथाम्[4]	पतयध्वम्	पतयेथाः	पतयेयाथाम्	पतयेध्वम्
पतयै[5]	पतयावहै[3]	पतयामहै[3]	पतयेय	पतयेवहि	पतयेमहि

पतयिष्यते	पतयिष्येते	पतयिष्यन्ते	अपतयिष्यत	अपतयिष्येताम्	अपतयिष्यन्त
पतयिष्यसे	पतयिष्येथे	पतयिष्यध्वे	अपतयिष्यथाः	अपतयिष्येथाम्	अपतयिष्यध्वम्
पतयिष्ये	पतयिष्यावहे	पतयिष्यामहे	अपतयिष्ये	अपतयिष्यावहि	अपतयिष्यामहि

पतयिता	पतयितारौ	पतयितारः	पतयिषीष्ट	पतयिषीयास्ताम्	पतयिषीरन्
पतयितासे	पतयितासाथे	पतयिताध्वे	पतयिषीष्ठाः	पतयिषीयास्थाम्	पतयिषीध्वम् -ढ्वम्
पतयिताहे	पतयितास्वहे	पतयितास्महे	पतयिषीय	पतयिषीवहि	पतयिषीमहि

| पतयाम्बभूव | पतयाम्बभूवतुः | पतयाम्बभूवुः | अपपतत | अपपतेताम् | अपपतन्त |
| पतयाञ्चक्रे | पतयाञ्चक्राते | पतयाञ्चक्रिरे | | | |

पतयामास	पतयामासतुः	पतयामासुः			
पतयाम्बभूविथ	पतयाम्बभूवथुः	पतयाम्बभूव	अपपतथाः	अपपतेथाम्	अपपतध्वम्
पतयाञ्चकृषे	पतयाञ्चक्राथे	पतयाञ्चकृढ्वे			
पतयामासिथ	पतयामासथुः	पतयामास			
पतयाम्बभूव	पतयाम्बभूविव	पतयाम्बभूविम	अपपते	अपपतावहि	अपपतामहि
पतयाञ्चक्रे	पतयाञ्चकृवहे	पतयाञ्चकृमहे			
पतयामास	पतयामासिव	पतयामासिम			

वा अदन्तः इत्येके पत् । U । सेट् । स० । पाति । पातय । 7.2.116 **Parasmaipadi Forms**

पातयति	पातयतः	पातयन्ति[1]	अपातयत् -द्	अपातयताम्	अपातयन्[1]
पातयसि	पातयथः	पातयथ	अपातयः	अपातयतम्	अपातयत
पातयामि[2]	पातयावः[2]	पातयामः[2]	अपातयम्[1]	अपातयाव[2]	अपातयाम[2]

पातयतु पातयतात् -द्	पातयताम्	पातयन्तु[1]	पातयेत् -द्	पातयेताम्	पातयेयुः
पातय पातयतात् -द्	पातयतम्	पातयत	पातयेः	पातयेतम्	पातयेत
पातयानि[3]	पातयाव[3]	पातयाम[3]	पातयेयम्	पातयेव	पातयेम

पातयिष्यति	पातयिष्यतः	पातयिष्यन्ति	अपातयिष्यत् -द्	अपातयिष्यताम्	अपातयिष्यन्
पातयिष्यसि	पातयिष्यथः	पातयिष्यथ	अपातयिष्यः	अपातयिष्यतम्	अपातयिष्यत
पातयिष्यामि	पातयिष्यावः	पातयिष्यामः	अपातयिष्यम्	अपातयिष्याव	अपातयिष्याम

पातयिता	पातयितारौ	पातयितारः	पात्यात् -द्	पात्यास्ताम्	पात्यासुः
पातयितासि	पातयितास्थः	पातयितास्थ	पात्याः	पात्यास्तम्	पात्यास्त
पातयितास्मि	पातयितास्वः	पातयितास्मः	पात्यासम्	पात्यास्व	पात्यास्म

पातयाम्बभूव	पातयाम्बभूवतुः	पातयाम्बभूवुः	अपीपतत् -द्	अपीपतताम्	अपीपतन्
पातयाञ्चकार	पातयाञ्चक्रतुः	पातयाञ्चक्रुः			
पातयामास	पातयामासतुः	पातयामासुः			
पातयाम्बभूविथ	पातयाम्बभूवथुः	पातयाम्बभूव	अपीपतः	अपीपततम्	अपीपतत
पातयाञ्चकर्थ	पातयाञ्चक्रथुः	पातयाञ्चक्र			
पातयामासिथ	पातयामासथुः	पातयामास			
पातयाम्बभूव	पातयाम्बभूविव	पातयाम्बभूविम	अपीपतम्	अपीपताव	अपीपताम
पातयाञ्चकर -कार	पातयाञ्चकृव	पातयाञ्चकृम			
पातयामास	पातयामासिव	पातयामासिम			

Atmanepadi Forms

पातयते	पातयेते[4]	पातयन्ते[1]	अपातयत	अपातयेताम्[4]	अपातयन्त[1]

पातयसे	पातयेथे[4]	पातयध्वे	अपातयथाः	अपातयेथाम्[4]	अपातयध्वम्
पातये[1]	पातयावहे[2]	पातयामहे[2]	अपातये[4]	अपातयावहि[3]	अपातयामहि[3]

पातयताम्	पातयेताम्[4]	पातयन्ताम्[1]	पातयेत	पातयेयाताम्	पातयेरन्
पातयस्व	पातयेथाम्[4]	पातयध्वम्	पातयेथाः	पातयेयाथाम्	पातयेध्वम्
पातयै[5]	पातयावहै[3]	पातयामहै[3]	पातयेय	पातयेवहि	पातयेमहि

पातयिष्यते	पातयिष्येते	पातयिष्यन्ते	अपातयिष्यत	अपातयिष्येताम्	अपातयिष्यन्त
पातयिष्यसे	पातयिष्येथे	पातयिष्यध्वे	अपातयिष्यथाः	अपातयिष्येथाम्	अपातयिष्यध्वम्
पातयिष्ये	पातयिष्यावहे	पातयिष्यामहे	अपातयिष्ये	अपातयिष्यावहि	अपातयिष्यामहि

पातयिता	पातयितारौ	पातयितारः	पातयिषीष्ट	पातयिषीयास्ताम्	पातयिषीरन्
पातयितासे	पातयितासाथे	पातयिताध्वे	पातयिषीष्ठाः	पातयिषीयास्थाम्	पातयिषीध्वम् -ढ्वम्
पातयिताहे	पातयितास्वहे	पातयितास्महे	पातयिषीय	पातयिषीवहि	पातयिषीमहि

पातयाम्बभूव	पातयाम्बभूवतुः	पातयाम्बभूवुः	अपीपतत	अपीपतेताम्	अपीपतन्त
पातयाञ्चक्रे	पातयाञ्चक्राते	पातयाञ्चक्रिरे			
पातयामास	पातयामासतुः	पातयामासुः			
पातयाम्बभूविथ	पातयाम्बभूवथुः	पातयाम्बभूव	अपीपतथाः	अपीपतेथाम्	अपीपतध्वम्
पातयाञ्चकृषे	पातयाञ्चक्राथे	पातयाञ्चकृढ्वे			
पातयामासिथ	पातयामासथुः	पातयामास			
पातयाम्बभूव	पातयाम्बभूविव	पातयाम्बभूविम	अपीपते	अपीपतावहि	अपीपतामहि
पातयाञ्चक्रे	पातयाञ्चकृवहे	पातयाञ्चकृमहे			
पातयामास	पातयामासिव	पातयामासिम			

णिजभावपक्षे 1.3.78 शेषात् कर्त्तरि परस्मैपदम् । इति पक्षे भ्वादिः इव पत् । P । सेट् । स० ।

पतति	पततः	पतन्ति	अपतत् -द्	अपतताम्	अपतन्
पतसि	पतथः	पतथ	अपतः	अपततम्	अपतत
पतामि	पतावः	पतामः	अपतम्	अपताव	अपताम

पततु पततात् -द्	पतताम्	पतन्तु	पतेत् -द्	पतेताम्	पतेयुः
पत पततात् -द्	पततम्	पतत	पतेः	पतेतम्	पतेत
पतानि	पताव	पताम	पतेयम्	पतेव	पतेम

पतिष्यति	पतिष्यतः	पतिष्यन्ति	अपतिष्यत् -द्	अपतिष्यताम्	अपतिष्यन्
पतिष्यसि	पतिष्यथः	पतिष्यथ	अपतिष्यः	अपतिष्यतम्	अपतिष्यत
पतिष्यामि	पतिष्यावः	पतिष्यामः	अपतिष्यम्	अपतिष्याव	अपतिष्याम

पतिता	पतितारौ	पतितारः	पत्यात् -द्	पत्यास्ताम्	पत्यासुः
पतितासि	पतितास्थः	पतितास्थ	पत्याः	पत्यास्तम्	पत्यास्त

पतितास्मि	पतितास्वः	पतितास्मः	पत्यासम्	पत्यास्व	पत्यास्म

पपात	पेततुः	पेतुः	अपतीत् -द्	अपतिष्टाम्	अपतिषुः
पेथित	पेतथुः	पेत	अपतीः	अपतिष्टम्	अपतिष्ट
पपात पपत	पेतिव	पेतिम	अपतिषम्	अपतिष्व	अपतिष्म

1862 पष अनुपसर्गात् । गतौ इत्येव । कथादयः , अग्लोपी । move, bind. णिच् without Upasarga.

10c 329 पष । पष् । पषयति / ते । U । सेट् । स० । पषि । पषय । **Parasmaipadi Forms**

पषयति	पषयतः	पषयन्ति[1]	अपषयत् -द्	अपषयताम्	अपषयन्[1]
पषयसि	पषयथः	पषयथ	अपषयः	अपषयतम्	अपषयत
पषयामि[2]	पषयावः[2]	पषयामः[2]	अपषयम्[1]	अपषयाव[2]	अपषयाम[2]

पषयतु पषयतात् -द्	पषयताम्	पषयन्तु[1]	पषयेत् -द्	पषयेताम्	पषयेयुः
पषय पषयतात् -द्	पषयतम्	पषयत	पषयेः	पषयेतम्	पषयेत
पषयानि[3]	पषयाव[3]	पषयाम[3]	पषयेयम्	पषयेव	पषयेम

पषयिष्यति	पषयिष्यतः	पषयिष्यन्ति	अपषयिष्यत् -द्	अपषयिष्यताम्	अपषयिष्यन्
पषयिष्यसि	पषयिष्यथः	पषयिष्यथ	अपषयिष्यः	अपषयिष्यतम्	अपषयिष्यत
पषयिष्यामि	पषयिष्यावः	पषयिष्यामः	अपषयिष्यम्	अपषयिष्याव	अपषयिष्याम

पषयिता	पषयितारौ	पषयितारः	पष्यात्	पष्यास्ताम्	पष्यासुः
पषयितासि	पषयितास्थः	पषयितास्थ	पष्याः	पष्यास्तम्	पष्यास्त
पषयितास्मि	पषयितास्वः	पषयितास्मः	पष्यासम्	पष्यास्व	पष्यास्म

पषयाम्बभूव	पषयाम्बभूवतुः	पषयाम्बभूवुः	अपपषत् -द्	अपपषताम्	अपपषन्
पषयाञ्चकार	पषयाञ्चक्रतुः	पषयाञ्चक्रुः			
पषयामास	पषयामासतुः	पषयामासुः			
पषयाम्बभूविथ	पषयाम्बभूवथुः	पषयाम्बभूव	अपपषः	अपपषतम्	अपपषत
पषयाञ्चकर्थ	पषयाञ्चक्रथुः	पषयाञ्चक्र			
पषयामासिथ	पषयामासथुः	पषयामास			
पषयाम्बभूव	पषयाम्बभूविव	पषयाम्बभूविम	अपपषम्	अपपषाव	अपपषाम
पषयाञ्चकर -कार	पषयाञ्चकृव	पषयाञ्चकृम			
पषयामास	पषयामासिव	पषयामासिम			

Atmanepadi Forms

पषयते	पषयेते[4]	पषयन्ते[1]	अपषयत	अपषयेताम्[4]	अपषयन्त[1]
पषयसे	पषयेथे[4]	पषयध्वे	अपषयथाः	अपषयेथाम्[4]	अपषयध्वम्
पषये[1]	पषयावहे[2]	पषयामहे[2]	अपषये[4]	अपषयावहि[3]	अपषयामहि[3]

पषयताम्	पषयेताम्[4]	पषयन्ताम्[1]	पषयेत	पषयेयाताम्	पषयेरन्
पषयस्व	पषयेथाम्[4]	पषयध्वम्	पषयेथाः	पषयेयाथाम्	पषयेध्वम्
पषयै[5]	पषयावहै[3]	पषयामहै[3]	पषयेय	पषयेवहि	पषयेमहि
पषयिष्यते	पषयिष्येते	पषयिष्यन्ते	अपषयिष्यत	अपषयिष्येताम्	अपषयिष्यन्त
पषयिष्यसे	पषयिष्येथे	पषयिष्यध्वे	अपषयिष्यथाः	अपषयिष्येथाम्	अपषयिष्यध्वम्
पषयिष्ये	पषयिष्यावहे	पषयिष्यामहे	अपषयिष्ये	अपषयिष्यावहि	अपषयिष्यामहि
पषयिता	पषयितारौ	पषयितारः	पषयिषीष्ट	पषयिषीयास्ताम्	पषयिषीरन्
पषयितासे	पषयितासाथे	पषयिताध्वे	पषयिषीष्ठाः	पषयिषीयास्थाम्	पषयिषीध्वम् -ढ्वम्
पषयिताहे	पषयितास्वहे	पषयितास्महे	पषयिषीय	पषयिषीवहि	पषयिषीमहि
पषयाम्बभूव	पषयाम्बभूवतुः	पषयाम्बभूवुः	अपपषत	अपपषेताम्	अपपषन्त
पषयाञ्चक्रे	पषयाञ्चक्राते	पषयाञ्चक्रिरे			
पषयामास	पषयामासतुः	पषयामासुः			
पषयाम्बभूविथ	पषयाम्बभूवथुः	पषयाम्बभूव	अपपषथाः	अपपषेथाम्	अपपषध्वम्
पषयाञ्चकृषे	पषयाञ्चक्राथे	पषयाञ्चकृढ्वे			
पषयामासिथ	पषयामासथुः	पषयामास			
पषयाम्बभूव	पषयाम्बभूविव	पषयाम्बभूविम	अपपषे	अपपषावहि	अपपषामहि
पषयाञ्चक्रे	पषयाञ्चकृवहे	पषयाञ्चकृमहे			
पषयामास	पषयामासिव	पषयामासिम			

1863 स्वर आक्षेपे । कथादयः , अग्लोपी । find fault, blame, reprove, censure

10c 330 स्वर । स्वर् । स्वरयति / ते । U । सेट् । स० । स्वरि । स्वरय **Parasmaipadi Forms**

स्वरयति	स्वरयतः	स्वरयन्ति[1]	अस्वरयत् -द्	अस्वरयताम्	अस्वरयन्[1]
स्वरयसि	स्वरयथः	स्वरयथ	अस्वरयः	अस्वरयतम्	अस्वरयत
स्वरयामि[2]	स्वरयावः[2]	स्वरयामः[2]	अस्वरयम्[1]	अस्वरयाव[2]	अस्वरयाम[2]
स्वरयतु स्वरयतात् -द्	स्वरयताम्	स्वरयन्तु[1]	स्वरयेत् -द्	स्वरयेताम्	स्वरयेयुः
स्वरय स्वरयतात् -द्	स्वरयतम्	स्वरयत	स्वरयेः	स्वरयेतम्	स्वरयेत
स्वरयानि[3]	स्वरयाव[3]	स्वरयाम[3]	स्वरयेयम्	स्वरयेव	स्वरयेम
स्वरयिष्यति	स्वरयिष्यतः	स्वरयिष्यन्ति	अस्वरयिष्यत् -द्	अस्वरयिष्यताम्	अस्वरयिष्यन्
स्वरयिष्यसि	स्वरयिष्यथः	स्वरयिष्यथ	अस्वरयिष्यः	अस्वरयिष्यतम्	अस्वरयिष्यत
स्वरयिष्यामि	स्वरयिष्यावः	स्वरयिष्यामः	अस्वरयिष्यम्	अस्वरयिष्याव	अस्वरयिष्याम

स्वरयिता	स्वरयितारौ	स्वरयितारः	स्वर्यात् -द्	स्वर्यास्ताम्	स्वर्यासुः
स्वरयितासि	स्वरयितास्थः	स्वरयितास्थ	स्वर्याः	स्वर्यास्तम्	स्वर्यास्त
स्वरयितास्मि	स्वरयितास्वः	स्वरयितास्मः	स्वर्यासम्	स्वर्यास्व	स्वर्यास्म

स्वरयाम्बभूव	स्वरयाम्बभूवतुः	स्वरयाम्बभूवुः	असस्वरत् -द्	असस्वरताम्	असस्वरन्
स्वरयाञ्चकार	स्वरयाञ्चक्रतुः	स्वरयाञ्चक्रुः			
स्वरयामास	स्वरयामासतुः	स्वरयामासुः			
स्वरयाम्बभूविथ	स्वरयाम्बभूवथुः	स्वरयाम्बभूव	असस्वरः	असस्वरतम्	असस्वरत
स्वरयाञ्चकर्थ	स्वरयाञ्चक्रथुः	स्वरयाञ्चक्र			
स्वरयामासिथ	स्वरयामासथुः	स्वरयामास			
स्वरयाम्बभूव	स्वरयाम्बभूविव	स्वरयाम्बभूविम	असस्वरम्	असस्वराव	असस्वराम
स्वरयाञ्चकर -कार	स्वरयाञ्चकृव	स्वरयाञ्चकृम			
स्वरयामास	स्वरयामासिव	स्वरयामासिम			

Atmanepadi Forms

स्वरयते	स्वरयेते[4]	स्वरयन्ते[1]	अस्वरयत	अस्वरयेताम्[4]	अस्वरयन्त[1]
स्वरयसे	स्वरयेथे[4]	स्वरयध्वे	अस्वरयथाः	अस्वरयेथाम्[4]	अस्वरयध्वम्
स्वरये[1]	स्वरयावहे[2]	स्वरयामहे[2]	अस्वरये[4]	अस्वरयावहि[3]	अस्वरयामहि[3]

स्वरयताम्	स्वरयेताम्[4]	स्वरयन्ताम्[1]	स्वरयेत	स्वरयेयाताम्	स्वरयेरन्
स्वरयस्व	स्वरयेथाम्[4]	स्वरयध्वम्	स्वरयेथाः	स्वरयेयाथाम्	स्वरयेध्वम्
स्वरयै[5]	स्वरयावहै[3]	स्वरयामहै[3]	स्वरयेय	स्वरयेवहि	स्वरयेमहि

स्वरयिष्यते	स्वरयिष्येते	स्वरयिष्यन्ते	अस्वरयिष्यत	अस्वरयिष्येताम्	अस्वरयिष्यन्त
स्वरयिष्यसे	स्वरयिष्येथे	स्वरयिष्यध्वे	अस्वरयिष्यथाः	अस्वरयिष्येथाम्	अस्वरयिष्यध्वम्
स्वरयिष्ये	स्वरयिष्यावहे	स्वरयिष्यामहे	अस्वरयिष्ये	अस्वरयिष्यावहि	अस्वरयिष्यामहि

स्वरयिता	स्वरयितारौ	स्वरयितारः	स्वरयिषीष्ट	स्वरयिषीयास्ताम्	स्वरयिषीरन्
स्वरयितासे	स्वरयितासाथे	स्वरयिताध्वे	स्वरयिषीष्ठाः	स्वरयिषीयास्थाम्	स्वरयिषीध्वम् -ढ्वम्
स्वरयिताहे	स्वरयितास्वहे	स्वरयितास्महे	स्वरयिषीय	स्वरयिषीवहि	स्वरयिषीमहि

स्वरयाम्बभूव	स्वरयाम्बभूवतुः	स्वरयाम्बभूवुः	असस्वरत	असस्वरेताम्	असस्वरन्त
स्वरयाञ्चक्रे	स्वरयाञ्चक्राते	स्वरयाञ्चक्रिरे			
स्वरयामास	स्वरयामासतुः	स्वरयामासुः			
स्वरयाम्बभूविथ	स्वरयाम्बभूवथुः	स्वरयाम्बभूव	असस्वरथाः	असस्वरेथाम्	असस्वरध्वम्
स्वरयाञ्चकृषे	स्वरयाञ्चक्राथे	स्वरयाञ्चकृढ्वे			
स्वरयामासिथ	स्वरयामासथुः	स्वरयामास			

स्वरयाम्बभूव	स्वरयाम्बभूविव	स्वरयाम्बभूविम	असस्वरे	असस्वरावहि	असस्वरामहि
स्वरयाञ्चक्रे	स्वरयाञ्चकृवहे	स्वरयाञ्चकृमहे			
स्वरयामास	स्वरयामासिव	स्वरयामासिम			

1864 रच प्रतियत्ने । कथादयः , अग्लोपी । decorate, produce, compose, write. *Famous word* रचना ।
10c 331 रच । रच् । रचयति / ते । U । सेट् । स० । वाचि । वाचय । **Parasmaipadi Forms**

रचयति	रचयतः	रचयन्ति[1]	अरचयत् -द्	अरचयताम्	अरचयन्[1]
रचयसि	रचयथः	रचयथ	अरचयः	अरचयतम्	अरचयत
रचयामि[2]	रचयावः[2]	रचयामः[2]	अरचयम्[1]	अरचयाव[2]	अरचयाम[2]

रचयतु रचयतात् -द्	रचयताम्	रचयन्तु[1]	रचयेत् -द्	रचयेताम्	रचयेयुः
रचय रचयतात् -द्	रचयतम्	रचयत	रचयेः	रचयेतम्	रचयेत
रचयानि[3]	रचयाव[3]	रचयाम[3]	रचयेयम्	रचयेव	रचयेम

रचयिष्यति	रचयिष्यतः	रचयिष्यन्ति	अरचयिष्यत् -द्	अरचयिष्यताम्	अरचयिष्यन्
रचयिष्यसि	रचयिष्यथः	रचयिष्यथ	अरचयिष्यः	अरचयिष्यतम्	अरचयिष्यत
रचयिष्यामि	रचयिष्यावः	रचयिष्यामः	अरचयिष्यम्	अरचयिष्याव	अरचयिष्याम

रचयिता	रचयितारौ	रचयितारः	रच्यात् -द्	रच्यास्ताम्	रच्यासुः
रचयितासि	रचयितास्थः	रचयितास्थ	रच्याः	रच्यास्तम्	रच्यास्त
रचयितास्मि	रचयितास्वः	रचयितास्मः	रच्यासम्	रच्यास्व	रच्यास्म

रचयाम्बभूव	रचयाम्बभूवतुः	रचयाम्बभूवुः	अररचत् -द्	अररचताम्	अररचन्
रचयाञ्चकार	रचयाञ्चक्रतुः	रचयाञ्चक्रुः			
रचयामास	रचयामासतुः	रचयामासुः			
रचयाम्बभूविथ	रचयाम्बभूवथुः	रचयाम्बभूव	अररचः	अररचतम्	अररचत
रचयाञ्चकर्थ	रचयाञ्चक्रथुः	रचयाञ्चक्र			
रचयामासिथ	रचयामासथुः	रचयामास			
रचयाम्बभूव	रचयाम्बभूविव	रचयाम्बभूविम	अररचम्	अररचाव	अररचाम
रचयाञ्चकर -कार	रचयाञ्चकृव	रचयाञ्चकृम			
रचयामास	रचयामासिव	रचयामासिम			

Atmanepadi Forms

रचयते	रचयेते[4]	रचयन्ते[1]	अरचयत	अरचयेताम्[4]	अरचयन्त[1]
रचयसे	रचयेथे[4]	रचयध्वे	अरचयथाः	अरचयेथाम्[4]	अरचयध्वम्
रचये[1]	रचयावहे[2]	रचयामहे[2]	अरचये[4]	अरचयावहि[3]	अरचयामहि[3]

रचयताम्	रचयेताम्[4]	रचयन्ताम्[1]	रचयेत	रचयेयाताम्	रचयेरन्
रचयस्व	रचयेथाम्[4]	रचयध्वम्	रचयेथाः	रचयेयाथाम्	रचयेध्वम्
रचयै[5]	रचयावहै[3]	रचयामहै[3]	रचयेय	रचयेवहि	रचयेमहि

रचयिष्यते	रचयिष्येते	रचयिष्यन्ते	अरचयिष्यत	अरचयिष्येताम्	अरचयिष्यन्त
रचयिष्यसे	रचयिष्येथे	रचयिष्यध्वे	अरचयिष्यथाः	अरचयिष्येथाम्	अरचयिष्यध्वम्
रचयिष्ये	रचयिष्यावहे	रचयिष्यामहे	अरचयिष्ये	अरचयिष्यावहि	अरचयिष्यामहि

रचयिता	रचयितारौ	रचयितारः	रचयिषीष्ट	रचयिषीयास्ताम्	रचयिषीरन्
रचयितासे	रचयितासाथे	रचयिताध्वे	रचयिषीष्ठाः	रचयिषीयास्थाम्	रचयिषीध्वम् -ढ्वम्
रचयिताहे	रचयितास्वहे	रचयितास्महे	रचयिषीय	रचयिषीवहि	रचयिषीमहि

रचयाम्बभूव	रचयाम्बभूवतुः	रचयाम्बभूवुः	अररचत	अररचेताम्	अररचन्त
रचयाञ्चक्रे	रचयाञ्चक्राते	रचयाञ्चक्रिरे			
रचयामास	रचयामासतुः	रचयामासुः			
रचयाम्बभूविथ	रचयाम्बभूवथुः	रचयाम्बभूव	अररचथाः	अररचेथाम्	अररचध्वम्
रचयाञ्चकृषे	रचयाञ्चक्राथे	रचयाञ्चकृढ्वे			
रचयामासिथ	रचयामासथुः	रचयामास			
रचयाम्बभूव	रचयाम्बभूविव	रचयाम्बभूविम	अररचे	अररचावहि	अररचामहि
रचयाञ्चक्रे	रचयाञ्चकृवहे	रचयाञ्चकृमहे			
रचयामास	रचयामासिव	रचयामासिम			

1865 कल गतौ सङ्ख्याने च । कथादयः , अग्लोपी । go, enumerate, calculate

10c 332 कल । कल् । कलयति / ते । U । सेट् । स० । कलि । कलय । **Parasmaipadi Forms**

कलयति	कलयतः	कलयन्ति[1]	अकलयत् -द्	अकलयताम्	अकलयन्[1]
कलयसि	कलयथः	कलयथ	अकलयः	अकलयतम्	अकलयत
कलयामि[2]	कलयावः[2]	कलयामः[2]	अकलयम्[1]	अकलयाव[2]	अकलयाम[2]

कलयतु कलयतात् -द्	कलयताम्	कलयन्तु[1]	कलयेत् -द्	कलयेताम्	कलयेयुः
कलय कलयतात् -द्	कलयतम्	कलयत	कलयेः	कलयेतम्	कलयेत
कलयानि[3]	कलयाव[3]	कलयाम[3]	कलयेयम्	कलयेव	कलयेम

कलयिष्यति	कलयिष्यतः	कलयिष्यन्ति	अकलयिष्यत् -द्	अकलयिष्यताम्	अकलयिष्यन्
कलयिष्यसि	कलयिष्यथः	कलयिष्यथ	अकलयिष्यः	अकलयिष्यतम्	अकलयिष्यत
कलयिष्यामि	कलयिष्यावः	कलयिष्यामः	अकलयिष्यम्	अकलयिष्याव	अकलयिष्याम

कलयिता	कलयितारौ	कलयितारः	कल्यात् -द्	कल्यास्ताम्	कल्यासुः

| कलयितासि | कलयितास्थः | कलयितास्थ | कल्याः | कल्यास्तम् | कल्यास्त |
| कलयितास्मि | कलयितास्वः | कलयितास्मः | कल्यासम् | कल्यास्व | कल्यास्म |

कलयाम्बभूव	कलयाम्बभूवतुः	कलयाम्बभूवुः	अचकलत् -द्	अचकलताम्	अचकलन्
कलयाञ्चकार	कलयाञ्चक्रतुः	कलयाञ्चक्रुः			
कलयामास	कलयामासतुः	कलयामासुः			
कलयाम्बभूविथ	कलयाम्बभूवथुः	कलयाम्बभूव	अचकलः	अचकलतम्	अचकलत
कलयाञ्चकर्थ	कलयाञ्चक्रथुः	कलयाञ्चक्र			
कलयामासिथ	कलयामासथुः	कलयामास			
कलयाम्बभूव	कलयाम्बभूविव	कलयाम्बभूविम	अचकलम्	अचकलाव	अचकलाम
कलयाञ्चकर -कार	कलयाञ्चकृव	कलयाञ्चकृम			
कलयामास	कलयामासिव	कलयामासिम			

Atmanepadi Forms

कलयते	कलयेते[4]	कलयन्ते[1]	अकलयत	अकलयेताम्[4]	अकलयन्त[1]
कलयसे	कलयेथे[4]	कलयध्वे	अकलयथाः	अकलयेथाम्[4]	अकलयध्वम्
कलये[1]	कलयावहे[2]	कलयामहे[2]	अकलये[4]	अकलयावहि[3]	अकलयामहि[3]

कलयताम्	कलयेताम्[4]	कलयन्ताम्[1]	कलयेत	कलयेयाताम्	कलयेरन्
कलयस्व	कलयेथाम्[4]	कलयध्वम्	कलयेथाः	कलयेयाथाम्	कलयेध्वम्
कलयै[5]	कलयावहै[3]	कलयामहै[3]	कलयेय	कलयेवहि	कलयेमहि

कलयिष्यते	कलयिष्येते	कलयिष्यन्ते	अकलयिष्यत	अकलयिष्येताम्	अकलयिष्यन्त
कलयिष्यसे	कलयिष्येथे	कलयिष्यध्वे	अकलयिष्यथाः	अकलयिष्येथाम्	अकलयिष्यध्वम्
कलयिष्ये	कलयिष्यावहे	कलयिष्यामहे	अकलयिष्ये	अकलयिष्यावहि	अकलयिष्यामहि

कलयिता	कलयितारौ	कलयितारः	कलयिषीष्ट	कलयिषीयास्ताम्	कलयिषीरन्
कलयितासे	कलयितासाथे	कलयिताध्वे	कलयिषीष्ठाः	कलयिषीयास्थाम्	कलयिषीध्वम् -ढ्वम्
कलयिताहे	कलयितास्वहे	कलयितास्महे	कलयिषीय	कलयिषीवहि	कलयिषीमहि

कलयाम्बभूव	कलयाम्बभूवतुः	कलयाम्बभूवुः	अचकलत	अचकलेताम्	अचकलन्त
कलयाञ्चक्रे	कलयाञ्चक्राते	कलयाञ्चक्रिरे			
कलयामास	कलयामासतुः	कलयामासुः			
कलयाम्बभूविथ	कलयाम्बभूवथुः	कलयाम्बभूव	अचकलथाः	अचकलेथाम्	अचकलध्वम्
कलयाञ्चकृषे	कलयाञ्चक्राथे	कलयाञ्चकृढ्वे			
कलयामासिथ	कलयामासथुः	कलयामास			
कलयाम्बभूव	कलयाम्बभूविव	कलयाम्बभूविम	अचकले	अचकलावहि	अचकलामहि

कलयाञ्चक्रे	कलयाञ्चकृवहे	कलयाञ्चकृमहे			
कलयामास	कलयामासिव	कलयामासिम			

1866 चह परिकल्कने । कथादयः , अग्लोपी । deceive, be wicked, be proud

10c 333 चह । चह् । चहयति / ते । U । सेट् । अ० । चहि । चहय । **Parasmaipadi Forms**

चहयति	चहयतः	चहयन्ति[1]	अचहयत् -द्	अचहयताम्	अचहयन्[1]
चहयसि	चहयथः	चहयथ	अचहयः	अचहयतम्	अचहयत
चहयामि[2]	चहयावः[2]	चहयामः[2]	अचहयम्[1]	अचहयाव[2]	अचहयाम[2]

चहयतु चहयतात् -द्	चहयताम्	चहयन्तु[1]	चहयेत् -द्	चहयेताम्	चहयेयुः
चहय चहयतात् -द्	चहयतम्	चहयत	चहयेः	चहयेतम्	चहयेत
चहयानि[3]	चहयाव[3]	चहयाम[3]	चहयेयम्	चहयेव	चहयेम

चहयिष्यति	चहयिष्यतः	चहयिष्यन्ति	अचहयिष्यत् -द्	अचहयिष्यताम्	अचहयिष्यन्
चहयिष्यसि	चहयिष्यथः	चहयिष्यथ	अचहयिष्यः	अचहयिष्यतम्	अचहयिष्यत
चहयिष्यामि	चहयिष्यावः	चहयिष्यामः	अचहयिष्यम्	अचहयिष्याव	अचहयिष्याम

चहयिता	चहयितारौ	चहयितारः	चह्यात् -द्	चह्यास्ताम्	चह्यासुः
चहयितासि	चहयितास्थः	चहयितास्थ	चह्याः	चह्यास्तम्	चह्यास्त
चहयितास्मि	चहयितास्वः	चहयितास्मः	चह्यासम्	चह्यास्व	चह्यास्म

चहयाम्बभूव	चहयाम्बभूवतुः	चहयाम्बभूवुः	अचचहत् -द्	अचचहताम्	अचचहन्
चहयाञ्चकार	चहयाञ्चक्रतुः	चहयाञ्चक्रुः			
चहयामास	चहयामासतुः	चहयामासुः			
चहयाम्बभूविथ	चहयाम्बभूवथुः	चहयाम्बभूव	अचचहः	अचचहतम्	अचचहत
चहयाञ्चकर्थ	चहयाञ्चक्रथुः	चहयाञ्चक्र			
चहयामासिथ	चहयामासथुः	चहयामास			
चहयाम्बभूव	चहयाम्बभूविव	चहयाम्बभूविम	अचचहम्	अचचहाव	अचचहाम
चहयाञ्चकर -कार	चहयाञ्चकृव	चहयाञ्चकृम			
चहयामास	चहयामासिव	चहयामासिम			

Atmanepadi Forms

चहयते	चहयेते[4]	चहयन्ते[1]	अचहयत	अचहयेताम्[4]	अचहयन्त[1]
चहयसे	चहयेथे[4]	चहयध्वे	अचहयथाः	अचहयेथाम्[4]	अचहयध्वम्
चहये[1]	चहयावहे[2]	चहयामहे[2]	अचहये[4]	अचहयावहि[3]	अचहयामहि[3]

चहयताम्	चहयेताम्[4]	चहयन्ताम्[1]	चहयेत	चहयेयाताम्	चहयेरन्

चहयस्व	चहयेथाम्[4]	चहयध्वम्	चहयेथाः	चहयेयाथाम्	चहयेध्वम्
चहयै[5]	चहयावहै[3]	चहयामहै[3]	चहयेय	चहयेवहि	चहयेमहि

चहयिष्यते	चहयिष्येते	चहयिष्यन्ते	अचहयिष्यत	अचहयिष्येताम्	अचहयिष्यन्त
चहयिष्यसे	चहयिष्येथे	चहयिष्यध्वे	अचहयिष्यथाः	अचहयिष्येथाम्	अचहयिष्यध्वम्
चहयिष्ये	चहयिष्यावहे	चहयिष्यामहे	अचहयिष्ये	अचहयिष्यावहि	अचहयिष्यामहि

चहयिता	चहयितारौ	चहयितारः	चहयिषीष्ट	चहयिषीयास्ताम्	चहयिषीरन्
चहयितासे	चहयितासाथे	चहयिताध्वे	चहयिषीष्ठाः	चहयिषीयास्थाम्	चहयिषीध्वम् -ढ्वम्
चहयिताहे	चहयितास्वहे	चहयितास्महे	चहयिषीय	चहयिषीवहि	चहयिषीमहि

चहयाम्बभूव	चहयाम्बभूवतुः	चहयाम्बभूवुः	अचचहत	अचचहेताम्	अचचहन्त
चहयाञ्चक्रे	चहयाञ्चक्राते	चहयाञ्चक्रिरे			
चहयामास	चहयामासतुः	चहयामासुः			
चहयाम्बभूविथ	चहयाम्बभूवथुः	चहयाम्बभूव	अचचहथाः	अचचहेथाम्	अचचहध्वम्
चहयाञ्चकृषे	चहयाञ्चक्राथे	चहयाञ्चकृढ्वे			
चहयामासिथ	चहयामासथुः	चहयामास			
चहयाम्बभूव	चहयाम्बभूविव	चहयाम्बभूविम	अचचहे	अचचहावहि	अचचहामहि
चहयाञ्चक्रे	चहयाञ्चकृवहे	चहयाञ्चकृमहे			
चहयामास	चहयामासिव	चहयामासिम			

1867 मह पूजायाम् । कथादयः , अग्लोपी । honour, worship

10c 334 मह । मह् । महयति / ते । U । सेट् । स० । साहि । साहय । **Parasmaipadi Forms**

महयति	महयतः	महयन्ति[1]	अमहयत् -द्	अमहयताम्	अमहयन्[1]
महयसि	महयथः	महयथ	अमहयः	अमहयतम्	अमहयत
महयामि[2]	महयावः[2]	महयामः[2]	अमहयम्[1]	अमहयाव[2]	अमहयाम[2]

महयतु महयतात् -द्	महयताम्	महयन्तु[1]	महयेत् -द्	महयेताम्	महयेयुः
महय महयतात् -द्	महयतम्	महयत	महयेः	महयेतम्	महयेत
महयानि[3]	महयाव[3]	महयाम[3]	महयेयम्	महयेव	महयेम

महयिष्यति	महयिष्यतः	महयिष्यन्ति	अमहयिष्यत् -द्	अमहयिष्यताम्	अमहयिष्यन्
महयिष्यसि	महयिष्यथः	महयिष्यथ	अमहयिष्यः	अमहयिष्यतम्	अमहयिष्यत
महयिष्यामि	महयिष्यावः	महयिष्यामः	अमहयिष्यम्	अमहयिष्याव	अमहयिष्याम

महयिता	महयितारौ	महयितारः	मह्यात् -द्	मह्यास्ताम्	मह्यासुः
महयितासि	महयितास्थः	महयितास्थ	मह्याः	मह्यास्तम्	मह्यास्त

महयितास्मि	महयितास्वः	महयितास्मः	मह्यासम्	मह्यास्व	मह्यास्म

महयाम्बभूव	महयाम्बभूवतुः	महयाम्बभूवुः	अममहत् -द्	अममहताम्	अममहन्
महयाञ्चकार	महयाञ्चक्रतुः	महयाञ्चक्रुः			
महयामास	महयामासतुः	महयामासुः			
महयाम्बभूविथ	महयाम्बभूवथुः	महयाम्बभूव	अममहः	अममहतम्	अममहत
महयाञ्चकर्थ	महयाञ्चक्रथुः	महयाञ्चक्र			
महयामासिथ	महयामासथुः	महयामास			
महयाम्बभूव	महयाम्बभूविव	महयाम्बभूविम	अममहम्	अममहाव	अममहाम
महयाञ्चकर -कार	महयाञ्चकृव	महयाञ्चकृम			
महयामास	महयामासिव	महयामासिम			

Atmanepadi Forms

महयते	महयेते[4]	महयन्ते[1]	अमहयत	अमहयेताम्[4]	अमहयन्त[1]
महयसे	महयेथे[4]	महयध्वे	अमहयथाः	अमहयेथाम्[4]	अमहयध्वम्
महये[1]	महयावहे[2]	महयामहे[2]	अमहये[4]	अमहयावहि[3]	अमहयामहि[3]

महयताम्	महयेताम्[4]	महयन्ताम्[1]	महयेत	महयेयाताम्	महयेरन्
महयस्व	महयेथाम्[4]	महयध्वम्	महयेथाः	महयेयाथाम्	महयेध्वम्
महयै[5]	महयावहै[3]	महयामहै[3]	महयेय	महयेवहि	महयेमहि

महयिष्यते	महयिष्येते	महयिष्यन्ते	अमहयिष्यत	अमहयिष्येताम्	अमहयिष्यन्त
महयिष्यसे	महयिष्येथे	महयिष्यध्वे	अमहयिष्यथाः	अमहयिष्येथाम्	अमहयिष्यध्वम्
महयिष्ये	महयिष्यावहे	महयिष्यामहे	अमहयिष्ये	अमहयिष्यावहि	अमहयिष्यामहि

महयिता	महयितारौ	महयितारः	महयिषीष्ट	महयिषीयास्ताम्	महयिषीरन्
महयितासे	महयितासाथे	महयिताध्वे	महयिषीष्ठाः	महयिषीयास्थाम्	महयिषीध्वम् -ढ्वम्
महयिताहे	महयितास्वहे	महयितास्महे	महयिषीय	महयिषीवहि	महयिषीमहि

महयाम्बभूव	महयाम्बभूवतुः	महयाम्बभूवुः	अममहत	अममहेताम्	अममहन्त
महयाञ्चक्रे	महयाञ्चक्राते	महयाञ्चक्रिरे			
महयामास	महयामासतुः	महयामासुः			
महयाम्बभूविथ	महयाम्बभूवथुः	महयाम्बभूव	अममहथाः	अममहेथाम्	अममहध्वम्
महयाञ्चकृषे	महयाञ्चक्राथे	महयाञ्चकृढ्वे			
महयामासिथ	महयामासथुः	महयामास			
महयाम्बभूव	महयाम्बभूविव	महयाम्बभूविम	अममहे	अममहावहि	अममहामहि
महयाञ्चक्रे	महयाञ्चकृवहे	महयाञ्चकृमहे			

महयामास	महयामासिव	महयामासिम			

1868 सार दौर्बल्ये । कथादयः , अग्लोपी । be weak, be docile. *Famous word* सार ।

10c 335 सार । सार् । सारयति / ते । U । सेट् । अ० । सारि । सारय । **Parasmaipadi Forms**

सारयति	सारयतः	सारयन्ति[1]	असारयत् -द्	असारयताम्	असारयन्[1]
सारयसि	सारयथः	सारयथ	असारयः	असारयतम्	असारयत
सारयामि[2]	सारयावः[2]	सारयामः[2]	असारयम्[1]	असारयाव[2]	असारयाम[2]

सारयतु सारयतात् -द्	सारयताम्	सारयन्तु[1]	सारयेत् -द्	सारयेताम्	सारयेयुः
सारय सारयतात् -द्	सारयतम्	सारयत	सारयेः	सारयेतम्	सारयेत
सारयानि[3]	सारयाव[3]	सारयाम[3]	सारयेयम्	सारयेव	सारयेम

सारयिष्यति	सारयिष्यतः	सारयिष्यन्ति	असारयिष्यत् -द्	असारयिष्यताम्	असारयिष्यन्
सारयिष्यसि	सारयिष्यथः	सारयिष्यथ	असारयिष्यः	असारयिष्यतम्	असारयिष्यत
सारयिष्यामि	सारयिष्यावः	सारयिष्यामः	असारयिष्यम्	असारयिष्याव	असारयिष्याम

सारयिता	सारयितारौ	सारयितारः	सार्यात् -द्	सार्यास्ताम्	सार्यासुः
सारयितासि	सारयितास्थः	सारयितास्थ	सार्याः	सार्यास्तम्	सार्यास्त
सारयितास्मि	सारयितास्वः	सारयितास्मः	सार्यासम्	सार्यास्व	सार्यास्म

सारयाम्बभूव	सारयाम्बभूवतुः	सारयाम्बभूवुः	अससारत् -द्	अससारताम्	अससारन्
सारयाञ्चकार	सारयाञ्चक्रतुः	सारयाञ्चक्रुः			
सारयामास	सारयामासतुः	सारयामासुः			
सारयाम्बभूविथ	सारयाम्बभूवथुः	सारयाम्बभूव	अससारः	अससारतम्	अससारत
सारयाञ्चकर्थ	सारयाञ्चक्रथुः	सारयाञ्चक्र			
सारयामासिथ	सारयामासथुः	सारयामास			
सारयाम्बभूव	सारयाम्बभूविव	सारयाम्बभूविम	अससारम्	अससाराव	अससाराम
सारयाञ्चकर -कार	सारयाञ्चकृव	सारयाञ्चकृम			
सारयामास	सारयामासिव	सारयामासिम			

Atmanepadi Forms

सारयते	सारयेते[4]	सारयन्ते[1]	असारयत	असारयेताम्[4]	असारयन्त[1]
सारयसे	सारयेथे[4]	सारयध्वे	असारयथाः	असारयेथाम्[4]	असारयध्वम्
सारये[1]	सारयावहे[2]	सारयामहे[2]	असारये[4]	असारयावहि[3]	असारयामहि[3]

सारयताम्	सारयेताम्[4]	सारयन्ताम्[1]	सारयेत	सारयेयाताम्	सारयेरन्
सारयस्व	सारयेथाम्[4]	सारयध्वम्	सारयेथाः	सारयेयाथाम्	सारयेध्वम्

सारयै[5]	सारयावहै[3]	सारयामहै[3]	सारयेय	सारयेवहि	सारयेमहि	

सारयिष्यते	सारयिष्येते	सारयिष्यन्ते	असारयिष्यत	असारयिष्येताम्	असारयिष्यन्त
सारयिष्यसे	सारयिष्येथे	सारयिष्यध्वे	असारयिष्यथाः	असारयिष्येथाम्	असारयिष्यध्वम्
सारयिष्ये	सारयिष्यावहे	सारयिष्यामहे	असारयिष्ये	असारयिष्यावहि	असारयिष्यामहि

सारयिता	सारयितारौ	सारयितारः	सारयिषीष्ट	सारयिषीयास्ताम्	सारयिषीरन्
सारयितासे	सारयितासाथे	सारयिताध्वे	सारयिषीष्ठाः	सारयिषीयास्थाम्	सारयिषीध्वम्, -ढ्वम्
सारयिताहे	सारयितास्वहे	सारयितास्महे	सारयिषीय	सारयिषीवहि	सारयिषीमहि

सारयाम्बभूव	सारयाम्बभूवतुः	सारयाम्बभूवुः	अससारत	अससारेताम्	अससारन्त
सारयाञ्चक्रे	सारयाञ्चक्राते	सारयाञ्चक्रिरे			
सारयामास	सारयामासतुः	सारयामासुः			
सारयाम्बभूविथ	सारयाम्बभूवथुः	सारयाम्बभूव	अससारथाः	अससारेथाम्	अससारध्वम्
सारयाञ्चकृषे	सारयाञ्चक्राथे	सारयाञ्चकृढ्वे			
सारयामासिथ	सारयामासथुः	सारयामास			
सारयाम्बभूव	सारयाम्बभूविव	सारयाम्बभूविम	अससारे	अससारावहि	अससारामहि
सारयाञ्चक्रे	सारयाञ्चकृवहे	सारयाञ्चकृमहे			
सारयामास	सारयामासिव	सारयामासिम			

1869 कृप दौर्बल्ये । कथादयः, अग्लोपी । be weak, be docile

10c 336 कृप । कृप् । कृपयति / ते । U । सेट् । अ० । कृपि । कृपय । **Parasmaipadi Forms**

कृपयति	कृपयतः	कृपयन्ति[1]	अकृपयत् -द्	अकृपयताम्	अकृपयन्[1]
कृपयसि	कृपयथः	कृपयथ	अकृपयः	अकृपयतम्	अकृपयत
कृपयामि[2]	कृपयावः[2]	कृपयामः[2]	अकृपयम्[1]	अकृपयाव[2]	अकृपयाम[2]

कृपयतु कृपयतात् -द्	कृपयताम्	कृपयन्तु[1]	कृपयेत् -द्	कृपयेताम्	कृपयेयुः
कृपय कृपयतात् -द्	कृपयतम्	कृपयत	कृपयेः	कृपयेतम्	कृपयेत
कृपयानि[3]	कृपयाव[3]	कृपयाम[3]	कृपयेयम्	कृपयेव	कृपयेम

कृपयिष्यति	कृपयिष्यतः	कृपयिष्यन्ति	अकृपयिष्यत् -द्	अकृपयिष्यताम्	अकृपयिष्यन्
कृपयिष्यसि	कृपयिष्यथः	कृपयिष्यथ	अकृपयिष्यः	अकृपयिष्यतम्	अकृपयिष्यत
कृपयिष्यामि	कृपयिष्यावः	कृपयिष्यामः	अकृपयिष्यम्	अकृपयिष्याव	अकृपयिष्याम

कृपयिता	कृपयितारौ	कृपयितारः	कृप्यात् -द्	कृप्यास्ताम्	कृप्यासुः
कृपयितासि	कृपयितास्थः	कृपयितास्थ	कृप्याः	कृप्यास्तम्	कृप्यास्त
कृपयितास्मि	कृपयितास्वः	कृपयितास्मः	कृप्यासम्	कृप्यास्व	कृप्यास्म

कृपयाम्बभूव	कृपयाम्बभूवतुः	कृपयाम्बभूवुः	अचकृपत् -द्	अचकृपताम्	अचकृपन्
कृपयाञ्चकार	कृपयाञ्चक्रतुः	कृपयाञ्चक्रुः			
कृपयामास	कृपयामासतुः	कृपयामासुः			
कृपयाम्बभूविथ	कृपयाम्बभूवथुः	कृपयाम्बभूव	अचकृपः	अचकृपतम्	अचकृपत
कृपयाञ्चकर्थ	कृपयाञ्चक्रथुः	कृपयाञ्चक्र			
कृपयामासिथ	कृपयामासथुः	कृपयामास			
कृपयाम्बभूव	कृपयाम्बभूविव	कृपयाम्बभूविम	अचकृपम्	अचकृपाव	अचकृपाम
कृपयाञ्चकर -कार	कृपयाञ्चकृव	कृपयाञ्चकृम			
कृपयामास	कृपयामासिव	कृपयामासिम			

Atmanepadi Forms

कृपयते	कृपयेते[4]	कृपयन्ते[1]	अकृपयत	अकृपयेताम्[4]	अकृपयन्त[1]
कृपयसे	कृपयेथे[4]	कृपयध्वे	अकृपयथाः	अकृपयेथाम्[4]	अकृपयध्वम्
कृपये[1]	कृपयावहे[2]	कृपयामहे[2]	अकृपये[4]	अकृपयावहि[3]	अकृपयामहि[3]
कृपयताम्	कृपयेताम्[4]	कृपयन्ताम्[1]	कृपयेत	कृपयेयाताम्	कृपयेरन्
कृपयस्व	कृपयेथाम्[4]	कृपयध्वम्	कृपयेथाः	कृपयेयाथाम्	कृपयेध्वम्
कृपयै[5]	कृपयावहै[3]	कृपयामहै[3]	कृपयेय	कृपयेवहि	कृपयेमहि
कृपयिष्यते	कृपयिष्येते	कृपयिष्यन्ते	अकृपयिष्यत	अकृपयिष्येताम्	अकृपयिष्यन्त
कृपयिष्यसे	कृपयिष्येथे	कृपयिष्यध्वे	अकृपयिष्यथाः	अकृपयिष्येथाम्	अकृपयिष्यध्वम्
कृपयिष्ये	कृपयिष्यावहे	कृपयिष्यामहे	अकृपयिष्ये	अकृपयिष्यावहि	अकृपयिष्यामहि
कृपयिता	कृपयितारौ	कृपयितारः	कृपयिषीष्ट	कृपयिषीयास्ताम्	कृपयिषीरन्
कृपयितासे	कृपयितासाथे	कृपयिताध्वे	कृपयिषीष्ठाः	कृपयिषीयास्थाम्	कृपयिषीध्वम् -ढ्वम्
कृपयिताहे	कृपयितास्वहे	कृपयितास्महे	कृपयिषीय	कृपयिषीवहि	कृपयिषीमहि
कृपयाम्बभूव	कृपयाम्बभूवतुः	कृपयाम्बभूवुः	अचकृपत	अचकृपेताम्	अचकृपन्त
कृपयाञ्चक्रे	कृपयाञ्चक्राते	कृपयाञ्चक्रिरे			
कृपयामास	कृपयामासतुः	कृपयामासुः			
कृपयाम्बभूविथ	कृपयाम्बभूवथुः	कृपयाम्बभूव	अचकृपथाः	अचकृपेथाम्	अचकृपध्वम्
कृपयाञ्चकृषे	कृपयाञ्चक्राथे	कृपयाञ्चकृढ्वे			
कृपयामासिथ	कृपयामासथुः	कृपयामास			
कृपयाम्बभूव	कृपयाम्बभूविव	कृपयाम्बभूविम	अचकृपे	अचकृपावहि	अचकृपामहि
कृपयाञ्चक्रे	कृपयाञ्चकृवहे	कृपयाञ्चकृमहे			
कृपयामास	कृपयामासिव	कृपयामासिम			

1870 श्रथ दौर्बल्ये । कथादयः , अग्लोपी । be weak, be infirm

10c 337 श्रथ । श्रथ् । श्रथयति / ते । U । सेट् । अ० । श्रथि । श्रथय । **Parasmaipadi Forms**

श्रथयति	श्रथयतः	श्रथयन्ति[1]	अश्रथयत् -द्	अश्रथयताम्	अश्रथयन्[1]
श्रथयसि	श्रथयथः	श्रथयथ	अश्रथयः	अश्रथयतम्	अश्रथयत
श्रथयामि[2]	श्रथयावः[2]	श्रथयामः[2]	अश्रथयम्[1]	अश्रथयाव[2]	अश्रथयाम[2]

श्रथयतु श्रथयतात् -द्	श्रथयताम्	श्रथयन्तु[1]	श्रथयेत् -द्	श्रथयेताम्	श्रथयेयुः
श्रथय श्रथयतात् -द्	श्रथयतम्	श्रथयत	श्रथयेः	श्रथयेतम्	श्रथयेत
श्रथयानि[3]	श्रथयाव[3]	श्रथयाम[3]	श्रथयेयम्	श्रथयेव	श्रथयेम

श्रथयिष्यति	श्रथयिष्यतः	श्रथयिष्यन्ति	अश्रथयिष्यत् -द्	अश्रथयिष्यताम्	अश्रथयिष्यन्
श्रथयिष्यसि	श्रथयिष्यथः	श्रथयिष्यथ	अश्रथयिष्यः	अश्रथयिष्यतम्	अश्रथयिष्यत
श्रथयिष्यामि	श्रथयिष्यावः	श्रथयिष्यामः	अश्रथयिष्यम्	अश्रथयिष्याव	अश्रथयिष्याम

श्रथयिता	श्रथयितारौ	श्रथयितारः	श्रथ्यात् -द्	श्रथ्यास्ताम्	श्रथ्यासुः
श्रथयितासि	श्रथयितास्थः	श्रथयितास्थ	श्रथ्याः	श्रथ्यास्तम्	श्रथ्यास्त
श्रथयितास्मि	श्रथयितास्वः	श्रथयितास्मः	श्रथ्यासम्	श्रथ्यास्व	श्रथ्यास्म

श्रथयाम्बभूव	श्रथयाम्बभूवतुः	श्रथयाम्बभूवुः	अशश्रथत	अशश्रथेताम्	अशश्रथन्त
श्रथयाञ्चकार	श्रथयाञ्चक्रतुः	श्रथयाञ्चक्रुः			
श्रथयामास	श्रथयामासतुः	श्रथयामासुः			
श्रथयाम्बभूविथ	श्रथयाम्बभूवथुः	श्रथयाम्बभूव	अशश्रथथाः	अशश्रथेथाम्	अशश्रथध्वम्
श्रथयाञ्चकर्थ	श्रथयाञ्चक्रथुः	श्रथयाञ्चक्र			
श्रथयामासिथ	श्रथयामासथुः	श्रथयामास			
श्रथयाम्बभूव	श्रथयाम्बभूविव	श्रथयाम्बभूविम	अशश्रथे	अशश्रथावहि	अशश्रथामहि
श्रथयाञ्चकर -कार	श्रथयाञ्चकृव	श्रथयाञ्चकृम			
श्रथयामास	श्रथयामासिव	श्रथयामासिम			

Atmanepadi Forms

श्रथयते	श्रथयेते[4]	श्रथयन्ते[1]	अश्रथयत	अश्रथयेताम्[4]	अश्रथयन्त[1]
श्रथयसे	श्रथयेथे[4]	श्रथयध्वे	अश्रथयथाः	अश्रथयेथाम्[4]	अश्रथयध्वम्
श्रथये[1]	श्रथयावहे[2]	श्रथयामहे[2]	अश्रथये[4]	अश्रथयावहि[3]	अश्रथयामहि[3]

श्रथयताम्	श्रथयेताम्[4]	श्रथयन्ताम्[1]	श्रथयेत	श्रथयेयाताम्	श्रथयेरन्
श्रथयस्व	श्रथयेथाम्[4]	श्रथयध्वम्	श्रथयेथाः	श्रथयेयाथाम्	श्रथयेध्वम्
श्रथयै[5]	श्रथयावहै[3]	श्रथयामहै[3]	श्रथयेय	श्रथयेवहि	श्रथयेमहि

श्रथयिष्यते	श्रथयिष्येते	श्रथयिष्यन्ते	अश्रथयिष्यत	अश्रथयिष्येताम्	अश्रथयिष्यन्त
श्रथयिष्यसे	श्रथयिष्येथे	श्रथयिष्यध्वे	अश्रथयिष्यथाः	अश्रथयिष्येथाम्	अश्रथयिष्यध्वम्
श्रथयिष्ये	श्रथयिष्यावहे	श्रथयिष्यामहे	अश्रथयिष्ये	अश्रथयिष्यावहि	अश्रथयिष्यामहि

श्रथयिता	श्रथयितारौ	श्रथयितारः	श्रथयिषीष्ट	श्रथयिषीयास्ताम्	श्रथयिषीरन्
श्रथयितासे	श्रथयितासाथे	श्रथयिताध्वे	श्रथयिषीष्ठाः	श्रथयिषीयास्थाम्	श्रथयिषीध्वम् -ढ्वम्
श्रथयिताहे	श्रथयितास्वहे	श्रथयितास्महे	श्रथयिषीय	श्रथयिषीवहि	श्रथयिषीमहि

श्रथयाम्बभूव	श्रथयाम्बभूवतुः	श्रथयाम्बभूवुः	अशश्रथत	अशश्रथेताम्	अशश्रथन्त
श्रथयाञ्चक्रे	श्रथयाञ्चक्राते	श्रथयाञ्चक्रिरे			
श्रथयामास	श्रथयामासतुः	श्रथयामासुः			
श्रथयाम्बभूविथ	श्रथयाम्बभूवथुः	श्रथयाम्बभूव	अशश्रथथाः	अशश्रथेथाम्	अशश्रथध्वम्
श्रथयाञ्चकृषे	श्रथयाञ्चक्राथे	श्रथयाञ्चकृढ्वे			
श्रथयामासिथ	श्रथयामासथुः	श्रथयामास			
श्रथयाम्बभूव	श्रथयाम्बभूविव	श्रथयाम्बभूविम	अशश्रथे	अशश्रथावहि	अशश्रथामहि
श्रथयाञ्चक्रे	श्रथयाञ्चकृवहे	श्रथयाञ्चकृमहे			
श्रथयामास	श्रथयामासिव	श्रथयामासिम			

1871 स्पृह ईप्सायाम् । कथादयः , अग्लोपी । long for, yearn, wish

10c 338 स्पृह । स्पृह् । स्पृहयति / ते । U । सेट् । स० । स्पृहि । स्पृहय । **Parasmaipadi Forms**

स्पृहयति	स्पृहयतः	स्पृहयन्ति[1]	अस्पृहयत् -द्	अस्पृहयताम्	अस्पृहयन्[1]
स्पृहयसि	स्पृहयथः	स्पृहयथ	अस्पृहयः	अस्पृहयतम्	अस्पृहयत
स्पृहयामि[2]	स्पृहयावः[2]	स्पृहयामः[2]	अस्पृहयम्[1]	अस्पृहयाव[2]	अस्पृहयाम[2]

स्पृहयतु स्पृहयतात् -द्	स्पृहयताम्	स्पृहयन्तु[1]	स्पृहयेत् -द्	स्पृहयेताम्	स्पृहयेयुः
स्पृहय स्पृहयतात् -द्	स्पृहयतम्	स्पृहयत	स्पृहयेः	स्पृहयेतम्	स्पृहयेत
स्पृहयानि[3]	स्पृहयाव[3]	स्पृहयाम[3]	स्पृहयेयम्	स्पृहयेव	स्पृहयेम

स्पृहयिष्यति	स्पृहयिष्यतः	स्पृहयिष्यन्ति	अस्पृहयिष्यत् -द्	अस्पृहयिष्यताम्	अस्पृहयिष्यन्
स्पृहयिष्यसि	स्पृहयिष्यथः	स्पृहयिष्यथ	अस्पृहयिष्यः	अस्पृहयिष्यतम्	अस्पृहयिष्यत
स्पृहयिष्यामि	स्पृहयिष्यावः	स्पृहयिष्यामः	अस्पृहयिष्यम्	अस्पृहयिष्याव	अस्पृहयिष्याम

स्पृहयिता	स्पृहयितारौ	स्पृहयितारः	स्पृह्यात् -द्	स्पृह्यास्ताम्	स्पृह्यासुः
स्पृहयितासि	स्पृहयितास्थः	स्पृहयितास्थ	स्पृह्याः	स्पृह्यास्तम्	स्पृह्यास्त
स्पृहयितास्मि	स्पृहयितास्वः	स्पृहयितास्मः	स्पृह्यासम्	स्पृह्यास्व	स्पृह्यास्म

स्पृहयाम्बभूव	स्पृहयाम्बभूवतुः	स्पृहयाम्बभूवुः	अपस्पृहत्-द्	अपस्पृहताम्	अपस्पृहन्
स्पृहयाञ्चकार	स्पृहयाञ्चक्रतुः	स्पृहयाञ्चक्रुः			
स्पृहयामास	स्पृहयामासतुः	स्पृहयामासुः			
स्पृहयाम्बभूविथ	स्पृहयाम्बभूवथुः	स्पृहयाम्बभूव	अपस्पृहः	अपस्पृहतम्	अपस्पृहत
स्पृहयाञ्चकर्थ	स्पृहयाञ्चक्रथुः	स्पृहयाञ्चक्र			
स्पृहयामासिथ	स्पृहयामासथुः	स्पृहयामास			
स्पृहयाम्बभूव	स्पृहयाम्बभूविव	स्पृहयाम्बभूविम	अपस्पृहम्	अपस्पृहाव	अपस्पृहाम
स्पृहयाञ्चकर -कार	स्पृहयाञ्चकृव	स्पृहयाञ्चकृम			
स्पृहयामास	स्पृहयामासिव	स्पृहयामासिम			

Atmanepadi Forms

स्पृहयते	स्पृहयेते⁴	स्पृहयन्ते¹	अस्पृहयत	अस्पृहयेताम्⁴	अस्पृहयन्त¹
स्पृहयसे	स्पृहयेथे⁴	स्पृहयध्वे	अस्पृहयथाः	अस्पृहयेथाम्⁴	अस्पृहयध्वम्
स्पृहये¹	स्पृहयावहे²	स्पृहयामहे²	अस्पृहये⁴	अस्पृहयावहि³	अस्पृहयामहि³
स्पृहयताम्	स्पृहयेताम्⁴	स्पृहयन्ताम्¹	स्पृहयेत	स्पृहयेयाताम्	स्पृहयेरन्
स्पृहयस्व	स्पृहयेथाम्⁴	स्पृहयध्वम्	स्पृहयेथाः	स्पृहयेयाथाम्	स्पृहयेध्वम्
स्पृहयै⁵	स्पृहयावहै³	स्पृहयामहै³	स्पृहयेय	स्पृहयेवहि	स्पृहयेमहि
स्पृहयिष्यते	स्पृहयिष्येते	स्पृहयिष्यन्ते	अस्पृहयिष्यत	अस्पृहयिष्येताम्	अस्पृहयिष्यन्त
स्पृहयिष्यसे	स्पृहयिष्येथे	स्पृहयिष्यध्वे	अस्पृहयिष्यथाः	अस्पृहयिष्येथाम्	अस्पृहयिष्यध्वम्
स्पृहयिष्ये	स्पृहयिष्यावहे	स्पृहयिष्यामहे	अस्पृहयिष्ये	अस्पृहयिष्यावहि	अस्पृहयिष्यामहि
स्पृहयिता	स्पृहयितारौ	स्पृहयितारः	स्पृहयिषीष्ट	स्पृहयिषीयास्ताम्	स्पृहयिषीरन्
स्पृहयितासे	स्पृहयितासाथे	स्पृहयिताध्वे	स्पृहयिषीष्ठाः	स्पृहयिषीयास्थाम्	स्पृहयिषीध्वम् -ढ्वम्
स्पृहयिताहे	स्पृहयितास्वहे	स्पृहयितास्महे	स्पृहयिषीय	स्पृहयिषीवहि	स्पृहयिषीमहि
स्पृहयाम्बभूव	स्पृहयाम्बभूवतुः	स्पृहयाम्बभूवुः	अपस्पृहत	अपस्पृहेताम्	अपस्पृहन्त
स्पृहयाञ्चक्रे	स्पृहयाञ्चक्राते	स्पृहयाञ्चक्रिरे			
स्पृहयामास	स्पृहयामासतुः	स्पृहयामासुः			
स्पृहयाम्बभूविथ	स्पृहयाम्बभूवथुः	स्पृहयाम्बभूव	अपस्पृहथाः	अपस्पृहेथाम्	अपस्पृहध्वम्
स्पृहयाञ्चकृषे	स्पृहयाञ्चक्राथे	स्पृहयाञ्चकृढ्वे			
स्पृहयामासिथ	स्पृहयामासथुः	स्पृहयामास			
स्पृहयाम्बभूव	स्पृहयाम्बभूविव	स्पृहयाम्बभूविम	अपस्पृहे	अपस्पृहावहि	अपस्पृहामहि
स्पृहयाञ्चक्रे	स्पृहयाञ्चकृवहे	स्पृहयाञ्चकृमहे			
स्पृहयामास	स्पृहयामासिव	स्पृहयामासिम			

1872 भाम क्रोधे । कथादयः , अग्लोपी । be angry, wrathful, annoyed

10c 339 भाम । भाम् । भामयति / ते । U । सेट् । अ० । भामि । भामय । **Parasmaipadi Forms**

भामयति	भामयतः	भामयन्ति[1]	अभामयत् -द्	अभामयताम्	अभामयन्[1]
भामयसि	भामयथः	भामयथ	अभामयः	अभामयतम्	अभामयत
भामयामि[2]	भामयावः[2]	भामयामः[2]	अभामयम्[1]	अभामयाव[2]	अभामयाम[2]

भामयतु भामयतात् -द्	भामयताम्	भामयन्तु[1]	भामयेत् -द्	भामयेताम्	भामयेयुः
भामय भामयतात् -द्	भामयतम्	भामयत	भामयेः	भामयेतम्	भामयेत
भामयानि[3]	भामयाव[3]	भामयाम[3]	भामयेयम्	भामयेव	भामयेम

भामयिष्यति	भामयिष्यतः	भामयिष्यन्ति	अभामयिष्यत् -द्	अभामयिष्यताम्	अभामयिष्यन्
भामयिष्यसि	भामयिष्यथः	भामयिष्यथ	अभामयिष्यः	अभामयिष्यतम्	अभामयिष्यत
भामयिष्यामि	भामयिष्यावः	भामयिष्यामः	अभामयिष्यम्	अभामयिष्याव	अभामयिष्याम

भामयिता	भामयितारौ	भामयितारः	भाम्यात् -द्	भाम्यास्ताम्	भाम्यासुः
भामयितासि	भामयितास्थः	भामयितास्थ	भाम्याः	भाम्यास्तम्	भाम्यास्त
भामयितास्मि	भामयितास्वः	भामयितास्मः	भाम्यासम्	भाम्यास्व	भाम्यास्म

भामयाम्बभूव	भामयाम्बभूवतुः	भामयाम्बभूवुः	अबभामत् -द्	अबभामताम्	अबभामन्
भामयाञ्चकार	भामयाञ्चक्रतुः	भामयाञ्चक्रुः			
भामयामास	भामयामासतुः	भामयामासुः			
भामयाम्बभूविथ	भामयाम्बभूवथुः	भामयाम्बभूव	अबभामः	अबभामतम्	अबभामत
भामयाञ्चकर्थ	भामयाञ्चक्रथुः	भामयाञ्चक्र			
भामयामासिथ	भामयामासथुः	भामयामास			
भामयाम्बभूव	भामयाम्बभूविव	भामयाम्बभूविम	अबभामम्	अबभामाव	अबभामाम
भामयाञ्चकर -कार	भामयाञ्चकृव	भामयाञ्चकृम			
भामयामास	भामयामासिव	भामयामासिम			

Atmanepadi Forms

भामयते	भामयेते[4]	भामयन्ते[1]	अभामयत	अभामयेताम्[4]	अभामयन्त[1]
भामयसे	भामयेथे[4]	भामयध्वे	अभामयथाः	अभामयेथाम्[4]	अभामयध्वम्
भामये[1]	भामयावहे[2]	भामयामहे[2]	अभामये[4]	अभामयावहि[3]	अभामयामहि[3]

भामयताम्	भामयेताम्[4]	भामयन्ताम्[1]	भामयेत	भामयेयाताम्	भामयेरन्
भामयस्व	भामयेथाम्[4]	भामयध्वम्	भामयेथाः	भामयेयाथाम्	भामयेध्वम्
भामयै[5]	भामयावहै[3]	भामयामहै[3]	भामयेय	भामयेवहि	भामयेमहि

भामयिष्यते	भामयिष्येते	भामयिष्यन्ते	अभामयिष्यत	अभामयिष्येताम्	अभामयिष्यन्त
भामयिष्यसे	भामयिष्येथे	भामयिष्यध्वे	अभामयिष्यथाः	अभामयिष्येथाम्	अभामयिष्यध्वम्
भामयिष्ये	भामयिष्यावहे	भामयिष्यामहे	अभामयिष्ये	अभामयिष्यावहि	अभामयिष्यामहि

भामयिता	भामयितारौ	भामयितारः	भामयिषीष्ट	भामयिषीयास्ताम्	भामयिषीरन्
भामयितासे	भामयितासाथे	भामयिताध्वे	भामयिषीष्ठाः	भामयिषीयास्थाम्	भामयिषीध्वम् -ढ्वम्
भामयिताहे	भामयितास्वहे	भामयितास्महे	भामयिषीय	भामयिषीवहि	भामयिषीमहि

भामयाम्बभूव	भामयाम्बभूवतुः	भामयाम्बभूवुः	अबभामत	अबभामेताम्	अबभामन्त
भामयाञ्चक्रे	भामयाञ्चक्राते	भामयाञ्चक्रिरे			
भामयामास	भामयामासतुः	भामयामासुः			
भामयाम्बभूविथ	भामयाम्बभूवथुः	भामयाम्बभूव	अबभामथाः	अबभामेथाम्	अबभामध्वम्
भामयाञ्चकृषे	भामयाञ्चक्राथे	भामयाञ्चकृढ्वे			
भामयामासिथ	भामयामासथुः	भामयामास			
भामयाम्बभूव	भामयाम्बभूविव	भामयाम्बभूविम	अबभामे	अबभामावहि	अबभामामहि
भामयाञ्चक्रे	भामयाञ्चकृवहे	भामयाञ्चकृमहे			
भामयामास	भामयामासिव	भामयामासिम			

1873 सूच पैशुन्ये । कथादयः , अग्लोपी । gossip, point out mistakes, inform, have ill will
10c 340 सूच । सूच् । सूचयति / ते । U । सेट् । स० । सूचि । सूचय । **Parasmaipadi Forms**

सूचयति	सूचयतः	सूचयन्ति[1]	असूचयत् -द्	असूचयताम्	असूचयन्[1]
सूचयसि	सूचयथः	सूचयथ	असूचयः	असूचयतम्	असूचयत
सूचयामि[2]	सूचयावः[2]	सूचयामः[2]	असूचयम्[1]	असूचयाव[2]	असूचयाम[2]

सूचयतु सूचयतात् -द्	सूचयताम्	सूचयन्तु[1]	सूचयेत् -द्	सूचयेताम्	सूचयेयुः
सूचय सूचयतात् -द्	सूचयतम्	सूचयत	सूचयेः	सूचयेतम्	सूचयेत
सूचयानि[3]	सूचयाव[3]	सूचयाम[3]	सूचयेयम्	सूचयेव	सूचयेम

सूचयिष्यति	सूचयिष्यतः	सूचयिष्यन्ति	असूचयिष्यत् -द्	असूचयिष्यताम्	असूचयिष्यन्
सूचयिष्यसि	सूचयिष्यथः	सूचयिष्यथ	असूचयिष्यः	असूचयिष्यतम्	असूचयिष्यत
सूचयिष्यामि	सूचयिष्यावः	सूचयिष्यामः	असूचयिष्यम्	असूचयिष्याव	असूचयिष्याम

सूचयिता	सूचयितारौ	सूचयितारः	सूच्यात् -द्	सूच्यास्ताम्	सूच्यासुः
सूचयितासि	सूचयितास्थः	सूचयितास्थ	सूच्याः	सूच्यास्तम्	सूच्यास्त
सूचयितास्मि	सूचयितास्वः	सूचयितास्मः	सूच्यासम्	सूच्यास्व	सूच्यास्म

सूचयाम्बभूव	सूचयाम्बभूवतुः	सूचयाम्बभूवुः	असुसूचत् -द्	असुसूचताम्	असुसूचन्

सूचयाञ्चकार	सूचयाञ्चक्रतुः	सूचयाञ्चक्रुः			
सूचयामास	सूचयामासतुः	सूचयामासुः			
सूचयाम्बभूविथ	सूचयाम्बभूवथुः	सूचयाम्बभूव	असुसूचः	असुसूचतम्	असुसूचत
सूचयाञ्चकर्थ	सूचयाञ्चक्रथुः	सूचयाञ्चक्र			
सूचयामासिथ	सूचयामासथुः	सूचयामास			
सूचयाम्बभूव	सूचयाम्बभूविव	सूचयाम्बभूविम	असुसूचम्	असुसूचाव	असुसूचाम
सूचयाञ्चकर -कार	सूचयाञ्चकृव	सूचयाञ्चकृम			
सूचयामास	सूचयामासिव	सूचयामासिम			

Atmanepadi Forms

सूचयते	सूचयेते[4]	सूचयन्ते[1]	असूचयत	असूचयेताम्[4]	असूचयन्त[1]
सूचयसे	सूचयेथे[4]	सूचयध्वे	असूचयथाः	असूचयेथाम्[4]	असूचयध्वम्
सूचये[1]	सूचयावहे[2]	सूचयामहे[2]	असूचये[4]	असूचयावहि[3]	असूचयामहि[3]

सूचयताम्	सूचयेताम्[4]	सूचयन्ताम्[1]	सूचयेत	सूचयेयाताम्	सूचयेरन्
सूचयस्व	सूचयेथाम्[4]	सूचयध्वम्	सूचयेथाः	सूचयेयाथाम्	सूचयेध्वम्
सूचयै[5]	सूचयावहै[3]	सूचयामहै[3]	सूचयेय	सूचयेवहि	सूचयेमहि

सूचयिष्यते	सूचयिष्येते	सूचयिष्यन्ते	असूचयिष्यत	असूचयिष्येताम्	असूचयिष्यन्त
सूचयिष्यसे	सूचयिष्येथे	सूचयिष्यध्वे	असूचयिष्यथाः	असूचयिष्येथाम्	असूचयिष्यध्वम्
सूचयिष्ये	सूचयिष्यावहे	सूचयिष्यामहे	असूचयिष्ये	असूचयिष्यावहि	असूचयिष्यामहि

सूचयिता	सूचयितारौ	सूचयितारः	सूचयिषीष्ट	सूचयिषीयास्ताम्	सूचयिषीरन्
सूचयितासे	सूचयितासाथे	सूचयिताध्वे	सूचयिषीष्ठाः	सूचयिषीयास्थाम्	सूचयिषीध्वम् -ढ्वम्
सूचयिताहे	सूचयितास्वहे	सूचयितास्महे	सूचयिषीय	सूचयिषीवहि	सूचयिषीमहि

सूचयाम्बभूव	सूचयाम्बभूवतुः	सूचयाम्बभूवुः	असुसूचत	असुसूचेताम्	असुसूचन्त
सूचयाञ्चक्रे	सूचयाञ्चक्राते	सूचयाञ्चक्रिरे			
सूचयामास	सूचयामासतुः	सूचयामासुः			
सूचयाम्बभूविथ	सूचयाम्बभूवथुः	सूचयाम्बभूव	असुसूचथाः	असुसूचेथाम्	असुसूचध्वम्
सूचयाञ्चकृषे	सूचयाञ्चक्राथे	सूचयाञ्चकृढ्वे			
सूचयामासिथ	सूचयामासथुः	सूचयामास			
सूचयाम्बभूव	सूचयाम्बभूविव	सूचयाम्बभूविम	असुसूचे	असुसूचावहि	असुसूचामहि
सूचयाञ्चक्रे	सूचयाञ्चकृवहे	सूचयाञ्चकृमहे			
सूचयामास	सूचयामासिव	सूचयामासिम			

1874 खेट भक्षणे । तृतीयान्ते इत्येके खेड । खोट इत्यन्ये । कथादयः , अग्लोपी । eat, swallow

10c 341 खेट । खेट् । खेटयति / ते । U । सेट् । स० । खेटि । खेटय । **Parasmaipadi Forms**

खेटयति	खेटयतः	खेटयन्ति[1]	अखेटयत् -द्	अखेटयताम्	अखेटयन्[1]
खेटयसि	खेटयथः	खेटयथ	अखेटयः	अखेटयतम्	अखेटयत
खेटयामि[2]	खेटयावः[2]	खेटयामः[2]	अखेटयम्[1]	अखेटयाव[2]	अखेटयाम[2]

खेटयतु खेटयतात् -द्	खेटयताम्	खेटयन्तु[1]	खेटयेत् -द्	खेटयेताम्	खेटयेयुः
खेटय खेटयतात् -द्	खेटयतम्	खेटयत	खेटयेः	खेटयेतम्	खेटयेत
खेटयानि[3]	खेटयाव[3]	खेटयाम[3]	खेटयेयम्	खेटयेव	खेटयेम

खेटयिष्यति	खेटयिष्यतः	खेटयिष्यन्ति	अखेटयिष्यत् -द्	अखेटयिष्यताम्	अखेटयिष्यन्
खेटयिष्यसि	खेटयिष्यथः	खेटयिष्यथ	अखेटयिष्यः	अखेटयिष्यतम्	अखेटयिष्यत
खेटयिष्यामि	खेटयिष्यावः	खेटयिष्यामः	अखेटयिष्यम्	अखेटयिष्याव	अखेटयिष्याम

खेटयिता	खेटयितारौ	खेटयितारः	खेट्यात् -द्	खेट्यास्ताम्	खेट्यासुः
खेटयितासि	खेटयितास्थः	खेटयितास्थ	खेट्याः	खेट्यास्तम्	खेट्यास्त
खेटयितास्मि	खेटयितास्वः	खेटयितास्मः	खेट्यासम्	खेट्यास्व	खेट्यास्म

खेटयाम्बभूव	खेटयाम्बभूवतुः	खेटयाम्बभूवुः	अचिखेटत् -द्	अचिखेटताम्	अचिखेटन्
खेटयाञ्चकार	खेटयाञ्चक्रतुः	खेटयाञ्चक्रुः			
खेटयामास	खेटयामासतुः	खेटयामासुः			
खेटयाम्बभूविथ	खेटयाम्बभूवथुः	खेटयाम्बभूव	अचिखेटः	अचिखेटतम्	अचिखेटत
खेटयाञ्चकर्थ	खेटयाञ्चक्रथुः	खेटयाञ्चक्र			
खेटयामासिथ	खेटयामासथुः	खेटयामास			
खेटयाम्बभूव	खेटयाम्बभूविव	खेटयाम्बभूविम	अचिखेटम्	अचिखेटाव	अचिखेटाम
खेटयाञ्चकर -कार	खेटयाञ्चकृव	खेटयाञ्चकृम			
खेटयामास	खेटयामासिव	खेटयामासिम			

Atmanepadi Forms

खेटयते	खेटयेते[4]	खेटयन्ते[1]	अखेटयत	अखेटयेताम्[4]	अखेटयन्त[1]
खेटयसे	खेटयेथे[4]	खेटयध्वे	अखेटयथाः	अखेटयेथाम्[4]	अखेटयध्वम्
खेटये[1]	खेटयावहे[2]	खेटयामहे[2]	अखेटये[4]	अखेटयावहि[3]	अखेटयामहि[3]

खेटयताम्	खेटयेताम्[4]	खेटयन्ताम्[1]	खेटयेत	खेटयेयाताम्	खेटयेरन्
खेटयस्व	खेटयेथाम्[4]	खेटयध्वम्	खेटयेथाः	खेटयेयाथाम्	खेटयेध्वम्
खेटयै[5]	खेटयावहै[3]	खेटयामहै[3]	खेटयेय	खेटयेवहि	खेटयेमहि

खेटयिष्यते	खेटयिष्येते	खेटयिष्यन्ते	अखेटयिष्यत	अखेटयिष्येताम्	अखेटयिष्यन्त

खेटयिष्यसे	खेटयिष्येथे	खेटयिष्यध्वे	अखेटयिष्यथाः	अखेटयिष्येथाम्	अखेटयिष्यध्वम्
खेटयिष्ये	खेटयिष्यावहे	खेटयिष्यामहे	अखेटयिष्ये	अखेटयिष्यावहि	अखेटयिष्यामहि

खेटयिता	खेटयितारौ	खेटयितारः	खेटयिषीष्ट	खेटयिषीयास्ताम्	खेटयिषीरन्
खेटयितासे	खेटयितासाथे	खेटयिताध्वे	खेटयिषीष्ठाः	खेटयिषीयास्थाम्	खेटयिषीध्वम् -ढ्वम्
खेटयिताहे	खेटयितास्वहे	खेटयितास्महे	खेटयिषीय	खेटयिषीवहि	खेटयिषीमहि

खेटयाम्बभूव	खेटयाम्बभूवतुः	खेटयाम्बभूवुः	अचिखेटत	अचिखेटेताम्	अचिखेटन्त
खेटयाञ्चक्रे	खेटयाञ्चक्राते	खेटयाञ्चक्रिरे			
खेटयामास	खेटयामासतुः	खेटयामासुः			
खेटयाम्बभूविथ	खेटयाम्बभूवथुः	खेटयाम्बभूव	अचिखेटथाः	अचिखेटेथाम्	अचिखेटध्वम्
खेटयाञ्चकृषे	खेटयाञ्चक्राथे	खेटयाञ्चकृढ्वे			
खेटयामासिथ	खेटयामासथुः	खेटयामास			
खेटयाम्बभूव	खेटयाम्बभूविव	खेटयाम्बभूविम	अचिखेटे	अचिखेटावहि	अचिखेटामहि
खेटयाञ्चक्रे	खेटयाञ्चकृवहे	खेटयाञ्चकृमहे			
खेटयामास	खेटयामासिव	खेटयामासिम			

1875 क्षोट क्षेपे । कथादयः , अग्लोपी । throw, cast

10c 342 क्षोट । क्षोट् । क्षोटयति / ते । U । सेट् । स० । क्षोटि । क्षोटय । **Parasmaipadi Forms**

क्षोटयति	क्षोटयतः	क्षोटयन्ति[1]	अक्षोटयत् -द्	अक्षोटयताम्	अक्षोटयन्[1]
क्षोटयसि	क्षोटयथः	क्षोटयथ	अक्षोटयः	अक्षोटयतम्	अक्षोटयत
क्षोटयामि[2]	क्षोटयावः[2]	क्षोटयामः[2]	अक्षोटयम्[1]	अक्षोटयाव[2]	अक्षोटयाम[2]

क्षोटयतु क्षोटयतात् -द्	क्षोटयताम्	क्षोटयन्तु[1]	क्षोटयेत् -द्	क्षोटयेताम्	क्षोटयेयुः
क्षोटय क्षोटयतात् -द्	क्षोटयतम्	क्षोटयत	क्षोटयेः	क्षोटयेतम्	क्षोटयेत
क्षोटयानि[3]	क्षोटयाव[3]	क्षोटयाम[3]	क्षोटयेयम्	क्षोटयेव	क्षोटयेम

क्षोटयिष्यति	क्षोटयिष्यतः	क्षोटयिष्यन्ति	अक्षोटयिष्यत् -द्	अक्षोटयिष्यताम्	अक्षोटयिष्यन्
क्षोटयिष्यसि	क्षोटयिष्यथः	क्षोटयिष्यथ	अक्षोटयिष्यः	अक्षोटयिष्यतम्	अक्षोटयिष्यत
क्षोटयिष्यामि	क्षोटयिष्यावः	क्षोटयिष्यामः	अक्षोटयिष्यम्	अक्षोटयिष्याव	अक्षोटयिष्याम

क्षोटयिता	क्षोटयितारौ	क्षोटयितारः	क्षोट्यात् -द्	क्षोट्यास्ताम्	क्षोट्यासुः
क्षोटयितासि	क्षोटयितास्थः	क्षोटयितास्थ	क्षोट्याः	क्षोट्यास्तम्	क्षोट्यास्त
क्षोटयितास्मि	क्षोटयितास्वः	क्षोटयितास्मः	क्षोट्यासम्	क्षोट्यास्व	क्षोट्यास्म

क्षोटयाम्बभूव	क्षोटयाम्बभूवतुः	क्षोटयाम्बभूवुः	अचुक्षोटत् -द्	अचुक्षोटताम्	अचुक्षोटन्
क्षोटयाञ्चकार	क्षोटयाञ्चक्रतुः	क्षोटयाञ्चक्रुः			

क्षोटयामास	क्षोटयामासतुः	क्षोटयामासुः			
क्षोटयाम्बभूविथ	क्षोटयाम्बभूवथुः	क्षोटयाम्बभूव	अचुक्षोटः	अचुक्षोटतम्	अचुक्षोटत
क्षोटयाञ्चकर्थ	क्षोटयाञ्चक्रथुः	क्षोटयाञ्चक्र			
क्षोटयामासिथ	क्षोटयामासथुः	क्षोटयामास			
क्षोटयाम्बभूव	क्षोटयाम्बभूविव	क्षोटयाम्बभूविम	अचुक्षोटम्	अचुक्षोटाव	अचुक्षोटाम
क्षोटयाञ्चकर -कार	क्षोटयाञ्चकृव	क्षोटयाञ्चकृम			
क्षोटयामास	क्षोटयामासिव	क्षोटयामासिम			

Atmanepadi Forms

क्षोटयते	क्षोटयेते[4]	क्षोटयन्ते[1]	अक्षोटयत	अक्षोटयेताम्[4]	अक्षोटयन्त[1]
क्षोटयसे	क्षोटयेथे[4]	क्षोटयध्वे	अक्षोटयथाः	अक्षोटयेथाम्[4]	अक्षोटयध्वम्
क्षोटये[1]	क्षोटयावहे[2]	क्षोटयामहे[2]	अक्षोटये[4]	अक्षोटयावहि[3]	अक्षोटयामहि[3]
क्षोटयताम्	क्षोटयेताम्[4]	क्षोटयन्ताम्[1]	क्षोटयेत	क्षोटयेयाताम्	क्षोटयेरन्
क्षोटयस्व	क्षोटयेथाम्[4]	क्षोटयध्वम्	क्षोटयेथाः	क्षोटयेयाथाम्	क्षोटयेध्वम्
क्षोटयै[5]	क्षोटयावहै[3]	क्षोटयामहै[3]	क्षोटयेय	क्षोटयेवहि	क्षोटयेमहि
क्षोटयिष्यते	क्षोटयिष्येते	क्षोटयिष्यन्ते	अक्षोटयिष्यत	अक्षोटयिष्येताम्	अक्षोटयिष्यन्त
क्षोटयिष्यसे	क्षोटयिष्येथे	क्षोटयिष्यध्वे	अक्षोटयिष्यथाः	अक्षोटयिष्येथाम्	अक्षोटयिष्यध्वम्
क्षोटयिष्ये	क्षोटयिष्यावहे	क्षोटयिष्यामहे	अक्षोटयिष्ये	अक्षोटयिष्यावहि	अक्षोटयिष्यामहि
क्षोटयिता	क्षोटयितारौ	क्षोटयितारः	क्षोटयिषीष्ट	क्षोटयिषीयास्ताम्	क्षोटयिषीरन्
क्षोटयितासे	क्षोटयितासाथे	क्षोटयिताध्वे	क्षोटयिषीष्ठाः	क्षोटयिषीयास्थाम्	क्षोटयिषीध्वम् -ढ्वम्
क्षोटयिताहे	क्षोटयितास्वहे	क्षोटयितास्महे	क्षोटयिषीय	क्षोटयिषीवहि	क्षोटयिषीमहि
क्षोटयाम्बभूव	क्षोटयाम्बभूवतुः	क्षोटयाम्बभूवुः	अचुक्षोटत	अचुक्षोटेताम्	अचुक्षोटन्त
क्षोटयाञ्चक्रे	क्षोटयाञ्चक्राते	क्षोटयाञ्चक्रिरे			
क्षोटयामास	क्षोटयामासतुः	क्षोटयामासुः			
क्षोटयाम्बभूविथ	क्षोटयाम्बभूवथुः	क्षोटयाम्बभूव	अचुक्षोटथाः	अचुक्षोटेथाम्	अचुक्षोटध्वम्
क्षोटयाञ्चकृषे	क्षोटयाञ्चक्राथे	क्षोटयाञ्चकृढ्वे			
क्षोटयामासिथ	क्षोटयामासथुः	क्षोटयामास			
क्षोटयाम्बभूव	क्षोटयाम्बभूविव	क्षोटयाम्बभूविम	अचुक्षोटे	अचुक्षोटावहि	अचुक्षोटामहि
क्षोटयाञ्चक्रे	क्षोटयाञ्चकृवहे	क्षोटयाञ्चकृमहे			
क्षोटयामास	क्षोटयामासिव	क्षोटयामासिम			

1876 गोम उपलेपने । कथादयः , अग्लोपी । besmear, plaster, coat, whitewash
10c 343 गोम । गोम् । गोमयति / ते । U । सेट् । स० । गोमि । गोमय । **Parasmaipadi Forms**

गोमयति	गोमयतः	गोमयन्ति[1]	अगोमयत् -द्	अगोमयताम्	अगोमयन्[1]
गोमयसि	गोमयथः	गोमयथ	अगोमयः	अगोमयतम्	अगोमयत
गोमयामि[2]	गोमयावः[2]	गोमयामः[2]	अगोमयम्[1]	अगोमयाव[2]	अगोमयाम[2]

गोमयतु गोमयतात् -द्	गोमयताम्	गोमयन्तु[1]	गोमयेत् -द्	गोमयेताम्	गोमयेयुः
गोमय गोमयतात् -द्	गोमयतम्	गोमयत	गोमयेः	गोमयेतम्	गोमयेत
गोमयानि[3]	गोमयाव[3]	गोमयाम[3]	गोमयेयम्	गोमयेव	गोमयेम

गोमयिष्यति	गोमयिष्यतः	गोमयिष्यन्ति	अगोमयिष्यत् -द्	अगोमयिष्यताम्	अगोमयिष्यन्
गोमयिष्यसि	गोमयिष्यथः	गोमयिष्यथ	अगोमयिष्यः	अगोमयिष्यतम्	अगोमयिष्यत
गोमयिष्यामि	गोमयिष्यावः	गोमयिष्यामः	अगोमयिष्यम्	अगोमयिष्याव	अगोमयिष्याम

गोमयिता	गोमयितारौ	गोमयितारः	गोम्यात् -द्	गोम्यास्ताम्	गोम्यासुः
गोमयितासि	गोमयितास्थः	गोमयितास्थ	गोम्याः	गोम्यास्तम्	गोम्यास्त
गोमयितास्मि	गोमयितास्वः	गोमयितास्मः	गोम्यासम्	गोम्यास्व	गोम्यास्म

गोमयाम्बभूव	गोमयाम्बभूवतुः	गोमयाम्बभूवुः	अजुगोमत् -द्	अजुगोमताम्	अजुगोमन्
गोमयाञ्चकार	गोमयाञ्चक्रतुः	गोमयाञ्चक्रुः			
गोमयामास	गोमयामासतुः	गोमयामासुः			
गोमयाम्बभूविथ	गोमयाम्बभूवथुः	गोमयाम्बभूव	अजुगोमः	अजुगोमतम्	अजुगोमत
गोमयाञ्चकर्थ	गोमयाञ्चक्रथुः	गोमयाञ्चक्र			
गोमयामासिथ	गोमयामासथुः	गोमयामास			
गोमयाम्बभूव	गोमयाम्बभूविव	गोमयाम्बभूविम	अजुगोमम्	अजुगोमाव	अजुगोमाम
गोमयाञ्चकर -कार	गोमयाञ्चकृव	गोमयाञ्चकृम			
गोमयामास	गोमयामासिव	गोमयामासिम			

Atmanepadi Forms

गोमयते	गोमयेते[4]	गोमयन्ते[1]	अगोमयत	अगोमयेताम्[4]	अगोमयन्त[1]
गोमयसे	गोमयेथे[4]	गोमयध्वे	अगोमयथाः	अगोमयेथाम्[4]	अगोमयध्वम्
गोमये[1]	गोमयावहे[2]	गोमयामहे[2]	अगोमये[4]	अगोमयावहि[3]	अगोमयामहि[3]

गोमयताम्	गोमयेताम्[4]	गोमयन्ताम्[1]	गोमयेत	गोमयेयाताम्	गोमयेरन्
गोमयस्व	गोमयेथाम्[4]	गोमयध्वम्	गोमयेथाः	गोमयेयाथाम्	गोमयेध्वम्
गोमयै[5]	गोमयावहै[3]	गोमयामहै[3]	गोमयेय	गोमयेवहि	गोमयेमहि

| गोमयिष्यते | गोमयिष्येते | गोमयिष्यन्ते | अगोमयिष्यत | अगोमयिष्येताम् | अगोमयिष्यन्त |
| गोमयिष्यसे | गोमयिष्येथे | गोमयिष्यध्वे | अगोमयिष्यथाः | अगोमयिष्येथाम् | अगोमयिष्यध्वम् |

गोमयिष्ये	गोमयिष्यावहे	गोमयिष्यामहे	अगोमयिष्ये	अगोमयिष्यावहि	अगोमयिष्यामहि

गोमयिता	गोमयितारौ	गोमयितारः	गोमयिषीष्ट	गोमयिषीयास्ताम्	गोमयिषीरन्
गोमयितासे	गोमयितासाथे	गोमयिताध्वे	गोमयिषीष्ठाः	गोमयिषीयास्थाम्	गोमयिषीध्वम् -ढ्वम्
गोमयिताहे	गोमयितास्वहे	गोमयितास्महे	गोमयिषीय	गोमयिषीवहि	गोमयिषीमहि

गोमयाम्बभूव	गोमयाम्बभूवतुः	गोमयाम्बभूवुः	अजुगोमत	अजुगोमेताम्	अजुगोमन्त
गोमयाञ्चक्रे	गोमयाञ्चक्राते	गोमयाञ्चक्रिरे			
गोमयामास	गोमयामासतुः	गोमयामासुः			
गोमयाम्बभूविथ	गोमयाम्बभूवथुः	गोमयाम्बभूव	अजुगोमथाः	अजुगोमेथाम्	अजुगोमध्वम्
गोमयाञ्चकृषे	गोमयाञ्चक्राथे	गोमयाञ्चकृढ्वे			
गोमयामासिथ	गोमयामासथुः	गोमयामास			
गोमयाम्बभूव	गोमयाम्बभूविव	गोमयाम्बभूविम	अजुगोमे	अजुगोमावहि	अजुगोमामहि
गोमयाञ्चक्रे	गोमयाञ्चकृवहे	गोमयाञ्चकृमहे			
गोमयामास	गोमयामासिव	गोमयामासिम			

1877 कुमार क्रीडायाम् । कथादयः , अग्लोपी । be sportful, be playful like a boy

10c 344 कुमार । कुमार् । कुमारयति / ते । U । सेट् । अ० । कुमारि । कुमारय ।

Parasmaipadi Forms

कुमारयति	कुमारयतः	कुमारयन्ति[1]	अकुमारयत् -द्	अकुमारयताम्	अकुमारयन्[1]
कुमारयसि	कुमारयथः	कुमारयथ	अकुमारयः	अकुमारयतम्	अकुमारयत
कुमारयामि[2]	कुमारयावः[2]	कुमारयामः[2]	अकुमारयम्[1]	अकुमारयाव[2]	अकुमारयाम[2]

कुमारयतु कुमारयतात् -द्	कुमारयताम्	कुमारयन्तु[1]	कुमारयेत् -द्	कुमारयेताम्	कुमारयेयुः
कुमारय कुमारयतात् -द्	कुमारयतम्	कुमारयत	कुमारयेः	कुमारयेतम्	कुमारयेत
कुमारयानि[3]	कुमारयाव[3]	कुमारयाम[3]	कुमारयेयम्	कुमारयेव	कुमारयेम

कुमारयिष्यति	कुमारयिष्यतः	कुमारयिष्यन्ति	अकुमारयिष्यत् -द्	अकुमारयिष्यताम्	अकुमारयिष्यन्
कुमारयिष्यसि	कुमारयिष्यथः	कुमारयिष्यथ	अकुमारयिष्यः	अकुमारयिष्यतम्	अकुमारयिष्यत
कुमारयिष्यामि	कुमारयिष्यावः	कुमारयिष्यामः	अकुमारयिष्यम्	अकुमारयिष्याव	अकुमारयिष्याम

कुमारयिता	कुमारयितारौ	कुमारयितारः	कुमार्यात् -द्	कुमार्यास्ताम्	कुमार्यासुः
कुमारयितासि	कुमारयितास्थः	कुमारयितास्थ	कुमार्याः	कुमार्यास्तम्	कुमार्यास्त
कुमारयितास्मि	कुमारयितास्वः	कुमारयितास्मः	कुमार्यासम्	कुमार्यास्व	कुमार्यास्म

कुमारयाम्बभूव	कुमारयाम्बभूवतुः	कुमारयाम्बभूवुः	अचुकुमारत् -द्	अचुकुमारताम्	अचुकुमारन्
कुमारयाञ्चकार	कुमारयाञ्चक्रतुः	कुमारयाञ्चक्रुः			

कुमारयामास	कुमारयामासतुः	कुमारयामासुः			
कुमारयाम्बभूविथ	कुमारयाम्बभूवथुः	कुमारयाम्बभूव	अचुकुमारः	अचुकुमारतम्	अचुकुमारत
कुमारयाञ्चकर्थ	कुमारयाञ्चक्रथुः	कुमारयाञ्चक्र			
कुमारयामासिथ	कुमारयामासथुः	कुमारयामास			
कुमारयाम्बभूव	कुमारयाम्बभूविव	कुमारयाम्बभूविम	अचुकुमारम्	अचुकुमाराव	अचुकुमाराम
कुमारयाञ्चकर -कार	कुमारयाञ्चकृव	कुमारयाञ्चकृम			
कुमारयामास	कुमारयामासिव	कुमारयामासिम			

Atmanepadi Forms

कुमारयते	कुमारयेते[4]	कुमारयन्ते[1]	अकुमारयत	अकुमारयेताम्[4]	अकुमारयन्त[1]
कुमारयसे	कुमारयेथे[4]	कुमारयध्वे	अकुमारयथाः	अकुमारयेथाम्[4]	अकुमारयध्वम्
कुमारये[1]	कुमारयावहे[2]	कुमारयामहे[2]	अकुमारये[4]	अकुमारयावहि[3]	अकुमारयामहि[3]

कुमारयताम्	कुमारयेताम्[4]	कुमारयन्ताम्[1]	कुमारयेत	कुमारयेयाताम्	कुमारयेरन्
कुमारयस्व	कुमारयेथाम्[4]	कुमारयध्वम्	कुमारयेथाः	कुमारयेयाथाम्	कुमारयेध्वम्
कुमारयै[5]	कुमारयावहै[3]	कुमारयामहै[3]	कुमारयेय	कुमारयेवहि	कुमारयेमहि

कुमारयिष्यते	कुमारयिष्येते	कुमारयिष्यन्ते	अकुमारयिष्यत	अकुमारयिष्येताम्	अकुमारयिष्यन्त
कुमारयिष्यसे	कुमारयिष्येथे	कुमारयिष्यध्वे	अकुमारयिष्यथाः	अकुमारयिष्येथाम्	अकुमारयिष्यध्वम्
कुमारयिष्ये	कुमारयिष्यावहे	कुमारयिष्यामहे	अकुमारयिष्ये	अकुमारयिष्यावहि	अकुमारयिष्यामहि

कुमारयिता	कुमारयितारौ	कुमारयितारः	कुमारयिषीष्ट	कुमारयिषीयास्ताम्	कुमारयिषीरन्
कुमारयितासे	कुमारयितासाथे	कुमारयिताध्वे	कुमारयिषीष्ठाः	कुमारयिषीयास्थाम्	कुमारयिषीध्वम् -ढ्वम्
कुमारयिताहे	कुमारयितास्वहे	कुमारयितास्महे	कुमारयिषीय	कुमारयिषीवहि	कुमारयिषीमहि

कुमारयाम्बभूव	कुमारयाम्बभूवतुः	कुमारयाम्बभूवुः	अचुकुमारत	अचुकुमारेताम्	अचुकुमारन्त
कुमारयाञ्चक्रे	कुमारयाञ्चक्राते	कुमारयाञ्चक्रिरे			
कुमारयामास	कुमारयामासतुः	कुमारयामासुः			
कुमारयाम्बभूविथ	कुमारयाम्बभूवथुः	कुमारयाम्बभूव	अचुकुमारथाः	अचुकुमारेथाम्	अचुकुमारध्वम्
कुमारयाञ्चकृषे	कुमारयाञ्चक्राथे	कुमारयाञ्चकृढ्वे			
कुमारयामासिथ	कुमारयामासथुः	कुमारयामास			
कुमारयाम्बभूव	कुमारयाम्बभूविव	कुमारयाम्बभूविम	अचुकुमारे	अचुकुमारावहि	अचुकुमारामहि
कुमारयाञ्चक्रे	कुमारयाञ्चकृवहे	कुमारयाञ्चकृमहे			
कुमारयामास	कुमारयामासिव	कुमारयामासिम			

1878 शील उपधारणे । अभ्यासः । परिचयः । कथादयः , अग्लोपी । practise, make a habit, go to meet

10c 345 शील । शील् । शीलयति / ते । U । सेट् । स० । शीलि । शीलय । **Parasmaipadi Forms**

शीलयति	शीलयतः	शीलयन्ति[1]	अशीलयत् -द्	अशीलयताम्	अशीलयन्[1]
शीलयसि	शीलयथः	शीलयथ	अशीलयः	अशीलयतम्	अशीलयत
शीलयामि[2]	शीलयावः[2]	शीलयामः[2]	अशीलयम्[1]	अशीलयाव[2]	अशीलयाम[2]

शीलयतु शीलयतात् -द्	शीलयताम्	शीलयन्तु[1]	शीलयेत् -द्	शीलयेताम्	शीलयेयुः
शीलय शीलयतात् -द्	शीलयतम्	शीलयत	शीलयेः	शीलयेतम्	शीलयेत
शीलयानि[3]	शीलयाव[3]	शीलयाम[3]	शीलयेयम्	शीलयेव	शीलयेम

शीलयिष्यति	शीलयिष्यतः	शीलयिष्यन्ति	अशीलयिष्यत् -द्	अशीलयिष्यताम्	अशीलयिष्यन्
शीलयिष्यसि	शीलयिष्यथः	शीलयिष्यथ	अशीलयिष्यः	अशीलयिष्यतम्	अशीलयिष्यत
शीलयिष्यामि	शीलयिष्यावः	शीलयिष्यामः	अशीलयिष्यम्	अशीलयिष्याव	अशीलयिष्याम

शीलयिता	शीलयितारौ	शीलयितारः	शील्यात् -द्	शील्यास्ताम्	शील्यासुः
शीलयितासि	शीलयितास्थः	शीलयितास्थ	शील्याः	शील्यास्तम्	शील्यास्त
शीलयितास्मि	शीलयितास्वः	शीलयितास्मः	शील्यासम्	शील्यास्व	शील्यास्म

शीलयाम्बभूव	शीलयाम्बभूवतुः	शीलयाम्बभूवुः	अशिशीलत् -द्	अशिशीलताम्	अशिशीलन्
शीलयाञ्चकार	शीलयाञ्चक्रतुः	शीलयाञ्चक्रुः			
शीलयामास	शीलयामासतुः	शीलयामासुः			
शीलयाम्बभूविथ	शीलयाम्बभूवथुः	शीलयाम्बभूव	अशिशीलः	अशिशीलतम्	अशिशीलत
शीलयाञ्चकर्थ	शीलयाञ्चक्रथुः	शीलयाञ्चक्र			
शीलयामासिथ	शीलयामासथुः	शीलयामास			
शीलयाम्बभूव	शीलयाम्बभूविव	शीलयाम्बभूविम	अशिशीलम्	अशिशीलाव	अशिशीलाम
शीलयाञ्चकर -कार	शीलयाञ्चकृव	शीलयाञ्चकृम			
शीलयामास	शीलयामासिव	शीलयामासिम			

Atmanepadi Forms

शीलयते	शीलयेते[4]	शीलयन्ते[1]	अशीलयत	अशीलयेताम्[4]	अशीलयन्त[1]
शीलयसे	शीलयेथे[4]	शीलयध्वे	अशीलयथाः	अशीलयेथाम्[4]	अशीलयध्वम्
शीलये[1]	शीलयावहे[2]	शीलयामहे[2]	अशीलये[4]	अशीलयावहि[3]	अशीलयामहि[3]

शीलयताम्	शीलयेताम्[4]	शीलयन्ताम्[1]	शीलयेत	शीलयेयाताम्	शीलयेरन्
शीलयस्व	शीलयेथाम्[4]	शीलयध्वम्	शीलयेथाः	शीलयेयाथाम्	शीलयेध्वम्
शीलयै[5]	शीलयावहै[3]	शीलयामहै[3]	शीलयेय	शीलयेवहि	शीलयेमहि

शीलयिष्यते	शीलयिष्येते	शीलयिष्यन्ते	अशीलयिष्यत	अशीलयिष्येताम्	अशीलयिष्यन्त
शीलयिष्यसे	शीलयिष्येथे	शीलयिष्यध्वे	अशीलयिष्यथाः	अशीलयिष्येथाम्	अशीलयिष्यध्वम्

शीलयिष्ये	शीलयिष्यावहे	शीलयिष्यामहे	अशीलयिष्ये	अशीलयिष्यावहि	अशीलयिष्यामहि

शीलयिता	शीलयितारौ	शीलयितारः	शीलयिषीष्ट	शीलयिषीयास्ताम्	शीलयिषीरन्
शीलयितासे	शीलयितासाथे	शीलयिताध्वे	शीलयिषीष्ठाः	शीलयिषीयास्थाम्	शीलयिषीध्वम् -ढ्वम्
शीलयिताहे	शीलयितास्वहे	शीलयितास्महे	शीलयिषीय	शीलयिषीवहि	शीलयिषीमहि

शीलयाम्बभूव	शीलयाम्बभूवतुः	शीलयाम्बभूवुः	अशिशीलत	अशिशीलेताम्	अशिशीलन्त
शीलयाञ्चक्रे	शीलयाञ्चक्राते	शीलयाञ्चक्रिरे			
शीलयामास	शीलयामासतुः	शीलयामासुः			
शीलयाम्बभूविथ	शीलयाम्बभूवथुः	शीलयाम्बभूव	अशिशीलथाः	अशिशीलेथाम्	अशिशीलध्वम्
शीलयाञ्चकृषे	शीलयाञ्चक्राथे	शीलयाञ्चकृढ्वे			
शीलयामासिथ	शीलयामासथुः	शीलयामास			
शीलयाम्बभूव	शीलयाम्बभूविव	शीलयाम्बभूविम	अशिशीले	अशिशीलावहि	अशिशीलामहि
शीलयाञ्चक्रे	शीलयाञ्चकृवहे	शीलयाञ्चकृमहे			
शीलयामास	शीलयामासिव	शीलयामासिम			

1879 साम सान्त्वप्रयोगे । कथादयः , अग्लोपी । console, soothe

10c 346 साम । साम् । सामयति / ते । U । सेट् । स० । सामि । सामय ।

7.4.97 ई च गणः । Siddhanta Kaumudi says अससामत् । साम सान्त्वने इत्यतीतस्य तु असीषमत् । There is another similar Root 1569 षान्त्व सामप्रयोगे that is not कथादयः । Hence its लुङ् form is असीषमत् ।

Parasmaipadi Forms

सामयति	सामयतः	सामयन्ति[1]	असामयत् -द्	असामयताम्	असामयन्[1]
सामयसि	सामयथः	सामयथ	असामयः	असामयतम्	असामयत
सामयामि[2]	सामयावः[2]	सामयामः[2]	असामयम्[1]	असामयाव[2]	असामयाम[2]

सामयतु सामयतात् -द्	सामयताम्	सामयन्तु[1]	सामयेत् -द्	सामयेताम्	सामयेयुः
सामय सामयतात् -द्	सामयतम्	सामयत	सामयेः	सामयेतम्	सामयेत
सामयानि[3]	सामयाव[3]	सामयाम[3]	सामयेयम्	सामयेव	सामयेम

सामयिष्यति	सामयिष्यतः	सामयिष्यन्ति	असामयिष्यत् -द्	असामयिष्यताम्	असामयिष्यन्
सामयिष्यसि	सामयिष्यथः	सामयिष्यथ	असामयिष्यः	असामयिष्यतम्	असामयिष्यत
सामयिष्यामि	सामयिष्यावः	सामयिष्यामः	असामयिष्यम्	असामयिष्याव	असामयिष्याम

सामयिता	सामयितारौ	सामयितारः	साम्यात् -द्	साम्यास्ताम्	साम्यासुः
सामयितासि	सामयितास्थः	सामयितास्थ	साम्याः	साम्यास्तम्	साम्यास्त
सामयितास्मि	सामयितास्वः	सामयितास्मः	साम्यासम्	साम्यास्व	साम्यास्म

सामयाम्बभूव	सामयाम्बभूवतुः	सामयाम्बभूवुः	अससामत् -द्	अससामताम्	अससामन्
सामयाञ्चकार	सामयाञ्चक्रतुः	सामयाञ्चक्रुः			
सामयामास	सामयामासतुः	सामयामासुः			
सामयाम्बभूविथ	सामयाम्बभूवथुः	सामयाम्बभूव	अससामः	अससामतम्	अससामत
सामयाञ्चकर्थ	सामयाञ्चक्रथुः	सामयाञ्चक्र			
सामयामासिथ	सामयामासथुः	सामयामास			
सामयाम्बभूव	सामयाम्बभूविव	सामयाम्बभूविम	अससामम्	अससामाव	अससामाम
सामयाञ्चकर -कार	सामयाञ्चकृव	सामयाञ्चकृम			
सामयामास	सामयामासिव	सामयामासिम			

Atmanepadi Forms

सामयते	सामयेते[4]	सामयन्ते[1]	असामयत	असामयेताम्[4]	असामयन्त[1]
सामयसे	सामयेथे[4]	सामयध्वे	असामयथाः	असामयेथाम्[4]	असामयध्वम्
सामये[1]	सामयावहे[2]	सामयामहे[2]	असामये[4]	असामयावहि[3]	असामयामहि[3]
सामयताम्	सामयेताम्[4]	सामयन्ताम्[1]	सामयेत	सामयेयाताम्	सामयेरन्
सामयस्व	सामयेथाम्[4]	सामयध्वम्	सामयेथाः	सामयेयाथाम्	सामयेध्वम्
सामयै[5]	सामयावहै[3]	सामयामहै[3]	सामयेय	सामयेवहि	सामयेमहि
सामयिष्यते	सामयिष्येते	सामयिष्यन्ते	असामयिष्यत	असामयिष्येताम्	असामयिष्यन्त
सामयिष्यसे	सामयिष्येथे	सामयिष्यध्वे	असामयिष्यथाः	असामयिष्येथाम्	असामयिष्यध्वम्
सामयिष्ये	सामयिष्यावहे	सामयिष्यामहे	असामयिष्ये	असामयिष्यावहि	असामयिष्यामहि
सामयिता	सामयितारौ	सामयितारः	सामयिषीष्ट	सामयिषीयास्ताम्	सामयिषीरन्
सामयितासे	सामयितासाथे	सामयिताध्वे	सामयिषीष्ठाः	सामयिषीयास्थाम्	सामयिषीध्वम् -ढ्वम्
सामयिताहे	सामयितास्वहे	सामयितास्महे	सामयिषीय	सामयिषीवहि	सामयिषीमहि
सामयाम्बभूव	सामयाम्बभूवतुः	सामयाम्बभूवुः	अससामत	अससामेताम्	अससामन्त
सामयाञ्चक्रे	सामयाञ्चक्राते	सामयाञ्चक्रिरे			
सामयामास	सामयामासतुः	सामयामासुः			
सामयाम्बभूविथ	सामयाम्बभूवथुः	सामयाम्बभूव	अससामथाः	अससामेथाम्	अससामध्वम्
सामयाञ्चकृषे	सामयाञ्चक्राथे	सामयाञ्चकृढ्वे			
सामयामासिथ	सामयामासथुः	सामयामास			
सामयाम्बभूव	सामयाम्बभूविव	सामयाम्बभूविम	अससामे	अससामावहि	अससामामहि
सामयाञ्चक्रे	सामयाञ्चकृवहे	सामयाञ्चकृमहे			
सामयामास	सामयामासिव	सामयामासिम			

1880 वेल कालोपदेशे । काल इति पृथग्धातुः इत्येके कालयति । कथादयः , अग्लोपी | mark time, preach,
10c 347 वेल । वेल् । वेलयति / ते । U | सेट् । स० । वेलि । वेलय | advise timely

Parasmaipadi Forms

वेलयति	वेलयतः	वेलयन्ति¹	अवेलयत् -द्	अवेलयताम्	अवेलयन्¹
वेलयसि	वेलयथः	वेलयथ	अवेलयः	अवेलयतम्	अवेलयत
वेलयामि²	वेलयावः²	वेलयामः²	अवेलयम्¹	अवेलयाव²	अवेलयाम²

वेलयतु वेलयतात् -द्	वेलयताम्	वेलयन्तु¹	वेलयेत् -द्	वेलयेताम्	वेलयेयुः
वेलय वेलयतात् -द्	वेलयतम्	वेलयत	वेलयेः	वेलयेतम्	वेलयेत
वेलयानि³	वेलयाव³	वेलयाम³	वेलयेयम्	वेलयेव	वेलयेम

वेलयिष्यति	वेलयिष्यतः	वेलयिष्यन्ति	अवेलयिष्यत् -द्	अवेलयिष्यताम्	अवेलयिष्यन्
वेलयिष्यसि	वेलयिष्यथः	वेलयिष्यथ	अवेलयिष्यः	अवेलयिष्यतम्	अवेलयिष्यत
वेलयिष्यामि	वेलयिष्यावः	वेलयिष्यामः	अवेलयिष्यम्	अवेलयिष्याव	अवेलयिष्याम

वेलयिता	वेलयितारौ	वेलयितारः	वेल्यात् -द्	वेल्यास्ताम्	वेल्यासुः
वेलयितासि	वेलयितास्थः	वेलयितास्थ	वेल्याः	वेल्यास्तम्	वेल्यास्त
वेलयितास्मि	वेलयितास्वः	वेलयितास्मः	वेल्यासम्	वेल्यास्व	वेल्यास्म

वेलयाम्बभूव	वेलयाम्बभूवतुः	वेलयाम्बभूवुः	अविवेलत् -द्	अविवेलताम्	अविवेलन्
वेलयाञ्चकार	वेलयाञ्चक्रतुः	वेलयाञ्चक्रुः			
वेलयामास	वेलयामासतुः	वेलयामासुः			
वेलयाम्बभूविथ	वेलयाम्बभूवथुः	वेलयाम्बभूव	अविवेलः	अविवेलतम्	अविवेलत
वेलयाञ्चकर्थ	वेलयाञ्चक्रथुः	वेलयाञ्चक्र			
वेलयामासिथ	वेलयामासथुः	वेलयामास			
वेलयाम्बभूव	वेलयाम्बभूविव	वेलयाम्बभूविम	अविवेलम्	अविवेलाव	अविवेलाम
वेलयाञ्चकर -कार	वेलयाञ्चकृव	वेलयाञ्चकृम			
वेलयामास	वेलयामासिव	वेलयामासिम			

Atmanepadi Forms

वेलयते	वेलयेते⁴	वेलयन्ते¹	अवेलयत	अवेलयेताम्⁴	अवेलयन्त¹
वेलयसे	वेलयेथे⁴	वेलयध्वे	अवेलयथाः	अवेलयेथाम्⁴	अवेलयध्वम्
वेलये¹	वेलयावहे²	वेलयामहे²	अवेलये⁴	अवेलयावहि³	अवेलयामहि³

वेलयताम्	वेलयेताम्⁴	वेलयन्ताम्¹	वेलयेत	वेलयेयाताम्	वेलयेरन्
वेलयस्व	वेलयेथाम्⁴	वेलयध्वम्	वेलयेथाः	वेलयेयाथाम्	वेलयेध्वम्
वेलयै⁵	वेलयावहै³	वेलयामहै³	वेलयेय	वेलयेवहि	वेलयेमहि

वेलयिष्यते	वेलयिष्येते	वेलयिष्यन्ते	अवेलयिष्यत	अवेलयिष्येताम्	अवेलयिष्यन्त
वेलयिष्यसे	वेलयिष्येथे	वेलयिष्यध्वे	अवेलयिष्यथाः	अवेलयिष्येथाम्	अवेलयिष्यध्वम्
वेलयिष्ये	वेलयिष्यावहे	वेलयिष्यामहे	अवेलयिष्ये	अवेलयिष्यावहि	अवेलयिष्यामहि

वेलयिता	वेलयितारौ	वेलयितारः	वेलयिषीष्ट	वेलयिषीयास्ताम्	वेलयिषीरन्
वेलयितासे	वेलयितासाथे	वेलयिताध्वे	वेलयिषीष्ठाः	वेलयिषीयास्थाम्	वेलयिषीध्वम् -ढ्वम्
वेलयिताहे	वेलयितास्वहे	वेलयितास्महे	वेलयिषीय	वेलयिषीवहि	वेलयिषीमहि

वेलयाम्बभूव	वेलयाम्बभूवतुः	वेलयाम्बभूवुः	अविवेलत	अविवेलेताम्	अविवेलन्त
वेलयाञ्चक्रे	वेलयाञ्चक्राते	वेलयाञ्चक्रिरे			
वेलयामास	वेलयामासतुः	वेलयामासुः			
वेलयाम्बभूविथ	वेलयाम्बभूवथुः	वेलयाम्बभूव	अविवेलथाः	अविवेलेथाम्	अविवेलध्वम्
वेलयाञ्चकृषे	वेलयाञ्चक्राथे	वेलयाञ्चकृढ्वे			
वेलयामासिथ	वेलयामासथुः	वेलयामास			
वेलयाम्बभूव	वेलयाम्बभूविव	वेलयाम्बभूविम	अविवेले	अविवेलावहि	अविवेलामहि
वेलयाञ्चक्रे	वेलयाञ्चकृवहे	वेलयाञ्चकृमहे			
वेलयामास	वेलयामासिव	वेलयामासिम			

1881 पल्पूल लवनपवनयोः । पल्यूल इत्येके। कथादयः, अग्लोपी । cut, purify, salt, cleanse with soap
10c 348 पल्पूल । पल्पूल् । पल्पूलयति / ते । U । सेट् । स० । पल्पूलि । पल्पूलय ।

Parasmaipadi Forms

पल्पूलयति	पल्पूलयतः	पल्पूलयन्ति[1]	अपल्पूलयत् -द्	अपल्पूलयताम्	अपल्पूलयन्[1]
पल्पूलयसि	पल्पूलयथः	पल्पूलयथ	अपल्पूलयः	अपल्पूलयतम्	अपल्पूलयत
पल्पूलयामि[2]	पल्पूलयावः[2]	पल्पूलयामः[2]	अपल्पूलयम्[1]	अपल्पूलयाव[2]	अपल्पूलयाम[2]

पल्पूलयतु पल्पूलयतात् -द्	पल्पूलयताम्	पल्पूलयन्तु[1]	पल्पूलयेत् -द्	पल्पूलयेताम्	पल्पूलयेयुः
पल्पूलय पल्पूलयतात् -द्	पल्पूलयतम्	पल्पूलयत	पल्पूलयेः	पल्पूलयेतम्	पल्पूलयेत
पल्पूलयानि[3]	पल्पूलयाव[3]	पल्पूलयाम[3]	पल्पूलयेयम्	पल्पूलयेव	पल्पूलयेम

पल्पूलयिष्यति	पल्पूलयिष्यतः	पल्पूलयिष्यन्ति	अपल्पूलयिष्यत् -द्	अपल्पूलयिष्यताम्	अपल्पूलयिष्यन्
पल्पूलयिष्यसि	पल्पूलयिष्यथः	पल्पूलयिष्यथ	अपल्पूलयिष्यः	अपल्पूलयिष्यतम्	अपल्पूलयिष्यत
पल्पूलयिष्यामि	पल्पूलयिष्यावः	पल्पूलयिष्यामः	अपल्पूलयिष्यम्	अपल्पूलयिष्याव	अपल्पूलयिष्याम

पल्पूलयिता	पल्पूलयितारौ	पल्पूलयितारः	पल्पूल्यात् -द्	पल्पूल्यास्ताम्	पल्पूल्यासुः
पल्पूलयितासि	पल्पूलयितास्थः	पल्पूलयितास्थ	पल्पूल्याः	पल्पूल्यास्तम्	पल्पूल्यास्त
पल्पूलयितास्मि	पल्पूलयितास्वः	पल्पूलयितास्मः	पल्पूल्यासम्	पल्पूल्यास्व	पल्पूल्यास्म

पल्पूलयाम्बभूव	पल्पूलयाम्बभूवतुः	पल्पूलयाम्बभूवुः	अपपल्पूलत् -द्	अपपल्पूलताम्	अपपल्पूलन्
पल्पूलयाञ्चकार	पल्पूलयाञ्चक्रतुः	पल्पूलयाञ्चक्रुः			
पल्पूलयामास	पल्पूलयामासतुः	पल्पूलयामासुः			
पल्पूलयाम्बभूविथ	पल्पूलयाम्बभूवथुः	पल्पूलयाम्बभूव	अपपल्पूलः	अपपल्पूलतम्	अपपल्पूलत
पल्पूलयाञ्चकर्थ	पल्पूलयाञ्चक्रथुः	पल्पूलयाञ्चक्र			
पल्पूलयामासिथ	पल्पूलयामासथुः	पल्पूलयामास			
पल्पूलयाम्बभूव	पल्पूलयाम्बभूविव	पल्पूलयाम्बभूविम	अपपल्पूलम्	अपपल्पूलाव	अपपल्पूलाम
पल्पूलयाञ्चकर -कार	पल्पूलयाञ्चकृव	पल्पूलयाञ्चकृम			
पल्पूलयामास	पल्पूलयामासिव	पल्पूलयामासिम			

Atmanepadi Forms

पल्पूलयते	पल्पूलयेते⁴	पल्पूलयन्ते¹	अपल्पूलयत	अपल्पूलयेताम्⁴	अपल्पूलयन्त¹
पल्पूलयसे	पल्पूलयेथे⁴	पल्पूलयध्वे	अपल्पूलयथाः	अपल्पूलयेथाम्⁴	अपल्पूलयध्वम्
पल्पूलये¹	पल्पूलयावहे²	पल्पूलयामहे²	अपल्पूलये⁴	अपल्पूलयावहि³	अपल्पूलयामहि³

पल्पूलयताम्	पल्पूलयेताम्⁴	पल्पूलयन्ताम्¹	पल्पूलयेत	पल्पूलयेयाताम्	पल्पूलयेरन्
पल्पूलयस्व	पल्पूलयेथाम्⁴	पल्पूलयध्वम्	पल्पूलयेथाः	पल्पूलयेयाथाम्	पल्पूलयेध्वम्
पल्पूलयै⁵	पल्पूलयावहै³	पल्पूलयामहै³	पल्पूलयेय	पल्पूलयेवहि	पल्पूलयेमहि

पल्पूलयिष्यते	पल्पूलयिष्येते	पल्पूलयिष्यन्ते	अपल्पूलयिष्यत	अपल्पूलयिष्येताम्	अपल्पूलयिष्यन्त
पल्पूलयिष्यसे	पल्पूलयिष्येथे	पल्पूलयिष्यध्वे	अपल्पूलयिष्यथाः	अपल्पूलयिष्येथाम्	अपल्पूलयिष्यध्वम्
पल्पूलयिष्ये	पल्पूलयिष्यावहे	पल्पूलयिष्यामहे	अपल्पूलयिष्ये	अपल्पूलयिष्यावहि	अपल्पूलयिष्यामहि

पल्पूलयिता	पल्पूलयितारौ	पल्पूलयितारः	पल्पूलयिषीष्ट	पल्पूलयिषीयास्ताम्	पल्पूलयिषीरन्
पल्पूलयितासे	पल्पूलयितासाथे	पल्पूलयिताध्वे	पल्पूलयिषीष्ठाः	पल्पूलयिषीयास्थाम्	पल्पूलयिषीध्वम् -ढ्वम्
पल्पूलयिताहे	पल्पूलयितास्वहे	पल्पूलयितास्महे	पल्पूलयिषीय	पल्पूलयिषीवहि	पल्पूलयिषीमहि

पल्पूलयाम्बभूव	पल्पूलयाम्बभूवतुः	पल्पूलयाम्बभूवुः	अपपल्पूलत	अपपल्पूलेताम्	अपपल्पूलन्त
पल्पूलयाञ्चक्रे	पल्पूलयाञ्चक्राते	पल्पूलयाञ्चक्रिरे			
पल्पूलयामास	पल्पूलयामासतुः	पल्पूलयामासुः			
पल्पूलयाम्बभूविथ	पल्पूलयाम्बभूवथुः	पल्पूलयाम्बभूव	अपपल्पूलथाः	अपपल्पूलेथाम्	अपपल्पूलध्वम्
पल्पूलयाञ्चकृषे	पल्पूलयाञ्चक्राथे	पल्पूलयाञ्चकृढ्वे			
पल्पूलयामासिथ	पल्पूलयामासथुः	पल्पूलयामास			
पल्पूलयाम्बभूव	पल्पूलयाम्बभूविव	पल्पूलयाम्बभूविम	अपपल्पूले	अपपल्पूलावहि	अपपल्पूलामहि
पल्पूलयाञ्चक्रे	पल्पूलयाञ्चकृवहे	पल्पूलयाञ्चकृमहे			
पल्पूलयामास	पल्पूलयामासिव	पल्पूलयामासिम			

1882 वात सुखसेवनयोः । गतिसुखसेवनेषु इत्येके । कथादयः , अग्लोपी । be happy, enjoy, serve, go
10c 349 वात । वात् । वातयति / ते । U । सेट् । स० । वाति । वातय । **Parasmaipadi Forms**

वातयति	वातयतः	वातयन्ति[1]	अवातयत् -द्	अवातयताम्	अवातयन्[1]
वातयसि	वातयथः	वातयथ	अवातयः	अवातयतम्	अवातयत
वातयामि[2]	वातयावः[2]	वातयामः[2]	अवातयम्[1]	अवातयाव[2]	अवातयाम[2]

वातयतु वातयतात् -द्	वातयताम्	वातयन्तु[1]	वातयेत् -द्	वातयेताम्	वातयेयुः
वातय वातयतात् -द्	वातयतम्	वातयत	वातयेः	वातयेतम्	वातयेत
वातयानि[3]	वातयाव[3]	वातयाम[3]	वातयेयम्	वातयेव	वातयेम

वातयिष्यति	वातयिष्यतः	वातयिष्यन्ति	अवातयिष्यत् -द्	अवातयिष्यताम्	अवातयिष्यन्
वातयिष्यसि	वातयिष्यथः	वातयिष्यथ	अवातयिष्यः	अवातयिष्यतम्	अवातयिष्यत
वातयिष्यामि	वातयिष्यावः	वातयिष्यामः	अवातयिष्यम्	अवातयिष्याव	अवातयिष्याम

वातयिता	वातयितारौ	वातयितारः	वात्यात् -द्	वात्यास्ताम्	वात्यासुः
वातयितासि	वातयितास्थः	वातयितास्थ	वात्याः	वात्यास्तम्	वात्यास्त
वातयितास्मि	वातयितास्वः	वातयितास्मः	वात्यासम्	वात्यास्व	वात्यास्म

वातयाम्बभूव	वातयाम्बभूवतुः	वातयाम्बभूवुः	अववातत् -द्	अववातताम्	अववातन्
वातयाञ्चकार	वातयाञ्चक्रतुः	वातयाञ्चक्रुः			
वातयामास	वातयामासतुः	वातयामासुः			
वातयाम्बभूविथ	वातयाम्बभूवथुः	वातयाम्बभूव	अववातः	अववाततम्	अववातत
वातयाञ्चकर्थ	वातयाञ्चक्रथुः	वातयाञ्चक्र			
वातयामासिथ	वातयामासथुः	वातयामास			
वातयाम्बभूव	वातयाम्बभूविव	वातयाम्बभूविम	अववातम्	अववाताव	अववाताम
वातयाञ्चकर -कार	वातयाञ्चकृव	वातयाञ्चकृम			
वातयामास	वातयामासिव	वातयामासिम			

Atmanepadi Forms

वातयते	वातयेते[4]	वातयन्ते[1]	अवातयत	अवातयेताम्[4]	अवातयन्त[1]
वातयसे	वातयेथे[4]	वातयध्वे	अवातयथाः	अवातयेथाम्[4]	अवातयध्वम्
वातये[1]	वातयावहे[2]	वातयामहे[2]	अवातये[4]	अवातयावहि[3]	अवातयामहि[3]

वातयताम्	वातयेताम्[4]	वातयन्ताम्[1]	वातयेत	वातयेयाताम्	वातयेरन्
वातयस्व	वातयेथाम्[4]	वातयध्वम्	वातयेथाः	वातयेयाथाम्	वातयेध्वम्
वातयै[5]	वातयावहै[3]	वातयामहै[3]	वातयेय	वातयेवहि	वातयेमहि

वातयिष्यते	वातयिष्येते	वातयिष्यन्ते	अवातयिष्यत	अवातयिष्येताम्	अवातयिष्यन्त
वातयिष्यसे	वातयिष्येथे	वातयिष्यध्वे	अवातयिष्यथाः	अवातयिष्येथाम्	अवातयिष्यध्वम्
वातयिष्ये	वातयिष्यावहे	वातयिष्यामहे	अवातयिष्ये	अवातयिष्यावहि	अवातयिष्यामहि

वातयिता	वातयितारौ	वातयितारः	वातयिषीष्ट	वातयिषीयास्ताम्	वातयिषीरन्
वातयितासे	वातयितासाथे	वातयिताध्वे	वातयिषीष्ठाः	वातयिषीयास्थाम्	वातयिषीध्वम् -ढ्वम्
वातयिताहे	वातयितास्वहे	वातयितास्महे	वातयिषीय	वातयिषीवहि	वातयिषीमहि

वातयाम्बभूव	वातयाम्बभूवतुः	वातयाम्बभूवुः	अववातत	अववातेताम्	अववातन्त
वातयाञ्चक्रे	वातयाञ्चक्राते	वातयाञ्चक्रिरे			
वातयामास	वातयामासतुः	वातयामासुः			
वातयाम्बभूविथ	वातयाम्बभूवथुः	वातयाम्बभूव	अववातथाः	अववातेथाम्	अववातध्वम्
वातयाञ्चकृषे	वातयाञ्चक्राथे	वातयाञ्चकृढ्वे			
वातयामासिथ	वातयामासथुः	वातयामास			
वातयाम्बभूव	वातयाम्बभूविव	वातयाम्बभूविम	अववाते	अववातावहि	अववातामहि
वातयाञ्चक्रे	वातयाञ्चकृवहे	वातयाञ्चकृमहे			
वातयामास	वातयामासिव	वातयामासिम			

1883 गवेष मार्गणे । कथादयः , अग्लोपी । find, search, trace, investigate

10c 350 गवेष । गवेष् । गवेषयति / ते । U । सेट् । स० । गवेषि । गवेषय । **Parasmaipadi Forms**

गवेषयति	गवेषयतः	गवेषयन्ति[1]	अगवेषयत् -द्	अगवेषयताम्	अगवेषयन्[1]
गवेषयसि	गवेषयथः	गवेषयथ	अगवेषयः	अगवेषयतम्	अगवेषयत
गवेषयामि[2]	गवेषयावः[2]	गवेषयामः[2]	अगवेषयम्[1]	अगवेषयाव[2]	अगवेषयाम[2]

गवेषयतु गवेषयतात् -द्	गवेषयताम्	गवेषयन्तु[1]	गवेषयेत् -द्	गवेषयेताम्	गवेषयेयुः
गवेषय गवेषयतात् -द्	गवेषयतम्	गवेषयत	गवेषयेः	गवेषयेतम्	गवेषयेत
गवेषयानि[3]	गवेषयाव[3]	गवेषयाम[3]	गवेषयेयम्	गवेषयेव	गवेषयेम

गवेषयिष्यति	गवेषयिष्यतः	गवेषयिष्यन्ति	अगवेषयिष्यत् -द्	अगवेषयिष्यताम्	अगवेषयिष्यन्
गवेषयिष्यसि	गवेषयिष्यथः	गवेषयिष्यथ	अगवेषयिष्यः	अगवेषयिष्यतम्	अगवेषयिष्यत
गवेषयिष्यामि	गवेषयिष्यावः	गवेषयिष्यामः	अगवेषयिष्यम्	अगवेषयिष्याव	अगवेषयिष्याम

गवेषयिता	गवेषयितारौ	गवेषयितारः	गवेष्यात् -द्	गवेष्यास्ताम्	गवेष्यासुः
गवेषयितासि	गवेषयितास्थः	गवेषयितास्थ	गवेष्याः	गवेष्यास्तम्	गवेष्यास्त
गवेषयितास्मि	गवेषयितास्वः	गवेषयितास्मः	गवेष्यासम्	गवेष्यास्व	गवेष्यास्म

गवेषयाम्बभूव	गवेषयाम्बभूवतुः	गवेषयाम्बभूवुः	अजगवेषत् -द्	अजगवेषताम्	अजगवेषन्

गवेषयाञ्चकार	गवेषयाञ्चक्रतुः	गवेषयाञ्चक्रुः			
गवेषयामास	गवेषयामासतुः	गवेषयामासुः			
गवेषयाम्बभूविथ	गवेषयाम्बभूवथुः	गवेषयाम्बभूव	अजगवेषः	अजगवेषतम्	अजगवेषत
गवेषयाञ्चकर्थ	गवेषयाञ्चक्रथुः	गवेषयाञ्चक्र			
गवेषयामासिथ	गवेषयामासथुः	गवेषयामास			
गवेषयाम्बभूव	गवेषयाम्बभूविव	गवेषयाम्बभूविम	अजगवेषम्	अजगवेषाव	अजगवेषाम
गवेषयाञ्चकर -कार	गवेषयाञ्चकृव	गवेषयाञ्चकृम			
गवेषयामास	गवेषयामासिव	गवेषयामासिम			

Atmanepadi Forms

गवेषयते	गवेषयेते[4]	गवेषयन्ते[1]	अगवेषयत	अगवेषयेताम्[4]	अगवेषयन्त[1]
गवेषयसे	गवेषयेथे[4]	गवेषयध्वे	अगवेषयथाः	अगवेषयेथाम्[4]	अगवेषयध्वम्
गवेषये[1]	गवेषयावहे[2]	गवेषयामहे[2]	अगवेषये[4]	अगवेषयावहि[3]	अगवेषयामहि[3]

गवेषयताम्	गवेषयेताम्[4]	गवेषयन्ताम्[1]	गवेषयेत	गवेषयेयाताम्	गवेषयेरन्
गवेषयस्व	गवेषयेथाम्[4]	गवेषयध्वम्	गवेषयेथाः	गवेषयेयाथाम्	गवेषयेध्वम्
गवेषयै[5]	गवेषयावहै[3]	गवेषयामहै[3]	गवेषयेय	गवेषयेवहि	गवेषयेमहि

गवेषयिष्यते	गवेषयिष्येते	गवेषयिष्यन्ते	अगवेषयिष्यत	अगवेषयिष्येताम्	अगवेषयिष्यन्त
गवेषयिष्यसे	गवेषयिष्येथे	गवेषयिष्यध्वे	अगवेषयिष्यथाः	अगवेषयिष्येथाम्	अगवेषयिष्यध्वम्
गवेषयिष्ये	गवेषयिष्यावहे	गवेषयिष्यामहे	अगवेषयिष्ये	अगवेषयिष्यावहि	अगवेषयिष्यामहि

गवेषयिता	गवेषयितारौ	गवेषयितारः	गवेषयिषीष्ट	गवेषयिषीयास्ताम्	गवेषयिषीरन्
गवेषयितासे	गवेषयितासाथे	गवेषयिताध्वे	गवेषयिषीष्ठाः	गवेषयिषीयास्थाम्	गवेषयिषीध्वम् -ढ्वम्
गवेषयिताहे	गवेषयितास्वहे	गवेषयितास्महे	गवेषयिषीय	गवेषयिषीवहि	गवेषयिषीमहि

गवेषयाम्बभूव	गवेषयाम्बभूवतुः	गवेषयाम्बभूवुः	अजगवेषत	अजगवेषेताम्	अजगवेषन्त
गवेषयाञ्चक्रे	गवेषयाञ्चक्राते	गवेषयाञ्चक्रिरे			
गवेषयामास	गवेषयामासतुः	गवेषयामासुः			
गवेषयाम्बभूविथ	गवेषयाम्बभूवथुः	गवेषयाम्बभूव	अजगवेषथाः	अजगवेषेथाम्	अजगवेषध्वम्
गवेषयाञ्चकृषे	गवेषयाञ्चक्राथे	गवेषयाञ्चकृढ्वे			
गवेषयामासिथ	गवेषयामासथुः	गवेषयामास			
गवेषयाम्बभूव	गवेषयाम्बभूविव	गवेषयाम्बभूविम	अजगवेषे	अजगवेषावहि	अजगवेषामहि
गवेषयाञ्चक्रे	गवेषयाञ्चकृवहे	गवेषयाञ्चकृमहे			
गवेषयामास	गवेषयामासिव	गवेषयामासिम			

1884 वास उपसेवायाम् । कथादयः, अग्लोपी । light incense, put scent, fumigate, be fragrant, spice

10c 351 वास । वास् । वासयति / ते । U । सेट् । स० । वासि । वासय । **Parasmaipadi Forms**

वासयति	वासयतः	वासयन्ति[1]	अवासयत् -द्	अवासयताम्	अवासयन्[1]
वासयसि	वासयथः	वासयथ	अवासयः	अवासयतम्	अवासयत
वासयामि[2]	वासयावः[2]	वासयामः[2]	अवासयम्[1]	अवासयाव[2]	अवासयाम[2]

वासयतु वासयतात् -द्	वासयताम्	वासयन्तु[1]	वासयेत् -द्	वासयेताम्	वासयेयुः
वासय वासयतात् -द्	वासयतम्	वासयत	वासयेः	वासयेतम्	वासयेत
वासयानि[3]	वासयाव[3]	वासयाम[3]	वासयेयम्	वासयेव	वासयेम

वासयिष्यति	वासयिष्यतः	वासयिष्यन्ति	अवासयिष्यत् -द्	अवासयिष्यताम्	अवासयिष्यन्
वासयिष्यसि	वासयिष्यथः	वासयिष्यथ	अवासयिष्यः	अवासयिष्यतम्	अवासयिष्यत
वासयिष्यामि	वासयिष्यावः	वासयिष्यामः	अवासयिष्यम्	अवासयिष्याव	अवासयिष्याम

वासयिता	वासयितारौ	वासयितारः	वास्यात् -द्	वास्यास्ताम्	वास्यासुः
वासयितासि	वासयितास्थः	वासयितास्थ	वास्याः	वास्यास्तम्	वास्यास्त
वासयितास्मि	वासयितास्वः	वासयितास्मः	वास्यासम्	वास्यास्व	वास्यास्म

वासयाम्बभूव	वासयाम्बभूवतुः	वासयाम्बभूवुः	अववासत् -द्	अववासताम्	अववासन्
वासयाञ्चकार	वासयाञ्चक्रतुः	वासयाञ्चक्रुः			
वासयामास	वासयामासतुः	वासयामासुः			
वासयाम्बभूविथ	वासयाम्बभूवथुः	वासयाम्बभूव	अववासः	अववासतम्	अववासत
वासयाञ्चकर्थ	वासयाञ्चक्रथुः	वासयाञ्चक्र			
वासयामासिथ	वासयामासथुः	वासयामास			
वासयाम्बभूव	वासयाम्बभूविव	वासयाम्बभूविम	अववासम्	अववासाव	अववासाम
वासयाञ्चकर -कार	वासयाञ्चकृव	वासयाञ्चकृम			
वासयामास	वासयामासिव	वासयामासिम			

Atmanepadi Forms

वासयते	वासयेते[4]	वासयन्ते[1]	अवासयत	अवासयेताम्[4]	अवासयन्त[1]
वासयसे	वासयेथे[4]	वासयध्वे	अवासयथाः	अवासयेथाम्[4]	अवासयध्वम्
वासये[1]	वासयावहे[2]	वासयामहे[2]	अवासये[4]	अवासयावहि[3]	अवासयामहि[3]

वासयताम्	वासयेताम्[4]	वासयन्ताम्[1]	वासयेत	वासयेयाताम्	वासयेरन्
वासयस्व	वासयेथाम्[4]	वासयध्वम्	वासयेथाः	वासयेयाथाम्	वासयेध्वम्
वासयै[5]	वासयावहै[3]	वासयामहै[3]	वासयेय	वासयेवहि	वासयेमहि

वासयिष्यते	वासयिष्येते	वासयिष्यन्ते	अवासयिष्यत	अवासयिष्येताम्	अवासयिष्यन्त

वासयिष्यसे	वासयिष्येथे	वासयिष्यध्वे	अवासयिष्यथाः	अवासयिष्येथाम्	अवासयिष्यध्वम्
वासयिष्ये	वासयिष्यावहे	वासयिष्यामहे	अवासयिष्ये	अवासयिष्यावहि	अवासयिष्यामहि

वासयिता	वासयितारौ	वासयितारः	वासयिषीष्ट	वासयिषीयास्ताम्	वासयिषीरन्
वासयितासे	वासयितासाथे	वासयिताध्वे	वासयिषीष्ठाः	वासयिषीयास्थाम्	वासयिषीध्वम् -ढ्वम्
वासयिताहे	वासयितास्वहे	वासयितास्महे	वासयिषीय	वासयिषीवहि	वासयिषीमहि

वासयाम्बभूव	वासयाम्बभूवतुः	वासयाम्बभूवुः	अववासत	अववासेताम्	अववासन्त
वासयाञ्चक्रे	वासयाञ्चक्राते	वासयाञ्चक्रिरे			
वासयामास	वासयामासतुः	वासयामासुः			
वासयाम्बभूविथ	वासयाम्बभूवथुः	वासयाम्बभूव	अववासथाः	अववासेथाम्	अववासध्वम्
वासयाञ्चकृषे	वासयाञ्चक्राथे	वासयाञ्चकृढ्वे			
वासयामासिथ	वासयामासथुः	वासयामास			
वासयाम्बभूव	वासयाम्बभूविव	वासयाम्बभूविम	अववासे	अववासावहि	अववासामहि
वासयाञ्चक्रे	वासयाञ्चकृवहे	वासयाञ्चकृमहे			
वासयामास	वासयामासिव	वासयामासिम			

1885 निवास आच्छादने । कथादयः , अग्लोपी । cover, dress up

10c 352 निवास । निवास् । निवासयति / ते । U । सेट् । स० । निवासि । निवासय ।

Parasmaipadi Forms

निवासयति	निवासयतः	निवासयन्ति[1]	अनिवासयत् -द्	अनिवासयताम्	अनिवासयन्[1]
निवासयसि	निवासयथः	निवासयथ	अनिवासयः	अनिवासयतम्	अनिवासयत
निवासयामि[2]	निवासयावः[2]	निवासयामः[2]	अनिवासयम्[1]	अनिवासयाव[2]	अनिवासयाम[2]

निवासयतु	निवासयतात् -द्	निवासयताम्	निवासयन्तु[1]	निवासयेत् -द्	निवासयेताम्	निवासयेयुः
निवासय	निवासयतात् -द्	निवासयतम्	निवासयत	निवासयेः	निवासयेतम्	निवासयेत
निवासयानि[3]		निवासयाव[3]	निवासयाम[3]	निवासयेयम्	निवासयेव	निवासयेम

निवासयिष्यति	निवासयिष्यतः	निवासयिष्यन्ति	अनिवासयिष्यत् -द्	अनिवासयिष्यताम्	अनिवासयिष्यन्
निवासयिष्यसि	निवासयिष्यथः	निवासयिष्यथ	अनिवासयिष्यः	अनिवासयिष्यतम्	अनिवासयिष्यत
निवासयिष्यामि	निवासयिष्यावः	निवासयिष्यामः	अनिवासयिष्यम्	अनिवासयिष्याव	अनिवासयिष्याम

निवासयिता	निवासयितारौ	निवासयितारः	निवास्यात् -द्	निवास्यास्ताम्	निवास्यासुः
निवासयितासि	निवासयितास्थः	निवासयितास्थ	निवास्याः	निवास्यास्तम्	निवास्यास्त
निवासयितास्मि	निवासयितास्वः	निवासयितास्मः	निवास्यासम्	निवास्यास्व	निवास्यास्म

निवासयाम्बभूव	निवासयाम्बभूवतुः	निवासयाम्बभूवुः	अनिनिवासत् -द्	अनिनिवासताम्	अनिनिवासन्

निवासयाञ्चकार	निवासयाञ्चक्रतुः	निवासयाञ्चक्रुः			
निवासयामास	निवासयामासतुः	निवासयामासुः			
निवासयाम्बभूविथ	निवासयाम्बभूवथुः	निवासयाम्बभूव	अनिनिवासः	अनिनिवासतम्	अनिनिवासत
निवासयाञ्चकर्थ	निवासयाञ्चक्रथुः	निवासयाञ्चक्र			
निवासयामासिथ	निवासयामासथुः	निवासयामास			
निवासयाम्बभूव	निवासयाम्बभूविव	निवासयाम्बभूविम	अनिनिवासम्	अनिनिवासाव	अनिनिवासाम
निवासयाञ्चकर -कार	निवासयाञ्चकृव	निवासयाञ्चकृम			
निवासयामास	निवासयामासिव	निवासयामासिम			

Atmanepadi Forms

निवासयते	निवासयेते[4]	निवासयन्ते[1]	अनिवासयत	अनिवासयेताम्[4]	अनिवासयन्त[1]
निवासयसे	निवासयेथे[4]	निवासयध्वे	अनिवासयथाः	अनिवासयेथाम्[4]	अनिवासयध्वम्
निवासये[1]	निवासयावहे[2]	निवासयामहे[2]	अनिवासये[4]	अनिवासयावहि[3]	अनिवासयामहि[3]

निवासयताम्	निवासयेताम्[4]	निवासयन्ताम्[1]	निवासयेत	निवासयेयाताम्	निवासयेरन्
निवासयस्व	निवासयेथाम्[4]	निवासयध्वम्	निवासयेथाः	निवासयेयाथाम्	निवासयेध्वम्
निवासयै[5]	निवासयावहै[3]	निवासयामहै[3]	निवासयेय	निवासयेवहि	निवासयेमहि

निवासयिष्यते	निवासयिष्येते	निवासयिष्यन्ते	अनिवासयिष्यत	अनिवासयिष्येताम्	अनिवासयिष्यन्त
निवासयिष्यसे	निवासयिष्येथे	निवासयिष्यध्वे	अनिवासयिष्यथाः	अनिवासयिष्येथाम्	अनिवासयिष्यध्वम्
निवासयिष्ये	निवासयिष्यावहे	निवासयिष्यामहे	अनिवासयिष्ये	अनिवासयिष्यावहि	अनिवासयिष्यामहि

निवासयिता	निवासयितारौ	निवासयितारः	निवासयिषीष्ट	निवासयिषीयास्ताम्	निवासयिषीरन्
निवासयितासे	निवासयितासाथे	निवासयिताध्वे	निवासयिषीष्ठाः	निवासयिषीयास्थाम्	निवासयिषीध्वम् -ढ्वम्
निवासयिताहे	निवासयितास्वहे	निवासयितास्महे	निवासयिषीय	निवासयिषीवहि	निवासयिषीमहि

निवासयाम्बभूव	निवासयाम्बभूवतुः	निवासयाम्बभूवुः	अनिनिवासत	अनिनिवासेताम्	अनिनिवासन्त
निवासयाञ्चक्रे	निवासयाञ्चक्राते	निवासयाञ्चक्रिरे			
निवासयामास	निवासयामासतुः	निवासयामासुः			
निवासयाम्बभूविथ	निवासयाम्बभूवथुः	निवासयाम्बभूव	अनिनिवासथाः	अनिनिवासेथाम्	अनिनिवासध्वम्
निवासयाञ्चकृषे	निवासयाञ्चक्राथे	निवासयाञ्चकृढ्वे			
निवासयामासिथ	निवासयामासथुः	निवासयामास			
निवासयाम्बभूव	निवासयाम्बभूविव	निवासयाम्बभूविम	अनिनिवासे	अनिनिवासावहि	अनिनिवासामहि
निवासयाञ्चक्रे	निवासयाञ्चकृवहे	निवासयाञ्चकृमहे			
निवासयामास	निवासयामासिव	निवासयामासिम			

1886 भाज **पृथक्कर्मणि** । कथादयः , अग्लोपी । split, break into pieces, divide, distribute

10c 353 भाज । भाज् । भाजयति / ते । U । सेट् । स० । भाजि । भाजय ।

Parasmaipadi Forms

भाजयति	भाजयतः	भाजयन्ति¹	अभाजयत् -द्	अभाजयताम्	अभाजयन्¹
भाजयसि	भाजयथः	भाजयथ	अभाजयः	अभाजयतम्	अभाजयत
भाजयामि²	भाजयावः²	भाजयामः²	अभाजयम्¹	अभाजयाव²	अभाजयाम²

भाजयतु भाजयतात् -द्	भाजयताम्	भाजयन्तु¹	भाजयेत् -द्	भाजयेताम्	भाजयेयुः
भाजय भाजयतात् -द्	भाजयतम्	भाजयत	भाजयेः	भाजयेतम्	भाजयेत
भाजयानि³	भाजयाव³	भाजयाम³	भाजयेयम्	भाजयेव	भाजयेम

भाजयिष्यति	भाजयिष्यतः	भाजयिष्यन्ति	अभाजयिष्यत् -द्	अभाजयिष्यताम्	अभाजयिष्यन्
भाजयिष्यसि	भाजयिष्यथः	भाजयिष्यथ	अभाजयिष्यः	अभाजयिष्यतम्	अभाजयिष्यत
भाजयिष्यामि	भाजयिष्यावः	भाजयिष्यामः	अभाजयिष्यम्	अभाजयिष्याव	अभाजयिष्याम

भाजयिता	भाजयितारौ	भाजयितारः	भाज्यात् -द्	भाज्यास्ताम्	भाज्यासुः
भाजयितासि	भाजयितास्थः	भाजयितास्थ	भाज्याः	भाज्यास्तम्	भाज्यास्त
भाजयितास्मि	भाजयितास्वः	भाजयितास्मः	भाज्यासम्	भाज्यास्व	भाज्यास्म

भाजयाम्बभूव	भाजयाम्बभूवतुः	भाजयाम्बभूवुः	अबभाजत् -द्	अबभाजताम्	अबभाजन्
भाजयाञ्चकार	भाजयाञ्चक्रतुः	भाजयाञ्चक्रुः			
भाजयामास	भाजयामासतुः	भाजयामासुः			
भाजयाम्बभूविथ	भाजयाम्बभूवथुः	भाजयाम्बभूव	अबभाजः	अबभाजतम्	अबभाजत
भाजयाञ्चकर्थ	भाजयाञ्चक्रथुः	भाजयाञ्चक्र			
भाजयामासिथ	भाजयामासथुः	भाजयामास			
भाजयाम्बभूव	भाजयाम्बभूविव	भाजयाम्बभूविम	अबभाजम्	अबभाजाव	अबभाजाम
भाजयाञ्चकर -कार भाजयाञ्चकृव		भाजयाञ्चकृम			
भाजयामास	भाजयामासिव	भाजयामासिम			

Atmanepadi Forms

भाजयते	भाजयेते⁴	भाजयन्ते¹	अभाजयत	अभाजयेताम्⁴	अभाजयन्त¹
भाजयसे	भाजयेथे⁴	भाजयध्वे	अभाजयथाः	अभाजयेथाम्⁴	अभाजयध्वम्
भाजये¹	भाजयावहे²	भाजयामहे²	अभाजये⁴	अभाजयावहि³	अभाजयामहि³

भाजयताम्	भाजयेताम्⁴	भाजयन्ताम्¹	भाजयेत	भाजयेयाताम्	भाजयेरन्
भाजयस्व	भाजयेथाम्⁴	भाजयध्वम्	भाजयेथाः	भाजयेयाथाम्	भाजयेध्वम्
भाजयै⁵	भाजयावहै³	भाजयामहै³	भाजयेय	भाजयेवहि	भाजयेमहि

भाजयिष्यते	भाजयिष्येते	भाजयिष्यन्ते	अभाजयिष्यत	अभाजयिष्येताम्	अभाजयिष्यन्त

भाजयिष्यसे	भाजयिष्येथे	भाजयिष्यध्वे	अभाजयिष्यथाः	अभाजयिष्येथाम्	अभाजयिष्यध्वम्
भाजयिष्ये	भाजयिष्यावहे	भाजयिष्यामहे	अभाजयिष्ये	अभाजयिष्यावहि	अभाजयिष्यामहि
भाजयिता	भाजयितारौ	भाजयितारः	भाजयिषीष्ट	भाजयिषीयास्ताम्	भाजयिषीरन्
भाजयितासे	भाजयितासाथे	भाजयिताध्वे	भाजयिषीष्ठाः	भाजयिषीयास्थाम्	भाजयिषीध्वम् -ढ्वम्
भाजयिताहे	भाजयितास्वहे	भाजयितास्महे	भाजयिषीय	भाजयिषीवहि	भाजयिषीमहि
भाजयाम्बभूव	भाजयाम्बभूवतुः	भाजयाम्बभूवुः	अबभाजत	अबभाजेताम्	अबभाजन्त
भाजयाञ्चक्रे	भाजयाञ्चक्राते	भाजयाञ्चक्रिरे			
भाजयामास	भाजयामासतुः	भाजयामासुः			
भाजयाम्बभूविथ	भाजयाम्बभूवथुः	भाजयाम्बभूव	अबभाजथाः	अबभाजेथाम्	अबभाजध्वम्
भाजयाञ्चकृषे	भाजयाञ्चक्राथे	भाजयाञ्चकृढ्वे			
भाजयामासिथ	भाजयामासथुः	भाजयामास			
भाजयाम्बभूव	भाजयाम्बभूविव	भाजयाम्बभूविम	अबभाजे	अबभाजावहि	अबभाजामहि
भाजयाञ्चक्रे	भाजयाञ्चकृवहे	भाजयाञ्चकृमहे			
भाजयामास	भाजयामासिव	भाजयामासिम			

1887 सभाज प्रीतिदर्शनयोः । प्रीतिसेवनयोः इत्येके । कथादयः, अग्लोपी । love, serve, look with affection, 10c 354 सभाज । सभाज् । सभाजयति / ते । U । सेट् । स० । सभाजि । सभाजय । praise

Parasmaipadi Forms

सभाजयति	सभाजयतः	सभाजयन्ति[1]	असभाजयत् -द्	असभाजयताम्	असभाजयन्[1]
सभाजयसि	सभाजयथः	सभाजयथ	असभाजयः	असभाजयतम्	असभाजयत
सभाजयामि[2]	सभाजयावः[2]	सभाजयामः[2]	असभाजयम्[1]	असभाजयाव[2]	असभाजयाम[2]
सभाजयतु सभाजयतात् -द्	सभाजयताम् सभाजयन्तु[1]		सभाजयेत् -द्	सभाजयेताम्	सभाजयेयुः
सभाजय सभाजयतात् -द्	सभाजयतम् सभाजयत		सभाजयेः	सभाजयेतम्	सभाजयेत
सभाजयानि[3]	सभाजयाव[3] सभाजयाम[3]		सभाजयेयम्	सभाजयेव	सभाजयेम
सभाजयिष्यति	सभाजयिष्यतः	सभाजयिष्यन्ति	असभाजयिष्यत् -द्	असभाजयिष्यताम्	असभाजयिष्यन्
सभाजयिष्यसि	सभाजयिष्यथः	सभाजयिष्यथ	असभाजयिष्यः	असभाजयिष्यतम्	असभाजयिष्यत
सभाजयिष्यामि	सभाजयिष्यावः	सभाजयिष्यामः	असभाजयिष्यम्	असभाजयिष्याव	असभाजयिष्याम
सभाजयिता	सभाजयितारौ	सभाजयितारः	सभाज्यात् -द्	सभाज्यास्ताम्	सभाज्यासुः
सभाजयितासि	सभाजयितास्थः	सभाजयितास्थ	सभाज्याः	सभाज्यास्तम्	सभाज्यास्त
सभाजयितास्मि	सभाजयितास्वः	सभाजयितास्मः	सभाज्यासम्	सभाज्यास्व	सभाज्यास्म
सभाजयाम्बभूव	सभाजयाम्बभूवतुः	सभाजयाम्बभूवुः	अससभाजत् -द्	अससभाजताम्	अससभाजन्

सभाजयाञ्चकार	सभाजयाञ्चक्रतुः	सभाजयाञ्चक्रुः			
सभाजयामास	सभाजयामासतुः	सभाजयामासुः			
सभाजयाम्बभूविथ	सभाजयाम्बभूवथुः	सभाजयाम्बभूव	अससभाजः	अससभाजतम्	अससभाजत
सभाजयाञ्चकर्थ	सभाजयाञ्चक्रथुः	सभाजयाञ्चक्र			
सभाजयामासिथ	सभाजयामासथुः	सभाजयामास			
सभाजयाम्बभूव	सभाजयाम्बभूविव	सभाजयाम्बभूविम	अससभाजम्	अससभाजाव	अससभाजाम
सभाजयाञ्चकर -कार	सभाजयाञ्चकृव	सभाजयाञ्चकृम			
सभाजयामास	सभाजयामासिव	सभाजयामासिम			

Atmanepadi Forms

सभाजयते	सभाजयेते[4]	सभाजयन्ते[1]	असभाजयत	असभाजयेताम्[4]	असभाजयन्त[1]
सभाजयसे	सभाजयेथे[4]	सभाजयध्वे	असभाजयथाः	असभाजयेथाम्[4]	असभाजयध्वम्
सभाजये[1]	सभाजयावहे[2]	सभाजयामहे[2]	असभाजये[4]	असभाजयावहि[3]	असभाजयामहि[3]

सभाजयताम्	सभाजयेताम्[4]	सभाजयन्ताम्[1]	सभाजयेत	सभाजयेयाताम्	सभाजयेरन्
सभाजयस्व	सभाजयेथाम्[4]	सभाजयध्वम्	सभाजयेथाः	सभाजयेयाथाम्	सभाजयेध्वम्
सभाजयै[5]	सभाजयावहै[3]	सभाजयामहै[3]	सभाजयेय	सभाजयेवहि	सभाजयेमहि

सभाजयिष्यते	सभाजयिष्येते	सभाजयिष्यन्ते	असभाजयिष्यत	असभाजयिष्येताम्	असभाजयिष्यन्त
सभाजयिष्यसे	सभाजयिष्येथे	सभाजयिष्यध्वे	असभाजयिष्यथाः	असभाजयिष्येथाम्	असभाजयिष्यध्वम्
सभाजयिष्ये	सभाजयिष्यावहे	सभाजयिष्यामहे	असभाजयिष्ये	असभाजयिष्यावहि	असभाजयिष्यामहि

सभाजयिता	सभाजयितारौ	सभाजयितारः	सभाजयिषीष्ट	सभाजयिषीयास्ताम्	सभाजयिषीरन्
सभाजयितासे	सभाजयितासाथे	सभाजयिताध्वे	सभाजयिषीष्ठाः	सभाजयिषीयास्थाम्	सभाजयिषीध्वम् -ढ्वम्
सभाजयिताहे	सभाजयितास्वहे	सभाजयितास्महे	सभाजयिषीय	सभाजयिषीवहि	सभाजयिषीमहि

सभाजयाम्बभूव	सभाजयाम्बभूवतुः	सभाजयाम्बभूवुः	अससभाजत	अससभाजेताम्	अससभाजन्त
सभाजयाञ्चक्रे	सभाजयाञ्चक्राते	सभाजयाञ्चक्रिरे			
सभाजयामास	सभाजयामासतुः	सभाजयामासुः			
सभाजयाम्बभूविथ	सभाजयाम्बभूवथुः	सभाजयाम्बभूव	अससभाजथाः	अससभाजेथाम्	अससभाजध्वम्
सभाजयाञ्चकृषे	सभाजयाञ्चक्राथे	सभाजयाञ्चकृढ्वे			
सभाजयामासिथ	सभाजयामासथुः	सभाजयामास			
सभाजयाम्बभूव	सभाजयाम्बभूविव	सभाजयाम्बभूविम	अससभाजे	अससभाजावहि	अससभाजामहि
सभाजयाञ्चक्रे	सभाजयाञ्चकृवहे	सभाजयाञ्चकृमहे			
सभाजयामास	सभाजयामासिव	सभाजयामासिम			

1888 ऊन परिहाणे । कथादयः , अग्लोपी । lessen, discount, measure, leave unfinished

10c 355 ऊन । ऊन् । ऊनयति / ते । U । सेट् । स० । ऊनि । ऊनय । **Parasmaipadi Forms**

ऊनयति	ऊनयतः	ऊनयन्ति[1]	औनयत् -द्	औनयताम्	औनयन्[1]
ऊनयसि	ऊनयथः	ऊनयथ	औनयः	औनयतम्	औनयत
ऊनयामि[2]	ऊनयावः[2]	ऊनयामः[2]	औनयम्[1]	औनयाव[2]	औनयाम[2]

ऊनयतु ऊनयतात् -द्	ऊनयताम्	ऊनयन्तु[1]	ऊनयेत् -द्	ऊनयेताम्	ऊनयेयुः
ऊनय ऊनयतात् -द्	ऊनयतम्	ऊनयत	ऊनयेः	ऊनयेतम्	ऊनयेत
ऊनयानि[3]	ऊनयाव[3]	ऊनयाम[3]	ऊनयेयम्	ऊनयेव	ऊनयेम

ऊनयिष्यति	ऊनयिष्यतः	ऊनयिष्यन्ति	औनयिष्यत् -द्	औनयिष्यताम्	औनयिष्यन्
ऊनयिष्यसि	ऊनयिष्यथः	ऊनयिष्यथ	औनयिष्यः	औनयिष्यतम्	औनयिष्यत
ऊनयिष्यामि	ऊनयिष्यावः	ऊनयिष्यामः	औनयिष्यम्	औनयिष्याव	औनयिष्याम

ऊनयिता	ऊनयितारौ	ऊनयितारः	ऊन्यात् -द्	ऊन्यास्ताम्	ऊन्यासुः
ऊनयितासि	ऊनयितास्थः	ऊनयितास्थ	ऊन्याः	ऊन्यास्तम्	ऊन्यास्त
ऊनयितास्मि	ऊनयितास्वः	ऊनयितास्मः	ऊन्यासम्	ऊन्यास्व	ऊन्यास्म

ऊनयाम्बभूव	ऊनयाम्बभूवतुः	ऊनयाम्बभूवुः	औननत् -द्	औननताम्	औननन्
ऊनयाञ्चकार	ऊनयाञ्चक्रतुः	ऊनयाञ्चक्रुः	औनयीत् -द्	औनयिष्टाम्	औनयिषुः
ऊनयामास	ऊनयामासतुः	ऊनयामासुः			
ऊनयाम्बभूविथ	ऊनयाम्बभूवथुः	ऊनयाम्बभूव	औननः	औननतम्	औननत
ऊनयाञ्चकर्थ	ऊनयाञ्चक्रथुः	ऊनयाञ्चक्र	औनयीः	औनयिष्टम्	औनयिष्ट
ऊनयामासिथ	ऊनयामासथुः	ऊनयामास			
ऊनयाम्बभूव	ऊनयाम्बभूविव	ऊनयाम्बभूविम	औननम्	औननाव	औननाम
ऊनयाञ्चकर -कार	ऊनयाञ्चकृव	ऊनयाञ्चकृम	औनयिषम्	औनयिष्व	औनयिष्म
ऊनयामास	ऊनयामासिव	ऊनयामासिम			

Atmanepadi Forms

ऊनयते	ऊनयेते[4]	ऊनयन्ते[1]	औनयत	औनयेताम्[4]	औनयन्त[1]
ऊनयसे	ऊनयेथे[4]	ऊनयध्वे	औनयथाः	औनयेथाम्[4]	औनयध्वम्
ऊनये[1]	ऊनयावहे[2]	ऊनयामहे[2]	औनये[4]	औनयावहि[3]	औनयामहि[3]

ऊनयताम्	ऊनयेताम्[4]	ऊनयन्ताम्[1]	ऊनयेत	ऊनयेयाताम्	ऊनयेरन्
ऊनयस्व	ऊनयेथाम्[4]	ऊनयध्वम्	ऊनयेथाः	ऊनयेयाथाम्	ऊनयेध्वम्
ऊनयै[5]	ऊनयावहै[3]	ऊनयामहै[3]	ऊनयेय	ऊनयेवहि	ऊनयेमहि

| ऊनयिष्यते | ऊनयिष्येते | ऊनयिष्यन्ते | औनयिष्यत | औनयिष्येताम् | औनयिष्यन्त |

ऊनयिष्यसे	ऊनयिष्येथे	ऊनयिष्यध्वे	औनयिष्यथाः	औनयिष्येथाम्	औनयिष्यध्वम्
ऊनयिष्ये	ऊनयिष्यावहे	ऊनयिष्यामहे	औनयिष्ये	औनयिष्यावहि	औनयिष्यामहि

ऊनयिता	ऊनयितारौ	ऊनयितारः	ऊनयिषीष्ट	ऊनयिषीयास्ताम्	ऊनयिषीरन्
ऊनयितासे	ऊनयितासाथे	ऊनयिताध्वे	ऊनयिषीष्ठाः	ऊनयिषीयास्थाम्	ऊनयिषीध्वम् -ढ्वम्
ऊनयिताहे	ऊनयितास्वहे	ऊनयितास्महे	ऊनयिषीय	ऊनयिषीवहि	ऊनयिषीमहि

ऊनयाम्बभूव	ऊनयाम्बभूवतुः	ऊनयाम्बभूवुः	औननत	औननेताम्	औननन्त
ऊनयाञ्चक्रे	ऊनयाञ्चक्राते	ऊनयाञ्चक्रिरे			
ऊनयामास	ऊनयामासतुः	ऊनयामासुः			
ऊनयाम्बभूविथ	ऊनयाम्बभूवथुः	ऊनयाम्बभूव	औननथाः	औननेथाम्	औननध्वम्
ऊनयाञ्चकृषे	ऊनयाञ्चक्राथे	ऊनयाञ्चकृढ्वे			
ऊनयामासिथ	ऊनयामासथुः	ऊनयामास			
ऊनयाम्बभूव	ऊनयाम्बभूविव	ऊनयाम्बभूविम	औनने	औननावहि	औननामहि
ऊनयाञ्चक्रे	ऊनयाञ्चकृवहे	ऊनयाञ्चकृमहे			
ऊनयामास	ऊनयामासिव	ऊनयामासिम			

1889 ध्वन शब्दे । कथादयः , अग्लोपी । sound

10c 356 ध्वन । ध्वन् । ध्वनयति / ते । U । सेट् । अ० । ध्वनि । ध्वनय ।

3.1.51 नोनयतिध्वनयत्येलयत्यर्दयतिभ्यः । इति लुङि छन्दसि सिच् । **Parasmaipadi Forms**

ध्वनयति	ध्वनयतः	ध्वनयन्ति[1]	अध्वनयत् -द्	अध्वनयताम्	अध्वनयन्[1]
ध्वनयसि	ध्वनयथः	ध्वनयथ	अध्वनयः	अध्वनयतम्	अध्वनयत
ध्वनयामि[2]	ध्वनयावः[2]	ध्वनयामः[2]	अध्वनयम्[1]	अध्वनयाव[2]	अध्वनयाम[2]

ध्वनयतु ध्वनयतात् -द्	ध्वनयताम्	ध्वनयन्तु[1]	ध्वनयेत् -द्	ध्वनयेताम्	ध्वनयेयुः
ध्वनय ध्वनयतात् -द्	ध्वनयतम्	ध्वनयत	ध्वनयेः	ध्वनयेतम्	ध्वनयेत
ध्वनयानि[3]	ध्वनयाव[3]	ध्वनयाम[3]	ध्वनयेयम्	ध्वनयेव	ध्वनयेम

ध्वनयिष्यति	ध्वनयिष्यतः	ध्वनयिष्यन्ति	अध्वनयिष्यत् -द्	अध्वनयिष्यताम्	अध्वनयिष्यन्
ध्वनयिष्यसि	ध्वनयिष्यथः	ध्वनयिष्यथ	अध्वनयिष्यः	अध्वनयिष्यतम्	अध्वनयिष्यत
ध्वनयिष्यामि	ध्वनयिष्यावः	ध्वनयिष्यामः	अध्वनयिष्यम्	अध्वनयिष्याव	अध्वनयिष्याम

ध्वनयिता	ध्वनयितारौ	ध्वनयितारः	ध्वन्यात् -द्	ध्वन्यास्ताम्	ध्वन्यासुः
ध्वनयितासि	ध्वनयितास्थः	ध्वनयितास्थ	ध्वन्याः	ध्वन्यास्तम्	ध्वन्यास्त
ध्वनयितास्मि	ध्वनयितास्वः	ध्वनयितास्मः	ध्वन्यासम्	ध्वन्यास्व	ध्वन्यास्म

ध्वनयाम्बभूव	ध्वनयाम्बभूवतुः	ध्वनयाम्बभूवुः	अदिध्वनत् -द्	अदिध्वनताम्	अदिध्वनन्

ध्वनयाञ्चकार	ध्वनयाञ्चक्रतुः	ध्वनयाञ्चक्रुः	अध्वनयीत्	अध्वनयिष्टाम्	अध्वनयिषुः
ध्वनयामास	ध्वनयामासतुः	ध्वनयामासुः			
ध्वनयाम्बभूविथ	ध्वनयाम्बभूवथुः	ध्वनयाम्बभूव	अदिध्वनः	अदिध्वनतम्	अदिध्वनत
ध्वनयाञ्चकर्थ	ध्वनयाञ्चक्रथुः	ध्वनयाञ्चक्र	अध्वनयीः	अध्वनयिष्टम्	अध्वनयिष्ट
ध्वनयामासिथ	ध्वनयामासथुः	ध्वनयामास			
ध्वनयाम्बभूव	ध्वनयाम्बभूविव	ध्वनयाम्बभूविम	अदिध्वनम्	अदिध्वनाव	अदिध्वनाम
ध्वनयाञ्चकर -कार	ध्वनयाञ्चकृव	ध्वनयाञ्चकृम	अध्वनयिषम्	अध्वनयिष्व	अध्वनयिष्म
ध्वनयामास	ध्वनयामासिव	ध्वनयामासिम			

Atmanepadi Forms

ध्वनयते	ध्वनयेते[4]	ध्वनयन्ते[1]	अध्वनयत	अध्वनयेताम्[4]	अध्वनयन्त[1]
ध्वनयसे	ध्वनयेथे[4]	ध्वनयध्वे	अध्वनयथाः	अध्वनयेथाम्[4]	अध्वनयध्वम्
ध्वनये[1]	ध्वनयावहे[2]	ध्वनयामहे[2]	अध्वनये[4]	अध्वनयावहि[3]	अध्वनयामहि[3]

ध्वनयताम्	ध्वनयेताम्[4]	ध्वनयन्ताम्[1]	ध्वनयेत	ध्वनयेयाताम्	ध्वनयेरन्
ध्वनयस्व	ध्वनयेथाम्[4]	ध्वनयध्वम्	ध्वनयेथाः	ध्वनयेयाथाम्	ध्वनयेध्वम्
ध्वनयै[5]	ध्वनयावहै[3]	ध्वनयामहै[3]	ध्वनयेय	ध्वनयेवहि	ध्वनयेमहि

ध्वनयिष्यते	ध्वनयिष्येते	ध्वनयिष्यन्ते	अध्वनयिष्यत	अध्वनयिष्येताम्	अध्वनयिष्यन्त
ध्वनयिष्यसे	ध्वनयिष्येथे	ध्वनयिष्यध्वे	अध्वनयिष्यथाः	अध्वनयिष्येथाम्	अध्वनयिष्यध्वम्
ध्वनयिष्ये	ध्वनयिष्यावहे	ध्वनयिष्यामहे	अध्वनयिष्ये	अध्वनयिष्यावहि	अध्वनयिष्यामहि

ध्वनयिता	ध्वनयितारौ	ध्वनयितारः	ध्वनयिषीष्ट	ध्वनयिषीयास्ताम्	ध्वनयिषीरन्
ध्वनयितासे	ध्वनयितासाथे	ध्वनयिताध्वे	ध्वनयिषीष्ठाः	ध्वनयिषीयास्थाम्	ध्वनयिषीध्वम् -ढ्वम्
ध्वनयिताहे	ध्वनयितास्वहे	ध्वनयितास्महे	ध्वनयिषीय	ध्वनयिषीवहि	ध्वनयिषीमहि

ध्वनयाम्बभूव	ध्वनयाम्बभूवतुः	ध्वनयाम्बभूवुः	अदध्वनत	अदध्वनेताम्	अदध्वनन्त
ध्वनयाञ्चक्रे	ध्वनयाञ्चक्राते	ध्वनयाञ्चक्रिरे			
ध्वनयामास	ध्वनयामासतुः	ध्वनयामासुः			
ध्वनयाम्बभूविथ	ध्वनयाम्बभूवथुः	ध्वनयाम्बभूव	अदध्वनथाः	अदध्वनेथाम्	अदध्वनध्वम्
ध्वनयाञ्चकृषे	ध्वनयाञ्चक्राथे	ध्वनयाञ्चकृढ्वे			
ध्वनयामासिथ	ध्वनयामासथुः	ध्वनयामास			
ध्वनयाम्बभूव	ध्वनयाम्बभूविव	ध्वनयाम्बभूविम	अदध्वने	अदध्वनावहि	अदध्वनामहि
ध्वनयाञ्चक्रे	ध्वनयाञ्चकृवहे	ध्वनयाञ्चकृमहे			
ध्वनयामास	ध्वनयामासिव	ध्वनयामासिम			

1890 कूट परितापे । परिदाहे इत्यन्ये । कूड इत्येके । कथादयः , अग्लोपी । burn, cause pain

10c 357 कूट । कूट् । कूटयति / ते । U । सेट् । स० । कूटि । कूटय । **Parasmaipadi Forms**

कूटयति	कूटयतः	कूटयन्ति[1]	अकूटयत् -द्	अकूटयताम्	अकूटयन्[1]
कूटयसि	कूटयथः	कूटयथ	अकूटयः	अकूटयतम्	अकूटयत
कूटयामि[2]	कूटयावः[2]	कूटयामः[2]	अकूटयम्[1]	अकूटयाव[2]	अकूटयाम[2]

कूटयतु कूटयतात् -द्	कूटयताम्	कूटयन्तु[1]	कूटयेत् -द्	कूटयेताम्	कूटयेयुः
कूटय कूटयतात् -द्	कूटयतम्	कूटयत	कूटयेः	कूटयेतम्	कूटयेत
कूटयानि[3]	कूटयाव[3]	कूटयाम[3]	कूटयेयम्	कूटयेव	कूटयेम

कूटयिष्यति	कूटयिष्यतः	कूटयिष्यन्ति	अकूटयिष्यत् -द्	अकूटयिष्यताम्	अकूटयिष्यन्
कूटयिष्यसि	कूटयिष्यथः	कूटयिष्यथ	अकूटयिष्यः	अकूटयिष्यतम्	अकूटयिष्यत
कूटयिष्यामि	कूटयिष्यावः	कूटयिष्यामः	अकूटयिष्यम्	अकूटयिष्याव	अकूटयिष्याम

कूटयिता	कूटयितारौ	कूटयितारः	कूट्यात् -द्	कूट्यास्ताम्	कूट्यासुः
कूटयितासि	कूटयितास्थः	कूटयितास्थ	कूट्याः	कूट्यास्तम्	कूट्यास्त
कूटयितास्मि	कूटयितास्वः	कूटयितास्मः	कूट्यासम्	कूट्यास्व	कूट्यास्म

कूटयाम्बभूव	कूटयाम्बभूवतुः	कूटयाम्बभूवुः	अचुकूटत् -द्	अचुकूटताम्	अचुकूटन्
कूटयाञ्चकार	कूटयाञ्चक्रतुः	कूटयाञ्चक्रुः			
कूटयामास	कूटयामासतुः	कूटयामासुः			
कूटयाम्बभूविथ	कूटयाम्बभूवथुः	कूटयाम्बभूव	अचुकूटः	अचुकूटतम्	अचुकूटत
कूटयाञ्चकर्थ	कूटयाञ्चक्रथुः	कूटयाञ्चक्र			
कूटयामासिथ	कूटयामासथुः	कूटयामास			
कूटयाम्बभूव	कूटयाम्बभूविव	कूटयाम्बभूविम	अचुकूटम्	अचुकूटाव	अचुकूटाम
कूटयाञ्चकर -कार	कूटयाञ्चकृव	कूटयाञ्चकृम			
कूटयामास	कूटयामासिव	कूटयामासिम			

Atmanepadi Forms

कूटयते	कूटयेते[4]	कूटयन्ते[1]	अकूटयत	अकूटयेताम्[4]	अकूटयन्त[1]
कूटयसे	कूटयेथे[4]	कूटयध्वे	अकूटयथाः	अकूटयेथाम्[4]	अकूटयध्वम्
कूटये[1]	कूटयावहे[2]	कूटयामहे[2]	अकूटये[4]	अकूटयावहि[3]	अकूटयामहि[3]

कूटयताम्	कूटयेताम्[4]	कूटयन्ताम्[1]	कूटयेत	कूटयेयाताम्	कूटयेरन्
कूटयस्व	कूटयेथाम्[4]	कूटयध्वम्	कूटयेथाः	कूटयेयाथाम्	कूटयेध्वम्
कूटयै[5]	कूटयावहै[3]	कूटयामहै[3]	कूटयेय	कूटयेवहि	कूटयेमहि

कूटयिष्यते	कूटयिष्येते	कूटयिष्यन्ते	अकूटयिष्यत	अकूटयिष्येताम्	अकूटयिष्यन्त

कूटयिष्यसे	कूटयिष्येथे	कूटयिष्यध्वे	अकूटयिष्यथाः	अकूटयिष्येथाम्	अकूटयिष्यध्वम्
कूटयिष्ये	कूटयिष्यावहे	कूटयिष्यामहे	अकूटयिष्ये	अकूटयिष्यावहि	अकूटयिष्यामहि

कूटयिता	कूटयितारौ	कूटयितारः	कूटयिषीष्ट	कूटयिषीयास्ताम्	कूटयिषीरन्
कूटयितासे	कूटयितासाथे	कूटयिताध्वे	कूटयिषीष्ठाः	कूटयिषीयास्थाम्	कूटयिषीध्वम् -ढ्वम्
कूटयिताहे	कूटयितास्वहे	कूटयितास्महे	कूटयिषीय	कूटयिषीवहि	कूटयिषीमहि

कूटयाम्बभूव	कूटयाम्बभूवतुः	कूटयाम्बभूवुः	अचुकूटत	अचुकूटेताम्	अचुकूटन्त
कूटयाञ्चक्रे	कूटयाञ्चक्राते	कूटयाञ्चक्रिरे			
कूटयामास	कूटयामासतुः	कूटयामासुः			
कूटयाम्बभूविथ	कूटयाम्बभूवथुः	कूटयाम्बभूव	अचुकूटथाः	अचुकूटेथाम्	अचुकूटध्वम्
कूटयाञ्चकृषे	कूटयाञ्चक्राथे	कूटयाञ्चकृढ्वे			
कूटयामासिथ	कूटयामासथुः	कूटयामास			
कूटयाम्बभूव	कूटयाम्बभूविव	कूटयाम्बभूविम	अचुकूटे	अचुकूटावहि	अचुकूटामहि
कूटयाञ्चक्रे	कूटयाञ्चकृवहे	कूटयाञ्चकृमहे			
कूटयामास	कूटयामासिव	कूटयामासिम			

1891 सङ्केत आमन्त्रणे । कथादयः , अग्लोपी । inform, invite, counsel

10c 358 सङ्केत । सङ्केत् । सङ्केतयति / ते । U । सेट् । स० । सङ्केति । सङ्केतय ।

Parasmaipadi Forms

सङ्केतयति	सङ्केतयतः	सङ्केतयन्ति[1]	असङ्केतयत् -द्	असङ्केतयताम्	असङ्केतयन्[1]
सङ्केतयसि	सङ्केतयथः	सङ्केतयथ	असङ्केतयः	असङ्केतयतम्	असङ्केतयत
सङ्केतयामि[2]	सङ्केतयावः[2]	सङ्केतयामः[2]	असङ्केतयम्[1]	असङ्केतयाव[2]	असङ्केतयाम[2]

सङ्केतयतु	सङ्केतयतात् -द्	सङ्केतयताम्	सङ्केतयन्तु[1]	सङ्केतयेत् -द्	सङ्केतयेताम्	सङ्केतयेयुः
सङ्केतय	सङ्केतयतात् -द्	सङ्केतयतम्	सङ्केतयत	सङ्केतयेः	सङ्केतयेतम्	सङ्केतयेत
सङ्केतयानि[3]		सङ्केतयाव[3]	सङ्केतयाम[3]	सङ्केतयेयम्	सङ्केतयेव	सङ्केतयेम

सङ्केतयिष्यति	सङ्केतयिष्यतः	सङ्केतयिष्यन्ति	असङ्केतयिष्यत् -द्	असङ्केतयिष्यताम्	असङ्केतयिष्यन्
सङ्केतयिष्यसि	सङ्केतयिष्यथः	सङ्केतयिष्यथ	असङ्केतयिष्यः	असङ्केतयिष्यतम्	असङ्केतयिष्यत
सङ्केतयिष्यामि	सङ्केतयिष्यावः	सङ्केतयिष्यामः	असङ्केतयिष्यम्	असङ्केतयिष्याव	असङ्केतयिष्याम

सङ्केतयिता	सङ्केतयितारौ	सङ्केतयितारः	सङ्केत्यात् -द्	सङ्केत्यास्ताम्	सङ्केत्यासुः
सङ्केतयितासि	सङ्केतयितास्थः	सङ्केतयितास्थ	सङ्केत्याः	सङ्केत्यास्तम्	सङ्केत्यास्त
सङ्केतयितास्मि	सङ्केतयितास्वः	सङ्केतयितास्मः	सङ्केत्यासम्	सङ्केत्यास्व	सङ्केत्यास्म

सङ्केतयाम्बभूव	सङ्केतयाम्बभूवतुः	सङ्केतयाम्बभूवुः	अचूचुरत् -द्	अचूचुरताम्	अचूचुरन्

सङ्केतयाञ्चकार	सङ्केतयाञ्चक्रतुः	सङ्केतयाञ्चक्रुः			
सङ्केतयामास	सङ्केतयामासतुः	सङ्केतयामासुः			
सङ्केतयाम्बभूविथ	सङ्केतयाम्बभूवथुः	सङ्केतयाम्बभूव	अचूचुरः	अचूचुरतम्	अचूचुरत
सङ्केतयाञ्चकर्थ	सङ्केतयाञ्चक्रथुः	सङ्केतयाञ्चक्र			
सङ्केतयामासिथ	सङ्केतयामासथुः	सङ्केतयामास			
सङ्केतयाम्बभूव	सङ्केतयाम्बभूविव	सङ्केतयाम्बभूविम	अचूचुरम्	अचूचुराव	अचूचुराम
सङ्केतयाञ्चकर -कार	सङ्केतयाञ्चकृव	सङ्केतयाञ्चकृम			
सङ्केतयामास	सङ्केतयामासिव	सङ्केतयामासिम			

Atmanepadi Forms

सङ्केतयते	सङ्केतयेते[4]	सङ्केतयन्ते[1]	असङ्केतयत	असङ्केतयेताम्[4]	असङ्केतयन्त[1]
सङ्केतयसे	सङ्केतयेथे[4]	सङ्केतयध्वे	असङ्केतयथाः	असङ्केतयेथाम्[4]	असङ्केतयध्वम्
सङ्केतये[1]	सङ्केतयावहे[2]	सङ्केतयामहे[2]	असङ्केतये[4]	असङ्केतयावहि[3]	असङ्केतयामहि[3]

सङ्केतयताम्	सङ्केतयेताम्[4]	सङ्केतयन्ताम्[1]	सङ्केतयेत	सङ्केतयेयाताम्	सङ्केतयेरन्
सङ्केतयस्व	सङ्केतयेथाम्[4]	सङ्केतयध्वम्	सङ्केतयेथाः	सङ्केतयेयाथाम्	सङ्केतयेध्वम्
सङ्केतयै[5]	सङ्केतयावहै[3]	सङ्केतयामहै[3]	सङ्केतयेय	सङ्केतयेवहि	सङ्केतयेमहि

सङ्केतयिष्यते	सङ्केतयिष्येते	सङ्केतयिष्यन्ते	असङ्केतयिष्यत	असङ्केतयिष्येताम्	असङ्केतयिष्यन्त
सङ्केतयिष्यसे	सङ्केतयिष्येथे	सङ्केतयिष्यध्वे	असङ्केतयिष्यथाः	असङ्केतयिष्येथाम्	असङ्केतयिष्यध्वम्
सङ्केतयिष्ये	सङ्केतयिष्यावहे	सङ्केतयिष्यामहे	असङ्केतयिष्ये	असङ्केतयिष्यावहि	असङ्केतयिष्यामहि

सङ्केतयिता	सङ्केतयितारौ	सङ्केतयितारः	सङ्केतयिषीष्ट	सङ्केतयिषीयास्ताम्	सङ्केतयिषीरन्
सङ्केतयितासे	सङ्केतयितासाथे	सङ्केतयिताध्वे	सङ्केतयिषीष्ठाः	सङ्केतयिषीयास्थाम्	सङ्केतयिषीध्वम् -ढ्वम्
सङ्केतयिताहे	सङ्केतयितास्वहे	सङ्केतयितास्महे	सङ्केतयिषीय	सङ्केतयिषीवहि	सङ्केतयिषीमहि

सङ्केतयाम्बभूव	सङ्केतयाम्बभूवतुः	सङ्केतयाम्बभूवुः	अससङ्केतत	अससङ्केतेताम्	अससङ्केतन्त
सङ्केतयाञ्चक्रे	सङ्केतयाञ्चक्राते	सङ्केतयाञ्चक्रिरे			
सङ्केतयामास	सङ्केतयामासतुः	सङ्केतयामासुः			
सङ्केतयाम्बभूविथ	सङ्केतयाम्बभूवथुः	सङ्केतयाम्बभूव	अससङ्केतथाः	अससङ्केतेथाम्	अससङ्केतध्वम्
सङ्केतयाञ्चकृषे	सङ्केतयाञ्चक्राथे	सङ्केतयाञ्चकृढ्वे			
सङ्केतयामासिथ	सङ्केतयामासथुः	सङ्केतयामास			
सङ्केतयाम्बभूव	सङ्केतयाम्बभूविव	सङ्केतयाम्बभूविम	अससङ्केते	अससङ्केतावहि	अससङ्केतामहि
सङ्केतयाञ्चक्रे	सङ्केतयाञ्चकृवहे	सङ्केतयाञ्चकृमहे			
सङ्केतयामास	सङ्केतयामासिव	सङ्केतयामासिम			

1892 ग्राम आमन्त्रणे । कथादयः , अग्लोपी । invite

10c 359 ग्राम । ग्राम् । ग्रामयति / ते । U । सेट् । स० । ग्रामि । ग्रामय । **Parasmaipadi Forms**

ग्रामयति	ग्रामयतः	ग्रामयन्ति[1]	अग्रामयत् -द्	अग्रामयताम्	अग्रामयन्[1]
ग्रामयसि	ग्रामयथः	ग्रामयथ	अग्रामयः	अग्रामयतम्	अग्रामयत
ग्रामयामि[2]	ग्रामयावः[2]	ग्रामयामः[2]	अग्रामयम्[1]	अग्रामयाव[2]	अग्रामयाम[2]

ग्रामयतु ग्रामयतात् -द्	ग्रामयताम्	ग्रामयन्तु[1]	ग्रामयेत् -द्	ग्रामयेताम्	ग्रामयेयुः
ग्रामय ग्रामयतात् -द्	ग्रामयतम्	ग्रामयत	ग्रामयेः	ग्रामयेतम्	ग्रामयेत
ग्रामयानि[3]	ग्रामयाव[3]	ग्रामयाम[3]	ग्रामयेयम्	ग्रामयेव	ग्रामयेम

ग्रामयिष्यति	ग्रामयिष्यतः	ग्रामयिष्यन्ति	अग्रामयिष्यत् -द्	अग्रामयिष्यताम्	अग्रामयिष्यन्
ग्रामयिष्यसि	ग्रामयिष्यथः	ग्रामयिष्यथ	अग्रामयिष्यः	अग्रामयिष्यतम्	अग्रामयिष्यत
ग्रामयिष्यामि	ग्रामयिष्यावः	ग्रामयिष्यामः	अग्रामयिष्यम्	अग्रामयिष्याव	अग्रामयिष्याम

ग्रामयिता	ग्रामयितारौ	ग्रामयितारः	ग्राम्यात् -द्	ग्राम्यास्ताम्	ग्राम्यासुः
ग्रामयितासि	ग्रामयितास्थः	ग्रामयितास्थ	ग्राम्याः	ग्राम्यास्तम्	ग्राम्यास्त
ग्रामयितास्मि	ग्रामयितास्वः	ग्रामयितास्मः	ग्राम्यासम्	ग्राम्यास्व	ग्राम्यास्म

ग्रामयाम्बभूव	ग्रामयाम्बभूवतुः	ग्रामयाम्बभूवुः	अजग्रामत् -द्	अजग्रामताम्	अजग्रामन्
ग्रामयाञ्चकार	ग्रामयाञ्चक्रतुः	ग्रामयाञ्चक्रुः			
ग्रामयामास	ग्रामयामासतुः	ग्रामयामासुः			
ग्रामयाम्बभूविथ	ग्रामयाम्बभूवथुः	ग्रामयाम्बभूव	अजग्रामः	अजग्रामतम्	अजग्रामत
ग्रामयाञ्चकर्थ	ग्रामयाञ्चक्रथुः	ग्रामयाञ्चक्र			
ग्रामयामासिथ	ग्रामयामासथुः	ग्रामयामास			
ग्रामयाम्बभूव	ग्रामयाम्बभूविव	ग्रामयाम्बभूविम	अजग्रामम्	अजग्रामाव	अजग्रामाम
ग्रामयाञ्चकर -कार	ग्रामयाञ्चकृव	ग्रामयाञ्चकृम			
ग्रामयामास	ग्रामयामासिव	ग्रामयामासिम			

Atmanepadi Forms

ग्रामयते	ग्रामयेते[4]	ग्रामयन्ते[1]	अग्रामयत	अग्रामयेताम्[4]	अग्रामयन्त[1]
ग्रामयसे	ग्रामयेथे[4]	ग्रामयध्वे	अग्रामयथाः	अग्रामयेथाम्[4]	अग्रामयध्वम्
ग्रामये[1]	ग्रामयावहे[2]	ग्रामयामहे[2]	अग्रामये[4]	अग्रामयावहि[3]	अग्रामयामहि[3]

ग्रामयताम्	ग्रामयेताम्[4]	ग्रामयन्ताम्[1]	ग्रामयेत	ग्रामयेयाताम्	ग्रामयेरन्
ग्रामयस्व	ग्रामयेथाम्[4]	ग्रामयध्वम्	ग्रामयेथाः	ग्रामयेयाथाम्	ग्रामयेध्वम्
ग्रामयै[5]	ग्रामयावहै[3]	ग्रामयामहै[3]	ग्रामयेय	ग्रामयेवहि	ग्रामयेमहि

ग्रामयिष्यते	ग्रामयिष्येते	ग्रामयिष्यन्ते	अग्रामयिष्यत	अग्रामयिष्येताम्	अग्रामयिष्यन्त

ग्रामयिष्यसे	ग्रामयिष्येथे	ग्रामयिष्यध्वे	अग्रामयिष्यथाः	अग्रामयिष्येथाम्	अग्रामयिष्यध्वम्
ग्रामयिष्ये	ग्रामयिष्यावहे	ग्रामयिष्यामहे	अग्रामयिष्ये	अग्रामयिष्यावहि	अग्रामयिष्यामहि

ग्रामयिता	ग्रामयितारौ	ग्रामयितारः	ग्रामयिषीष्ट	ग्रामयिषीयास्ताम्	ग्रामयिषीरन्
ग्रामयितासे	ग्रामयितासाथे	ग्रामयिताध्वे	ग्रामयिषीष्ठाः	ग्रामयिषीयास्थाम्	ग्रामयिषीध्वम् -ढ्वम्
ग्रामयिताहे	ग्रामयितास्वहे	ग्रामयितास्महे	ग्रामयिषीय	ग्रामयिषीवहि	ग्रामयिषीमहि

ग्रामयाम्बभूव	ग्रामयाम्बभूवतुः	ग्रामयाम्बभूवुः	अजग्रामत	अजग्रामेताम्	अजग्रामन्त
ग्रामयाञ्चक्रे	ग्रामयाञ्चक्राते	ग्रामयाञ्चक्रिरे			
ग्रामयामास	ग्रामयामासतुः	ग्रामयामासुः			
ग्रामयाम्बभूविथ	ग्रामयाम्बभूवथुः	ग्रामयाम्बभूव	अजग्रामथाः	अजग्रामेथाम्	अजग्रामध्वम्
ग्रामयाञ्चकृषे	ग्रामयाञ्चक्राथे	ग्रामयाञ्चकृढ्वे			
ग्रामयामासिथ	ग्रामयामासथुः	ग्रामयामास			
ग्रामयाम्बभूव	ग्रामयाम्बभूविव	ग्रामयाम्बभूविम	अजग्रामे	अजग्रामावहि	अजग्रामामहि
ग्रामयाञ्चक्रे	ग्रामयाञ्चकृवहे	ग्रामयाञ्चकृमहे			
ग्रामयामास	ग्रामयामासिव	ग्रामयामासिम			

1893 कुण आमन्त्रणे । कथादयः , अग्लोपी । converse with, address, preach, call

10c 360 कुणँ । कुण् । कुणयति / ते । U । सेट् । स० । कुणि । कुणय । **Parasmaipadi Forms**

कुणयति	कुणयतः	कुणयन्ति[1]	अकुणयत् -द्	अकुणयताम्	अकुणयन्[1]
कुणयसि	कुणयथः	कुणयथ	अकुणयः	अकुणयतम्	अकुणयत
कुणयामि[2]	कुणयावः[2]	कुणयामः[2]	अकुणयम्[1]	अकुणयाव[2]	अकुणयाम[2]

कुणयतु कुणयतात् -द्	कुणयताम्	कुणयन्तु[1]	कुणयेत् -द्	कुणयेताम्	कुणयेयुः
कुणय कुणयतात् -द्	कुणयतम्	कुणयत	कुणयेः	कुणयेतम्	कुणयेत
कुणयानि[3]	कुणयाव[3]	कुणयाम[3]	कुणयेयम्	कुणयेव	कुणयेम

कुणयिष्यति	कुणयिष्यतः	कुणयिष्यन्ति	अकुणयिष्यत् -द्	अकुणयिष्यताम्	अकुणयिष्यन्
कुणयिष्यसि	कुणयिष्यथः	कुणयिष्यथ	अकुणयिष्यः	अकुणयिष्यतम्	अकुणयिष्यत
कुणयिष्यामि	कुणयिष्यावः	कुणयिष्यामः	अकुणयिष्यम्	अकुणयिष्याव	अकुणयिष्याम

कुणयिता	कुणयितारौ	कुणयितारः	कुण्यात् -द्	कुण्यास्ताम्	कुण्यासुः
कुणयितासि	कुणयितास्थः	कुणयितास्थ	कुण्याः	कुण्यास्तम्	कुण्यास्त
कुणयितास्मि	कुणयितास्वः	कुणयितास्मः	कुण्यासम्	कुण्यास्व	कुण्यास्म

कुणयाम्बभूव	कुणयाम्बभूवतुः	कुणयाम्बभूवुः	अचुकुणत् -द्	अचुकुणताम्	अचुकुणन्
कुणयाञ्चकार	कुणयाञ्चक्रतुः	कुणयाञ्चक्रुः			

कुणयामास	कुणयामासतुः	कुणयामासुः			
कुणयाम्बभूविथ	कुणयाम्बभूवथुः	कुणयाम्बभूव	अचुकुणः	अचुकुणतम्	अचुकुणत
कुणयाञ्चकर्थ	कुणयाञ्चक्रथुः	कुणयाञ्चक्र			
कुणयामासिथ	कुणयामासथुः	कुणयामास			
कुणयाम्बभूव	कुणयाम्बभूविव	कुणयाम्बभूविम	अचुकुणम्	अचुकुणाव	अचुकुणाम
कुणयाञ्चकर -कार	कुणयाञ्चकृव	कुणयाञ्चकृम			
कुणयामास	कुणयामासिव	कुणयामासिम			

Atmanepadi Forms

कुणयते	कुणयेते[4]	कुणयन्ते[1]	अकुणयत	अकुणयेताम्[4]	अकुणयन्त[1]
कुणयसे	कुणयेथे[4]	कुणयध्वे	अकुणयथाः	अकुणयेथाम्[4]	अकुणयध्वम्
कुणये[1]	कुणयावहे[2]	कुणयामहे[2]	अकुणये[4]	अकुणयावहि[3]	अकुणयामहि[3]

कुणयताम्	कुणयेताम्[4]	कुणयन्ताम्[1]	कुणयेत	कुणयेयाताम्	कुणयेरन्
कुणयस्व	कुणयेथाम्[4]	कुणयध्वम्	कुणयेथाः	कुणयेयाथाम्	कुणयेध्वम्
कुणयै[5]	कुणयावहै[3]	कुणयामहै[3]	कुणयेय	कुणयेवहि	कुणयेमहि

कुणयिष्यते	कुणयिष्येते	कुणयिष्यन्ते	अकुणयिष्यत	अकुणयिष्येताम्	अकुणयिष्यन्त
कुणयिष्यसे	कुणयिष्येथे	कुणयिष्यध्वे	अकुणयिष्यथाः	अकुणयिष्येथाम्	अकुणयिष्यध्वम्
कुणयिष्ये	कुणयिष्यावहे	कुणयिष्यामहे	अकुणयिष्ये	अकुणयिष्यावहि	अकुणयिष्यामहि

कुणयिता	कुणयितारौ	कुणयितारः	कुणयिषीष्ट	कुणयिषीयास्ताम्	कुणयिषीरन्
कुणयितासे	कुणयितासाथे	कुणयिताध्वे	कुणयिषीष्ठाः	कुणयिषीयास्थाम्	कुणयिषीध्वम् -ढ्वम्
कुणयिताहे	कुणयितास्वहे	कुणयितास्महे	कुणयिषीय	कुणयिषीवहि	कुणयिषीमहि

कुणयाम्बभूव	कुणयाम्बभूवतुः	कुणयाम्बभूवुः	अचुकुणत	अचुकुणेताम्	अचुकुणन्त
कुणयाञ्चक्रे	कुणयाञ्चक्राते	कुणयाञ्चक्रिरे			
कुणयामास	कुणयामासतुः	कुणयामासुः			
कुणयाम्बभूविथ	कुणयाम्बभूवथुः	कुणयाम्बभूव	अचुकुणथाः	अचुकुणेथाम्	अचुकुणध्वम्
कुणयाञ्चकृषे	कुणयाञ्चक्राथे	कुणयाञ्चकृढ्वे			
कुणयामासिथ	कुणयामासथुः	कुणयामास			
कुणयाम्बभूव	कुणयाम्बभूविव	कुणयाम्बभूविम	अचुकुणे	अचुकुणावहि	अचुकुणामहि
कुणयाञ्चक्रे	कुणयाञ्चकृवहे	कुणयाञ्चकृमहे			
कुणयामास	कुणयामासिव	कुणयामासिम			

1894 गुण चामन्त्रणे । चात् कूटोऽपि इति मैत्रेयः । कथादयः , अग्लोपी । invite, advise, multiply, counsel,
10c 361 गुण । गुण् । गुणयति / ते । U । सेट् । स० । गुणि । गुणय । seek advice

Note –चकारः in चामन्त्रणे refers to "AND the earlier read Root 1890 कूट also means आमन्त्रणे । "

Parasmaipadi Forms

गुणयति	गुणयतः	गुणयन्ति¹	अगुणयत् -द्	अगुणयताम्	अगुणयन्¹
गुणयसि	गुणयथः	गुणयथ	अगुणयः	अगुणयतम्	अगुणयत
गुणयामि²	गुणयावः²	गुणयामः²	अगुणयम्¹	अगुणयाव²	अगुणयाम²

गुणयतु गुणयतात् -द्	गुणयताम्	गुणयन्तु¹	गुणयेत् -द्	गुणयेताम्	गुणयेयुः
गुणय गुणयतात् -द्	गुणयतम्	गुणयत	गुणयेः	गुणयेतम्	गुणयेत
गुणयानि³	गुणयाव³	गुणयाम³	गुणयेयम्	गुणयेव	गुणयेम

गुणयिष्यति	गुणयिष्यतः	गुणयिष्यन्ति	अगुणयिष्यत् -द्	अगुणयिष्यताम्	अगुणयिष्यन्
गुणयिष्यसि	गुणयिष्यथः	गुणयिष्यथ	अगुणयिष्यः	अगुणयिष्यतम्	अगुणयिष्यत
गुणयिष्यामि	गुणयिष्यावः	गुणयिष्यामः	अगुणयिष्यम्	अगुणयिष्याव	अगुणयिष्याम

गुणयिता	गुणयितारौ	गुणयितारः	गुण्यात् -द्	गुण्यास्ताम्	गुण्यासुः
गुणयितासि	गुणयितास्थः	गुणयितास्थ	गुण्याः	गुण्यास्तम्	गुण्यास्त
गुणयितास्मि	गुणयितास्वः	गुणयितास्मः	गुण्यासम्	गुण्यास्व	गुण्यास्म

गुणयाम्बभूव	गुणयाम्बभूवतुः	गुणयाम्बभूवुः	अजुगुणत् -द्	अजुगुणताम्	अजुगुणन्
गुणयाञ्चकार	गुणयाञ्चक्रतुः	गुणयाञ्चक्रुः			
गुणयामास	गुणयामासतुः	गुणयामासुः			
गुणयाम्बभूविथ	गुणयाम्बभूवथुः	गुणयाम्बभूव	अजुगुणः	अजुगुणतम्	अजुगुणत
गुणयाञ्चकर्थ	गुणयाञ्चक्रथुः	गुणयाञ्चक्र			
गुणयामासिथ	गुणयामासथुः	गुणयामास			
गुणयाम्बभूव	गुणयाम्बभूविव	गुणयाम्बभूविम	अजुगुणम्	अजुगुणाव	अजुगुणाम
गुणयाञ्चकर -कार	गुणयाञ्चकृव	गुणयाञ्चकृम			
गुणयामास	गुणयामासिव	गुणयामासिम			

Atmanepadi Forms

गुणयते	गुणयेते⁴	गुणयन्ते¹	अगुणयत	अगुणयेताम्⁴	अगुणयन्त¹
गुणयसे	गुणयेथे⁴	गुणयध्वे	अगुणयथाः	अगुणयेथाम्⁴	अगुणयध्वम्
गुणये¹	गुणयावहे²	गुणयामहे²	अगुणये⁴	अगुणयावहि³	अगुणयामहि³

गुणयताम्	गुणयेताम्⁴	गुणयन्ताम्¹	गुणयेत	गुणयेयाताम्	गुणयेरन्
गुणयस्व	गुणयेथाम्⁴	गुणयध्वम्	गुणयेथाः	गुणयेयाथाम्	गुणयेध्वम्
गुणयै⁵	गुणयावहै³	गुणयामहै³	गुणयेय	गुणयेवहि	गुणयेमहि

| गुणयिष्यते | गुणयिष्येते | गुणयिष्यन्ते | अगुणयिष्यत | अगुणयिष्येताम् | अगुणयिष्यन्त |

गुणयिष्यसे	गुणयिष्येथे	गुणयिष्यध्वे	अगुणयिष्यथाः	अगुणयिष्येथाम्	अगुणयिष्यध्वम्
गुणयिष्ये	गुणयिष्यावहे	गुणयिष्यामहे	अगुणयिष्ये	अगुणयिष्यावहि	अगुणयिष्यामहि

गुणयिता	गुणयितारौ	गुणयितारः	गुणयिषीष्ट	गुणयिषीयास्ताम्	गुणयिषीरन्
गुणयितासे	गुणयितासाथे	गुणयिताध्वे	गुणयिषीष्ठाः	गुणयिषीयास्थाम्	गुणयिषीध्वम् -ढ्वम्
गुणयिताहे	गुणयितास्वहे	गुणयितास्महे	गुणयिषीय	गुणयिषीवहि	गुणयिषीमहि

गुणयाम्बभूव	गुणयाम्बभूवतुः	गुणयाम्बभूवुः	अजुगुणत	अजुगुणेताम्	अजुगुणन्त
गुणयाञ्चक्रे	गुणयाञ्चक्राते	गुणयाञ्चक्रिरे			
गुणयामास	गुणयामासतुः	गुणयामासुः			
गुणयाम्बभूविथ	गुणयाम्बभूवथुः	गुणयाम्बभूव	अजुगुणथाः	अजुगुणेथाम्	अजुगुणध्वम्
गुणयाञ्चकृषे	गुणयाञ्चक्राथे	गुणयाञ्चकृढ्वे			
गुणयामासिथ	गुणयामासथुः	गुणयामास			
गुणयाम्बभूव	गुणयाम्बभूविव	गुणयाम्बभूविम	अजुगुणे	अजुगुणावहि	अजुगुणामहि
गुणयाञ्चक्रे	गुणयाञ्चकृवहे	गुणयाञ्चकृमहे			
गुणयामास	गुणयामासिव	गुणयामासिम			

गुण चामन्त्रणे = गुण च आमन्त्रणे ।
पाठान्तरम् । केत श्रावणे निमन्त्रणे च । Grammarians have differences regarding presence of चकारः । In Siddhanta Kaumudi केत श्रावणे is mentioned but not numbered.

1895 केत श्रावणे निमन्त्रणे च । चकारात् केत इति । कथादयः , अग्लोपी । hear, invite, call, advise
10c 362 केत । केत् । केतयति / ते । U । सेट् । स० । केति । केतय । **Parasmaipadi Forms**

केतयति	केतयतः	केतयन्ति[1]	अकेतयत् -द्	अकेतयताम्	अकेतयन्[1]
केतयसि	केतयथः	केतयथ	अकेतयः	अकेतयतम्	अकेतयत
केतयामि[2]	केतयावः[2]	केतयामः[2]	अकेतयम्[1]	अकेतयाव[2]	अकेतयाम[2]

केतयतु केतयतात् -द्	केतयताम्	केतयन्तु[1]	केतयेत् -द्	केतयेताम्	केतयेयुः
केतय केतयतात् -द्	केतयतम्	केतयत	केतयेः	केतयेतम्	केतयेत
केतयानि[3]	केतयाव[3]	केतयाम[3]	केतयेयम्	केतयेव	केतयेम

केतयिष्यति	केतयिष्यतः	केतयिष्यन्ति	अकेतयिष्यत् -द्	अकेतयिष्यताम्	अकेतयिष्यन्
केतयिष्यसि	केतयिष्यथः	केतयिष्यथ	अकेतयिष्यः	अकेतयिष्यतम्	अकेतयिष्यत
केतयिष्यामि	केतयिष्यावः	केतयिष्यामः	अकेतयिष्यम्	अकेतयिष्याव	अकेतयिष्याम

केतयिता	केतयितारौ	केतयितारः	केत्यात् -द्	केत्यास्ताम्	केत्यासुः
केतयितासि	केतयितास्थः	केतयितास्थ	केत्याः	केत्यास्तम्	केत्यास्त

केतयितास्मि	केतयितास्वः	केतयितास्मः	केत्यासम्	केत्यास्व	केत्यास्म

केतयाम्बभूव	केतयाम्बभूवतुः	केतयाम्बभूवुः	अचिकेतत् -द्	अचिकेतताम्	अचिकेतन्
केतयाञ्चकार	केतयाञ्चक्रतुः	केतयाञ्चक्रुः			
केतयामास	केतयामासतुः	केतयामासुः			
केतयाम्बभूविथ	केतयाम्बभूवथुः	केतयाम्बभूव	अचिकेतः	अचिकेततम्	अचिकेतत
केतयाञ्चकर्थ	केतयाञ्चक्रथुः	केतयाञ्चक्र			
केतयामासिथ	केतयामासथुः	केतयामास			
केतयाम्बभूव	केतयाम्बभूविव	केतयाम्बभूविम	अचिकेतम्	अचिकेताव	अचिकेताम
केतयाञ्चकर -कार	केतयाञ्चकृव	केतयाञ्चकृम			
केतयामास	केतयामासिव	केतयामासिम			

Atmanepadi Forms

केतयते	केतयेते[4]	केतयन्ते[1]	अकेतयत	अकेतयेताम्[4]	अकेतयन्त[1]
केतयसे	केतयेथे[4]	केतयध्वे	अकेतयथाः	अकेतयेथाम्[4]	अकेतयध्वम्
केतये[1]	केतयावहे[2]	केतयामहे[2]	अकेतये[4]	अकेतयावहि[3]	अकेतयामहि[3]

केतयताम्	केतयेताम्[4]	केतयन्ताम्[1]	केतयेत	केतयेयाताम्	केतयेरन्
केतयस्व	केतयेथाम्[4]	केतयध्वम्	केतयेथाः	केतयेयाथाम्	केतयेध्वम्
केतयै[5]	केतयावहै[3]	केतयामहै[3]	केतयेय	केतयेवहि	केतयेमहि

केतयिष्यते	केतयिष्येते	केतयिष्यन्ते	अकेतयिष्यत	अकेतयिष्येताम्	अकेतयिष्यन्त
केतयिष्यसे	केतयिष्येथे	केतयिष्यध्वे	अकेतयिष्यथाः	अकेतयिष्येथाम्	अकेतयिष्यध्वम्
केतयिष्ये	केतयिष्यावहे	केतयिष्यामहे	अकेतयिष्ये	अकेतयिष्यावहि	अकेतयिष्यामहि

केतयिता	केतयितारौ	केतयितारः	केतयिषीष्ट	केतयिषीयास्ताम्	केतयिषीरन्
केतयितासे	केतयितासाथे	केतयिताध्वे	केतयिषीष्ठाः	केतयिषीयास्थाम्	केतयिषीध्वम् -ढ्वम्
केतयिताहे	केतयितास्वहे	केतयितास्महे	केतयिषीय	केतयिषीवहि	केतयिषीमहि

केतयाम्बभूव	केतयाम्बभूवतुः	केतयाम्बभूवुः	अचिकेतत	अचिकेतेताम्	अचिकेतन्त
केतयाञ्चक्रे	केतयाञ्चक्राते	केतयाञ्चक्रिरे			
केतयामास	केतयामासतुः	केतयामासुः			
केतयाम्बभूविथ	केतयाम्बभूवथुः	केतयाम्बभूव	अचिकेतथाः	अचिकेतेथाम्	अचिकेतध्वम्
केतयाञ्चकृषे	केतयाञ्चक्राथे	केतयाञ्चकृढ्वे			
केतयामासिथ	केतयामासथुः	केतयामास			
केतयाम्बभूव	केतयाम्बभूविव	केतयाम्बभूविम	अचिकेते	अचिकेतावहि	अचिकेतामहि
केतयाञ्चक्रे	केतयाञ्चकृवहे	केतयाञ्चकृमहे			

| केतयामास | केतयामासिव | केतयामासिम | |

In Siddhanta Kaumudi केत श्रावणे is mentioned but not numbered. Hence from **1896 Here onwards the Dhatu Serial Number in standard Dhatupathas becomes the same as in Siddhanta Kaumudi.**

1896 कूण सङ्कोचनेऽपि । कूण सङ्कोचने इति च अत्र पठन्ति । कथादयः, अग्लोपी । contract, close, call, 10c 363 कूण । कूण् । कूणयति / ते । U । सेट् । स० । कूणि । कूणय । invite, advise
Note - सङ्कोचनेऽपि, here अपि is used to say that this Root ALSO means आमन्त्रणे । On the other hand, सङ्कोचने इति, here इति signifies end of discussion on पाठान्तरम् from 1895 केत श्रावणे निमन्त्रणे च । पाठान्तरम् । **Parasmaipadi Forms**

कूणयति	कूणयतः	कूणयन्ति¹	अकूणयत् -द्	अकूणयताम्	अकूणयन्¹
कूणयसि	कूणयथः	कूणयथ	अकूणयः	अकूणयतम्	अकूणयत
कूणयामि²	कूणयावः²	कूणयामः²	अकूणयम्¹	अकूणयाव²	अकूणयाम²

कूणयतु कूणयतात् -द्	कूणयताम्	कूणयन्तु¹	कूणयेत् -द्	कूणयेताम्	कूणयेयुः
कूणय कूणयतात् -द्	कूणयतम्	कूणयत	कूणयेः	कूणयेतम्	कूणयेत
कूणयानि³	कूणयाव³	कूणयाम³	कूणयेयम्	कूणयेव	कूणयेम

कूणयिष्यति	कूणयिष्यतः	कूणयिष्यन्ति	अकूणयिष्यत् -द्	अकूणयिष्यताम्	अकूणयिष्यन्
कूणयिष्यसि	कूणयिष्यथः	कूणयिष्यथ	अकूणयिष्यः	अकूणयिष्यतम्	अकूणयिष्यत
कूणयिष्यामि	कूणयिष्यावः	कूणयिष्यामः	अकूणयिष्यम्	अकूणयिष्याव	अकूणयिष्याम

कूणयिता	कूणयितारौ	कूणयितारः	कूण्यात् -द्	कूण्यास्ताम्	कूण्यासुः
कूणयितासि	कूणयितास्थः	कूणयितास्थ	कूण्याः	कूण्यास्तम्	कूण्यास्त
कूणयितास्मि	कूणयितास्वः	कूणयितास्मः	कूण्यासम्	कूण्यास्व	कूण्यास्म

कूणयाम्बभूव	कूणयाम्बभूवतुः	कूणयाम्बभूवुः	अचूकुणत् -द्	अचूकुणताम्	अचूकुणन्
कूणयाञ्चकार	कूणयाञ्चक्रतुः	कूणयाञ्चक्रुः			
कूणयामास	कूणयामासतुः	कूणयामासुः			
कूणयाम्बभूविथ	कूणयाम्बभूवथुः	कूणयाम्बभूव	अचूकुणः	अचूकुणतम्	अचूकुणत
कूणयाञ्चकर्थ	कूणयाञ्चक्रथुः	कूणयाञ्चक्र			
कूणयामासिथ	कूणयामासथुः	कूणयामास			
कूणयाम्बभूव	कूणयाम्बभूविव	कूणयाम्बभूविम	अचूकुणम्	अचूकुणाव	अचूकुणाम
कूणयाञ्चकर -कार	कूणयाञ्चकृव	कूणयाञ्चकृम			
कूणयामास	कूणयामासिव	कूणयामासिम			

Atmanepadi Forms

कूणयते	कूणयेते[4]	कूणयन्ते[1]	अकूणयत	अकूणयेताम्[4]	अकूणयन्त[1]
कूणयसे	कूणयेथे[4]	कूणयध्वे	अकूणयथाः	अकूणयेथाम्[4]	अकूणयध्वम्
कूणये[1]	कूणयावहे[2]	कूणयामहे[2]	अकूणये[4]	अकूणयावहि[3]	अकूणयामहि[3]

कूणयताम्	कूणयेताम्[4]	कूणयन्ताम्[1]	कूणयेत	कूणयेयाताम्	कूणयेरन्
कूणयस्व	कूणयेथाम्[4]	कूणयध्वम्	कूणयेथाः	कूणयेयाथाम्	कूणयेध्वम्
कूणयै[5]	कूणयावहै[3]	कूणयामहै[3]	कूणयेय	कूणयेवहि	कूणयेमहि

कूणयिष्यते	कूणयिष्येते	कूणयिष्यन्ते	अकूणयिष्यत	अकूणयिष्येताम्	अकूणयिष्यन्त
कूणयिष्यसे	कूणयिष्येथे	कूणयिष्यध्वे	अकूणयिष्यथाः	अकूणयिष्येथाम्	अकूणयिष्यध्वम्
कूणयिष्ये	कूणयिष्यावहे	कूणयिष्यामहे	अकूणयिष्ये	अकूणयिष्यावहि	अकूणयिष्यामहि

कूणयिता	कूणयितारौ	कूणयितारः	कूणयिषीष्ट	कूणयिषीयास्ताम्	कूणयिषीरन्
कूणयितासे	कूणयितासाथे	कूणयिताध्वे	कूणयिषीष्ठाः	कूणयिषीयास्थाम्	कूणयिषीध्वम् -ढ्वम्
कूणयिताहे	कूणयितास्वहे	कूणयितास्महे	कूणयिषीय	कूणयिषीवहि	कूणयिषीमहि

कूणयाम्बभूव	कूणयाम्बभूवतुः	कूणयाम्बभूवुः	अचुकूणत	अचुकूणेताम्	अचुकूणन्त
कूणयाञ्चक्रे	कूणयाञ्चक्राते	कूणयाञ्चक्रिरे			
कूणयामास	कूणयामासतुः	कूणयामासुः			
कूणयाम्बभूविथ	कूणयाम्बभूवथुः	कूणयाम्बभूव	अचुकूणथाः	अचुकूणेथाम्	अचुकूणध्वम्
कूणयाञ्चकृषे	कूणयाञ्चक्राथे	कूणयाञ्चकृढ्वे			
कूणयामासिथ	कूणयामासथुः	कूणयामास			
कूणयाम्बभूव	कूणयाम्बभूविव	कूणयाम्बभूविम	अचुकूणे	अचुकूणावहि	अचुकूणामहि
कूणयाञ्चक्रे	कूणयाञ्चकृवहे	कूणयाञ्चकृमहे			
कूणयामास	कूणयामासिव	कूणयामासिम			

1897 स्तेन चौर्ये । कथादयः , अग्लोपी । steal, rob
10c 364 स्तेन । स्तेन् । स्तेनयति / ते । U । सेट् । स० । सेट् । स० । स्तेनि । स्तेनय ।

Parasmaipadi Forms

स्तेनयति	स्तेनयतः	स्तेनयन्ति[1]	अस्तेनयत् -द्	अस्तेनयताम्	अस्तेनयन्[1]
स्तेनयसि	स्तेनयथः	स्तेनयथ	अस्तेनयः	अस्तेनयतम्	अस्तेनयत
स्तेनयामि[2]	स्तेनयावः[2]	स्तेनयामः[2]	अस्तेनयम्[1]	अस्तेनयाव[2]	अस्तेनयाम[2]

| स्तेनयतु स्तेनयतात् -द् | स्तेनयताम् | स्तेनयन्तु[1] | स्तेनयेत् -द् | स्तेनयेताम् | स्तेनयेयुः |
| स्तेनय स्तेनयतात् -द् | स्तेनयतम् | स्तेनयत | स्तेनयेः | स्तेनयेतम् | स्तेनयेत |

| स्तेनयानि³ | स्तेनयाव³ | स्तेनयाम³ | स्तेनयेयम् | स्तेनयेव | स्तेनयेम |

स्तेनयिष्यति	स्तेनयिष्यतः	स्तेनयिष्यन्ति	अस्तेनयिष्यत् -द्	अस्तेनयिष्यताम्	अस्तेनयिष्यन्
स्तेनयिष्यसि	स्तेनयिष्यथः	स्तेनयिष्यथ	अस्तेनयिष्यः	अस्तेनयिष्यतम्	अस्तेनयिष्यत
स्तेनयिष्यामि	स्तेनयिष्यावः	स्तेनयिष्यामः	अस्तेनयिष्यम्	अस्तेनयिष्याव	अस्तेनयिष्याम

स्तेनयिता	स्तेनयितारौ	स्तेनयितारः	स्तेन्यात् -द्	स्तेन्यास्ताम्	स्तेन्यासुः
स्तेनयितासि	स्तेनयितास्थः	स्तेनयितास्थ	स्तेन्याः	स्तेन्यास्तम्	स्तेन्यास्त
स्तेनयितास्मि	स्तेनयितास्वः	स्तेनयितास्मः	स्तेन्यासम्	स्तेन्यास्व	स्तेन्यास्म

स्तेनयाम्बभूव	स्तेनयाम्बभूवतुः	स्तेनयाम्बभूवुः	अतिस्तेनत् -द्	अतिस्तेनताम्	अतिस्तेनन्
स्तेनयाञ्चकार	स्तेनयाञ्चक्रतुः	स्तेनयाञ्चक्रुः			
स्तेनयामास	स्तेनयामासतुः	स्तेनयामासुः			
स्तेनयाम्बभूविथ	स्तेनयाम्बभूवथुः	स्तेनयाम्बभूव	अतिस्तेनः	अतिस्तेनतम्	अतिस्तेनत
स्तेनयाञ्चकर्थ	स्तेनयाञ्चक्रथुः	स्तेनयाञ्चक्र			
स्तेनयामासिथ	स्तेनयामासथुः	स्तेनयामास			
स्तेनयाम्बभूव	स्तेनयाम्बभूविव	स्तेनयाम्बभूविम	अतिस्तेनम्	अतिस्तेनाव	अतिस्तेनाम
स्तेनयाञ्चकर -कार	स्तेनयाञ्चकृव	स्तेनयाञ्चकृम			
स्तेनयामास	स्तेनयामासिव	स्तेनयामासिम			

Atmanepadi Forms

स्तेनयते	स्तेनयेते⁴	स्तेनयन्ते¹	अस्तेनयत	अस्तेनयेताम्⁴	अस्तेनयन्त¹
स्तेनयसे	स्तेनयेथे⁴	स्तेनयध्वे	अस्तेनयथाः	अस्तेनयेथाम्⁴	अस्तेनयध्वम्
स्तेनये¹	स्तेनयावहे²	स्तेनयामहे²	अस्तेनये⁴	अस्तेनयावहि³	अस्तेनयामहि³

स्तेनयताम्	स्तेनयेताम्⁴	स्तेनयन्ताम्¹	स्तेनयेत	स्तेनयेयाताम्	स्तेनयेरन्
स्तेनयस्व	स्तेनयेथाम्⁴	स्तेनयध्वम्	स्तेनयेथाः	स्तेनयेयाथाम्	स्तेनयेध्वम्
स्तेनयै⁵	स्तेनयावहै³	स्तेनयामहै³	स्तेनयेय	स्तेनयेवहि	स्तेनयेमहि

स्तेनयिष्यते	स्तेनयिष्येते	स्तेनयिष्यन्ते	अस्तेनयिष्यत	अस्तेनयिष्येताम्	अस्तेनयिष्यन्त
स्तेनयिष्यसे	स्तेनयिष्येथे	स्तेनयिष्यध्वे	अस्तेनयिष्यथाः	अस्तेनयिष्येथाम्	अस्तेनयिष्यध्वम्
स्तेनयिष्ये	स्तेनयिष्यावहे	स्तेनयिष्यामहे	अस्तेनयिष्ये	अस्तेनयिष्यावहि	अस्तेनयिष्यामहि

स्तेनयिता	स्तेनयितारौ	स्तेनयितारः	स्तेनयिषीष्ट	स्तेनयिषीयास्ताम्	स्तेनयिषीरन्
स्तेनयितासे	स्तेनयितासाथे	स्तेनयिताध्वे	स्तेनयिषीष्ठाः	स्तेनयिषीयास्थाम्	स्तेनयिषीध्वम् -ढ्वम्
स्तेनयिताहे	स्तेनयितास्वहे	स्तेनयितास्महे	स्तेनयिषीय	स्तेनयिषीवहि	स्तेनयिषीमहि

| स्तेनयाम्बभूव | स्तेनयाम्बभूवतुः | स्तेनयाम्बभूवुः | अतिस्तेनत | अतिस्तेनेताम् | अतिस्तेनन्त |

स्तेनयाञ्चक्रे	स्तेनयाञ्चक्राते	स्तेनयाञ्चक्रिरे			
स्तेनयामास	स्तेनयामासतुः	स्तेनयामासुः			
स्तेनयाम्बभूविथ	स्तेनयाम्बभूवथुः	स्तेनयाम्बभूव	अतिस्तेनथाः	अतिस्तेनेथाम्	अतिस्तेनध्वम्
स्तेनयाञ्चकृषे	स्तेनयाञ्चक्राथे	स्तेनयाञ्चकृढ्वे			
स्तेनयामासिथ	स्तेनयामासथुः	स्तेनयामास			
स्तेनयाम्बभूव	स्तेनयाम्बभूविव	स्तेनयाम्बभूविम	अतिस्तेने	अतिस्तेनावहि	अतिस्तेनामहि
स्तेनयाञ्चक्रे	स्तेनयाञ्चकृवहे	स्तेनयाञ्चकृमहे			
स्तेनयामास	स्तेनयामासिव	स्तेनयामासिम			

गणसूत्रः = आ गर्वादात्मनेपदिनः ।

1898 अथ आगर्वीय अन्तर्गणः दश आत्मनेपदिनः । 10 Atmanepadi Roots.

इतः परे गर्व माने इति वक्ष्यमाणपर्यन्ता आत्मनेपदिनः ।

1898 पद् गतौ । आगर्वीयः आत्मनेपदी । अदन्तः , अग्लोपी । go, move, fall

10c 365 पद । पद् । पदयते । A । सेट् । स० । पदि । पदय ।

6.4.48 अतो लोपः । अकारः drops, 1.1.57 अचः परस्मिन् पूर्वविधौ । However णिच् sees the अकारः and thus cannot cause guna/vriddhi. अक् प्रत्याहारस्य लोपः इति अग्लोपि ।

Atmanepadi Forms Only

पदयते	पदयेते[4]	पदयन्ते[1]	अपदयत	अपदयेताम्[4]	अपदयन्त[1]
पदयसे	पदयेथे[4]	पदयध्वे	अपदयथाः	अपदयेथाम्[4]	अपदयध्वम्
पदये[1]	पदयावहे[2]	पदयामहे[2]	अपदये[4]	अपदयावहि[3]	अपदयामहि[3]
पदयताम्	पदयेताम्[4]	पदयन्ताम्[1]	पदयेत	पदयेयाताम्	पदयेरन्
पदयस्व	पदयेथाम्[4]	पदयध्वम्	पदयेथाः	पदयेयाथाम्	पदयेध्वम्
पदयै[5]	पदयावहै[3]	पदयामहै[3]	पदयेय	पदयेवहि	पदयेमहि
पदयिष्यते	पदयिष्येते	पदयिष्यन्ते	अपदयिष्यत	अपदयिष्येताम्	अपदयिष्यन्त
पदयिष्यसे	पदयिष्येथे	पदयिष्यध्वे	अपदयिष्यथाः	अपदयिष्येथाम्	अपदयिष्यध्वम्
पदयिष्ये	पदयिष्यावहे	पदयिष्यामहे	अपदयिष्ये	अपदयिष्यावहि	अपदयिष्यामहि
पदयिता	पदयितारौ	पदयितारः	पदयिषीष्ट	पदयिषीयास्ताम्	पदयिषीरन्
पदयितासे	पदयितासाथे	पदयिताध्वे	पदयिषीष्ठाः	पदयिषीयास्थाम्	पदयिषीध्वम् -ढ्वम्
पदयिताहे	पदयितास्वहे	पदयितास्महे	पदयिषीय	पदयिषीवहि	पदयिषीमहि
पदयाम्बभूव	पदयाम्बभूवतुः	पदयाम्बभूवुः	अपपदत	अपपदेताम्	अपपदन्त
पदयाञ्चक्रे	पदयाञ्चक्राते	पदयाञ्चक्रिरे			

पदयामास	पदयामासतुः	पदयामासुः			
पदयाम्बभूविथ	पदयाम्बभूवथुः	पदयाम्बभूव	अपपदथाः	अपपदेथाम्	अपपदध्वम्
पदयाञ्चकृषे	पदयाञ्चक्राथे	पदयाञ्चकृढ्वे			
पदयामासिथ	पदयामासथुः	पदयामास			
पदयाम्बभूव	पदयाम्बभूविव	पदयाम्बभूविम	अपपदे	अपपदावहि	अपपदामहि
पदयाञ्चक्रे	पदयाञ्चकृवहे	पदयाञ्चकृमहे			
पदयामास	पदयामासिव	पदयामासिम			

1899 गृह ग्रहणे । आगर्वीयः आत्मनेपदी । अदन्तः , अग्लोपी । seize, take, accept

10c 366 गृह । गृह् । गृहयते । A । सेट् । स० । गृहि । गृहय ।

Atmanepadi Forms Only

गृहयते	गृहयेते[4]	गृहयन्ते[1]	अगृहयत	अगृहयेताम्[4]	अगृहयन्त[1]
गृहयसे	गृहयेथे[4]	गृहयध्वे	अगृहयथाः	अगृहयेथाम्[4]	अगृहयध्वम्
गृहये[1]	गृहयावहे[2]	गृहयामहे[2]	अगृहये[4]	अगृहयावहि[3]	अगृहयामहि[3]

गृहयताम्	गृहयेताम्[4]	गृहयन्ताम्[1]	गृहयेत	गृहयेयाताम्	गृहयेरन्
गृहयस्व	गृहयेथाम्[4]	गृहयध्वम्	गृहयेथाः	गृहयेयाथाम्	गृहयेध्वम्
गृहयै[5]	गृहयावहै[3]	गृहयामहै[3]	गृहयेय	गृहयेवहि	गृहयेमहि

गृहयिष्यते	गृहयिष्येते	गृहयिष्यन्ते	अगृहयिष्यत	अगृहयिष्येताम्	अगृहयिष्यन्त
गृहयिष्यसे	गृहयिष्येथे	गृहयिष्यध्वे	अगृहयिष्यथाः	अगृहयिष्येथाम्	अगृहयिष्यध्वम्
गृहयिष्ये	गृहयिष्यावहे	गृहयिष्यामहे	अगृहयिष्ये	अगृहयिष्यावहि	अगृहयिष्यामहि

गृहयिता	गृहयितारौ	गृहयितारः	गृहयिषीष्ट	गृहयिषीयास्ताम्	गृहयिषीरन्
गृहयितासे	गृहयितासाथे	गृहयिताध्वे	गृहयिषीष्ठाः	गृहयिषीयास्थाम्	गृहयिषीध्वम् -ढ्वम्
गृहयिताहे	गृहयितास्वहे	गृहयितास्महे	गृहयिषीय	गृहयिषीवहि	गृहयिषीमहि

गृहयाम्बभूव	गृहयाम्बभूवतुः	गृहयाम्बभूवुः	अजगृहत	अजगृहेताम्	अजगृहन्त
गृहयाञ्चक्रे	गृहयाञ्चक्राते	गृहयाञ्चक्रिरे			
गृहयामास	गृहयामासतुः	गृहयामासुः			
गृहयाम्बभूविथ	गृहयाम्बभूवथुः	गृहयाम्बभूव	अजगृहथाः	अजगृहेथाम्	अजगृहध्वम्
गृहयाञ्चकृषे	गृहयाञ्चक्राथे	गृहयाञ्चकृढ्वे			
गृहयामासिथ	गृहयामासथुः	गृहयामास			
गृहयाम्बभूव	गृहयाम्बभूविव	गृहयाम्बभूविम	अजगृहे	अजगृहावहि	अजगृहामहि
गृहयाञ्चक्रे	गृहयाञ्चकृवहे	गृहयाञ्चकृमहे			
गृहयामास	गृहयामासिव	गृहयामासिम			

1900 मृग अन्वेषणे । आगर्वीयः आत्मनेपदी । अदन्तः , अग्लोपी । search, seek, hunt
10c 367 मृग । मृग् । मृगयते । A । सेट् । स० । मृगि । मृगय ।

Atmanepadi Forms Only

मृगयते	मृगयेते[4]	मृगयन्ते[1]	अमृगयत	अमृगयेताम्[4]	अमृगयन्त[1]
मृगयसे	मृगयेथे[4]	मृगयध्वे	अमृगयथाः	अमृगयेथाम्[4]	अमृगयध्वम्
मृगये[1]	मृगयावहे[2]	मृगयामहे[2]	अमृगये[4]	अमृगयावहि[3]	अमृगयामहि[3]
मृगयताम्	मृगयेताम्[4]	मृगयन्ताम्[1]	मृगयेत	मृगयेयाताम्	मृगयेरन्
मृगयस्व	मृगयेथाम्[4]	मृगयध्वम्	मृगयेथाः	मृगयेयाथाम्	मृगयेध्वम्
मृगयै[5]	मृगयावहै[3]	मृगयामहै[3]	मृगयेय	मृगयेवहि	मृगयेमहि
मृगयिष्यते	मृगयिष्येते	मृगयिष्यन्ते	अमृगयिष्यत	अमृगयिष्येताम्	अमृगयिष्यन्त
मृगयिष्यसे	मृगयिष्येथे	मृगयिष्यध्वे	अमृगयिष्यथाः	अमृगयिष्येथाम्	अमृगयिष्यध्वम्
मृगयिष्ये	मृगयिष्यावहे	मृगयिष्यामहे	अमृगयिष्ये	अमृगयिष्यावहि	अमृगयिष्यामहि
मृगयिता	मृगयितारौ	मृगयितारः	मृगयिषीष्ट	मृगयिषीयास्ताम्	मृगयिषीरन्
मृगयितासे	मृगयितासाथे	मृगयिताध्वे	मृगयिषीष्ठाः	मृगयिषीयास्थाम्	मृगयिषीध्वम् -ढ्वम्
मृगयिताहे	मृगयितास्वहे	मृगयितास्महे	मृगयिषीय	मृगयिषीवहि	मृगयिषीमहि
मृगयाम्बभूव	मृगयाम्बभूवतुः	मृगयाम्बभूवुः	अममृगत	अममृगेताम्	अममृगन्त
मृगयाञ्चक्रे	मृगयाञ्चक्राते	मृगयाञ्चक्रिरे			
मृगयामास	मृगयामासतुः	मृगयामासुः			
मृगयाम्बभूविथ	मृगयाम्बभूवथुः	मृगयाम्बभूव	अममृगथाः	अममृगेथाम्	अममृगध्वम्
मृगयाञ्चकृषे	मृगयाञ्चक्राथे	मृगयाञ्चकृढ्वे			
मृगयामासिथ	मृगयामासथुः	मृगयामास			
मृगयाम्बभूव	मृगयाम्बभूविव	मृगयाम्बभूविम	अममृगे	अममृगावहि	अममृगामहि
मृगयाञ्चक्रे	मृगयाञ्चकृवहे	मृगयाञ्चकृमहे			
मृगयामास	मृगयामासिव	मृगयामासिम			

1901 कुह विस्मापने । आगर्वीयः आत्मनेपदी । अदन्तः , अग्लोपी । astonish, germinate, grow,
10c 368 कुह । कुह् । कुहयते । A । सेट् । स० । कुहि । कुहय । show a miracle

Atmanepadi Forms Only

कुहयते	कुहयेते[4]	कुहयन्ते[1]	अकुहयत	अकुहयेताम्[4]	अकुहयन्त[1]
कुहयसे	कुहयेथे[4]	कुहयध्वे	अकुहयथाः	अकुहयेथाम्[4]	अकुहयध्वम्
कुहये[1]	कुहयावहे[2]	कुहयामहे[2]	अकुहये[4]	अकुहयावहि[3]	अकुहयामहि[3]
कुहयताम्	कुहयेताम्[4]	कुहयन्ताम्[1]	कुहयेत	कुहयेयाताम्	कुहयेरन्

कुहयस्व	कुहयेथाम्[4]	कुहयध्वम्	कुहयेथाः	कुहयेयाथाम्	कुहयेध्वम्
कुहयै[5]	कुहयावहै[3]	कुहयामहै[3]	कुहयेय	कुहयेवहि	कुहयेमहि

कुहयिष्यते	कुहयिष्येते	कुहयिष्यन्ते	अकुहयिष्यत	अकुहयिष्येताम्	अकुहयिष्यन्त
कुहयिष्यसे	कुहयिष्येथे	कुहयिष्यध्वे	अकुहयिष्यथाः	अकुहयिष्येथाम्	अकुहयिष्यध्वम्
कुहयिष्ये	कुहयिष्यावहे	कुहयिष्यामहे	अकुहयिष्ये	अकुहयिष्यावहि	अकुहयिष्यामहि

कुहयिता	कुहयितारौ	कुहयितारः	कुहयिषीष्ट	कुहयिषीयास्ताम्	कुहयिषीरन्
कुहयितासे	कुहयितासाथे	कुहयिताध्वे	कुहयिषीष्ठाः	कुहयिषीयास्थाम्	कुहयिषीध्वम् -ढ्वम्
कुहयिताहे	कुहयितास्वहे	कुहयितास्महे	कुहयिषीय	कुहयिषीवहि	कुहयिषीमहि

कुहयाम्बभूव	कुहयाम्बभूवतुः	कुहयाम्बभूवुः	अचुकुहत	अचुकुहेताम्	अचुकुहन्त
कुहयाञ्चक्रे	कुहयाञ्चक्राते	कुहयाञ्चक्रिरे			
कुहयामास	कुहयामासतुः	कुहयामासुः			
कुहयाम्बभूविथ	कुहयाम्बभूवथुः	कुहयाम्बभूव	अचुकुहथाः	अचुकुहेथाम्	अचुकुहध्वम्
कुहयाञ्चकृषे	कुहयाञ्चक्राथे	कुहयाञ्चकृढ्वे			
कुहयामासिथ	कुहयामासथुः	कुहयामास			
कुहयाम्बभूव	कुहयाम्बभूविव	कुहयाम्बभूविम	अचुकुहे	अचुकुहावहि	अचुकुहामहि
कुहयाञ्चक्रे	कुहयाञ्चकृवहे	कुहयाञ्चकृमहे			
कुहयामास	कुहयामासिव	कुहयामासिम			

1902 **शूर** विक्रान्तौ । आगर्वीयः आत्मनेपदी । अदन्तः , अग्लोपी । be a hero, be powerful
10c 369 **शूर** । **शूर्** । **शूरयते** । A । सेट् । अ० । **शूरि** । **शूरय** ।

Atmanepadi Forms Only

शूरयते	शूरयेते[4]	शूरयन्ते[1]	अशूरयत	अशूरयेताम्[4]	अशूरयन्त[1]
शूरयसे	शूरयेथे[4]	शूरयध्वे	अशूरयथाः	अशूरयेथाम्[4]	अशूरयध्वम्
शूरये[1]	शूरयावहे[2]	शूरयामहे[2]	अशूरये[4]	अशूरयावहि[3]	अशूरयामहि[3]

शूरयताम्	शूरयेताम्[4]	शूरयन्ताम्[1]	शूरयेत	शूरयेयाताम्	शूरयेरन्
शूरयस्व	शूरयेथाम्[4]	शूरयध्वम्	शूरयेथाः	शूरयेयाथाम्	शूरयेध्वम्
शूरयै[5]	शूरयावहै[3]	शूरयामहै[3]	शूरयेय	शूरयेवहि	शूरयेमहि

शूरयिष्यते	शूरयिष्येते	शूरयिष्यन्ते	अशूरयिष्यत	अशूरयिष्येताम्	अशूरयिष्यन्त
शूरयिष्यसे	शूरयिष्येथे	शूरयिष्यध्वे	अशूरयिष्यथाः	अशूरयिष्येथाम्	अशूरयिष्यध्वम्
शूरयिष्ये	शूरयिष्यावहे	शूरयिष्यामहे	अशूरयिष्ये	अशूरयिष्यावहि	अशूरयिष्यामहि

शूरयिता	शूरयितारौ	शूरयितारः	शूरयिषीष्ट	शूरयिषीयास्ताम्	शूरयिषीरन्

| शूरयितासे | शूरयितासाथे | शूरयिताध्वे | शूरयिषीष्ठाः | शूरयिषीयास्थाम् | शूरयिषीध्वम् -ढ्वम् |
| शूरयिताहे | शूरयितास्वहे | शूरयितास्महे | शूरयिषीय | शूरयिषीवहि | शूरयिषीमहि |

शूरयाम्बभूव	शूरयाम्बभूवतुः	शूरयाम्बभूवुः	अशुशूरत	अशुशूरेताम्	अशुशूरन्त
शूरयाञ्चक्रे	शूरयाञ्चक्राते	शूरयाञ्चक्रिरे			
शूरयामास	शूरयामासतुः	शूरयामासुः			
शूरयाम्बभूविथ	शूरयाम्बभूवथुः	शूरयाम्बभूव	अशुशूरथाः	अशुशूरेथाम्	अशुशूरध्वम्
शूरयाञ्चकृषे	शूरयाञ्चक्राथे	शूरयाञ्चकृढ्वे			
शूरयामासिथ	शूरयामासथुः	शूरयामास			
शूरयाम्बभूव	शूरयाम्बभूविव	शूरयाम्बभूविम	अशुशूरे	अशुशूरावहि	अशुशूरामहि
शूरयाञ्चक्रे	शूरयाञ्चकृवहे	शूरयाञ्चकृमहे			
शूरयामास	शूरयामासिव	शूरयामासिम			

1903 वीर विक्रान्तौ । आगर्वीयः आत्मनेपदी । अदन्तः , अग्लोपी । be brave, be valiant
10c 370 वीर । वीर् । वीरयते । A । सेट् । अ० । वीरि । वीरय । *Famous word* शूरवीरः ।

Atmanepadi Forms Only

वीरयते	वीरयेते[4]	वीरयन्ते[1]	अवीरयत	अवीरयेताम्[4]	अवीरयन्त[1]
वीरयसे	वीरयेथे[4]	वीरयध्वे	अवीरयथाः	अवीरयेथाम्[4]	अवीरयध्वम्
वीरये[1]	वीरयावहे[2]	वीरयामहे[2]	अवीरये[4]	अवीरयावहि[3]	अवीरयामहि[3]

वीरयताम्	वीरयेताम्[4]	वीरयन्ताम्[1]	वीरयेत	वीरयेयाताम्	वीरयेरन्
वीरयस्व	वीरयेथाम्[4]	वीरयध्वम्	वीरयेथाः	वीरयेयाथाम्	वीरयेध्वम्
वीरयै[5]	वीरयावहै[3]	वीरयामहै[3]	वीरयेय	वीरयेवहि	वीरयेमहि

वीरयिष्यते	वीरयिष्येते	वीरयिष्यन्ते	अवीरयिष्यत	अवीरयिष्येताम्	अवीरयिष्यन्त
वीरयिष्यसे	वीरयिष्येथे	वीरयिष्यध्वे	अवीरयिष्यथाः	अवीरयिष्येथाम्	अवीरयिष्यध्वम्
वीरयिष्ये	वीरयिष्यावहे	वीरयिष्यामहे	अवीरयिष्ये	अवीरयिष्यावहि	अवीरयिष्यामहि

वीरयिता	वीरयितारौ	वीरयितारः	वीरयिषीष्ट	वीरयिषीयास्ताम्	वीरयिषीरन्
वीरयितासे	वीरयितासाथे	वीरयिताध्वे	वीरयिषीष्ठाः	वीरयिषीयास्थाम्	वीरयिषीध्वम् -ढ्वम्
वीरयिताहे	वीरयितास्वहे	वीरयितास्महे	वीरयिषीय	वीरयिषीवहि	वीरयिषीमहि

वीरयाम्बभूव	वीरयाम्बभूवतुः	वीरयाम्बभूवुः	अविवीरत	अविवीरेताम्	अविवीरन्त
वीरयाञ्चक्रे	वीरयाञ्चक्राते	वीरयाञ्चक्रिरे			
वीरयामास	वीरयामासतुः	वीरयामासुः			
वीरयाम्बभूविथ	वीरयाम्बभूवथुः	वीरयाम्बभूव	अविवीरथाः	अविवीरेथाम्	अविवीरध्वम्
वीरयाञ्चकृषे	वीरयाञ्चक्राथे	वीरयाञ्चकृढ्वे			

वीरयामासिथ	वीरयामासथुः	वीरयामास			
वीरयाम्बभूव	वीरयाम्बभूविव	वीरयाम्बभूविम	अविवीरे	अविवीरावहि	अविवीरामहि
वीरयाञ्चक्रे	वीरयाञ्चकृवहे	वीरयाञ्चकृमहे			
वीरयामास	वीरयामासिव	वीरयामासिम			

1904 स्थूल परिबृंहणे । आगर्वीयः आत्मनेपदी । अदन्तः , अग्लोपी । be fat, be fit, be healthy
10c 371 स्थूल । स्थूल् । स्थूलयते । A । सेट् । अ० । स्थूलि । स्थूलय ।

Atmanepadi Forms Only

स्थूलयते	स्थूलयेते[4]	स्थूलयन्ते[1]	अस्थूलयत	अस्थूलयेताम्[4]	अस्थूलयन्त[1]
स्थूलयसे	स्थूलयेथे[4]	स्थूलयध्वे	अस्थूलयथाः	अस्थूलयेथाम्[4]	अस्थूलयध्वम्
स्थूलये[1]	स्थूलयावहे[2]	स्थूलयामहे[2]	अस्थूलये[4]	अस्थूलयावहि[3]	अस्थूलयामहि[3]

स्थूलयताम्	स्थूलयेताम्[4]	स्थूलयन्ताम्[1]	स्थूलयेत	स्थूलयेयाताम्	स्थूलयेरन्
स्थूलयस्व	स्थूलयेथाम्[4]	स्थूलयध्वम्	स्थूलयेथाः	स्थूलयेयाथाम्	स्थूलयेध्वम्
स्थूलयै[5]	स्थूलयावहै[3]	स्थूलयामहै[3]	स्थूलयेय	स्थूलयेवहि	स्थूलयेमहि

स्थूलयिष्यते	स्थूलयिष्येते	स्थूलयिष्यन्ते	अस्थूलयिष्यत	अस्थूलयिष्येताम्	अस्थूलयिष्यन्त
स्थूलयिष्यसे	स्थूलयिष्येथे	स्थूलयिष्यध्वे	अस्थूलयिष्यथाः	अस्थूलयिष्येथाम्	अस्थूलयिष्यध्वम्
स्थूलयिष्ये	स्थूलयिष्यावहे	स्थूलयिष्यामहे	अस्थूलयिष्ये	अस्थूलयिष्यावहि	अस्थूलयिष्यामहि

स्थूलयिता	स्थूलयितारौ	स्थूलयितारः	स्थूलयिषीष्ट	स्थूलयिषीयास्ताम्	स्थूलयिषीरन्
स्थूलयितासे	स्थूलयितासाथे	स्थूलयिताध्वे	स्थूलयिषीष्ठाः	स्थूलयिषीयास्थाम्	स्थूलयिषीध्वम् -ढ्वम्
स्थूलयिताहे	स्थूलयितास्वहे	स्थूलयितास्महे	स्थूलयिषीय	स्थूलयिषीवहि	स्थूलयिषीमहि

स्थूलयाम्बभूव	स्थूलयाम्बभूवतुः	स्थूलयाम्बभूवुः	अतुस्थूलत	अतुस्थूलेताम्	अतुस्थूलन्त
स्थूलयाञ्चक्रे	स्थूलयाञ्चक्राते	स्थूलयाञ्चक्रिरे			
स्थूलयामास	स्थूलयामासतुः	स्थूलयामासुः			
स्थूलयाम्बभूविथ	स्थूलयाम्बभूवथुः	स्थूलयाम्बभूव	अतुस्थूलथाः	अतुस्थूलेथाम्	अतुस्थूलध्वम्
स्थूलयाञ्चकृषे	स्थूलयाञ्चक्राथे	स्थूलयाञ्चकृढ्वे			
स्थूलयामासिथ	स्थूलयामासथुः	स्थूलयामास			
स्थूलयाम्बभूव	स्थूलयाम्बभूविव	स्थूलयाम्बभूविम	अतुस्थूले	अतुस्थूलावहि	अतुस्थूलामहि
स्थूलयाञ्चक्रे	स्थूलयाञ्चकृवहे	स्थूलयाञ्चकृमहे			
स्थूलयामास	स्थूलयामासिव	स्थूलयामासिम			

1905 अर्थ उपयाच्ञायाम् । आगर्वीयः आत्मनेपदी। अदन्तः , अग्लोपी । request, sue, ask in marriage
10c 372 अर्थ । अर्थ् । अर्थयते । A । सेट् । स० । अर्थि । अर्थय ।

Atmanepadi Forms Only

अर्थयते	अर्थयेते[4]	अर्थयन्ते[1]	आर्थयत	आर्थयेताम्[4]	आर्थयन्त[1]
अर्थयसे	अर्थयेथे[4]	अर्थयध्वे	आर्थयथाः	आर्थयेथाम्[4]	आर्थयध्वम्
अर्थये[1]	अर्थयावहे[2]	अर्थयामहे[2]	आर्थये[4]	आर्थयावहि[3]	आर्थयामहि[3]

अर्थयताम्	अर्थयेताम्[4]	अर्थयन्ताम्[1]	अर्थयेत	अर्थयेयाताम्	अर्थयेरन्
अर्थयस्व	अर्थयेथाम्[4]	अर्थयध्वम्	अर्थयेथाः	अर्थयेयाथाम्	अर्थयेध्वम्
अर्थयै[5]	अर्थयावहै[3]	अर्थयामहै[3]	अर्थयेय	अर्थयेवहि	अर्थयेमहि

अर्थयिष्यते	अर्थयिष्येते	अर्थयिष्यन्ते	आर्थयिष्यत	आर्थयिष्येताम्	आर्थयिष्यन्त
अर्थयिष्यसे	अर्थयिष्येथे	अर्थयिष्यध्वे	आर्थयिष्यथाः	आर्थयिष्येथाम्	आर्थयिष्यध्वम्
अर्थयिष्ये	अर्थयिष्यावहे	अर्थयिष्यामहे	आर्थयिष्ये	आर्थयिष्यावहि	आर्थयिष्यामहि

अर्थयिता	अर्थयितारौ	अर्थयितारः	अर्थयिषीष्ट	अर्थयिषीयास्ताम्	अर्थयिषीरन्
अर्थयितासे	अर्थयितासाथे	अर्थयिताध्वे	अर्थयिषीष्ठाः	अर्थयिषीयास्थाम्	अर्थयिषीध्वम् -ढ्वम्
अर्थयिताहे	अर्थयितास्वहे	अर्थयितास्महे	अर्थयिषीय	अर्थयिषीवहि	अर्थयिषीमहि

अर्थयाम्बभूव	अर्थयाम्बभूवतुः	अर्थयाम्बभूवुः	आर्तथत	आर्तथेताम्	आर्तथन्त
अर्थयाञ्चक्रे	अर्थयाञ्चक्राते	अर्थयाञ्चक्रिरे			
अर्थयामास	अर्थयामासतुः	अर्थयामासुः			
अर्थयाम्बभूविथ	अर्थयाम्बभूवथुः	अर्थयाम्बभूव	आर्तथथाः	आर्तथेथाम्	आर्तथध्वम्
अर्थयाञ्चकृषे	अर्थयाञ्चक्राथे	अर्थयाञ्चकृढ्वे			
अर्थयामासिथ	अर्थयामासथुः	अर्थयामास			
अर्थयाम्बभूव	अर्थयाम्बभूविव	अर्थयाम्बभूविम	आर्तथे	आर्तथावहि	आर्तथामहि
अर्थयाञ्चक्रे	अर्थयाञ्चकृवहे	अर्थयाञ्चकृमहे			
अर्थयामास	अर्थयामासिव	अर्थयामासिम			

1906 सत्र सन्तानक्रियायाम्। आगर्वीयः आत्मनेपदी । अदन्तः , अग्लोपी । अषोपदेशो इति नित्यं णिच् । extend, 10c 373 सत्र । सत्र् । सत्रयते । A । सेट् । अ० । सत्रि । सत्रय । be together, perform a ritual Siddhanta Kaumudi अनेकाच्त्वान् न षोपदेशः । Also See under 8.2.78 उपधायां च , एकाचः षोपदेशाः ष्वष्क् स्विद् स्वद स्वञ्ज स्वप् स्मिङः । So the Grammarians say even though this Root has a conjunct and hence does not qualify for guna/vriddhi, still it is under अदन्तः , अग्लोपी and has only णिच् form. **Atmanepadi Forms Only**

सत्रयते	सत्रयेते[4]	सत्रयन्ते[1]	असत्रयत	असत्रयेताम्[4]	असत्रयन्त[1]
सत्रयसे	सत्रयेथे[4]	सत्रयध्वे	असत्रयथाः	असत्रयेथाम्[4]	असत्रयध्वम्
सत्रये[1]	सत्रयावहे[2]	सत्रयामहे[2]	असत्रये[4]	असत्रयावहि[3]	असत्रयामहि[3]

सत्रयताम्	सत्रयेताम्[4]	सत्रयन्ताम्[1]	सत्रयेत	सत्रयेयाताम्	सत्रयेरन्

सत्रयस्व	सत्रयेथाम्[4]	सत्रयध्वम्	सत्रयेथाः	सत्रयेयाथाम्	सत्रयेध्वम्
सत्रयै[5]	सत्रयावहै[3]	सत्रयामहै[3]	सत्रयेय	सत्रयेवहि	सत्रयेमहि

सत्रयिष्यते	सत्रयिष्येते	सत्रयिष्यन्ते	असत्रयिष्यत	असत्रयिष्येताम्	असत्रयिष्यन्त
सत्रयिष्यसे	सत्रयिष्येथे	सत्रयिष्यध्वे	असत्रयिष्यथाः	असत्रयिष्येथाम्	असत्रयिष्यध्वम्
सत्रयिष्ये	सत्रयिष्यावहे	सत्रयिष्यामहे	असत्रयिष्ये	असत्रयिष्यावहि	असत्रयिष्यामहि

सत्रयिता	सत्रयितारौ	सत्रयितारः	सत्रयिषीष्ट	सत्रयिषीयास्ताम्	सत्रयिषीरन्
सत्रयितासे	सत्रयितासाथे	सत्रयिताध्वे	सत्रयिषीष्ठाः	सत्रयिषीयास्थाम्	सत्रयिषीध्वम् -ढ्वम्
सत्रयिताहे	सत्रयितास्वहे	सत्रयितास्महे	सत्रयिषीय	सत्रयिषीवहि	सत्रयिषीमहि

सत्रयाम्बभूव	सत्रयाम्बभूवतुः	सत्रयाम्बभूवुः	अससत्रत	अससत्रेताम्	अससत्रन्त
सत्रयाञ्चक्रे	सत्रयाञ्चक्राते	सत्रयाञ्चक्रिरे			
सत्रयामास	सत्रयामासतुः	सत्रयामासुः			
सत्रयाम्बभूविथ	सत्रयाम्बभूवथुः	सत्रयाम्बभूव	अससत्रथाः	अससत्रेथाम्	अससत्रध्वम्
सत्रयाञ्चकृषे	सत्रयाञ्चक्राथे	सत्रयाञ्चकृढ्वे			
सत्रयामासिथ	सत्रयामासथुः	सत्रयामास			
सत्रयाम्बभूव	सत्रयाम्बभूविव	सत्रयाम्बभूविम	अससत्रे	अससत्रावहि	अससत्रामहि
सत्रयाञ्चक्रे	सत्रयाञ्चकृवहे	सत्रयाञ्चकृमहे			
सत्रयामास	सत्रयामासिव	सत्रयामासिम			

1907 गर्व माने । आगर्वीयः आत्मनेपदी । अदन्तः, अग्लोपी । एवमग्रेऽपि पाक्षिकः णिचः ।
10c 374 गर्व । गर्व् । गर्वयते , गर्वते । A । सेट् । अ० । गर्वि । गर्वय । be proud, be arrogant
Siddhanta Kaumudi अदन्तत्वसामर्थ्याण्णिज्विकल्पः । एवमग्रेऽपि । Tattvabodhini Tika वृद्धेर्लोपो बलीयान् इत्यल्लोपान्न वृद्धिः । Hence optional णिच् and also further for Roots having conjunct.

Atmanepadi Forms Only

गर्वयते	गर्वयेते[4]	गर्वयन्ते[1]	अगर्वयत	अगर्वयेताम्[4]	अगर्वयन्त[1]
गर्वयसे	गर्वयेथे[4]	गर्वयध्वे	अगर्वयथाः	अगर्वयेथाम्[4]	अगर्वयध्वम्
गर्वये[1]	गर्वयावहे[2]	गर्वयामहे[2]	अगर्वये[4]	अगर्वयावहि[3]	अगर्वयामहि[3]

गर्वयताम्	गर्वयेताम्[4]	गर्वयन्ताम्[1]	गर्वयेत	गर्वयेयाताम्	गर्वयेरन्
गर्वयस्व	गर्वयेथाम्[4]	गर्वयध्वम्	गर्वयेथाः	गर्वयेयाथाम्	गर्वयेध्वम्
गर्वयै[5]	गर्वयावहै[3]	गर्वयामहै[3]	गर्वयेय	गर्वयेवहि	गर्वयेमहि

गर्वयिष्यते	गर्वयिष्येते	गर्वयिष्यन्ते	अगर्वयिष्यत	अगर्वयिष्येताम्	अगर्वयिष्यन्त
गर्वयिष्यसे	गर्वयिष्येथे	गर्वयिष्यध्वे	अगर्वयिष्यथाः	अगर्वयिष्येथाम्	अगर्वयिष्यध्वम्
गर्वयिष्ये	गर्वयिष्यावहे	गर्वयिष्यामहे	अगर्वयिष्ये	अगर्वयिष्यावहि	अगर्वयिष्यामहि

गर्वयिता	गर्वयितारौ	गर्वयितारः	गर्वयिषीष्ट	गर्वयिषीयास्ताम्	गर्वयिषीरन्
गर्वयितासे	गर्वयितासाथे	गर्वयिताध्वे	गर्वयिषीष्ठाः	गर्वयिषीयास्थाम्	गर्वयिषीध्वम् -ढ्वम्
गर्वयिताहे	गर्वयितास्वहे	गर्वयितास्महे	गर्वयिषीय	गर्वयिषीवहि	गर्वयिषीमहि

गर्वयाम्बभूव	गर्वयाम्बभूवतुः	गर्वयाम्बभूवुः	अजगर्वत	अजगर्वेताम्	अजगर्वन्त
गर्वयाञ्चक्रे	गर्वयाञ्चक्राते	गर्वयाञ्चक्रिरे			
गर्वयामास	गर्वयामासतुः	गर्वयामासुः			
गर्वयाम्बभूविथ	गर्वयाम्बभूवथुः	गर्वयाम्बभूव	अजगर्वथाः	अजगर्वेथाम्	अजगर्वध्वम्
गर्वयाञ्चकृषे	गर्वयाञ्चक्राथे	गर्वयाञ्चकृढ्वे			
गर्वयामासिथ	गर्वयामासथुः	गर्वयामास			
गर्वयाम्बभूव	गर्वयाम्बभूविव	गर्वयाम्बभूविम	अजगर्वे	अजगर्वावहि	अजगर्वामहि
गर्वयाञ्चक्रे	गर्वयाञ्चकृवहे	गर्वयाञ्चकृमहे			
गर्वयामास	गर्वयामासिव	गर्वयामासिम			

णिजभावपक्षे भ्वादिः इव गर्व् । P । सेट् । अ० । Q. Why not Atmanepada? गर्वते ।

गर्वति	गर्वतः	गर्वन्ति	अगर्वत् -द्	अगर्वताम्	अगर्वन्
गर्वसि	गर्वथः	गर्वथ	अगर्वः	अगर्वतम्	अगर्वत
गर्वामि	गर्वावः	गर्वामः	अगर्वम्	अगर्वाव	अगर्वाम

गर्वतु गर्वतात् -द्	गर्वताम्	गर्वन्तु	गर्वेत् -द्	गर्वेताम्	गर्वेयुः
गर्व गर्वतात् -द्	गर्वतम्	गर्वत	गर्वेः	गर्वेतम्	गर्वेत
गर्वानि	गर्वाव	गर्वाम	गर्वेयम्	गर्वेव	गर्वेम

गर्विष्यति	गर्विष्यतः	गर्विष्यन्ति	अगर्विष्यत् -द्	अगर्विष्यताम्	अगर्विष्यन्
गर्विष्यसि	गर्विष्यथः	गर्विष्यथ	अगर्विष्यः	अगर्विष्यतम्	अगर्विष्यत
गर्विष्यामि	गर्विष्यावः	गर्विष्यामः	अगर्विष्यम्	अगर्विष्याव	अगर्विष्याम

गर्विता	गर्वितारौ	गर्वितारः	गर्व्यात् -द्	गर्व्यास्ताम्	गर्व्यासुः
गर्वितासि	गर्वितास्थः	गर्वितास्थ	गर्व्याः	गर्व्यास्तम्	गर्व्यास्त
गर्वितास्मि	गर्वितास्वः	गर्वितास्मः	गर्व्यासम्	गर्व्यास्व	गर्व्यास्म

गर्वाम्बभूव	गर्वाम्बभूवतुः	गर्वाम्बभूवुः	अगर्वीत् -द्	अगर्विष्टाम्	अगर्विषुः
गर्वाञ्चकार	गर्वाञ्चक्रतुः	गर्वाञ्चक्रुः			
गर्वामास	गर्वामासतुः	गर्वामासुः			
गर्वाम्बभूविथ	गर्वाम्बभूवथुः	गर्वाम्बभूव	अगर्वीः	अगर्विष्टम्	अगर्विष्ट
गर्वाञ्चकर्थ	गर्वाञ्चक्रथुः	गर्वाञ्चक्र			
गर्वामासिथ	गर्वामासथुः	गर्वामास			
गर्वाम्बभूव	गर्वाम्बभूविव	गर्वाम्बभूविम	अगर्विषम्	अगर्विष्व	अगर्विष्म
गर्वाञ्चकर -कार	गर्वाञ्चकृव	गर्वाञ्चकृम			
गर्वामास	गर्वामासिव	गर्वामासिम			

वृत् । आगर्वीयाः गताः ।

1908 अथ उभयपदिनः आगताः ।

1908 सूत्र वेष्टने । अदन्तः , अग्लोपी । अषोपदेशे इति नित्यं णिच् । tie cord,wrap rope,release bonds,
10c 375 सूत्र । सूत्र् । सूत्रयति / ते । U । सेट् । स० । सूत्रि । सूत्रय । tell briefly
Siddhanta Kaumudi under 1906 सत्र सन्तानक्रियायाम्। अनेकाच्त्वान् न षोपदेशः । Also See under 8.2.78 उपधायां च , एकाचः षोपदेशाः ष्वष्क् स्विद् स्वद स्वञ्ज स्वप् स्मिङः । So the Grammarians say even though this Root has a conjunct and hence does not qualify for guna/vriddhi, still it is under अदन्तः , अग्लोपी and has only णिच् form. **Parasmaipadi Forms**

सूत्रयति	सूत्रयतः	सूत्रयन्ति[1]	असूत्रयत् -द्	असूत्रयताम्	असूत्रयन्[1]
सूत्रयसि	सूत्रयथः	सूत्रयथ	असूत्रयः	असूत्रयतम्	असूत्रयत
सूत्रयामि[2]	सूत्रयावः[2]	सूत्रयामः[2]	असूत्रयम्[1]	असूत्रयाव[2]	असूत्रयाम[2]

सूत्रयतु सूत्रयतात् -द्	सूत्रयताम्	सूत्रयन्तु[1]	सूत्रयेत् -द्	सूत्रयेताम्	सूत्रयेयुः
सूत्रय सूत्रयतात् -द्	सूत्रयतम्	सूत्रयत	सूत्रयेः	सूत्रयेतम्	सूत्रयेत
सूत्रयाणि[3]	सूत्रयाव[3]	सूत्रयाम[3]	सूत्रयेयम्	सूत्रयेव	सूत्रयेम

सूत्रयिष्यति	सूत्रयिष्यतः	सूत्रयिष्यन्ति	असूत्रयिष्यत् -द्	असूत्रयिष्यताम्	असूत्रयिष्यन्
सूत्रयिष्यसि	सूत्रयिष्यथः	सूत्रयिष्यथ	असूत्रयिष्यः	असूत्रयिष्यतम्	असूत्रयिष्यत
सूत्रयिष्यामि	सूत्रयिष्यावः	सूत्रयिष्यामः	असूत्रयिष्यम्	असूत्रयिष्याव	असूत्रयिष्याम

सूत्रयिता	सूत्रयितारौ	सूत्रयितारः	सूत्र्यात् -द्	सूत्र्यास्ताम्	सूत्र्यासुः
सूत्रयितासि	सूत्रयितास्थः	सूत्रयितास्थ	सूत्र्याः	सूत्र्यास्तम्	सूत्र्यास्त
सूत्रयितास्मि	सूत्रयितास्वः	सूत्रयितास्मः	सूत्र्यासम्	सूत्र्यास्व	सूत्र्यास्म

सूत्रयाम्बभूव	सूत्रयाम्बभूवतुः	सूत्रयाम्बभूवुः	असुसूत्रत् -द्	असुसूत्रताम्	असुसूत्रन्
सूत्रयाञ्चकार	सूत्रयाञ्चक्रतुः	सूत्रयाञ्चक्रुः			
सूत्रयामास	सूत्रयामासतुः	सूत्रयामासुः			
सूत्रयाम्बभूविथ	सूत्रयाम्बभूवथुः	सूत्रयाम्बभूव	असुसूत्रः	असुसूत्रतम्	असुसूत्रत
सूत्रयाञ्चकर्थ	सूत्रयाञ्चक्रथुः	सूत्रयाञ्चक्र			
सूत्रयामासिथ	सूत्रयामासथुः	सूत्रयामास			
सूत्रयाम्बभूव	सूत्रयाम्बभूविव	सूत्रयाम्बभूविम	असुसूत्रम्	असुसूत्राव	असुसूत्राम
सूत्रयाञ्चकर -कार	सूत्रयाञ्चकृव	सूत्रयाञ्चकृम			
सूत्रयामास	सूत्रयामासिव	सूत्रयामासिम			

Atmanepadi Forms

सूत्रयते	सूत्रयेते[4]	सूत्रयन्ते[1]	असूत्रयत	असूत्रयेताम्[4]	असूत्रयन्त[1]
सूत्रयसे	सूत्रयेथे[4]	सूत्रयध्वे	असूत्रयथाः	असूत्रयेथाम्[4]	असूत्रयध्वम्
सूत्रये[1]	सूत्रयावहे[2]	सूत्रयामहे[2]	असूत्रये[4]	असूत्रयावहि[3]	असूत्रयामहि[3]

सूत्रयताम्	सूत्रयेताम्[4]	सूत्रयन्ताम्[1]	सूत्रयेत	सूत्रयेयाताम्	सूत्रयेरन्
सूत्रयस्व	सूत्रयेथाम्[4]	सूत्रयध्वम्	सूत्रयेथाः	सूत्रयेयाथाम्	सूत्रयेध्वम्
सूत्रयै[5]	सूत्रयावहै[3]	सूत्रयामहै[3]	सूत्रयेय	सूत्रयेवहि	सूत्रयेमहि

सूत्रयिष्यते	सूत्रयिष्येते	सूत्रयिष्यन्ते	असूत्रयिष्यत	असूत्रयिष्येताम्	असूत्रयिष्यन्त
सूत्रयिष्यसे	सूत्रयिष्येथे	सूत्रयिष्यध्वे	असूत्रयिष्यथाः	असूत्रयिष्येथाम्	असूत्रयिष्यध्वम्
सूत्रयिष्ये	सूत्रयिष्यावहे	सूत्रयिष्यामहे	असूत्रयिष्ये	असूत्रयिष्यावहि	असूत्रयिष्यामहि

सूत्रयिता	सूत्रयितारौ	सूत्रयितारः	सूत्रयिषीष्ट	सूत्रयिषीयास्ताम्	सूत्रयिषीरन्
सूत्रयितासे	सूत्रयितासाथे	सूत्रयिताध्वे	सूत्रयिषीष्ठाः	सूत्रयिषीयास्थाम्	सूत्रयिषीध्वम् -ढ्वम्
सूत्रयिताहे	सूत्रयितास्वहे	सूत्रयितास्महे	सूत्रयिषीय	सूत्रयिषीवहि	सूत्रयिषीमहि

सूत्रयाम्बभूव	सूत्रयाम्बभूवतुः	सूत्रयाम्बभूवुः	असुसूत्रत	असुसूत्रेताम्	असुसूत्रन्त
सूत्रयाञ्चक्रे	सूत्रयाञ्चक्राते	सूत्रयाञ्चक्रिरे			
सूत्रयामास	सूत्रयामासतुः	सूत्रयामासुः			
सूत्रयाम्बभूविथ	सूत्रयाम्बभूवथुः	सूत्रयाम्बभूव	असुसूत्रथाः	असुसूत्रेथाम्	असुसूत्रध्वम्
सूत्रयाञ्चकृषे	सूत्रयाञ्चक्राथे	सूत्रयाञ्चकृढ्वे			
सूत्रयामासिथ	सूत्रयामासथुः	सूत्रयामास			
सूत्रयाम्बभूव	सूत्रयाम्बभूविव	सूत्रयाम्बभूविम	असुसूत्रे	असुसूत्रावहि	असुसूत्रामहि
सूत्रयाञ्चक्रे	सूत्रयाञ्चकृवहे	सूत्रयाञ्चकृमहे			
सूत्रयामास	सूत्रयामासिव	सूत्रयामासिम			

1909 मूत्र प्रस्रवणे । अदन्तः , अग्लोपी । एवमग्रेऽपि पाक्षिकः णिचः । urinate

10c 376 मूत्र । मूत्र् । मूत्रयति / ते , मूत्रति । U । सेट् । अ० । मूत्रि । मूत्रय ।

See Siddhanta Kaumudi under 1907 गर्व माने । अदन्तत्वसामर्थ्याण्णिज्विकल्पः । एवमग्रेऽपि ।

Optional णिच् for अदन्तः , अग्लोपी Root with conjunct. **Parasmaipadi Forms**

मूत्रयति	मूत्रयतः	मूत्रयन्ति[1]	अमूत्रयत् -द्	अमूत्रयताम्	अमूत्रयन्[1]
मूत्रयसि	मूत्रयथः	मूत्रयथ	अमूत्रयः	अमूत्रयतम्	अमूत्रयत
मूत्रयामि[2]	मूत्रयावः[2]	मूत्रयामः[2]	अमूत्रयम्[1]	अमूत्रयाव[2]	अमूत्रयाम[2]

मूत्रयतु मूत्रयतात् -द्	मूत्रयताम्	मूत्रयन्तु[1]	मूत्रयेत् -द्	मूत्रयेताम्	मूत्रयेयुः
मूत्रय मूत्रयतात् -द्	मूत्रयतम्	मूत्रयत	मूत्रयेः	मूत्रयेतम्	मूत्रयेत
मूत्रयाणि[3]	मूत्रयाव[3]	मूत्रयाम[3]	मूत्रयेयम्	मूत्रयेव	मूत्रयेम

मूत्रयिष्यति	मूत्रयिष्यतः	मूत्रयिष्यन्ति	अमूत्रयिष्यत् -द्	अमूत्रयिष्यताम्	अमूत्रयिष्यन्
मूत्रयिष्यसि	मूत्रयिष्यथः	मूत्रयिष्यथ	अमूत्रयिष्यः	अमूत्रयिष्यतम्	अमूत्रयिष्यत
मूत्रयिष्यामि	मूत्रयिष्यावः	मूत्रयिष्यामः	अमूत्रयिष्यम्	अमूत्रयिष्याव	अमूत्रयिष्याम

मूत्रयिता	मूत्रयितारौ	मूत्रयितारः	मूत्र्यात् -द्	मूत्र्यास्ताम्	मूत्र्यासुः
मूत्रयितासि	मूत्रयितास्थः	मूत्रयितास्थ	मूत्र्याः	मूत्र्यास्तम्	मूत्र्यास्त
मूत्रयितास्मि	मूत्रयितास्वः	मूत्रयितास्मः	मूत्र्यासम्	मूत्र्यास्व	मूत्र्यास्म

मूत्रयाम्बभूव	मूत्रयाम्बभूवतुः	मूत्रयाम्बभूवुः	अमुमूत्रत् -द्	अमुमूत्रताम्	अमुमूत्रन्
मूत्रयाञ्चकार	मूत्रयाञ्चक्रतुः	मूत्रयाञ्चक्रुः			
मूत्रयामास	मूत्रयामासतुः	मूत्रयामासुः			
मूत्रयाम्बभूविथ	मूत्रयाम्बभूवथुः	मूत्रयाम्बभूव	अमुमूत्रः	अमुमूत्रतम्	अमुमूत्रत
मूत्रयाञ्चकर्थ	मूत्रयाञ्चक्रथुः	मूत्रयाञ्चक्र			
मूत्रयामासिथ	मूत्रयामासथुः	मूत्रयामास			
मूत्रयाम्बभूव	मूत्रयाम्बभूविव	मूत्रयाम्बभूविम	अमुमूत्रम्	अमुमूत्राव	अमुमूत्राम
मूत्रयाञ्चकर -कार	मूत्रयाञ्चकृव	मूत्रयाञ्चकृम			
मूत्रयामास	मूत्रयामासिव	मूत्रयामासिम			

Atmanepadi Forms

मूत्रयते	मूत्रयेते[4]	मूत्रयन्ते[1]	अमूत्रयत	अमूत्रयेताम्[4]	अमूत्रयन्त[1]
मूत्रयसे	मूत्रयेथे[4]	मूत्रयध्वे	अमूत्रयथाः	अमूत्रयेथाम्[4]	अमूत्रयध्वम्
मूत्रये[1]	मूत्रयावहे[2]	मूत्रयामहे[2]	अमूत्रये[4]	अमूत्रयावहि[3]	अमूत्रयामहि[3]

मूत्रयताम्	मूत्रयेताम्[4]	मूत्रयन्ताम्[1]	मूत्रयेत	मूत्रयेयाताम्	मूत्रयेरन्
मूत्रयस्व	मूत्रयेथाम्[4]	मूत्रयध्वम्	मूत्रयेथाः	मूत्रयेयाथाम्	मूत्रयेध्वम्
मूत्रयै[5]	मूत्रयावहै[3]	मूत्रयामहै[3]	मूत्रयेय	मूत्रयेवहि	मूत्रयेमहि

मूत्रयिष्यते	मूत्रयिष्येते	मूत्रयिष्यन्ते	अमूत्रयिष्यत	अमूत्रयिष्येताम्	अमूत्रयिष्यन्त
मूत्रयिष्यसे	मूत्रयिष्येथे	मूत्रयिष्यध्वे	अमूत्रयिष्यथाः	अमूत्रयिष्येथाम्	अमूत्रयिष्यध्वम्
मूत्रयिष्ये	मूत्रयिष्यावहे	मूत्रयिष्यामहे	अमूत्रयिष्ये	अमूत्रयिष्यावहि	अमूत्रयिष्यामहि

मूत्रयिता	मूत्रयितारौ	मूत्रयितारः	मूत्रयिषीष्ट	मूत्रयिषीयास्ताम्	मूत्रयिषीरन्
मूत्रयितासे	मूत्रयितासाथे	मूत्रयिताध्वे	मूत्रयिषीष्ठाः	मूत्रयिषीयास्थाम्	मूत्रयिषीध्वम् -ढ्वम्
मूत्रयिताहे	मूत्रयितास्वहे	मूत्रयितास्महे	मूत्रयिषीय	मूत्रयिषीवहि	मूत्रयिषीमहि

| मूत्रयाम्बभूव | मूत्रयाम्बभूवतुः | मूत्रयाम्बभूवुः | अमुमूत्रत | अमुमूत्रेताम् | अमुमूत्रन्त |
| मूत्रयाञ्चक्रे | मूत्रयाञ्चक्राते | मूत्रयाञ्चक्रिरे | | | |

मूत्रयामास	**मूत्रयामासतुः**	**मूत्रयामासुः**			
मूत्रयाम्बभूविथ	**मूत्रयाम्बभूवथुः**	**मूत्रयाम्बभूव**	**अमुमूत्रथाः**	**अमुमूत्रेथाम्**	**अमुमूत्रध्वम्**
मूत्रयाञ्चकृषे	**मूत्रयाञ्चक्राथे**	**मूत्रयाञ्चकृढ्वे**			
मूत्रयामासिथ	**मूत्रयामासथुः**	**मूत्रयामास**			
मूत्रयाम्बभूव	**मूत्रयाम्बभूविव**	**मूत्रयाम्बभूविम**	**अमुमूत्रे**	**अमुमूत्रावहि**	**अमुमूत्रामहि**
मूत्रयाञ्चक्रे	**मूत्रयाञ्चकृवहे**	**मूत्रयाञ्चकृमहे**			
मूत्रयामास	**मूत्रयामासिव**	**मूत्रयामासिम**			

णिजभावपक्षे 1.3.78 **शेषात् कर्त्तरि परस्मैपदम्** । **पक्षे भ्वादिः इव मूत्र्** । P । **सेट्** । **स०** ।

मूत्रति	मूत्रतः	मूत्रन्ति	अमूत्रत् -द्	अमूत्रताम्	अमूत्रन्
मूत्रसि	मूत्रथः	मूत्रथ	अमूत्रः	अमूत्रतम्	अमूत्रत
मूत्रामि	मूत्रावः	मूत्रामः	अमूत्रम्	अमूत्राव	अमूत्राम

मूत्रतु मूत्रतात् -द्	मूत्रताम्	मूत्रन्तु	मूत्रेत् -द्	मूत्रेताम्	मूत्रेयुः
मूत्र मूत्रतात् -द्	मूत्रतम्	मूत्रत	मूत्रेः	मूत्रेतम्	मूत्रेत
मूत्राणि	मूत्राव	मूत्राम	मूत्रेयम्	मूत्रेव	मूत्रेम

मूत्रिष्यति	मूत्रिष्यतः	मूत्रिष्यन्ति	अमूत्रिष्यत् -द्	अमूत्रिष्यताम्	अमूत्रिष्यन्
मूत्रिष्यसि	मूत्रिष्यथः	मूत्रिष्यथ	अमूत्रिष्यः	अमूत्रिष्यतम्	अमूत्रिष्यत
मूत्रिष्यामि	मूत्रिष्यावः	मूत्रिष्यामः	अमूत्रिष्यम्	अमूत्रिष्याव	अमूत्रिष्याम

मूत्रिता	मूत्रितारौ	मूत्रितारः	मूत्र्यात् -द्	मूत्र्यास्ताम्	मूत्र्यासुः
मूत्रितासि	मूत्रितास्थः	मूत्रितास्थ	मूत्र्याः	मूत्र्यास्तम्	मूत्र्यास्त
मूत्रितास्मि	मूत्रितास्वः	मूत्रितास्मः	मूत्र्यासम्	मूत्र्यास्व	मूत्र्यास्म

मूत्राम्बभूव	मूत्राम्बभूवतुः	मूत्राम्बभूवुः	अमूत्रीत् -द्	अमूत्रिष्टाम्	अमूत्रिषुः
मूत्राञ्चकार	मूत्राञ्चक्रतुः	मूत्राञ्चक्रुः			
मूत्रामास	मूत्रामासतुः	मूत्रामासुः			
मूत्राम्बभूविथ	मूत्राम्बभूवथुः	मूत्राम्बभूव	अमूत्रीः	अमूत्रिष्टम्	अमूत्रिष्ट
मूत्राञ्चकर्थ	मूत्राञ्चक्रथुः	मूत्राञ्चक्र			
मूत्रामासिथ	मूत्रामासथुः	मूत्रामास			
मूत्राम्बभूव	मूत्राम्बभूविव	मूत्राम्बभूविम	अमूत्रिषम्	अमूत्रिष्व	अमूत्रिष्म
मूत्राञ्चकर -कार	मूत्राञ्चकृव	मूत्राञ्चकृम			
मूत्रामास	मूत्रामासिव	मूत्रामासिम			

1910 **रूक्ष पारुष्ये** । अदन्तः , अग्लोपी । एवमग्रेऽपि पाक्षिकः णिचः । be difficult, be harsh, speak harshly,
10c 377 **रूक्ष** । **रूक्ष्** । **रूक्षयति / ते , रूक्षति** । U । **सेट्** । अ० । **रूक्षि** । **रूक्षय** । dry up

Parasmaipadi Forms

रूक्षयति	**रूक्षयतः**	**रूक्षयन्ति**[1]	**अरूक्षयत् -द्**	**अरूक्षयताम्**	**अरूक्षयन्**[1]
रूक्षयसि	**रूक्षयथः**	**रूक्षयथ**	**अरूक्षयः**	**अरूक्षयतम्**	**अरूक्षयत**
रूक्षयामि[2]	**रूक्षयावः**[2]	**रूक्षयामः**[2]	**अरूक्षयम्**[1]	**अरूक्षयाव**[2]	**अरूक्षयाम**[2]

रूक्षयतु रूक्षयतात् -द्	रूक्षयताम्	रूक्षयन्तु[1]	रूक्षयेत् -द्	रूक्षयेताम्	रूक्षयेयुः
रूक्षय रूक्षयतात् -द्	रूक्षयतम्	रूक्षयत	रूक्षयेः	रूक्षयेतम्	रूक्षयेत
रूक्षयाणि[3]	रूक्षयाव[3]	रूक्षयाम[3]	रूक्षयेयम्	रूक्षयेव	रूक्षयेम

रूक्षयिष्यति	रूक्षयिष्यतः	रूक्षयिष्यन्ति	अरूक्षयिष्यत् -द्	अरूक्षयिष्यताम्	अरूक्षयिष्यन्
रूक्षयिष्यसि	रूक्षयिष्यथः	रूक्षयिष्यथ	अरूक्षयिष्यः	अरूक्षयिष्यतम्	अरूक्षयिष्यत
रूक्षयिष्यामि	रूक्षयिष्यावः	रूक्षयिष्यामः	अरूक्षयिष्यम्	अरूक्षयिष्याव	अरूक्षयिष्याम

रूक्षयिता	रूक्षयितारौ	रूक्षयितारः	रूक्ष्यात् -द्	रूक्ष्यास्ताम्	रूक्ष्यासुः
रूक्षयितासि	रूक्षयितास्थः	रूक्षयितास्थ	रूक्ष्याः	रूक्ष्यास्तम्	रूक्ष्यास्त
रूक्षयितास्मि	रूक्षयितास्वः	रूक्षयितास्मः	रूक्ष्यासम्	रूक्ष्यास्व	रूक्ष्यास्म

रूक्षयाम्बभूव	रूक्षयाम्बभूवतुः	रूक्षयाम्बभूवुः	अरुरूक्षत् -द्	अरुरूक्षताम्	अरुरूक्षन्
रूक्षयाञ्चकार	रूक्षयाञ्चक्रतुः	रूक्षयाञ्चक्रुः			
रूक्षयामास	रूक्षयामासतुः	रूक्षयामासुः			
रूक्षयाम्बभूविथ	रूक्षयाम्बभूवथुः	रूक्षयाम्बभूव	अरुरूक्षः	अरुरूक्षतम्	अरुरूक्षत
रूक्षयाञ्चकर्थ	रूक्षयाञ्चक्रथुः	रूक्षयाञ्चक्र			
रूक्षयामासिथ	रूक्षयामासथुः	रूक्षयामास			
रूक्षयाम्बभूव	रूक्षयाम्बभूविव	रूक्षयाम्बभूविम	अरुरूक्षम्	अरुरूक्षाव	अरुरूक्षाम
रूक्षयाञ्चकर -कार	रूक्षयाञ्चकृव	रूक्षयाञ्चकृम			
रूक्षयामास	रूक्षयामासिव	रूक्षयामासिम			

Atmanepadi Forms

रूक्षयते	रूक्षयेते[4]	रूक्षयन्ते[1]	अरूक्षयत	अरूक्षयेताम्[4]	अरूक्षयन्त[1]
रूक्षयसे	रूक्षयेथे[4]	रूक्षयध्वे	अरूक्षयथाः	अरूक्षयेथाम्[4]	अरूक्षयध्वम्
रूक्षये[1]	रूक्षयावहे[2]	रूक्षयामहे[2]	अरूक्षये[4]	अरूक्षयावहि[3]	अरूक्षयामहि[3]

रूक्षयताम्	रूक्षयेताम्[4]	रूक्षयन्ताम्[1]	रूक्षयेत	रूक्षयेयाताम्	रूक्षयेरन्
रूक्षयस्व	रूक्षयेथाम्[4]	रूक्षयध्वम्	रूक्षयेथाः	रूक्षयेयाथाम्	रूक्षयेध्वम्
रूक्षयै[5]	रूक्षयावहै[3]	रूक्षयामहै[3]	रूक्षयेय	रूक्षयेवहि	रूक्षयेमहि

रूक्षयिष्यते	रूक्षयिष्येते	रूक्षयिष्यन्ते	अरूक्षयिष्यत	अरूक्षयिष्येताम्	अरूक्षयिष्यन्त
रूक्षयिष्यसे	रूक्षयिष्येथे	रूक्षयिष्यध्वे	अरूक्षयिष्यथाः	अरूक्षयिष्येथाम्	अरूक्षयिष्यध्वम्
रूक्षयिष्ये	रूक्षयिष्यावहे	रूक्षयिष्यामहे	अरूक्षयिष्ये	अरूक्षयिष्यावहि	अरूक्षयिष्यामहि

रूक्षयिता	रूक्षयितारौ	रूक्षयितारः	रूक्षयिषीष्ट	रूक्षयिषीयास्ताम्	रूक्षयिषीरन्
रूक्षयितासे	रूक्षयितासाथे	रूक्षयिताध्वे	रूक्षयिषीष्ठाः	रूक्षयिषीयास्थाम्	रूक्षयिषीध्वम् -ढ्वम्

रूक्षयिताहे	रूक्षयितास्वहे	रूक्षयितास्महे	रूक्षयिषीय	रूक्षयिषीवहि	रूक्षयिषीमहि

रूक्षयाम्बभूव	रूक्षयाम्बभूवतुः	रूक्षयाम्बभूवुः	अरुरूक्षत	अरुरूक्षेताम्	अरुरूक्षन्त
रूक्षयाञ्चक्रे	रूक्षयाञ्चक्राते	रूक्षयाञ्चक्रिरे			
रूक्षयामास	रूक्षयामासतुः	रूक्षयामासुः			
रूक्षयाम्बभूविथ	रूक्षयाम्बभूवथुः	रूक्षयाम्बभूव	अरुरूक्षथाः	अरुरूक्षेथाम्	अरुरूक्षध्वम्
रूक्षयाञ्चकृषे	रूक्षयाञ्चक्राथे	रूक्षयाञ्चकृढ्वे			
रूक्षयामासिथ	रूक्षयामासथुः	रूक्षयामास			
रूक्षयाम्बभूव	रूक्षयाम्बभूविव	रूक्षयाम्बभूविम	अरुरूक्षे	अरुरूक्षावहि	अरुरूक्षामहि
रूक्षयाञ्चक्रे	रूक्षयाञ्चकृवहे	रूक्षयाञ्चकृमहे			
रूक्षयामास	रूक्षयामासिव	रूक्षयामासिम			

णिजभावपक्षे 1.3.78 शेषात् कर्त्तरि परस्मैपदम् । पक्षे भ्वादिः इव रूक्ष् । P । सेट् । अ० । Madhaviya Dhatu Vritti says रुक्षति इति शपि । इति दर्शनात् भ्वादौ 'रुक्ष' इति धातुः पूर्वं स्यात्, अधुना भ्रष्टः इति ज्ञायते ।

रूक्षति	रूक्षतः	रूक्षन्ति	अरूक्षत् -द्	अरूक्षताम्	अरूक्षन्
रूक्षसि	रूक्षथः	रूक्षथ	अरूक्षः	अरूक्षतम्	अरूक्षत
रूक्षामि	रूक्षावः	रूक्षामः	अरूक्षम्	अरूक्षाव	अरूक्षाम

रूक्षतु रूक्षतात् -द्	रूक्षताम्	रूक्षन्तु	रूक्षेत् -द्	रूक्षेताम्	रूक्षेयुः
रूक्ष रूक्षतात् -द्	रूक्षतम्	रूक्षत	रूक्षेः	रूक्षेतम्	रूक्षेत
रूक्षानि	रूक्षाव	रूक्षाम	रूक्षेयम्	रूक्षेव	रूक्षेम

रूक्षिष्यति	रूक्षिष्यतः	रूक्षिष्यन्ति	अरूक्षिष्यत् -द्	अरूक्षिष्यताम्	अरूक्षिष्यन्
रूक्षिष्यसि	रूक्षिष्यथः	रूक्षिष्यथ	अरूक्षिष्यः	अरूक्षिष्यतम्	अरूक्षिष्यत
रूक्षिष्यामि	रूक्षिष्यावः	रूक्षिष्यामः	अरूक्षिष्यम्	अरूक्षिष्याव	अरूक्षिष्याम

रूक्षिता	रूक्षितारौ	रूक्षितारः	रूक्ष्यात् -द्	रूक्ष्यास्ताम्	रूक्ष्यासुः
रूक्षितासि	रूक्षितास्थः	रूक्षितास्थ	रूक्ष्याः	रूक्ष्यास्तम्	रूक्ष्यास्त
रूक्षितास्मि	रूक्षितास्वः	रूक्षितास्मः	रूक्ष्यासम्	रूक्ष्यास्व	रूक्ष्यास्म

रूक्षाम्बभूव	रूक्षाम्बभूवतुः	रूक्षाम्बभूवुः	अरूक्षीत् -द्	अरूक्षिष्टाम्	अरूक्षिषुः
रूक्षाञ्चकार	रूक्षाञ्चक्रतुः	रूक्षाञ्चक्रुः			
रूक्षामास	रूक्षामासतुः	रूक्षामासुः			
रूक्षाम्बभूविथ	रूक्षाम्बभूवथुः	रूक्षाम्बभूव	अरूक्षीः	अरूक्षिष्टम्	अरूक्षिष्ट
रूक्षाञ्चकर्थ	रूक्षाञ्चक्रथुः	रूक्षाञ्चक्र			
रूक्षामासिथ	रूक्षामासथुः	रूक्षामास			
रूक्षाम्बभूव	रूक्षाम्बभूविव	रूक्षाम्बभूविम	अरूक्षिषम्	अरूक्षिष्व	अरूक्षिष्म
रूक्षाञ्चकर -कार	रूक्षाञ्चकृव	रूक्षाञ्चकृम			
रूक्षामास	रूक्षामासिव	रूक्षामासिम			

1911 पार कर्मसमाप्तौ । अदन्तः , अग्लोपी । accomplish, overcome अमूत्रीत्

10c 378 पार । पार् । पारयति / ते । U । सेट् । स० । पारि । पारय । **Parasmaipadi Forms**

पारयति	पारयतः	पारयन्ति[1]	अपारयत् -द्	अपारयताम्	अपारयन्[1]
पारयसि	पारयथः	पारयथ	अपारयः	अपारयतम्	अपारयत
पारयामि[2]	पारयावः[2]	पारयामः[2]	अपारयम्[1]	अपारयाव[2]	अपारयाम[2]

पारयतु पारयतात् -द्	पारयताम्	पारयन्तु[1]	पारयेत् -द्	पारयेताम्	पारयेयुः
पारय पारयतात् -द्	पारयतम्	पारयत	पारयेः	पारयेतम्	पारयेत
पारयाणि[3]	पारयाव[3]	पारयाम[3]	पारयेयम्	पारयेव	पारयेम

पारयिष्यति	पारयिष्यतः	पारयिष्यन्ति	अपारयिष्यत् -द्	अपारयिष्यताम्	अपारयिष्यन्
पारयिष्यसि	पारयिष्यथः	पारयिष्यथ	अपारयिष्यः	अपारयिष्यतम्	अपारयिष्यत
पारयिष्यामि	पारयिष्यावः	पारयिष्यामः	अपारयिष्यम्	अपारयिष्याव	अपारयिष्याम

पारयिता	पारयितारौ	पारयितारः	पार्यात् -द्	पार्यास्ताम्	पार्यासुः
पारयितासि	पारयितास्थः	पारयितास्थ	पार्याः	पार्यास्तम्	पार्यास्त
पारयितास्मि	पारयितास्वः	पारयितास्मः	पार्यासम्	पार्यास्व	पार्यास्म

पारयाम्बभूव	पारयाम्बभूवतुः	पारयाम्बभूवुः	अपपारत् -द्	अपपारताम्	अपपारन्
पारयाञ्चकार	पारयाञ्चक्रतुः	पारयाञ्चक्रुः			
पारयामास	पारयामासतुः	पारयामासुः			
पारयाम्बभूविथ	पारयाम्बभूवथुः	पारयाम्बभूव	अपपारः	अपपारतम्	अपपारत
पारयाञ्चकर्थ	पारयाञ्चक्रथुः	पारयाञ्चक्र			
पारयामासिथ	पारयामासथुः	पारयामास			
पारयाम्बभूव	पारयाम्बभूविव	पारयाम्बभूविम	अपपारम्	अपपाराव	अपपाराम
पारयाञ्चकर -कार	पारयाञ्चकृव	पारयाञ्चकृम			
पारयामास	पारयामासिव	पारयामासिम			

Atmanepadi Forms

पारयते	पारयेते[4]	पारयन्ते[1]	अपारयत	अपारयेताम्[4]	अपारयन्त[1]
पारयसे	पारयेथे[4]	पारयध्वे	अपारयथाः	अपारयेथाम्[4]	अपारयध्वम्
पारये[1]	पारयावहे[2]	पारयामहे[2]	अपारये[4]	अपारयावहि[3]	अपारयामहि[3]

पारयताम्	पारयेताम्[4]	पारयन्ताम्[1]	पारयेत	पारयेयाताम्	पारयेरन्
पारयस्व	पारयेथाम्[4]	पारयध्वम्	पारयेथाः	पारयेयाथाम्	पारयेध्वम्
पारयै[5]	पारयावहै[3]	पारयामहै[3]	पारयेय	पारयेवहि	पारयेमहि

पारयिष्यते	पारयिष्येते	पारयिष्यन्ते	अपारयिष्यत	अपारयिष्येताम्	अपारयिष्यन्त
पारयिष्यसे	पारयिष्येथे	पारयिष्यध्वे	अपारयिष्यथाः	अपारयिष्येथाम्	अपारयिष्यध्वम्

पारयिष्ये	पारयिष्यावहे	पारयिष्यामहे	अपारयिष्ये	अपारयिष्यावहि	अपारयिष्यामहि

पारयिता	पारयितारौ	पारयितारः	पारयिषीष्ट	पारयिषीयास्ताम्	पारयिषीरन्
पारयितासे	पारयितासाथे	पारयिताध्वे	पारयिषीष्ठाः	पारयिषीयास्थाम्	पारयिषीध्वम् -ढ्वम्
पारयिताहे	पारयितास्वहे	पारयितास्महे	पारयिषीय	पारयिषीवहि	पारयिषीमहि

पारयाम्बभूव	पारयाम्बभूवतुः	पारयाम्बभूवुः	अपपारत	अपपारेताम्	अपपारन्त
पारयाञ्चक्रे	पारयाञ्चक्राते	पारयाञ्चक्रिरे			
पारयामास	पारयामासतुः	पारयामासुः			
पारयाम्बभूविथ	पारयाम्बभूवथुः	पारयाम्बभूव	अपपारथाः	अपपारेथाम्	अपपारध्वम्
पारयाञ्चकृषे	पारयाञ्चक्राथे	पारयाञ्चकृढ्वे			
पारयामासिथ	पारयामासथुः	पारयामास			
पारयाम्बभूव	पारयाम्बभूविव	पारयाम्बभूविम	अपपारे	अपपारावहि	अपपारामहि
पारयाञ्चक्रे	पारयाञ्चकृवहे	पारयाञ्चकृमहे			
पारयामास	पारयामासिव	पारयामासिम			

1912 तीर कर्मसमाप्तौ । अदन्तः , अग्लोपी । complete, finish, accomplish

10c 379 तीर । तीर् । तीरयति / ते । U । सेट् । स० । तीरि । तीरय । **Parasmaipadi Forms**

तीरयति	तीरयतः	तीरयन्ति[1]	अतीरयत् -द्	अतीरयताम्	अतीरयन्[1]
तीरयसि	तीरयथः	तीरयथ	अतीरयः	अतीरयतम्	अतीरयत
तीरयामि[2]	तीरयावः[2]	तीरयामः[2]	अतीरयम्[1]	अतीरयाव[2]	अतीरयाम[2]

तीरयतु तीरयतात् -द्	तीरयताम्	तीरयन्तु[1]	तीरयेत् -द्	तीरयेताम्	तीरयेयुः
तीरय तीरयतात् -द्	तीरयतम्	तीरयत	तीरयेः	तीरयेतम्	तीरयेत
तीरयाणि[3]	तीरयाव[3]	तीरयाम[3]	तीरयेयम्	तीरयेव	तीरयेम

तीरयिष्यति	तीरयिष्यतः	तीरयिष्यन्ति	अतीरयिष्यत् -द्	अतीरयिष्यताम्	अतीरयिष्यन्
तीरयिष्यसि	तीरयिष्यथः	तीरयिष्यथ	अतीरयिष्यः	अतीरयिष्यतम्	अतीरयिष्यत
तीरयिष्यामि	तीरयिष्यावः	तीरयिष्यामः	अतीरयिष्यम्	अतीरयिष्याव	अतीरयिष्याम

तीरयिता	तीरयितारौ	तीरयितारः	तीर्यात् -द्	तीर्यास्ताम्	तीर्यासुः
तीरयितासि	तीरयितास्थः	तीरयितास्थ	तीर्याः	तीर्यास्तम्	तीर्यास्त
तीरयितास्मि	तीरयितास्वः	तीरयितास्मः	तीर्यासम्	तीर्यास्व	तीर्यास्म

तीरयाम्बभूव	तीरयाम्बभूवतुः	तीरयाम्बभूवुः	अतितीरत् -द्	अतितीरताम्	अतितीरन्
तीरयाञ्चकार	तीरयाञ्चक्रतुः	तीरयाञ्चक्रुः			
तीरयामास	तीरयामासतुः	तीरयामासुः			

तीरयाम्बभूविथ	तीरयाम्बभूवथुः	तीरयाम्बभूव	अतितीरः	अतितीरतम्	अतितीरत
तीरयाञ्चकर्थ	तीरयाञ्चक्रथुः	तीरयाञ्चक्र			
तीरयामासिथ	तीरयामासथुः	तीरयामास			
तीरयाम्बभूव	तीरयाम्बभूविव	तीरयाम्बभूविम	अतितीरम्	अतितीराव	अतितीराम
तीरयाञ्चकर -कार	तीरयाञ्चकृव	तीरयाञ्चकृम			
तीरयामास	तीरयामासिव	तीरयामासिम			

Atmanepadi Forms

तीरयते	तीरयेते[4]	तीरयन्ते[1]	अतीरयत	अतीरयेताम्[4]	अतीरयन्त[1]
तीरयसे	तीरयेथे[4]	तीरयध्वे	अतीरयथाः	अतीरयेथाम्[4]	अतीरयध्वम्
तीरये[1]	तीरयावहे[2]	तीरयामहे[2]	अतीरये[4]	अतीरयावहि[3]	अतीरयामहि[3]

तीरयताम्	तीरयेताम्[4]	तीरयन्ताम्[1]	तीरयेत	तीरयेयाताम्	तीरयेरन्
तीरयस्व	तीरयेथाम्[4]	तीरयध्वम्	तीरयेथाः	तीरयेयाथाम्	तीरयेध्वम्
तीरयै[5]	तीरयावहै[3]	तीरयामहै[3]	तीरयेय	तीरयेवहि	तीरयेमहि

तीरयिष्यते	तीरयिष्येते	तीरयिष्यन्ते	अतीरयिष्यत	अतीरयिष्येताम्	अतीरयिष्यन्त
तीरयिष्यसे	तीरयिष्येथे	तीरयिष्यध्वे	अतीरयिष्यथाः	अतीरयिष्येथाम्	अतीरयिष्यध्वम्
तीरयिष्ये	तीरयिष्यावहे	तीरयिष्यामहे	अतीरयिष्ये	अतीरयिष्यावहि	अतीरयिष्यामहि

तीरयिता	तीरयितारौ	तीरयितारः	तीरयिषीष्ट	तीरयिषीयास्ताम्	तीरयिषीरन्
तीरयितासे	तीरयितासाथे	तीरयिताध्वे	तीरयिषीष्ठाः	तीरयिषीयास्थाम्	तीरयिषीध्वम् -ढ्वम्
तीरयिताहे	तीरयितास्वहे	तीरयितास्महे	तीरयिषीय	तीरयिषीवहि	तीरयिषीमहि

तीरयाम्बभूव	तीरयाम्बभूवतुः	तीरयाम्बभूवुः	अतितीरत	अतिसूत्रेताम्	अतितीरन्त
तीरयाञ्चक्रे	तीरयाञ्चक्राते	तीरयाञ्चक्रिरे			
तीरयामास	तीरयामासतुः	तीरयामासुः			
तीरयाम्बभूविथ	तीरयाम्बभूवथुः	तीरयाम्बभूव	अतितीरथाः	अतिसूत्रेथाम्	अतितीरध्वम्
तीरयाञ्चकृषे	तीरयाञ्चक्राथे	तीरयाञ्चकृढ्वे			
तीरयामासिथ	तीरयामासथुः	तीरयामास			
तीरयाम्बभूव	तीरयाम्बभूविव	तीरयाम्बभूविम	अतिसूत्रे	अतिसूत्रावहि	अतिसूत्रामहि
तीरयाञ्चक्रे	तीरयाञ्चकृवहे	तीरयाञ्चकृमहे			
तीरयामास	तीरयामासिव	तीरयामासिम			

1913 पुट संसर्गे । अदन्तः , अग्लोपी । bind, mix

10c 380 पुट । पुट् । पुटयति / ते । U । सेट् । स० । पुटि । पुटय । **Parasmaipadi Forms**

पुटयति	पुटयतः	पुटयन्ति[1]	अपुटयत् -द्	अपुटयताम्	अपुटयन्[1]

| पुटयसि | पुटयथः | पुटयथ | अपुटयः | अपुटयतम् | अपुटयत |
| पुटयामि[2] | पुटयावः[2] | पुटयामः[2] | अपुटयम्[1] | अपुटयाव[2] | अपुटयाम[2] |

पुटयतु पुटयतात् -द्	पुटयताम्	पुटयन्तु[1]	पुटयेत् -द्	पुटयेताम्	पुटयेयुः
पुटय पुटयतात् -द्	पुटयतम्	पुटयत	पुटयेः	पुटयेतम्	पुटयेत
पुटयानि[3]	पुटयाव[3]	पुटयाम[3]	पुटयेयम्	पुटयेव	पुटयेम

पुटयिष्यति	पुटयिष्यतः	पुटयिष्यन्ति	अपुटयिष्यत् -द्	अपुटयिष्यताम्	अपुटयिष्यन्
पुटयिष्यसि	पुटयिष्यथः	पुटयिष्यथ	अपुटयिष्यः	अपुटयिष्यतम्	अपुटयिष्यत
पुटयिष्यामि	पुटयिष्यावः	पुटयिष्यामः	अपुटयिष्यम्	अपुटयिष्याव	अपुटयिष्याम

पुटयिता	पुटयितारौ	पुटयितारः	पुट्यात् -द्	पुट्यास्ताम्	पुट्यासुः
पुटयितासि	पुटयितास्थः	पुटयितास्थ	पुट्याः	पुट्यास्तम्	पुट्यास्त
पुटयितास्मि	पुटयितास्वः	पुटयितास्मः	पुट्यासम्	पुट्यास्व	पुट्यास्म

पुटयाम्बभूव	पुटयाम्बभूवतुः	पुटयाम्बभूवुः	अपुपुटत् -द्	अपुपुटताम्	अपुपुटन्
पुटयाञ्चकार	पुटयाञ्चक्रतुः	पुटयाञ्चक्रुः			
पुटयामास	पुटयामासतुः	पुटयामासुः			
पुटयाम्बभूविथ	पुटयाम्बभूवथुः	पुटयाम्बभूव	अपुपुटः	अपुपुटतम्	अपुपुटत
पुटयाञ्चकर्थ	पुटयाञ्चक्रथुः	पुटयाञ्चक्र			
पुटयामासिथ	पुटयामासथुः	पुटयामास			
पुटयाम्बभूव	पुटयाम्बभूविव	पुटयाम्बभूविम	अपुपुटम्	अपुपुटाव	अपुपुटाम
पुटयाञ्चकर -कार	पुटयाञ्चकृव	पुटयाञ्चकृम			
पुटयामास	पुटयामासिव	पुटयामासिम			

Atmanepadi Forms

पुटयते	पुटयेते[4]	पुटयन्ते[1]	अपुटयत	अपुटयेताम्[4]	अपुटयन्त[1]
पुटयसे	पुटयेथे[4]	पुटयध्वे	अपुटयथाः	अपुटयेथाम्[4]	अपुटयध्वम्
पुटये[1]	पुटयावहे[2]	पुटयामहे[2]	अपुटये[4]	अपुटयावहि[3]	अपुटयामहि[3]

पुटयताम्	पुटयेताम्[4]	पुटयन्ताम्[1]	पुटयेत	पुटयेयाताम्	पुटयेरन्
पुटयस्व	पुटयेथाम्[4]	पुटयध्वम्	पुटयेथाः	पुटयेयाथाम्	पुटयेध्वम्
पुटयै[5]	पुटयावहै[3]	पुटयामहै[3]	पुटयेय	पुटयेवहि	पुटयेमहि

पुटयिष्यते	पुटयिष्येते	पुटयिष्यन्ते	अपुटयिष्यत	अपुटयिष्येताम्	अपुटयिष्यन्त
पुटयिष्यसे	पुटयिष्येथे	पुटयिष्यध्वे	अपुटयिष्यथाः	अपुटयिष्येथाम्	अपुटयिष्यध्वम्
पुटयिष्ये	पुटयिष्यावहे	पुटयिष्यामहे	अपुटयिष्ये	अपुटयिष्यावहि	अपुटयिष्यामहि

पुटयिता	पुटयितारौ	पुटयितारः	पुटयिषीष्ट	पुटयिषीयास्ताम्	पुटयिषीरन्
पुटयितासे	पुटयितासाथे	पुटयिताध्वे	पुटयिषीष्ठाः	पुटयिषीयास्थाम्	पुटयिषीध्वम् -ढ्वम्
पुटयिताहे	पुटयितास्वहे	पुटयितास्महे	पुटयिषीय	पुटयिषीवहि	पुटयिषीमहि

पुटयाम्बभूव	पुटयाम्बभूवतुः	पुटयाम्बभूवुः	अपुपुटत	अपुपुटेताम्	अपुपुटन्त
पुटयाञ्चक्रे	पुटयाञ्चक्राते	पुटयाञ्चक्रिरे			
पुटयामास	पुटयामासतुः	पुटयामासुः			
पुटयाम्बभूविथ	पुटयाम्बभूवथुः	पुटयाम्बभूव	अपुपुटथाः	अपुपुटेथाम्	अपुपुटध्वम्
पुटयाञ्चकृषे	पुटयाञ्चक्राथे	पुटयाञ्चकृढ्वे			
पुटयामासिथ	पुटयामासथुः	पुटयामास			
पुटयाम्बभूव	पुटयाम्बभूविव	पुटयाम्बभूविम	अपुपुटे	अपुपुटावहि	अपुपुटामहि
पुटयाञ्चक्रे	पुटयाञ्चकृवहे	पुटयाञ्चकृमहे			
पुटयामास	पुटयामासिव	पुटयामासिम			

1914 धेक दर्शने इत्येके । अदन्तः , अग्लोपी । look, view, perceive
10c 381 धेक । धेक् । धेकयति / ते । U । सेट् । स० । धेकि । धेकय ।
सिद्धान्तकौमुद्याः मतम् अयं धातुः अनयत्र पाठे न दृश्यते । Note - इत्येके specifies that this Root is not given by Madhviya nor by Kshiratarangini. **Parasmaipadi Forms**

धेकयति	धेकयतः	धेकयन्ति[1]	अधेकयत् -द्	अधेकयताम्	अधेकयन्[1]
धेकयसि	धेकयथः	धेकयथ	अधेकयः	अधेकयतम्	अधेकयत
धेकयामि[2]	धेकयावः[2]	धेकयामः[2]	अधेकयम्[1]	अधेकयाव[2]	अधेकयाम[2]

धेकयतु धेकयतात् -द्	धेकयताम्	धेकयन्तु[1]	धेकयेत् -द्	धेकयेताम्	धेकयेयुः
धेकय धेकयतात् -द्	धेकयतम्	धेकयत	धेकयेः	धेकयेतम्	धेकयेत
धेकयानि[3]	धेकयाव[3]	धेकयाम[3]	धेकयेयम्	धेकयेव	धेकयेम

धेकयिष्यति	धेकयिष्यतः	धेकयिष्यन्ति	अधेकयिष्यत् -द्	अधेकयिष्यताम्	अधेकयिष्यन्
धेकयिष्यसि	धेकयिष्यथः	धेकयिष्यथ	अधेकयिष्यः	अधेकयिष्यतम्	अधेकयिष्यत
धेकयिष्यामि	धेकयिष्यावः	धेकयिष्यामः	अधेकयिष्यम्	अधेकयिष्याव	अधेकयिष्याम

धेकयिता	धेकयितारौ	धेकयितारः	धेक्यात् -द्	धेक्यास्ताम्	धेक्यासुः
धेकयितासि	धेकयितास्थः	धेकयितास्थ	धेक्याः	धेक्यास्तम्	धेक्यास्त
धेकयितास्मि	धेकयितास्वः	धेकयितास्मः	धेक्यासम्	धेक्यास्व	धेक्यास्म

धेकयाम्बभूव	धेकयाम्बभूवतुः	धेकयाम्बभूवुः	अदिधेकत् -द्	अदिधेकताम्	अदिधेकन्
धेकयाञ्चकार	धेकयाञ्चक्रतुः	धेकयाञ्चक्रुः			
धेकयामास	धेकयामासतुः	धेकयामासुः			

धेकयाम्बभूविथ	धेकयाम्बभूवथुः	धेकयाम्बभूव	अदिधेकः	अदिधेकतम्	अदिधेकत
धेकयाञ्चकर्थ	धेकयाञ्चक्रथुः	धेकयाञ्चक्र			
धेकयामासिथ	धेकयामासथुः	धेकयामास			
धेकयाम्बभूव	धेकयाम्बभूविव	धेकयाम्बभूविम	अदिधेकम्	अदिधेकाव	अदिधेकाम
धेकयाञ्चकर -कार	धेकयाञ्चकृव	धेकयाञ्चकृम			
धेकयामास	धेकयामासिव	धेकयामासिम			

Atmanepadi Forms

धेकयते	धेकयेते[4]	धेकयन्ते[1]	अधेकयत	अधेकयेताम्[4]	अधेकयन्त[1]
धेकयसे	धेकयेथे[4]	धेकयध्वे	अधेकयथाः	अधेकयेथाम्[4]	अधेकयध्वम्
धेकये[1]	धेकयावहे[2]	धेकयामहे[2]	अधेकये[4]	अधेकयावहि[3]	अधेकयामहि[3]

धेकयताम्	धेकयेताम्[4]	धेकयन्ताम्[1]	धेकयेत	धेकयेयाताम्	धेकयेरन्
धेकयस्व	धेकयेथाम्[4]	धेकयध्वम्	धेकयेथाः	धेकयेयाथाम्	धेकयेध्वम्
धेकयै[5]	धेकयावहै[3]	धेकयामहै[3]	धेकयेय	धेकयेवहि	धेकयेमहि

धेकयिष्यते	धेकयिष्येते	धेकयिष्यन्ते	अधेकयिष्यत	अधेकयिष्येताम्	अधेकयिष्यन्त
धेकयिष्यसे	धेकयिष्येथे	धेकयिष्यध्वे	अधेकयिष्यथाः	अधेकयिष्येथाम्	अधेकयिष्यध्वम्
धेकयिष्ये	धेकयिष्यावहे	धेकयिष्यामहे	अधेकयिष्ये	अधेकयिष्यावहि	अधेकयिष्यामहि

धेकयिता	धेकयितारौ	धेकयितारः	धेकयिषीष्ट	धेकयिषीयास्ताम्	धेकयिषीरन्
धेकयितासे	धेकयितासाथे	धेकयिताध्वे	धेकयिषीष्ठाः	धेकयिषीयास्थाम्	धेकयिषीध्वम् -ढ्वम्
धेकयिताहे	धेकयितास्वहे	धेकयितास्महे	धेकयिषीय	धेकयिषीवहि	धेकयिषीमहि

धेकयाम्बभूव	धेकयाम्बभूवतुः	धेकयाम्बभूवुः	अदिधेकत	अदिधेकेताम्	अदिधेकन्त
धेकयाञ्चक्रे	धेकयाञ्चक्राते	धेकयाञ्चक्रिरे			
धेकयामास	धेकयामासतुः	धेकयामासुः			
धेकयाम्बभूविथ	धेकयाम्बभूवथुः	धेकयाम्बभूव	अदिधेकथाः	अदिधेकेथाम्	अदिधेकध्वम्
धेकयाञ्चकृषे	धेकयाञ्चक्राथे	धेकयाञ्चकृढ्वे			
धेकयामासिथ	धेकयामासथुः	धेकयामास			
धेकयाम्बभूव	धेकयाम्बभूविव	धेकयाम्बभूविम	अदिधेके	अदिधेकावहि	अदिधेकामहि
धेकयाञ्चक्रे	धेकयाञ्चकृवहे	धेकयाञ्चकृमहे			
धेकयामास	धेकयामासिव	धेकयामासिम			

1915 कत्र शैथिल्ये । कर्त इत्यप्येके । अदन्तः , अग्लोपी । एवमग्रेऽपि पाक्षिकः णिचः । slacken, relax
10c 382 कत्र । कत्र् । कत्रयति / ते , कत्रति । U । सेट् । स० । कत्रि । कत्रय ।

See Siddhanta Kaumudi under 1907 गर्व माने । अदन्तत्वसामर्थ्याण्णिज्विकल्पः । एवमग्रेऽपि ।
Optional णिच् for अदन्तः , अग्लोपी Root with conjunct. **Parasmaipadi Forms**

कत्रयति	कत्रयतः	कत्रयन्ति[1]	अकत्रयत् -द्	अकत्रयताम्	अकत्रयन्[1]
कत्रयसि	कत्रयथः	कत्रयथ	अकत्रयः	अकत्रयतम्	अकत्रयत
कत्रयामि[2]	कत्रयावः[2]	कत्रयामः[2]	अकत्रयम्[1]	अकत्रयाव[2]	अकत्रयाम[2]

कत्रयतु कत्रयतात् -द्	कत्रयताम्	कत्रयन्तु[1]	कत्रयेत् -द्	कत्रयेताम्	कत्रयेयुः
कत्रय कत्रयतात् -द्	कत्रयतम्	कत्रयत	कत्रयेः	कत्रयेतम्	कत्रयेत
कत्रयाणि[3]	कत्रयाव[3]	कत्रयाम[3]	कत्रयेयम्	कत्रयेव	कत्रयेम

कत्रयिष्यति	कत्रयिष्यतः	कत्रयिष्यन्ति	अकत्रयिष्यत् -द्	अकत्रयिष्यताम्	अकत्रयिष्यन्
कत्रयिष्यसि	कत्रयिष्यथः	कत्रयिष्यथ	अकत्रयिष्यः	अकत्रयिष्यतम्	अकत्रयिष्यत
कत्रयिष्यामि	कत्रयिष्यावः	कत्रयिष्यामः	अकत्रयिष्यम्	अकत्रयिष्याव	अकत्रयिष्याम

कत्रयिता	कत्रयितारौ	कत्रयितारः	कत्र्यात् -द्	कत्र्यास्ताम्	कत्र्यासुः
कत्रयितासि	कत्रयितास्थः	कत्रयितास्थ	कत्र्याः	कत्र्यास्तम्	कत्र्यास्त
कत्रयितास्मि	कत्रयितास्वः	कत्रयितास्मः	कत्र्यासम्	कत्र्यास्व	कत्र्यास्म

कत्रयाम्बभूव	कत्रयाम्बभूवतुः	कत्रयाम्बभूवुः	अचकत्रत् -द्	अचकत्रताम्	अचकत्रन्
कत्रयाञ्चकार	कत्रयाञ्चक्रतुः	कत्रयाञ्चक्रुः			
कत्रयामास	कत्रयामासतुः	कत्रयामासुः			
कत्रयाम्बभूविथ	कत्रयाम्बभूवथुः	कत्रयाम्बभूव	अचकत्रः	अचकत्रतम्	अचकत्रत
कत्रयाञ्चकर्थ	कत्रयाञ्चक्रथुः	कत्रयाञ्चक्र			
कत्रयामासिथ	कत्रयामासथुः	कत्रयामास			
कत्रयाम्बभूव	कत्रयाम्बभूविव	कत्रयाम्बभूविम	अचकत्रम्	अचकत्राव	अचकत्राम
कत्रयाञ्चकर -कार	कत्रयाञ्चकृव	कत्रयाञ्चकृम			
कत्रयामास	कत्रयामासिव	कत्रयामासिम			

Atmanepadi Forms

कत्रयते	कत्रयेते[4]	कत्रयन्ते[1]	अकत्रयत	अकत्रयेताम्[4]	अकत्रयन्त[1]
कत्रयसे	कत्रयेथे[4]	कत्रयध्वे	अकत्रयथाः	अकत्रयेथाम्[4]	अकत्रयध्वम्
कत्रये[1]	कत्रयावहे[2]	कत्रयामहे[2]	अकत्रये[4]	अकत्रयावहि[3]	अकत्रयामहि[3]

कत्रयताम्	कत्रयेताम्[4]	कत्रयन्ताम्[1]	कत्रयेत	कत्रयेयाताम्	कत्रयेरन्
कत्रयस्व	कत्रयेथाम्[4]	कत्रयध्वम्	कत्रयेथाः	कत्रयेयाथाम्	कत्रयेध्वम्
कत्रयै[5]	कत्रयावहै[3]	कत्रयामहै[3]	कत्रयेय	कत्रयेवहि	कत्रयेमहि

कत्रयिष्यते	**कत्रयिष्येते**	**कत्रयिष्यन्ते**	**अकत्रयिष्यत**	**अकत्रयिष्येताम्**	**अकत्रयिष्यन्त**
कत्रयिष्यसे	**कत्रयिष्येथे**	**कत्रयिष्यध्वे**	**अकत्रयिष्यथाः**	**अकत्रयिष्येथाम्**	**अकत्रयिष्यध्वम्**
कत्रयिष्ये	**कत्रयिष्यावहे**	**कत्रयिष्यामहे**	**अकत्रयिष्ये**	**अकत्रयिष्यावहि**	**अकत्रयिष्यामहि**

कत्रयिता	**कत्रयितारौ**	**कत्रयितारः**	**कत्रयिषीष्ट**	**कत्रयिषीयास्ताम्**	**कत्रयिषीरन्**
कत्रयितासे	**कत्रयितासाथे**	**कत्रयिताध्वे**	**कत्रयिषीष्ठाः**	**कत्रयिषीयास्थाम्**	**कत्रयिषीध्वम् -ढ्वम्**
कत्रयिताहे	**कत्रयितास्वहे**	**कत्रयितास्महे**	**कत्रयिषीय**	**कत्रयिषीवहि**	**कत्रयिषीमहि**

कत्रयाम्बभूव	**कत्रयाम्बभूवतुः**	**कत्रयाम्बभूवुः**	**अचकत्रत**	**अचकत्रेताम्**	**अचकत्रन्त**
कत्रयाञ्चक्रे	**कत्रयाञ्चक्राते**	**कत्रयाञ्चक्रिरे**			
कत्रयामास	**कत्रयामासतुः**	**कत्रयामासुः**			
कत्रयाम्बभूविथ	**कत्रयाम्बभूवथुः**	**कत्रयाम्बभूव**	**अचकत्रथाः**	**अचकत्रेथाम्**	**अचकत्रध्वम्**
कत्रयाञ्चकृषे	**कत्रयाञ्चक्राथे**	**कत्रयाञ्चकृढ्वे**			
कत्रयामासिथ	**कत्रयामासथुः**	**कत्रयामास**			
कत्रयाम्बभूव	**कत्रयाम्बभूविव**	**कत्रयाम्बभूविम**	**अचकत्रे**	**अचकत्रावहि**	**अचकत्रामहि**
कत्रयाञ्चक्रे	**कत्रयाञ्चकृवहे**	**कत्रयाञ्चकृमहे**			
कत्रयामास	**कत्रयामासिव**	**कत्रयामासिम**			

णिजभावपक्षे 1.3.78 शेषात् कर्त्तरि परस्मैपदम् । पक्षे भ्वादिः इव कत्र् । P । सेट् । स० ।

कत्रति	कत्रतः	कत्रन्ति	अकत्रत् -द्	अकत्रताम्	अकत्रन्
कत्रसि	कत्रथः	कत्रथ	अकत्रः	अकत्रतम्	अकत्रत
कत्रामि	कत्रावः	कत्रामः	अकत्रम्	अकत्राव	अकत्राम

कत्रतु कत्रतात् -द्	कत्रताम्	कत्रन्तु	कत्रेत् -द्	कत्रेताम्	कत्रेयुः
कत्र कत्रतात् -द्	कत्रतम्	कत्रत	कत्रेः	कत्रेतम्	कत्रेत
कत्राणि	कत्राव	कत्राम	कत्रेयम्	कत्रेव	कत्रेम

कत्रिष्यति	कत्रिष्यतः	कत्रिष्यन्ति	अकत्रिष्यत् -द्	अकत्रिष्यताम्	अकत्रिष्यन्
कत्रिष्यसि	कत्रिष्यथः	कत्रिष्यथ	अकत्रिष्यः	अकत्रिष्यतम्	अकत्रिष्यत
कत्रिष्यामि	कत्रिष्यावः	कत्रिष्यामः	अकत्रिष्यम्	अकत्रिष्याव	अकत्रिष्याम

कत्रिता	कत्रितारौ	कत्रितारः	कत्र्यात् -द्	कत्र्यास्ताम्	कत्र्यासुः
कत्रितासि	कत्रितास्थः	कत्रितास्थ	कत्र्याः	कत्र्यास्तम्	कत्र्यास्त
कत्रितास्मि	कत्रितास्वः	कत्रितास्मः	कत्र्यासम्	कत्र्यास्व	कत्र्यास्म

कत्राम्बभूव	कत्राम्बभूवतुः	कत्राम्बभूवुः	अकत्रीत् -द्	अकत्रिष्टाम्	अकत्रिषुः
कत्राञ्चकार	कत्राञ्चक्रतुः	कत्राञ्चक्रुः			
कत्रामास	कत्रामासतुः	कत्रामासुः			
कत्राम्बभूविथ	कत्राम्बभूवथुः	कत्राम्बभूव	अकत्रीः	अकत्रिष्टम्	अकत्रिष्ट
कत्राञ्चकर्थ	कत्राञ्चक्रथुः	कत्राञ्चक्र			
कत्रामासिथ	कत्रामासथुः	कत्रामास			
कत्राम्बभूव	कत्राम्बभूविव	कत्राम्बभूविम	अकत्रिषम्	अकत्रिष्व	अकत्रिष्म

कत्राश्वकर -कार	कत्राश्वकृव	कत्राश्वकृम
कत्रामास	कत्रामासिव	कत्रामासिम

गणसूत्रः = प्रातिपदिकाद्धात्वर्थे बहुलमिष्ठवच्च ।
गणसूत्रः = तत्करोति तदाचष्टे ।
गणसूत्रः = तेनातिक्रामति ।
गणसूत्रः = धातुरूपं च ।
गणसूत्रः = कर्तृकरणात् धात्वर्थे ।

- A Nominal Stem (Pratipadika) can take णिच् to form a new secondary Root. It functions similar to Stem + इष्ठन् Affix. To illustrate the meaning of बहुलम् the verse quoted by Grammarians is क्वचित्प्रवृत्तिः क्वचिदप्रवृत्तिः क्वचिद्विभाषा क्वचिदन्यदेव । विधेर्विधानं बहुधा समीक्ष्य चतुर्विधं बाहुलकं वदन्ति ॥
- "He describes तदाचष्टे what he does तत्करोति", in this sense णिच् is affixed to a Stem to make a new Root.
- "Using him he excels तेनातिक्रामति", in this sense णिच् is affixed to a Stem to make a new Root.
- वा० 1768 आख्यानात् कृतस्तदाचष्टे कृल्लुक् प्रकृतिप्रत्यापत्तिः प्रकृतिवच्च कारकम् । A Stem that takes णिच् to make a new Root, gets its original Root form by shedding.
- In the sense of "कर्तृकरणात् the Instrument used by the Agent", णिच् is affixed to a Stem.

वृत् । The domain of एवमग्रेऽपि पाक्षिकः णिचः ends.

1916 अथ नामधातवः । नित्यं णिच् ।

Roots made by affixing णिच् to a Nominal Stem (Pratipadika). The following Roots are actually Stems made by adding Krit Affixes to other Roots in Dhatupatha/Unadi.

1916 बष्क दर्शने । वष्क वल्क इत्येके। अयं नामधातुः । अदन्तः, अग्लोपी । see, perceive
10c 383 बष्क । बष्क् । बष्कयति / ते , बष्कति । U । सेट् । स० । बष्कि । बष्कय ।
Note – Usage of गणसूत्र० कर्तृकरणाद्धात्वर्थे । **Parasmaipadi Forms**

बष्कयति	बष्कयतः	बष्कयन्ति[1]	अबष्कयत् -द्	अबष्कयताम्	अबष्कयन्[1]
बष्कयसि	बष्कयथः	बष्कयथ	अबष्कयः	अबष्कयतम्	अबष्कयत
बष्कयामि[2]	बष्कयावः[2]	बष्कयामः[2]	अबष्कयम्[1]	अबष्कयाव[2]	अबष्कयाम[2]

बष्कयतु	बष्कयतात् -द्	बष्कयताम्	बष्कयन्तु[1]	बष्कयेत् -द्	बष्कयेताम्	बष्कयेयुः
बष्कय	बष्कयतात् -द्	बष्कयतम्	बष्कयत	बष्कयेः	बष्कयेतम्	बष्कयेत
बष्कयाणि[3]		बष्कयाव[3]	बष्कयाम[3]	बष्कयेयम्	बष्कयेव	बष्कयेम

बष्कयिष्यति	बष्कयिष्यतः	बष्कयिष्यन्ति	अबष्कयिष्यत् -द्	अबष्कयिष्यताम्	अबष्कयिष्यन्
बष्कयिष्यसि	बष्कयिष्यथः	बष्कयिष्यथ	अबष्कयिष्यः	अबष्कयिष्यतम्	अबष्कयिष्यत
बष्कयिष्यामि	बष्कयिष्यावः	बष्कयिष्यामः	अबष्कयिष्यम्	अबष्कयिष्याव	अबष्कयिष्याम

बष्कयिता	बष्कयितारौ	बष्कयितारः	बष्क्यात् -द्	बष्क्यास्ताम्	बष्क्यासुः
बष्कयितासि	बष्कयितास्थः	बष्कयितास्थ	बष्क्याः	बष्क्यास्तम्	बष्क्यास्त
बष्कयितास्मि	बष्कयितास्वः	बष्कयितास्मः	बष्क्यासम्	बष्क्यास्व	बष्क्यास्म

बष्कयाम्बभूव	बष्कयाम्बभूवतुः	बष्कयाम्बभूवुः	अबबष्कत् -द्	अबबष्कताम्	अबबष्कन्
बष्कयाञ्चकार	बष्कयाञ्चक्रतुः	बष्कयाञ्चक्रुः			
बष्कयामास	बष्कयामासतुः	बष्कयामासुः			
बष्कयाम्बभूविथ	बष्कयाम्बभूवथुः	बष्कयाम्बभूव	अबबष्कः	अबबष्कतम्	अबबष्कत
बष्कयाञ्चकर्थ	बष्कयाञ्चक्रथुः	बष्कयाञ्चक्र			
बष्कयामासिथ	बष्कयामासथुः	बष्कयामास			
बष्कयाम्बभूव	बष्कयाम्बभूविव	बष्कयाम्बभूविम	अबबष्कम्	अबबष्काव	अबबष्काम
बष्कयाञ्चकर -कार	बष्कयाञ्चकृव	बष्कयाञ्चकृम			
बष्कयामास	बष्कयामासिव	बष्कयामासिम			

Atmanepadi Forms

बष्कयते	बष्कयेते[4]	बष्कयन्ते[1]	अबष्कयत	अबष्कयेताम्[4]	अबष्कयन्त[1]
बष्कयसे	बष्कयेथे[4]	बष्कयध्वे	अबष्कयथाः	अबष्कयेथाम्[4]	अबष्कयध्वम्
बष्कये[1]	बष्कयावहे[2]	बष्कयामहे[2]	अबष्कये[4]	अबष्कयावहि[3]	अबष्कयामहि[3]

बष्कयताम्	बष्कयेताम्[4]	बष्कयन्ताम्[1]	बष्कयेत	बष्कयेयाताम्	बष्कयेरन्
बष्कयस्व	बष्कयेथाम्[4]	बष्कयध्वम्	बष्कयेथाः	बष्कयेयाथाम्	बष्कयेध्वम्
बष्कयै[5]	बष्कयावहै[3]	बष्कयामहै[3]	बष्कयेय	बष्कयेवहि	बष्कयेमहि

बष्कयिष्यते	बष्कयिष्येते	बष्कयिष्यन्ते	अबष्कयिष्यत	अबष्कयिष्येताम्	अबष्कयिष्यन्त
बष्कयिष्यसे	बष्कयिष्येथे	बष्कयिष्यध्वे	अबष्कयिष्यथाः	अबष्कयिष्येथाम्	अबष्कयिष्यध्वम्
बष्कयिष्ये	बष्कयिष्यावहे	बष्कयिष्यामहे	अबष्कयिष्ये	अबष्कयिष्यावहि	अबष्कयिष्यामहि

बष्कयिता	बष्कयितारौ	बष्कयितारः	बष्कयिषीष्ट	बष्कयिषीयास्ताम्	बष्कयिषीरन्
बष्कयितासे	बष्कयितासाथे	बष्कयिताध्वे	बष्कयिषीष्ठाः	बष्कयिषीयास्थाम्	बष्कयिषीध्वम् -ढ्वम्
बष्कयिताहे	बष्कयितास्वहे	बष्कयितास्महे	बष्कयिषीय	बष्कयिषीवहि	बष्कयिषीमहि

बष्कयाम्बभूव	बष्कयाम्बभूवतुः	बष्कयाम्बभूवुः	अबबष्कत	अबबष्केताम्	अबबष्कन्त
बष्कयाञ्चक्रे	बष्कयाञ्चक्राते	बष्कयाञ्चक्रिरे			

बष्कयामास	बष्कयामासतुः	बष्कयामासुः			
बष्कयाम्बभूविथ	बष्कयाम्बभूवथुः	बष्कयाम्बभूव	अबबष्कथाः	अबबष्केथाम्	अबबष्कध्वम्
बष्कयाञ्चकृषे	बष्कयाञ्चक्राथे	बष्कयाञ्चकृढ्वे			
बष्कयामासिथ	बष्कयामासथुः	बष्कयामास			
बष्कयाम्बभूव	बष्कयाम्बभूविव	बष्कयाम्बभूविम	अबबष्के	अबबष्कावहि	अबबष्कामहि
बष्कयाञ्चक्रे	बष्कयाञ्चकृवहे	बष्कयाञ्चकृमहे			
बष्कयामास	बष्कयामासिव	बष्कयामासिम			

1917 चित्र चित्रीकरणे । कदाचित् दर्शने । आलेख्यलेखनम् । अयं नामधातुः Root चि-ष्ट्रन् वा Uṇadi 4.163 । अदन्तः , अग्लोपी । take a picture, draw, evoke wow feeling from a scene

10c 384 चित्र । चित्र् । चित्रयति / ते । U । सेट् । स० । चित्रि । चित्रय । **Parasmaipadi Forms**

चित्रयति	चित्रयतः	चित्रयन्ति[1]	अचित्रयत् -द्	अचित्रयताम्	अचित्रयन्[1]
चित्रयसि	चित्रयथः	चित्रयथ	अचित्रयः	अचित्रयतम्	अचित्रयत
चित्रयामि[2]	चित्रयावः[2]	चित्रयामः[2]	अचित्रयम्[1]	अचित्रयाव[2]	अचित्रयाम[2]

चित्रयतु चित्रयतात् -द्	चित्रयताम्	चित्रयन्तु[1]	चित्रयेत् -द्	चित्रयेताम्	चित्रयेयुः
चित्रय चित्रयतात् -द्	चित्रयतम्	चित्रयत	चित्रयेः	चित्रयेतम्	चित्रयेत
चित्रयाणि[3]	चित्रयाव[3]	चित्रयाम[3]	चित्रयेयम्	चित्रयेव	चित्रयेम

चित्रयिष्यति	चित्रयिष्यतः	चित्रयिष्यन्ति	अचित्रयिष्यत् -द्	अचित्रयिष्यताम्	अचित्रयिष्यन्
चित्रयिष्यसि	चित्रयिष्यथः	चित्रयिष्यथ	अचित्रयिष्यः	अचित्रयिष्यतम्	अचित्रयिष्यत
चित्रयिष्यामि	चित्रयिष्यावः	चित्रयिष्यामः	अचित्रयिष्यम्	अचित्रयिष्याव	अचित्रयिष्याम

चित्रयिता	चित्रयितारौ	चित्रयितारः	चित्र्यात् -द्	चित्र्यास्ताम्	चित्र्यासुः
चित्रयितासि	चित्रयितास्थः	चित्रयितास्थ	चित्र्याः	चित्र्यास्तम्	चित्र्यास्त
चित्रयितास्मि	चित्रयितास्वः	चित्रयितास्मः	चित्र्यासम्	चित्र्यास्व	चित्र्यास्म

चित्रयाम्बभूव	चित्रयाम्बभूवतुः	चित्रयाम्बभूवुः	अचिचित्रत् -द्	अचिचित्रताम्	अचिचित्रन्
चित्रयाञ्चकार	चित्रयाञ्चक्रतुः	चित्रयाञ्चक्रुः			
चित्रयामास	चित्रयामासतुः	चित्रयामासुः			
चित्रयाम्बभूविथ	चित्रयाम्बभूवथुः	चित्रयाम्बभूव	अचिचित्रः	अचिचित्रतम्	अचिचित्रत
चित्रयाञ्चकर्थ	चित्रयाञ्चक्रथुः	चित्रयाञ्चक्र			
चित्रयामासिथ	चित्रयामासथुः	चित्रयामास			
चित्रयाम्बभूव	चित्रयाम्बभूविव	चित्रयाम्बभूविम	अचिचित्रम्	अचिचित्राव	अचिचित्राम
चित्रयाञ्चकर -कार	चित्रयाञ्चकृव	चित्रयाञ्चकृम			
चित्रयामास	चित्रयामासिव	चित्रयामासिम			

Atmanepadi Forms

चित्रयते	चित्रयेते[4]	चित्रयन्ते[1]	अचित्रयत	अचित्रयेताम्[4]	अचित्रयन्त[1]
चित्रयसे	चित्रयेथे[4]	चित्रयध्वे	अचित्रयथाः	अचित्रयेथाम्[4]	अचित्रयध्वम्
चित्रये[1]	चित्रयावहे[2]	चित्रयामहे[2]	अचित्रये[4]	अचित्रयावहि[3]	अचित्रयामहि[3]

चित्रयताम्	चित्रयेताम्[4]	चित्रयन्ताम्[1]	चित्रयेत	चित्रयेयाताम्	चित्रयेरन्
चित्रयस्व	चित्रयेथाम्[4]	चित्रयध्वम्	चित्रयेथाः	चित्रयेयाथाम्	चित्रयेध्वम्
चित्रयै[5]	चित्रयावहै[3]	चित्रयामहै[3]	चित्रयेय	चित्रयेवहि	चित्रयेमहि

चित्रयिष्यते	चित्रयिष्येते	चित्रयिष्यन्ते	अचित्रयिष्यत	अचित्रयिष्येताम्	अचित्रयिष्यन्त
चित्रयिष्यसे	चित्रयिष्येथे	चित्रयिष्यध्वे	अचित्रयिष्यथाः	अचित्रयिष्येथाम्	अचित्रयिष्यध्वम्
चित्रयिष्ये	चित्रयिष्यावहे	चित्रयिष्यामहे	अचित्रयिष्ये	अचित्रयिष्यावहि	अचित्रयिष्यामहि

चित्रयिता	चित्रयितारौ	चित्रयितारः	चित्रयिषीष्ट	चित्रयिषीयास्ताम्	चित्रयिषीरन्
चित्रयितासे	चित्रयितासाथे	चित्रयिताध्वे	चित्रयिषीष्ठाः	चित्रयिषीयास्थाम्	चित्रयिषीध्वम् -ढ्वम्
चित्रयिताहे	चित्रयितास्वहे	चित्रयितास्महे	चित्रयिषीय	चित्रयिषीवहि	चित्रयिषीमहि

चित्रयाम्बभूव	चित्रयाम्बभूवतुः	चित्रयाम्बभूवुः	अचिचित्रत	अचिचित्रेताम्	अचिचित्रन्त
चित्रयाञ्चक्रे	चित्रयाञ्चक्राते	चित्रयाञ्चक्रिरे			
चित्रयामास	चित्रयामासतुः	चित्रयामासुः			
चित्रयाम्बभूविथ	चित्रयाम्बभूवथुः	चित्रयाम्बभूव	अचिचित्रथाः	अचिचित्रेथाम्	अचिचित्रध्वम्
चित्रयाञ्चकृषे	चित्रयाञ्चक्राथे	चित्रयाञ्चकृढ्वे			
चित्रयामासिथ	चित्रयामासथुः	चित्रयामास			
चित्रयाम्बभूव	चित्रयाम्बभूविव	चित्रयाम्बभूविम	अचिचित्रे	अचिचित्रावहि	अचिचित्रामहि
चित्रयाञ्चक्रे	चित्रयाञ्चकृवहे	चित्रयाञ्चकृमहे			
चित्रयामास	चित्रयामासिव	चित्रयामासिम			

1918 अंस समाघाते । अंश इत्येके । अयं नामधातुः Root 1523 अश । अदन्तः , अग्लोपी । divide,
10c 385 अंस । अंस् । अंसयति / ते । U । सेट् । स० । अंसि । अंसय । distribute
अंश । अंश् । अंशयति / ते । U । सेट् । स० । अंशि । अंशय ।

Parasmaipadi Forms

अंसयति	अंसयतः	अंसयन्ति[1]	आंसयत् -द्	आंसयताम्	आंसयन्[1]
अंसयसि	अंसयथः	अंसयथ	आंसयः	आंसयतम्	आंसयत
अंसयामि[2]	अंसयावः[2]	अंसयामः[2]	आंसयम्[1]	आंसयाव[2]	आंसयाम[2]

अंसयतु अंसयतात् -द्	अंसयताम्	अंसयन्तु[1]	अंसयेत् -द्	अंसयेताम्	अंसयेयुः
अंसय अंसयतात् -द्	अंसयतम्	अंसयत	अंसयेः	अंसयेतम्	अंसयेत

अंसयानि³	अंसयाव³	अंसयाम³	अंसयेयम्	अंसयेव	अंसयेम
अंसयिष्यति	अंसयिष्यतः	अंसयिष्यन्ति	आंसयिष्यत् -द्	आंसयिष्यताम्	आंसयिष्यन्
अंसयिष्यसि	अंसयिष्यथः	अंसयिष्यथ	आंसयिष्यः	आंसयिष्यतम्	आंसयिष्यत
अंसयिष्यामि	अंसयिष्यावः	अंसयिष्यामः	आंसयिष्यम्	आंसयिष्याव	आंसयिष्याम
अंसयिता	अंसयितारौ	अंसयितारः	अंस्यात् -द्	अंस्यास्ताम्	अंस्यासुः
अंसयितासि	अंसयितास्थः	अंसयितास्थ	अंस्याः	अंस्यास्तम्	अंस्यास्त
अंसयितास्मि	अंसयितास्वः	अंसयितास्मः	अंस्यासम्	अंस्यास्व	अंस्यास्म
अंसयाम्बभूव	अंसयाम्बभूवतुः	अंसयाम्बभूवुः	आंससत् -द्	आंससताम्	आंससन्
अंसयाञ्चकार	अंसयाञ्चक्रतुः	अंसयाञ्चक्रुः			
अंसयामास	अंसयामासतुः	अंसयामासुः			
अंसयाम्बभूविथ	अंसयाम्बभूवथुः	अंसयाम्बभूव	आंससः	आंससतम्	आंससत
अंसयाञ्चकर्थ	अंसयाञ्चक्रथुः	अंसयाञ्चक्र			
अंसयामासिथ	अंसयामासथुः	अंसयामास			
अंसयाम्बभूव	अंसयाम्बभूविव	अंसयाम्बभूविम	आंससम्	आंससाव	आंससाम
अंसयाञ्चकर -कार	अंसयाञ्चकृव	अंसयाञ्चकृम			
अंसयामास	अंसयामासिव	अंसयामासिम			

Atmanepadi Forms

अंसयते	अंसयेते⁴	अंसयन्ते¹	आंसयत	आंसयेताम्⁴	आंसयन्त¹
अंसयसे	अंसयेथे⁴	अंसयध्वे	आंसयथाः	आंसयेथाम्⁴	आंसयध्वम्
अंसये¹	अंसयावहे²	अंसयामहे²	आंसये⁴	आंसयावहि³	आंसयामहि³
अंसयताम्	अंसयेताम्⁴	अंसयन्ताम्¹	अंसयेत	अंसयेयाताम्	अंसयेरन्
अंसयस्व	अंसयेथाम्⁴	अंसयध्वम्	अंसयेथाः	अंसयेयाथाम्	अंसयेध्वम्
अंसयै⁵	अंसयावहै³	अंसयामहै³	अंसयेय	अंसयेवहि	अंसयेमहि
अंसयिष्यते	अंसयिष्येते	अंसयिष्यन्ते	आंसयिष्यत	आंसयिष्येताम्	आंसयिष्यन्त
अंसयिष्यसे	अंसयिष्येथे	अंसयिष्यध्वे	आंसयिष्यथाः	आंसयिष्येथाम्	आंसयिष्यध्वम्
अंसयिष्ये	अंसयिष्यावहे	अंसयिष्यामहे	आंसयिष्ये	आंसयिष्यावहि	आंसयिष्यामहि
अंसयिता	अंसयितारौ	अंसयितारः	अंसयिषीष्ट	अंसयिषीयास्ताम्	अंसयिषीरन्
अंसयितासे	अंसयितासाथे	अंसयिताध्वे	अंसयिषीष्ठाः	अंसयिषीयास्थाम्	अंसयिषीध्वम् -ढ्वम्
अंसयिताहे	अंसयितास्वहे	अंसयितास्महे	अंसयिषीय	अंसयिषीवहि	अंसयिषीमहि
अंसयाम्बभूव	अंसयाम्बभूवतुः	अंसयाम्बभूवुः	आंससत	आंससेताम्	आंससन्त

अंसयाञ्चक्रे	अंसयाञ्चक्राते	अंसयाञ्चक्रिरे			
अंसयामास	अंसयामासतुः	अंसयामासुः			
अंसयाम्बभूविथ	अंसयाम्बभूवथुः	अंसयाम्बभूव	आंससथाः	आंससेथाम्	आंससध्वम्
अंसयाञ्चकृषे	अंसयाञ्चक्राथे	अंसयाञ्चकृढ्वे			
अंसयामासिथ	अंसयामासथुः	अंसयामास			
अंसयाम्बभूव	अंसयाम्बभूविव	अंसयाम्बभूविम	आंससे	आंससावहि	आंससामहि
अंसयाञ्चक्रे	अंसयाञ्चकृवहे	अंसयाञ्चकृमहे			
अंसयामास	अंसयामासिव	अंसयामासिम			

1919 वट विभाजने । अयं नामधातुः Root 300 वट+अच् । अदन्तः , अग्लोपी । divide, separate
10c 386 वट । वट् । वटयति / ते । U । सेट् । स० । वटि । वटय । **Parasmaipadi Forms**

वटयति	वटयतः	वटयन्ति[1]	अवटयत् -द्	अवटयताम्	अवटयन्[1]
वटयसि	वटयथः	वटयथ	अवटयः	अवटयतम्	अवटयत
वटयामि[2]	वटयावः[2]	वटयामः[2]	अवटयम्[1]	अवटयाव[2]	अवटयाम[2]

वटयतु वटयतात् -द्	वटयताम्	वटयन्तु[1]	वटयेत् -द्	वटयेताम्	वटयेयुः
वटय वटयतात् -द्	वटयतम्	वटयत	वटयेः	वटयेतम्	वटयेत
वटयानि[3]	वटयाव[3]	वटयाम[3]	वटयेयम्	वटयेव	वटयेम

वटयिष्यति	वटयिष्यतः	वटयिष्यन्ति	अवटयिष्यत् -द्	अवटयिष्यताम्	अवटयिष्यन्
वटयिष्यसि	वटयिष्यथः	वटयिष्यथ	अवटयिष्यः	अवटयिष्यतम्	अवटयिष्यत
वटयिष्यामि	वटयिष्यावः	वटयिष्यामः	अवटयिष्यम्	अवटयिष्याव	अवटयिष्याम

वटयिता	वटयितारौ	वटयितारः	वट्यात् -द्	वट्यास्ताम्	वट्यासुः
वटयितासि	वटयितास्थः	वटयितास्थ	वट्याः	वट्यास्तम्	वट्यास्त
वटयितास्मि	वटयितास्वः	वटयितास्मः	वट्यासम्	वट्यास्व	वट्यास्म

वटयाम्बभूव	वटयाम्बभूवतुः	वटयाम्बभूवुः	अववटत् -द्	अववटताम्	अववटन्
वटयाञ्चकार	वटयाञ्चक्रतुः	वटयाञ्चक्रुः			
वटयामास	वटयामासतुः	वटयामासुः			
वटयाम्बभूविथ	वटयाम्बभूवथुः	वटयाम्बभूव	अववटः	अववटतम्	अववटत
वटयाञ्चकर्थ	वटयाञ्चक्रथुः	वटयाञ्चक्र			
वटयामासिथ	वटयामासथुः	वटयामास			
वटयाम्बभूव	वटयाम्बभूविव	वटयाम्बभूविम	अववटम्	अववटाव	अववटाम
वटयाञ्चकर -कार	वटयाञ्चकृव	वटयाञ्चकृम			
वटयामास	वटयामासिव	वटयामासिम			

Atmanepadi Forms

वटयते	वटयेते[4]	वटयन्ते[1]	अवटयत	अवटयेताम्[4]	अवटयन्त[1]
वटयसे	वटयेथे[4]	वटयध्वे	अवटयथाः	अवटयेथाम्[4]	अवटयध्वम्
वटये[1]	वटयावहे[2]	वटयामहे[2]	अवटये[4]	अवटयावहि[3]	अवटयामहि[3]

वटयताम्	वटयेताम्[4]	वटयन्ताम्[1]	वटयेत	वटयेयाताम्	वटयेरन्
वटयस्व	वटयेथाम्[4]	वटयध्वम्	वटयेथाः	वटयेयाथाम्	वटयेध्वम्
वटयै[5]	वटयावहै[3]	वटयामहै[3]	वटयेय	वटयेवहि	वटयेमहि

वटयिष्यते	वटयिष्येते	वटयिष्यन्ते	अवटयिष्यत	अवटयिष्येताम्	अवटयिष्यन्त
वटयिष्यसे	वटयिष्येथे	वटयिष्यध्वे	अवटयिष्यथाः	अवटयिष्येथाम्	अवटयिष्यध्वम्
वटयिष्ये	वटयिष्यावहे	वटयिष्यामहे	अवटयिष्ये	अवटयिष्यावहि	अवटयिष्यामहि

वटयिता	वटयितारौ	वटयितारः	वटयिषीष्ट	वटयिषीयास्ताम्	वटयिषीरन्
वटयितासे	वटयितासाथे	वटयिताध्वे	वटयिषीष्ठाः	वटयिषीयास्थाम्	वटयिषीध्वम्, -ढ्वम्
वटयिताहे	वटयितास्वहे	वटयितास्महे	वटयिषीय	वटयिषीवहि	वटयिषीमहि

वटयाम्बभूव	वटयाम्बभूवतुः	वटयाम्बभूवुः	अववटत	अववटेताम्	अववटन्त
वटयाञ्चक्रे	वटयाञ्चक्राते	वटयाञ्चक्रिरे			
वटयामास	वटयामासतुः	वटयामासुः			
वटयाम्बभूविथ	वटयाम्बभूवथुः	वटयाम्बभूव	अववटथाः	अववटेथाम्	अववटध्वम्
वटयाञ्चकृषे	वटयाञ्चक्राथे	वटयाञ्चकृढ्वे			
वटयामासिथ	वटयामासथुः	वटयामास			
वटयाम्बभूव	वटयाम्बभूविव	वटयाम्बभूविम	अववटे	अववटावहि	अववटामहि
वटयाञ्चक्रे	वटयाञ्चकृवहे	वटयाञ्चकृमहे			
वटयामास	वटयामासिव	वटयामासिम			

1920 लज प्रकाशने । वटि लजि इत्येके । अयं नामधातुः । अदन्तः, अग्लोपी । be seen, appear, shine,
10c 387 लज । लज् । लजयति / ते । U । सेट् । अ० । लजि । लजय । make clear

Parasmaipadi Forms

लजयति	लजयतः	लजयन्ति[1]	अलजयत् -द्	अलजयताम्	अलजयन्[1]
लजयसि	लजयथः	लजयथ	अलजयः	अलजयतम्	अलजयत
लजयामि[2]	लजयावः[2]	लजयामः[2]	अलजयम्[1]	अलजयाव[2]	अलजयाम[2]

लजयतु लजयतात् -द्	लजयताम्	लजयन्तु[1]	लजयेत् -द्	लजयेताम्	लजयेयुः
लजय लजयतात् -द्	लजयतम्	लजयत	लजयेः	लजयेतम्	लजयेत
लजयानि[3]	लजयाव[3]	लजयाम[3]	लजयेयम्	लजयेव	लजयेम

635

लजयिष्यति	लजयिष्यतः	लजयिष्यन्ति	अलजयिष्यत् -द्	अलजयिष्यताम्	अलजयिष्यन्
लजयिष्यसि	लजयिष्यथः	लजयिष्यथ	अलजयिष्यः	अलजयिष्यतम्	अलजयिष्यत
लजयिष्यामि	लजयिष्यावः	लजयिष्यामः	अलजयिष्यम्	अलजयिष्याव	अलजयिष्याम
लजयिता	लजयितारौ	लजयितारः	लज्यात् -द्	लज्यास्ताम्	लज्यासुः
लजयितासि	लजयितास्थः	लजयितास्थ	लज्याः	लज्यास्तम्	लज्यास्त
लजयितास्मि	लजयितास्वः	लजयितास्मः	लज्यासम्	लज्यास्व	लज्यास्म
लजयाम्बभूव	लजयाम्बभूवतुः	लजयाम्बभूवुः	अललजत् -द्	अललजताम्	अललजन्
लजयाञ्चकार	लजयाञ्चक्रतुः	लजयाञ्चक्रुः			
लजयामास	लजयामासतुः	लजयामासुः			
लजयाम्बभूविथ	लजयाम्बभूवथुः	लजयाम्बभूव	अललजः	अललजतम्	अललजत
लजयाञ्चकर्थ	लजयाञ्चक्रथुः	लजयाञ्चक्र			
लजयामासिथ	लजयामासथुः	लजयामास			
लजयाम्बभूव	लजयाम्बभूविव	लजयाम्बभूविम	अललजम्	अललजाव	अललजाम
लजयाञ्चकर -कार	लजयाञ्चकृव	लजयाञ्चकृम			
लजयामास	लजयामासिव	लजयामासिम			

Atmanepadi Forms

लजयते	लजयेते[4]	लजयन्ते[1]	अलजयत	अलजयेताम्[4]	अलजयन्त[1]
लजयसे	लजयेथे[4]	लजयध्वे	अलजयथाः	अलजयेथाम्[4]	अलजयध्वम्
लजये[1]	लजयावहे[2]	लजयामहे[2]	अलजये[4]	अलजयावहि[3]	अलजयामहि[3]
लजयताम्	लजयेताम्[4]	लजयन्ताम्[1]	लजयेत	लजयेयाताम्	लजयेरन्
लजयस्व	लजयेथाम्[4]	लजयध्वम्	लजयेथाः	लजयेयाथाम्	लजयेध्वम्
लजयै[5]	लजयावहै[3]	लजयामहै[3]	लजयेय	लजयेवहि	लजयेमहि
लजयिष्यते	लजयिष्येते	लजयिष्यन्ते	अलजयिष्यत	अलजयिष्येताम्	अलजयिष्यन्त
लजयिष्यसे	लजयिष्येथे	लजयिष्यध्वे	अलजयिष्यथाः	अलजयिष्येथाम्	अलजयिष्यध्वम्
लजयिष्ये	लजयिष्यावहे	लजयिष्यामहे	अलजयिष्ये	अलजयिष्यावहि	अलजयिष्यामहि
लजयिता	लजयितारौ	लजयितारः	लजयिषीष्ट	लजयिषीयास्ताम्	लजयिषीरन्
लजयितासे	लजयितासाथे	लजयिताध्वे	लजयिषीष्ठाः	लजयिषीयास्थाम्	लजयिषीध्वम् -ढ्वम्
लजयिताहे	लजयितास्वहे	लजयितास्महे	लजयिषीय	लजयिषीवहि	लजयिषीमहि
लजयाम्बभूव	लजयाम्बभूवतुः	लजयाम्बभूवुः	अललजत	अललजेताम्	अललजन्त
लजयाञ्चक्रे	लजयाञ्चक्राते	लजयाञ्चक्रिरे			

लजयामास	लजयामासतुः	लजयामासुः			
लजयाम्बभूविथ	लजयाम्बभूवथुः	लजयाम्बभूव	अललजथाः	अललजेथाम्	अललजध्वम्
लजयाञ्चकृषे	लजयाञ्चक्राथे	लजयाञ्चकृढ्वे			
लजयामासिथ	लजयामासथुः	लजयामास			
लजयाम्बभूव	लजयाम्बभूविव	लजयाम्बभूविम	अललजे	अललजावहि	अललजामहि
लजयाञ्चक्रे	लजयाञ्चकृवहे	लजयाञ्चकृमहे			
लजयामास	लजयामासिव	लजयामासिम			

1921 मिश्र सम्पर्के । अयं नामधातुः । अदन्तः , अग्लोपी । collect, mix

10c 388 मिश्र । मिश्र् । मिश्रयति / ते । U । सेट् । स० । मिश्रि । मिश्रय । **Parasmaipadi Forms**

मिश्रयति	मिश्रयतः	मिश्रयन्ति[1]	अमिश्रयत् -द्	अमिश्रयताम्	अमिश्रयन्[1]
मिश्रयसि	मिश्रयथः	मिश्रयथ	अमिश्रयः	अमिश्रयतम्	अमिश्रयत
मिश्रयामि[2]	मिश्रयावः[2]	मिश्रयामः[2]	अमिश्रयम्[1]	अमिश्रयाव[2]	अमिश्रयाम[2]

मिश्रयतु मिश्रयतात् -द्	मिश्रयताम्	मिश्रयन्तु[1]	मिश्रयेत् -द्	मिश्रयेताम्	मिश्रयेयुः
मिश्रय मिश्रयतात् -द्	मिश्रयतम्	मिश्रयत	मिश्रयेः	मिश्रयेतम्	मिश्रयेत
मिश्रयाणि[3]	मिश्रयाव[3]	मिश्रयाम[3]	मिश्रयेयम्	मिश्रयेव	मिश्रयेम

मिश्रयिष्यति	मिश्रयिष्यतः	मिश्रयिष्यन्ति	अमिश्रयिष्यत् -द्	अमिश्रयिष्यताम्	अमिश्रयिष्यन्
मिश्रयिष्यसि	मिश्रयिष्यथः	मिश्रयिष्यथ	अमिश्रयिष्यः	अमिश्रयिष्यतम्	अमिश्रयिष्यत
मिश्रयिष्यामि	मिश्रयिष्यावः	मिश्रयिष्यामः	अमिश्रयिष्यम्	अमिश्रयिष्याव	अमिश्रयिष्याम

मिश्रयिता	मिश्रयितारौ	मिश्रयितारः	मिश्र्यात् -द्	मिश्र्यास्ताम्	मिश्र्यासुः
मिश्रयितासि	मिश्रयितास्थः	मिश्रयितास्थ	मिश्र्याः	मिश्र्यास्तम्	मिश्र्यास्त
मिश्रयितास्मि	मिश्रयितास्वः	मिश्रयितास्मः	मिश्र्यासम्	मिश्र्यास्व	मिश्र्यास्म

मिश्रयाम्बभूव	मिश्रयाम्बभूवतुः	मिश्रयाम्बभूवुः	अमिमिश्रत् -द्	अमिमिश्रताम्	अमिमिश्रन्
मिश्रयाञ्चकार	मिश्रयाञ्चक्रतुः	मिश्रयाञ्चक्रुः			
मिश्रयामास	मिश्रयामासतुः	मिश्रयामासुः			
मिश्रयाम्बभूविथ	मिश्रयाम्बभूवथुः	मिश्रयाम्बभूव	अमिमिश्रः	अमिमिश्रतम्	अमिमिश्रत
मिश्रयाञ्चकर्थ	मिश्रयाञ्चक्रथुः	मिश्रयाञ्चक्र			
मिश्रयामासिथ	मिश्रयामासथुः	मिश्रयामास			
मिश्रयाम्बभूव	मिश्रयाम्बभूविव	मिश्रयाम्बभूविम	अमिमिश्रम्	अमिमिश्राव	अमिमिश्राम
मिश्रयाञ्चकर -कार	मिश्रयाञ्चकृव	मिश्रयाञ्चकृम			
मिश्रयामास	मिश्रयामासिव	मिश्रयामासिम			

Atmanepadi Forms

मिश्रयते	मिश्रयेते[4]	मिश्रयन्ते[1]	अमिश्रयत	अमिश्रयेताम्[4]	अमिश्रयन्त[1]
मिश्रयसे	मिश्रयेथे[4]	मिश्रयध्वे	अमिश्रयथाः	अमिश्रयेथाम्[4]	अमिश्रयध्वम्
मिश्रये[1]	मिश्रयावहे[2]	मिश्रयामहे[2]	अमिश्रये[4]	अमिश्रयावहि[3]	अमिश्रयामहि[3]

मिश्रयताम्	मिश्रयेताम्[4]	मिश्रयन्ताम्[1]	मिश्रयेत	मिश्रयेयाताम्	मिश्रयेरन्
मिश्रयस्व	मिश्रयेथाम्[4]	मिश्रयध्वम्	मिश्रयेथाः	मिश्रयेयाथाम्	मिश्रयेध्वम्
मिश्रयै[5]	मिश्रयावहै[3]	मिश्रयामहै[3]	मिश्रयेय	मिश्रयेवहि	मिश्रयेमहि

मिश्रयिष्यते	मिश्रयिष्येते	मिश्रयिष्यन्ते	अमिश्रयिष्यत	अमिश्रयिष्येताम्	अमिश्रयिष्यन्त
मिश्रयिष्यसे	मिश्रयिष्येथे	मिश्रयिष्यध्वे	अमिश्रयिष्यथाः	अमिश्रयिष्येथाम्	अमिश्रयिष्यध्वम्
मिश्रयिष्ये	मिश्रयिष्यावहे	मिश्रयिष्यामहे	अमिश्रयिष्ये	अमिश्रयिष्यावहि	अमिश्रयिष्यामहि

मिश्रयिता	मिश्रयितारौ	मिश्रयितारः	मिश्रयिषीष्ट	मिश्रयिषीयास्ताम्	मिश्रयिषीरन्
मिश्रयितासे	मिश्रयितासाथे	मिश्रयिताध्वे	मिश्रयिषीष्ठाः	मिश्रयिषीयास्थाम्	मिश्रयिषीध्वम् -ढ्वम्
मिश्रयिताहे	मिश्रयितास्वहे	मिश्रयितास्महे	मिश्रयिषीय	मिश्रयिषीवहि	मिश्रयिषीमहि

मिश्रयाम्बभूव	मिश्रयाम्बभूवतुः	मिश्रयाम्बभूवुः	अमिमिश्रत	अमिमिश्रेताम्	अमिमिश्रन्त
मिश्रयाञ्चक्रे	मिश्रयाञ्चक्राते	मिश्रयाञ्चक्रिरे			
मिश्रयामास	मिश्रयामासतुः	मिश्रयामासुः			
मिश्रयाम्बभूविथ	मिश्रयाम्बभूवथुः	मिश्रयाम्बभूव	अमिमिश्रथाः	अमिमिश्रेथाम्	अमिमिश्रध्वम्
मिश्रयाञ्चकृषे	मिश्रयाञ्चक्राथे	मिश्रयाञ्चकृढ्वे			
मिश्रयामासिथ	मिश्रयामासथुः	मिश्रयामास			
मिश्रयाम्बभूव	मिश्रयाम्बभूविव	मिश्रयाम्बभूविम	अमिमिश्रे	अमिमिश्रावहि	अमिमिश्रामहि
मिश्रयाञ्चक्रे	मिश्रयाञ्चकृवहे	मिश्रयाञ्चकृमहे			
मिश्रयामास	मिश्रयामासिव	मिश्रयामासिम			

1922 सङ्ग्राम युद्धे । अनुदात्तेत् । अकारप्रश्लेषात् । अयं नामधातुः Root सं+1533 ग्रह । अदन्तः , अग्लोपी ।
10c 389 सङ्ग्रामअँ । सङ्ग्राम् । सङ्ग्रामयते । A । सेट् । अ० । सङ्ग्रामि । सङ्ग्रामय । fight
Siddhanta Kaumudi – अयमनुदात्तेत् अकारप्रश्लेषात् । Note – Usage of गणसूत्र० कर्तृकरणाद्धात्वर्थे ।

Atmanepadi Forms Only

सङ्ग्रामयते	सङ्ग्रामयेते[4]	सङ्ग्रामयन्ते[1]	असङ्ग्रामयत	असङ्ग्रामयेताम्[4]	असङ्ग्रामयन्त[1]
सङ्ग्रामयसे	सङ्ग्रामयेथे[4]	सङ्ग्रामयध्वे	असङ्ग्रामयथाः	असङ्ग्रामयेथाम्[4]	असङ्ग्रामयध्वम्
सङ्ग्रामये[1]	सङ्ग्रामयावहे[2]	सङ्ग्रामयामहे[2]	असङ्ग्रामये[4]	असङ्ग्रामयावहि[3]	असङ्ग्रामयामहि[3]

सङ्ग्रामयताम्	सङ्ग्रामयेताम्[4]	सङ्ग्रामयन्ताम्[1]	सङ्ग्रामयेत	सङ्ग्रामयेयाताम्	सङ्ग्रामयेरन्
सङ्ग्रामयस्व	सङ्ग्रामयेथाम्[4]	सङ्ग्रामयध्वम्	सङ्ग्रामयेथाः	सङ्ग्रामयेयाथाम्	सङ्ग्रामयेध्वम्
सङ्ग्रामयै[5]	सङ्ग्रामयावहै[3]	सङ्ग्रामयामहै[3]	सङ्ग्रामयेय	सङ्ग्रामयेवहि	सङ्ग्रामयेमहि

सङ्ग्रामयिष्यते	सङ्ग्रामयिष्येते	सङ्ग्रामयिष्यन्ते	असङ्ग्रामयिष्यत	असङ्ग्रामयिष्येताम्	असङ्ग्रामयिष्यन्त
सङ्ग्रामयिष्यसे	सङ्ग्रामयिष्येथे	सङ्ग्रामयिष्यध्वे	असङ्ग्रामयिष्यथाः	असङ्ग्रामयिष्येथाम्	असङ्ग्रामयिष्यध्वम्
सङ्ग्रामयिष्ये	सङ्ग्रामयिष्यावहे	सङ्ग्रामयिष्यामहे	असङ्ग्रामयिष्ये	असङ्ग्रामयिष्यावहि	असङ्ग्रामयिष्यामहि

सङ्ग्रामयिता	सङ्ग्रामयितारौ	सङ्ग्रामयितारः	सङ्ग्रामयिषीष्ट	सङ्ग्रामयिषीयास्ताम्	सङ्ग्रामयिषीरन्
सङ्ग्रामयितासे	सङ्ग्रामयितासाथे	सङ्ग्रामयिताध्वे	सङ्ग्रामयिषीष्ठाः	सङ्ग्रामयिषीयास्थाम्	सङ्ग्रामयिषीध्वम् -ढ्वम्
सङ्ग्रामयिताहे	सङ्ग्रामयितास्वहे	सङ्ग्रामयितास्महे	सङ्ग्रामयिषीय	सङ्ग्रामयिषीवहि	सङ्ग्रामयिषीमहि

सङ्ग्रामयाम्बभूव	सङ्ग्रामयाम्बभूवतुः	सङ्ग्रामयाम्बभूवुः	अससङ्ग्रामत	अससङ्ग्रामेताम्	अससङ्ग्रामन्त
सङ्ग्रामयाञ्चक्रे	सङ्ग्रामयाञ्चक्राते	सङ्ग्रामयाञ्चक्रिरे			
सङ्ग्रामयामास	सङ्ग्रामयामासतुः	सङ्ग्रामयामासुः			
सङ्ग्रामयाम्बभूविथ	सङ्ग्रामयाम्बभूवथुः	सङ्ग्रामयाम्बभूव	अससङ्ग्रामथाः	अससङ्ग्रामेथाम्	अससङ्ग्रामध्वम्
सङ्ग्रामयाञ्चकृषे	सङ्ग्रामयाञ्चक्राथे	सङ्ग्रामयाञ्चकृढ्वे			
सङ्ग्रामयामासिथ	सङ्ग्रामयामासथुः	सङ्ग्रामयामास			
सङ्ग्रामयाम्बभूव	सङ्ग्रामयाम्बभूविव	सङ्ग्रामयाम्बभूविम	अससङ्ग्रामे	अससङ्ग्रामावहि	अससङ्ग्रामामहि
सङ्ग्रामयाञ्चक्रे	सङ्ग्रामयाञ्चकृवहे	सङ्ग्रामयाञ्चकृमहे			
सङ्ग्रामयामास	सङ्ग्रामयामासिव	सङ्ग्रामयामासिम			

1923 स्तोम श्लाघायाम् । अयं नामधातुः Root स्तु-मन् Uṇadi 1.137 । अदन्तः , अग्लोपी । praise, laud, 10c 390 स्तोम । स्तोम् । स्तोमयति / ते । U । सेट् । स० । स्तोमि । स्तोमय । flatter

Parasmaipadi Forms

स्तोमयति	स्तोमयतः	स्तोमयन्ति[1]	अस्तोमयत् -द्	अस्तोमयताम्	अस्तोमयन्[1]
स्तोमयसि	स्तोमयथः	स्तोमयथ	अस्तोमयः	अस्तोमयतम्	अस्तोमयत
स्तोमयामि[2]	स्तोमयावः[2]	स्तोमयामः[2]	अस्तोमयम्[1]	अस्तोमयाव[2]	अस्तोमयाम[2]

स्तोमयतु	स्तोमयतात् -द्	स्तोमयताम्	स्तोमयन्तु[1]	स्तोमयेत् -द्	स्तोमयेताम्	स्तोमयेयुः
स्तोमय	स्तोमयतात् -द्	स्तोमयतम्	स्तोमयत	स्तोमयेः	स्तोमयेतम्	स्तोमयेत
स्तोमयानि[3]		स्तोमयाव[3]	स्तोमयाम[3]	स्तोमयेयम्	स्तोमयेव	स्तोमयेम

स्तोमयिष्यति	स्तोमयिष्यतः	स्तोमयिष्यन्ति	अस्तोमयिष्यत् -द्	अस्तोमयिष्यताम्	अस्तोमयिष्यन्
स्तोमयिष्यसि	स्तोमयिष्यथः	स्तोमयिष्यथ	अस्तोमयिष्यः	अस्तोमयिष्यतम्	अस्तोमयिष्यत
स्तोमयिष्यामि	स्तोमयिष्यावः	स्तोमयिष्यामः	अस्तोमयिष्यम्	अस्तोमयिष्याव	अस्तोमयिष्याम

स्तोमयिता	स्तोमयितारौ	स्तोमयितारः	स्तोम्यात् -द्	स्तोम्यास्ताम्	स्तोम्यासुः
स्तोमयितासि	स्तोमयितास्थः	स्तोमयितास्थ	स्तोम्याः	स्तोम्यास्तम्	स्तोम्यास्त
स्तोमयितास्मि	स्तोमयितास्वः	स्तोमयितास्मः	स्तोम्यासम्	स्तोम्यास्व	स्तोम्यास्म

स्तोमयाम्बभूव	स्तोमयाम्बभूवतुः	स्तोमयाम्बभूवुः	अतुस्तोमत् -द्	अतुस्तोमताम्	अतुस्तोमन्
स्तोमयाञ्चकार	स्तोमयाञ्चक्रतुः	स्तोमयाञ्चक्रुः			
स्तोमयामास	स्तोमयामासतुः	स्तोमयामासुः			
स्तोमयाम्बभूविथ	स्तोमयाम्बभूवथुः	स्तोमयाम्बभूव	अतुस्तोमः	अतुस्तोमतम्	अतुस्तोमत
स्तोमयाञ्चकर्थ	स्तोमयाञ्चक्रथुः	स्तोमयाञ्चक्र			
स्तोमयामासिथ	स्तोमयामासथुः	स्तोमयामास			
स्तोमयाम्बभूव	स्तोमयाम्बभूविव	स्तोमयाम्बभूविम	अतुस्तोमम्	अतुस्तोमाव	अतुस्तोमाम
स्तोमयाञ्चकर -कार	स्तोमयाञ्चकृव	स्तोमयाञ्चकृम			
स्तोमयामास	स्तोमयामासिव	स्तोमयामासिम			

Atmanepadi Forms

स्तोमयते	स्तोमयेते[4]	स्तोमयन्ते[1]	अस्तोमयत	अस्तोमयेताम्[4]	अस्तोमयन्त[1]
स्तोमयसे	स्तोमयेथे[4]	स्तोमयध्वे	अस्तोमयथाः	अस्तोमयेथाम्[4]	अस्तोमयध्वम्
स्तोमये[1]	स्तोमयावहे[2]	स्तोमयामहे[2]	अस्तोमये[4]	अस्तोमयावहि[3]	अस्तोमयामहि[3]

स्तोमयताम्	स्तोमयेताम्[4]	स्तोमयन्ताम्[1]	स्तोमयेत	स्तोमयेयाताम्	स्तोमयेरन्
स्तोमयस्व	स्तोमयेथाम्[4]	स्तोमयध्वम्	स्तोमयेथाः	स्तोमयेयाथाम्	स्तोमयेध्वम्
स्तोमयै[5]	स्तोमयावहै[3]	स्तोमयामहै[3]	स्तोमयेय	स्तोमयेवहि	स्तोमयेमहि

स्तोमयिष्यते	स्तोमयिष्येते	स्तोमयिष्यन्ते	अस्तोमयिष्यत	अस्तोमयिष्येताम्	अस्तोमयिष्यन्त
स्तोमयिष्यसे	स्तोमयिष्येथे	स्तोमयिष्यध्वे	अस्तोमयिष्यथाः	अस्तोमयिष्येथाम्	अस्तोमयिष्यध्वम्
स्तोमयिष्ये	स्तोमयिष्यावहे	स्तोमयिष्यामहे	अस्तोमयिष्ये	अस्तोमयिष्यावहि	अस्तोमयिष्यामहि

स्तोमयिता	स्तोमयितारौ	स्तोमयितारः	स्तोमयिषीष्ट	स्तोमयिषीयास्ताम्	स्तोमयिषीरन्
स्तोमयितासे	स्तोमयितासाथे	स्तोमयिताध्वे	स्तोमयिषीष्ठाः	स्तोमयिषीयास्थाम्	स्तोमयिषीध्वम् -ढ्वम्
स्तोमयिताहे	स्तोमयितास्वहे	स्तोमयितास्महे	स्तोमयिषीय	स्तोमयिषीवहि	स्तोमयिषीमहि

स्तोमयाम्बभूव	स्तोमयाम्बभूवतुः	स्तोमयाम्बभूवुः	अतुस्तोमत	अतुस्तोमेताम्	अतुस्तोमन्त
स्तोमयाञ्चक्रे	स्तोमयाञ्चक्राते	स्तोमयाञ्चक्रिरे			
स्तोमयामास	स्तोमयामासतुः	स्तोमयामासुः			
स्तोमयाम्बभूविथ	स्तोमयाम्बभूवथुः	स्तोमयाम्बभूव	अतुस्तोमथाः	अतुस्तोमेथाम्	अतुस्तोमध्वम्
स्तोमयाञ्चकृषे	स्तोमयाञ्चक्राथे	स्तोमयाञ्चकृढ्वे			
स्तोमयामासिथ	स्तोमयामासथुः	स्तोमयामास			
स्तोमयाम्बभूव	स्तोमयाम्बभूविव	स्तोमयाम्बभूविम	अतुस्तोमे	अतुस्तोमावहि	अतुस्तोमामहि
स्तोमयाञ्चक्रे	स्तोमयाञ्चकृवहे	स्तोमयाञ्चकृमहे			
स्तोमयामास	स्तोमयामासिव	स्तोमयामासिम			

1924 छिद्र कर्णभेदने । करणभेदने इत्येके । कर्ण इति धात्वन्तरमित्यपरे । अयं नामधातुः Root 930 दा ।
अदन्तः , अग्लोपी । pierce the ears, break tools । Some Grammarians consider कर्ण a separate Root.
10c 391 छिद्र । छिद्र् । छिद्रयति / ते । U । सेट् । स० । छिद्रि । छिद्रय । **Parasmaipadi Forms**

छिद्रयति	छिद्रयतः	छिद्रयन्ति[1]	अच्छिद्रयत् -द्	अच्छिद्रयताम्	अच्छिद्रयन्[1]
छिद्रयसि	छिद्रयथः	छिद्रयथ	अच्छिद्रयः	अच्छिद्रयतम्	अच्छिद्रयत
छिद्रयामि[2]	छिद्रयावः[2]	छिद्रयामः[2]	अच्छिद्रयम्[1]	अच्छिद्रयाव[2]	अच्छिद्रयाम[2]

छिद्रयतु छिद्रयतात् -द्	छिद्रयताम्	छिद्रयन्तु[1]	छिद्रयेत् -द्	छिद्रयेताम्	छिद्रयेयुः
छिद्रय छिद्रयतात् -द्	छिद्रयतम्	छिद्रयत	छिद्रयेः	छिद्रयेतम्	छिद्रयेत
छिद्रयाणि[3]	छिद्रयाव[3]	छिद्रयाम[3]	छिद्रयेयम्	छिद्रयेव	छिद्रयेम

छिद्रयिष्यति	छिद्रयिष्यतः	छिद्रयिष्यन्ति	अच्छिद्रयिष्यत् -द्	अच्छिद्रयिष्यताम्	अच्छिद्रयिष्यन्
छिद्रयिष्यसि	छिद्रयिष्यथः	छिद्रयिष्यथ	अच्छिद्रयिष्यः	अच्छिद्रयिष्यतम्	अच्छिद्रयिष्यत
छिद्रयिष्यामि	छिद्रयिष्यावः	छिद्रयिष्यामः	अच्छिद्रयिष्यम्	अच्छिद्रयिष्याव	अच्छिद्रयिष्याम

छिद्रयिता	छिद्रयितारौ	छिद्रयितारः	छिद्र्यात् -द्	छिद्र्यास्ताम्	छिद्र्यासुः
छिद्रयितासि	छिद्रयितास्थः	छिद्रयितास्थ	छिद्र्याः	छिद्र्यास्तम्	छिद्र्यास्त
छिद्रयितास्मि	छिद्रयितास्वः	छिद्रयितास्मः	छिद्र्यासम्	छिद्र्यास्व	छिद्र्यास्म

छिद्रयाम्बभूव	छिद्रयाम्बभूवतुः	छिद्रयाम्बभूवुः	अचिच्छिद्रत् -द्	अचिच्छिद्रताम्	अचिच्छिद्रन्
छिद्रयाञ्चकार	छिद्रयाञ्चक्रतुः	छिद्रयाञ्चक्रुः			
छिद्रयामास	छिद्रयामासतुः	छिद्रयामासुः			
छिद्रयाम्बभूविथ	छिद्रयाम्बभूवथुः	छिद्रयाम्बभूव	अचिच्छिद्रः	अचिच्छिद्रतम्	अचिच्छिद्रत
छिद्रयाञ्चकर्थ	छिद्रयाञ्चक्रथुः	छिद्रयाञ्चक्र			
छिद्रयामासिथ	छिद्रयामासथुः	छिद्रयामास			
छिद्रयाम्बभूव	छिद्रयाम्बभूविव	छिद्रयाम्बभूविम	अचिच्छिद्रम्	अचिच्छिद्राव	अचिच्छिद्राम
छिद्रयाञ्चकर -कार	छिद्रयाञ्चकृव	छिद्रयाञ्चकृम			
छिद्रयामास	छिद्रयामासिव	छिद्रयामासिम			

Atmanepadi Forms

छिद्रयते	छिद्रयेते[4]	छिद्रयन्ते[1]	अच्छिद्रयत	अच्छिद्रयेताम्[4]	अच्छिद्रयन्त[1]
छिद्रयसे	छिद्रयेथे[4]	छिद्रयध्वे	अच्छिद्रयथाः	अच्छिद्रयेथाम्[4]	अच्छिद्रयध्वम्
छिद्रये[1]	छिद्रयावहे[2]	छिद्रयामहे[2]	अच्छिद्रये[4]	अच्छिद्रयावहि[3]	अच्छिद्रयामहि[3]

छिद्रयताम्	छिद्रयेताम्[4]	छिद्रयन्ताम्[1]	छिद्रयेत	छिद्रयेयाताम्	छिद्रयेरन्
छिद्रयस्व	छिद्रयेथाम्[4]	छिद्रयध्वम्	छिद्रयेथाः	छिद्रयेयाथाम्	छिद्रयेध्वम्

छिद्रयै[5]	छिद्रयावहै[3]	छिद्रयामहै[3]	छिद्रयेय	छिद्रयेवहि	छिद्रयेमहि

छिद्रयिष्यते	छिद्रयिष्येते	छिद्रयिष्यन्ते	अछिद्रयिष्यत	अछिद्रयिष्येताम्	अछिद्रयिष्यन्त
छिद्रयिष्यसे	छिद्रयिष्येथे	छिद्रयिष्यध्वे	अछिद्रयिष्यथाः	अछिद्रयिष्येथाम्	अछिद्रयिष्यध्वम्
छिद्रयिष्ये	छिद्रयिष्यावहे	छिद्रयिष्यामहे	अछिद्रयिष्ये	अछिद्रयिष्यावहि	अछिद्रयिष्यामहि

छिद्रयिता	छिद्रयितारौ	छिद्रयितारः	छिद्रयिषीष्ट	छिद्रयिषीयास्ताम्	छिद्रयिषीरन्
छिद्रयितासे	छिद्रयितासाथे	छिद्रयिताध्वे	छिद्रयिषीष्ठाः	छिद्रयिषीयास्थाम्	छिद्रयिषीध्वम् -ढ्वम्
छिद्रयिताहे	छिद्रयितास्वहे	छिद्रयितास्महे	छिद्रयिषीय	छिद्रयिषीवहि	छिद्रयिषीमहि

छिद्रयाम्बभूव	छिद्रयाम्बभूवतुः	छिद्रयाम्बभूवुः	अचिच्छिद्रत	अचिच्छिद्रेताम्	अचिछिद्रन्त
छिद्रयाञ्चक्रे	छिद्रयाञ्चक्राते	छिद्रयाञ्चक्रिरे			
छिद्रयामास	छिद्रयामासतुः	छिद्रयामासुः			
छिद्रयाम्बभूविथ	छिद्रयाम्बभूवथुः	छिद्रयाम्बभूव	अचिच्छिद्रथाः	अचिच्छिद्रेथाम्	अचिछिद्रध्वम्
छिद्रयाञ्चकृषे	छिद्रयाञ्चक्राथे	छिद्रयाञ्चकृढ्वे			
छिद्रयामासिथ	छिद्रयामासथुः	छिद्रयामास			
छिद्रयाम्बभूव	छिद्रयाम्बभूविव	छिद्रयाम्बभूविम	अचिच्छिद्रे	अचिच्छिद्रावहि	अचिच्छिद्रामहि
छिद्रयाञ्चक्रे	छिद्रयाञ्चकृवहे	छिद्रयाञ्चकृमहे			
छिद्रयामास	छिद्रयामासिव	छिद्रयामासिम			

1925 अन्ध **दृष्ट्युपघाते** । उपसंहारे इत्यन्ये । अयं नामधातुः । अदन्तः , अग्लोपी । be blind, close eyes,
10c 392 अन्ध । अन्ध् । अन्धयति / ते । U । सेट् । अ० । अन्धि । अन्धय । make blind

Parasmaipadi Forms

अन्धयति	अन्धयतः	अन्धयन्ति[1]	आन्धयत् -द्	आन्धयताम्	आन्धयन्[1]
अन्धयसि	अन्धयथः	अन्धयथ	आन्धयः	आन्धयतम्	आन्धयत
अन्धयामि[2]	अन्धयावः[2]	अन्धयामः[2]	आन्धयम्[1]	आन्धयाव[2]	आन्धयाम[2]

अन्धयतु अन्धयतात् -द्	अन्धयताम्	अन्धयन्तु[1]	अन्धयेत् -द्	अन्धयेताम्	अन्धयेयुः
अन्धय अन्धयतात् -द्	अन्धयतम्	अन्धयत	अन्धयेः	अन्धयेतम्	अन्धयेत
अन्धयानि[3]	अन्धयाव[3]	अन्धयाम[3]	अन्धयेयम्	अन्धयेव	अन्धयेम

अन्धयिष्यति	अन्धयिष्यतः	अन्धयिष्यन्ति	आन्धयिष्यत् -द्	आन्धयिष्यताम्	आन्धयिष्यन्
अन्धयिष्यसि	अन्धयिष्यथः	अन्धयिष्यथ	आन्धयिष्यः	आन्धयिष्यतम्	आन्धयिष्यत
अन्धयिष्यामि	अन्धयिष्यावः	अन्धयिष्यामः	आन्धयिष्यम्	आन्धयिष्याव	आन्धयिष्याम

अन्धयिता	अन्धयितारौ	अन्धयितारः	अन्ध्यात् -द्	अन्ध्यास्ताम्	अन्ध्यासुः
अन्धयितासि	अन्धयितास्थः	अन्धयितास्थ	अन्ध्याः	अन्ध्यास्तम्	अन्ध्यास्त

अन्धयितास्मि	अन्धयितास्वः	अन्धयितास्मः	अन्ध्यासम्	अन्ध्यास्व	अन्ध्यास्म

अन्धयाम्बभूव	अन्धयाम्बभूवतुः	अन्धयाम्बभूवुः	आन्दधत् -द्	आन्दधताम्	आन्दधन्
अन्धयाञ्चकार	अन्धयाञ्चक्रतुः	अन्धयाञ्चक्रुः			
अन्धयामास	अन्धयामासतुः	अन्धयामासुः			
अन्धयाम्बभूविथ	अन्धयाम्बभूवथुः	अन्धयाम्बभूव	आन्दधः	आन्दधतम्	आन्दधत
अन्धयाञ्चकर्थ	अन्धयाञ्चक्रथुः	अन्धयाञ्चक्र			
अन्धयामासिथ	अन्धयामासथुः	अन्धयामास			
अन्धयाम्बभूव	अन्धयाम्बभूविव	अन्धयाम्बभूविम	आन्दधम्	आन्दधाव	आन्दधाम
अन्धयाञ्चकर -कार	अन्धयाञ्चकृव	अन्धयाञ्चकृम			
अन्धयामास	अन्धयामासिव	अन्धयामासिम			

Atmanepadi Forms

अन्धयते	अन्धयेते[4]	अन्धयन्ते[1]	आन्धयत	आन्धयेताम्[4]	आन्धयन्त[1]
अन्धयसे	अन्धयेथे[4]	अन्धयध्वे	आन्धयथाः	आन्धयेथाम्[4]	आन्धयध्वम्
अन्धये[1]	अन्धयावहे[2]	अन्धयामहे[2]	आन्धये[4]	आन्धयावहि[3]	आन्धयामहि[3]

अन्धयताम्	अन्धयेताम्[4]	अन्धयन्ताम्[1]	अन्धयेत	अन्धयेयाताम्	अन्धयेरन्
अन्धयस्व	अन्धयेथाम्[4]	अन्धयध्वम्	अन्धयेथाः	अन्धयेयाथाम्	अन्धयेध्वम्
अन्धयै[5]	अन्धयावहै[3]	अन्धयामहै[3]	अन्धयेय	अन्धयेवहि	अन्धयेमहि

अन्धयिष्यते	अन्धयिष्येते	अन्धयिष्यन्ते	आन्धयिष्यत	आन्धयिष्येताम्	आन्धयिष्यन्त
अन्धयिष्यसे	अन्धयिष्येथे	अन्धयिष्यध्वे	आन्धयिष्यथाः	आन्धयिष्येथाम्	आन्धयिष्यध्वम्
अन्धयिष्ये	अन्धयिष्यावहे	अन्धयिष्यामहे	आन्धयिष्ये	आन्धयिष्यावहि	आन्धयिष्यामहि

अन्धयिता	अन्धयितारौ	अन्धयितारः	अन्धयिषीष्ट	अन्धयिषीयास्ताम्	अन्धयिषीरन्
अन्धयितासे	अन्धयितासाथे	अन्धयिताध्वे	अन्धयिषीष्ठाः	अन्धयिषीयास्थाम्	अन्धयिषीध्वम् -ढ्वम्
अन्धयिताहे	अन्धयितास्वहे	अन्धयितास्महे	अन्धयिषीय	अन्धयिषीवहि	अन्धयिषीमहि

अन्धयाम्बभूव	अन्धयाम्बभूवतुः	अन्धयाम्बभूवुः	आन्दधत	आन्दधेताम्	आन्दधन्त
अन्धयाञ्चक्रे	अन्धयाञ्चक्राते	अन्धयाञ्चक्रिरे			
अन्धयामास	अन्धयामासतुः	अन्धयामासुः			
अन्धयाम्बभूविथ	अन्धयाम्बभूवथुः	अन्धयाम्बभूव	आन्दधथाः	आन्दधेथाम्	आन्दधध्वम्
अन्धयाञ्चकृषे	अन्धयाञ्चक्राथे	अन्धयाञ्चकृढ्वे			
अन्धयामासिथ	अन्धयामासथुः	अन्धयामास			
अन्धयाम्बभूव	अन्धयाम्बभूविव	अन्धयाम्बभूविम	आन्दधे	आन्दधावहि	आन्दधामहि
अन्धयाञ्चक्रे	अन्धयाञ्चकृवहे	अन्धयाञ्चकृमहे			

अन्धयामास	अन्धयामासिव	अन्धयामासिम

1926 दण्ड दण्डनिपातने । अयं नामधातुः Root 808 दृ । अदन्तः , अग्लोपी । punish

10c 393 दण्ड । दण्ड् । दण्डयति / ते । U । सेट् । द्वि० । दण्डि । दण्डय । **Parasmaipadi Forms**

दण्डयति	दण्डयतः	दण्डयन्ति[1]	अदण्डयत् -द्	अदण्डयताम्	अदण्डयन्[1]
दण्डयसि	दण्डयथः	दण्डयथ	अदण्डयः	अदण्डयतम्	अदण्डयत
दण्डयामि[2]	दण्डयावः[2]	दण्डयामः[2]	अदण्डयम्[1]	अदण्डयाव[2]	अदण्डयाम[2]

दण्डयतु दण्डयतात् -द्	दण्डयताम्	दण्डयन्तु[1]	दण्डयेत् -द्	दण्डयेताम्	दण्डयेयुः
दण्डय दण्डयतात् -द्	दण्डयतम्	दण्डयत	दण्डयेः	दण्डयेतम्	दण्डयेत
दण्डयानि[3]	दण्डयाव[3]	दण्डयाम[3]	दण्डयेयम्	दण्डयेव	दण्डयेम

दण्डयिष्यति	दण्डयिष्यतः	दण्डयिष्यन्ति	अदण्डयिष्यत् -द्	अदण्डयिष्यताम्	अदण्डयिष्यन्
दण्डयिष्यसि	दण्डयिष्यथः	दण्डयिष्यथ	अदण्डयिष्यः	अदण्डयिष्यतम्	अदण्डयिष्यत
दण्डयिष्यामि	दण्डयिष्यावः	दण्डयिष्यामः	अदण्डयिष्यम्	अदण्डयिष्याव	अदण्डयिष्याम

दण्डयिता	दण्डयितारौ	दण्डयितारः	दण्ड्यात् -द्	दण्ड्यास्ताम्	दण्ड्यासुः
दण्डयितासि	दण्डयितास्थः	दण्डयितास्थ	दण्ड्याः	दण्ड्यास्तम्	दण्ड्यास्त
दण्डयितास्मि	दण्डयितास्वः	दण्डयितास्मः	दण्ड्यासम्	दण्ड्यास्व	दण्ड्यास्म

दण्डयाम्बभूव	दण्डयाम्बभूवतुः	दण्डयाम्बभूवुः	अददण्डत् -द्	अददण्डताम्	अददण्डन्
दण्डयाञ्चकार	दण्डयाञ्चक्रतुः	दण्डयाञ्चक्रुः			
दण्डयामास	दण्डयामासतुः	दण्डयामासुः			
दण्डयाम्बभूविथ	दण्डयाम्बभूवथुः	दण्डयाम्बभूव	अददण्डः	अददण्डतम्	अददण्डत
दण्डयाञ्चकर्थ	दण्डयाञ्चक्रथुः	दण्डयाञ्चक्र			
दण्डयामासिथ	दण्डयामासथुः	दण्डयामास			
दण्डयाम्बभूव	दण्डयाम्बभूविव	दण्डयाम्बभूविम	अददण्डम्	अददण्डाव	अददण्डाम
दण्डयाञ्चकर -कार	दण्डयाञ्चकृव	दण्डयाञ्चकृम			
दण्डयामास	दण्डयामासिव	दण्डयामासिम			

Atmanepadi Forms

दण्डयते	दण्डयेते[4]	दण्डयन्ते[1]	अदण्डयत	अदण्डयेताम्[4]	अदण्डयन्त[1]
दण्डयसे	दण्डयेथे[4]	दण्डयध्वे	अदण्डयथाः	अदण्डयेथाम्[4]	अदण्डयध्वम्
दण्डये[1]	दण्डयावहे[2]	दण्डयामहे[2]	अदण्डये[4]	अदण्डयावहि[3]	अदण्डयामहि[3]

दण्डयताम्	दण्डयेताम्[4]	दण्डयन्ताम्[1]	दण्डयेत	दण्डयेयाताम्	दण्डयेरन्
दण्डयस्व	दण्डयेथाम्[4]	दण्डयध्वम्	दण्डयेथाः	दण्डयेयाथाम्	दण्डयेध्वम्

दण्डयै[5]	दण्डयावहै[3]	दण्डयामहै[3]	दण्डयेय	दण्डयेवहि	दण्डयेमहि

दण्डयिष्यते	दण्डयिष्येते	दण्डयिष्यन्ते	अदण्डयिष्यत	अदण्डयिष्येताम्	अदण्डयिष्यन्त
दण्डयिष्यसे	दण्डयिष्येथे	दण्डयिष्यध्वे	अदण्डयिष्यथाः	अदण्डयिष्येथाम्	अदण्डयिष्यध्वम्
दण्डयिष्ये	दण्डयिष्यावहे	दण्डयिष्यामहे	अदण्डयिष्ये	अदण्डयिष्यावहि	अदण्डयिष्यामहि

दण्डयिता	दण्डयितारौ	दण्डयितारः	दण्डयिषीष्ट	दण्डयिषीयास्ताम्	दण्डयिषीरन्
दण्डयितासे	दण्डयितासाथे	दण्डयिताध्वे	दण्डयिषीष्ठाः	दण्डयिषीयास्थाम्	दण्डयिषीध्वम् -ढ्वम
दण्डयिताहे	दण्डयितास्वहे	दण्डयितास्महे	दण्डयिषीय	दण्डयिषीवहि	दण्डयिषीमहि

दण्डयाम्बभूव	दण्डयाम्बभूवतुः	दण्डयाम्बभूवुः	अददण्डत	अददण्डेताम्	अददण्डन्त
दण्डयाञ्चक्रे	दण्डयाञ्चक्राते	दण्डयाञ्चक्रिरे			
दण्डयामास	दण्डयामासतुः	दण्डयामासुः			
दण्डयाम्बभूविथ	दण्डयाम्बभूवथुः	दण्डयाम्बभूव	अददण्डथाः	अददण्डेथाम्	अददण्डध्वम्
दण्डयाञ्चकृषे	दण्डयाञ्चक्राथे	दण्डयाञ्चकृढ्वे			
दण्डयामासिथ	दण्डयामासथुः	दण्डयामास			
दण्डयाम्बभूव	दण्डयाम्बभूविव	दण्डयाम्बभूविम	अददण्डे	अददण्डावहि	अददण्डामहि
दण्डयाञ्चक्रे	दण्डयाञ्चकृवहे	दण्डयाञ्चकृमहे			
दण्डयामास	दण्डयामासिव	दण्डयामासिम			

1927 अङ्क पदे लक्षणे च । अयं नामधातुः Uṇadi 4.215 । अदन्तः , अग्लोपी । count, mark, roam

10c 394 अङ्क । अङ्क् । अङ्कयति / ते । U । सेट् । स० । अङ्कि । अङ्कय । **Parasmaipadi Forms**

अङ्कयति	अङ्कयतः	अङ्कयन्ति[1]	आङ्कयत् -द्	आङ्कयताम्	आङ्कयन्[1]
अङ्कयसि	अङ्कयथः	अङ्कयथ	आङ्कयः	आङ्कयतम्	आङ्कयत
अङ्कयामि[2]	अङ्कयावः[2]	अङ्कयामः[2]	आङ्कयम्[1]	आङ्कयाव[2]	आङ्कयाम[2]

अङ्कयतु अङ्कयतात् -द्	अङ्कयताम्	अङ्कयन्तु[1]	अङ्कयेत् -द्	अङ्कयेताम्	अङ्कयेयुः
अङ्कय अङ्कयतात् -द्	अङ्कयतम्	अङ्कयत	अङ्कयेः	अङ्कयेतम्	अङ्कयेत
अङ्कयानि[3]	अङ्कयाव[3]	अङ्कयाम[3]	अङ्कयेयम्	अङ्कयेव	अङ्कयेम

अङ्कयिष्यति	अङ्कयिष्यतः	अङ्कयिष्यन्ति	आङ्कयिष्यत् -द्	आङ्कयिष्यताम्	आङ्कयिष्यन्
अङ्कयिष्यसि	अङ्कयिष्यथः	अङ्कयिष्यथ	आङ्कयिष्यः	आङ्कयिष्यतम्	आङ्कयिष्यत
अङ्कयिष्यामि	अङ्कयिष्यावः	अङ्कयिष्यामः	आङ्कयिष्यम्	आङ्कयिष्याव	आङ्कयिष्याम

अङ्कयिता	अङ्कयितारौ	अङ्कयितारः	अङ्क्यात् -द्	अङ्क्यास्ताम्	अङ्क्यासुः
अङ्कयितासि	अङ्कयितास्थः	अङ्कयितास्थ	अङ्क्याः	अङ्क्यास्तम्	अङ्क्यास्त
अङ्कयितास्मि	अङ्कयितास्वः	अङ्कयितास्मः	अङ्क्यासम्	अङ्क्यास्व	अङ्क्यास्म

अङ्कयाम्बभूव	अङ्कयाम्बभूवतुः	अङ्कयाम्बभूवुः	आञ्चकत् -द्	आञ्चकताम्	आञ्चकन्
अङ्कयाञ्चकार	अङ्कयाञ्चक्रतुः	अङ्कयाञ्चक्रुः			
अङ्कयामास	अङ्कयामासतुः	अङ्कयामासुः			
अङ्कयाम्बभूविथ	अङ्कयाम्बभूवथुः	अङ्कयाम्बभूव	आञ्चकः	आञ्चकतम्	आञ्चकत
अङ्कयाञ्चकर्थ	अङ्कयाञ्चक्रथुः	अङ्कयाञ्चक्र			
अङ्कयामासिथ	अङ्कयामासथुः	अङ्कयामास			
अङ्कयाम्बभूव	अङ्कयाम्बभूविव	अङ्कयाम्बभूविम	आञ्चकम्	आञ्चकाव	आञ्चकाम
अङ्कयाञ्चकर -कार	अङ्कयाञ्चकृव	अङ्कयाञ्चकृम			
अङ्कयामास	अङ्कयामासिव	अङ्कयामासिम			

Atmanepadi Forms

अङ्कयते	अङ्कयेते[4]	अङ्कयन्ते[1]	आङ्कयत	आङ्कयेताम्[4]	आङ्कयन्त[1]
अङ्कयसे	अङ्कयेथे[4]	अङ्कयध्वे	आङ्कयथाः	आङ्कयेथाम्[4]	आङ्कयध्वम्
अङ्कये[1]	अङ्कयावहे[2]	अङ्कयामहे[2]	आङ्कये[4]	आङ्कयावहि[3]	आङ्कयामहि[3]

अङ्कयताम्	अङ्कयेताम्[4]	अङ्कयन्ताम्[1]	अङ्कयेत	अङ्कयेयाताम्	अङ्कयेरन्
अङ्कयस्व	अङ्कयेथाम्[4]	अङ्कयध्वम्	अङ्कयेथाः	अङ्कयेयाथाम्	अङ्कयेध्वम्
अङ्कयै[5]	अङ्कयावहै[3]	अङ्कयामहै[3]	अङ्कयेय	अङ्कयेवहि	अङ्कयेमहि

अङ्कयिष्यते	अङ्कयिष्येते	अङ्कयिष्यन्ते	आङ्कयिष्यत	आङ्कयिष्येताम्	आङ्कयिष्यन्त
अङ्कयिष्यसे	अङ्कयिष्येथे	अङ्कयिष्यध्वे	आङ्कयिष्यथाः	आङ्कयिष्येथाम्	आङ्कयिष्यध्वम्
अङ्कयिष्ये	अङ्कयिष्यावहे	अङ्कयिष्यामहे	आङ्कयिष्ये	आङ्कयिष्यावहि	आङ्कयिष्यामहि

अङ्कयिता	अङ्कयितारौ	अङ्कयितारः	अङ्कयिषीष्ट	अङ्कयिषीयास्ताम्	अङ्कयिषीरन्
अङ्कयितासे	अङ्कयितासाथे	अङ्कयिताध्वे	अङ्कयिषीष्ठाः	अङ्कयिषीयास्थाम्	अङ्कयिषीध्वम् -ढ्वम्
अङ्कयिताहे	अङ्कयितास्वहे	अङ्कयितास्महे	अङ्कयिषीय	अङ्कयिषीवहि	अङ्कयिषीमहि

अङ्कयाम्बभूव	अङ्कयाम्बभूवतुः	अङ्कयाम्बभूवुः	आञ्चकत	आञ्चकेताम्	आञ्चकन्त
अङ्कयाञ्चक्रे	अङ्कयाञ्चक्राते	अङ्कयाञ्चक्रिरे			
अङ्कयामास	अङ्कयामासतुः	अङ्कयामासुः			
अङ्कयाम्बभूविथ	अङ्कयाम्बभूवथुः	अङ्कयाम्बभूव	आञ्चकथाः	आञ्चकेथाम्	आञ्चकध्वम्
अङ्कयाञ्चकृषे	अङ्कयाञ्चक्राथे	अङ्कयाञ्चकृढ्वे			
अङ्कयामासिथ	अङ्कयामासथुः	अङ्कयामास			
अङ्कयाम्बभूव	अङ्कयाम्बभूविव	अङ्कयाम्बभूविम	आञ्चके	आञ्चकावहि	आञ्चकामहि
अङ्कयाञ्चक्रे	अङ्कयाञ्चकृवहे	अङ्कयाञ्चकृमहे			
अङ्कयामास	अङ्कयामासिव	अङ्कयामासिम			

1928 अङ्ग च । पदे लक्षणे च । अयं नामधातुः Uṇadi 4.215 । अदन्तः , अग्लोपी । count, mark,
10c 395 अङ्ग । अङ्ग् । अङ्गयति / ते । U । सेट् । स० । अङ्गि । अङ्गय । body part

Parasmaipadi Forms

अङ्गयति	अङ्गयतः	अङ्गयन्ति[1]	आङ्गयत् -द्	आङ्गयताम्	आङ्गयन्[1]
अङ्गयसि	अङ्गयथः	अङ्गयथ	आङ्गयः	आङ्गयतम्	आङ्गयत
अङ्गयामि[2]	अङ्गयावः[2]	अङ्गयामः[2]	आङ्गयम्[1]	आङ्गयाव[2]	आङ्गयाम[2]

अङ्गयतु अङ्गयतात् -द्	अङ्गयताम्	अङ्गयन्तु[1]	अङ्गयेत् -द्	अङ्गयेताम्	अङ्गयेयुः
अङ्गय अङ्गयतात् -द्	अङ्गयतम्	अङ्गयत	अङ्गयेः	अङ्गयेतम्	अङ्गयेत
अङ्गयानि[3]	अङ्गयाव[3]	अङ्गयाम[3]	अङ्गयेयम्	अङ्गयेव	अङ्गयेम

अङ्गयिष्यति	अङ्गयिष्यतः	अङ्गयिष्यन्ति	आङ्गयिष्यत् -द्	आङ्गयिष्यताम्	आङ्गयिष्यन्
अङ्गयिष्यसि	अङ्गयिष्यथः	अङ्गयिष्यथ	आङ्गयिष्यः	आङ्गयिष्यतम्	आङ्गयिष्यत
अङ्गयिष्यामि	अङ्गयिष्यावः	अङ्गयिष्यामः	आङ्गयिष्यम्	आङ्गयिष्याव	आङ्गयिष्याम

अङ्गयिता	अङ्गयितारौ	अङ्गयितारः	अङ्ग्यात् -द्	अङ्ग्यास्ताम्	अङ्ग्यासुः
अङ्गयितासि	अङ्गयितास्थः	अङ्गयितास्थ	अङ्ग्याः	अङ्ग्यास्तम्	अङ्ग्यास्त
अङ्गयितास्मि	अङ्गयितास्वः	अङ्गयितास्मः	अङ्ग्यासम्	अङ्ग्यास्व	अङ्ग्यास्म

अङ्गयाम्बभूव	अङ्गयाम्बभूवतुः	अङ्गयाम्बभूवुः	आञ्जगत् -द्	आञ्जगताम्	आञ्जगन्
अङ्गयाञ्चकार	अङ्गयाञ्चक्रतुः	अङ्गयाञ्चक्रुः			
अङ्गयामास	अङ्गयामासतुः	अङ्गयामासुः			
अङ्गयाम्बभूविथ	अङ्गयाम्बभूवथुः	अङ्गयाम्बभूव	आञ्जगः	आञ्जगतम्	आञ्जगत
अङ्गयाञ्चकर्थ	अङ्गयाञ्चक्रथुः	अङ्गयाञ्चक्र			
अङ्गयामासिथ	अङ्गयामासथुः	अङ्गयामास			
अङ्गयाम्बभूव	अङ्गयाम्बभूविव	अङ्गयाम्बभूविम	आञ्जगम्	आञ्जगाव	आञ्जगाम
अङ्गयाञ्चकर -कार	अङ्गयाञ्चकृव	अङ्गयाञ्चकृम			
अङ्गयामास	अङ्गयामासिव	अङ्गयामासिम			

Atmanepadi Forms

अङ्गयते	अङ्गयेते[4]	अङ्गयन्ते[1]	आङ्गयत	आङ्गयेताम्[4]	आङ्गयन्त[1]
अङ्गयसे	अङ्गयेथे[4]	अङ्गयध्वे	आङ्गयथाः	आङ्गयेथाम्[4]	आङ्गयध्वम्
अङ्गये[1]	अङ्गयावहे[2]	अङ्गयामहे[2]	आङ्गये[4]	आङ्गयावहि[3]	आङ्गयामहि[3]

अङ्गयताम्	अङ्गयेताम्[4]	अङ्गयन्ताम्[1]	अङ्गयेत	अङ्गयेयाताम्	अङ्गयेरन्
अङ्गयस्व	अङ्गयेथाम्[4]	अङ्गयध्वम्	अङ्गयेथाः	अङ्गयेयाथाम्	अङ्गयेध्वम्

अङ्गयै[5]	अङ्गयावहै[3]	अङ्गयामहै[3]	अङ्गयेय	अङ्गयेवहि	अङ्गयेमहि

अङ्गयिष्यते	अङ्गयिष्येते	अङ्गयिष्यन्ते	आङ्गयिष्यत	आङ्गयिष्येताम्	आङ्गयिष्यन्त
अङ्गयिष्यसे	अङ्गयिष्येथे	अङ्गयिष्यध्वे	आङ्गयिष्यथाः	आङ्गयिष्येथाम्	आङ्गयिष्यध्वम्
अङ्गयिष्ये	अङ्गयिष्यावहे	अङ्गयिष्यामहे	आङ्गयिष्ये	आङ्गयिष्यावहि	आङ्गयिष्यामहि

अङ्गयिता	अङ्गयितारौ	अङ्गयितारः	अङ्गयिषीष्ट	अङ्गयिषीयास्ताम्	अङ्गयिषीरन्
अङ्गयितासे	अङ्गयितासाथे	अङ्गयिताध्वे	अङ्गयिषीष्ठाः	अङ्गयिषीयास्थाम्	अङ्गयिषीध्वम् -ढ्वम्
अङ्गयिताहे	अङ्गयितास्वहे	अङ्गयितास्महे	अङ्गयिषीय	अङ्गयिषीवहि	अङ्गयिषीमहि

अङ्गयाम्बभूव	अङ्गयाम्बभूवतुः	अङ्गयाम्बभूवुः	आञ्जगत	आञ्जगेताम्	आञ्जगन्त
अङ्गयाञ्चक्रे	अङ्गयाञ्चक्राते	अङ्गयाञ्चक्रिरे			
अङ्गयामास	अङ्गयामासतुः	अङ्गयामासुः			
अङ्गयाम्बभूविथ	अङ्गयाम्बभूवथुः	अङ्गयाम्बभूव	आञ्जगथाः	आञ्जगेथाम्	आञ्जगध्वम्
अङ्गयाञ्चकृषे	अङ्गयाञ्चक्राथे	अङ्गयाञ्चकृढ्वे			
अङ्गयामासिथ	अङ्गयामासथुः	अङ्गयामास			
अङ्गयाम्बभूव	अङ्गयाम्बभूविव	अङ्गयाम्बभूविम	आञ्जगे	आञ्जगावहि	आञ्जगामहि
अङ्गयाञ्चक्रे	अङ्गयाञ्चकृवहे	अङ्गयाञ्चकृमहे			
अङ्गयामास	अङ्गयामासिव	अङ्गयामासिम			

1929 सुख तत्क्रियायाम् । सुखक्रियायाम् । अयं नामधातुः Uṇadi 1.6 । अदन्तः , अग्लोपी। please, gladden,
10c 396 सुख । सुख् । सुखयति / ते । U । सेट् । अ० । सुखि । सुखय । be happy, make happy
Note – Usage of गणसूत्र० 203 प्रातिपदिकाद्धात्वर्थे बहुलमिष्ठवच्च । गणसूत्र० 204 तत्करोति तदाचष्टे ।

Parasmaipadi Forms

सुखयति	सुखयतः	सुखयन्ति[1]	असुखयत् -द्	असुखयताम्	असुखयन्[1]
सुखयसि	सुखयथः	सुखयथ	असुखयः	असुखयतम्	असुखयत
सुखयामि[2]	सुखयावः[2]	सुखयामः[2]	असुखयम्[1]	असुखयाव[2]	असुखयाम[2]

सुखयतु सुखयतात् -द्	सुखयताम्	सुखयन्तु[1]	सुखयेत् -द्	सुखयेताम्	सुखयेयुः
सुखय सुखयतात् -द्	सुखयतम्	सुखयत	सुखयेः	सुखयेतम्	सुखयेत
सुखयानि[3]	सुखयाव[3]	सुखयाम[3]	सुखयेयम्	सुखयेव	सुखयेम

सुखयिष्यति	सुखयिष्यतः	सुखयिष्यन्ति	असुखयिष्यत् -द्	असुखयिष्यताम्	असुखयिष्यन्
सुखयिष्यसि	सुखयिष्यथः	सुखयिष्यथ	असुखयिष्यः	असुखयिष्यतम्	असुखयिष्यत
सुखयिष्यामि	सुखयिष्यावः	सुखयिष्यामः	असुखयिष्यम्	असुखयिष्याव	असुखयिष्याम

सुखयिता	सुखयितारौ	सुखयितारः	सुख्यात् -द्	सुख्यास्ताम्	सुख्यासुः

सुखयितासि	सुखयितास्थः	सुखयितास्थ	सुख्याः	सुख्यास्तम्	सुख्यास्त
सुखयितास्मि	सुखयितास्वः	सुखयितास्मः	सुख्यासम्	सुख्यास्व	सुख्यास्म

सुखयाम्बभूव	सुखयाम्बभूवतुः	सुखयाम्बभूवुः	असुसुखत् -द्	असुसुखताम्	असुसुखन्
सुखयाञ्चकार	सुखयाञ्चक्रतुः	सुखयाञ्चक्रुः			
सुखयामास	सुखयामासतुः	सुखयामासुः			
सुखयाम्बभूविथ	सुखयाम्बभूवथुः	सुखयाम्बभूव	असुसुखः	असुसुखतम्	असुसुखत
सुखयाञ्चकर्थ	सुखयाञ्चक्रथुः	सुखयाञ्चक्र			
सुखयामासिथ	सुखयामासथुः	सुखयामास			
सुखयाम्बभूव	सुखयाम्बभूविव	सुखयाम्बभूविम	असुसुखम्	असुसुखाव	असुसुखाम
सुखयाञ्चकर -कार	सुखयाञ्चकृव	सुखयाञ्चकृम			
सुखयामास	सुखयामासिव	सुखयामासिम			

Atmanepadi Forms

सुखयते	सुखयेते[4]	सुखयन्ते[1]	असुखयत	असुखयेताम्[4]	असुखयन्त[1]
सुखयसे	सुखयेथे[4]	सुखयध्वे	असुखयथाः	असुखयेथाम्[4]	असुखयध्वम्
सुखये[1]	सुखयावहे[2]	सुखयामहे[2]	असुखये[4]	असुखयावहि[3]	असुखयामहि[3]

सुखयताम्	सुखयेताम्[4]	सुखयन्ताम्[1]	सुखयेत	सुखयेयाताम्	सुखयेरन्
सुखयस्व	सुखयेथाम्[4]	सुखयध्वम्	सुखयेथाः	सुखयेयाथाम्	सुखयेध्वम्
सुखयै[5]	सुखयावहै[3]	सुखयामहै[3]	सुखयेय	सुखयेवहि	सुखयेमहि

सुखयिष्यते	सुखयिष्येते	सुखयिष्यन्ते	असुखयिष्यत	असुखयिष्येताम्	असुखयिष्यन्त
सुखयिष्यसे	सुखयिष्येथे	सुखयिष्यध्वे	असुखयिष्यथाः	असुखयिष्येथाम्	असुखयिष्यध्वम्
सुखयिष्ये	सुखयिष्यावहे	सुखयिष्यामहे	असुखयिष्ये	असुखयिष्यावहि	असुखयिष्यामहि

सुखयिता	सुखयितारौ	सुखयितारः	सुखयिषीष्ट	सुखयिषीयास्ताम्	सुखयिषीरन्
सुखयितासे	सुखयितासाथे	सुखयिताध्वे	सुखयिषीष्ठाः	सुखयिषीयास्थाम्	सुखयिषीध्वम् -ढ्वम्
सुखयिताहे	सुखयितास्वहे	सुखयितास्महे	सुखयिषीय	सुखयिषीवहि	सुखयिषीमहि

सुखयाम्बभूव	सुखयाम्बभूवतुः	सुखयाम्बभूवुः	असुसुखत	असुसुखेताम्	असुसुखन्त
सुखयाञ्चक्रे	सुखयाञ्चक्राते	सुखयाञ्चक्रिरे			
सुखयामास	सुखयामासतुः	सुखयामासुः			
सुखयाम्बभूविथ	सुखयाम्बभूवथुः	सुखयाम्बभूव	असुसुखथाः	असुसुखेथाम्	असुसुखध्वम्
सुखयाञ्चकृषे	सुखयाञ्चक्राथे	सुखयाञ्चकृढ्वे			
सुखयामासिथ	सुखयामासथुः	सुखयामास			
सुखयाम्बभूव	सुखयाम्बभूविव	सुखयाम्बभूविम	असुसुखे	असुसुखावहि	असुसुखामहि

सुखयाञ्चक्रे	सुखयाञ्चकृवहे	सुखयाञ्चकृमहे			
सुखयामास	सुखयामासिव	सुखयामासिम			

1930 दुःख तत्क्रियायाम् । अयं नामधातुः Uṇadi 1.6 । अदन्तः , अग्लोपी । cause pain, be afflicted,
10c 397 दुःख । दुःख् । दुःखयति / ते । U । सेट् । अ० । दुःखि । दुःखय । deceive
Note – Usage of गणसूत्र० 203 प्रातिपदिकाद्धात्वर्थे बहुलमिष्ठवच्च । गणसूत्र० 204 तत्करोति तदाचष्टे ।

Parasmaipadi Forms

दुःखयति	दुःखयतः	दुःखयन्ति[1]	अदुःखयत् -द्	अदुःखयताम्	अदुःखयन्[1]
दुःखयसि	दुःखयथः	दुःखयथ	अदुःखयः	अदुःखयतम्	अदुःखयत
दुःखयामि[2]	दुःखयावः[2]	दुःखयामः[2]	अदुःखयम्[1]	अदुःखयाव[2]	अदुःखयाम[2]

दुःखयतु दुःखयतात् -द्	दुःखयताम्	दुःखयन्तु[1]	दुःखयेत् -द्	दुःखयेताम्	दुःखयेयुः
दुःखय दुःखयतात् -द्	दुःखयतम्	दुःखयत	दुःखयेः	दुःखयेतम्	दुःखयेत
दुःखयानि[3]	दुःखयाव[3]	दुःखयाम[3]	दुःखयेयम्	दुःखयेव	दुःखयेम

दुःखयिष्यति	दुःखयिष्यतः	दुःखयिष्यन्ति	अदुःखयिष्यत् -द्	अदुःखयिष्यताम्	अदुःखयिष्यन्
दुःखयिष्यसि	दुःखयिष्यथः	दुःखयिष्यथ	अदुःखयिष्यः	अदुःखयिष्यतम्	अदुःखयिष्यत
दुःखयिष्यामि	दुःखयिष्यावः	दुःखयिष्यामः	अदुःखयिष्यम्	अदुःखयिष्याव	अदुःखयिष्याम

दुःखयिता	दुःखयितारौ	दुःखयितारः	दुःख्यात् -द्	दुःख्यास्ताम्	दुःख्यासुः
दुःखयितासि	दुःखयितास्थः	दुःखयितास्थ	दुःख्याः	दुःख्यास्तम्	दुःख्यास्त
दुःखयितास्मि	दुःखयितास्वः	दुःखयितास्मः	दुःख्यासम्	दुःख्यास्व	दुःख्यास्म

दुःखयाम्बभूव	दुःखयाम्बभूवतुः	दुःखयाम्बभूवुः	अदुदुःखत् -द्	अदुदुःखताम्	अदुदुःखन्
दुःखयाञ्चकार	दुःखयाञ्चक्रतुः	दुःखयाञ्चक्रुः			
दुःखयामास	दुःखयामासतुः	दुःखयामासुः			
दुःखयाम्बभूविथ	दुःखयाम्बभूवथुः	दुःखयाम्बभूव	अदुदुःखः	अदुदुःखतम्	अदुदुःखत
दुःखयाञ्चकर्थ	दुःखयाञ्चक्रथुः	दुःखयाञ्चक्र			
दुःखयामासिथ	दुःखयामासथुः	दुःखयामास			
दुःखयाम्बभूव	दुःखयाम्बभूविव	दुःखयाम्बभूविम	अदुदुःखम्	अदुदुःखाव	अदुदुःखाम
दुःखयाञ्चकर -कार	दुःखयाञ्चकृव	दुःखयाञ्चकृम			
दुःखयामास	दुःखयामासिव	दुःखयामासिम			

Atmanepadi Forms

दुःखयते	दुःखयेते[4]	दुःखयन्ते[1]	अदुःखयत	अदुःखयेताम्[4]	अदुःखयन्त[1]
दुःखयसे	दुःखयेथे[4]	दुःखयध्वे	अदुःखयथाः	अदुःखयेथाम्[4]	अदुःखयध्वम्
दुःखये[1]	दुःखयावहे[2]	दुःखयामहे[2]	अदुःखये[4]	अदुःखयावहि[3]	अदुःखयामहि[3]

दुःखयताम्	दुःखयेताम्[4]	दुःखयन्ताम्[1]	दुःखयेत	दुःखयेयाताम्	दुःखयेरन्
दुःखयस्व	दुःखयेथाम्[4]	दुःखयध्वम्	दुःखयेथाः	दुःखयेयाथाम्	दुःखयेध्वम्
दुःखयै[5]	दुःखयावहै[3]	दुःखयामहै[3]	दुःखयेय	दुःखयेवहि	दुःखयेमहि

दुःखयिष्यते	दुःखयिष्येते	दुःखयिष्यन्ते	अदुःखयिष्यत	अदुःखयिष्येताम्	अदुःखयिष्यन्त
दुःखयिष्यसे	दुःखयिष्येथे	दुःखयिष्यध्वे	अदुःखयिष्यथाः	अदुःखयिष्येथाम्	अदुःखयिष्यध्वम्
दुःखयिष्ये	दुःखयिष्यावहे	दुःखयिष्यामहे	अदुःखयिष्ये	अदुःखयिष्यावहि	अदुःखयिष्यामहि

दुःखयिता	दुःखयितारौ	दुःखयितारः	दुःखयिषीष्ट	दुःखयिषीयास्ताम्	दुःखयिषीरन्
दुःखयितासे	दुःखयितासाथे	दुःखयिताध्वे	दुःखयिषीष्ठाः	दुःखयिषीयास्थाम्	दुःखयिषीध्वम् -ढ्वम्
दुःखयिताहे	दुःखयितास्वहे	दुःखयितास्महे	दुःखयिषीय	दुःखयिषीवहि	दुःखयिषीमहि

दुःखयाम्बभूव	दुःखयाम्बभूवतुः	दुःखयाम्बभूवुः	अदुदुःखत	अदुदुःखेताम्	अदुदुःखन्त
दुःखयाञ्चक्रे	दुःखयाञ्चक्राते	दुःखयाञ्चक्रिरे			
दुःखयामास	दुःखयामासतुः	दुःखयामासुः			
दुःखयाम्बभूविथ	दुःखयाम्बभूवथुः	दुःखयाम्बभूव	अदुदुःखथाः	अदुदुःखेथाम्	अदुदुःखध्वम्
दुःखयाञ्चकृषे	दुःखयाञ्चक्राथे	दुःखयाञ्चकृढ्वे			
दुःखयामासिथ	दुःखयामासथुः	दुःखयामास			
दुःखयाम्बभूव	दुःखयाम्बभूविव	दुःखयाम्बभूविम	अदुदुःखे	अदुदुःखावहि	अदुदुःखामहि
दुःखयाञ्चक्रे	दुःखयाञ्चकृवहे	दुःखयाञ्चकृमहे			
दुःखयामास	दुःखयामासिव	दुःखयामासिम			

1931 रस आस्वादनस्नेहनयोः । अयं नामधातुः Root 713 रस + अच् । अदन्तः , अग्लोपी । relish, taste, 10c 398 रस । रस् । रसयति / ते । U । सेट् । स० । रसि । रसय । love, feel for

Parasmaipadi Forms

रसयति	रसयतः	रसयन्ति[1]	अरसयत् -द्	अरसयताम्	अरसयन्[1]
रसयसि	रसयथः	रसयथ	अरसयः	अरसयतम्	अरसयत
रसयामि[2]	रसयावः[2]	रसयामः[2]	अरसयम्[1]	अरसयाव[2]	अरसयाम[2]

रसयतु रसयतात् -द्	रसयताम्	रसयन्तु[1]	रसयेत् -द्	रसयेताम्	रसयेयुः
रसय रसयतात् -द्	रसयतम्	रसयत	रसयेः	रसयेतम्	रसयेत
रसयानि[3]	रसयाव[3]	रसयाम[3]	रसयेयम्	रसयेव	रसयेम

रसयिष्यति	रसयिष्यतः	रसयिष्यन्ति	अरसयिष्यत् -द्	अरसयिष्यताम्	अरसयिष्यन्
रसयिष्यसि	रसयिष्यथः	रसयिष्यथ	अरसयिष्यः	अरसयिष्यतम्	अरसयिष्यत
रसयिष्यामि	रसयिष्यावः	रसयिष्यामः	अरसयिष्यम्	अरसयिष्याव	अरसयिष्याम

रसयिता	रसयितारौ	रसयितारः	रस्यात् -द्	रस्यास्ताम्	रस्यासुः
रसयितासि	रसयितास्थः	रसयितास्थ	रस्याः	रस्यास्तम्	रस्यास्त
रसयितास्मि	रसयितास्वः	रसयितास्मः	रस्यासम्	रस्यास्व	रस्यास्म

रसयाम्बभूव	रसयाम्बभूवतुः	रसयाम्बभूवुः	अररसत् -द्	अररसताम्	अररसन्
रसयाञ्चकार	रसयाञ्चक्रतुः	रसयाञ्चक्रुः			
रसयामास	रसयामासतुः	रसयामासुः			
रसयाम्बभूविथ	रसयाम्बभूवथुः	रसयाम्बभूव	अररसः	अररसतम्	अररसत
रसयाञ्चकर्थ	रसयाञ्चक्रथुः	रसयाञ्चक्र			
रसयामासिथ	रसयामासथुः	रसयामास			
रसयाम्बभूव	रसयाम्बभूविव	रसयाम्बभूविम	अररसम्	अररसाव	अररसाम
रसयाञ्चकर -कार	रसयाञ्चकृव	रसयाञ्चकृम			
रसयामास	रसयामासिव	रसयामासिम			

Atmanepadi Forms

रसयते	रसयेते[4]	रसयन्ते[1]	अरसयत	अरसयेताम्[4]	अरसयन्त[1]
रसयसे	रसयेथे[4]	रसयध्वे	अरसयथाः	अरसयेथाम्[4]	अरसयध्वम्
रसये[1]	रसयावहे[2]	रसयामहे[2]	अरसये[4]	अरसयावहि[3]	अरसयामहि[3]

रसयताम्	रसयेताम्[4]	रसयन्ताम्[1]	रसयेत	रसयेयाताम्	रसयेरन्
रसयस्व	रसयेथाम्[4]	रसयध्वम्	रसयेथाः	रसयेयाथाम्	रसयेध्वम्
रसयै[5]	रसयावहै[3]	रसयामहै[3]	रसयेय	रसयेवहि	रसयेमहि

रसयिष्यते	रसयिष्येते	रसयिष्यन्ते	अरसयिष्यत	अरसयिष्येताम्	अरसयिष्यन्त
रसयिष्यसे	रसयिष्येथे	रसयिष्यध्वे	अरसयिष्यथाः	अरसयिष्येथाम्	अरसयिष्यध्वम्
रसयिष्ये	रसयिष्यावहे	रसयिष्यामहे	अरसयिष्ये	अरसयिष्यावहि	अरसयिष्यामहि

रसयिता	रसयितारौ	रसयितारः	रसयिषीष्ट	रसयिषीयास्ताम्	रसयिषीरन्
रसयितासे	रसयितासाथे	रसयिताध्वे	रसयिषीष्ठाः	रसयिषीयास्थाम्	रसयिषीध्वम् -ढ्वम्
रसयिताहे	रसयितास्वहे	रसयितास्महे	रसयिषीय	रसयिषीवहि	रसयिषीमहि

रसयाम्बभूव	रसयाम्बभूवतुः	रसयाम्बभूवुः	अररसत	अररसेताम्	अररसन्त
रसयाञ्चक्रे	रसयाञ्चक्राते	रसयाञ्चक्रिरे			
रसयामास	रसयामासतुः	रसयामासुः			
रसयाम्बभूविथ	रसयाम्बभूवथुः	रसयाम्बभूव	अररसथाः	अररसेथाम्	अररसध्वम्
रसयाञ्चकृषे	रसयाञ्चक्राथे	रसयाञ्चकृढ्वे			

रसयामासिथ	रसयामासथुः	रसयामास			
रसयाम्बभूव	रसयाम्बभूविव	रसयाम्बभूविम	अररसे	अररसावहि	अररसामहि
रसयाञ्चक्रे	रसयाञ्चकृवहे	रसयाञ्चकृमहे			
रसयामास	रसयामासिव	रसयामासिम			

1932 व्यय वित्तसमुत्सर्गे । अयं नामधातुः Root वि + 1045 इण् । अदन्तः , अग्लोपी । spend, dissipate, 10c 399 व्यय । व्यय् । व्यययति / ते । U । सेट् । स० । व्ययि । व्यय । give away

Parasmaipadi Forms

व्यययति	व्यययतः	व्यययन्ति[1]	अव्यययत् -द्	अव्यययताम्	अव्यययन्[1]
व्यययसि	व्यययथः	व्यययथ	अव्ययय:	अव्यययतम्	अव्यययत
व्यययामि[2]	व्यययाव:[2]	व्यययामः[2]	अव्यययम्[1]	अव्यययाव[2]	अव्यययाम[2]

व्यययतु व्यययतात् -द्	व्यययताम्	व्यययन्तु[1]	व्यययेत् -द्	व्यययेताम्	व्यययेयुः
व्यय व्यययतात् -द्	व्यययतम्	व्यययत	व्यययेः	व्यययेतम्	व्यययेत
व्यययानि[3]	व्यययाव[3]	व्यययाम[3]	व्यययेयम्	व्यययेव	व्यययेम

व्यययिष्यति	व्यययिष्यतः	व्यययिष्यन्ति	अव्यययिष्यत् -द्	अव्यययिष्यताम्	अव्यययिष्यन्
व्यययिष्यसि	व्यययिष्यथः	व्यययिष्यथ	अव्यययिष्यः	अव्यययिष्यतम्	अव्यययिष्यत
व्यययिष्यामि	व्यययिष्यावः	व्यययिष्यामः	अव्यययिष्यम्	अव्यययिष्याव	अव्यययिष्याम

व्यययिता	व्यययितारौ	व्यययितारः	व्यय्यात् -द्	व्यय्यास्ताम्	व्यय्यासुः
व्यययितासि	व्यययितास्थः	व्यययितास्थ	व्यय्याः	व्यय्यास्तम्	व्यय्यास्त
व्यययितास्मि	व्यययितास्वः	व्यययितास्मः	व्यय्यासम्	व्यय्यास्व	व्यय्यास्म

व्यययाम्बभूव	व्यययाम्बभूवतुः	व्यययाम्बभूवुः	अवव्ययत् -द्	अवव्ययताम्	अवव्ययन्
व्यययाञ्चकार	व्यययाञ्चक्रतुः	व्यययाञ्चक्रुः			
व्यययामास	व्यययामासतुः	व्यययामासुः			
व्यययाम्बभूविथ	व्यययाम्बभूवथुः	व्यययाम्बभूव	अवव्ययः	अवव्ययतम्	अवव्ययत
व्यययाञ्चकर्थ	व्यययाञ्चक्रथुः	व्यययाञ्चक्र			
व्यययामासिथ	व्यययामासथुः	व्यययामास			
व्यययाम्बभूव	व्यययाम्बभूविव	व्यययाम्बभूविम	अवव्ययम्	अवव्ययाव	अवव्ययाम
व्यययाञ्चकर -कार	व्यययाञ्चकृव	व्यययाञ्चकृम			
व्यययामास	व्यययामासिव	व्यययामासिम			

Atmanepadi Forms

व्यययते	व्यययेते[4]	व्यययन्ते[1]	अव्यययत	अव्यययेताम्[4]	अव्यययन्त[1]
व्यययसे	व्यययेथे[4]	व्यययध्वे	अव्यययथाः	अव्यययेथाम्[4]	अव्यययध्वम्

653

व्ययये[1]	व्यययावहे[2]	व्यययामहे[2]	अव्ययये[4]	अव्यययावहि[3]	अव्यययामहि[3]

व्यययताम्	व्यययेताम्[4]	व्यययन्ताम्[1]	व्यययेत	व्यययेयाताम्	व्यययेरन्
व्यययस्व	व्यययेथाम्[4]	व्यययध्वम्	व्यययेथाः	व्यययेयाथाम्	व्यययेध्वम्
व्यययै[5]	व्यययावहै[3]	व्यययामहै[3]	व्यययेय	व्यययेवहि	व्यययेमहि

व्यययिष्यते	व्यययिष्येते	व्यययिष्यन्ते	अव्यययिष्यत	अव्यययिष्येताम्	अव्यययिष्यन्त
व्यययिष्यसे	व्यययिष्येथे	व्यययिष्यध्वे	अव्यययिष्यथाः	अव्यययिष्येथाम्	अव्यययिष्यध्वम्
व्यययिष्ये	व्यययिष्यावहे	व्यययिष्यामहे	अव्यययिष्ये	अव्यययिष्यावहि	अव्यययिष्यामहि

व्यययिता	व्यययितारौ	व्यययितारः	व्यययिषीष्ट	व्यययिषीयास्ताम्	व्यययिषीरन्
व्यययितासे	व्यययितासाथे	व्यययिताध्वे	व्यययिषीष्ठाः	व्यययिषीयास्थाम्	व्यययिषीध्वम् -ढ्वम्
व्यययिताहे	व्यययितास्वहे	व्यययितास्महे	व्यययिषीय	व्यययिषीवहि	व्यययिषीमहि

व्यययाम्बभूव	व्यययाम्बभूवतुः	व्यययाम्बभूवुः	अवव्ययत	अवव्ययेताम्	अवव्ययन्त
व्यययाञ्चक्रे	व्यययाञ्चक्राते	व्यययाञ्चक्रिरे			
व्यययामास	व्यययामासतुः	व्यययामासुः			
व्यययाम्बभूविथ	व्यययाम्बभूवथुः	व्यययाम्बभूव	अवव्ययथाः	अवव्ययेथाम्	अवव्ययध्वम्
व्यययाञ्चकृषे	व्यययाञ्चक्राथे	व्यययाञ्चकृढ्वे			
व्यययामासिथ	व्यययामासथुः	व्यययामास			
व्यययाम्बभूव	व्यययाम्बभूविव	व्यययाम्बभूविम	अवव्यये	अवव्ययावहि	अवव्ययामहि
व्यययाञ्चक्रे	व्यययाञ्चकृवहे	व्यययाञ्चकृमहे			
व्यययामास	व्यययामासिव	व्यययामासिम			

1933 रूप रूपक्रियायाम् । अयं नामधातुः Uṇadi 4.208 । अदन्तः , अग्लोपी । be fashionable, act, perform, gesticulate, see beauty, make beautiful

10c 400 रूप । रूप् । रूपयति / ते । U । सेट् । स० । रूपि । रूपय । **Parasmaipadi Forms**

रूपयति	रूपयतः	रूपयन्ति[1]	अरूपयत् -द्	अरूपयताम्	अरूपयन्[1]
रूपयसि	रूपयथः	रूपयथ	अरूपयः	अरूपयतम्	अरूपयत
रूपयामि[2]	रूपयावः[2]	रूपयामः[2]	अरूपयम्[1]	अरूपयाव[2]	अरूपयाम[2]

रूपयतु रूपयतात् -द्	रूपयताम्	रूपयन्तु[1]	रूपयेत् -द्	रूपयेताम्	रूपयेयुः
रूपय रूपयतात् -द्	रूपयतम्	रूपयत	रूपयेः	रूपयेतम्	रूपयेत
रूपयाणि[3]	रूपयाव[3]	रूपयाम[3]	रूपयेयम्	रूपयेव	रूपयेम

रूपयिष्यति	रूपयिष्यतः	रूपयिष्यन्ति	अरूपयिष्यत् -द्	अरूपयिष्यताम्	अरूपयिष्यन्
रूपयिष्यसि	रूपयिष्यथः	रूपयिष्यथ	अरूपयिष्यः	अरूपयिष्यतम्	अरूपयिष्यत

| रूपयिष्यामि | रूपयिष्यावः | रूपयिष्यामः | अरूपयिष्यम् | अरूपयिष्याव | अरूपयिष्याम |

रूपयिता	रूपयितारौ	रूपयितारः	रूप्यात् -द्	रूप्यास्ताम्	रूप्यासुः
रूपयितासि	रूपयितास्थः	रूपयितास्थ	रूप्याः	रूप्यास्तम्	रूप्यास्त
रूपयितास्मि	रूपयितास्वः	रूपयितास्मः	रूप्यासम्	रूप्यास्व	रूप्यास्म

रूपयाम्बभूव	रूपयाम्बभूवतुः	रूपयाम्बभूवुः	अरुरूपत् -द्	अरुरूपताम्	अरुरूपन्
रूपयाञ्चकार	रूपयाञ्चक्रतुः	रूपयाञ्चक्रुः			
रूपयामास	रूपयामासतुः	रूपयामासुः			
रूपयाम्बभूविथ	रूपयाम्बभूवथुः	रूपयाम्बभूव	अरुरूपः	अरुरूपतम्	अरुरूपत
रूपयाञ्चकर्थ	रूपयाञ्चक्रथुः	रूपयाञ्चक्र			
रूपयामासिथ	रूपयामासथुः	रूपयामास			
रूपयाम्बभूव	रूपयाम्बभूविव	रूपयाम्बभूविम	अरुरूपम्	अरुरूपाव	अरुरूपाम
रूपयाञ्चकर -कार	रूपयाञ्चकृव	रूपयाञ्चकृम			
रूपयामास	रूपयामासिव	रूपयामासिम			

Atmanepadi Forms

रूपयते	रूपयेते[4]	रूपयन्ते[1]	अरूपयत	अरूपयेताम्[4]	अरूपयन्त[1]
रूपयसे	रूपयेथे[4]	रूपयध्वे	अरूपयथाः	अरूपयेथाम्[4]	अरूपयध्वम्
रूपये[1]	रूपयावहे[2]	रूपयामहे[2]	अरूपये[4]	अरूपयावहि[3]	अरूपयामहि[3]

रूपयताम्	रूपयेताम्[4]	रूपयन्ताम्[1]	रूपयेत	रूपयेयाताम्	रूपयेरन्
रूपयस्व	रूपयेथाम्[4]	रूपयध्वम्	रूपयेथाः	रूपयेयाथाम्	रूपयेध्वम्
रूपयै[5]	रूपयावहै[3]	रूपयामहै[3]	रूपयेय	रूपयेवहि	रूपयेमहि

रूपयिष्यते	रूपयिष्येते	रूपयिष्यन्ते	अरूपयिष्यत	अरूपयिष्येताम्	अरूपयिष्यन्त
रूपयिष्यसे	रूपयिष्येथे	रूपयिष्यध्वे	अरूपयिष्यथाः	अरूपयिष्येथाम्	अरूपयिष्यध्वम्
रूपयिष्ये	रूपयिष्यावहे	रूपयिष्यामहे	अरूपयिष्ये	अरूपयिष्यावहि	अरूपयिष्यामहि

रूपयिता	रूपयितारौ	रूपयितारः	रूपयिषीष्ट	रूपयिषीयास्ताम्	रूपयिषीरन्
रूपयितासे	रूपयितासाथे	रूपयिताध्वे	रूपयिषीष्ठाः	रूपयिषीयास्थाम्	रूपयिषीध्वम् -ढ्वम्
रूपयिताहे	रूपयितास्वहे	रूपयितास्महे	रूपयिषीय	रूपयिषीवहि	रूपयिषीमहि

रूपयाम्बभूव	रूपयाम्बभूवतुः	रूपयाम्बभूवुः	अरुरूपत	अरुरूपेताम्	अरुरूपन्त
रूपयाञ्चक्रे	रूपयाञ्चक्राते	रूपयाञ्चक्रिरे			
रूपयामास	रूपयामासतुः	रूपयामासुः			
रूपयाम्बभूविथ	रूपयाम्बभूवथुः	रूपयाम्बभूव	अरुरूपथाः	अरुरूपेथाम्	अरुरूपध्वम्

रूपयाञ्चकृषे	रूपयाञ्चक्राथे	रूपयाञ्चकृढ्वे			
रूपयामासिथ	रूपयामासथुः	रूपयामास			
रूपयाम्बभूव	रूपयाम्बभूविव	रूपयाम्बभूविम	अरुरूपे	अरुरूपावहि	अरुरूपामहि
रूपयाञ्चक्रे	रूपयाञ्चकृवहे	रूपयाञ्चकृमहे			
रूपयामास	रूपयामासिव	रूपयामासिम			

1934 छेद द्वैधीकरणे । अयं नामधातुः Root 1440 छिदिर् - छिद् भावे घञ् अच् वा । अदन्तः , अग्लोपी । cut, 10c 401 छेद । छेद् । छेदयति / ते । U । सेट् । स० । छेदि । छेदय । bisect, divide into two

Parasmaipadi Forms

छेदयति	छेदयतः	छेदयन्ति[1]	अछेदयत् -द्	अछेदयताम्	अछेदयन्[1]
छेदयसि	छेदयथः	छेदयथ	अछेदयः	अछेदयतम्	अछेदयत
छेदयामि[2]	छेदयावः[2]	छेदयामः[2]	अछेदयम्[1]	अछेदयाव[2]	अछेदयाम[2]

छेदयतु छेदयतात् -द्	छेदयताम्	छेदयन्तु[1]	छेदयेत् -द्	छेदयेताम्	छेदयेयुः
छेदय छेदयतात् -द्	छेदयतम्	छेदयत	छेदयेः	छेदयेतम्	छेदयेत
छेदयानि[3]	छेदयाव[3]	छेदयाम[3]	छेदयेयम्	छेदयेव	छेदयेम

छेदयिष्यति	छेदयिष्यतः	छेदयिष्यन्ति	अछेदयिष्यत् -द्	अछेदयिष्यताम्	अछेदयिष्यन्
छेदयिष्यसि	छेदयिष्यथः	छेदयिष्यथ	अछेदयिष्यः	अछेदयिष्यतम्	अछेदयिष्यत
छेदयिष्यामि	छेदयिष्यावः	छेदयिष्यामः	अछेदयिष्यम्	अछेदयिष्याव	अछेदयिष्याम

छेदयिता	छेदयितारौ	छेदयितारः	छेद्यात् -द्	छेद्यास्ताम्	छेद्यासुः
छेदयितासि	छेदयितास्थः	छेदयितास्थ	छेद्याः	छेद्यास्तम्	छेद्यास्त
छेदयितास्मि	छेदयितास्वः	छेदयितास्मः	छेद्यासम्	छेद्यास्व	छेद्यास्म

छेदयाम्बभूव	छेदयाम्बभूवतुः	छेदयाम्बभूवुः	अचिच्छेदत् -द्	अचिच्छेदताम्	अचिच्छेदन्
छेदयाञ्चकार	छेदयाञ्चक्रतुः	छेदयाञ्चक्रुः			
छेदयामास	छेदयामासतुः	छेदयामासुः			
छेदयाम्बभूविथ	छेदयाम्बभूवथुः	छेदयाम्बभूव	अचिच्छेदः	अचिच्छेदतम्	अचिच्छेदत
छेदयाञ्चकर्थ	छेदयाञ्चक्रथुः	छेदयाञ्चक्र			
छेदयामासिथ	छेदयामासथुः	छेदयामास			
छेदयाम्बभूव	छेदयाम्बभूविव	छेदयाम्बभूविम	अचिच्छेदम्	अचिच्छेदाव	अचिच्छेदाम
छेदयाञ्चकर -कार	छेदयाञ्चकृव	छेदयाञ्चकृम			
छेदयामास	छेदयामासिव	छेदयामासिम			

Atmanepadi Forms

छेदयते	छेदयेते[4]	छेदयन्ते[1]	अछेदयत	अछेदयेताम्[4]	अछेदयन्त[1]

छेदयसे	छेदयेथे[4]	छेदयध्वे	अछेदयथाः	अछेदयेथाम्[4]	अछेदयध्वम्
छेदये[1]	छेदयावहे[2]	छेदयामहे[2]	अछेदये[4]	अछेदयावहि[3]	अछेदयामहि[3]

छेदयताम्	छेदयेताम्[4]	छेदयन्ताम्[1]	छेदयेत	छेदयेयाताम्	छेदयेरन्
छेदयस्व	छेदयेथाम्[4]	छेदयध्वम्	छेदयेथाः	छेदयेयाथाम्	छेदयेध्वम्
छेदयै[5]	छेदयावहै[3]	छेदयामहै[3]	छेदयेय	छेदयेवहि	छेदयेमहि

छेदयिष्यते	छेदयिष्येते	छेदयिष्यन्ते	अछेदयिष्यत	अछेदयिष्येताम्	अछेदयिष्यन्त
छेदयिष्यसे	छेदयिष्येथे	छेदयिष्यध्वे	अछेदयिष्यथाः	अछेदयिष्येथाम्	अछेदयिष्यध्वम्
छेदयिष्ये	छेदयिष्यावहे	छेदयिष्यामहे	अछेदयिष्ये	अछेदयिष्यावहि	अछेदयिष्यामहि

छेदयिता	छेदयितारौ	छेदयितारः	छेदयिषीष्ट	छेदयिषीयास्ताम्	छेदयिषीरन्
छेदयितासे	छेदयितासाथे	छेदयिताध्वे	छेदयिषीष्ठाः	छेदयिषीयास्थाम्	छेदयिषीध्वम् -ढ्वम्
छेदयिताहे	छेदयितास्वहे	छेदयितास्महे	छेदयिषीय	छेदयिषीवहि	छेदयिषीमहि

छेदयाम्बभूव	छेदयाम्बभूवतुः	छेदयाम्बभूवुः	अचिच्छेदत	अचिच्छेदेताम्	अचिच्छेदन्त
छेदयाञ्चक्रे	छेदयाञ्चक्राते	छेदयाञ्चक्रिरे			
छेदयामास	छेदयामासतुः	छेदयामासुः			
छेदयाम्बभूविथ	छेदयाम्बभूवथुः	छेदयाम्बभूव	अचिच्छेदथाः	अचिच्छेदेथाम्	अचिच्छेदध्वम्
छेदयाञ्चकृषे	छेदयाञ्चक्राथे	छेदयाञ्चकृढ्वे			
छेदयामासिथ	छेदयामासथुः	छेदयामास			
छेदयाम्बभूव	छेदयाम्बभूविव	छेदयाम्बभूविम	अचिच्छेदे	अचिच्छेदावहि	अचिच्छेदामहि
छेदयाञ्चक्रे	छेदयाञ्चकृवहे	छेदयाञ्चकृमहे			
छेदयामास	छेदयामासिव	छेदयामासिम			

1935 छद अपवारणे । इत्येके । अयं नामधातुः Root 1833 छद । अदन्तः , अग्लोपी ।
10c 402 छद । छद् । छदयति / ते । U । सेट् । स० । छदि । छदय । cover, veil, remove
Siddhanta Kaumudi इत्येके specifies that some grammarians mention this Root 1935 छद अपवारणे instead of 1934 छेद द्वैधीकरणे । Also see 1833 छद अपवारणे । **Parasmaipadi Forms**

छदयति	छदयतः	छदयन्ति[1]	अछदयत् -द्	अछदयताम्	अछदयन्[1]
छदयसि	छदयथः	छदयथ	अछदयः	अछदयतम्	अछदयत
छदयामि[2]	छदयावः[2]	छदयामः[2]	अछदयम्[1]	अछदयाव[2]	अछदयाम[2]

छदयतु छदयतात् -द्	छदयताम्	छदयन्तु[1]	छदयेत् -द्	छदयेताम्	छदयेयुः
छदय छदयतात् -द्	छदयतम्	छदयत	छदयेः	छदयेतम्	छदयेत
छदयानि[3]	छदयाव[3]	छदयाम[3]	छदयेयम्	छदयेव	छदयेम

छदयिष्यति	छदयिष्यतः	छदयिष्यन्ति	अछदयिष्यत् -द्	अछदयिष्यताम्	अछदयिष्यन्
छदयिष्यसि	छदयिष्यथः	छदयिष्यथ	अछदयिष्यः	अछदयिष्यतम्	अछदयिष्यत
छदयिष्यामि	छदयिष्यावः	छदयिष्यामः	अछदयिष्यम्	अछदयिष्याव	अछदयिष्याम

छदयिता	छदयितारौ	छदयितारः	छद्यात् -द्	छद्यास्ताम्	छद्यासुः
छदयितासि	छदयितास्थः	छदयितास्थ	छद्याः	छद्यास्तम्	छद्यास्त
छदयितास्मि	छदयितास्वः	छदयितास्मः	छद्यासम्	छद्यास्व	छद्यास्म

छदयाम्बभूव	छदयाम्बभूवतुः	छदयाम्बभूवुः	अचच्छदत् -द्	अचच्छदताम्	अचच्छदन्
छदयाञ्चकार	छदयाञ्चक्रतुः	छदयाञ्चक्रुः			
छदयामास	छदयामासतुः	छदयामासुः			
छदयाम्बभूविथ	छदयाम्बभूवथुः	छदयाम्बभूव	अचच्छदः	अचच्छदतम्	अचच्छदत
छदयाञ्चकर्थ	छदयाञ्चक्रथुः	छदयाञ्चक्र			
छदयामासिथ	छदयामासथुः	छदयामास			
छदयाम्बभूव	छदयाम्बभूविव	छदयाम्बभूविम	अचच्छदम्	अचच्छदाव	अचच्छदाम
छदयाञ्चकर -कार	छदयाञ्चकृव	छदयाञ्चकृम			
छदयामास	छदयामासिव	छदयामासिम			

Atmanepadi Forms

छदयते	छदयेते[4]	छदयन्ते[1]	अछदयत	अछदयेताम्[4]	अछदयन्त[1]
छदयसे	छदयेथे[4]	छदयध्वे	अछदयथाः	अछदयेथाम्[4]	अछदयध्वम्
छदये[1]	छदयावहे[2]	छदयामहे[2]	अछदये[4]	अछदयावहि[3]	अछदयामहि[3]

छदयताम्	छदयेताम्[4]	छदयन्ताम्[1]	छदयेत	छदयेयाताम्	छदयेरन्
छदयस्व	छदयेथाम्[4]	छदयध्वम्	छदयेथाः	छदयेयाथाम्	छदयेध्वम्
छदयै[5]	छदयावहै[3]	छदयामहै[3]	छदयेय	छदयेवहि	छदयेमहि

छदयिष्यते	छदयिष्येते	छदयिष्यन्ते	अछदयिष्यत	अछदयिष्येताम्	अछदयिष्यन्त
छदयिष्यसे	छदयिष्येथे	छदयिष्यध्वे	अछदयिष्यथाः	अछदयिष्येथाम्	अछदयिष्यध्वम्
छदयिष्ये	छदयिष्यावहे	छदयिष्यामहे	अछदयिष्ये	अछदयिष्यावहि	अछदयिष्यामहि

छदयिता	छदयितारौ	छदयितारः	छदयिषीष्ट	छदयिषीयास्ताम्	छदयिषीरन्
छदयितासे	छदयितासाथे	छदयिताध्वे	छदयिषीष्ठाः	छदयिषीयास्थाम्	छदयिषीध्वम् -ढ्वम्
छदयिताहे	छदयितास्वहे	छदयितास्महे	छदयिषीय	छदयिषीवहि	छदयिषीमहि

| छदयाम्बभूव | छदयाम्बभूवतुः | छदयाम्बभूवुः | अचच्छदत | अचच्छदेताम् | अचच्छदन्त |
| छदयाञ्चक्रे | छदयाञ्चक्राते | छदयाञ्चक्रिरे | | | |

छदयामास	छदयामासतुः	छदयामासुः			
छदयाम्बभूविथ	छदयाम्बभूवथुः	छदयाम्बभूव	अचच्छदथाः	अचच्छदेथाम्	अचच्छदध्वम्
छदयाञ्चकृषे	छदयाञ्चक्राथे	छदयाञ्चकृढ्वे			
छदयामासिथ	छदयामासथुः	छदयामास			
छदयाम्बभूव	छदयाम्बभूविव	छदयाम्बभूविम	अचच्छदे	अचच्छदावहि	अचच्छदामहि
छदयाञ्चक्रे	छदयाञ्चकृवहे	छदयाञ्चकृमहे			
छदयामास	छदयामासिव	छदयामासिम			

1936 लाभ प्रेरणे । अयं नामधातुः Root 975 डुलभष् - लभ् भावे घञ् । अदन्तः, अग्लोपी । prompt, send, 10c 403 लाभ । लाभ् । लाभयति / ते । U । सेट् । स० । लाभि । लाभय । blow, throw

Parasmaipadi Forms

लाभयति	लाभयतः	लाभयन्ति[1]	अलाभयत् -द्	अलाभयताम्	अलाभयन्[1]
लाभयसि	लाभयथः	लाभयथ	अलाभयः	अलाभयतम्	अलाभयत
लाभयामि[2]	लाभयावः[2]	लाभयामः[2]	अलाभयम्[1]	अलाभयाव[2]	अलाभयाम[2]

लाभयतु लाभयतात् -द्	लाभयताम्	लाभयन्तु[1]	लाभयेत् -द्	लाभयेताम्	लाभयेयुः
लाभय लाभयतात् -द्	लाभयतम्	लाभयत	लाभयेः	लाभयेतम्	लाभयेत
लाभयानि[3]	लाभयाव[3]	लाभयाम[3]	लाभयेयम्	लाभयेव	लाभयेम

लाभयिष्यति	लाभयिष्यतः	लाभयिष्यन्ति	अलाभयिष्यत् -द्	अलाभयिष्यताम्	अलाभयिष्यन्
लाभयिष्यसि	लाभयिष्यथः	लाभयिष्यथ	अलाभयिष्यः	अलाभयिष्यतम्	अलाभयिष्यत
लाभयिष्यामि	लाभयिष्यावः	लाभयिष्यामः	अलाभयिष्यम्	अलाभयिष्याव	अलाभयिष्याम

लाभयिता	लाभयितारौ	लाभयितारः	लाभ्यात् -द्	लाभ्यास्ताम्	लाभ्यासुः
लाभयितासि	लाभयितास्थः	लाभयितास्थ	लाभ्याः	लाभ्यास्तम्	लाभ्यास्त
लाभयितास्मि	लाभयितास्वः	लाभयितास्मः	लाभ्यासम्	लाभ्यास्व	लाभ्यास्म

लाभयाम्बभूव	लाभयाम्बभूवतुः	लाभयाम्बभूवुः	अललाभत् -द्	अललाभताम्	अललाभन्
लाभयाञ्चकार	लाभयाञ्चक्रतुः	लाभयाञ्चक्रुः			
लाभयामास	लाभयामासतुः	लाभयामासुः			
लाभयाम्बभूविथ	लाभयाम्बभूवथुः	लाभयाम्बभूव	अललाभः	अललाभतम्	अललाभत
लाभयाञ्चकर्थ	लाभयाञ्चक्रथुः	लाभयाञ्चक्र			
लाभयामासिथ	लाभयामासथुः	लाभयामास			
लाभयाम्बभूव	लाभयाम्बभूविव	लाभयाम्बभूविम	अललाभम्	अललाभाव	अललाभाम
लाभयाञ्चकर -कार	लाभयाञ्चकृव	लाभयाञ्चकृम			
लाभयामास	लाभयामासिव	लाभयामासिम			

Atmanepadi Forms

लाभयते	लाभयेते[4]	लाभयन्ते[1]	अलाभयत	अलाभयेताम्[4]	अलाभयन्त[1]
लाभयसे	लाभयेथे[4]	लाभयध्वे	अलाभयथाः	अलाभयेथाम्[4]	अलाभयध्वम्
लाभये[1]	लाभयावहे[2]	लाभयामहे[2]	अलाभये[4]	अलाभयावहि[3]	अलाभयामहि[3]

लाभयताम्	लाभयेताम्[4]	लाभयन्ताम्[1]	लाभयेत	लाभयेयाताम्	लाभयेरन्
लाभयस्व	लाभयेथाम्[4]	लाभयध्वम्	लाभयेथाः	लाभयेयाथाम्	लाभयेध्वम्
लाभयै[5]	लाभयावहै[3]	लाभयामहै[3]	लाभयेय	लाभयेवहि	लाभयेमहि

लाभयिष्यते	लाभयिष्येते	लाभयिष्यन्ते	अलाभयिष्यत	अलाभयिष्येताम्	अलाभयिष्यन्त
लाभयिष्यसे	लाभयिष्येथे	लाभयिष्यध्वे	अलाभयिष्यथाः	अलाभयिष्येथाम्	अलाभयिष्यध्वम्
लाभयिष्ये	लाभयिष्यावहे	लाभयिष्यामहे	अलाभयिष्ये	अलाभयिष्यावहि	अलाभयिष्यामहि

लाभयिता	लाभयितारौ	लाभयितारः	लाभयिषीष्ट	लाभयिषीयास्ताम्	लाभयिषीरन्
लाभयितासे	लाभयितासाथे	लाभयिताध्वे	लाभयिषीष्ठाः	लाभयिषीयास्थाम्	लाभयिषीध्वम् -ढ्वम्
लाभयिताहे	लाभयितास्वहे	लाभयितास्महे	लाभयिषीय	लाभयिषीवहि	लाभयिषीमहि

लाभयाम्बभूव	लाभयाम्बभूवतुः	लाभयाम्बभूवुः	अललाभत	अललाभेताम्	अललाभन्त
लाभयाञ्चक्रे	लाभयाञ्चक्राते	लाभयाञ्चक्रिरे			
लाभयामास	लाभयामासतुः	लाभयामासुः			
लाभयाम्बभूविथ	लाभयाम्बभूवथुः	लाभयाम्बभूव	अललाभथाः	अललाभेथाम्	अललाभध्वम्
लाभयाञ्चकृषे	लाभयाञ्चक्राथे	लाभयाञ्चकृढ्वे			
लाभयामासिथ	लाभयामासथुः	लाभयामास			
लाभयाम्बभूव	लाभयाम्बभूविव	लाभयाम्बभूविम	अललाभे	अललाभावहि	अललाभामहि
लाभयाञ्चक्रे	लाभयाञ्चकृवहे	लाभयाञ्चकृमहे			
लाभयामास	लाभयामासिव	लाभयामासिम			

1937 व्रण गात्रविचूर्णने । अयं नामधातुः Root 451 व्रण - व्रण् अच् । अदन्तः , अग्लोपी । hurt, wound
10c 404 व्रण । व्रण् । व्रणयति / ते । U । सेट् । स० । व्रणि । व्रणय । **Parasmaipadi Forms**

व्रणयति	व्रणयतः	व्रणयन्ति[1]	अव्रणयत् -द्	अव्रणयताम्	अव्रणयन्[1]
व्रणयसि	व्रणयथः	व्रणयथ	अव्रणयः	अव्रणयतम्	अव्रणयत
व्रणयामि[2]	व्रणयावः[2]	व्रणयामः[2]	अव्रणयम्[1]	अव्रणयाव[2]	अव्रणयाम[2]

व्रणयतु व्रणयतात् -द्	व्रणयताम्	व्रणयन्तु[1]	व्रणयेत् -द्	व्रणयेताम्	व्रणयेयुः
व्रणय व्रणयतात् -द्	व्रणयतम्	व्रणयत	व्रणयेः	व्रणयेतम्	व्रणयेत
व्रणयानि[3]	व्रणयाव[3]	व्रणयाम[3]	व्रणयेयम्	व्रणयेव	व्रणयेम

व्रणयिष्यति	व्रणयिष्यतः	व्रणयिष्यन्ति	अव्रणयिष्यत् -द्	अव्रणयिष्यताम्	अव्रणयिष्यन्
व्रणयिष्यसि	व्रणयिष्यथः	व्रणयिष्यथ	अव्रणयिष्यः	अव्रणयिष्यतम्	अव्रणयिष्यत
व्रणयिष्यामि	व्रणयिष्यावः	व्रणयिष्यामः	अव्रणयिष्यम्	अव्रणयिष्याव	अव्रणयिष्याम

व्रणयिता	व्रणयितारौ	व्रणयितारः	व्रण्यात् -द्	व्रण्यास्ताम्	व्रण्यासुः
व्रणयितासि	व्रणयितास्थः	व्रणयितास्थ	व्रण्याः	व्रण्यास्तम्	व्रण्यास्त
व्रणयितास्मि	व्रणयितास्वः	व्रणयितास्मः	व्रण्यासम्	व्रण्यास्व	व्रण्यास्म

व्रणयाम्बभूव	व्रणयाम्बभूवतुः	व्रणयाम्बभूवुः	अवव्रणत् -द्	अवव्रणताम्	अवव्रणन्
व्रणयाञ्चकार	व्रणयाञ्चक्रतुः	व्रणयाञ्चक्रुः			
व्रणयामास	व्रणयामासतुः	व्रणयामासुः			
व्रणयाम्बभूविथ	व्रणयाम्बभूवथुः	व्रणयाम्बभूव	अवव्रणः	अवव्रणतम्	अवव्रणत
व्रणयाञ्चकर्थ	व्रणयाञ्चक्रथुः	व्रणयाञ्चक्र			
व्रणयामासिथ	व्रणयामासथुः	व्रणयामास			
व्रणयाम्बभूव	व्रणयाम्बभूविव	व्रणयाम्बभूविम	अवव्रणम्	अवव्रणाव	अवव्रणाम
व्रणयाञ्चकर -कार	व्रणयाञ्चकृव	व्रणयाञ्चकृम			
व्रणयामास	व्रणयामासिव	व्रणयामासिम			

Atmanepadi Forms

व्रणयते	व्रणयेते[4]	व्रणयन्ते[1]	अव्रणयत	अव्रणयेताम्[4]	अव्रणयन्त[1]
व्रणयसे	व्रणयेथे[4]	व्रणयध्वे	अव्रणयथाः	अव्रणयेथाम्[4]	अव्रणयध्वम्
व्रणये[1]	व्रणयावहे[2]	व्रणयामहे[2]	अव्रणये[4]	अव्रणयावहि[3]	अव्रणयामहि[3]

व्रणयताम्	व्रणयेताम्[4]	व्रणयन्ताम्[1]	व्रणयेत	व्रणयेयाताम्	व्रणयेरन्
व्रणयस्व	व्रणयेथाम्[4]	व्रणयध्वम्	व्रणयेथाः	व्रणयेयाथाम्	व्रणयेध्वम्
व्रणयै[5]	व्रणयावहै[3]	व्रणयामहै[3]	व्रणयेय	व्रणयेवहि	व्रणयेमहि

व्रणयिष्यते	व्रणयिष्येते	व्रणयिष्यन्ते	अव्रणयिष्यत	अव्रणयिष्येताम्	अव्रणयिष्यन्त
व्रणयिष्यसे	व्रणयिष्येथे	व्रणयिष्यध्वे	अव्रणयिष्यथाः	अव्रणयिष्येथाम्	अव्रणयिष्यध्वम्
व्रणयिष्ये	व्रणयिष्यावहे	व्रणयिष्यामहे	अव्रणयिष्ये	अव्रणयिष्यावहि	अव्रणयिष्यामहि

व्रणयिता	व्रणयितारौ	व्रणयितारः	व्रणयिषीष्ट	व्रणयिषीयास्ताम्	व्रणयिषीरन्
व्रणयितासे	व्रणयितासाथे	व्रणयिताध्वे	व्रणयिषीष्ठाः	व्रणयिषीयास्थाम्	व्रणयिषीध्वम् -ढ्वम्
व्रणयिताहे	व्रणयितास्वहे	व्रणयितास्महे	व्रणयिषीय	व्रणयिषीवहि	व्रणयिषीमहि

व्रणयाम्बभूव	व्रणयाम्बभूवतुः	व्रणयाम्बभूवुः	अवव्रणत	अवव्रणेताम्	अवव्रणन्त
व्रणयाञ्चक्रे	व्रणयाञ्चक्राते	व्रणयाञ्चक्रिरे			

व्रणयामास	व्रणयामासतुः	व्रणयामासुः			
व्रणयाम्बभूविथ	व्रणयाम्बभूवथुः	व्रणयाम्बभूव	अवव्रणथाः	अवव्रणेथाम्	अवव्रणध्वम्
व्रणयाञ्चकृषे	व्रणयाञ्चक्राथे	व्रणयाञ्चकृढ्वे			
व्रणयामासिथ	व्रणयामासथुः	व्रणयामास			
व्रणयाम्बभूव	व्रणयाम्बभूविव	व्रणयाम्बभूविम	अवव्रणे	अवव्रणावहि	अवव्रणामहि
व्रणयाञ्चक्रे	व्रणयाञ्चकृवहे	व्रणयाञ्चकृमहे			
व्रणयामास	व्रणयामासिव	व्रणयामासिम			

1938 **वर्ण वर्णक्रियाविस्तारगुणवचनेषु ।** **वर्णक्रिया वर्णकरणं वर्णनं वा ।** अयं नामधातुः Uṇadi 4.123 । अदन्तः , अग्लोपी । describe, narrate, expand, colour, polish, praise, illuminate. *Famous word* **सुवर्णम् ।**
10c 405 **वर्ण** । **वर्ण्** । **वर्णयति / ते** । U । **सेट्** । **स०** । **वर्णि** । **वर्णय** । **Parasmaipadi Forms**

वर्णयति	वर्णयतः	वर्णयन्ति[1]	अवर्णयत् -द्	अवर्णयताम्	अवर्णयन्[1]
वर्णयसि	वर्णयथः	वर्णयथ	अवर्णयः	अवर्णयतम्	अवर्णयत
वर्णयामि[2]	वर्णयावः[2]	वर्णयामः[2]	अवर्णयम्[1]	अवर्णयाव[2]	अवर्णयाम[2]

वर्णयतु वर्णयतात् -द्	वर्णयताम्	वर्णयन्तु[1]	वर्णयेत् -द्	वर्णयेताम्	वर्णयेयुः
वर्णय वर्णयतात् -द्	वर्णयतम्	वर्णयत	वर्णयेः	वर्णयेतम्	वर्णयेत
वर्णयानि[3]	वर्णयाव[3]	वर्णयाम[3]	वर्णयेयम्	वर्णयेव	वर्णयेम

वर्णयिष्यति	वर्णयिष्यतः	वर्णयिष्यन्ति	अवर्णयिष्यत् -द्	अवर्णयिष्यताम्	अवर्णयिष्यन्
वर्णयिष्यसि	वर्णयिष्यथः	वर्णयिष्यथ	अवर्णयिष्यः	अवर्णयिष्यतम्	अवर्णयिष्यत
वर्णयिष्यामि	वर्णयिष्यावः	वर्णयिष्यामः	अवर्णयिष्यम्	अवर्णयिष्याव	अवर्णयिष्याम

वर्णयिता	वर्णयितारौ	वर्णयितारः	वर्ण्यात् -द्	वर्ण्यास्ताम्	वर्ण्यासुः
वर्णयितासि	वर्णयितास्थः	वर्णयितास्थ	वर्ण्याः	वर्ण्यास्तम्	वर्ण्यास्त
वर्णयितास्मि	वर्णयितास्वः	वर्णयितास्मः	वर्ण्यासम्	वर्ण्यास्व	वर्ण्यास्म

वर्णयाम्बभूव	वर्णयाम्बभूवतुः	वर्णयाम्बभूवुः	अववर्णत् -द्	अववर्णताम्	अववर्णन्
वर्णयाञ्चकार	वर्णयाञ्चक्रतुः	वर्णयाञ्चक्रुः			
वर्णयामास	वर्णयामासतुः	वर्णयामासुः			
वर्णयाम्बभूविथ	वर्णयाम्बभूवथुः	वर्णयाम्बभूव	अववर्णः	अववर्णतम्	अववर्णत
वर्णयाञ्चकर्थ	वर्णयाञ्चक्रथुः	वर्णयाञ्चक्र			
वर्णयामासिथ	वर्णयामासथुः	वर्णयामास			
वर्णयाम्बभूव	वर्णयाम्बभूविव	वर्णयाम्बभूविम	अववर्णम्	अववर्णाव	अववर्णाम
वर्णयाञ्चकर -कार	वर्णयाञ्चकृव	वर्णयाञ्चकृम			
वर्णयामास	वर्णयामासिव	वर्णयामासिम			

Atmanepadi Forms

वर्णयते	वर्णयेते[4]	वर्णयन्ते[1]	अवर्णयत	अवर्णयेताम्[4]	अवर्णयन्त[1]
वर्णयसे	वर्णयेथे[4]	वर्णयध्वे	अवर्णयथाः	अवर्णयेथाम्[4]	अवर्णयध्वम्
वर्णये[1]	वर्णयावहे[2]	वर्णयामहे[2]	अवर्णये[4]	अवर्णयावहि[3]	अवर्णयामहि[3]

वर्णयताम्	वर्णयेताम्[4]	वर्णयन्ताम्[1]	वर्णयेत	वर्णयेयाताम्	वर्णयेरन्
वर्णयस्व	वर्णयेथाम्[4]	वर्णयध्वम्	वर्णयेथाः	वर्णयेयाथाम्	वर्णयेध्वम्
वर्णयै[5]	वर्णयावहै[3]	वर्णयामहै[3]	वर्णयेय	वर्णयेवहि	वर्णयेमहि

वर्णयिष्यते	वर्णयिष्येते	वर्णयिष्यन्ते	अवर्णयिष्यत	अवर्णयिष्येताम्	अवर्णयिष्यन्त
वर्णयिष्यसे	वर्णयिष्येथे	वर्णयिष्यध्वे	अवर्णयिष्यथाः	अवर्णयिष्येथाम्	अवर्णयिष्यध्वम्
वर्णयिष्ये	वर्णयिष्यावहे	वर्णयिष्यामहे	अवर्णयिष्ये	अवर्णयिष्यावहि	अवर्णयिष्यामहि

वर्णयिता	वर्णयितारौ	वर्णयितारः	वर्णयिषीष्ट	वर्णयिषीयास्ताम्	वर्णयिषीरन्
वर्णयितासे	वर्णयितासाथे	वर्णयिताध्वे	वर्णयिषीष्ठाः	वर्णयिषीयास्थाम्	वर्णयिषीध्वम् -ढ्वम्
वर्णयिताहे	वर्णयितास्वहे	वर्णयितास्महे	वर्णयिषीय	वर्णयिषीवहि	वर्णयिषीमहि

वर्णयाम्बभूव	वर्णयाम्बभूवतुः	वर्णयाम्बभूवुः	अववर्णत	अववर्णेताम्	अववर्णन्त
वर्णयाञ्चक्रे	वर्णयाञ्चक्राते	वर्णयाञ्चक्रिरे			
वर्णयामास	वर्णयामासतुः	वर्णयामासुः			
वर्णयाम्बभूविथ	वर्णयाम्बभूवथुः	वर्णयाम्बभूव	अववर्णथाः	अववर्णेथाम्	अववर्णध्वम्
वर्णयाञ्चकृषे	वर्णयाञ्चक्राथे	वर्णयाञ्चकृढ्वे			
वर्णयामासिथ	वर्णयामासथुः	वर्णयामास			
वर्णयाम्बभूव	वर्णयाम्बभूविव	वर्णयाम्बभूविम	अववर्णे	अववर्णावहि	अववर्णामहि
वर्णयाञ्चक्रे	वर्णयाञ्चकृवहे	वर्णयाञ्चकृमहे			
वर्णयामास	वर्णयामासिव	वर्णयामासिम			

1939 गणसूत्रः = बहुलमेतन्निदर्शनम् ।

- अदन्तधातुनिदर्शनमित्यर्थः । In the internal group कथादि अदन्तः अग्लोपी, more Roots may be included, as given below, than those already mentioned.

1939 पर्ण हरितभावे । अयं नामधातुः Uṇadi 4.107 Root 1086 पृ । अदन्तः , अग्लोपी । make green, 10c 406 पर्ण । पर्ण् । पर्णयति / ते । U । सेट् । अ०* । पर्णि । पर्णय । be greenish

Parasmaipadi Forms

पर्णयति	पर्णयतः	पर्णयन्ति[1]	अपर्णयत् -द्	अपर्णयताम्	अपर्णयन्[1]
पर्णयसि	पर्णयथः	पर्णयथ	अपर्णयः	अपर्णयतम्	अपर्णयत
पर्णयामि[2]	पर्णयावः[2]	पर्णयामः[2]	अपर्णयम्[1]	अपर्णयाव[2]	अपर्णयाम[2]

पर्णयतु पर्णयतात् -द्	पर्णयताम्	पर्णयन्तु[1]	पर्णयेत् -द्	पर्णयेताम्	पर्णयेयुः
पर्णय पर्णयतात् -द्	पर्णयतम्	पर्णयत	पर्णयेः	पर्णयेतम्	पर्णयेत
पर्णयानि[3]	पर्णयाव[3]	पर्णयाम[3]	पर्णयेयम्	पर्णयेव	पर्णयेम

पर्णयिष्यति	पर्णयिष्यतः	पर्णयिष्यन्ति	अपर्णयिष्यत् -द्	अपर्णयिष्यताम्	अपर्णयिष्यन्
पर्णयिष्यसि	पर्णयिष्यथः	पर्णयिष्यथ	अपर्णयिष्यः	अपर्णयिष्यतम्	अपर्णयिष्यत
पर्णयिष्यामि	पर्णयिष्यावः	पर्णयिष्यामः	अपर्णयिष्यम्	अपर्णयिष्याव	अपर्णयिष्याम

पर्णयिता	पर्णयितारौ	पर्णयितारः	पर्ण्यात् -द्	पर्ण्यास्ताम्	पर्ण्यासुः
पर्णयितासि	पर्णयितास्थः	पर्णयितास्थ	पर्ण्याः	पर्ण्यास्तम्	पर्ण्यास्त
पर्णयितास्मि	पर्णयितास्वः	पर्णयितास्मः	पर्ण्यासम्	पर्ण्यास्व	पर्ण्यास्म

पर्णयाम्बभूव	पर्णयाम्बभूवतुः	पर्णयाम्बभूवुः	अपपर्णत् -द्	अपपर्णताम्	अपपर्णन्
पर्णयाञ्चकार	पर्णयाञ्चक्रतुः	पर्णयाञ्चक्रुः			
पर्णयामास	पर्णयामासतुः	पर्णयामासुः			
पर्णयाम्बभूविथ	पर्णयाम्बभूवथुः	पर्णयाम्बभूव	अपपर्णः	अपपर्णतम्	अपपर्णत
पर्णयाञ्चकर्थ	पर्णयाञ्चक्रथुः	पर्णयाञ्चक्र			
पर्णयामासिथ	पर्णयामासथुः	पर्णयामास			
पर्णयाम्बभूव	पर्णयाम्बभूविव	पर्णयाम्बभूविम	अपपर्णम्	अपपर्णाव	अपपर्णाम
पर्णयाञ्चकर -कार	पर्णयाञ्चकृव	पर्णयाञ्चकृम			
पर्णयामास	पर्णयामासिव	पर्णयामासिम			

Atmanepadi Forms

पर्णयते	पर्णयेते[4]	पर्णयन्ते[1]	अपर्णयत	अपर्णयेताम्[4]	अपर्णयन्त[1]
पर्णयसे	पर्णयेथे[4]	पर्णयध्वे	अपर्णयथाः	अपर्णयेथाम्[4]	अपर्णयध्वम्
पर्णये[1]	पर्णयावहे[2]	पर्णयामहे[2]	अपर्णये[4]	अपर्णयावहि[3]	अपर्णयामहि[3]

पर्णयताम्	पर्णयेताम्[4]	पर्णयन्ताम्[1]	पर्णयेत	पर्णयेयाताम्	पर्णयेरन्
पर्णयस्व	पर्णयेथाम्[4]	पर्णयध्वम्	पर्णयेथाः	पर्णयेयाथाम्	पर्णयेध्वम्
पर्णयै[5]	पर्णयावहै[3]	पर्णयामहै[3]	पर्णयेय	पर्णयेवहि	पर्णयेमहि

पर्णयिष्यते	पर्णयिष्येते	पर्णयिष्यन्ते	अपर्णयिष्यत	अपर्णयिष्येताम्	अपर्णयिष्यन्त
पर्णयिष्यसे	पर्णयिष्येथे	पर्णयिष्यध्वे	अपर्णयिष्यथाः	अपर्णयिष्येथाम्	अपर्णयिष्यध्वम्
पर्णयिष्ये	पर्णयिष्यावहे	पर्णयिष्यामहे	अपर्णयिष्ये	अपर्णयिष्यावहि	अपर्णयिष्यामहि

पर्णयिता	पर्णयितारौ	पर्णयितारः	पर्णयिषीष्ट	पर्णयिषीयास्ताम्	पर्णयिषीरन्
पर्णयितासे	पर्णयितासाथे	पर्णयिताध्वे	पर्णयिषीष्ठाः	पर्णयिषीयास्थाम्	पर्णयिषीध्वम् -ढ्वम्

पर्णयिताहे	पर्णयितास्वहे	पर्णयितास्महे	पर्णयिषीय	पर्णयिषीवहि	पर्णयिषीमहि

पर्णयाम्बभूव	पर्णयाम्बभूवतुः	पर्णयाम्बभूवुः	अपपर्णत	अपपर्णेताम्	अपपर्णन्त
पर्णयाञ्चक्रे	पर्णयाञ्चक्राते	पर्णयाञ्चक्रिरे			
पर्णयामास	पर्णयामासतुः	पर्णयामासुः			
पर्णयाम्बभूविथ	पर्णयाम्बभूवथुः	पर्णयाम्बभूव	अपपर्णथाः	अपपर्णेथाम्	अपपर्णध्वम्
पर्णयाञ्चकृषे	पर्णयाञ्चक्राथे	पर्णयाञ्चकृढ्वे			
पर्णयामासिथ	पर्णयामासथुः	पर्णयामास			
पर्णयाम्बभूव	पर्णयाम्बभूविव	पर्णयाम्बभूविम	अपपर्णे	अपपर्णावहि	अपपर्णामहि
पर्णयाञ्चक्रे	पर्णयाञ्चकृवहे	पर्णयाञ्चकृमहे			
पर्णयामास	पर्णयामासिव	पर्णयामासिम			

1940 विष्क दर्शने । अयं नामधातुः Root 1685 विष्क । अदन्तः , अग्लोपी । see, perceive
10c 407 विष्क । विष्क् । विष्कयति / ते । U । सेट् । स० । विष्कि । विष्कय ।

Parasmaipadi Forms

विष्कयति	विष्कयतः	विष्कयन्ति[1]	अविष्कयत् -द्	अविष्कयताम्	अविष्कयन्[1]
विष्कयसि	विष्कयथः	विष्कयथ	अविष्कयः	अविष्कयतम्	अविष्कयत
विष्कयामि[2]	विष्कयावः[2]	विष्कयामः[2]	अविष्कयम्[1]	अविष्कयाव[2]	अविष्कयाम[2]

विष्कयतु विष्कयतात् -द्	विष्कयताम्	विष्कयन्तु[1]	विष्कयेत् -द्	विष्कयेताम्	विष्कयेयुः
विष्कय विष्कयतात् -द्	विष्कयतम्	विष्कयत	विष्कयेः	विष्कयेतम्	विष्कयेत
विष्कयाणि[3]	विष्कयाव[3]	विष्कयाम[3]	विष्कयेयम्	विष्कयेव	विष्कयेम

विष्कयिष्यति	विष्कयिष्यतः	विष्कयिष्यन्ति	अविष्कयिष्यत् -द्	अविष्कयिष्यताम्	अविष्कयिष्यन्
विष्कयिष्यसि	विष्कयिष्यथः	विष्कयिष्यथ	अविष्कयिष्यः	अविष्कयिष्यतम्	अविष्कयिष्यत
विष्कयिष्यामि	विष्कयिष्यावः	विष्कयिष्यामः	अविष्कयिष्यम्	अविष्कयिष्याव	अविष्कयिष्याम

विष्कयिता	विष्कयितारौ	विष्कयितारः	विष्क्यात् -द्	विष्क्यास्ताम्	विष्क्यासुः
विष्कयितासि	विष्कयितास्थः	विष्कयितास्थ	विष्क्याः	विष्क्यास्तम्	विष्क्यास्त
विष्कयितास्मि	विष्कयितास्वः	विष्कयितास्मः	विष्क्यासम्	विष्क्यास्व	विष्क्यास्म

विष्कयाम्बभूव	विष्कयाम्बभूवतुः	विष्कयाम्बभूवुः	अविविष्कत् -द्	अविविष्कताम्	अविविष्कन्
विष्कयाञ्चकार	विष्कयाञ्चक्रतुः	विष्कयाञ्चक्रुः			
विष्कयामास	विष्कयामासतुः	विष्कयामासुः			
विष्कयाम्बभूविथ	विष्कयाम्बभूवथुः	विष्कयाम्बभूव	अविविष्कः	अविविष्कतम्	अविविष्कत
विष्कयाञ्चकर्थ	विष्कयाञ्चक्रथुः	विष्कयाञ्चक्र			
विष्कयामासिथ	विष्कयामासथुः	विष्कयामास			

विष्कयाम्बभूव	विष्कयाम्बभूविव	विष्कयाम्बभूविम	अविविष्कम्	अविविष्काव	अविविष्काम
विष्कयाञ्चकर -कार	विष्कयाञ्चकृव	विष्कयाञ्चकृम			
विष्कयामास	विष्कयामासिव	विष्कयामासिम			

Atmanepadi Forms

विष्कयते	विष्कयेते[4]	विष्कयन्ते[1]	अविष्कयत	अविष्कयेताम्[4]	अविष्कयन्त[1]
विष्कयसे	विष्कयेथे[4]	विष्कयध्वे	अविष्कयथाः	अविष्कयेथाम्[4]	अविष्कयध्वम्
विष्कये[1]	विष्कयावहे[2]	विष्कयामहे[2]	अविष्कये[4]	अविष्कयावहि[3]	अविष्कयामहि[3]

विष्कयताम्	विष्कयेताम्[4]	विष्कयन्ताम्[1]	विष्कयेत	विष्कयेयाताम्	विष्कयेरन्
विष्कयस्व	विष्कयेथाम्[4]	विष्कयध्वम्	विष्कयेथाः	विष्कयेयाथाम्	विष्कयेध्वम्
विष्कयै[5]	विष्कयावहै[3]	विष्कयामहै[3]	विष्कयेय	विष्कयेवहि	विष्कयेमहि

विष्कयिष्यते	विष्कयिष्येते	विष्कयिष्यन्ते	अविष्कयिष्यत	अविष्कयिष्येताम्	अविष्कयिष्यन्त
विष्कयिष्यसे	विष्कयिष्येथे	विष्कयिष्यध्वे	अविष्कयिष्यथाः	अविष्कयिष्येथाम्	अविष्कयिष्यध्वम्
विष्कयिष्ये	विष्कयिष्यावहे	विष्कयिष्यामहे	अविष्कयिष्ये	अविष्कयिष्यावहि	अविष्कयिष्यामहि

विष्कयिता	विष्कयितारौ	विष्कयितारः	विष्कयिषीष्ट	विष्कयिषीयास्ताम्	विष्कयिषीरन्
विष्कयितासे	विष्कयितासाथे	विष्कयिताध्वे	विष्कयिषीष्ठाः	विष्कयिषीयास्थाम्	विष्कयिषीध्वम् -ढ्वम्
विष्कयिताहे	विष्कयितास्वहे	विष्कयितास्महे	विष्कयिषीय	विष्कयिषीवहि	विष्कयिषीमहि

विष्कयाम्बभूव	विष्कयाम्बभूवतुः	विष्कयाम्बभूवुः	अविविष्कत	अविविष्केताम्	अविविष्कन्त
विष्कयाञ्चक्रे	विष्कयाञ्चक्राते	विष्कयाञ्चक्रिरे			
विष्कयामास	विष्कयामासतुः	विष्कयामासुः			
विष्कयाम्बभूविथ	विष्कयाम्बभूवथुः	विष्कयाम्बभूव	अविविष्कथाः	अविविष्केथाम्	अविविष्कध्वम्
विष्कयाञ्चकृषे	विष्कयाञ्चक्राथे	विष्कयाञ्चकृढ्वे			
विष्कयामासिथ	विष्कयामासथुः	विष्कयामास			
विष्कयाम्बभूव	विष्कयाम्बभूविव	विष्कयाम्बभूविम	अविविष्के	अविविष्कावहि	अविविष्कामहि
विष्कयाञ्चक्रे	विष्कयाञ्चकृवहे	विष्कयाञ्चकृमहे			
विष्कयामास	विष्कयामासिव	विष्कयामासिम			

1941 क्षिप प्रेरणे । क्षप । अयं नामधातुः Root 1285 क्षिप । अदन्तः , अग्लोपी । throw, send, bear, cry
10c 408 क्षिप । क्षिप् । क्षिपयति / ते । U । सेट् । स० । क्षिपि । क्षिपय ।
क्षप । क्षप् । क्षपयति / ते । U । सेट् । स० । क्षपि । क्षपय ।

Parasmaipadi Forms

क्षिपयति	क्षिपयतः	क्षिपयन्ति[1]	अक्षिपयत् -द्	अक्षिपयताम्	अक्षिपयन्[1]
क्षिपयसि	क्षिपयथः	क्षिपयथ	अक्षिपयः	अक्षिपयतम्	अक्षिपयत

क्षिपयामि[2]	क्षिपयावः[2]	क्षिपयामः[2]	अक्षिपयम्[1]	अक्षिपयाव[2]	अक्षिपयाम[2]

क्षिपयतु क्षिपयतात् -द्	क्षिपयताम्	क्षिपयन्तु[1]	क्षिपयेत् -द्	क्षिपयेताम्	क्षिपयेयुः
क्षिपय क्षिपयतात् -द्	क्षिपयतम्	क्षिपयत	क्षिपयेः	क्षिपयेतम्	क्षिपयेत
क्षिपयाणि[3]	क्षिपयाव[3]	क्षिपयाम[3]	क्षिपयेयम्	क्षिपयेव	क्षिपयेम

क्षिपयिष्यति	क्षिपयिष्यतः	क्षिपयिष्यन्ति	अक्षिपयिष्यत् -द्	अक्षिपयिष्यताम्	अक्षिपयिष्यन्
क्षिपयिष्यसि	क्षिपयिष्यथः	क्षिपयिष्यथ	अक्षिपयिष्यः	अक्षिपयिष्यतम्	अक्षिपयिष्यत
क्षिपयिष्यामि	क्षिपयिष्यावः	क्षिपयिष्यामः	अक्षिपयिष्यम्	अक्षिपयिष्याव	अक्षिपयिष्याम

क्षिपयिता	क्षिपयितारौ	क्षिपयितारः	क्षिप्यात् -द्	क्षिप्यास्ताम्	क्षिप्यासुः
क्षिपयितासि	क्षिपयितास्थः	क्षिपयितास्थ	क्षिप्याः	क्षिप्यास्तम्	क्षिप्यास्त
क्षिपयितास्मि	क्षिपयितास्वः	क्षिपयितास्मः	क्षिप्यासम्	क्षिप्यास्व	क्षिप्यास्म

क्षिपयाम्बभूव	क्षिपयाम्बभूवतुः	क्षिपयाम्बभूवुः	अचिक्षिपत् -द्	अचिक्षिपताम्	अचिक्षिपन्
क्षिपयाञ्चकार	क्षिपयाञ्चक्रतुः	क्षिपयाञ्चक्रुः			
क्षिपयामास	क्षिपयामासतुः	क्षिपयामासुः			
क्षिपयाम्बभूविथ	क्षिपयाम्बभूवथुः	क्षिपयाम्बभूव	अचिक्षिपः	अचिक्षिपतम्	अचिक्षिपत
क्षिपयाञ्चकर्थ	क्षिपयाञ्चक्रथुः	क्षिपयाञ्चक्र			
क्षिपयामासिथ	क्षिपयामासथुः	क्षिपयामास			
क्षिपयाम्बभूव	क्षिपयाम्बभूविव	क्षिपयाम्बभूविम	अचिक्षिपम्	अचिक्षिपाव	अचिक्षिपाम
क्षिपयाञ्चकर -कार	क्षिपयाञ्चकृव	क्षिपयाञ्चकृम			
क्षिपयामास	क्षिपयामासिव	क्षिपयामासिम			

Atmanepadi Forms

क्षिपयते	क्षिपयेते[4]	क्षिपयन्ते[1]	अक्षिपयत	अक्षिपयेताम्[4]	अक्षिपयन्त[1]
क्षिपयसे	क्षिपयेथे[4]	क्षिपयध्वे	अक्षिपयथाः	अक्षिपयेथाम्[4]	अक्षिपयध्वम्
क्षिपये[1]	क्षिपयावहे[2]	क्षिपयामहे[2]	अक्षिपये[4]	अक्षिपयावहि[3]	अक्षिपयामहि[3]

क्षिपयताम्	क्षिपयेताम्[4]	क्षिपयन्ताम्[1]	क्षिपयेत	क्षिपयेयाताम्	क्षिपयेरन्
क्षिपयस्व	क्षिपयेथाम्[4]	क्षिपयध्वम्	क्षिपयेथाः	क्षिपयेयाथाम्	क्षिपयेध्वम्
क्षिपयै[5]	क्षिपयावहै[3]	क्षिपयामहै[3]	क्षिपयेय	क्षिपयेवहि	क्षिपयेमहि

क्षिपयिष्यते	क्षिपयिष्येते	क्षिपयिष्यन्ते	अक्षिपयिष्यत	अक्षिपयिष्येताम्	अक्षिपयिष्यन्त
क्षिपयिष्यसे	क्षिपयिष्येथे	क्षिपयिष्यध्वे	अक्षिपयिष्यथाः	अक्षिपयिष्येथाम्	अक्षिपयिष्यध्वम्
क्षिपयिष्ये	क्षिपयिष्यावहे	क्षिपयिष्यामहे	अक्षिपयिष्ये	अक्षिपयिष्यावहि	अक्षिपयिष्यामहि

क्षिपयिता	क्षिपयितारौ	क्षिपयितारः	क्षिपयिषीष्ट	क्षिपयिषीयास्ताम्	क्षिपयिषीरन्
क्षिपयितासे	क्षिपयितासाथे	क्षिपयिताध्वे	क्षिपयिषीष्ठाः	क्षिपयिषीयास्थाम्	क्षिपयिषीध्वम् -ढ्वम्

क्षिपयिताहे	क्षिपयितास्वहे	क्षिपयितास्महे	क्षिपयिषीय	क्षिपयिषीवहि	क्षिपयिषीमहि

क्षिपयाम्बभूव क्षिपयाञ्चक्रे क्षिपयामास	क्षिपयाम्बभूवतुः क्षिपयाञ्चक्राते क्षिपयामासतुः	क्षिपयाम्बभूवुः क्षिपयाञ्चक्रिरे क्षिपयामासुः	अचिक्षिपत	अचिक्षिपेताम्	अचिक्षिपन्त
क्षिपयाम्बभूविथ क्षिपयाञ्चकृषे क्षिपयामासिथ	क्षिपयाम्बभूवथुः क्षिपयाञ्चक्राथे क्षिपयामासथुः	क्षिपयाम्बभूव क्षिपयाञ्चकृढ्वे क्षिपयामास	अचिक्षिपथाः	अचिक्षिपेथाम्	अचिक्षिपध्वम्
क्षिपयाम्बभूव क्षिपयाञ्चक्रे क्षिपयामास	क्षिपयाम्बभूविव क्षिपयाञ्चकृवहे क्षिपयामासिव	क्षिपयाम्बभूविम क्षिपयाञ्चकृमहे क्षिपयामासिम	अचिक्षिपे	अचिक्षिपावहि	अचिक्षिपामहि

1942 **वस निवासे** । अयं **नामधातुः** Root 1005 **वस** । अदन्तः , अग्लोपी । dwell, inhabit, live, stay, abide, 10c 409 **वस** । **वस्** । **वसयति / ते** । U । **सेट्** । अ० । **वसि** । **वसय** । reside

Parasmaipadi Forms

वसयति	वसयतः	वसयन्ति[1]	अवसयत् -द्	अवसयताम्	अवसयन्[1]
वसयसि	वसयथः	वसयथ	अवसयः	अवसयतम्	अवसयत
वसयामि[2]	वसयावः[2]	वसयामः[2]	अवसयम्[1]	अवसयाव[2]	अवसयाम[2]

वसयतु वसयतात् -द्	वसयताम्	वसयन्तु[1]	वसयेत् -द्	वसयेताम्	वसयेयुः
वसय वसयतात् -द्	वसयतम्	वसयत	वसयेः	वसयेतम्	वसयेत
वसयानि[3]	वसयाव[3]	वसयाम[3]	वसयेयम्	वसयेव	वसयेम

वसयिष्यति	वसयिष्यतः	वसयिष्यन्ति	अवसयिष्यत् -द्	अवसयिष्यताम्	अवसयिष्यन्
वसयिष्यसि	वसयिष्यथः	वसयिष्यथ	अवसयिष्यः	अवसयिष्यतम्	अवसयिष्यत
वसयिष्यामि	वसयिष्यावः	वसयिष्यामः	अवसयिष्यम्	अवसयिष्याव	अवसयिष्याम

वसयिता	वसयितारौ	वसयितारः	वस्यात् -द्	वस्यास्ताम्	वस्यासुः
वसयितासि	वसयितास्थः	वसयितास्थ	वस्याः	वस्यास्तम्	वस्यास्त
वसयितास्मि	वसयितास्वः	वसयितास्मः	वस्यासम्	वस्यास्व	वस्यास्म

वसयाम्बभूव वसयाञ्चकार वसयामास	वसयाम्बभूवतुः वसयाञ्चक्रतुः वसयामासतुः	वसयाम्बभूवुः वसयाञ्चक्रुः वसयामासुः	अववसत् -द्	अववसताम्	अववसन्
वसयाम्बभूविथ वसयाञ्चकर्थ वसयामासिथ	वसयाम्बभूवथुः वसयाञ्चक्रथुः वसयामासथुः	वसयाम्बभूव वसयाञ्चक्र वसयामास	अववसः	अववसतम्	अववसत
वसयाम्बभूव वसयाञ्चकर -कार वसयामास	वसयाम्बभूविव वसयाञ्चकृव वसयामासिव	वसयाम्बभूविम वसयाञ्चकृम वसयामासिम	अववसम्	अववसाव	अववसाम

Atmanepadi Forms

वसयते	वसयेते[4]	वसयन्ते[1]	अवसयत	अवसयेताम्[4]	अवसयन्त[1]
वसयसे	वसयेथे[4]	वसयध्वे	अवसयथाः	अवसयेथाम्[4]	अवसयध्वम्
वसये[1]	वसयावहे[2]	वसयामहे[2]	अवसये[4]	अवसयावहि[3]	अवसयामहि[3]

वसयताम्	वसयेताम्[4]	वसयन्ताम्[1]	वसयेत	वसयेयाताम्	वसयेरन्
वसयस्व	वसयेथाम्[4]	वसयध्वम्	वसयेथाः	वसयेयाथाम्	वसयेध्वम्
वसयै[5]	वसयावहै[3]	वसयामहै[3]	वसयेय	वसयेवहि	वसयेमहि

वसयिष्यते	वसयिष्येते	वसयिष्यन्ते	अवसयिष्यत	अवसयिष्येताम्	अवसयिष्यन्त
वसयिष्यसे	वसयिष्येथे	वसयिष्यध्वे	अवसयिष्यथाः	अवसयिष्येथाम्	अवसयिष्यध्वम्
वसयिष्ये	वसयिष्यावहे	वसयिष्यामहे	अवसयिष्ये	अवसयिष्यावहि	अवसयिष्यामहि

वसयिता	वसयितारौ	वसयितारः	वसयिषीष्ट	वसयिषीयास्ताम्	वसयिषीरन्
वसयितासे	वसयितासाथे	वसयिताध्वे	वसयिषीष्ठाः	वसयिषीयास्थाम्	वसयिषीध्वम् - ढ्वम्
वसयिताहे	वसयितास्वहे	वसयितास्महे	वसयिषीय	वसयिषीवहि	वसयिषीमहि

वसयाम्बभूव	वसयाम्बभूवतुः	वसयाम्बभूवुः	अववसत	अववसेताम्	अववसन्त
वसयाञ्चक्रे	वसयाञ्चक्राते	वसयाञ्चक्रिरे			
वसयामास	वसयामासतुः	वसयामासुः			
वसयाम्बभूविथ	वसयाम्बभूवथुः	वसयाम्बभूव	अववसथाः	अववसेथाम्	अववसध्वम्
वसयाञ्चकृषे	वसयाञ्चक्राथे	वसयाञ्चकृढ्वे			
वसयामासिथ	वसयामासथुः	वसयामास			
वसयाम्बभूव	वसयाम्बभूविव	वसयाम्बभूविम	अववसे	अववसावहि	अववसामहि
वसयाञ्चक्रे	वसयाञ्चकृवहे	वसयाञ्चकृमहे			
वसयामास	वसयामासिव	वसयामासिम			

1943 तुत्थ आवरणे । Ending Root of 10c, and of Dhatupatha

1943 तुत्थ आवरणे । अयं नामधातुः Root 1281 तुद् + थक् । अदन्तः , अग्लोपी । cover, spread, praise 10c 410 तुत्थ । तुत्थ् । तुत्थयति / ते । U । सेट् । स० । तुत्थि । तुत्थय । 6.4.48 अतो लोपः । अकारः drops, 1.1.57 अचः परस्मिन् पूर्वविधौ । However णिच् sees the अकारः and thus cannot cause guna/vriddhi. अक् प्रत्याहारस्य लोपः इति अग्लोपि । 6.1.97[1] अतो गुणे । 7.3.101[2] अतो दीर्घो यञि । 6.1.101[3] अकः सवर्णे दीर्घः । 6.1.87[4] आद्गुणः । 6.1.88[5] वृद्धिरेचि । 8.3.59 आदेशप्रत्यययोः । 6.4.51 णेरनिटि । 6.4.52 निष्ठायां सेटि । **Parasmaipadi Forms**

तुत्थयति	तुत्थयतः	तुत्थयन्ति[1]	अतुत्थयत् -द्	अतुत्थयताम्	अतुत्थयन्[1]
तुत्थयसि	तुत्थयथः	तुत्थयथ	अतुत्थयः	अतुत्थयतम्	अतुत्थयत

तुत्थयामि[2]	तुत्थयावः[2]	तुत्थयामः[2]	अतुत्थयम्[1]	अतुत्थयाव[2]	अतुत्थयाम[2]

तुत्थयतु तुत्थयतात् -द्	तुत्थयताम्	तुत्थयन्तु[1]	तुत्थयेत् -द्	तुत्थयेताम्	तुत्थयेयुः
तुत्थय तुत्थयतात् -द्	तुत्थयतम्	तुत्थयत	तुत्थयेः	तुत्थयेतम्	तुत्थयेत
तुत्थयानि[3]	तुत्थयाव[3]	तुत्थयाम[3]	तुत्थयेयम्	तुत्थयेव	तुत्थयेम

तुत्थयिष्यति	तुत्थयिष्यतः	तुत्थयिष्यन्ति	अतुत्थयिष्यत् -द्	अतुत्थयिष्यताम्	अतुत्थयिष्यन्
तुत्थयिष्यसि	तुत्थयिष्यथः	तुत्थयिष्यथ	अतुत्थयिष्यः	अतुत्थयिष्यतम्	अतुत्थयिष्यत
तुत्थयिष्यामि	तुत्थयिष्यावः	तुत्थयिष्यामः	अतुत्थयिष्यम्	अतुत्थयिष्याव	अतुत्थयिष्याम

तुत्थयिता	तुत्थयितारौ	तुत्थयितारः	तुत्थ्यात् -द्	तुत्थ्यास्ताम्	तुत्थ्यासुः
तुत्थयितासि	तुत्थयितास्थः	तुत्थयितास्थ	तुत्थ्याः	तुत्थ्यास्तम्	तुत्थ्यास्त
तुत्थयितास्मि	तुत्थयितास्वः	तुत्थयितास्मः	तुत्थ्यासम्	तुत्थ्यास्व	तुत्थ्यास्म

तुत्थयाम्बभूव	तुत्थयाम्बभूवतुः	तुत्थयाम्बभूवुः	अतुतुत्थत् -द्	अतुतुत्थताम्	अतुतुत्थन्
तुत्थयाञ्चकार	तुत्थयाञ्चक्रतुः	तुत्थयाञ्चक्रुः			
तुत्थयामास	तुत्थयामासतुः	तुत्थयामासुः			
तुत्थयाम्बभूविथ	तुत्थयाम्बभूवथुः	तुत्थयाम्बभूव	अतुतुत्थः	अतुतुत्थतम्	अतुतुत्थत
तुत्थयाञ्चकर्थ	तुत्थयाञ्चक्रथुः	तुत्थयाञ्चक्र			
तुत्थयामासिथ	तुत्थयामासथुः	तुत्थयामास			
तुत्थयाम्बभूव	तुत्थयाम्बभूविव	तुत्थयाम्बभूविम	अतुतुत्थम्	अतुतुत्थाव	अतुतुत्थाम
तुत्थयाञ्चकर -कार	तुत्थयाञ्चकृव	तुत्थयाञ्चकृम			
तुत्थयामास	तुत्थयामासिव	तुत्थयामासिम			

Atmanepadi Forms

तुत्थयते	तुत्थयेते[4]	तुत्थयन्ते[1]	अतुत्थयत	अतुत्थयेताम्[4]	अतुत्थयन्त[1]
तुत्थयसे	तुत्थयेथे[4]	तुत्थयध्वे	अतुत्थयथाः	अतुत्थयेथाम्[4]	अतुत्थयध्वम्
तुत्थये[1]	तुत्थयावहे[2]	तुत्थयामहे[2]	अतुत्थये[4]	अतुत्थयावहि[3]	अतुत्थयामहि[3]

तुत्थयताम्	तुत्थयेताम्[4]	तुत्थयन्ताम्[1]	तुत्थयेत	तुत्थयेयाताम्	तुत्थयेरन्
तुत्थयस्व	तुत्थयेथाम्[4]	तुत्थयध्वम्	तुत्थयेथाः	तुत्थयेयाथाम्	तुत्थयेध्वम्
तुत्थयै[5]	तुत्थयावहै[3]	तुत्थयामहै[3]	तुत्थयेय	तुत्थयेवहि	तुत्थयेमहि

तुत्थयिष्यते	तुत्थयिष्येते	तुत्थयिष्यन्ते	अतुत्थयिष्यत	अतुत्थयिष्येताम्	अतुत्थयिष्यन्त
तुत्थयिष्यसे	तुत्थयिष्येथे	तुत्थयिष्यध्वे	अतुत्थयिष्यथाः	अतुत्थयिष्येथाम्	अतुत्थयिष्यध्वम्
तुत्थयिष्ये	तुत्थयिष्यावहे	तुत्थयिष्यामहे	अतुत्थयिष्ये	अतुत्थयिष्यावहि	अतुत्थयिष्यामहि

तुत्थयिता	तुत्थयितारौ	तुत्थयितारः	तुत्थयिषीष्ट	तुत्थयिषीयास्ताम्	तुत्थयिषीरन्

तुत्थयितासे	तुत्थयितासाथे	तुत्थयिताध्वे	तुत्थयिषीष्ठाः	तुत्थयिषीयास्थाम्	तुत्थयिषीध्वम् -ढ्वम्
तुत्थयिताहे	तुत्थयितास्वहे	तुत्थयितास्महे	तुत्थयिषीय	तुत्थयिषीवहि	तुत्थयिषीमहि

तुत्थयाम्बभूव	तुत्थयाम्बभूवतुः	तुत्थयाम्बभूवुः	अतुतुत्थत	अतुतुत्थेताम्	अतुतुत्थन्त
तुत्थयाञ्चक्रे	तुत्थयाञ्चक्राते	तुत्थयाञ्चक्रिरे			
तुत्थयामास	तुत्थयामासतुः	तुत्थयामासुः			
तुत्थयाम्बभूविथ	तुत्थयाम्बभूवथुः	तुत्थयाम्बभूव	अतुतुत्थथाः	अतुतुत्थेथाम्	अतुतुत्थध्वम्
तुत्थयाञ्चकृषे	तुत्थयाञ्चक्राथे	तुत्थयाञ्चकृढ्वे			
तुत्थयामासिथ	तुत्थयामासथुः	तुत्थयामास			
तुत्थयाम्बभूव	तुत्थयाम्बभूविव	तुत्थयाम्बभूविम	अतुतुत्थे	अतुतुत्थावहि	अतुतुत्थामहि
तुत्थयाञ्चक्रे	तुत्थयाञ्चकृवहे	तुत्थयाञ्चकृमहे			
तुत्थयामास	तुत्थयामासिव	तुत्थयामासिम			

वृत् । नामधातवः गताः ।
वृत् । कथादयः अदन्ताः गताः ।

At the end, the opinion of various ancient Grammarians is summed up.
एवं आन्दोलयति प्रेङ्खोलयति विडम्बयति अवधीरयति इत्यादि । By गणसूत्र० बहुलमेतन्निदर्शनम् more such words are shown those are noticed in literature.

अन्ये तु दशगणीपाठो बहुलम् इत्याहुः। तेनापठिता अपि सौत्राः लौकिकाः वैदिकाः अपि द्रष्टव्याः इत्याहुः।
अपरे तु नवगणीपाठो बहुलमित्याहुः । Even in the 1c – 9c Roots, स्वार्थे णिच् is possible.

तेनापठितेभ्योऽपि क्वचित् स्वार्थे णिच् । रामो राज्यमचीकरत् इत्यादि सिद्धिः इत्याहुः । By the 8c तनादिः Root 1472 डुकृञ् करणे, due to स्वार्थे णिच्, we can make the word अचीकरत् । The usage of रामो राज्यमचीकरत् is present in literature, and it has the sense of स्वार्थे णिच् and not हेतुमण्णिच् ।

चुरादिभ्यः एव बहुलं णिजित्यर्थ इत्यन्ये । While some ancient Grammarians are of the view that the स्वार्थे णिच् is for 10c Roots only.

गणसूत्रः = णिङङ्गान्निरसने ।
गणसूत्रः = श्वेताश्वाश्वतरगालोडिताह्वरकाणामश्वतरेतकलोपश्च ।

- निस् + असु क्षेपणे used in the sense of 'to remove', 'to separate'. अङ्गवाची प्रातिपदिकम्, हस्त + णिङ् –> हस्ति। New Root to make words like हस्तयते etc. e.g. हस्तौ निरस्यति हस्तयते । He takes away both hands.
  The Affix णिङ् is used to indicate removal. As we have The Ashtadhyayi Sutra 1.3.74 णिचश्च to indicate Ubhayepadi, so णिङ् being ङित् applies 1.3.12 अनुदात्तङित आत्मनेपदम् ।

- AND The Stems श्वेताश्व , अश्वतर , गालोडित , आह्वरक drop अश्व , तर , इत , क respectively. Then these Stems be used with णिङ् to make New Roots. e.g. श्वेत Stem । श्वेति New Root । श्वेतयते ।
- Ashtadhayayi Sutra 3.1.20 पुच्छभाण्डचीवराण्णिङ् gives णिङ् affix for Stems पुच्छ, भाण्ड, चीवर । Here we can apply **गणसूत्र॰** 203 **प्रातिपदिकाद्धात्वर्थे बहुलमिष्ठवच्च** and **गणसूत्र॰ णिङङ्गात् निरसने** to these Stems to get the words present in literature.

गणसूत्रः = पुच्छादिषु धात्वर्थ इत्येव सिद्धम् ।

NOTE – The DHATUPATHA ends with the word **सिद्धम् । सिद्धशब्दो ग्रन्थान्ते मङ्गलार्थः ।** Mahabhashya of Patanjali states that this is a Blessing and a Prayer to ensure success to the Reader.

Also we remember that the Dhatupatha begins with the first Root **भू सत्तायाम्** that signifies Birth, Truth, Existence, Stable governance.

इति स्वार्थणिजन्ताः चुरादयः ॥

॥ इति श्री पाणिनिमुनिप्रणीतः धातुपाठः समाप्तः ॥ END of Dhatupatha

Ting Affixes Sarvadhatuka/Ardhadhatuka and Idagam

The Affixes are of two types, Sarvadhatuka and Ardhadhatuka. The Sarvadhatuka Ting affixes use Gana Vikarna affix also, while Ardhadhatuka do not.

3.4.113 तिङ्-शित्-सार्वधातुकम् । Sarvadhatuka Ting Affixes are those that are general तिङ् or that begin with श् letter.

1	लट्	Present Tense. 3.2.123 वर्तमाने लट् ।
2	लङ्	Imperfect Past Tense – *before from yesterday onwards.* 3.2.111 अनद्यतने लङ् ।
3	लोट्	Imperative Mood – *request.* 3.3.162 लोट् च ।
4	विधि-लिङ्	Potential Mood – *order* *विधिलिङ्* (also known as Optative Mood). 3.3.161 विधिनिमन्त्रणामन्त्रणाधीष्टसंप्रश्नप्रार्थनेषु लिङ् ।
11a	लेट्	Vedic usage Potential – *order.* 3.4.7 लिङर्थे लेट् ।

3.4.114 आर्धधातुकं शेषः । Ardhadhatuka Ting Affixes are those that are except for 3.4.113. The following तिङ् affixes get modified by insertion of additional affix.

5	लृट्	Simple Future Tense – *now onwards.* 3.3.13 लृट् शेषे च।
6	लृङ्	Conditional Mood – *if/then in past or future.* 3.3.139 लिङ्निमित्ते लृङ् क्रियातिपत्तौ ।
7	लुट्	Periphrastic Future Tense – *tomorrow onwards.* 3.3.15 अनद्यतने लुट्
8	आशीर्-लिङ्	Benedictive Mood – *blessing* *आशीर्लिङ्* (also used in the sense of a curse). 3.3.173 आशिषि लिङ्लोटौ ।
9	लिट्	Perfect Past Tense – *distant unseen past* 3.4.114 लिट् च
10	लुङ्	Aorist Past Tense, *before from now onwards.* 3.2.110 लुङ् ।
11b	लेट्	Vedic usage Potential – *order.* 3.4.7 लिङर्थे लेट् ।

General Ting affixes are Sarvadhatuka. These will insert **gana** vikarana afffix during conjugation process of Verb. <u>Sarvadhatuka Ting Lakara Affixes:</u>
- लट् Present tense LAt
- लङ् Imperfect Past Tense LAng
- लोट् Imperative Mood LOt
- विधिलिङ् Potential Mood VidhiLing
- सार्वधातुक लेट् Direct Order Vedic usage LEt

For applying these Sarvadhatuka Ting Lakara affixes, the Gana Vikarana of each Dhatu shall be introduced. e.g.

भू ^(Dhatu) + ति ^(Ting) → भू ^(Dhatu) + शप् ^(Gana Vikarana) + ति ^(Ting) → भवति । **He/She/It is**. लट् iii/1 Third person singular Present tense.

Prefixed Ting affixes are Ardhadhatuka. These do NOT get the gana vikarana afffix during conjugation process of Verb. However these insert some vikarana affix.
Ardhadhatuka Ting Lakara Affixes:
- आर्धधातुक लेट् Direct Order Vedic. All Affixes are prefixed with सिप्
- लृट् Simple Future Tense. All Affixes are prefixed with स्य
- लृङ् Conditional Mood. All Affixes are prefixed with स्य
- लुट् Periphrastic Future Tense. All Affixes are prefixed with तास्
- आशीर्लिङ् Benedictive Mood. Prefixed with यासुट् or सीयुट्
- लिट् Perfect Past Tense. Prefixed with णल् or थल्
- लुङ् Aorist Past Tense. Variously modified with सिच अङ् चङ्

E.g.
भू ^(Dhatu) + यात् ^(Ting) → भूयात् । **He/She/It may be blessed**.
आशीर्लिङ् iii/1 Third person singular Benedictive Mood.

However for the Ardhadhatuka affixes, the **Idagam** (सेट् अनिट् वेट्) Dhatu criteria shall apply. It means that first we need to identify if a Root is सेट् or अनिट् , then accordingly apply Ardhadhatuka Ting Lakara affixes. Also, for most Ting affixes, an additional vikarana affix (independent of Dhatu gana) gets inserted. For the सेट् Roots, the इ augment shall be prefixed to the Vikarana Affix. E.g.
भू ^(Dhatu) + ति ^(Ting) → भू ^(Dhatu) + स्य ^(Vikarana) + ति ^(Ting) →
भू ^(Dhatu) + इ ^(Augment) + स्य ^(Vikarana) + ति ^(Ting) → भविष्यति । **He/She/It shall do**.
लृट् iii/1 Third person singular Simple Future Tense.

Idagam Roots Identification and इट् augment
For the Ardhadhatuka आर्धधातुक conjugational tenses and moods, we need to identify if a Root is सेट् or अनिट् । 7.2.10 एकाच उपदेशेऽनुदात्तात् ।

Single syllable Roots with Anudata Accent in Dhatupatha are अनिट् Anit Roots. Such Roots do not get the इट् augment. 7.2.35 आर्धधातुकस्येड् वलादेः । An Ardhadhatuka affix that begins with a वल् letter gets an इट् augment. For सेट् Roots only.

वल् pratyahara includes all consonants except य् । It excludes Vowels. Hence Ardhadhatuka Ting affixes that have initial य् or a vowel do NOT get इट् augment. इट् here discard the Tag letter by 1.3.3 हलन्त्यम् we get इ ।

Ten Conjugational Groups and Gana Vikarana

The Dhatupatha contains ten principal conjugational groups. These are made since an entity known as the **gana** vikarana गण विकरण is common for each specific group, for the **Sarvadhatuka** सार्वधातुक conjugational tenses and moods.

SN	Dhatu	Meaning	Gana Vikarana	Without Tag	Conjugation Group name & No	
1	भू	सत्तायाम्	शप्	अ	भवादि-गण	1c
1011	अद	भक्षणे	शप् – लुक्	-	अदादि-गण	2c
1083	हु	दान-अदानयोः	शप् – श्लु	-	जुहोत्यादि-गण	3c
1107	दिवु	क्रीडा०	श्यन्	य	दिवादि-गण	4c
1247	षुञ्	अभिषवे	श्नु	नु	स्वादि-गण	5c
1281	तुद	व्यथने	श	अ	तुदादि-गण	6c
1438	रुधिर्	आवरणे	श्नम्	न	रुधादि-गण	7c
1463	तनु	विस्तारे	उ	उ	तनादि-गण	8c
1473	डुक्रीञ्	द्रव्य-विनिमये	श्ना	ना	क्र्यादि-गण	9c
1534	चुर	स्तेये	णिच् + शप्	अय	चुरादि-गण	10c
1943	तुत्थ	आवरणे	णिच् + शप्	अय	चुरादि-गण	10c

1c) 3.1.68 कर्तरि शप् । सार्वधातुके ।
2c) 2.4.72 अदिप्रभृतिभ्यः शपः । लुक् ।
3c) 2.4.75 जुहोत्यादिभ्यः श्लुः ।
4c) 3.1.69 दिवादिभ्यः श्यन् ।
5c) 3.1.73 स्वादिभ्यः श्नुः ।
6c) 3.1.77 तुदादिभ्यः शः ।
7c) 3.1.78 रुधादिभ्यः श्नम् ।
8c) 3.1.79 तनादिकृञ्भ्य उः ।
9c) 3.1.81 क्र्यादिभ्यः श्ना ।
10c) 3.1.25 सत्यापपाशरूपवीणातूलश्लोकसेनालोमत्वचवर्मवर्णचूर्ण-चुरादिभ्यो णिच् ।

Dhatu भू पठ् लभ् गम् कृ Sample अङ्ग Stems

1 भू सत्तायाम् । भू । P । Stem for सेट् Parasmaipadi Root vowel-ending

लट् 1 Present Tense भव + ति	लङ् 2 Imperfect Past Tense अभव + त् (अट्)
लोट् 3 Imperative Mood भव + तु , तात् , ताद्	विधिलिङ् 4 Potential Mood भवे + त्
लृट् 5 Simple Future Tense भव् इष्य + ति	लृङ् 6 Conditional Mood अभव् इष्य + त् (अट्)
लुट् 7 Periphrastic Future भव् इ + ता	आशीर्लिङ् 8 Benedictive Mood भूया + त्
लिट् 9 Perfect Past बभूव् + अ reduplication	लुङ् 10 Aorist Past Tense अभू + त् (अट्)

330 पठ व्यक्तायां वाचि । पठ् । P । Stem for सेट् Parasmaipadi Root consonant-ending

लट् 1 Present Tense पठ + ति	लङ् 2 Imperfect Past Tense अपठ + त्
लोट् 3 Imperative Mood पठ + तु , तात् , ताद्	विधिलिङ् 4 Potential Mood पठे + त्
लृट् 5 Simple Future पठ् इष्य = पठिष्य + ति	लृङ् 6 Conditional अपठ् इष्य = अपठिष्य + त्
लुट् 7 Periphrastic Future पठ् इ = पठि + ता	आशीर्लिङ् 8 Benedictive Mood पठ्या + त्
लिट् 9 Perfect Past पपाठ् + अ reduplication	लुङ् 10 Aorist Past अपठ् इई = अपठी + त्

975 डुलभष् प्राप्तौ । लभ् । A । Stem for अनिट् Atmanepadi Root consonant-ending

लट् 1 Present Tense लभ + ते	लङ् 2 Imperfect Past Tense अलभ + त
लोट् 3 Imperative Mood लभ + ताम्	विधिलिङ् 4 Potential Mood लभे + त
लृट् 5 Simple Future Tense लप्स्य + ते	लृङ् 6 Conditional Mood अलप्स्य + त
लुट् 7 Periphrastic Future लभ् + ता (लब्धा)	आशीर्लिङ् 8 Benedictive Mood लप्सी + ष्ट
लिट् 9 Perfect Past लेभ् + ए reduplication	लुङ् 10 Aorist Past Tense अलभ् + त (अलब्ध)

982 गमॢ गतौ । गम् । P । Stem for अनिट् Parasmaipadi Root consonant-ending

लट् 1 Present Tense गच्छ + ति	लङ् 2 Imperfect Past Tense अगच्छ + त्
लोट् 3 Imperative Mood गच्छ + तु , तात् , ताद्	विधिलिङ् 4 Potential Mood गच्छे + त्
लृट् 5 Simple Future गमिष्य + ति (specific इट्)	लृङ् 6 Conditional अगमिष्य + त् (specific इट्)
लुट् 7 Periphrastic Future गन् + ता	आशीर्लिङ् 8 Benedictive Mood गम्या + त्
लिट् 9 Perfect Past जगाम् + अ reduplication	लुङ् 10 Aorist Past Tense अगम + त्

600 अव रक्षणगतिकान्ति॰। अव् । P । सेट् । Stem for सेट् Parasmaipadi Root vowel-beginning

लट् 1 Present Tense अव + ति	लङ् 2 Imperfect Past आव + त् (आट्)
लोट् 3 Imperative Mood अव + तु , तात् , ताद्	विधिलिङ् 4 Potential Mood अवे + त्
लृट् 5 Simple Future Tense अविष्य + ति	लृङ् 6 Conditional Mood आविष्य + त् (आट्)
लुट् 7 Periphrastic Future अवि + ता	आशीर्लिङ् 8 Benedictive Mood अव्या + त्
लिट् 9 Perfect Past Tense आवि reduplication	लुङ् 10 Aorist Past Tense आवि ई + त् (आट्)

3 स्पर्ध सङ्घर्षे । स्पर्ध् । A । सेट् । Stem for सेट् Atmanepadi Root consonant-ending

लट् 1 Present Tense स्पर्ध + ते	लङ् 2 Imperfect Past Tense अस्पर्ध + त
लोट् 3 Imperative Mood स्पर्ध + ताम्	विधिलिङ् 4 Potential Mood स्पर्धे + त
लृट् 5 Simple Future Tense स्पर्धिष्य + ते	लृङ् 6 Conditional Mood अस्पर्धिष्य + त
लुट् 7 Periphrastic Future स्पर्धि + ता	आशीर्लिङ् 8 Benedictive Mood स्पर्धिषी + ष्ट
लिट् 9 Perfect पस्पर्ध् + ए reduplication	लुङ् 10 Aorist Past Tense अस्पर्धि + ष्ट

1472 डुकृञ् करणे । कृ । U । Stem for अनिट् Parasmaipadi Root vowel-ending

लट् 1 Present Tense कुरु	लङ् 2 Imperfect Past Tense अकुरु
लोट् 3 Imperative Mood कुरु	विधिलिङ् 4 Potential Mood कुर्या
लृट् 5 Simple Future Tense करिष्य	लृङ् 6 Conditional Mood अकरिष्य
लुट् 7 Periphrastic Future कर्	आशीर्लिङ् 8 Benedictive Mood क्रियास्
लिट् 9 Perfect Past Tense चकृ reduplication	लुङ् 10 Aorist Past Tense अकार्ष्

1472 डुकृञ् करणे । कृ । U । Stem for अनिट् Atmanepadi Root vowel-ending

लट् 1 Present Tense कुरु	लङ् 2 Imperfect Past Tense अकुरु
लोट् 3 Imperative Mood कुरु	विधिलिङ् 4 Potential Mood कुर्वी
लृट् 5 Simple Future Tense करिष्य	लृङ् 6 Conditional Mood अकरिष्य
लुट् 7 Periphrastic Future कर्	आशीर्लिङ् 8 Benedictive Mood कृषी
लिट् 9 Perfect Past Tense चकृ reduplication	लुङ् 10 Aorist Past Tense अकृष्

236 क्षि क्षये । क्षि । P । अनिट् । Stem for अनिट् Parasmaipadi Root vowel-ending

लट् 1 Present Tense क्षय	लङ् 2 Imperfect Past Tense अक्षय
लोट् 3 Imperative Mood क्षय	विधिलिङ् 4 Potential Mood क्षये
लृट् 5 Simple Future Tense क्षेष्य	लृङ् 6 Conditional Mood अक्षेष्य
लुट् 7 Periphrastic Future क्षे	आशीर्लिङ् 8 Benedictive Mood क्षीयास्
लिट् 9 Perfect Past चिक्षिय reduplication	लुङ् 10 Aorist Past Tense अक्षैष्

900 धृञ् धारणे । धृ । U । अनिट् । Stem for अनिट् Parasmaipadi Root vowel-ending

लट् 1 Present Tense धर	लङ् 2 Imperfect Past Tense अधर
लोट् 3 Imperative Mood धर	विधिलिङ् 4 Potential Mood धरे
लृट् 5 Simple Future Tense धरिष्य	लृङ् 6 Conditional Mood अधरिष्य
लुट् 7 Periphrastic Future धर्	आशीर्लिङ् 8 Benedictive Mood ध्रियास्
लिट् 9 Perfect Past Tense दध्र reduplication	लुङ् 10 Aorist Past Tense अधार्ष्

900 धृञ् धारणे । धृ । U । अनिट् । Stem for अनिट् Atmanepadi Root vowel-ending

लट् 1 Present Tense धर	लङ् 2 Imperfect Past Tense अधर
लोट् 3 Imperative Mood धर	विधिलिङ् 4 Potential Mood धरे
लृट् 5 Simple Future Tense धरिष्य	लृङ् 6 Conditional Mood अधरिष्य
लुट् 7 Periphrastic Future धर्	आशीर्लिङ् 8 Benedictive Mood धृषी
लिट् 9 Perfect Past Tense दध्र reduplication	लुङ् 10 Aorist Past Tense अधृष्

1254 वृञ् वरणे । वृ । U । सेट् । Stem for सेट् Atmanepadi Root vowel-ending

लट् 1 Present Tense वृणु	लङ् 2 Imperfect Past Tense अवृणु
लोट् 3 Imperative Mood वृणु	विधिलिङ् 4 Potential Mood वृणु
लृट् 5 Simple Future Tense वरिष्य	लृङ् 6 Conditional Mood अवरिष्य
लुट् 7 Periphrastic Future वरि	आशीर्लिङ् 8 Benedictive Mood वरिषी
लिट् 9 Perfect PastTense ववृ reduplication	लुङ् 10 Aorist Past Tense अवरिष्

1045 इण् गतौ । इ । P । अनिट् । Stem for अनिट् Parasmaipadi Root vowel-beginning

लट् 1 Present Tense ए	लङ् 2 Imperfect Past Tense ऐ
लोट् 3 Imperative Mood इ	विधिलिङ् 4 Potential Mood इया
लृट् 5 Simple Future Tense एष्य	लृङ् 6 Conditional Mood ऐष्य
लुट् 7 Periphrastic Future ए	आशीर्लिङ् 8 Benedictive Mood ईयास्
लिट् 9 Perfect Past Tense ईय reduplication	लुङ् 10 Aorist Past Tense अगा

1020 ईश् ऐश्वर्ये । ईश् । A । सेट् । Stem for सेट् Atmanepadi Root vowel-beginning

लट् 1 Present Tense ईश्	लङ् 2 Imperfect Past Tense ऐश्
लोट् 3 Imperative Mood ईश्	विधिलिङ् 4 Potential Mood ईशी
लृट् 5 Simple Future Tense ईशिष्य	लृङ् 6 Conditional Mood ऐशिष्य
लुट् 7 Periphrastic Future ईशि	आशीर्लिङ् 8 Benedictive Mood ईशिषी
लिट् 9 Perfect Past Tense ईशा	लुङ् 10 Aorist Past Tense ऐशिष्

1143 ईङ् गतौ । ई । A । अनिट् । Stem for अनिट् Atmanepadi Root vowel-beginning

लट् 1 Present Tense ई	लङ् 2 Imperfect Past Tense ऐ
लोट् 3 Imperative Mood ई	विधिलिङ् 4 Potential Mood ई
लृट् 5 Simple Future Tense एष्य	लृङ् 6 Conditional Mood ऐष्य
लुट् 7 Periphrastic Future ए	आशीर्लिङ् 8 Benedictive Mood एषी
लिट् 9 Perfect PastTense अया	लुङ् 10 Aorist Past Tense ऐष्

To quickly recognize and make accurate Verb forms, sample stems are useful.

Alphabetical Index of Dhatus

Indexed on original Dhatu as in Dhatupatha.
Contains 1943 Dhatus along with Tag letters.
Shows Dhatu Number which is unique and easily referenced in standard Dhatupathas.

Easily locate dhatus that begin with a tag letter e.g.
उबुन्दिर् 876 , ञिइन्धी 1448 , टुओश्वि 1010 , etc.

Dhatus with णो नः नत्वम् are under ण , e.g. णक्ष 662 , णख 134

Dhatus with षः सः सत्वम् are under ष , e.g. षगे 789 , षघ 1268

इदित् Dhatus e.g. अकि 87 , अजि 1785 , अठि 261

Dhatus that have a penultimate नकार are listed with the नकार changed to the corresponding row class nasal, e.g.
अञ्चु 188 , तुम्प 1311

Out of 1943 Roots, there are some 662 Dhatus that are commonly found in literature. These have been highlighted to aid one's study. Two Dhatus did not make it to the index, being alternate listed in the dhatu sutra. These are ध्राघृ 114 and धूञ् 1255. However ञिष्विदा is present as ष्विदा 1188.

अंश अंस 1918	अम 465	आपू 1839	उख 128	ऋच्छ 1296	कच 168
अक 792	अम 1720	आस 1021	उखि 129	ऋज 176	कचि 169
अकि 87	अय 474	इक् 1047	उड़ 953	ऋजि 177	कटी 320
अक्षू 654	अर्क 1643	इख 140	उच 1223	ऋणु 1467	कटे 294
अग 793	अर्च 204	इछि 141	उछि 215	ऋधु 1245	कठ 333
अगि 146	अर्च 1808	इगि 153	उछि 1294	ऋधु 1271	कठि 264
अघि 109	अर्ज 224	इङ् 1046	उछी 216	ऋफ 1315	कठि 1847
अङ्क 1927	अर्जे 1725	इट 318	उछी 1295	ऋम्फ 1316	कड 360
अङ्ग 1928	अर्थ 1905	इण 1045	उच्छृदिर् 1445	ऋषी 1287	कड 1380
अज 230	अर्द 55	इदि 63	उज्झ 1304	ऋ 1497	कडि 282
अजि 1785	अर्द 1828	इल 1357	उठ 338	एजृ 179	कडि 1582
अच्छु 188	अर्ब 415	इल 1660	उतृदिर् 1446	एजृ 234	कड्ड 349
अच्छु 862	अर्व 584	इवि 587	उध्रस 1524	एठ 267	कण 449
अच्छु 1738	अर्ह 740	इष 1127	उध्रस 1742	एघ 2	कण 794
अच्छू 1458	अर्ह 1731	इष 1351	उन्दी 1457	एषृ 618	कण 1715
अट 295	अर्ह 1830	इष 1525	उबुन्दिर् 876	ओखु 121	कत्थ 37
अट्ट 254	अल 515	ईक्ष 610	उज्ञ 1303	ओणृ 454	कत्र 1915
अट्ट 1561	अव 600	ईखि 142	उभ 1319	ओप्यायी 488	कथ 1851
अठि 261	अश 1523	ईङ् 1143	उम्भ 1320	ओलजी 1290	कदि 70
अड 358	अशू 1264	ईज 182	उर्द 20	ओलडि 1542	कदि 772
अड्ड 348	अस 886	ईड 1019	उर्वी 569	ओलस्जी 1291	कनी 460
अण 444	अस 1065	ईड 1667	उष 696	ओविजी 1289	कपि 375
अण 1175	असु 1209	ईर 1018	उहिर् 739	ओविजी 1460	कबृ 380
अत 38	अह 1272	ईर 1810	ऊन 1888	ओवै 921	कमु 443
अति 61	अहि 635	ईर्ष्य 510	ऊयी 483	ओब्रश्यु 1292	कजे 228
अद 1011	अहि 1797	ईर्ष्य 511	ऊर्जे 1549	ओहाक् 1090	कर्द 59
अदि 62	आङःशसि 629	ईश 1020	ऊर्णुञ् 1039	ओहाङ् 1089	कर्ब 420
अन 1070	आङःशासु 1022	ईशुचिर् 1165	ऊष 683	कक 90	कर्व 581
अनोरुध 1174	आङःकन्द 1727	ईष 611	ऊह 648	ककि 94	कल 497
अन्ध 1925	आङःषद 1831	ईष 684	ऋ 936	कख 120	कल 1604
अबि 378	आछि 209	ईह 632	ऋ 1098	कखे 784	कल 1865
अभ्र 556	आपू 1260	उक्ष 657	ऋच 1302	कगे 791	कल्ल 498

कष 685	कृण 1335	कृप 1748	क्षमु 1207	क्षुभ 1519	खुर 1342
कस 860	कृण 1893	कृपू 762	क्षिदि 15	क्षुर 1344	खुर्द 22
कसि 1024	कुत्स 1697	कृवि 598	क्षिदि 73	क्षेवु 568	खेट 1874
काक्षि 667	कृथ 1118	कृश 1227	क्षिदू 1242	क्षै 913	खेलृ 538
काचि 170	कुथि 43	कृष 990	क्क्रिश 1161	क्षोट 1875	खै 912
काश्र 647	कुद्रि 1539	कृष 1286	क्क्रिशू 1522	क्ष्णु 1037	खोर्त्रं 552
काश्र 1162	कुन्थ 1514	कृ 1409	क्षीबृ 381	क्ष्मायी 486	खोलृ 551
कासृ 623	कुप 1233	कृ 1496	क्षेश 607	क्ष्मील 520	ख्या 1060
कि 1101	कुप 1779	कृज् 1485	क्षण 450	क्ष्वेलृ 539	गज 246
किट 301	कुबि 426	कृत 1653	कथे 846	खच 1531	गज 1647
किट 319	कुबि 1655	केत 1895	क्षजि 769	खज 232	गजि 247
कित 993	कुमार 1877	केपृ 368	क्षणु 1465	खजि 233	गड 777
किल 1353	कुर 1341	केलृ 537	क्षपि 1620	खट 309	गडि 65
कीट 1640	कुर्द 21	के 916	क्षमु 1206	खट्ट 1632	गडि 361
कील 524	कुल 842	क्नथ 800	क्षमूष् 442	खड 1580	गण 1853
कु 1042	कुशि 1765	क्नसु 1113	क्षर 851	खडि 283	गद 52
कुक 91	कुष 1518	क्नूज् 1480	क्षल 1597	खडि 1581	गदी 1860
कुङ् 951	कुस 1218	क्नूयी 485	क्षि 236	खद 50	गन्थ 1684
कुङ् 1401	कुसि 1763	क्मर 555	क्षि 1276	खनु 878	गमृ 982
कुच 184	कुस्म 1711	क्रथ 801	क्षि 1407	खर्ज 229	गर्ज 226
कुच 857	कुह 1901	क्रदि 71	क्षिणु 1466	खर्द 60	गर्द 57
कुच 1368	कूज 223	क्रदि 773	क्षिप 1121	खर्ब 421	गर्ब 422
कुजु 199	कूट 1701	क्रप 771	क्षिप 1285	खर्व 582	गर्व 583
कुब्ज 185	कूट 1890	क्रमु 473	क्षिप 1941	खल 545	गर्व 1907
कुट 1366	कूट 1896	क्रीड़ 350	क्षीज 237	खष 686	गह 636
कुठ 1558	कूण 1688	क्रुञ्च 186	क्षीबृ 382	खाद् 49	गह 1845
कुठ 1702	कूल 525	क्रुड 1394	क्षीबु 567	खिट 302	गल 546
कुठि 342	कृज् 1253	क्रुध 1189	क्षीष् 1506	खिद 1170	गल 1699
कुड 1383	कृड 1382	क्रुश 856	क्षुदिर् 1443	खिद 1436	गल्भ 392
कुडि 270	कृती 1435	क्रथ 802	क्षुध 1190	खिद 1449	गल्ह 637
कुडि 322	कृती 1447	क्रदि 72	क्षुभ 751	खुजु 200	गवेष 1883
कुडि 1583	कृप 1869	क्रदि 774	क्षुभ 1239	खुडि 1585	गा 1106

गाङ् 950	गृह् 650	घट्ट 1630	चण 796	चिती 39	च्युङ् 955
गाधृ 4	गृ 1410	घसृ 715	चते 865	चित्र 1917	च्युतिर् 40
गाहू 649	गृ 1498	घिणि 434	चदि 68	चिरि 1277	छजि 1621
गु 1399	गेपृ 369	घुड् 952	चदे 866	चिल 1355	छद 1833
गुङ् 949	गेवृ 502	घुट 746	चप 399	चिल्ल 533	छद 1935
गुज 1369	गेषृ 614	घुट 1385	चपि 1619	चीक 1827	छदि 1577
गुजि 203	गै 917	घुण 437	चमु 469	चीभृ 384	छदिर् 813
गुड 1370	गोम 1876	घुण 1338	चमु 1274	चीव 1774	छमु 470
गुडि 1584	गोष्ट 257	घुणि 435	चय 478	चीवृ 879	छदे 1589
गुण 1894	ग्रथि 36	घुर 1345	चर 559	चुक्क 1596	छष 890
गुद 24	ग्रन्थ 1513	घुषि 652	चर 1745	चुट 1377	छिदिर् 1440
गुध 1120	ग्रन्थ 1825	घुषिर् 653	चर्करीतं 1081	चुट 1613	छिद्र 1924
गुध 1517	ग्रन्थ 1838	घुषिर् 1726	चर्च 717	चुटि 1659	छुट 1378
गुप 970	ग्रस 1749	घूरी 1155	चर्च 1299	चुट्ट 1560	छुप 1418
गुप 1234	ग्रसु 630	घूर्ण 438	चर्च 1712	चुड 1392	छुर 1372
गुप 1771	ग्रह 1533	घूर्ण 1339	चर्ब 425	चुडि 325	छृदी 1820
गुपू 395	ग्राम 1892	घृ 938	चर्व 579	चुड्ड 347	छेद 1934
गुफ 1317	ग्रुचु 197	घृ 1096	चल 832	चुद 1592	छो 1146
गुम्फ 1318	ग्लसु 631	घृ 1650	चल 1356	चुप 403	जक्ष 1071
गुरी 1396	ग्लह 651	घृणि 436	चल 1608	चुबि 429	जज 242
गुर्द 23	ग्लुचु 198	घृणु 1469	चलिः 812	चुबि 1635	जजि 243
गुर्द 1665	ग्लुञ्चु 201	घृषु 708	चष 889	चुर 1534	जट 305
गुर्वी 574	ग्लेपृ 366	घ्रा 926	चह 1626	चुल 1602	जन 1105
गूह 896	ग्लेपृ 370	ङुङ् 954	चह 729	चुल्ल 531	जनी 1149
गूर 1694	ग्लेवृ 503	चक 93	चह 1866	चूरी 1158	जप 397
गूरी 1154	ग्लै 903	चक 783	चायृ 880	चूर्ण 1552	जभि 1716
गृ 937	घघ 159	चकासृ 1074	चि 1794	चूर्ण 1641	जभी 388
गृ 1707	घट 763	चक्क 1595	चिञ् 1251	चूष 673	जमु 471
गृज 248	घट 1723	चक्षिङ् 1017	चिञ् 1629	चृती 1324	जर्ज 716
गृजि 249	घट 1766	चञ्चु 190	चिट 315	चेलृ 536	जर्ज 1298
गृधु 1246	घटि 1767	चट 1721	चित 1673	चेष्ट 256	जल 833
गृह 1899	घट्ट 259	चडि 278	चिति 1535	च्यु 1746	जल 1543

जल्प 398	झा 1507	टीकृ 104	णख 134	णेष्ट 872	तिज 971
जष 688	झा 1732	टुओष्षि 1010	णखि 135	णेषृ 617	तिज 1652
जसि 1666	ज्या 1499	टुओस्फूर्जा 235	णट 310	तक 117	तिपृ 362
जसु 1211	ज्युङ् 956	टुक्षु 1036	णट 781	तकि 118	तिम 1123
जसु 1668	ज्रि 947	टुड् 1256	णद 54	तक्ष 665	तिल 534
जसु 1718	ज्रि 1815	टुनदि 67	णद 1778	तक्षू 655	तिल 1354
जागृ 1072	ज्वर 776	टुभ्राजृ 823	णभ 752	तगि 149	तिल 1607
जि 561	ज्वल 804	टुभ्राश्च 824	णभ 1240	तञ्चु 191	तीकृ 106
जि 946	ज्वल 831	टुम्लाश्च 825	णभ 1520	तञ्चू 1459	तीर 1912
जि 1793	झट 306	टुमस्जो 1415	णम 981	तट 308	तीव 565
जिरि 1278	झमु 472	टुयाच् 863	णय 480	तड 1579	तुज 244
जिवि 594	झर्झ 718	टुवम 849	णल 838	तड 1801	तुजि 245
जिष्णु 697	झर्झ 1300	टुवेपृ 367	णश 1194	तडि 280	तुजि 1566
जीव 562	झष 689	ड्वल 835	णस 627	तत्रि 1678	तुजि 1755
जुगि 157	झष 891	डप 1676	णह 1166	तनु 1463	तुट 1376
जुड 1326	झृष् 1131	डिप 1232	णासृ 625	तनु 1840	तुड 1386
जुड 1379	जिइन्धी 1448	डिप 1371	णिक्ष 659	तप 985	तुडि 276
जुड 1646	जिक्षिवदा 1244	डिप 1671	णिजि 1026	तप 1159	तुडृ 351
जुतृ 32	जितृषा 1228	डिप 1677	णिजिर् 1093	तप 1818	तुण 1332
जुष 1834	जित्वरा 775	डीङ् 968	णिदि 66	तमु 1202	तुत्थ 1943
जुषी 1288	जिधृषा 1269	डीङ् 1135	णिष्ट 871	तय 479	तुद 1281
जूरी 1156	जिफला 516	डुकृञ् 1472	णिल 1360	तर्क 1780	तुप 404
जूष 681	जिभी 1084	डुक्रीञ् 1473	णिवि 590	तर्ज 227	तुप 1309
जृभि 389	जिमिदा 743	डुदाञ् 1091	णिश 722	तर्ज 1681	तुफ 408
जृ 1494	जिमिदा 1243	डुधाञ् 1092	णिसि 1025	तर्द 58	तुफ 1311
जृ 1814	जिष्वप 1068	डुपचष् 996	णीञ् 901	तल 1598	तुबि 428
जृष 1130	जिष्विदा 744	डुभृञ् 1087	णील 522	तसि 1729	तुबि 1657
जेष् 616	जिष्विदा 978	डुमिञ् 1250	णीव 566	तसु 1212	तुभ 753
जेह 644	जिष्विदा 1188	डुलभष् 975	णु 1035	तायृ 489	तुभ 1241
जै 914	टकि 1638	डुवप् 1003	णुद 1282	तिक 1266	तुभ 1521
झप 1624	टल 834	ढौकृ 98	णुद 1426	तिकृ 105	तुम्म 405
झा 811	टिकृ 103	णक्ष 662	णू 1397	तिग 1267	तुम्म 1310

683

तुम्फ़ 409	त्रुट 1375	दसि 1786	दभी 1323	धावु 601	भ्राडृ 288
तुम्फि 1312	त्रुट 1698	दसु 1213	दभी 1821	धि 1406	भ्रु 943
तुर 1102	त्रुप 406	दह 991	दम्फ 1314	धिक्ष 603	ध्रु 1400
तुर्वी 570	त्रुफ 410	दाण् 930	दशिर् 988	धिवि 593	भ्रेकृ 79
तुल 1599	त्रुम् 407	दान 994	दह 733	धिष 1103	भ्रै 907
तुष 1184	त्रुम्फ 411	दाप् 1059	दहि 734	धीङ् 1136	ध्वंसु 755
तुस 710	त्रैङ् 965	दाश 1279	दृ 808	धुक्ष 602	ध्वज 221
तुहिर् 737	त्रौकृ 99	दाश् 882	दृ 1493	धुर्वी 573	ध्वजि 222
तूण 1689	त्वक्षू 656	दासृ 894	देङ् 962	धू 1398	ध्वण 453
तूरी 1152	त्वगि 150	दिवि 592	देवृ 500	धूञ् 1255	ध्वन 816
तूल 527	त्वच 1301	दिबु 1107	दैप् 924	धूञ् 1487	ध्वन 828
तूष 674	त्वञ्चु 192	दिबु 1706	दो 1148	धूञ् 1835	ध्वन 1889
तृंहू 1350	त्विष 1001	दिबु 1724	द्यु 1040	धूप 396	ध्वाक्षि 672
तृणु 1468	त्सर 554	दिश 1283	द्युत 741	धूप 1772	ध्वृ 939
तृप 1195	थुड 1387	दिह 1015	द्यै 905	धूरी 1153	नक्क 1593
तृप 1307	थुर्वी 571	दीक्ष 609	द्रम 466	धूस 1639	नट 1545
तृप 1819	दंश 989	दीङ् 1134	द्रा 1054	धृङ् 960	नट 1791
तृम्फ 1308	दक्ष 608	दीधीङ् 1076	द्राक्षि 670	धृङ् 1412	नर्द 56
तृह 1455	दक्ष 770	दीपी 1150	द्राखृ 124	धृज 219	नल 1802
तृहू 1348	दघ 1273	दु 944	द्राघृ 114	धृजि 220	नाथृ 6
तृ 969	दण्ड 1926	दुःख 1930	द्राडृ 287	धृञ् 900	नाधृ 7
तेज 231	दद 17	दुर्वी 572	द्राह 646	धृष 1850	निवास 1885
तेपृ 363	दघ 8	दुल 1600	द्रु 945	धेक 1914	निष्क 1686
तेवृ 499	दमु 1203	दुष 1185	द्रुण 1337	घेट् 902	नृती 1116
त्यज 986	दम्मु 1270	दुह 1014	द्रुह 1197	धोर्ॠ 553	नृ 809
त्रकि 97	दय 481	दुहिर् 738	द्रूञ् 1481	ध्मा 927	नृ 1495
त्रक्ष 660	दरिद्रा 1073	दूङ् 1133	द्रेकृ 78	ध्यै 908	पक्ष 1550
त्रदि 69	दल 548	दृ 1280	द्रै 906	ध्रज 217	पचि 174
त्रपूष 374	दल 1751	दृङ् 1411	द्विष 1013	ध्रजि 218	पचि 1651
त्रस 1741	दशि 1674	दृप 1196	धक्क 1594	ध्रण 459	पट 296
त्रसि 1761	दशि 1764	दृप 1313	धन 1104	ध्राक्षि 671	पट 1752
त्रसी 1117	दसि 1675	दृभ 1822	धवि 597	ध्राखृ 125	पट 1856

पठ 330	पिठ 339	पुष्म 1122	प्रथ 1553	बर्ह 1769	भज्जो 1453
पडि 281	पिडि 274	पुस्त 1590	प्रस 766	बल 840	भट 307
पडि 1615	पिडि 1669	पूड़ 966	प्रा 1061	बल 1628	भट 780
पण 439	पिवि 588	पूज 1642	प्रीङ् 1144	बल्ह 639	भडि 273
पत 1861	पिश 1437	पूञ् 1482	प्रीञ् 1474	बल्ह 1770	भडि 1588
पतृ 845	पिषृ 1452	पूयी 484	प्रीज् 1836	बष्क 1916	भण 447
पथि 1575	पिस 1568	पूरी 1151	प्रुङ् 957	बस्त 1683	भदि 12
पथे 847	पिसि 1762	पूरी 1803	प्रुड 324	बहि 633	भर्त्स 1682
पद 1169	पिसृ 719	पूल 528	प्रुष 1527	बाढृ 286	भर्ब 580
पद 1898	पीङ् 1141	पूल 1636	प्रुषु 703	बाधृ 5	भल 495
पन 440	पीड 1544	पूष 675	प्रेषृ 619	बिट 317	भल 1700
पय 476	पील 521	पृ 1258	प्रोथृ 867	बिदि 64	भल्ल 496
पर्ण 1939	पीव 563	पृङ् 1402	प्लिह 642	बिल 1359	भष 695
पर्द 29	पुंस 1637	पृच 1807	प्ली 1503	बिल 1606	भस 1100
पर्प 412	पुट 1367	पृची 1030	प्लुङ् 958	बिस 1217	भा 1051
पर्ब 416	पुट 1753	पृची 1462	प्लुष 1115	बुक्क 119	भाज 1886
पर्व 577	पुट 1913	पृड 1328	प्लुष 1216	बुक्क 1713	भाम 441
पल 839	पुटि 1792	पृण 1329	प्लुष 1528	बुगि 158	भाम 1872
पल्पूल 1881	पुट्ट 1559	पृथ 1554	प्लुषु 704	बुध 858	भाष 612
पश 1719	पुड 1384	पृषु 705	प्सा 1055	बुध 1172	भासृ 624
पष 1862	पुण 1333	पृ 1086	फक्क 116	बुधिर् 875	भिक्ष 606
पसि 1616	पुथ 1119	पृ 1489	फण 821	बुस 1219	भिदिर् 1439
पा 925	पुथ 1775	पृ 1548	फल 530	बुस्त 1591	भुज 1454
पा 1056	पुथि 44	पेलृ 541	फुल्ल 532	बृह 735	भुजो 1417
पार 1911	पुर 1346	पेवृ 504	फेल 542	बृहि 736	भू 1747
पाल 1609	पुर्व 576	पेषृ 615	बद 51	बृहि 1768	भू 1
पि 1405	पुल 841	पेसृ 720	बध 973	ब्रूञ् 1044	भू 1844
पिच्छ 1576	पुल 1601	पै 920	बध 1547	ब्रूस 1663	भूष 682
पिजि 1028	पुष 700	पैणृ 458	बन्ध 1508	भक्ष 1557	भूष 1730
पिजि 1567	पुष 1182	प्येङ् 964	बर्ब 418	भज 998	भृजी 178
पिजि 1757	पुष 1529	प्रच्छ 1413	बर्ह 638	भज 1733	भृञ् 898
पिट 311	पुष 1750	प्रथ 765	बर्ह 1664	भजि 1759	भृड 1395

भृशि 1787	मण 448	माङ् 1142	मुठि 265	मृषु 707	यु 1710
भृशु 1224	मत्रि 1679	मान 972	मुड 323	मृ 1492	युगि 156
भृ 1491	मथि 46	मान 1709	मुडि 275	मेड् 961	युच्छ 214
भेषृ 883	मथे 848	मान 1843	मुडि 326	मेध 869	युज 1177
भ्यस 628	मद 1705	मार्ग 1846	मुण 1334	मेधृ 870	युज 1806
भ्रंशु 1225	मदि 13	मार्ज 1648	मुद 16	मेपृ 371	युजिर् 1444
भ्रंसु 756	मदी 815	माह 895	मुद 1740	मेवृ 505	युज् 1479
भ्रक्ष 892	मदी 1208	मिच्छ 1297	मुर 1343	म्ना 929	युतृ 31
भ्रण 452	मन 1176	मिजि 1756	मुच्छी 212	म्रक्ष 1661	युध 1173
भ्रमु 850	मनु 1471	मिदि 1541	मुर्वी 575	म्रद 767	युप 1235
भ्रमु 1205	मन्थ 42	मिट 868	मुष 1530	म्रुचु 195	यूष 680
भ्रस्ज 1284	मन्थ 1511	मिल 1364	मुस 1220	म्रुच्चु 193	यौटृ 291
भ्राजृ 181	मभ्र 558	मिल 1429	मुस्त 1631	म्रेडृ 293	रक 1736
भ्री 1505	मय 477	मिवि 589	मुह 1198	म्लुचु 196	रक्ष 658
भ्रूण 1690	मर्च 1649	मिश 723	मूड् 967	म्लुच्चु 194	रख 136
भ्रेजृ 180	मर्ब 419	मिश्र 1921	मूत्र 1909	म्लेच्छ 205	रखि 137
भ्रेषृ 884	मर्व 578	मिष 1352	मूल 529	म्लेच्छ 1662	रगि 144
भ्लक्ष 893	मल 493	मिषु 699	मूल 1603	म्लेट् 292	रगे 785
भ्लेषृ 885	मल्ल 494	मिह 992	मूष 676	म्लेवृ 506	रघि 107
मकि 89	मव 599	मी 1824	मृक्ष 664	म्हे 904	रघि 1795
मख 132	मव्य 508	मीड् 1137	मृग 1900	यक्ष 1692	रच 1864
मखि 133	मश 724	मीञ् 1476	मृडृ 1403	यज 1002	रञ्ज 999
मगि 148	मष 692	मीमृ 468	मृजू 1066	यत 1735	रञ्ज 1167
मघि 111	मसी 1221	मील 517	मृजू 1848	यती 30	रट 297
मघि 160	मस्क 102	मीव 564	मृड 1327	यत्रि 1536	रट 334
मच 171	मह 730	मुच 1743	मृड 1516	यभ 980	रण 445
मचि 173	मह 1867	मुचि 172	मृण 1331	यम 984	रण 795
मठ 332	महि 634	मुच्च 1430	मृद 1515	यम 1625	रद 53
मठि 263	महि 1799	मुज 250	मृघु 874	यमो 819	रघ 1193
मडि 272	मा 1062	मुजि 251	मृश 1425	यसु 1210	रप 401
मडि 321	माक्षि 669	मुट 1374	मृष 1164	या 1049	रफ 413
मडि 1587	माङ् 1088	मुट 1614	मृष 1849	यु 1033	रफि 414

रबि 376	रुङ् 959	लक्ष 1696	लाजि 241	लूञ् 1483	वद 1841
रभ 974	रुच 745	लख 138	लाभ 1936	लूष 677	वदि 11
रमु 853	रुज 1804	लखि 139	लिख 1365	लूष 1610	वन 462
रय 482	रुजो 1416	लग 1737	लिगि 155	लेपृ 373	वन 463
रवि 596	रुट 747	लगि 145	लिगि 1739	लोकृ 76	वन 803
रस 713	रुट 1783	लगे 786	लिप 1433	लोकृ 1776	वनु 1470
रस 1931	रुटि 327	लघि 108	लिश 1179	लोचृ 164	वभ्र 557
रह 731	रुठ 336	लघि 1760	लिश 1421	लोचृ 1777	वय 475
रह 1627	रुठि 345	लघि 1796	लिह 1016	लोडृ 357	वर 1852
रह 1858	रुदिर् 1067	लछ 206	ली 1501	लोष्ट 258	वर्च 162
रहि 732	रुधिर् 1438	लज 238	ली 1811	वकि 88	वर्ण 1551
रहि 1798	रुप 1236	लज 1920	लीङ् 1139	वकि 95	वर्ण 1938
रा 1057	रुश 1419	लजि 239	लुजि 1758	वक्ष 663	वर्ध 1654
राखृ 122	रुशि 1788	लजि 1784	लुञ्च 187	वख 130	वर्ष 613
राघृ 112	रुष 693	लट 298	लुट 314	वखि 131	वहं 640
राजृ 822	रुष 1230	लड 359	लुट 748	वगि 147	वल 491
राध 1180	रुष 1670	लड 1540	लुट 1222	वघि 110	वल्क 1571
राध 1262	रुसि 1790	लडि 1800	लुट 1381	वच 1063	वल्ग 143
रासृ 626	रुह 859	लडिः 814	लुट 1754	वच 1842	वल्भ 391
रि 1275	रूक्ष 1910	लप 402	लुटि 328	वज 252	वल्ल 492
रि 1404	रूप 1933	लबि 377	लुठ 337	वञ्चु 189	वल्ह 641
रिगि 154	रूष 678	लबि 379	लुठ 749	वञ्चु 1703	वश 1080
रिच 1816	रेकृ 80	लर्ब 417	लुठि 343	वट 300	वष 691
रिचिर् 1441	रेटृ 864	लल 1687	लुठि 346	वट 779	वस 1005
रिफ 1306	रेपृ 372	लष 888	लुण्ठ 1563	वट 1857	वस 1023
रिवि 595	रेभृ 385	लस 714	लुथि 45	वट 1919	वस 1744
रिश 1420	रेवृ 507	लस 1728	लुप 1237	वटि 1586	वस 1942
रिष 694	रेषृ 620	ला 1058	लुपॄ 1431	वठ 331	वसु 1214
रिष 1231	रै 909	लाखृ 123	लुबि 427	वठि 262	वस्क 101
री 1500	रोडृ 356	लाघृ 113	लुबि 1656	वडि 271	वह 1004
रीङ् 1138	रौडृ 355	लाछि 207	लुभ 1238	वण 446	वा 1050
रु 1034	लक्ष 1538	लाज 240	लुभ 1305	वद 1009	वाक्षि 668

वाछि 208	वृञ् 1813	ब्री 1504	शासु 727	शुम्भ 433	श्रमु 1204
वात 1882	वृण 1330	ब्रीड़ 1140	शाखृ 126	शुम्भ 1322	श्रम्मु 393
वाश्र 1163	वृतु 758	ब्रीड 1126	शाडृ 289	शुल्क 1618	श्रा 810
वास 1884	वृतु 1160	ब्रुड 1393	शान 995	शुल्ब 1611	श्रा 1053
वाह 645	वृतु 1781	ह्री 1502	शासु 1075	शुष 1183	श्रिञ् 897
विचिर् 1442	वृधु 759	शंसु 728	शिक्ष 605	शूर 1902	श्रिषु 701
विच्छ 1423	वृधु 1782	शक 1187	शिघि 161	शूरी 1157	श्रीञ् 1475
विच्छ 1773	वृश 1226	शकि 86	शिजि 1027	शूर्प 1612	श्रु 942
विजिर् 1094	वृष 1704	शक्क् 1261	शिञ्ज् 1249	शूल 526	श्रै 919
विट 316	वृषु 706	शच 165	शिट 303	शूष 679	श्रोणृ 456
विथृ 33	वृहू 1347	शट 299	शिल 1362	श्रघु 760	श्लकि 85
विद 1064	वृ 1490	शठ 340	शिष 687	श्रघु 873	श्लगि 152
विद 1171	वृञ् 1486	शठ 1564	शिष 1817	श्रघु 1734	श्लाखृ 127
विद 1450	वेज् 1006	शठ 1691	शिषु 1451	शृ 1488	श्लाघृ 115
विद 1708	वेणृ 877	शठ 1854	शीक 1789	शेलृ 543	श्लिष 1186
विदू 1432	वेथृ 34	शडि 279	शीक 1826	शै 918	श्लिष 1574
विध 1325	वेल 1880	शण 797	शीकृ 75	शो 1145	श्लिषु 702
विल 1358	वेल्ल 535	शदू 855	शीड़ 1032	शोणृ 455	श्लोकृ 77
विल 1605	वेल्ल 540	शदू 1428	शीभृ 383	शौटृ 290	श्लोणृ 457
विश 1424	वेवीड़ 1077	शप 1000	शील 523	श्च्युतिर् 41	श्वकि 96
विष 1526	वेष्ट 255	शप 1168	शील 1878	श्मील 518	श्वच 166
विषु 698	वेह 643	शब्द 1714	शुच 183	श्येडृ 963	श्वचि 167
विषु 1095	व्यच 1293	शम 1695	शुच्य 513	श्रकि 84	श्वठ 1565
विष्क 1685	व्यथ 764	शमु 1201	शुठ 341	श्रगि 151	श्वठ 1855
विष्क 1940	व्यध 1181	शमो 818	शुठ 1644	श्रण 798	श्वभ्र 1623
वी 1048	व्यय 881	शम्ब 1556	शुठि 344	श्रण 1578	श्वर्ते 1622
वीर 1903	व्यय 1932	शर्ब 423	शुठि 1645	श्रथ 799	श्वल 549
वृक 92	व्युष 1114	शर्व 585	शुध 1191	श्रथ 1546	श्वल्क 1570
वृक्ष 604	व्युष 1215	शल 490	शुन 1336	श्रथ 1823	श्वल्ल 550
वृङ् 1509	व्येज् 1007	शल 843	शुन्ध 74	श्रथ 1870	श्वस 1069
वृजी 1029	व्रज 253	शल्भ 390	शुन्ध 1832	श्रथि 35	श्विता 742
वृजी 1461	व्रज 1617	शव 725	शुभ 432	श्रन्थ 1510	श्विदि 10
वृजी 1812	व्रण 451	शशा 726	शुभ 750	श्रन्थ 1512	षगे 789
वृञ् 1254	व्रण 1937	शष 690	शुभ 1321	श्रन्थ 1837	षघ 1268

688

षच 163	षुञ् 1247	ष्विु 1110	स्कुञ् 1478	स्मृ 933	हुडि 269
षच 997	षुट्ट 1562	ष्णासु 1112	स्कुदि 9	स्मृ 1259	हुडि 277
षञ्ञ 987	षुर 1340	ष्णा 1052	स्यन्दू 761	हुड् 352
षट 313	षुह 1129	ष्णिह 1200	स्खद 768	स्यम 1693	हुर्छा 211
षट्ट 1633	षू 1408	ष्णिह 1572	स्खदिर् 820	स्यमु 826	हुल 844
षण 464	षूङ् 1031	ष्णु 1038	स्खल 544	स्संसु 754	हूड् 353
षणु 1464	षूङ् 1132	ष्णुसु 1111	स्तन 1859	स्रकि 83	हृ 1097
षदृ 854	षूद 25	ष्णुह 1199	स्तृञ् 1252	स्रम्भु 757	हृञ् 899
षदृ 1427	षूद 1717	ष्णै 923	स्तृह 1349	स्लिवु 1109	हृष 1229
षप 400	षृभु 430	ष्मिङ् 948	स्तृञ् 1484	स्तु 940	हृषु 709
षम 829	षृम्भु 431	ष्वञ्ञ 976	स्तेन 1897	स्नेकृ 82	हेठ 266
षम्ब 1555	षेवृ 501	ष्वद 18	स्तोम 1923	स्वन 817	हेठ 1532
षर्ज 225	षै 915	ष्वद 1805	स्त्यै 910	स्वन 827	हेड 778
षर्ब 424	षो 1147	ष्वष्क 100	स्थुड 1388	स्वर 1863	हेड् 284
षर्व 586	ष्क 782	सङ्केत 1891	स्थूल 1904	स्वर्द 19	हेषृ 621
षल 547	ष्गे 790	सङ्ग्राम 1922	स्पदि 14	स्वाद 28	होडृ 285
षस 1078	ष्न 461	सत्र 1906	स्पर्ध 3	स्वृ 932	होडृ 354
षस्ज 202	ष्भि 386	सभाज 1887	स्पश 887	हट 312	हुड् 1082
षस्ति 1079	ष्म 830	साध 1263	स्पश 1680	हठ 335	ह्लाल 806
षह 852	ष्रिघ 1265	साम 1879	स्पृश 1422	हद 977	ह्गे 787
षह 1128	ष्रिपृ 364	सार 1868	स्पृह 1871	हन 1012	ह्स 711
षह 1809	ष्रिम 1124	सुख 1929	स्फायी 487	हम्म 467	हाद 26
षान्त्व 1569	ष्रीम 1125	सूच 1873	स्फिट्ट 1634	हय 512	ही 1085
षिच 1434	ष्तुच 175	सूत्र 1908	स्फुट 260	हर्य 514	हीछ 210
षिञ् 1248	ष्तुञ् 1043	सूर्क्ष 666	स्फुट 1373	हल 837	हेषृ 622
षिञ् 1477	ष्तुप 1672	सूर्च्य 509	स्फुट 1722	हसे 721	ह्गे 788
षिट 304	ष्तुभु 394	सृ 935	स्फुटिर् 329	हि 1257	ह्प 1658
षिघ 47	ष्तेपृ 365	सृ 1099	स्फुड 1391	हिक्क 861	ह्स 712
षिघु 1192	ष्तै 922	सृज 1178	स्फुदि 1537	हिडि 268	ह्लादी 27
षिघू 48	ष्त्रे 911	सृज 1414	स्फुर 1389	हिल 1361	ह्लल 805
षिल 1363	ष्त्रक्ष 661	सृपृ 983	स्फुर्छा 213	हिवि 591	ह्लृ 931
षिवु 1108	छल 836	सेकृ 81	स्फुल 1390	हिसि 1456	ह्लृ 934
षु 941	ष्त्रा 928	स्कन्दिर् 979	स्मिट 1573	हिसि 1829	ह्वेञ् 1008
षु 1041	ष्विु 560	स्कभि 387	स्मील 519	हु 1083	
			स्मृ 807		

689

Standard Alphabetical Index

Indexed on Dhatu ready for Conjugation.

Contains 1943-1=1942 Dhatus without Tag letters (ग० सू०1081.चर्करीतं)
Shows Dhatu Number which is unique and easily referenced in standard Dhatupathas.

Easily locate dhatus without tag e.g. बुन्द् 876 , इन्ध् 1448 , श्वि 1010

Dhatus with णो नः नत्वम् are under न e.g. नक्ष 662 , नख 134

Dhatus with षः सः सत्वम् are under स e.g. सगे 789 , सघ 1268

इदित् Dhatus are listed with the नुम् augment e.g.
अङ्क 87 , अञ्ज 1785 , अण्ठ 261

Dhatus that have a penultimate नकार are listed with the नकार changed to the corresponding row class nasal, e.g. अञ्च् 188 , तुम्प् 1311

Out of 1943 Roots, there are some 662 Dhatus that are commonly found in literature. Two of these did not make it to the index, being alternate listed in the dhatu sutra. These are ध्राघ् 114 and धू 1255. However स्विद् 1188 is present.

अ
अंश् अंस् 1918
अंह् 635
अंह् 1797
अक् 792
अक्ष् 654
अग् 793
अङ्क् 87
अङ्क् 1927
अङ्ग् 146
अङ्ग् 1928
अङ्घ् 109
अज् 230
अञ्च् 188
अञ्च् 862
अञ्च् 1738
अञ्ज् 1458
अञ्ज् 1785
अट् 295
अट्ट् 254
अट्ट् 1561
अड् 358
अड्ड् 348
अण् 444
अण् 1175
अण्ठ् 261
अत् 38
अद् 1011
अन् 1070
अन्त् 61
अन्द् 62
अन्ध् 1925
अभ्र् 556
अम् 465
अम् 1720
अम्ब् 378
अय् 474
अर्क् 1643
अर्च् 204
अर्च् 1808
अर्ज् 224
अर्ज् 1725
अर्थ् 1905
अर्द् 55
अर्द् 1828
अर्ब् 415
अर्व् 584
अर्ह् 740
अर्ह् 1731
अर्ह् 1830
अल् 515
अव् 600
अश् 1264
अश् 1523
अस् 886
अस् 1065
अस् 1209
अह् 1272
आ
आक्रन्द् 1727
आञ्छ् 209
आप् 1260
आप् 1839
आशंस् 629
आशास् 1022
आसद् 1831
आस् 1021
इ
इ 1045
इ 1046
इ 1047
इख् 140
इङ्ख् 141
इङ्ग् 153
इट् 318
इन्द् 63
इन्ध् 1448
इन्व् 587
इल् 1357
इल् 1660
इष् 1127
इष् 1351
इष् 1525
ई

ई 1143	उह् 739	ओलण्ड् 1542	कर्द् 59	कुट् 1702	कृत् 1435	क्रन्द् 72
ईक्ष् 610	ऊ	औ none	कर्ब् 420	कुड् 1383	कृत् 1447	क्रन्द् 774
ईख्‌ 142	ऊन् 1888	क	कर्ब् 581	कुण् 1335	कृन्व् 598	क्रम् 1207
ईज् 182	ऊय् 483	कंस् 1024	कल् 497	कुण् 1893	कृप् 762	क्षिद् 1242
ईड् 1019	ऊर्ज् 1549	कक् 90	कल् 1604	कुण्ठ् 342	कृप् 1748	क्षिन्द् 15
ईड् 1667	ऊर्णु 1039	कख् 120	कल् 1865	कुण्ड् 270	कृप् 1869	क्षिन्द् 73
ईर् 1018	ऊष् 683	कख् 784	कल् 498	कुण्ड् 322	कृश् 1227	क्रिश् 1161
ईर् 1810	उह् 648	कग् 791	कष् 685	कुण्ड् 1583	कृष् 990	क्रिश् 1522
ईर्ष्य् 510	ऋ	कङ्क् 94	कस् 860	कुत्स् 1697	कृष् 1286	क्लीब् 381
ईर्ष्य् 511	ऋ 936	कच् 168	काञ्छ् 667	कुथ् 1118	कृ 1409	क्लेश् 607
ईश् 1020	ऋ 1098	कच्छ् 169	काश्य् 170	कुन्थ् 43	कृ 1485	क्वण् 450
ईष् 611	ऋच् 1302	कट् 294	काश् 647	कुन्थ् 1514	कृ 1496	क्वथ् 846
ईष् 684	ऋच्छ् 1296	कट् 320	काश् 1162	कुन्द् 1539	कृत् 1653	क्षञ्ज् 769
ईह् 632	ऋज् 176	कठ् 333	कास् 623	कुप् 1233	केत् 1895	क्षण् 1465
उ	ऋञ्ज् 177	कड् 360	कि 1101	कुप् 1779	केप् 368	क्षम् 442
उ 953	ऋण् 1467	कड् 1380	किट् 301	कुमार् 1877	केल् 537	क्षम् 1206
उक्ष् 657	ऋध् 1245	कड् 349	किट् 319	कुम्ब् 426	कै 916	क्षम्म् 1620
उख् 128	ऋध् 1271	कण् 449	कित् 993	कुम्ब् 1655	क्नथ् 800	क्षर् 851
उख्‌ 129	ऋफ् 1315	कण् 794	किल् 1353	कुर् 1341	क्नस् 1113	क्षल् 1597
उच् 1223	ऋम्फ् 1316	कण् 1715	कीट् 1640	कुर्द् 21	क्नू 1480	क्षि 236
उच्छ् 216	ऋष् 1287	कण्ठ् 264	कील् 524	कुल् 842	क्नूय् 485	क्षि 1276
उच्छ् 1295	ॠ	कण्ठ् 1847	कु 951	कुष् 1518	क्मर् 555	क्षि 1407
उज्झ् 1304	ॠ 1497	कण्ड् 282	कु 1042	कुस् 1218	क्रथ् 801	क्षिण् 1466
उच्छ् 215	ऌ ॡ none	कण्ड् 1582	कु 1401	कुस्म् 1711	कन्द् 71	क्षिप् 1121
उच्छ् 1294	ए	कत्थ् 37	कुंश् 1765	कुह् 1901	क्रन्द् 773	क्षिप् 1285
उठ् 338	एज् 179	कत्र् 1915	कुंस् 1763	कूज् 223	कप् 771	क्षिप् 1941
उग्रस् 1742	एज् 234	कथ् 1851	कुक् 91	कूट् 1701	कम् 473	क्षी 1506
उन्द् 1457	एठ् 267	कन् 460	कुच् 184	कूट् 1890	क्री 1473	क्षीज् 237
उज् 1303	एध् 2	कन्द् 70	कुच् 857	कूट् 1896	क्रीड् 350	क्षीब् 382
उभ् 1319	एष् 618	कन्द् 772	कुच् 1368	कूण् 1688	कुञ्च् 186	क्षीव् 567
उम्भ् 1320	ऐ none	कब् 380	कुज् 199	कूल् 525	कुड् 1394	क्षु 1036
उर्द् 20	ओ	कम् 443	कुञ्च् 185	कृ 1253	कुध् 1189	क्षुध् 1190
उर्व् 569	ओख् 121	कम्प् 375	कुट् 1366	कृ 1472	कुश् 856	क्षुन्द् 1443
उष् 696	ओण् 454	कर्ज् 228	कुट् 1558	कृड् 1382	कथ् 802	क्षुभ् 751

क्षुभ् 1239	खुण्ड् 1585	गा 1106	गृ 1498	घु 952	चन्द् 68	चीभ् 384
क्षुभ् 1519	खुर् 1342	गाध् 4	गेप् 369	घुंष् 652	चप् 399	चीव् 879
क्षुर् 1344	खुर्द् 22	गाह् 649	गेव् 502	घुट् 746	चम् 469	चीव् 1774
क्षेव् 568	खेट् 1874	गु 949	गेष् 614	घुट् 1385	चम् 1274	चुक्क् 1596
क्षै 913	खेल् 538	गु 1399	गै 917	घुण 437	चम्प् 1619	चुट् 1377
क्षोट् 1875	खै 912	गुज् 1369	गोम् 1876	घुण 1338	चय् 478	चुट् 1613
क्ष्ण 1037	खोर् 552	गुञ्ज् 203	गोष्ट् 257	घुण्ण 435	चर् 559	चुट्ट् 1560
क्ष्माय् 486	खोल् 551	गुड् 1370	ग्रन्थ् 36	घुर् 1345	चर् 1745	चुड् 1392
क्ष्मील् 520	ख्या 1060	गुण् 1894	ग्रन्थ् 1513	घुष् 653	चर्च् 717	चुड् 347
क्ष्विद् 1244	ग	गुण्ड् 1584	ग्रन्थ् 1825	घुष् 1726	चर्च् 1299	चुण्ट् 1659
क्ष्वेल् 539	गज् 246	गुद् 24	ग्रन्थ् 1838	घूर् 1155	चर्च् 1712	चुण्ड् 325
ख	गज् 1647	गुध् 1120	ग्रस् 630	घूर्ण 438	चर्ब् 425	चुद् 1592
खच् 1531	गज्ज् 247	गुध् 1517	ग्रस् 1749	घूर्ण 1339	चर्व् 579	चुप् 403
खज् 232	गड् 777	गुप् 395	ग्रह् 1533	घृ 938	चल् 812	चुम्ब् 429
खज्ज् 233	गण् 1853	गुप् 970	ग्राम् 1892	घृ 1096	चल् 832	चुम्ब् 1635
खट् 309	गण्ड् 65	गुप् 1234	ग्रुच् 197	घृ 1650	चल् 1356	चुर् 1534
खट्ट् 1632	गण्ड् 361	गुप् 1771	ग्लस् 631	घृण 1469	चल् 1608	चुल् 1602
खड् 1580	गद् 52	गुफ् 1317	ग्लह् 651	घृण्ण 436	चष् 889	चुल् 531
खण्ड् 283	गद् 1860	गुम्फ् 1318	ग्लुच् 198	घृष् 708	चह् 729	चूर् 1158
खण्ड् 1581	गन्ध् 1684	गुर् 1396	ग्लुञ्च् 201	घ्रा 926	चह् 1626	चूर्ण 1552
खद् 50	गम् 982	गुर्द् 23	ग्लेप् 366	ङ	चह् 1866	चूर्ण 1641
खन् 878	गर्ज् 226	गुर्द् 1665	ग्लेप् 370	डु 954	चाय् 880	चूष् 673
खर्ज् 229	गर्द् 57	गुर्व् 574	ग्लेव् 503	च	चि 1251	चृत् 1324
खर्द् 60	गर्ब् 422	गुह् 896	ग्लै 903	चकास् 1074	चि 1629	चेल् 536
खर्ब् 421	गर्व् 583	गूर् 1154	घ	चक् 93	चि 1794	चेष्ट् 256
खर्व् 582	गर्व् 1907	गूर् 1694	घघ् 159	चक्क् 783	चिट् 315	च्यु 955
खल् 545	गह् 636	गृ 937	घट् 763	चक्क् 1595	चित् 39	च्यु 1746
खष् 686	गह् 1845	गृ 1707	घट् 1723	चक्ष् 1017	चित् 1673	च्युत् 40
खाद् 49	गल् 546	गृज् 248	घट् 1766	चञ्च् 190	चित्र 1917	छ
खिट् 302	गल् 1699	गृञ्ज् 249	घट्ट् 259	चट् 1721	चिन्त् 1535	छद्द् 1621
खिद् 1170	गल्भ् 392	गृध् 1246	घट्ट् 1630	चण् 796	चिरि 1277	छद् 813
खिद् 1436	गल्ह् 637	गृह् 650	घण्ट् 1767	चण्ड् 278	चिल् 1355	छद् 1833
खिद् 1449	गवेष् 1883	गृह् 1899	घस् 715	चत् 865	चिल्ल् 533	छद् 1935
खुज् 200	गा 950	गृ 1410	घिण्ण 434	चद् 866	चीक् 1827	छन्द् 1577

छम् 470	जि 561	झ	तन्त्र् 191	तुज् 244	तृंह् 1350	त्वर् 775
छर्द् 1589	जि 946	झट् 306	तन्त्र् 1459	तुज् 245	तृण् 1468	त्विष् 1001
छष् 890	जि 1793	झम् 472	तट् 308	तुञ्च् 1566	तृद् 1446	त्सर् 554
छिद् 1440	जिन्व् 594	झर्झ् 718	तड् 1579	तुञ्ज् 1755	तृप् 1195	थ
छिद्र् 1924	जिरि 1278	झर्झ् 1300	तड् 1801	तुट् 1376	तृप् 1307	थुड् 1387
छुट् 1378	जिष् 697	झष् 689	तण्ड् 280	तुड् 351	तृप् 1819	थुर्व् 571
छुप् 1418	जीव् 562	झष् 891	तन् 1463	तुड् 1386	तुम्फ् 1308	द
छुर् 1372	जुङ्ग् 157	झ़् 1131	तन् 1840	तुण् 1332	तृष् 1228	दंश् 989
छृद् 1445	जुड् 1326	ञ none	तन्त्र् 1678	तुण्ड् 276	तृह् 1348	दंश् 1674
छृद् 1820	जुड् 1379	ट	तप् 985	तुत्थ् 1943	तृह् 1455	दंश् 1764
छेद् 1934	जुड् 1646	टङ्क् 1638	तप् 1159	तुद् 1281	तृ 969	दंस् 1675
छो 1146	जुत् 32	टल् 834	तप् 1818	तुप् 404	तेज् 231	दंस् 1786
ज	जुष् 1288	टिक् 103	तम् 1202	तुप् 1309	तेप् 363	दक्ष् 608
जंस् 1666	जुष् 1834	टीक् 104	तय् 479	तुफ् 408	तेव् 499	दक्ष् 770
जक्ष् 1071	जूर् 1156	ड्ल 835	तर्क् 1780	तुफ् 1311	त्यज् 986	दघ् 1273
जज् 242	जूष् 681	ठ none	तर्ज् 227	तुभ् 753	त्रंस् 1761	दण्ड् 1926
जञ्ज् 243	जृम्भ् 389	ड	तर्ज् 1681	तुभ् 1241	त्रक्ष् 660	दद् 17
जट् 305	जृ 1130	डप् 1676	तर्द् 58	तुभ् 1521	त्रङ्क् 97	दघ् 8
जन् 1105	जृ 1494	डिप् 1232	तल् 1598	तुम्ब् 405	त्रन्द् 69	दम् 1203
जन् 1149	जृ 1814	डिप् 1371	तस् 1212	तुम्ब् 1310	त्रप् 374	दम्भ् 1270
जप् 397	जेष् 616	डिप् 1671	ताय् 489	तुम्फ् 409	त्रस् 1117	दय् 481
जम् 471	जेह् 644	डिप् 1677	तिक् 105	तुम्फ् 1312	त्रस् 1741	दरिद्रा 1073
जम्भ् 388	जै 914	डी 968	तिक् 1266	तुम्ब् 428	त्रुट् 1375	दल् 548
जम्भ् 1716	ज्प 1624	डी 1135	तिग् 1267	तुम्ब् 1657	त्रुट् 1698	दल् 1751
जर्ज् 716	ज्ञा 811	ढ	तिज् 971	तुर् 1102	त्रुप् 406	दस् 1213
जर्ज् 1298	ज्ञा 1507	ढौक् 98	तिज् 1652	तुर्व् 570	त्रुफ् 410	दह् 991
जल् 833	ज्ञा 1732	ण see न	तिप् 362	तुल् 1599	त्रुम्फ् 407	दा 930
जल् 1543	ज्या 1499	त	तिम् 1123	तुष् 1184	त्रुम्फ् 411	दा 1059
जल्प् 398	ज्यु 956	तंस् 1729	तिल् 534	तुस् 710	त्रै 965	दा 1091
जष् 688	ज्रि 947	तक् 117	तिल् 1354	तुह् 737	त्रौक् 99	दान् 994
जस् 1211	ज्रि 1815	तक्ष् 655	तिल् 1607	तूण् 1689	त्वक्ष् 656	दाश् 882
जस् 1668	ज्वर् 776	तक्ष् 665	तीक् 106	तूर् 1152	त्वञ्ज् 150	दाश् 1279
जस् 1718	ज्वल् 804	तङ् 118	तीर् 1912	तूल् 527	त्वच् 1301	दास् 894
जागृ 1072	ज्वल् 831	तञ्ज् 149	तीव् 565	तूष् 674	त्वष् 192	दिन्व् 592

693

दिव् 1107	दो 1148	घू 1835	ध्वन् 1889	निन्द् 66	पद् 1169	पीड् 1544
दिव् 1706	द्यु 1040	धूप् 396	ध्वाङ्क्ष् 672	निन्व् 590	पद् 1898	पील् 521
दिव् 1724	द्युत् 741	धूप् 1772	ध्वृ 939	निल् 1360	पन् 440	पीव् 563
दिश् 1283	द्यै 905	धूर् 1153	न	निवास 1885	पन्थ् 1575	पुंस् 1637
दिह् 1015	द्रम् 466	धूस् 1639	नक्क् 1593	निश् 722	पय् 476	पुट् 1367
दी 1134	द्रा 1054	धृ 900	नक्ष् 662	निष्क् 1686	पर्ण 1939	पुट् 1753
दीक्ष् 609	द्राख् 124	धृ 960	नख् 134	नी 901	पर्द् 29	पुट् 1913
दीधी 1076	द्राघ् 114	धृ 1412	नह्न् 135	नील् 522	पर्प् 412	पुट्ट् 1559
दीप् 1150	द्राङ्क्ष् 670	धृज् 219	नट् 310	नीव् 566	पर्ब् 416	पुड् 1384
दु 944	द्राड् 287	धृञ्ज् 220	नट् 781	नु 1035	पर्व् 577	पुण् 1333
दु 1256	द्राह् 646	धृष् 1269	नट् 1545	नुद् 1282	पल् 839	पुण्ट् 1792
दुःख् 1930	द्रु 945	धृष् 1850	नट् 1791	नुद् 1426	पल्पूल 1881	पुथ् 1119
दुर्व 572	द्रुण् 1337	घे 902	नद् 54	नू 1397	पश् 1719	पुथ् 1775
दुल् 1600	द्रुह् 1197	घेक् 1914	नद् 1778	नृत् 1116	पष् 1862	पुन्थ् 44
दुष् 1185	द्रू 1481	घोर् 553	नन्द् 67	नृ 809	पा 925	पुर् 1346
दुह् 738	द्रेक् 78	ध्मा 927	नभ् 752	नृ 1495	पा 1056	पुर्व 576
दुह् 1014	द्रै 906	ध्यै 908	नभ् 1240	नेद् 872	पार् 1911	पुल् 841
दू 1133	द्विष् 1013	ध्रज् 217	नभ् 1520	नेष् 617	पाल् 1609	पुल् 1601
दृ 1280	ध	ध्रञ्ज् 218	नम् 981	प	पि 1405	पुष् 700
दृ 1411	धक्क् 1594	ध्रण् 459	नय् 480	पंस् 1616	पिंस् 1762	पुष् 1182
दृंह् 734	धन् 1104	ध्रस् 1524	नर्द् 56	पक्ष् 1550	पिच्छ् 1576	पुष् 1529
दृप् 1196	धन्व् 597	ध्राख् 125	नल् 838	पच् 996	पिञ्ज् 1028	पुष् 1750
दृप् 1313	धा 1092	ध्राङ्क्ष् 671	नल् 1802	पञ् 174	पिञ्ज् 1567	पुष्प् 1122
दृभ् 1323	धाव् 601	ध्राड् 288	नश् 1194	पञ् 1651	पिञ्ज् 1757	पुस्त् 1590
दृभ् 1821	धि 1406	ध्रु 943	नस् 627	पट् 296	पिट् 311	पू 966
दृभ् 1822	धिक्ष् 603	ध्रु 1400	नह् 1166	पट् 1752	पिठ् 339	पू 1482
दृम्फ् 1314	धिन्व् 593	ध्रेक् 79	नाथ् 6	पट् 1856	पिण्ड् 274	पूज् 1642
दृश् 988	धिष् 1103	ध्रै 907	नाध् 7	पठ् 330	पिण्ड् 1669	पूय् 484
दृह् 733	धी 1136	ध्वंस् 755	नास् 625	पण 439	पिन्व् 588	पूर् 1151
दृ 808	धुक्ष् 602	ध्वज् 221	निंस् 1025	पण्ड् 281	पिश् 1437	पूर् 1803
दृ 1493	धुर्व् 573	ध्वञ्ज् 222	निक्ष् 659	पण्ड् 1615	पिष् 1452	पूल् 528
दे 962	धू 1255	ध्वण् 453	निज् 1093	पत् 845	पिस् 719	पूल् 1636
देव् 500	धू 1398	ध्वन् 816	निञ्ज् 1026	पत् 1861	पिस् 1568	पूष् 675
दै 924	धू 1487	ध्वन् 828	निद् 871	पथ् 847	पी 1141	पृ 1258

पृ 1402	स्त्री 1503	बिल् 1359	भष् 695	भ्राज् 181	मन्थ् 42	मिद् 868
पृच् 1030	स्रु 958	बिल् 1606	भस् 1100	भ्राज् 823	मन्थ् 46	मिद् 1243
पृच् 1462	स्रुष् 704	बिस् 1217	भा 1051	भ्राश् 824	मन्थ् 1511	मिन्द् 1541
पृच् 1807	स्रुष् 1115	बुक्क् 119	भाज् 1886	श्री 1505	मन्द् 13	मिन्व् 589
पृड् 1328	स्रुष् 1216	बुक्क् 1713	भाम् 441	भ्रूण् 1690	मभ्र 558	मिल् 1364
पृण् 1329	स्रुष् 1528	बुध् 158	भाम् 1872	भ्रेज् 180	मय 477	मिल् 1429
पृथ् 1554	प्सा 1055	बुध् 858	भाष् 612	भ्रेष् 884	मर्च् 1649	मिश् 723
पृष् 705	फ	बुध् 875	भास् 624	भ्लक्ष् 893	मर्ब् 419	मिश्र 1921
पृ 1086	फक्क् 116	बुध् 1172	भिक्ष् 606	भ्लाश् 825	मर्व् 578	मिष् 699
पृ 1489	फण् 821	बुन्द् 876	भिद् 1439	भ्लेष् 885	मल् 493	मिष् 1352
पृ 1548	फल् 516	बुस् 1219	भी 1084	म	मल्ल् 494	मिह् 992
पेल् 541	फल् 530	बुस्त् 1591	भुज् 1417	मंह् 634	मव् 599	मी 1137
पेव् 504	फुल्ल् 532	बृंह् 736	भुज् 1454	मंह् 1799	मव्य् 508	मी 1476
पेष् 615	फेल् 542	बृंह् 1768	भू 1	मख् 132	मश् 724	मी 1824
पेस् 720	ब	बृह् 735	भू 1747	मङ्क् 89	मष् 692	मीम् 468
पै 920	बंह् 633	ब्रू 1044	भू 1844	मङ्घ् 133	मस् 1221	मील् 517
पैण् 458	बद् 51	ब्रूस् 1663	भूष् 682	मज्ज् 148	मस्क् 102	मीव् 564
प्याय् 488	बध् 973	भ	भूष् 1730	मठ् 111	मस्ज् 1415	मुच् 1430
प्ये 964	बध् 1547	भक्ष् 1557	भृ 898	मठ् 160	मह् 730	मुच् 1743
प्रच्छ् 1413	बन्ध् 1508	भज् 998	भृ 1087	मच् 171	मह् 1867	मुज् 250
प्रथ् 765	बर्ब् 418	भज् 1733	भृंश् 1787	मच्च् 173	मा 1062	मुच्छ् 172
प्रथ् 1553	बर्ह् 638	भञ्ज् 1453	भृज् 178	मठ् 332	मा 1088	मुज्ज् 251
प्रस् 766	बर्ह् 1664	भञ्ज् 1759	भृड् 1395	मण् 448	मा 1142	मुट् 1374
प्रा 1061	बर्ह् 1769	भट् 307	भृश् 1224	मण्ठ् 263	माङ्क् 669	मुट् 1614
प्री 1144	बल् 840	भट् 780	भृ 1491	मण्ड् 272	मान् 972	मुड् 323
प्री 1474	बल् 1628	भण् 447	भेष् 883	मण्ड् 321	मान् 1709	मुण् 1334
प्री 1836	बल्ह् 639	भण्ड् 273	भ्यस् 628	मण्ड् 1587	मान् 1843	मुण्ठ् 265
प्रु 957	बल्ह् 1770	भण्ड् 1588	भ्रंश् 1225	मथ् 848	मार्ग् 1846	मुण्ड् 275
प्रुड् 324	बष्क् 1916	भन्द् 12	भ्रंस् 756	मद् 815	मार्ज् 1648	मुण्ड् 326
प्रुष् 703	बस्त् 1683	भर्त्स् 1682	भ्रक्ष् 892	मद् 1208	माह् 895	मुद् 16
प्रुष् 1527	बाड् 286	भर्व् 580	भ्रण् 452	मद् 1705	मि 1250	मुद् 1740
प्रेष् 619	बाध् 5	भल् 495	भ्रम् 850	मन् 1176	मिच्छ् 1297	मुर् 1343
प्रोथ् 867	बिट् 317	भल् 1700	भ्रम् 1205	मन् 1471	मिज्ज् 1756	मुर्च्छ् 212
ह्लिह् 642	बिन्द् 64	भल् 496	भ्रस्ज् 1284	मन्त्र् 1679	मिद् 743	मुर्व् 575

मुष् 1530	म्रेड् 293	र	राख् 122	रुश् 1419	लड् 359	लुट् 314		
मुस् 1220	म्लुच् 196	रंह् 732	राघ् 112	रुष् 693	लड् 814	लुट् 748		
मुस्त् 1631	म्लुछ् 194	रंह् 1798	राज् 822	रुष् 1230	लड् 1540	लुट् 1222		
मुह् 1198	म्लेच्छ् 205	रक् 1736	राध् 1180	रुष् 1670	लण्ड् 1800	लुट् 1381		
मू 967	म्लेच्छ् 1662	रक्ष् 658	राध् 1262	रुह् 859	लन्च् 108	लुट् 1754		
मूत्र् 1909	म्लेट् 292	रख् 136	रास् 626	रूक्ष् 1910	लप् 402	लुठ् 337		
मूल् 529	म्लेव् 506	रग् 785	रि 1275	रूप् 1933	लभ् 975	लुठ् 749		
मूल् 1603	म्ले 904	रघ् 137	रि 1404	रूष् 678	लम्ब् 377	लुण्ट् 328		
मृष् 676	य	रङ्ग् 144	रिङ्ख् 154	रेक् 80	लम्ब् 379	लुण्ठ् 343		
मृ 1403	यक्ष् 1692	रह् 107	रिच् 1441	रेट् 864	लर्ब् 417	लुण्ठ् 346		
मृक्ष् 664	यज् 1002	रह् 1795	रिच् 1816	रेप् 372	लल् 1687	लुण्ठ् 1563		
मृग् 1900	यत् 30	रच् 1864	रिन्व् 595	रेभ् 385	लष् 888	लुन्थ् 45		
मृज् 1066	यत् 1735	रज् 999	रिफ् 1306	रेव् 507	लस् 714	लुप् 1237		
मृज् 1848	यन्त्र् 1536	रञ्ज् 1167	रिश् 1420	रेष् 620	लस् 1728	लुप् 1431		
मृभ् 1327	यभ् 980	रट् 297	रिष् 694	रै 909	लस्ज् 1291	लुभ् 1238		
मृड् 1516	यम् 819	रट् 334	रिष् 1231	रोड् 356	ला 1058	लुभ् 1305		
मृण् 1331	यम् 984	रण् 445	री 1138	रौड् 355	लाख् 123	लुम्ब् 427		
मृद् 1515	यम् 1625	रण् 795	री 1500	ल	लाघ् 113	लुम्ब् 1656		
मृध् 874	यस् 1210	रद् 53	रु 959	लक्ष् 1538	लाज् 240	लू 1483		
मृश् 1425	या 1049	रध् 1193	रु 1034	लक्ष् 1696	लाञ्छ् 207	लूष् 677		
मृष् 707	याच् 863	रन्व् 596	रुंश् 1788	लख् 138	लाज् 241	लूष् 1610		
मृष् 1164	यु 1033	रप् 401	रुंस् 1790	लग् 786	लाभ् 1936	लेप् 373		
मृष् 1849	यु 1479	रफ् 413	रुच् 745	लग् 1737	लिख् 1365	लोक् 76		
मृ 1492	यु 1710	रभ् 974	रुज् 1416	लङ्घ् 139	लिङ्ग् 155	लोक् 1776		
मे 961	युञ् 156	रम् 853	रुज् 1804	लङ्ग् 145	लिङ्ग् 1739	लोच् 164		
मेद् 869	युच्छ् 214	रम्फ् 414	रुट् 747	लङ्घ् 1760	लिप् 1433	लोच् 1777		
मेघ् 870	युज् 1177	रम्ब् 376	रुट् 1783	लङ्घ् 1796	लिश् 1179	लोड् 357		
मेप् 371	युज् 1444	रय् 482	रुठ् 336	लच्छ् 206	लिश् 1421	लोष्ट् 258		
मेव् 505	युज् 1806	रस् 713	रुण्ट् 327	लज् 238	लिह् 1016	व		
म्ना 929	युत् 31	रस् 1931	रुण्ठ् 345	लज् 1290	ली 1139	वक्ष् 663		
म्रक्ष् 1661	युध् 1173	रह् 731	रुद् 1067	लज् 1920	ली 1501	वख् 130		
म्रद् 767	युप् 1235	रह् 1627	रुध् 1174	लक्ष् 239	ली 1811	वङ्क् 88		
म्रुच् 195	यूष् 680	रह् 1858	रुध् 1438	लज्ज् 1784	लुञ्च् 187	वङ्क् 95		
म्रुछ् 193	यौट् 291	रा 1057	रुप् 1236	लट् 298	लुञ्ज् 1758	वङ्ख् 131		

वञ् 147	वल् 491	विद् 1708	वेथ् 34	शठ् 340	शिष् 687	श्रध् 760
वञ्च् 110	वल्क् 1571	विध् 1325	वेप् 367	शठ् 1564	शिष् 1451	श्रध् 873
वच् 1063	वल्ग् 143	विल् 1358	वेल् 535	शठ् 1691	शिष् 1817	श्रध् 1734
वच् 1842	वल्भ् 391	विल् 1605	वेल् 1880	शठ् 1854	शी 1032	श्रृ 1488
वज् 252	वल्ल् 492	विश् 1424	वेल्ल् 540	शण् 797	शीक् 75	शेल् 543
वज्झ् 189	वल्ह् 641	विष् 698	वेवी 1077	शण्ड् 279	शीक् 1789	शै 918
वज्झ् 1703	वश् 1080	विष् 1095	वेष्ट् 255	शद् 855	शीक् 1826	शो 1145
वट् 300	वष् 691	विष् 1526	वेह् 643	शद् 1428	शीभ् 383	शोण् 455
वट् 779	वस् 1005	विष्क् 1685	वै 921	शप् 1000	शील् 523	शौट् 290
वट् 1857	वस् 1023	विष्क् 1940	व्यच् 1293	शप् 1168	शील् 1878	श्च्युत् 41
वट् 1919	वस् 1214	वी 1048	व्यथ् 764	शब्द् 1714	शुच् 183	श्मील् 518
वठ् 331	वस् 1744	वीर् 1903	व्यध् 1181	शम् 818	शुच् 1165	श्यै 963
वण् 446	वस् 1942	वृ 1254	व्यय् 881	शम् 1201	शुच्य् 513	श्रङ्क् 84
वण्ट् 1586	वस्क् 101	वृ 1509	व्यय् 1932	शम् 1695	शुठ् 341	श्रञ्ज् 151
वण्ठ् 262	वह् 1004	वृ 1813	व्युष् 1114	शम्ब् 1556	शुठ् 1644	श्रण् 798
वण्ड् 271	वा 1050	वृ 1509	व्युष् 1215	शर्ब् 423	शुण्ठ् 344	श्रण् 1578
वद् 1009	वाञ्छ् 668	वृक्ष् 92	व्ये 1007	शर्व् 585	शुण्ठ् 1645	श्रथ् 799
वद् 1841	वाञ्छ् 208	वृक्ष् 604	व्रज् 253	शल् 490	शुध् 1191	श्रथ् 1546
वन् 462	वात् 1882	वृज् 1029	व्रज् 1617	शल् 843	शुन् 1336	श्रथ् 1823
वन् 463	वाश् 1163	वृज् 1461	व्रण् 451	शल्भ् 390	शुन्ध् 74	श्रथ् 1870
वन् 803	वास् 1884	वृज् 1812	व्रण् 1937	शव् 725	शुन्ध् 1832	श्रन्थ् 35
वन् 1470	वाह् 645	वृण् 1330	व्रश्च् 1292	शश् 726	शुभ् 432	श्रन्थ् 1510
वन्द् 11	विच् 1442	वृत् 758	व्री 1140	शष् 690	शुभ् 750	श्रन्थ् 1512
वप् 1003	विच्छ् 1423	वृत् 1160	व्री 1504	शस् 727	शुभ् 1321	श्रन्थ् 1837
वभ्र् 557	विच्छ् 1773	वृत् 1781	व्रीड् 1126	शाख् 126	शुम्भ् 433	श्रम् 1204
वम् 849	विज् 1094	वृध् 759	व्रुड् 1393	शाड् 289	शुम्भ् 1322	श्रम्भ् 393
वय् 475	विज् 1289	वृध् 1782	ह्री 1502	शान् 995	शुल्क् 1618	श्रा 810
वर् 1852	विज् 1460	वृश् 1226	श	शास् 1075	शुल्ब् 1611	श्रा 1053
वर्च् 162	विट् 316	वृष् 706	शंस् 728	शि 1249	शुष् 1183	श्रि 897
वर्ण् 1551	विथ् 33	वृष् 1704	शक् 1187	शिक्ष् 605	शूर् 1157	श्रिष् 701
वर्ण् 1938	विद् 1064	वृह् 1347	शक् 1261	शिङ्घ् 161	शूर् 1902	श्री 1475
वर्ध् 1654	विद् 1171	वृ 1486	शङ्क् 86	शिञ्ज् 1027	शूर्प् 1612	श्रु 942
वर्ष् 613	विद् 1432	वृ 1490	शच् 165	शिट् 303	शूल् 526	श्रै 919
वर्ह् 640	विद् 1450	वेण् 877	शट् 299	शिल् 1362	शुष् 679	श्रोण् 456

श्रङ्क् 85	सज्ज् 987	सु 941	स्तक् 782	स्तुह् 1199	स्नेक् 82	हु 1083
श्रङ्घ् 152	सट् 313	सु 1041	स्तग् 790	स्तै 923	स्वञ्ज् 976	हुड् 352
श्लाख् 127	सट्ट् 1633	सु 1247	स्तन् 461	स्पन्द् 14	स्वद् 18	हुण्ड् 269
श्लाघ् 115	सण् 464	सुख् 1929	स्तन् 1859	स्पर्ध् 3	स्वद् 1805	हुण्ड् 277
श्लिष् 702	सत्र् 1906	सुट्ट् 1562	स्तम् 830	स्पश् 887	स्वन् 817	हुर्छ् 211
श्लिष् 1186	सद् 854	सुर् 1340	स्तम्भ् 386	स्पश् 1680	स्वन् 827	हुल् 844
श्लिष् 1574	सद् 1427	सुह् 1129	स्तिघ् 1265	स्पृश् 1422	स्वप् 1068	हूड् 353
श्लोक् 77	सन् 1464	सू 1031	स्तिप् 364	स्पृह् 1871	स्वर् 1863	हृ 899
श्लोण् 457	सप् 400	सू 1132	स्तिम् 1124	स्फाय् 487	स्वर्द् 19	हृ 1097
श्वङ्क् 96	सभाज् 1887	सू 1408	स्तीम् 1125	स्फिट्ट् 1634	स्वाद् 28	हृष् 709
श्वच् 166	सम् 829	सूच् 1873	स्तु 1043	स्फुट् 260	स्विद् 744	हृष् 1229
श्वञ्च् 167	सम्ब् 1555	सूत्र् 1908	स्तुच् 175	स्फुट् 329	स्विद् 978	हेठ् 266
श्वठ् 1565	सर्ज् 225	सूद् 25	स्तुप् 1672	स्फुट् 1373	स्विद् 1188	हेठ् 1532
श्वठ् 1855	सर्ब् 424	सूद् 1717	स्तुभ् 394	स्फुट् 1722	स्विद्	हेड् 284
श्वभ्र् 1623	सर्व् 586	सूर्क्ष् 666	स्तृ 1252	स्फुड् 1391	स्वृ 932	हेड् 778
श्वर्त् 1622	सल् 547	सूर्च्य् 509	स्तृह् 1349	स्फुण्ड् 1537	ह	हेष् 621
श्वल् 549	सस् 1078	सृ 935	स्तॄ 1484	स्फुर् 1389	हट् 312	होड् 285
श्वल्क् 1570	सस्ज् 202	सृ 1099	स्तेन् 1897	स्फुर्छ् 213	हठ् 335	होड् 354
श्वल्ल् 550	सह् 852	सृज् 1178	स्तेप् 365	स्फुल् 1390	हद् 977	ह्नु 1082
श्वस् 1069	सह् 1128	सृज् 1414	स्तै 922	स्फूर्ज् 235	हन् 1012	ह्राल् 806
श्वि 1010	सह् 1809	सृप् 983	स्तोम् 1923	स्मि 948	हम्म् 467	ह्रग् 787
श्वित् 742	साध् 1263	सृभ् 430	स्त्यै 910	स्मिट् 1573	हय् 512	ह्रस् 711
श्विन्द् 10	सान्त्व् 1569	सृम्भ् 431	स्त्यै 911	स्मील् 519	हर्य् 514	ह्राद् 26
ष स	साम् 1879	सेक् 81	स्त्रक्ष् 661	स्मृ 807	हल् 837	ह्री 1085
ष्विव् 560	सार् 1868	सेव् 501	स्थल् 836	स्मृ 933	हस् 721	ह्रीछ् 210
ष्विव् 1110	सि 1248	सै 915	स्था 928	स्मू 1259	हा 1089	ह्रेष् 622
ष्वष्क् 100	सि 1477	सो 1147	स्थुड् 1388	स्यन्द् 761	हा 1090	ह्रग् 788
संस्त् 1079	सिच् 1434	स्कन्द् 979	स्थूल् 1904	स्यम् 826	हि 1257	ह्रप् 1658
सग् 789	सिट् 304	स्कम्भ् 387	स्रस् 1112	स्यम् 1693	हिंस् 1456	ह्रस् 712
सघ् 1268	सिध् 47	स्कु 1478	स्रा 1052	स्रंस् 754	हिंस् 1829	ह्राद् 27
सङ्केत् 1891	सिध् 48	स्कुन्द् 9	स्रिह् 1200	स्रङ्क् 83	हिक् 861	ह्रल् 805
सङ्ग्राम् 1922	सिध् 1192	स्खद् 768	स्रिह् 1572	स्रम्भ् 757	हिण्ड् 268	हृ 931
सच् 163	सिल् 1363	स्खद् 820	स्रु 1038	स्रिव् 1109	हिन्व् 591	हृ 934
सच् 997	सिव् 1108	स्खल् 544	स्रुस् 1111	स्रु 940	हिल् 1361	हे 1008

References

Author	Title	Year	Ed	Publisher
Sankar Ram Sastri	अष्टाध्याययीसूत्रपाठः with Dhatupatha etc.	1937	2nd	Sri Balamanorama, Madras
P. V. Naganatha Sastry	Vaiyakarana Siddhanta Kaumudi Vol 2	1983	1st	Motilal Banarsidass, Delhi
Bhimsen Shastri	लघु-सिद्धान्त-कौमुदी भैमीव्याख्या Vol 2	1992	2nd	Bhaimi Prakashan, Delhi
T R Krishnacharya	बृहद्-धातु-रूपावलिः	2005	1st	Shringeri Math, Karnataka
Vijaypal Vidyavaridhi	माधवीया धातुवृत्तिः	2009	2nd	Ram Lal Kapoor Trust, Sonipat
Pushpa Dikshit	अष्टाध्यायी सहजबोध Vol 1 and 2	2011	3rd	Pratibha Prakashan, Delhi
Janardana Hegde	धातु-रूप-नन्दिनी	2013	1st	Samskrita Bharati, New Delhi
Ishwar Chandra & Som Lekha	वैयाकरणसिद्धान्तकौमुदी "पुष्पाञ्जलिसमाख्य" Vol 3	2015	1st	Chaukhamba Sanskrit Pratishthan, Delhi
Govind Acharya	वैयाकरणसिद्धान्तकौमुदी "श्रीधरमुखोल्लासिनी" Vol 4	2016	1st	Chaukhamba Surbharati Prakashan, Varanasi
S C. Vasu	The Siddhanta Kaumudi Vol 2 6th Reprint	2017	2nd	Motilal Banarsidass, Delhi
S C. Vasu	The Ashtadhyayi of Panini (Revised by Vinod Kumar)	2017	1st	Parimal Publications, Delhi
Ashwini Kumar Aggarwal	Dhatupatha of Panini: Accented Roots with English Meanings and Verbs iii/1 forms in Present Tense	2017	2nd	Devotees of Sri Sri Ravi Shankar Ashram, Punjab
	Dhatupatha Verbs in 5 Lakaras Vol 1, 2, 3	2017	1st	
	Ashtadhyayi Foundation Chapters 1 & 2	2021	1st	
	Sanskrit Verb Conjugation using Ashtadhyayi Sutras	2022	1st	

Online Links

https://ashtadhyayi.com/   https://avg-sanskrit.org/   https://sanskrit.uohyd.ac.in/scl/#

Epilogue

The Dhatupatha is Panini's library of Sounds that serves as input to the Ashtadhyayi program. Its intelligent, concise and exemplary coding is regarded in awe by the foremost programmers of today and has stood its ground over 2500 years.

सर्वे भवन्तु सुखिनः । सर्वे सन्तु निरामयाः ।
सर्वे भद्राणि पश्यन्तु । मा कश्चिद् दुःख भाग्भवेत् ॥
ॐ शान्तिः शान्तिः शान्तिः ॥

When faith has blossomed in life, Every step is led by the Divine.
Sri Sri Ravi Shankar

Om Namah Shivaya

जय गुरुदेव

www.ingramcontent.com/pod-product-compliance
Lightning Source LLC
LaVergne TN
LVHW082009090526
838202LV00006B/270
* 9 7 8 8 1 9 7 1 2 5 5 2 2 *